KB129520

진실의 창, 평화의 벗

일러두기

- 기업으로서의 성격을 강조해야 할 때는 한겨레신문사, 그 밖에는 대부분 한겨레라는 표기를 썼다.
- 신문, 잡지 등을 표시하는 《 》, 〈 〉는 생략했다. 단 〈한겨레신문 소식〉 등 소식지 성격의 간행물과 월간 《말》은 예외로 두었다.
- 창간 초기의 인물들은 이름을 하나하나 밝혔으나, 1990년대 이후로는 한겨레신문사 내부의 제도 개선에 영향을 미쳤거나 주요보도를 했던 인물들 위주로 이름을 적었다. 지면 제약으로 인해 모두 밝혀 적지 못함을 양해 바란다.

진실의 창, 평화의 벗

서른 살 한겨레의 기록

한겨레신문사

서른 살 한겨레, 성찰의 기록을 펴내며

진실의 벗, 한겨레가 서른 살이 됐습니다. '어느새'라고 해야 할지, '마침내'라고 해야 할지 모르겠습니다. 지난 30년, 삶에 충실한 농부처럼 민주와 진보의 밭을 성실하게 일궈왔습니다. "겨울이 아무리 추워도 봄은 어김없이 오게 마련"이라던 송건호 초대 대표이사의 말처럼 한겨레의 임직원들은 풍파에 웅크렸을지언정 지쳐 쓰러지지 않았고, 서른 해를 살아냈고 버텨왔습니다.

하여, 한국 사회의 여론을 받들고 또 이끄는 대표언론으로 우뚝 섰습니다. 2016년 가을 '박근혜·최순실 게이트'의 민낯을 세상에 최초로 드러낸 언론이 다름 아닌 한겨레라는 사실은, 1987년 6월 민주항쟁의 성과물인 한겨레가 '역사적 책임'을 잊지 않고 자기단련에 게으르지 않았음을 웅변합니다.

30년, 그사이 많은 것이 달라졌습니다. 산천도, 사람도, 사회도, 세계도…. 여기 '서른 살 한겨레'의 자기성찰의 기록을 내놓습니다. 한겨레는 이미 두 차례 사사를 펴냈습니다. 창간 10년의 역사를 담은 《세상을 바꾸고 싶은 사람들》, 창간 20년의 피와 땀, 눈물, 영광과 좌절의 기록을 담은 《희망으로 가는 길》이 그것입니다. 하지만 30년사는 두 차례의 사사가 담지 못한 '최근 10년'에만 초점을 맞추고 있지는 않습니다. 역사는 과거에 존재했던 사실의 묶음이 아닙니다. '역사란 과거와 현재의 끊임없는 대화'란 말처럼 어제를 성찰해 오늘의 삶을 재구성하고 미래의 길을 열어가려는 분투의 일환입니다. '서른 살 한겨레'의 자기성찰을 세상에 내놓는 마음 또한 다르지 않습니다.

한겨레는 30년 전의 창간 정신을 늘 되새깁니다. "새 신문은 민주주의적 모든 가치의 온전한 실현, 민중의 생존권 확보와 그 생활수준 향상, 분단의식의 극복과 민족통일의 지향을 주요 방향으로 삼을 것입니다."(1987년 9월 23일 '새 신문 창간 발의 선언문') 민주·민중·민족, 3민의 가치를 내려놓아야 할 이유는 없다고 생각합니다. 다만 창간 정신을 되새기는 한편으로 '평화'의 가치를 곧추세우려 합니다. '평화'는, 30년 전 한겨레가 창간 정신으로 내세운 '3민'의 가치를 달라진 시대에 맞춰 더 깊고 넓게 하려는 새로운 화두입니다. 한겨레는 '전쟁이 없는 상태'로서 소극적 평화를 넘어 '정의의 실현'으로서 적극적 평화를 추구할 것입니다. 다수자와 소수자의 공존·공생 등 사람 사이의 평화뿐만 아니라 남방큰돌고래 제돌이와 같은 비인간인격체를 포함한 뭇 생명과의 공존, 사람과 인공지능(AI)·로봇의 공존 등으로 시야를 쉼 없이 넓힐 것입니다.

'서른 살 한겨레'의 자기성찰이 잘못은 숨기거나 적게 다루고, 자랑하고픈 건 도드라지게 많이 쓴 건 아닌지 걱정스럽습니다. 그럼에도 '한겨레 30년'을 기록한 것은, 그 세월이 단순히 한 언론사의 역사에 머물지 않는다는 판단 때문입니다. 흔히 한겨레의 역사는 한국 현대사와 언론민주화의 알짬이라고 합니다. 외람되지만, 저는 한겨레의 역사가 그 이상이라고 생각합니다. 한겨레는 시민이 돈을 모아 만든, 전국에 배포되는 일간지입니다. 한국 사회뿐만 아니라 지구촌에서도 유일한 사례입니다. 한겨레의 길은 세계 현대 언론사에서 전인미답의 길이기도 합니다. 한겨레의 잘잘못, 성공과 좌절, 피와 땀과 눈물은 그래서 꼼꼼하게 기록되어야 하고 중단 없는 성찰의 대상이 되어야 합니다.

한겨레는 고여 썩어가는 물이 되지 않으려 애쓰겠습니다. 세월호를 기억하는 시민들과 함께 "우리는 포기하지 않는다"라는 경구를 가슴에 새기겠습니다. 서른 살 한겨레는, 앞으로도 오래도록 '진실'을 등대 삼아 '평화'의 너른 바다로 나아가는 항해를 멈추지 않겠습니다.

2018년 5월 15일

한겨레 창간 서른 돌에

한겨레신문사 대표이사 양상우

차례

05 서른 살 한겨레

부록

주주 규모

2만7223명 6만9509명

1988년 2018년

자본금 규모

(단위: 만원)

1987년 12억5000

2018년 311억3795

윤전기 발행가능 면수

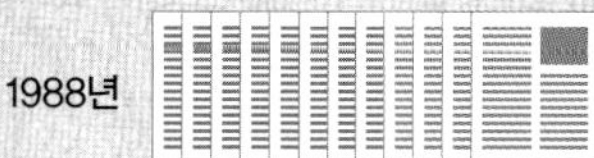

1988년 12면(컬러 4면)

2018년 40면(컬러 24면)

*1988년 5월 창간 당시에는 하마다 중고 윤전기 2열로 흑백 8면. 같은 해 8월 중고 컬러 윤전기 증설. 2006년 독일 케바우 고속 윤전기 도입.

신문 가격

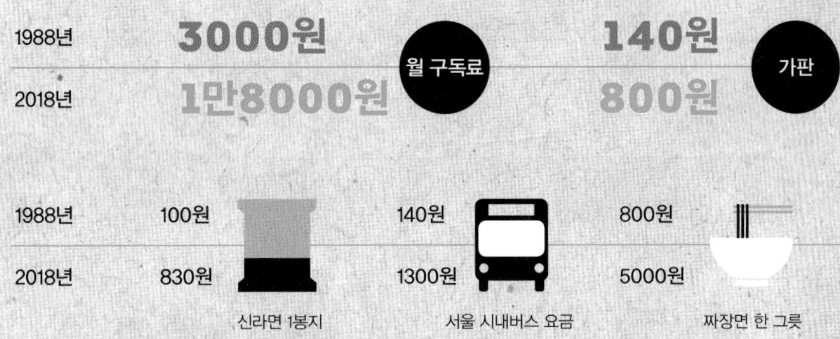

윤전기 인쇄 속도

정규 직원 규모

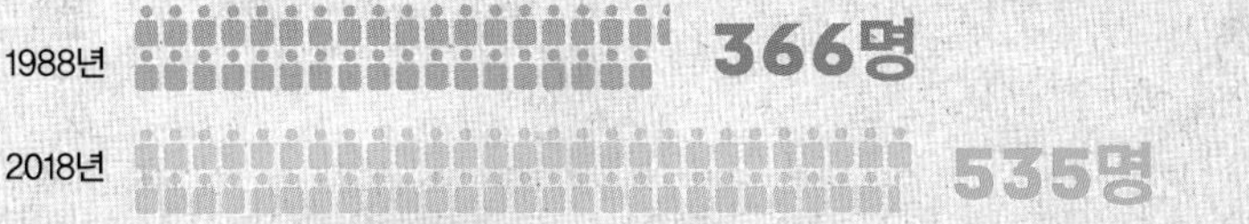

직원 성별 현황

육아휴직 현황

	여성	남성
1996년(시작)	2명	0명
2018년(누계)	90명	46명

1면으로 돌아본 30년

발행인: 송건호 / 편집인: 임재경 / 인쇄인: 장윤환 / 편집위원장: 성유보
발행처: 한겨레신문사
본 사: 서울 종로구 안국동 175-87 안국빌딩 13층(우110-240)
광고국 738-8314~6 판매국 738-8317~8
양평동 사옥: 서울 영등포구 양평동2가 1-2 (우150-102)
편집국(대)672-3322 제작국 · 관리국(대)672-5522
1988년 4월 25일 등록번호 가-52호 구독료 월 2,500원 / 1부 100원

창간호

한겨레신문

1988년 5월 15일 [일요일]

창 간 사

우리는 벌리는 감격으로 오늘 이 창간호를 만들었다. 세계에서 일찌기 유례를 찾아볼 수없는 국민모금에 의한 신문창간소식이 알려지자 그간 수십명의 외신기자들이 찾아왔고, 우리 역시 억누를 수 없는 감격으로 전혀 새로운 신문의 제작에 창조적 긴장과 흥분으로 이날을 맞이하였다.

한겨레신문의 모든 주주들은 결코 돈이 남아돌아 투자한 것이 아니요, 신문다운 신문, 진실로 국민대중의 입장을 대변해주는 참된 신문을 갈망한 나머지 없는 호주머니 돈을 털어 투자한 어려운 서민층이므로 이 신문은 개인 이익에서 벗어나지 못하는 재래의 모든 신문과는 달리 오로지 국민대중의 이익과 주장을 대변하는 그런 뜻에서 참된 국민신문임을 자임한다.

이와 같은 점을 염두에 두고 우리는 다음과 같은 원칙에서 앞으로 새 신문을 제작하고자 한다.

첫째, 한겨레신문은 결코 어느 특정 정당이나 정치세력을 지지하거나 반대하는 것을 목적으로 하지 않을 것이며, 절대 독립된 입장 즉 국민대중의 입장에서 장차의 정치 · 경제 · 문화 · 사회문제들을 보도하고 논평할 것이다.

왜 이같은 점을 강조하느냐 하면 지금까지 거의 모든 신문들이 말로는 중립 운운하면서 현실로는 언제나 주로 권력의 견해를 반영하고, 한때는 유신체제를 지지하다가도 전두환 정권이 들어서자 어느새 유신을 매도하고, 새시대 새질서를 강조하고, 노태우

국민 대변하는 참된 신문 다짐

정권이 들어서자 일제히 이제까지 우러러 모시던 전정권을 매도하는, 하룻밤 사이에 표변하는 자주성없는 그 제작 태도야 말로 사회혼란을 조성하는 지극히 위험한 언론으로 보지 않을 수 없기 때문이다.

우리가 특별히 야당 여당 할것없이 어떠한 정치세력과도 특별히 가까이 하지도 않고, 특별히 적대시 하지도 않고 오로지 국민대중의 이익과 주장만을 대변하겠다는 이유가 여기에 있는 것이다.

재래 신문사의 많은 언론인들이 이렇게 표변하는 까닭은 그 원인을 그들의 윤리도덕에서 찾을 것이 아니라 오늘의 한국언론기업의 구성이 이미 순수성을 잃고 독립성을 상실하고 있기 때문이다.

한겨레신문이 정치세력 앞에 공정할 수 있는 힘은 무엇보다도 신문사의 자본구성이 국민대중을 바탕으로 삼고 있기 때문이다.

우리는 한겨레신문이 정치적으로 절대 자주독립적임을 거듭 밝히고자 한다.

둘째, 한겨레신문은 절대로 특정사상을 무조건 지지하거나 반대하지 않을 것이며, 시종일관 이 나라의 민주주의 실현을 위해 분투 노력할 것이다.

우리는 오늘의 현실에서 크게 벗어나지 않는 범위안에서 사상적으로 자유로운 입장임을 거듭 밝힌다.

한겨레신문이 이 사회에 민주주의 기본질서를 확립하고자 하는 염원외에는 어떠한 사상이나 이념과도 까닭없이 가까이 하거나 멀리하지 않을 것을 밝히고자 하는 것이다.

그간 우리나라는 일부 정치군인들이 쿠데타로 정권을 탈취, 고도성장을 이루어 놓았다고 구가하고 있으나, 안으로는 빈부의 차를 심화시키고 밖으로는 예속적 경제구조를 굳혀, 성장이 되면 될수록 오히려 사회불안이 조성된다는 지극히 위험한 상황에 놓여 있다.

반항적인 민중이 경제성장이 되면 될수록 더욱 거세게 저항하는 이유가 여기에 있음을 간과해서는 안된다.

이제까지 집권자들은 이러한 불안정을 경제정책의 민주화로 개혁할 생각은 않고, 안보를 강조하여 반항하는 민중을 탄압하는가 하면 한편에서는 각종 구실로 언론자유를 억압하여 정보를 독점하고, 그 뒤에서는 권력을 휘둘러 부정과 도둑질을 자행하여 당대에 천문학적인 치부를 하는 것이 이제까지 우리나라 권력의 일반적 행태였다.

자유롭고 독립된 언론은 따라서 권력의 방종과 부패를 막고 국민의 민권을 신장하여 사회안정을 기할 수 있는 가장 믿을 수 있는 운동이랄 것이다.

이 나라의 민주화는 남북간의 관계개선을 위해서 특히 동족의 군사대결을 지양하고 통일을 이룩하는 데 있어 절대적인 조건이 될 것이다.

치부를 위해 광분하는 자일수록 남북간의 군사대결을 필요로 하고, 그럴수록 안보를 강조하고, 정보를 독점하여 독재를 자행하는 것이 이제까지 이 나라의 독재정권의 특징이기도 했다.

따라서 민주화는 남북문제의 해결에 불가결의 조건이 되나 한편 남북관계의 개선은 민주화를 위해 불가결의 조건이 된다는 것을 깨달아야 한다. 민주화와 남북관계의 개선은 떼어서 생각할 수없는 한가지 문제의 표리를 이루고 있다는 것을 깨달아야 한다.

남북통일 문제는 전민족의 이해관계와 직결된 생사가 걸린 문제로서, 어느 누구도 이를 독점할 수 없으며, 이런 뜻에서도 민주화는 기필코 실현되어야 한다.

한겨레신문은 따라서 이 나라에 이제까지 이데올로기로서만 이용되어온 민주주의와 자유로운 언론을 실현하기 위해 앞장서 노력할 것이다.

신문사에는 자기 봉급의 절반도 안되는 수입을 감수하고, 참된 신문기자가 되어보겠다고 기성 타신문사에서 옮겨온 야심적인 기자들이 수십명에 달하고, 다른 어느 신문사 보다도 치열한 경쟁을 뚫고 합격한 유능한 수습사원들이 수두룩하고, 그리고 온갖 어려움을 무릅쓰고 십여년간 신문다운 신문을 만들어 보겠다고 온갖 고난을 참고 오늘까지 견디온 수십명의 해직기자들이 중심이 되어 제작에 참여하고 있으므로, 한겨레신문의 등장은 틀림없이 타성과 안일속에 젖어있는 기성 언론계에 크나큰 충격과 파문을 일으켜 한국 언론에 하나의 획기적 전기를 가져올 것으로 믿어 의심치 않는다.

한겨레신문의 3만명에 달하는 주주들은 참된 신문을 만들어 보겠다는 일념으로 가난한 호주머니를 털어 투자를 했다. 그러나 이와 같은 염원은 오늘날 4천만 전체 국민대중의 꿈이지 어찌 한겨레 주주들만의 꿈이겠는가.

한겨레신문은 실로 4천만 국민의 염원을 일신에 안고 있다 해서 과언이 아니다. 따라서 한겨레는 기성언론과는 달리 집권층이 아닌 국민대중의 입장에서 나라의 정치 경제 사회 문화를 위에서가 아니라 밑에서 볼 것이다. 기성언론과는 시각을 달리 할 것이다.

5월15일 창간일을 맞아 밤잠을 설치고 창간준비에 심혈을 바친 3백여 사원들의 노고를 만천하의 독자들에게 알리며, 참된 언론을 지향하는 한겨레신문에 뜨거운 격려와 성원을 보내 주시기를 손모아 빌고자 한다.

송 건 호 〈본사 발행인〉

6천만의 그리움 끝이자 희망의 시작 백두산 천지

백두산 · 천지. 그 넘쳐 흐르는 맑은 가슴은 43년 넘어 삭이고 또 삭이는 우리들 그리움의 끝이자 희망의 시작이다. 한라산 · 백록담이 4천만의 것이 아니듯, 백두산 · 천지는 2천만의 것이어서는 안된다. 6천만의 것이어야 한다. 한라와 함께 살펴 리를 잡아 안고 있는 백두는 우리더러 백두와 한라가 뜨거운 심장으로 용트림할 '그날'을 앞당기라고 종주먹대고 있다. 통일이 없으면 '나'도 없고 '우리'도 없다. 하늘에서 내려다보는 한반도는 분명 하나이듯, 백두와 한라의 만남으로 한반도는 새로 개벽한다. 새아침을 맞이한다. 보라, 어제도 오늘도 동해에서 솟는 해는 한 가지 다스함으로 남과 북을 어루만지고, 한라에서 백두까지 끓기끓기 이어진 산맥은 한 목소리로 웅장한 합창을 하고 있다. 모든 증오와 살져를 씻어내고, 모든 사슬을 끊어내고, 오로지 자중한 영혼만으로 부둥켜 안으라고, 신동엽 시인은 노래했다. "껍데기는 가라. / 한라에서 백두까지 / 향그러운 흙가슴만 남고 / 그, 모오든 쇠붙이는 가라." 이제 백두산 · 천지를 보며, 모오든 껍데기와 쇠붙이가 없는 한반도를 한눈에 보아야 한다.

창간호 36면 내용

〈국내 처음 C T S 방식 도입 신문 제작〉

한겨레신문은 국내 최초로 전산 제작 방식(CTS)을 도입 발행되는 신문입니다.

1988년 5월 15일
창간호. 참언론이 되겠다는 다짐과 함께, 백두산 천지 사진을 실었다.

1989년 4월 15일
한겨레 간부를 구속하는 등 정부의 탄압과 반공 이데올로기에 굴하지 않겠다는 공식 입장을 밝혔다.

1994년 7월 10일
다른 신문이 '김일성'이라고 지칭할 때, 한겨레는 '김일성 주석'이라고 공식 호칭을 붙여썼다.

1996년 8월 27일
창간 뒤 줄기차게 5공 적폐를 들추어 알렸다. 마침내 12·12와 5·18 재판결과를 보도한 날.

한겨레신문

1994년 7월10일(일)

김일성주석 사망

"8일 새벽 2시 심근경색으로"

북한, 17일 장례식 공식발표

김정일 승계예상…남북정상회담 차질

생전의 김주석

북-미회담 일단 연기

"한반도 평화 약영향 없길"

■ 김주석 사망 보도문 요약

어제 호외발행

전군 비상경계령

김대통령, 안보·치안대책 만전 지시

클린턴, 북-미회담 지속 희망

미·중·러시아정상 애도 표명

한겨레신문

1989년 4월 15일 토요일

본사 이영희 논설고문·임재경 부사장

'북한취재 계획' 밤샘 조사

임 부사장 어제 연행…장윤환 편집위원장엔 소환 통보

간부 구속·연행에 대한 본사 입장

동강난 조국 취재는 언론인 의무

야권 "민주언론 말살책" 비판

"다른 일간신문 '방북보도' 묵인과 형평 잃어"

동해선거 민정후보 당선 확실

발매3주년기념
매직쉐프 사은大잔치
3만원을 보상 받으시고 푸짐한 선물도 받으세요
매직쉐프 장만의 최상의 기회!
매직쉐프

한겨레신문

1996년 8월27일(화)

전씨 사형-노씨 22년6월

12·12 5·18사건 선고…박준병씨 무죄·장세동씨등 7명 법정구속

'비자금' 최원석·김우중·정태수·장진호회장 2년6월~2년 실형

노씨 형량적정 37%

추후 사면필요 69%

'전·노씨선고' 본사여론조사

전·노 선고공판

심판의 순간

세상을 바꾸는 힘 – 디지털 LG

한겨레

THE HANKYOREH

정유산업의 새로운 이름 S-OIL

2000년 6월 14일 수요일 · www.hani.co.kr

남북정상 "새역사 만들자"

김대중대통령·김정일위원장 평양서 첫 회담…핫라인 필요 공감

오늘 2차회담

55년만에 손잡은 남북…공항 영접

축, 남북정상회담 SK Telecom

21세기에는 모든 것을 바꿔야 한다고 합니다
그러나 저희에게는 바꾸지 않는 것이 있습니다
모든 것을 바꿔도 기업이 변함없이 추구해야
할 가치는 바로 고객의 행복이기 때문입니다
고객의 행복을 위하여 - OK! SK

← **2000년 6월 14일**
55년 만에 손을 맞잡은 남북 두 정상의 모습을 담았다.

←↓ **2008년 6월 11일**
1987년 6월항쟁 이후 21년 만에 최대 규모의 시민들이 거리로 나온 현장을 담았다.

↓ **2008년 5월 15일**
한겨레 주주 1363명의 얼굴 사진을 모자이크해서, 한겨레와 태어난 해(1988년)가 같은 창간주주이자 독자인 유사름 씨가 웃는 모습을 만들었다.

2009년 5월 24일 →↑
노무현 전 대통령의 서거 소식을 전하고자, 토요일 호외 발행에 이어 일요일 신문을 발행했다.

2012년 3월 3일 →↓
돌고래 '제돌이'는 한겨레의 집요한 보도 결과, 수족관을 벗어나 제주 앞바다로 돌아갔다.

2017년 3월 11일 →→↑
현직 대통령이 파면된 것은 헌정 사상 최초였다. 이를 반기는 시민들의 모습을 담았다.

2017년 3월 24일 →→↓
전남 진도 앞바다에서 침몰했던 세월호가 참사 발생 1073일 만에 뭍으로 올라왔다.

한겨레

THE HANKYOREH

www.hani.co.kr

촛불은 외쳤다, 장벽 걷어내고 민심 들어라

서울 40만명 등 전국 50만명 촛불행진 '87년6월' 주역도 추모행사뒤 거리로 노동·여성·종교계 등 "쇠고기 재협상"

6·10 촛불대행진

내각 일괄 사의

청와대 "전면 개각까진 어렵다"
4~5명 교체…한총리 경질 가능성

한겨레

THE HANKYOREH

www.hani.co.kr

"미국선 못먹는 광우병 위험부위 수입허용"

"꼬리곰탕 부위 등 SRM서 빠져"
최성 의원, 청문회서 자료 제시

오늘 창간 20주년

'한겨레' 20년을 만든 사람들

사설

'따뜻한 공동체' 향해 함께 내딛겠습니다

"쇠고기 전면 수입, 미국 비위 맞추려 모든것 양도"

농림수산식품부 · 농협중앙회

우리 것의 가치가 더 커진

듬직한 이름 한우!!

*한우고기는 안전합니다.

*한우고기는 맛이 고소하고 영양이 풍부합니다.

*한우가 한우고기로 팔릴 수 있도록 쇠고기 이력추적제를 정착시키고 원산지 단속을 강화하겠습니다.

*축산농가가 경쟁력을 높일 수 있도록 적극 뒷받침 하겠습니다.

한겨레
THE HANKYOREH

www.hani.co.kr

“고통이 너무 크다…누구도 원망마라”

노무현 전 대통령 서거…유서 남기고 사저 뒷산서 투신

굴곡진 삶 뒤로하고…

국민들 ‘충격’…봉하마을에 빈소

이 대통령 “깊은 애도”

노 전 대통령 수사 “공소권 없음” 종결

노무현 전 대통령 서거

한겨레 토요판
hani.co.kr

대한민국의 봄, 다시 시작이다

“대통령 박근혜를 파면한다” 헌정사상 첫 탄핵

박근혜 대통령 탄핵

한겨레 토요판
HANI.CO.KR

SK총수 형제, 나란히 재판정에 서다

명장의 전설, 퍼거슨 대 벵거

영안실 때려부순 지옥도를 아십니까

“민간인 불법사찰 증거 컴퓨터 청와대 행정관이 부숴라 지시”

“경찰, 주진우 기자 체포하려했다”

한겨레
hani.co.kr

어둠은 빛을 이길 수 없다
거짓은 참을 이길 수 없다
진실은 침몰하지 않는다
우리는 포기하지 않는다

세월호 인양

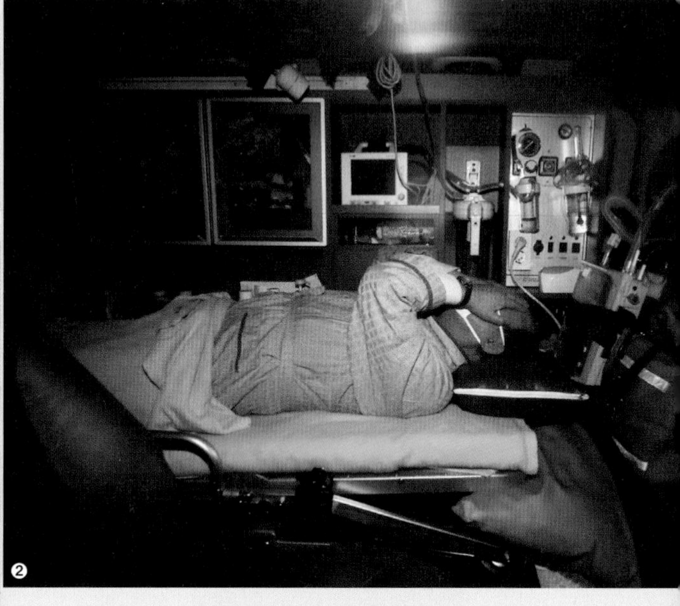

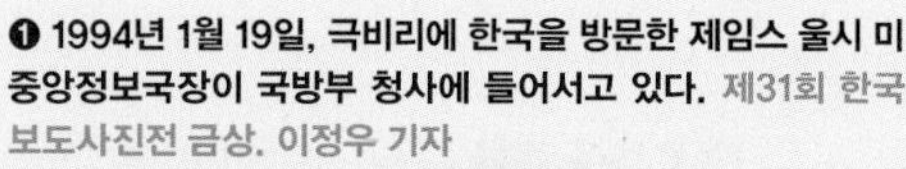

❶ 1994년 1월 19일, 극비리에 한국을 방문한 제임스 울시 미 중앙정보국장이 국방부 청사에 들어서고 있다. 제31회 한국 보도사진전 금상. 이정우 기자

❷ 2013년 1월 31일, 대통령 특사로 풀려난 천신일 세중나모 회장이 구급차에 탄 채 서울구치소를 나서는 모습. 제121회 이달의 보도사진상 최우수상. 이정아 기자

❸ 2006년 터키의 눈 덮인 아라라트산의 모습. 제43회 한국 보도사진전 최우수상. 탁기형 기자

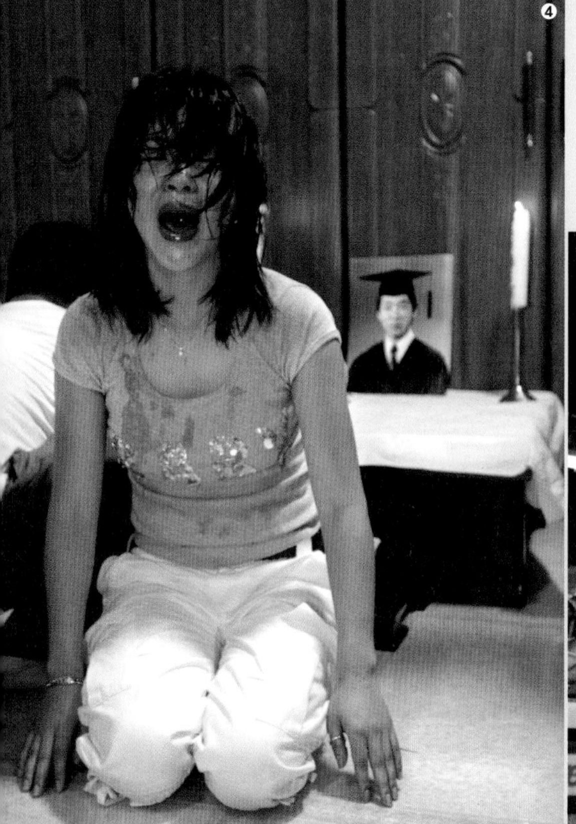

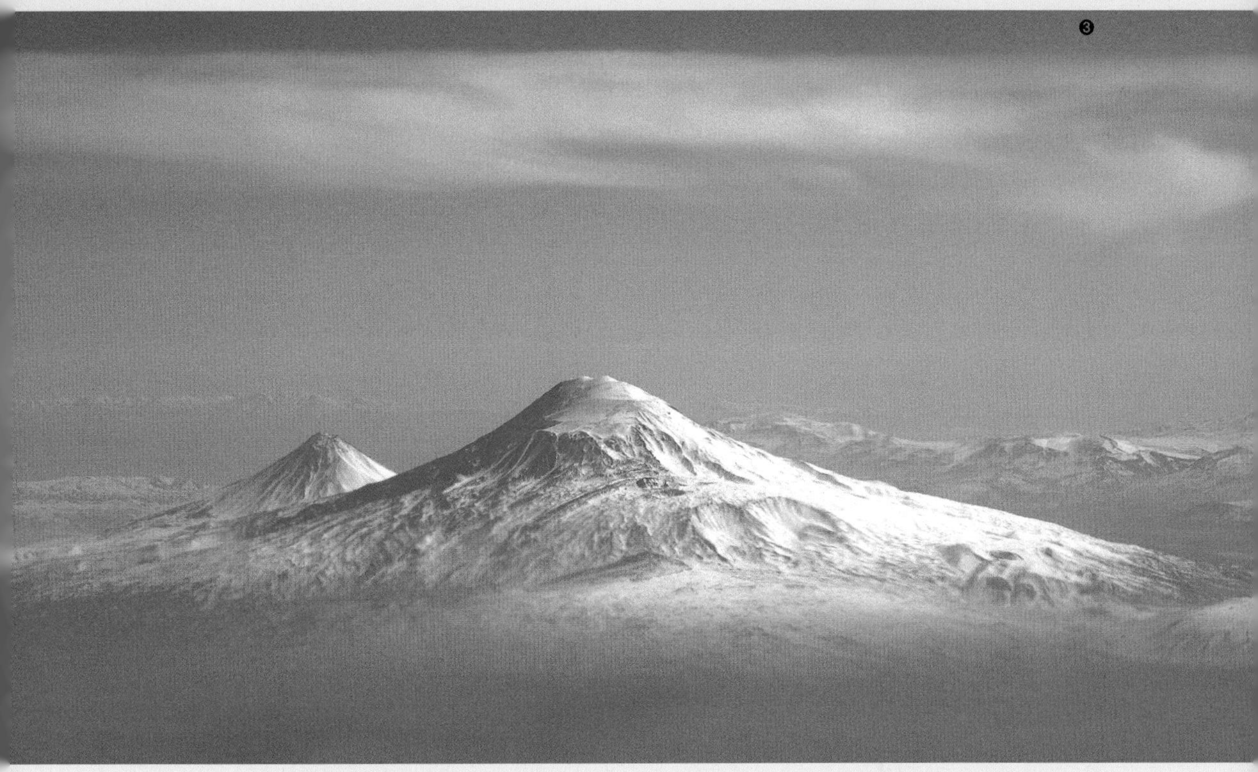

❹ 2004년 6월 3일, 이라크에 납치된 김선일 씨의 피살 소식이 전해진 뒤, 부산 집에서 동생 김정숙 씨가 오열하고 있다. 제41회 한국보도사진전 대상. 이종근 기자
❺ 2006년 9월, 제26회 전국장애인체전에서 한쪽 다리를 잃은 선수가 수영 50m 경기에 참가해 출발하고 있는 모습. 제43회 한국보도사진전 최우수상. 윤운식 기자
❻ 경기 파주시 곡릉천 하구 습지에서 사냥을 나선 삵. 제44회 한국보도사진전 우수상. 김진수 기자

❶ 2009년 1월 20일, 용산 철거민 참사 부른 경찰의 토끼몰이 진압 모습. 제46회 한국보도사진전 대상. 김명진 기자

❷ 2010년 11월 24일, 인천 옹진군 연평도 북쪽 아스팔트 도로에 북한이 전날 발사한 1미터짜리 포탄이 터지지 않은 채 박혀 있다. 제47회 한국보도사진전 대상. 박종식 기자

❸ 한진중공업의 구조조정에 반대하며 크레인에 오른 지 309일 만인, 2011년 11월 9일 땅으로 내려온 김진숙 민주노총 부산본부 지도위원의 모습. 제48회 한국보도사진전 우수상. 박승화 기자

❹ 2014년 '둘 중 한 명은 비정규직, 누구일까요' 기획시리즈 가운데 한 컷. 차체의 오른쪽 트림 러기지를 맡고 있는 정경우(오른쪽) 씨는 정규직이고, 왼쪽을 담당하는 김만진(왼쪽) 씨는 사내하청 노동자다. 제50회 한국보도사진전 최우수상. 박종식 기자

❺ 2013년 11월, 슈퍼태풍 하이옌으로 생활기반이 무너진 필리핀 레이테섬 타클로반을 벗어나려는 사람들이 군 수송기를 탈 기회를 얻으려고 기다리는 모습. 제50회 한국보도사진전 우수상. 김정효 기자

❻ 2012년 3월 7일, 제주해군기지 건설 공사를 위한 구럼비 해안 발파 작업을 막으려는 주민과 활동가들이 철조망을 뚫고 들어가 끊어진 길 앞에서 깃발을 흔들고 있다. 제49회 한국보도사진전 우수상. 류우종 기자

❸
❹
❺

❶ 2014년 4월 16일, 진도 앞바다에서 침몰한 세월호 모습. 제136회 이달의 보도사진상 최우수상. 김봉규 기자
❷ 2014년 5월 19일, 박근혜 대통령이 세월호 참사와 관련한 대국민담화를 발표하는 도중 희생자의 이름을 부르며 눈물을 흘리고 있다. 제51회 한국보도사진전 최우수상. 이정용 기자
❸ 2015년 5월 12일, 세월호 참사 희생자 단원고 2학년 신승희 양의 어머니 전민주 씨가 승희 양의 방에서 그의 사진을 들고 섰다. 제149회 이달의 보도사진상 최우수상. 강재훈 선임기자
❹ 불법포획되었다가 6년 만인 2015년 고향인 제주 앞바다 야생방사를 앞둔 남방큰돌고래 복순이가 눈물을 흘리는 모습. 제149회 이달의 보도사진상 최우수상. 강재훈 선임기자
❺ 2015년 11월 27일, 이라크와 시리아 등에서 온 난민들이 세르비아 프레셰보를 출발해 시드로 향하는 난민 열차 객실에서 잠을 자고 있다. 제52회 한국보도사진전 가작. 김성광 기자
❻ 2016년 8월 16일, 녹조로 몸살을 앓던 낙동강의 창녕함안보 수문이 열리자 강물이 쏟아져 내리는 모습. 제164회 이달의 보도사진상 최우수상, 제312회 이달의 기자상 동시 수상. 김봉규 기자

01

새
언론의
태동

언론의 암흑시대

01

동트기 전 가장 어두운 밤이었다. 편집국 시계가 새벽 3시 43분을 가리켰다. 기자 몇 명이 시계 아래 달린 펼침막을 떼어냈다. '자유언론실천선언'이라 적혀 있었다. 다섯 달 전인 1974년 10월 24일 자유언론실천선언 발표 때 내건 휘호였다. 이젠 이 글을 그곳에 더 걸어둘 이유가 없었다.

3층 편집국 창문으로 사람들이 어른거렸다. 낯선 얼굴 사이로 판매국, 광고국 사원들이 보였다. 그들 200여 명 중 대부분은 술에 취해 있었다. 농성 진압을 위해 회사가 동원한 행동대원들이었다. 10여 년 뒤인 1988년 12월, 이들 가운데 한 사람은 국회 언론청문회를 통해 양심선언을 한다. 회사 간부가 무술 유단자 80여 명을 외부에서 동원해 농성 진압에 나섰고, 현장 상황을 사장과 주필에게 보고하면서 지휘를 받았다고 폭로했다.

그러나 그날, 1975년 3월 17일 새벽, 동아일보 기자들은 상대의 정체를 모르고 있었다. 한국 언론사상 최초의 '구사대'라 할 만한 이들은 조금 전 23명의 기자들이 단식 농성 중인 2층 공무국을 진압했다. 산소용접기와 해머로 철문을 부수고 각목과 소화기로 기자들을 제압했다. 성유보와 정연주가 그들에게 맞아 많이 다쳤다. 두 사람은 나중에 한겨레 편집위원장과 논설주간이 된다.

자유언론실천선언을 주도했던 장윤환 기자협회 동아일보 분회장은 이미 해직되어 신문사에서 쫓겨난 상태였다. 이날 농성장의 현장 지휘는 안종필 임시 분회장에게 맡길 수밖에 없었다. 장윤환은 훗날 한겨레 편집위원장이 된다. 안종필은 5년여 뒤 감옥에 갇힌 몸으로 한겨레의 초석이 될 새 언론 구상을 밝힌다. 안종필은 농성 중인 기자들 앞에서 10·24자유언론실천선언을 낭독했다. "민주사회를 유지하고 자유국가를 발전시키기 위한 기본적인 사회 기능인 자유언론은 어떠한 구실로도 억압될 수 없으며 어느 누구도 간섭할 수 없는 것임을 선언한다." 기자들은 흑인 민권운동가요 〈우리 승리하리라〉를 불렀다. 자유언론과 민주 회복을 위한 만세삼창도 했다. 비폭력을 내걸었던 기자들은 순순히 끌려나갔다. 약간의 몸싸움이 있었지만, 무술유단자들을 이겨낼 도리는 없었다.

신문사 앞으로 내쫓긴 이들을 사복 경찰들이 기다리고 있었다. 막무가내로 기자들을 광화문 지하도로 몰아넣었다. 곧이어 동아일보는 회사 문을 굳게 닫아걸었다. 동아일보는 그 뒤로 수십 년이 지나도록 내쫓긴 이들에게 문을 열어주지 않는다. 1975년 3월 17일 새벽 6시, 진압이 모두 끝났다. 농성했던 160여 명의 기자, 프로듀서, 아나운서 등이 모두 거리로, 다시 지하도로 쫓겨났다.

아침 10시, 동아일보 기자들이 신문회관 기자협회 사무실 복도에 모였다. 권근술이 성명서를 읽었다. 전날 밤, 농성 진압을 예감한 안종필이 권근술에게 미리 준비해두라고 일렀던 글이다. "온 국민 앞에 자유언론실천을 다짐했던 우리는 오늘 다시 한 번 자유언론에 순(殉:따라 죽음)할 것을 다짐한다. …인간의 영원한 기본권 자유언론은 산소용접기와 각목으로 말살될 수 없다." 그 선언문을 흉중에 품고 인고의 세월을 보낸 뒤, 권근술은 한겨레신문사의 대표이사가 된다.

이날의 선언처럼 자유언론은 각목 따위에 무릎 꿇지 않았다. 자유언론운동은 10여 년 뒤 한겨레 창간으로 꽃핀다. 그러나 기성 언론을 바꾸려는 노력이 수포로 돌아간 것은 분명했다.

"자유언론은 이제 조종을 울렸다." 동아일보 기자들이 거리로 내쫓긴

동아투위 제공

1974년 10월 24일, 동아일보에서 자유언론실천선언식이 열렸다(왼쪽). 오른쪽은 1975년 3월 17일, 단식 농성을 벌이던 동아일보 기자 23명이 쫓겨나기 직전 마지막으로 함께 찍은 사진이다. 맨 앞줄 두 사람이 성유보, 정연주다.

17일 오후 조선일보 기자들은 폭력 진압을 규탄하는 성명서를 냈다. 조선일보 기자들은 6일 전인 11일, 동아일보 기자들과 똑같은 일을 당했다. 1974년 12월 17일, 조선일보 기자 신홍범과 백기범이 유정회 소속 한 국회의원의 기고문에 대해 편집국장에게 항의했던 게 발단이 됐다. 기고문은 박정희 정권을 일방적으로 찬양하는 내용이었다. 글이 실린 과정에서 권력의 외압이 있었다는 의혹도 제기됐다. 그러나 신문사는 '위계질서를 파괴하고 편집권을 침해했다'는 이유로 항의 다음 날 이들을 해고했다. 신홍범은 나중에 한겨레 윤리강령을 만들어 편집권의 존엄을 지키는 참된 길이 무엇인지를 보여준다.

신홍범과 백기범, 두 사람이 해직되면서 기자협회 분회 조직을 활성화하자는 조선일보 기자들의 논의가 들끓었다. 기협 조직이 있어야 뜻있는 기자들이 조직적으로 움직일 수 있다는 판단이었다. 그때까지 기자협회는 사실상 활동 정지 상태였다.

1975년 1월 11일 기자협회 조선일보 분회의 새 집행부가 만들어졌다. 훗날 한겨레신문사 대표이사가 될 정태기가 분회장을 맡았다. 성한표가 보도자유부장이 됐다. 그는 보도자유의 꿈을 한겨레 편집위원장이 되어 펼치게 된다. 이들의 주도로 조선일보 기자들은 1975년 3월 6일부터 해직기자 복직과 정론지

복귀를 내걸고 농성에 들어갔다. 신문 제작도 거부했다. 이튿날인 3월 7일 방우영 조선일보 사장 이름으로 경고문이 내걸렸다.

"만약 끝까지 혁명적인 수법으로 55주년의 기나긴 전통을 미화시키기는커녕 오히려 먹칠과 분열을 일삼는 사원이 만에 하나라도 잔재한다면 조선일보의 앞날을 위하여 분명히 그리고 가차 없이 처단할 것을 엄숙히 선언하는 바이다."

방우영 사장은 그 선언을 지켰다. 가차 없는 처단을 즉각 진행했다. 경고문이 내걸린 바로 그날, 정태기와 성한표 등 기자협회 조선일보 분회 집행부 5명이 모두 파면되었다. 3월 10일과 11일에 걸쳐 8명이 파면되었고 37명이 무기정직을 당했다. 당시 조선일보에는 100명 정도의 기자들이 있었다. 전체 기자 가운데 절반이 해고 또는 무기정직 처분을 받았다. 마침내 1975년 3월 11일 밤 7시 30분, 농성 중이던 조선일보 기자들은 모두 편집국에서 내쫓겼다. 기자다운 기자는 모두 해직되었다. 그리고 한국 언론 최대의 암흑기가 시작되었다.

언론자유를 향한 투쟁

1883년 한국 최초의 근대 신문 한성순보가 창간된 이래로 권력에 길들여지지 않은 언론은 거의 없었다. 한국의 신문과 방송은 당대의 권력에 대들지 않으며 언론기업의 이익을 지키는 데 몰두하는 오욕의 길을 걸었다. 뜻있는 기자들이 간헐적으로 저항했지만, 언론사주는 언제나 권력 앞에 굴종했다.

박정희 정권은 여기에 만족하지 않았다. 1961년 5·16쿠데타 이후 언론인의 구속, 고문, 테러가 비일비재했다. 정권은 눈 밖에 난 언론사를 폐간시키거나 공매로 팔아치웠다. 대신 고분고분한 언론사에게 사세 확장의 기회를 제공했다.

박정희 정권은 쿠데타 일주일 만에 언론통폐합을 뼈대로 하는 포고령을 발표했다. 곧이어 모두 1200여 종의 일간지 등 간행물을 강제 폐간했다. 당시 등록된 언론기관의 90%에 달하는 신문, 잡지가 졸지에 사라졌다. 이 과정에서 1961년 2월 창간된 민족일보가 발행 석 달 만에 용공으로 몰려 폐간되었다. 발행인 조용수는 사형에 처해졌다. 언론사를 정리한 뒤에는 언론인을 잡아들였다. 쿠데타 이듬해인 1962년 6월까지 1년 동안 960여 명의 언론인을 '언론 정화'

1975년 3월 무더기 해직 직후, 서울 광화문 조선일보 사옥 앞에서 언론자유를 외치고 있는 조선투위 기자들.

를 구실로 체포하거나 재판에 회부했다. 1962년에는 '신문 통신 등 등록에 관한 법률'을 만들어 언론 통제를 제도화했다.

대신 언론사주들을 길들였다. 강제 폐간을 면한 소수 언론사들에게 신문용지 관세 감면, 은행 융자 및 차관 제공 등의 특혜를 제공했다. 그 결과 주요 신문사들이 사세를 크게 확장했다. 사옥 신·증축은 그 지표 가운데 하나다. 동아일보는 1962년, 1968년 두 차례에 걸쳐 사옥을 증축했다. 조선일보는 1968년 사옥을 신축하면서 코리아나호텔까지 지어 올렸다. 중앙일보는 1965년, 한국일보는 1968년 각각 사옥을 새로 지었다.

주간 잡지, 소년 주간지, 월간 종합지 등을 앞다투어 발행한 것이 1960년대다. 1970년대에도 스포츠신문 발행으로 성장세를 이어갔다. 이 시기에 한국 주요 신문사들은 상업주의적 기업으로 면모를 일신했다.

10여 년 동안 당근에 맛 들인 한국 신문이 어떤 처지에 놓이게 되었는지를 1971년 3월 16일 대학생들이 폭로했다. 이날 서울대 학생 50여 명이 동아일보사 앞에 몰려와 언론의 무기력과 타락을 규탄하는 시위를 벌였다. '언론인에게 보내는 경고장'도 발표했다.

"우리는 더 이상 좌시할 수 없어 이 쓰러져가는 민주의 파수대 앞에 모였다. 나오라, 사이비 언론인들이여 나오라. 이 민주의 광장으로 나와 국민과 선배에게 속죄하라."

이들의 격문이 촉매가 됐다. 이때부터 각 언론사의 3~8년 차 30대 초중반의 젊은 기자들이 움직이기 시작했다. 1975년 동아일보와 조선일보의 기자 해직 사태를 불러올 자유언론운동이 1971년 봄에 불붙었다.

1971년 4월 15일, 동아일보 기자들이 '언론자유수호선언'을 발표했다. 뒤이어 한국일보(4월 16일), 조선일보와 중앙일보(4월 17일), 경향신문과 문화방송(4월 19일) 등 모두 14개 언론사의 기자들이 각각 언론자유수호선언문을 채택했다. 사람들은 이를 1차 언론자유수호선언이라 부른다.

1973년 11월과 12월에도 조선일보, 동아일보, 한국일보, 중앙일보, 기독교방송 등의 기자들이 제2차, 제3차 언론자유수호선언을 연이어 발표했다. 그러나 2년여에 걸쳐 거듭된 선언문 발표에도 불구하고 언론 환경과 지면 사정은 나아지지 않았다. 기자들은 행동을 준비했다. 1974년 3월, 동아일보의 젊은 기자들이 김두식(2010년 작고)의 집에 모였다. 권근술, 김두식, 김종철, 문영희, 이종욱, 성유보(2014년 작고), 최학래 등이 노조 건설의 주동이었다. 한국 언론사상 최초의 기자 중심 노조가 이때 만들어졌다. 그해 10월에는 기자협회 동아일보 분회 집행부를 개편했다. 유명무실했던 기자협회를 젊은 기자들이 장악했다. 장윤환이 분회장을 맡고 김명걸이 부분회장을 맡았다.

동아일보 노조와 기협 분회 간부 대부분은 훗날 한겨레의 임원이 된다. 김명걸·김두식·권근술·최학래는 대표이사, 장윤환·성유보는 편집위원장, 김종철·문영희는 논설위원, 이종욱은 편집위원 등을 맡는다.

미래의 한겨레 임원진, 그러나 당시엔 피 끓는 젊은 기자였던 이들이 머리를 맞대고 궁리해낸 것이 바로 한국 언론사에 길이 남을 1974년 10월 24일의 자유언론실천선언이었다. 장윤환이 이 일을 주도적으로 도모했다. 10월 21일 기협 분회장에 당선되자마자 장윤환은 '전격전'을 벌이기로 했다. 사흘 뒤인 10월 24일을 거사일로 잡고, 집행부와 함께 준비에 들어갔다.

10월 23일 오후에 선언문을 준비했는데, 그날 저녁 송건호(2001년 작고) 편집국장이 중앙정보부에 연행되는 사태가 발생했다. 학생들의 시위 기사를 실었다는 이유였다. 한겨레신문사 초대 대표이사가 될 송건호는 그 시절 이미 양심적 언론인의 표상이었다. 송건호의 연행으로 동아일보 기자들은 격앙되었다. 그리고 10월 24일 아침 9시, 마침내 장윤환이 편집국에 모인 기자들 앞에 서서 역사적인 선언문을 낭독했다. '자유언론실천선언'이라 적힌 펼침막도 편집국 기둥에 내걸었다.

그 선언의 뼈대는 외부 간섭을 배제하고 기관원의 출입과 언론인의 불법 연행을 거부한다는 것이었다. 선언문 발표 직후부터 실력 행사에 들어갔다. 자유언론실천선언의 내용과 과정을 지면에 보도하라고 편집국 간부들에게 요구했다. 기관원 출입 금지 팻말도 신문사 입구에 내걸었다. 요구 조건이 관철될 때까지 제작을 거부하기로 하고, 기자들이 편집국 및 공무국 점거 농성에 들어갔다. 신문사 간부들과 밀고 당기는 협상 끝에 일부나마 자유언론실천선언의 내용이 지면에 실렸다. 기관원들의 출입도 끊겼다. 작은 승리였다.

1974년 10월의 동아일보 자유언론운동은 조직적 전개의 과정과 사회적 파급력의 면에서 전체 언론계를 주도하는 구실을 했다. 같은 날인 1974년 10월 24일 밤, 조선일보 기자들이 '언론자유회복을 위한 선언문'을 채택했다. 선언문에는 학생, 종교인 등 각계의 정당한 의사 표시가 지면에 게재되지 않을 경우 실력 투쟁을 한다는 결의가 포함됐다. 한국일보 기자들도 25일 새벽 '민주언론수호를 위한 결의문'을 발표했다. 한국일보에선 장차 한겨레 초대 편집인이 될 임재경 논설위원이 주동하여 자유언론선언을 지지하는 사설을 실으려 했다. 그러나 간부들이 이를 허락하지 않았고, 한국일보 논설위원 모두가 사설 집필을 한동안 거부했다.

1974년 10월의 자유언론선언은 70년대 언론자유운동의 절정이었다. 전국 31개 신문·방송·통신사 기자들이 선언과 성명에 동참했다. 사실상 주요 언론사를 망라했다. 기자들의 저항 방식도 달라졌다. 기자협회 분회 등을 재건하며 조직적으로 단결했다. 몇몇 언론사에서는 기자들이 제작 거부를 내걸고 경영진 및 편집국 간부를 압박했다. 사실상의 파업 투쟁을 벌였다. 실질적인 지면 개선을 꾀했던 점도 특별하다. 취재와 마감이 끝나면, 젊은 기자들이 모여 그날의 지면을 검토했고, 알려야 할 가치가 있는 사실이 누락된 경우엔 보도를 요구했다. 학생들의 시위가 1단 기사나마 각 신문에 실렸던 것도 이 무렵이었다.

젊은 기자들이 일궈낸 자유언론의 작은 승리는 오래가지 못했다. 기자들이 저항 방식을 바꾸자 정권도 다른 차원의 탄압을 전개했다.

동아일보 광고 탄압은 그 신호탄이었다. 1974년 말부터 1975년 초에 걸쳐 럭키그룹, 롯데그룹, 미도파백화점 등 30여 개 대광고주가 동아일보에 대한 광고 계약을 취소했다. 이유는 밝히지 않았다. 박정희 정권이 배후에 있음이 분명했다. 이때부터 동아일보에는 격려 광고가 쏟아졌다. 1975년 1월에만 2943건의 격려 광고가 실렸다. 사상 처음으로 시민들이 자발적, 주도적으로 참여한 자유 언론운동이었다.

권력의 손아귀에서 벗어나 시민들의 품에서 새로 태어날 기회였지만, 동아일보 경영진은 이를 거부했다. 동아일보는 '사내 질서와 기강 확립'을 강조하며 1975년 3월 8일과 10일에 걸쳐 20명의 기자를 전격 해임했다. 10·24선언을 주도한 장윤환 등 기자협회 분회 집행부가 대거 포함됐다. 이에 항의하며 동아일보 기자들이 점거 농성에 들어갔고, 결국 경영진은 행동대원들을 동원해 이들을 모두 거리로 내쫓았던 것이다.

동아일보 편집국장이었던 송건호는 김상만 사장에게 해임 기자의 전원

1975년 3월 무더기 해직 직후, 동아투위 기자들이 서울 광화문 동아일보사에서 종로5가 기독교회관까지 행진을 벌였다.

복직을 요구하며 스스로 사표를 냈다. "전원 복직을 통해 사태를 수습하지 않는 한 동아는 훗날 역사의 심판을 받을 것"이라고 경영진에게 경고했다. 사표를 내고 마지막으로 편집국에 들른 그는 농성 중인 기자들 앞에서 눈물을 흘렸다.

줄잡아 4년여에 걸친 자유언론운동 끝에 1975년 3월, 동아일보 기자 110여 명, 조선일보 기자 30여 명이 해직되었다. 몇몇 기자들은 회사 쪽의 회유를 받아들여 복직했다. 당장의 해고는 면했지만 얼마 뒤에 파면당한 이들도 있었다. 거리에 남은 기자들이 모여 '동아자유언론수호투쟁위원회'(이하 동투)와 '조선자유언론수호투쟁위원회'(이하 조투)를 만들었다. 처음에는 명예 회복과 원상 복직을 요구했다. 점차 한국 언론 전체의 변화를 촉구했다. 동투와 조투는 한국 언론민주화의 주역이자 산증인이 되었다. 나중엔 한겨레 창간의 산파 노릇도 할 터였다.

신문다운 신문을 내는 꿈

그러나 해직기자들은 10여 년에 걸친 형극의 길을 먼저 걸어야 했다. "밤마다 가슴에 칼을 가는 느낌이었어요." 조선일보에서 해직된 김선주의 회고다. "꿈이 좌절되고, 사회가 잘못된 방향으로 흘러가고, 그 모든 걸 사람들이 잊어가는 것에 대해 분노했지요."

언론사 취업은 원천적으로 봉쇄당했다. 일반기업 취직도 정보기관의 방해 때문에 어려웠다. 번역을 맡아 하루하루 살아가는 게 보통이었다. 간혹 출판사를 차리기도 했지만, 돈 버는 일과는 거리가 먼 책만 골라 냈다. 시장에서 장사를 하거나 식당을 내기도 했지만, 사업에 성공한 경우는 거의 없었다. 아예 고향에 돌아가 농사를 시작한 이도 있었다.

다만 마음은 언제나 언론에 있었다. 해직된 뒤에도 동투, 조투 사람들은 여전히 기자였다. 무던히도 기사를 쓰고 싶어했다. 진실을 알리고 싶어했다. 1978년 10월에 일어난 '민권일지 사건'은 참언론에 대한 이들의 갈망을 보여준다. 동투 기자들이 10·24자유언론실천선언 4주년을 기념하는 자리를 열었다. 해직 이후 발행을 시작한 〈동아투위소식〉 특집호를 만들어 돌렸다. 1977년 10월부터 1년 동안, 언론에 보도되지 않은 민주 인권 사건들을 모아 일지 형식으

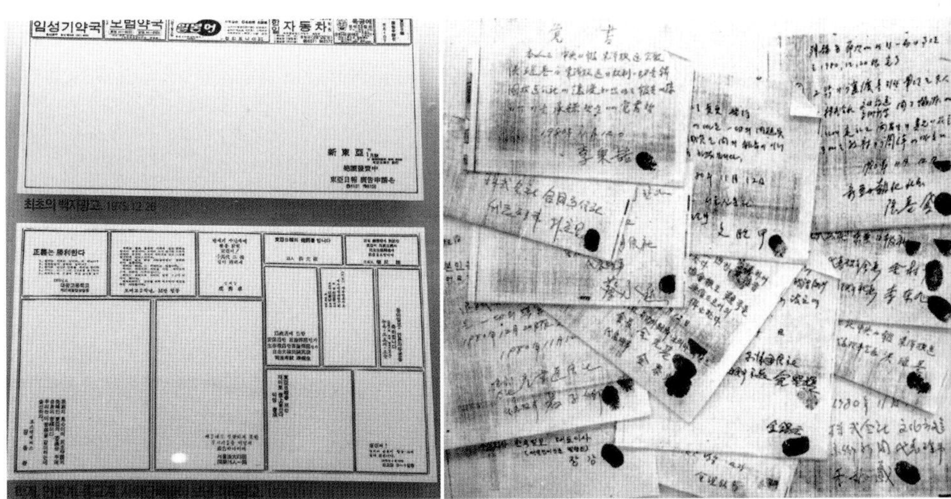

1970년대 '동아일보 백지광고 사건'은 한국 언론자유투쟁의 상징이었다(왼쪽). 1980년 11월, 신군부가 언론통폐합 방침을 통고하면 언론사 대표들이 자필로 언론통폐합 이행 각서를 써야 했다.

로 썼다. 정권은 긴급조치 9호 위반의 죄목을 걸었다. 안종필, 장윤환, 성유보, 정연주, 김종철, 윤활식 등이 체포되거나 구속되었다.

해직 이후 이들은 한순간도 편치 못했다. 쓰고 말할 기회는 완전히 봉쇄됐다. 걸핏하면 잡혀가고 구속당했다. 돈을 벌어 생계를 연명하는 일까지 권력층이 훼방을 놓았다.

1980년 전두환 신군부 정권은 권력에 고분고분하지 않은 기자들을 괴롭히는 더 지독한 방법이 있다는 걸 보여줬다. 전두환 정권은 적어도 1200여 명의 언론인을 강제 해직했다. 체포와 구금으로 모자라 언론인들을 고문했다. 40여 개 언론사를 통폐합했고, '보도지침'을 만들어 매일 언론사에 내려보냈다. 자유언론운동을 이끌었던 이들은 1975년의 일을 '75년 해직 사태'라 부른다. 그러나 1980년의 일에 대해선 그저 해직 사태라 말하지 않는다. '언론 대학살'이라 부른다.

1979년 10월 박정희 대통령 사망 이후 민주화에 대한 기대가 잠시 충만했다. 자유언론회복운동이 일어났다. 가장 활발한 움직임을 보인 곳은 경향신문이다. 1979년 6월, 경향신문의 고영재, 홍수원, 박우정, 박성득, 조상기 등이 편향 보도에 항의하는 결의문을 채택하고 편집국장의 사퇴를 요구했다. 이 가운데 박우정, 고영재, 조상기는 훗날 한겨레 편집위원장이 된다. 홍수원은 편집부위원장, 박성득은 제작국장이 될 터였다.

1975년 이후 사실상 활동 중단 상태였던 한국기자협회도 이 무렵 재건됐다. 1980년 3월 31일 합동통신의 김태홍(2011년 작고)이 기협회장에 취임했다. 1975년에 해직된 동아일보와 조선일보 기자들의 원상 복직을 전면에 내걸고 각 언론사 분회의 재건에 들어갔다. 이때부터 조직가의 면모를 드러낸 김태홍은 훗날 한겨레 창간을 주도하는 한 축이 된다.

1980년 5월 16일, 기자협회가 '검열거부선언'을 발표했다. 계엄 당국의 보도검열 실상을 폭로하고 "검열지침을 무시하고 검열 철폐를 위해 극한 투쟁을 불사한다"는 행동지침을 내놓았다. 검열거부운동이 조선일보, 한국일보, 합동통신 등 전 언론사에 번졌다.

검열거부운동이 모든 언론사에 확산된 배경에는 광주항쟁이 있었다. "광주에서 엄청난 일이 벌어지고 있는데도 언론이 이를 전혀 보도하지 못했습니다. 진실을 알려도 부족한 판에 계엄 당국이 발표한 허위 사실을 보도해야 하는 상황이었습니다. 참담했죠. 그럴 바에는 차라리 제작을 거부하는 것이 낫겠다고 생각했어요." 박우정의 회고다.

그러나 1980년의 자유언론운동은 미처 꽃피기도 전에 스러졌다. 기자협회가 검열거부선언을 발표한 다음 날인 5월 17일, 전두환 신군부는 비상계엄을 전국으로 확대 선포했다. 동투 지도부, 조투 지도부, 기협 간부 등 자유언론운동을 이끈 주요 언론인들이 줄줄이 체포되었다. 이때 당국에 끌려간 송건호는 각목으로 온몸을 난타당하는 모진 고문을 치러 말년에 깊은 병을 얻었다.

신군부는 해직된 기자들을 괴롭히는 데서 그치지 않고 현직 기자들까지 내쫓기 시작했다. 반체제 및 용공 행위, 검열거부 주동 및 동조, 부정 축재와 특정 정치인과의 유착 등을 해직 사유로 꼽았다. 각 언론사가 자체적으로 이들을 해직시키면 나머지 '정화 대상자'들을 합동수사본부가 직접 처리한다는 계획을 세웠다. 핑계는 여러 가지였지만, 결국엔 검열거부운동을 주도한 기자들을 몰아내려는 속셈이었다.

이때 쫓겨난 기자가 몇 명인지는 아직까지도 정확한 통계가 없다. 닥치는 대로 해직한 탓이다. 신군부가 스스로 만든 '언론 정화 결과 보고서'를 보면, 정부가 직접 해직 대상자로 지목한 언론인이 298명, 언론사 스스로 선정한 언론인이 635명이다.

신군부는 언론인을 몰아낸 뒤에 언론사를 솎아냈다. 1980년 11월, 전국 64개 언론사 가운데 신문 14개사, 방송 27개사, 통신 7개사를 통폐합시켰다. 이와중에 300여 명의 언론인이 다시 취재 현장에서 쫓겨났다.

1980년 한 해 동안 적어도 1200명이 넘는 기자들이 신군부에 의해 강제로 해직됐다. 이들은 1984년 3월, '80년 해직언론인 협의회'를 결성했다. 1984년 12월에는 동투, 조투, 80년 해직언협 등을 두루 엮는 '민주언론운동협의회'(이하 언협)를 출범시켰다. 언협 초대의장은 송건호, 공동의장은 김태홍이 맡았다. 신홍범, 성한표, 박우정, 윤활식, 노향기가 실행위원이었고 성유보가 사무국장에 선임되었다. 초대 언협 지도부 모두가 훗날 한겨레의 주춧돌이 된다. 언협은 75년 해직기자와 80년 해직기자들이 함께 모인 자유언론운동의 둥지였다. 제도 언론을 비판하다 제도 언론의 바깥으로 내쫓긴 기자들의 울타리였다. 이들 모두에겐 한결같은 꿈이 하나 있었다. 신문다운 신문을 내는 꿈이었다.

여명

02

늦여름 햇살이 잠시 숨을 죽였다. 해가 기울어 산들바람도 불었다. 좋은 날씨다. 사람들은 밖으로 나와 자리를 잡았다. 대전 근교 작은 연수원 마당에 50여 명이 모여 앉았다. 잔디 없는 흙바닥이었지만 시골 마당 같은 운치가 있었다. 1987년 8월 말, 민주통일민중운동연합(이하 민통련)의 연례 총회 자리였다.

새로운 지도부로 체제를 정비하는 게 이 자리의 목적이었다. 사람들은 막 번지기 시작한 노동자 대투쟁에 대해 이야기했다. 12월로 다가온 대통령 선거도 관심사였다. 민주화의 발판을 마련했지만 시국은 여전히 엄중했다. 그러나 간간이 웃음소리가 번졌다. 87년 6월항쟁의 주역들에게 허락된 작은 여유였다. 1985년 3월, 25개 재야운동단체들이 연합하여 만든 민통련은 민주세력의 머리이자 가슴이었다.

정태기와 권근술이 그들 앞에 섰다. 각각 조선일보와 동아일보에서 해직된 두 사람은 이 자리의 손님이었다. 민통련 간부들에게 발언 시간을 특별히 부탁해 승낙을 받았다. "새 신문을 만들려 합니다." 그렇게 입을 뗀 정태기가 이후

30여 분 동안 새 신문 창간 구상을 설명했다. 민주세력의 지원을 부탁했다.

성유보는 마당에 앉아 그 이야기를 들었다. 그는 조금 전 민통련 사무처장 자리를 임채정에게 물려줬다. '새로운 신문을 만들면 좋지. 그렇게 되기만 하면 얼마나 좋겠어.' 성유보는 자신이 그 신문의 초대 편집위원장이 될 것이라는 생각은 전혀 하지 못했다.

민통련 정책기획실에서 일하고 있었던 윤석인도 그 자리에 있었다. 그 역시 한겨레 창간에 합류하게 될 운명이었지만, 적어도 그날의 관심은 새 신문이 아니었다. "그땐 신문이 문제가 아니었어요. 다들 선거에 관심을 쏟았지. 아니면 막 일어나기 시작한 노동자 대투쟁을 이야기하거나. 민통련 사람들끼리 새 신문에 대해 진지하게 토론한 기억이 없어요." 윤석인의 회고다.

당시 민주 인사들의 반응이 대체로 이날의 민통련 사람들과 같았다. 새 신문 구상을 반겼지만, 자신의 문제로 받아들여 몰두하지는 않았다. 이날, 진지하게 반응한 사람이 아주 없지는 않았다. "좋습니다. 합시다. 대신 우리하고 같이합시다. 당신들 언론인, 지식인끼리만 일을 벌이면 자기 감정에 함몰됩니다. 민중과 함께합시다." 민통련 의장이었던 문익환 목사였다. 그는 재야운동의 대변지를 염두에 두고 있었다.

"신문 만드는 데 50억 원이 필요하다고요. 모을 수도 있겠죠. 그런데 그 돈이 정말 모인다면 재야운동권의 자금은 씨가 마를 겁니다." 민통련 정책기획실의 핵심이었던 이해찬이었다. 그는 신문보다 정치조직이 우선이라고 생각했다.

민중을 위한, 민중에 의한

정태기의 생각은 조금 달랐다. 민주세력의 뜻을 모아야 한다. 그러나 신문은 언론인이 주도하여 만들어야 한다. 돈을 마련해야 한다. 그러나 몇몇 재야 인사의 쌈짓돈이 아니라 범국민적 모금으로 돈을 모아야 한다. 민주화를 이뤄야 한다. 그러나 이를 위해서라도 민주정부보다 먼저 민주언론을 준비해야 한다…. 10여 년 동안 해직기자들이 조금씩 진전시켜온 새 신문의 꿈이었다.

1975년 해직된 동투, 조투 기자들 가운데는 복직을 기대하는 이가 없지

1987년 10월 30일, 서울 명동 기독교여자청년회(YWCA) 대강당에서 한겨레 창간 발기 선언대회가 열렸다. 각계 인사 1000여 명이 참석한 자리에서 문자 그대로 '국민이 주인이 되는 신문'을 만들겠다는 포부를 밝혔다.

않았다. 그러나 시간이 흐를수록 그 가능성은 열어졌다. 기성 언론의 상업적 타락과 권력과의 유착도 노골화되었다. 1970년대 후반부터 해직기자들의 관심은 조금씩 다른 곳으로 옮겨갔다.

"지난 3년여의 인고 속에서 과거의 언론인이 아닌 미래의 언론인으로 성장한 우리는, 오늘의 사이비 언론을 타도하고 민주 민족 언론을 세우는 역사적 책무를 통감한다. 민주언론은 민중의 아픔을 같이하는 민중을 위한, 민중에 의한, 민중의 것이어야 한다."

동투와 조투 기자들이 1977년 12월 30일 광화문 네거리 태화관에 모였다. 해직기자들이 단골로 애용한 모임 장소였다. 그 자리에서 '민주 민족 언론선언'을 발표했다. 제도 언론을 사이비 언론으로 규정하고 새로운 언론을 세우겠다는 뜻을 적극적으로 밝힌 최초의 선언이었다. 다만 말 그대로 선언의 의미가 짙었다. 민주 민족 언론을 세울 구체적 방책을 내놓진 않았다.

이듬해인 1978년 7월에는 서울 성북구 상지회관에서 '자유언론'을 주제로 세미나가 열렸다. 천관우, 한완상, 송건호 등이 발제하고 토론했다. 이날 토론 내용을 전한 〈동아투위소식〉 기사의 마무리는 의미심장하다.

"우리는 한밤 끝의 여명을 예감하면서 말하고 싶은 자는 누구나 말하고 듣고 싶은 자는 누구나 듣는 새 시대의 언론을 예비한다. 새 시대에는 언론에 대한 모든 법적, 제도적 제한이 철폐되고 민중의 언론이 제도화될 것이다. 이때서야 비로소 민주 민족 언론이 꽃피게 될 것이다."

민권일지 사건으로 감옥에 갇힌 안종필은 1979년 11월 말, 함께 수감 중인 동료들에게 새 언론에 대한 자신의 생각을 전했다. 나중에 권근술이 주변의 기억을 모아 〈동아투위소식〉에 안종필의 구상을 정리해 실었다. 그 대략은 이렇다.

"새 시대가 와서 우리가 언론계에서 다시 일하게 될 때, 신문을 어떻게 만들고 경영은 어떻게 해야 할까? 가로쓰기에 한글 전용을 해야 할 거야. 지금 신문은 너무 식자층 중심으로 제작되고 있는데, 민중을 위한 진정한 신문이 되기 위해서는 누구나 쉽게 읽을 수 있게 한글 전용을 해야지. 부처 출입 제도도 없어져야 돼. 너무 관 위주의 취재여서 민중의 뜻이 제대로 반영되지 않고 있어. 새 시대가 오면 국민들이 골고루 출자해서 그들이 주인이 되는 신문사를 세우는 것이 가장 바람직해. 그렇게 되면 어느 한 사람이 신문사를 좌지우지하지 못할 테고, 편집권의 독립도 이뤄질 거야."

이 이야기는 유언이 되었다. 출옥 직후인 1980년 2월 29일, 안종필은 감옥에서 얻은 암으로 길지 않은 생을 마쳤다. 겨우 마흔두 살이었다. 1987년, 동투 기자들이 그의 뜻을 받들어 '안종필 자유언론상'을 제정했다. 1992년 제6회 안종필 자유언론상 수상자는 한겨레 편집국이었다.

1980년대 들어 '새 언론 창설'은 해직기자들 사이에서 보다 분명한 지향으로 자리 잡았다. 이 좌표를 명확하게 천명한 것은 조투 기자들이었다. 1985년 3월, 조투 설립 10주년 기념행사가 서울 장충동 분도회관에서 열렸다. 해직기자들은 '새 언론의 창설을 제안한다'는 선언문을 채택했다.

“동아 조선 양 투위의 10주년에 즈음해 제도 언론을 대신하는, 민중적 열망의 표현수단인 새로운 자유, 민주, 민중, 민생, 민족 언론기관의 창설을 제안한다. 우리는 그 제도적, 법적 준비의 일환으로 민중언론(신문, 방송, 통신)을 설립하기 위한 무기한 국민운동을 전개할 것을 제의한다.”

1970년대 자유언론운동을 주도한 것은 아무래도 동투 기자들이었다. 그러나 적어도 새 언론 창설에 관해서는 조투 기자들이 보다 적극적이었다. 한때의 야당지였던 동아일보와 비교해 조선일보의 타락이 더 극심했던 것도 하나의 배경이 되었다.

조투의 제안은 75년 해직기자와 80년 해직기자를 한데 묶은 언협에서도 정식화된다. 언협은 1985년 6월 15일 《말》 창간호에 ‘새 언론기관의 창설을 제안한다’는 제언을 실었다.

“제도 언론의 외면으로 노동자, 농민 등 여러 분야에서 자신들의 목소리를 전하는 자생적인 언론이 활발히 전개되고 있다. 민중언론의 지향과 성과를

1987년 6월 3일, 서울 공덕동 민주언론운동협의회 사무실에 해직 언론인들이 모였다. ‘보도지침’ 사건 1심 선고공판으로 풀려난 김태홍, 신홍범, 김주언을 환영하는 자리였다. 왼쪽부터 조투 정태기·신홍범 기자, 송건호 민언협 창립 의장, 리영희 선생, 최장학 조투 위원장(민언협 공동대표) 등이다.

올바로 수렴하면서 그 형식과 내용을 새롭게 하는 진정하고도 창조적인 언론의 필요성이 제기되고 있다. 이 민중언론 시대의 요청에 따라 새로운 언론기관의 창설을 위한 범국민운동을 지체 없이 전개하자."

언협은 새 언론의 소유 구조도 제시했다.

"새 언론기관은 기존 언론기관이 소수 또는 개인의 언론기업들에 의해 독점되고 있는 것과는 달리 참다운 민주언론을 갈망하는 모든 민중이 출자하여 스스로의 힘으로 자신의 표현기관을 창설하는, 그리하여 민중이 공동으로 소유하고 움직이는 그런 민중의 표현기관이 될 것이다."

대안 언론의 표상 《말》

이 구상은 훗날 한겨레 창간을 위한 국민주 모금운동으로 현실화된다.

언협이 창간한 《말》은 1980년대 후반까지 재야와 대학가를 중심으로 널리 읽혔다. 특히 1986년 9월 특집호에서 '보도지침 사건'을 특종 보도했다. 전두환 정권은 문화공보부 홍보정책실 명의로 각 언론사에 비밀통신문을 매일 보냈다. 뉴스가 될 만한 사안에 대해 일일이 '가', '불가', '절대불가' 판정을 내리고, 기사의 크기, 내용, 형식까지 결정해 시달했다.

이를 한국일보 김주언 기자가 몰래 모아뒀다가 언협에 건넸다. 언협은 《말》을 통해 세상에 알렸다. "전두환 입장에서 보면 기사 쓴 놈들을 잡아다 때려죽이고 싶어질 정도로 발칙한 잡지였어요. 표지에다 전두환이 똥 누는 그림까지 그렸으니, 허허." 박성득의 회고다.

창간과 동시에 《말》은 제도 언론과 군사정권의 치부를 폭로했다. 대안 언론의 표상으로 급부상했다. 훗날 한겨레 창간의 주역이 되는 대다수 해직기자들이 《말》의 제작, 편집, 배포에 관여했다. 여기에 칼럼 한번 쓰지 않은 해직기자가 거의 없었다. 그런 《말》이 있는데, 또 다른 '새 언론기관'이 왜 필요했던 것일까?

《말》은 정간법상 정식 등록된 언론매체가 아니었다. 일종의 비합법 지하 언론이었다. 발행할 때마다 편집진들의 전과가 늘었다. 당국에 끌려가 열흘씩 구류를 살았다. 만드는 사람들도 굳이 정식 등록을 요청할 생각이 없었다. 당시

《말》 제호 아래에는 '민주, 민족, 민중 언론을 향한 디딤돌'이라는 부제가 붙어 있었다. 언협에서 활동한 해직기자들은《말》을 디딤돌 삼아 종합일간지 창간을 꿈꾸었다. '지하 매체'로는 성이 차지 않았다. 불법 잡지를 이끌었던 성유보 언협 사무국장, 박우정·홍수원 편집장, 이근영·한승동·권오상·정의길 기자 등은 나중에 한겨레 창간에 고스란히 합류한다.

1970년대 후반 이래 새 신문 창간에 대한 공감대는 더 강해지고 더 넓어졌다. 1980년대 중반에 이르러 새 언론의 편집 방향과 소유구조에 대한 구체적 제안까지 나왔다. 불법 매체나마 해직기자들이 직접 만드는 새로운 매체의 가능성도 시험했다. 해직기자들이 중심이 된 자유언론운동은 한겨레 창간의 토양이 됐다. 그러나 가장 중요한 문제가 남아 있었다. 집단의 선언과 개인의 공상 속에 흩어져 있는 종합일간지의 꿈을 어떻게 현실에 옮겨놓을 것인지 답해야 했다.

601호 새 신문 연구소

1987년 6월 민주항쟁의 끝 무렵, 노태우 민정당 대표위원이 8개 항의 6·29선언을 발표했다. 그 가운데는 "현행 언론기본법을 빠른 시일 내에 폐지하고 언론자유 창달을 위해 관련 제도와 관행을 획기적으로 개선한다"는 내용도 있었다. 박정희 정권 이후 계속된 언론 통제의 고삐를 조금 늦추겠다는 뜻이었다. 덕분에 새 언론 창간의 합법적 공간이 생겼다.

그러나 6·29선언에서 이 대목을 눈여겨본 이는 많지 않았다. 1987년 여름, 민주세력은 그해 12월의 대선 준비로 벌써부터 바쁘게 돌아갔다. 새 언론 창간의 화두에 골몰한 사람들은 따로 있었다. 논의의 중심에 송건호, 리영희, 임재경, 이병주, 정태기, 김태홍 등이 있었다. 그 가운데 핵심은 정태기였다. 그는 구체적 계획과 일관된 확신으로 한겨레 창간을 성사시켰다.

해직 이후 10여 년간, 정태기는 세 종류의 기업을 경험했다. 동양화학 기획실장으로 2년 일했다. 이곳에서 장치 산업의 구조를 익혔다. 뒤이어 두레출판사를 차려 5년간 운영했다. 이곳에서 편집, 인쇄, 발행의 감각을 다시 얻었다. 뒤이어 화담기술이라는 컴퓨터 회사를 차렸다. 최신 컴퓨터 기술을 몸소 체험

<17日字>

△ 富川署 性고문사건 指針

① 今日하오 4時 검찰이 발표한 同事件 조사결과 내용만 보도할것
② 사회면서 취급할것 (크기 裁量에)
③ 검찰발표 全文 꼭 실어줄것
④ 資料중 '사건의 性格' 에서 제목을 뽑아줄것
⑤ 同사건의 명칭을 '性추행' 이라고 하지말고 '性모욕행위' 로할것
⑥ 발표외 신문사 独自的 취재보도 不可
⑦ 市中에 나도는 '反体制측의 主張' 내용, 이나 'NCC, 여성단체등의 同사건관계 声明' 一切 보도不可

1988년 12월, 국회 청문회에서 5공화국의 '보도지침'을 증언하는 김주언 한국일보 기자(왼쪽). 오른쪽은 1986년 7월 17일, 문화공보부가 배포한 '부천서 성고문 사건' 보도지침 원본이다.

했다. 그는 경영, 기술, 편집을 동시에 익혔다.

정태기는 7월 초, 리영희, 이병주, 임재경 등을 만났다. 인쇄, 판매, 광고 쪽 전문가들을 만나 기초 자료를 수집한 뒤였다. 정태기가 새 신문 창간 구상을 내비쳤다. 리영희가 크게 찬성하며 북돋았다. 이병주는 온 국민이 한 주씩 갖는 국민 개주 캠페인을 그 자리에서 제안했다. 임재경은 송건호 등을 만나 해직기자 차원으로 논의를 확산시킬 것을 주문했다.

뒤이어 정태기는 송건호와 김태홍을 만났다. 창간 작업 전면에 나서줄 것을 요청했다. 1987년 7월 중순, 서울 마포의 언협 사무실에서 회의가 열렸다. 송건호, 임재경, 윤활식, 성유보, 신홍범, 김태홍, 박우정, 고승우, 정상모 등 10여 명이 모였다. 동투와 조투, 그리고 80년 해직 세대를 두루 아우르는 면면이었다. 이들은 이 자리에서 새 신문 창간에 뜻을 모으고 구체적 계획을 입안하기로 했다. 김태홍에게 초안 마련을 맡겼다.

논의의 물꼬를 튼 정태기, 국민 개주 모금 방식을 제안한 이병주, 자유언론운동을 이끌던 김태홍 등이 중심이 되어 '새언론창설연구위원회'가 곧이어 만들어졌다. 1987년 7월 말, 위원회가 '민중신문 창간을 위한 시안'을 내놓았다. 보고서에 담긴 '민중신문'이라는 표현은 이후 '국민신문', '새 신문' 등으로 바뀌었다. 이 보고서에는 국민 참여, 편집권 독립, 한글 가로쓰기, 컴퓨터 조판 시스템(CTS), 독자 반론권 보장 등 새 신문의 모습이 구체적으로 담겨 있었다. 1987년 8월 15일 발기 선언, 11월 1일 신문사 창설, 1988년 2월 1일 창간호 발행 등의 일정도 잡아놓았다.

8월 중순부터 해직 언론인들의 논의가 본격화했다. 시안을 토대로 설명회와 토론회가 잇따라 열렸다. 논의를 위해 정태기는 서울 대치동에 사무 공간을 마련했다. 그가 경영하는 화담기술 사무실 옆방이었다. 매일 저녁 7시 30분이면 10여 명의 해직기자들이 이곳을 찾았다. 햄버거로 끼니를 때우며 난상토론을 거듭했다. 자본금 마련의 어려움에 대한 지적이 적지 않았지만, 새 신문의 미래에 대한 여러 제안이 쏟아졌다. 회의는 매번 밤 10시를 넘겨야 끝이 났다. 정태기와 권근술이 민통련 총회에서 새 신문 창간 구상을 설명한 것도 이 무렵이었다.

새 신문 창간 논의의 최초 단계에 참여한 인물들의 면면은 의미심장하다. 당시 환갑을 전후한 나이였던 송건호와 리영희는 언론인 이전에 '실천하는 최고 지성'의 표상이었다. 정태기는 조선투위 위원장, 이병주는 동아투위 위원장을 각각 맡아 75년 해직 세대를 이끌었다. 두 사람은 한동안 본격적인 기업인의 길을 걸었다는 점에서도 닮아 있었다. 김태홍은 80년 해직기자 세대를 대표하는 인물로 언협 창립을 주도했다. 80년대 자유언론운동의 실질적 지도자였다. 1980년 한국일보에서 해직된 임재경은 창작과비평사 편집고문으로 재직하며 학문 연구와 집필 활동을 계속해왔다. 임재경은 정태기, 이병주, 김태홍의 열정을 송건호, 리영희의 이성 위에 올려놓는 가교 역할을 하기에 가장 적합한 인물이었다. 이들은 70·80년대 자유언론운동의 정통성과 대표성을 한 몸에 안고 있었다.

해직기자들의 마음은 급했다. 새 언론의 꿈만 꾸었던 시간이 너무 길었다. 87년 여름의 유화 국면이 언제 어떻게 뒤바뀔지도 모를 일이었다. 새 신문 창간을 위한 시안이 나온 지 한 달여 만인 1987년 9월 1일, 서울 종로구 안국빌딩 6층 601호와 602호에 사무실을 냈다. 빌딩 1층 안내판에 새 명패가 걸렸다. '601호 새 신문 연구소'였다.

1987년 10월, 새 신문의 이름을 '한겨레신문'으로 결정한 뒤 사무실 앞 명패로 내걸었다. 서울 종로구 안국빌딩 601호 사무실.

❶ 1984년 12월 19일, 해직기자들이 주도해 '민주언론운동협의회'를 만들었다. 고 문익환 목사가 언협 창립총회에서 연설을 하고 있다.
❷ 안종필 동투 초대 위원장은 1978년 민권일지 사건으로 구속되었다. 그가 감옥에서 이야기한 '새 언론' 구상은, 그가 투옥 중 얻은 병으로 세상을 떠난 뒤에 한겨레 창간으로 현실이 되었다.
❸ 1987년 9월, 서울 종로구 안국동 안국빌딩 601·602호에 자리 잡은 '새 신문 창간 사무국'의 초창기 모습이다. 현이섭, 정상모, 이상현, 정태기, 임재경, 홍수원, 이원섭, 서형수 등 초기 일꾼들이 회의를 하고 있다.
❹ 1987년 9월 1일, 안국동 사무실에서 창간 발의자 총회가 열렸다. 송건호가 '새 신문 창간 발의'라고 붓글씨를 적고 있다. 정태기, 김형배, 김태홍, 고승우, 신홍범, 김인한 등이 이를 지켜보고 있다.

세상을 바꾸고 싶은 사람들

03

안개는 아직 걷히지 않았다. 출근길 시청역 앞엔 스모그가 옅게 깔려 있었다. 사무실로 향하던 사람들은 한 장의 종이를 건네받았다. '이게 뭔가' 하는 표정이다. "해직기자들이 새 신문을 만듭니다." 설명을 덧붙이면, 그제야 사람들은 들여다봤다. 어떤 이는 곱게 접어 양복 안주머니에 넣었다. 무심한 척 뒤에서 다가와 한 장 더 달라는 이도 있었다. 신호에 멈춰 선 택시에서 승객들이 창을 내리고 손을 내밀었다.

1987년 11월 18일 아침 7시 30분, 〈한겨레신문 소식〉 1호가 서울시청, 종로2가, 서울역 등에 등장했다. 그 뒤 나흘 동안, '한겨레신문'이라 적힌 어깨띠를 두르고 30여 명이 아침마다 서울 시내를 누볐다. 제도 언론은 새 신문 창간 움직임을 보도하지 않았다. 몇몇 신문이 지면 귀퉁이에 겨우 1단 기사로 한두 차례 다루고 말았다. 새 신문을 만들려는 사람들이 직접 새 신문 창간 소식을 알리는 수밖에 없었다. 충무로 인쇄소에서 소식지를 찍었다. 다들 인쇄를 꺼렸다. 웃돈을 얹어 일을 맡겼다.

소식지 1호 앞면에는 굵은 글씨의 한 문장이 돋움 편집되어 있었다. '온 국민이 주인인 새 신문, 한겨레신문은 39억 3000만 원이 더 필요합니다.' 돈이 필요하니 도와달라는 이 소식지는 이듬해인 1988년 4월 28일, 10호까지 발행됐다. 시간이 흐를수록 인기가 높아져, 나중엔 수십만 부를 찍어냈다. 마지막으로 나온 10호 1면 머리기사 제목은 '창간호 5월 15일 발간'이었다. 소식지의 발행처는 한겨레신문 창간 사무국이었다.

1987년 9월 1일 입주 직후, 안국빌딩 601 · 602호에 매일 출근한 사람은 10여 명이었다. 70여 평 남짓한 사무실은 업무 공간과 회의 공간으로 나뉘어져 있었다. 유인물과 우편물로 책상은 항상 어지러웠다. 크게 두 갈래로 일을 진행하면서 창간 사무국 체제를 정비했다.

우선 새 신문의 지향, 구성, 편집 등을 연구하는 팀을 만들었다. 임재경이 총괄책임을 맡고, 신홍범, 성한표, 권근술, 박우정, 조성숙(2016년 작고) 등이 여기에 합류했다. 75년 해직 세대가 주축을 이룬 가운데 80년 해직 세대가 뒤를

1987년 11월 18일 아침, 한겨레 창간 사무국 사람들이 지하철 시청역 주변에서 〈한겨레신문 소식〉을 나눠주고 있다.

받쳤다. 이들은 뉴욕타임스, 르몽드, 엘 파이스, 가디언 등 외국 주요 일간지를 검토하면서 새 신문의 얼개를 기초할 터였다.

신문사를 세우는 일은 창간 사무국장인 정태기가 지휘했다. "신문사는 내가 만들 테니, 선배는 신문을 만들어주십시오." 그가 임재경에게 했던 말이다. 김명걸과 이병주가 모집 관리를 맡았다. 홍수원은 사무국 차장으로 실무 관리를 책임졌다. 롯데그룹에서 일했던 서형수가 기획을 담당했다. 박성득은 공무를 맡았다. 이원섭과 김형배가 홍보를 책임졌고, 현이섭과 신동준이 국민주 모집을 맡았다. 안정숙이 경리를, 이상현과 이병효가 총무를 맡았다. 75년 해직된 정태기가 이끌고, 80년 해직 세대가 실무 책임을 맡는 모양새였다.

"모두가 모금하고 모두가 홍보했다"

할 일이 태산인 사무국에는 젊은이가 필요했다. 사무국이 막 만들어지던 때, 안국빌딩 사무실을 찾아온 20대 청년들이 있었다. 대학을 갓 졸업했거나 졸업을 앞둔 이들이었다. 새 신문 창간을 위해 무슨 일이라도 하겠다고 나섰다. "나중에 기자로 채용할 것이라는 보장을 할 수 없어요." 홍수원이 이들에게 말했다. "실은 신문사가 만들어질지도 불투명합니다."

그래도 지원자가 넘쳤다. 처음에는 오는 대로 일을 맡기다가 나중에는 정식으로 채용시험을 치렀다. 경쟁률이 3대1에 가까웠다. 선발된 곽정수, 김선규, 김용성, 김현대, 박근애, 안영진, 정상영, 하성봉(2014년 작고) 등은 홍보, 모금 등 온갖 잡무를 도맡았다. 해직기자 출신들은 이들을 '사무국 아르바이트생'으로 불렀다. 돈도 제대로 못 받고 일하던 아르바이트생들은 나중에 한겨레신문사 공채 1기 사원이 된다. 이 가운데 하성봉과 박근애는 결혼했다. 김용성은 채용에 떨어져 서럽게 울던 여대생과 결혼했다. 사내 커플이 많기로 유명한 한겨레의 전통이 이때부터 시작되었다.

1987년 10월 이후 사무국의 모양새가 갖춰지면서 해직기자들이 속속 합류했다. 다니던 신문사에 사표를 쓰고 새 신문 창간 대열에 동참하겠다는 현직 기자들도 늘어났다. 사무국 출범 넉 달이 지난 1988년 1월, 창간 사무국 식구가 50여 명으로 불었다.

1987년 12월, 안국동 창간 사무국에서 김용성, 하성봉, 안영진 등 공채 1기 사원들이 국민 모금 문의 전화를 받고 있다(왼쪽). 1988년 1월 4일, 창간 사무국 시무식이 열렸다(오른쪽).

그 가운데 조영호가 있었다. 그는 롯데그룹 기획실장 일을 접고 나오느라 조금 늦게 사무국에 참가했다. 정태기가 제작, 윤전, 사옥 등 신문사의 하드웨어를 깔았다면, 조영호는 그 위에 인사, 예산, 사규 등 신문사의 소프트웨어를 장착했다. 대기업에서 기획·예산·조직·판매 분야를 두루 거친 경험이 큰 밑천이었다. 정태기가 일을 벌이고 조영호가 이를 조율했다. 두 사람은 신문사 창립의 경영적 기반을 닦는 두 바퀴가 되었다. 두 사람 모두 40대 초반이었다.

이병주와 신홍범은 창간 사무국을 이끈 또 다른 40대다. 1975년 조선일보의 자유언론운동을 주도했던 신홍범은 새 신문의 밑그림을 그렸다. 한겨레는 한국 언론 사상 처음으로 개별 언론사 차원의 윤리강령을 채택했는데, 신홍범이 해외 언론의 윤리강령을 연구해 그 초안을 만들었다. 민주적 편집위원회 구상도 그의 작품이다. 동아투위 출신인 이병주는 국민주 모금의 총책이었다. 해직 이후 그는 광고기획사와 극단 등을 운영하며 〈지저스 크라이스트 슈퍼스타〉 등을 흥행시켰다. 창간 준비 내내 자신이 제안했던 범국민 모금운동의 실무를 주도하면서 홍보·판매·광고 전략을 다듬었다.

새 신문 창간이 구체화되면서 사무국 대변인을 맡은 이원섭도 바빠졌다. 〈한겨레신문 소식〉 발행은 그의 몫이었다. 기자들도 상대해야 했다. 안국동 사무실이 종로경찰서 맞은편에 있어, 각 언론사의 종로서 출입기자들이 한겨레 창간 사무국 취재를 담당했다. 1988년 3월, 언론사 기자들을 모아놓고 이원섭이 밥을 샀다. 당시 서울신문 종로서 출입기자였던 성한용은 "관련 기사를 써도 데스크가 실어주지 않는다"며 괴로워했다. 괴로워하던 그는 결국 한겨레로 자리를 옮겼다.

한국의 제도 언론은 애써 외면했지만, 외신은 경이적인 눈으로 창간 움직임을 보도했다. AP, AFP, 로이터, 교도통신, 리베라시옹, 베를리너 타게스 차이퉁, 아사히신문, 크리스천 사이언스 모니터, NHK 등이 '권력과 대자본의 간섭을 배격하는 진정한 독립 일간지'의 준비 과정을 알렸다.

대학 언론과 재야단체 기관지 사람들도 안국동 사무실을 찾았다. 이원섭, 김형배, 이상현 등이 이들을 맞았다. 외신 기자를 만날 때는 이병효가 합석했다. 미국 유학 경험이 있어 영어에 능통했다. 나중에는 조홍섭, 고종석도 거들었다. 조홍섭은 유네스코 한국위원회 사무처에서 일했었다. 코리아타임스 출

한국 언론은 새 신문 창간 소식을 보도해주지 않았다. 하지만 수많은 외신이 세계적으로 유례가 없는 국민주 언론의 창간 과정에 관심을 갖고 취재보도했다.

Los Angeles Times — Wednesday,

KOREA: Extent of Press Freedom to Be Tested

Continued from Page 12

of journalists in 1975 and 1980, when they lost their jobs and were barred from finding new ones in journalism. Thirty, like Koh, quit jobs with established newspapers to gain greater freedom of expression. And many of the others are former university students who were expelled or forced to drop out of college because of protests against authoritarian rule.

"All are here because of a sense of mission," said Im Jai Kyung, editor-in-chief of the paper, noting that his salary of $1,081 a month is about one-third of what the editor of an established daily newspaper makes.

One of the 1980 purge victims, Im has held no regular job since then and was jailed for six months during Chun's regime.

Launched last fall by a committee of 3,000 "supporters," the paper he will edit has gathered $6.8 million in capital by selling stock to more than 30,000 shareholders. Among the supporters was Cardinal Stephen Kim, the primate of the country's 2 million Roman Catholics, who once said that a free press is more valuable to South Korea than democracy itself.

For Hankyoreh, birth has not been without pain. The fledgling newspaper set up its second-floor office over a factory building in a remote, dingy industrial section of Seoul only after a series of rebuffs from potential landlords, Im said.

There was a long delay in obtaining a tax registration number. The government prevented the newspaper from running advertising on television and dragged its feet on registration for nearly three months, Im charged.

Yet to be determined is the attitude of the established press, which dominates "reporters' clubs" that exclude non-members from attending news conferences given by government officials and other major news sources.

Circulation of 400,000

"We are determined to approach government officials . . . even if the [reporters' club] system isn't abolished," Im said.

Hankyoreh will begin publishing a morning newspaper with 400,000 circulation—about two-thirds that of the respected Dong-A Ilbo—six days a week. With eight pages, it will have only half the space of established newspapers, But it hopes to expand to 16 pages by the summer, after winning stockholders' approval for a capital increase needed to buy more equipment, Im said.

"Ours will be a newspaper without any ideology, neither pro-government nor anti-government" Im declared. "It will be produced by the staff associated with no political party, no religious group, nor any business interest."

In contrast to its policy on new newspapers, the government is biding its time on broadcasting. Culture Ministry officials, who asked not to be identified, said only that a decision on a new broadcasting structure—including implementation of a new law to preclude government intervention—is expected "within this year."

Journalists say television news enjoys less freedom than the print media. But even such rebels as Choi Yong Ik, a reporter for Munhwa Broadcasting Corp. (MBC), one of the two national, government-

SÜDKOREA

Staub aufwirbeln

30'000 Volks-Aktionäre sind Besitzer der neuen südkoreanischen Tageszeitung „Han goe re-Shin mun". Nach der Wahlniederlage der zerstrittenen Oppositionsparteien im Frühjahr will das Blatt Garant der demokratischen Erneuerung sein.

„Helft uns!" forderten arbeitslose Journalisten im letzten Herbst in Anzeigen die Bevölkerung in Seoul auf, zur Gründung einer neuen Tageszeitung beizutragen.

Der Aufruf verhallte im allgemeinen Oppositions-Getümmel zunächst fast ungehört. Pessimisten sahen schon ein Experiment scheitern, für das sich im Septem-

„Han goe re-Shin mun" innert vier Monaten fünf Milliarden Won, rund 50 Millionen Franken, ein – gezeichnet von 30'000 Aktionären.

Keiner von ihnen darf laut Statuten über mehr als ein Prozent des Aktienkapitals verfügen, und nur Einzelpersonen sind als Teilhaber zugelassen – eine unerhörte Einschränkung in einem Land, dessen Medien nach westlichem Muster fest in der Hand von Grosskonzernen sind.

Die Besitzer der neuen Zeitung, darunter viele einfache Leute, die ihr Erspartes zum Teil selbst auf die Redaktion trugen, sind zu über einem Drittel zwischen 20 und 30 Jahre alt – ein Zeichen für die Hoffnungen, die die junge Generation mit dem Blatt verbindet.

Die Erwartungen der Aktionäre und Leser sind gleichermassen hochgesteckt: „Werdet keine Verräter!", „Denkt an unsere Interessen!", ermahnten Bürgerinnen und Bürger die Journalisten. Die meisten von ihnen waren Ende der siebziger und Anfang der achtziger Jahre aus ihren Stellen verjagt worden und hatten ihr Leben seither als Strassenverkäufer, Tellerwäscher oder Gelegenheitsjobber gefristet. Keiner von ihnen ist je auf ein Angebot eingetreten, reuig in

신의 고종석은 언어감각이 탁월했다.

기관원들도 사무국 주변에 얼쩡거렸다. 감히 사무실에 들어오지는 못했지만, 상급자에게 보고할 만한 내용을 찾지 못해 전전긍긍했다. 결국 안국빌딩 지하의 다방에 이들을 불러 모았다. 서울경찰청, 경찰청 치안본부, 안기부, 기무사 등 각급 기관의 정보 요원들이 모두 모였다. 정태기와 이원섭이 합석했다. "학생회나 학보사 출신 등 운동권이 지원하면 무조건 입사시키는 겁니까?" 정태기가 답했다. "그런 기준으로 뽑아서 제대로 된 신문을 만들 수 있겠소? 다만 당신네들이 언론계를 죽사발로 만들어 기자들을 전부 타락시켰기 때문에 이런 원칙은 세웠어요. 기자를 천직으로 아는 사람만 뽑는다, 기자를 정치권력의 방편으로 생각하는 사람은 못 들어온다, 이게 원칙이요."

사람 관리만큼 돈 관리도 중요했다. 처음엔 김명걸이 맡았다. 해직 이후 남대문시장에서 옷 장사를 해본 경험을 고려했다. 그러나 정작 계산에 서툴렀다. 안정숙이 뒤를 이었다. 1980년 한국일보에서 쫓겨난 그는 당시 아무 직업이 없었다. "누가 돈을 주고받았는지 비밀을 지켜줄 회계 담당이 필요한데, 지금 놀고 있는 사람은 너밖에 없어." 이 한마디에 안국동 사무실에 불려간 안정숙은 매일 늦은 밤까지 회계장부의 숫자를 맞추느라 애를 먹었다. 고등학교를 갓 졸업한 박옥숙이 이를 도왔다. 박옥숙은 어린 나이에도 야무지게 안살림을 챙겼다.

며칠씩 집에 못 들어가는 생활이 계속됐지만 사무국 식구 가운데 누구도 월급 따위를 염두에 두지 않았다. 창간 발의 기금으로 해직기자들이 내놓은 돈은 운영 경비로만 썼다. 국민주 모금 때 들어온 돈은 고스란히 은행계좌에 넣어두었다. 담당 업무를 굳이 가리지 않고 뛰었다. 모두가 모금하고 모두가 홍보했다. 누구도 불평하지 않았다. 다만 불안했다. 자칫 잘못하면 거대한 대국민 사기극이 될 수도 있다는 우려 때문이었다. 세상을 향해 내뱉은 말을 책임져야 했다.

50억 원의 비밀

"우리는 새 신문을 만들 것입니다. 진실과 용기 그리고 긍지를 바탕으로 새 신문은 그 어떤 세력의 간섭도 용납하지 않을 것이며 어떤 폭력에도 굴하지 않을 것입니다. 새 신문은 민주주의적 모든 가치들의 온전한 실현, 민중의 생존권 확보와 생활수준의 향상, 분단의식의 극복과 민족통일의 지향을 주요 방향으로 삼을 것입니다."

1987년 9월 23일 저녁 7시, 안국동 사무실에서 새 신문 창간의 뜻을 처음으로 공식 선포했다. 새 신문 창간 발의자 총회 자리였다. 100여 명의 전현직 언론인이 사무실을 찾았다. 송건호 새 신문 창간위원회 위원장이 창간 발의문을 읽었다. 196명의 발의자 명단도 발표했다. 실명으로 발의한 155명의 대부분은 동투, 조투 및 80년 해직 언협 출신이었다. 현직 언론인들은 이름을 숨기고 발의에 참여했다. 이들이 50만 원씩 먼저 출자했다. 이렇게 해서 모은 1억 원의 돈은 창간 때까지 실무 자금으로 쓰였다.

신문사 설립에 필요한 돈은 50억 원으로 정했다. 1주당 5000원의 주식을 국민들이 사면, 여기서 마련된 자본으로 신문사를 창설하기로 했다. 출자상한을 수권자본금 50억 원의 1% 이내로 제한했다. 한 사람이 5000만 원 이상의 주식을 살 수 없도록 한 것이다.

이 계획의 가장 큰 전제는 50억 원으로 신문사를 만들 수 있다는 것이었다. 1986년, 6개 전국지, 2개 경제지, 1개 통신사를 포함한 9개 언론사의 평균 고정자산은 249억 원이었다. 토지, 사옥, 윤전기 등의 확보에 이 정도의 돈이 들어간다는 이야기다. 중앙일보의 경우, 한겨레가 창간된 1988년 당시, 총자산 규모가 이미 1770억 원을 넘어섰다. 조선일보와 동아일보 등도 이와 비슷했다. 신문사 설립과 운영은 그만큼 막대한 자본이 필요한 일이었다. 50억 원으로 신문사를 만든다는 계획을 허무맹랑한 이야기로 치부하는 것도 무리는 아니었다.

월간 샘이깊은물 1987년 11월호에 좌담 기사가 하나 실렸다. 나중에 창간 논설위원이 될 조영래 변호사가 사회를 맡고, 송건호와 정태기가 나란히 앉아 한겨레 창간 준비 작업을 소개했다.

"새 신문을 만들어보겠다는 말은 젊은 해직기자들 사이에 2~3년 전부터 있었어요." 먼저 송건호가 말했다. "그러나 나는 그런 소리를 들어도 엄두도 못 내고 한 귀로 듣고 한 귀로 흘리고 반응을 안 보였어요. 돈 한 푼도 없이 어떻게 그 일을 하나 싶었거든요. 그러나 이제 현실로 나타나고 있습니다."

"일반적으로 일간지를 하려면…." 정태기가 뒤이어 말했다. "200억 원이

1987년 10월 30일, 한겨레신문 창간 발기 선언대회장에는 한겨레가 지향하는 가치를 알리는 펼침막을 내걸었다.

든다고 합니다. 그러나 신문사의 본질적 기능인 인력과 시설을 최소로 하면 100억 원이면 되겠더라고요. 우선 주식을 팔아서 자본금 50억 원을 갖추면 나머지 50억 원을 금융기관에서 융자받을 수 있습니다."

'50억 원의 비밀'은 사식, 출력, 조판, 윤전에 이르는 신문사 공무 시설의 비용을 획기적으로 줄이는 데 있었다. 1987년 10월 30일, 서형수는 18쪽 분량의 사업계획서를 창간위원들 앞에서 발표했다. 여기에 한겨레신문사 창사, 창간의 청사진이 담겨 있었다.

서형수는 창간 사무국의 대다수 일꾼들과 달리 해직기자 출신도 기자 지망생도 아니었다. 회사 상급자였던 조영호의 제안을 전격적으로 받아들여 잘 다니던 대기업에 사표를 던졌다. 아무 연고도 보장도 없는 창간 사무국에 합류했다. 사업계획서 작성이 그의 첫 업무였다. 전자계산기를 두들기며 한 달을 꼬박 매달려 사업계획서를 만들었다.

신문사 사옥은 임차한다. 인쇄 공간 200평, 사무실 600평, 발송 공간 200평 등을 빌려 쓰는 데 5억 원이 필요하다. 전산입력기, 출력기, 조판·제판 설비, 윤전기, 발송 시설 등을 구하는 데 적어도 40억 원이 들어가지만, 이를 모두 장기 임대(리스)하면 당장은 12억 원만 마련하면 된다. 나머지 통신·운반·사무 설비 등도 할부로 구입하면 4억 원이면 될 것이다. 전체 인력 규모를 200명 안팎으로 볼 때, 운영자금은 급한 대로 10억 원이면 된다. 나머지 비용을 더해 전체적으로 37억 5000만 원 정도만 마련되어도 일단 신문사를 만들어 신문을 낼 수 있다….

인력 최소화, 설비 규모 최소 적정화, 판촉비 최소화, 확장지·무가지 발행 억제, 가판 체제 중심 등 '최소주의'가 바탕이 되었다. 무조건 줄이고 아낀다는 뜻은 아니었다. 최소의 자원으로 최대의 효과를 내겠다는 '정예주의'도 강했다. 컴퓨터 조판 시스템(CTS)의 도입이 이를 가능케 했다.

당시까지 한국의 모든 신문은 납 활자를 썼다. 납 활자로 일일이 단어와 문장을 만들어 신문을 찍었다. 수많은 납 활자를 구하고, 무거운 납 활자가 들어갈 튼튼한 사옥을 짓고, 다수의 납 활자 숙련공을 채용하려면 막대한 돈이 필요했다.

컴퓨터 회사를 운영한 정태기는 컴퓨터 조판 시스템으로 신문을 만들 수 있다고 생각했다. 일부 외국 신문은 이미 이 방식을 쓰고 있었다. 한국에서도 잡지를 만들 때 컴퓨터 조판을 이용했다. 글자 또는 문장 단위가 아니라 면 전체를 그래픽 단위로 작업하는 게 컴퓨터 조판의 뼈대였다. 한글을 쓰는 국내 종합일간지에서 이를 어떻게 구현할지가 문제였다.

1988년 2월, 박성득이 일본 도쿄에서 열린 인쇄박람회를 찾아가 문제를 풀었다. 젊은 사장이 직원 하나를 데리고 차린 소규모 업체 PDI를 조우했다. 일종의 벤처기업이었다. 이들은 신문 조판용 컴퓨터 시스템을 개발해 박람회 부스에 내놓았다. 물론 일본 신문을 겨냥한 상품이었다.

이 시스템을 창간 예정일인 1988년 5월 이전에 한글 신문 활자에 맞게 변형하는 것이 과제였다. 일본인 사장은 불가능한 일이라며 처음엔 코웃음 쳤다. 설득 끝에 결국 박성득과 의기가 맞아 일을 벌였다. 이들은 얼마 뒤, 세계 최초의 한글 신문 컴퓨터 조판 시스템을 만들어 내놓는다.

윤전기도 문제였다. 신문사로 등록하려면 시간당 2만 부 이상 찍는 윤전기가 필요했다. 모든 신문용 윤전기는 수입품이었다. 그런데 정부에 등록한 신문사만 신문용 윤전기를 수입할 수 있었다. 실정법은 한겨레의 윤전기 도입을 앞과 뒤에서 막아놓고 있었다.

처음엔 기존 신문사의 재고 윤전기를 물색했다. 모두 거절했다. 서형수가 눈길을 다른 곳으로 돌렸다. 수소문 끝에 중고 윤전기를 발견했다. 경기도 파주의 한 공업사가 1986년께 수입한 잡지용 윤전기였다. 이런저런 윤전기 부품을 한데 뭉쳐놓아 제대로 작동될지도 의심스러웠다. 한겨레의 윤전 직원들이 고철 덩어리나 다름없는 이 윤전기를 개조해 창간호를 찍어내게 된다.

"민주화는 한판 승부가 아닙니다"

이제 윤전기가 들어갈 건물이 필요했다. 서형수, 박성득, 박노성, 한봉일 등이 동서남북으로 나눠 서울을 뒤졌다. 서울 영등포구 양평동에 마침 새로 지은 공장 건물이 나왔다. '마찌꼬바'로 불리는 소규모 공장들이 밀집한 지역이었다. 보증금 4800여 만 원, 월세 480여 만 원에 336평의 2층 사무실을 빌렸다. 한겨레신문사에 세를 주지 말라는 당국의 압력이 있었지만 건물주는 아랑곳하지 않았다. 다만 월세를 비싸게 받았다. 나중에 신문사 간판을 올려 달았는데, 애초 계약에 없던 시설이라며 추가로 돈을 더 받아갔다. 정치권력의 압력을 신경 쓰지 않았지만, 금전 거래에는 철저했다. 그 정도나마 고마운 일이었다.

남이 버린 것을 고쳐 쓰고, 안 된다는 일을 되게 만들면서 신문사를 준비했다. 그래도 돈은 필요했다. 사업계획서에선 50억 원이면 신문을 낼 수 있다고 했지만, 그 공언의 또 다른 전제는 50억 원이라는 돈을 마련하는 데 있었다.

흔들리는 기차에서 송건호는 잠이 들었다. 이제 막 지방 강연회를 마치고 서울에 올라오는 길이었다. 밤 기차는 새벽 5시쯤 서울역에 도착할 것이다. 아침 10시부터 서울 한 대학에서 또 다른 강연회가 있다. 그는 다시 강단에 올라야 했다. 빡빡한 일정이 계속되고 있었다. 해직기자 몇몇과 함께 송건호는 전국을 다녔다. 한겨레 창간 기금 모금을 위한 강연회를 열었다. 강연이 끝나면 즉석에서 모금이 이뤄졌다. 뒷풀이 자리에선 지역 재야단체 관계자들이 해직기자

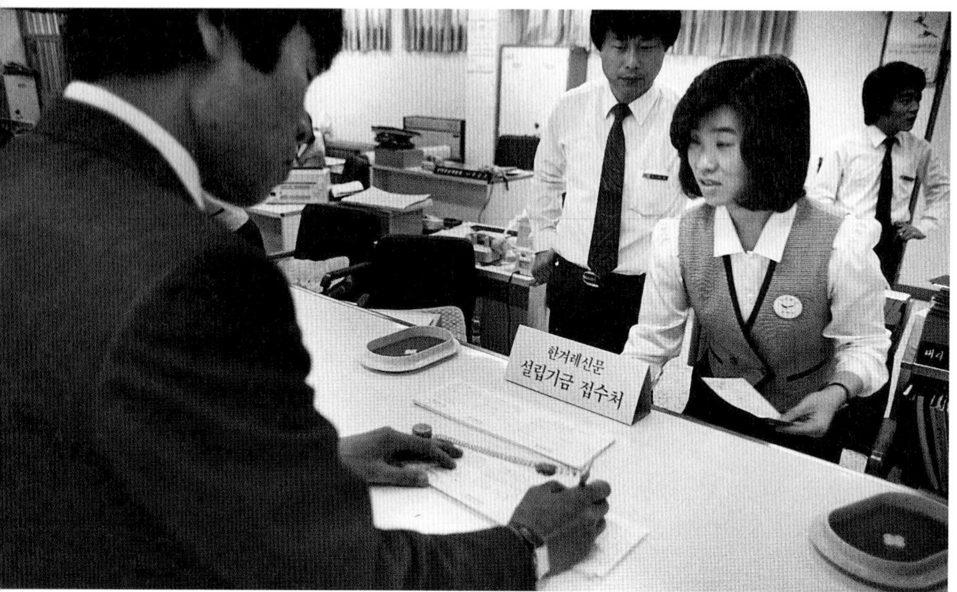

1987년 11월, 한겨레신문 설립기금 접수처가 마련된 국민은행 창구에서 한 시민이 창간 기금 납입 약정서를 쓰고 있다.

들과 만나 후원회 결성을 논의했다. 소도시 사람들은 "왜 우리 지역엔 송 선생이 안 오시느냐"며 항의했다.

돈이 없는데 신문사를 어찌 만드느냐고 했던 송건호도 사무국 창설 이후 확신에 차 있었다. "반드시 신문을 냅니다." 이런저런 인터뷰와 강연 자리마다 카랑카랑한 목소리로 힘주어 말했다. "누구도 대세를 막을 수 없습니다. 새 신문을 내고야 말겠습니다." 송건호는 새 신문 창간의 표상이었다. '민주화를 위해 싸운 해직기자들이 만드는 독립 언론'의 이미지는 그로 말미암아 대중적으로 확산되었다. 시민들은 해직기자들의 면면을 잘 알지 못했다. 다만 송건호는 잘 알았다. 그에 대한 국민적 신뢰는 굳건했다.

그러나 송건호의 상징성만으로는 부족했다. 민주세력을 넘어 전 국민적인 참여가 절실했다. 50억 원은 막대한 돈이었다.

1987년 10월 12일 각계 원로 24명이 새 신문 창간을 지지하는 성명을 발표했다. 종교계의 김수환 추기경·문익환 목사·박형규 목사·송월주 스님·지학순 주교·함석헌 선생, 문학계의 김정한·박경리·황순원, 학계의 변형윤·이효재, 법조계의 이돈명 등이 뜻을 모았다.

이어 10월 30일에는 명동 기독교여자청년회(YWCA) 대강당에서 창간 발기 선언대회를 열었다. 새 신문 창간을 대외적으로 선언하는 자리였다. 각계 인사 1000여 명이 참석했다. 홍성우 변호사가 발기 선언문을 낭독했다. "권력에 예속된 제도 언론을 극복하기 위해…." 그의 목소리가 떨렸다. "민주화를 염원하는 모든 국민의 참여로 국민이 주인이 되는 신문의 창간을 공식 선언한다." 대회장 안팎에는 펼침막이 여럿 내걸렸다. '민족에게 통일을', '민중에게 자유를', '민주주의 만세', '자유언론 만세'.

1987년 11월 2일부터 시민들을 상대로 본격적인 모금 활동에 들어갔다. 국민 모금을 알리는 첫 광고가 1987년 11월 6일 조선일보 8면에 실렸다. '온 국민이 만드는 새 신문, 한겨레신문의 주인이 됩시다.' 창간 사무국이 처음으로 종합일간지에 게재한 광고였다. 3300여 명의 발기인 명단을 펼쳐 전면에 실었다. 모금 광고를 조선일보나 동아일보엔 절대로 실어선 안 된다는 의견도 적지 않았지만, 광고 효과를 우선 고려했다. 광고가 나간 날부터 납입 문의 전화가 폭주했다. 이날 하루 만에 1100만 원이 모금되었다.

모금 광고의 결정판이 1987년 12월 23일, 첫 선을 보였다. 양 김씨가 후보 단일화에 실패한 뒤, 1987년 12월 16일 대통령 선거에서 노태우 민정당 후보가 당선되었다. 노태우 후보는 36.6%의 득표로 대통령이 되었다. 열패감과 절망감이 전국을 뒤덮었다. 대선 결과가 드러난 12월 17일 아침부터 창간 사무국에 전화가 빗발쳤다. 누구는 기금 납입 방법을 물었다. 누구는 왜 신문을 일찍 내지 않았느냐고 화를 냈다. 누구는 지금이라도 좋으니 호외를 찍어 진실을 알려달라고 했다. 누구는 그저 울었다.

'민주화는 한판의 승부가 아닙니다—허탈과 좌절을 떨쳐버리고 한겨레신문 창간에 힘을 모아주십시오.' 한겨레 사람들이 그들에게 답했다. 12월 23일부터 한국일보, 동아일보, 조선일보, 중앙일보 등에 연이어 광고가 나갔다. 이 광고가 범국민 모금운동 확산의 물꼬를 텄다. 모금액이 급격히 상승했다. 모금운동 시작 40여 일이 지난 12월 12일까지 총 모금액은 16억 원이었다. 대선 이후, 그리고 이 광고가 나간 뒤부터는 하루에만 1억 원씩 모였다.

얼마 지나지 않아 문화방송이 한겨레 창간을 알렸다. 1988년 1월 14일,

저녁 9시 뉴스에 '신문 완전 경쟁 시대'라는 제목으로 1분짜리 리포트가 나갔다. "신문의 완전 경쟁 시대가 열립니다. 특히 3월에는 국민주식 형태의 한겨레신문이 창간됨에 따라 기존 신문의 대응이 불가피한 국면입니다. 한겨레신문은 3월 창간을 목표로… 모든 경영의 초점을 언론의 본질적 기능에 맞춘다는 점을 강조하고 있습니다."

시장 변화에 대한 다른 신문사들의 대응책도 함께 전했다. 보도의 초점이 한겨레 창간에만 있지는 않았지만, 그나마 제도 언론으로선 드문 일이었다. 정동영 기자가 리포트했다. 그 뒤로 순전히 투자 목적에서 주식 구입을 문의하는 전화도 심심찮게 걸려왔다.

마침내 등록증을 받다

1987년 말부터 모금운동은 전 국민적 차원으로 번졌다. 전문직, 회사원, 대학생, 주부, 교사, 교수, 장교 등 각계각층이 돈을 냈다. 점심시간에는 직장인들이 사무실을 찾았다. 오후엔 할아버지들이 지팡이를 짚고 찾아와 기금을 냈다. 아이를 등에 업고 꼬깃꼬깃 접은 돈을 꺼내는 중년의 아주머니도 적잖았다. 대학 총학생회, 노동조합, 농민단체 등이 대표자 명의로 기금을 냈다. 교사들은 학교 단위로 돈을 모아 냈다. 반 친구들의 용돈을 모아 낸 고등학생도 있었다. 성당에선 신부들이 앞장서 설립기금을 모았고, 산사의 스님들도 돈을 모아 냈다. 결혼 비용을 아껴 돈을 낸 신혼부부가 있었고, 아이들 이름으로 주식을 산 부모도 많았다. 공무원과 기자들이 적지 않았는데, 이름을 드러낼 수 없어 아들 이름, 부인 이름을 내세웠다. 부산, 광주, 인천, 대구 등 전국 30여 개 도시에서 창간 후원회가 만들어졌다.

창간기금을 보태는 게 모자라 스스로 모금 홍보 활동에 뛰어들기도 했다. 어느 신문의 배달 소년은 〈한겨레신문 소식〉 1000여 부를 사무국에서 받아 들고 집집마다 돌렸다. 경북 안동 성창여고 교사였던 박경서 씨는 창간 후원회 결성을 위해 뛰어다니다 불의의 사고로 사망했다. 1988년 1월 10일 밤, 영하 10도의 추운 날씨에 오토바이를 타고 영주까지 건너가 홍보 활동을 하고 돌아오다 교통사고를 당했다. 당시 서른두 살이었다. 고인의 주머니에는 자신이 직접

1987년 말부터 새 신문 창간을 위한 모금운동이 전국 곳곳에서 호응을 받았다. 전국 30여 개 도시에서 창간 후원회가 만들어졌다. 당시 변호사였던 문재인 대통령(왼쪽)도 한겨레신문 창간위원으로 참여해 부산 시내 거리에서 새 신문 창간 소식을 알렸다.

쓴 후원회 설립 취지문과 창간기금 납입약정서 10여 장이 있었다.

마침내 1988년 2월 25일 창간기금 모금이 끝났다. 모금을 시작한 지 정확히 108일 만이었다. 2만 7000여 명이 100만여 주를 샀다. 50억 원을 모았다. 10만~50만 원을 낸 이가 전체의 35.6%였다. 20대가 34.6%, 30대가 26.4%였다. 20세 미만도 8.2%나 되었는데, 부모들이 아이 이름으로 주식을 산 경우가 대부분이었다. 회사원이 27.7%, 학생이 12.5%, 교사가 7.7%, 교수가 6%였다. 지역별로는 서울이 56.2%로 가장 많았다. 부산(4.7%), 광주(3.8%), 인천(2.8%), 대구(2.6%) 등에서도 많은 이들이 동참했다.

거짓말 같은 기적을 이루는 데는 약간의 편법이 따랐다. 당시 실정법상 주주를 모아 회사를 설립하는 일은 법인만 할 수 있었다. 창간 사무국 시절의 한겨레는 법인이 아니었다. 실체도 없는 회사가 주주를 모으는 것은 법을 어기는 일이었다. 결국 회사 설립을 위해 여러 사람이 돈을 기부하는 형태를 취했다. 이후 법인 등기를 마치면 받은 돈을 주식으로 바꿔 돌려준다는 계획이었다. 그래서 국민주 모집이 아닌 국민 모금이라는 용어를 썼다. 모금을 정태기 이름의 은행계좌로 했는데, 이를 기금 납입자들에게 주식으로 바꿔주는 과정도 문제였다. 자칫하면 막대한 증여세를 낼 수도 있었다.

세계적으로도 전례가 없는 일이라 법령이 미비해서 생긴 일이었다. 실정법이 한겨레 사람들의 상상력을 따라잡지 못할 때, 박원순 창간 사무국 고문 변호사가 고심을 많이 했다. 당시 박원순은 시민운동에 발을 담그기 전이었다. 법 취지를 따르면서도 실정법의 허점을 파고드는 길을 박원순이 많이 알려주었다.

모금운동이 한창 진행 중이던 1987년 12월 14일, 드디어 새 신문사의 법적 실체가 만들어졌다. 안국동 한식집 영빈가든에서 한겨레신문사 창립총회가 열렸다. 임원을 선임했다. 송건호를 대표이사로, 임재경을 편집인으로 선임했다. 두 사람 외에 정태기, 이병주가 상임이사가 되었고, 김정한, 이돈명(2011년 작고), 홍성우는 비상임이사가 되었다. 김인한, 성유보, 권근술, 신홍범, 김태홍은 비등기이사로 선임되었다. 다음 날 서울민사지법에 법인 설립 등기를 마쳤다.

일이 착착 되어가는데 막판에 정부가 발목을 잡았다. 관할 세무서가 사업자등록증 발급을 한 달 넘게 끌더니, 1988년 들어서는 문공부가 일간지 등록증 교부에 늑장을 부렸다. 실정법상 일간지 등록 신청 즉시 등록증을 발급하게 되어 있었다.

창간 예정일이 2월에서 3월로, 다시 5월로 늦춰졌다. 등록증이 나오지 않아 신문용지 구입 계약, 윤전기 도입 계약, 지사 설치 계약 등 모든 업무의 진척이 더뎌졌다. 양평동 사옥, 명동성당, 문공부, 세종문화회관 앞 등에서 한겨레 사원들이 시위를 벌였다. 노골적인 자유언론 탄압이라며 정부 당국을 규탄했다.

한겨레 임원진은 결단을 내렸다. 정부의 허가만을 마냥 기다릴 수는 없었다. 4월 18일, 이사회를 열어 1988년 5월 15일을 창간일로 확정하고 소식지 등을 통해 이를 안팎에 공포했다. 등록증 발급이 더 늦어질 경우 전 국민적인 투쟁을 벌이겠다고 경고했다. 그런 싸움에 이골이 난 사람들이 한데 뭉친 판이었다. 두려울 게 없었다.

사뭇 분위기가 험악해지려는데 4월 25일 정기간행물 일간지 등록증이

1988년 한겨레 사람들은 신문 등록증을 내주지 않는 정부를 규탄하는 시위를 벌이다가 종종 연행되기도 했다.

나왔다. 등록증 신청 석 달 만이었다. 실은 3월 중순에 송건호 등 이사진이 문공부 장관을 찾아갔을 때 들은 이야기가 있었다. “우리가 허가를 안 내줘도 당신들은 그냥 법 무시하고 신문을 낼 거 아닙니까. 걱정 마세요. 5월 발행에 지장이 없도록 등록증을 내드리겠습니다.”

초대 이사진 가운데 김인한은 한겨레 창간을 지켜보지 못했다. 동아투위 출신의 그는 창간 직전인 1988년 3월 27일 세상을 떠났다. 그의 나이 예순둘이었다. 창간 준비 작업으로 건강을 해친 탓이 컸다. 한겨레 공채 1기 수습사원들이 운구했다. 경기도 포천군 서릉공원묘지에서 이종욱이 조시를 읽었다.

“어느 날 육신은 쉬고 뜨거운 영혼만 돌아오셔서 우리들과 계속 함께하시겠지요. 미처 못 다하신 일, 우리들이 제대로 이루는지 계속 지켜보시겠지요….”

한겨
겨레신문

❶ 1988년 4월 24일, 서울 명동성당 앞에서 한겨레 사원들이 신문 등록증을 내주지 않는 정부를 규탄하는 집회를 열었다. 앞줄 왼쪽부터 김현대, 정상모, 유종필, 고희범 등이 보인다.
❷ 1987년 11월, 서울시청 지하철역에서 시민들이 〈한겨레신문 소식〉을 가져가고 있다.
❸ 1988년 4월 25일, 서울 양평동 편집국에서 한겨레신문 등록증 쟁취를 자축하는 행사가 열렸다. 유희락, 정태기, 곽노필, 성한용, 이홍동, 김종구 등의 얼굴이 보인다.

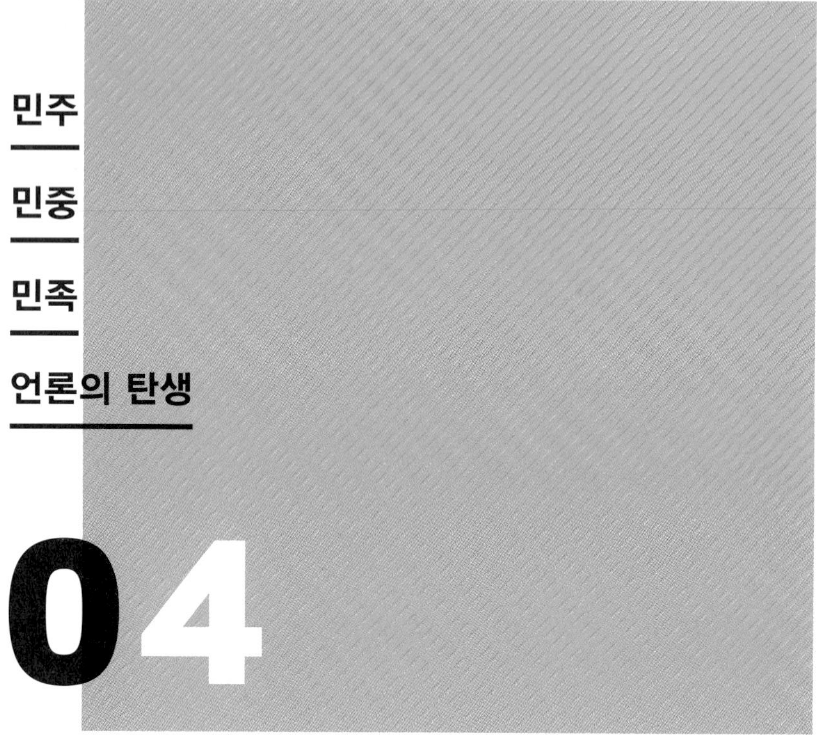

민주 민중 민족 언론의 탄생

04

서울 동작구 상도동 121-49번지에 불이 들어왔다. 일곱 살, 네 살짜리 두 남매는 아직 잠들어 있다. 새벽 6시 30분이다. 아침 8시까지 학교에 가려면 이 시간에 일어나 채비를 서둘러야 한다. 교사 생활 12년 동안 매일 그랬다. 다만 오늘은 조금 특별하다. 출근 준비 전에 먼저 할 일이 있다. 단층 양옥 마당을 가로질러 대문으로 향했다. 있다. 시커먼 눈썹 같은 글자가 눈에 들어온다. 한겨레신문. 백두산 천지 그림 위에 선명히 박혀 있다.

200만 원짜리 신문이다. 이제 막 마흔이 된 당곡고등학교 생물과 교사 김병연은 한겨레신문이 나온다는 소식에 200만 원을 창간기금으로 냈다. 10여 년 동안 용돈을 아껴 모은 돈이었다. 1987년 12월, 그리고 1988년 1월과 2월, 모두 세 차례에 걸쳐 내고 또 냈다. 더 내지 못하여 아쉬웠다. 교사 부임 직후, 500만 원을 들여 작은 집 한 채를 구했었다. 그런 그에게 200만 원은 적잖은 지출이었다.

전철을 타고 학교에 가는 내내 신문을 읽었다. 하루 종일 찜찜했다. 성에 차지 않았다. 학교를 파하고 퇴근하는 길에 시내 가판대를 뒤졌다. 여러 곳을 들르느라 한참이 걸렸다. 한겨레 창간호 30부를 샀다. 전철을 타고 가면서 각 객실 선반 위에 신문을 올려놓았다. 그제야 조금 흡족해졌다. 다음 날 아침에는 동료 교사들에게 돌렸다. "국민들이 힘을 합쳐 만든 새 신문이에요. 한번 보세요." 남은 신문은 서재에 보관했다.

한발 먼저 한겨레 창간호를 읽어본 이들도 있었다. 강용주는 가판업자들에게 신문을 넘기는 중간판매업을 해왔다. 종합일간지 판매 시장을 10년째 누볐다. 1988년 5월 14일, 그가 취급해야 할 품목이 하나 더 늘었다. 저녁 6시 무렵 서울 양평동 한겨레신문사에서 초판 신문을 받았다. 다음 날인 15일 아침, 독자들에게 전해질 신문이었다. 윤전기 사정이 좋지 않아 신문 인쇄 속도가 느렸다. 오토바이를 타고 몇 차례씩 거듭 신문사를 찾았다.

가판에 넘기고 남은 신문을 영등포역 앞에 펼쳤다. 퇴근길 시민들이 몰렸다. 옆에 둔 다른 신문 초판은 거의 줄어들지 않았다. 너도나도 한겨레만 집어갔다. 잔돈을 거슬러줄 틈이 없었다. 사람들이 각자 돈을 놓고 알아서 거스름돈을 챙겼다. 워낙 사람들이 몰려드니 호기심에 덩달아 신문을 사는 이들도 있었다. 신문이 떨어져 다시 양평동에서 받아 왔다. 자정까지 신문은 계속 팔렸다. 그날 저녁, 영등포역에서만 1500여 부가 나갔다. 광화문, 서울역, 청량리역 등 가판이 깔린 모든 곳에서 같은 일이 벌어졌다. 신문판매업자 강용주의 생각에 신문은 이렇게 만들어야 하는 것이었다.

한겨레 창간호가 세상에 처음 나온 것은 1988년 5월 14일 오후 4시께였다. 임원들이 윤전기 앞에 섰다. 한승헌, 고은, 백낙청, 조영래, 김수행 등 외부 인사들도 윤전기 앞을 떠날 줄 몰랐다. 초대 공무부장 신동호가 버튼을 눌렀다. 일순 사람들이 입을 다물었다. 과연 신문이 나와줄 것인가. "나온다, 나와." 누군가 외쳤다. 만세와 박수 소리가 터져 나왔다. 그 앞에서 리영희는 눈물을 훔쳤다. 외신 기자들이 그에게 소감을 물었다. "나는… 할 말이 없어. 너무 고맙고 감격스러워서… 할 말이 없어."

편집국으로 자리를 옮겨 자축연이 열렸다. 송건호가 마이크를 잡았다. "무슨 문제든지 여러분이 쓰고 싶고 말하고 싶은 것을 다 쓰십시오." 목소리가 떨렸다. "그러나 표현은 조심하십시오. 권력의 함정에 빠지지 않고 국민의 지지

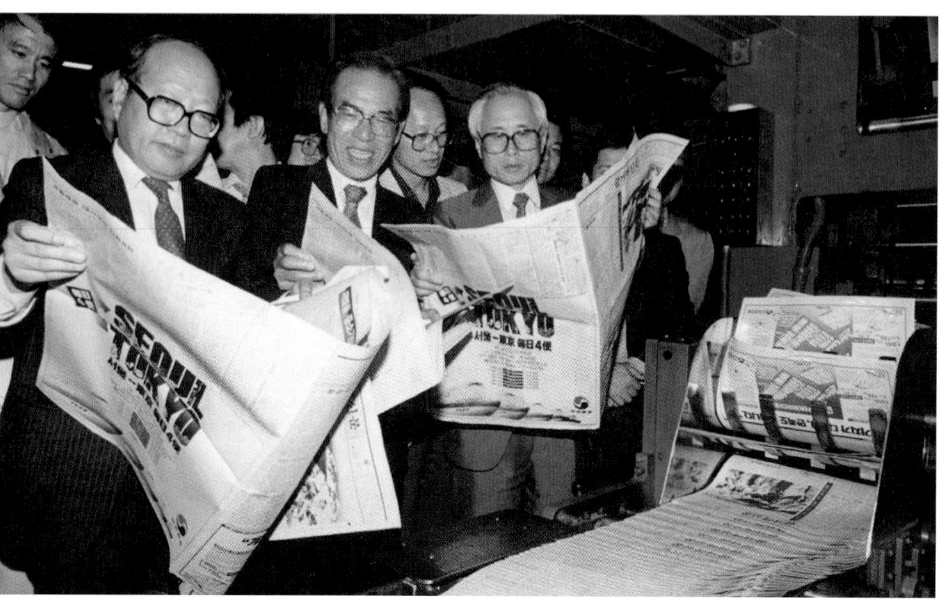

1988년 5월 14일 오후, 한겨레 사람들이 막 윤전기를 빠져나온 창간호를 받아들고는 감격해하고 있다. 앞줄의 이재경, 이돈명, 송건호와 함께 정운영, 이부영 등의 얼굴이 보인다.

를 받는 신문을 만들려면 우리가 그만큼 연구해야 합니다."

창간호를 만들 한겨레 초대 편집위원장은 1988년 1월에 임명됐다. 이사회는 성유보를 지목했다. 1975년 동아일보에서 해직된 그는 동투 출신 가운데 비교적 젊은 축에 속했다. 당시 마흔네 살이었다. 젊은 나이를 우려하는 목소리가 없진 않았지만, 큰 이견은 없었다. 신문을 만드는 동시에 신문을 지키기 위해 싸워야 하는 상황이었다. 편집기자 출신으로 신문을 만들 줄 알고, 만든 신문을 위해 외부 세력과 싸울 각오가 되어 있으며, 실제로 싸워본 경험이 있는 그가 적임자였다. 성유보는 동투 총무를 거쳐 민통련 사무처장, 언협 사무국장 등을 맡았고, 《말》의 창간, 제작, 배포를 일관되게 이끌었다. 기자 출신이면서도 재야의 정서를 이해하고 있다는 점도 장점이었다.

전혀 다른 신문, 전혀 다른 편집국

편집위원장 임명 직후인 1988년 1월 12일, 편집국 체제가 확정되었다. 한국 언론사를 통틀어 전무후무한 부서들이 탄생했다. 그 자체가 '전혀 다른 신문'을 표상했다. 영역별, 출입처별, 지면별 벽을 허물고 종합적인 관점으로 취재, 보도하려는 획기적인 시도였다.

기획취재본부는 장기 기획 및 종합 심층 기획을 담당했다. 김명걸, 조성숙, 이해성, 윤재걸, 김근 등 75년 해직 세대를 중심으로 일부 80년 해직기자들이 기획취재본부에 배속됐다. 편집부와 교열부를 합친 편집교열부는 한글 가로쓰기 편집을 일관되게 구현하려는 취지로 만들어졌다. 안상규, 윤유석, 왕길남, 이영일, 김승국, 백현기, 김성수, 송우달, 문병권, 문현숙, 최인호, 권정숙, 김화령, 이경, 박선애, 김상익, 박해전, 손정록, 황재기, 최순규 등이 국내 종합일간지 최초의 전면 가로쓰기 편집을 구현할 터였다.

민생인권부는 한겨레의 특성을 대표하는 부서였다. 노동, 농어민, 도시빈민 등 민생과 인권 관련 취재를 전담했다. 노동 담당 기자만 세 명이었다. 해직기자 출신의 이태호, 노동운동 출신의 오상석, 경력 기자 출신의 성한용이 팀을 이뤘다. 현이섭은 인권, 윤후상은 농민, 권오상은 빈민을 각각 맡았다.

민족국제부는 통일·외교 영역을 해외 영역과 결합시켜 민족적 관점 아래 세계 정세를 분석하려는 야심을 품고 있었다. 훗날 한겨레 편집위원장이 될 박우정, 권태선, 오귀환 등이 모두 초대 민족국제부 기자다. 이병효, 강성기, 한승동, 강태호, 장정수, 정동채 등도 이 부서에서 창간호를 만들었다. 이때까지만 해도 특파원은 없었다. 김병국(프랑스), 이주익(일본), 송경선(미국) 등과 함께 정연주(미국)가 초대 통신원으로 일했다.

사회교육부는 검찰, 경찰 등을 담당하면서 특별히 교육 분야에 강조점을 뒀다. 교육에 대한 한겨레 사람들의 관심은 창간 때부터 남다른 것이었다. 고희범, 최유찬, 유희락, 김형배, 이상현이 선배 축에 속했다. 취재 일선에는 경력기자 출신들이 대거 배치됐다. 각 언론사의 최고 민완 기자들을 데려왔다. 문학진, 김화주, 김지석, 유종필, 김종구, 이홍동, 오태규, 김이택, 이인우, 김성호 등은 이후 굵직한 특종으로 한겨레 편집국을 이끈다. 지역 담당 기자들도 사회교육부 소속이었다. 박화강(광주전남), 장세환(전북), 손규성(대전충남), 이수윤(부산·2012년 작고), 김현태(경남), 김영환(인천), 김종화(강원) 등이 창간 멤버다.

여론매체부도 다른 신문사에 없는 부서다. 독자 의견을 지면에 적극 반영하는 한편 제도 언론을 감시하는 '언론의 언론'을 지향했다. 김선주, 정상모, 고승우, 고종석 등 장차 필명을 날리게 될 논객들이 초대 여론매체부 기자였다.

정치경제부는 정당, 정부, 기업을 유기적으로 취재하는 부서였다. 정치와 경제를 종합적으로 취재해 정경유착의 고리를 끊자는 정신이 강했다. 김효순, 이원섭, 정세용, 강철원, 곽병찬, 정석구, 윤국한, 최영선, 이용식, 정의길 등이 정치 분야를 맡고, 이용희, 박영균, 이봉수, 박종문 등이 경제 분야를 맡았다. 상대적으로 정치 담당이 강세였는데, 이 역시 창간 당시 한겨레의 특성을 나타내는 구도였다. 김효순, 정석구, 곽병찬은 훗날 한겨레 편집인이 된다.

생활환경부는 여성, 청소년, 아동, 노인, 환경, 생활정보 등을 총괄했다. 창간 당시 한겨레에는 스포츠부가 없었는데, 스포츠 관련 취재도 생활환경부가 맡았다. 안종주, 조홍섭, 신동호, 김미경 등은 나중에 담당 분야의 전문 기자로 이름을 떨치게 된다. 정영무, 이길우도 생활환경부 초대 기자였다.

문화과학부는 문화 일반, 학술, 과학, 종교를 담당했다. 안정숙, 신연숙, 조선희 등 한겨레를 대표하게 될 여기자들이 초대 문화과학부 기자였다. 신동준, 김영철, 윤석인 등 내로라 하는 두뇌들도 문화과학부에 터를 잡았다.

사진부 초대 멤버는 진정영, 진천규, 정원일, 김연수였고, 조사자료부에는 이재민, 차한필, 양욱미, 이상훈 등이 창간 때의 기자였다. 공채 1기로 들어온 23명의 수습 기자들도 창간호를 만들었다. 곽노필, 곽정수, 권영숙, 김경무, 김선규, 김성걸, 김용성, 김정곤, 김현대, 김형선, 박근애, 신현만, 안영진, 오룡, 여현호, 이상기, 이종찬, 이주명, 정상영, 차기태, 최보은, 최재봉, 하성봉 등은 창간 진용의 막내 자리를 차지했다.

편집국을 지휘할 편집위원은 해직 세대가 맡았다. 성한표 편집부위원장은 정치경제부 편집위원, 이종욱 편집부위원장은 편집교열부 편집위원을 각각 겸했다. 이밖에도 장윤환(기획취재본부), 심채진(편집교열부), 이인철(민족국제부), 홍수원(민생인권부), 김두식(사회교육부), 이기중(여론매체부), 이종욱(문화과학부), 지영선(생활환경부), 임응숙(조사자료부) 등이 편집위원회를 구성했다.

창간 편집위원 가운데는 두 명의 이종욱이 있었는데, 1975년 동아일보에서 함께 해직된 두 사람을 구분하느라 편집부위원장 이종욱을 '큰 이종욱', 편집위원 이종욱을 '작은 이종욱'이라 불렀다.

애초 한겨레에는 편집국장, 부장이란 말이 없었다. 권위주의적 국장, 부장을 지양하자는 뜻이었다. 대신 각 부서를 이끄는 직책을 편집위원이라 불렀다. 이들 편집위원이 참석해 지면 제작을 책임지는 곳이 편집위원회였고, 그 위원회를 대표하는 이가 편집위원장이었다. 창간 편집국에선 이들 편집위원이 평기자와 똑같은 규격의 책걸상에 나란히 앉아 일했다.

현직 기자 24명 합류

한겨레 창간 편집국은 '황금의 3분할' 원칙을 따랐다. 창간 사무국 시절인 1987년 11월에 전체 인력 구성의 원칙을 정했다. 원로 및 해직기자 30%, 경력기자 및 재야단체 출신 40%, 새롭게 선발한 공채 사원 30% 등이 그것이다. 75년 해직된 기자 대부분은 이미 40대 중반을 넘어서고 있었다. 언론 현장에 대한 감각도 무뎌진 상태였다. 그 공백을 메워줄 현직 언론인을 모으고, 창간 정신으로 새롭게 무장한 새 인재를 구한다는 구상이었다.

경력 기자 채용에는 큰 어려움이 없었다. 기존 일간지의 젊은 기자 가운데 한겨레에 오려는 이들이 넘쳤다. 이들은 비밀스럽게 입사원서를 제출했다. 조선일보의 강성기, 연합통신의 김성호 등은 그 가운데서도 열성파였다. 강성기는 처음으로 한겨레 입사를 공개적으로 밝힌 현직 기자였다. 연합통신의 김종구는 현직 기자로는 유일하게 창간 발기인 명단에 이름을 올렸다. 이밖에도 조선일보의 김성수·문학진, 동아일보의 조홍섭, 연합통신의 김종구·유희락·조선희, 한국일보의 고종석·김이택·문병권·이인우·오태규·유종필 등 모두 24명의 현직 기자들이 다니던 신문사에 사표를 쓰고 한겨레 창간 멤버가 되었다. 신문사를 옮긴 뒤에 이들의 월급은 반 토막이 났지만 아무도 개의치 않았다.

당시만 해도 정부 기관지라 손가락질 받았던 서울신문에서 특히 경력 기자들이 많이 왔다. 곽병찬, 성한용, 김지석, 이용식, 이홍동, 정영무, 이길우 등이 한꺼번에 한겨레에 합류했다.

운동권 집합소는 아니었지만 재야 단체 출신들도 경력 기자 채용 때 함께 뽑았다. 민주화운동 역시 경력으로 감안했다. 윤석인과 최영선은 학생운동을 거쳐 민통련 등에서 정책기획 분야 일을 주로 했다. 재야운동권의 전략가였던 셈이다. 오상석은 노동운동가로 이름이 높았다. 입사원서를 낼 때 그는 현 직업을 '프레스공'이라 적었다. 김영철은 문화운동판에서 잔뼈가 굵었다.

고희범은 초대 경찰팀장을 맡았다. 그는 기독교방송 노조위원장을 맡아 보도 기능 회복을 위한 투쟁을 벌이고 있었는데 김두식 한겨레 초대 사회교육부 편집위원의 제의를 뿌리치지 못했다. 스카우트 제의 자리의 술값은 고희범이 냈다. 꾀죄죄한 김두식의 차림새를 보고 그냥 일어설 수 없었던 것이다.

1988년 1월 19일에 공채 및 경력 채용 원서를 교부했다. 하루 만에 1200여 장의 원서가 동이 났다. 안국동 사무실에서 조계사 입구까지 원서를 받으려는 공채 응시생들이 줄을 섰다. 추운 겨울날, 해 질 녘까지 늘어선 줄이 줄어들지 않았다. 창밖으로 그 모습을 바라보며 창간 사무국 사람들은 감격하고 또한 긴장했다. 새 신문에 대한 세상의 기대를 웅변하는 광경이었다. 모두 8000여 명이 응시했다. 수습 기자 23명, 수습 사원 10명 등 33명이 뽑혔다. 경력 기자와 경력 사원들도 이때 뽑았다.

1988년 5월 5일, 서울 양평동 사무실에서 한겨레 윤리강령 선포식이 열렸다. 임직원들이 윤리강령에 서명하고 있다.

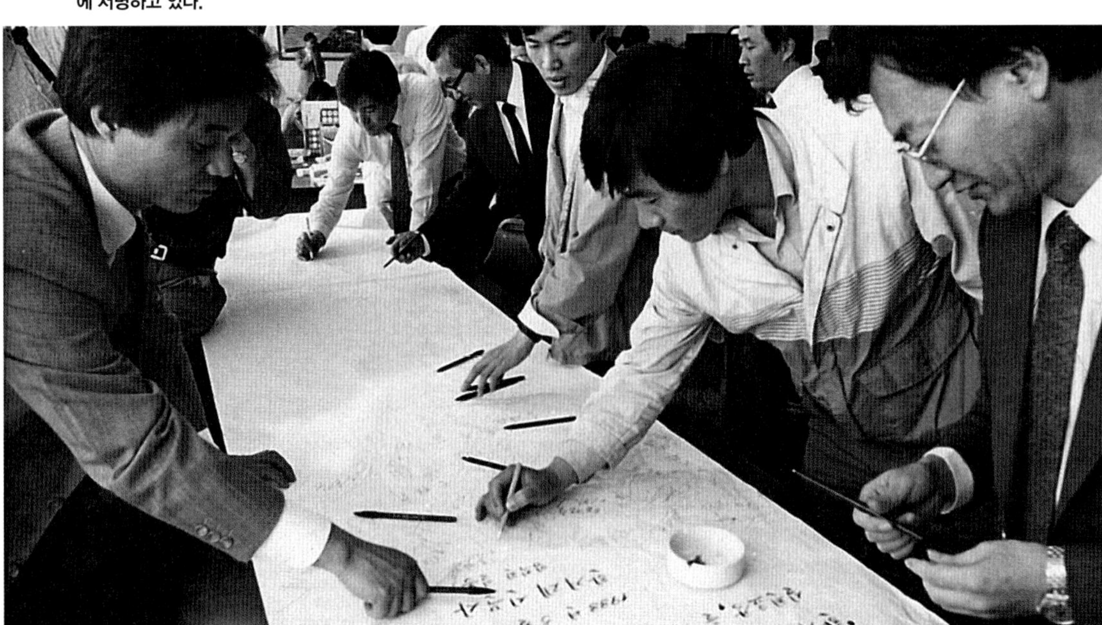

치열한 경쟁을 통과한 공채 1기 수습 사원들은 3월 2일부터 정식 출근했다. 해직기자 출신, 경력 기자 출신, 재야 단체 출신, 수습 공채 출신 등이 함께 모인 편집국은 창간호 발간 전부터 열기로 가득했다. 매일 아침 사무실에 출근해 다른 신문들의 지면을 검토하고 뒤이어 세미나, 강의, 토론, 회의를 진행했다. 이를 우스개 삼아 '시각 교정 프로그램'이라 불렀다. 기왕의 신문 제작 관습을 완전히 버리고 전혀 다른 신문을 만드는 법을 궁리했다.

한겨레 사람들은 세상이 끝날 것처럼 날카롭게 토론하다가도 금세 뭉쳤다. 일간지 등록증 교부를 요구하는 시위에 떼로 몰려가 단체로 연행되기도 했다. 대선 직후 구로구청 부정선거 항의시위가 벌어졌다. 2박 3일 단합대회를 마치고 돌아오던 한겨레 사람들이 시위 참가를 위해 구로구청에 들렀는데 모두 붙잡혔다. 공채 1기였던 김현대의 주머니에는 창간 관련 자료와 메모가 가득했다. 들통 날까 떨면서 서류들을 몰래 버리느라 애를 먹었다.

1988년 3월은 한겨레 사람들이 집단적으로 공부하던 때다. 3월 9일부터 25일까지 전체 사원 연수가 이어졌고, 이 시기에 수습 사원들의 연수도 병행했다. 매일 오후 강의가 열렸다. 송건호 대표이사를 시작으로 유홍준, 이효재, 정운영, 조영래, 최열, 최장집 등이 강사로 나섰다.

그 절정은 3월 11일부터 강화도 마니산 산업화랑연구소에서 열린 2박 3일 단합대회였다. 200여 명의 사원이 모두 참가했다. 이 자리에서 신문 제작 방향 등에 대해 토론했다. 한국 언론 사상 처음으로 개별 언론사가 제정·선포한 한겨레 윤리강령 초안도 이때 제출되었다. 신홍범이 주도하여 만들었다. 선배들은 언론 현실에 비해 너무 높은 수준 아니냐며 조금 걱정했다. 막상 토론회가 열리자 젊은 기자들은 더 강력하게 규정하자고 주문했다.

그러나 신문은 토론만으로 만들어지는 것은 아니었다. 안팎에 공포한 5월 15일에 맞춰 창간호를 내려면 치러야 할 일이 많았다. 1988년 3월 28일, 이사회에서 조간 8면 체제의 전국종합일간지 발행을 최종 결정했다. 그 이전까지는 발행 매체의 형태를 두고 다소의 논란이 있었다.

처음엔 석간신문을 내려 했다. 1987년 10월 작성된 사업계획서에는 우선 석간을 발행하다 점차 조간, 석간을 함께 내는 쪽으로 변화시킨다는 구상이 나와 있다. 조간을 내려면 지국 확보 등 판매망 구축이 필수적이었다. 지국 관리에는 돈이 들었다. 그래서 가두판매를 기대하면서 석간 발행을 염두에 뒀다. 그러나 신문의 영향력 면에서는 조간이 월등했다. 한겨레 사람들은 제도 언론과 정면으로 승부를 짓고 싶었다. 결국 조간을 내기로 방향을 틀었다.

일요판 형태의 주간신문부터 내다가 나중에 일간지로 전환하자는 주장도 있었다. '주간지 우선 발행론'은 1987년 대선 전에 어떤 매체건 발행해야 한다는 논리로 시작되었다. 대선이 다가오자 국민 모금운동이 정체되면서 일간지 창간에 대한 우려가 확산될 때였다. 이듬해인 1988년에는 윤전기와 컴퓨터 조판 시스템(CTS) 등의 안정화가 늦어지면서 우선 주간신문이라도 빨리 내자는 주장이 다시 나왔다.

1988년 5월 14일, 오후 4시

그러나 편집국 다수의 중론은 5월 15일 창간일에 맞춰 일간지를 내는 데 집중하는 쪽으로 모였다. 다만 12면으로 발행하려던 계획은 잠시 미루고 8면으로 내기로 했다. 윤전기 상황이 12면 발행을 허락하지 않았던 것이다.

3월 31일부터 4월 23일까지 창간호 발행을 위한 시험 제작이 이어졌다. 창간호 발행의 초읽기도 시작되었다. 창간특집호는 36면으로 만들어질 예정이었다. 당시의 윤전기로는 이를 하루 만에 찍어낼 수 없었다. 발행 보름 전부터 기사 마감과 편집이 시작되었다. 여러 가지로 애를 썼지만 신문 발행은 마지막 순간까지 살얼음판을 걷는 일이었다. 애초 5월 14일 오후 2시쯤 나오기로 했던 창간호 발행이 자꾸 늦어졌다. 사상 첫 한글신문 컴퓨터 조판 시스템이 애를 먹였다.

심채진이 이끄는 초대 편집교열부 기자들이 이날 가장 바빴다. 심채진은 한국경제 편집부 차장으로 일하다 한겨레에 합류했다. 그의 경험과 연륜 덕분에 초창기 한겨레 지면의 편집이 제자리를 잡았다. 윤유석, 왕길남, 백현기, 송우달 등도 편집기자 경력을 갖춘 실력자였다. 그러나 창간호를 내던 날만큼은 이들 모두 정신 차릴 틈이 없었다.

창간호 36면 가운데 9면부터 36면까지는 미리 만들어두었다. 문제는 이날 만들어야 할 1~8면이었다. CTS의 핵심 부품이 양평동 사옥에 들어온 것은 창간호 발행 보름 전이었다. 일본 기술자가 그 프로그램을 설치하고 안정화한 것은 5월 12일 저녁이었다. 창간호 발행까지 48시간이 미처 남지 않은 상태였다. 일단 프로그램을 구축하긴 했지만, 프로그램과 출력기가 맞지 않아 계속 미세한 오작동이 났다. CTS를 활용한 본격적인 시험 한번 못 해보고, 창간호 제작일을 맞았다.

기사 마감은 이미 낮 12시에 끝냈는데, 정작 편집 작업이 순조롭지 않았다. CTS가 말썽을 부린 것이다. 기계의 정상 작동만 기대했다간 자칫 신문 발행이 늦춰질 판국이었다. 결국 창간호 지면의 일부는 전통적인 '따 붙이기'로 만들었다. 경력 기자 출신의 편집자들이 동분서주했다. 기사를 원고지로 넘기면 오퍼레이터가 타자로 치고 이를 칼로 잘라 신문 대장에 붙였다. 신문 대장을 촬영해서 필름을 만들고 이를 윤전기로 인쇄했다. 오후 2시에 거리에 뿌리려던 창간호는 오후 4시가 되어 나왔다.

그렇게 만들어진 한겨레 창간호를 50만 독자들이 받아 읽었다. 범국민적 모금운동이 시작된 지 반년 만이었다. 사상 첫 국민주 신문이었다. 유일무이한 자유언론이었다.

한겨레의 미래를 담은 창간호

36면의 창간호는 한겨레의 미래를 고스란히 담고 있다. 1면 백두산 천지 사진 옆에 송건호의 창간사가 있다.

"우리는 떨리는 감격으로 오늘 이 창간호를 만들었다. 이 신문은… 오로지 국민 대중의 이익과 주장을 대변하는 그런 뜻에서 참된 국민 신문임을 자임한다. 결코 어느 특정 정당이나 정치세력을 지지하거나 반대하는 것을 목적으로 하지 않을 것이며, …특정 사상을 무조건 지지하거나 반대하지 않을 것이며, 시종일관 이 나라의 민주주의 실현을 위해 분투노력할 것이다."

창간 사무국 시절인 1987년 10월 새 신문 창간 계획서를 확정하면서, 한겨레 사람들은 신문 편집 방향에 대해 몇 가지 원칙을 정했다.

"제도 언론의 타성적 편집 태도 전체를 재검토하여 새로운 체제와 내용을 확립한다. 관변에서 민변으로 취재원을 옮기고, 한글 가로쓰기와 쉬운 표현

1988년 5월 15일, 한겨레 창간호에는 당대 양심과 지성을 대표하는 인물들의 축하 글이 여럿 실렸다. 장일순은 축하 휘호를 보냈다(왼쪽). 한겨레 창간호 9면에는 이철수가 보낸 축하 판화 〈동터오는 새벽〉이 실렸다(위). 한겨레를 대표하는 초대 화백 김을호, 박재동은 각각 네 컷과 한 컷 만화를 통해 이 신문이 30년 동안 걸어갈 길을 미리 그려놓았다. 폭력에 굴하지 않고 할 말은 하는 정론의 길이다(아래).

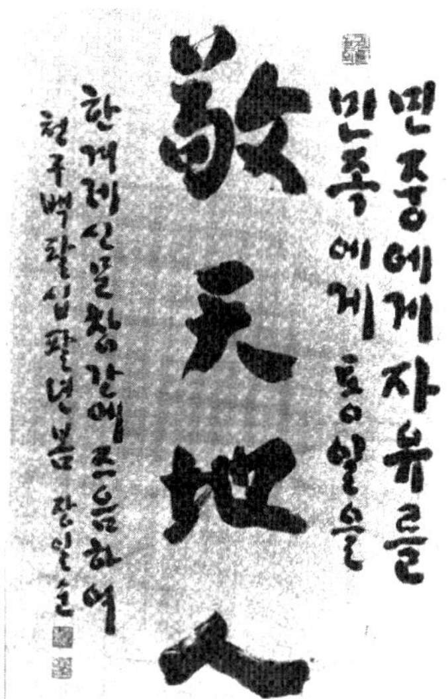

으로 편집자의 특권 의식 및 독단주의를 배격한다. 독자의 반론권을 보장하고, 정치권력과 자본으로부터 독립한다. 심층 보도 및 종합 편집을 지향하되 교육면과 독자면을 중점 편집한다….”

창간호는 이 원칙을 지면에 구현했다. 종합일간지 사상 처음으로 도입한 한글 가로쓰기 편집은 독자들의 언론 접근권을 보장하기 위한 것이었다. 한겨레 윤리강령을 실어 권력과 자본에 대한 독립 의지를 선포했다. 독자들의 목소리를 고정 지면에 싣기 시작한 것도 한국에선 처음 있는 일이었다. 교육에 각별한 관심을 기울이면서, 광주항쟁, 보안법, 권언유착 등 금기시했던 의제를 파헤쳤다.

주요 기획 기사에는 이후 한겨레가 다루게 될 대표 의제가 총망라되어 있다. 한국 정치와 민주화(12·13면), 국제정세와 한반도(14·15면), 광주항쟁(17면), 경제개혁(18면), 노동자·농민·빈민(19면), 국가보안법과 인권(21면), 참교육과 교육현실(23면), 제도 언론의 실상(25면), 대량생산체제와 환경(29면), 의료 복지 개혁(30면), 여성 문제(31면), 문화민주화(34·35면) 등을 다뤘다.

당대의 양심과 지성을 대표하는 인물들도 발언했다. 창간 논설위원인 리영희, 정운영, 조영래를 비롯해 김수환, 김대환, 김낙중, 김지하, 김진균, 박형규, 백낙청, 송월주, 이부영, 이오덕, 황석영, 현기영 등이 창간호에 글을 썼다. 고은은 축시를, 장일순은 축하 휘호를, 이철수는 축하 판화를 보냈다.

한겨레를 대표하는 화백들은 이 신문의 미래에 대한 예지적인 그림을 실었다. 김을호가 그린 7면 네 칸 만화에서 미주알은 “해가 떠도 어두운 세상, 입이 있어도 말을 못하는 세월, 오늘부터 말 좀 하겠다”고 외쳤다. 박재동의 2면 한 컷 만화에는 독재의 투구와 비민주의 갑옷으로 무장하고 폭력의 칼을 휘두르는 골리앗 앞에 돌멩이 하나를 든 다윗이 서 있다. 한겨레는 이후 30년 동안 그 길을 걷는다.

❶ 1988년 5월 14일 오후 4시께, 윤전기를 빠져나오는 첫 신문을 받아들고 감격의 눈물을 쏟은 사람들이 많았다. 왼쪽부터 조성숙, 이효재, 홍성우, 김종철, 성유보, 리영희 등이 창간호를 들고 기뻐하고 있다.
❷ 이날 민주화 세력을 대표했던 김대중(위) 당시 평민당 총재와 김영삼(아래) 당시 민주당 총재가 한겨레 양평동 사옥을 찾았다. 이들을 맞는 송건호, 성유보, 성한표, 정의길 등이 보인다.
❸ 1989년 한겨레 사원들이 〈한겨레신문 소식〉을 시민들에게 나눠주고 있다.

백두산 천지 목판화를 배경으로 순한글 가로쓰기를 적용한 한겨레의 창간 제호는 그 자체로 신선한 충격이었다. 당시 다른 신문들은 세로로 쓴 한자 붓글씨를 제호로 삼고 있었기 때문이다. '한겨레신문'이란 이름은 시민들을 상대로 실시한 새 신문 제호 여론조사 결과 독립신문, 민주신문, 자주민보 등과 함께 후보에 올랐다가, 순한글을 선호하는 젊은 사원들의 지지에 힘입어 제호로 뽑혔다. 글씨체는 조선시대에 인쇄한 《오륜행실도》 본문의 글씨를 집자하고 부드럽게 다듬었다. 배경 그림은 유연복의 목판화가 최종 선정되었다.

제호의 두 번째 큰 변신은 1996년에 진행되었다. 서울대 미대와 신문사가 산학 협동으로 지면 전체 디자인을 개선하면서 내린 결단이었다. 지면 전체를 세련되게 다듬으면서 예스러운 명조체 제호를 그대로 둘 순 없었다. 제호디자인개선팀은 새 제호 디자인에 밤낮없이 매달려 정교한 스케치만도 300여 차례나 했다. 마침내 인간·생명·환경 존중을 상징하는 풀빛 바탕에 컴퓨터 그래픽으로 만든 흰 글자를 새겼다. '한겨레신문'에서 '신문'을 떼어냈다.

한겨레

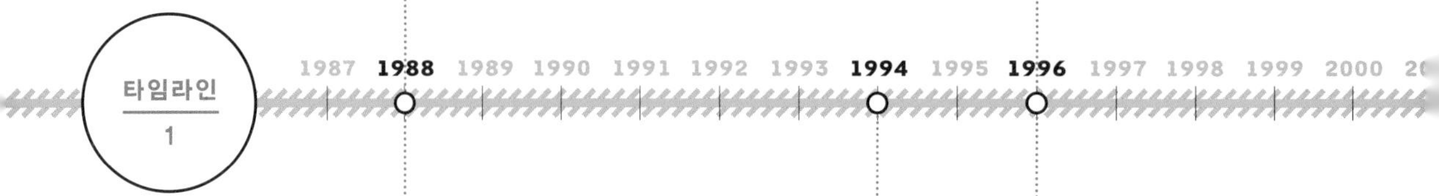

타임라인
1

1987 **1988** 1989 1990 1991 1992 1993 **1994** 1995 **1996** 1997 1998 1999 2000

제호

한겨레신문

1994년에 처음으로 제호가 변경되었다. 제호 바탕에 깔린 백두산 천지 그림과 사각 테두리선을 없앴다. 대신 글자를 110%로 키웠다. 제호 변화는 같은 해 편집 대혁신의 일부였다. 이때 제목, 본문, 사진 등 기사 요소를 다각형 대신 사각형으로 묶어서 배치하는 '블록 편집'을 국내 최초로 전면 도입하고, 기존 신문의 상징으로 여겨진 '지문컷'(먹색으로 제목을 강조하는 편집 기법)을 없앴다. 신문의 선정성을 최소화하고 가독성을 높이려는 취지다.

한겨레

hani.co.kr

오늘날의 제호는 2006년 1월 1일에 선보였다. 한국 신문 가운데 처음으로 네모 틀을 벗어난 글꼴을 썼다. 한겨레는 제호 변경에 앞서 2005년 5월과 10월, 두 차례에 걸쳐 기사 제목과 본문에 '한겨레 결체', '한겨레 돌체'를 도입했다. 이때까지 모든 신문 글씨체는 한자의 본을 따 정사각형 틀에 끼워 쓴 것이었다. 기사용 탈네모꼴 글씨체는 내부 서체개선팀이 외부 디자인 회사인 '글씨미디어'(실장 홍동원)와 공동으로 개발했으며, 제호는 디자인 회사 '크리에이티브 잉카'(실장 조영천)에서 만들었다. 새 제호는 정사각형의 틀을 깨는 동시에 과거 녹색 제호의 칸막이도 없앴다. 위로 치솟은 모음으로 진취성을, 둥글게 다듬은 초성과 받침으로 부드러움의 정신을 함께 표현하려고 했다. 2012년 지면 개편 때 오른편에 배치했던 제호가 중앙으로 돌아온다.

2 2003 2004 2005 **2006** 2007 2008 2009 2010 2011 **2012** 2013 2014 2015 **2016** 2017 2018

한겨레미디어

2015년 한겨레는 임직원의 의견을 모아 새 사명(미션), 핵심 가치를 재정립하는 작업을 벌였다. 이듬해에는 한겨레 각 매체 전체를 묶어 부를 수 있는 CI(Corporate Identity)도 함께 만들었다. '한겨레'라는 우산 아래 산재해 있는 여러 브랜드를 하나의 이미지로 묶을 필요성이 있다는 사내 안팎의 의견에 따른 작업이다. 기존 제호 모양을 유지하면서 별도의 컬러 로고를 넣었다. 한겨레의 초성 'ㅎ'에서 비롯한 나누기 로고는 새 사명인 '더불어 행복한 세상을 만드는 언론'의 나눔과 균형, 열림과 소통, 다양성과 화해의 가치를 표현한다. 로고의 세 가지 색깔은 배려(오렌지), 개방(블루), 도전(청록)이라는 핵심 가치를 상징한다. 브랜드 컨설팅 업체 '크로스포인트'와 함께 만들었다.

주주

설 연휴를 하루 앞둔 2018년 2월 14일, 서울역은 귀성객들로 온종일 붐볐다. 오후 2시, 고향으로 향하는 사람들만큼이나 달뜬 얼굴을 한 10여 명의 사람들이 서울역을 오가는 사람들에게 이날 아침 발행된 한겨레를 나눠주기 시작했다. 얼핏 보면 한겨레신문사 임직원 같지만, 아니다. 이들의 정체는 한겨레 주주·독자 모임인 한겨레신문발전연대 회원들이다.

한겨레신문발전연대는 2001년부터 18년째 매년 설·추석 명절 직전에 귀성객들에게 한겨레를 홍보해왔다. 2001년 3월, 정형기 주주가 한겨레에 개인 돈으로 광고를 내어 모집한 한겨레신문사랑모임(한사모)이 2010년 다른 시민단체와의 연대에 무게를 두려고 한겨레신문발전연대로 이름을 바꾸었다. 초대 대표인 정형기를 이어, 노재우, 김종열, 임성호, 정재현, 이요상 주주 등이 모임을 이끌었다.

이 모임만이 아니다. 한겨레가족청주모임, 부산주주독자클럽, 경남주주독자클럽 등 전국 곳곳에 한겨레 주주·독자들이 조직되어 맹활약해오고 있다. 모두 각자의 삶터에서 자발적으로 조직되었는데, 이들이 목적하는 바는 비슷하다.

1992년 창립해 27년 차를 맞은 한겨레가족청주모임의 회칙에는 "이 모임은 가족끼리 한뜻으로 더불어 살아가면서 '사회의 민주화와 겨레의 통일'이라는 한겨레의 창간이념을 지역사회에서 실현해나가는 데 그 목적이 있다"고 명시되어 있다. 또 사업으로는 첫째, 한겨레 독자 늘리기, 둘째, 모임을 키우고 널리 알리는 조직·홍보, 셋째, 민주·사회단체와 연대 등을 열거했다. 최영분, 임명수, 김성구, 조인호, 김윤모, 연규민, 정영권, 오상칠, 박찬교, 조관호, 김인규, 조철호 주주 등이 모임을 이끌었다. 부산·경남 지역은 하일민, 서금성, 배다지 주주 등이 주도했다. 경주·포항 독자 주주 모임은 이미진, 남용탁 주주 등이 지켜왔다.

이들만이 아니다. 2018년 3월 현재, 한겨레 주주는 모두 6만 9509명이다. 이들이 보유한 311억 3795만 원의 주식이 한겨레의 자본금이다. 전체 주주 가운데 95.14%가 200

매년 열리는 한겨레 주주총회장에서는 2~3대에 걸친 가족 참가자들을 여럿 만날 수 있다.

주 이하를 갖고 있다. 1000주 이하를 가진 소액 주주가 전체의 99.6%다. 이들 소액주주가 보유한 주식액은 191억 원이 넘는다.

7만여 명 중 99.6%가 소액주주

국민 주주가 한겨레를 낳았다. 한겨레가 어렵고 힘들 때마다 도왔다. 1987년 12월 15일, 신문사 설립등기를 할 때 12억 5000만 원의 발행 자본금을 모았는데, 7000여 명의 주주들이 이 돈을 냈다. 1988년 2월 25일, 창간기금 50억 원을 다 모았을 때, 모두 2만 7223명이 참여했다. 이들이 창간 주주다.

창간 직후 발전기금 모금운동을 다시 벌였다. 1988년 12월, 주주가 3만 8217명으로 늘었고 자본금도 74억 원이 되었다. 그 뒤에도 꾸준히 국민주 모집을 통한 증자를 추진했다. 1989년 4월, 처음으로 자본금이 100억 원을 넘었고, 1991년 12월, 주주가 6만 명을 넘어섰다.

2001년까지 200억 원에 조금 못 미치는 자본금을 갖고 있던 한겨레는 2002년 12

구교영 〈한겨레:온〉 대학생 기자

월, 자본금을 크게 늘렸다. 신문사가 어려움에 처하면서 임직원들이 퇴직금을 주식으로 바꿨다. 주주 수에는 큰 변화가 없었지만, 자본금은 198억 원에서 311억여 원으로 크게 늘었다. 한겨레의 현직 임직원들이 보유한 주식은 2018년 현재 전체의 19.76% 정도다. 퇴직 임직원들이 보유한 주식을 더하면 그 비중은 더 늘어나지만, 사원 주주에 비해 국민 주주의 비율이 여전히 더 높다.

"창간 정신을 잊지 말라"

매년 2월 또는 3월에 열리는 정기주주총회는 국민주 신문사 한겨레를 상징한다. 전국의 주주 수백 명이 한자리에 모여 한겨레를 꾸짖고 격려한다.

2018년 3월 17일, 서울 용산구 효창동 백범김구기념관에서 열린 30기 정기주주총회 자리에서도 그랬다. 주주들은 경영진을 향해 이런 질문을 던졌다. "손실이 나는 자회사를 빨리 정리하지 못하는 이유는 무엇인가?", "기자 교육이 더욱 중요한 시대가 됐다. 삼성언론재단 등 바깥 단체의 돈으로 기자를 교육시키는 게 무조건 나쁘다는 건 아니지만, 주주들이 십시일반 돈을 모아 기자들한테 교육비를 대줄 수 있는 사업을 계획하면 어떤가?", "지난 10년 동안 정부가 국가 경제를 제대로 운영했는지 철저하게 분석하는 보도를 한다면, 신문 판매를 늘릴 수 있지 않을까?"

화를 내고, 고함을 치는 주주들도 있다. 하지만 자제시키는 이도 주주들이다. 창간 때부터 매년 빠짐없이 주주총회를 찾은 이태호·김경자 부부는 "주총에서 주주들이 티격태격하는 모습을 보는데, 그것도 바른 길을 가기 위한 거라고 생각한다. 다 조용히 지나가면 한겨레다운 것이 아니라고 생각한다"고 말한다(2016년 28기 주주총회 참여, 한겨레:온 인터뷰). 창간 초기 주식업무실 이사를 지낸 김태홍은 한겨레 임직원들이 주주들을 가까이에서 보고 느끼고 파악하려는 자세를 지녀야 한다고 했다. "서툴고 엉성하고 정돈되지 않은 '럭비공처럼 튀는 열성'은 때로는 부담스럽겠지만 그것이 바로 우리가 몸담고 있는 민중이 아닌가 생각합니다."

주주총회에는 어린아이를 업은 부모, 장성한 자녀의 부축을 받는 어르신 등 2~3대에 걸친 가족 단위 참가자들이 많다. 경기 군포시에 사는 정종식 주주는 30기 주주총회에

한겨레는 2000년 3월, 6만여 주주의 이름을 새긴 동판을 제작했다(왼쪽 위). 오늘날도 누구든 한겨레의 새 주주가 될 수 있다. 2017년 2월 24일, 서울 공덕동 한겨레신문사에서 열린 새 주주 초청 간담회의 모습. 부산, 전남 보성과 목포 등 전국에서 모두 54명의 새 주주가 이날 모임에 참여했다.

2016년 5월, 한겨레 주주·독자와 시민들이 협동조합을 꾸리고 종로 피맛골에 보금자리로 '문화공간 온'을 만들었다. 이곳은 누구나 이용할 수 있다.

초등학교 5학년 딸과 2학년 아들을 데려왔다. "자녀들이 초등학교에 입학한 다음부터 내가 애착을 가진 신문은 이런 곳이라는 것, 기업 활동은 이렇게 이루어진다는 것 등을 보여주려고 함께 주주총회에 오고 있다."

한겨레는 창사 이래 단 한 번도 주주들에게 이익을 배당하지 못했다. 한겨레 주식이 아직 주식시장에 상장되지 않았기 때문에 한겨레 주주들은 그 주식을 사고팔아 이익을 남길 것을 기대할 수도 없다. 한겨레 주주는 보통의 주주들과 조금 다르다. 그들이 기대하는 것은 금전상의 이득에 앞서 올바른 언론이다. "창간 정신을 잊지 말라." 지난 30년 동안 한결같은 한겨레 주주들의 요구다.

생각이 서로 다른 수만 명의 주주들이 내놓는 건강한 제안과 비판을 한겨레의 지면과 경영에 어떻게 담을 것인지는 한겨레가 영원히 짊어져야 할 숙제다. '세계 유일의 두레 자본주의'에 기초해 미디어 기업 경영의 안정성과 효율성을 극대화하는 최선의 길을 한겨레 사람들은 여전히 찾고 있다.

한겨레 주주 가운데는 적극적으로 의견을 제시하고 글을 쓰려는 사람들이 많다. 한겨레 창간 때 논설고문을 지낸 리영희는 창간 직후 사보에 쓴 '한겨레 후배 기자들에게'라는 제목의 글에서 “나는 우리 신문의 ‘기자’를 편집국 소속원으로만 생각하지 않는다. 전국의 주주들도 각기 있는 곳에서 한겨레의 기자이고 기자여야 한다고 생각한다”고 밝혔다.

주주도 한겨레에 직접 정보를 제공하는 뉴스 생산자라는 선구적 발상은, 2006년 5월 주주·독자가 직접 리포터로 참여해 기사를 쓰는 주주·독자 매거진 하니바람 발행으로 실현되었다. 주주들의 바람이기도 했다. 2005년 5월, 제2창간을 선언한 한겨레는 이듬해인 2006년 4월까지 전국을 돌아다니며 주주 간담회를 열었다. “한겨레와 더 자주 소통할 수 있는 창구를 만들어달라”는 주주들의 요구가 빗발쳤다. 하니바람은 종이신문 대판 형태로 한 달에 한 차례씩 발행되다가 2007년 8월 한겨레 경영 위기로 중단되었다.

시민·주주들의 아지트까지

2014년 9월, 한겨레는 다시 주주통신원을 모집하고, 2015년 1월 디지털 주주 매거진인 한겨레:온을 창간했다. 250여 명의 주주통신원들은 다시, 자발적으로 한겨레주주통신원회 모임을 조직했다. 한겨레:온 편집위원회 자율규약을 만들고, 전국 한겨레 주주통신원 총회를 열었다. 2016년 겨울, 촛불 혁명 때 ‘한겨레:온’ 깃발을 들고 집회에 참여했다.

주주통신원회는 온라인 기사 취재·작성 활동에서 나아가, 한겨레 주주들과 시민의 오프라인 아지트 ‘문화공간 온’을 만들었다. 한겨레 주주·독자는 물론 시민사회와 협동조합 형태로 협업해서 사회적 경제 실험을 해보자는 취지였다. 신문에 첫 광고를 내고 열흘 만에 1억 원 가까이 모였다. 140여 명의 조합원이 2억 원가량의 자본금을 모아, 2016년 5월 17일 서울 종로 피맛골(종로구 종로 11길 6)에 문을 열었다. 공연, 전시, 강연, 세미나, 단체 회식 등을 할 수 있는 보금자리가 마련되었다. 일반 시민 누구나 이용할 수 있다.

사옥

2017년 9월, 국립현대미술관은 1987~1997년 한국 현대건축운동을 조망하는 '종이와 콘크리트' 전을 열었다. 한겨레 사옥 모형이 전시장 맨 앞에 놓였다. 한국 사회의 진보건축운동이 실현된 주요 결과물이라는 의미였다. 1987년 민주화 이후 한국 건축계 일부는 국가 규모의 프로젝트를 돕는 역할에서 벗어나 건축을 사회문제와 연결하고 건축가의 자율성을 회복하고자 했다. 이 열망이 정치·자본권력으로부터 독립하고자 하는 한겨레 창간 정신과 맞닿았다.

서울시 마포구 효창목길 6(공덕동 116-25번지). 한겨레 사옥을 설계한 사람은 한국의 대표적인 '저항의 건축가'로 불리는 조건영이다. 한겨레는 1989년 6월 조건영이 대표로 있던 기산건축설계사무소와 사옥 설계 계약을 맺었다. 시공은 처음에 부국건설이 맡았으나, 1991년 4월 부도를 내는 바람에 태화건설이 건물을 완성했다.

권력층과 거리가 먼 민중이 일상에서 가장 많이 접하는 값싼 시멘트 뿜칠, 슬레이트 지붕에 칠하는 페인트 등이 건물 공법과 재료로 선택되었다. 한겨레 건물 중심부는 사람이 두 팔로 세상을 감싸 안는 형상으로 곡선 모양이다. 하지만 건물 앞쪽에는 매끈한 직선의 뼈대가 세워져 있다. 건물 오른편에는 펜을 상징하는 삐죽한 탑까지 갖췄다. 곡선과 직선. 전체적으로 매우 낯선 형상이다.

조건영은 한겨레가 여느 신문과는 탄생부터 다르며, 그런 한겨레에 입사한 사람들이 일하는 공간은 여느 월급쟁이의 사무실과는 달라야 한다고 생각했다. 한겨레 창간 정신이 사옥으로도 형상화되기를 바랐다. "반역은 위험하고 힘들다. 상투는 안전하고 쉽다. 그러나 모든 진보는 반역으로부터 비롯된다. 반역은 역사와 사회를 썩지 않게 하는 유일한 처방이다. 바로 그 처방이 한겨레신문의 탄생설화다. 나는 이 탄생설화를 부호로서 형상화시키고 싶었다." 사옥은 1991년 한국의 10대 건축물의 하나로 뽑히는 등 건축사적 가치를 두루 인정받았다.

1987년 9월 1일, 서울 종로구 안국빌딩 601·602호에 '새 신문 연구소'가 차려졌다. 그해 10월, 한겨레신문이라는 이름이 정해진 뒤에 안국빌딩에 펼침막이 내걸렸다. 1988년 4월에는 양평동 임대 사무실로 이사했다.

공덕동 사옥이 마련되기 전, 한겨레 사람들은 안국동과 양평동의 임대 사무실 시절을 거쳤다. 창간 사무국 사무실은 안국빌딩에 있었다. 시내 한복판인 데다 교통이 사통팔달하여 지나는 사람이 많았다. 형편에 맞게 저렴한 사무실을 찾자는 이야기가 없지 않았지만, 사무국을 주도했던 정태기는 "번듯한 사무실을 얻어야 사람들이 새 신문 창간을 신뢰한다"고 생각했다.

탄생설화를 부호로 형상화하다

신문사가 만들어질 때는 임대료가 그리 비싸지 않은 서울 영등포구 양평동에 터를 잡았다. 원래 창고로 쓰이던 건물 2층에 편집국을 차리고, 윤전기를 들였다. 1988년 4월 10일, 안국동에서 양평동으로 이사했다.

양평동 사무실 1층에는 일성정밀이라는 공장이 있었다. 쇠를 깎고 다듬는 소음과 기계에서 나온 쇳가루가 하루 종일 사람들을 괴롭혔다. 건물이 상습 수해 지역에 위치해, 장마철에는 윤전기가 침수될까봐 윤전부 사원들이 밤새 윤전기 곁을 지켰다.

1989년 2월 정태기를 본부장으로 하는 개발본부가 발족했다. 고속 윤전기 도입, 업무 전산화 등과 함께 새 사옥을 짓는 게 본부의 임무였다. 다시 한 번 서울 시내 땅을 뒤졌다. 여의도, 신수동, 한남동 등이 후보로 올랐지만, 공덕동으로 낙점되었다.

지방으로 신문을 수송하려면 기차역이 가까워야 했는데, 서울역이 5분 거리에 있었다. 같은 마포에 있으면서도 공덕동 땅값은 마포대로 주변의 3분의 1에 불과했다. 고속 윤전기를 들이기 위해 지하층이 깊어야 하는 조건에도 맞았다. 지표면의 고저차가 16미터에 달하는 경사진 입지 덕택에 지하층을 만들려고 땅을 깊이 파지 않아도 됐다. 그만큼 공사 비용을 아낄 수 있었다.

2017년 국립현대미술관에 전시된 한겨레 사옥 모형은 1991년 12월 14일 한겨레 사람들이 양평동을 떠나 공덕동에 처음 입주할 때의 형태다. 1991년 지하 3층, 지상 4층, 연면적 2031평 규모였던 공덕동 사옥은 그 뒤 지하 3층, 지상 8층, 연면적 3691평 규모로 늘었다. 1996년 4월에 3개 층을 더 지어 올렸고, 1999년 12월엔 신관을 증축했다.

사옥 담벽을 따라 담쟁이를 심은 것은 2001년 무렵이다. 당시 막내 격이었던 이주현 기자의 제안에 따랐다. 대학원에서 조경학을 공부한 이 기자는 6층 야외 공간에 정원을 만드는 아이디어도 내놨다. 노동조합이 주축이 되어 야외 정원을 가꿨다. 사원들이 직접 나무를 깎아 의자와 테이블을 만들었다. 같은 해 12월에는 경영진이 직접 나서 9층 옥상 주차장 터에 흙을 깔아 정원을 꾸몄다.

1994년, 한겨레가 경기도 파주군 교하면 하지석리 일대에 3212평의 땅을 매입하려 한 적이 있다. 대규모 윤전 시설을 들여와 제2공장을 지으려 했다. 그러나 자금 사정이 나빠지면서 새 윤전기 도입이 어려워졌다. 부지 매입을 위해 계약금까지 준 상태였는데, 이 땅을 어찌할 것인지를 놓고 다시 논란이 일었다. 당장 필요 없더라도 미래를 위해 일단 사놓고 보자는 의견과 신문사가 본연의 영업 활동과 상관없는 부동산 투자를 해서는 안 된다는 의견이 맞섰다. 논란 끝에 결국 땅을 포기했다.

2008년에는 아예 공덕동 사옥을 매각하고 서울 상암동 디지털미디어시티(DMC)에 새 사옥을 지으려는 계획이 추진되기도 했다. DMC는 서울시가 미디어와 디지털 엔터테인먼트 관련 기업을 한데 모을 목적으로 개발을 진행한 지역이다. 당시 문화방송·YTN 등이 본사를, 조선일보·동아일보 등이 디지털 자회사를 DMC로 옮길 예정이었다.

한겨레 경영진은 신문 콘텐츠를 디지털과 방송 등 다양한 방식으로 생산·공급해야 하는 시기에 관련 기술을 보유한 기업들이 모여 있는 DMC가 협력 시스템 구축에 최적의 장소가 될 것이라고 내다봤다. 땅 구입과 새 사옥 공사 비용 등에 1733억 원이 필요할 것으로 추정되었다. 전자신문, 아이코닉스 엔터테인먼트 등과 컨소시엄을 꾸려 서울시의 필지 공급 입찰에 참여했다.

하지만 2008년은 리먼 브라더스 파산 사태에서 비롯한 세계금융위기로 실물 경제가 얼어붙은 상황이었다. 입찰에 성공하더라도 무리한 차입을 하게 되면 유동성 위기가 있을 것이라는 우려가 제기되었다. 사옥 이전에 반대하는 목소리가 나왔다. 논란은 오래가지 않았다. 입찰 결과, 한겨레 컨소시엄이 우선협상 대상자로 뽑히지 않아 사옥 이전 계획 자체가 무산되었기 때문이다.

2017년 국립현대미술관에서 열린 '종이와 콘크리트'전 전경. 맨 앞에 한겨레신문사 공덕동 사옥 초창기 모형이 전시되어 있다.

김진솔 사진, 국립현대미술관 제공

사장을 투표로 뽑는 회사

한겨레신문사(이하 한겨레)는 사원 직접 투표로 대표이사를 선출한다. 1999년 3월, 최학래가 첫 직선제 대표이사가 된 이후로 2018년까지 모두 아홉 차례의 선거를 거쳐 7명의 대표이사가 탄생했다. 처음부터 한겨레 대표이사를 직선제로 뽑았던 것은 아니다. 30년간 한겨레 대표이사 선출제도는 네 차례의 변화를 겪었다.

제도의 변화는 한겨레 조직이 처한 현실과 밀접한 관련이 있었다. 창간 때부터 한겨레는 기업 조직과 정치 조직의 특성을 동시에 품고 있었다. 세월이 흐르면서 기업 조직의 특성이 강화되긴 했지만, 여느 기업과는 비교할 수 없을 정도로 한겨레에는 독특한 조직문화가 존재한다. 국민주 기업이자 사원 지주회사로서의 성격을 함께 띠고 있는 한겨레 지배구조의 특수성 때문이다.

창간 초기엔 '추천' 방식

한겨레가 처음 만들어진 1988년, 대표이사를 선임할 권리는 창간위원회에 있었다. 창간위원회는 종교계·학계·여성계·법조계 대표 등의 명망가들이 지역별로 안배되어 있는 일종의 '평의회'에 가까웠다. '국민주 신문'이라는 한겨레의 소유구조에 기초한 제도였다. 국민 주주를 대표할 만한 인물이 모여 최고 경영자를 골랐다. 다만 논의의 중심에는 한겨레 사내 임원들이 자리했다. 창간위원 56명 가운데 28명이 해직기자 출신이었다. 해직기자 출신의 창간위원 대부분은 한겨레 임원도 겸했다. 이들은 한겨레 이사진이 될 경우에 창간위원직에서 잠시 물러났다.

결국 한겨레 내부 인사들이 각계각층의 대표자들과 협의해 대표이사 후보를 추천하는 방식이었다. 추천한 대표이사 후보가 주주총회에서 거부되는 일은 상상하기 어려웠다. 송건호, 김명걸이 이같은 방식으로 대표이사가 되었다.

그러나 시간이 갈수록 창간위원회는 '대표자회의'가 아니라 '원로회의'의 성격이 강해졌다. 창간위원을 교체하거나 새로 뽑는 방식을 정해놓은 규정이 없어, 초기 창간위원이 사실상 종신직처럼 활동했기 때문이다. 인적 구성에 변화가 없으니 특정인에게 의사 결정권이 집중되는 폐해가 나타났다. 또 원로들이 주로 참석하다 보니 경영과 지면의 혁신을 요구하는 사내 여론이 원활히 반영되기 힘들었다.

"내가 보기엔 창간위원회가 필요 없는 것 같아요. 사외위원들은 회의에 별로 나오지 않고, 사내위원들도 사내 분파 문제 때문에 서로 이야기를 안 하려고 합니다."(1992년 '회사발전기획위원회' 보고서) 1992년부터 2대 창간위원장을 맡았던 조준희 변호사의 말이다.

한겨레 사내 일부 구성원도 창간위원회에 대해 비판의 목소리를 높였다. 1991년 1월, 논설위원 김근, 이인철, 이종욱 등은 '다시 태어나야 할 겨레의 신문'이라는 제목의 공개 사직서를 내어 창간위원회의 운영 방식을 강하게 비판했다. 1992년 2월 이사회에서 김태홍 판매이사는 창간위원회를 폐지하고 주주 대의기구를 신설하자고 공식 제의했다. 사내 연구동아리 '한겨레 언론연구회'가 1992년 9월 25일 펴낸 〈한겨레정론〉이라는 소식지에서 고승우 편집위원은 '전국 주주 대표자기구' 도입을 제안했다. 전국의 각 행정구역별로 주주대회를 열어 대표를 뽑고, 이들 구역 주주 대표가 참석하는 전국 주주 대표총회에서 집행부를 구성하며, 전국 주주 대표기구가 한겨레 임원 후보 추천권을 갖도록 하자는 내용이다.

반면 한겨레 임직원 다수의 생각은 조금 달랐다. 1992년 6월 16일, 노동조합(위원장 윤석인)이 '한겨레식 경영·편집권의 올바른 정립을 위한 노조의 의견'이라는 문서를 만들어 경영진에게 공식 전달했다. 사원 중심의 경영권 창출 제안이 문서의 뼈대였다. 노조는 국민 주주 대표제가 대표 선출의 복잡성, 주주 상호간의 분쟁 가능성, 조직 운영비용 과다 등의 문제가 있다고 우려했다. 신문사가 어려움을 겪는 핵심 이유는 안정적인 경영권의 기반이 없어서라고 봤다. 한겨레를 이끌고 있는 임직원들의 단합이 경영권의 토대가 되므로, 사원들이 대표이사 선출에 참여하자고 제안했다.

갑작스레 튀어나온 구상은 아니었다. 창간 전인 1987년 11월 월간 샘이깊은물

한겨레 대표이사 선출 방식의 변화

창간위원회 추천 사원동의제	1987	송건호	1~2기
	1991	송건호 김명걸	3~4기
경영진추천위원회	1993.6	김중배	5기
	1994.3	김두식	6기
	1995.3	권근술	7~8기
직선제	1999.3	최학래	9~10기
	2003.3	고희범	11기
	2005.3	정태기	12기
	2007.3	서형수	13기
	2008.3	고광헌	14기
	2011.3	양상우	15기
	2014.3	정영무	16기
	2017.3	양상우	17기

에서 조영래 변호사가 송건호, 정태기와 새 신문의 미래에 대해 논의한 대담에 그 구상의 실마리가 나온다. 조영래가 물었다. "자본주의 사회에서 주식회사는 회사 실적을 돈벌이로 바라보는 주주들의 독재 체제입니다. 돈벌이하려는 주주들의 뜻을 배반하면 경영진이나 편집진을 교체하거나 파면하지요." 새 신문을 만들더라도 어디까지나 주식회사인 이상, 일반 주주의 이해관계에 따라 독립 언론을 유지하는 데 어려움이 있을 수도 있다는 지적이었다. 정태기가 답했다. "장기적으로는 주주 간 협약을 통해서 양수 우선권을 새 신문의 사원-종업원 단체가 가져야겠죠. 주식의 3분의 1쯤을 기자들이 가지면 신문의 중요한 결정은 기자들이 할 수 있게 되지 않을까 합니다."

'간선제' 방식의 경영진추천위원회 제도

국민 주주 대표제 강화냐, 사원 주주 중심제 강화냐. 그 답을 찾고자 1992년 7월 8일 '회사발전기획위원회'가 출범했다. 이 기구는 일종의 간선제에 해당하는 경영진추천위원회 도입 방안을 제시했다. 1993년 1월, 이사회에서 이 제도를 확정했다. 경추위 제도는 조금 복잡하다. 경추위원은 모두 20명이다. 절반인 10명은 사내에서 선출하고, 나머지 10명은 사외에서 선출했다. 사내 경추위원은 사원 주주를 대표했고 사외 경추위원은 국민 주주를 대표했다.

사내 경추위원은 편집 부문 5명, 경영관리 부문 5명을 뽑았다. 사원들이 각각 경추위원으로 적절하다고 생각되는 세 사람의 이름을 써 내면 다수 득표자가 사내 경추위원이 되었다. 1993년 5월 18일부터 이틀간 진행된 초대 사내 경추위원 투표에서 고희범·김종철·오귀환·윤석인·최학래(이상 편집 부문), 문영희·박성득·송길섭·오성호·황윤미(이상 경영관리 부문) 등이 뽑혔다. 사외 경추위원은 창간위원회의 뒤를 이어 만들어진 자문위원회 위원들이 겸했다.

이들 경추위원들이 모여 대표이사 후보를 정했다. 창간위원회 추천 제도에 견주어 일반 사원들의 의견이 더 강한 영향력을 갖게 되었다. 경추위 안에서는 사외 경추위원들보다는 사내 경추위원들의 발언에 힘이 실릴 수밖에 없었고, 사내 경추위원들은 선출직이었기에 사내 여론에 민감했다. 한겨레 임직원들이 대표이사 선출에 참여하는 길이 처음으로 열렸다. '사내 민주주의' 요소를 강화한 셈이었다.

경추위 제도 도입 이후 처음 선출된 대표이사가 김중배다. 1993년 6월 주주총회에 대해 몇몇 주주들이 원인무효 소송을 낸 배경에는 사원 주주 중심으로 뽑힌 대표이사에 대한 반발심이 일부 깔려 있었다. 일부 주주들은 주주 대표기구가 대표이사를 선출하는 방안을 관철시키고자 했다.

하지만 국민 주주 강화 방안은 소수 의견에 그쳤다. 국민 주주 대표기구가 '이상론'에 가깝고 한겨레가 처한 경영상의 어려움을 해결하기에는 역부족이라는 비판이 설득력을 얻은 결과였다. 그럼에도 한겨레 지배구조 논의에서 국민 주주의 뜻을 어떻게 반영할 것인가의 문제는 여전히 계속 중요한 논점으로 남아 있다.

경추위 제도 도입 4년 만에 한겨레 내부에서는 또 다른 비판이 일었다. 1997년 1월 14일, 공채 6기 사원들이 성명을 냈다. "얼굴 없는 선거로 치러져 파벌을 확대 재생산하는 선거 제도를 개선하자"는 내용이었다. 뒤이어 경영관리 부문의 공채 1~9기 사원들도 경추위 제도의 문제를 지적하고 대표이사 후보 명단의 공개 및 후보자 공개 토론회를 요구했다.

경추위원 선거 과정의 익명성 때문에 빚어진 음성적 선거운동이 문제였다. 경추위원 선거 때가 되면 사내 의견 그룹마다 서로 다른 경추위원 명단을 돌리며 사실상의 선거운동을 벌였다. 대표이사 후보가 누군지 알려지지 않은 상태에서 사원들은 경추위원들의 '성향'을 보고 투표하는 수밖에 없었다. 정책이나 지향에 대한 검증 없이

'끼리끼리' 뭉치는 일도 생겼다.

1997년 1월 14일, 창간 이후 처음으로 대표이사 후보 토론회가 열렸다. 공식적으로는 경추위원에 출마한 사람도, 경추위원회에서 선임을 받고자 대표이사 후보로 나선 사람도 없었다. 그러나 누가 대표이사로 출마할 것인지를 모르는 사람은 없었다. 당시 권근술 대표이사 회장과 김두식 대표이사 사장이 후보 물망에 오르고 있었다. 노동조합이 두 사람을 토론회에 불러냈다.

토론회에서 권근술은 "이번 대표이사를 뽑는 절차나 과정이 사실상 직선제 대표이사를 뽑는 것과 유사한 과정을 밟고 있다"고 말했다. 실제로 일이 그렇게 진행됐다. 대표이사 후보 초청 토론회 이후 경추위 제도의 실효성이 사실상 사라지면서, 대표이사 선출제도 개선 작업에 탄력이 붙었다.

대표이사 선출제도 못지않게 편집위원장 선출 방식 역시 변화가 적지 않았다. 창간 때는 이사회에서 편집위원장을 선임했다. 성유보 초대 편집위원장은 임명된 편집위원장이었다. 창간 직후에는 편집위원장 직선제를 도입했다. 1988년 8월, 기자들의 투표로 장윤환이 2대 편집위원장에 올랐다.

경추위 제도가 도입되면서부터는 대표이사가 '복수의 편집위원장 후보자'를 추천하면 편집국 기자들이 투표로 편집위원장을 확정하도록 했다. 그런데 1997년 경추위 제도에 대한 비판과 논란 끝에 새 대표이사가 된 권근술이 추천한 편집위원장 후보 투표를 아예 기자들이 거부하는 사태가 일어났다. 대표이사가 염두에 둔 편집위원장 후보와 기자들이 생각했던 인물이 달랐던 것이다. 대표이사 선출제도뿐만 아니라 편집위원장 투표 제도까지도 모두 문제가 되었다.

결국 1997년 6월, 노동조합 산하에 '제도개선위원회'가 만들어졌고 이를 토대로 1998년 7월 노사 합동으로 '경영진선출제도개선위원회'를 구성했다. 회사 쪽을 대표해 서형수, 박영소, 윤석인이, 노조 쪽을 대표해 김광호, 양상우, 이제훈이 위원으로 참여했다. 1992년 회사발전기획위원회의 제도 개선이 주로 경영권 안정에 초점을 두었다면, 1998년의 경영진선출제도개선위원회는 주로 사내 민주주의 강화에 무게를 두었다. 직선으로 뽑힌 이사들이 대표이사를 정하는 '이사 직선제'와 사원 직선제인 '대표이사 직선제'의 안이 제시되었는데, 의견 조사에서 한겨레 구성원 다수가 '대표이사 직선제'를 선호했다. 편집위원장 역시 편집국 사원들의 직선으로 뽑도록 했다. 이후 20년

한겨레신문사 대표이사 선출방식은 창간위원회의 추천과 사원동의제, 경영진추천위원회의 간선제를 거쳐, 1999년부터 사원 직선제로 바뀌어 현재에 이르렀다. 사진은 2017년 17대 대표이사 후보 합동토론회의 모습이다.

째 한겨레는 대표이사를 직선제로 뽑고 있다.

1998년 11월 19일 이사회에서 제도 변경안을 확정했고, 1999년 2월 직선제에 따른 첫 대표이사 선거가 치러졌다. 한겨레 사원들의 발언권이 강화되는 '민주주의 진전'이긴 했으나, 한겨레 최대 주주인 국민 주주들의 참여는 주주총회에서나 가능한 모순적인 상황에 놓였다. 이러한 딜레마는 2002년 12월, 사원들의 퇴직금을 출자전환해 3% 안팎에 불과했던 사주조합의 지분율을 30%대로 끌어올림으로써 어느 정도 해소되었다. 실질적인 최대 주주가 된 사원 주주들이 대표이사를 직접 선출한다는 정당성을 얻은 셈이다.

당시 퇴직금 출자전환을 이끌었던 '한겨레혁신추진단'은 국민 경선 방식으로 국민 주주를 대표이사 선거에 참여시키는 방안을 제시했다. 총 발행 주식 1% 이상의 지분을 확보한 주주 대표자에게 후보 추천권을 부여하고, 인터넷 등을 통해 미리 선거인으로 신청한 사외 주주들에게도 대표이사 후보 투표권을 주자는 내용이었다. 당원이 아닌 일반 유권자에게도 참여의 기회를 주는 서구 정당의 '프라이머리 방식'과 비슷했는데, 논란 끝에 채택이 유보되었다. 실무적인 준비에만 적어도 여섯 달 안팎이 걸릴 터였고, 과거에 소수의 조직된 사외 주주들이 한겨레를 대상으로 소송을 내어 경영 안정을 위협했던 사례가 고려되었다. 한겨레혁신추진단은 노사 공동기구였는데 박순빈, 장철규, 권복기, 김충환, 김창석이 상근자로 일했다.

창간위원회 추천제, 경영진추천위원회의 간선제, 사원 직선제 등 세 차례의 변화를 겪어온 대표이사 선출제도는 2004년 12월에 마지막으로 변경되었다. 경영 위기로 인한 노사 합동 비상기구였던 '비상경영위원회'는 대표이사 직선제는 그대로 두되 대표이사 임기를 2년에서 3년으로 늘렸다. 아울러 편집위원장 직선제는 임명동의제로 바꿨다. 대표이사가 편집위원장 후보를 한 사람 추천한 뒤에 편집국 기자들이 동의 투표로 편집위원장을 확정하도록 한 것이다. 경추위 제도 때처럼 '단수 후보'를 추천하도록 함으로써 대표이사의 권한을 강화했다. 경영을 안정시키기 위해 대표이사의 리더십을 재구축하는 방향으로 제도 개선이 필요하다는 취지였다.

이러한 일련의 변화 밑바탕에는 한겨레 소유구조의 문제가 깔려 있다. 한겨레는 6만여 소액주주가 투자해 만든 신문사다. 여기에 지배주주는 없다. 처음부터 주식 소유 상한선을 두었고, 기업 또는 정치집단의 투자도 막았다. 특정 주주가 단독으로 영향력을 행사할 수 없는 구조다. 세계 언론 사상 획기적인 소유구조다. 특정 세력의 편집권 독점을 막는다는 점에서 '독립 언론'이 바로 설 수 있도록 뒷받침해주는 자본 구성이다. 다만 '주인이 따로 없다'는 점은 때로 한계로 작용한다. 한겨레 구성원들은 투표로 대표이사를 직접 뽑는다는 자부심을 갖는 동시에, 2~3년마다 반복되는 선거 과정에서 벌어지는 파벌 싸움이나 편 가르기에 피로감을 느끼기도 한다. 실제로 경영 위기를 겪거나 회사의 미래를 결정 짓는 투자 등 중요한 의사결정을 해야 하는 국면마다 '안정적인 리더십'의 부재는 걸림돌이 되었다.

지배구조 개선, 미완의 과제

2007년 3월 취임한 서형수 대표이사의 주요 공약 가운데 하나는 '지배구조 개선 논의'였다. 대표이사 직선제를 변경해 지속적, 전략적 경영의 토대를 마련하자고 제안했다. 경영진은 임기 1년여 동안 이 논의를 진전시키고자 외부에 컨설팅 용역을 맡기는 등 상당한 자원을 투입했다. 2007년 10월, 경영진은 승계위원들이 대표이사를 선출하는 '추천위원회 제도'를 제시한다. 우리사주조합과 노동조합(위원장 김보협)은 설문조사로 사내 의견을 모았다. 찬성 39%와 반대 40%로 의견이 팽팽하게 갈렸다. 1998년 직선제 전환(85.9%), 2005년 대표이사 임기 연장(82.3%) 때의 압도적인 찬성률과는

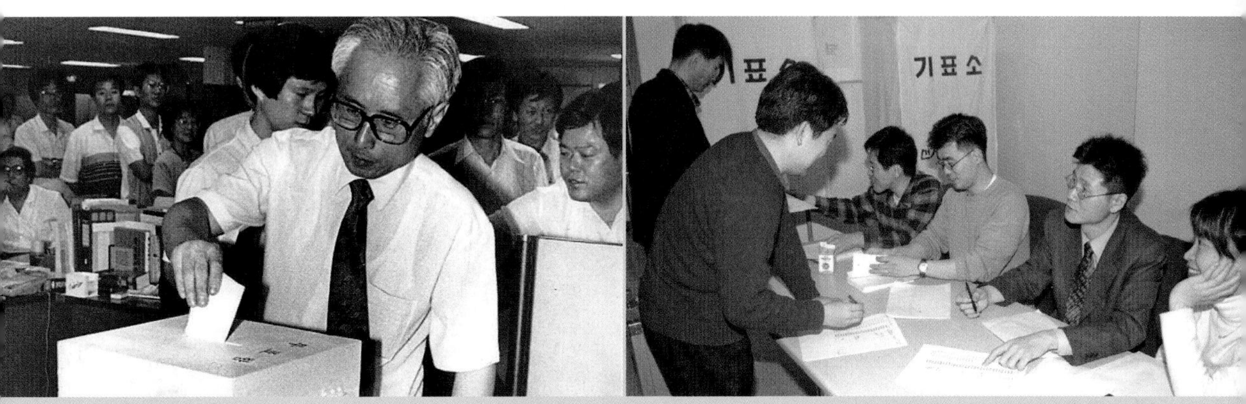

초창기 한겨레는 종합일간지 사상 처음으로 편집위원장을 사원들이 직접 뽑았다. 2004년부터는 대표이사는 직선제로, 편집위원장은 임명동의제로 선출하고 있다.

사뭇 다른 온도차였다.

뒤이어 취임한 고광헌 대표이사도 노동조합과 공동으로 지배구조 개선 문제를 연구해 최상의 해법을 마련하겠다고 약속했다. 하지만 논의는 수면 아래로 가라앉았다. 이어 2016년에는 박창식 전략기획실장이 대표이사 선출제도 개편 보고서를 작성했다. 주주·독자들로 시민 선거인단을 꾸리고 대표이사 후보들이 '오픈 프라이머리' 방식으로 전국을 순회하며 선거운동을 벌이도록 하자는 아이디어였다. 하지만 대표이사 선거까지 시일이 촉박해 공론화되지는 못했다.

"한겨레의 현재 지배구조에 내재된 문제점을 한마디로 요약하면, 불안정 균형 상황에 봉착한 내부자 통제 기업이다." 2010년 9월, 류이근 겸임조합장(노동조합 위원장과 우리사주조합장 겸임)의 의뢰를 받아 넉 달간 연구 작업을 진행한 '한겨레경영평가위원회'의 위원장을 맡았던 김상조 한성대 경제학과 교수(당시 경제개혁연대 소장)의 진단이었다. '내부자 통제 기업'이란 경영진과 직원 등 내부자들이 전략적 의사결정권을 독점하는 기업을 뜻한다. 한겨레는 외부에서 새로운 경영자원을 영입할 가능성이 낮은 기업이다. 그렇다고 해서 내부에서 경영 능력을 개발·축적하기도 쉽지 않다. 대표이사의 짧은 재임기간과 잦은 교체, 이로 인한 리더십 약화 탓이다. 이 같은 지배구조 아래에서 좋은 진보 '신문' 만들기와 지속 가능한 진보 '신문사' 만들기라는 두 가지 목표는 끊임없이 충돌한다. 경영평가위원회는 외부에 사외이사 추천권을 배분하고, 한겨레신문사를 지주회사 체제로 전환하는 등의 방안을 대안으로 제시했다. 하지만 이 역시 연구와 발표에만 그쳤고 실질적인 제도 변화를 추동해내지는 못했다.

노동자면서 지배주주

“우리는 조합원을 비롯한 언론노동자들의 경제적, 사회적, 정치적 지위 향상을 위해 싸운다”, “우리는 언론의 자유를 핵심으로 한 민주주의적 가치를 이뤄내기 위해 싸운다”, “우리는 다른 산업, 다른 부문 노동운동과의 넓고 굳은 연대를 통해 전체 노동자의 지위 향상과 전국적 범위의 노동운동 발전에 기여한다.”

1988년 12월 10일, 한겨레신문사(이하 한겨레) 노동조합은 창립결의문에서 이렇게 다짐했다. 1987년 12월 한겨레신문사 설립 당시 정관에는 노조위원장이 ‘당연직 이사’로 이사회에 참여하는 것으로 되어 있다. 하지만 한겨레 안에 실제로 노동조합이 생기기까지는 진통이 있었다. 국민 주주 기업이자 사원들이 주인인 독특한 지배·소유 구조 탓에 한겨레에서는 누가 사용자이고, 누가 노동자인지 구분이 불명확하다. 사용자와 노동자의 관계는 ‘비적대적 모순 관계’에 있다. 이 때문에 창간 초기 ‘한겨레에 과연 노동조합이 필요하냐’는 논쟁이 있었다.

노동조합보다 먼저 만들어진 것은 기자평의회였다. 창간 전인 1988년 4월 16일, 평기자 119명이 참가하는 한겨레 기자평의회(이하 기평)가 탄생했다. 편집국 최고위급 간부를 제외하면 거의 모든 기자가 가입했다.

동아일보 해직기자 출신으로 한겨레 초대 민권사회부 편집위원보를 맡은 이태호가 기평 1대 의장이었다. 2대 의장은 문화방송에서 1980년 해직된 정상모가 맡았다. 기평은 편집위원장 직선제를 추진했다. 창간 이사회는 이에 대해 다소 비판적이었다. 1988년 5월 17일, 편집위원장 직선제 안을 이사회가 거부하자 기평 초대의장단이 사퇴해버렸다. 결국 기평의 강력한 요구 끝에 1988년 8월, 종합일간지 사상 첫 편집위원장 직선 투표를 실시하게 되었다.

기평은 지면개선위원회도 설치했다. 편집위원회가 편집국 간부들의 자리라면, 지면개선위원회는 평기자들의 모임이었다. 편집진이 책임지는 지면에 대해 평기자들이 서슴없이 비판하여 공론에 붙였다. 지개위는 이후 노동조합 산하 기구로 통합되었고, 2004년 5월부터 그 이름을 '진보언론실천위원회'로 바꿨다. 지금까지도 국내 언론사 가운데 자신의 지면을 가장 활발히 비판하는 곳이 한겨레다.

노동조합이 필요하다는 의견을 제시한 것도 기평이었다. 기평은 1988년 10월 노조준비위원회를 만들어 노조 설립에 들어갔다. 편집 부문과 경영 부문에서 각 15명씩의 대표자들이 참석해 준비위원회를 만들었다.

기평은 창립 1년여를 넘기지 못하고 2대 의장단을 끝으로 사실상 활동을 접었다. 기평이 사내 갈등의 중요한 당사자로 등장하면서 부담을 느낀 기자들의 참여가 낮아진 탓이다. 노동조합 설립을 두고는 여러 논란이 있었지만, 국민 주주로부터 위임받은 경영권과 편집권을 올바르게 행사하도록 감시하고 외부로부터의 압력을 막아내기 위해 노조가 필요하다는 쪽으로 의견이 모였다.

노동조합 초대 위원장은 고희범이었다. 위원장 후보로 5명이 등록했는데, 고희범이 201표 가운데 123표를 얻어 압도적인 지지율로 뽑혔다. 초대 노동조합은 '단일호봉제' 도입을 주창했다. 기사를 쓰

한겨레신문사 노동조합은 2000년 창립된 전국언론노동조합(언론노조)에 가입했다. 언론노조의 전신은 한겨레가 창간된 1988년 한국 사회 민주화운동의 결과로 탄생한 전국언론노동조합연맹이다.

는 편집국 기자, 광고 영업을 하는 광고국 사원, 신문을 내다 파는 판매국 사원, 취재 차량을 운전하는 수송부 사원까지 모두 각자의 노릇을 하고 있으니, 직군과 상관없이 모든 사원을 동등하게 대접해야 한다는 생각이 깔려 있었다.

애초에 한겨레신문사의 급여는 깜짝 놀랄 만한 방식으로 결정되었다. 창간 직전인 1988년 3월, 급여체계위원회가 만들어졌다. 직종별·부문별 대표자가 모두 모여 자신들이 받을 월급 액수를 정하는 자리였다. 편집 부문과 업무 부문으로 나눠 각 5명의 대표로 위원회를 구성했다. 수습 사원까지 참석했다.

편집 부문에선 수습 기자, 공채 경력 기자, 여기자, 80년 해직기자, 75년 해직기자 등의 대표가 각 1명씩 참석했다. 업무 부문에선 사무직 남성, 사무직 및 전산제작직 여성, 공무발송직, 판매광고직, 인사부원 등이 1명씩 참석했다. 위원회 구성 방식에서 창간 초기의 민주주의 질서를 엿볼 수 있다. 이사회는 이들이 만든 급여체계를 그대로 인준했다.

이때 만들어진 한겨레신문사의 첫 급여체계는 기자·영업·사무직 사원을 1직군, 공무·전산·기술직 사원을 2직군, 발송·통신 사원을 3직군으로 구분했다. 1직군의 1호봉이 33만 원, 2직군과 3직군의 1호봉이 23만 원이었다. 대신 부양가족 1인당 1만 5000원씩을 더 줬다.

경력 사원의 경우, 경력 1년당 1만 2000원씩을 추가 지급했는데, 이 경력에는 해직 기간, 양심수로 투옥된 기간 등이 포함되었다. 군 복무자는 복무 기간의 75%만 경력으로 인정했다. 나중에는 군 복무 기간의 100%를 경력으로 인정하게 되었지만, 창간 초기의 규정은 군대 다녀온 사람보다 감옥 다녀온 사람을 더 대우하는 것이었다.

정기 상여금은 없었다. 창간 이후 한동안은 학비 보조는 물론 직무직책 수당도 없었다. 대신 중식비가 모든 직원에게 월 3만 9000원씩 일괄 지급되었다. 외근 기자 및 사원에게 지급되는 교통비가 월 5만~13만 원 정도였다. 창간 직후인 1988년 6월, 공채 1기로 들어와 편집국에서 일하던 김형선은 세금 등을 제하고 35만 8760원을 받았다. 역시 공채 1기로 들어온 경영 부문의 장창덕은 30만 9870원을 받았다.

그런데 이 급여체계를 노동조합이 문제 삼았다. 1989년 4월, 한겨레 최초의 임금 협상이 열렸다. 노조가 단일호봉제 방안을 제시했다. 경영진은 그 자리에서 동의했다. 고희범이 농 반 진 반으로 따졌다. "그래도 경영진이 반대도 하고 수정도 해야지,

노조가 제시한 임금 안을 그대로 받는 경영진이 어디 있습니까?" 대표이사였던 송건호는 그저 웃었다.

이때부터 한겨레는 단일호봉제를 도입했다. 직군과 성별을 가리지 않고 모든 사원의 급여체계를 동일하게 적용했다. 단일호봉제를 도입한 뒤, 기자직·사무직의 월급이 조금씩 더 깎였다. 없는 살림에 골고루 나눠 받다 보니 생긴 일이었다. 단일호봉제도는 2018년 현재까지도 이어지고 있다. 다만 이후에 도입된 각종 수당에서는 일부 직군 간 차이가 생겼다.

창간 초기 최고 경영진은 얼마나 받았을까. 1988년 9월, 창사 이래 첫 주주총회를 열었는데, 이 자리에서 이사 및 감사의 보수 액수를 결정했다. 송건호 대표이사는 월 106만 2000원, 임재경 편집인은 98만 3500원, 장윤환 편집위원장은 91만 8400원을 받았다. 평사원과 같은 방식으로 호봉을 산정해 월급을 받았다. 비상임이사와 감사는 아예 돈을 받지 않고 일했다.

1988년 7월, 기자협회보는 전국 언론사의 월 급여 및 연봉 통계를 보도했다. 중앙일간지 기자의 초봉이 연평균 1000만 원이었다. 한 달에 적어도 80만 원을 받는다는 이야기였다. 한겨레 기자 월급의 2.5배였고, 한겨레 이사의 월급과 맞먹었다.

경영진보다 경영을 더 걱정하는 노조

창간 초창기에 한겨레 노동조합은 의견이 다른 사내 의견 그룹들의 각축장이었다. 노조위원장 선거 때마다 신문사의 지향을 놓고 치열한 논쟁을 벌였다. 고희범 초대 위원장, 최성민 2대 위원장은 서로 다른 의견 그룹을 대표하는 인물이었다. 노조는 경영·편집 간부와 맞서는 일종의 야당 구실을 했다.

3대 노동조합을 이끈 김영철은 사내 통합을 내걸고 당선된 첫 노조위원장이었다. 그 역시 사내 갈등으로부터 완전히 자유롭지는 못했지만, 이후 노조 선거는 갈등을 부각시키기보다는 통합에 비중을 두게 되었다. 윤석인(4·5대)은 처음으로 노조위원장을 연임했는데, 경영진을 비판적으로 견제하면서도 현실적인 경영 대안을 함께 고민했다. 농담 삼아 한겨레 노동조합을 '어용노조'라 부르는 일이 이때부터 생겨났다. 경영진보다 더 경영을 걱정한다는 뜻이었다.

1988년 12월 한겨레신문사에 노동조합이 생겼다(왼쪽). 오른쪽은 노조 창립 3주년 축하 및 새 사옥 입주 기념으로 열린 한겨레 한마당 행사 모습.

원병준(6대)은 업무 부문 사원으로는 처음으로 노조위원장이 되었다. 조합원들의 복리후생에 초점을 뒀다. 뒤이은 송우달(7·8대) 위원장 시절에는 한겨레 사원들의 임금이 크게 올랐다. 두 위원장은 한겨레 노조가 조합원들의 권익 향상에 복무하는 기풍을 세우는 데 기여했다.

1996년 10월 당선된 김형선(9대)은 '독립 노조'를 내걸었다. 그 무렵까지 잔존해 있던 사내 갈등 구조로부터 독립하겠다는 뜻이었다. 1997년 5월, 한겨레 노동조합은 창사 이래 처음으로 파업을 결의했다. 경영진의 상여금 삭감안에 반대하는 일종의 임금 투쟁이었다. 당시 사원 가운데는 국민주 신문인 한겨레에서 파업은 있을 수 없다는 반대 의견을 내는 이도 있었지만, 결국 다수가 파업을 지지했다. 실제로 파업이 일어나진 않았는데, 한겨레 노사가 서로 양보하여 막판 임금 협상을 타결 지었기 때문이다.

김형선 노조위원장 이후로 한겨레 노동조합은 기존의 갈등 구조에 비판적인 젊은 세대들이 대거 참여하게 된다. 손석춘(10대), 이정구(11·12대), 김보근(13대), 박상진(14대) 등은 창간 세대의 리더십을 비판하며 새로운 노사 관계 정립에 주력했다. 이전까지는 창간 세대의 의견 그룹을 대표하는 여러 인물들이 노조위원장 선거에 나서 경쟁했지만, 김형선 노조 이후로는 사내 소장 세대가 노조를 사실상 주도했다. 손석춘 10대 노조위원장은 한겨레 노조위원장을 마친 뒤, 1998년 전국언론노동조합연맹 위원장이 되었다. 14대 노조는 노사 공동으로 '한겨레혁신추진단'을 구성해 본격적으로 경영 참여에 나섰다.

한편 우리사주조합은 1992년 12월, 이사회의 결의로 만들어졌다. 사원 주주의 권한을 강화해야 경영권을 안정시킬 수 있다는 문제의식이었다. 그러나 사원 주주들의 지분율이 낮아 사주조합은 유명무실했다. 경영 부문의 중간 간부가 사주조합장을 겸하면서 최소한의 사무만 챙겼다.

그런데 2002년 12월, 결정적인 변곡점을 지나게 된다. 창간 이후 처음으로 한겨레 임직원들이 퇴직금을 출자전환한 것이다. 전체 임직원의 90%가 넘는 522명이 출자전환에 참가했다. 전체 주식의 4%였던 사내 주주 비율이 38.4%로 늘었다. 사내 주주가 최대 주주가 되었고, 사내 주주들만으로도 주주총회를 열어 안건을 처리할 수 있게 되었다. 국민 주주가 다수이지만 실질적으로는 사원 주주 언론사가 된 셈이었다. 한겨레의 총자본도 198억 원에서 311억 원으로 증가했다. 2003년 2월 12일, 사원 주주들의 첫 직선 투표로 장철규가 7대 우리사주조합장이 되었다.

노동조합과 사주조합, 통합이냐 분리냐

2004년 4월 노조위원장으로 당선된 양상우(15·16대)는 한겨레 노동조합의 역사에 중요한 획을 그었다. 양상우는 우리사주조합장인 장철규와 뜻을 모아 두 조합의 통합 논의를 시작했다. 현금 유동성에 빨간불이 들어온 경영 위기 상황에서 노동자인 동시에 주주인 한겨레 사원들을 '주인 된 노동자'로 새롭게 묶어 세우고 회사 경영에 훨씬 적극적으로 개입하겠다는 의지의 표명이었다. 2004년 6월 8일, 노동조합은 대의원대회를 열어 다음과 같은 결의문을 채택했다. "책임 없는 경영과 참여 없는 노동이 창간 이래의 고질을 끝내 곪아터지게 만들고 있다. 노동과 경영의 조화를 위해 전혀 새로운 조직운영의 원리를 창조했던 창간 당시의 심정으로 돌아가자. 노동조합과 사주조합의 인적·조직적 통합으로 노동과 경영의 동시적·통일적 주체로서 한겨레의 운명을 개척하겠다." 이를 바탕으로 노동조합과 사주조합을 겸하는 겸임조합의 틀이 만들어졌다. 2004년 8월 31일, 양상우가 16대 노조위원장 및 8대 우리사주조합장을 겸하는 겸임조합장으로 선출되었다. 한겨레 노동조합과 우리사주조합이 '겸임체제'로 다시 태어났다.

이른바 '겸임조합 체제'는 양상우 이후 이제훈(17대), 조준상(18대), 이재성(19대), 김보협(20·21대), 류이근(22대), 전종휘(23대)에 이르기까지 계속되었다.

2012년 2월, 노장 세대를 뜻하는 '형님 노조'를 표방한 박중언이 24대 노조위원장으로 당선되었다. 당시 대표이사였던 양상우와 박중언은 한겨레 공채 4기로 입사 동기였다. 이듬해 1년 임기가 끝난 뒤에 박중언 노조위원장은 우리사주조합장으로, 노조 사무국장이었던 장덕남은 25대 노조위원장으로 따로따로 출마했다. 9년 동안 이어져온 '겸임조합체제'가 깨지고 노동조합과 우리사주조합이 다시 분리되는 중요한 전환점이었다.

두 조합의 분리를 두고 사내에 논란이 일었다. 22대 겸임조합장이었던 류이근이 전체 임직원에게 이메일을 보내 문제를 제기했다. "2004년 두 조합을 묶어 세울 때처럼 사내 구성원들과 충분한 논의 아래 추진되어야 마땅한 사안인데, 노조 대의원대회도 없이 거의 모든 조합원들이 후보 등록 마감 이후에야 겸임조합 분리 추진 소식을 접했다. 중대한 절차적 하자다."

박중언의 생각은 달랐다. "두 조합은 반드시 분리 운영되어야 한다는 강한 확신을 갖고 있는 건 아니다. 하지만 대의원대회 등을 통해 겸임을 해야 한다거나 각각 출마해야 한다고 결의하는 것은 (다른 노조위원장) 후보의 권리를 침해할 우려가 있다." 장덕남은 "노동조합과 우리사주조합은 존재 근거가 되는 법도 다르다. 두 조합의 분리는 비정상의 정상화였다"고 말한다.

일반적으로 노동조합과 우리사주조합의 존재 이유는 분명히 다르다. 그러나 한겨레에선 구성원들이 노조원이면서 동시에 회사의 지배주주라는 이중적, 모순적 성격을 함께 지니고 있었다. 이 때문에 겸임조합이 옳으냐, 분리가 옳으냐 하는 논란은 여전히 계속되고 있다.

그때부터 2018년 현재까지 노동조합과 우리사주조합은 분리된 채 운영되고 있다. 이후 정영무 대표이사 시절에는 다시 젊은 세대가 전면에 나섰다. 박종찬(26대), 최성진(27·28대)은 노조가 우리사주조합과 다시 통합되어야 한다는 견해를 갖고 있었으나, 두 조합의 선거 일정이 어긋나는 바람에 실행에 옮기지는 못했다. 인터넷한겨레를 운영하는 한겨레엔으로 입사했던 박종찬은 자회사 출신으로는 첫 노조위원장이 되었다. 그 기간 동안 이동구(18기), 정남구(19·20기)가 우리사주조합장을 맡아 경영 감시 임무를 다했다.

2017년 2월, 21기 우리사주조합장이 된 이재훈은 겸임조합 체제를 재건할 구상을 갖고 있었다. 하지만 '경영진 견제'를 내세운 공채 6기 출신의 지정구가 '겸임조합 재건'을 내세운 이재훈보다 많은 표를 얻어 노조위원장으로 당선되었다.

우리사주조합이 해법을 찾아야 할 중대한 문제가 하나 더 있다. 2015년 8월, 정남구 우리사주조합장이 작성한 '우리사주 보유 주식 환매 본격화에 따른 제문제'라는 보고서를 보면 2002년 12월 퇴직금 출자전환으로 38.4%에 이르렀던 우리사주조합의 보유 주식이 2015년 6월 기준 22.6%로 줄어들었다. 회사를 떠난 이들이 퇴직금 출자전환 주식을 환매하기 시작했기 때문이다. 2017년 말 기준으로 우리사주조합 지분율은 20.03%(발행주식 기준)이다. 의결권 있는 주식을 기준으로 하면 21.7%다. 우리사주조합의 지분율이 20%대 아래로 떨어지게 되면, 상법상 정해져 있는 주식 수를 채우지 못해 주주총회에서 정관 변경을 위한 특별결의를 할 수 없는 상황에 놓일 수도 있다.

2018년 5월, 한겨레 창간위원이자 기자였던 박화강이 평생 모은 1억 원을 기부하며 "한겨레를 위해 써달라"고 당부했다. 경영진과 우리사주조합은 이 돈을 사주조합에 출연하기로 합의했다. 한겨레 임직원이 자사주를 살 때마다 이에 매칭해 '박화강 주식'을 나눠주기로 한 것이다. 우리사주 지분율 방어를 위해 '박화강 주식'이 나침반이자 등불이 되기를 바라는 마음이 담겼다.

한겨레 구성원들은 밥벌이 말고도 고민할 일이 참 많다. 한겨레의 노동자, 한겨레의 사원 주주는 여러모로 특이하고도 모순된 존재다.

02

힘찬
울음소리

탄압

01

한겨레는 태어나서 열두 달을 한 바퀴 돌기도 전에 큰 시련을 맞았다. 노태우 정권의 첫돌 축하는 선물이 아니라 탄압이었다. 하지만 엄동설한의 탄압은 오히려 새싹이 튼튼한 나무로 자라나게 하는 자양분이 되어주었다.

창간 1주년이 한 달 앞으로 다가와 있는 1989년 4월 18일 저녁, 한겨레신문사 편집국에 팽팽한 긴장감이 흘렀다. 사옥 한쪽에서 윤전기 소리가 들려왔다. 1판 발행이 끝난 편집국은 농성장으로 변해 있었다. 하얀 머리띠를 두른 한겨레 임직원 400여 명이 굳은 표정으로 비상대책위원회 결정 사항을 들었다. 가슴에는 '구속·연행 언론인 석방'이라 적힌 리본이 달려 있었다. 한겨레신문사 조직 전체가 투쟁 체제로 전환했다.

비상대책위는 이날 다음과 같이 결정했다. 첫째, 임의동행이나 출석요구에 대해 일체 불응한다. 둘째, 다만 적법절차에 따른 구인에 대해서는 물리적으로 저항하지 않는다. 이날은 비대위가 주최하는 '한겨레 탄압분쇄 4차 결의대회' 자리였다.

송건호 대표이사가 사무실 한가운데로 나왔다. "해방 이후 한국 언론계의 3대 사건이 있습니다. 1965년 경향신문 강제 매각, 1975년 동아일보 광고 탄압, 그리고 1989년 오늘의 한겨레 탄압입니다. 어찌된 노릇인지 저는 항상 그 가운데 있었습니다."

평소와 달리 그의 목소리가 높았다. "65년 경향 사태 때는 외부의 지원이 없었습니다. 75년 동아 사태 때는 그 사장이 권력과 내통했습니다. 그러나 지금 한겨레는 일반 민중이 지원하고 있습니다. 짓밟혀 신문을 못 내는 한이 있더라도 사장인 나는 권력과 내통하지 않을 것입니다. 이번 싸움은 모든 조건이 다릅니다. 분명히 승리합니다."

무거운 분위기를 가르고 문화공연이 시작되었다. 민중 가수 정태춘이 기타를 잡았다. "언론 탄압에 맞선 이번 싸움은 한겨레의 도약을 위한 계기입니다. 두루 잘 사는 참자유 세상을 만들기 위해 함께 노력합시다." 그는 〈떠나가는 배〉, 〈인사동〉을 불렀다. 노래를찾는사람들의 공연, 고 신동엽 시인의 부인 인병선과 미술평론가 유홍준 등의 격려 발언이 이어졌다.

미완에 그친 방북 취재

탄압은 석 달 전의 일 때문에 시작되었다. 1989년 1월 초, 양평동 사옥 2층 논설위원실에 리영희 논설고문, 임재경 부사장, 장윤환 편집위원장, 정태기 개발본부장 등 네 사람이 모였다. 한 해 사업과 지면 운용 계획을 논의하는 자리였다. 당장 창간 첫돌 기획 사업이 필요했다. 장윤환이 소련, 중국, 동유럽 등 공산권 기획 취재 구상을 밝혔다. 취재 대상에는 북한도 포함되어 있었다.

참석자 모두가 크게 찬성했다. 그 자리에서 리영희는 북한 취재단이 구성되면 이를 직접 인솔하겠다고 말했다. 이날부터 한겨레의 북한 취재 준비가 시작되었다. 사내에서도 철저히 비밀에 부쳤다.

한겨레의 북한 취재 계획은 다른 언론사에 한발 뒤진 것이었다. 노태우 대통령은 1988년 7월 7일 이른바 '7·7특별선언'을 발표했다. 남북 간 평화공존 원칙을 밝힌 이 선언에는 "정치인, 경제인, 언론인 등 남북 동포 간의 상호교류를 적극 추진한다"는 내용이 들어 있었다. 여기에 고무된 신문사들이 경쟁적으로 북한 취재를 시작했다.

1988년 12월 9일, 한국일보와 중앙일보가 각각 미주지사 소속 기자들을 평양에 보냈다. 미국 시민권을 갖고 있었던 이들은 주미 동포 북한 관광단에 섞여 북한에 들어갔다. 중앙일보는 12월 12일부터, 한국일보는 12월 17일부터 각각 평양발 기사를 연재했다. 조선일보도 1989년 1월 9일 미국 시민권자인 미주지사 기자를 평양에 보내 관련 기사를 실었다.

다른 신문사의 발 빠른 대응에 한겨레 사람들은 황망해졌다. 창간 때부터 겨레의 자주적 평화통일을 내세웠던 한겨레가 정작 북한 취재 경쟁에서 뒤처진 것이다. 이제는 북한 취재를 하더라도 조금 다른 기획을 준비해야 했다. 관광단에 섞여 들어가 평양 거리를 스케치하는 기사로는 만족할 수 없었다. 한겨레는 북한 최고위 당국자, 특히 김일성 주석 인터뷰에 공을 들였다. 리영희가 나섰다.

1989년 1월 12일, 리영희는 일본으로 건너가 야스에 료스케를 만났다. 야스에는 이와나미 서점의 상무이자 유명 잡지 세카이의 편집장을 지낸 인물이다. 편집장 시절 야스에는 네 차례 방북해 그때마다 김일성 주석과 단독 회견을 가졌다. 한국의 민주화 운동을 지지했던 그는 리영희와도 교분이 있었다. 리영희로부터 한겨레의 북한 취재 계획을 들은 야스에는 일이 성사되도록 돕겠다고 말했다. 리영희에게 구체적인 취재 의도와 계획을 서면으로 써줄 것을 부탁했다.

리영희는 1월 17일 한글과 일본어로 각각 편지를 써서 야스에한테 전했다. "…이제 민족 내외의 조건과 정황의 변화에 발맞추어 북의 동포 및 사회와의 보다 적극적인 이해의 확대 및 촉진을 필요로 하고 있습니다. 남한의 여론을 선도하는 신문이 그 개척자적 역할을 해야 한다고 확신하고 있습니다. …북의 당·정부의 일정한 책임 있는 분들과 면담이 수락된다면 논설위원급을 단장으로 하는 취재기자단을 인솔하겠습니다. …바람직한 것은 남북 간에 전개되는 상황 변화의 종합적이고 전반적 방향과 정책의 이해 촉진을 위해서 존경하는 김일성 주석 각하와 잠시라도 직접 대화하는 귀중한 시간을 허락받는 것입니다."

나중에 공안 당국은 이 편지를 결정적 증거물로 내세웠다. 특히 "존경하는 김일성 주석 각하"라는 표현을 물고 늘어졌다. 사상 첫 김일성 주석 인터뷰

1989년 8월, 임재경 편집인이 법정에 들어서는 리영희를 격려하고 있다(왼쪽). 같은 해 4월 22일, 장윤환은 안기부에 연행됐다가 풀려났다. 김태홍이 그를 맞이하고 있다.

를 성사시키기 위해서 쓴 '의전 용어'를 두고 공안 당국은 국가보안법상 고무·찬양죄에 해당된다고 우겼다.

1989년 3월 5일, 일본의 다카사키 쇼오지 교수가 서울에 왔다. 그는 야스에 료스케와 친분이 있었고, 창간 직후인 1988년 11월 '일본 어디로 가나'라는 제목의 연재 기사를 보낸 한겨레의 필자이기도 했다. 다카사키는 리영희에게 전화를 걸어 방북 취재가 가능할 것 같다고 전했다.

당시 한겨레 편집국이 염두에 두고 있었던 방북 취재단은 리영희 논설고문 외에도 권근술 편집위원장 대리, 문학진 민권사회부 기자, 그리고 민족국제부 기자 1명, 사진부 기자 1명 등 모두 5명이었다. 방북 시기는 5월 초로 정했다. 이런 내용을 다카사키를 통해 야스에 료스케에게 전하고, 북한의 반응을 기다렸다.

그러나 일이 틀어졌다. 1989년 3월 25일, 문익환 목사 일행이 평양을 전격 방문했다. 남북 민간 교류의 물꼬를 트는 역사적 사건이었지만, 적어도 한겨레 방북 취재에는 악영향을 미쳤다. 각 언론사의 평양 취재를 문제 삼지 않고, 정주영 현대그룹 회장의 방북(1989년 1월 24일)까지 허용했던 당국은 이제 태도를 완전히 바꿨다. 정부는 이 사건을 계기로 공안 정국을 조성했다. 노태우 대통령의 7·7특별선언으로 남북 평화 무드가 조성될 것이라는 기대도 사라졌다.

한겨레 역시 방북 취재를 접었다. 민간 교류를 용공세력의 발호로 규정한 정부가 한겨레의 방북 취재를 승인해줄 리 없었다. 일본 쪽에서도 취재 요청에 대한 응답이 오지 않고 있었다. 임원회의에서 정식으로 논의 한번 못 해보고, 한겨레는 방북 취재의 꿈을 접어야 했다.

안기부의 노골적인 탄압

1989년 4월 12일 새벽 6시 10분, 공안합동수사본부 요원들이 리영희를 자택에서 연행했다. 문익환의 방북을 주선한 정경모에 대해 이야기해달라는 게 이들의 요구였다. 리영희는 순순히 연행에 응했다. 안기부에 도착한 뒤부터 요원들은 북한 취재 계획을 캐물었다. 당국은 14일 새벽, 연행 43시간 만에 리영희를 전격 구속했다.

북한 취재 계획을 빌미 삼은 정부의 한겨레 탄압으로 한국 사회가 들끓었다. 리영희 석방을 위한 서명운동에는 두 달 만에 2만여 명이 참여했다.

리영희 구속 직후인 4월 14일 새벽 6시, 안기부 요원 7명이 임재경의 집에 들이닥쳤다. 공책, 편지, 도서 등을 압수한 뒤 임재경을 연행했다. 같은 시각, 장윤환 편집위원장의 집에도 수사요원들이 들이닥쳐 압수수색을 펼쳤다. 장윤환은 이미 신문사에 출근한 뒤여서 현장에서 연행되는 것을 피했다. 합수부는 이날 오전 10시, 밤 11시 등 두 차례에 걸쳐 신문사 편집국으로 전화를 걸었다. 장윤환에게 임의동행에 응해줄 것을 요구했다. 한겨레는 이를 거부했다.

합수부는 리영희 등이 반국가단체의 수괴를 찬양·고무하고, 사전 허락 없이 반국가단체의 지배 아래 있는 지역으로 탈출을 예비 음모했으므로, 국가보안법 6조 5항 '탈출예비' 및 7조 1항 '찬양·고무·동조'에 해당되는 죄를 지었다고 주장했다.

한겨레는 전혀 거리낄 것이 없었다. 이미 3월 초, 취재 계획 자체를 접은 상태였다. 취재팀장을 맡을 예정이었던 권근술은 사건이 터지던 4월까지도 여권을 마련하지 않았다. 리영희 등이 연행된 4월 14일 아침에야 장윤환은 방북 취재를 추진했던 일을 임원회의에서 처음으로 설명했다.

방북 취재를 포기한 데에는 이유가 있었다. 우선 중간 연락을 맡았던 야

1989년 4월 20일, 장윤환 편집위원장(오른쪽)과 정태기 개발본부장이 안기부 수사관들에 의해 구인되기 직전 맞잡은 손을 번쩍 들어 보였다.

스에로부터 3월 5일 이후 별다른 연락이 없었다. 방북 경로, 비자, 취재 인원, 면담 일자 등 구체적 사실을 협의하지 못했다. 나중에 밝혀진 일이지만, 당시 야스에 등은 리영희가 전한 편지를 북쪽에 전달하지 못하고 그저 보관만 하고 있었다.

문익환의 방북도 결정적이었다. 북한이 긍정적 답변을 보낸다 해도 한국

정부가 방북을 허용하지 않을 것이라는 점이 분명해졌다. 북한이 취재를 거부할지도 모르는 상황에서 방북 승인을 먼저 얻는다는 것도 어불성설이었다. 원래 한겨레 방북 취재단이 구상했던 시나리오는, 일단 북한의 취재 승인을 받은 뒤 우리 정부가 입북 허가를 내주지 않으면, 취재를 계획했다 좌절된 일련의 과정 전체를 보도한다는 것이었다.

이미 방북 취재를 성사시킨 다른 신문사에 대해서는 "미국 시민권자를 보냈다"며 눈감았던 당국은 "한겨레는 국내 기자를 보내려 했으니 다르다"고 이중 잣대를 들이밀었다. 신문사 최고 간부를 국가보안법으로 다스리겠다는 선전포고인 셈이었다.

리영희가 구속되고 임재경이 연행된 4월 14일부터 한겨레 임직원은 철야 농성에 들어갔다. 그날 밤에 바로 비상대책위원회를 만들었다. 공안 당국이 정태기, 장윤환에 대한 임의동행과 출두를 재촉했지만 이를 거부했다. 임의동행에 응하면 스스로 범죄를 인정한다는 오해를 불러일으킬 우려가 있었다.

16일 새벽 불구속 입건된 뒤에 풀려난 임재경은 곧바로 양평동 사옥으로 달려왔다. 임재경의 불구속 입건은 다소 희망적인 일이었다. 공안 당국이 국가보안법 위반 혐의를 쉽게 입증하지 못하고 있다는 방증이었다.

1989년 4월 20일 오전 11시, 장윤환과 정태기에 대한 구인영장을 발부받은 안기부 요원들이 양평동 사옥을 찾아왔다. 이들은 30여 분 동안 현관 안내실 소파에서 기다렸다. 그동안 한겨레 임직원은 '민주언론수호결의대회'를 열었다. 전체 임직원 명의의 성명서를 낭독했다. "한겨레신문에 대한 탄압은 현 정권이 저지르고 있는 재야, 노동계, 교육계 등에 대한 탄압과 궤를 같이하는 것이며 언론계 전체에 대한 중대한 도전 행위다."

낮 12시 30분께, 장윤환과 정태기가 스스로 편집국을 나왔다. 2층 사무실을 내려오는 계단 끝에서 잠시 멈췄다. 둘러선 한겨레 임직원과 내외신 기자들 앞에서 두 사람이 손을 번쩍 치켜들었다. 한겨레 사람들이 〈선구자〉를 불렀다. 마침내 장윤환과 정태기가 국가안전기획부에 연행되었다.

안기부 요원들은 두 사람을 검은색 로얄살롱 승용차와 검은색 소나타 승용차에 각각 태웠다. 사진 기자 2명이 자동차 앞에서 촬영을 하려는데, 안기부 요원들이 그대로 차를 출발시켰다. 순간 흥분한 기자 2~3명이 안기부 차량의 유리창을 깨뜨렸다. 안기부 차량은 뒤쫓는 취재진을 따돌리려고 도로 중앙선을 넘어 달리다, 마주 오던 승용차와 부딪히기도 했다.

임재경의 연행 사실 등을 처음으로 알린 4월 15일치 한겨레는 서울 시내 모든 가판대에서 매진되었다. 방북 취재 계획을 빌미 삼은 정부의 한겨레 탄압으로 한국 사회 전체가 들끓었다. 각계각층의 규탄 성명과 시위가 잇따르면서 노태우 정부의 정당성을 문제 삼는 반정부 시위가 전국으로 확산되었다.

한겨레 임직원들이 철야 농성을 벌인 4월 14일부터 일주일여 동안, 양평동 사옥은 민주세력의 본산이 되었다. 전국언론노동조합연맹, 한국기자협회 등 언론단체는 물론 한국방송, 문화방송, 기독교방송, 한국일보 등 거의 모든 언론사 노조가 정부를 규탄하고 한겨레를 지지하는 성명을 발표했다. 각계를 대표하는 원로 89인의 시국선언을 비롯해 140여 개의 민주·재야 단체들도 성명을 내놓았다.

편집국에는 독자들의 격려 방문이 이어졌다. 하루 평균 50여 명이 신문사를 직접 찾았다. 각 언론사 영등포서 출입기자들이 야근 취재를 핑계 삼아 집단으로 양평동 사옥을 찾았다. '영등포서 출입기자 일동' 명의로 방명록에 글을 남겼다. "한겨레, 동지애로 너를 지켜보리라."

노동조합, 동문회, 학생회 등의 집단 방문도 많았다. 음식을 내놓는 이도 있었고, 농성장에 앉아 기자들과 토론을 벌이는 이도 있었다. 매일같이 100여 통의 격려 전화가 빗발쳤다. 신문에는 시민들의 격려 광고가 이어졌다. 외신들도 앞 다투어 한겨레 탄압 사태를 보도했다. 4월 20일 임재경이 외신 기자회견을 열었는데, 교도통신, DPA통신, 뉴욕타임스, 워싱턴포스트, 마이니치신문, 아사히신문, CBS, NBC, NHK 등 세계 유력 언론사 기자들이 대부분 참석했다.

장윤환과 정태기는 서울 중구 예장동 안기부 청사로 끌려간 지 하루 만인 4월 21일, 불구속 입건되어 풀려났다. 4월 22일 저녁 7시, 사원총회가 열렸다. 리영희는 여전히 영어의 몸이었지만, 9일 동안 계속된 밤샘 농성을 일단 풀고 중장기 투쟁 체제로 전환하기로 했다. 이후 리영희 석방을 위한 대대적인 서명운동이 펼쳐졌다. 두 달 만에 2만 2451명이 여기에 서명했고, 각계각층의 석방 요구가 이어졌다. 리영희는 구속 5개월 만인 1989년 9월 25일, 징역 1년 6월에 집행유예 2년을 선고받고 풀려났다. 그 후 1993년 6월, 리영희는 사면 복권되었다.

이 가운데서 남몰래 마음 졸이던 이들이 있었다. 김두식 사회교육부 편집위원, 고희범 경찰팀장, 문학진 기자 등이었다. 세 사람은 어느 누구에게도 말하지 않은 비밀을 하나 갖고 있었다. 1989년 초에 추진했던 방북 취재 계획과는 별개로 이들은 1988년 여름, 독자적인 방북 취재를 시도한 적이 있었다.

노태우 대통령의 7·7선언 직후였다. 고희범과 문학진이 방북 취재를 추진해보겠다고 나섰다. 김두식은 의욕에 충만한 후배 기자들을 외면할 수 없었다. 그는 장윤환 편집위원장에게만 귀띔했다. "알고는 계시되, 선배는 전혀 몰랐던 일로 합시다. 일이 터지면 내가 잡혀가지요." 1988년 8월, 고희범과 문학진이 출국했다. 일본과 홍콩을 다니며 북한 당국과의 접촉을 도모했다.

2명의 기자가 오랫동안 편집국에 나타나지 않아 행방을 궁금해하는 동료 기자들이 있었다. 김두식은 "4·3항쟁 취재하러 제주도에 장기 출장 갔다"고 둘러댔다. "다시 못 만날 수도 있겠다"며 김두식과 비장한 인사를 나눴던 고희범과 문학진은 보름 뒤에 서울에 돌아왔다. 허탕이었다. 북쪽과 접촉이 되지 않았다. 결국 1989년 1월, 리영희, 장윤환, 정태기, 권근술 등이 도모한 방북 취재 계획은 '2차 시도'였던 셈이다.

사태의 중심에 있진 않았지만, 한겨레 사람들이 기억하는 또 하나의 인물이 있다. 이용현 한겨레 초대 정릉지국장이다. 그는 과로와 지병이 겹쳐 병원에서 입원 치료를 받고 있다가 한겨레 간부들의 안기부 연행 소식을 들었다. 병중에도 노심초사했다. "내가 이렇게 누워 있어서는 안 되는데. 이럴 때일수록 빨리 지국에 나가 일을 봐야 하는데." 당국의 탄압 이후 한겨레 구독 신청이 오히려 늘었고, 지국 사무실에도 격려 전화가 계속 걸려온다는 이야기를 듣고 이용현은 눈물을 흘렸다. 그는 1989년 4월 20일 세상을 떠났다. 유언에 따라 그의 무덤에는 한겨레 창간호와 눈을 감은 날의 한겨레가 함께 묻혔다.

세계 언론사에 유례 없는 편집국 압수수색

방북 취재의 꿈을 꾸었던 한겨레 기자들은 일단 한숨을 돌렸다. 사소한 일을 꼬투리 잡아 자유언론을 탄압하는 권력의 속성을 누구보다 잘 알고 있던 탓에, 정권에 탄압의 빌미를 줄 일을 피하려 애를 썼다. 그러나 안기부는 멈추

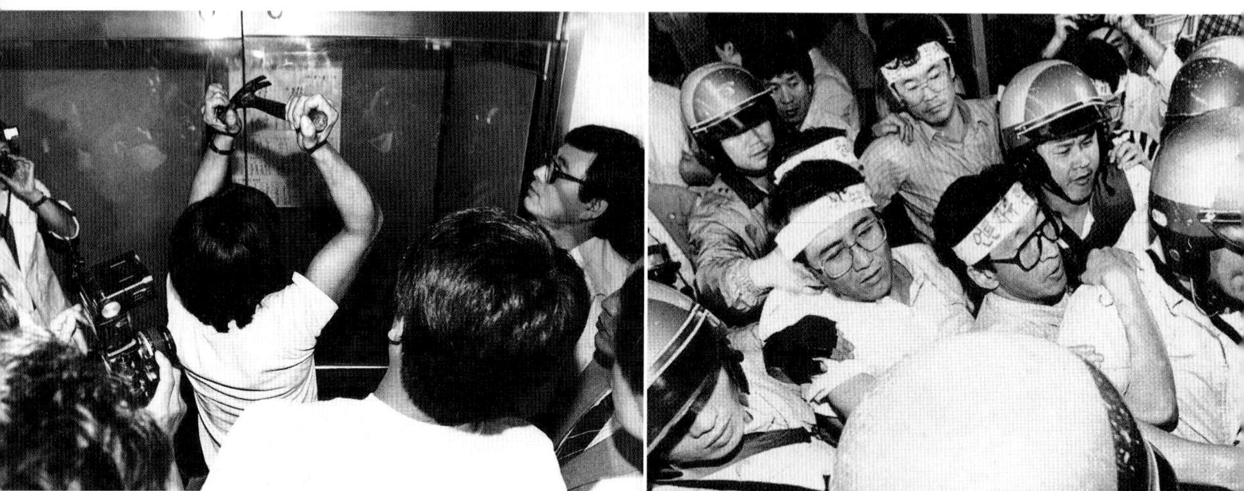

1989년 7월 12일, 한겨레신문사 양평동 사옥 압수수색을 나온 안기부 요원과 경찰이 미리 준비해온 장비로 편집국으로 향하는 유리문을 열고 있다(왼쪽). 문을 연 경찰은 스크럼을 짜고 있던 한겨레 사원들을 끌어냈다.

지 않았다.

1989년 6월 28일, 평민당 서경원 의원이 구속됐다. 서경원은 한 해 전인 1988년 8월, 평양을 방문해 김일성 주석 등을 만난 사실을 스스로 고백하고 당국에 자수했다. 노태우 대통령의 '7·7선언'으로 고무된 그는 당 지도부와 사전 상의 없이 돌출적으로 방북을 감행했다. 서경원은 농민운동가이자 한겨레 창간 발기인이기도 했다.

당국은 기다렸다는 듯 그의 구속과 함께 공안 정국을 강화했다. 서경원의 방북 사실을 알고도 수사기관에 알리지 않았다는 이유를 들어 주변 인물들을 국가보안법 위반 혐의로 연행·구속했다. 윤재걸 한겨레 민권사회부 편집위원보도 안기부의 과녁이 되었다. 윤재걸은 1989년 2월, 김대중 평민당 총재 일행의 유럽 순방을 동행 취재했었다. 이때 서경원과 대화를 나누다 그의 방북 사실을 듣게 되었다. 무슨 일이 있었던 것인지 제대로 알기 위해, 귀국 이후인 1989년 3월 말, 윤재걸은 국회 의원회관에서 서경원을 단독 인터뷰했다.

다만 서경원 또는 평민당이 그 사실을 공식 발표하기 전까지 보도를 미루기로 했다. 어쨌건 민감한 문제였고, '엠바고' 요청을 수락하지 않을 경우 보안법을 빌미 삼은 당국에 의해 취재원인 서경원이 곤란에 처할 수도 있다고 판단했다. 1989년 7월 2일, 안기부는 윤재걸의 자택과 입원 중인 병실을 압수수색했다. 서경원의 방북 사실을 알고서도 당국에 신고하지 않았으니 국가보안법상 불고지죄에 해당한다는 게 당국의 주장이었다.

당시 윤재걸은 허리 수술을 받고 3주째 병원에 입원 중이었다. 윤재걸은 실정법 위반과 취재원 보호 가운데 하나를 택하라면, 당연히 취재원 보호가 우선이라고 판단했다. 이는 세계 모든 언론인이 공감하는 취재윤리의 기본이기도 했다.

한겨레는 7월 3일, 다시 한 번 비상대책위원회를 구성하고 사원총회와 밤샘 농성에 들어갔다. 이종욱 편집부위원장이 비대위원장을 맡았다. 격려 방문, 격려 광고, 규탄 성명 등도 다시 이어졌다. 안기부는 7월 3일 밤, 송건호에게 전화를 걸어, 윤재걸이 서경원으로부터 받은 사진 서너 장과 취재수첩 등을 제출해달라고 요구했다. 한겨레는 이를 거절했다. 보도를 위해 얻거나 작성한 자료 및 기록은 보도 이외의 목적으로는 공개 또는 제공할 수 없다고 설명했다.

아무리 안기부라지만 공개를 거부한 취재 자료를 구하려고 편집국을 압수수색하지는 못할 것이라는 게 세간의 중론이었다. 법률 조언을 해주던 조영래 변호사도 "직업윤리에 따라 제공하기 곤란한 자료에 대해, 그것도 신문사 편집국을 상대로 하는 압수수색 영장을 법원이 발부하지는 않을 것"이라고 내다봤다. 그러나 공안 당국은 상식을 뒤엎었다. 7월 10일, 한겨레 편집국에 대한 압수수색 영장이 발부되었다. 한겨레신문사 사옥 전체가 수색 대상이었다.

한국은 물론 세계 언론 사상 유례를 찾아보기 힘든 편집국 압수수색이 1989년 7월 12일 새벽 6시부터 시작되었다. 리영희에 대한 첫 재판이 열린 지 일주일 되는 날이었다. 안기부 수사요원 70여 명, 전투경찰 450여 명, 사복 체포조 300여 명 등이 동원되었다. 백골단이라 불리던 사복 체포조는 정예로 꼽히는 서울시경 기동대에서 차출되었다. 안기부 수사과장이 현장을 지휘했고, 영등포서장이 이를 거들었다.

이들은 사옥 주변을 에워싸고 차량 진입을 통제했다. 포위가 끝나자 안기부 요원이 편집국으로 전화를 걸었다. 비대위원장인 이종욱을 찾았다. "7시 정각 정문에서 만납시다." 밤샘 농성에 참여했던 임직원들끼리 긴급 대책회의를 열었다. '몸으로 막되 폭력은 절대 쓰지 않는다'는 원칙을 다시 확인했다.

이종욱이 사옥 정문으로 나갔다. 안기부 수사과장이 압수수색 협조를 요청했다. 이종욱은 거절했다. 이때 긴급 연락을 받고 신문사에 출근하던 임희순 편집위원이 나타났다. 그가 사옥 안으로 들어가려고 정문을 조금 여는 순간, 기다렸다는 듯 사복 체포조, 전투경찰, 안기부 요원들이 양평동 사옥 앞마당으로 밀려들어 왔다. 순식간의 일이었다.

이날 새벽 사옥 '경비조'를 맡았던 편집국·공무국 소속의 백현기, 박해전, 문학진, 육일정, 이병옥 등이 2층 편집국으로 향하는 철제문을 닫았다. 그러자 경찰이 쇠망치와 전기톱으로 2층 철문을 부수기 시작했다. 철문이 열리자 이번엔 유리문이 나타났다. 경찰이 대기시킨 열쇠 전문가가 만능열쇠로 금세 열었다. 아침 7시 16분께, 한겨레 편집국을 지키던 모든 문이 열렸다.

백현기 등 직원들이 스크럼을 짜고 경찰들의 앞을 가로막았다. 안기부 수사과장이 말했다. "영등포서장 어딨어? 장애물을 제거해야겠어." 사복 체포조가 직원들을 한 사람씩 연행했다. 당시 편집국 안에는 야근자 및 취재기자 몇 명만 남아 있었다. 문을 부수고 들어온 경찰은 유유히 편집국 서류함을 뒤지기 시작했다. 안기부 요원이 손을 치켜들고 외쳤다. "성공했다." 윤재걸의 취재수첩과 서경원이 건넨 사진이었다.

압수수색이 끝났는데도 사복 체포조들이 행패를 부렸다. 당직 근무 중이던 권오상을 연행하려던 것을 김성걸 등이 격렬히 항의하며 간신히 말렸다. 압수수색 상황을 취재하던 다른 방송사 기자도 끌고 가려 했지만, 역시 기자들의 제지로 실패했다. 아침 7시 25분께 안기부 요원들이 편집국을 떠나자 경찰들도 사옥을 빠져나갔다. 경찰 버스로 끌려가 갇혀 있던 직원 12명도 풀려났다. "×할 놈들, 두들겨 패야 돼." 어느 사복 체포요원의 폭언이 이들의 귀에 생생했다. 양평동 사옥은 폐허나 다름없었다.

긴급임원회의, 비상대책회의 등이 연이어 열렸다. 오전 9시, 편집국에서 '언론자유유린 규탄대회'가 열렸다. 내외신 기자회견을 겸했다. 고희범 노조위원장이 사회를 봤다. 송건호 대표이사, 임재경 부사장, 권영길 언노련 위원장 등이 사상 초유의 편집국 압수수색을 규탄했다.

정해진 발언이 모두 끝나자 장윤환이 개인 성명서를 읽었다. 애초 순서에 없던 일이었다. "한겨레신문 편집국을 책임진 사람으로서 신문사의 심장인

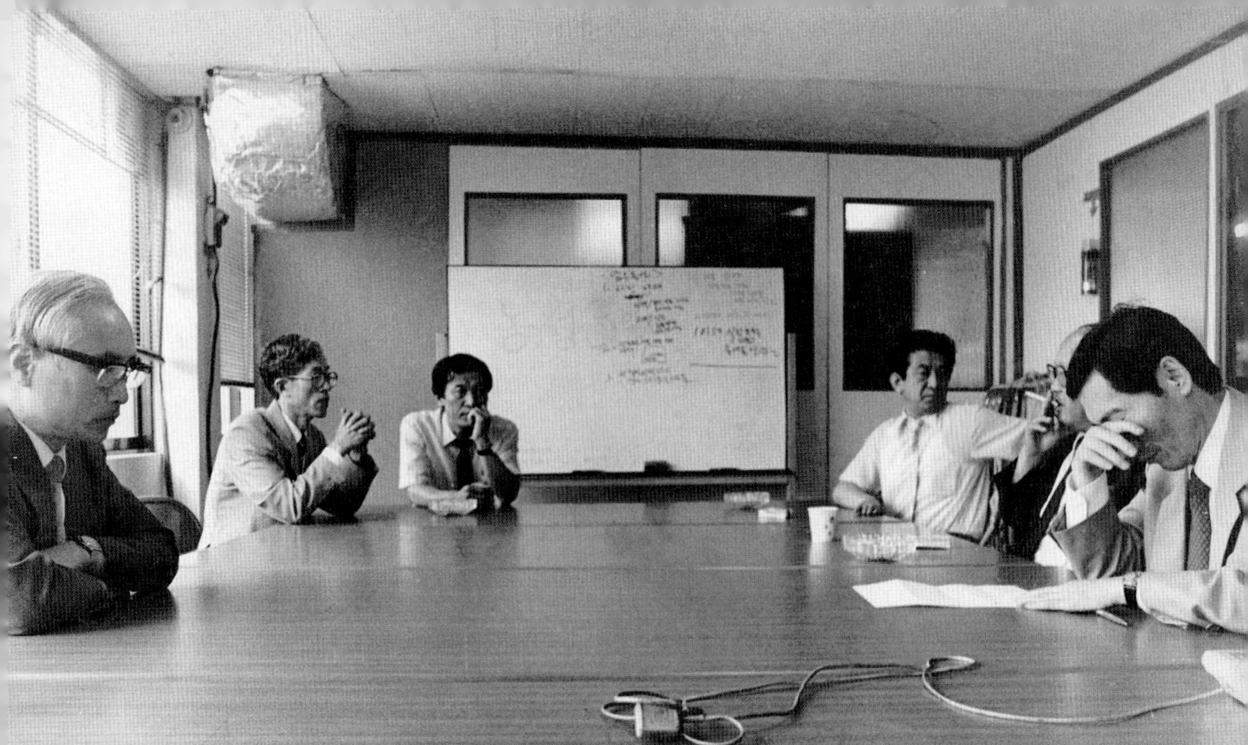

1989년 7월 12일, 안기부의 압수수색이 끝난 직후 송건호, 신홍범, 이종욱, 권근술, 임재경, 장윤환 등 신문사 간부들이 편집국 회의실에 침통한 표정으로 마주 앉았다.

편집국의 존엄성을 끝까지 수호하지 못하고 독재정권의 군홧발에 짓밟힌 데 대하여….” 장윤환은 울먹였다. 그러나 준비한 글을 마저 읽었다. “주주와 독자, 한겨레 사원에게 깊이 사죄하며 이에 본인은 책임을 통감하고 편집위원장직과 이사직을 사퇴합니다.”

장윤환은 한국 언론 사상 처음으로 사원들의 직선으로 뽑힌 편집위원장이었다. 격렬하게 구호를 외치던 임직원들이 순간 침묵했다. 뒤이어 이종욱도 편집부위원장직을 사퇴하겠다고 말했다. 침통한 가운데 임재경이 만세삼창을 제안했다. “한겨레신문 만세, 민주언론 만세, 민주주의 만세.”

편집국 압수수색 이후 안기부는 윤재걸에 대한 수사를 사실상 중단했다. 병원에 입원 중인 윤재걸에게 안기부는 사전 구속영장 시한이 끝날 때마다 거듭 새 영장을 청구했지만, 1989년 12월 30일을 끝으로 더 이상 영장을 청구하지 않았다. 처음부터 별일이 아니었지만, 노태우 정부는 어떻게 해서건 한겨레를 으르대려 했던 것이다.

탄압에 비례한 국민들의 성원

안기부를 앞장세운 정부의 한겨레 탄압은 그 뒤로도 계속되었다. 편집국 압수수색 직후인 1989년 9월, 안기부는 전국에 걸쳐 한겨레 독자 성향과 지국 실태를 은밀히 조사했다. '한겨레신문 지방보급소 운영 실태 파악'이라는 공문을 전국의 모든 안기부 분실에 내려 보내고, 보고서 작성을 지시했다.

구독자 성향, 구독자의 계층별·연령별 현황, 독자 반응, 현지 여론, 보급소의 인적 구성, 운영자금 조달 방법, 창간 이후 변동 사항, 지역 주재기자의 성향 및 취재 활동, 정기구독부수, 가두판매부수 등 21개 사항을 일일이 파악해 보고하도록 지시했다. 안기부 요원들은 각 시·군과 경찰 등을 동원해 정보를 모았다. 일부 요원들은 신분을 숨기고 한겨레 지사에 직접 전화해 관련 정보를 캐묻기도 했다. 한겨레는 1989년 10월 4일치 지면에 이 사실을 폭로했다.

1989년이 저물던 11월, 안기부가 다시 한 번 한겨레의 발목을 잡았다. 한겨레는 1989년 10월 6일, 의문의 죽음을 맞은 이내창 중앙대 안성캠퍼스 총학생회장이 사망 직전 안기부 직원과 동행했다고 단독 보도했다. 이공순 기자의 특종이었다.

이내창은 앞서 8월 15일 전남 여천군 덕촌리 해수욕장에서 숨진 채 발견되었다. 당시 이내창은 문익환 방북 사건 등과 관련해 당국의 수배를 받고 있었다. 총장 면담 등의 약속이 있는데도 아무 연고 없는 그곳까지 이내창이 내려갈 일이 없으며, 부검 결과 외상을 입은 사실이 밝혀지는 등 사망 원인을 놓고 강한 의문이 제기되었다.

이공순은 이내창을 섬까지 태워준 배의 선장을 인터뷰했다. 선장은 이내창과 동행한 여성의 생김새를 상세히 기억하고 있었다. 의혹을 받고 있던 안기부 한 직원의 사진을 보여주자, 같은 인물이라고 증언했다. 일행이 들렀던 다방 여종업원도 마찬가지 증언을 했다. 안기부 직원이 이내창과 함께 외딴 섬으로 갔고, 그 직후 이내창이 숨진 채 발견되었으며, 그의 몸에는 외상까지 있었다.

그러나 수사 당국은 사건의 진실을 은폐하는 데 급급했다. 한겨레의 특종 보도에 결정적 역할을 했던 선장과 다방 종업원이 당국의 신문 과정에서 애초 진술을 뒤집었다. 이공순은 이들과 다시 만나 대질하려 했지만, 당국이 한사코 막았다. 당국은 서둘러 수사를 마치고 이내창이 발을 헛디뎌 물에 빠져 죽은 것이라고 발표했다.

당국의 수사 발표 직후인 1989년 11월 29일, 이내창과 동행한 것으로 지목된 안기부 직원이 한겨레를 상대로 5억 원의 민·형사 소송을 제기했다. 국가정보기관 요원이 직접 고액의 소송을 걸어 보도를 막으려 한 것은 전례가 없는 일이었다. 오랜 법정 공방 끝에 1996년 대법원은 "그렇게 믿을 만한 근거나 의혹이 있고 공공의 이익을 위한 보도였다"며 한겨레의 무죄를 확정 판결했다. 이 사건의 실체는 2018년 4월 현재까지도 밝혀지지 않았다.

1989년 12월 27일에는 이주익 한겨레 도쿄 통신원이 김포국제공항에서 안기부 요원들에게 영장 없이 불법 연행되었다. 이주익은 결혼 준비를 위해 귀국하는 길이었다. 안기부는 이주익이 1989년 3월 23일 방북 직전의 문익환 목사를 도쿄에서 만나 인터뷰한 뒤 이를 한겨레에 보도한 일을 뒤늦게 트집 잡았다.

당시 이주익의 기사는 문익환의 평양 방문을 알리는 외신 보도 이후에 한겨레에 실렸다. 인터뷰 직후 기사를 썼다면 세계적 특종이 되었겠지만, 자신의 방북 때까지 보도를 미뤄달라는 문익환의 부탁을 받아들였다. 이주익 역시 취재원과의 신의를 더 중시한 셈이었지만, 방북 계획을 사전에 알고도 당국에 알리지 않았다며 안기부가 트집 잡았다. 이주익은 불법 감금 25시간 만에 풀려났다.

87년 6월항쟁 직후의 유화 국면에서 정권은 한겨레 창간을 마지못해 허락했다가 좀 시간이 흐르자 노골적으로 탄압했다. 1989년 내내 한겨레는 안기부와 싸웠다. 조금도 물러서지 않았다. 국민적 신뢰와 성원은 더 높아졌다.

1989년 한 해 동안 정기 독자만 6만여 명이 더 늘었다. 새 사옥과 고속윤전기 마련을 위해 1988년 10월부터 발전기금 모금운동을 벌이고 있었는데, 안기부의 탄압이 시작된 1989년 4월부터 모금액이 폭발적으로 늘었다. 초창기 하루 5000만~7000만 원을 오르내리던 모금액은 한겨레 탄압 사태 직후부터 하루 1억~2억 원으로 급상승했다. "한겨레를 살리자"는 국민의 성원 덕분이었다. 100억 원을 목표로 했던 모금은 1989년 6월에 끝났다. 모두 119억여 원이 모였다.

❶ ❷
압 수 수 색 영 장
456
국가보안법 위반
윤 재 걸(尹在杰)
1947. 3. 1
한겨레신문 기자
서울 서초구 반포동 반포아파트 65동 407호
서울 영등포구 양평2가 1-2 한겨레신문사
피의자, 편집국장, 비상대책위원장 사용 책상
1. 편집국
1. 자료 등
피의 사건에 관하여 압수 수색을 하다.
본 영장은 1989 년 7 월 19 일 까지 유효하다.
이 기간을 경과하면 집행에 착수하지 못하며 영장을
야 한다.
본 영장은 서울지방검찰청 검사 이 상 형의 요구에
부한다.
1989 . 7 . 10 .
판사
와 같이 처리 하였음.

❶❷❸❹ 한겨레는 1989년 큰 시련을 잇따라 겪었다. 4월에는 방북 취재 계획을 빌미로 간부들이 구속, 연행되었다. 7월에는 언론 사상 유례를 찾아보기 힘든 편집국 압수수색이 벌어졌다. 7월 12일, 안기부 수사요원, 백골단, 경찰 등이 양평동 사옥의 철문을 부수고 편집국에 진입했다.
❺ 윤재걸 기자의 자택도 압수수색 당했다.
❻ 편집국 압수수색 영장 발부에 항의하며 밤샘 농성을 벌이던 한겨레 권오상 기자가 사복 체포조에 의해 끌려나가자 김성걸 기자(왼쪽)가 붙잡고 있다.

역시 한겨레

02

한겨레 깃발이 힘차게 나부끼고 있었다. 1989년 부천 원종동 판자촌 일대를 돌아다니던 김문호 다큐멘터리 사진 작가는 기이한 모습을 마주했다. 높은 건물이라고는 찾아볼 수 없는, 낡은 천막 같은 움집 몇 채만 듬성듬성 내려앉은 허허벌판이었다. 그 움집 한 곳에 한겨레 깃발이 높이 걸려 있었다. 정론직필을 뜻하는 펜 모양이 그려진, 한겨레 깃발이었다. 이 판자촌에는 서울 노원구 상계동 재개발 과정에서 강제 이주한 철거민들이 모여 살고 있었다. 한겨레 창간 독자이자 주주인 김문호는 반가운 마음에 카메라 셔터를 눌렀다.

판자촌에 한겨레 깃발이 나부끼고 있는 이 한 장의 사진은 당시 한국 사회에서 한겨레가 어떤 존재였는지를 보여준다. 한겨레는 기존 언론이 외면하고 있던 노동자, 농민, 철거민 등 낮은 이들의 목소리에 귀 기울이는 유일한 일간지였다. 이러한 한겨레의 보도 태도는 30년 동안 변함없이 이어지고 있다. 1987년 상계동에서 쫓겨난 뒤에 명동성당에서 농성하면서 6월항쟁에 함께하다가 다시 부천으로 이주한 철거민들의 사연은 2008년 한겨레 창간 20주년 기념호 1면에 소개된다.

창간 초기에 한겨레는 '대항 언론'으로서의 성격이 뚜렷했다. 기자들은 민주화운동의 현장, 부당한 공권력 집행이 이뤄지는 곳은 어디든 가리지 않고 열심히 발로 뛰었다. 그러다가 취재 현장에서 기자들이 경찰에게 맞아 다치거나 연행되는 일은 헤아릴 수 없을 정도로 많았다. 한겨레 기자라고 신분을 밝히면 오히려 더 맞았다.

1988년 9월 17일, 서울 남부경찰서 앞에서 동료 노동자의 석방을 요구하

1989년 부천 원종동 판자촌의 한 움집에 한겨레 깃발이 걸려 있다. 당시 한겨레는 노동자, 농민, 철거민 등의 목소리에 귀 기울이는 유일한 신문이었다.

김문호 사진작가

는 여성 노동자의 머리채를 경찰이 잡고 주먹으로 얼굴을 때렸다. 취재하다가 이를 말리던 김성호 기자는 경찰에게 맞아 기절했다.

1989년 2월 26일, 경찰 사복 체포대원들이 농성 중이던 시민을 끌고 가면서 마구잡이로 구타했다. 이를 취재하던 김선규 기자도 맞았다. 코뼈가 내려앉고 얼굴이 피투성이가 되어 병원에 실려 갔다. 같은 해 3월 15일, 파업 현장에 투입되는 구사대를 반공청년회가 조직한다는 제보를 받은 이홍동 기자가 서울 중구 대한반공청년회 사무실을 찾았다. 반공청년회 간부들은 "보도하면 가만 두지 않겠다"고 협박하며 이홍동을 한 시간 동안 감금했다.

1989년 5월 30일, 한양대에서 전교조 결성대회를 취재하던 김경무 기자가 경찰에 강제연행되었다. 같은 해 7월 10일, 서울 종로에서 전교조 소속 교사들의 시위를 취재하던 곽윤섭 기자는 사진기를 뺏으려 달려든 전경 네댓 명에게 집단 폭행을 당했다.

1990년 12월 13일, 평양민족음악단원이 서울을 찾아 통일송년음악회 공연을 했다. 떠나는 모습을 취재하던 진정영 기자에게 안기부 요원 10여 명이 달려들어 공연장 지하실로 끌고 가 문을 잠갔다. 안기부 요원들은 진정영의 가슴과 정강이를 마구 걷어차 기절시켰다.

1991년 7월 18일, 김의겸 기자는 김기설 유서 대필 사건의 배후로 지목된 인물의 은신처를 찾았다. 은신처를 찾아간 김의겸은 근처를 지키던 형사에게 영장 없이 불법으로 연행되었다. 한겨레 기자 신분을 밝혔지만 "강간 사건이 발생했으니 당신을 피해자와 대질시켜야겠다"며 김의겸을 강간 용의자로 몰아 파출소에 한 시간 동안 가뒀다.

한겨레만의 특종, 한겨레만의 기획

1988년 5월 17일 발행된 한겨레 지령 2호를 보면, 이처럼 다른 언론이 알리지 못하는 진실을 찾아 뛰어다녔던 기자들의 땀방울이 느껴진다. 창간특집호 이후 지령 2호부터 일상적인 한겨레 지면이 첫선을 보였는데, 1면 머리기사의 제목은 '야권, 양심수 전면 석방 요구'였다. 그 옆에 장기 기획물 '광주항쟁, 비극 속의 역사성' 1회가 실렸다. 사회면 머리기사는 조성만 투신 사건이었다. 명동성

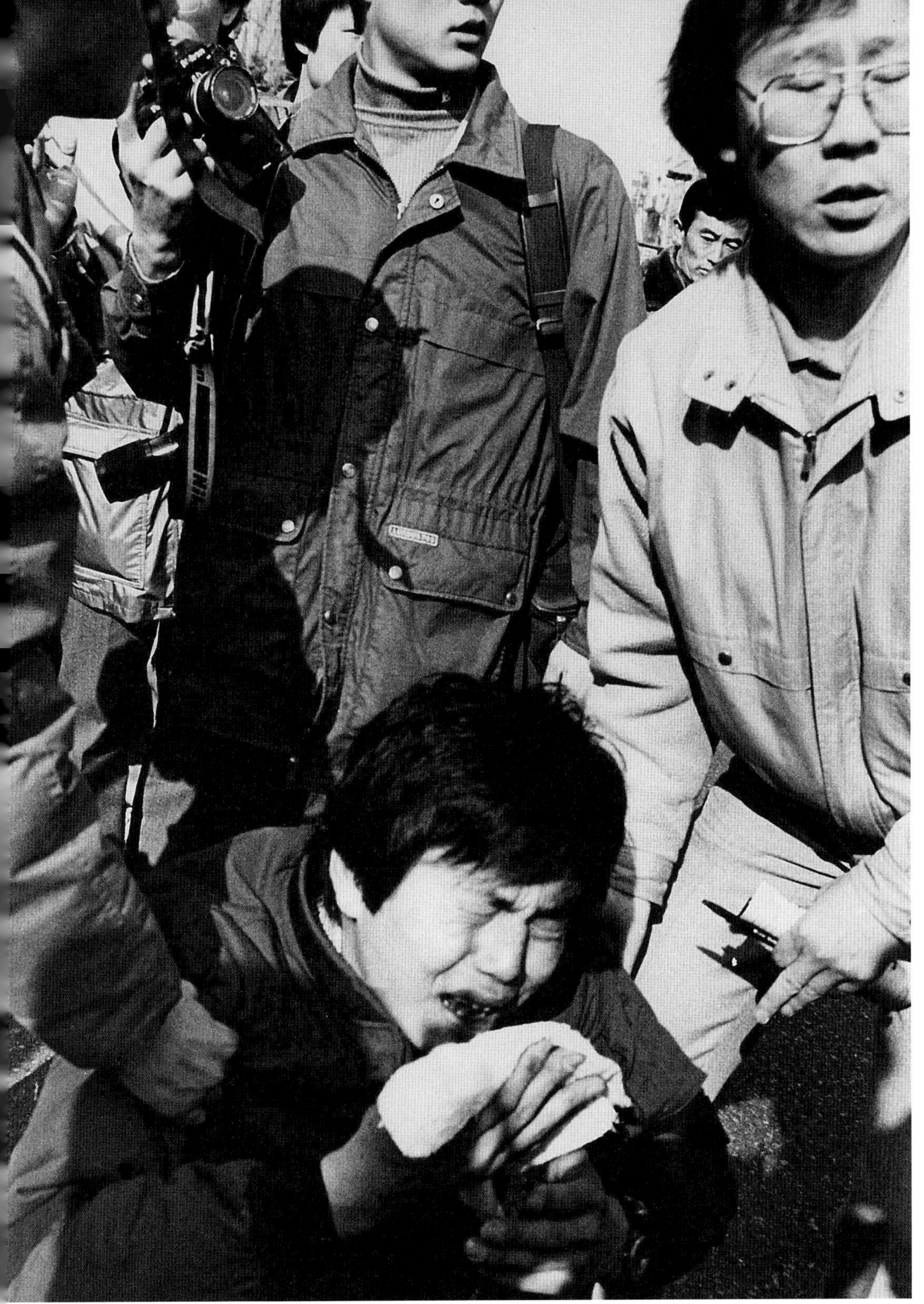

한겨레 기자들은 취재 현장에서 경찰에게 맞아 다치거나 연행되는 일을 많이 겪었다. 1989년 2월 26일, 인천 답동에서 '노태우 집권 규탄대회'를 취재 중이던 김선규 기자가 사복 체포조 10명에게 맞아서 코뼈가 부러지는 중상을 입었다. 옆에서 김영환 기자가 부축하고 있다.

당 구내 가톨릭교육관 3층 옥상에서 조성만이 떨어지는 찰나의 사진을 그 옆에 크게 실었다. 현장에 있던 서강대 학보사 기자가 찍어 한겨레에만 제공했다.

초창기 한겨레 지면을 웅변하는 이날 신문 이후, 다른 언론에서 볼 수 없는 기사들이 물밀 듯이 쏟아져 나왔다. 창간호 사회면을 장식한 최보은의 '현대 노조간부 납치 사건'을 필두 삼아 한겨레만의 특종, 한겨레만의 기획이 지면을 채웠다.

1988년 7월 17일, 경기도 구리시 교문동 312-14번지, 안종주 기자가 정근복의 집에 들어섰다. 정씨와 그의 아내는 사진 촬영을 거절했다. 정씨는 며칠 뒤 "자신의 병과 관련해 민·형사상 어떤 문제도 제기하지 않는다는 각서를 써주고 회사로부터 600만 원을 받기로 했으니, 취재에 응할 수 없다"고 말했다. 정씨는 걸음조차 걷지 못해 방에 드러누워 지내는 처지였다. 안종주는 30여 분간 이들을 설득했다. 진실을 세상에 알려 600만 원이 아니라 6000만 원 이상을 보상받아야 한다고 설명했다.

뒤이어 경기도 남양주군 지금리에 사는 서용선을 찾아갔다. 그는 두 다리와 한쪽 팔을 전혀 쓰지 못했다. 말도 못 했고, 제 힘으로 앉지도 못했다. 이들은 인견사를 만드는 원진레이온 공장에서 강제 퇴직당했다. 십수 년간 일하면서 공장에서 발생한 신경 독성 물질인 이황화탄소에 중독되었다. 중증마비에 걸린 이들을 회사는 보상 없이 내쫓았고 감독 당국도 눈감았다.

안종주는 보건대학원에 다니며 산업보건학 수업을 들은 적이 있었다. 그때 '이황화탄소 직업병'에 대해 배웠다. 전문적 소양을 바탕으로 보통 문제가 아님을 직감했다. 1988년 7월 22일 사회면에 이 사실이 보도되었다. 노동부가 뒤늦게 진상 조사에 나서고 경영진을 입건했다. 이후 6년여에 걸쳐 노동계와 보건의료계의 뜻있는 인사들이 모여 정부를 상대로 산재 보상금을 받기 위한 싸움을 벌였다. 직업병의 위험에 방치된 노동자의 권리를 환기시킨 한겨레의 특종 보도였다.

1988년 11월 12일, 권언 유착의 실체가 드러났다. 경향신문사 사장이 직접 지시해 전두환 정권의 장기 집권 보고서를 만들었고 이를 안기부에 제출한 사실을 한겨레가 특종 보도했다. 발단이 된 것은 '88년 평화적 정권 교체를 위한 준비 연구'라는 문서였다. 당시 5공 비리 국회 청문회 과정에서 이 보고서의 내용이 논란이 되었다. 2000년까지 전두환 대통령이 실질적인 통치권을 장악하기 위해 후임 대통령은 민정당 부총재로 앉히고 전두환은 계속 당 총재를 맡는다는 게 보고서의 뼈대였다.

이런 보고서가 존재한다는 것은 일부 알려진 사실이었다. 1987년 5월, 《말》지에 관련 기사가 실린 적이 있었다. 그러나 작성 과정과 주체 등은 철저히 베일에 가려져 있었다. 윤석인 기자는 국회에서 이 보고서가 거론되자 옛 기억을 떠올렸다. 그가 한국기독교사회문제연구원에서 일하던 1986년께 그 내용을 접한 적이 있었다.

윤석인은 당시 이 보고서를 자신에게 건네준 사람들을 역추적하면 작성자를 밝혀낼 수 있을 것이라 생각했다. 작성자는 그도 알고 있는 천주교 운동가였다. 그에게 보고서 이야기를 꺼냈더니 곧바로 전후 사정을 술술 이야기했다. 그는 문제의 보고서가 만들어지던 때, 마침 경향신문사에서 일하고 있었다.

1984년 2월, 당시 정구호 경향신문 사장이 주필과 편집국장 등 최고위 간부에게 실무팀을 구성하게 했고, 이 팀에서 문제의 보고서를 만들었다는 사실을 알아냈다. 군사정부의 영구 집권 시나리오를 언론인이, 그것도 신문사 사장, 주필, 편집국장 등 최고 간부들이 직접 작성해 제출했다는 한겨레의 특종은 큰 반향을 불렀다.

고문 기술자 이근안의 덜미를 잡다

1988년 12월 19일 오후 6시, 서울 기독교회관 지하 다방에서 문학진 기자가 김근태와 마주 앉았다. 그의 부인 인재근도 동석했다. 민주화운동청년연합 의장이었던 김근태는 1985년 9월, 각종 시위의 배후 조종 혐의로 연행되어 구금당했다. 남영동 치안본부 대공분실에 끌려가 물고문과 전기고문을 당했는데, 이 사실을 아내 인재근에게 알렸다. 1985년 12월, 김근태의 변호인단이 고문 경찰들을 고발했다. 다만 이름을 알지 못해 고발장에 '이름 모를 전기고문 기술자'로 적었다. 고발 이후 3년이 지났어도 당국은 수사는커녕 미동도 하지 않고 있었다. 자연스레 대화가 고문 이야기로 번졌다.

문학진이 물었다. "그 고문 기술자 이름을 아직도 모릅니까?" 김근태가

1988년 12월 21일치 한겨레 1면을 통해, '이름 없고, 얼굴 없는' 고문 기술자 이근안의 실체가 드러났다. 사진은 1990년대 중반 민가협 목요집회에 참석한 장기수 할아버지들이 이근안 수사를 촉구하는 모습이다.

말했다. "조금 알아내긴 했는데, 이근, 뭐라던데. 현재 경기도경 대공분실장이라는 이야기가 있고…. 확인해본 건 아니야." 문학진의 귀가 번쩍 뜨였다. 바로 경기도경 담당인 배경록 기자에게 전화를 걸어 확인을 부탁했다. "경기도경 대공분실장은 김 아무개고, 다만 공안분실장 이름이 이근안"이라고 배경록이 잠시 뒤 알려왔다.

문학진은 자신의 담당인 치안본부로 달려갔다. 경찰 인사 파일을 구했다. 이근안의 거주지 등 인적 사항과 함께 희미한 사진 복사본이 있었다. 김근태를 찾아가 그 사진을 보여주었다. 김근태는 아무 말없이 한참을 쳐다봤다. "맞습니다. 바로 그자요." 문학진은 이근안에게 고문을 받은 다른 사람들에게도 거듭 확인을 받았다.

공채 1기로 들어와 동대문서를 출입하던 김성걸 기자와 종로서를 출입하던 안영진 기자가 이근안 주소지의 동사무소로 뛰었다. 동사무소 직원이 내미는 주민등록대장에 이근안의 최근 모습이 담긴 증명사진이 있었다. 동사무소 직원이 말릴 사이도 없이 순식간에 그 사진을 떼어낸 안영진은 편집국으로 내달렸다. 나중에 안영진은 그 사진을 돌려주려 동사무소를 다시 찾는다.

하루 반나절의 맹렬한 취재 끝에 1988년 12월 21일, '이름 모를 고문 기술자 이근안' 기사가 한겨레 1면에 실렸다. 풍문으로만 떠돌던 고문 기술자의 이름과 사진이 세상에 처음으로 공개되었다. 안영진이 구한 선명한 사진이 크게 실렸다. 이후 이근안은 잠적했다. 그에게 고문당한 사람들의 제보와 고발이 이어졌다. 고문이 군사정부의 인권 유린을 대표하는 사회적 쟁점으로 떠올랐다. 여론에 밀린 당국이 본격적인 수사에 들어갔다. 이근안은 11년 동안 도피 생활을 하다 1999년 자수했고, 결국 7년 형을 선고받았다.

이근안 특종 때 '조연'을 맡았던 배경록은 1989년 10월 19일, 안기부의 한겨레 독자 성향 조사를 특종 보도했다. 첫 제보는 다른 지방지 기자로부터 나왔다. 과천시를 출입하던 어느 기자가 공보실에서 문제의 공문을 발견하고 배경록에게 귀띔했다. 과천시로 달려간 배경록이 시장과 담당 국장을 닦달했다. "아니 우리가 감히 어떻게 그런 일을 벌이겠습니까. 다 위에서 내려온 것이지요." 난처해진 국장이 말했다. 배경록은 지시를 내린 상급 기관을 밝히라고 거듭 요구했지만 국장은 "절대로 내 입으론 말 못 한다"고 버텼다.

안기부가 내려 보낸 게 확실했지만 보다 분명한 확인이 필요했다. 난감해하던 배경록을 도운 것은 오히려 안기부였다. 한겨레의 취재 사실을 알게 된 안기부가 긴급 대책회의를 열었다. 보도 유보를 요청하려고 안기부 요원이 배경록을 찾아왔다. 그 방문 자체가 결정적 사실을 확인하는 계기였다.

이 기사를 두고 한겨레 간부들도 대책회의를 열었다. 안기부가 한겨레 독자들의 뒤를 캐고 다닌다는 사실이 알려지면 주주와 독자들이 불안해하지 않겠느냐는 우려가 나왔다. 안기부의 서슬이 퍼렇던 시절이었다. 정보기관의 횡포가 두려워 독자들이 한겨레를 절독하는 사태가 벌어질까 걱정했다. 그러나 보도하기로 결정했다. 어려움이 있더라도 진실 보도로 돌파해야 한다고 결론 내렸다.

그전까지 신문에서 볼 수 없었던 이런 일들이 한겨레를 통해 세상에 알려졌다. 초창기 한겨레의 특종 보도에는 일정한 유형이 있다. 우선 당국의 반인권 행태에 대한 고발 기사가 많았다. 법 위에 군림했던 정보기관, 수사기관 등이 자주 등장했다.

취재 과정에선 속전속결의 방식을 취했다. 제보를 받거나 실마리를 잡으면 그 길로 현장에 달려가, 하루 또는 이틀 만에 관련된 사실의 전모를 파악했다. 밤잠을 포기하고 공무원과 제보자와 피해자를 만나 취재했다. 당시 권력기관의 횡포는 너무도 공공연한 것이어서 마음만 먹으면 충분히 그 실체를 파고들 수 있었다. 수십 년 동안 다른 언론사 기자들이 모른 체했던 일을 한겨레 기자들이 달려들어 파헤쳤다.

지금까지 이런 고발 보도를 접하지 못했던 권력자들은 당황하기 시작했다. 지금까지는 촌지나 향응을 베푸는 것으로 충분했다. 기자가 뻣뻣하게 굴어도 편집 간부를 대접하면 보도를 막을 수 있었다. 편집 간부가 완강하면 사주를 꼬드겨 문제를 해결했다.

이제 그런 방식으로 무마할 수 없는 기자들이 나타났다. 이 사실을 권력자들이 받아들이는 데 시간이 걸렸다. 이들은 몸을 사리지 않는 한겨레 기자의 공격적 취재 방식에 어떻게 대응해야 할지 잘 몰랐다. 모르쇠로 일관하며 완강히 버티던 공무원들도 실수나 방심 끝에 한겨레 기자에게 허점을 드러냈다.

독자들 역시 권력기관의 만행을 있는 그대로 폭로하는 기사를 난생처음으로 접했다. 한겨레의 모든 독자들이 사실상의 양심적 제보자가 됐다. 자신이 몸담고 있는 조직의 부패·비리 사실을 알게 됐을 때, 그들은 한겨레 기자부터 찾았다.

초창기 한겨레는 여론 시장의 특정 영역에서 독과점을 형성했다. 한겨레가 아니면 절대로 보도할 수 없는 한겨레만의 영역이 있었다. 비교의 대상이 없었다. 짧게는 1975년 이후 20여 년 동안, 길게는 해방 이후 반세기 동안 눈앞에서 벌어지는 힘 있는 자들의 부당한 행태를 사실 그대로 보도하는 언론사가 없었다. 이제 그런 신문이 탄생한 것이다. 권력이 언론 사주를 보호하고, 언론이 권력자의 치부를 가렸던 권언 유착의 시절도 끝이 났다.

덕분에 한겨레는 창간과 동시에 안기부, 검찰, 경찰 등 최고 권력기관의 경계 대상 1호가 되었다. 이들이 오히려 한겨레 기자들의 감시를 받는 처지가 됐다. 이들의 일거수일투족이 한겨레의 지면에 공개되었다.

경찰이 유령택시를 몰고 다니며 시민들의 대화를 엿듣고 정보를 수집하고 있다(1988년 7월 5일). 고등학교 교사를 국립대학의 교육연구사로 배치해 학원 사찰을 시켰다(1988년 10월 21일). 노태우 정부가 5공화국 보도지침과 다름없는 '매체 조정 활동'을 벌여왔다(1988년 12월 13일). 청송교도소에 수감된 감호인을 교도관들이 때려 숨지게 했다(1988년 12월 15일)….

초대 경찰팀장이었던 고희범은 그 시절을 천국에 비유한다. "충천한 의기로 완전히 한 덩어리가 됐으니 겁날 게 없었어요. 같은 뜻을 가진 사람들이 한 깃발 아래 모여서 역사와 사회를 위해 무엇을 할 것인가를 고민하는데, 바로 그게 천국이라고 나는 생각했어요."

신문사를 천국으로 만드는 데는 관변 의존 취재를 처음부터 거부한 것이 결정적인 기여를 했다. 결과적으로는 다른 언론사 기자들도 이를 도운 셈이었는데, 그들은 한겨레 기자를 관공서 기자실에 들어오지 못하게 막았다. 덕분에 남들이 기자실에서 보도자료를 받아 쓸 때, 한겨레 기자들은 하루 종일 현장을 누빌 수밖에 없었다.

"한겨레 기자는 들어올 수 없습니다"

그러나 기자실 출입은 편의 제공이 아니라 정보 접근 차원에서 반드시 해결해야 할 문제였다. 창간 6개월 만인 1988년 11월부터 한겨레 경찰팀 기자들은 경찰이 제공하는 주요 정보를 다른 기자들과 함께 받아볼 수 있었다.

사정은 국방부도 비슷했다. 장정수 기자가 한겨레 초대 국방부 담당이었다. 기자단은 그에게 기자실 출입 금지를 통보했다. "그래요? 뭐 괜찮아요." 장정수는 취재 첫날부터 기자실이 아니라 국방부 대변인실에 가 앉았다. 어차피 국방부는 기자실과 대변인실을 제외하면 출입이 제한되어 있었다. 대변인의 전화 통화 내용, 보고 및 지시 사항 등을 옆 자리에 앉은 장정수가 다 들었다.

보다 못한 대변인이 옆방의 회의실을 내줬다. 장정수만을 위한 특별 기자실인 셈이었다. 장정수는 이 회의실에서 계속 특종 기사를 썼다. 바로 옆 대변인실에 수시로 드나들었기 때문이었다. 견디다 못한 대변인이 기자단에게 통사정을 했다. 결국 창간 석 달 만인 1988년 8월부터 한겨레 기자의 국방부 기자실

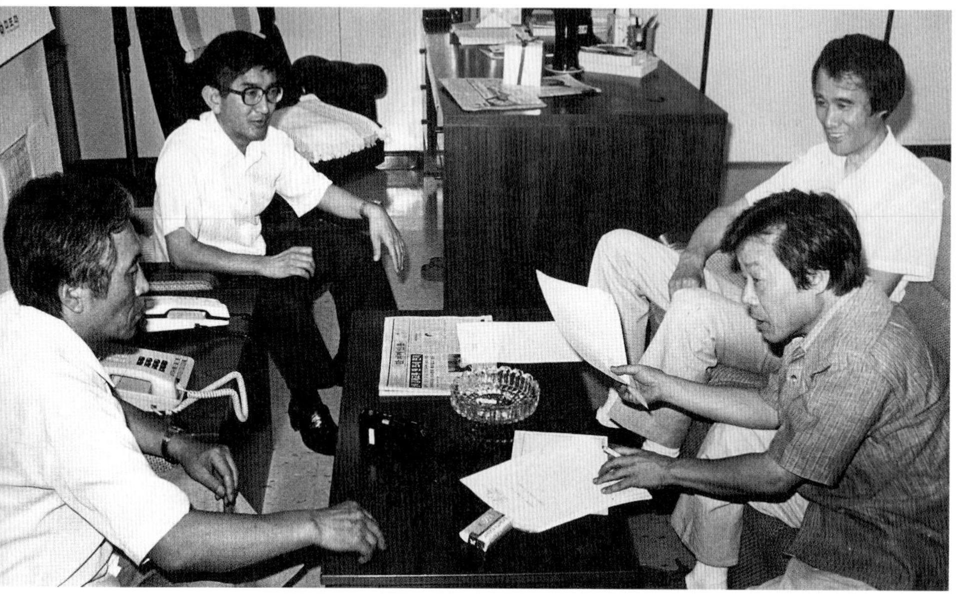

1988년 노태우 대통령의 '7·7 선언' 직후, 한겨레신문사 안국동 회의실에서 열린 긴급 좌담회에 참석한 리영희, 최장집, 최일남, 정운영 등 초대 논설위원들. 좌담회 기사는 다음 날 한겨레 6면에 보도되었다.

출입이 허용되었다.

한국 언론계의 '기자단' 문화는 독특하다. 거의 모든 출입처에 주요 언론사 기자들만으로 구성된 기자단이 있다. 1960년대까지만 해도 권력층에 대항하는 언론인의 결사체 비슷한 구실을 했다. 그러나 박정희 정권 이후 권력의 치부를 가리고 그 대가로 기자 개인과 언론사의 이익을 취하는 담합의 온상이 됐다. 기자는 공무원이 주는 촌지를 받고 중요한 사건을 눈감았다. 관공서가 흘린 각종 개발 정보는 언론사의 돈벌이에 써먹었다. 한통속이 됐으니 부정부패가 있어도 제대로 보도할 수 없었다.

한겨레의 등장은 이들에겐 큰 위협이었다. 중견 기자들과 고위 공무원들이 한겨레 기자의 기자실 출입을 막은 것은 '너희들은 이 카르텔에 들어오지 말라'는 뜻이었다. 창간 때부터 윤리강령을 채택하고 '금품이나 향응을 받지 않는다'고 선언한 한겨레 기자는 그들에게 눈엣가시였다.

그러나 한겨레는 초지일관했다. 공공기관의 기자실은 국민 세금으로 운영되는 곳이었다. 자의적으로 결성된 기자단이 개별 기자의 출입 여부를 결정할 아무런 권한이 없고, 국민의 알 권리를 위한 취재 과정에서 필요하다면 언제든지 기자실을 사용하겠다는 게 모든 한겨레 기자의 원칙이었다.

관공서에 비해 정당과 기업은 기자단의 장벽이 높지 않았다. 평민당, 민주당 등은 한겨레 기자의 취재에 우호적이었고, 민정당도 저돌적인 한겨레를 마냥 내칠 수는 없었다. 그러나 청와대는 끝내 문호를 열지 않았다. 한겨레 창간 당시 청와대에는 종합일간지 6개사를 비롯해 모두 17개 언론사의 출입기자들이 드나들고 있었다. 초대 청와대 담당은 이원섭 기자였다. 청와대는 이원섭에게 출입증을 발급하지 않았다.

한겨레는 창간호 발행 전인 1988년 5월 9일, 청와대 출입 취재 요청 공한을 보냈다. 묵묵부답이었다. 이에 대해 수차례 항의하자 7월 29일 드디어 홍성철 청와대 비서실장 명의의 답신이 왔다. "종합적으로 대책을 검토하고 있으며 귀사의 요청에 즉시 응하지 못함을 유감으로 생각합니다."

구렁이 담 넘어가는 답변을 그냥 넘길 수는 없었다. 1988년 9월 9일, 송건호 대표이사가 노태우 대통령 앞으로 직접 편지를 보냈다. 역시 답변이 없어, 9월 21일치 신문에 그 내용을 실어 독자들에게 공개했다.

"한겨레신문은 다른 언론과 마찬가지로 뉴스가 있는 모든 기관 및 단체에 자유롭게 출입하고 취재할 필요가 있습니다. 출입 자체를 봉쇄해 뉴스원에 대한 접근조차 허용치 않는 것은 선의로 해석하더라도 공평하지 않은 처사라고 생각합니다. 우리가 요구하는 것은 기자실이나 특별한 편의시설의 제공이 아니라 뉴스에 대한 접근권 자체라는 점을 기회 있을 때마다 밝혀왔습니다."

당시 청와대는 오늘의 브리핑룸인 춘추관을 짓고 있었는데, 기존의 기자실이 비좁아 한겨레 기자가 들어올 수 없으므로 춘추관 완공 때까지는 출입할 수 없다고 강변했다. 한겨레는 "기자실에 자리를 마련해줄 필요가 없고, 취재원에게 접근할 수 있는 출입증만 내주면 된다"고 설득했지만 허사였다. 결국 한겨레는 춘추관이 완공된 1990년 9월 30일부터 청와대 출입을 하게 된다. 창간 이후 2년 6개월여 동안 청와대를 담당했던 이원섭은 청와대 출입 한번 못 해보고 취재 부서를 옮겼다.

기자실 출입 문제가 초창기 한겨레 사람들을 그다지 괴롭히진 않았다.

국가기관이 제공하는 보도자료가 아니라 삶의 현장에 밀착하는 기사를 쓰자고 처음부터 작심한 사람들이었다. 창간 초기의 주요 기획 연재 기사와 고정물이 이를 보여준다.

당시 한겨레 지면은 어지럽다 싶을 정도로 기획 기사를 많이 냈다. 우선 군사정부 시절 일어난 각종 시국 사건의 전모를 알리는 기획물을 실었다. '광주항쟁 비극 속의 역사성'(1988년 5월), '80대학살, 그후 5공 언론 실상'(1988년 11월), '문제의 공안 사건을 점검한다'(1988년 12월), '미완의 5월 광주'(1989년 5월), '격동의 80년대 변혁운동'(1989년 11월) 등이 대표적이다. 한겨레가 아니면 보도할 수 없었던 과거사 기획물이었다.

노동, 농민, 빈민 등 소외 계층과 민생 현장을 심층 취재한 기획물도 많았다. '부당 노동행위의 현장'(1988년 6월), '올 상반기 노동 현장 점검'(1988년 7월), '농사, 지을 것인가 말 것인가'(1988년 8월), '탄광촌, 그 어두운 현장'(1988년 8월), '현장 진단, 한국 농촌의 오늘'(1988년 11월), '장애인, 그 실태와 대책'(1988년 11월), '소외된 삶터를 찾아서'(1989년 1월) 등이다.

국가기구와 법제도의 문제를 정면으로 따져 묻는 기획물도 연재했다. '반민주악법 열전'(1988년 5월), '사법부 새로워져야 한다'(1988년 6월), '사회안전법의 희생자들'(1988년 11월), '감옥 아닌 교화 현장 서독 교도소'(1988년 11월), '일상화된 반문명적 폭력, 고문'(1988년 12월), '시위 현장 사복 체포조 백골단'(1989년 2월) 등이 있었다.

'새 질서 길목에 선 세계경제'(1988년 6월), '중소기업 살려야 한다'(1989년 3월), '집, 분배 정의로 풀자'(1989년 4월), '토지 공개념 허와 실'(1989년 12월) 등은 경제 분야의 대표적 기획 기사였다. 민생 경제에 주목하면서 중소기업과 부동산 문제를 파고드는 한겨레 경제 보도의 특장이 이때부터 시작되었다.

장기 연재물 가운데 '발굴 한국 현대사 인물'도 독자들의 호응이 높았다. 1989년 10월 6일부터 매주 금요일에 연재했는데, 1991년 2월까지 102명의 현대사 주요 인물을 소개했다. 역사 자료를 단순 인용하지 않고 기자들이 직접 발품을 팔아 사람을 만나고 현장을 찾아 과거 인물의 현재적 의미를 새로 밝혔다.

르포 형식을 가미한 독특한 이 기사는 고종석, 조선희, 김영철, 이주헌 등 문화부 기자를 중심으로 김종구, 문학진, 박찬수 등 편집국 기자들이 함께 참여해 만들었다. 반응이 좋아 1991년 11월부터 1992년 5월까지 같은 제목의 단행본을 세 권이나 펴냈고, 나중에는 일본어판도 냈다.

김일성에 '주석' 호칭 붙인 최초의 언론

초창기 한겨레 기획물의 공통점은 한국 사회의 금기를 건드린 데 있었다. 그 가운데서도 선명한 인상을 남긴 것이 남북 및 한미 관계와 관련된 기획이었다. '서독 교포 조명훈 박사 기행문—16년 만에 다시 본 북한'(1988년 6월), '한반도와 핵 현주소'(1988년 8월), '한미행정협정 무엇이 문제인가'(1988년 9월), '한반도 핵 위기의 실상'(1988년 11월), '동북아 군축과 주한미군'(1989년 6월) 등이 대표적인 연재 기획 기사였다.

기사의 내용에 앞서 기사의 어휘가 더 화제가 되었다. 한겨레는 한국 언론사 가운데 처음으로 '김일성 주석'이라는 표현을 썼다. 그전까지 모든 신문과 방송이 호칭 없이 김일성, 북괴, 중공 등으로 표기했던 것을 한겨레는 김일성 주석, 북한, 중국 등으로 썼다. 지금에 와서는 당연한 일이 되었지만, 북한을 북한이라 부르지 못한 시절이 길었던 탓인지 한겨레를 '좌경용공' 매체로 인식하는 사람들이 없지 않았다.

1988년 9월 15일 오전 11시 30분, 편집국에 편집회의 소집 벨이 울렸다. 아침 편집회의가 끝난 지 30분도 지나지 않았다. 영문을 궁금해하는 편집위원들에게 급보가 전해졌다. 조금 전 '민족정기진흥연맹'이라는 단체의 회원을 자처하는 자가 편집국에 전화를 걸었다는 것이다.

"특별부록에 총천연색으로 북괴 화보를 낸 걸 보니, 당신들 확실히 빨갱이 놈들이 맞는 거 같아. 오늘 밤 9시와 10시 사이에 우리 회원 150명이 너희 신문사 때려 부수러 간다. 기다려라." 편집국 전체가 긴장했다. 만일의 사태를 대비하고 있던 이날 밤 10시 30분, 그 남자한테 다시 전화가 왔다. "지금 내가 안국동 당신네 신문사 앞 공중전화에서 전화를 걸고 있어. 당신들 운 좋은 줄 알아. 여기까지 왔지만 말리는 우리 회원들도 있고 해서 이번은 참기로 했어." 당시 한겨레신문사는 양평동에 있었다.

총천연색 북한 화보는 1988년 7월 26일, 지면에 소개되었다. 일본 사진작가 구보타 히로지가 찍은 북한 절경을 전면 편집해 '손짓하는 북녘의 산과 강'이라는 제목으로 소개했다. 백두산, 금강산, 압록강, 두만강, 개마고원 등 자연 풍경을 찍었다. 처음엔 흑백 지면에 담았다. 윤전기 사정이 좋지 않았기 때문이었다. 안팎의 요청이 쇄도해 1988년 8월 10일부터 컬러면에 담았다.

반공 이데올로기에 젖어 '북한'이란 말을 쓰는 것조차 금기시했던 당시 상황에서 이 연재물은 큰 관심을 끌었다. 독자들의 높은 열기와 반응에 힘입어 연말에는 전국 주요 도시에서 '북녘의 산하' 사진전을 열고, 같은 제목의 사진집도 발간했다.

1988년 10월부터는 스웨덴의 구나르손 기자가 평양에서 찍은 사진을 연재했다. 스웨덴 유력지 괴테보리 포스텐의 아시아특파원인 그는 800여 장의 사

1990년 9월 6일, 남북 고위급회담 취재를 위해 서울에 온 북한 기자단이 서울 양평동 한겨레신문사 사옥을 방문했다. 북한기자단 단장인 김천일 로동신문 보도부장(오른쪽)은 송건호 대표이사를 만난 자리에서 "한겨레신문이 통일을 위한 노력과 의지를 실상대로 보도해준 데 대해 북한 언론과 인민들을 대표해 감사드린다"고 말했다.

진을 한겨레에 무상으로 제공했다. "이 자료가 남북한의 갈라진 민족이 서로를 정확히 이해하는 데 도움이 되기를 바랍니다." 생면부지의 한국 신문에 덜컥 사진을 내맡긴 이유였다.

한겨레를 찾은 양심선언들

금기를 넘어서는 보도를 이야기할 때, 한겨레 체육부를 빼놓을 수 없다. 창간 때만 해도 한겨레에는 체육부가 없었다. 스포츠 뉴스를 다루지 않는 것이 정론지의 위상에 걸맞다고 생각했다. 그러나 1988년 여름 서울 올림픽 개막이 다가오면서 이 복잡하고 거대한 '사건'을 어떻게 다뤄야 할지 고민해야 했다.

1988년 8월 9일, 편집국 안에 체육부를 신설했다. 문영희가 편집위원을 맡았고, 고광헌, 정영무 등이 기자로 배속되었다. 곧이어 김종철 논설위원을 단장으로 하는 올림픽 특별취재단이 만들어졌다. 각 부서의 기자들을 파견받아 30여 명의 취재단을 구성했다. 8월 31일 신문에 이들의 좌담이 실렸다. 한겨레가 올림픽을 비롯한 스포츠 이벤트를 어떻게 보도할 것인지를 놓고 토론한 내용이었다. 올림픽의 어두운 부분까지 포함해 공정하게 보도하고, 엘리트 체육을 지양하여 민간 주도의 국민 체육에 중점을 두며, 군사 문화의 잔재인 전투 용어를 체육 기사에 쓰지 않겠다는 등의 이야기를 나눴다.

한겨레는 그 결심대로 올림픽 내내 다른 언론과 확실히 구분되는 스포츠 기사를 썼다. 올림픽의 상업주의, 선수들의 약물중독, 국제귀족들이 좌우하는 올림픽위원회의 실상 등을 보도했다. 심지어 올림픽에 묻힌 정치 쟁점을 환기시키는 기사까지 보도했다.

창간 첫해인 1988년, 여러 특종과 기획에도 불구하고 한겨레의 지면은 다소 어지러웠다. 최초의 한글 가로쓰기 편집이 미처 자리 잡지 못했고, 윤전기 등의 사정도 좋지 않았다. 오랫동안 현장을 떠나 있었던 이들이 신문을 만든 탓에 기사체도 미처 다듬어지지 않았다. 재야·노동·학생 운동세력에 기댄 단순 발표 기사도 적지 않았다. 재야 단체 출범이 1면 머리기사에 올랐다. 사실 전달이 아닌 주장만 늘어놓는 칼럼형 기사도 제법 있었다. 대학신문 같다거나 재야 유인물 같다는 독자의 지적이 없지 않았다.

그러나 1989년 이후, 기획물과 고정물이 제자리를 잡았고, 편집도 짜임새를 갖추기 시작했다. 발표 기사, 발굴 기사, 기획 기사 등이 각 지면별로 균형을 잡아갔다. 창간 때와는 또 다른 의미에서 권부의 핵심을 파고드는 대형 특종이 이때부터 등장했다. 양심선언을 결심한 이들이 한겨레를 찾았다.

1990년 4월 초, 이봉수 기자를 찾는 전화가 편집국에 걸려왔다. 이봉수는 한겨레 경제부 초창기 멤버로 재벌, 부동산, 정경유착 등을 파헤치는 기획 기사를 써왔다. 익명의 제보자는 이봉수를 만나 전할 이야기가 있다고 했다. 세종문화회관 옆 다방에서 두 사람이 마주 앉았다.

감사원이 재벌의 비업무용 부동산에 대한 국세청의 과세 실태를 조사해 잘못을 밝혔는데, 재벌의 로비를 받은 상부의 외압으로 돌연 감사가 중단되었다는 게 제보 내용이었다. 관련 자료도 일부 들고 나왔다.

"이런 자료가 언론에 나가면 선생님은 공직사회 풍토상 배신자로 낙인 찍혀 계속 있을 수 없을 겁니다." 제보자가 잠시 머뭇거리다 답했다. "결심이 이미 섰습니다." 이봉수가 말했다. "정말 그렇다면… 기왕이면 자료를 더 많이 가져오십시오." 이문옥 감사관은 며칠 뒤, 재벌그룹 소속 23개 기업의 비업무용 부동산 취득 실태와 국세청의 과세 실태 관련 자료를 통째로 이봉수에게 전했다.

자료를 건네받은 이봉수는 이홍동과 함께 경기도 용인 일대의 토지등기부 등본을 확인하는 등 추가 취재를 거쳐 1990년 5월 11일치 1면에 관련 기사를 특종 보도했다. 비업무용 부동산을 가진 재벌 가운데는 삼성이 포함되어 있었고, 감사원에 직접 외압을 가한 인물도 삼성그룹의 부회장이었다. 재벌이 최고 사정기관인 감사원까지 쥐락펴락하면서 초법적인 부를 축적해왔다는 사실이 드러났다.

연일 한겨레의 특종 보도가 이어지는데도 다른 언론은 침묵했다. 오히려 이문옥 감사관의 개인 성향을 문제 삼고, 공무원이 기밀을 누설했다며 여론을 호도했다. 십수 년 뒤인 2007년 삼성 비자금에 대한 김용철 변호사의 양심선언 때도 똑같은 일이 일어나게 된다.

이문옥은 결국 공무상 기밀 누설로 구속되었다. 법정에서 이문옥은 "왜 하필 한겨레에 제보했느냐"는 질문을 받았다. "한겨레는 가장 큰 압력단체로 군림하는 재벌의 압력이 통하지 않고, 명절 때 장관들이 신문사 간부들에게 보

1990년 5월, 이문옥 감사관이 첫 공판을 받기 위해 법정으로 가고 있다. 그는 재벌의 비업무용 부동산 보유 실태를 한겨레에 제보해 폭로한 뒤 기밀누설 혐의로 구속되었다.

내는 선물도 돌려보내는 곳입니다. 그동안 중요한 선택과 결단을 해야 할 때가 있었지만, 그때 한겨레를 선택하여 내 의사를 표시했던 것처럼 멋있는 선택이 또 있을까 생각합니다."

한겨레를 선택한 사람들이 더 있었다. 1990년 10월 4일, 윤석양 이병이 국군 보안사령부의 민간인 사찰 실태를 폭로했다. 군 수사기관인 보안사가 군인이 아닌 시민을 상대로 사찰과 정치공작을 하고 있다는 내용이었다. 한겨레가 이를 특종 보도했다.

윤석양은 군 입대 직후 학생 시절의 조직 사건과 관련해 보안사에 연행된 뒤 이른바 '프락치' 활동을 제의받았다. 두 달 동안 보안사 일을 도와주다가

1990년 9월 23일 새벽, 관련 자료를 들고 탈영했다. 그가 제일 먼저 찾은 곳이 한겨레신문사였다.

당시 경찰팀의 김종구 기자는 윤석양을 자신의 집에 데려가 숙식을 제공했다. 불안에 떠는 그를 위로하며 자료를 일일이 검토했다. 컴퓨터 디스켓 30장에 보안사 사찰 공작의 구체적 내용이 들어 있었다. 보안사의 민간인 사찰 대상자 1303명에는 김영삼, 김대중 등 정치인을 비롯해 각계 유력 인사가 망라되어 있었다. 누가 언제 누구를 만나 무슨 이야기를 했는지까지 파악하고 있었다.

보안사가 정보 수집을 위해 운영한 카페 '모비딕'을 서울대 앞에서 찾아내는 등 한겨레의 특종이 연일 이어졌다. 2011년 개봉한 영화 '모비딕'에는 바로 이 '윤석양 사건'과 사회부 기자의 활약상이 주요하게 등장한다. 보안사령부는 이후 기무사령부로 이름까지 바꾸며 불법 사찰 기관의 오명을 벗으려 애써야 했다. 그러나 기무사는 다시 한 번 한겨레에 덜미를 잡혔다.

1992년 3월 20일 밤 11시, 사회부에서 야근 중이던 이병효 기자가 전화를 받았다. "보병 9사단의 장교인데 군 부재자 투표에 문제가 많아 제보하려고 합니다." 30분 뒤, 이지문 중위가 신문사에 도착했다. 군부대에서 진행되는 부재자 투표에 기무사령부가 갖가지 방법으로 개입해 여당 지지표를 만들어냈다는 내용이었다.

이병효는 양심선언 이후 겪게 될 상황을 이지문에게 설명했다. "조금이라도 꺼리는 점이 있다면 기사를 쓰지 않겠습니다." 이지문은 결심을 굽히지 않았다. 증언의 공신력을 높이기 위해 기자회견을 자청해 열었다. 이 자리에서 이지문은 "이것은 양심선언이 아니라 상식과 양심에 따른 지극히 당연한 사실 보고"라고 말했다. 수십 년간 공공연한 비밀로 취급되었던 군 부재자 부정선거가 백일하에 드러났다.

한겨레를 통한 양심선언은 한준수 충남 연기군수의 관권 선거 폭로로 이어졌다. 14대 총선에서 집권당인 민자당 후보의 당선을 돕지 않았다는 이유로 군수직을 박탈당한 한준수가 손규성 기자에게 관련 사실을 알렸다. 1992년 8월 6일 사회면에 보도된 이 기사로 정가의 파문이 커졌고, 9월 들어서는 정부와 여당의 총체적 관권 선거 실상이 하나씩 드러났다.

크고 작은 특종 기사가 쏟아졌지만 초창기 한겨레는 기자들에게 특종상

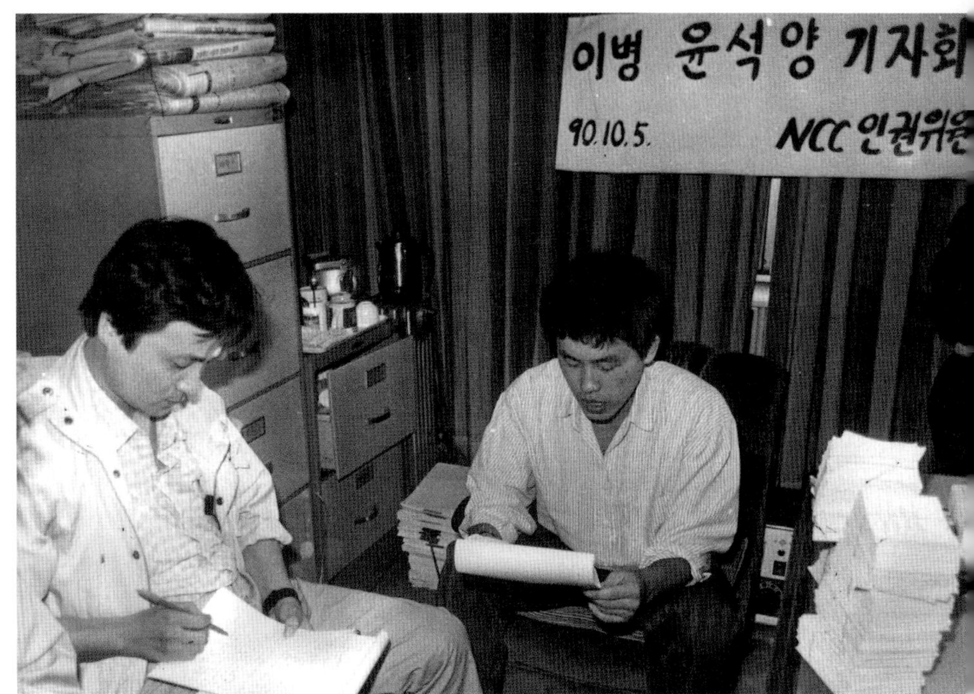

1990년 10월 5일, 윤석양 이병이 한국기독교협의회 인권위원회 사무실에서 군 보안사의 민간인 불법 사찰을 폭로하고 있다. 그는 9월 23일 새벽 탈영한 뒤 제일 먼저 한겨레를 찾아와 이런 사실을 제보했다.

을 주지 않았다. 두둑한 상금으로 선정적인 속보 경쟁을 이끌어내는 특종상 제도가 상업주의적이라는 생각에서다. 창간 이듬해인 1989년 2월에야 특종상을 처음으로 만들었고, 정기적인 포상을 실시한 것은 그해 10월부터였다. 촌지를 거부하는 데 그치지 않고 신문사가 주는 포상금까지 거절하며, 권력과 맞서고 민생을 살피는 취재보도에만 골몰한 기자들이 한겨레의 초년기를 이끌었다.

한겨레 기자들은 언론계 내부의 문제점에도 눈을 감지 않았다. 1991년 가을, 보건사회부 출입기자들이 해외 취재를 빙자한 기자단 여행을 다녀왔다. 경비 명목으로 대우재단과 아산재단으로부터 거액의 후원금을 받고, 그것도 모자라 제약·제과·화장품 회사한테 촌지를 요구해 받았다. 그런데 이 돈을 기자들끼리 나눠 갖는 과정에서 문제가 생겼다. 어느 기자가 촌지 일부를 횡령했다는 의혹이 나왔다. 옳고 그름을 가리기 위해 기자단 회의를 열었다. 해외여행에 끼지도 못했던 성한용 보사부 담당 기자는 얼결에 그 자리에 참석했다가 모든 내용을 듣고 적었다.

이를 정동채 여론매체부 편집위원이 보고받았다. 정동채는 1980년 해직되기 전, 뜻 맞는 동료 기자들과 모임을 만들어 그간 받은 촌지 전부를 노동단체 등에 기부했었다. 문제가 된 보사부 기자 가운데는 자신의 옛 동료도 있었다. 그러나 보도하기로 결정했다. 박근애 여론매체부 기자가 기사를 써서 1991년 11월 1일 사회면에 실었다.

한겨레의 특종 보도 이후 문제가 된 기자들이 사표를 냈다. 각 언론사들이 다투어 대국민 사과 성명을 발표했다. 공공연한 비밀이었던 기자들의 촌지 수수가 사상 처음으로 공론화되었다. 당시 19명의 보사부 기자단이 모은 돈은 8850만 원이었다. 각자 465만 원씩 나눠 쓴 셈이었다. 그 시절 한겨레 기자 월급을 1년 동안 모아도 만질 수 없는 돈이었다. 이 특종은 한겨레 기자들의 도덕성을 만천하에 알렸다.

처음으로 윤리강령 제정한 신문사

한겨레는 개별 신문사로는 처음으로 윤리강령을 제정했던 터였다. "우리는 신문 제작과 관련하여 금품 기타 부당한 이익을 얻지 않는다." 창간호 준비가 한창이던 1988년 5월 5일, 양평동 사옥 편집국에서 윤리강령 및 윤리강령 실천요강 선언식이 열렸다. 임재경 편집인이 강령 전문을 낭독했다. 뒤이어 모든 임직원들이 자신의 이름을 적었다. 신홍범이 초안을 만들고 전 임직원이 토론하여 확정한 내용이었다. 실천요강에 따르면, 5만 원 이하 선의의 선물 이외의 모든 금품은 거절하거나 돌려보내야 했다. 또 일반적으로 승인된 취재 편의를 제외하면 취재 경비를 스스로 부담하도록 했다.

기성 언론의 간부들은 한겨레를 두고 "창간 뒤 여섯 달 안에 망할 것"이라고 악담했다. 창간 뒤 여섯 달이 지난 1988년 11월, 한국언론학회지에 한국 신문의 신뢰도를 측정한 논문이 발표되었다. 교수, 의사, 변호사, 연구원 등 지식인 400명과 대학생 850명 등을 대상으로 실시한 조사에서 한겨레에 대한 신뢰도가 37.6%로 가장 높았다. 2위를 차지한 동아일보의 신뢰도는 27.3%에 그쳤다.

1989년 2월, 한국갤럽은 한겨레가 발행부수 43만 부(가판 포함)로 신문 시장 점유율 4위를 차지하고 있다는 조사 결과를 발표했다. 이 발표 때문에 다른 신문사가 발칵 뒤집혔다. 4대지의 카르텔을 형성했던 거대 신문사들은 자존심이 상했다. 편파적인 조사가 아니냐며 애꿎게도 한국갤럽을 들볶았다. 최고의 신뢰도, 4대지 규모의 시장점유율은 이후 30년 동안 흔들림 없이 유지된다. 다만 창간 초기의 기세가 그대로 이어지진 못했다. 문제는 내부에 있었다.

❶

❶ 한겨레 기자들은 부당한 공권력 집행이 이뤄지는 곳을 찾아서 취재하다가 경찰에게 맞거나 연행되곤 했다. 1989년 5월 30일, 한양대에서 전국교직원노조 결성대회를 취재하던 김경무 기자가 강제연행되고 있다.
❷ 한겨레에는 이전까지 다른 언론에서 볼 수 없던 기사들이 쏟아졌다. 1988년 7월 22일, 원진레이온 산업재해를 특종 보도했다. 8월, 경기도 남양주군 원진레이온 정문 앞에서 열린 규탄 시위.
❸ 한겨레는 반공 이데올로기를 넘어선 남북 보도에 앞장섰다. 1988년 9월 28일, 한겨레가 주최한 특집좌담 '세계의 언론인이 보는 서울, 그리고 올림픽 이후'에 참석했던 스웨덴의 구나르손 기자(맨 오른쪽)는 평양에서 찍은 사진 800여 장을 한겨레에 무상으로 제공했다. 한겨레는 이를 지면에 연재했다.

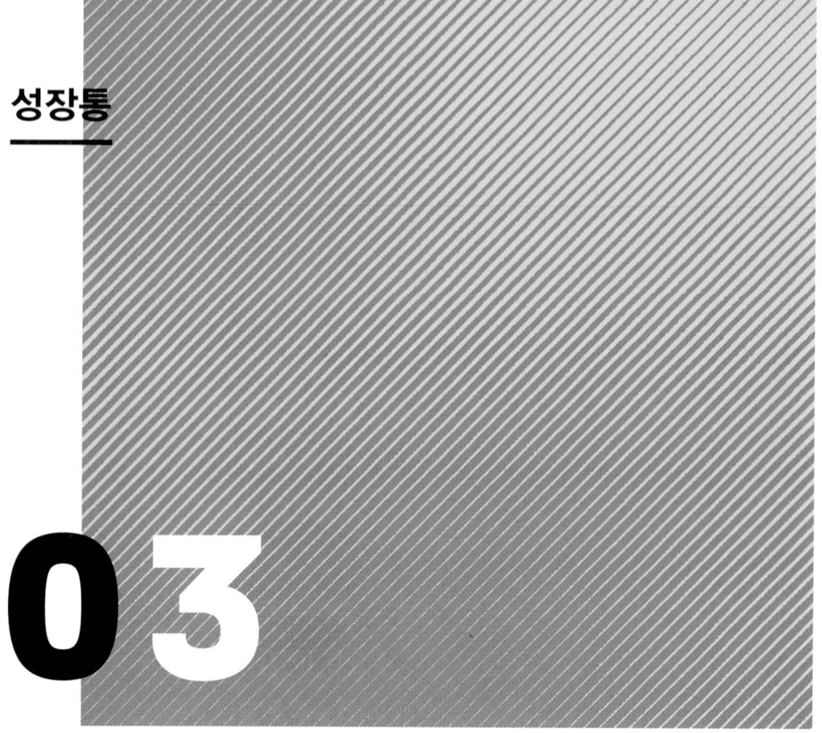

성장통

03

1989년 6월, 새 사옥 건립과 고속 윤전기 도입을 위한 발전기금 모금이 끝났다. 119억 원이 모였다. 큰돈이었다. 국민들이 모아준 현금이 은행계좌에 쌓여 있었다. 이자가 조금이라도 높은 곳으로 돈을 옮기자는 이야기가 이사회에서 나왔다. 반대 의견도 나왔다. 정론을 표방한 한겨레가 다른 언론사처럼 돈놀이를 할 수는 없다는 반론이었다.

당시 성유보 관리국장이 기금 모금 및 관리를 맡고 있었는데, 이 분야에 경험이 없어 쉽게 결단을 내리지 못했다. 성유보는 발전기금 모금 방안을 가장 먼저 제안한 이 가운데 하나였다. 제안자가 책임지라는 말에 떠밀려 관리국장이 되었다. 이후 발전기금 모금을 성공적으로 이끌었는데, 기금 운용의 책임까지 맡게 되었다.

논란을 거듭하느라 몇 달을 보내다 결국 시험적으로 자금 운용을 해보기로 했다. 마침 외부에서 데려온 경리부장이 막 출근을 시작했다. 그에게 일을 내맡겼다. 그러다 사고가 터졌다. 기업어음을 샀는데 해당 기업이 부도가 났다.

2억여 원의 손실이 발생했다.

뒤늦게 이사회에 관련 사실이 보고되었다. 재정보증서 등의 입사 서류를 제대로 받지 않은 채 채용한 경리부장이 거래 과정에서 부당한 커미션을 챙겼다는 사실도 드러났다. 문제의 경리부장은 행방을 감추고 나타나지 않았다. 결국 이사진 전원이 공동 책임을 지기로 했다. 이사진 이름으로 은행에서 돈을 빌려 손실분을 메웠다.

그런데 빌린 돈에 대한 이자를 감당하려니 이사들의 개인 부담이 커졌다. 성유보가 이를 떠안겠다고 자처했다. 해직 이후 변변한 직업을 가져본 적이 없는 그는 한겨레에서도 가장 가난한 축에 속했다. 그의 곤궁한 형편으론 감당할 수 없는 일이었다. 성유보는 월급과 퇴직금 전부를 손실 처분에 썼다.

이 일은 초창기 한겨레의 조직 풍토를 상징한다. 경영 전문가가 부족했다. 자금 흐름을 파악하고 이를 제대로 운용할 사람이 없었다. 회사 곳간을 맡길 실무자조차 마땅치 않았다. 그런 사람을 채용할 때 어떤 서류를 챙겨야 하는지도 몰랐다. 그러다 문제가 생기면 곧바로 개인에게 책임을 물었다. 선의를 바쳐 최선을 다한 창간 주역들이 저마다 상처를 입고 신문사를 떠났다. 그나마 신문사 사정을 알고 있는 사람들이 더 줄어들어 또다시 경영관리에 공백이 생겼다.

경영전략의 혼선은 새 사옥 건설 과정에서도 드러났다. 당시 지방세법은 대도시에 공장을 새로 지을 경우 중과세하고 있었다. 공해 시설의 도시 진입을 막기 위한 취지였지만, 창사 이래 첫 사옥을 마련하려는 한겨레로서는 부당한 일이었다. 그렇다고 윤전기가 들어갈 서울 외곽의 땅을 따로 마련할 수도 없었다.

새 사옥 건설을 맡은 정태기는 중과세 문제를 해결할 수 있을 것이라 판단했다. 창간 때도 실정에 맞지 않는 법령을 지혜롭게 넘고 피하면서 신문사 등록 등을 관철했던 경험이 있었다. 관련법을 봐도 내무부(오늘의 행정안전부) 장관이 주무 부처와 협의해 중과세 적용 예외를 둘 수 있는 시행령이 있었다. 정당한 절차를 거쳐 세금을 감면받는 길이었다.

실제로 정부는 대도시 한복판에 공장이 들어서더라도 불가피한 사정을 따져 세금 면제 조치를 취한 적이 여러 차례 있었다. 수십 년 만에 처음으로 신문사가 세워진 상황에서 한겨레야말로 그 예외가 될 수 있으리라 판단했다. 만일 정부와의 협의가 여의치 않으면 실정에 어긋나는 법령 자체의 개정도 요구할 수 있을 것이라 생각했다. 그러나 다른 이사들은 반대했다. 정부가 눈엣가시 같은 한겨레에 중과세 예외 규정을 적용하지 않을 것이라고 판단했다. 실정법의 예외를 염두에 두고 세금을 안 낼 것을 전제로 일을 풀 수는 없다고 반박했다.

결국 중과세 납부 문제에 대한 분명한 방침이 정해지지 않았다. 그 상태로 시간이 흘렀다. 이사진의 상당수가 이 문제에 큰 신경을 쓰지 않고 있었다. 1989년 12월 말, 3억여 원의 중과세와 함께 이를 제때 납부하지 않은 것에 대한 6000여 만 원의 가산금까지 내라는 고지서가 신문사로 날아왔다.

이를 두고 뒤늦게 책임 논란이 분분해졌다. 세금을 처음부터 냈다면 가산금은 물지 않았을 것이라는 주장이 나왔다. 지금도 늦지 않았으니 중과세 회피 방침을 밀고 나가면 가산세를 낼 일도 없다는 반박도 나왔다. 적절한 시기에 분명한 방침을 정하지 못했던 한겨레는 결국 가산금까지 더해 세금을 모두 냈다.

가산금 납부를 둘러싼 논란이 커졌던 것은 새 사옥 건설을 둘러싼 이견이 완전히 해결되지 않았던 탓도 컸다. 창간 사무국을 주도했던 정태기는 창간 직후 개발본부를 출범시켜 새 사옥 건설 및 윤전기 도입 사업을 추진했는데, 여기에 필요한 자금이 적지 않았다. 100억여 원의 발전기금을 모으긴 했지만, 애초 구상했던 수준의 윤전기와 사옥을 갖추려면 이보다 더 많은 돈이 필요했다.

경영을 둘러싼 혼란, 쌓여가는 적자

여기서 비롯한 것이 '기채론'과 '자립론'이다. 기채론은 한겨레가 신문 시장에 안착하기 위해 은행 돈을 빌려서라도 제작·편집 부문에 투자할 자금을 마련해야 한다는 주장이었다. 자립론은 한겨레가 은행 돈을 빌릴 경우 사실상 정치권력에 굽실거리게 되는 빌미를 제공할 것이므로 자본과 권력에 예속되어선 안 된다는 주장이었다. 창간 초기에 두 입장이 맞섰다.

경영의 경험이 많은 정태기 같은 이는 신문사 설립 초기에 '규모의 경제'를 갖춰야 지속적인 성장이 가능하다고 판단했다. "발전기금 100억 원이 현금으

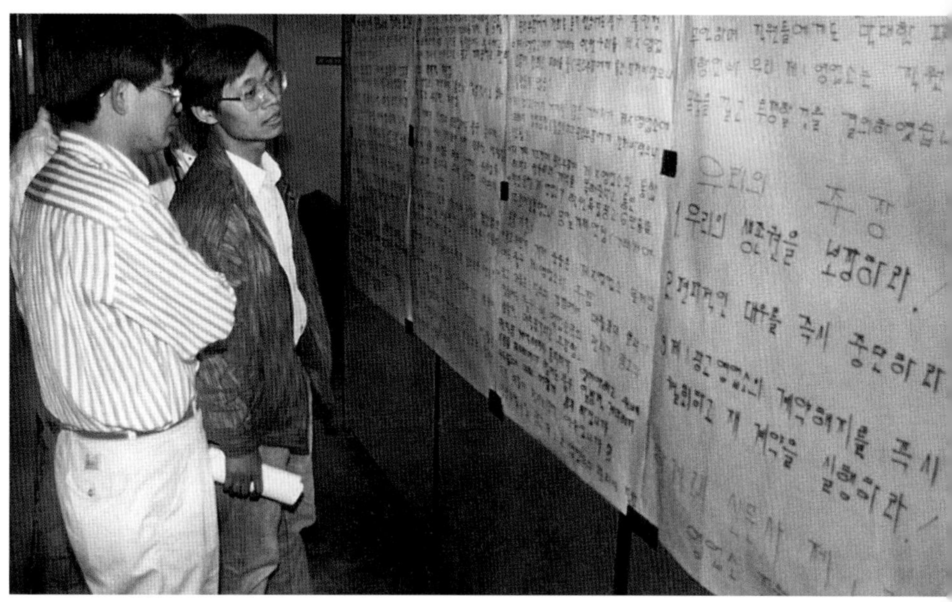

한겨레 사람들은 사내에 대자보를 붙여 주장을 펼치곤 한다. 창간 초기부터 그랬다. 1980년대 말로 추정되는 어느 날, 사내에 게시된 광고영업소 직원들의 대자보를 사원들이 읽고 있다.

로 들어왔는데, 이걸 알고 여러 은행 지점장들이 자기들 쪽에 예금을 달라고 찾아왔다. 사옥 부지와 예금 등을 묶어서 200억 원 정도를 융통하고 이를 사옥 건설에 쓰면 자산으로 활용할 수 있겠다 싶었다." 정태기의 회고다.

반면 해직 시절 재야운동을 이끌었던 김종철 같은 이는 한겨레가 대자본에 예속될 경우 권력의 압력으로 창간 정신을 유지할 수 없을 것이라고 판단했다. 김종철은 1991년 8월에 열린 주주 독자 간담회에서 이렇게 말했다. "동아일보가 한때 자유언론을 실천하는 쪽으로 가는 듯하다가 대자본가의 손아귀에 들어가고 은행 돈을 많이 쓰는 약점이 있어 그 한계를 드러냈습니다. 그래서 한겨레는 대자본 또는 은행 돈으로부터 독립해야 합니다."

논란이 커지면서 경영관리 부문의 차장급 이상 간부 34명이 개발본부의 독주를 비판하는 성명을 내기도 했다. 결국 애초 사업 규모를 축소해 윤전기 도입과 사옥 건설을 추진하는 것으로 논란을 매듭지었는데, 그 끝에 가산금을 납부하는 일이 불거진 것이었다.

경영을 둘러싼 혼란은 잦아들지 않았다. 한겨레는 창간 첫해인 1988년

7억 7000만 원의 적자를 냈다. 이듬해인 1989년엔 17억 5000만 원의 적자가 났다. 적자는 1993년까지 계속되었다. 1991년 9000만 원, 1992년 8억 2000만 원, 1993년 7억 7000만 원의 적자로 창간 5년 만에 61억 원의 적자가 쌓였다. 창간 자본금 50억 원을 넘어서는 규모였다.

1990년대 초반, 한겨레는 중대한 기로에 놓였다. 흑자를 내는 방법을 찾지 못한다면 시한부 인생이나 다름없었다. 경영 위기와 경영 혼선이 맞물리면서 창간 주역들이 하나씩 신문사를 떠났다. 이유는 조금씩 달랐지만 그 배경은 하나였다. 신문사 안팎에서 분란이 일어났다.

편집국 인사 파동

1990년 11월 1일, 성유보 편집위원장이 편집국 인사안을 냈다. 차장급 3명과 평기자 2명의 소속 부서를 옮기는 내용이었다. 초대 편집위원장이었던 성유보는 편집위원장 직선제 실시 이후 잠시 편집국을 떠나 있다가 1990년 7월, 4대 편집위원장으로 다시 선출된 상태였다. 성유보가 인사안을 낸 지 이틀 뒤인 11월 3일, 임원회의에서 이 인사안을 고쳤다. 성유보는 인사권 침해라며 보직 사퇴서를 냈다.

11월 8일, 편집위원회가 유감을 표시하는 입장을 발표했다. "이번 사태로 편집권 독립이 크게 침해되었다"는 게 주된 내용이었다. 같은 날, 기자들이 공채 기수별 연서명으로 잇따라 성명을 발표했다. 역시 임원회의의 결정이 편집권 독립을 부정한 일이라는 내용이었다.

다음 날인 11월 9일에는 사태의 확대를 경계하는 노동조합(위원장 최성민)의 성명이 발표되었다. 기자들의 성명과는 다른 내용이었다. 편집국 기자 인사에 대한 최종 권한은 임원회의에 있으므로 절차와 위계를 무시한 반발은 조직의 안정성을 해친다고 지적했다. 결국 경영진과 편집진이 갈등하고 노동조합과 평기자들이 서로 편이 갈리는 모양새가 되었다.

11월 10일, 성명에 참가한 기자들을 중심으로 '편집국 총회 준비위원회'가 만들어졌다. 오귀환, 조홍섭, 최영선, 조선희, 이홍동 등이 앞장섰다. 11월 15일 저녁, 편집국 총회가 열렸다. 고승우, 정상모, 박해전, 곽병찬, 최보은, 신현

편집국 인사 파동 직후인 1991년 1월, 3대 노조위원장을 뽑는 선거가 열렸다(왼쪽). 서로 다른 의견 그룹을 대표하는 3명의 후보가 출마했고, '통합'을 주창한 김영철이 당선되었다. 그러나 김영철 위원장도 혼란 속에 7개월 만에 사퇴했고, 1991년 8월부터 윤석인이 4대 노조위원장이 되었다. 오른쪽은 1991년 9월 14일 김명걸 대표이사 사장 등 경영진과 윤석인 노조위원장 등 노조 집행부가 단체협상을 하는 모습.

만 등 12명이 공식 토론자로 나서 논쟁했다. 무려 여섯 시간 동안 총회가 계속되었다.

토론회 직후, 이번 사태가 편집권 침해인지 적법 인사인지를 묻는 투표를 실시했다. 전체 기자 167명 가운데 116명이 투표에 참여했는데, 다수가 편집권 침해라는 의견을 냈다. 12월 4일에는 성유보 편집위원장의 신임을 묻는 투표가 열렸다. 109명이 투표에 참가해 102명이 성유보에 대한 신임 의사를 밝혔다. 편집위원장의 인사안을 그대로 관철시켜야 한다는 뜻이었다.

그러자 편집국 기자들의 행동을 비판하는 목소리가 연이어 불거졌다. 편집위원장 신임 투표 자체가 사규에도 없는 부당한 절차였고, 이를 근거로 애초 인사안을 강행하려 해서는 안 된다는 반박이었다. 결국 조영호, 김태홍 등 일부 이사진이 보직 사퇴서를 냈다. 이사회의 권한 안에서 정당하게 치러진 인사안 심사 결과가 다시 번복되어선 안 된다는 뜻을 밝혔다. 해를 넘긴 1991년 1월 5일, 이인철, 김근, 이종욱 논설위원은 '다시 태어나야 할 겨레의 신문'이라는 제목으로 장문의 공개 사직서를 내어 성유보의 편집국 인사안과 기자들의 집단행동을 비판했다.

1월 중순에는 광고국 직원 13명이 이에 뜻을 같이해 집단 월차휴가를 냈다. 비슷한 시기, 전남·광주·전북 및 서울 동북부 지국장들이 공동 성명을 내거나 본사에 항의 방문했다. 어느 지국장은 사흘간 단식 농성까지 했다. 익명과 실명의 성명서들이 신문사 벽에 매일 나붙었다. 다른 언론사의 주간지, 월간지 등이 이 사건을 취재해 기사로 썼다.

논쟁의 발단은 경영권과 편집권의 관계 설정이었다. 편집국을 이끄는 편집위원장의 인사권을 그대로 존중해야 편집권 독립을 이룰 수 있다는 입장과 모든 인사에 대한 최종 결정 권한은 대표이사를 포함하는 임원회의에 있는 게 옳다는 입장이 맞섰다.

그러나 논란의 바탕에는 보다 근본적인 문제가 있었다. 한겨레 지면의 방향 및 논조에 대한 것이었다. 발단이 된 인사안에는 어느 정치부 기자를 사회부로 소속을 바꾸는 내용이 포함돼 있었다. 정치적 편향이 강한 기자를 정치부에 계속 둘 수 없다는 게 편집위원장의 판단이었다. 반면 정치적 편향을 드러낸 사례가 구체적이지 않은 상태에서 주관적이고 애매한 기준으로 기자 인사를 함부로 해서는 안 된다는 반론도 제기되었다.

이 논란은 '김대중 문제'와 연결되어 있었다. 당시 편집국에는 독재에 맞서는 민주세력의 결집을 위해 김대중의 리더십을 평가하면서 이를 한겨레가 적절히 이끌어야 한다는 입장과 기자 개인의 정치적 지향과는 별개로 언론은 공정과 중립을 지켜야 한다는 입장이 엇갈리고 있었다. 창간 이후 두 흐름은 건강한 긴장 관계를 유지하면서 역동적 지면 구성의 바탕이 되었는데, 편집국 인사안을 둘러싼 논란이 크게 확대되면서 감정적인 대립으로 번지게 되었다.

1990년 11월의 '편집국 인사 파동' 이전과 이후는 많은 것이 달랐다. 개인적 성향의 차이가 신문사 운영을 둘러싼 주도권 경쟁으로 확대되었다. 그동안 잠재했던 모든 문제가 한꺼번에 수면 위에 올라왔다. 정당한 의견 차이가 대립 구도로 번졌다. 이 문제는 성유보 편집위원장의 사표를 수리하면서 일단 봉합되었지만, 더 큰 후폭풍이 다가왔다.

1991년 3월 정기주주총회를 앞두고 이사진 구성에서 논란이 생겼다. 누구를 이사로 선임할 것인지를 두고 내부 조정에 진통을 겪었다. 당시 한겨레는 창간위원회가 이사진을 추천하여 주주총회 의결을 거치면, 마지막으로 사원 동의 투표에서 확정하는 임원 선출제도를 갖고 있었다. 논란 끝에 송건호 대표이사를 포함한 새 이사진이 확정되었다. 주주총회에서도 이사진 명단이 승인되었다. 그런데 1991년 4월 8일, 사원 동의 투표에서 새 이사진이 거부당했다. 초유의 일이었다.

경영진 선출을 둘러싼 갈등

주총에서 이미 통과된 이사진을 이제 와 바꿀 수는 없었다. 다만 이사 보직을 변경하는 것은 가능했다. 새 이사진은 숙의 끝에 김명걸 이사를 대표이사로 하는 수정안을 사원 투표에 다시 붙였다. 그러나 역시 부결되었다. 신문사가 다시 한 번 혼란에 빠졌다. 창간 이후 처음으로 최고 경영진의 공백 사태가 빚어진 셈이었다. 사원들의 다수가 초대 대표이사였던 송건호의 리더십에 의구심을 제기한 결과였다. 한편에서는 일부 기자들이 경영진을 의도적으로 흔들고 있다고 비판하는 목소리도 나왔다. 다시 한 번 편이 갈렸다.

사내 통합을 주창하며 3기 노동조합 위원장이 된 김영철 등이 중재안 마련을 위해 동분서주했다. 결국 송건호를 대표이사 회장으로, 김명걸을 대표이사 사장으로 하되, 김명걸이 실질적으로 경영을 책임지도록 하는 이사진 구성안이 나왔고, 사원 투표에서도 이 방안이 통과되었다. 주주총회가 끝난 지 한 달이나 지난 뒤였다. 이후 1년여 동안 경영진 선출제도, 경영 지향, 신문 논조 등에 대한 공론이 다시 분분해졌다. 이젠 편집권이 아니라 경영권이 문제였다.

1993년 6월 19일, 서울 강남구 삼성동 한국종합전시장에서 새 임원진 구성을 위한 주주총회가 열렸다. 임기가 끝난 김명걸의 뒤를 이어 김중배를 새 대표이사로 선임하는 자리였다.

주주총회가 시작된 직후인 오전 10시 50분, 송건호가 주총장을 빠져나갔다. 주총장에 참석하지 못하는 국민 주주들은 이사진에게 의결권을 위임해 왔는데, 이날 송건호는 전체 위임 주식의 81%를 위임받고 있었다. 그가 주총 의결에 참가하지 않으면 어떤 의안도 통과될 수 없었다. 이날 제출된 새 이사진 명단에는 송건호의 이름이 빠져 있었다. 주총 전날 이를 알게 된 송건호는 "신임

이사진 명단에 동의할 수 없다"며 주총장에 아예 참석하지 않으려다가 간부들의 설득으로 자리에 나와 있었다.

"아직 안건 심의도 안 끝났는데 어딜 가십니까?" 장윤환 논설주간이 송건호를 따라가 물었다. "회의에 나오지 않으려 했는데, 내가 참석하지 않으면 회의가 성립되지 않는다고 해서…". "그럼 의결권이라도 회사 쪽에 넘기셔야죠. 김명걸 대표이사에게 위임한 것으로 해도 되겠습니까?" "그렇게 하시오." "알겠습니다. 감사합니다."

당시 송건호는 사내 분란에 책임이 있는 다른 이사진은 그대로 이사회에 남고 창간 대표이사인 자신만 졸지에 신문사 밖으로 내몰리게 된 것을 서운해 했다는 게 유족들의 회고다.

송건호의 퇴장 이후 이사진 구성에 대한 장시간의 논란 끝에 표결이 시작되었다. 신문사가 만들어진 이래 주주총회에서 의안을 놓고 찬반 투표를 벌인 것은 처음이었다. 그동안은 회사가 제출한 원안대로 만장일치의 박수를 치며 통과시켰다. 주주총회 의결권을 투표를 통해 행사해야 하는 일이 생긴 것이

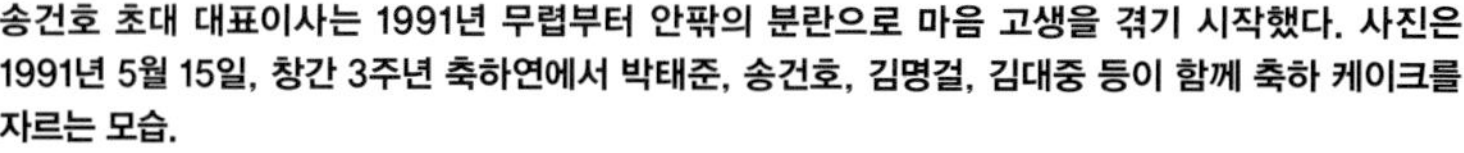
송건호 초대 대표이사는 1991년 무렵부터 안팎의 분란으로 마음 고생을 겪기 시작했다. 사진은 1991년 5월 15일, 창간 3주년 축하연에서 박태준, 송건호, 김명걸, 김대중 등이 함께 축하 케이크를 자르는 모습.

다. 주총 진행을 맡은 이병 차장이 자택에 전화를 걸어 송건호와 통화했다. 재위임 여부를 다시 확인했다. 결국 표결 끝에 새 이사진 구성안이 원안대로 통과되었다.

주총 사흘 뒤인 6월 22일, 새 이사진 구성안에 비판적이었던 일부 주주들이 송건호의 자택을 찾아갔다. "무책임한 재위임을 하셨다"며 주주들이 항의했다. 송건호는 "누구에게도 주총 의결권을 위임한 적이 없고, 회사의 누구도 나에게 주총 의결권을 위임해달라고 부탁한 적도 없다"고 말했다. 송건호는 그 자리에서 의결권을 위임한 사실이 없다는 확인서를 썼다.

이를 근거로 전국 독자·주주 대표자 모임 소속 일부 주주들이 7월 22일, 김중배 대표이사 등 새 이사진을 승인한 주총 의결 무효확인 소송을 제기했다. 재위임을 동의하지 않은 국민 주주들의 의결권으로 부당하게 새 이사회를 구성했으니 원천 무효라는 취지였다. 창간 이후 처음으로 한겨레 경영권이 법적 정당성의 위기를 맞았다.

일부 주주들의 불만, 결국 법정으로

1993년 가을, 서울 서부지원 법정 증인석에 송건호가 섰다. 초대 대표이사가 신임 대표이사의 권한 무효를 다투기 위해 증언해야 하는 참담한 자리였다. 법정 기록에 남겨진 그날의 증언에 송건호의 복잡한 심경이 담겨 있다.

"다섯 번의 주총에서 한 번도 표결에 들어간 적이 없고 만장일치 형태로 안건이 통과되었기에 이번 주총에서도 만장일치 형식으로 이사, 감사가 선임될 것이라 믿었습니다. 그래서 어느 누구에게도 주총 의결권 위임을 하지 않았습니다. (이사 선임안에 대해) 개인적으로는 불만이지만 다수결로 결정하면 따를 수밖에 없다고 생각했습니다."

"주총에 참석하지 못하는 주주들이 회사 임원에게 의결권 위임을 하는 경우가 많은데, 그 주주들의 의사는 회사가 마련한 원안에 동의한다는 것이고, 회사 안에 반대하는 주주들은 주총에 직접 참석해 반론을 펴온 것이 그동안의 관행입니다. (이사 선임안에 대해) 심중으로는 반대했지만 표결에서까지 회사 안에 반대라고 의사표시를 할 생각은 없었습니다. (이번 사태 해결을 위해) 소를 취하하는 것이 한겨레신문사 명예를 위해 좋겠다고 생각합니다."

그러나 소송은 취하되지 않았다. 표면적으로는 경영권 선임 절차를 문제 삼았지만, 그 이면에는 한겨레 경영진 구성에 적극 개입하려는 일부 주주들의 판단이 깔려 있었다. 이들은 한겨레가 창간 정신을 저버리고 있다고 비판했다. 이를 제어하기 위해서는 지역별 주주 대표들이 나서서 경영권을 직접 창출해야 한다고 생각했다.

이 소송은 한겨레 지배구조에 대한 근본적 질문과 연관된 것이었다. 비록 '이상론'에 가깝긴 했지만, 국민주로 만들어진 한겨레에서 6만여 주주가 직접 경영에 참가하겠다는 주장이 터무니없는 것만은 아니었다. 그러나 사태 진행은 합리적 토론 대신 파국으로 흘러갔다. 법적 정당성을 따지는 소송이 제기된 순간부터 차분한 논의의 여지는 없어졌다.

소송을 제기한 일부 주주들은 첫 소송이 진행 중이던 1994년 8월, 그해 열린 주총 절차를 문제 삼아 또 다른 소송을 제기했다. 일련의 일을 거치면서 한겨레 임직원의 대다수는 소송을 제기한 주주들에게 비판적인 입장이 되었다.

소송이 제기된 직후인 1994년 1월, 김중배 대표이사 등 새 이사진 전원이 사원비상총회에서 사퇴를 선언했다. "우리는 법정이든 권력이든 자본이든, 그 주체가 누구이든 간에 우리의 명운을 타율에 의탁할 수 없습니다. 타율의 결과에 일희일비할 수 없고, 우리의 명운이 타율로 결정되는 선례를 남겨서는 안 된다는 것이 우리의 확신입니다." 경영권 안정을 위해 김중배 대표이사가 택한 결정이었다. 이날 사퇴로 경영진의 권한을 문제 삼은 소송의 원인이 사라지게 되었다. 다음 주총 때까지 '대행 체제'로 경영을 계속할 수 있는 길도 열렸다.

재판은 결국 1·2심을 거쳐 대법원까지 갔는데, 각 재판부가 모두 같은 판결을 냈다. 한겨레 이사회의 손을 들어주었다. 1995년 2월 24일, 법정 다툼이 최종적으로 마무리되었다. 이날 대법원은 주주 대표자 모임 쪽의 소송을 기각한 1·2심의 판결을 확정했다. 논란이 된 이사진이 모두 사임한 상태에서 주총 결의 무효를 다툴 실익이 없다는 게 주된 이유였다.

소송이 진행되는 내내 송건호는 소를 제기한 주주와 그 때문에 혼란을 겪고 있는 신문사 사이에서 힘들어했다. 송건호는 한겨레 창간 때부터 두 가지를 염두에 두었다. 첫째, "신문을 만드는 사람들이 다른 장사를 하면 정부의 눈

한겨레 국민 주주들은 주주총회에 직접 참석해 활발하게 의견을 개진하곤 한다. 오른쪽은 1990년 열린 2기 정기주주총회 모습.

치를 보게 되어 절대로 정론을 펼 수 없어." 70·80년대 한국 신문사들의 타락을 보면서 굳어진 생각이었다. 이런 생각은 신문사의 확대 성장을 꾀하는 이들과 갈등하게 되는 이유가 되었다. 둘째, "국민들이 힘들게 모은 돈이야. 허투루 쓰면 안 돼." 전국을 다니며 직접 국민 모금운동을 벌이던 시절부터 다짐한 생각이었다. 이 때문에 국민 주주 한 사람 한 사람의 지적과 질책에 예민하게 반응했다.

신문사 안팎으로 문제가 불거진 뒤에 송건호는 무력감을 자주 호소했다. "왜들 다투는지 모르겠어. 다 함께 가야 하는데 누구를 배제하는 것은 건강하지 못해. 왜 나를 그런 문제의 가운데 올려놓는 거지?" 좋지 않은 건강도 그의 분명한 판단을 흐리게 했다. 군사정권 시절, 그는 여러 차례 당국에 끌려가 고초를 겪었다. 특히 신군부 쿠데타 직후인 1980년에 겪은 고문의 후유증이 컸다. 당시 50대 중반이었던 그는 각목으로 허벅지를 구타당하는 모진 고문을 보름 동안 당했다. 1990년대 들어서는 이사회 자리에서 잠이 들거나 사소한 일을 기억하지 못하는 증세도 자주 찾아왔다. 의결권 위임 여부를 놓고 다툼이 벌어진 데에는 기억력까지 흐려진 당시 송건호의 병세가 적잖은 영향을 미쳤다.

주총 파동 직후, 송건호의 병은 더욱 깊어졌다. 사지의 근육이 굳기 시작했다. 파킨슨병이었다. 몸져눕기 직전인 1995년 여름, 그는 평생 모은 1만 5000여 권의 책을 기증하기로 결심했다. 그의 책을 받아 잘 운영하겠다고 한길사가 제안했다. 모교인 서울대 도서관도 기증 후보였다. 그러나 송건호는 한겨레를 택했다. 준비 작업 끝에 1996년 9월 3일, 한겨레신문사 공덕동 사옥 4층에 그의 호를 따 이름 지은 청암문고가 문을 열었다. 그날, 송건호는 휠체어를 타고 신문사를 찾았다. 권근술 대표이사가 휠체어를 밀었다. 주총 파동 이후 3년 만의 신문사 방문이었다. 마지막 방문이기도 했다.

2001년 12월 21일, 송건호는 오랜 투병 끝에 세상을 떠났다. 2002년 1월, 후배 언론인과 유족들이 고인의 뜻을 기리는 청암언론문화재단을 만들었다. 한겨레는 2002년 5월 15일, 창간 기념일에 맞춰 사옥 현관 입구에 그의 얼굴상을 세웠다. 한겨레신문사와 청암언론문화재단은 송건호언론상을 함께 제정해 매년 뜻있는 언론인에게 주고 있다. 최승호 MBC 사장(2010년 당시 MBC PD), 손석희 JTBC 보도담당 사장(2014년), 경남도민일보(2013년) 등이 상을 받았다.

송건호 초대 대표이사를 가운데 두고 편집권과 경영권 문제로 분란을 겪은 한겨레 사람들도 깊은 상처를 받았다. 1년 6개월여 계속된 소송 때문에 신문사 최고 간부들이 줄줄이 법정 증인석에 올랐다. 송건호가 한겨레를 떠나게 되자 일련의 사태에 대한 항의의 뜻으로 유종필 기자도 사표를 냈다.

몇몇 사원들은 소송을 제기한 주주들과 뜻을 같이하여 공개적으로 경영진과 편집진을 비판하고 나섰는데, 혼란을 바로잡으려는 뜻에서 김두식 대표이사가 이들 가운데 최성민과 박해전 기자를 정직 처분했다. 징계 이후에도 신문사 방침에 대한 비판 활동을 계속했던 이들은 결국 해고에 이르는데, 이를 문제 삼은 법정 소송 끝에 나중에 나란히 복직하게 되었다.

국민주 신문사에서 국민 주주들과 법정 소송을 벌이고, 해직기자들이 만든 신문사에서 기자를 해고하는 사태가 벌어진 것은 이 무렵 한겨레의 대혼란을 웅변하는 일이었다. 초대 편집인이자 부사장이었던 임재경은 "그런 상태에서 1년을 더 신문사에 머물면 내가 죽을 것 같았다"고 당시의 괴로움을 회고한다.

결국 창사와 창간을 이끌었던 이들이 줄줄이 신문사를 떠났다. 더 이상 분란의 주인공이 되는 걸 피하려는 고육지책이기도 했다. 임재경 초대 편집인은 1991년 3월에 사표를 냈다. 이병주 초대 영업이사와 신홍범 초대 편집이사도 같은 시기에 신문사를 그만두었다. 초대 관리이사였던 정태기는 이보다 앞서 1990년 5월 사표를 냈다. 초대 기획이사였던 조영호도 1991년 6월 신문사를 떠났다. 성유보 초대 편집위원장은 1991년 3월에 사표를 냈고, 창간 때부터 경영 실무를 이끌었던 서형수는 1992년 5월 신문사를 그만두었다. 새 신문을 만드는 데 힘을 모았던 지도급 인사들이 모두 신문사를 떠났다. 튼튼한 나무로 자라나기 위한 성장통이라고 하기엔, 한겨레 내부의 상처가 너무 컸다.

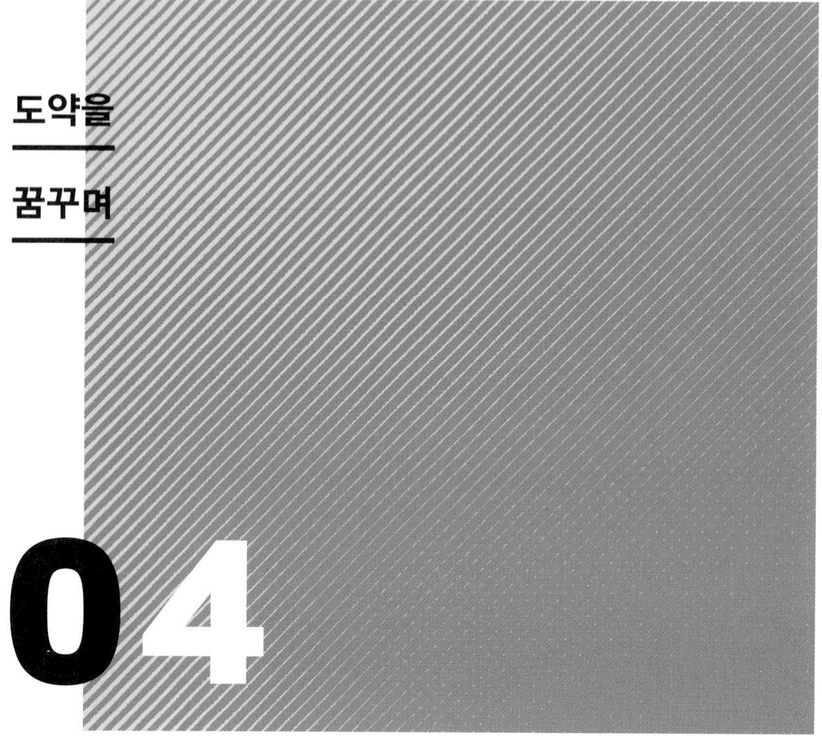

한국 신문 시장은 1987년 이전과 이후로 나뉜다. 1987년 언론기본법이 폐지되고 '정기간행물의 등록 등에 관한 법률'이 제정되어 허가제가 아니라 등록제로 신문사를 설립할 수 있게 되었기 때문이다. 신문 창간이 잇따랐다. 1988년에는 한겨레와 국민일보, 전북도민일보 등이, 이듬해인 1989년에는 세계일보가 창간되었다. 1987년 30개였던 일간지가 1988년 65개로, 1994년에는 126개로 늘어났다. 언론 시장에도 무한경쟁 시대가 열린 것이다.

신문사마다 너도나도 증면과 판매부수 늘리기에 나섰다. 1991년 8월, 한국일보가 영남 현지 인쇄를 시작했다. 동아일보는 1991년 9월, 영남은 물론 호남에서도 현지 인쇄를 시작했다. 조선일보는 1992년 3월, 신문사 가운데 처음으로 전국 각 지역에 걸쳐 동시 인쇄망을 갖췄다. 중앙일보도 1992년 내내 강남사옥, 대구공장, 광주공장, 안산공장을 차례로 준공해 전국 현지 인쇄 준비를 마쳤다.

지방 인쇄를 위해서는 신문 제작 시스템의 전산화가 필수적이었다. 한국일보가 1992년 9월 CTS를 전격 도입하자, 조선일보도 한 달 뒤 CTS 개발을 완료했다. 같은 해 중앙일보도 CTS를 도입했고, 동아일보는 1994년 4월 CTS 전면 편집을 시작했다. 이들이 채택한 CTS는 한겨레가 창간 때 도입한 CTS보다 한발 앞선 것이었는데, 신문 편집은 물론 기사 입력 단계부터 컴퓨터를 활용했다.

한국일보·조선일보의 조간, 동아일보·중앙일보의 석간 등으로 반분되어 있던 신문 시장도 혼돈에 빠졌다. 한국일보가 1991년 12월, 조간과 석간을 함께 발행했다. 조간 시장에 머물지 않고 석간 시장까지 공략하겠다는 뜻이었다. 그러자 석간신문이 맞대응했다. 1993년 동아일보, 1995년 중앙일보가 조간으로 전환했다. 텃밭으로 여겼던 조간 시장을 위협당하자 한국일보는 결국 석간 발행을 접었다.

증면 경쟁도 벌어졌다. 1993년 4월, 조선일보, 동아일보, 한국일보, 중앙일보 등 4개 중앙일간지가 하루 32면 발행을 결정했다. 지나친 증면을 막기 위해 서로 타협한 셈인데, 오래가지 못했다. 1994년 7월, 자매지 중앙경제신문을 흡수한 중앙일보는 9월부터 세 묶음의 섹션신문으로 48면을 매일 냈다. 다른 신문들도 뒤따라 지면을 늘렸다.

판매부수 늘리기도 시작되었다. 지역마다 가구 구독자 시장은 한정돼 있었다. 신문사는 각 지국에 판촉 할당량을 부여했다. 목표치에 미달하면 지국장을 갈아치웠다. 각 신문사 지국들은 자신들의 신문 부수를 조금이라도 늘리려고 불법 판촉을 일삼았다. 몇 달 동안 무료로 신문을 배달해주었다. 신문을 받아보면 값비싼 경품을 제공했다. 1996년 조선일보 지국장과 중앙일보 지국장의 다툼 끝에 살인 사건이 일어날 때까지 치열한 판촉 경쟁이 펼쳐졌다.

한국의 신문 가격은 제조원가에 훨씬 못 미친다. 신문을 많이 발행할수록 손해가 난다. 판매부수가 늘어나면 적자 폭이 더 커진다. 이를 메워주는 것이 광고다. 막대한 자본을 설비에 투자하고 출혈이 심한 판촉 경쟁을 벌인 뒤에 가장 먼저 할 일은 광고를 따오는 것이었다. 신문사마다 광고 수주 경쟁이 이어졌다. 한겨레가 창간되던 1988년, 주요 일간지 지면에서 광고가 차지하는 비중은 40% 정도였다. 1990년대 들어 그 비중이 60%로 높아졌다. 증면 경쟁으로 두께는 두툼해졌지만, 광고가 더 많아진 것이다.

윤전기로 대표되는 대규모 장치 산업인 신문사는 물량 경쟁을 피할 수

1991년 공덕동 사옥으로 이주하면서 들인 신문 인쇄용 윤전기의 모습. 국민들이 모아준 발전기금으로 대만의 중고 윤전기를 구매했다.

가 없다. 한겨레도 이에 대비하지 않은 것은 아니다. 1989년 2월 발족한 개발본부는 신문사의 도약을 뒷받침할 물적 토대를 갖추려는 뜻을 품고 있었다. 정태기가 본부장을 맡고, 이창화가 건설팀장, 서형수가 시설팀장, 고상배가 기본계획팀장을 각각 맡았다. 이들은 창간 때의 고물 윤전기와 양평동 공장의 전세 사무실로는 사세를 더 키울 수 없다고 생각했다. 개발본부는 발전기금을 밑천 삼아 사세를 키우려 했다. 발전기금 모금운동을 시작했던 1988년 10월, 주요 일간지에 게재된 광고에서 한겨레 사람들은 이렇게 말했다.

"해 지면 호주머니에 소주 한잔 값이 없는 가난한 한겨레 기자들. 해 뜨면 독재정권 총칼부리도 무섭지 않은 의연한 한겨레 기자들. 월급 많아 좋은 직장, 신문사 다 팽개치고 박봉도 좋다 껄껄 웃으며 제 발로 모여든 한겨레 기자들. 술 고픈 것도 좋고 안식구 시린 눈치도 참을 수 있으나, 그러나, 윤전기 명색이 워낙 못나 신문 발행이 늦습니다. 속보성이 생명인 신문 인쇄가 늦습니다. 뜻 있는 분들께 도움을 청합니다. 새 윤전기를 사주십시오."

이 광고의 대표 카피는 '국내에서 가장 못난 신문, 세계 언론 사상 가장 놀라운 신문'이었다.

이렇게 모은 발전기금이 창간기금보다 더 많았다. 창간기금은 1987년 10월부터 이듬해 3월까지 50억 원이 모였다. 발전기금은 1988년 9월부터 이듬해 5월까지 119억여 원이 모였다. 리영희 논설고문 구속 등 탄압받는 한겨레에 대해 국민들은 발전기금을 내어 응원했다. 그 돈으로 새 윤전기를 들이고 새 사옥을 지었다.

개발본부는 창간 때 들여온 CTS를 대체할 새 전산 시스템을 개발해 업무 전체를 전산화하는 계획도 세웠다. 그러나 구상은 온전히 실현되지 못했다. 사옥과 윤전기를 새로 마련하는 일에도 돈을 아껴 써야 했다. 신문사 운영자금이 더 급했기 때문이다.

발전을 위한 고군분투

창간 넉 달여 만인 1988년 10월부터 운영자금이 바닥났다. 그 뒤엔 매달 2억 원씩 적자가 발생했다. 애초 50억 원으로 신문사를 만든다는 구상에서 임금 등에 대한 고려는 큰 비중을 차지하지 않았다. 그때 예상했던 인력 규모는 150~200명 정도였다. 창간 1년 만에 임직원 수가 400명을 넘어섰다.

400여 명의 인력 규모를 유지하는 데는 상당한 자금이 필요했다. 신문 용지와 잉크를 사고, 각종 시설을 유지하며, 최소한의 판매망을 유지하는 등의 고정비용도 계속 늘었다. 발전기금으로 확보한 자본이 이런 일에 요긴하게 쓰였다. 그러나 시설 투자의 여력은 그만큼 줄었다. 2~3년 동안 내부 진통을 겪느라 전략적 투자를 이끌거나 그 뒷감당을 맡을 사람도 마땅치 않았다. 그사이 다른 신문사들이 물량 경쟁에 시동을 건 것이다.

한겨레도 뒤늦게 시동을 걸기 시작했다. 1992년 7월 20일, 김명걸 대표이사 시절에 회사발전기획위원회(이하 회발위)가 출범했다. 김두식 상무가 지휘하는 직속 기구였지만, 사실상 노사 합동 기구이기도 했다.

회발위는 창사 이후 처음으로 중장기 발전전략을 연구하기 위해 만들어진 특별 기구였다. 창간 당시의 한겨레는 경영 마인드를 거의 갖추고 있지 못했다. 매일, 매월 생존을 걱정하며 살았다. 회발위 출범은 근시안적인 경영 관행을 벗으려는 첫 시도였다.

이 기구의 또 다른 목적은 사내 통합이었다. 편집국 인사 파동 등으로 어지러워진 신문사의 여러 흐름을 한곳으로 모아내려 했다. 당시 대표이사였던 김명걸은 백가쟁명으로 터져 나오는 다양한 목소리 앞에서 철저히 중립을 지키려 했다. 그는 사내 분란의 완충 역할을 자임했다. "사내 통합에 신경 쓰느라 내가 원래 하려던 일도 스스로 많이 접었다"고 그는 회고한다.

당시 노조위원장은 윤석인이었다. 그는 1991년 8월, 임기 1년의 노조위원장이 되었다가 회발위 출범 나흘 전인 1992년 7월 16일 재선되었다. 윤석인은 첫 번째 임기 때부터 경영권과 편집권의 관계 설정 등 신문사 현안에 대한 대안을 연구해 경영진에게 제시했다. 한겨레적 경영 모델을 마련하기 위한 특별 기구 설치도 제안했다. 그전까지 노동조합은 경영진과 유착하거나 강경 대립하는 극단을 오갔다. 윤석인은 경영진을 적절히 견제하며 한발 앞서 이끌겠다는 태도를 취했다.

회발위를 실제로 이끌었던 김두식은 편집국 사회교육부와 경제부 편집위원을 거쳐 1991년부터 광고국장 및 광고담당이사를 맡고 있었다. 한겨레의 경영 사정을 누구보다 잘 알고 있었다. 그는 1992년 5월, 사외보 〈한겨레 가족〉에서 이렇게 말했다. "이제는 한겨레의 근본적인 틀을 정립해야 할 때입니다. 논의와 추측만으로 경영을 할 수는 없습니다."

김명걸과 윤석인이 경영진과 노동조합의 중심을 잡고, 김두식이 미래 전략 구상을 이끌었다. 특별 기구에서 일할 사람들은 김두식이 직접 골랐다. 회발위의 실무는 박영소, 이홍동, 오태규, 이태호 등 편집과 경영 부문의 젊은 사원

1990년 2월 8일, 한겨레신문사 공덕동 새 사옥 기공식에서 송건호 대표이사 등이 첫 삽을 뜨고 있다.

들이 맡았다. 박영소는 인사 부문 경력 사원을 모집한다는 소식을 듣자마자 5년간 일했던 삼성에 사표를 던지고 한겨레에 입사했다. 이태호는 경제·경영 관련 서적을 섭렵하며 경영기획 분야에서 다양한 아이디어를 내놓았다. 이홍동과 오태규는 경력 기자 출신으로 한겨레 창간에 합류했다. 당시 6~8년 차였던 이들은 해직 세대를 중심으로 벌어진 사내 분란에 비판적이었다. 박영소는 인사·교육 부문, 이태호는 장기 경영 계획, 오태규는 경영권 창출, 이홍동은 경영권과 편집권의 관계 설정 등을 맡았다. 김두식은 이들의 독자적 활동을 보장했다.

출범 석 달 뒤인 1992년 10월, 회발위 보고서가 윤곽을 드러냈다. 회발위는 주주 대표제를 기초로 하되 사원이 중심이 되는 경영권 창출 방안을 처음으로 제시했다. 이때 제기된 원칙은 이후 한겨레 경영진 선출제도가 바뀔 때마다 깊은 영향을 준다.

아울러 사원 지분율을 높이는 사원 주주 제도 및 우리사주조합의 추진을 제안했다. 창간 때부터 대부분의 임직원이 한겨레 주식을 갖고 있었지만, 사원 주주를 한데 묶는 틀은 없었다. 회발위의 제안 직후인 1992년 12월, 한겨레

우리사주조합이 처음으로 만들어졌다. 다만 그 지분율이 미미해 사원 주주 제도의 실현에는 미치지 못했다. 회발위의 구상은 2002년에야 현실화된다.

경영권과 편집권의 관계 설정에 대해서는 편집권을 포괄하는 경영권 개념을 내놓았다. 대표이사와 편집위원장이 따로 떨어진 섬처럼 존재해서는 안 된다는 뜻이었다. 이후 한겨레 경영권과 편집권 사이의 관계 설정에 기초가 되는 제도들은 크게 보아 대표이사의 권한을 강화하는 방향으로 바뀌어왔다.

인사 제도, 교육 제도를 비롯해 각종 사규를 새로 만들거나 정비한 것도 회발위의 성과였다. 인사관리, 인사고과, 승진관리, 해외연수, 해외출장여비, 지방주재사원관리 규정 등이 이때 처음 만들어졌다. 창간 뒤 5년이 지나도록 이런 규정이 없어 임기응변으로 조직을 관리했던 것이다.

이때부터 양심수로 복역한 기간을 경력으로 산정했던 규정이 없어졌다. 운동가가 아니라 언론인 또는 경영인을 뽑겠다는 뜻이었다. 금기시했지만 뚜렷한 원칙 없이 이뤄지던 해외연수에 대해서도 명문화된 규정을 만들었다. 사원들에게 자기계발의 기회를 주되, 공정하게 심사하여 관리하겠다는 뜻이었다. 경영기획실 아래 전략기획부, 인력개발부 등을 새로 설치했다.

회발위가 제시한 전략적 경영의 지향은 '구조의 고도화'였다. 대규모 투자와 비약적 성장을 기대해서는 안 되고, 적정 범위의 투자를 통해 사업 다각화를 꾀하면서 경영 상태를 조금씩 개선해야 한다는 것이다. 몇 년이 지난 1990년대 후반, 한겨레는 대규모 투자의 위험성이 어떤 것인지를 실감하면서 회발위의 경고를 곱씹게 된다.

1992년 12월 15일, 회발위가 제출한 보고서를 실제로 집행할 '회사발전추진위원회'가 만들어졌다. 대표이사를 비롯해 신문사의 모든 임원이 위원으로 참가했다. 외형적으로는 임원회와 비슷했지만, 실제로는 회발위 방안을 전격적으로 집행하는 특별 기구의 구실을 했다.

회발위는 '창간 정신'만 내세웠던 한겨레에 과학적, 합리적 조직 운영의 원리를 도입한 첫 시도였다. 다른 신문사들의 물량 공세에 맞서 민주·민중·민족 언론의 창간 정신을 지킬 수 있는 전략적 경영의 방도를 고민하고 제시했다. 회발위가 마련한 구상과 내용은 이후 한겨레에서 만들어지는 모든 전략기구에서 변주된다. 남은 문제가 있었다. 이를 구현할 경영·편집의 리더가 필요했다.

1991년 9월 6일, 본격적인 물량 경쟁을 눈앞에 두고 있던 동아일보는 편집국장을 바꿨다. 깐깐한 김중배 편집국장이 사세를 키우는 데 혈안이 된 사주의 눈 밖에 났다. 급작스레 자리에서 물러나게 된 김중배는 이임식에서 이렇게 말했다. "언론은 이제 권력과의 싸움보다 원천적인 제약 세력인 자본과의 힘겨운 싸움까지 벌이지 않으면 안 되는 시기에 접어들었습니다."

"언론, 자본과의 힘겨운 싸움 시작"

동아일보를 그만둔 뒤에 김중배는 한겨레신문사 비상임이사로 재직했다. 1993년 4월, 한겨레 편집위원장이 되었다. 한겨레의 중견·소장 기자들이 그를 영입하는 데 공을 들였다. 이들 대부분은 다른 언론사에서 옮겨온 경력 기자 출신이었다. 이들은 신문 제작의 노하우가 부족하거나 재야운동에 치우쳐 이상론에 들뜬 선배 기자들의 모습에 실망했다. 내부 파벌 간의 다툼도 이해하기 힘들었다. 이런 혼란을 정돈하기 위해서 강력한 카리스마가 있는 리더가 필요하다고 보았다. 김중배는 1991년 기자협회가 현직 기자들을 상대로 조사한 설문조사에서 '가장 영향력 있는 언론인'으로 꼽힌 인물이었다. 당시 그는 언론계의

1993년 9월, 김중배 대표이사가 최학래 편집위원장과 함께 증면 이후의 한겨레를 펼쳐보고 있다.

양심을 상징했다.

한겨레 내부에 김중배를 불편하게 여기는 분위기가 없지 않았다. 동아일보에서 동료들이 해직되는 동안 김중배가 현직에 남아 있었다는 이유로 서운함을 느끼는 사람들이 있었다. 그러나 해직 세대의 주도권 경쟁에 염증을 느낀 소장 세대는 한겨레 내부 갈등을 해결할 적임자로서 김중배의 리더십을 신뢰했다.

그러나 김중배는 편집위원장 자리에 오래 머물지 못했다. 석 달 만에 한겨레신문사 대표이사로 추대되었기 때문이다. 1993년 6월, 경영진추천위원회에서 김중배가 대표이사 후보로 선임되었다. 당시 경추위 논의 과정에서 리영희 역시 대표이사 후보로 거론됐지만 본인이 강력히 고사했다. "날 망신주려고 그러는 것이냐"며 단단히 화를 내어 호통 쳤다. 글쟁이로만 남겠다는 뜻이었다.

1993년 6월, 한겨레신문사 대표이사가 된 김중배는 취임사에서 신문사의 확대 발전 계획을 분명히 했다. "한겨레는 자본주의의 토양 위에서 진보적 정론지를 추구해야 하는 숙명을 안고 태어났습니다. 그 딜레마를 안은 한겨레는 사세의 신장보다 생존을 위한 현상 유지에 치중할 수밖에 없었습니다. 그러나 생존을 위한 현상 유지는 바로 정체의 다른 표현에 지나지 않습니다." 김중배는 적정한 범위의 투자를 통한 사업 다각화를 시도했다. 대표이사 취임 직후부터 주간지 창간 사업을 적극 추진했다. 이는 머지않아 한겨레21 창간으로 결실을 맺는다. 컬러 윤전기를 추가로 도입하는 등 신문사 설비 투자에도 의욕을 보였다.

그러나 그는 제 뜻을 다 펼치지 못했다. 처음부터 고된 일을 많이 치렀다. 그가 대표이사로 취임했던 1993년 6월의 주주총회는 일부 주주들의 법정 소송으로 '원인 무효'의 위험에 처해 있었다. 당시 소송을 제기한 쪽은 김중배 대표이사의 권한을 정지시켜야 한다고 주장했다.

김중배는 1994년 1월 10일, 자신을 포함한 임원진의 총사퇴를 선언하는 '승부수'를 던졌다. 이 때문에 경영진 선출의 정당성을 문제 삼은 소송이 원인 무효가 되어버렸다. 두 달 뒤인 3월, 경영진추천위원회는 김중배를 대표이사 후보로 다시 선임했다. 주주총회의 인준만 받으면 논란의 여지없는 경영권을 확보할 길이 열렸다.

그러나 김중배는 갑자기 주주총회 직전에 대표이사 후보직을 사임했다.

임원진은 물론 노동조합 간부 등 여러 사원들이 직접 찾아가 복귀를 요청했지만 끄떡하지 않았다. 밖에서 밀려오는 파고를 헤쳐나가는 것도 힘든 상황에서 한겨레 안에서도 김중배를 달가와하지 않는 분위기가 있다는 것을 알게 되었기 때문이다. 다시 한 번 경영 공백이 생겼다. 김중배의 빈자리는 사내 분란에 대한 혐오가 퍼지고 사내 통합의 중요성을 다시 한 번 일깨우는 계기가 되었다.

그가 사표를 제출하고 이틀 뒤인 1994년 3월 16일, 한겨레21이 창간되었다. 물러난 김중배를 대신해 김두식 상무가 대표이사 대행이 되었다. 김두식은 김명걸 대표이사는 물론이고 김중배 대표이사 곁에서 경영을 실질적으로 총괄해왔던 터였다. 자본과의 힘겨운 싸움을 벌여갈 한겨레의 새로운 동력이 이 시기에 마련되었다.

1994년 6월, 주주총회에서 김두식이 정식으로 대표이사에 취임했다. 1994년 한겨레의 경영 실적은 모두를 깜짝 놀라게 했다. 12억여 원의 흑자가 났다. 매출액도 43% 늘었다. 신문과 주간지 부문 모두 기대 이상의 수익을 올렸다. 언론 사상 최대 호황기여서 광고 수주가 크게 늘어난 덕분이었다. 창간 이후 7년 만의 첫 흑자였다. 넘어질 듯 말 듯 아슬아슬하게 걸음마하는 수준이었던 한겨레 경영이 비로소 안정된 궤도에 올랐다는 뜻이었다. 이제는 뜀박질을 시작해야 할 때였다.

1994 한겨레혁명 2000 한국 정상언론
한 겨 레 신 문 사

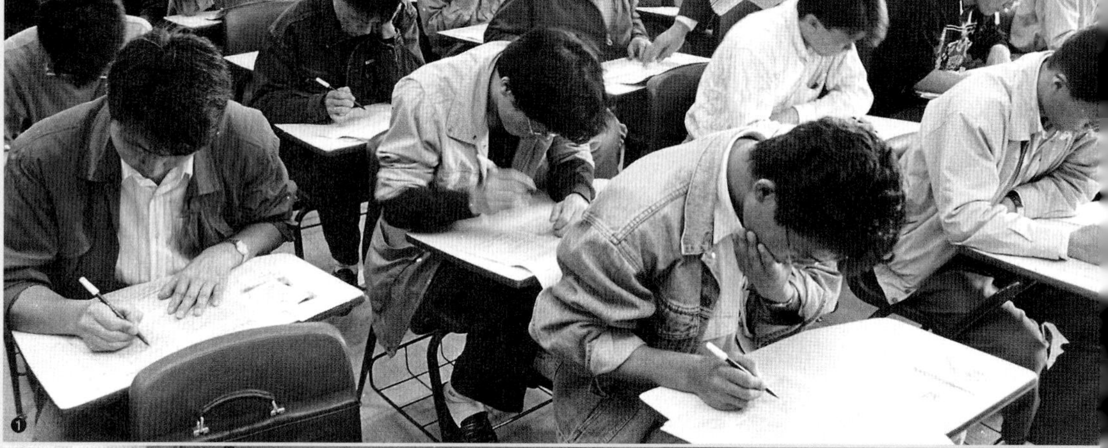

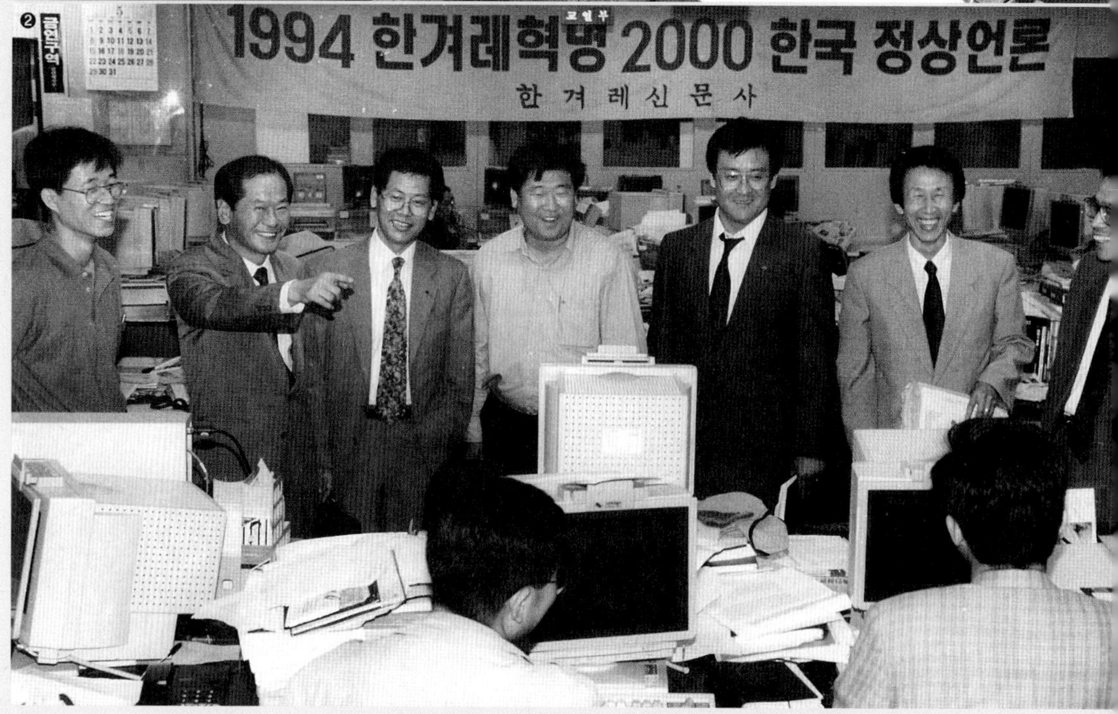

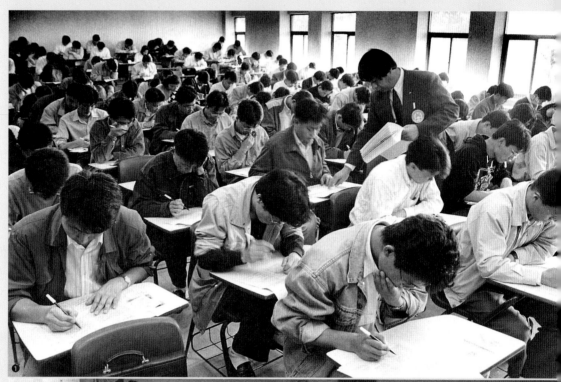

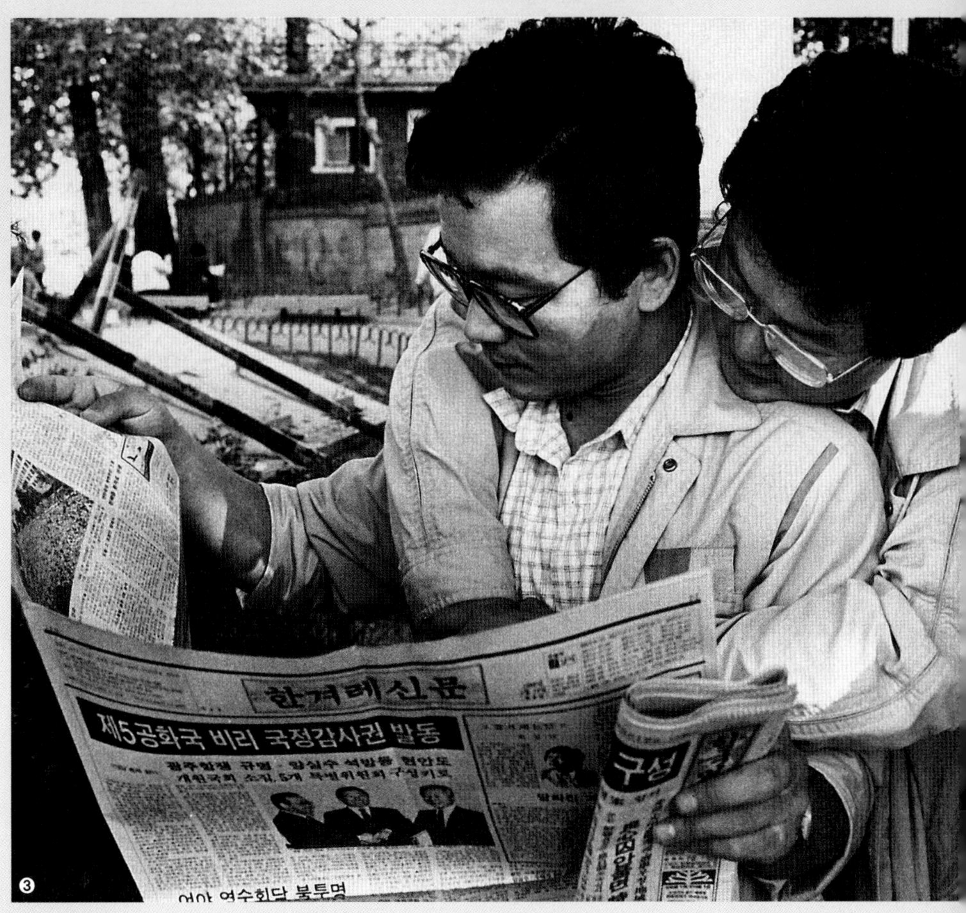

❶ 1993년 10월 10일, 한겨레 공채 응시생들이 입사시험을 치르고 있다.
❷ 창간 6돌 기념 좌담회를 마치고 김두식 대표이사(왼쪽에서 두 번째)가 사원 및 독자들과 함께 편집국을 둘러보고 있다.
❸ 독자들이 한겨레와 한국일보를 비교해보고 있다.

1987 1988 1989 1990 1991 1992 1993 1994 1995 1996 1997 1998 1999 2000

광고

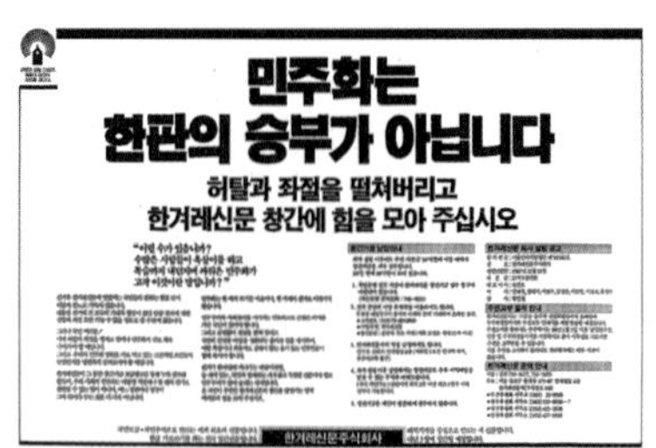

기성 언론은 한겨레 창간 과정을 제대로 보도하지 않았다. 왜, 누가, 어떻게 만드는지를 알려야 했다. 해직기자 출신 강정문, 이병주, 최병선이 만든 이 광고는, 대선 직후 상실감에 빠졌던 시민들을 한겨레 창간운동에 동참시키는 촉매제가 되었다.

1989년 '그 어렵던 시절에 아빠는 무얼하였는가–뒷날 우리의 자식이 묻습니다'라는 문구로 광고를 냈다. 많은 독자가 "한겨레조차 성차별 잠재의식을 드러냈다"고 항의했다. 한겨레는 그러한 지적을 깊게 새긴다는 의미로 문구를 바꿔서 다시 광고를 냈다.

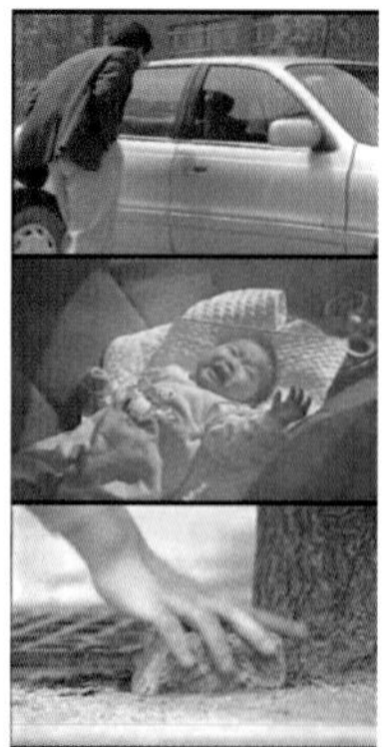

승용차에 갇힌 아기를 구출하는 내용의 영상 광고로, 광고 회사인 대홍기획이 참여했다.

영화배우 오정해가 시사주간지 한겨레21 창간 광고 모델을 맡았다.

한겨레신문
고급정보가 가득한
시사주간지
「한겨레21」이 있습니다
한겨레
21

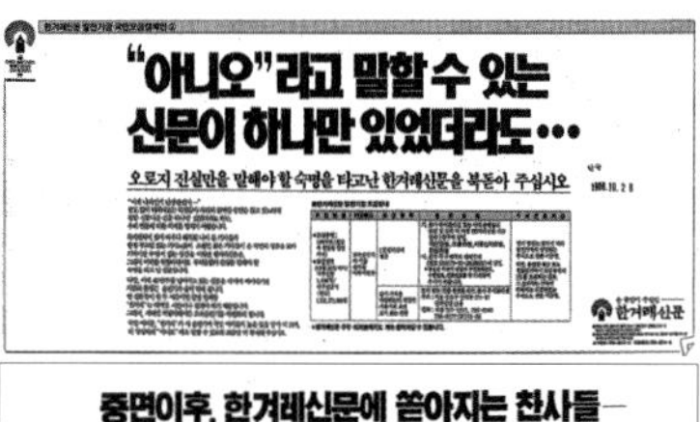

신문을 창간한 뒤에도 윤전기 등 제작 설비를 안정시킬 비용이 필요했다. 국민들이 발전기금을 내어 신문사 운영을 도와주었다.

영화 탄생 100주년을 맞이한 1995년, 한겨레는 두 번째 주간지 씨네21을 창간했다. 신문 광고에서 '극장에 가기 전에, TV를 켜기 전에, 비디오를 고르기 전에, 먼저 봐야 할 잡지'로 소개했다.

당시 신세대를 대표하는 인물로 떠오르던, 《네 멋대로 해라》의 저자 김현진을 모델로 방송 광고를 만들었다.

한겨레는 2005년 제2의 창간을 선언하고, 시리즈 광고를 냈다. 전태일 열사의 어머니 이소선 여사, 영화배우 안성기 등이 모델로 참여했다.

주주 찾기 캠페인도 벌였다. 주주들의 바뀐 주소를 파악하지 못한 한겨레의 불찰을 머리 숙여 사과하고, 새 주소지를 모았다.

홍승우의 비빔툰을 활용한 애니메이션 광고. 광고 회사 금강오길비가 제작에 참여했다.

02 2003 2004 **2005** 2006 2007 **2008** 2009 2010 2011 2012 2013 **2014** 2015 2016 2017 2018

'함께하는 교육', '여성21', '소비자 경제' 등 신문 속 섹션을 소개하며 한겨레 구독을 권유하는 홍보물을 만들었다.

창사 이래 처음으로 한겨레 직원들이 CF를 100% 자체 제작했다. 전략기획실, BCC추진팀, 편집국 등이 힘을 모았다.

확 그냥
막 그냥
찍어주세요

〈한겨레21〉이 스무 살이 되었습니다.
20년 동안의 '애정'을 영상으로 표현해주세요.

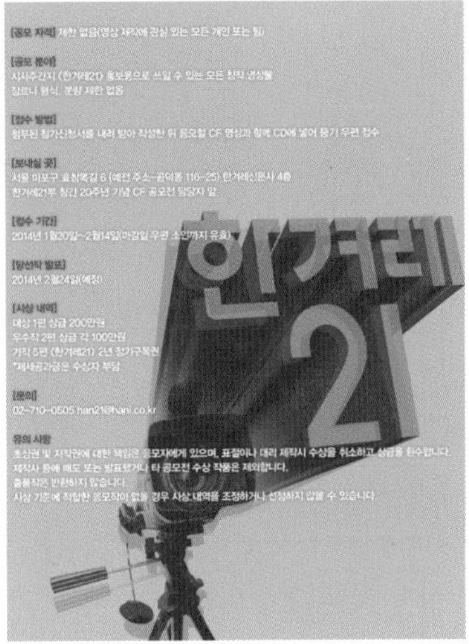

한겨레21이 창간 20돌을 맞아 CF공모전을 열었다. 유지연, 이한길, 최수지, 유지현 독자의 '사람, 사랑, 그리고 세상에 대한 스무 해 동안의 기록'(56초)이 우수상을 수상했다.

순한글 가로쓰기

'우리를 닮은 디자인.' 2009년 5월, 한국디자인문화재단은 지난 반세기 동안 한국인의 일상에 큰 영향을 미친 사물과 풍경 등 52개 디자인을 선정했다. 중국집 철가방, 이태리 타월, 모나미 153 볼펜 등과 함께 한겨레 창간호가 이름을 올렸다. 매일 아침 신문을 읽는 시민들의 눈길이 세로축에서 가로축으로 바뀌는 데 촉매제 역할을 했다는 취지다. 한겨레는 전국 종합일간지 가운데 처음으로 신문 1면부터 맨 마지막 면까지 모두 가로쓰기로 편집했다. 한겨레 창간 10년 뒤인 1999년, 조선일보를 마지막으로 한국의 모든 신문이 가로쓰기 대열에 합류했다.

사실 한겨레가 창간되던 1980년대 후반은, 이미 학교에서 가로쓰기 교과서로 수업한 세대가 나이 쉰을 넘기기 시작한 때다. 광복 이후 1948년, 정부는 모든 초·중·고교와 대학의 교과서 및 공문서를 한글 가로쓰기로 한다는 내용의 한글전용법을 통과시켰다. 세로쓰기는 한글에 맞지 않는 일제 식민 지배의 유산으로 보았기 때문이다.

그럼에도 기성 신문은 식자층에게나 익숙한 국한문 혼용 세로쓰기를 고수했다. 그날그날의 새 정보를 제공하는 대표적 매체이면서도 대중의 삶과 매우 괴리된 모습으로 존재했던 것이다. 1982년 한국언론연구원이 '신문활자의 가독성 연구'를 통해 세로쓰기보다 가로쓰기가 독자의 가독성을 높인다는 연구 결과를 발표했지만, 소용없었다. 기성 신문의 입장에서는 오랫동안 세로쓰기에 익숙한 사람들이 독자 다수를 차지해, 가로쓰기로 전환할 경우 독자가 이탈할 것을 우려했기 때문이다.

일제강점기 이전에 발행된 한국 최초 한글 신문인 독립신문이나 대한매일신보 등에 가로쓰기의 흔적이 미약하게나마 남아 있다. 일제강점기 이후 한국 기성 언론에 깊게 뿌리 내린 세로쓰기 편집 유산이 청산되지 못한 상태가 이어진 셈이다.

한겨레는 이같이 광복 이후 한국 언론계에 남은 해묵은 과제를 해결했다. 창간 계획 때부터 한글 가로쓰기 방침을 확정했다. 1987년 10월 확정한 '새 신문 창간 계획서' 첫

한겨레신문

정부, 현대 제재 강화

검찰, 현대상선 탈세혐의 관련자 6명 소환

국세청, 2백71억 세금 추징키로

민자 대의원선출 대립

민주계 현행방식 전면 재조정 요구

방위 여당불참 자동유회

군 선거부정 조사단구성 거듭 요구

북한 최고 인민회의 개막

김종필위원 당무 복귀

창립 25주년·고객의 달 기념

호남정유사은 문화예술 축제

호남정유주식회사

순수하게 입고 맑게 사랑하자

EDWIN

한겨레신문

1994년 5월15일(일)

상무대 '증인' 민자 왜 이러나

강경 입장 고수…오늘 마지막 협상 깨지면 국정조사 증발

전교조 스승·제자 4년만의 만남

한-미, 북·미회담 협의

북한 핵연료봉 교체 준비단계 판단

"재벌정책 경제구조 왜곡"

사설

차분한 논리로 선정성 배격

진보적 정론을 향하여

앞서면 끝없이 멀리 보이지만 뒤처지면 바로 앞도 보이지 않습니다

동양그룹

한겨레는 중앙일간지 가운데 최초로 가로쓰기를 도입했지만, 초창기 지면은 세로편집의 관행에 따라 기사를 다각형으로 흐르게 배치했다(왼쪽). 한겨레 편집부는 수년에 걸쳐 기사를 이리저리 흘려보내지 않고 하나의 직사각형 블록으로 구획한 가로짜기 편집을 개척했다. 이런 편집방식은 1994년 창간기념호(오른쪽)부터 전면 도입되었으며, 이후 한국의 모든 신문에 정착되었다.

면에는 "한글 가로쓰기와 쉬운 표현으로 편집자의 특권의식 및 독단주의를 배격한다"고 쓰였다. 땀 흘리며 일하는 대중이 쉽게 볼 수 있는 신문 형태를 지향했기 때문에 다수 시민의 독서 습관과 일치하는 가로쓰기와 한글 전용을 선택했던 것이다. 독일 언론인 타게스차이퉁은 1988년 1월 20일 보도에서 한겨레 창간 준비 과정을 이렇게 소개한다. "한겨레의 창간 정신을 한눈에 알아볼 수 있는 것은 이 신문이 한국 신문으로서는 처음으로 한자를 쓰지 않고 한글을 전용할 것이라는 점이다. 따라서 기사는 일본 식민주의자들이 한국에 도입한 세로쓰기가 아니라 가로쓰기로 쓰일 것이다."

한겨레 편집부는 한국 신문의 '가로짜기' 혁신을 이끈 개척자였다. 가로쓰기가 단지 글줄을 가로로 쓰는 것을 일컫는다면, 가로짜기는 가로쓰기와 함께 신문 기사를 가로로 배치하는 가로편집까지 포함하는 말이다. 한겨레 창간에 앞서 1947년 호남신문이 가로짜기를 처음 시도했으나 10년을 채우지 못하고 세로짜기로 돌아갔다. 1970년대 초 서울신문이, 1980년대 중반 동아일보와 조선일보도 지면 일부를 가로짜기로 하다가 얼마 지나지 않아 원래대로 후퇴했다. 익숙한 편집 관행인 세로짜기의 높은 벽을 넘지 못했기 때문이다.

한겨레 안팎의 편집기자 심층 인터뷰를 토대로 한 권귀순의 석사논문 '한겨레 편집 변천에 관한 연구—가로짜기 전형의 정립 과정을 중심으로'를 살펴보면, 한겨레 편집사는 길이 없는 곳에 '편집의 포장도로'를 낸 역사와 같다. 한겨레도 한글에 맞는 가로짜기 원칙을 찾기까지 4년여의 시간이 걸렸다.

편집기자들의 의식이 가로짜기로 옮아가도, 지면에 가로편집을 투영하는 것은 다른 문제였기 때문이다. 가로짜기를 하면서 맨 처음 부딪힌 기사 제목 문제도 그랬다. "세로제목을 꼭 써야 한다는 선배들이 있었다. 세로제목이 있어야 지면에 힘이 있다고 생각하던 때다. 나는 세로제목을 쓰지 말자고 끈질기게 그 선배들을 괴롭혔다." 김경애의 회고다. 기자들의 일상적인 논쟁 속에서 가로짜기에 스며든 세로짜기의 흔적이 하나둘 걷어졌다. 창간 직후 두 달여 논란 끝에 한겨레 지면에서 세로제목이 추방되었다.

새로운 틀은 다른 혁신을 견인하는 촉매제가 되었다. 세로제목을 걷어내고 가로제목을 사용하자, 기사 제목 달기의 문법에도 변화를 줄 수 있었다. 공간이 부족해서 압축적인 한자말 위주로 제목을 달던 관행 대신, 교열부에서 발굴한 순한글 단어를 제목에 사용할 수 있었다. "세로제목은 7~9개 글자 정도만 쓸 수 있어서 한문 투로 제목을 붙이기 일쑤였다. 가로제목은 순한글을 살려 쓰겠다는 한겨레 창간 정신에 부합하는 것은 물론, 하나의 행에서 제목이 완결되는 구조로 독자에게 더 친절한 제목을 뽑을 수 있는 편집 방식이었다." 임종업의 회고다.

또한 창간 초기 편집은 기사를 톱니바퀴 맞물리듯 흘러내리게 배치하는 세로짜기식 '흘림편집'이 녹아 있다. 국내 신문 중 가장 앞서간 탓에 참고할 다른 신문은 없었다. 한겨레 창간 편집기자들이 실험정신을 발휘했다. 해외공보관을 찾아가서 외국 신문을 훑기도 하고, 시각디자인 전문가들의 자문을 구하기도 했다. 월스트리트저널, USA투데이 등의 편집 매뉴얼을 우편으로 공수받아 참고했다. 1992년에야 세로짜기식 흘림편집 대신 네모 단위로 기사를 배치하는 '블록편집'을 찾았다. 지면에 먼저 구현된 블록편집은, 용어로서는 1993년 '한겨레 편집 매뉴얼'에서 처음 발견된다.

하지만 다른 한겨레 사람들이나 독자에게 블록편집은 낯설었다. "이건 편집도 아니다"라는 반응이 터져 나왔지만, 이에 꺾이지 않고 선구적 편집기자들은 꾸준히 새 편집을 개척했다. 독자 가독성 조사를 벌이는가 하면, 구성원들의 눈에 익게 만들려고 매일매일 시험판을 짜서 편집회의실 벽에 붙여놓고 찬반 표시를 하면서 의견을 모았다. 결국 신문 1면

오돌또기 → 오돌또기

한겨레는 2005년 국내 언론 가운데 최초로 신문 본문 글꼴인 탈네모꼴 '한겨레 결체'를 온라인에 무료 배포했다.

부터 끝까지 블록편집을 전면 도입하기까지 2년이 더 걸려, 1994년 5월 15일 창간기념호부터 가로짜기가 전면 도입되었다. 이 방식은 현재 한국의 모든 신문이 따르고 있는 편집 방식이다.

탈네모꼴 서체 개발과 '미완'의 꿈

가로짜기 신문에 최적화한 한글 서체 개발의 꿈은 '제2창간'을 선언한 2005년에야 실현되었다. 가로짜기용 서체와 세로짜기용 서체는 성질이 다르다. 한겨레는 창간 때 가로짜기 편집을 선구적으로 도입하며 서체도 이에 맞춰 변화를 주었으나, 편집부에서는 아예 새로운 서체를 개발해야 한다는 목소리도 높았다. 다만 개발 비용이 만만치 않아서 후순위로 밀려났다.

2005년 3월 중순부터 5월 중순까지 한겨레서체개선TF팀이 외부디자인업체인 글씨미디어, 외부 제작업체인 태시스템과 함께 새 글꼴 개발에 매진했다. 그해 5월과 10월, 두 차례에 걸쳐 탈네모꼴 서체인 '한겨레 결체', '한겨레 돌체'를 선보였다. 세종대왕이 만든 한글의 조형 원리에 따르면 낱 자모를 본디 크기대로 개성을 살려 써야 한다. 하지만 대다수 한글 서체는 한자를 흉내 내 가상의 네모틀에 맞춰 억지로 늘이거나 줄여 써야 했다. 한겨레는 탈네모꼴 서체를 개발하고, 제호와 신문 기사 제목, 본문에 전격 도입했다. 한글의 특성에 맞고 기능적으로도 우수하다고 알려진 세벌식 한글꼴을 지향하되, 기존 독자의 취향을 고려한 합의점을 찾으려고 애썼다. 한국 언론 최초로 서체를 무료로 배포했다.

새 글꼴 도입에 대한 한겨레 내부의 우려가 적지 않았다. 특히 본문 글자보다 획이 두껍고 투박해 보였던 제목 글자에 대한 편집기자들의 우려감이 컸다. 탈네모꼴의 서체 철학에 동조하는 기자들도 "조형적 완성도를 더 높인 뒤에 도입해야 한다"고 주장했다. 하지만 서체 완성도를 높이고 다듬는 일에도 투자가 필요했다. 탈네모꼴의 진보적 지향성이 한겨레의 정체성과 맞닿아 있다는 논리로 지면에 우선 도입했지만, 사후 관리가 부족했다. 디지털 모바일 환경에 걸맞은 한글 서체는 무엇인가에 대한 논점도 새롭게 부상했다. 결국 2012년 5월 15일 창간 24돌 기념호부터 제목에서는 탈네모꼴 서체에 변화를 줘야 했다. 탈네모꼴 서체의 완성은 '미완'의 과제로 남았다.

초창기 한겨레는 한글 가로쓰기 신문에 걸맞은 순한글 단어의 개발에도 큰 노력을 기울였다. 한겨레가 일본말, 한자어, 외래어 등을 우리말로 다듬어 퍼뜨린 말이 많다. '모'를 '아무개'로, '장애가 되다'를 '거치적거리다' 등으로 바꾸어 썼다. 새내기, 동아리, 짬짜미, 걸림돌, 디딤돌 등 기성 신문에 쓰이지 않던 우리말들을 발굴해 신문의 언어로 확산시켰다. 한글학회 연구원으로 일하다 1988년 한겨레 창간에 뛰어든 최인호, 김인숙 등 교열부 기자들이 앞장섰다.

우리말을 발굴해 신문의 언어로

한겨레만의 세부 교열 기준을 마련하는 데도 꼬박 10년이 걸렸다. 언론사들은 모두 기사를 쓸 때 두루 적용하는 원칙으로서 '기본표기'를 갖고 있다. 한겨레도 창간 때 "한글 가로쓰기 정신을 살려 우리 말글로만 쓴다. 우리말에 적합한 낱말이 없거나 관용상 어쩔 수 없는 경우는 예외로 하나, 이는 될수록 줄인다"는 등의 총칙과 호칭·날짜·문장부호 등 분야별로 나눠 쓴 기본표기 약속을 만들었다. 세부적인 기사 작성 원칙을 담은 '완전원고수

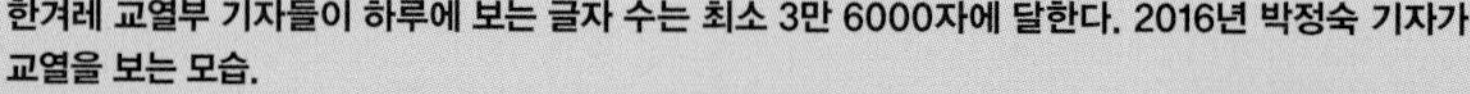

한겨레 교열부 기자들이 하루에 보는 글자 수는 최소 3만 6000자에 달한다. 2016년 박정숙 기자가 교열을 보는 모습.

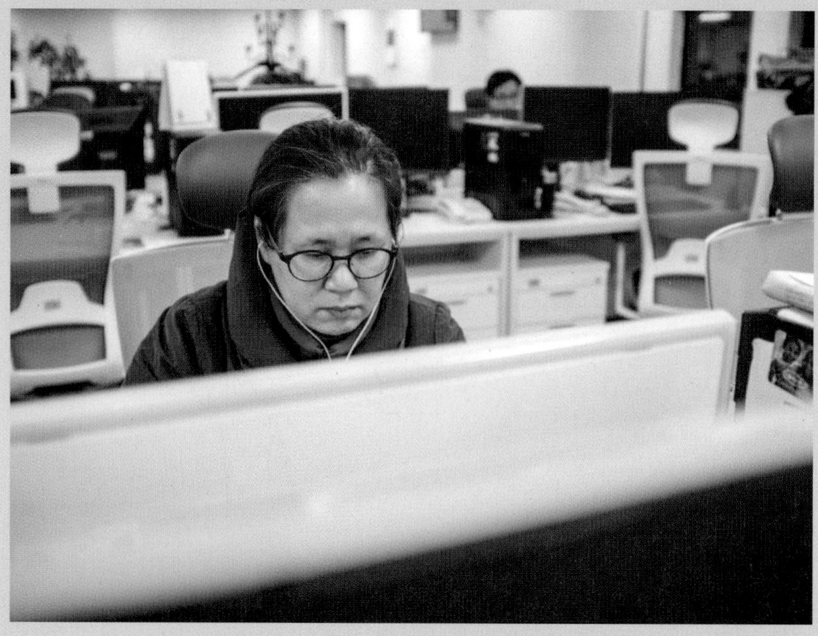

첩'의 얼개는 1995년에 만들어졌고, 그 뒤 수정과 보완을 거쳐 2000년 6월에 완성되었다. 2004년, 한겨레는 한국 사회 전체의 말글살이에 기여하려는 목적으로 한겨레말글연구소를 차렸다. 연구소는 공공언어, 특히 언론언어를 대상으로 삼아 우리말 쓰기의 실태를 연구하고 있다.

신문 제작 기술·설비 변천사

한겨레가 부자 회사가 아닌 것은 신문 제작 기계들을 보면 안다. 1988년 5월 15일 창간호를 찍은 윤전기는 신문용이 아닌 잡지용 중고 윤전기였다. 1988년 3월 경기도 파주의 한 공장에 보관 중이던 것을 들여왔다. 일본 하마다 공업사가 만든 기계 부품이 중심이었으나, 다른 제조사의 부품을 여기저기 덧댔다. 정확한 제조연도를 따지기가 힘들 정도로 낡은 물건이었다. 애초 계획엔 매일 신문 12면을 낼 예정이었지만 윤전기가 따라주지 못해 8면만 발행했다.

12면 발행은 1988년 9월 1일부터 시작할 수 있었다. 1988년 8월, 하마다 중고 윤전기를 추가로 들여와, 기존 윤전기를 절반으로 자르고 새로 가져온 윤전기를 덧붙이는 등 새로 짜맞춘 덕분이다. 나중에 윤전기 점검을 위해 한겨레를 찾은 일본 기술자는 '한겨레 버전'의 윤전 라인을 보고 입을 다물지 못했다. "이래도 기계가 돌아가는군요."

신문용 윤전기는 1991년 사옥을 양평동에서 공덕동으로 옮기면서 설치했다. 이때도 1971년 일본 도쿄기계(TKS)사가 제작해 대만 렌허바오(연합보)에서 사용하던 중고 윤전기 2대를 들인 것이었다. 도쿄기계 중고 윤전기로 한겨레를 처음 인쇄한 것은 1991년 12월 13일이었다. 예상보다 선명도가 떨어지고 인쇄 속도도 느렸다. 현지에 가서 윤전기를 살펴보고 도입 계약을 맺었는데도, 들여오고 보니 인쇄 롤러가 엉망이었다. 공덕동 사옥 공사가 늦어지고 1년 반 동안 서울 당산동 야적장에 윤전기를 보관하면서 일부 부품이 녹이 슨 것도 문제였다.

윤전부와 발송부 사원들이 애를 많이 먹었다. 윤전기의 잉크 분사가 고르지 않아 윤전부 사원들이 밤새 분무기로 물을 뿌려가며 인쇄를 했다. 찍어낸 신문 가운데 온전한 것만 골라 발송하느라, 신문용지를 많이 허비했다. 당시 최학래 상무가 윤전기 안정화를 책임졌는데, 한 달여 동안 윤전부 사원들과 함께 밤을 새웠다. 박노성 제작국장은 교회 장로였는데, 작동을 멈춘 윤전기를 붙잡고 기도를 하기도 했다.

윤전기 사고가 자주 일어나니 발송 시간도 늦어졌다. 서울 바깥 지역에 배달하는 신문은 기차에 실어 보내야 했다. 발송부 사원들이 서울역 관계자들과 멱살잡이까지 벌이며 떠나려는 기차를 붙잡아놓고 신문이 도착하기를 기다렸다. 기차를 놓치면 하는 수 없이 화물차에 실어 고속도로를 밤새 달렸는데, 그 비용이 만만치 않았다.

도쿄기계 중고 윤전기는 1992년 2월 무렵에야 안정화됐다. 1993년 9월에는 경향신문이 갖고 있던 도쿄기계 컬러윤전기를 추가로 도입했다. 보완한 윤전기도 1972년 제작된 중고였다.

1990년대 중반을 넘어서야 한겨레 창간 뒤 처음으로 중고가 아닌 신형 윤전기를 들여왔다. 1994년 12월, 한겨레는 독일 케바우(KBA)사와 신형 고속 윤전기 도입을 계약했다. 제작국장 박성득, 총무부장 이훈우, 기획부장 윤석인, 전기팀장 장기선 등이 새 윤전기 도입을 추진해 성사시켰다.

1996년 9월, 1997년 4월 두 차례에 걸쳐 케바우 고속 윤전기 1호기와 2호기가 들어왔다. 2006년 5월에는 컬러 지면을 늘리기 위해 도쿄기계 윤전기를 들여와 케바우와 합체해 오늘날까지 쓰고 있다. 도쿄기계 컬러 윤전기는 1996년 제작돼 일본 주코쿠신문사 히로미사 공장에서 쓰던 중고 제품이다. 윤전기 합체는 이론적으로는 가능하지만 현실에서 구현된 적은 없었다. 한겨레 윤전부 사람들이 윤전기 설치 업체 한국엔지니어링(HKE)과 함께 실현시켰다. 1990년대 초 LG 중고 제품으로 들여와 20여 년 사용한 윤전기용 공기압축기는 2013년에 한신에서 생산한 새 제품으로 교체했다.

같은 해, 필름 인쇄 시대도 마감했다. 2013년 2월 독일 크라우젠사의 신형 CTP(Computer to Plate의 줄임) 설비 2세트를 들였다. 전에는 취재, 편집, 디자인 등을 마치면, 이 지면을 필름으로 인쇄하고 필름을 다시 인쇄판으로 출력한 뒤 윤전기 가동에 들어갔다. CTP는 지면을 레이저로 인쇄판에 곧바로 쏘는 방식이다. 필름과 관련한 여러 공정이 줄어 제작 시간이 단축되었다. 한겨레가 신문 제작 설비를 선진화하려고 노력하는 가장 중요한 이유는 독자들이다. 독자들에게 정보가 단 한 면이라도 더 들어찬 신문을, 몇 분이라도 더 빨리 전하기 위함이다.

국내 최초 전산 제작 방식(CTS) 도입

한겨레는 최소 비용과 인원으로 회사를 운영해야 하는 궁핍한 현실을 혁신 실험과 도전으로 돌파해낼 때가 많았다. 혁신의 성공은 한겨레 경영의 숨통을 터주는 것은 물론, 다른 언론사를 자극해 한국 언론 역사를 진보시켰다. 신문 제작 기술 분야의 대표 사례가

1993년 8월 31일, 윤전부 직원 차승만이 윤전기에서 나오는 9월 1일치 신문을 살펴보고 있다. 이날치 신문부터 한겨레는 20면 증면 발행을 했다.

컴퓨터 조판 시스템(Computerized Typesetting System, 이하 CTS) 도입이다. 1988년 5월 15일 한겨레 창간호 1면 오른쪽 아래에는 "한겨레신문은 국내 최초로 전산 제작 방식(CTS)을 도입, 발행되는 신문입니다"라는 알림 문구가 적혀 있다. 한겨레 창간 전까지 신문은 기자가 원고지에 기사를 써서 넘기면 문선공들이 납 활자들을 일일이 골라내어 문장을 만든 다음, 조판공들이 그것으로 조판을 하는 과정으로 만들어졌다. 한겨레는 이런 기존 제작 공정을 그대로 차용할 경제력이 부족했다. 하지만 한시라도 빨리 국민 주주들의 기대에 부응해야 했다.

한겨레는 미국과 일본의 주요 신문이 이미 도입한 CTS에 주목했다. 당시 신문 편집을 소화하려면 대용량의 컴퓨터가 필요했는데, 자본이 풍부한 일본 요미우리신문사는 아예 슈퍼컴퓨터를 들여놓았다. 이를 바탕으로 미국 IBM은 일본 신문에 맞춰 개발한 프로그램을 적용했다. 미국 IBM이 CTS 도입을 구상 중인 한겨레에 한국 환경에 맞춘 CTS 개발을 제안하며 개발 비용 200억~300억 원을 요구했다. 개발까지 적어도 1년이 걸린다고 했다.

그럴 돈도 시간도 없었던 한겨레는 1988년 2월, 일본 인쇄박람회에서 일본 벤처업체 PDI를 만났다. PDI는 소형 컴퓨터와 32비트 워크스테이션을 여러 대 이어 붙여 슈퍼컴퓨터급 성능을 구현했다. 컴퓨터에 대한 이해가 깊었던 고상배 전산제작실장이 그 자리에서

CTS 타임라인	연도	제작 설비 타임라인
국내 첫 CTS 도입	1988	하마다 중고 윤전기(12면/시간당 2만 5000부 인쇄)
	1989	
	1990	
	1991	도쿄기계 중고 윤전기(20면/시간당 8만 부 인쇄)
	1992	도쿄기계 중고 컬러 윤전기 추가 (컬러 기존 2면에서 4면으로 증가)
	1993	
	1994	
	1995	
	1996	케바우 신형 고속 윤전기 (32면/시간당 13만 부 인쇄)
제작 전 과정 전산화 CTS 구축	1997	
	1998	
	1999	
	2000	
	2001	
윈도우즈 운영 체제 기반 CTS 도입	2002	
	2003	
	2004	
	2005	
	2006	도쿄기계 중고 컬러 윤전기 추가 (컬러 기존 8면에서 24면으로 증가)
	2007	
국내 첫 뉴스ML 방식 CTS 도입	2008	
	2009	
	2010	
	2011	
	2012	
	2013	필름 없애고 CTP 인쇄 공정으로 변화
	2014	
	2015	
웹 기반 온-오프라인 통합 미디어 시스템 1단계 도입	2016	
	2017	
온-오프라인 통합 미디어 시스템 2단계 개발 중	2018	

가능성을 알아봤다. “됐습니다. 이거면 할 수 있겠습니다.” 이제 막 시장에 진입한 벤처 기업이었던 PDI는 15억 원을 받고 석 달 만에 한겨레에 필요한 CTS를 개발했다. PDI는 이후 일본 중소 신문의 CTS 시장을 싹쓸이하며 대성공했다.

한겨레 사람들도 고생을 많이 했다. 듣도 보도 못한 CTS 편집을 구현하려고 설비가 미처 들어오지 않은 상태에서 모눈종이에 자판을 만들고 칠판에 개념도를 그려가며 연습했다. 창간호 발행을 48시간 앞두고 조판기와 프로그램이 제대로 작동하지 않았다. 박성득 전산제작부장이 기계를 붙잡고 엉엉 울었다. CTS는 프레임 하나 그리는 데도 일일이 명령어로 숫자를 입력해야 하는 도스 체제로 돌아갔다. 한겨레 전산제작부, 교열편집부는 한글 신문 CTS 편집의 개척자였다.

사실 1980년대 한국의 다른 신문들은 이미 신문 편집·제작 전산화를 위한 시설 투자에 수백억 원씩을 들이고 있었다. 다만 성공을 확신하지 못해 전면 도입을 주저했다. 한겨레의 CTS 도입이 성공한 뒤 다른 일간지들도 속속 차세대 CTS체제로 이행했다.

하지만 이때까지도 취재 현장은 전산화와 거리가 멀었다. 기자들이 원고지에 기사를 쓰는 대신 노트북을 이용하게 된 건 1997년에 이르러서다. 기사 작성과 전송, 지면 편집과 조판, 화상 처리 및 출력 등에 이르는 전 과정이 전산화된 두 번째 CTS가 한겨레에 도입되었다. 현대정보기술이 프로그램을 개발했다. 윈도우즈 운영 체제를 기본으로 삼는 세 번째 CTS는 2002년에 양재미디어가 개발해 도입했다.

2008년 한겨레는 다시 ‘국내 최초’ 타이틀을 달고 뉴스ML(Mark-up Language) 방식을 전면 도입한다. 4세대 CTS인 뉴스ML은 디지털에 기초해 뉴스 콘텐츠를 생산, 교환하는 국제 표준 포맷이다. 이 방식을 도입하면서 신문 편집, 자료 관리, 화상 제작, 잡지 및 출판물 제작 등이 통일된 방식을 따르게 되었다. 그 결과 신문용 기사가 곧바로 화상용 데이터로 옮겨지는 등의 호환성이 높아졌다. 한겨레라는 우산 아래 생산되는 모든 콘텐츠를 통합 관리하는 일이 가능해진 것이다.

2016년에는 온-오프라인 통합 미디어 시스템 개발 1단계를 거쳐 ‘하니허브’가 도입된다. 양재미디어가 한겨레 정보기술부, 디지털기술부와 협력해 개발했다. 4세대 CTS까지 모두 개인용 컴퓨터(PC)에 기반한 클라이언트-서버 시스템이었는데, 이제 웹에 기반한 콘텐츠 관리 시스템으로 바뀌었다. 취재 일선에 있는 기자가 직접 작성·편집한 기사를 한겨레 홈페이지와 포털 사이트에 배포할 수 있는 기능을 갖춘 시스템 도입은 한국 종합일간지 가운데 처음이었다. 실시간으로 뉴스가 쏟아지는 시대에 맞춰, 속보성을 강화한 것이다. 웹, 모바일, 종이 등 다양한 플랫폼에서 맞춤형 탬플릿을 활용해 실시간 제작, 편집, 배포가 가능한 통합 미디어 시스템 2단계 개발이 진행 중이다.

2세대 CTS를 도입한 1995년 5월 한겨레 편집국의 지면 제작 모습.

콘텐츠 전략

“한겨레는 어떤 언론이 되고자 하는가.” 이 질문은 다음과 같이 바꿔 물을 수 있다. “한겨레라는 매체는 무엇을 지향하는가.” 또 다르게 바꿔 묻는다면 “어떤 독자가 한겨레를 읽어주기를 바라는가.” 다시 말하자면 “한겨레라는 상품의 소비자는 누구인가.”

한겨레의 지향은 창간사에 잘 드러나 있다. 하지만 이를 해석하고 실천하는 데 있어 한겨레 내부에서는 그동안 적지 않은 논란이 있었다. 민주정부가 들어선 이후에는 민주와 반민주의 대립 구도가 희미해지면서 ‘무엇이 진보인가’를 둘러싼 혼돈도 생겨났다. 한겨레의 정체성을 둘러싼 논란은 신문 지면 편집 방향, 마케팅 전략과도 맞닿아 있는 중요한 문제다.

창간 당시 한겨레는 대외적으로 ‘대중적 정론지’를 표방했다. 이때의 ‘대중’은 소수 특권층에 대한 반대말이었다. 돈 많이 벌고 높은 권력을 지닌 자들이 읽는 신문이 아니라, 땀 흘려 일하는 자 누구나 쉽게 구해 그 뜻을 이해할 수 있는 신문을 만들자는 취지였다.

여기서의 ‘대중’은 1980년대의 ‘민중’이라는 개념과 상통한다. 순한글만 쓰고 쉬운 표현을 쓰겠다고 주창한 것이나, 국내 최초로 가로쓰기 편집을 도입한 것은 누구나 신문을 쉽게 읽도록 하자는 뜻이 강했다.

1988년 4월 28일에 나온 〈한겨레신문 소식〉 2면에는 초기 지면 방향을 연구한 임재경, 신홍범, 권근술, 성한표, 조성숙, 박우정 등 편집기획팀의 토론 내용이 있다. 그 가운데 어느 참석자가 말했다. “(한겨레의) 대상 독자는 우리 사회의 양식 있고 땀 흘리며 일하는 건강한 모든 사람으로 설정해야 하지 않을까요? 즉 한겨레신문은 대중적 정론지를 지향해야 한다는 뜻입니다. 우리 신문은 외국의 퀄러티 페이퍼가 겨냥하는 지식인 중심의 독자층을 상정할 수는 없지 않나 생각합니다.”

대중적 정론지의 ‘정론’은 선정·왜곡 보도를 지양하면서 진실과 사실 보도를 위해 권력의 외압을 물리치겠다는 뜻이었다. 당시 다수 언론은 독자들이 알아야 할 사안과 언론으로서 마땅히 알릴 가치가 있는 사안까지 숨기거나 왜곡했다. 주로 군사정권의 외압이 문제였지만, 기자 스스로 길들여진 측면이 강했다. 따라서 ‘정론’이라는 개념에는 공정·객관 보도와 함께 권력으로부터 자유로운 독립 언론이 되려는 의지가 담겨 있다.

그런데 창간 주역들이 마음에 품고 있는 또 하나가 있었다. ‘고급지’가 그것이다. 대외적으로는 대중적 정론지를 표방하긴 했지만, 한겨레 지면의 밑그림을 그렸던 이들은 ‘퀄러티 페이퍼’라고 불리는 고급지를 만들고 싶었다. 실제로 한겨레 창간에 참고한 신문들도 뉴욕타임스, 르몽드 등 서구의 권위지 또는 고급지였다. 따라서 ‘정론’이라는 개념에는 서구 고급지의 지향도 함께 녹아 있었다.

창간 전인 1987년 11월에 만들어진 사업계획서를 보면 “대중지와 고급지의 도식적 이분법을 극복하고 계층과 지위를 망라하는 대중을 기반으로 하지만, 결코 그들에게 순간적, 표피적으로 영합하지 않는 대중적 고급지를 지향한다”고 쓰고 있다. 결국 창간 때 표방한 ‘대중적 정론지’라는 지향 안에는 일반 민중과 지식인이라는 전혀 다른 독자층을 동시에 염두에 두고 있는 모순이 존재했다.

이와 관련해 흥미로운 조사 결과가 있다. 창간 전인 1988년 1월 31일, 한겨레 창간기금을 낸 주주들을 중심으로 3877명의 시민들에게 여론조사를 했다. 체계적인 여론조사라기보다는 임의적인 앙케트 조사인 셈이었는데, 한겨레의 편집 방향에 대해

한겨레 편집 정책의 방향

		저널리즘의 질적 수준	
		대중지	고급지
도덕정치와 이념정치의 결합 양태	정론(사상사적 의미)	대중적 정론지(창간 초기)	정론적 고급지
	진보(정파적 의미)	진보적 대중지(90년대 초반)	진보적 고급지

‘한국 사회 변동과 한겨레신문의 위상과 역할, 그리고 미래의 전망’(2008년), 강명구 서울대 언론정보학과 교수

'수준 높은 고급지가 바람직하다'는 응답은 10.9%에 그쳤다. 대신 '대중적인 중립지'가 70%, '이념 지향 신문'이 19.0%, '흥미 위주 신문'이 0.2%였다.

하지만 대중, 정론, 고급 등의 지면 개념은 창간 세대에겐 특별히 중요한 문제가 아니었다. 그들이 지켜봤던 기성 언론과 다른 신문을 만들겠다는 정신이 폭넓은 공감대를 이루고 있었다. 반독재 민주화, 민족통일, 자유언론, 민생 보장 등의 개념으로 한겨레 창간 세대의 지향을 표현할 수 있었다.

그러나 이후 지면 혁신을 궁리하는 특별 기구가 만들어질 때마다 한겨레의 지향성, 한겨레의 타깃 독자층 등의 문제가 항상 토론의 대상이 되었다. 토론의 장에는 대중, 진보, 정론, 고급 등의 추상적인 개념들이 등장해 각축을 벌였다.

"한겨레신문의 진보성은 '민주, 민중, 민족'의 추구를 그 내용으로 하고 있다. 하지만 이 창간 이념은 정치적 용어를 사용하고 있고, 그것의 의미는 사실상 열려 있는 것이어서, 그 구체적인 내용은 시대와 상황에 맞게 새롭게 규정될 수 있다. 한겨레신문이 폭넓고 다양한 의미에서 진보적인 독자층을 확보할 수 있는 것은 어쩌면 창간 이념의 모호성과 포괄성에도 있다고 할 수 있다. 문제는 한겨레신문의 진보성에 대해 독자 대중들이 갖고 있는 다양하고 이질적인 의미 차원들을 공통분모로 통합할 수 있는 이미지 전략을 어떻게 개발해내느냐 하는 것이다."

한겨레 창간 10주년을 맞이해 임영호 부산대 교수가 발표한 '한국 신문에서 진보적 대중지는 가능한가: 한겨레신문의 사례연구'라는 논문에는 이러한 개념의 각축이 일어나게 된 한겨레 안팎의 시대적 배경과 흐름 등이 일부 드러난다.

1992년 회사발전기획위원회는 한겨레의 지향을 '진보 정론지'로 규정했다. 1996년에 생긴 지면혁신특위에서는 '진보적 대중지'라는 개념으로 한겨레를 규정했다. 반면 비슷한 시기인 1995년 경영계획안에는 "고급 정론지 지향을 분명히 해야 한다"고 적고 있다. 진보 지향을 강조하는 쪽과 고급 지향을 강조하는 쪽의 긴장 관계가 존재했던 셈이다.

1996년 구성되어 활동했던 편집혁신특위는 한겨레 내부의 고급지 지향을 가장 강하게 비판했다. 편집혁신특위 보고서에 이런 대목이 있다. "한국의 시사일간지 시장은 서구 선진국 개념으로 보면 사실상의 고급지 시장이다. 국내 모든 종합일간지들은 정확성, 전문성, 정론성 등 고급지의 특징을 모두 자신의 것으로 내세운다. 고급지 개념은 한국 신문 시장의 특징에 대한 인식이 미흡해 보인다."

'진보적 고급지'라는 두 마리 토끼

그러나 1990년대 중반부터는 여러 보고서에서 '고급지'라는 개념이 보다 자주 등장한다. 이때의 '고급'이란 다른 신문과 질적으로 차별되는 '다른 신문' 또는 '더 좋은 신문'의 의미가 강했다. 2002년 혁신추진단은 한겨레의 첫 섹션을 진보 정론지, 나머지 섹션을 전문지로 구분하자고 제안했다.

2006년 전략기획실은 처음으로 '고급지' 개념을 전면화했다. 다른 신문과 분명히 구분되는 한겨레의 좌표는 심층성을 갖춘 고급 콘텐츠라고 진단했다. 대중지 시장에서 탈피해 한겨레만의 고급지로 거듭나자는 뜻이었다. 이는 한겨레 독자층 분석에 따른 결론이기도 했다.

창간 이래 한겨레 독자의 다수는 대학을 졸업하고 전문직, 사무직 등에 종사하는 30·40대 가운데 고소득층이었다. 다른 신문과 비교하면 이런 특징이 더욱 두드

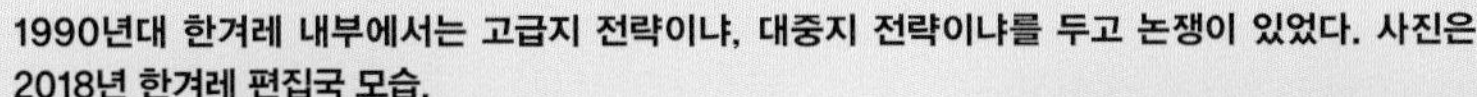

1990년대 한겨레 내부에서는 고급지 전략이냐, 대중지 전략이냐를 두고 논쟁이 있었다. 사진은 2018년 한겨레 편집국 모습.

러진다. 전략기획실은 진보를 바탕으로 공정성, 전문성, 심층성을 갖춘 '품격 있는 신문'으로 거듭나야 한겨레의 충성 독자를 유지하면서 새로운 독자를 끌어들일 수 있다고 분석했다.

시장분석에 기초한 이런 제안에도 불구하고 내부 논란은 완전히 마무리되지 않았다. 사회적 약자들을 외면하고 소수 지식층에게만 향유되는 미국식 권위지의 모델을 따라 밟는 게 아니냐는 비판이 제기되었다. '대중지' 개념을 포기할 경우, 일하는 사람들에 대한 한겨레의 관심이 줄어드는 게 아니냐는 우려도 있었다.

그러나 전체적으로 보아 창간 이후의 한겨레 지면에 '대중(민중)'의 요소보다 '정론(고급)'의 요소가 점차 강화되어왔다. 고급지 제안은 새롭게 돌출한 것이라기보다는 1990년대 중반 이후 한겨레 스스로 구축해온 지면 지향의 일부를 다시 확인하는 일이었다. 한겨레가 고학력·고소득 화이트칼라가 많이 읽는 신문이라는 사실은 좀체 부정하기 힘들다. '대중지'라는 개념이 한겨레 창간 주역들이 의도했던 '민중'이라는 말과 멀어지고, 오히려 선정적 황색 저널리즘에 어울리는 말이 되어버린 것도 여기에 영향을 미쳤다. 창간 정신을 흔들 정도는 아니지만 고급지 전략에는 경영상의 고민도 어느 정도 깔려 있다. 노동자, 농민, 빈민이 주로 읽는 신문보다 구매력 있는 여론 주도층과 지식층이 많이 읽는 신문이 광고주에게 더 매력적이기 때문이다.

진보지, 고급지, 정론지 등의 개념이 이해되는 방식은 계속 변해왔다. 창간 주역들이 생각한 고급지는 증권표와 스포츠 기사를 싣지 않고, 각종 칼럼과 오피니언을 크게 늘리는 것이었다. 1면에 한겨레 논단을 싣고 2면에 사설을 내보내고 4면에 칼럼을 싣는 창간 초기 편집도 여기에서 비롯했다. 그러나 2000년대 이후의 고급지 논의는 어느 편에도 치우치지 않되 심층적인 정보를 많이 제공하자는 쪽에 초점이 맞춰져 있다.

실제로 독자들의 요구도 그런 쪽으로 변했다. 2008년 광우병 촛불집회 이후 수만 명이 한겨레를 자발적으로 정기구독 신청했는데, 이 중 신규 독자 598명을 설문조사했더니 '경제섹션이 필요하다', '대중문화 기사를 강화해야 한다' 등의 응답이 많았다. 기존에 한겨레를 접하지 않은 독자일수록 정보에 대한 욕구가 강했다.

진보지의 개념도 변화를 겪었다. 창간 당시의 어느 기록을 살펴봐도 '진보'라는 낱말은 등장하지 않는다. 오히려 '자유언론', '민주언론' 등의 표현이 일반적이었다. 한국에서 진보라는 개념 자체가 사회주의권 붕괴 이후인 1990년대 초반부터 널리 쓰이

2016년 한겨레 편집국의 모습. 2010년대부터 디지털 전략과 관련한 논의가 한겨레 편집국의 중요한 화두가 되었다.

기 시작한 점을 고려해야 할 것이다. 실제로 한겨레를 진보지와 연관시켜 인식한 것은 창간 세대가 아니라, 1990년대 들어 한겨레에 입사한 이른바 '386세대'들이다. 이들이 신문사의 주축을 이루게 되는 1990년대 중반 이후 대표이사와 편집위원장의 취임 일성은 언제나 "진보 언론 한겨레의 위상을 지키겠다"였다.

2000년대 고급지 논의도 일단은 이런 진보 지향을 내포하고 있다. 2002년의 혁신추진단은 지면 정체성과 관련해 "1990년대 중반을 지나면서 한겨레가 지향하는 진보의 의미를 올바로 재정립하지 못했다"고 지적했다. 한겨레의 강점은 진보성에 있으므로 이를 다시 정립해 강화해야 한다는 제안도 내놓았다. 2006년 전략기획실도 고급지의 요소를 강조하면서도 '진보 고급지'라는 개념을 함께 썼다.

2008년 창간 20주년을 맞아 양승찬 숙명여대 언론정보학부 교수는 한겨레에 대한 인식 조사를 실시했다. 일반 독자 800명, 언론학자 142명, 외부 기자 105명, 한겨레 내부 구성원 153명 등에게 설문을 받았는데 '한겨레 하면 어떤 이미지나 단어가 생각나는지' 물었더니 외부 기자(34.3%), 언론학자(25.4%), 일반 독자(15.5%) 모두 '진보적 성향'을 첫 번째로 꼽았다.

그러나 한겨레가 지향하는 진보가 무엇을 담고 있는지는 여전히 불분명하다. 2008년 5월 13일, 창간 20주년을 맞아 한국언론학회 주최로 '한겨레와 한국 사회 20년'

이라는 주제의 특별 세미나가 열렸다. 강명구 서울대 언론정보학과 교수는 "지난 20년 동안 진보의 영역을 넓히는 데 한겨레신문이 중요한 역할을 했다"고 분석했다. 한겨레는 그간 보도를 통해 노동, 통일, 안기부 등 공안 기구, 청와대 등 보도의 성역을 없애는 데 기여했다. 하지만 한국 사회 전체적으로 진보와 보수 사이의 이념적 연속성이 뒤틀려버렸고, 이런 현실이 한겨레 편집 방향에도 영향을 미쳤다고 강명구 교수는 진단했다.

내용 없는 진보는 자칫 공허한 구호가 될 수도 있다. 이 때문에 한겨레 사람들 가운데는 진보지를 강조하는 것이 실제로는 별 실효가 없다고 생각하는 이들도 있다. 반면 손쉽게 진보의 가치를 버리고 시장의 유혹에 타협해서는 안 된다고 생각하는 이들도 적지 않다.

디지털 시대에 맞는 콘텐츠를 생산하라

2000년대 중반 이후, 고급지–진보지 논란은 '종이신문'을 벗어나 한겨레의 '콘텐츠' 전반에 대한 논쟁으로 넓어진다. 콘텐츠가 지향해야 할 '편집 방향'을 논하는 차원을 넘어섰다. 언론기업으로서 한겨레가 생존할 수 있는 방식, 즉 '경영전략'과 긴밀하게 결부된 차원까지 종합적으로 진행되었다. 2000년대 중반 이후 한겨레의 내부 공론장에서 빠지지 않고 등장하는 '다매체·디지털 전략' 논쟁이 '콘텐츠 혁신' 논쟁과 맥을 같이했다.

인터넷 시대가 논쟁의 지형을 근본적으로 바꿔놓았다. 2000년대부터 종이신문 열독률은 말 그대로 '추락'하기 시작했다. 사라지는 것은 종이요, 지속 가능한 것은 콘텐츠 산업이었으며, 지속되어야만 하는 것은 저널리즘이었다.

한겨레는 '신문사'가 아닌 '종합미디어그룹'으로 살아남기 위한 몸부림을 본격적으로 시작했다. 1995년 한겨레는 인터넷한겨레 서비스를 시작했다. 인터넷한겨레는 한겨레와 한겨레21, 씨네21 등 주간지에 실린 기사를 PC통신으로도 전달하는, 독자 서비스 차원의 역할을 했다. 이듬해인 1996년 지면 개편 때 '한겨레신문'이란 제호에서 '신문'이라는 글자를 뺐다. 한겨레라는 우산 아래 생산되는 각종 콘텐츠가 신문, 웹, 방송 등 다양한 매체로 배포될 상황을 염두에 둔 것이다.

하지만 한겨레의 조직 체계는 종이신문 제작에 치중되어 있었다. 2009년부터 10년 가까이 한겨레에는 매년 빠지지 않고 콘텐츠 혁신과 디지털 전략을 탐구하는 TF팀이 꾸려졌다가 사라졌다. 2009년 지속가능 TF팀, 2010년 미디어비전 TF팀, 2011년 디지털퍼블리싱기획단과 통합뉴스룸연구팀, 2012년 차세대통합미디어시스템 TF팀, 2013년 미래기획 TF팀, 2014~2016년 혁신 3.0 추진과 관련한 각종 TF팀 등이 그랬다.

팀이 꾸려진 목적은 조금씩 달랐지만, '한겨레는 어떤 콘텐츠를 어떤 방식으로 만들어서 어디로 내보내야 하는가'라는 질문에 대한 답을 구하려고 했다는 점에서 모든 TF팀은 닮았다. 큰 틀에서 한겨레의 인적, 물적 자원을 종이에서 디지털로 재배치하는 방안을 포함한다는 점도 비슷했다.

이즈음부터 고급지 대 진보지라는 논쟁의 중심축이 바뀌었다. 심층성, 전문성을 중심에 둔 고급(정론)지의 지향은, 한겨레가 디지털 생태계에서 앞세울 '스페셜 콘텐츠' 생산을 추진하는 것으로 이어졌다. 2009년 11월, 전략기획실 미디어전략연구소가 주도한 지속가능 TF팀이 낸 '콘텐츠 혁신 방안'은 "신문 올인에서 벗어나", "목적이 명확한 특색 있는 콘텐츠 생태계를 조성"해야 하며, 핵심 전략으로 "개별의 삶과 관심사에 밀착해 깊이와 전문성 있는 정보를 갖춘 스페셜 콘텐츠를 확보"해야 한다고 했다. 이러한 전략을 수행하는 초기에 편집국 인력의 일부 공백이 불가피하다고 봤다. 이에 따라 종이 지면이 부실해질 우려가 있지만, 편집국의 양해와 협조가 필요하다고 강조했다.

2010년 12월 미디어비전 TF팀이 낸 보고서는, 한겨레라는 우산 아래 생산·배포되는 모든 온라인과 오프라인 콘텐츠를 통합해서 다루는 일, 특히 "모든 플랫폼의 게이트키핑 기능 강화"가 시급하다고 했다. "온라인, 태블릿, 모바일 등으로 플랫폼이 계속 확대됨에 따라 콘텐츠의 게이트가 많아졌다. 그러나 오프라인 신문을 제외한 다른 플랫폼의 품질 관리는 제대로 이뤄지지 않는 상태다. 전체적으로 일관되고 통일적인 품질 관리가 절실하다." 앞서 2009년 콘텐츠 혁신 방안 보고서에는 어떤 콘텐츠든 "취재보도 준칙을 엄격 적용"해야 한다고 명시해둔 터였다.

암묵적인 동의가 있었으나 '온-오프 콘텐츠의 전체적인 품질 관리'의 절실함이 강조된 이유는 조직 체계 때문이었다. 당시 한겨레의 디지털 뉴스 콘텐츠 생산은 신문 편집국과 디지털미디어국으로 이원화되어 있었다. 신문 편집국은 종이신문을 중심으로 한 콘텐츠 생산에, 디지털미디어국은 콘텐츠를 기반으로 한 수익 사업에 몰두했다. 이 때문에 디지털뉴스의 품질이나 편집권을 둘러싼 편집국과 디지털미디어국 간의 갈등과 긴장 관계가 존재했다. 이는 지금까지도 풀어야 할 숙제로 남아 있다.

한겨레의 창간 정신과 오늘날 디지털 시대는 사실 통하는 바가 있다. 국민 주주 신문을 만들고 소수 특권층이 아닌 땀 흘려 일하는 '대중' 누구나 읽을 수 있도록 한글 전용 가로쓰기를 선택했던 한겨레의 지향은 디지털 시대의 개방, 공유 정신과 상통한다.

2013년 한겨레 창간 25주년을 맞아 출범한 미래기획 TF팀은 여기에 주목했다. 온라인과 소셜네트워크서비스(SNS)가 활짝 핀 시대상을 반영해 한겨레 창간 정신을 재구성했다. 한겨레의 정체성을 '이슈 강연자'에서 '소통 사회자'로, 창간 정신을 개방, 공유, 협력의 가치로 진화시켰다. 콘텐츠 생산 과정에서 독자들과의 소통을 극대화하여 독자들을 '가르치는' 대신 독자들이 '공감하는' 기사를 내놓을 것이라고 약속했다. 미래기획 TF팀이 만든 '디지털 십자로에 선 한겨레의 고백'이라는 제목의 보고서는 "선언에 그쳤던 데서 이제 실행으로 나아가야 한다"고 촉구했다. 이러한 기조는 '네트워크 저널리즘'을 지향한 2014년 혁신 3.0 보고서로도 이어진다.

디지털 콘텐츠 전략을 둘러싼 고민은 기자뿐만 아니라 기술·개발자, 기획자, 편집자 등이 늘어나면서 한층 깊어졌다. 게릴라식 실험이 이어졌다. 종이신문보다 디지털과 모바일로 먼저 기사를 출고했다. '디지털 퍼스트'로 이름 붙인 전략이었다. 디지털 플랫폼에 맞춘 인터랙티브, 팟캐스트, 모바일 영상을 제작했다. 기자가 취재 현장에서 뉴스 가치가 높다고 판단한 기사와, 인터넷한겨레 홈페이지와 SNS에서 많이 읽히는 기사가 어떻게 겹치고 어긋나는지를 기사 페이지뷰(PV)와 SNS에 공유된 횟수 등을 따져 살폈다.

2014년 10월, 디지털에서의 기사 중요도 판단 기준을 놓고 하나의 논쟁이 벌어졌다. 10년 차 미만의 젊은 기자 13명이 '디지털 퍼스트의 미래는 무엇입니까'라는 제목의 성명을 발표했다. 이들은 한겨레 기자 개인 페이스북에 게시했던 '우리 아버지가 사실 차승원 집 경비아저씨였습니다'라는 글보다, 단독으로 자료를 입수해 소득불균형 문제를 다룬 '상위 1%가 배당소득의 72%를 가져간다'는 제목의 기사가 인터넷한겨레 홈페이지에서 아래에 배치된 것을 비판했다. 한겨레가 지향하는 디지털 저널리즘의 원칙을 세워야 한다고 주장했다. 이들은 인터넷한겨레의 목적이 조회 수가 아닌 한겨레가 추구하는 가치를 확장하는 데 있으며, 온라인 기사 편집과 작성에도 신문 기사에 준하는 저널리즘 원칙이 적용되어야 한다고 촉구했다.

당시 한겨레 내부에는 콘텐츠 혁신 전략이 기사 조회 수 등에만 지나치게 집중되는 것에 대한 우려가 존재했다. 콘텐츠 플랫폼이 무엇이든 정론에서 벗어나지 않는 게 한겨레 가치여야 한다는 공감대와 경계심이 있었다. 인터넷한겨레와 SNS의 뉴스 배치 및 유통 또한 한겨레의 신뢰도와 영향력에 크게 작용한다는 인식이 조금씩 퍼져나갔다.

"한겨레가 과거처럼 뉴스 생산 영역만을 생각해서는 안 된다. 이렇게 되면 환상에 가까운 '조급한 각론'밖에 안 나온다. 내러티브 기사가 독자를 불러 모을 수 있다거나, 에디터제가 속보 중심의 관행을 극복할 수 있다든가 하는 식으로 말이다. 뉴스 생산 및 유통 과정을 넘어 새로운 저널리즘의 가능성과 새로운 독자 취향에 대한 전폭적인 수용이 필요하다." 남재일 경북대 신문방송학과 교수는 2012년 한겨레 노동조합 소식지 〈한소리〉에 기고한 글에서 한겨레가 새 미디어 환경에서 살아남으려면 '정확한 원론의 도출'이 필요하다고 조언했다.

해직기자 출신으로 대홍기획에서 일하고 있었던 강정문이 1992년 11월 〈한겨레가족〉에 기고한 글이 있다. "모든 소비자를 만족시키는 상품이 있을 수 없듯이 모든 독자를 만족시킬 수 있는 신문은 만들 수 없다. 그 독자층이 적어도 기업을 존립시킬 수 있고 최소한의 투자 재원을 축적할 수 있는 규모는 되어야 한다. 그리고 제공되는 정보 서비스가 그 집단에 수용될 수 있는 범용성이 있어야 한다. 그런 의미에서 한겨레의 목표 고객은 지나치게 편협한 것은 아닌가?"

사실 한겨레가 종이신문으로만 존재했을 때도 편집 방향 등 콘텐츠 전략은 마케팅 등 경영전략과 맞물려 돌아갔다. 30년이 지난 지금도 이 문제는 여전히 중요하다. 디지털 시대를 맞아, 논쟁의 무대가 지면에서 디지털로 바뀌었을 뿐이다. 힘없고 가난한 자들을 대변하여 그들에게 널리 다가가는 일. 시대를 고민하며 여론을 주도하는 이들에게 깊이 다가가는 일. 한겨레는 두 가지를 함께 지향했으나, 두 가지 모두 아직 완전히 이루지는 못했다. 한겨레의 지향을 둘러싼 고민은 여전히 현재진행형이다.

언론과 정치권력의 거리

창간호가 나온 1988년 5월 15일 서울 양평동 한겨레신문사 사옥. 야당의 두 '거목' 정치인들이 한겨레신문사를 찾았다. 김영삼 당시 민주당 총재와 김대중 당시 평민당 총재였다.

그런데 두 사람의 방문 시간이 문제였다. 김영삼은 신문 제작이 한창이던 15일 낮에 찾아왔다. 편집국을 방문해 기자들과 일일이 악수하며 격려했다. 그 모습이 사진으로 찍히고 창간호 1판 신문에도 실렸다. 김대중은 윤전기에서 창간호 1판이 쏟아져 나오고 있던 오후 늦게 신문사를 찾았다. 김대중은 윤전실로 내려가 송건호 대표이사 등 임직원들에게 악수를 건넸다.

송건호가 잉크가 채 마르지도 않은 창간호 1부를 김대중에게 건넸다. 1판 신문 2면에는 김영삼의 한겨레신문사 축하 방문 사진과 기사가 실려 있었다. 김대중의 얼굴이 살짝 굳어졌다.

김대중이 돌아간 뒤에 문영희 판매국장이 달려와 성유보 편집위원장에게 항의했다. "1판 신문은 전부 호남에 배달되는데, 호남판에 김대중 사진은 없고 김영삼 사진만 있으면 어떻게 합니까." 한겨레 창간에 대한 호남 지역의 관심은 어느 지역보다 뜨거웠다. 판매 지국을 운영하고 싶다는 이들도 많았다. 판매국이 이를 신경 쓰는 것은 당연했다.

일단 윤전기를 세우고 다시 신문을 편집했다. 오후에 찾아온 김대중의 사진과 기사를 끼워 넣었다. 이번에는 김대중과 김영삼의 사진을 나란히 실었다. 원래 1판을 보낼 예정이던 호남에는 시내판을 발송했다.

하지만 다음 날 이와 관련한 항의 전화가 편집국에 걸려왔다. 장문의 편지를

1991년 11월 28일에 열린 한겨레신문사 공덕동 새 사옥 완공기념 축하연에서 김영삼 당시 민자당 대표최고위원(왼쪽 셋째)과 김대중 당시 민주당 공동대표(맨 오른쪽) 등이 송건호 한겨레신문사 사장(왼쪽 둘째)과 축하케이크를 자르고 있다.

써서 보낸 독자도 있었다. "사진 크기를 쟀는데 김영삼 사진이 김대중 사진보다 1밀리미터 작다는 거예요. 또 다른 독자는 사진 아래에 있는 설명 기사의 글자 수를 일일이 헤아렸는데, 김대중에 대한 기사가 김영삼 것보다 다섯 글자 적다는 겁니다." 성유보의 기억이다.

두 야당 지도자에 대한 정치적 공정성을 유지하는 것은 대단히 예민하고도 까다로운 문제였다. 안팎에서 이를 두고 말이 많았고 해법도 분명치 않았다. 1988년 12월 30일, '편집국에서'라는 칼럼에 정운영이 글을 썼다.

"사회의 다른 집단이나 조직에서와 꼭 같이 한겨레신문에도 지난 대선 과정에서 이른바 비판적 지지나 단일화 추진을 위해 분투했던 사람들과 반면에 그 일에 미련을 끊고 제3의 진로를 모색했던 사람들이 같이 모여 일하고 있습니다. 신문이 기자를 포함한 어느 개인의 정치적 신조를 바꾸도록 요구할 수는 없겠습니다. 마찬가지로 그런 정치적 입장들이 신문 제작 방향을 좌우하지 않은 것도 분명합니다. 그것은 사주를 포함한 특정인의 이해가 걸리지 않은 한겨레만이 유일하게 향유할 수 있는 특권입

본사를 방문한 김대중 평민당 총재(왼쪽)와 김영삼 민주당 총재

강보성, 양해준, 정재문(이상 당연직) 김재광, 황낙주, 신상우, 박용만, 박종률, 김정수, 박관용, 김성룡, 김덕룡, 김영관, 김수한, 송원영, 권오태, 박일, 박찬, 조홍래, 조병봉, 김태룡, 김종배(이상 임명직)

쇠고기 수입재개 반대
농민단체 저지 움직임

김대중 평민총재 본사방문

김대중 평민당 총재는 14일 박영숙 부총재등과 함께 '창간축하' 인사차 본사를 방문했다. 김 총재는 본사 송건호 대표이사, 정태기 인쇄인, 성유보 편집위원장과 환담을 나눈 뒤 편집국과 공무국을 둘러보았다.

광주항쟁 피해 신고

김영삼 민주총재 본사방문

김영삼 민주당 총재는 14일 김동영, 황명수, 이기택, 김현규, 강인섭 부총재 등과 함께 '창간축하' 인사차 본사를 방문했다. 김 총재는 본사 송건호 대표이사, 임재경 편집인, 정태기 인쇄인, 성유보 편집위원장과 환담을 나눈 뒤 편집국, 공무국을 둘러보았다.

창간호 2면에 실린 김대중과 김영삼 사진을 두고, 독자들이 한겨레에 항의 전화를 걸어왔다. "왜 한쪽이 몇 밀리미터 더 기냐" "왜 한쪽은 웃고 다른 쪽은 시무룩한 표정의 사진을 썼느냐" "왜 한쪽 사진에 대한 설명기사의 글자 수가 더 적으냐" 등의 내용이었다.

니다."

한겨레는 특정인이 보도 방향이나 논조를 좌우할 수 없는 언론사다. 어느 언론사보다 기사에 대한 기자 개개인의 생각이나 판단을 존중하는 풍토가 있다. 조직 구조상 어떤 정치적인 입장이 일방적으로 관철될 수도 없다.

그런데 칼럼은 조금 달랐다. 신문사의 최고참 격인 논설위원이 자신의 이름을 걸고 쓴 칼럼을 다른 이가 나서 간섭하기가 쉽지 않았다. 자연스레 논설 또는 칼럼을 통해 정치적 지향이 드러났다. 특정 정치세력에 대한 편향이 은근히 드러났다.

중립과 연대의 딜레마

창간 직후에 한겨레는 김대중과 김영삼 사이에서 균형을 잡기 위해 노력했다. 특정 정치인을 노골적으로 지지하는 것처럼 비치지 않으려고 애썼다. 하지만 김영삼이 대통령이 되고 난 뒤에는 상황이 조금 복잡해졌다. 1992년 대선에서 패배한 김대중은 정계 은퇴를 선언했다가 1995년 정계에 복귀했다. 이를 어떻게 평가할 것인지를 두고 한겨레 사람들 사이에서도 의견이 엇갈렸다.

정운영은 1995년 7월 18일 칼럼 '환멸'에서 "김대중 후보의 정계 은퇴에 보내는 연민은 죄다 스러지고 쓰디쓴 환멸이 그 자리를 채웠다"고 정계 복귀를 비판했다. 열흘 뒤인 7월 28일 김종철은 전혀 다른 논조의 칼럼을 썼다. "김대중 아태재단 이사장이 정계 복귀를 선언하자 그야말로 융단폭격이 일어났다. 우리 사회의 양식을 대변한다고 자부하는 지식인들이 소총, 박격포, 네이팜탄, 스커드 미사일, 고엽제 같은 다양한 종류의 무기로 그를 공격했다."

각 논설위원은 자신만의 일관된 논리와 확고한 신념으로 '김대중 문제'에 접근했다. 이 같은 1990년대 정치 칼럼에서의 충돌을 해결할 방도를 한겨레는 찾지 못했다. 다만 1990년대 후반에 들어서면서 상황과 조건이 달라졌다. '양김 구도와 지역주의 청산'을 중요하게 생각하는 세대가 평기자의 다수를 이룬 탓이다.

더구나 1997년 12월 대선에서 김대중이 대통령으로 당선되었다. 물론 김종필 자민련 총재와 손잡은 'DJP 연합'에 대한 한겨레 내부의 시선도 다시 엇갈렸다. '야합'이라고 비판하는 입장과 '연대'라고 두둔하는 입장이 동시에 칼럼으로 실렸다. 그 이면에는 영남과 호남이라는 지역주의에 대한 서로 다른 관점이 깔려 있었다. 한국 사회의 계층·계급 모순이 집중된 호남이라는 지역에 기반한 민주 정치세력에 주목하는 게 한국 민주주의 발전에 필요하다는 인식을 가진 이들이 한겨레 안에도 있었다.

이런 인식의 뿌리는 1991년 4월 편집위원장 후보에 나선 김종철의 공약집에 드러난다. "한겨레는 반민족, 반민주, 반민중의 현 정권을 극복할 세력이 누구이고 그 방법은 무엇인지에 대한 정치적 입장을 밝혀야 합니다. 제 개인적 신념은 야권의 대동단결입니다. 비판에는 성역이 있을 수 없지만, 지역 모순의 본질과 해악을 드러내는 작업도 한겨레의 책무이자 역할입니다."

1975년 동아일보에서 해직된 후 김종철은 민통련 등에서 재야운동에 앞장섰다. 한겨레 창간에도 주도적으로 참여했다. 이 글에는 한국 사회와 한겨레의 갈 길에 대한 나름의 신념이 담겨 있었다.

하지만 1990년대 이후 입사한 한겨레 젊은 세대 다수의 생각은 달랐다. 젊은 세대는 김대중에 대한 비판적 지지론을 극복하고 언론으로서 정치적 균형감을 갖추기를 원했다. 1998년 봄, 공채 6기 이하 젊은 기자들은 'DJP연합의 현실불가피론'을 제기한 칼럼과 사설들을 공개 비판하는 성명을 발표했다. 이때부터 '김대중 문제'를 둘러싼 의견 대립의 추가 한쪽으로 기울기 시작했다.

김영삼 대통령 시절에 '황태자' 김현철의 권력형 비리를 앞장서 보도했던 한겨레는 김대중 정부 들어서도 비판의 고삐를 느슨하게 풀지 않았다. 재벌 총수의 부인이 법무부 장관 등 권력 실세의 부인들에게 접근해 '옷 로비'를 했다는 의혹을 파고들었다. 검찰의 조폐공사 노조 파업 유도 보도, 김대중 대통령 아들 김홍걸의 이권 개입 의혹 보도 등이 이어졌다.

"한겨레가 김대중 정부 초기에 하도 '잘못했다'고 비판하니, 박지원 당시 청와대 공보수석이 김대중 대통령에게 '한겨레 나쁜 놈들'이라고 욕을 했다고 한다. '민주정부를 도와주지는 못할망정 앞장서 비판한다'고도 말했다. 그런데 대통령이 오히려 박지원을 야단쳤다고 하더라. '한겨레가 없었으면 정권이 교체되었겠느냐'면서." 정치부 기자를 오래했고 편집국장까지 지낸 성한용이 박지원에게 직접 들은 이야기다.

"한겨레 정치부 기자들은 정치권력과 적절히 거리두기를 한다. 편파적인 기사를 쓰는 경우는 거의 없다." 그런데도 때로는 욕을 먹을 수밖에 없다. 성한용은 정치기자의 '숙명' 같은 것이라고 여긴다.

정치 보도에서 한겨레가 견지하는 원칙을 보여주는 창간 초기의 일화가 있다. 1987년 10월, 동아대 학보사 기자가 송건호를 인터뷰하러 안국동 사무실을 찾았다. "새 언론이 지향하게 될 이념적 지표는 무엇입니까?" 학보사 기자가 물었다. "이데올로기는 무슨 이데올로기. 우린 그런 것 없어요." 송건호는 벌컥 화를 냈다가 조금 목소리를 낮춰 말을 이었다. "우리는 어떤 경우에도 이데올로기를 떠나 사실에 입각한 진실 보도만 할 뿐입니다."

"현재 양 김씨가 따로 당을 만들었습니다. 양 김씨에 대해 어떻게 평가하십니까?" 당돌한 기자의 질문이 이어졌다. "우리는 어느 특정인을 지지하지 않아요." 송건호가 답했다. "어떤 인물에 대한 일방적 지지는 있을 수 없어요. 사실을 보도하겠다는 우리가 어떤 특정한 정당을 지지할 수는 없습니다."

한겨레는 창간 때부터 정치권력에 대한 비판의 자세를 견지했다. 모든 정치세력에 대해 엄정하고 공정한 보도 태도를 갖는 것은 언론의 기본이자 한겨레의 철칙이었다. 개별 언론사 가운데 처음으로 만든 윤리강령에서는 "우리는 정당에 가입하지 않으며 특정 정당, 종교, 종파의 입장을 대변하지 않는다"고 적었다. 정치적 중립의 지향을 분명히 하는 대내외적인 약속이었다.

한겨레가 공정 보도에 철저하려 애쓰긴 했지만, 한겨레 내부에 민주 세력에 대한 연대의식이 아예 없다면 거짓말이다. 한겨레를 창간한 사람들의 대다수가 민주세력의 일부였다. 그러나 누가 과연 민주 또는 진보세력인가, 무엇이 연대이고 무엇이 편파인가. 한겨레 사람마다 그 기준이 조금씩 달랐다.

한겨레가 특정한 정치권력의 편을 든 적은 없다. 한겨레의 정치적 평형추를 유지하기 위해 한겨레 내부에서는 치열한 논쟁이 벌어지기도 한다. '우리는 김영삼과 김대중 정부에 대한 권력 감시를 과연 비슷한 잣대로 하고 있는가.' 김대중 정부 시절, 한겨레 내부에서 울려 퍼진 자성의 목소리는 그만큼 한겨레 구성원들의 고민이 깊었음을 보여준다.

'김대중 문제'가 한바탕 한겨레를 휩쓸고 지나간 뒤에 한겨레는 또 다른 예민하고도 까다로운 정치적 문제를 직면하게 된다. 바로 노무현 대통령과의 문제였다.

2002년 대통령에 당선된 노무현과 한겨레의 인연은 각별했다. 1982년 노무현 변호사는 부산에서 합동법률사무소를 열었다. 함께 개업한 문재인은 부산에서 존경받는 인권 변호사였다. 문재인은 한겨레 창간위원이자 초대 부산지사장으로 창간을 함께했다. 그는 부산 지역의 민주 인사들을 모아 한겨레 판매지국을 개설했다. '한겨레신문'이라고 쓰인 어깨띠를 매고 다니며 직접 한겨레 창간을 알리는 소식지와 창간호를 부산 시민들에게 나눠줄 만큼 한겨레 창간에 열성적이었다. 문재인의 권유를 받은 노무현도 그때 한겨레 창간기금을 냈다.

2003년 1월 9일, 노무현 대통령은 당선자 신분으로 한겨레신문사 공덕동 사옥을 방문했다. 최학래 대표이사, 정연주 논설주간, 조상기 편집국장 등을 만나 북핵 문제와 남북관계 등 현안에 대해 묻고 답하는 자리였다. 한겨레는 노무현 당선자의 방문 사실을 1면 기사로 썼다. 대통령 당선자가 특정 언론사만 이례적으로 방문한 것은 적절치 않다는 비판이 한겨레 안팎에서 일었다. 한겨레 내부 논쟁은 조금 다른 각도에서 진행되었다. 1면 기사를 두고 '거친 자사 홍보 기사'라거나 '지면 사유화'라는 비판이 쏟아졌다. 조상기 편집위원장은 "그날의 화제 거리를 1면에 비중 있게 다루는 게 신문 제작의 기본"이라고 밝혔다.

2005년 6월, 노무현 대통령은 한겨레를 향한 애정을 또 한 번 공개적으로 표현

한겨레

THE HANKYOREH

4646호 7판 2003년 1월10일 금요일

방향 혼선

해묵은 정책 보고도

수위가 내건 '새 정부 정책의 기 향 제시'를 두고서도 회의적 반 이 나온다. 정부 부처의 한 중견 원은 "공무원들이 새 정부의 기 향은 알아둘 필요가 있지만, 이 해서라면 차라리 당선자의 철 밝은 인수위원들이 부처를 돌 회강연을 하는 게 효과적"이라 말했다.

현장의 혼선=인수위는 현재 자의 대선공약을 요약해 각 부 회람시키고 이를 참고로 업무 를 해달라고 주문해 놓은 상태 이에 따라 일부 부처에서는 기존 추진하던 정책과 별개로 당선자 '입맛'에 맞을 아이디어를 경쟁 로 내놓는 양상이 빚어지고 있다. 연일 언론에 '인수위 방침' 또는 '새 정부 정책'으로 둔갑해 쏟아지는 정책들도 이런 과정에서 나오고 있는 아이디어들과 무관하지 않다.

한 중견 공무원은 "타당성이 낮은 탓에 그동안 캐비닛 속에 묵혀 뒀던 아이디어들을 각 부처에서 경쟁적으로 끄집어내는 양상"이라며 "정책 수립에 필수적인 예산 협의와 이해 관계 집단과의 조정도 하지 않은 아이디어들을 놓고 인수 단계에서 토론하는 게 어떤 의미가 있는지 모르겠다"고 말했다.

9일 노동부 업무보고 과정에서 빚어진 해프닝은 인수위 업무의 혼선상을 잘 보여준다. ▶2면으로 이어짐

박창식 기자 cspcsp@hani.co.kr

노무현 대통령 당선자(오른쪽)가 9일 오후 서울 마포구 공덕동 한겨레신문사를 찾아 편집국에서 기자들과 악수하고 있다.

이정용 기자 lee312@hani.co.k

노당선자 '한겨레' 방문…북핵등 의견 교환

노무현 대통령 당선자는 9일 오후 서울 마포구 공덕동 한겨레신문사를 찾아 최학래 대표이사 등 임직원들과 환담했다.

이날 이낙연 당선자 대변인 등과 함께 한겨레신문사를 찾은 노 당선 조상기 편집국장 등과 함께 북핵 문제, 남북관계, 한-미 관계 등 현안에 대해 의견을 나눴다.

노 당선자는 이 자리에서 "한겨레신문사를 한번 방문하고 싶었다"며 "북핵 문제와 한-미 관계 등에 대한 대표이사의 경험담과 제안을 주의깊게 경청했다. 노 당선자는 이어 논설위원실과 편집국, 제작국 등을 찾아 인사했다.

이낙연 당선자 대변인은 노 당선자의 한겨레신문사 방문에 대해 "신문사 방문이라기보다는 북핵 문제 등 현안에 대한 원로·중견 언론인의 의견을 듣기 위한 것"이라며 "한-미 관

한겨레와의 인연이 각별한 노무현 대통령은 2003년 1월 9일 당선자 신분으로 한겨레신문사 사옥을 방문했다. 한겨레는 이 소식을 신문 1면 기사로 전했는데, 안팎에서 여러 비판이 제기되었다.

한다. 한겨레가 제2창간 운동의 일환으로 벌이고 있는 '한겨레 발전기금 모금'에 참여하겠다고 밝힌 것이다. 대통령 한 달치 월급 1000만 원을 내기로 약정했다. 한겨레는 이번에는 조심스러운 태도를 취했다. 기사를 써서 대외적으로 알리지 않고 심사숙고했다. 대통령의 기부금을 받는 게 적절한지를 두고 한겨레 내부에서도 입장이 엇갈렸다. 정중하게 거절하자는 의견도 나왔다.

그런데 공식 입장을 정하기도 전에 먼저 소문이 밖으로 퍼져버렸다. 기자협회보가 이 사실을 먼저 보도했고, 조선일보는 6월 30일 1면에 기사를 썼다. '노(무현) 대통령은 한겨레에 발전기금'이라는 제목의 기사는 '정(동영) 통일(장관)은 김정일에 와인 선물' 기사와 나란히 악의적으로 편집되었다. 조선일보는 다음 날 사설에서 한층 더 강도 높게 비판했다. "대통령과 이 신문사 간의 끈끈한 관계는 다 아는 일이지만… 단순한 인정 차원의 문제가 아니다…. 대통령과 정치적 뜻을 같이하는 당과 지지자들의 기부금이 뒤를 잇고, 권력의 눈치를 살필 수밖에 없는 기업들은 광고와 구독신청으로 성의를 표시하지 않을 수 없을 것이다."

한걸음도 헛디뎌서는 안 됐다. 칼날 위에 선 한겨레는 균형을 잘 잡아야만 했다. 보수 언론과 보수세력은 한겨레를 '친여지', '친정부지'라고 헐뜯었다. 보수만이 아니었다. 노동 문제와 한미 FTA 등의 사안에서 노무현 정부와 대립했던 진보세력 쪽도 '친여지'라는 의혹의 눈빛을 보내기 시작했다. 한겨레는 나름 균형감각을 갖춘 기사를 쓰고자 노력했다. 때로 노무현 정부가 잘못한 일에는 비판도 했다. 노무현 정부와 지지세력들은 서운하게 여겼다. 정부 공식 브리핑 제도 도입, 기자실 폐쇄 등의 문제로 보수 언론과 '적'이 되어버린 탓에 편들어주는 언론이 더 절실했을 터였다.

이후 '노무현 망신 주기' 식으로 진행된 검찰 수사, 노무현 대통령의 서거 등으로 이어지는 격동의 시간을 거치면서 노무현 대통령 지지세력이 한겨레에 느끼는 서운함은 슬픔을 넘어 분노로 커져만 갔다. 검찰 소식통에 의존한 보도, 2010년 "놈현 관장사" 제목 파동 등 한겨레의 잘못도 없지 않았다.

2017년 19대 대통령 선거 국면에서도 이러한 양상이 반복되었다. 문재인 더불어민주당 후보 지지자들은 한겨레가 안철수 국민의당 후보에게 유리한 보도를 한다면서 분노했다. 안철수 후보 쪽에서는 정반대의 이유로 분노했다. "2012년 대선 때 안철수 후보가 사퇴한 직후에 시내에서 우연히 안철수와 캠프 인사들을 만났는데, 평소 알고 지내던 아무개 인사가 쳐다보지도 않더라고요." 2012년 대선 당시 편집국장을 맡았던 박찬수의 기억이다. 한겨레가 문재인 후보와의 단일화를 몰아가려 했다는 불만 탓이었다. 반면 2017년 문재인 후보 지지자들은 '한겨레가 2012년 안철수를 지지했다'고 야단쳤다.

'폴리널리스트'의 경계

한겨레 사람들은 창간 이후 줄곧 예민한 더듬이를 세워 정치적 공정성을 지키려 무던히 애썼다. 김대중, 노무현, 문재인. 대통령에 대한 개인적 호불호는 있을지언정 기사를 쓰는 순간만큼은 마음속 평형추를 끊임없이 다잡았다. 칼럼 문장을 하나하나 되짚으며 모든 정치권력에 비판적인 거리를 유지하고자 노력했다. 한겨레는 단 한 번도 정치권력에 우호적인 때가 없었다. 이른바 민주·진보 정부라고 해도 다르지 않았다. 진보와 개혁의 가치를 신뢰하면서 이에 부합하는 개별 정책을 정당하게 평가

하거나 비판했을 뿐이다.

한겨레라는 언론사는 정치권력과 거리를 두고자 했으나, 구성원 개개인이 정치권과 가까이 하지 못하도록 일일이 단도리할 수는 없었다. 한겨레 사람들 가운데 일부는 정치에 발을 들여놓았다.

2000년 2월 초, 한겨레 김성호 정치부 기자가 민주당 국회의원 후보로 공천을 받았다. 김성호는 김현철의 YTN 사장 인사 개입 등 굵직한 특종을 많이 한 유능한 기자였다. 민주당이 자신을 공천하려 한다는 사실을 확인하자마자 김성호는 사표를 썼다.

이 과정을 두고 논란이 일었다. 2000년 2월 9일, 노동조합이 '독립 언론 정신 훼손에 대한 강력한 조처를 촉구한다'는 성명을 발표했다. 2월 15일엔 젊은 기자 36명이 연서명으로 재발 방지 대책 마련을 촉구하는 성명을 냈다. 김성호는 일련의 과정을 해명하면서 노조의 성명을 비판하는 개인 입장을 사내 게시판에 올렸다. 몇몇 고참급 기자들이 "김성호는 공천을 위해 '정치 기자' 노릇을 한 적이 없다"며 노조 등의 거친 문제 제기를 비판했다. 그러나 편집국의 다수를 차지한 젊은 기자들의 윤리적 감수성은 창간 세대와는 또 다른 것이었다. 정당을 출입하다 정치권으로 자리를 옮기는 것 자체를 비판적으로 봤다.

김성호는 그해 총선에서 16대 국회의원이 되었다. 한겨레 출신 국회의원으로는 서형수(20대 국회의원), 문학진(17·18대 국회의원), 정동채(15대 국회의원)가 있으나 한겨레를 떠나고 한참 후에 출마한 것이었다. 2017년 7월 한겨레를 떠난 김의겸은 퇴사 6개월 뒤인 2018년 1월 문재인 정부의 두 번째 청와대 대변인이 되었다.

정치부 기자는 아니었지만 2010년 손규성 대전 지역기자가 한나라당 홍성군수 예비후보로 출사표를 던졌다. 한겨레 내부에서는 2월 다른 지역 언론들이 출마 사실을 보도한 뒤에야 알았다. 성한용 편집국장은 손규성에게 바로 사표를 받았다. '폴리널리스트'라고 비판받지 않으려면 정계 진출을 할 때 최소한의 유예 기간을 두도록 윤리강령에 포함시키자는 등의 의견이 나왔으나 제도 변경으로 이어지지는 못했다.

2017년 4월, 오태규 논설위원실장이 사표를 낸 지 20일 만에 문재인 더불어민주당 대선후보 캠프에 합류했다. 노동조합은 곧바로 비판 성명을 냈다. "한겨레 전체 논조에 큰 영향을 미치는 논설위원실의 책임자가 퇴사와 거의 동시에 정치권에 입문

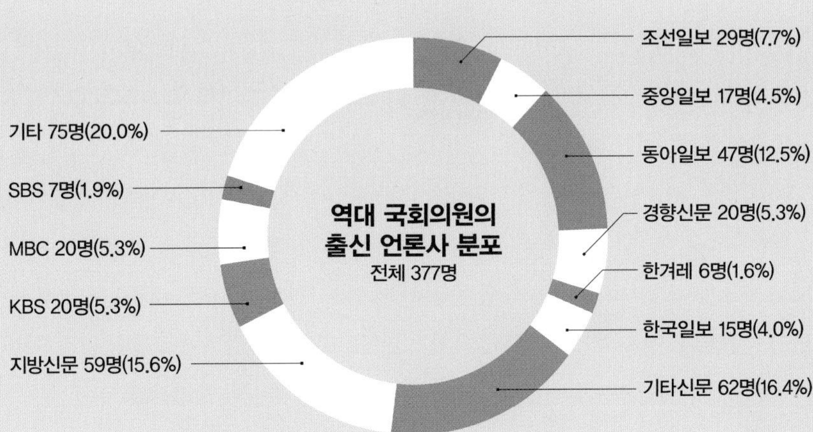

*최종 재직 언론사 기준, 김세은 '한국 폴리널리스트의 특성과 변화'(2017년)

한 사실을 독자들이 어떻게 판단할지 두렵다." 오태규는 퇴사 뒤에 갑작스럽게 제안을 받아 결정했을 뿐, "언론사에서의 직위와 글쓰기를 통해 어떤 자리나 이익을 탐하지 않았다"고 해명했다.

다만 정계로 자리를 옮긴 한겨레 기자들은 다른 언론에 견줘 절대적인 숫자가 적다. 2017년 김세은 강원대학교 신문방송학과 교수가 제헌국회부터 20대 국회까지 국회의원 가운데 언론인 출신 377명을 전수 조사한 결과를 보면 한겨레 출신은 6명(1.6%)으로 조선일보(29명), 중앙일보(17명), 동아일보(47명)보다 현저히 적었다(표 참조).

직업 선택의 자유가 있는 나라에서 언론인들이 정치에 참여하겠다고 해서 이를 막을 도리는 없다. 하지만 저널리스트는 '바깥'에 있어야 한다. 어제까지 '공정 보도'를 강조하며 정치인들을 준엄하게 꾸짖다가, 오늘은 정치권으로 출근하는 모습은 한겨레가 창간 때부터 견지해온 원칙과는 어울리지 않는다.

진보정당 가입을 둘러싼 논쟁

정치적 중립성과 공정성을 둘러싼 한겨레 사람들의 또 다른 고민도 있었다. 2003년 1월 20~21일, 한겨레 사원총회가 열렸다. 한겨레 임직원의 정당 가입 찬반 여부를 묻는 투표가 진행되었다. 전체 사원 가운데 75.6%인 419명이 참가한 투표에서

56.3%인 246명이 반대표를 던졌다. 정당 가입에 찬성한 구성원은 165명(39.6%)이었다. 투표 안건을 '정당 가입'이라고 뭉뚱그렸으나, 실제 논란의 중심에 있는 것은 민주노동당이라는 특정 정당이었다.

이에 앞서 무려 1년 동안 사내에서 토론과 논의가 이어졌다. 2002년 8월 재보궐 선거를 앞두고 민주노동당이 선거 홍보 광고를 중앙일보에 실은 것을 두고 한겨레 사내 게시판에서 논란이 일었다. 진보 정치세력에 대한 한겨레의 보도 태도 비판과 반비판이 이어졌다. 이 와중에 당시 노동조합 지면개선위원회 간사였던 조준상 기자가 민주노동당 기관지인 진보정치 편집위원을 겸하고 있다는 사실이 알려졌다.

토론이 한겨레 구성원의 정당 가입 문제로 번지자, 홍세화 기획위원과 윤전부의 최수근이 "나도 민주노동당 당원"이라고 스스로 밝혔다. 내부 논의가 이어졌다. 2002년 7월 23일, 윤리위원회는 이들이 정당 가입을 금지한 한겨레 윤리강령을 위반한 것으로 결론 내리고 탈당을 권유했다. 그러나 홍세화와 조준상은 이를 거부했다. 홍세화는 그 이유를 임직원 앞에 보낸 공개 편지에서 밝혔다.

"(정당 가입을 금지하는 윤리강령의) 조항은 한국의 정당 정치 현실에 비추어 볼 때, 기자직을 권력 지향의 발판으로 이용하려는 기자에겐 어떤 구속력이나 규정을 갖지 못하는 반면, 기층 민중을 대변하는 진보정당 활동은 가로막고 있다. 나는 한겨레를 떠날 의사가 추호도 없듯이 진보정당을 떠날 의사도 추호도 없다. 나는 문제 조항의 개정을 요구한다. 그날까지 사규를 어긴 구성원으로서 불이익을 감수하겠다."

윤리위원회는 법률가들에게 자문을 구했다. "회사가 구성원들의 정치적 활동을 일정 범위 내에서 제한하는 것은 헌법에서 규정한 영업의 자유에 해당하지만, 이와 동시에 정당 가입 자체를 금지하는 윤리강령은 헌법과 정당법에 위반된다고 해석될 여지도 있다."

아울러 "정당 가입을 이유로 임직원을 징계할 경우 위법한 처분이라고 할 수 있으며, 이 징계 처분을 받은 임직원이 노동위원회에 제소할 경우 징계 처분이 무효로 판단될 가능성이 높다"고 덧붙였다. 법률을 따져 풀 수 있는 문제가 아니라는 이야기였다.

결국 윤리위원회는 관련자들에게 재차 탈당을 권유하는 한편, 이 문제를 대통령 선거 이후 사내 토론을 거쳐 정리하기로 했다. 그런데 대선 직전인 2002년 12월 5

일, 홍세화가 문화방송의 '100분 토론'에 민주노동당 지지자로 출연했다. 이튿날인 12월 6일, 조상기 편집위원장은 홍세화가 맡았던 '왜냐면'의 편집을 중단시켰다. 12월 10일, 홍세화가 편집위원장에게 징계의 부당함을 지적하는 공개질의서를 보냈다. 논란 끝에 12월 13일 홍세화의 업무 정지가 해제됐다.

12월 26일, 임직원의 정당 가입 문제를 놓고 사내 공청회가 열렸다. 찬반 토론이 뜨거웠다. 윤리위원회는 이 문제를 사원 총투표를 통해 결론을 내리기로 했다. 사원총회 직전, 투표 자체를 거부한다는 젊은 기자 40여 명의 성명이 발표되었다. "정당 가입과 정당 활동을 포괄적으로 금지한 현행 윤리강령 7조가 헌법은 물론 정당법 규정에도 어긋나는데도 이를 찬반 투표로 해결하려 해서는 안 됩니다. 충분한 검토와 논쟁을 통해 광범위한 합의를 이끌어내는 방식으로 문제를 해소해야 합니다." 노동조합도 비슷한 취지의 성명을 발표했다.

사원총회 투표 결과, 정당 가입 찬성과 반대 여론이 4대6으로 나타났으나 윤리위원회는 결국 정당 가입자에 대해 징계를 내리지 못했다. 그러나 2008년 3월 4일, 윤리위원회는 정인환 한겨레21 기자가 진보신당 창당 발기인으로 참여한 일에 대해 윤리강령 위반으로 서면 경고 조처했다. 다만 앞서 논란이 되었던 윤리강령 7조 정당 가입 금지 조항을 문제 삼지는 않았다. 윤리위원회에서 정당 가입 허용 여부를 두고 토론했으나, 2003년과 마찬가지로 결론을 내리지 못했다. 대신에 윤리위원회는 정인환이 외부활동 보고 의무를 명시한 지침을 어겼다는 이유를 들어 본보기로 삼으려 했다.

기자의 정당 가입은 보도의 공정성을 의심케 하는 요소임에 틀림없다. 그렇다면 정치부 기자가 아니라면, 기자가 아닌 한겨레 구성원이라면 정당에 가입해도 괜찮을까. 특정 정당의 일에 간여하거나 퇴사 직후 정치권으로 직행해도 되는 걸까. 진보정당을 지지하는 기자의 양심은 공정 보도를 해야 하는 기자의 윤리와 어떻게 양립할 수 있는가. 평민당을 지지했던 과거 창간 세대의 신념과 오늘날 진보정당을 지지하는 젊은 세대의 신념은 서로 무엇이 다른가. 여전히 많은 논쟁거리가 남아 있다.

한겨레 내부의 다른 논쟁이 그렇듯이, 한겨레 사람들은 하나의 문제를 두고 오래도록 치열하게 고민하고 토론한다. 다른 언론사에서는 흔히 볼 수 없는 모습 가운데 하나다.

03

더 멀리,
뛰박질

21세기의 새 지평

01

1994년, 새로운 시대가 열리고 있었다. 한겨레 창간호가 등장한 1988년과는 확연히 다른 기운이 한국 사회에 꿈틀댔다. 1990년대 중반은 모름지기 대중문화의 시대였다. 1989년 독일에서는 베를린 장벽이 무너졌고, 1992년 한국에서는 문민정부가 탄생했다. 민주·민중·민족만으로는 포괄되지 않는 진보의 새로운 장(場)이 열렸다. 정치와 이념의 시대가 저물고, 문화라는 창(窓)을 통해야만 세상을 이해할 수 있을 것처럼 여겨졌다. 신세대, 신인류라 불리던 대학생들은 편지나 쪽지 대신에 무선호출기 '삐삐'로 서로 연락했다. 서태지와아이들의 〈하여가〉와 DC DOC의 〈슈퍼맨의 비애〉 같은 노래들이 거리에 울려 퍼졌고, 〈마지막 승부〉, 〈사랑을 그대 품 안에〉처럼 감각적인 드라마가 인기를 끌었다.

2013년과 2015년 '응사', '응팔' 열풍을 일으킨 tvN 드라마 〈응답하라 1994〉와 〈응답하라 1988〉의 배경은 각각 1994년과 1988년이었다. 두 연도는 추억을 소환하게 만드는 특별한 힘이 있는 해였다. 만약 한겨레의 역사를 드라마로 만든다면 1988년 한겨레 창간에 이은 두 번째 변곡점은 1994년이 될 터다.

1994년, 한겨레 안에서 지금까지와는 전혀 다른 움직임이 꿈틀대고 있었다. 1994년 1월 1일, 새해 첫 한겨레 1면에 '21세기를 향한 뉴저널리즘 선언, 주간 고급정보지를 창간합니다'라는 제목의 알림 기사가 나갔다. 커다란 느낌표가 그려진 삽화가 함께 실렸다. 평소 신문 지면과는 다른 파격이었다. "새 주간지는 단순한 사실의 전달자이기를 거부합니다. 치열한 분석과 합리적 대안, 그리고 분명한 주의·주장을 제시할 것입니다. …새 저널리즘의 기수로 우뚝 서겠습니다. 한겨레신문은 또다시 언론의 새 지평을 열겠습니다." 자신만만하면서도 도발적인 문구로 한겨레21은 탄생을 예고했다.

주말을 지나 발간된 1월 4일치 신문에도 1면 알림 기사가 나갔다. 이번에는 물음표가 그려진 잡지를 두고 고민하는 젊은 부부를 등장시킨 삽화를 곁들였다. '여러분이 편집자입니다. 이름부터 지어주십시오.' 발상과 제목부터 신선했다. 500만 원을 상금으로 내걸고 새 주간지의 제호를 공모했다.

독자들의 관심이 폭발했다. 새 주간지의 기자로 입사하기 위해 공덕동 사옥에 면접을 보러 온 고경태는 그런 광경을 난생처음 보았다. 두 대의 팩스에서 수신음이 끊이질 않았다. 잠시도 쉬지 않고 종이를 토해냈다. 치우기 무섭게 팩스 용지가 가득 쌓였다. "아니, 그 팩스, 고장 난 거 아니에요? 보낼 수가 없어요. 계속 통화 중이던데?" 항의 전화가 빗발쳤다. 팩스는 정상이었는데, 팩스를 보내는 사람이 워낙 많았다.

열흘 동안 무려 2만 5041명이 제호 공모에 참가했다. 여러 장에 걸쳐 주문과 충고를 써 내려간 사람이 많았다. 외국 주간지 동향을 분석해 제안서를 보낸 이도 있었다. 이런 난리 법석의 와중에 면접을 치른 고경태는 새 주간지팀의 막내 기자로 입사했다. 그의 첫 업무는 제호 공모 우편물과 팩스를 정리하는 것이었다.

사실 주간지 창간은 한겨레가 창간 때부터 품어온 꿈이었다. 1987년 10월, 창간 사무국에서 만든 사업계획서에는 일간지, 주간지, 월간지 등을 조속한 시일 내에 함께 발행한다는 구상이 나와 있었다. 평일에는 12면의 신문을 내고 일요일에는 36면짜리 주말판 신문을 따로 발행한다는 구상이었다. 시사주간지라기보다는 '신문 일요판'에 가까운 구상이었다. 그러나 창간 이후 6년 동안은

신문 발행만으로도 벅찼다. 다매체 발행은 뒤로 밀려날 수밖에 없었다.

1992년, 한겨레는 새 매체와 관련한 고민에 빠졌다. 월간 사회평론이 한겨레에 한 가지 제안을 했다. 자본 잠식 상태에 빠진 사회평론을 인수해 한겨레의 월간지로 발행해달라는 것이었다. 한겨레와 인연이 깊은 강만길 고려대 교수가 잡지의 대표자여서 가능했던 제안이었다. 하지만 그해 6월, 이사회는 인수하지 않기로 최종 결론을 내렸다. 대신 이 일로 한겨레 새 매체 창간에 불씨가 지펴졌다. 경영 실무자들은 기존 월간지를 인수할 바에야 참신한 새 월간지를 만드는 게 낫다고 이사회에 보고했다. 다만 월간지 시장의 전망이 그다지 좋지 않다는 점도 덧붙였다. 그렇다면 주간지는?

당시 김명걸 대표이사를 보좌했던 김두식 상무가 이 문제를 파고들었다. 1992년 8월, 처음으로 '시사주간지 발행계획안'이 이사회에 보고되었다. 한겨레21의 미래를 그린 최초의 시장조사 보고서였다. 늘어나는 적자를 우려하고 있었던 임원진은 일단 이 구상의 실현을 미뤘다.

1992년 말, 회사발전기획위원회가 꺼져가던 불씨를 다시 살렸다. 전략보고서에서 몇몇 신규 사업을 제안했는데, 가장 현실성 높은 제안이 주간지 발행이었다. 시사주간지를 만드는 일에 조금씩 힘이 실렸다.

1993년 들어 다시 주간지 시장을 분석했다. 그해 8월, 편집 쪽의 곽병찬과 경영 쪽의 김상윤이 초안을 마련했다. 두 달 전에 대표이사에 취임한 김중배가 이 초안에 흔쾌히 동의했다. 두 달 후인 10월 주간지 준비팀이 구성되었다. 당시 편집, 업무에서 최고의 능력을 인정받았던 사람들이 달려들었다.

뉴저널리즘을 표방한 최초의 시사주간지

오귀환과 곽병찬은 취재력, 기획력, 문장력 등에서 편집국에서 둘째가라면 서러운 민완 기자였다. 오귀환이 '사회통'이라면 곽병찬은 '정치통'이었다. 기자직으로 입사했다 나중에 스스로 업무직으로 옮긴 박태웅은 취재와 경영 마인드를 겸비한 인물이었다. 이태호, 박규봉도 한겨레의 젊은 경영 인재를 대표했다. 모두가 주간지 창간에 매달렸다.

창간을 앞두고 3월 3일부터 12일까지 전국 5개 도시를 순회하는 특별 문

알 림

기를 향한 뉴저널리즘 선언

간 고급정보지를 창간합니다

지평을 열겠습니다. 〈한겨레신문〉의 제2의 창간으로 기록될 새 주간지에 독자 여러분의 깊은 관심과 성원을 부탁드립니다.

론의 새지평 열 한겨레신문의 제2창간!

한겨레신문사

알 림

21세기를 향한 뉴저널리즘 선언 · 한겨레신문 주간 고급정보지 창간!

여러분이 편집자입니다 이름부터 지어주십시오

어둠의 시절, 한겨레신문은 새벽을 기다리는 국민들의 열정으로 창간됐습니다.

국민 여러분은 한겨레신문의 주인이었고 한겨레신문이 민주화의 새벽을 열어가는 데 강력한 원군이 되어주셨습니다.

그로부터 6년, 성년의 한겨레신문은 격동하는 세계 속에서 21세기를 향한 조타수가 되고자 이 땅에 전혀 새로운 고급정보지를 창간합니다. 인간과 진보에 대한 무한한 믿음 아래 21세기를 준비하는 문화적 지성의 동반자가 되고자 하는 것입니다.

새 주간지는 단순한 사실의 전달자, 단편적인 현상의 기술자, 객관적 사실을 앞세운 벙어리 언론이기를 거부합니다. 치밀한 분석, 합리적인 대안, 분명한 주의 주장 그리고 과학적인 전망을 제시할 것입니다. 주요 현상에 대해 그 정치, 경제, 사회적 배경을 분명히 함으로써 진실로 세계와 미래로 열린 지성의 창이 되겠습니다.

여러분은 한겨레신문의 주인입니다. 새 주간지의 주인도 국민 여러분입니다. 창간작업에 적극 동참하시어 이번에는 새 주간지의 편집자가 되어주십시오. 샘솟는 열정으로 새주간지의 편집 방향을 인도해주십시오. 고급정보 창조를 위한 기획아이디어를 전해주십시오. 국민 여러분과 함께 주간지는 뉴저널리즘의 새로운 지평을 열어갈 것입니다.

1994년 1월, 앞으로 두달 뒤 탄생할 새 주간지의 이름을 지어주시는 것이 여러분의 첫번째 몫입니다.

500만원 현상 제호공모

응모요령: 새 주간지 이름이나 편집방향·기획아이디어를 우편엽서나 FAX로 보내주십시오. 주소·주민등록번호·전화번호를 꼭 적어 주십시오.

응모기간: 94년 1월 4일(화)~1월 12일(수)

제 출 처: ㉾121-020 서울시 마포구 공덕동116-25 한겨레신문사 출판국(710-0501~0504) FAX(710-0509, 0510)

입상자 발표: 94년 1월 18일(화) 〈한겨레신문〉과 주요일간지

시상내용: 당선작 1편(상금 300만원)
우수작 10편(상금 각 20만원)
가 작 500편(새 시사주간지 1년 구독 신청 때 30% 할인 혜택)

● 참가자 모든 분에게는 박재동 화백이 그린 고급 미니 캘린더를 드립니다.

해당 제호가 많을 때는 추첨으로 결정합니다.

한겨레신문

'한겨레 21' 오늘 창간

'21세기와 한국의선택' 국내외 석학등 기고

'황태자 김현철은 최후의 성역인가'등 특집

10만부 발행

시사주간지 〈한겨레 21〉이 16일 창간됐다. 한겨레신문사에서 내는 이 주간지는 2000년에 성인이 되는 어린이들의 의식과 현실을 통해 한국의 현재와 미래를 여러 각도로 조명하는 특집 '21세기, 열 네살의 도전'을 커버스토리로 다뤘으며, 김대중·조순씨와 월러스타인·부와예·리피에츠 등 국내외 석학들로부터 창간 특별기고를 받아 '21세기 세계와 한민족의 선택'이라는 이름으로 창간특집을 꾸몄다.

〈한겨레 21〉은 또 김영삼 대통령의 둘째 아들 김현철씨의 이야기를 '황태자 김현철은 최후의 성역인가'라는 제목으로 싣고 있으며, 신경제 1년에 대한 경제분야 전문가 2백명의 설문조사도 심층적으로 분석하고 있다. 〈한겨레 21〉 창간호는 국내 시사주간지 가운데 가장 큰 5×7배판 크기로 모든 면을 컬러로 꾸미고 있으며, 1판 10만부가 발행됐다.

〈한겨레 21〉의 창간으로 한겨레신문사는 1988년 창간 이래 6년 만에 또 하나의 새로운 매체를 갖게 됐다.

1994년 1월 1일, 한겨레는 창간 뒤 처음으로 새 매체를 선보인다는 '알림'을 내보냈다(왼쪽). 500만원의 상금을 내걸고 새 매체의 제호를 공모했다(가운데). 한겨레21은 창간호부터 '성역 없는 보도'에 도전했다.

화공연도 열었다. 임직원들이 모두 정기 독자 확보 캠페인에 나섰다. 창사 이래 처음으로 영화배우 오정해를 출연시킨 텔레비전 홍보 광고도 내보냈다.

주간지 준비팀은 1960년대 이후 미국 언론계에서 확산되어온 '뉴저널리즘'을 내세웠다. 형식적 균형을 강조하는 객관주의 저널리즘을 지양하고, 편집자의 시각과 입장을 분명히 드러내겠다고 선언했다. 단순 사실 보도를 넘어 깊이 있는 분석과 전망을 제공하겠다는 뜻이었다. 좋은 언론을 대표하는 개념으로 '정론' 외에 마땅한 단어조차 없던 시절이었다.

한국 언론 가운데 뉴저널리즘을 표방한 것은 한겨레21이 처음이었다. 주간지 준비팀 안에서는 제호를 '뉴(NEW)'라고 정하자는 의견이 강하게 제기되기도 했다.

새로운 언론을 위한 첫 번째 시도는 편집에 디자인 개념을 도입하는 것이었다. 주간지를 신문처럼 '편집'하지 않고 '디자인'했다. 심층 보도 내용을 독자들이 좀 더 쉽고 친근하게 받아들이게 하기 위함이었다. 실력 있는 디자이너들이 합류했다. 이재용이 아트디렉터를 맡았다. 박은주, 최진이, 백성원, 이남숙, 배정희가 디자인팀을 구성했다. 창간 때 팀장을 제외한 취재기자가 7명이었

1995년 3월 15일, 한국언론재단 회관에서 열린 한겨레21 창간 1주년 기념 축하연. 왼쪽부터 한승헌 변호사, 백기완 통일문제연구소장, 권근술 한겨레신문사 대표이사, 김상현 민주당 고문, 이시윤 감사원장.

는데, 디자이너는 6명이나 되었다. 국내 시사주간지에서 디자이너가 편집의 중심이 된 것은 처음이었다.

슈피겔, 옵세르바퇴르 등 유럽 주간지를 주로 참고하며 편집 디자인을 구상했다. 시사저널, 주간조선 등 기존의 시사주간지들보다 더 큰 5×7배판의 판형을 택했다. 참신하고 창의적인 디자인을 적용하기 위한 밑바탕이었다. 시사주간지로는 처음으로 탁상출판 시스템(DTP)을 전격 도입했다. 기사 작성부터 편집·제작까지 컴퓨터를 사용했다. 한겨레21의 편집·디자인팀은 막 한국에 도입된 매킨토시를 적극 이용했다. 당시로서는 파격적인 일러스트들이 지면을 장식했다.

이후 한겨레21은 출판 디자인계에서 전설이 되었다. 세련되면서도 시대를 앞서가는 디자인이 진지한 내용을 다루는 주간지에서도 가능하다는 것을 입증했다. 한겨레21은 디자인을 가르치는 대학과 전문학원에서 교재로 쓰였다. 한겨레21의 판형과 DTP 제작 방식 및 일러스트 기술은 이후 모든 주간지의 모방 대상이 되었다.

한겨레21 초대 편집장은 편집국에서 정치부장을 맡고 있었던 고영재다. 그는 1980년 경향신문에서 언론자유운동을 이끌다 해직되었다. 1988년 한겨레 창간 무렵, 경향신문에서는 옛 해직기자를 다시 불러 야당지 전통을 재건하려는 흐름이 있었다. 해직기자 가운데 박성득, 박우정, 홍수원 등은 한겨레에 합류했지만 고영재는 경향신문으로 돌아갔다. 그러나 한화그룹이 경향신문사를 인수하기 직전인 1989년 12월, 고영재는 다시 해직된다. 당시 그는 노조 간부였다. 1990년 1월, 결국 한겨레에 입사했다. 그는 1999년 한겨레 편집위원장을 거쳐 '독립 언론'을 표방한 경향신문의 대표이사가 되었다가 2013년에는 시민편집인으로 한겨레와 다시 인연을 이어갔다.

편집국 부장 가운데 최선임 격인 정치부장을 주간지 편집장으로 임명한 것에 이어 한겨레21 취재팀도 최정예 기자들로 꾸렸다. 한겨레21 창간의 밑그림을 그렸던 오귀환과 곽병찬이 각각 취재팀장과 취재팀 차장을 맡았다. 두 사람은 초창기 각종 기획과 특종을 주도했다. 김현대, 여현호, 이공순, 이봉현, 정재권, 강석운, 박태웅 등 민완 기자들을 취재팀에 배치했다.

감각적인 제목과 편집은 김용기, 윤승일, 고경태가 맡았다. 김용기는 월간 옵저버 편집장 출신으로 한겨레21 초창기 편집팀을 이끌었다. 윤승일은 대학을 중도에 접고 노동운동을 거쳐 을지로 인쇄 골목에서 출판 편집을 익히고 있었다. 고경태는 학보사 편집장과 전국대학신문기자연합회 간부를 지냈다. 이들이 주로 뽑아낸 촌철살인의 표지 제목은 이후 한겨레21의 상징이 된다. 김선규, 변재성, 이정용, 이혜정 등이 사진 취재를 담당했다. 몸을 사리지 않고 현장에 접근하는 공격적인 취재로 이들은 크고 작은 부상을 달고 살았다.

한국 사회를 넘어 해외 취재망을 탄탄히 구축한 것도 다른 시사주간지와 달랐다. 당시 편집국 소속이었던 워싱턴의 정연주, 도쿄의 김효순 특파원을 활용하는 동시에 고종석을 파리 주재기자로 두었다. 한겨레의 해외 인맥을 동원해 10여 명의 해외 특별 기고가 및 통신원을 뒀다. 송두율(베를린), 이종원(도쿄), 심재호(뉴욕), 이욱연(베이징), 최영철(예루살렘) 등이다. 한겨레21 해외 통신원들은 그 뒤에도 크고 작은 특종과 대형 기획에 혁혁한 공을 세웠다. 윤성주(보스턴), 권은정(런던), 김성환(베이징), 구수정(베트남) 등이 1990년대 한겨레21의 해외 취재를 맡았다. 독일 브레멘 통신원이었던 최우성은 훗날 한겨레 기자가 되어

2013~2015년 한겨레21 편집장을 맡게 된다.

해외 통신원의 촘촘한 취재망은 2000년 6월 '아시아 네트워크'라는 이름으로 결실을 맺는다. 한겨레21에 꾸준히 글을 써온 분쟁 전문기자 정문태를 중심으로 아시아 각국의 기자 20여 명이 네트워크를 만들었다. 한겨레21은 이들이 아시아 곳곳에서 보내온 기사를 거의 독점적으로 지면에 실었다. 미국과 유럽을 중심으로 하는 국제 뉴스 대신에 아시아의 눈으로 아시아를 보자는 국제 뉴스의 새로운 전범이 되는 시도였다.

젊은 영상 세대를 위한 고급지 전략

한겨레21은 주간지 시장의 판도를 바꿨다. 1993년 발행되고 있는 주간지만 해도 2000종류가 넘었다. 종이 매체의 홍수였다. 주간지만이 아니라 일간신문, 월간지 종류도 1988년 이후로 서너 배가 늘어났다. 그런 가운데서도 한겨레21의 존재는 특별했다. 무겁고 식상하게 느껴졌던 기성 언론과는 다른 취재·보도, 세련되고 감각적인 디자인의 표지, 송곳으로 찌르는 듯 재기발랄한 표지 제목 삼박자가 모두 맞아떨어진 결과였다. 매호 잡지를 낼 때마다 독자들의 폭발적인 호응이 이어졌다.

창간호 표지 기사에선 모두 쉬쉬하던 김영삼 대통령의 아들 김현철 문제를 다뤘다. 정치 기사 위주였던 기존 시사주간지와는 달리 사회, 문화, 국제 분야로 뉴스의 영토를 넓혀 더 많은 독자를 끌어들였다. 1994년 3월 24일에 창간호가 나왔는데, 창간호 10만 부가 모두 매진되었다. 창간 3주 만에 2만 5000여 명의 정기 독자를 확보했고, 창간 넉 달 뒤에는 3만 5000명을 넘어섰다. 총 발행부수는 10만 부를 돌파했다. 서점, 가판 등에서도 한겨레21은 다른 주간지보다 두 배 이상 판매되었다.

발간 9개월 만에 손익분기점에 도달했고, 발행부수, 열독률, 영향력, 품질 등에서 주간지 시장 1위의 자리에 올랐다. 여기서 멈출 수는 없었다. 새로운 영토를 더 넓혀야 했다. 한겨레는 더 멀리 뜀박질을 하기 위해 한 가지 일을 더 꾸몄다.

1994년 12월의 어느 날, 조선희와 정성일이 마주 앉았다. 영화인들이 자주 드나드는 서울 충무로 극동빌딩 지하 다방이었다. 조선희는 한겨레 문화부 영화 담당 기자였고, 정성일은 한겨레 문화면의 영화 칼럼 필자였다. 한겨레가 준비하는 새 영상매체 준비팀장으로 발령받은 조선희는 정성일이 영화 전문 월간지를 만들려고 사무실을 차렸다는 이야기를 들었다.

아직 영세한 한국 영화 시장에 영상 전문 매체가 두 개나 존립할 수 있을까. 둘 중 하나는 창간을 포기해야 한다고 마음먹은 조선희가 정성일을 불러냈다. 조선희는 그만두라는 이야기 대신에 덕담만 건네고 돌아섰다. 정성일은 넉 달 전부터 이 일을 준비해왔던 터였다. 거기에 견주면 한겨레는 한걸음 늦었다.

앞서 1994년 10월, 운영기획실 김상윤이 새 매체를 하나 더 만들자고 임원회의에 제안했다. 김상윤은 한겨레21 창간의 밑그림이 되는 주간지 시장 분석 초안을 썼던 터였다. 잘 다니던 광고 회사를 때려치우고 한겨레에 입사했던 김

1995년 1월 23일, 한겨레 1면에 영상문화 주간지 창간을 알리는 기사가 나갔다(왼쪽). 씨네21이 창간된 1995년은, 영화 탄생 100주년을 맞아 세계 문화계가 시끌벅적한 해였다.

|영|상|시|대|젊|은|문|화|저|널|리|즘|

영상 주간지 4월 창간

알림

지금 이 땅에는 고급 영화관객은 많지만 고급 영화잡지는 없습니다.
지금 이 땅에는 젊은 영상세대는 있지만 젊은 영상잡지는 없습니다.
한겨레신문사는 오는 4월 우리 영상문화를 이끌 새 주간지를 창간합니다.

스크린과 브라운관, 멀티미디어 화면이 쏟아내는 영상문화의 홍수 속에서 새로운 세기를 맞는 지금, 우리는 뉴미디어 시대에 뒤떨어지지 않는 감각과 안목을 키워주는 영화·영상 주간지를 만들려 합니다.

세련된 디자인, 수준 있는 비평, 빠른 정보로 채워질 한겨레신문의 새 영화·영상 주간지는, 스타들 주변을 기웃거리는 저널리즘에 식상한 독자들에게 고급 영상저널리즘이 무엇인지 보여주겠다고 감히 약속합니다.

지난해 이맘때 저희 신문은 시사주간지 〈한겨레21〉을 창간한다는 알림을 내보냈습니다. 독자 여러분의 뜨거운 관심과 성원에 힘입어 〈한겨레21〉은 창간후 한번도 빠짐없이 전국 가판대에서 판매부수 1위를 기록했습니다.

이제 영화 비디오 TV CF 등 영상에 관한 모든 것을 담게 될 새 잡지에 독자 여러분을 편집자로 모십니다. 지면을 빛낼 기획 아이디어를 보내주십시오. 또 영화·영상에 관한 대중적 전문 주간지의 이름을 지어 주십시오.

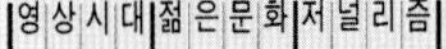

5백만원 현상 제호 공모

□ 응 모 요 령 : 새 주간지 이름과 함께 편집방향, 기획 아이디어를 우편엽서나 팩스, 또는 컴퓨터통신망으로 보내 주십시오. 주소·주민등록번호·전화번호를 꼭 적어 주십시오.
□ 응 모 기 간 : 95년 1월23일(월)~2월3일(금)
□ 보 내 실 곳 : 서울시 마포구 공덕동 116-25 한겨레신문사 출판국 영상매체준비팀 (우 121-020)
팩스 / 710-0590, 710-0509, 710-0510 전화 / 710-0591~2
컴퓨터통신 / 하이텔(han3), 천리안(zhkr), 에이텔(pip 00138), 나우누리(han1)
□ 입 상 자 발 표 : 95년 2월9일(화) 〈한겨레신문〉
□ 시 상 내 용 : 당선작 / 1편 상금 300만원 우수작 / 10편 상금 각 20만원
가작 / 300편 새 주간지 1년 구독신청시 30% 할인혜택
해당 제호가 많을 때는 추첨으로 결정합니다.

한겨레신문사

알림

새로운 '영상문화 저널리즘' 시대를 엽니다

<씨네 21> 오늘 창간

종합영상주간지 <씨네21>이 오늘 창간됩니다.

한겨레신문사가 〈한겨레21〉에 이어 두번째로 창간하는 주간지인 〈씨네21〉은 영상문화 전반에대한 빠른 정보와 고급 비평을 담습니다. 스크린과 브라운관, 멀티미디어 화면이 쏟아내는 영상문화 홍수 속에서 새로운 세기를 맞는 지금, 〈씨네21〉은 뉴미디어 시대에 뒤지지 않는 감각과 안목을 키워주는 영화·영상주간지가 되고자 합니다. 또한 세계시장에서 한국영상산업이 경쟁력을 가지는 데 도움되는 정보제공자의 소임을 다하고자 합니다.

〈씨네21〉 창간호의 주제는 안팎의 격변기를 맞고 있는 한국영화입니다. 창간특집 1부에서 한국영화를 부문별로 진단하고, 2부에서 한국영상문화를 움직이는 50인을 소개했습니다. 〈씨네21〉은 한 주일간 영화의 모든 것을 알려줍니다. 극장영화, 비디오영화, 그리고 TV영화까지. 그리고 TV를 새롭게 보는 눈을 제공합니다.

〈한겨레신문〉이 독재정권의 재갈을 풀어냈듯이, 〈한겨레 21〉이 우리 사회 곳곳에 잠겨있는 진실들을 파헤쳐내듯이 〈씨네21〉은 장차 영상문화의 바른 길잡이로서 새로운 영상시대를 독자여러분과 함께 열어갈 것입니다. 〈씨네21〉이 영상문화 저널리즘의 주축으로 자리잡을 수 있도록 독자여러분의 깊은 관심을 부탁드립니다.

정기구독 신청방법

■ 구독신청서를 작성하여 우편으로 보내주시면 됩니다.
보내실 곳 : (121-020) 서울시 마포구 공덕동 116-25 . 한겨레신문사 출판국 정기독자팀
■ 1년 정기구독료 : 90,000(10%할인금액)
■ 정기구독 문의 : 본사 전화 7100-544~5. FAX 7100-509~10

한겨레신문사

1997년 2월 4일, 서울 연강홀에서 열린 제2회 씨네21 영화상 시상식. 영화 〈은행나무 침대〉 제작자 신철, 임권택 감독, 배우 이정현·안성기, 강제규 감독(왼쪽부터)이 상을 받았다.

상윤은 한겨레21, 씨네21, 한겨레문화센터 등의 새 사업 아이디어를 줄줄이 내놓았고 일을 성사시키는 능력이 있었다. “신문사에서 일하고 싶었던 게 아니라 ‘한겨레’니까 일하고 싶었다”고 김상윤은 회고한다. 김상윤은 훗날 2004년부터 2014년까지 10년간 씨네21 대표이사로서 본인이 그린 밑그림을 실행에 옮기게 된다.

김상윤이 제출한 영화주간지 창간 제안 보고서에 대해 임원회의 모든 참석자가 반대했다. 한겨레 창간 정신에 어긋나는 것 아니냐, 주간지를 낼 만큼 한국 영화 시장이 성장하겠느냐 등의 우려가 제기되었다. 딱 한 사람, 김두식 대표이사만 찬성했다.

김두식은 이 문제를 연구할 팀 구성을 지시했다. 11월, 판매의 장창덕, 광고의 황충연 등이 새 매체 창간 실무 검토팀으로 시장조사를 했다. 영상정보지에 대한 독자 수요가 높다는 점은 확인되었다. 그러나 고개를 갸웃하며 난색을 표하는 이들이 많았다. 이미 어느 정도 시장이 형성되어 있었던 시사주간지와는 달리, 영상주간지 시장은 한겨레가 아예 새로운 길을 개척해야만 하는 상황이었다. 영화잡지는 월간지나 격주간지였고, 주간지라고 하면 10대들이 보는 연예주간지 정도만 있던 시절이었다. 누구도 성공을 장담할 수 없었다.

임원들의 반대를 무릅쓰고 김두식이 결단했다. 12월 편집국 문화부의 조선희와 운영기획실의 김상윤을 새 영상매체 준비팀에 발령냈다. 1995년 1월 23일, 한겨레 1면에 알림 기사가 나왔다. '영상주간지 4월 창간'을 알리는 내용이었다. "고급 영화 관객은 많지만 고급 영화잡지는 없습니다. 젊은 영상 세대는 있지만 젊은 영상잡지는 없습니다." 한겨레21 창간 알림 때보다 한걸음 나아갔다. 준비팀은 지적이면서도 감각적인 젊은 영상 세대를 위한 고급지 전략을 택했다. 한겨레21이 '뉴저널리즘'을 표방했다면 씨네21은 '젊은 문화저널리즘'을 내세웠다.

"오늘날 영상 문화는 첨단 정보통신 기술의 비약적인 발전에 힘입어 양적인 팽창과 질적인 변화를 계속하고 있습니다. 영상 문화는 날이 갈수록 대중의 생활과 의식에 대한 영향력을 더해가고 있습니다. 유선방송국이 문을 열고, 주문형 비디오가 시험 가동을 시작했습니다. 움직이는 영상을 실어 나를 공공데이터베이스도 추진되고 있습니다. 한 해에 줄잡아 400편의 영화가 개봉되고, 텔레비전 채널의 다양화로 프로그램이 홍수처럼 쏟아집니다." 권근술 대표이사가 쓴 씨네21 창간사는 훗날 21세기 한겨레가 직면할 미디어빅뱅 시대에 대한 예고편이기도 했다. 새로운 시대의 파도에 올라탈 것인가, 소용돌이에 휩쓸려 파묻혀버릴 것인가. 한겨레는 전자를 택했다.

초대 편집장은 조선희가 맡았다. 조선희는 영상매체 준비팀장을 맡기 전에 문화부 영화 담당 기자였다. 연합통신에서 일하다가 한겨레 창간 소식을 듣고 곧바로 합류한 조선희는 소설을 쓰고 싶다고 입버릇처럼 말하곤 했다. 훗날 조선희는 《햇빛 찬란한 나날》, 《세 여자》 등 여러 권의 소설책을 펴내는 소설가가 된다. 조선희는 누구도 선뜻 맡겠다는 이가 없는 영상 매체 일을 받아 안았다. 그를 추천한 사람은 한겨레 문화부의 또 다른 영화 담당 기자였던 안정숙이었다. 영화학을 공부한 안정숙은 후배 조선희의 뒤를 이어 씨네21의 2대 편집장이 된다.

창간 취재팀은 영화잡지 편집장 출신인 김광철이 이끌었다. 취재팀에는 김영진, 김소희, 오은하, 김혜리가 있었다. 타블로이드판 영화·영상 잡지들에 좋은 글을 써온 인재들로 취재팀을 골라 뽑았다. 한겨레 편집국 출신인 김영희, 김창석도 합류했다. 윤승일과 남동철이 편집을 맡았다. 변재성 팀장과 손홍주,

정진환, 오계옥이 사진팀을 이뤘다. 한겨레21 창간을 이끌었던 이재용이 씨네21의 아트디렉터를 다시 맡아 디자인에도 공을 들였다. 디자인팀에는 신지희, 장병인, 권은영, 우수현이 합류했다.

1995년 5월 2일, 씨네21 창간호가 세상에 나왔다. 조선희가 만나 덕담을 건넸던 정성일이 준비하던 영화월간지는 하루 앞선 5월 1일 '키노'라는 이름으로 베일을 벗었다. 씨네21의 창간호 표지는 안성기, 문성근, 채시라 등 영화계 스타들의 사진이 장식했다. 배우 손현주의 친형인 사진팀 손홍주가 어렵게 섭외했다. 당시 외국 영화배우를 주로 등장시켰던 다른 영화잡지들과는 사뭇 다른 표지 구성이었다. 한국 영화의 부흥에 기여하겠다는 씨네21의 의지가 담긴 선택이기도 했다. 씨네21은 이후 스크린쿼터제 축소·폐지 등의 이슈가 있을 때마다 한국 영화인들의 편에 섰다.

90년대를 이끈 문화 아이콘

창간호에는 '영상문화를 움직이는 베스트 50인'으로 공지영, 도정일, 세계적 영화비평가인 토니 레인즈의 글 등을 실었다. 동시에 5월 8일부터 14일까지 서울 종로5가 연강홀에서 제1회 서울영화제를 열었다. 개봉 예정 화제작과 국내 우수 단편영화를 상영했다.

창간호가 나온 날 저녁, 권근술 대표이사, 박우정 출판국장, 김선주 논설위원과 조선희 등이 모였다. "창간호가 일단 나왔으니 이제 된 거야." 1995년 3월 대표이사 회장으로 취임한 권근술이 말했다. 씨네21은 권근술 대표이사의 작품이기도 했다.

창간호는 매진되었지만, 반응은 엇갈렸다. 한겨레 사내에도 어렵다는 사람, 촌스럽다는 사람이 있었다. 제호에 외래어를 썼다는 눈총도 받았다. 더구나 창간 첫해인 1995년에만 5억 7000만 원의 적자를 냈다. 조선희는 창간호가 성에 차지 않았다. 창간 두 달여 만인 1995년 7월, 판형을 키우고 새로운 편집 디자인을 선보였다. 사실상의 재창간이었다. 취재와 마감에 쫓기던 오은하는 일하다 쓰러져 구급차에 실려 가기도 했다. 씨네21 기자들은 자갈밭을 갈고 있다고 스스로 한탄했다.

이는 머지않아 자부심으로 바뀌었다. 창간 3년여 만에 씨네21은 시장에 제대로 안착했다. 1997년 6억 원의 당기순이익을 냈다. 창간 직후부터 잘나갔던 한겨레21과 비교되며 설움 받던 시절도 있었지만, 2000년대 들어서는 한겨레21보다 훨씬 안정적인 경영 상태를 이어갔다. 씨네21과 하루 차이로 창간되었던 월간 키노는 2003년 7월 99호를 끝으로 폐간했다. 반면 씨네21은 2000년대 중반까지 판매부수, 영향력, 열독률 등에서 1위 자리를 굳건히 지켰다.

한겨레21과 씨네21은 한겨레의 영토를 새롭게 넓혔다. 지금까지와는 전혀 다른 독자를 상대로 하는 새로운 시장을 만들어냈다. 사전에 치밀한 시장조사를 진행했던 게 주효했다. 1994년과 1995년, 문화의 시대라는 흐름을 잘 읽어내고 적절한 때에 과감하게 나선 덕분이었다. 심층성, 현장성으로 차별화된 잡지, 동종 매체 사이에서도 단연 돋보이는 상품을 만들어냈다.

한겨레21과 씨네21 구성원들은 1996년 공덕동 사옥이 증축될 때까지 변변한 사무실도 없이 더부살이를 했다. 건물 옥상에 가건물을 짓고 일한 때도 있었다.

비바람 맞아가며 두 주간지는 쑥쑥 자라났다. 한겨레가 나무의 몸통이라면, 한겨레21과 씨네21은 나무 그늘 아래 더 많은 독자를 품을 수 있도록 뻗어나간 2개의 핵심 줄기였다. 한겨레21과 씨네21은 1990년대 일종의 문화 아이콘이었다. 두 주간지의 창간은 한겨레 창간 이후의 가장 큰 성공이었다. 한겨레는 한겨레21과 씨네21을 앞세우고 21세기를 향해 힘찬 발걸음을 옮기고 있었다.

시사주간지
한겨레21
창간기념대공연
❶

❷
1000

❶ 1994년 3월 12일, 서울 등촌동 88체육관에서 한겨레21 창간기념 공연이 열렸다.
❷ 한겨레21은 1994년 창간 이후 많은 독자들의 사랑을 받았다. 창간호부터 1000호까지 모은 독자 김상래 씨(맨 오른쪽) 가족이 2015년 3월, 경기 파주시 탄현면 대동리 집에서 쌓아놓은 잡지를 앞에 두고 사진을 찍고 있다.
❸ 한겨레21은 한겨레가 매체 다각화를 위해 처음으로 창간한 자매지였다.
❹ 2004년 3월 9일, 서울 플라자호텔에서 한겨레21 창간 10돌 기념 리셉션이 열렸다. 왼쪽부터 현기영 문예진흥원장, 지은희 여성부 장관, 고희범 한겨레신문사 대표이사, 리영희 전 논설위원, 김성수 성공회대 총장, 박연철 변호사.

통일을 향해, 신사업을 위해

02

1996년 1월 9일, 한겨레 1면에 서태지와아이들 인터뷰 기사가 실렸다. "북한에 가서 통일 염원을 담은 〈발해를 꿈꾸며〉를 부르고 싶습니다. 그리고 그곳 젊은이들과 자유에 대해서 한 번 이야기해보고 싶습니다." 통일에 힘을 보태려 한겨레통일문화재단의 발기인으로 참여한다는 내용이었다.

새빨갛게 염색한 긴 머리를 더듬이처럼 드리운 서태지가 사진 속에서 웃고 있었다. 한겨레는 그해 1월 4일부터 매일 1면에 '한겨레통일문화재단 설립 캠페인' 기사를 싣고 있었다. 한겨레 창간 때처럼 국민에게 호소했다. 한겨레통일문화재단을 국민재단으로 만들 터이니 '국민 발기인'으로 참여해달라고 했다. 서태지는 다섯 번째 인터뷰 주자였다.

기사가 나간 다음 날인 1월 10일, 서태지 팬클럽 가운데서도 가장 회원 수가 많은 '요요팬클럽' 회장이 신문사를 찾아왔다. 회원 1000여 명 모두의 이름으로 국민 발기인으로 참여하겠다고 말했다. 또 다른 팬클럽 '또래네'도 40여 명이 발기인으로 참여하겠다는 뜻을 밝혔다. 하루 50통씩 걸려왔던 문의 전화가 두 배로 늘었다. "우리도 참여하고 싶다"고 나선 청소년들이었다.

서태지 인터뷰는 한겨레통일문화재단 설립추진본부 사무국장을 맡은 김영철의 아이디어였다. 문화운동가 출신인 그는 '고루함'을 버려야 한다고 생각했다. 인터뷰는 당시 문화부 기자였던 김규원이 했다. 패닉, 안성기, 임권택 등 문화예술인들도 발기인으로 동참했다. 정치권에서도 이회창, 김종필, 이수성, 조순 등을 끌어들였다. 김수환, 송월주, 서영훈, 한완상 등 각계 원로 23명을 포함해 모두 3만 2000여 명이 재단 발기인이 되었다.

한겨레통일문화재단은 통일을 위한 연구·학술 사업, 이산가족 생사 및 주소 확인 작업, 통일교육 사업, 남북 간 학술·문화교류 사업을 벌여나갈 참이었다. 이후 한겨레통일문화재단은 남북 민간 교류의 허브 구실을 한다.

재단의 주춧돌을 놓은 이는 기업인 김철호였다. 해방 직후 섬유·화학약품 제조업체를 경영하며 돈을 모은 김철호는 40대 중반의 나이에 귀농했다. 회사는 후진에게 물려줬다. 1982년 산재 노동자를 위한 요양소를 세워달라며 땅 2만 5000평을 노동부에 기증할 정도로 심지가 깊었다. 1995년 5월, 김철호는 한겨레에 1만 2000여 평의 땅과 현금 5억 원을 기탁했다.

애초 그 땅은 이념 전쟁에 희생된 원혼을 위로하는 납골당을 세우기 위

1996년 1월 9일, 한겨레통일문화재단 발기인으로 참여한다는 서태지의 한겨레 1면 인터뷰 기사(왼쪽). 오른쪽은 1998년 11월, 평양에 있는 윤이상음악당에서 열린 윤이상통일음악회의 모습. 한겨레 신문사와 한겨레통일문화재단이, 북한 윤이상음악연구소와 공동 개최했다.

한겨레통일문화재단 설립 캠페인

'분단50년' 이젠 통일로

■ 발기인 참여한 '서태지와 아이들' ■

북녘에서 '발해를 꿈꾸며' 불러야죠

통일문제 잘은 모르지만 작은 힘 보태고 싶어

해 마련해둔 것이었다. 그런데 터를 닦으려는 무렵, 암 판정을 받았다. 후일을 부탁할 곳이 필요했다. 자신을 역사 문제에 눈뜨게 했던 역사문제연구소를 찾아 서중석 교수, 박원순 변호사에게 후일을 부탁했다. 두 사람이 한겨레신문사를 소개했다.

1995년 8월 11일, 한겨레신문사 이사회는 기탁금을 종자돈 삼아 일회성 행사가 아닌 지속적인 통일 사업을 벌일 국민재단을 설립하기로 결정했다. 한겨레 창간 때 그랬듯이 국민이 발기인으로 참여하도록 하자고 구상했다. 그로부터 두 달여 만에 김철호는 재단 설립을 보지 못하고 눈을 감았다. 세상을 떠나기 직전에 현금 2억 원을 추가로 기탁했다. 그는 투병 중에도 "통일에 앞서 남쪽에서부터라도 죽은 자와 산 자가 서로 용서하고 받아들이는 일을 진행해야 한다"고 말하곤 했다. 고 김철호 선생이 남긴 전남 구례의 땅에는 2018년 현재까지도 분단 희생자의 원혼을 기리는 '지리산 한겨레평화생명공원'을 만들기 위한 계획이 진행 중이다. 애초 납골당을 건립하려 했으나 사업자금 부족 등의 여러 이유로 계획이 변경되었다.

주춧돌 위에 기둥을 세운 이는 김영철이었다. 통일문화재단 설립을 책임졌던 그는 나이, 계층을 초월해 전 국민적인 참여 캠페인을 벌이자고 제안했다. 발기인 모집은 순조롭게 진행되었다. 그런데 통일부가 딴죽을 걸었다. 통일부는 통일문화재단 설립을 불허했다. 재단이 계획한 이산가족 주소 확인 작업 등이 시기상조라고 트집 잡았다. 통일교육 사업은 초중등 과정의 통일교육 내용과 상충할 우려가 있다고 주장했다.

남북 민간 교류의 개척자가 되다

1997년 6월에야 한겨레통일문화재단이 정부 허가를 받아 정식으로 출범했다. 이후 한겨레통일문화재단은 남북 민간 교류의 개척자 역할을 했다.

1998년 10월 31일, 한겨레신문사와 한겨레통일문화재단이 함께 처음으로 북한 땅에 발을 디뎠다. 북한 윤이상음악연구소와 함께 11월 3일 평양에서 음악회를 공동 개최하기로 되어 있었다. 분단 이후 남북의 음악인이 합동 연주하는 공연은 처음이었다. 11월 3일은 3년 전 세계적인 작곡가 윤이상이 독일 베

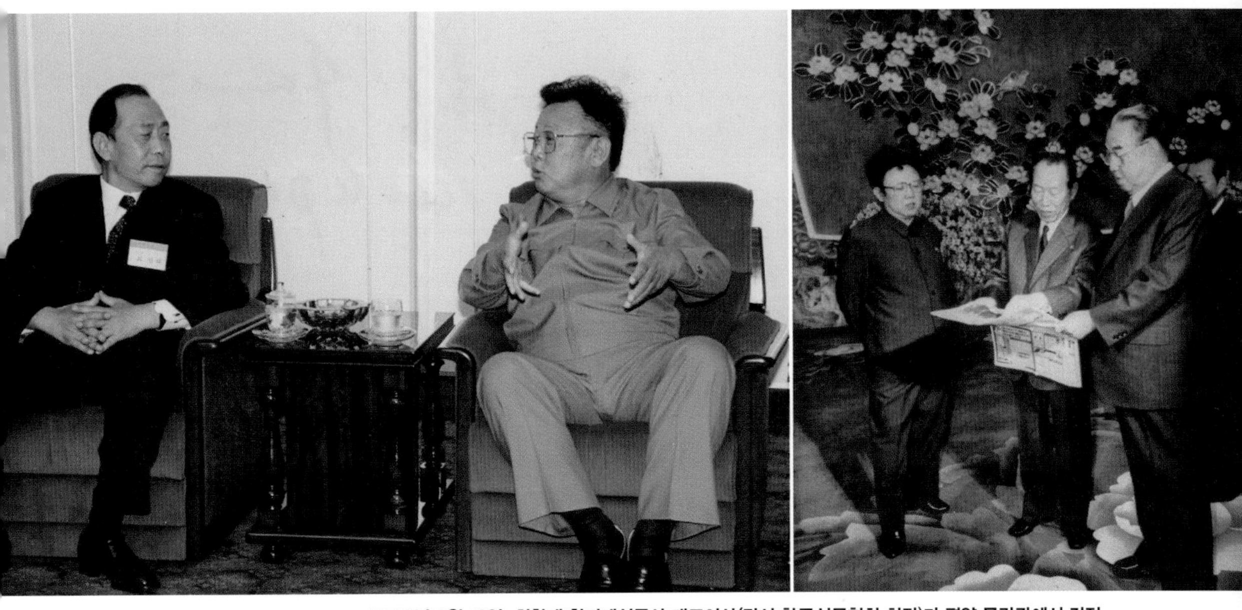

2000년 8월 12일, 최학래 한겨레신문사 대표이사(당시 한국신문협회 회장)가 평양 목란관에서 김정일 북한 국방위원장과 환담을 나누고 있다(왼쪽). 오른쪽은 1989년 4월 7일 김 위원장이 당 비서국 비서 시절, 김일성 주석 등과 함께 한겨레에 실린 김일성 주석과 문익환 목사의 접견 기사를 보는 모습.

를린에서 눈을 감은 기일이기도 했다.

윤이상은 1967년 중앙정보부가 조작한 동백림 간첩단 사건에 연루되어 고초를 겪었다. 38년 동안 고향을 오매불망 그리워했지만, 고향 통영 땅을 밟지 못한 채 외국 땅에 묻혔다. 평양에는 1984년 설립된 윤이상음악연구소가 있었다. 윤이상은 김일성 주석의 초대로 1979년 평양을 찾은 이후로 종종 평양에 머물면서 윤이상관현악단을 교육시키곤 했었다.

한겨레가 윤이상의 고향 남한과 음악의 제자들이 있는 북한을 잇는 가교가 되었다. 한겨레통일문화재단 사무총장이었던 최학래가 윤이상 유족, 북한 쪽과 접촉해 일을 도모했다. 김일성 주석 사망과 조문 파동 이후 얼어붙은 남북의 마음을 녹이려면 음악밖에 없다고 최학래는 생각했다. 최학래는 그로부터 2년 뒤인 2000년 8월 46개 남한 언론사 사장단을 이끌고 북한을 다시 방문하게 될 운명이었다.

그런데 평양으로 떠나기 며칠 전, 통일부가 방북을 불허했다. 권근술 대표이사와 최학래가 정부 관계자들을 만나며 백방으로 뛰었다. 다행히 하루 만

2017년 5월 21일, 서울 광화문광장에서 한겨레통일문화재단과 개성공단기업협의회, 남북경협기업 주최로 '2017 상생의 남북경협을 위한 서울시민 한마당' 행사가 열렸다. 여섯 살 어린이가 철책으로 갈라진 한반도를 잇자는 의미로 손도장을 찍고 있다.

에 결정이 번복되었다. 최학래 단장을 필두로 김덕수 사물놀이패, 박범훈 국립국악관현악단장, 바이올리니스트 김현미 등으로 구성된 서울연주단, 한겨레 문화부 클래식 담당 기자인 김보협 등은 고려항공을 타고 베이징을 거쳐 평양에 도착했다. 11월 3일 모란봉극장에서 열린 제1회 윤이상통일음악회에는 500여 명이 참석해 윤이상의 가곡 〈달무리〉, 〈통일아 통일아〉, 교향시 〈광주여 영원히〉 등의 연주를 감상했다. 남북 간 전화나 이메일 연결이 안 되어 김보협은 번거로운 기사 송고 과정을 거쳤다. 당시 도쿄 특파원이었던 한승동에게 현장 취재 기사를 전화로 불러주면 한승동이 그걸 다시 한국의 한겨레 기사 집배신망에 올려야만 했다.

역사적인 공연이었다. 아쉽게도 윤이상통일음악회는 1회 공연에 그쳤다. 하지만 이 공연은 한겨레의 남북 관련 사업에 중요한 물꼬를 틔워줬다.

며칠 뒤인 11월 10일 권근술 대표이사와 리영희 이사, 신현만 비서부장, 곽병찬 편집국 정치부장 등이 다시 북한을 방문했다. 남북어린이어깨동무 조형 이사(이화여대 교수), 이기범 사무처장(숙명여대 교수)도 함께였다. 권근술은 남북어린이어깨동무 이사장을 겸하고 있었는데 7박 8일간 평양에 머물며 북한 당국자들과 민족의 화해와 상호이해를 위한 인도적 지원 및 사회문화 교류 방안을 협의했다.

한겨레와 남북어린이어깨동무 대표단은 남한 어린이들이 북한 어린이들을 생각하며 그린 그림 500점을 전달했다. 11월 17일 한겨레는 북한 통일신보와 '통일을 위해 협력관계를 발전시켜나간다'는 내용의 협력 의향서를 교환했다. 분단 이후 최초의 남북 언론 협력 의향서였다.

한겨레는 통일문화재단을 중심으로 꾸준히 겨레의 마음을 모아 통일의 밑돌을 놓고자 했다. 이후에도 통일문화재단은 남북경협아카데미(1999년), 금강산 자전거 평화대행진(2001년), 북한 미술 특별전(2002년), 통일 감자꽃 축제(2003년), 용천군 폭발 사고 피해 동포 돕기 캠페인(2004년), 북녘 나무 보내기 캠페인(2005년), 북녘 수해 지원 캠페인(2006년), 평양어린이학습장공장 준공(2007년), 북한 어린이들에게 지급할 평양어린이사과농장 설립 캠페인(2009년) 등의 다양한 사업을 펼치게 된다.

특히 1999년부터 한겨레통일문화상을 제정해 시상하고 있는데, 윤이상(1회), 강만길(2회), 문정현·문규현(3회), 정주영(4회), 부산 아시안게임 북한 응원단(5회), 임동원(6회), 박용길·홍근수(8회), 리영희(9회), 백낙청(11회), 정세현(16회) 등이 이 상을 받았다. 2000년대 들어서는 남북 교류 증진 사업에만 머무르지 않고 세계 평화의 문제로 시야를 넓혔다. 2003년엔 이라크 어린이에게 의약품을 보냈다. 2005년부터는 세계 각국의 학자, 시민운동가, 정치인 등이 참가하는 '한겨레-부산 국제심포지엄'을 해마다 열고 있다.

2007년 7월에 창단한 한겨레통일문화재단 시민합창단 '평화의 나무'는 평화와 상생의 미래를 열고 새로운 대안문화 모델을 제시하기 위해 매년 정기연주회를 열고 있다. 한반도 평화 문제를 보다 심도 있게 연구하기 위해 2007년 7월 재단 산하에 한겨레평화연구소도 설립했다. 초대 소장은 김연철 고려대 아세아문제연구소 연구교수가 맡았다. 이후 한겨레에서 오랫동안 남북관계 기사를 써온 강태호, 김보근, 권혁철 기자가 차례로 소장을 역임했다.

1998년 방콕 아시안게임, 2002년 부산 아시안게임, 2008년 베이징 올림픽 등 남북이 함께 출전하는 국제 체육경기가 열릴 때마다 한겨레통일문화재단은 남북공동응원단을 꾸려 남북 선수들을 함께 응원했다. 한겨레가 벌이는 통일 관련 사업들은 대부분 수익과는 무관하다. 한겨레 창간사에 명토 박았듯이 "민주화를 위해 불가결의 조건이 되는" 남북관계 개선을 위해 노력하는 것이 한겨레의 역사적 임무라고 여겼다.

한겨레 콘텐츠를 활용한 사업 다각화

이 무렵부터 한겨레는 신문'사'로서의 사업들에도 적극 발 벗고 나서게 된다. 1994년부터 1년여 동안 열린 '사업 다각화 회의'가 그 효시였다. 김두식, 문영희, 박성득, 박우정, 이병, 윤석인 등 당시 관련 임원들이 모여서 한겨레 콘텐츠를 바탕에 둔 각종 사업 방안을 논의했다.

영화, 공연, 전시, 남북교류 등 각 분야에 걸친 문화 사업이 논의되었다. 시민들의 피부에 와 닿는 문화 사업을 벌이면 신문사의 수익을 늘리는 한편 한겨레의 영향력도 높일 수 있으리라 기대했다. 창간 때부터 한겨레는 문화 사업 부문에 저력을 갖고 있었다. 1990년 8월 18일부터 한 달간 진행된 '겨레의 노래' 전국 순회공연이 대표적이었다. 한겨레 창간 이전에 여러 공연 이벤트를 맡아본 적이 있던 이병주 상무이사가 겨레의노래 사업단장을 맡았다. 가수 김민기가 공동위원장 겸 실무총감독이었다.

한겨레는 '차별화'된 문화 사업에 방점을 찍었다. 대중가요나 민중가요와 다른 '우리 겨레만의 노래'를 발굴하겠다는 뜻을 담아 '겨레의 노래' 공연을 기획했다. 방송사가 주최하는 대학가요제나 민중가요 행사와는 다른 한겨레만의 색깔을 드러낼 음악 행사를 만들고자 한 것이다.

1990년 8월 18일 서울 공연을 시작으로 광주, 대구, 부산, 전주, 대전 등 전국 7개 도시에서 22차례 공연을 펼쳤고, 5만여 명이 이 공연을 즐겼다. 해외동포 사회에서 구전되는 한민족의 노래를 수집해 《겨레의 노래》라는 책으로 펴냈고, 그 가운데 열두 곡을 골라 담은 '겨레의 노래' 음반도 내어 10만 장을 팔았다. 음반 제작 과정에 150여 명의 각 분야 음악인들이 참여했고, 순회공연 때는 각 지방마다 노래패들이 동참해 70여 개 문화단체의 1500여 명이 무대에 올랐다.

1990년 8월 18일, 서울 잠실학생체육관에서 '겨레의노래' 공연이 열렸다. 이날 서울 공연을 시작으로, 한 달 동안 전국 7개 도시를 순회하며 22차례 공연을 펼쳤다.

이를 바탕으로 한겨레 사업부는 '민족가극 금강'(1994년 8월), '해방 50주년 기념 민족가극 백두산 공연'(1995년 11월), '음반 사전심의 철폐를 위한 자유 콘서트'(1996년 6월), '평양 교예단 서울 공연'(2000년 6월), '인권 콘서트'(2003년 12월), '오 통일 코리아 2004'(2004년 6월) 등의 문화공연 행사를 지속적으로 펼쳤다.

그러나 여러 공연 행사는 절반의 성공에 그쳤다. 각 행사가 모두 좋은 반응을 얻었지만, 막상 수익 면에서는 좋은 성과를 내지 못했던 것이다. 야심차게 기획했던 겨레의노래 사업도 해를 넘겨 이어지지 못했다. 재밌는 문화 사업 아이디어를 내더라도 많은 돈이 들어가는 경우가 많아, 열 가지 중에 한 가지도 성사시키기 어려웠다. 한겨레 문화 사업은 2000년대 이후로도 다양한 공연과 전시회 등으로 이어진다. 하지만 한겨레만의 콘텐츠로 차별화된 문화 사업을 벌이면서 수익도 기대하는 것은 시대를 불문하고 한겨레 문화 사업을 담당하는 구성원들의 계속된 고민이었다.

1995년 3월 13일, 서울 마포구 노고산동에 한겨레문화센터가 개관했다. 이날은 권근술 대표이사의 공식 취임일이기도 했다. 한겨레문화센터는 진보적인 지식과 교양을 널리 알린다는 목표로 설립되었다. 진보 콘텐츠가 반드시 활자 매체에만 담겨야 할 이유는 없었다. 한겨레는 강좌, 교육 등을 통해 지식·교양의 저변을 확대하고자 했다.

당시 운영기획실 사업부가 새로운 사업을 구상하고 실행하는 역할을 맡았다. 이병 사업부장 휘하에 강병수, 김상윤, 이승철 등이 일했다. 앞서 한겨레21, 씨네21 때와 마찬가지로 김상윤이 최초 기안을 작성했다. 이를 실현하고 제 궤도에 올리는 일은 강병수가 맡았다. 강병수는 한겨레문화센터 초대 팀장, 부장이 되어 2001년까지 센터가 안착되도록 이끌었다.

한겨레문화센터는 강의 공간을 따로 마련하고 직장인과 학생을 대상으로 하는 전문 강좌, 생활문화 강좌 등을 개설했다. 석 달 단위로 강좌를 열었는데, 매번 1000~2000여 명의 수강생들이 몰릴 정도로 인기가 좋았다. 강의 공간이 비좁아 더 많은 수강생을 받지 못할 정도였다.

다른 언론사들도 문화센터를 운용하고 있지만, 한겨레문화센터만큼 명성과 권위를 유지하는 곳은 드물었다. 특히 출판, 언론, 영상 분야의 전문 강좌는 대학의 정규교육 과정에 버금갈 정도로 많은 실력자를 배출했다. 영화 연출, 애니메이션, 출판만화, 시나리오, 출판편집, 언론사 입사 과정 등은 관련 지망생들 사이에서 '사관학교'로 통한다. 2005년 이후 한겨레에 입사한 기자들 가운

2006년 10월 31일, 경기도 과천 서울랜드에서 열린 '서울 학생 동아리 한마당' 개막식(왼쪽). 1994년 7월, 민족가극 〈금강〉 공연을 위해 배우들이 연습하고 있다.

데는 한겨레문화센터 언론사 입사 과정 수강생 출신이 많다. 글쓰기 분야는 한겨레문화센터의 또 다른 강점이다. 자유기고, 교정교열, 문화비평, 번역 등 전문적 글쓰기는 물론, 논술, 토론, 독서 등 청소년 글쓰기 분야까지 다양한 강좌를 개발했다.

대학에서도 제대로 가르치지 않는 전문 강좌를 개발해 20·30대의 젊은 층에게 다가가는 한겨레문화센터의 '교육철학'은 지금까지도 계속되고 있다.

한겨레문화센터가 진보 지식·교양 사업의 한 축이라면, 다른 한 축은 한겨레출판이었다. 한겨레출판은 처음에는 한겨레 운영기획실 출판팀으로 출발했다.

한겨레가 제 이름을 걸고 처음으로 낸 책은 1989년 9월 발간된 《한겨레 논단》이다. 창간호부터 1면에 연재한 '한겨레 논단'을 묶었다. 쟁쟁한 논객들의 글에 대한 독자의 반응이 뜨거웠다. 1991년 11월에는 《발굴 한국 현대사 인물》을 발간했다. 1989년부터 3년에 걸쳐 한겨레에 연재한 기사를 엮었다. 인기가 높아 1권에 이어 2·3권까지 펴내며 모두 6만 부 이상을 찍었다. 수익 면에서 큰 성공을 거둔 것은 아니었지만, 인문교양 서적 시장이 침체한 가운데서도 두 책 모두 괜찮은 반응을 얻었다. 신문에 실리는 글이 책으로도 널리 읽힐 수 있다는 것을 확인한 계기였다.

1993년 2월, 사업 다각화를 고민하던 한겨레가 운영기획실 아래 출판팀을 만든 것도 이 때문이었다. 1993년, 출판팀이 펴낸 대표적인 책은 《이곳만은 지키자》였다. 1991년 5월부터 이듬해 10월까지 조홍섭과 김경애가 학계 전문가들과 함께 훼손되어가는 생태계를 찾아 전국을 누비며 기사를 썼는데, 이를 엮었다.

1994년 4월, 한겨레 운영기획실 아래 있던 출판팀은 출판부로 이름을 바꿨다. 본격적인 한겨레출판의 시대가 시작되었다. '야만의 시대를 이겨낼 수 있는 교양과 지식의 저변 확대'가 한겨레출판부의 모토였다.

출판부 출범 첫해인 1994년에 《이렇게 해야 바로 쓴다》를 펴냈다. 1995년에는 소설 《인샬라》를 냈다. 해방 50주년 기념 한겨레 장편소설 공모 당선작이었다. 큰 호응을 얻었다. 《인샬라》의 성공을 계기로 1996년부터 '한겨레문학상'을 만들어 소설을 공모했다. 해마다 당선작을 책으로 내어 큰 인기를 끌었다. 《나의 아름다운 정원》(2002), 《삼미 슈퍼스타즈의 마지막 팬클럽》(2003), 《표백》(2011) 등이 대표적이다. 한겨레문학상을 통해 등단한 한창훈, 박민규, 장강명 등은 소설가로 큰 성공을 거두었다.

언론사가 거느린 출판사 대부분이 상업적 대중서 출간에만 신경을 쓰고 있는 데 반해, 한겨레출판은 인문·사회과학이 대중과 만나는 영역을 집중적으로 파고들어 명성과 이익을 동시에 얻었다. 한겨레가 품격 있는 언론사의 위상을 지킬 수 있었던 데에는 대중들에게 고급 담론을 지속적으로 제공한 한겨레출판의 구실이 결정적이었다.

일간지와 주간지가 좋은 기사 또는 좋은 연재물을 발굴해 싣는다. 그 가운데서도 독자 반응이 좋은 글을 골라 책으로 출판한다. 책을 통해 탄탄한 독자층을 확보하게 된 필자는 신문 또는 주간지에 새로운 글을 쓰고 강연 행사 등에 참가하면서 매체 영향력 확대에 기여한다. 이 과정을 지켜본 새로운 필자들이 한겨레에 기꺼이 글을 보낸다…. 이 공식은 홍세화를 프랑스에서 한국으로 돌아오게 만들었다. 한겨레는 1995년부터 세계 각 나라의 정치, 경제, 사회, 문화를 돌아보는 짧은 연재물을 신문에 실었다. 홍세화는 이 가운데 '내가 본 프랑스, 프랑스인'의 필자였다. 1996년 6월부터 10월까지 30편을 신문에 실었다. 그는 1979년 무역회사의 주재원으로 파리에 갔다가 고국에서 터진 '남조선 민족해방전선' 사건에 연루되어 망명 생활을 시작했다. 1995년 창작과비평사에서 출판한 《나는 빠리의 택시운전사》로 한국에 그 이름을 알렸다.

한겨레출판은 홍세화의 '내가 본 프랑스, 프랑스인'을 바탕 삼아 《쎄느강은 좌우를 나누고 한강은 남북을 가른다》를 냈다. 책을 쓰는 데 3년이 꼬박 걸렸다. 1999년 4월, 책이 나왔다. 두 달 뒤인 1999년 6월, 홍세화는 20년의 망명 생활 끝에 처음으로 한국에 귀국했다.

이후 그는 한겨레에 '빨간 신호등'이란 제목의 칼럼을 연재했고, 2000년 영구 귀국해 한겨레 기획위원, 시민편집인으로 일했다. 홍세화는 《악역을 맡은 자의 슬픔》(2002), 《빨간 신호등》(2003) 등을 모두 한겨레출판에 맡겨 펴냈다.

한국의 역사와 사회에 대한 새로운 시선을 제시한 박노자도 한겨레와 한겨레출판을 통해 필명을 떨쳤다. 1999년 5월, 한겨레는 외국인들이 보는 한국에 관한 연재물을 실었다. 제목이 '서울 돋보기'였다. 초대 필자 가운데 한 명이었던

2003년 《삼미 슈퍼스타즈의 마지막 팬클럽》으로 제8회 한겨레문학상을 수상한 소설가 박민규 씨(가운데)가 고희범 한겨레신문사 대표이사(오른쪽에서 두 번째) 및 심사위원들과 함께 기념촬영을 하고 있다.

러시아인 교수 블라디미르 티호노프에게는 박노자라는 한국 이름도 있었다.

당시 그는 스물일곱 살이었고, 한국말을 유창하게 했고, 한국인보다 한국의 역사와 문화에 더 해박했다. 그가 한겨레에 쓴 칼럼을 토대로 《당신들의 대한민국》(2001)을 한겨레출판에서 펴냈다. 이후 한겨레와 한겨레21에 줄곧 칼럼을 쓰면서 《좌우는 있어도 위아래는 없다》(2002), 《당신들의 대한민국 2》(2006), 《우리가 몰랐던 동아시아》(2007), 《거꾸로 보는 고대사》(2010), 《비굴의 시대》(2014), 《주식회사 대한민국》(2016) 등을 연이어 냈다.

진보적 담론의 생산 기지가 되다

한겨레출판은 시대를 앞서가거나 시대와 불화했던 지식인들을 대중과 만나게 하는 다리 역할도 했다. 한국 현대사를 전공한 소장학자였던 한홍구는 2001년 1월부터 한겨레21에 '역사이야기'를 연재했다. 이를 토대로 2003년 2월, 《대한민국사》 1권을 냈다. 독자의 뜨거운 반응에 힘입어 2006년 12월까지 2·3·4권을 연

이어 한겨레출판을 통해 펴냈다.

송두율은 '경계인'이라는 말에 가장 잘 어울리는 지식인이다. 창간 직후부터 한겨레에 부정기적으로 글을 싣다가 2001년 1월부터 고정 칼럼을 썼다. 2003년, 국정원은 송두율이 북한 노동당 정치국 후보위원이라고 발표했다. 그 혐의를 벗으려 송두율은 오랫동안 고생했다. 독일에서 공부하고 강의한 그는 남북을 오가며 분단을 넘으려 했던 지식인이었다. 한겨레출판은 송두율의 진면목을 보여주는 《통일의 논리를 찾아서》(1998), 《민족은 사라지지 않는다》(2000), 《21세기와의 대화》(2001), 《경계인의 사색》(2002) 등을 펴냈다.

출판부 설립 이래 한겨레출판은 가치와 수익 면에서 모두 성공을 거뒀다. 한겨레출판이라는 브랜드 자체가 인문교양 서적을 찾는 독자들에게 신뢰를 주었다. 진보 담론에 목마른 사람들은 한겨레출판이 내는 책을 꾸준히 찾았고, 대중에 목마른 진보 지식인들은 지속적으로 한겨레출판과 인연을 맺었다.

주강현의 《우리 문화의 수수께끼》(1996~1997), 홍세화의 《쎄느강은 좌우를 나누고 한강은 남북을 가른다》(1999), 박노자의 《당신들의 대한민국》(2001), 한홍구의 《대한민국사》(2003~2006) 등은 각각 20만 부 넘게 팔린 한겨레출판의 대표적인 베스트셀러다.

한겨레출판의 성공은 한겨레 사람들에게 중요한 교훈을 주었다. 깊이 있는 진보, 성찰하는 지성의 콘텐츠가 대중적으로도 널리 사랑받을 수 있다는 사실을 확인했다. 1994년 한겨레 운영기획실 출판팀에 입사한 이기섭은 2017년 3월 한겨레출판 대표이사로 퇴임할 때까지 이 모든 일의 중심에 있었다. 한겨레출판은 출판 전문가인 김수영과 공채 사원인 정진항, 조재성 등을 1990년대 중반 새 식구로 받아들이면서 문학, 인문, 에세이, 어린이 등 다양한 분야에 걸쳐 종합 출판사의 면모를 굳혔다.

대안에 목마른 평범한 시민들에게 다가가는 '진보적 삶의 마케팅' 전략은 사업뿐만 아니라 기사에도 적용되었다. 언론사로서의 사회적 책임과 연대의식을 발휘해 기사를 통해 사회 변화를 끌어내고자 했다. 실업극복국민운동 캠페인이 대표적이었다. 구제금융 사태 직후인 1998년 초, 실업자 교육훈련과 취업 알선을 목표로 범국민 캠페인을 벌였다. 노동부, 한겨레신문사, 시민단체 등이 함께 참여했다. "구제금융 사태로 어려움에 빠진 서민을 돕는 사회 공익적 사업이니만큼 한겨레가 그 일을 맡는 게 가장 적절할 것으로 봤다"고 오귀환은 회고한다.

이 사업은 언론, 정부, 시민사회가 공동으로 사회문제를 푸는 방식의 전범이 됐다. 한겨레는 관련 기사를 지속적으로 보도해 여론을 환기하는 한편, 정부기관과 시민단체를 연결하면서 중심을 잡았다. 성한표 총괄상무, 정영무 경제부 차장, 안영진·권복기 기자 등이 관련 취재와 사업을 열 달 동안 전담했다.

수백억 원의 성금을 실업자 교육과 취업 알선에 썼지만, 한겨레에 돌아온 수익은 한 푼도 없었다. 그러나 이들의 노력은 2003년 공익법인 실업극복운동본부의 출범으로 이어졌고, 지금까지도 언론사의 사회사업 가운데 가장 성공적인 사례로 남아 있다.

한겨레21, 씨네21, 한겨레출판, 한겨레문화센터, 한겨레통일문화재단, 실업극복국민운동 등이 1990년대 중반의 한겨레를 대표하게 된 것은 우연이 아니다. 여러 이유로 대표이사가 수시로 바뀌는 혼란 속에서도 당시 한겨레 사람들을 지배하는 화두는 하나였다. 신문 발행으로 축적된 한겨레의 고유한 콘텐츠를 보다 많은 사람들에게 전할 수 있는 다양한 경로의 개척이었다. 멀티미디어기업의 면모가 이 시절 형성되었다.

제7회 시민달리기 대회
2003. 6.15
주최 한겨레신문사
한겨레 실업극복 교육·지원센터

❶ 2003년 6월 15일, 서울 상암동 월드컵경기장 남쪽 광장에서 열린 6월항쟁 16돌 기념 제7회 시민 달리기 대회 '행진 6·10'에는 5000여 명의 시민들이 참가했다. ❷ 1998년 9월 7일, 서울 서초구 반포동 반포플라자 앞에서 열린 한겨레실업극복교육·지원센터 현판식. ❸ 2003년 8월 24일, 대구 시민운동장에서 유니버시아드대회 여자축구 북한과 프랑스의 경기가 열렸다. 북한팀이 골을 넣자 한겨레남북평화응원단원들이 기뻐하는 모습.

민주정부와 민주언론

03

1994년 5월, 한겨레 기자들은 하루 종일 차만 타고 다녔다. 24시간 김영삼 대통령의 아들 김현철의 승용차를 뒤쫓았다. 김현철의 측근으로 통하는 주변 인물들도 추적했다. 그들이 언제 어디에서 누구를 만나는지 알아내려 했다. '한겨레' 로고가 박힌 신문사 취재 차량 대신 개인 승용차를 구해 타고 다녔다. 놓칠까 우려해 두 대의 차에 사회부와 사진부 기자가 나눠 탔다. 어느 날, 청와대 수석 비서관이 최학래 편집위원장에게 전화를 걸어 항의했다. "어떻게 스물네 시간을 따라다닙니까. 신경이 쓰여서 (김현철의) 눈 실핏줄이 터졌답니다. 너무 심한 거 아닙니까."

너무 심한 일을 먼저 벌인 것은 '황태자' 김현철이었다. 1994년 5월 3일, 김현철은 한겨레 보도가 자신의 명예를 훼손했다며 20억 원의 손해배상 청구소송을 냈다. 명예훼손 사상 최고의 청구액이었다. 1994년 4월 27일 한겨레 1면에는 무자격 한약업사들이 김현철에게 1억 2000만 원의 정치자금을 건넸다는 기사가 실렸다.

이 기사는 엄밀히 말해 한겨레의 특종이 아니었다. 사건 관련 첫 보도는 세계일보가 했다. 1994년 4월 24일, 무자격 한약업사를 구제하는 일에 청와대가 압력을 넣었다는 의혹을 보도했다. 이틀 뒤, 한약업사 정재중이 정치자금을 김현철 쪽에 건넸다고 주장하는 기자회견을 열었다. 한겨레가 보도한 것은 그 기자회견 내용이었다.

이 기사를 한겨레만의 특종으로 만들어준 것은 다른 언론이었다. 각 언론사 기자 20여 명이 기자회견에 참석했지만 누구도 이를 보도하지 않았다. 한겨레를 제외한 나머지 언론 가운데 최초 보도를 했던 세계일보만 초판에 기사를 내보냈는데, 그나마 밤새 기사를 빼버렸다. 이 신문사 부사장은 "미안하다. 외압이 왔다"고 기자들에게 말했다. 첫 기사와 달리 김현철의 이름이 거론된 것이 문제였다. 이후 언론계에선 '한겨레적 특종'이란 말이 회자되었다. 알면서도 누구도 쓰지 않는 기사를 한겨레만이 소신 있게 쓰는 경우를 일컫는 말이었다.

문민정부 최후의 성역을 무너뜨리다

1994년 3월 24일자로 발행된 한겨레21 창간호 표지 기사도 그런 의미에서 한겨레적 특종이었다. '황태자 김현철은 성역인가'라는 제목으로 김현철을 둘러싼 여러 의혹을 짚었다. 그런데 한겨레21보다 먼저 이를 다루려 했던 주간지가 있었다. 경향신문사가 발행하는 뉴스메이커였다. 그해 초 김현철의 정치권 인맥에 대한 취재를 마치고, 2월 초에 기사를 내보내려 했다. 그런데 청와대에서 연락이 왔다. 기사를 싣지 말라고 했다. 뉴스메이커는 김현철 관련 보도를 접었다.

한겨레21 기자들도 이런 일을 알고 있었다. 그 상황이 오히려 한겨레21 기자들을 자극했다. 창간호에서 김현철 문제를 정면으로 다루기로 했다. 어떻게 알았는지 연락이 왔다. 청와대 비서관이 취재를 맡은 곽병찬에게 연락했다. 안기부 간부는 고영재 편집장에게 연락했다. 기사를 쓰지 말라고 노골적으로 압박했다. 한겨레21은 그래도 썼다. 기사 가운데는 기업인 장명호가 김현철을 등에 업고 서울 강남지역 유선방송 사업권을 따내려 했다는 내용도 있었다. 장명호는 기사가 나온 지 일주일 뒤에 곽병찬을 상대로 1억 원의 명예훼손 소송을 걸었다.

김현철은 김영삼 대통령의 둘째 아들이다. 공식적으로는 아무 직함도 권한도 없는 자연인이었다. 그러나 문민정부의 실세들이 그에게 머리를 조아렸다. 김현철은 '소통령'으로 불렸다. 개인 사무실과 비선조직을 운영하면서 비밀스럽게 권부를 조정했다. 아버지인 대통령은 그에게 각별한 애정을 보냈다. 여러 권력기관들이 앞다투어 김현철을 보호했다. 언론은 그 이름 석 자를 거론하는 일조차 피했다. 한겨레의 김현철 보도는 그래서 특별했다.

1994년 봄부터 한겨레와 한겨레21은 김현철을 둘러싼 각종 의혹을 연달아 보도했다. 김현철의 비밀 개인 사무실을 찾아내고, 그가 동원한 사조직의 실상을 드러내고, 그의 정·재·관계 커넥션을 폭로했다. 1994년과 1995년에 걸쳐 한겨레의 정치부, 사회부, 경제부 소속 기자 가운데 김현철 관련 기사를 써보지 않은 이가 드물었다. 한겨레와 한겨레21의 크고 작은 보도가 이어지면서 김현철의 전횡이 정국의 핵으로 떠올랐다.

그러나 그가 구체적으로 무슨 일을 잘못했는지가 드러나지 않았다. 한겨레도 좀체 결정적인 치부를 캐지 못했다. 권력기관이 앞장서 지키는 김현철의 주변을 파고드는 일은 쉽지 않았다. 그사이 김현철이 제기한 소송이 일사천리로 진행되었다. 사법부가 대통령의 눈치를 보고 있다는 비판이 들끓었다. 원고인 김현철은 한 차례도 법정에 나오지 않았다. 재판부는 이를 눈감았다. 반면 한겨레 쪽이 제기한 증인 신청은 기각했다. 충분한 심리를 거치지 않은 상태에서 1995년 1월 16일, 1심 재판부가 한겨레의 패소를 판결했다. 4억 원의 배상 판결을 내렸다. 한겨레는 즉각 항소했다.

항소심이 진행되던 1997년 3월 10일, 한겨레 1면에 결정적인 특종 보도가 나왔다. 김현철이 YTN 사장 인사에 깊숙이 개입했다는 내용이었다. 김현철이 그의 상담의사 박경식의 사무실에서 전화 통화하는 내용을 녹화한 비디오테이프를 정치부 김성호 기자가 입수했다. 김현철은 정부 고위 인사들로부터 수시로 보고를 받으며 주요 공직자의 인사 문제에까지 관여했음을 전화 통화를 통해 스스로 털어놓았다. 김현철이 국정에 개입했다는 결정적이고도 구체적인 증거가 처음으로 세상에 알려졌다.

이를 보도한 김성호는 1994년부터 김현철 문제에 관심을 두고 오랫동안 추적 취재를 벌이고 있었다. 제보자인 박경식과 돈독한 관계를 맺으며 공을 들

1997년 7월, 비리 혐의로 구속 수감 중이던 김현철 씨가 조사를 받기 위해 검찰에 재소환되고 있다(왼쪽). 한겨레와 한겨레21은 1994년 봄부터 김현철 씨의 전횡을 꾸준히 파고들어, 마침내 김 씨가 국정에 개입했다는 결정적 증거를 세상에 알렸다.

였고, 결국 결정적 제보를 받아냈다. 보도가 나간 지 일주일 만인 1997년 3월 17일, 김현철은 대국민 사과문을 냈다. 한겨레를 상대로 한 명예훼손 소송도 취하했다.

앞서 1997년 2월 25일, 김영삼 대통령도 “아들의 허물은 아비의 허물”이라며 대국민담화에서 사죄의 뜻을 밝혔다. 한겨레는 이후 김현철이 권영해 안기부장을 만나 국정을 논의한 사실 등을 추가로 특종 보도했다. 두 달 뒤인 1997년 5월 15일, 김현철은 피의자 신분으로 검찰에 출두했다. 한겨레가 창간된 지 19주년 되는 날이었다. 문민정부 최후의 성역이 한겨레에 의해 무너졌다.

군사정부 시대가 끝나고 문민정부가 들어선 1992년 이후, 한겨레 보도는 중요한 변화를 겪는다. 초창기 주요 특종과 기획 기사들은 군사정부의 인권유린에 주목했는데, 문민정부 이후에는 권력형 비리에 더 많은 관심을 기울였다. 취재 방식에도 변화가 생겼다. 초기에는 내부 제보자의 양심선언에 많이 기댔지만, 문민정부 이후에는 끈질긴 추적에 의한 심층 보도 또는 발굴 특종이 주를 이뤘다.

2001년, 일본 아사히신문의 이토 지히로 기자는 《싸우는 신문–한겨레의 12년》(이와나미 서점)이라는 책을 펴냈다. 제목 그대로 '진보적이면서도 전투적인' 한겨레 같은 신문이 일본에도 필요하다는 게 그의 생각이었다. 그는 1990년대의 한겨레 보도에 크게 감동했다.

1990년대 편집위원장은 성한표, 김중배, 최학래, 윤후상, 박우정 등이 맡았다. 이들은 하나같이 한번 물면 놓지 않는 근성 있는 보도를 강조했다. 동시에 기사로서의 공정성과 심층성을 갖출 것을 요구했다. 당시 30대의 젊은 기자들은 이에 호응했다. 다른 언론사에서 사회부 초년 시절을 보낸 뒤 한겨레에 합류한 경력 기자 출신과 한겨레에 공채로 들어와 몇 년간의 현장 경험을 쌓은 기자들이 이 시기의 주요 특종과 기획에 이름을 올렸다. 한겨레 편집국의 주력이 해직기자 세대에서 공채 기자 세대로 넘어가고 있었다.

건설부, 토지공사, 서울시 등이 특정 건설업체에 특혜를 베풀고 그 대가로 정치자금을 받은 의혹을 폭로한 건영 특혜 보도(1992년 10월), 카지노업자와 정치권의 유착 의혹을 제기한 카지노 비리 보도(1993년 5월), 재벌그룹의 정치자금 전달 현장을 발굴 폭로한 쌍용 사과상자 보도(1996년 7월), 한보그룹의 비자금 의혹 보도(1997년 1월) 등이 대표적이다. 한 번의 보도로 그치지 않고, 이후 두세 달 동안 추적을 계속해 관련 기사를 내놓았다.

한겨레 보도로 첫 특검제 도입

1998년 김영삼에서 김대중으로 대통령이 바뀌었다. 김대중 정부도 한겨레에 예외가 될 수 없었다. 1999년 5월 24일, 한겨레 사회면에 '부인들'이 등장했다. 최순영 신동아그룹 회장의 부인 이형자가 김대중 정부 장관 부인들의 단골 의상실에서 1억 원어치가 넘는 옷을 구입했고, 구속된 남편의 구명 로비를 위해 권력자들의 부인에게 이를 선물한 의혹이 있다고 보도했다. '옷 로비' 사건을 처음으로 알린 특종이었다.

이상현 민권사회부장이 전직 관료와의 식사 자리에서 들은 이야기가 취재의 발단이 되었다. 고위직 부인들이 비싼 옷을 주고받는 과정에서 잡음이 생겼다는 이야기가 나왔다. 뭔가 낌새가 이상하다 느낀 이상현은 바로 다음 날부터 취재를 지시했다.

파편적인 단서가 전부였다. 민권사회부 차장인 배경록이 경찰청 간부에게 전화를 걸었다. 고위직과 관련된 사건을 전담하는 경찰청 형사국 조사과의 '사직동팀' 소속이었다. 혹시나 하여 연락했는데 의외의 성과를 얻었다. "아, 그 비슷한 일이 있긴 있었는데, 우리가 조사해보니 별것 아니더군요. 잘 처리했습니다." 소문이 사실로 확인된 순간이었다.

사회부 기자들이 일제히 취재에 들어갔다. 문제의 의상실을 찾아냈다. 드나든 인물들도 파악했다. 어떤 옷을 언제 구입했는지도 취재했다. 5월 24일자 사회면에 기사를 내보냈다. 다음 날인 5월 25일부터는 1면 머리에 후속기사를 올리며 본격적인 보도에 들어갔다.

이 사건의 줄기는 간단했다. 재벌 총수의 부인이 권력 실세의 부인에게 접근해 고액의 옷을 뇌물로 전달하고 그 대가로 감옥에 들어간 남편을 구해내려 했다. 그런데 수사 당국은 실체를 제대로 밝히지 못했다. 경찰, 검찰, 청와대 등은 문제의 근원을 건드리지 못했다. 권력의 카르텔이 진실을 드러내는 일을 막았다. 결국 1999년 6월, 사상 처음으로 특별검사제가 도입됐다. 한겨레의 특종이 특별검사의 탄생을 불러온 셈이었다.

대통령에게만 보고되는 청와대 내사 보고서가 검찰에 유출된 사실이 수사 과정에서 드러났다. 김대중 정부의 주요 인사들이 법과 제도를 넘어 권력을 사유화했다는 정황이 속속 나타났다. 김태정 법무부 장관과 박주선 청와대 법무비서관이 구속되었다. 결국 김대중 대통령은 6월 25일 기자간담회를 열어 "국민 여러분께 크게 심려를 끼쳐드린 데 대해 대단히 죄송하게 생각한다"고 말했다.

김현철 보도와 옷 로비 보도는 많이 닮아 있다. 김영삼 대통령과 김대중 대통령은 나란히 민주정부를 표방했다. 일련의 개혁 조치도 취했다. 그러나 시간이 흐르면서 소수에게 권력이 집중되었다. 한겨레는 이 대목을 놓치지 않았다. 최초의 특종 보도는 물론 이후 지속적인 보도로 권력의 치부를 파고들었다. 관련자를 권좌에서 끌어냈다.

옷 로비 보도를 전후해 한겨레 주변에는 두 가지의 의구심이 있었다. 김대중 정부 출범 이후 한겨레가 권력 비판을 소홀히 한 게 아니냐는 시선이 첫 번째다. 한겨레는 옷 로비 보도 이후에도 김대중 정부의 잘못을 계속 파고들었다. 대검 공안부가 공기업 구조조정 차원에서 조폐공사 노조의 파업을 유도했다(1999년 6월). 한빛은행이 현직 장관 친인척 등에게 거액을 편법으로 대출했다(2000년 8월). 김대중 대통령의 아들 김홍걸이 체육복표 사업자 선정 등의 이권 사업에 개입했다(2002년 4월)….

정반대 입장에서 제기된 질문도 있다. 실체가 뚜렷하지 않은 의혹을 한겨레가 과도하게 부풀려 김대중 정부를 공격한 게 아니냐는 것이다. 당국의 수사와 법정 공방이 진행될수록 재벌 총수 부인이 로비를 시도했고, 이를 최고 권력자들이 초법적 방법으로 덮으려 했다는 점이 명백해졌다.

한겨레는 정치권력만 상대한 것이 아니었다. 1994년 3월, 서의현 조계종 총무원장이 3선 연임을 밀어붙였다. 그는 김영삼 정부의 최고위층과 긴밀한 관

1996년 3월 27일, 경부고속도로 하행선 칠곡휴게소에서 쌍용양회 직원 2명이 의문의 과일상자를 신한국당 대구 달성지구당 차량으로 옮기고 있다.

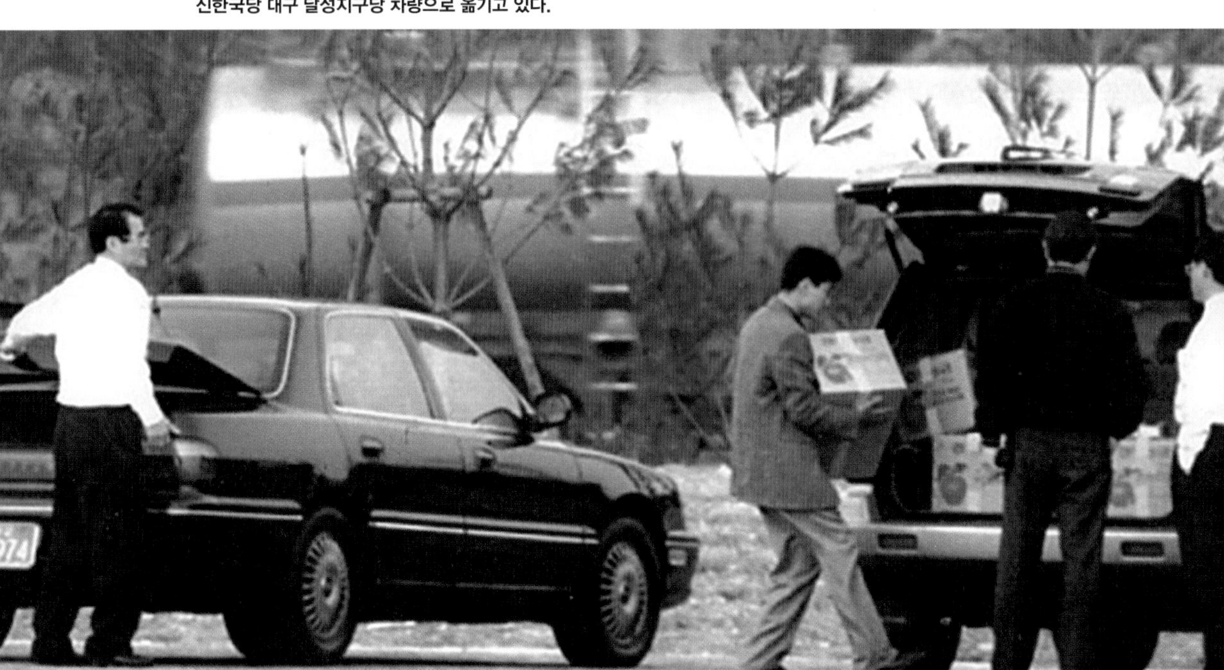

계를 유지하며 종단을 장악했다. 신자들의 주머니에서 나온 돈을 모아 집권세력에게 거액의 정치자금으로 제공했다는 의혹도 제기됐다. '정치 10단'이 그의 별명이었다.

정인식 기자가 서의현의 3선 추진이 종단의 대분란을 낳을 것이라는 분석 기사를 3월 초부터 썼다. 종단의 개혁을 주장하는 '범승가종단개혁추진회' 소속 승려들이 3월 26일부터 서울 조계사에서 서의현의 3선 연임을 반대하는 단식 농성에 들어갔다. 3월 29일 새벽, 조직폭력배 300여 명이 조계사에 쳐들어가 농성 중이던 승려들을 마구잡이로 때리고 위협했다. 경찰은 폭력배 대신 농성 중이던 승려들을 연행했다. 폭력 사태의 배후에 대해서도 눈감았다.

한겨레 기자들이 나섰다. 지창은 등 초년 기자들이 조계사 근처의 호텔과 여관을 뒤졌다. 직원들은 입을 닫았다. 끈질긴 설득 끝에 조금씩 단서를 구했다. 폭력배들이 투숙한 호텔을 찾았다. 숙박비를 총무원이 계산하기로 했다는 진술도 확보했다. 서의현 총무원장의 최측근이 신용카드로 숙박비를 결재한 영수증도 찾아냈다. 폭력배를 동원하는 데 적어도 1억 원 이상을 썼다는 정황이 드러났다.

한겨레는 4월 1일, 서의현 총무원장 쪽이 조직폭력배들을 동원했다고 특종 보도했다. 경찰이 뒤늦게 수사에 들어갔고, 한국 최대 종교 집단의 위세에 눌려 있던 다른 언론들도 관련 기사를 내보내기 시작했다. 일제강점기부터 내려오는 조계종과 조직폭력배의 유착도 흔들리기 시작했다. 4월 13일, 서의현이 총무원장직에서 전격 사퇴했다. "경찰도 검찰도 못 해낸 조계종 개혁을 한겨레가 해냈다"는 격려 전화가 편집국에 쇄도했다.

언론권력과의 한바탕 싸움

한겨레는 2001년 3월부터 두 달간 모두 25차례 70건의 시리즈 기사를 썼다. '심층해부 언론권력' 시리즈였다. 이 연재 기획은 김이택 당시 사회부 차장의 제안에서 비롯했다.

언론사에 대한 세무조사가 사회적 논란이 되던 시기였다. 한겨레는 다른 기업과 마찬가지로 언론사 역시 세무조사를 받아야 한다고 보도했다. 이에 조선일보 등은 "법인세를 한 푼도 내지 않는 한겨레가 언론사 세무조사를 거론할 자격이 있느냐"는 투의 기사와 사설을 내보냈다. 본류를 벗어난 딴죽걸기가 한겨레를 오히려 자극했다.

김이택 등 편집국 간부들은 심층 기획 기사로 한국 언론 문제를 정면으로 다뤄보기로 뜻을 모았다. 사회부와 여론매체부를 중심으로 편집국 특별취재팀을 구성했다. 민완 기자들이 모두 여기에 달려들었다.

한겨레는 언론권력 시리즈를 통해 조선일보, 동아일보, 중앙일보가 정치권력과 유착해 이권을 챙긴 과거와 현재를 낱낱이 파헤쳤다. 성역으로 간주됐던 언론의 일그러진 모습이 속속 드러났다.

조선일보와 동아일보의 반대에 밀려 세종로 앞 도로가 좁아지고, 지하철 노선이 직선에서 곡선으로 둔갑했다. 애초 도시계획에 포함됐던 세종로 광장도 들어서지 못했다. 조선일보사가 운영하는 코리아나호텔은 시유지를 무단으로 차지해 주차장 진입로로 썼다. 사주 방 씨 일가 묘역은 주변 임야를 무단으로 훼손하고 불법으로 진입로를 냈다. 조선일보사는 구청의 고발에도 불구하고 시내 한복판에 불법 광고판을 세워 계속 운영했다. 홍석현 중앙일보 회장의 아버지 홍진기 묘역도 주변 임야를 불법으로 훼손한 뒤에 만들어졌다.

방일영 조선일보 고문은 서울 시내 최고 규모인 자택을 흑석동에 짓고 구청 허가 없이 마당에 정자를 지었다. 방 씨 일가는 전국 곳곳에 30여 만 평의 땅을 사들였고 이 가운데 일부는 부동산실명거래법 위반의 의혹이 있었다. 동아일보사는 마라톤 육성을 명분으로 재단을 만든 뒤, 이를 내세워 부동산을 사들였다.

이 모두가 3월 19일자까지 나간 '심층해부 언론권력' 1부에 소개된 내용들이다. 지금껏 어느 언론에서도 볼 수 없었던 기사들이었다. 보수 신문의 불법과 비리를 밝힌 대목 하나하나가 모두 특종이었다.

3월 28일부터 보수 신문의 역사를 다룬 2부가 이어졌다. 조선일보는 친일 사업가 방응모가 인수한 1937년 이후 해방 때까지 신년호 1면에 일왕 부부의 사진을 크게 실었다. 1940년 신년호에선 제호 위에 일장기를 올렸다. 1939년 4월, 일왕 히로히토의 생일에는 사설로 '성상 폐하' 운운하는 생일 축하문을 썼다. 동아일보는 1936년 8월, 베를린 올림픽 마라톤에서 금메달을 딴 손기정의

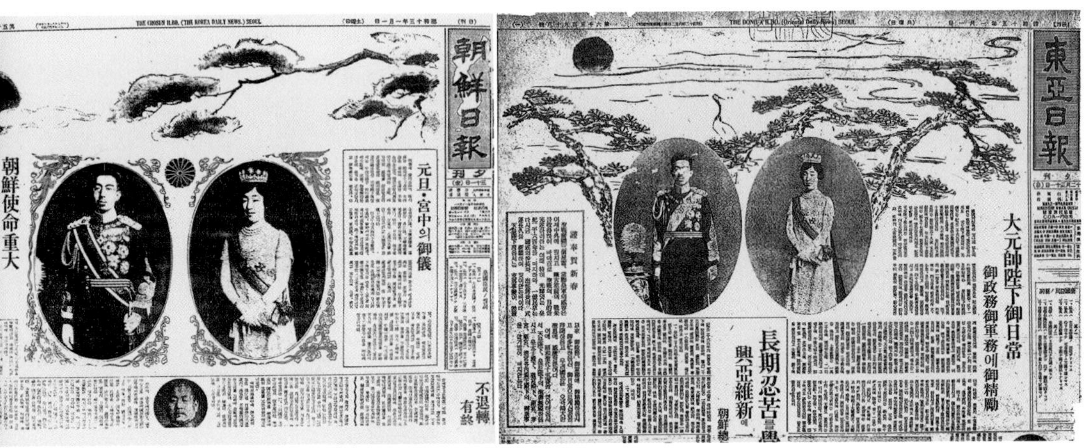
朝鮮日報

朝鮮使命重大

元旦·宮中의御儀

東亞日報

大元帥陛下御日常

御政務御軍務에御精勵

長期忍苦

興亞維新

한겨레는 2001년 '심층해부 언론권력' 시리즈 2부에서 보수 신문의 역사를 다뤘다. 조선일보와 동아일보는 1930년대 후반부터 폐간에 이른 1940년까지 매년 신년호에 일왕 부부의 사진과 찬양 기사를 실었다.

사진에서 일장기를 지웠다는 이유로 담당 기자를 쫓아냈다. 조선일보와 마찬가지로 일왕의 생일을 축하하는 사설을 줄곧 썼다. 두 신문은 일제의 침략 전쟁 동참을 독려하고 군수물자를 헌납했다.

해방 이후엔 군사정권을 미화하고 찬양했다. 박정희, 전두환 등을 영웅으로 만들었다. 재벌의 비리를 숨기고 오히려 정당화했다. 선거 때는 집권세력에 유리한 기사만 편파적으로 내보냈다. 각종 시국·공안 사건을 왜곡 보도해 여론을 호도했다. 사주들은 대통령 앞에서 굽실거리고 아부했다.

이어 언론 개혁의 대안을 모색한 3부 마지막 기사가 2001년 4월 27일자에 실렸다. 연재 기사가 나가는 동안 독자들의 반응은 가히 폭발적이었다. 가판 판매도 급증했다. 격려 전화가 쇄도했다. 일부 신문사는 한겨레의 비리를 찾아내라고 소속 기자들을 닦달했다. 한겨레의 비리를 제보하면 돈을 주겠다고 취재원을 꼬드긴 신문사도 있었다.

현직 조선일보 기자의 기고글이 실린 것도 화제였다. 2001년 3월 12일, 한겨레 지면에 실린 글에서 익명의 조선일보 기자는 이렇게 말했다. "조선일보 편집국은 두 가지 이데올로기적 성벽이 크게 울타리를 치고 있다. 국가주의와 엘리트주의가 그것이다. 입사 초기 진보적 성향을 보이던 기자들도 4~5년이 지나면 어느샌가 조선 스타일에 익숙해진다. 그러나 아무도 사주의 강요 때문이라고 생각하지 않는다. 교묘하고 음습하게 그저 몸에 밸 뿐이다." 조선일보는 이 기자의 정체를 밝히려고 무던히 애를 썼다. 한겨레는 끝까지 취재원을 보호했다.

조선일보와 동아일보는 이 기획 기사와 관련해 한겨레를 상대로 명예훼손 소송을 냈다. 조선일보는 2001년 4월, 동아일보는 2001년 9월, 각각 70억 원과 10억 원의 손해배상 청구소송을 제기했다. 족벌 언론답게 사주 일가에 대한 보도에 특히 민감하게 반응했다.

조선일보는 2심 진행 도중 소를 취하했다. 동아일보는 끝까지 법원의 판단을 물었다. 2008년 2월 14일, 대법원 판결이 나왔다. "보도의 전체적인 취지가 왜곡되었다고 볼 수 없고, 객관적 진실에 부합하거나 진실하다고 믿을 만한 상당한 이유가 있음을 근거로 한 원심의 판단은 모두 정당하다." 동아일보사의 청구를 기각한 2심의 판결을 확정했다.

2001년 '심층해부 언론권력' 기획이 가능했던 것은 한겨레만이 축적해온 이 분야의 노하우 덕분이었다. 한겨레는 창간과 동시에 언론사 가운데 처음으로 언론 감시를 본업으로 하는 여론매체부를 만들었다. 여론매체부는 크고 작은 기사를 통해 보수 언론의 탈법과 불법을 파헤쳤다. 1988년 5월 15일, 창간특집호에 언론과 권력의 유착을 비판하는 기획 기사를 실었다. 곧이어 1980년 신군부의 언론인 대량 해직 사태와 5공 언론의 실상을 폭로하는 기획 기사를 내보냈다. 1996년 9월에는 보수 신문의 탈법 판촉 활동 등을 고발하는 '신문 전쟁' 기획을 실었다. 1998년 7월에는 '신문 개혁, 지금이 기회다'라는 제목으로 언론계의 고질을 짚었다. 1999년 5월에는 '왜 다시 언론 개혁인가'를 통해 대안을 제시했다. 1990년대만 따져도 언론 개혁과 관련한 굵직한 연재 기획을 10여 차례 실었다. 2001년의 장기 기획은 그 집대성이었다.

정연주 특파원, 평양에 가다

1994년 9월, 한겨레는 또 하나의 금기를 넘었다. 정연주 워싱턴 특파원이 평양을 방문했다. 베이징을 출발해 고려항공편으로 9월 6일 오후 6시, 평양에 도착했다. 10일부터 평양에서 열리는 북미 전문가 회의와 김일성 주석 사망 이후 현지 실상을 취재하려 했다. 그때까지 한국 기자들은 여러 언론사가 함께 구성한 기자단의 일원으로 평양을 방문해 특정 행사만 취재하거나, 관광객 등으로 신분을 숨기고 비공식 취재를 벌이는 게 전부였다. 단독 취재를 위해 북한을 찾은 한국 기자는 정연주가 처음이었다.

동아일보에서 해직된 정연주는 1982년 미국 대학으로 유학을 갔다가 그곳에서 한겨레 창간 소식을 듣고 한겨레 통신원이 되겠다고 나섰다. 1989년 한겨레의 첫 해외 특파원이 됐다. 정연주는 물밑 접촉 끝에 북한 당국으로부터 취재 승인을 얻었다. 곧바로 워싱턴 주재 한국 총영사관에 북한 방문 신고서를 냈다. 베이징 주재 북한 대사관에서는 정식 비자를 발급받았다. 한국 정부는 정연주의 방북을 문제 삼지 않았다. 통일원은 "필요한 법적 절차를 모두 밟았으므로 법적인 문제가 전혀 없다"고 밝혔다. 1989년 4월, 한겨레 기자들의 방북 취재 계획을 트집 잡아 신문사 간부들을 연행 구속한 지 5년 만의 일이었다.

그러나 이번에는 북한 당국이 한겨레의 방북 취재를 막았다. 정연주는

1994년 9월 6일, 정연주 당시 한겨레 워싱턴 특파원이 중국 베이징발 평양행 고려항공에 탑승하기 직전 여객기 앞에 서 있다.

방북 나흘 만인 9월 10일 베이징으로 돌아왔다. 사건의 발단은 연합통신의 보도였다. 정연주가 방북을 준비하던 9월 3일, 연합통신은 워싱턴발로 "북한이 언론인의 선별 입국을 통해 대남 선전 활동을 강화하고 있다"고 보도했다. 다른 신문과 방송이 이를 그대로 인용해 다시 보도했다. 악의적인 거짓 기사였다. 기사를 쓴 것은 워싱턴 특파원이 아니라 연합통신 편집국장이었다. 서울의 책상 앞에 앉아 한겨레의 방북 취재를 '대남 선전 활동에 넘어간 일'로 취급했다.

방북 이틀째인 9월 7일, 정연주는 취재에 협조할 수 없다는 북한 당국의 통보를 받았다. 한겨레 기자의 취재를 허락할 경우, 우호적인 매체만 선별 입국시켰다는 남쪽의 보도를 인정하는 꼴이 된다는 이유였다. 정연주는 평양을 떠나기로 결심했다. 그는 김정일을 비롯한 북한 고위 인사들을 만나고 나진·선봉지구를 방문하는 등의 취재 계획을 세워놓고 있었다.

휴대용 컴퓨터, 녹음기, 휴대용 마이크, 90분짜리 녹음 테이프 40개, 카메라 필름 30통, 휴대용 프린터, 변압기 등이 정연주가 북한에 들고 간 취재 장비 목록이다. 그의 평양 방문 목적은 관광이 아니라 취재였다. 정상적인 취재를 허용하지 않는 상태에서 평양에 하릴없이 머문다면, 나중에 한국 정부가 엉뚱한 의혹을 제기하지 않을까 우려했다.

한국 최초의 평양 단독 취재는 결국 미완에 그쳤다. 정연주는 베이징으로 돌아온 직후인 9월 12일부터 다섯 차례에 걸쳐, 닷새 동안의 체류 중 보고 느낀 평양의 모습을 기사로 썼다. 취재를 허락받지 못한 상태에서 평양의 겉모습을 주로 살핀 감상을 적었다.

마지막 편에서 정연주는 북한에 대해 이렇게 썼다. "우리 사회 극히 일부의 교조주의자들이 생각하듯 그 사회가 이상적인 것도 아니었으며, 그렇다고 해서 가만 두면 금방 망하게 될 사회도 아니었다." 같은 기사에는 김일성 사망 이후 궁핍에 처한 북한 주민들의 실상에 대한 언급도 있다. 정연주는 "이런 이야기가 부분적으로 사실인 것으로 보인다"고 썼다. 북한 주민들이 무슨 일을 겪고 있는지에 대한 한겨레의 관심이 커지기 시작했다.

1994년 5월 22일, 한겨레는 1면에 시베리아 북한 벌목 노동자들에 대한 심층 르포 기사를 내보냈다. 당시 보수 언론은 탈북자들의 입을 빌려 러시아 벌목장에서 일하는 북한 노동자들이 모진 착취를 견디지 못해 집단으로 탈주하고 있다고 보도하고 있었다. 한겨레의 양상우, 강재훈과 한겨레21의 박태웅은 그 실상을 파악하려고 5월 1일부터 19일까지 러시아에서 추적 작업을 벌였다.

간첩으로 몰려 북한 관리들에게 체포당할 뻔한 위기까지 넘기며 이들이 취재한 진실은 이랬다. 북한 노동자들은 강제 노동을 하고 있는 것이 아니었다. 조금이라도 돈을 더 벌려고 치열한 경쟁을 뚫고 러시아 벌목공 일을 자원한 사람들이었다. 배급을 주지 않아 굶으면서 일한다는 풍설도 거짓이었다. 오히려 북한보다 식량 사정이 나았다. 다만 기름진 식사와는 거리가 멀었다. 집단 탈주가 횡행한다는 다른 언론의 보도도 실상과는 거리가 멀었다. 다만 북한 노동자들이 돈을 더 벌어보려고 다른 일을 도모하다 문제를 일으켜 벌목장을 탈출하는 경우가 종종 있었다.

수용소 간부들에게 뇌물을 주고, 자기들끼리는 호칭 없이 김일성과 김정일의 이름을 거론하고, 남쪽의 경제 사정에 큰 관심을 보이면서 북쪽의 궁핍한 처지를 비관하는 이들의 증언이 생생하게 지면에 담겼다. 한겨레는 실상을 한껏 부풀리는 남쪽 언론의 과장 보도와 현실을 아예 숨기려는 북쪽 간부의 거짓말을 동시에 비판했다.

이 기사는 1990년대 중반 남북 관련 보도에 대한 한겨레의 의미심장한 변화를 웅변한다. 창간 초기 한겨레는 반공 이데올로기와 냉전 의식을 강하게 비판했지만, 1990년대 중반부터는 북한의 실상을 있는 그대로 알리는 일을 중시했다. 1994년 7월, 김일성 사망을 전후해 북한의 경제난이 심각해졌는데, 한겨레는 그 변화를 예민하게 감지했다. 보수 언론이 충분한 확인 없이 북한 체제의 붕괴 위기를 거론할 때, 한겨레는 정확한 사실만 보도했다. 남북관계에 대해서 가장 신뢰할 만한 매체라는 한겨레의 평판은 이 시절 더욱 확실하게 자리 잡았다.

1997년 내내 한겨레 지면을 장식했던 북한돕기 캠페인이 대표적이다. 1997년 4월 4일, 한겨레 1면에 '아, 굶주리는 북녘' 연재 기획 기사의 첫 편이 실렸다. 배급은 끊겼고, 굶주리다 못해 석탄가루를 먹고, 한 마을에서 하루 3명꼴로 굶어 죽는다는 사실을 전했다. 김경무·유창하 기자가 직접 두만강 국경 지대로 가서 취재했고, 조선족 동포 1명을 북쪽으로 들여보내 실상을 파악했다. 북한 주민들이 굶주리고 있다는 이야기가 외신에서 나오고, 보수 언론이 이를 확인 없이 대서특필하고 있었다. 한겨레는 이를 직접 취재했다. 4월 22일까지 10편에

2003년 1월 21일, 베트남 푸옌성에서 한겨레-베트남 평화공원 준공식을 마치고 한겨레 관계자들과 시민사회단체 대표 등이 기념사진을 찍었다. 뒤에 보이는 것은 한-베 평화공원의 상징물이기도 한 '진실과 우정의 둥지'다.

걸쳐 연재 기사가 나갔다.

북한의 어려움을 과장해 반공·반북 이데올로기에 편승하려는 보수 언론의 보도가 넘치던 때였다. 실상을 알리는 한겨레의 보도가 이런 흐름을 강화시키는 게 아니냐는 걱정도 있었다. 이를 일축한 것은 오귀환 사회부장이었다. 그럴 때일수록 진실을 알려야 한다는 게 그의 판단이었다. 박우정 편집위원장도 관련 보도에 과감히 지면을 할애했다.

보도가 나가자 북한 동포를 도울 길이 없겠느냐는 문의 전화가 폭주했다. 민간단체들이 성금을 모으기 시작했다. 이에 착안한 한겨레는 북녘동포돕기 캠페인을 시작했다. 1997년 12월 말까지 9개월에 걸쳐 '북녘동포를 도웁시다', '북녘 어린이에게 생명을' 등의 연재 기획을 실으면서 모금운동을 벌였다. 한겨레를 빌려 도움의 손길을 내민 이들이 100만 명이 넘었다.

이 분야에서 의미심장한 한겨레의 특종이 더 있다. 1998년 3월 18일, 한겨레 1면에 안기부의 '북풍 공작'의 실체를 폭로하는 기사가 실렸다. 1997년 대통령 선거에 즈음해 안기부가 특수 공작원을 야당 진영에 침투시켜 북한과의 접촉을 유도하고 이를 빌미로 탄압을 시도했음을 단독 보도했다. 반공 이데올로기를 이용한 정치 공작의 실상이 처음으로 세상에 알려졌다.

1999년 8월 5일, 한겨레21은 남쪽에서 북쪽으로 보낸 북파 공작원의 실상을 특종 보도했다. 한국전쟁 이후 북한에 파견되어 비밀 공작 등을 수행하다 숨지거나 실종된 북파 공작원이 모두 7726명에 이른다는 사실도 처음으로 확인했다. 접근 불가의 영역으로 봉인되어 있던 군 정보사령부의 정보를 단독으로 빼내었다.

베트남의 원혼을 기억하라

이들 특종은 분단 시대의 금기를 파헤쳤다는 공통점이 있다. 이와 함께 빼놓을 수 없는 기사가 있다. 한국군의 베트남 양민 학살 보도다. 한국은 1965년에서 1973년까지 연인원 30만여 명의 전투부대를 베트남에 보냈다. 당국의 공식 통계를 보면, 참전 한국군 가운데 4960여 명이 죽었고, 한국군은 베트남인 4만 1450여 명을 죽였다. 한겨레와 한겨레21은 그 실체를 처음으로 알렸다. 한국 사회를 넘어 국제적으로 큰 반향을 불러일으켰다.

첫 보도는 1999년 5월 6일, 한겨레21의 '움직이는 세계'라는 꼭지에 실렸다. 한겨레21의 베트남 통신원이었던 구수정이 기사를 썼다. 구수정은 월간 사회평론에서 기자로 일하다 1993년 베트남 호치민 대학에 유학을 떠났다. 베트남 현지 기사를 한겨레21에 보내고 있었다.

그는 베트남 정부의 전범조사위원회가 작성한 기록을 입수했다. 그 기록에는 한국군의 양민 학살에 대한 언급이 있었다. 기록에 나온 곳 가운데 베트남 남부 란팡이라는 마을을 찾아 증언을 들었다. 베트남 여성을 희롱하는 한국 군인을 마을의 승려가 제지했고, 격분한 이 군인은 부대 병사들을 데려와 승려 4명을 죽였으며, 이 마을 인근 지역에서 한국군 맹호부대가 1966년 1월부터 한 달 동안 1200여 명의 주민을 학살했다는 사실을 알게 되었다.

베트남 전범조사위원회 보고서의 다른 기록을 보면, 한국군은 주민들을 한데 모아 기관총을 난사해 몰살하고, 한 집에 몰아넣고 총을 난사한 뒤 집을 통째로 불태우고, 마을의 땅굴에 주민을 몰아넣고 독가스를 분사해 질식시켰다. 아이의 머리를 깨뜨리거나 사지와 목을 자르고, 여성을 윤간한 뒤 살해하는 등의 잔혹행위도 서슴지 않았다. 이 보고서가 사실일까? 구수정은 그 의문을 풀기 위해 본격적인 취재에 나섰다.

그 결과가 '베트남의 원혼을 기억하라'는 제목으로 1999년 9월 2일 한겨레21에 실렸다. 구수정은 베트남 수십 곳의 현장을 취재했다. 현지인 100여 명의 생생한 증언을 들었다. 보고서는 대부분 사실이었다. 오히려 더 극악한 학살을 자행했던 사실을 확인했다. 한겨레도 한겨레21의 취재 내용을 지면에 실었다.

관련 보도는 이듬해인 2000년에도 이어졌다. 한겨레21은 고경태와 황상철 등을 베트남에 보내 후속 기사를 썼다. 2000년 4월에는 베트남전에 참가했던 김기태 예비역 대령의 인터뷰를 한겨레와 한겨레21에 함께 실었다. 그는 베트남전 양민 학살에 대해 증언한 최초의 한국 장교였다. 이후 로이터, 뉴스위크, 워싱턴포스트, 뉴욕타임스 등이 이를 인용 보도하며 세계적인 주목을 받았다.

한겨레21은 1999년 10월부터 한국군에게 피해를 입은 베트남인 가족을 돕는 캠페인을 벌였다. 캠페인은 39개월 동안 계속되었다. 1억 5000여 만 원의 성금을 종자돈 삼아 2003년 1월 21일, 베트남 푸옌성에 한-베 평화공원을 지었다. 베트남에 파병된 청룡, 맹호, 백마 등 한국군 3개 전투부대가 모두 거쳐 간 격전지였다. 한겨레21의 보도는 여론을 움직이고 정부를 나서게 했다. 2001년 이후 정부는 한국국제협력단(KOICA)을 통해 베트남전 당시 한국군이 토벌을 맡았던 중부 5개 성 지역에 5개의 병원과 40개의 초등학교를 건립했다.

1990년대 한겨레21은 심층 보도와 대형 기획 분야에서 혁혁하게 기여했다. 베트남전 양민 학살 보도는 그 대표적 사례였다. 그뿐이 아니었다.

한겨레21은 1996년 10월부터 6개월 동안 위안부 피해 할머니를 돕는 캠페인을 벌여 3억여 원을 모았다. 그 돈으로 경기도 광주에 할머니들의 쉼터인 '나눔의 집'을 지었다. 1998년 10월에는 북한의 위안부 피해 할머니들의 이야기를 보도해, 이 문제가 남북에 걸친 공통의 것임을 환기했다.

특히 소수자 문제에 대한 한겨레21의 관심은 특별했다. 한국에서 산업재해를 당해 장애의 몸으로 고향에 돌아간 이주 노동자 이야기를 다룬 '히말라야 농부의 잘린 손 잘린 꿈'(23호·1994년 8월 25일), 공고생들의 실상을 고발한 '우리는 노예가 아니다'(29호·1994년 10월 13일) 등이 대표적이다.

이후 한겨레 보도의 뿌리이자 원형이 되는 취재 풍토가 1990년대 이 시기에 형성되었다. 권력을 사유화한 대통령 주변 인물들에 대한 집요한 보도는 2017년 최순실 게이트 특종 보도로, 베트남 양민 학살 등 다른 언론의 눈길이 미치지 않던 문제를 사회적 쟁점으로 길어 올리는 힘은 양심적 병역거부 최초 보도, 탐사보도의 새로운 지평을 연 노동 OTL 시리즈 등으로 이어진다. 한겨레 보도에는 예나 지금이나 성역도 금기도 없다. 한겨레 기자들은 오직 "공정하고 신중하고 그러나 용기 있게 진실을 보도할 것"이라는 국민들과의 약속을 지키기 위해 하루하루 최선을 다할 뿐이다.

❶

❷

❶ 1997년 제33회 한국보도사진전 수상작인 '무너지는 연변 조선족'. 이정용 사진부 기자가 찍었다. ❷ 1994년 6월, 시베리아에서 일하고 있는 북한 벌목공들이 대화를 나누고 있다. 강재훈 사진부 기자가 찍었다. ❸ 베트남 퐁니촌에서 벌어진 한국군의 베트남 양민 학살 현장에서 총상을 입고 기적적으로 살아난 응웬 티 탄이 한겨레21 취재진에게 상처를 보여주고 있다. ❹ 1994년 3월, 조계사에서 난투를 벌이고 있는 승려들.

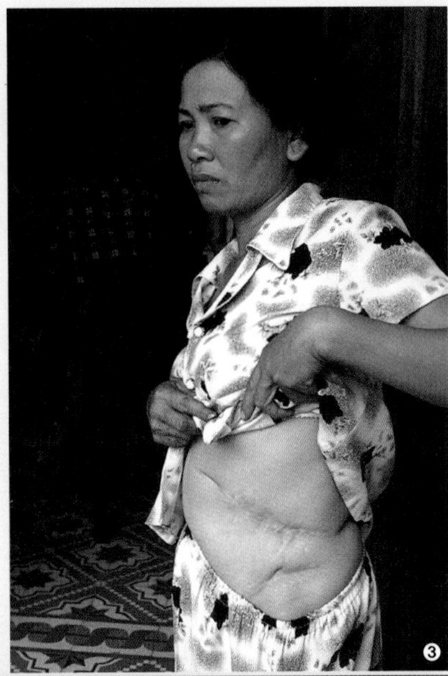
③

④

04 갈 길을 묻다

1996년 12월 16일 저녁 7시, 한겨레신문사 공덕동 사옥에서 사원총회가 열렸다. 침통한 표정으로 권근술 대표이사가 마이크를 잡았다. "어디서 공격해 들어올지 모르는 유령이 떠돌고 있습니다. 눈 가리고 진검 승부를 하는 기분입니다. 최근 들어 광고 수주량이 급격히 줄어들고 있습니다. 외부 세력이 개입되어 있어 문제의 심각성을 더하고 있습니다."

다시 안기부였다. 창간 때부터 줄곧 한겨레의 발목을 잡았던 안기부가 이번에는 광고 수주를 방해하고 있었다. 1996년 10월부터 한겨레의 광고가 급감했다. 정부투자기관과 대기업들이 예약되어 있던 광고를 뚜렷한 이유 없이 취소했다. 일부 대기업 임원들이 최학래 광고 담당 부사장에게 귀띔했다. 안기부 때문에 광고를 줄 수 없다는 것이었다.

'안기부법 개정, 무엇이 문제인가'. 9월부터 시작된 한겨레의 기획 기사가 문제의 발단이었다. 당시 안기부법 개정은 정국의 최대 현안이었다. 안기부는 1990년대 중반에 폐지되었던 국가보안법상 찬양·고무와 불고지죄 등에 대한 수

사건을 부활시키고자 조직의 사활을 걸다시피 했다. 한겨레는 권력이 다시 정보기관에 집중될 우려 등을 제기했다. 당시 안기부법 개정안을 끝까지 반대한 언론은 한겨레가 유일했다.

사원총회 이후 한겨레는 한층 더 힘을 냈다. 1996년 9월부터 1997년 3월까지 '안기부를 말한다', '안기부 대해부' 등 대형 기획 기사를 포함해 모두 624건의 안기부 관련 기사를 지면에 실었다.

한겨레 '고사 작전' 드러낸 안기부 문건

1975년 동아일보 광고 탄압을 떠올리게 하는 이 사태의 실체는 2001년 월간조선에 의해 밝혀졌다. 2001년 3월 11일, 조갑제 월간조선 대표이사가 한겨레신문사 사장실에 팩스를 보냈다. "최근 월간조선은 1997년 정부기관이 작성한 '한겨레신문 종합 분석'이란 문서를 하나 입수했습니다. 그 내용에 대해 확인하고 한겨레에 반론의 기회도 주기 위해 사장이나 한겨레를 대표할 만한 사람과 인터뷰를 하고 싶습니다."

안기부 광고 탄압 당시에 광고 담당 부사장이었다가 대표이사가 된 최학래의 눈이 번쩍 뜨였다. 문건 전체와 질문지를 보내면 인터뷰에 응하겠다고 답했다. 월간조선은 문건 전문을 보여주긴 곤란하다며 주요 내용을 A4용지 두 장 분량으로 요약해 보냈다. "한겨레는 친북·좌익·반미 세력으로부터 지원을 받는 신문사이므로 광고 수주 등에 대해 비리를 찾아내야 하며, 사세 확장을 막기 위해 정부와 친여단체가 광고 중단, 구독 중단, 대출 중단, 신규 사업 행정 규제 강화 등을 해야 한다"는 내용이었다.

2001년 3월 15일, 한겨레는 이 문건의 내용을 신문에 보도했다. 사흘 뒤, 권영해 안기부장 등 안기부 간부들을 직권남용과 명예훼손 혐의 등으로 검찰에 고소하고 손해배상 소송을 냈다. 사실 확인 없이 문건 내용을 그대로 보도하면서 '한겨레는 로동신문 서울지국'이라는 기사를 쓴 월간조선 조갑제 대표 등을 명예훼손 혐의로 형사 고소하고 민사 소송을 냈다. 2008년 6월, 대법원은 "안기부가 지휘 체계 등을 볼 때 권영해 전 안기부장이 문건 작성에 직간접적으로 관여한 것이 인정된다. 대책 중 일부는 실행에 옮긴 것으로 인정된다"고 판결했다.

안기부 간부들에게 7000만 원, 조갑제 등 월간조선 간부들에게 2000만 원을 한겨레에 손해배상하라고 했다.

1997년 4월에 작성된 안기부의 '한겨레신문 종합 분석' 보고서에는 한겨레의 상황이 이렇게 진단되어 있다. "재무구조는 양호한 편이나, 계열사나 방계 사업이 없어 자금난 심화. 대기업의 광고 기피와 판매 부진으로 적자 경영 지속. 민주화에 따른 탈이념 분위기로 사세 확장이 한계에 봉착. 국민주 모금 활동을 통한 자금 확보의 한계와 광고 수주의 어려움에 따라 만성적인 자본 잠식. 국민주 신문이라는 명분 아래 직원들에게 희생을 강요함으로써 생활고로 인한 기자들의 불만 상존. 경영 악화에 따른 상여금 삭감으로 근무 의욕 저하."

이런 진단에 기초해 안기부가 내놓은 한겨레 '고사 작전'의 핵심은 광고 중단과 금융 압박이었다. "자금 지원 차단으로 다각적인 경영 압박. 정부 부처 및 정부투자기관의 한겨레 광고 중단 조치. 전경련 등과 협조해 대기업 광고 점진 축소 유도. 대출된 자금의 상환 기간 연장 및 추가 대부 금지. 정부기관, 친여 단체를 총망라해 범정부 차원의 절독 운동 전개. 문화센터, 뉴미디어 사업 등 신규 사업 진출 시 행정 규제 강화. 대공 혐의 포착, 사법 처리."

안기부는 눈엣가시 같은 한겨레의 취약한 경영 기반을 흔들어 신문사 하나를 없애겠다는 뜻을 품었던 것이다. 정권 차원의 언론 길들이기 공작의 대표적 사례였다.

역설적이게도 안기부의 이 보고서는 한겨레의 경영 상황을 가장 솔직하게 드러낸 문서였다. 1988년 5월 창간 이후 10년에 걸쳐 한겨레는 딱 한 차례의 흑자를 냈다. 1994년 11억 원 흑자가 유일했다. 한겨레21이 시장에서 좋은 반응을 얻은 탓도 있지만, 당시 급팽창한 신문광고 시장의 덕을 봤다. 1994년을 제외하면 매년 적자였다. 1996년에는 32억여 원의 최대 적자가 났다. 이 때문에 당시 한겨레 경영진은 고민했다. 안기부의 광고 탄압을 대내외적으로 공표할 경우 명확한 물증이 확보되지 않은 상태에서 자칫 역공세를 당할 우려가 있었기 때문이다. 가뜩이나 어려운 신문사 경영을 더 악화시킬까 걱정했다.

전년도 최악의 적자 실적을 받아든 한겨레 사람들에게는 안기부의 광고 탄압이 더 치명적으로 다가왔다. 다만 이 사태가 전화위복이 된 측면도 있다. 사태가 장기화될 것을 대비해 금융기관으로부터 긴급 자금을 빌렸는데, 1년 뒤에 IMF 구

미디어

안기부, 한겨레 광고수주 방해 의혹

"언론정보 수집 활동 계속하겠다"

80년 해직언론인 배상법 국회 제출

http://monthly.chosun.com

月刊朝鮮 2001 4

창간 21주년 기념 特大號

「正統 보수」 자임 李哲承-「JP는 가짜 보수… 2인자는 그의 직업」

「KEDO의 對北 경수로 건설은 6조원을 들여 헛간을 짓는 꼴」

주한 미군 사령관 특별고문 스티븐 브래드너의 문제 논문

『金正日의 희생 없인 개혁·개방 절대 불가능』

특종 安企部의 「한겨레신문 종합 분석」 보고서 全文

「친북성향 보도 및 좌익세력 지원으로 『로동신문 서울지국』이란 평」

「대책:조직원에 대한 對共 용의점 내사… 자금 지원 차단으로 경영압박」

李文烈과 함께 한 시베리아 횡단 철도 紀行

1996년 10월부터 시작된 안기부의 한겨레 광고 탄압 사태를 보도한 미디어오늘(왼쪽). 월간조선은 2001년 4월호에 안기부의 한겨레 음해 문건을 입수해 보도했다(오른쪽).

제금융 사태가 터졌다. 싼 이자로 미리 자금을 빌려둔 것이 보탬이 된 것이다.

창간 이후 1990년대 중반까지 한겨레는 한국 언론사에서 전무후무한 특종 행진을 계속하고 있었다. 각종 권력형 비리와 부패, 인권침해 사건, 남북문제 등에서 훌륭한 취재보도를 이어갔다. 열독률과 발행부수에서는 전국 4대지의 지위를 놓치지 않았고, 영향력 면에서는 최고의 자리에 올랐다. 신뢰도와 독자 호감도 등에서 언제나 1위였다. 그러나 한겨레는 '좋은 언론'이었지만 '살림이 건실한 언론사'는 아니었다.

1988년에 모은 창간기금, 1989년에 모은 발전기금 등 한겨레신문사의 자본은 국민기금이 밑돌이 되었다. 그러나 1990년 이후로는 창간 초기만큼 국민들의 돈에 기댈 수 없었다. 안기부 보고서의 표현대로, 민주화 진전 이후 한겨레에 대한 일반 국민의 호응은 예전만 못한 상황이었다. 한겨레신문사는 10년 내내 누적된 적자를 메우기에도 벅찼다.

살아남으려면 영업이익을 내어 스스로 자금을 마련할 수밖에 없었다. 신문은 판매 수익과 광고 수익을 통해 돈을 번다. 그러나 한겨레뿐만 아니라 종이신문 독자 수는 하향세에 접어들고 있었다. 한국 신문 시장에서는 전체 3%의 독자가 매달 자연 감소한다. 1년이면 전체 독자의 3분의 1이 떨어져 나간다는 이야기다. 판매부수를 늘리려면 매달 전체 독자의 3% 이상의 신규 독자를 만들어내야 했다.

자본력이 풍부한 보수 신문은 이를 위해 대대적인 판촉 경쟁을 벌인다. 무료 구독 기간을 늘리고 값비싼 경품을 내놓는다. 자전거 등의 경품은 물론이

고 이삿짐 운반까지 해주는 신문 지국도 있었다. 독자가 신문을 선택하는 게 아니라 독자에게 신문을 강매하는 구조였다. 자본력이 취약한 한겨레는 충성 독자를 유지하는 것만으로도 힘에 부쳤다. 창간과 동시에 한국일보를 제치고 4대지 반열에 오른 판매부수는 이후로는 특별히 더 늘지 않았다.

많은 판촉비용을 들여 부수를 일시적으로 늘린다 해도 문제가 있었다. 신문 1부를 팔 때마다 드는 재료비가 판매지국에서 받는 납입금보다 적었다. 본사가 더 많이 받으면 지국이 망한다. 지국이 망하면 정기 구독자에게 신문을 배달할 수 없다. 신문 가격을 획기적으로 높이면 이 손해를 메울 수도 있다. 그러나 비싼 신문을 굳이 사서 보려는 독자가 그만큼 줄어들 것이다. 신문 판매의 딜레마였다.

신문은 판매에서 생기는 손실을 광고 수익을 통해 보충한다. 신문에 광고를 싣지 않는다면 신문사는 문을 닫을 수밖에 없다. 주요 광고주는 대기업이다. 중소기업은 신문에 광고를 낼 만한 여력이 많지 않다. 한겨레는 대기업 중심으로 형성된 한국 사회의 정경유착에 날카로운 비판을 가해왔다. 이는 한겨레 창간의 이유이기도 했다. 반면 보수 신문은 대기업 중심의 경제 성장 논리를 일방적으로 편든다. 대기업이 한겨레에 광고를 주는 일을 꺼릴 수밖에 없다.

결국 자본력이 풍부한 신문사가 막대한 판촉비용을 들여 부수를 늘리고 이를 근거로 광고 단가를 높게 매긴 뒤, 친기업적인 기사를 써서 여러 곳에서 광고를 유치하는 일이 반복된다. 한겨레는 판촉비용에 쏟아부을 돈이 부족했다. 판매부수를 획기적으로 늘리지 못했으니 광고 단가를 보수 신문만큼 높게 책정할 수 없다. 그렇다고 사실을 외면하는 재벌 편향적인 기사를 쓸 수도 없다. 한겨레는 보수 신문들이 주도하는 판매·광고 게임에 뛰어들기가 힘들었다. 창간 초기 한겨레의 광고 수주액은 조선일보의 10분의 1 수준이었다. 2008년에는 그 격차를 6분의 1 수준으로 좁히는 데 그쳤다.

뉴미디어의 영토를 개척하다

권근술은 1995년 3월 대표이사에 취임하자마자 처음으로 전 임직원이 참석하는 '마케팅 전략 수립을 위한 워크숍'을 열었다. 4~5월 매주 토요일마다 경기도 과천에서 각 국실별로 워크숍을 진행했다. 창간 직전인 1988년 3월 전체 임직원이 강화도 마니산에 1박 2일로 모꼬지를 다녀온 뒤로 처음 있는 일이었다. 1988년의 자리가 저마다 제 생각을 이야기하는 토론회의 자리였다면, 1995년의 워크숍은 전략적 마케팅의 필요성을 전 사원이 공유하는 자리였다. 다른 기업에서는 일상적인 이런 자리를 한겨레는 이때 처음 경험했다.

권근술의 대표이사 재임 기간에 한겨레는 경영의 관점에서 의미심장한 전환을 시도했다. 김중배, 김두식 대표이사 시절 시도된 경영 합리화 및 과학적 마케팅 개념을 전면적으로 한겨레에 도입하기 시작했다. 한겨레21, 씨네21 등을 통해 시도한 고급 정론지 지향을 신문에도 적용하려 했다.

취임 직후인 1995년 5월 20일, 권근술은 사외보 〈한겨레가족〉에 창간 7주년을 기념하는 글을 썼다. 여기서 그는 "양보다 질 위주의 변화를 추구하면서, 다른 대중지와 차별되는 고급 정론지의 품격을 지키겠다"고 선언했다. 기동성 있는 선별 투자, 업무 효율화, 독자 서비스, 진보적 지식층의 문화 허브 등의 개념을 사용했다. '민주·민중·민족 언론'이라는 개념만으로 한겨레의 지면·경영 지향을 설명했던 과거와 구분된다.

1995년 3월, 경영지원실에 뉴미디어부가 만들어진 것은 '의미심장한 전환'의 첫걸음이었다. 6월에는 뉴미디어부를 뉴미디어국으로 승격했다. 멀티미디어 기업의 지향을 밝힐 첨병이 될 기구였다. 좋은 신문을 만들어도 경영이 안정된 신문사가 될 수 없는 딜레마를 극복하려면, 자본력이 없는 한겨레신문사가 거의 유일하게 희망을 걸 수 있는 영역이 뉴미디어였다.

한겨레 주주들도 멀티미디어 기업을 향한 한겨레의 발전 전망에 대해 찬성했다. 전국 주주를 대상으로 편지 설문조사를 실시했는데, 답지를 회신한 9537명 가운데 78.6%가 '찬성'이라고 답했다. '창간 정신에 위배되므로 반대한다'는 의견은 7%에 불과했다.

뉴미디어국은 사업계획서를 입안했다. 국가적으로 추진하는 초고속 정보통신망 구축에 맞춰 다양한 매체를 통해 지식과 정보의 부가가치를 획기적으로 증가시키겠다는 야심찬 계획이 들어 있었다. 1990년대 후반 50여 개로 늘어날 텔레비전 채널에 한겨레 콘텐츠를 가공한 방송용 프로그램을 제작해 공급하겠다는 구상도 포함되었다. 훗날 한겨레TV로 이어질 구상의 실마리가 이때 마련되었다.

1995년 7월 11일, 뉴미디어국의 구상이 첫 번째로 실행되었다. 한겨레21

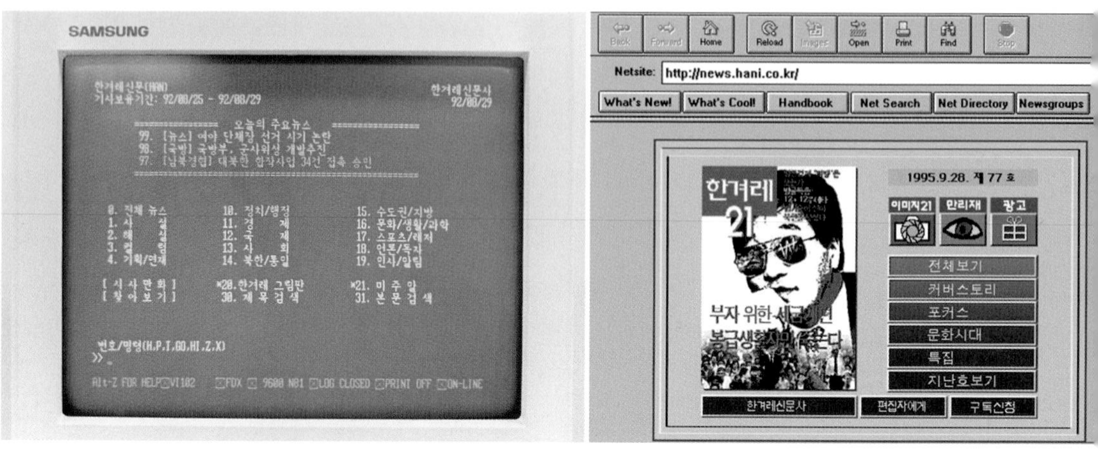

기사를 인터넷으로 서비스하기 시작했다. 그전까지 한겨레는 PC통신망에 기사를 서비스하기만 했다. 국내 언론사 가운데 기사 콘텐츠를 인터넷에 올린 것 자체가 한겨레가 두 번째였다. 당시만 해도 국내 PC통신 서비스를 거쳐야 월드와이드웹(www) 서비스를 이용할 수 있었다. 그런데도 서비스 개시 20일 만에 30만 건의 조회 수를 기록했다. 이어 1996년 1월부터 씨네21 인터넷 서비스가 시작되었고, 그해 5월에는 한겨레 인터넷 홈페이지(www.hani.co.kr)가 열렸다.

뉴미디어국이 중심이 되어 1996년 4월 총선 때에는 PC통신의 한겨레 게시판을 통해 개표 결과를 실시간 중계하고, 창간호 이후 70호까지 한겨레21의 모든 기사를 담은 CD롬을 제작했다. 씨네21에 실린 영화 관련 정보를 재가공해 전화 음성 서비스를 제공하는 일도 벌였다. 신문-판매-광고의 쳇바퀴를 넘어 뉴미디어 시장을 개척하려는 노력이었다. 1997년 5월, 한겨레신문사는 국내 처음으로 인터넷 광고 영업을 시작했다.

멀티미디어 기업으로 가기 위한 기본 시설도 새로 들였다. 1996년 사옥을 증축하면서 독일 케바우사의 고속 컬러 윤전기를 들여왔고, 발송 장비도 교체했다. 종합 전산화 개발도 이 시기에 이루어졌다.

1996년 10월 14일, 제호를 '한겨레'로 바꾼 게 가장 큰 변화였다. 제호를 한겨레신문에서 한겨레로 바꾸면서 제호 글자체도 목판 활자의 거친 느낌에서 날렵한

한겨레는 1992년 9월 1일부터 PC통신을 이용한 기사 서비스를 시작했다. 맨 왼쪽 사진은 PC통신 서비스 초기 화면. 1994년 창간한 한겨레21도 인터넷을 통해 서비스되었다(왼쪽 두 번째). 오른쪽 두 번째 사진은 1995년 인터넷을 통해 한겨레21의 기사를 보는 모습. 맨 오른쪽은 오늘날의 인터넷 한겨레 초기 화면.

느낌으로 새로 만들었다. 제호 바탕에는 백두산 천지가 아니라 생명, 평화를 상징하는 녹색을 깔았다. 지면을 혁신하면서 경제와 생활 관련 정보를 많이 늘렸다.

매일 본지에 덧붙여 주제별로 발행하는 섹션인 '한겨레 창'도 이때 만들어졌다. 월요일에는 미래 분석과 생활·금융, 화요일에는 출판, 수요일에는 일과 삶, 목요일에는 여행, 금요일에는 공동체, 토요일에는 대중문화 등의 주제를 다뤘다. 대형 사진이나 일러스트를 지면에 돋보이게 편집하기도 했다. '한겨레 창'은 이후 한겨레가 발행하는 모든 섹션의 원형이 되었다.

"이제까지 정론지 한겨레신문을 보셨습니까. 이제부터 정보신문 한겨레를 만나보십시오. 제호에서 마지막 면까지 변하지 않은 것은 올곧은 기자 정신뿐입니다." 지면 혁신 이후 제작된 한겨레 홍보 전단지에는 이렇게 쓰였다. 권근술은 '싸우는 신문' 한겨레에 생활, 지식, 정보의 개념을 적극 도입했다. 정보신문 한겨레에 대한 강조는 이후 한겨레리빙 창간으로 이어졌다 .

1998년 2월 5일, 이사회는 '지역정보신문 창간 계획'을 만장일치로 결정했다. 한겨레 임직원이 새 사업에 흔쾌히 뜻을 모았다. 김성수 기획조사부장이 사업 계획을 내놨다. 조선일보를 그만두고 한겨레 기자가 된 그는 1995년 6월부터는 경영기획 부문으로 자리를 옮겨 일을 도모했다. 그가 한겨레리빙의 밑그림을 그렸다.

한겨레리빙은 지역 생활정보지였다. 벼룩시장, 교차로 등 생활정보지 창간 열풍은 1990년대 초부터 이미 시작된 터였다. 벼룩시장은 1989년 대전에서, 교차로는 1990년 부천에서 창간되었다. 이들 매체는 특정 지역을 무대 삼아 구인, 구직 등 생활정보 광고를 싣는 무가지를 발행하다가 전국 주요 도시에 지사를 설립하는 식으로 사업을 확장했다. 이들을 본뜬 여러 생활정보지가 우후죽순처럼 만들어졌다. 1997년 당시에 이미 전국에 653개의 생활정보지가 등록되어 있었다. 지면에는 선정적인 광고가 많았고, 독자들의 비판이 적지 않았다.

한겨레는 이런 불만에 주목했다. 서민들의 삶에 꼭 필요한 생활정보일수록 '신뢰'가 중요하다고 보았다.

1997년 12월부터 시장 조사를 거쳐, 지역 신문에 생활정보지의 장점을 결합한 타블로이드판 무가 지역 생활정보신문을 창간하기로 했다. 전체 48면 가운데 8개 면은 기사를 싣고, 나머지는 각종 생활정보 광고를 게재하기로 했다. 한겨레에 충분한 콘텐츠가 있었고 일부 인력만 충원하면 생생한 지역 뉴스를 내놓을 수 있을 것으로 기대했다.

"생활인의 신문, 지역주민의 신문, 군소 경제주체들의 신문을 창간합니다." 1998년 3월 27일, 한겨레 1면에 알림 기사가 나갔다. 우선 서울을 동서남북 4개 광역권으로 나눈 뒤에 주 5회 5만여 부씩 발행했다. 당시 이런 매체를 발행하겠다는 중앙일간지는 없었다. 훗날 2000년대 중반이 되어서야 무료 일간지 창간 열풍이 불었다. 한겨레가 앞서간 시장 예측을 했고, 새로운 블루오션을 개척한 것처럼 보였다.

'뼈아픈 실패' 한겨레리빙

그렇게 해서 1998년 4월 6일, ㈜한겨레리빙이 탄생했다. 한겨레신문사가 50.13%를 출자하고, 다른 사업자들의 투자를 받은 자회사였다. 4월 20일, 한겨레리빙 창간호가 서울 곳곳에 배포되었다. 사업 다각화와 매체 다각화라는 두 마리 토끼를 잡겠다며 경영과 편집이 처음으로 머리를 맞댄 결실이었다.

구직자와 중소기업을 잇고, 지역의 풀뿌리 뉴스를 전한다는 한겨레리빙의 구상은 당시로서는 혁신적인 것이었다. 서민층, 중소기업, 지역사회 등을 아우르는 풀뿌리 언론은 한겨레가 지향하는 가치와 정확히 일치했다.

그러나 기존 매체들의 텃세와 견제가 심했다. 중앙일보가 그해 10월 비슷한 성격의 중앙타운을 창간한 뒤에 광고 덤핑 정책을 쓰는 바람에 타격을 입었다. 이미 광고 시장은 꽁꽁 얼어붙어 있는 상황이었다. 한겨레신문사는 자회사 한겨레리빙의 늘어나는 적자를 감당하지 못했다. 1999년 5월, 이사회는 한겨레리빙에 대한 지원을 중단하기로 결정했다. 외부에 매각했으나 한겨레리빙은 고전하다가 2000년 5월 폐간했다. 창간 2년 만이었다.

한겨레리빙은 한겨레신문사에 90억 원 이상의 손해를 남겼다. 역대 최대 실패였다. 한겨레리빙을 두고 사내에서 여러 논란이 일었다. 창간 1년도 안 된 매체를 헐값에 매각하는 것은 잘못이라는 의견이 있는 반면, 막대한 적자 사실을 이사회에도 제대로 알리지 않은 폐쇄적인 경영 방식을 탓하는 목소리도 높았다. 1999년 봄, 이사회에서는 한겨레리빙 처리 문제를 놓고 몇 시간씩 격론을 벌이곤 했다. 그만큼 한겨레리빙 문제는 한겨레 경영의 중요한 고비였다. 멀티미디어 기업으로 거듭나겠다는 담대한 목표도 흔들리기 시작했다. 신매체 창간, 신사업 추진 속도가 주춤했다.

한겨레리빙의 막대한 적자가 결정타였다. 그 이후로 한겨레에서는 경영위기가 구조화되기 시작했다. 1990년대 후반 한겨레21, 씨네21, 한겨레문화센터, 출판부 등은 좋은 성과를 내었으나, 신문 부문의 적자를 메우기에는 역부족이었다. 한겨레리빙 실패 이후에 새 사업을 벌일 돈도 충분치 않았다.

1999년 3월, 대표이사에 취임한 최학래는 승부수를 던졌다. 신문사의 주력 상품이면서도 가장 큰 적자를 내고 있는 신문 부문에서 돌파구를 마련하기로 했다. 창간 때 경영 조직을 구축했던 조영호를 다시 불러 전무이사를 맡겼다. 그는 1992년 12월 한겨레에 사표를 내고 이후 5년여간 나산그룹 등에서 전문경영인의 길을 다시 걷고 있었다. 창간 때 경영 실무를 맡았던 서형수도 한 발 먼저 돌아와 있었다. 그 역시 1991년 신문사를 떠났다가 1995년부터 한겨레 운영기획실에 복귀해 있었다. 최학래는 서형수에게 사업국장을 맡겼다.

당시 경영진은 방어적 경영전략 대신에 공세적인 경영에 나섰다. 판매부수를 끌어올리고 이를 토대로 광고 수익을 올리면서 신문의 적자를 줄이기로 했다. 특히 1998년 김대중 정부의 등장으로 한겨레에 불리하지 않은 환경이라고 판단했다. 자금력은 이미 바닥을 드러낸 상태였으나, 최대한 끌어다가 신문 부문에 투자

했다. 조영호는 창간 초기만 해도 섣부른 확장 경영을 경계하는 쪽이었으나, 1999년 복귀 뒤에는 적극적인 경영을 주창했다. 권력에 주눅들 필요가 없다고 판단했다.

여러 일들이 이때 이뤄졌다. 1999년 봄, 창간 이후 처음으로 공중파 방송에 한겨레를 판촉하는 광고를 내보냈다. 《네 멋대로 해라》의 작가 김현진을 모델로 한겨레를 홍보했다. 전사적인 판촉에도 나섰다. 주주 독자를 중심으로 한겨레 구독운동을 펼쳤다.

1999년 12월 사옥 신관이 증축되었다. 2000년 12월, 신문 판매 부문을 전담하는 마케팅국을 신설했다. 2001년 9월부터는 사외보 〈열린 사람들〉을 제작해 주주 독자들에게 배포했다. 신문사의 자금이 이런 사업에 집중되었다. 권근술 대표이사 재임 시절인 1997년부터 늘어나기 시작한 신문 판매 부문 투자액은 1999년과 2000년에 걸쳐 정점에 이르렀다.

회사채를 발행해 목돈도 마련했다. 한겨레신문사가 금융기관에서 큰돈을 융자받은 것은 그때까지 두 차례였다. 첫 번째가 1996년이었다. 100억 원을 마련했다. 한겨레21, 씨네21 창간 등으로 사업 다각화를 시도하면서 윤전기 증설 등의 투자를 꾀하던 때였다. 2001년에 두 번째 대규모 차입이 이루어졌다. 판매부수 확대가 당면한 목표였다. 운영자금도 필요했다. 150억 원을 빌렸다. 이 시기에 일련의 조치를 관통하는 흐름이 있었다. 자회사 또는 관계회사를 만들어 투자를 유치하고 금융권에서도 돈을 빌려 최대한의 자금을 마련한 뒤, 보수 신문이 휘젓고 있는 신문 시장에 이를 투입해 판매·광고 부문의 선순환 구조를 갖추겠다는 의도였다.

그러나 창간 이후 최대의 판촉 캠페인은 의도했던 바를 이루지 못했다. 1990년대 초반과 비교해 10배나 많은 자금을 신문 판매 촉진에 투자했는데, 여기서 나온 수익은 1.5배 늘어나는 데 그쳤다. 판매부수가 다소 늘긴 했는데, 크지 않은 폭이었다. 판촉 활동에 의해 구독을 시작한 독자들은 손쉽게 한겨레 구독을 중단했다. 자발적으로 한겨레를 구독하는 '충성 독자'와 달랐다. 새로 늘어난 독자만큼 기존의 독자가 줄어들었다.

미디어 시장의 지각변동, 갈 길을 묻다

이 무렵 한겨레신문사는 두 차례의 흑자를 봤다. 1998년 10억 원, 2000년

알림

오늘 발행 한겨레 리빙

지역 언론의 새 지평이 열립니다

국민의 신문 〈한겨레〉가 만드는 국내 최초의 일간 지역정보신문 〈한겨레리빙〉이 창간됐습니다.
4월 셋째주 첫날을 시작하는 20일 새벽 〈한겨레리빙〉 창간호 50만부가 서울 온 거리의 수만곳에 배포됐습니다. 바로 지금 거리에서 〈한겨레리빙〉을 만나십시오.

〈한겨레리빙〉을 독자 여러분의 집으로 가져다드리기로 했습니다. 이는 10년전 〈한겨레〉를 만들어, 한국에서 가장 공정하고 신뢰받는 신문으로 키워주신 국민 여러분에 대한 작은 보답의 뜻이기도 합니다.

한겨레리빙 활용법

1.섹션별로 다룹니다

1998년 4월, 한겨레리빙 직원들이 창간 준비에 한창이다(왼쪽). 4월 20일, 한겨레리빙 창간을 알리는 한겨레 1면 알림(오른쪽). 창간호 50만 부가 서울의 거리 곳곳에 배포되었다.

7억 원의 수익을 냈다. 그러나 이 흑자 경영은 내핍을 감수한 결과였다. 1998년에는 상여금 300%를 삭감했다. 2000년에는 그나마 상여금 가운데 50%를 사원들이 반납했다. 적자가 계속되면 은행에서 융자를 받을 수가 없다. 연이은 적자를 막기 위해 사원들이 임금을 내놓았던 것이다. 저임금을 견디는 사원들의 인내가 한계에 이르고 있었다. 투자 여력은 물론 임금을 포함한 운영자금을 마련하는 일도 장벽에 부딪혔다.

상황이 어려운 것은 다른 신문사들도 마찬가지였다. 2001년의 통계를 보면, 조선일보, 중앙일보, 동아일보를 제외한 모든 중앙일간지가 자본 잠식 상태에 있었다. 경향신문, 국민일보, 세계일보, 한국일보는 완전 자본 잠식 상태였다. 자본금보다 누적 적자가 몇 배 더 많았다. 한겨레신문사는 일부 자본 잠식 상태였다.

한국 신문 시장 규모가 급감한 것이 배경이었다. 전체 신문 구독률은 1986년 71%에서 2000년 52%로 떨어졌다. 신문을 보는 사람이 그만큼 줄었다는 이야기다. 신문 시장이 축소되는 가운데 몇몇 보수 신문은 물량 공세를 통해 시장점유율을 높였다. 후발 신문사들은 이를 따라잡지 못했다. 신문광고 시장의 숨통을 열었던 금융권 호황도 2001년부터 잦아들었다.

그나마 한겨레신문사의 재무구조가 다른 신문보다 조금 낫다고 할 수 있

1998년, 한겨레의 창간 주주인 이한겨레 군이 아버지 이현백 씨와 함께 한겨레를 읽으며 활짝 웃고 있다.

었지만, 여기에는 다른 문제가 있었다. 국민일보, 세계일보 등은 거대 종교집단을 배경으로 삼고 있다. 한국일보에는 사주 일가의 막대한 개인 재산과 과거의 전성기에 구축했던 전국 곳곳의 부동산이 남아 있었다. 현대그룹이 창간한 문화일보, 한화그룹이 인수했던 경향신문은 1990년대 후반 진통을 겪고 있었지만, 그래도 믿는 구석이 없지 않았다. 반면 한겨레는 기댈 언덕이 전혀 없었다.

어려울 때마다 국민 주주에게 도움을 청해왔지만, 그 방식은 이미 한계에 봉착해 있었다. 그때까지 한겨레는 일반 국민을 상대로 네 차례에 걸쳐 대대적인 기금 모금을 했었다. 국민들은 130억 원의 기금을 한겨레에 냈다. 1991년 3월부터 두 달 동안 진행한 3차 발전기금 모금 때는 15억 원을 모으는 데 그쳤다. 이후에도 한겨레 주주가 되려는 시민들의 참여는 계속되었지만, 창간 때의 수준에는 미치지 못했다. 수십억 원을 모아봐야 모금 캠페인에 들어가는 비용을 빼고 나면 크게 남는 돈이 없었다. 국민 모금을 통해 경영 혁신에 필요한 자본금을 마련한다는 것은 어려운 일이었다.

새 매체를 만들어 신규 시장을 개척하는 일과 신문 부수 증대를 통해 주력 상품의 영업이익을 높이는 일이 연이어 좌절되면서 한겨레는 앞길이 막혔다. 사업 다각화도 안 되고 신문 부문 수지 개선도 안 된다면, 한겨레 사람들이 도모할 수 있는 일은 거의 없었다.

더 근본적으로는 한겨레신문사의 취약한 자본이 문제였다. 새 매체가 시장에 안착할 때까지 버텨줄 자본이 있었다면 한겨레리빙은 조금 다른 길을 걸을 수도 있었을 것이다. 신문 판매부수를 늘리는 데 들어가는 자본도 2~3년

이 아니라 5년 이상 지속되어야 그 성과를 볼 수 있는데, 그럴 만한 돈이 없었다. 한겨레리빙의 시장 안착을 기다리고 신문 판매부수의 증가를 기다렸지만 두 가지 모두 경영 개선으로 이어지지 못했다. 더 기다리려 해도 더 쓸 돈이 없었다.

한겨레신문사의 살림이 휘청거리기 시작했다. 통상적인 투자로는 위기를 극복할 수 없다는 게 분명해졌다. 2000년 무렵, 한겨레신문사의 부채 비율은 500%를 넘어서고 있었다. 경영 수지가 좋지 않고 부채 비율까지 높은 신문사에 돈을 빌려주려는 금융기관은 없었다. 빌려 간 돈이나 빨리 갚으라는 압력이 거세졌다.

보이는 압력보다 보이지 않는 압박이 더 큰 문제였다. 지금까지와는 전혀 다른 종류의 미디어 시장이 형성되고 있었다. 인터넷 언론의 시대가 코앞에 와 있었다. 2000년 2월 '모든 시민은 기자다'라는 모토를 내건 인터넷 신문 오마이뉴스가 창간한다. 2001년 9월에는 진보적인 인터넷 대안언론을 표방한 프레시안이 문을 열었다. 이들은 아예 종이 매체를 발행조차 하지 않았다. 젊고 진보적인 한겨레 독자층을 침식해 들어와, 유일한 진보 언론임을 자임했던 한겨레의 독점적 지위에 균열이 생기기 시작할 터였다.

미디어 시장 전체의 지각변동이 진행되기 직전이었다. "어디서 공격해 들어올지 모르는 유령"은 안기부나 금융권만이 아니었다. 한겨레리빙 사업은 접었지만, 다행히 한겨레 안에서 뉴미디어 전략까지 접은 것은 아니었다. 최학래가 대표이사 취임 뒤에 가장 먼저 서두른 일이 뉴미디어 사업 부문의 혁신이었다. 1995년 만들어진 뉴미디어국을 모태 삼아, 여러 일들을 벌였다. 1999년 12월 분사한 인터넷한겨레는 훗날 초록마을과 하니투어의 전신이 될 유통, 여행 부문의 사업을 펼쳤다. 2000년대 초까지만 해도 적자를 면치 못하긴 했으나 외부 투자를 많이 끌어들였다. 2000년 4월에는 관계회사 한겨레커뮤니케이션스를 창립해 디지털 주간지 닷21을 창간하도록 했다. 한겨레커뮤니케이션스에서는 이후 이코노미21, 씽크머니 등 정보통신 및 금융 부문의 잡지를 만들게 된다. 한국통신과 손잡고 위성방송사 설립을 위한 컨소시엄도 맺었다.

이상은 높았으나, 현실은 따라주지 않았다. 뉴미디어 전략을 지향하며 벌인 사업들도 2000년대 초반까지 계속되는 적자로 고전을 거듭했다. 하지만 실패는 있어도 좌절은 있을 수 없었다. 한겨레리빙이 또 다른 새싹을 틔울 거름이 되어야만 했다. 한겨레 스스로 새롭게 갈 길을 묻고, 또 찾아야만 했다.

1988년 2월, 한겨레 초대 시사만화가 공모 때 김을호가 선발되었다. 한겨레 창간호에서 그의 네 컷 만화 주인공 '미주알' 씨는 "할 말은 하겠다"고 독자에게 인사했다.

1988년 4월, 박재동이 한겨레 초대 시사만화가 공모에 추가 합격했다. 다른 신문 만평에서는 찾아볼 수 없는 독창적인 관점과 표현을 바탕으로 큰 인기를 누렸다.

박시백은 한 컷 또는 네 컷에 머물렀던 시사만화를 '수필 만화' 또는 '에세이 만화'로 확장시켰다. 1996년 박재동의 뒤를 이어 '한겨레 그림판'을 맡았으며, 1997년부터는 '박시백의 그림세상'도 함께 연재했다.

장봉군은 야학, 공장 활동을 하다가 명동성당 만화패에서 만화운동을 이끌었다. 한겨레 독자만화투고에 자신의 만화를 보냈다. '초대석'이라는 이름으로 만평을 그리다가, 1997년부터 '한겨레 그림판'을 맡았다.

한겨레는 촌철살인의 만평과 함께 서사가 있는 에세이 만화를 꾸준히 선보였다. 조남준은 1997년부터 2004년까지 한겨레21에 '시사SF'를 연재하며 이 분야의 새로운 지평을 열었다. 디지털컴퓨터 화상으로 다듬은 그의 그림은 기왕의 거친 시사만화와 확연히 구분되었다.

타임라인 3

1987 **1988** 1989 1990 1991 1992 1993 1994 **1995** 1996 **1997** 1998 **1999** 2000 20

만화

한국 만화의 역사는 100년을 넘겼다. 최초의 만화는 신문에서 탄생했다. 화가 이도영이 1909년 6월 2일 대한민보 창간호부터 연재한 한 컷짜리 시사만화다. 한겨레는 1988년 창간 때부터 한국 시사만화의 세대 교체와 형식 실험에 앞장섰다.

만화 VS 영화

정훈이는 씨네21 창간 초기에 가끔씩 만화를 실었는데 반응이 워낙 좋아 1995년부터 계속 연재하고 있다. 기상천외하면서도 강력한 그의 패러디는 독자를 정신없이 웃긴다.

홍승우가 그린 정보통 가족은 한때 대한민국 소시민을 상징하는 아이콘이었다. 1998년 한겨레리빙에 '정보통 사람들'로 연재를 시작했고, 1999년 한겨레에 '비빔툰'으로 제목을 바꿔 14년 동안 연재했다.

여러 만화가들이 곡절 많은 부침을 겪으며 한겨레를 거치는 동안 김영훈은 창간 때부터 묵묵히 삽화, 일러스트, 시사만화를 그렸다. 2005년 한겨레 교육 섹션에 '세상을 바꾸는 100가지 공학기술'이라는 청소년 만화를 연재하는 등 학습만화에도 도전했다.

2012년 론칭한 한겨레 토요판은 한국 신문 최초로 두 면을 펼쳐 만화를 연재하며 독자의 눈길을 끌었다. '미생', '이끼'로 유명한 윤태호가 2013년 첫 역사만화인 '인천상륙작전'을 디지털과 신문에 동시 연재했다. '아만자'로 인기를 모은 김보통도 2014년 한겨레 토요판에 탈영병 문제를 다룬 'D.P'를 연재했다.

02 2003 2004 **2005** **2006** 2007 2008 2009 2010 2011 2012 **2013** **2014** **2015** **2016** 2017 2018

권범철은 경남도민일보, 일요신문, 노컷뉴스, 미디어오늘을 거쳐 2015년부터 '한겨레 그림판'을 맡고 있다. 2017년 12월 시사만평가들의 모임인 전국시사만화협회 회장에 선출되었다.

한국 신문 최초로 1면 제호 옆에 만화가 등장한 시기도 있었다. 2016년 6월 개편된 지면을 선보이면서 매일 그날과 관련한 역사 인물의 캐리커처 등이 실렸다. 만화가 김태권과 일러스트레이터 오금택이 이미지를 맡고, 인물에 대한 소개글은 김태권이 썼다.

2006년 최규석은 한겨레21과 함께 시사주간지 사상 최초로 옴니버스식 장편만화 '대한민국 원주민'을 매주 연재했다. '시사적인 내용을 담아 한 회로 완결한다'는 기존 얼개를 파괴한 것이다.

글쟁이들

“나는 아주 소심한 사람이다. 얼마만큼 소심하냐 하면 이 칼럼난의 필자가 돼달라는 청탁을 받았을 때 앞서 한겨레신문의 지면을 빛낸 명필자들이 겪고 있는 고초부터 생각나서 피하고 싶었다.” 1989년 5월 11일, 한겨레에 첫 칼럼을 쓴 박완서는 수줍은 고백으로 글의 들머리를 열었다. 이 칼럼은 목요일마다 신문 1면을 장식하는 ‘한겨레 논단’에 실렸다.

‘한겨레 논단’은 창간 초기 한겨레 1면의 대표 상품이었다. 칼럼을 1면에 실은 시도 자체가 파격이었다. 글도 워낙 좋았다. 1988년 5월 19일, 한겨레 논설고문이었던 소설가 최일남을 시작으로 리영희, 경제학자 변형윤, 변호사 조영래 등 4명이 번갈아 글을 썼다. 강만길, 박완서, 백낙청, 한승헌 등이 필자로 합류하며 칼럼 게재 횟수도 주 2회로 늘어났다.

칼럼 때문에 한겨레를 읽는다는 사람이 많았다. ‘한겨레 논단’은 1989년 7월 단행본으로 나왔다. 이에 버금가는 명칼럼이 여론면에 실린 ‘이렇게 본다’였다. 나중에 ‘더불어 생각하며’로 이름을 바꿨는데, 필진을 따로 정하지 않고 날카로운 필력의 지식인들 글을 번갈아 실었다.

당시에 다른 신문들은 사내 논설위원들이 사설과 칼럼을 도맡아 썼다. 한겨레는 사내 논설위원을 최소화하는 대신에 한국 사회의 내로라하는 글쟁이들에게 지면을 개방했다. 외부인을 논설위원으로 모시기로 했다. 기자들의 특권 의식을 배제하겠다는 한겨레 창간 정신에도 어울리는 결정이었다. 임재경과 권근술이 초대 논설위원실 구성을 책임졌다.

리영희(국제와 정치), 최일남(문학과 문화), 김금수(노동), 정운영(경제), 조영래(법조), 최장집(정치) 등 초대 논설위원의 면면은 화려했다. 사내에서는 김종철, 신홍범이 초대 논설위원을, 권근술 편집이사가 논설간사를 맡았다. 송건호 대표이사와 임재경 편집인도 가끔 칼럼을 썼다.

리영희는 한국 사회의 맹목적 냉전 반공 의식에 맞서 싸운 당대의 지식인이었다. “한겨레신문을 만드는 분들에게 그래도 뭔가 말을 하고 넘어가야겠다고 생각한 나머지, 말

한겨레에 글을 쓴 글쟁이들. 왼쪽 위부터 리영희, 정운영, 변형윤, 조영래, 최장집, 정연주, 김선주, 손석춘, 홍세화, 강준만, 진중권, 박노자, 박완서, 김훈, 조선희, 김중혁.

을 하다 말고 달포 동안 글을 안 쓰는 것으로 생각을 전했었다. 한겨레신문을 사랑하기 때문이다. 그러다가 최근에 열린 주주총회의 뒷자리에 앉아 전국 방방곡곡에서 모인 한겨레 주주들의 뜨거운 마음에 감동되어 놓았던 펜을 다시 들게 되었다. 한겨레신문의 독자를 사랑하기 때문이다." 1988년 9월 15일 '한겨레 논단'에 실린 리영희의 칼럼 '새는 좌·우의 날개로 난다'에는 한겨레를 향한 애정이 듬뿍 배어났다.

한국의 마르크스주의 경제학을 정초한 정운영은 방대한 지식 위에 예리한 관점을 얹어 경제 문제를 파고들었다. 창간호에 쓴 '경제민주화 방향과 과제'라는 제목의 칼럼은 30년 뒤인 2018년에도 곱씹어볼 만한 명칼럼이다. 정운영은 1988년부터 1999년까지 한겨레에서 일했다. 《전태일 평전》을 쓴 조영래 변호사는 1990년 마흔넷의 이른 나이에 세상을 떠나기까지 짧은 시간이지만 한겨레 지면을 통해 인권과 노동 문제에 천착했다. 이들이 터를 닦은 덕분에 한겨레의 논설과 칼럼은 한국 진보 담론의 산실이자 중심이 되었다.

그 뒤를 이어 지난 30년 동안 한겨레 지면을 빛낸 글쟁이들이 많다. 김선주, 손석춘, 정연주, 홍세화의 칼럼은 대중적으로도 인기가 많았다.

김선주는 사소한 일상으로부터 사회와 삶의 본질을 길어내어 독자의 마음을 사로잡았다. 노무현 대통령은 가장 좋아하는 칼럼으로 김선주의 글을 꼽았다. 손석춘의 담백한 글은 1990년대 특히 젊은 독자들에게 인기가 많았다. 손석춘은 '여론읽기'라는 고정 칼럼을 썼고, 《신문 읽기의 혁명》, 《부자 신문 가난한 독자》 등 언론 개혁과 관련한 여러 권의 책을 펴냈다. 정연주는 2000년대 초에 보수 언론을 일갈하는 칼럼으로 큰 반향을 일으켰다. 2000년 10월, '한국 신문의 조폭적 행태'라는 제목의 칼럼을 썼는데 이때부터 '조폭 언론'이라는 말이 보수 언론을 가리키는 고유 명사가 되었다. 홍세화는 1999년부터 지금까지 '빨간 신호등', '홍세화 칼럼' 등의 문패를 달고 칼럼을 쓰고 있다.

고종석과 이주헌은 한겨레 문화부 기자로 출발해 착실히 실력을 쌓은 뒤, 문화 분야의 대표적 칼럼니스트로 자리 잡았다. 고종석은 자신의 글을 누가 손대는 걸 싫어해 마감이 임박해서야 원고를 내놓았다. 이주헌은 미술 평론 부문에서 독보적인 입지를 구축했다. 1988년 창간 때부터 한겨레에 몸 담으면서 기자 생활의 대부분을 문학 기사를 써온 최재봉은 《거울나라의 작가들》, 《그 작가 그 공간》 등 문학과 관련한 책을 주로 펴냈다. 고명섭은 출판 평론계에서 내로라하는 글을 쓰는 기자이자 시인이다.

그간 한겨레21에 썼던 기사들을 묶어 2017년 《웅크린 말들》을 펴낸 이문영은 《난쟁이가 쏘아올린 작은 공》의 작가 조세희가 "난쏘공의 난장이들이 자기 시대에 다 죽지 못하고 그때 그 모습으로 이문영의 글에 살고 있다"고 극찬할 정도의 미문을 쓴다. 씨네21 김혜리의 섬세한 감성이 묻어나는 글을 사랑하는 독자들도 많다.

기자를 그만두고 글쟁이로 본격적으로 변신한 이들도 있다. 기자 생활 중에 경향신문 신춘문예에 당선되었던 김소진은 1995년 한겨레를 떠난 뒤에 왕성하게 소설 집필에만 전념하며 《장석조네 사람들》, 《자전거 도둑》 등을 잇따라 펴냈다. 하지만 작가로서의 삶은 짧았다. 1997년 위암으로 투병하다가 서른넷의 나이로 눈을 감았다. 문화부 기자였던 조선희는 씨네21 편집장을 마지막으로 2000년 한겨레를 떠났다. 그는 에세이 《정글에선 가끔

하이에나가 된다》, 소설 《햇빛 찬란한 나날》, 《세 여자》 등을 펴내며 여전히 글쟁이로 살고 있다. 한겨레21 편집팀장 출신인 유현산은 출판사 자음과모음이 주최한 제1회 네오픽션상 수상자로, 장편소설 《1994년 어느 늦은 밤》을 썼다. 시인으로 등단한 뒤에 한겨레에 입사한 14대 대표이사 고광헌은 2011년 두 번째 시집 《시간은 무겁다》를 펴냈다.

거꾸로 소설가가 한겨레 기자로 일한 경우도 있다. 소설가 김훈은 2002년부터 1년 가까이 사회부 기동팀에서 경찰기자로 일했다. 그가 사회면에 쓴 '거리의 칼럼'은 지금도 회자되는 명칼럼이다. 소설가 김중혁은 2006년 12월부터 생활문화 매거진을 표방한 섹션 ESC 창간 과정에 합류하여 2007년 9월까지 1년 9개월 동안 객원기자로 일했다.

30년간 한겨레에 칼럼을 썼던 글쟁이들은 일일이 손으로 꼽을 수 없을 정도다. 한겨레를 거치지 않은 진보 논객은 없다고 봐야 한다. 박원순, 박호성 등은 비상임 논설위원을 지냈다. 이오덕은 우리말에 대한 칼럼을 썼다. 경제, 노동 분야에 특히 명칼럼니스트가 많았다. 강수돌, 김기원, 김대환, 김수행, 박현채, 변형윤, 장하성, 정운찬, 조순 등 이 분야를 대표하는 학자들이 한겨레에 글을 썼다.

문화계에선 공지영, 김선우, 김소연, 도정일, 박노해, 박완서, 백낙청, 송경동, 송기숙, 신경림, 양귀자, 염무웅, 유홍준, 윤정모, 은희경, 장정일, 정여울, 조세희, 조정래, 현기영, 황현산 등이 글을 많이 썼다. 수준 높은 문화평론은 한겨레의 또 다른 자랑이다. 한겨레에 고정 칼럼을 썼던 이효인, 정성일, 서동진, 이명인, 강헌 등이 대중문화 평론의 지형을 바꿔놓았다. 인문학 및 사회과학계에선 강만길, 김동춘, 김우창, 남재희, 박명림, 송두율, 신영복, 안병욱, 장을병, 조국, 조한혜정, 조효제, 한승헌 등이 단골 필자로 등장했다.

1990년대 후반부터는 '신세대 논객'들이 한겨레를 통해 세상에 알려졌다. 강준만, 김규항, 박노자, 진중권, 한홍구 등이 대표적이다. 해박한 지식과 급진적인 관점으로 세간의 편견을 뒤엎어버린 이들의 도발적 글은 2000년대의 젊은이들에게 특히 주목을 받았다.

인문사회 분야의 지식인이 아닌 새로운 유형의 필자들도 한겨레를 통해 데뷔했다. 시골 의사 박경철, 버스 운전사 안건모, 영화인 오지혜, 과학자 정재승, 노동운동가 하종강, 여행가 한비야 등이 삶에 밀착한 글을 써서 공감을 얻었고 유명 칼럼니스트로 성장했다.

여러 한국 언론 가운데 유독 한겨레를 편애한 외국 칼럼니스트들도 있다. AP와 워싱턴포스트 특파원 출신의 국제문제 전문가 셀리그 해리슨, 도쿄대 명예교수이자 일본을 대표하는 지식인 와다 하루키, 반세계화 운동의 대표적 이론가인 필리핀대 교수 월든 벨로, 세계체제론으로 유명한 사회과학계의 대부 임마누엘 월러스틴 등이 대표적이다.

한겨레를 점거하라

2000년 6월 27일 오전 11시께 한겨레신문사 공덕동 사옥 앞에 군복을 입은 중년의 남성들이 무리 지어 나타났다. 대한민국 고엽제후유의증 전우회 회원들이었다. 1999년 5월부터 한겨레와 한겨레21은 한국군의 베트남 민간인 학살을 꾸준히 보도했다. 전우회 회원들은 이런 보도가 고엽제 손해배상 소송에 나쁜 영향을 주고 있다고 주장했다.

언론사 앞에는 시위대가 가끔 출몰한다. 보도에 항의하는 사람들이다. 한겨레도 다르지 않다. 크고 작은 일로 항의 방문하는 사람들이 늘 있다. 이날도 한겨레 사람들은 간혹 있는 시위대라 여기며 덤덤하게 받아들였다. 집회 소식을 듣고 아침 8시부터 경찰 10여 명이 신문사 입구를 지키고 있었다.

그러나 점심 시간이 지나자 분위기가 심상찮게 변했다. 점심때 술을 마신 일부 시위대의 얼굴이 불콰했다. 근처 효창공원 쪽에 집결했던 회원들이 사옥 앞으로 밀려들었다. 100여 명이었던 시위대 인원이 순식간에 2200여 명으로 늘었다. 이들은 한겨레 정문을 가로막았다. 때마침 식사를 마치고 신문사로 들어오려던 한겨레 사원들을 막았다. 이 과정에서 몇 명이 폭행을 당했다. 같은 시각, 경찰이 저지선을 만들었다. 16개 중대 2240명의 경비경찰을 배치해 사옥을 지켰다.

오후 3시, 전우회 대표자 5명이 신문사 5층 회의실에서 현이섭 출판국장을 만났다. 요구 사항을 전달하겠다며 신문사를 찾았으면서도 계속 욕설만 퍼부었다. 인내심을 갖고 설득한 끝에 협상 문안을 만들었는데, 그만 소용없는 일이 되었다. 바깥의 전우회원들이 신문사 난입을 시작한 것이다.

시위대는 전경들을 밀어붙이며 사옥 진입을 시도했다. 퇴역 군인들은 왕년의 지략을 발휘했다. 사옥 앞쪽에서 시위대와 전경들이 몸싸움을 벌이는 동안, 수십여 명이 사옥 뒤편 주택가로 몰려들었다. 신문사의 옥외주차장과 면해 있던 민가의 담을 허물어버렸다. 경찰도 미처 생각지 못한 일이었다.

2000년 6월 27일, 서울 한겨레신문사 공덕동 사옥 앞에서 고엽제후유의증 전우회 회원들이 사옥 안에서 끌어낸 사무용지 등을 불태우고 있다.

2000년 6월 27일 고엽제후유의증 전우회 회원들이 떠난 직후, 경찰이 한겨레신문사 사옥 4층 옥외주차장에서 혹시 모를 위험에 대비해 지키고 있다. 시위대는 주차되어 있던 승용차들을 부쉈다(왼쪽). 일부 시위대는 주주센터 옆 환기구를 부수고 불붙은 서류뭉치를 안으로 집어던져 사무실에 방화를 시도했다. 타다 남은 서류조각이 창틀에 뒹굴고 있다.

무너진 담을 딛고 시위대가 옥외주차장으로 몰려들었다. 주차되어 있던 승용차들을 부수고, 2층 주주센터 사무실 바깥에 나와 있던 환기구를 부쉈다. 독자용 지로용지 등 서류를 빼앗아 불을 질렀다. 불붙은 서류 뭉치를 다시 사무실 안으로 던져 넣었다.

고엽제후유의증 전우회의 사옥 점거

오후 3시 30분께, 경찰이 옥외주차장으로 신경을 돌린 틈을 타고 이번에는 시위대가 사옥 정문 쪽에 붙어 있는 발송장에 몰려들었다. 내려 잠근 철제문을 부수고 난입했다. 발송장에 주차된 차량을 부쉈다. 발송용 컨베이어도 부쉈다.

발송장에는 사무실로 향하는 엘리베이터와 계단이 있었다. 이들의 진입을 막으려고 한겨레 직원들이 철제 비상문을 닫아걸었다. 몰려든 시위대는 몽둥이와 발로 철문을 두들기며 욕설을 퍼부었다. 사무실 진입이 힘들어지자 사옥 주변 나무와 전신주에 올라가 돌을 던져 창문을 깨트렸다. 무너진 민가 담장의 벽돌을 빼서 던졌다. 유리창 20여 장이 이들의 손에 박살났다. 7층 편집국까지 돌이 날아들었다.

편집국은 큰 화를 면했지만, 논설위원실이 있던 8층과 출판국이 있던 5층은 시위대에 의해 쑥대밭이 되었다. 시위대는 비상구 문틈으로 쇠파이프를 쑤셔 넣어 문을 열었다. 닥치는 대로 집기를 부쉈다. 오후 4시 50분께 시위대 중 1명이 사옥 옆 전신주에 올라가 전력 차단기를 내렸다. 신문사 전체가 정전이 되었다. 한국전력 긴급복구반이 달려와 복구에 들어갔다. 오후 5시 50분께 신문사에 전기가 다시 들어왔다.

신문사 안까지 들어와 난동을 피운 이는 수십여 명이었다. 피해가 막심했다. 컴퓨터 등 사무용품, 발송 장비와 윤전 시설 같은 신문 제작 설비가 파손되었다. 직원 10여 명이 몽둥이 등으로 폭행을 당했다. 취재용, 발송용 차량 21대가 파손됐다. 7000여 만 원의 재산 피해가 났다.

경찰은 현장에서 40여 명을 연행하고, 4명을 구속했다. 시위대는 밤늦도록 해산하지 않고 사옥 주변을 에워쌌다. 예정보다 30분가량 늦게 나온 신문 발송을 위해 경찰들이 도로를 틔웠다. 밤 9시께 시위대는 해산했다.

이들은 이튿날에도 사옥 앞에 밀려와 회사 진입을 시도했다. 눈앞에서 시위대에게 저지선을 뚫렸던 경찰이 이날은 단단히 막았다. 그다음 날인 6월 29일에는 "전우회원이 사복 차림을 하고 한겨레신문사에 들어가 건물을 폭파하려 한다"는 제보 전화가 걸려왔다. 경찰은 특수견을 동원해 사옥 안팎을 수색했으나 별다른 징후를 발견하지 못했다.

7월 13일, 전우회 임원들이 신문사를 다시 찾았다. 최학래 대표이사를 만나 공식 사과했다. 경찰의 처벌을 원치 않는다는 취지의 탄원서를 써줄 것을 부탁했다. 최학래는 사과와 부탁을 함께 받아들였다.

베트남전 양민 학살 보도와 별개로 한겨레는 고엽제후유의증 환자들에 대한 정부 차원의 보상을 가장 먼저 그리고 꾸준히 촉구한 매체였다. 당시 베트남전 양민 학살 취재를 맡은 고경태는 시위 사건 직후 '고엽제전우회원들에게 드리는 글'이라는 제목의 기사에서 한겨레21이 베트남전 보도를 계속 이어가는 이유를 다시 설명했다. "우리는 여러분 사이를 지나면서 위장 전투복으로는 가릴 수 없는 여러분의 얼굴을 보았습니다. 그건 분명 우리의 아버지, 삼촌, 형이자, 이웃집 아저씨의 얼굴이었습니다. 여러분들이야말로 삶과 죽음이 교차하는 살벌한 이국의 전장에서 공포와 고독에 몸부림치며 피흘렸던 분들이 아닙니까. 지금도 그 악몽에서 자유롭지 못함을 압니다. 참전 군인들의 참다운 명예를 찾는 첫걸음은 당신들이 이유 없이 전장에서 피흘려야 했던 역사적 맥락을 직시하는 일입니다. 이제 부디 30년 동안 당신들을 괴롭혔던 베트남전의 수렁에서 빠져나오시기를 간절히 바라겠습니다. 한겨레21이 함께하겠습니다."

한겨레in
5

오보와 사과

저널리즘의 역사는 오보의 역사이기도 하다. 미국의 언론학자 미첼 스티븐스는 《뉴스의 역사》에서 "인류가 마침내 일정 수준 이상 신뢰할 수 있는 뉴스 보도 체계를 완성하는 데 수천 년이 걸렸다"고 했다.

'오보'는 틀린 보도, 즉 '사실보도' 또는 '진실보도'가 아닌 것을 의미한다. 오보는 크게 둘로 나뉜다. 객관적 오보는 날짜, 장소, 이름, 시간 등의 객관적 사실이 취재, 편집, 보도 등 제작 과정에서 실수로 잘못된 경우를 말한다. 주관적 오보는 취재기자나 데스크 등의 고의성이 개입되어 기사의 공정성이나 객관성이 훼손되는 경우도 포함한다. 과장·불공정·편파 보도를 의미한다고 할 수 있다.

한겨레는 1988년 창간 당시 개별 언론사로는 최초로 자체 윤리강령을 만들고 실천을 다짐했다. 여기에는 "사실과 진실 보도의 책임", "독자의 반론권 보장", "오보의 정정" 등이 명시되어 있다. 언론으로서 너무나 당연한 의무다. 그러나 대다수 언론이 언론답지 못했던 시절이 있었다.

한겨레가 탄생하기 2년 전인 1986년 10월, 전두환 정권은 "북한 금강산댐이 붕괴될 경우 서울 63빌딩의 절반 가까이가 물에 잠기는 등 상상을 초월하는 재앙을 가져오게 된다"고 발표한다. 모든 언론이 이에 장단을 맞춰 대대적으로 보도했고, '평화의 댐'을 만들기 위한 대국민 모금운동을 펼쳤다. 하지만 나중에 완전히 조작된 정보였음이 드러났다. 정부가 '희대의 오보' 진원지였다. 언론이 진실을 밝히기는커녕 기꺼이 '정권의 입'이 되었던 시절이다. 1986년 6월, 부천서 성고문 사건이 터졌다. 경찰이 시위에 참가한 학생에게 자백을 받아내려고 성고문을 했다. 하지만 언론은 검찰 발표문을 그대로 받아썼다. 당시 한국기독교회협의회 인권위원회 보고서가 꼽는 대표적인 '왜

곡보도' 사례다.

1988년 한겨레가 창간 당시 발표한 윤리강령은 '사실보도'와 '진실보도'에 대한 국민 주주들과 해직기자들의 애타는 목마름의 표현이었다. 한겨레는 "군사독재 아래서 길들여지고 망각되었던 언론 윤리를 되살리는 광야의 불씨"가 되고자 했다. 거짓 보도는 물론이고 과장·불공정·편파 보도에 대해 경계했다. 한겨레 30년 역사에서 '악의적' 오보가 존재하지 않는 이유다.

2건의 초대형 오보와 사후 처리

그러나 언론 윤리를 제대로 실천하려고 노력하는 것만으로 오보를 피할 수 있는 것은 아니다. 현장 취재에 발품을 들인 '특종' 보도가 '오보'로 바뀌는 일이 벌어졌다. 1993년 10월, 서해훼리호 침몰 사고 때의 '백 선장 생존' 오보가 그랬다. 292명의 목숨을 앗아간 사고가 일어나자 한겨레는 전북 부안군 위도 앞바다로 기자들을 내려 보냈다.

한겨레 기자들은 수색 현장인 위도와 식도에 언론사 가운데 가장 먼저 진입했다. 파도가 4~5미터 이상 거세게 몰아치고 있었지만 정부 관계자의 입만 바라보는 취재 대신에 현장에서 발로 뛰는 취재를 했다. 정부가 발표한 것과 달리, 사고 당시 경찰 헬기나 경비정이 아니라 현지 어민이 끌던 낚싯배가 가장 많은 생명을 구했다는 새로운 사실을 발굴해 기사로 썼다.

그런데 백아무개 선장과 일부 승무원들이 생존해 도피했다는 설이 나돌기 시작했다. 침몰 사고 원인을 정확히 규명하려면 여객선 선장과 승무원의 진술이 꼭 필요했다. 기자는 백 선장을 직접 보았다는 주민들을 찾아 식도로 달려갔다. 3명의 목격자를 모두 만났다. 증언은 매우 구체적일 뿐 아니라 서로 일치했다. 목격자들은 평소 백 선장을 잘 알고 지냈던 이들이었다. 이들은 모두 한겨레 기사에 자신의 실명으로 목격담이 실리는 것에 동의했다.

식도 현장에 있는 한겨레 기자가 이런 내용을 서울 본사에 보고했을 때, 마침 검찰을 출입하는 기자가 동시에 다음과 같은 보고를 했다. 검찰이 백 선장과 승무원의 생존 가능성에 대한 심증을 굳히고 수사에 착수했다는 것이었다. 10월 12일 한겨레

19면 머리기사로 '선장 백씨 살아 있다'는 기사가 나갔다.

검찰의 수사 착수 사실과 목격자들 인터뷰가 담긴 기사의 파장은 컸다. 한겨레 가판 신문을 본 모든 언론사가 백 선장 생존에 무게를 둔 한겨레의 보도를 그대로 받아서 기사를 썼다. 검찰은 선장과 승무원을 지명수배하고 섬 곳곳을 수색했다.

10월 15일, 침몰한 배 안에서 백 선장과 승무원들의 주검이 발견되었다. 검찰은 스스로 선장을 자처하며 울먹이는 전화가 걸려왔다고 밝혔으나 장난 전화였음이 드러났다. 무인도 은신설, 해외 도피설 등 '소설'을 써댄 언론의 행태도 크게 비판받았다. 풍문과 억측을 바탕으로 한 '소설 쓰기'에 가담하지는 않았지만, 한겨레 기자들의 자괴감도 컸다. 결과적으로 한국 언론사에 두고두고 회자될 오보를 맨 처음 보도했기 때문이다.

한겨레 취재기자는 10월 17일 '결과적 오보와 결백한 죽음'이라는 제목의 글을 실었다. 독자들에게 첫 보도 경위를 상세히 설명했다. "숨진 승무원과 유족들에게 모진 짓"을 한 것도 사과했다. "숨진 승무원의 뱃사람으로서의 양식에 한때나마 의심을 품었던 데 대한 미안함은 말할 것도 없고, 그동안 엄청난 심적 고통을 겪은 유족들에게 느끼는 죄스러운 심정은 이루 형언할 수 없었다." 목격자들이 위도에 새로 부임한 파출소장을 백 선장으로 착각했다는 사실이 나중에야 확인되었다.

한겨레의 또 다른 초대형 오보는 2004년 6월에 발생했다. 6월 23일 아침부터 한겨레 독자서비스국 콜센터에는 항의 전화가 폭주했다. 이날 한겨레 1면 기사 제목은 '김선일 씨 살아 있다'였다. 이라크 무장단체에 납치된 김선일 씨의 생사는 이날 가장 중요한 뉴스였다. 다른 신문의 1면 기사 제목은 '피랍 김선일 씨 끝내 피살'(조선일보), '김선일 씨 끝내 피살'(중앙일보), '김선일 씨 피살… 시신 확인'(동아일보) 등이었다. 한겨레의 확실한 오보였다.

아예 당일 신문 배달을 하지 않은 지국들도 있었다. 새벽에 '오보 신문'을 받아 든 서울 안암지국장 등은 "이걸 어떻게 배달하느냐"며 배달을 포기했다. 독자의 신뢰에 미칠 영향을 고려한 자체 판단이었다. "아침 신문을 보는 순간 앞집에서 볼까 무서워 쓰레기통에 버렸습니다", "가판에 꽂혀 있던 한겨레를 구입하여 쓰레기통에 버렸습니다. 누가 볼까 두려웠죠." 한겨레 사내 게시판에 사원들의 한탄이 올라왔다.

오보가 발생한 근본 원인은 인쇄 매체의 구조적인 결함에 있었다. 한겨레는 평소 신문을 발송할 지역에 따라 몇 차례로 나눠 신문을 찍는다. 가령 저녁 9시에는 충청·강원 지역에 보낼 신문을, 새벽 1시에는 수도권 지역에 보낼 신문을 인쇄하는 식이다. 6월 23일로 넘어가는 새벽 1시 30분께, 외교부를 출입하는 기자가 '나쁜' 소식이 곧 발표될 것이라는 취재 내용을 편집국에 보고했다. 1시 49분에 통신사인 연합뉴스와 방송사들이 '김선일 씨 참수'라는 1보를 띄웠다. 이미 한겨레가 보유한 윤전기 2대가 서울 주요 지역으로 보낼 7판 신문을 찍어내고 있는 시점이었다. 평상시 한겨레 신문 제작은 7판으로 마감된다. 야간 편집위원장은 급히 8판 제작을 위한 지면계획을 짰다. 새벽 2시에 김효순 편집위원장에게 보고한 뒤에 8판 신문을 제작했다. 그러나 8판 신문은 서울 시내 일부 가판대에만 배달되는 용이었다.

이날 저녁 8시, 김효순 편집위원장이 전체 임직원에게 '깊이 사과드립니다'라는 제목의 이메일을 보냈다. "근본적으로는 편집국의 최고 책임자로 있는 저의 잘못이다. 대표이사에게 저에 대한 징계 상신을 올리겠다"고 밝혔다. 6월 24일 신문 1면에는 독자들에 대한 사과문이 실렸다. "정정 기사를 만들어서 호외라도 뿌리라"는 등 독자들의

1993년 10월 서해훼리호 침몰 사고 때 한겨레는 목격자 증언 등을 토대로 '선장 백 씨가 살아 있다'는 보도를 했지만, 뒤늦게 오보임이 드러났다(왼쪽). 2004년 6월 23일에는 여러 신문사가 고 김선일 씨 생사에 대한 오보를 냈다. 종이신문 제작이 끝나가는 새벽 시간에 발생한 일이었기 때문이다. 다음 날 한겨레를 포함한 조간신문들이 일제히 사과문을 실었다.

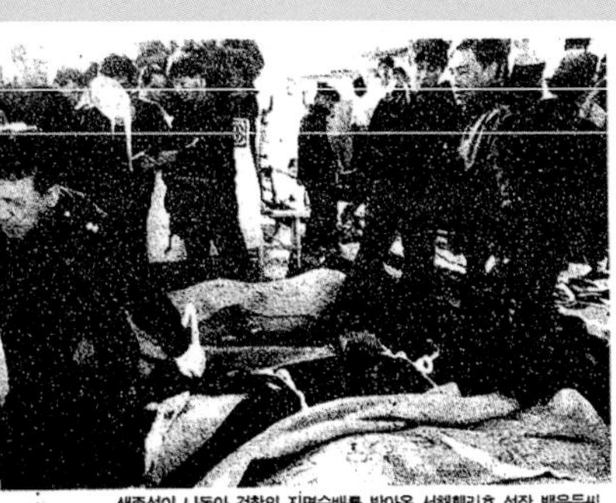

주검 생존설이 나돌아 검찰의 지명수배를 받아온 서해훼리호 선장 백운두씨 등 승무원 3명의 주검이 15일 오후 침몰 선박 안에서 인양돼 검찰이 신원 확인 작업을 벌이고 있다. 부안/임시취재반 전송

운두선장 사체로 발견

승무원 2명도 사망확인 1백67명으로

항의 전화가 잇따르자 독자서비스국은 서울 일부 지역 독자에게 퀵서비스로 8판 신문을 배달하기도 했다. 하지만 뒤늦은 일이었다. 다른 신문사들은 한겨레보다 발 빠르게 대응했던 터였다. 새벽 시간대라서 이미 신문 인쇄와 발송을 마쳤던 다른 신문사들은 급히 새 신문을 찍어서 2차 발송했다. 동아일보는 제작과 발송 시간이 빨라 김선일 씨 참수 소식을 싣지 못한 신문이 배달되는 부산 지역 독자들을 위해 이날 오전 8시 30분에 따로 신문을 2차 배달하기도 했다. 한겨레는 속보에 기민하게, 시스템 차원으로 대처하지 못한 책임을 물어 관련 임직원들을 징계하고, 비상연락 시스템을 재점검했다.

"오보는 1면으로 바로잡겠습니다"

취재보도 과정에서 오보를 막는 것도 중요하지만, 오보가 발생했다면 이를 인정하고 바로잡는 것도 언론의 책무다. 언론이 개인과 사회에 오보로 입힌 피해를 원상회복하기란 불가능에 가깝다. 언론의 오보 사후 대응이 중요한 이유다. 오보를 바로잡는 기사 자체가 다른 독자에게는 하나의 정보가 되며, 언론에 대한 신뢰를 높이는 데 기여하기도 한다.

사실 가장 많은 오보의 유형은 객관적 오보다. 한겨레도 그렇다. "16면 '세계은행 올 세계경제 성장률 3.0%' 기사에서 올해와 내년, 2020년 세계경제 성장률 전망치를 각각 3.0%, 2.9%, 2.8%로 표기했으나 3.1%, 3.0%, 2.9%가 맞기에 바로잡습니다. 독자 여러분께 사과드립니다."(2018년 1월 12일 2면 '바로잡습니다') "4면 '양극화와 교육 불평등 풀어야' 제하 기사에서 김민문정 한국여성민우회 상임대표를 기자의 부주의로 김문민정 대표로 잘못 보도했습니다. 독자 여러분과 김민문정 대표께 사과드립니다."(2017년 3월 14일 2면 '바로잡습니다') 이름, 숫자 등 객관적 사실을 기자, 편집자, 취재원 등의 실수로 잘못 표시하는 경우가 종종 발생한다. 오탈자도 객관적 오보에 포함된다.

한겨레는 '바로잡습니다' 또는 '고침'이란 이름으로, 2면 또는 해당 오보를 낸 지면에 정정보도를 낸다. 그럼에도 오보에 대한 정정보도와 사과가 부실하고 불친절하다는 지적이 끊이지 않는다. 2009년 10월, 한겨레 시민편집인실에 한 통의 전화가 걸려왔다. 택시 운전을 하며 승객들에게 늘 한겨레를 권한다는 독자 이강윤 씨였다. 그는 상습적으로 고침 기사를 내는 기자를 문책해야 한다고 말했다. "사실 확인조차 제대로 안 된 것은 기자의 성실성 문제다. 여러 번 잘못을 저지른 기자에 대해서는 엄격하게 책임을 물어야 할 것이다."

1993년 12월 13일 한겨레 노동조합이 펴낸 〈지개위 소식〉을 보면, 오보를 줄이기 위한 지침이 제시되어 있다. 종이신문 마감시간 이후 상황이 유동적일 경우에는 가급적 단정적인 기사는 쓰지 않는 게 좋다고 했다. "추측 기사를 써서 다행히 그것이 맞을 때는 '본전'이지만 오보가 됐을 경우 입게 될 타격은 엄청나기 때문이다", "상황이 시시각각 바뀌는 취재 현장에서 각 판마다 정확한 기사를 쓴다는 것은 현실적으로 불가능할 수도 있다. 또한 이런 과정에서의 '사소한 오보'는 어쩔 수 없다는 항변도 있을 수 있다. 그러나 마감시간이 어떻고 하는 문제는 신문사 내부 문제일 뿐이다. 이를 독자들이 알아서 이해해달라는 것은 무리다. 독자들은 활자화된 신문만을 가지고 판단한다."

독자를 중심에 두고 오보 대응에 앞장서야 한다는 한겨레의 원칙은 일관됐다. 2004년 12월, 노동조합은 〈진보언론〉을 통해 한겨레에 퍼져 있는 "고침 기사에 인색한 관행"을 '오보 불감증'이라고 비판하고 좀 더 '정성'을 쏟자고 제안했다. "한겨레는 무엇이 잘못돼서 무엇으로 고치는지 친절하게 설명하는 경우가 드물다. 잘못된 것은 생략하고 바로잡는 내용만 실릴 때도 적지 않다. 이런 경우 무엇이 어떻게 틀렸는지를 알 수 없고, 독자로서는 또 다른 궁금증을 가질 수도 있다."

"오보는 1면으로 바로잡겠습니다." 2014년 5월 14일, 한겨레는 창간 26돌을 맞아 '1면부터 달라집니다'라는 제목으로 사고를 냈다. "언론 불신의 시대, 잘못된 보도를 바로잡는 것은 언론의 사명입니다. 각 면 머리기사 등 일정 기준과 절차에 따라 오보가 확인되면 1면에 바로잡겠습니다." 같은 해 7월 19일, 통상 2면에 배치되던 '바로잡습니다'가 1면으로 진출했다. 제작 과정에서 벌어진 실수로 외부 필자의 이름이 엉뚱하게 표기된 점, 기자의 착오로 미국 프로야구 올스타전 경기 결과 및 선수의 통산 기록을 틀리게 전달한 점을 바로잡고 독자에게 사과했다.

앞서 2006년 2월 8일, 한겨레는 1면에 "손학규 경기지사, 수뢰 없어/ 본지, 명예훼손에 대해 사과"라는 제목의 정정 보도를 실은 적이 있었다. 2005년 11월 4일 '손학규 경기지사 수억 원 뇌물 포착'이라는 제목으로, 검찰이 경기도 공무원들의 아파트 인허가 관련 뇌물 비리를 수사하는 과정에서 손 당시 지사가 수억 원을 받은 단서를 잡

언론이 오보로 입힌 피해를 원상회복하기는 매우 어렵다. 오보 예방은 물론 사후 대응이 중요한 이유다. 2012년 9월 2일, 한 신문은 무고한 시민 사진을 어린이 성폭행범 얼굴이라며 1면에 싣는 대형 오보를 냈다. 이를 풍자한 한겨레 그림판(왼쪽). 디지털 시대에 사실을 검증하는 언론의 구실이 더 중요해졌다. 2006년 2월, 많은 언론이 '눈물의 지하철 결혼식'을 앞다투어 보도했는데, 한 대학 연극동아리의 창작 상황극임이 드러났다.

고 수사 중이라는 내용의 기사를 1면에 실은 것에 대한 정정이었다.

보도할 당시에는 신뢰할 만한 취재원으로부터 정보를 입수하고 여러 경로로 취재를 벌인 뒤에 기사를 썼던 터였다. 하지만 같은 해 12월 9일 검찰이 수사 결과를 발표하면서 "손 지사가 이 사건에 연관됐다는 흔적을 찾지 못했다"고 밝혔다. 이에 한겨레는 첫 보도를 냈던 1면을 통해 "손 지사의 명예를 훼손한 점을 깊이 사과하고 정정 보도합니다"라고 전했다. 취재와 보도를 할 때 최선을 다하는 것처럼 오보를 정정하고 사과하는 일에도 공을 들이자는 한겨레 나름의 의지의 표현이었다.

지면에 '바로잡습니다'를 내보내는 것은 '떳떳한' 정정에 속하지만, 독자들에게 아무런 설명이나 사과 없이 온라인상에서만 기사를 고치는 경우가 생기기 시작했다. 디지털 시대를 맞아 한겨레를 포함한 다수 언론이 저널리즘 윤리의 원칙과 방법론에서 혼란기를 맞이한 것이다. '소소한' 실수라는 이유로 아예 '고침'조차 내보내지 않은 기사들이 불신의 씨앗이 되기도 한다. 작은 씨앗이 더 큰 불신으로 자라난다.

2017년 8월, 한겨레는 '표기 원칙 지키지 못한 과거 기사 사과드립니다'라는 제목의 사과문을 발표했다. 한겨레는 창간 때부터 대통령 부인에게 '씨'라는 호칭을 사용

한다는 교열 원칙을 정해두고 있었다. 성별이나 신분을 가리지 않고, 큰 높낮이 없이 보통 존중하는 말이 '씨'라고 판단했기 때문이다. 하지만 간혹 교열 원칙을 지키지 않은 채 '여사'라고 쓰인 기사를 바로잡지 못하고 그대로 지면이나 온라인에 내보내는 경우가 있었다. 한겨레는 교열 원칙을 제대로 지키지 않았던 경우들에 대해 '한꺼번에' 사과했다. "표기 원칙을 제대로 지키지 못한 기사들이 과거에 상당수 발생한 것에 대해 깊이 사과드립니다."

한겨레는 창간 이후 30년 동안 언제나 사실보도를 통해 진실을 추적하려고 노력해왔다. 하지만 엄격한 의미의 객관적 오보를 피하지 못하기도 했다. 대신 오보 발생을 최대한 막되, 혹시 모를 오보가 발생하더라도 피해자와 독자를 중심으로 다시 한 번 생각하고 대처한다는 원칙을 다듬어왔다. 한겨레의 오보에 대해 의견을 전하고 싶은 사람은 누구나 한겨레 고객센터와 시민편집인실로 전화를 걸거나 이메일을 보내면 된다.

갈등과 통합

2017년 2월 10일, 17대 한겨레신문사 대표이사를 뽑는 투표가 진행되었다. 기호 1번 양상우, 기호 2번 김종구, 기호 3번 이병, 기호 4번 유강문, 기호 5번 정영무, 기호 6번 이봉수. 무려 6명의 후보가 출사표를 던졌다. 한겨레 30년 역사상 가장 많은 후보가 나선 대표이사 선거였다.

긍정적으로 보자면, 그만큼 한겨레를 걱정하며 자신이 한겨레를 책임져보겠다고 나선 이들이 많다는 뜻이었다. 한겨레의 미래를 위해 필요하다고 생각되는 각종 전략들이 선거라는 '민주주의의 꽃밭'에 흩뿌려졌다. 부정적으로 보자면, 한겨레 내부가 그만큼 이리저리 찢기고 갈라져 후보가 난립했다는 뜻이기도 했다. 기자 직군과 경영 직군, 창간 세대와 창간 이후 세대, 노장 세대와 소장 세대, A후보와 가까운 사람과 B후보와 가까운 사람….

'효율과 이익'보다 '명분과 원칙'

창간 이후 지난 30년 동안 한겨레 내부에서는 토론과 논쟁이 끊이지 않았다. 편집 방향, 경영상의 판단 등 개별적인 사안마다, 내부 구성원들마다 서로 생각이 엇갈리는 경우도 많았다. 토론과 논쟁이 지나쳐 서로 감정이 상하고 마음의 상처를 남기는 일도 적지 않았다. 한겨레뿐 아니라 여느 기업이나 공동체도 비슷하다. 다만 한겨레 안에는 다른 언론사에서는 흔히 찾아볼 수 없는 독특한 갈등 양상이 존재했다.

한겨레는 창간 때부터 '가치'를 중시하는 신문이었다. 한겨레라는 조직 운영 원리도 그랬다. 지배력 있는 대주주가 따로 없었고, 경영·편집의 대부분 사항을 함께 머리를 맞대어 결정하고 집행하는 일이 많았다. 대표이사와 편집국장도 민주주의에 기초해 투표로 뽑는다. 한겨레를 움직이는 권력의 힘은 처음부터 민주주의에서 나왔다. 이 때문에 대부분의 주요 결정 사항에서 '효율과 이익'보다 '명분과 원칙'이 중요하게 여겨졌다.

명분과 원칙에 어긋난다고 생각하면 들불처럼 들고 일어났다. 때로는 원칙이 무엇이냐를 둘러싸고 의견 차이가 점점 더 벌어졌다. 그럴수록 명분을 선점하고 다수의 지지를 얻으려는 경쟁이 치열해졌다. 한겨레에서 이를 판가름 짓는 것이 바로 선거였다.

공동체에 가깝던 한겨레라는 조직에서 생각의 차이가 처음 드러나기 시작했던 것은 1988년 4월 즈음이었다. 편집위원장 직선제가 불씨가 되었다. 당시 출범한 기자평의회는 첫 사업으로 편집위원장 직선제 도입을 추진했다. 그런데 초대 이사회는 이 제안을 거부했다. 국민 주주가 승인한 대표이사가 있는데, 굳이 별개로 편집위원장 선거를 치를 필요가 없다는 이유였다. 창간 초기에 조직 운영의 효율성을 높여야 한다는 뜻도 있었다.

이사회 결정에 대해 기자평의회 집행부는 총괄 사퇴하며 항의했다. 이사회는 결국 편집위원장 직선제를 받아들였다. 창간 무렵을 기억하는 많은 사람들은 이때를 '갈등의 시초'였다고 말한다.

그 밑자락에는 서로에 대한 오해가 깔려 있었다. 창간을 주도한 집단과 그렇지 못한 집단 사이에 긴장 관계가 있었다. 창간 주도 그룹이 애초에 구상했던 것은 '소수 정예 조직'이었다. 언론 분야의 전문성을 갖춘 기자 100여 명과 이를 지원하는 최소한의 업무 조직을 구상했다. 따라서 해직기자 가운데 실제로 신문사에서 일하려는 사람은 옥석을 가려 뽑으려 했다.

하지만 반대편에서 보자면, 소수 인사들이 배타적 인사권을 휘두르려는 시도로 읽혔다. 분명한 기준이 없는 상태에서 창간 실무를 주도한 사람들의 친소 관계에 따라 한겨레 합류가 결정되었다고 봤다. 해직기자들이 합류하지 못한 이유가 이 때문만은 아니었다. 창간 논의가 시작된 1987년 여름과 가을에 걸쳐 해직기자들의 상당수는 새 신문 창간보다 그해 겨울 치러질 대통령 선거에 더 큰 관심을 뒀다. 자유언론운동에는 헌신했으나 자유언론창간에는 주도적으로 참여하지 못한 이들이 적잖게 생겼다.

해직기자들 사이에도 1980년대 민주화운동 세력 사이에 나타났던 정치적 이견과 비슷한 생각의 차이가 존재했다. '후보 단일화론'과 '비판적 지지론'에 대한 의견

차이가 그것이었다. 이 문제는 한겨레 창간 이후에도 중요한 논쟁거리가 되었다.

비판적 지지론자들은 한겨레가 민주세력의 발전에 보다 직접적으로 기여해야 한다고 생각했다. 그게 자유언론운동의 정통성을 잇는 한겨레의 구실이라고 봤다. 반면 비판적 지지론에 거리를 두고 있었던 집단은 언론 그 자체의 고유한 지위를 강조했다. 공정한 보도를 통해 야당은 물론 재야로부터도 독립적인 위상을 지키면서 대다수 독자의 신뢰를 얻는 것이 자유언론의 역할이라고 봤다.

정치적 견해 차이가 한겨레 내부 논쟁 구도를 만들었고, 신문사가 나아갈 바를 논하는 공론 경쟁에도 영향을 미쳤다. 마치 1980년대 민주화운동 내부 논쟁처럼, 각각 다른 의견그룹이 서로 논쟁을 벌이고 다수의 지지를 받기 위해 세를 모으고 조직의 주도권을 쥐는 방식의 정치 활동들이 이어졌다.

1991년은 그러한 정치 경쟁이 극에 달했던 시기였다. 각 의견그룹 사이의 경쟁이 신문사의 공적 결정을 흔들었다. 1991년 초, 한겨레 사람들은 넉 달 동안 노동조합 위원장, 편집위원장, 대표이사 투표 등 적어도 여섯 차례 이상의 선거를 치렀다. 각 투표 때마다 의견그룹들이 움직였다. 이 무렵의 정치 경쟁은 가공할 정도였다. 각종 대자보가 매일 사내 곳곳에 나붙었다. 기자 대여섯 명이 편집위원장 앞에 나란히 서서 지면 방향에 대한 비판 성명서를 큰 소리로 읽은 일도 있었다.

앞선 선거에서 뜻한 바를 관철하지 못하면 뒤이은 선거에서 다시 뒤집었다. 일단 선거 경쟁이 본격화되면서 합리적 토론보다는 세 확보가 중요해졌다. 신문 제작이 끝나면 삼삼오오 모여 다음 선거를 준비했고, 젊은 사원들을 따로 불러 은밀한 이야기를 들려줬다. 심지어 부서별로 뜻 맞는 사람들끼리 모여 일하기도 했다. 사내 갈등이 가장 심했던 1991~1993년 무렵에는 신문사 조직 곳곳이 사실상 각 의견그룹의 '게토'가 됐다.

정파 경쟁은 한겨레의 편집 방향, 경영 방침 등에 걸쳐 두루 전개됐다. 토론 없이 결정할 수 있는 것은 하나도 없었으므로, 한겨레 초기에 정파 구도가 자리 잡은 것은 당연한 일이기도 했다. 그러나 세 싸움으로 변질되면서 능력 있는 인재가 신문사를 떠나거나 특정 의견그룹의 이해관계에 따라 경영, 편집, 인사의 중요한 사안이 결정되는 일이 생겼다. 열심히 일을 하면 오히려 반대 그룹에게 밉보여 가장 먼저 비판의 표적이 되는 경우도 없지 않았다.

한겨레 사람들은 때로 갈등하였으나 회사 발전을 위해서는 힘을 모았다. 한겨레신문사 체육대회 때의 화기애애한 모습들.

당시 한겨레 공론장을 주도한 의견그룹은 크게 셋이었다. 각각 A파, B파, C파로 불렸다. 최초 작명자는 정확하지 않다. 이런저런 자리에서 편의상 부른 이름이 굳어졌다. 〈신동아〉 1991년 6월호 기사 '심층연구 한겨레신문'에도 A·B·C그룹의 대립 구도가 서술되어 있다.

A그룹은 비판적 지지론에 정치적 뿌리를 두고 있다. 민주세력의 집권에 관심이 많았다. 재야 및 민주세력과의 연대에 관심을 뒀다. B그룹은 후보 단일화론에 동정적이면서도 기본적으로는 언론 고유의 공정성을 잃어서는 안 된다고 생각했다. 동투 및 호남 출신이 주로 A그룹을 형성했고, 조투 및 영남 출신이 주로 B그룹을 이뤘지만, 출신별로 정확히 구분되는 것은 아니었다. C그룹은 이들 모두를 비판하며 1991년 무렵 등장했는데, 독자적인 정립을 하기보다 양비론적인 자세를 취했다. 사안에 따라 A 또는 B그룹과 연대했다.

1993년 일부 주주들이 김중배 대표이사의 취임을 승인한 주주총회 결과는 원천 무효라며 소송을 냈을 때 주주들과 행보를 함께했던 A그룹은 그 이후로 사내 정치 경쟁에서 사실상 사라졌다. 이들은 국민 주주를 결속해 창간 정신을 회복하는 운동을 벌인다는 명분을 내세웠지만 사내의 다수가 비타협적인 활동 방식에 등을 돌렸다.

또한 1997년 12월 대선에서 김대중이 대통령에 당선되면서 '비판적 지지론'이 의미를 상실하자 A파와 B파 사이의 논쟁거리가 자연스레 해소되었다.

1990년대 중반 이후로는 극심한 파벌 경쟁은 잦아들었다. 대표이사, 편집위원장, 노조위원장 등의 선거가 있을 때마다 모든 후보자가 '사내 통합'을 주창했다. 이때 입사한 한겨레 사원들은 이렇게 구분된 사내 경쟁 구도 자체를 비판했다. 2003년 2월, 11대 대표이사 선거를 앞두고 사내 게시판에 대자보가 붙었다. 공채 10기 사원 몇 명이 이름을 올렸다. "선거를 앞둔 사내에는 인물과 정책, 반성과 비전은 오간 데 없고 이른바 A, B, C와 관련된 뒷소문만 무성합니다. 우리는 알파벳 선거를 거부합니다. 기존 파벌 구조의 재생산으로는 한겨레가 맞닥뜨린 위기를 극복할 수 없습니다." 젊은 사원들의 이런 태도로 인해 정파 경쟁의 폐해가 확산될 토양이 사라지기 시작했다. 이때부터 A파, B파, C파라는 구분이 사실상 무의미해졌다.

정치적 갈등에서 세대 갈등으로

창간 초기의 갈등 구도는 사라졌지만, 2000년대 들어 새로운 긴장이 형성됐다. 혁신의 속도를 두고 노장과 소장 세대 사이에 이견이 생겼다. 소장 세대 가운데서도 기업 합리성을 강화해야 한다는 의견과 진보 지향성을 강화해야 한다는 의견이 나뉘었다.

2005년 2월 치러진 대표이사 선거는 노장 세대와 소장 세대의 대리전에 가까웠다. 창간 세대인 예순넷의 정태기와 입사 15년 차인 마흔둘의 양상우가 맞붙었다. 연륜 대 패기의 대결이었다. 기존 파벌 구도는 이때부터 사실상 자취를 감췄다. 정태기 후보를 추대하는 데 참여했던 이홍동, 성한용, 김이택은 "지금 한겨레에서 파벌은 죽었습니다. 유령 같은 파벌 논리에 더 이상 발목 잡혀서는 안 됩니다"라며 정태기 후보를 지지하는 글을 후보 공약집에 썼다.

그러나 과거와 다른 종류의 갈등 구도가 이때부터 본격화되었다. 2004년 비상경영위원회 때 시행된 인력 구조 개편 방안을 두고서 "후배들이 선배들을 쫓아내려 했다"는 오해가 불러온 갈등이었다. 공동 비상경영위원회 위원장이었던 양상우가 2005년 대표이사 선거에 출마하면서 일부의 마음속에는 이런 오해가 더 커졌다. 양상우와 비슷한 의견을 품은 이들을 '양파'라고 부르는 사람들이 생겨났다. 이전의 파벌과는 다른 양상이 나타났다. 뚜렷한 정치적 이견에서 비롯되어 지면 정체성, 편집 방향에 대한 생각의 차이로까지 이어졌던 과거 정파 경쟁은 '가치의 대결'이었다. 이번에는 의견그룹 사이에 생겨난 '감정의 골'이 주된 갈등의 이유가 되었다.

2008년 대표이사 선거에서는 고광헌과 양상우가 맞붙었다. 고광헌은 '통합'을, 양상우는 '혁신'을 강조했다. 혁신의 강도와 속도를 둘러싼 견해 차이가 있었다. 한겨레 사람들은 통합을 먼저 선택했다. 고광헌이 14대 대표이사로 당선되었다.

"2003년을 거치며 회사가 재정 위기에 빠지고 그때 지금의 후배 세대들이 일종의 혁신적 주장을 해서 비경위도 만들며 벗어났다. 그 과정에서 감성을 간과했다. 서로 마음을 많이 다치게 했다. 이번에 후배 세대의 목소리를 대표하는 양상우 사장이 나왔다. 갈등은 앞으로 해소돼야 하고, 할 수 있다고 본다." 2011년 3월 고광헌 대표이사의 인터뷰가 노동조합 소식지 〈한소리〉에 실렸다. 대표이사 임기를 마치고 퇴임하는 소회를 묻는 질문에 대한 첫마디는 '세대 갈등'에 관한 것이었다. 고광헌의 뒤를 이어 양상우가 15대 대표이사가 되었다.

"예전에 미처 떠올리지 못했던 많은 것을 새롭게 느끼고 생각하게 됩니다. 가령, 제 대표이사 출마가 젊은 세대와 나이 든 세대 사이의 갈등을 증폭시켰다는 깨달음도 그중 하나입니다." 2017년 2월, 17대 대표이사 후보 공약집에서 양상우도 2005년 첫 대표이사 출마를 돌이켜보며 이렇게 썼다. 양상우는 2014년 2월 15대 대표이사 임기를 마치고 한겨레를 떠났다가 3년 만에 다시 돌아와 17대 대표이사가 되었다. 그의 나이도 어느덧 쉰넷이었다. 여전히 자신보다 나이 많은 임원들이 많았지만 '젊은 세대'를 대표한다고 보기만은 힘들어졌다. 양상우 취임 이후 세대 갈등으로만 설명되지 않는 좀 더 복잡한 갈등 양상이 나타나기 시작했다. 창간 초기에 강한 응집력을 보였던 한겨레의 공동체적인 동질성은 서서히 사라지고 조직 내 이질성이 점점 강해지고 있다는 징후였다.

세대 갈등의 근본 원인은 한겨레의 기형적인 인력 구조 탓이었다. 한겨레는 인위적인 인력 구조조정을 하지 않는 기업이다. 그러다 보니 역피라미드 모양의 인력 구조를 갖게 되었다.

2016년 11월 노동조합이 조사한 바에 따르면, 한겨레 기자 직군 286명의 평

2014년, 청암홀에서 16대 대표이사 후보 토론회가 열리고 있다.

균 나이는 44.9살이었다. 20대는 기자 직군을 통틀어 4명에 불과했다. 2015년 기자협회보의 조사 결과를 보면, 경향신문(41.4살), 머니투데이(37살) 등 대부분 언론사 기자들의 평균 나이는 한겨레신문사보다 낮았다. 전체 직원으로 대상을 넓혀봐도 비슷하다. 2016년 5월 기준으로 20대 5%, 30대 34.6%, 40대 38.1%, 50대 이상 22.2%였다. 인건비 절감 등을 이유로 신입 기자 채용을 하지 않았던 데다가 젊은 기자들이 퇴사하는 경우가 예전보다 늘어났기 때문이다.

창간 초기 한겨레 사람들은 자긍심을 먹고 살았다. 하지만 지금은 자긍심만으로 버틸 수는 없게 되었다. 2018년 현재 한겨레신문사의 초임은 대기업 대졸 평균 초임(연 3800만 원)보다는 중소기업 대졸 평균 초임(연 2500만 원)에 가깝다. 2016년 6월, 노동조합이 소식지 〈한소리〉 100호에 실은 설문 결과에는 세대 간의 이러한 인식 차이가 드러났다. "현재의 급여에 만족하느냐"는 질문에 응답자 318명 가운데 36.9%가 '불만족' 한다고 답했다. 특히 입사 5년 차 이하의 '불만족' 응답이 51.5%였다. 밥벌이의 곤궁함은 별로 나아지지 않았는데, 한겨레를 질타하는 외부의 목소리는 창간 때보다 더 높아졌다. 젊은 세대일수록 한겨레와 자신의 미래에 대한 불안감이 클 수밖에 없다.

2014년 3월, 한 외부 컨설팅업체가 한겨레 조직문화를 진단한 보고서를 내놨다. 이 보고서를 보면, 한겨레 내부의 독특한 갈등 양상이 어디에서 기인하는지를 엿볼 수 있다. 한겨레 구성원들은 회사에 대한 '자부심과 긍지'가 높다. 한겨레에 대한 사회적 신뢰, 자신의 직업적 사명, 한겨레인으로서의 보람과 긍지 항목에서 높은 만족도를 보인다.

자부심이 높은데도 급여(2.22점), 회사 장래에 대한 믿음(2.82점), 개인 역량의 발전과 성장(2.42점) 등에 대한 만족도는 '보통' 이하였다. 연공서열을 중심으로 또래끼리 어울리는 조직문화에 대한 불만도 컸다. 이는 패배주의, 낮은 수준의 혁신주의 등 부정적인 조직문화로 이어지는 결과를 낳았다.

한겨레의 독특한 조직 운영 원리가 지금의 한겨레 조직문화를 낳았다. 민주주의는 소란스럽고, 고통을 수반하게 마련이다. 갈등이 없는 조직은 없다. 다만 건강한 조직은 갈등을 슬기롭게 해결해나갈 수 있는 자정 능력을 갖고 있다. 한겨레의 지난 30년도 그랬다. 갈등했으나, 결국 지혜를 모았다. 이것이 한겨레를 지금까지 밀고 끌어온 힘이었다.

눈물 속
성장

위기와 눈물

시린 겨울이 시작되려는 참이었다. "새 한겨레호가 닻을 올렸습니다. 오늘부터 저는 정식으로 조타수가 되어 한겨레호를 끌어가야 합니다. 우리는 지난해 위기극복의 돌파구를 마련하기 위해 퇴직금을 회사의 자본으로 전환했습니다. 배수의 진을 쳐놓은 만큼 이제는 앞으로 나아갈 일만 남았습니다. 하지만 우리를 둘러싼 외부환경은 녹록지 않습니다. 우리 스스로 변화하지 않으면 한겨레호는 침몰할 수밖에 없습니다."

2003년 3월 22일, 고희범 대표이사가 취임했다. 고희범은 초대 편집국 사회부 경찰팀장, 초대 노조위원장, 광고국장 등을 거치며 편집과 경영 부문을 두루 경험했다. 관록 있는 그가 취임 일성에서 '침몰'을 걱정할 만큼 상황이 다급했다.

이미 1999년 무렵부터 기업 한겨레는 추위의 길목에 들어서고 있었다. 사실 창간 이후 한겨레신문사 경영이 위기가 아니었던 적은 한 번도 없었다. 늘 살림은 어려웠다. 1988년부터 1999년 사이에 당기순이익을 기록한 것은 1994년(11억 원)과 1998년(10억 원), 딱 두 해뿐이었다. 특히 1999년에는 당기순손실만 44

1988~2003년 한겨레신문사 손익 현황(당기순이익 기준)

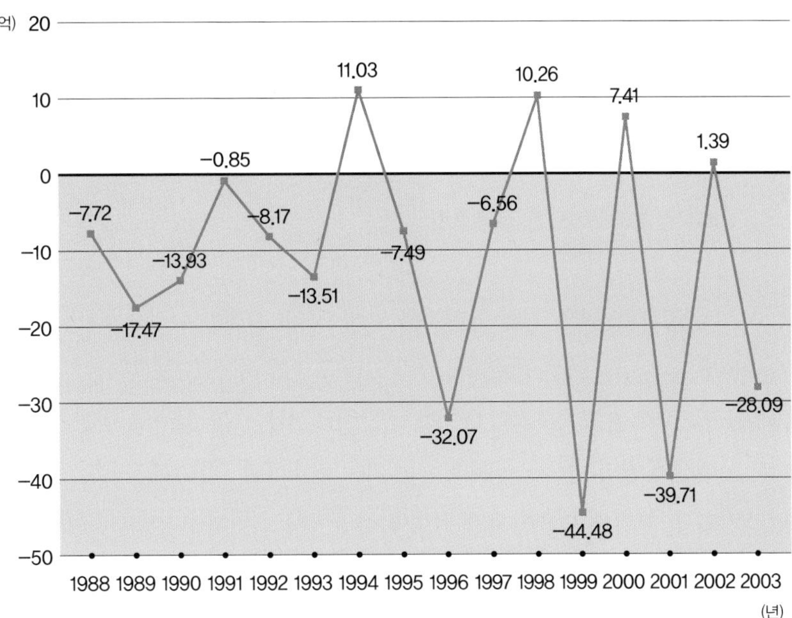

억 원이 넘었다. 90억 원 이상의 손해를 안긴 한겨레리빙의 실패 탓이 컸다.

하나의 사업 실패를 탓할 수만은 없었다. 경영 위기는 구조화되고 있었다. 여러 경영지표에 빨간불이 켜졌다. 부채비율은 2000년 무렵 500%에 육박했고, 2001년 이후로 자본결손금은 100억 원을 넘어섰다. 한 해 벌어 한 해 먹고살기에도 빠듯했다. 광고 영업을 늘리고 금융기관에서 돈을 많이 빌려온다고 해서 해결될 단계 이상의, 구조화된 위기였다.

어떻게든 위기를 돌파하려고 애썼다. 2000년부터 4년여 동안 한겨레 내부에서는 매년 특별 기구가 만들어졌다. 경영 혁신을 꾀하고자 했다. 경영 전체를 이끄는 대표이사도, 특별 기구의 인적 구성도 달랐지만 특별 기구마다 한겨레의 취약한 경영 구조를 뜯어고칠 설계도를 짜느라 머리를 싸맸다.

2000년 11월 16일 출범한 제2창간위원회는 12월 8일까지 한시적으로 운용된, 그야말로 임시 기구였다. 정연주 논설주간이 위원장, 장정수·윤석인·박영소가 상근위원을 맡았다. 우리사주조합이 한겨레 최대 주주가 될 수 있게 한

퇴직금 중간정산과 출자전환을 처음 공식 제안했다. 대표이사 임기를 2년에서 3년으로 늘리고 편집국장 임명동의제를 실시해 경영권을 안정화시키는 방안도 내놓았다. 첫 번째 방안은 2002년, 두 번째 방안은 훗날 2004년 비상경영위원회 때에야 비로소 시행된다.

퇴직금 출자전환으로 긴급 수혈

제2창간위원회는 경영 합리화를 위해 단일호봉제를 수정해, 사원들은 성과급제에 따라, 간부들은 연봉제에 따라 임금을 받게 하자고 제안했다. 기사와 마케팅을 연계시키는 교육사업단 출범을 구상했고, 이는 이후 실제로 시행되었다.

대신에 경영 혁신을 구체화하는 기구로 2001년 3월 21세기발전기획단이 만들어졌다. 최학래 대표이사가 직접 단장을 맡고, 차성진 경영기획실장과 경영 부문의 박영소, 편집 부문의 권복기가 함께 '한겨레 발전전략 기본계획안'을 작성했다. 한겨레의 첫 구조조정 계획안이었다. 희망 명예퇴직, 희망 무급휴직, 상여금 삭감 등을 통해 총인원을 감축하는 계획이 담겼다. 간부 연령을 낮춰 지속 가능한 인력 구조로 바꾸자는 방안도 입안했다.

그러나 이 역시 실행에 옮겨지지 않았다. 21세기발전기획단을 이끌었던 차성진은 구조조정 없이 조직 혁신이 힘들다고 판단했으나, 한겨레에서 그게 가능할지에 대해서는 회의적이었다. 차성진은 보고서가 나온 직후에 한겨레를 그만뒀다.

당시 경영진은 두 보고서를 토대로 하여 2001년 11월 한겨레 장기발전기획팀을 출범시켰다. 이 팀은 '연구'가 아닌 '실행'을 목표로 했다. 박우정 독자서비스 본부장이 팀을 이끌고, 이길우와 배경록이 상근자로 일했다. 경영 혁신의 큼직한 두 줄기는 퇴직금 출자전환과 증자였다. 증자를 위한 로드맵은 다음과 같았다. 임직원들이 퇴직금을 출자전환하면 500%에 이르는 부채 비율을 낮출 수 있다. 동시에 종업원 지분 증가에 따른 안정적인 경영권의 토대도 마련할 수 있다. 그다음에 기존 주주나 일반 국민, 기업, 시민사회단체 등을 대상으로 증자 캠페인을 벌인다. 한겨레 역사상 처음으로 '기업 증자'라는 화두가 공개 거론되었다.

증자 문제는 그 이후에도 몇 년간 한겨레 내부에서 입에 오르내렸다.

2005년 4월 이사회에는 '200억 규모의 증자를 뼈대로 한 증자 추진 세부 계획 및 증자로 확보한 자금의 사용 방안'이 안건으로 올랐다. 다만 기업을 대상으로 한 증자를 거론하지는 않았다. 기존 주주·독자, 일반 시민들을 대상으로 했다.

장기발전기획팀은 두 달여 동안 전체 임직원을 대상으로 설명회와 토론회를 열었다. 하지만 국민 주주 신문을 사원 주주 신문으로 전환한다거나, 일반 기업을 증자에 참여시켜 자본을 확충하겠다는 구상 자체를 낯설게 여기는 이들이 많았다. 2002년 2월, 노동조합이 벌인 설문조사를 보면, 응답자의 82.5%가 퇴직금 출자전환에 반대했다. 출자전환 이후의 경영 계획을 신뢰할 수 없다는 이유(46.1%)를 댔다. 한겨레처럼 민주주의적인 조직 원리를 택하고 있는 회사에서 낮은 임금을 감수하며 일해온 이들의 퇴직금까지 받아내려면 구성원들의 자발적 동의가 필수였다. 결국 실행에 실패한 장기발전기획팀은 해체했다.

이어 2002년 5월 15일에는 한겨레 혁신추진단이 출범했다. 이번에는 노사 공동 기구였다. 1992년 회사발전기획위원회(회발위) 이후 처음으로 노사가 함께 구성한 전략 기구였다. 최학래 대표이사와 박상진 노조위원장이 공동 단장을 맡았다. 박순빈, 장철규, 김충환, 권복기, 김창석 등 노사를 대표하는 5명이 상근자로 일했다. 회발위가 1990년대 한겨레 지면·경영 혁신의 밑그림을 그렸다면, 혁신추진단은 2000년대 혁신의 밑돌을 놓았다.

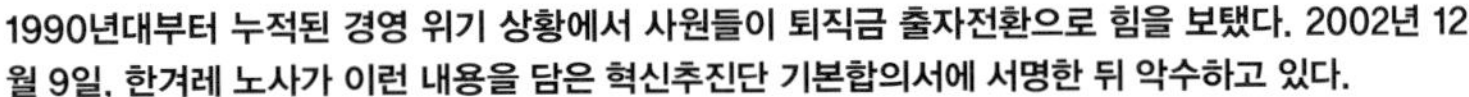

1990년대부터 누적된 경영 위기 상황에서 사원들이 퇴직금 출자전환으로 힘을 보탰다. 2002년 12월 9일, 한겨레 노사가 이런 내용을 담은 혁신추진단 기본합의서에 서명한 뒤 악수하고 있다.

혁신추진단은 창간 이후 처음으로 외부 전문기관에 경영컨설팅을 의뢰하며 혁신안을 준비했다. 혁신추진단은 한겨레의 핵심 콘텐츠를 상품화하자고 제안했다. 비판적 정론지의 콘텐츠에 영역별 전문지의 내용을 가미하고 온라인·영상 매체 등 다양한 방식으로 제공하는 '원 소스 멀티 유스' 개념을 처음으로 주창했다. 무차별적인 판촉 대신 체계적인 독자 관리 및 서비스 제공이 필요하다고 제안했다.

대표이사 임기를 2년에서 3년으로 늘려 경영권 안정을 도모하면서 주주독자에게 대표이사 투표권을 주자는 내용을 뼈대로 한 선출제도 변경 방안도 제시되었다. 총주식 1% 이상을 보유한 외부 주주들에게 후보 추천권을 주고, 사전에 선거인단에 등록한 주주·독자에게는 대표이사 투표권을 주자고 제안했다. 그런데 이 같은 혁신을 하려면 선행되어야 할 일이 있었다. 외부에 투표권을 준 뒤에도 경영권을 방어하려면 한겨레 구성원들의 지분이 늘어나야만 했다.

2002년 11월 1일, 최학래 대표이사와 박상진 노조위원장이 퇴직금 출자전환 등의 내용을 담은 합의문을 발표했다.

입사 2~8년 차의 젊은 사원들이 퇴직금 출자전환을 지지하는 연서명을 줄지어 내놓았다. "한겨레는 권력과 자본에 날을 세운 진보 언론의 성채였고, 민주주의를 지키는 소중한 불씨였습니다. 그런데 그 희망이 발밑부터 흔들리고 있습니다. 기업으로서 생존을 위협받는 처지로 몰리고 있습니다. 그럼에도 저희는 다시 희망을 일구고 싶습니다. 그 첫걸음을 퇴직금 출자전환에서 찾고자 합니다." 11월 4일 공채 6기 사원들이 발표한 성명에는 당시 한겨레의 위기를 대하는 절박함이 담겨 있었다.

결국 12월 4일부터 이틀간 진행된 사원총회에서 노사 합의서 및 부속문이 통과되었다. 곧이어 진행된 퇴직금 출자전환에 전체 임직원의 95%가 넘는 522명이 참가했다. 창간 이후 처음으로 한겨레 임직원들이 퇴직금을 출자전환하면서, 전체 주식의 4%였던 사내 주주 비율이 38.5%로 늘었다. 총자본도 198억 원에서 311억 원으로 증가했다. 정관에 따르면, 전체 주주 3분의 1이 참석하면 주주총회를 열 수 있고, 참석자의 과반 의결로 안건을 처리할 수 있다. 국민주주가 다수이지만 실질적으로는 사원 주주 언론사가 된 셈이었다.

그러나 혁신추진단도 여기에서 멈춰 섰다. 출자전환 이외에 나머지 혁신 프로그램들은 유보되었다. 대표이사 선출제도 개선안은 2003년 1월 23일 이사회에서 부결되었다. 지면 혁신과 조직 개편 과제도 집행이 늦어졌다. 2003년 3월 새 대표이사 취임을 앞둔 과도기인 탓도 있었다.

신규 사업의 연이은 실패

한겨레라는 기업이 겨울에 접어들고 있다는 징후는 4년간 특별 기구가 내놓은 보고서 곳곳에서 감지되었다. 장기발전기획팀은 2001년 11월 15일에 제출한 보고서에서 "심각한 현금 유동성 위기가 예상된다. 2002년 8월 이후 신문사가 확보한 자금이 고갈될 것으로 보인다"고 경고했다. 혁신추진단은 2002년 10월 제출한 보고서에서 "2004년이면 도산할 수 있다"고 경고했다. 자금 유동성 위기가 코앞에 있었다.

지난 3년간 각종 특별 기구들이 해결하지 못한 숙제가 새 대표이사에게 주어졌다. 보고서 속 활자로만 박혀 있던 '경영 혁신'을 현실로 끌어내 실현시켜야만 했다.

고희범은 대표이사 취임과 함께 세 가지 사업을 시작했다.

첫째, 합작 인쇄 법인을 설립하기로 했다. 2003년 4월, 경향신문, 세계일보, 문화일보, 국민일보, 한겨레 등 5개 신문사가 함께 1억 원씩 출자한 공동 인쇄법인 ㈜한국신문제작을 설립했다. 경향신문이 매물로 내놓은 가산동 윤전공장을 인수했다. 11월 9일부터는 수도권 지역에 배달되는 신문을 이곳에서 인쇄했다. 한겨레 발송·윤전부 사람들은 공덕동이 아닌 가산동으로 출근했다. 공동 인쇄법인이 외부 수주 등으로 수익을 내면 한겨레는 막대한 자본을 투자하지 않고도 더 좋은 윤전기를 들여와 인쇄 품질을 개선할 수 있을 터였다.

하지만 한국신문제작은 설립과 동시에 경영난에 빠졌다. 출자했던 언론사들 가운데 3곳은 이미 발을 뺐는데, 한겨레는 14억 원까지 투자액을 늘려놓았다. 여러 인쇄 물량을 수주하기는커녕, 한겨레가 한국신문제작의 적자를 메워야 하는 상황이 계속되었다. 한겨레가 한국신문제작에 윤전기를 빌려주는 대신에 2006년까지 3년 동안 60여억 원의 리스료를 받기로 했었지만, 리스료조차 제대로 받지 못하는 상황이었다. 초록색 제호 색깔이 잘못 인쇄되는 등의 제

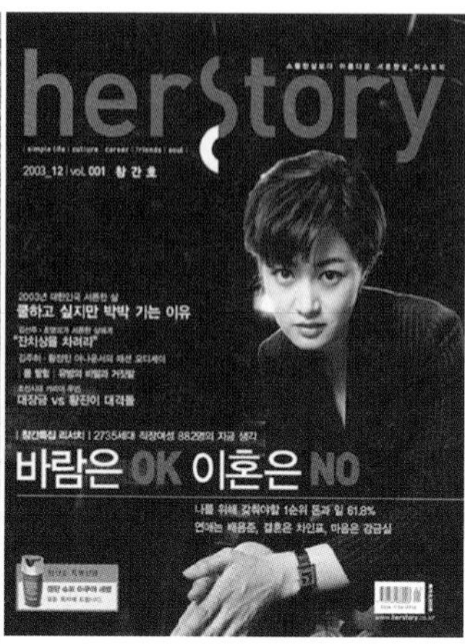

2003년 10월 30일, 서울 소공동 프라자호텔에서 한겨레가 새 여성 월간지 창간을 앞두고 광고설명회를 열었다. 김미경 허스토리 편집장이 매체의 비전을 설명하고 있다(왼쪽). 2003년 12월 창간호 표지모델은 김주하 MBC 앵커였다.

작 사고도 발생했다.

둘째, 새로운 개념의 여성 월간지를 창간했다. 2003년 7월 이사회에서 여성지 창간을 결정했다. 기존 여성지가 소비와 가정생활에만 초점을 맞추고 있다는 점에 주목해, 2000년대 들어 크게 늘어난 30대 직장 여성을 타깃 독자층으로 삼고자 했다. 이사회는 8억 원 이상의 적자가 쌓일 경우에 사업을 철수한다는 단서 조항을 달아 사업계획안을 승인했다. 당시 계획안으로는 창간 3개월 안에 시장에 안정적으로 진입하고, 8개월 뒤부터는 손익분기점에 이르렀어야 했다. 한겨레21은 창간 4개월, 씨네21은 창간 16개월 만에 손익분기를 넘었던 터였다.

'스물한 살보다 아름다운 서른한 살.' 2003년 11월 17일, 허스토리 창간호가 나왔다. 신연숙 미디어사업본부장이 전체를 지휘하고, 여성 문제에 천착해 온 김미경이 편집장을 맡았다. 창간호 표지 모델은 김주하 문화방송 앵커였다.

그러나 허스토리는 첫 달을 제외하고는 계속 적자를 냈다. 창간 6개월 만인 2004년 4월에 누적 적자가 8억 원에 달했다. 사업 승인 때 이사회가 정해놓았던 마지노선이었다.

세 번째 사업은 씨네21 분사였다. 2003년 8월 1일, 자회사인 ㈜씨네21을 설립했다. 분사 뒤에 외부 투자를 유치하려는 목표였다. 씨네21은 2000년대 들어 매체 판매, 광고만으로도 한겨레21보다 더 많은 수익을 내는 우량 사업체였다. 영상 시장도 팽창하고 있었다. 2004년 3월부터는 한겨레신문사가 보유한 씨네21 지분의 매각을 추진했다. 하지만 뜻대로 추진되지 않았다. 몇몇 기업이 투자 의향을 밝혔지만, 한겨레가 기대하는 수준에 미치지 못했다. 헐값에 지분을 넘길 수는 없었다.

큰돈 들이지 않으면서도 수익을 기대하며 새로운 사업들을 벌였는데, 하나같이 잘되지 않았다. 그사이에도 겨울은 성큼성큼 다가오고 있었다. 급박한 상황에까지 이르렀다.

"최소 200억 원 이상의 신규 자금 조달이 상반기 안에 이뤄지지 않으면 3/4분기 초에는 가용자금이 모두 바닥날 것으로 예상된다." 2004년 1월 14일, 새해 첫 이사회부터 암울한 논의가 오갔다. 당시 회사가 갖고 있는 가용자금은 95억 원가량의 대출한도가 전부였다.

"지난해 하반기 이후 추진했던 자금 조달은 기업금융 시장이 오랫동안 경색되고 제1금융권이 신문사들에 대한 신뢰를 잃어 정상적인 방법으로는 거의 실현 불가능한 단계에 왔다. 제2금융권에서도 실무적인 검토는 할 수 있다는 수준의 답만 내놓고 있다. 다른 차원의 노력이 필요하다." 2월 11일에 열린 그다음 이사회에서는 더 심각한 이야기가 나왔다. 최대한 비용 절감을 하고 투자 계획은 모두 보류하기로 했다.

그 후 몇 달간 이사회에는 여신 기한 연장, 사모사채 만기 도래 등이 주요 보고·부의 안건으로 올랐다. 은행에서 추가로 돈을 빌려오기도 어려운데, 시장에 내놓은 씨네21 지분은 팔리지 않고 한국신문제작과 허스토리는 계속 적자를 내는 상황이었다. 외부에도 한겨레신문사의 자금 사정이 어렵다는 사실이 알려졌다.

2004년 여름, 한겨레는 막다른 골목에 이르렀다. 이사회에서 처음으로 '워크아웃'이 거론되었다. 자금 조달 방법을 찾되, 워크아웃 신청까지 고려해야 한다는 이야기가 나왔다. 구조조정 외에는 달리 해법이 없다는 데 이사회의 뜻이 모였다. 경영진은 워크아웃 신청 방안을 실제로 검토했다.

2004년 8월 11일, 경영진은 침통한 가운데 이사회를 열었다. "지난 이사회에서 워크아웃을 신청하는 방안도 고려하겠다고 했는데, 비공개 워크아웃을 신청할 경우 발생하는 대내외적인 파장을 고려할 때 이는 현실적인 대책이 못 된다고 판단했다." 고희범 대표이사가 보고했다. "이제 외부의 힘이 회사에 작용하기 시작했다. 우리에게는 일종의 구조조정이기도 하다. 현 구조로는 더 이상 버틸 수 없다. 이제는 뭔가 정리가 필요하다." 박성득 이사가 말했다.

절체절명의 위기, 비상경영 체제 돌입

고희범 대표이사는 세 가지 선택지가 가능하다고 설명했다. 첫째, 그동안 시의적절하게 자금 문제에 대처하지 못한 책임을 지고 대표이사가 연임하지 않는다는 전제로 내부 개혁을 직접 추진한다. 둘째, 대표이사가 손익관리를 맡되, 총괄이사가 임원의 생사여탈권을 갖고 내부 구조 개혁을 완결 짓는다. 셋째, 임원회를 대체하는 비상대책위원회를 출범시킨다. 누가 구조조정의 칼자루를 쥘 것인가. 대표이사냐, 총괄이사냐, 비상대책위원회냐의 차이가 있을 뿐이었다. 엿새 뒤, 고희범은 모든 경영권을 비상대책기구에 넘기기로 결정했다. 최악의 경영 위기라는 파고를 넘으려면 노사가 힘을 모아야 한다고 생각했다.

그해 여름, 노동조합과 우리사주조합도 '비상' 사태를 내다보고 조직 전열을 가다듬고 있었다. 2004년 8월 31일, 이른바 '겸임조합 체제'가 시작되었다. 한겨레 사람들은 이중 정체성을 갖고 있다. 노동자인 동시에 회사의 최대 주주이기도 하다. 노동자로서의 권한도 있지만 주주로서의 책임도 있다. 두 조합을 통합시키는 방식으로 '주인 된 노동자'의 정체성을 세우겠다는 생각을 가진 이들이 있었다. 2004년 4월, 15대 노조위원장에 당선된 양상우와 1년 전에 7기 우리사주조합장이 된 장철규가 뜻을 모았다. 조합 통합이 한겨레가 닥친 경영 위기의 해법 가운데 하나가 될 수 있다고 판단했다. 16대 노조위원장이면서 8대 우리사주조합장인 초대 겸임조합장에는 양상우가 선출되었다.

겸임조합을 움직이는 동력은 젊은 사원들이었다. 10년 차 이하의 젊은 기자와 사원들이 적극적이었다. 2002년 혁신추진단의 경험을 자양분 삼아, 이

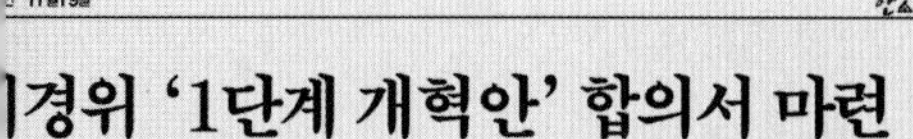

비경위 '1단계 개혁안' 합의서 마련

금 적립제 복귀' 등 일부 수정

-23일 합동 조합원 총회에 부의

비경위 1단계 합의서를 소개한 노동조합 소식지(왼쪽)와 2004년 11월 13일 열린 개혁안 설명회 모습.

들은 경영과 편집에서의 대대적인 혁신을 꾀하려는 강한 의지를 보였다. 창간 세대를 중심으로 하는 리더십에 기댔던 선배 세대와는 달리, 이들은 자생적인 의견그룹을 형성하고자 했다. 또 하나의 파벌을 만들려는 것 아니냐는 의혹의 눈길을 보내는 사람들도 있었다. 한겨레 내부의 세대 갈등이 싹튼 것이 이 시기부터였다. 소장 세대의 의견이 혁신의 동의어처럼 받아들여지던 시기였다.

하지만 예전 파벌 갈등처럼 서로의 옳고 그름을 따질 시간조차 없었다. 당장 회사가 망할지도 모른다는 불안감이 엄습했다. 창간 이후 최악의 경영 위기였다.

2004년 9월 8일, 노사 합동 비상경영위원회가 출범했다. 공동위원장은 서형수 총괄전무와 양상우 겸임조합장이 맡았다. 경영진 쪽에서는 박영소와 김진현이, 겸임조합 쪽에서는 장철규와 이제훈이 상근위원이 되어 일하기로 했다. 실무간사는 이동구가 맡았다. 비경위는 차기 대표이사 후보가 확정되는 2005년 2월까지 활동하기로 했다. 5개월 안에 비경위는 해법을 찾아야만 했다. 시간이 없었다. 대표이사는 비경위의 결정을 그대로 승인하기로 약속했다. 특별 기구에 실질적인 경영권이 넘어간, 한겨레 창간 이후 유례없는 상황이 벌어졌다.

'비상경영위원회는 침몰 중인 한겨레호를 구하라.' 이 같은 제목의 결의문이 9월 23일 우리사주조합과 노동조합 대의원 명의로 발표되었다. 1년 6개월 전, 고희범 대표이사가 우려했던 '한겨레호의 침몰'이 가시화되고 있었다. "지금의 누적 적자 규모, 경영의 실패와 리더십 부재 상황은 소중한 한겨레 공동체를 시한부 생명체로 만들고 있다. '자본과 권력으로부터의 독립'이라는 조직의 뿌리가 위협받은 지는 이미 오래며, 이제는 거듭나지 않고는 생존 그 자체도 보장되지 않는 상황에 이르고 말았다." 대의원들은 비경위가 재무, 조직, 인력 등의 구조개혁 계획을 조속히 수립하고 집행하라고 촉구했다.

2004년 11월 13일, 비경위 출범 한 달여 만에 개혁안이 확정되었다. 서울 마포 국민건강보험회관 지하 강당에서 개혁안 설명회가 열렸다. 2004년도 상여금 전액 삭감, 2005년 3월까지 상여금 지급 중단, 직위별 차등 정년제와 호봉 상한제, 임금 피크제 도입 등이 개혁안에 담겼다.

특히 2005년 이후 퇴직할 경우에는 퇴직금을 출자전환한 주식을 2009년 말까지 현금으로 받아갈 수 없도록 했다. 회사가 적정한 수익을 내지 못하면 2009년보다 시기가 더 늦춰질 수도 있다고 했다. 한겨레 사람들은 당황했다. 2002년 결정된 퇴직금 출자전환 방식에 따르면, 실제 퇴직할 때는 주식을 현금으로 바꿔 돌려받을 수 있었다. 한겨레가 망하지 않는 한, 퇴직할 때 퇴직금을 현금으로 다시 받아갈 수 있으니 퇴직금을 출자전환하는 부담감을 낮추려는 조처였다. 그런데 비경위 안은 퇴직금을 고스란히 날려버릴 수도 있다는 뜻이었다. 비경위는 다만 하나의 조건을 달았다. 설명회가 열린 날로부터 45일 안에 퇴직한다면 퇴직금을 받을 수 있도록 했다. 강제 인력 구조조정이 아니라 구성원들의 선택에 따른다는 '명분'을 취하면서도 자발적인 퇴직을 유도하는 '실리'를 동시에 얻으려 한 것이다.

그럴 만한 이유가 있었다. 한겨레는 이전에도 희망퇴직을 실시한 적이 있었다. 1998년 11월 처음으로 희망퇴직 신청을 받았다. 당시 총무부, 전산제작부 등을 중심으로 12명이 희망퇴직했다. 2001년 3월에도 희망퇴직 제도를 실시했는데 큰 성과가 없었다. 두 차례 모두 정년퇴직을 얼마 남기지 않은 사람들 중심으로 회사를 떠났다. 숫자도 많지 않았다. 한겨레 전체 인력은 창간 1년 만에 400명을 넘어선 이후 2004년에는 500명을 훌쩍 넘어서 있었다. 전체 임직원 가운데 차장급 이상이 68.7%에 이를 정도로, 역피라미드 모양의 인력 구조가 고착화되어 있었다. 회사를 오래 다닌 인력이 많다 보니, 1994년 100억 원이던 인건비가 2002년 200억 원으로 늘어나 있었다.

비경위는 단순히 인건비를 줄이는 게 아니라 전체 인력 구조를 젊게 만들고자 했다. 희망퇴직 신청 자격을 10년 차 이상으로 규정했다. 사실상 40대 이상 대부분이 희망퇴직 대상이 되었다. 고(高)호봉자를 중심으로 자발적 희망퇴직을 받은 뒤, 나머지 임직원들이 5년간 퇴직금을 받지 않고 모두 한겨레 주식으로 출자전환한다면, 자금 유동성 위기를 막으면서 인력 구조 혁신도 꾀할 수 있다는 구상이었다.

한겨레적 가치를 지키는 길은?

비경위 개혁 방안을 놓고 사내 논란이 불붙었다. 사내 온라인 게시판에 하루 수십여 건의 글이 올라왔다. 반박과 재반박이 꼬리를 물었다. 전체 임직원이 큰 폭의 임금 삭감을 감수하고 다 함께 위기를 극복하자는 제안이 나왔다. 누군가는 모두 100일 동안 월급을 받지 말고 신문 100만 부 늘리기 운동을 하자고 했다. 그게 '한겨레적 가치'를 지키는 길이라고 주장했다. 실제로 한겨레 창간 초기에 한겨레 구성원들은 낮은 임금을 감내하며 헌신했다.

이에 대해 누군가는 "한겨레라는 회사가 존재해야 한겨레적 가치도 논할 수 있는 것"이라고 반박했다. 또 다른 누군가는 한겨레 내부 구성원들끼리의 공동체적 가치를 지키는 것보다 한국 사회와 국민 주주들이 기대한 '한겨레의 존재 이유'를 지키는 게 더 중요하지 않겠느냐고 되물었다. 임금을 깎으면 젊은 인력들이 회사를 나가게 될 뿐이라는 우려도 나왔다. 2003년 11월 입사한 막내인 공채 15기들이 처음 받은 월급은 63만 6330원이었다. 상여금을 받지 못할 때라 1년이 지났어도 월급은 100만 원 안팎에 머물렀다.

이때 터져 나온 논란에는 한겨레의 현재와 미래를 둘러싼 주요 쟁점이 모두 담겨 있었다. 짧은 시간이었지만 구성원들은 한겨레의 존재 이유가 무엇이며, 한겨레적 가치가 무엇인지를 곱씹고 또 곱씹었다. 이때부터 한겨레 내부에는 또 하나의 깊은 골이 패었다. 노장 세대와 소장 세대, 편집과 경영 부문 사이에 보이지 않는 벽이 생긴 것이다. 기존 파벌과는 전혀 다른 종류의 의견그룹이 서로 분화되어 갈라졌다.

논란의 와중에도 결단은 이뤄졌다. 11월 22일부터 이틀간 진행된 노동조합·사주조합 총투표에서 60%의 찬성으로 비경위 개혁 방안이 통과되었다. 곧

바로 희망퇴직 신청을 받았다. 6개월 급여에 해당하는 퇴직 위로금을 지급하고 퇴직 뒤 1년간 4대 보험을 보장하기로 했다. 2004년 8월 531명이던 한겨레 임직원이 희망퇴직 실시 이후 451명으로 줄었다.

한겨레 역사에서 가장 시린 겨울이었다. 한겨레 사람들은 그해 겨울, 많이도 울었다. 비경위 개혁안 확정과 총투표를 전후해, 전체 임직원 앞으로 많은 전자우편이 보내졌다. 이별의 편지들이었다.

2004년의 시린 겨울

"어제 사직서를 냈습니다. 직원으로서는 마지막일지도 몰라 회색빛 건물도 보고, 정든 얼굴들도 만나보기 위해 회사를 찾아갈까도 싶었으나 감정을 주체하지 못하고 눈물부터 보일 것 같아 다른 직원 편에 사장 앞으로 사직서를 보냈습니다.

사직서를 품에 담고 기차를 타고 서울로 가는 길은 고통이면서도 아름다웠던 추억들로, 지난 16년만큼이나 멀고도 길었습니다. 추수가 이미 끝나고 새 떼까지 떠난 초겨울 빈 들판은 바로 저의 모습이었습니다. 비바람과 눈보라, 태풍 속에서도 아름다운 들판을 만들어보려다가 지치고 힘 떨어지고 어느새 늙어 망연자실 홀로 서 있는 농부는 바로 저였습니다.

한겨레신문은 저를 사람다운 사람으로 사람답게 살게 했습니다. 늘 기쁨이었고 희망이었고 행복이었습니다. 오래오래 함께 걸어가고 싶은 동반자였습니다. 거기서 만난 사람들은 세상에서 내가 만난 사람들 가운데 가장 아름다운 마음을 가진 사람들이었습니다. 능력이 부족해 1등 신문 못 만들고 떠나 죄송합니다.

가을바람에 단풍이 들면 잎이 떨어지고, 세월이 가면 육신도 힘이 떨어지고 기웁니다. 빈 들판, 빈 가슴으로 지리산에나 다녀와서 비록 작지만 다른 2막이 있는지 찾아보겠습니다. 한겨레신문사에서 행복했습니다. 안녕히 계십시오."

2004년 11월 12일 오후 4시, 한겨레 사람들은 박화강의 전자우편을 받았다. '정든 회사를 떠나며.' 이 마지막 인사를 읽고 한겨레 사람들이 많이 울었다. 한겨레 창간위원이자 편집국의 어른이었던 박화강은 전날 광주에서 서울에 올라와 양상우 비상경영위원회 공동위원장에게 사직서를 전했다. 14년이 흐른 뒤인 2018년 5월 15일, 박화강은 한겨레신문사 대표이사가 된 양상우를 찾아와 봉투 하나를 다시 건넸다. 봉투 안에는 가산을 정리해 모은 돈 1억 원이 들어 있었다. “진실과 정의를 가슴에 품을 수 있었던 내 삶은 한겨레가 있어 가능했다. 이 돈, 꼭 한겨레를 위해 써주면 고맙겠다.” 2004년 그의 편지를 기억하는 이들은 다시 한 번 눈물을 흘렸다.

“어느새 새벽이 다가오고 있습니다. 정든 한겨레신문사에서 마지막 퇴근을 하기 위해 이제 일어섭니다. 한겨레신문사와 더불어 17년, 행복했습니다. 안녕히 계십시오.” 창간 발의자, 창간 발기인에 이어 한겨레 창간 편집국에 합류해 미디어사업본부장을 지낸 신연숙이 사직서를 냈다. 11월 16일이었다.

“제 가슴속 노파심은 말합니다. 눈물이 메마른 땅에 진보적 가치는 꽃필 수 없다. 눈물을 동반한 땀이 아니면 한겨레의 새 길은 열리지 않는다고. 한겨레를 떠나기로 했습니다. 작은 힘이나마 한겨레 재건에 힘을 보태지 못하게 된 날, 안타까움과 서글픔을 느낍니다.” 12월 20일, 한겨레 편집위원장을 지낸 고영재가 마지막 인사를 전했다.

“간곡히 부탁드립니다. 다시는 한겨레신문사에서 2004년 겨울과 같은 일이 벌어지지 않기를. 한겨레가 상처를 딛고 진보 언론으로 바로 서기를. 한겨레를, 그리고 한겨레의 눈 맑은 벗들을, 사랑합니다.” 젊은이들의 마음을 울리는 칼럼을 썼던 손석춘도 12월 26일 사표를 냈다.

“애초에는 인간보다 효율을 선택한 구조조정 방식에 견해를 달리 했지만, 그것이 한겨레 공동체를 보다 안전하게 살리는 방식임을 부정할 수만은 없었습니다. 거친 경쟁에서 한겨레가 살아남아 거듭나기를 염원하는 주주와 독자들을 한시도 잊지 말아주시기 바랍니다.” 편집위원장을 지낸 윤후상도 12월 30일 사직서를 냈다.

2004년 11월부터 두 달간 80명이 한겨레신문사를 떠났다. 한겨레에 있어 행복했다며, 같이 일할 수 있어 감사했다며, 부디 한겨레를 올바로 이끌어달라며, 그들은 마지막 인사를 남겼다. 그렇게 많은 사람들이 한꺼번에 떠난 일은 창간 이후 처음이었다.

인력 구조 혁신이 어느 정도 마무리되자 2005년 1월 13일, 비경위는 대표이사 임기를 2년에서 3년으로 늘리고, 편집국장을 직선제가 아니라 임명동의제로 뽑는 선출제도 개선안도 확정했다. 지속가능한 경영을 위해 대표이사의 리더십을 강화하려는 취지였다. 2000년 제2창간위원회가 이미 내놓았던 방안이었다. 1월 19일부터 이틀간 진행된 사원투표에서 다수가 찬성해 통과되었다. 그 밖에도 논설위원실을 축소하고 콘텐츠평가실, 감사실 등의 기구를 통폐합했다. 노동조합과 우리사주조합이 이사회에 사외이사 1명씩을 추천하고, 우리사주조합이 감사를 추천하도록 하는 등 조합의 권한을 강화한 것도 이때다.

일련의 구조 개혁 과정에서 경영진이 벌여놓은 사업들도 정리해야 했다. 2004년 10월 6일, 비경위는 허스토리를 분사하기로 결정했다. 본사가 3억 원을 출자하기로 했다. 이미 비경위 체제가 꾸려지기 이전인 8월부터 경영진은 허스토리 매각을 위해 외부 투자자들을 접촉해온 터였다. 8월 이사회에서는 허스토리 사업 철수도 결정했다. 하지만 허스토리 사원들은 이런 결정을 비경위가 내렸다고 생각했다. 비경위는 결국 허스토리 사업부를 폐지하고 12월부터 잡지 발간을 중단했다. 허스토리에서 일하던 정규직 6명은 대기 발령, 계약직 3명은 계약 해지되었다. 허스토리 사원들은 이에 항의해 침묵시위를 벌였다. 허스토리 사원들은 구조조정의 희생양이 된 것이라고 여겼다. 이 과정에서 신연숙 미디어사업본부장과 김미경 허스토리 편집장이 사표를 냈다. 이후에 허스토리 사원 대부분은 다시 한겨레에서 정규직으로 일하게 되었다.

비경위가 활동한 5개월은 한겨레 역사상 가장 치열했던 논쟁의 시기였다. 그리고 역사상 가장 속도감 있는 구조 개혁을 실행에 옮겼던 시기이기도 했다. 한겨레라는 존재가 사라질지 모른다는 위기감, 혁신에 대해 쌓여 있던 갈증이 사람들을 움직였고 조직을 변화시켰다. 하지만 그 과정에서 한겨레 내부 구성원들의 마음에는 깊은 상처가 남았다.

"어느새 한겨레가 한국에서 가장 늙은 신문사가 되어 있었지. 창간 때 성유보 씨가 편집위원장을 했던 게 마흔다섯 살이었으니까. 나는 (비경위가) 올바른 판단이었다고 봐. 그때의 결단으로 신문사가 젊어졌으니." 당시 논설주간으로 재직하다 사직서를 낸 김선주의 기억이다.

"이제 한겨레의 주력은 후배들이라는 걸 인정해야 한다고 생각했어. 다만 한겨레 창간 세대는 한국의 개혁과 진보를 온몸으로 체화하고 이를 한겨레에 적

2004년 9월, 고희범 대표이사(왼쪽)와 양상우 겸임조합 위원장이 비상경영위원회 구성안을 논의하고 있다.

용한 사람들이거든. 그들의 경험과 네트워크를 소홀히 여기면 안 되는데, 이를 고려하는 섬세함이 부족했어. 준비 안 된 혁명군의 난폭한 성곽 진입을 보는 느낌이랄까." 역시 그 무렵 신문사를 그만둔 3대 노조위원장 김영철의 기억이다.

"그런 일은 한겨레가 아니면 어디에서도 일어날 수 없어요. 경영이 어렵다는데, 나한테 드는 인건비가 많다는데, 내가 그만두면 젊은 후배들 몇 명이 더 일할 수 있다는데, 자 뒤돌아보지 말고 나이 든 사람들은 다 함께 배에서 뛰어내립시다, 그렇게 했던 거지요. 후배들이 등을 떠민 게 아니에요. 다만 남은 사람들이 신문 제대로 못 만들면 다신 후배들 얼굴 보지 않겠다는 생각은 했지." 씨네21 편집장 출신으로 당시 희망퇴직한 안정숙의 기억이다.

이 엄혹했던 2004년의 겨울도 어느새 지나가고 있었다. 비경위원들은 냉혈한이라는 손가락질을 받아가면서 4년여 동안 경영진들이 뒤로 미뤄왔던 구조조정의 시한폭탄을 받아들고 그 기폭장치를 직접 눌렀다. 그들도 한겨레 다른 사람들만큼이나 뒤돌아 많은 눈물을 흘렸다. 비경위 활동이 끝남과 동시에 고희범 대표이사의 임기도 끝났다. 고희범도 그 시절을 돌이키면 고통스럽기는 마찬가지다. 그는 1년간 한겨레 고문으로 일하면서 지급된 활동비를 모두 한겨레에 반납했다.

2005년 2월 17일, 비경위 활동이 끝났다. 5개월간의 활동을 정리하는 최종 보고서는 이렇게 끝난다. "격동의 다섯 달에 대한 평가는 후일 엄정하게 이뤄질 것이다. 무수한 피와 땀, 눈물을 희망의 무지개로 버무려야 할 절체절명의 시기에 비경위가 있었다."

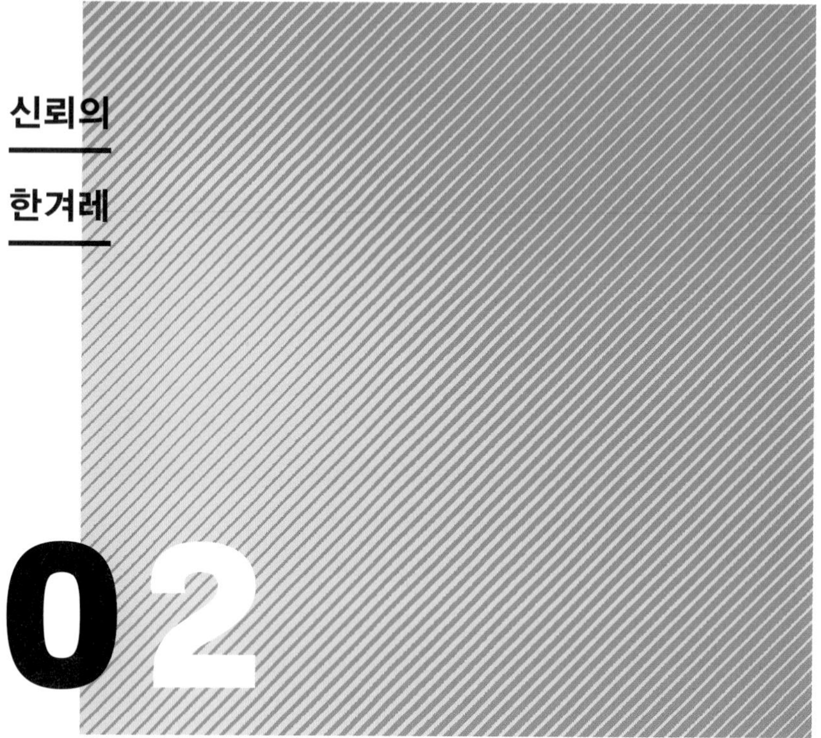

신뢰의 한겨레

02

기자들이 가장 신뢰하는 매체는 어디일까. 한국기자협회는 해마다 전국의 신문·방송기자 300~400명을 대상으로 '소속사를 제외하고 가장 신뢰하는 언론 매체'를 묻는다. 2006년 이후 한겨레는 9년 연속으로 신뢰도 1위를 차지했다.

각계 전문가들이 가장 신뢰하는 신문은 어디일까. 시사주간지 시사저널은 해마다 각계 전문가 1000명을 대상으로 '누가 한국을 움직이는가'를 조사하는데, 한겨레는 2005년부터 줄곧 신문 부문 신뢰도 1위를 지키고 있다.

한겨레는 한국대학생신문이 전국 대학생 1000여 명을 대상으로 해마다 실시하는 조사에서도 2001년 이후 종합일간지 부문에서 17년째 신뢰도 1위다. 2008년 1월 6일, 사단법인 미디어미래연구소는 한겨레를 2007 사회공헌상 부문 신뢰상 수상자로 선정했다.

2000년대 중반 이후 한겨레를 설명할 때마다 가장 앞세워진 말이 '신뢰도 1위' 한겨레였다. 한겨레 사람들이 가장 고마워하며, 자랑스럽게 여기는 말이기도 했다.

"새해 벽두에 우리는 이 가치 혼돈의 시대에 과연 신문이 무엇이며, 한겨레는 왜 존재해야 하는가 하는 근원적 물음에 맞서보아야 한다고 생각합니다." 2007년 1월 2일, 정태기 대표이사의 신년사는 묵직했다. '신뢰도 제1의 신문'을 지향하는 보도준칙 프로젝트를 곧 실행하겠다고도 알렸다. "언론, 언론인으로서의 기본으로 돌아가자"는 말이었다.

정태기는 한겨레를 '퀄러티 페이퍼(고급지)'로 만들고 싶어했다. 충분조건은 아니었지만, 그 필요조건이 바로 신뢰였다. 정태기는 '신뢰'를 내세워 한겨레만의 차별화된 기사와 콘텐츠를 생산하고, 이를 신문사 경영에 보탬이 되는 수익으로 전환시키는 프로젝트를 구상 중이었고 일부 시행에 들어갔다.

2004년의 눈물과 절망을 대신할 희망의 언어가 필요했다. 한겨레만이 아니라 종이신문 시장 전체가 위기인 상황이었다. 한국언론진흥재단이 매년 발표하는 언론수용자 의식조사에서 종이신문 열독률은 2004년 76%를 기록했다. 80%대 열독률이 처음으로 꺾인 해였다. 이후로 종이신문 열독률은 가파르게 추락하게 된다. 새로운 전략이 필요했다. 그 중심에 '신뢰'라는 낱말이 있었다.

신뢰를 상품화하자!

정태기는 2005년 2월 18일 대표이사로 당선되었다. 한겨레 창간 주역이었던 정태기는 1990년 회사를 떠났다. 신세기통신 대표이사를 그만둔 뒤에 야생화를 키우고 있던 정태기는 후배들의 간곡한 요청에 못 이겨 대표이사 선거에 출마했다. 경쟁 후보는 비상경영위원회 공동위원장이었던 양상우였다. 이 선거 구도는 역대 어느 대표이사 선거와도 달랐다.

정태기의 나이는 예순넷, 양상우는 마흔둘이었다. 노장 세대와 소장 세대를 대표했다. 퇴직자와 평기자의 대결이었다. 파벌과 관계없이 부장급 이상 간부의 상당수가 정태기를, 팀장급 이하 평사원 가운데 상당수가 양상우를 지지했다. 유동성 위기와 인력 구조 개편이라는 어두운 터널을 지나온 한겨레 사람들은 파괴적 혁신보다는 연륜 있는 경영을 선택했다.

2004년 비경위는 발등에 떨어진 불을 끄는 역할에 충실했다. 워크아웃 직전까지 갔던 신문사의 자금 유동성 위기를 해결하고, 향후 몇 년 동안 회사가 버틸 수 있도록 인력 구조 개편을 단행했다. 경영과 리더십의 중요성을 한겨레 전체 임직원들이 머리로, 마음으로 깊이 깨우쳤던 시기였다.

2005년 11월, 전략기획팀이 만들어졌다. 김현대가 2006년 3월 전략기획실로 이름을 바꿀 이 팀의 팀장을 맡았다. 그전까지 위기 때마다 특별 기구를 만들어 임시방편으로 대응하던 것에서 벗어나, 한겨레라는 조직의 중장기 전략을 마련하기로 했다. 한겨레의 새로운 독자층과 지지층을 개척해 확장하고 이를 사업 부문과 연계할 것 등의 임무였다.

전략기획실은 시장 조사와 독자 조사를 부지런히 했다. 2006년 3월 한겨레 독자 592명과 다른 신문 독자 467명을 조사한 결과를 보면, 한겨레 독자 중에는 전문직과 사무직 등 화이트칼라 비중이 42.3%에 달했다. 중앙일간지 평균(28.3%)보다 훨씬 높았다. 전략기획실은 진보적 성향을 띤 화이트칼라 신문 구독자가 70만 명에 이른다고 추산하고, 한겨레가 화이트칼라 독자에 주목하는 지면전략을 내놓아야 한다고 판단했다.

이에 근거해 전략기획실은 한겨레가 새로 키워가야 할 핵심 상품 가치로 '신뢰'라는 키워드를 뽑아냈다. '신뢰를 상품화하자'는 구상이었다. 고학력, 고소득 독자층에게 진보적인 정보, 지식, 관점을 제공하자는 전략을 제시했다. '자본과 권력으로부터 독립한 신문', '유일한 진보 신문'이라는 수식어를 넘어 '오피니언 리더들이 읽는 신문'을 만들자는 제안이었다.

2007년 1월 29일 저녁 7시, 기사 마감을 끝낸 편집국장과 기자들이 7층 편집국에 하나둘 모여들었다. '취재보도준칙' 선포식이 열리는 날이었다. 한겨레는 독자들의 불신을 허무는 방안의 하나로, 올바른 진실과 정확한 사실을 보도하기 위한 구체적인 지침을 만들었다. 전략기획실이 초안을 발제하고 겸임조합이 수정안을 제시한 뒤에, 김효순 편집인을 위원장으로 하는 취재보도준칙 제정위원회를 구성해 구체적인 조항을 다듬었다. 외부 언론학자들의 자문도 받았다.

개별 언론사로는 최초로 윤리강령을 제정했던 한겨레는 보도준칙에서도 다른 언론사보다 한 발 앞서 있었다. 가장 체계적으로 보도준칙을 정비했다는 외부 평가를 받았다. "오늘날 우리나라 언론은 안팎으로 심각한 신뢰의 위기를 겪고 있다. 거친 취재 행태, 자의적인 기사 판단과 편집, 균형을 잃은 논조, 편집권에 대한 안팎의 압력과 간섭, 독자의 비판에 귀 기울이지 않는 독선, 공

2007년 1월 29일, 한겨레 편집국에서 취재보도준칙 선포식을 열었다. 선포식 뒤 기자들이 취재보도준칙을 성실히 이행하겠다는 뜻으로 서명을 하고 있다.

익과 사익의 혼동 등이 만연하고 있으며, 그것들은 서로 상승작용을 일으켜 언론에 대한 총체적 불신을 불러일으키고 있다." 취재보도준칙 전문에서 한겨레는 "신뢰의 위기를 자초한 책임에서 결코 자유롭지 못함을 겸허한 마음으로 받아들인다"고 밝혔다.

취재보도준칙에는 기자로서의 책무는 물론이고 공정한 보도, 정직한 보도를 위해 지켜야 할 점, 취재·보도의 기본 자세 등을 자세히 밝혀놓았다. 편견의 배제, 독자 존중, 사실과 의견의 구분, 취재원의 실명 표기, 취재할 때의 태도, 희생자와 피해자 배려 등 50개 항목마다 매우 구체적이고도 꼼꼼한 설명이 덧붙어 있다.

이에 앞서 2006년 1월, 한겨레는 국내 언론사 가운데 처음으로 시민편집인 제도를 도입했다. 시민편집인은 독자와 언론 사이를 이어주는, 일종의 신문고 같은 존재다. 한겨레가 독자들의 비판과 불만을 가벼이 여기지 않고 지면에 최대한 반영하겠다는 약속이었다. 취재보도준칙과 마찬가지로 독자에게 귀 기

2006년 1월 한겨레신문사 출판부는 자회사로 독립했다. 자회사 한겨레출판이 내놓은 책 표지들.

울여 신뢰를 회복하겠다는 ‘신뢰 프로젝트’의 일환이었다.

한겨레신문사 사규에는 시민편집인의 역할이 명시되어 있다. 시민편집인은 시민을 대표해 신문 제작에 의견을 표시할 수 있다. 기사에 의한 권리침해 행위를 조사하거나 사실이 아닌 기사에 대해서는 시정을 권고할 수 있다. 기사 방향이나 논조 등에 대한 의견도 제시할 수 있다. 신문사가 생산하는 모든 매체를 관장하는 ‘편집인’과 동격이라고 생각해 이름도 ‘시민편집인’이라고 붙였다.

1대 시민편집인은 홍세화 한겨레 기획위원이, 2대 시민편집인은 김형태 변호사가 맡았다. 한겨레 기자 출신으로 세명대 저널리즘스쿨에서 예비 언론인들을 가르치고 있던 이봉수 3대 시민편집인은 2008년 9월부터 2013년 6월까지 가장 오랫동안 시민편집인으로 일했다. 한겨레 기사와 지면을 누구보다 매섭고 날카롭게 비평했다. 뒤이어 한겨레 편집위원장 출신인 고영재가 4대 시민편집인을 역임했다. 김예란(5대), 최영재(6대)는 언론학자 출신의 시민편집인이었다.

한겨레출판과 한겨레경제연구소

취재보도준칙이 편집국이 만들어갈 ‘신뢰’의 한 축이었다면, 다른 한 축에는 한겨레 경영에 보탬이 될 사업 자산으로서의 ‘신뢰’가 자리 잡고 있었다. 한겨레출판, 한겨레교육문화센터, 한겨레경제연구소 등이 신뢰를 자산으로 새로운 사업을 벌일 전진 기지들이었다. 2006년 또는 2007년 무렵 시작된 이들 사업은 한겨레에 대한 신뢰를 바탕으로 그간 축적된 지식, 정보, 네트워크 등을 통해 새로운 수익을 얻으려 한다는 공통점이 있었다.

2006년 1월, 한겨레신문사 출판부는 ㈜한겨레출판이라는 이름의 자회사로 독립한다. 한겨레출판은 1990년대 인문·사회과학 서적 분야에서 독보적인 존재였는데, 2000년대 이후로는 독자들에게 좀 더 가볍고 친근하게 다가갈 수 있는 문학·인문교양 서적까지 품을 넓혔다.

배우 오지혜의 《딴따라라서 좋다》(2006), 소설가 김형경의 《천 개의 공감》(2006), 언론인 홍은택의 《아메리카 자전거 여행》(2006) 등이 이 무렵에 출간되었다. 한겨레출판이 대중적인 에세이 분야에도 강점이 있다는 것을 입증한 책들이다. 한겨레출판은 이후에도 구본준의 《한국의 글쟁이들》(2008), 김선주의 《이별에도 예의가 필요하다》(2010), 김중혁의 《메이드 인 공장》(2014), 공지영의 《딸에게 주는 레시피》(2015), 임경선의 《태도에 관하여》(2015) 등 말랑말랑하면서도 따뜻한 온기를 품은 책들을 계속 출판했다.

자회사로 독립한 뒤에 한겨레출판은 '휴'라는 별도 브랜드를 만들었다. '휴'는 종교, 명상, 생태 등을 테마로 한 책들을 기획해서 집중적으로 펴내기 시작했다. 조현 종교 전문 기자의 《나를 찾아 떠나는 여행》, 《세계 어디에도 내 집이 있다》 등 이전에도 한겨레출판은 명상이나 마음을 다룬 책들을 냈었다. 브랜드 론칭을 계기로 이런 색깔의 책들을 본격적으로 출간하게 된 것이다.

"종교나 생태, 명상, 마음 등에 대한 관심이 높아진 시기였죠. 마침 조현 기자가 법륜 스님이 정토출판사에서 펴낸 책을 검토해보라고 건네주더라고요." 김수영 한겨레출판 본부장의 회고다. 이렇게 해서 2010년 9월 탄생한 책이 한겨레출판 최고의 베스트셀러인 《스님의 주례사》다. 불교에서 말하는 '인연론'에 남녀 간의 사랑과 연애, 성공적인 결혼생활을 비춰본 이 책은 '결혼 전 반드시 읽어야 할 책'으로 알려지면서 50만 부 가까이 팔렸다. 서양화가 김점선의 그림을 중간중간에 넣어, 책을 읽으면서도 마음의 쉼표를 찍게 한 것이 주효했다.

이후에 법륜 스님이 한겨레출판에서 펴낸 《엄마수업》(2011), 《인생수업》(2013) 등도 《스님의 주례사》 못지않게 큰 인기를 끌며 베스트셀러가 되었다.

한겨레출판은 조지 오웰의 《나는 왜 쓰는가》(2010), 《위건 부두로 가는 길》(2010), 제임스 조지 프레이저의 《황금가지》(2003)와 같은 고전은 물론이고 이언 매큐언의 《칠드런 액트》(2015), 윌리엄 트레버의 《비 온 뒤》(2016) 등 외국 작가들의 작품도 꾸준히 한국의 독자들에게 소개하고 있다. 한겨레출판이 지금까지 펴낸 책은 총 1100여 종에 이른다.

2007년 2월엔 한겨레경제연구소가 탄생했다. 당시 전략기획실은 '고급 콘텐츠 생산 역량을 종합할 국내 최대 진보적 민간 싱크탱크 출범'을 구상했었다. 경제연구소에는 사회적 책임을 다하는 기업 문화를 확산시키기 위해 관련 컨설팅 사업을 벌이면서 한겨레 스스로 연대와 신뢰를 표상하는 언론사로 거듭날 수 있는 미디어 경영의 방도를 연구할 책임이 주어졌다. 공채 10기로 한겨레 기자 생활을 하다가 미국 유학을 떠났던 이원재가 삼성경제연구소 연구원 일을 그만두고 초대 소장을 맡았다. 2012년 9월까지 경제연구소를 이끌었던 이원재는 "언론사가 사회적인 의제를 계속 던지는 역할을 하다 보면 비즈니스 모델이 나오는 선순환이 만들어질 것"이라고 생각했다. '시민들을 위한 경제', '상식이 통하는 경제'를 내세웠다. 재계의 입장을 대변하는 대기업 부설 연구소들과 달리, 한겨레경제연구소는 시민의 눈으로 경제 문제를 바라보고 사회적 경제, 기업의 사회적 책임(CSR) 등의 독자적인 연구·발언 영역을 개척하고자 했다.

2007년 한겨레문화센터도 큰 변화를 겪었다. 1월 1일 한겨레교육문화센터로 이름을 바꾸면서 기존 한겨레문화센터와 과거 교육사업단 사업을 통합시켰다. 2008년 8월에는 한겨레에서 분사해 한겨레교육㈜이라는 별도 법인으로 독립했다. 초등학생부터 직장인을 아우르는 평생교육 사업, 교육콘텐츠 개발 사업 등 교육 사업에서 전문 영역을 구축하겠다는 목표로 한겨레 문밖으로 나왔다. 한겨레 교육서비스 본부장이었던 강석운이 초대 대표이사를 맡았다. 강석운, 김창석, 정성훈, 이란 등이 한겨레를 퇴직하고 한겨레교육으로 옮겨갔다. 강석운의 뒤를 이어 2012년 박준열, 2016년 이상훈, 2018년 김창석 대표이사가 한겨레교육을 책임졌다.

한겨레교육문화센터는 한겨레 콘텐츠의 또 다른 허브 구실도 하고 있다. 2004년부터 2013년까지 매년 3월이면, 한겨레교육문화센터와 한겨레21이 공동으로 인터뷰 특강을 진행했다. 한겨레의 주요 필자들이 독자들과 만나 특정 주제에 대해 집중적으로 강연하게 한 것이다. 해마다 주제가 바뀌었다. 교양(2004), 상상력(2005), 거짓말(2006), 자존심(2007), 배신(2008), 화(2009), 1등만 기억하는 더러

한겨레교육문화센터는 출판, 언론, 영상, 디자인 등의 분야별 직업 교육과 함께 음악, 미술, 공예, 여행, 건축 등 취미·교양 과정 수업을 개설하고 있다. 2017년 12월 23일, 한겨레교육문화센터의 '아주 사적인 노래쓰기' 과정을 수료한 수강생들이 자신들이 직접 만든 곡으로 공연을 하는 모습.

운 세상(2010), 청춘(2011), 선택(2012), 새로고침(2013) 등 그해의 열쇳말로 주제를 정했다. 나중에 한겨레출판에서 이를 묶어 책으로 펴냈다.

2018년 현재 월 200여 개의 강좌가 개설되어 연인원 2만여 명에게 새로운 교육 기회를 제공하고 있다. 오프라인 강좌를 넘어 온라인 강좌, 한겨레 방과후학교 등으로 사업 분야도 확대했다. 또한 한겨레에 매주 나가는 '함께하는 교육' 섹션과 신문활용교육(NIE) 전문 매체인 〈아하! 한겨레〉 제작도 맡고 있다.

이 무렵 제자리를 잡은 초록마을의 성공도 '신뢰'에 기초한 것이었다. 한겨레신문사는 1999년 12월 22일, 자회사 인터넷한겨레를 설립했다. 홈페이지 등을 관리하는 뉴미디어 사업은 물론이고, 인터넷에 기반한 유통·여행 사업도 벌일 목적이었다. 인터넷한겨레는 2000년 5월, 친환경 유기농 사업을 시작했다. 2002년에는 친환경 유기농 전문 브랜드인 '초록마을'을 띄우고, 직영점과 가맹점을 전국 곳곳에 열기 시작했다. 2002년 8월 1일 직영점 1호가 마포에 문을 열었고, 그해 11월에는 서울 대치동에 가맹점 1호가 생겼다. 그로부터 3년여 뒤인 2005년 9월 제주에 200호점이 문을 열 정도로 초록마을 브랜드는 전국에 급속도로 뻗어나갔다.

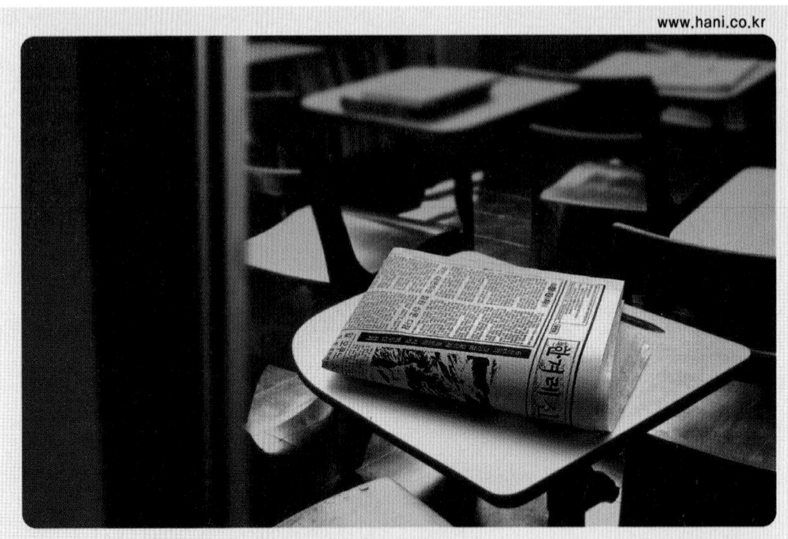

www.hani.co.kr
의열이형, 어디 계십니까?
심장까지 파고드는 차가운 겨울바람 속에서
화전의 어느 비닐하우스로 이사하던 날,
트럭 뒤의 보잘것없는 살림살이에 걸터앉아 부르던
형의 노래 '사랑도 명예도 이름도 남김없이'.
그것은 이 땅의 봄을 기다리는 애절한 사랑노래였고
그런 형의 바람은 그해 봄 한겨레 창간으로 다가왔습니다.
창간호를 손에 들고 부서져라 문을 박차며
강의실로 들어서던 형의 표정은 지금도 사진처럼
선명하게 제 마음속에 새겨져 있습니다.
한겨레 주주로서 함께 느꼈던 자부심과 염원,
오늘 선배의 연락처마저 잃어버린 못난
후배의 심정으로 주주님들의 연락을 기다립니다.

한겨레
주주님들의 바뀐 주소를 알려주십시오
• 인터넷 홈페이지 한겨레주주광장 www.jujuhani.co.kr에서 확인 후 변경 • 전자우편 juju@hani.co.kr • 팩스 (02)710-0129 / 전화 (02)710-0126~8

2005년 한겨레는 제2창간을 공식 선언하고, 주주찾기운동 등을 진행했다. 주주를 찾는 한겨레 지면 광고.

초록마을은 한겨레적 비즈니스의 모범 사례로 꼽힐 만했다. 한겨레의 브랜드로 소비자들에게 신뢰를 주면서 친환경 먹거리를 찾는 대안적인 삶에 구체적인 도움을 제공하고 이를 통해 한겨레는 적절한 수익을 얻었다. 초록마을에서 취급하는 1200여 종의 농산물에 대해서는 매일 잔류 농약을 검사하고 이를 홈페이지에 공개하는 등 좋은 먹거리를 안심하고 먹을 수 있도록 신경 썼다. 한겨레 초록마을은 먹거리 기업으로서 새로운 지평을 연 공로를 인정받아 2006년 11월 한국소비자포럼이 주는 '소비자의 신뢰기업상' 대상을 받았다. 2003년 5월 한겨레플러스로 이름을 바꾼 이 회사는 2009년 3월 대상그룹 자회사인 유티씨인베스트먼트에 매각되었다. 초록마을과 한겨레라는 브랜드 가치를 평가받아 90억 원이라는 높은 금액에 팔렸다. 한겨레플러스 임직원 85명의 고용이 모두 승계되었으며, 한겨레의 품을 떠난 지금도 초록마을은 친환경 먹거리를 파는 대표 브랜드로서 사랑받고 있다.

이들 사업은 큰 자본금을 투자하지 않고 복합미디어 기업 한겨레의 신뢰를 바탕 삼아 새로운 시장을 개척해 제 궤도에 올랐다는 점에서 닮아 있다. 새 매체를 만들어 단숨에 큰 흑자를 낸다거나 대대적인 투자로 수익 개선에 큰 보탬이 된다거나 하는 발상은 여기에 없다. 2005년 이후 한겨레 경영에 새롭게 등장한 풍토다.

제2창간을 선언하다

"한겨레의 제2창간 운동은 '종이신문'의 공정성과 신뢰성을 앞장서 재확립하는 운동이기도 합니다. …지난 17년 동안 공정성과 신뢰성을 생명처럼 여기고 활동해온 한겨레만은 깊은 광산의 갱 속 카나리아처럼 국민의 눈과 귀가 될 것임을 우리는 믿어 의심치 않는 바입니다."

2005년 6월 7일, 한겨레는 제2창간을 공식 선언했다. 제2창간 운동의 양쪽 날개는 '200억 발전기금 모금운동'과 '한겨레 보기 운동'이었다. 1988년 5월 15일 한겨레 창간 때와 같은 마음으로 다시 시작할 테니 국민들에게 동참해달라고 호소했다. 정태기 대표이사와 박원순 변호사, 영화감독 박찬욱, 배우 안성기, 작가 황석영, 조국 교수 등이 제2창간 운동을 앞장서 이끌 공동본부장을 맡았다. 강금실 변호사, 시인 안도현, 김기식 참여연대 사무처장, 최민희 민언련 사무총장 등 각계 인사 1900여 명이 제2창간위원으로 참여했다.

제2창간 운동과 일련의 '신뢰 프로젝트'는 동전의 양면이었다. 독자들에게 신뢰받는 신문을 만들기 위해 한겨레를 다시 창간한다는 각오로 지면을 바꾸고 조직을 바꾸고 경영 방식과 소유구조를 바꾸는 것까지 포함하는 구상이었다. 정태기 대표이사는 취임 직후인 2005년 4월 20일 제2창간 운동본부를 출범시켰다. 고광헌 사장 실장이 사무처장을 맡았다.

제2창간 운동본부를 포함해 한겨레 임직원들은 2005년 5월 16일 아침, 서울 시내 곳곳에서 제2창간 운동을 알리는 소식지를 나눠줬다. 이날부터 서울 시내 주요 지하철역과 주요 대학 등 25곳에서는 한겨레의 역사를 알리는 사진전이 열렸다.

전국 곳곳에서 주주·독자들과 만나는 자리도 마련했다. 5월 21일 부산·경남 지역 '한겨레의 날' 행사를 시작으로, 서울·인천·경기(6월 4일), 대구·경북(6월 17일), 대전·충남(6월 25일), 광주·전남(7월 7일), 청주·충북(7월 20일) 등을 돌았다. 지역마다 주주·독자 배가운동을 이끌 '한겨레큰지킴이'를 선정하고, 각계각층 지도급 인사들과의 간담회를 열어 제2창간위원회 참가를 부탁했다. 2006년 1월 18일부터는 한국미술협회, 민족미술인협회 소속 작가들이 참여하는 '한겨레를 위한 한국미술 120인 마음전'이 세종문화회관에서 열려, 작품 판매액을 제2창간 기금으로 기증했다.

제2창간 운동본부는 2006년 3월 31일까지 활동했다. 발전기금 모금에는 6931명이 참가해 21억 원이 모였다. 한겨레를 새로 구독하게 된 독자는 1만 4119명이었다. 애초 계획했던 모금액 200억 원, 신규 독자 4만 2000명에는 크게 못 미치는 성과였다. 한겨레가 정말 위기에 처한 마지막 순간에 꺼내들었어야 할 '제2창간'이라는 카드를 너무 빨리 써버렸다는 내부 비판도 있었다. 하지만 회사 내부적으로는 한겨레의 역사적 소임을, 회사 외부적으로는 한겨레의 존재 가치를 다시 한 번 일깨우는 계기가 된 것만은 분명했다.

이 무렵에 단행된 지면 개편도 혁신적인 것이었다. 한겨레는 창간 17주년을 맞은 2005년 5월 15일부터 새 글꼴을 선보였다. '한겨레 결체(한결체)'라고 이름 붙은 이 글꼴은 우리나라 신문 역사상 처음으로 네모틀을 벗어난 것이었다. 보통 신문에 쓰이는 글꼴은 '가'나 '강'이나 똑같은 네모꼴 안에 들어가는 크기다. 한결체는 한글의 조형성을 그대로 살려, 받침이 있는 글자는 크고, 받침이 없는 글자는 작다. 18.0°, 36.5°, 100° 등 세 가지 섹션도 이때부터 발행했다. 2006년 신년호부터는 녹색의 네모 테두리를 두른 기존 제호 대신에 한결체 제호로 바꿨다. 2006년 편집국은 편집장과 팀장으로 이뤄진 '에디터 제도'로 조직을 개편했고, 편집국에 디자인센터를 만들었다. 한겨레21 등의 디자인을 주도했던 박은주가 편집국 디자인센터를 책임지는 부국장이 되었다. 국내 신문사 가운데 최초로 디자이너가 신문 편집 전반을 관장하는 실험을 시도했다.

혁신 과정에서 진통도 없지 않았다. 2006년 초, 회사는 윤전발송 부문 분사 계획을 밝혔다. 회사의 몸집을 가볍게 하겠다는 뜻이었다. 2003년 분사한 씨네21, 2006년 1월 분사한 한겨레출판에 이은 세 번째 분사 계획이었다. 자회사 한겨레플러스도 2006년 초에 인터넷한겨레 사업 부문을 '한겨레엔'이라는 회사로 떼어내고, 초록마을 등의 유통 사업에 집중하고 있던 터였다. 윤전발송 부문 분사도 일련의 밑그림 위에 있었다. 그해 10월에는 구체적인 계획안이 나왔다. 한겨레가 83억 원을 현금 출자하고 분사하는 직원들의 퇴직금을 보태어 신문 인쇄 전문 회사를 세우자는 것이었다. 그러나 지난 3년간 가산동 한국신문제작에 파견되어 근무하다가 복귀할 예정이었던 사원들은 크게 반발했다.

정태기 대표이사는 강한 확신을 갖고 경영과 지면 혁신을 끌고 나가려고 했다. 하지만 2004년 겨울 이후에 부실 경영을 견제해야 한다는 책임감이 커져 목소리를 높이는 겸임조합 등 소장 세대들과 번번이 부딪혔다. 경영진이 제시하

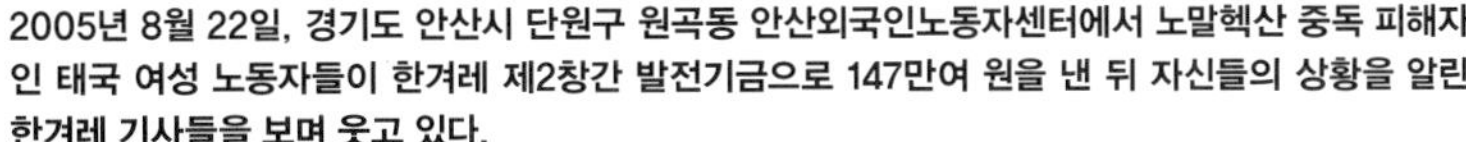
2005년 8월 22일, 경기도 안산시 단원구 원곡동 안산외국인노동자센터에서 노말헥산 중독 피해자인 태국 여성 노동자들이 한겨레 제2창간 발전기금으로 147만여 원을 낸 뒤 자신들의 상황을 알린 한겨레 기사들을 보며 웃고 있다.

는 혁신의 방향은 명확했지만 그 방향이 맞는 것인지, 속도가 너무 빠른 것은 아닌지를 둘러싸고 긴장 관계가 형성되었다.

'지속가능한 한겨레'를 위한 고민

2007년 1월, 팽팽하게 당겨져 있던 활시위가 끊어지기 시작했다. 광고국이 금속노조 의견 광고 게재를 거부한 것이 출발점이었다. "금속노조를 만들면서 무엇보다 가장 중요한 일이 포스코와 삼성에 산별노조의 깃발을 세우는 것"이라는 광고 문구에 대해 광고국 실무자가 난색을 표했다. '삼성'을 빼면 안 되냐는 의견을 제시했다. 실무자의 의견이었을 뿐, 경영진의 전략적 판단은 아니었다. 입사 2년 차 막내 기수부터 차례로 "부끄러운 월급봉투는 싫다"는 내용 등을 담은 기수별 성명을 회사 곳곳에 붙였다. 며칠 만에 회사는 광고를 다시 싣기로 결정했다. 갈등은 잠시 봉합되는 듯했다.

그런데 2월 초에 또 다른 일이 벌어졌다. 정태기 대표이사가 신임 편집위원장 후보에 대한 임명동의를 요청했다. 오귀환 편집위원장의 임기가 8개월여 밖에 지나지 않은 때였다. 대표이사가 직접 편집위원회에 들어가서 개별 기사들을 거론하며 의견을 제시할 정도로, 정태기 대표이사는 '신문의 품질' 혁신에 강한 드라이브를 걸고 있었다. 이 때문에 편집국 내부에서는 잦은 편집위원장 교체가 대표이사의 편집권 침해라는 여론이 일었다. 편집위원장 임명동의 투표가 대표이사에 대한 불신임 투표라는 분위기를 띠었다. 결국 투표는 부결되었다.

정태기 대표이사는 2월 13일 임원회의에서 사의를 표명했다. 그는 많이 지쳐 있었고, 건강도 좋지 않았다. 대표이사 임기는 아직 1년이 남아 있었다. "구성원 모두의 뼈아픈 성찰이 있어야 할 것 같다. 한겨레신문사의 존재 이유는 국민과 독자의 기대에 부응하는 좋은 신문을 만드는 것이다. 한겨레의 중점 가치가 무엇인지 고통스러운 성찰이 필요하다." 정태기가 떠나면서 마지막으로 남긴 말이었다.

곧바로 대표이사 선거가 치러졌다. 서형수, 오귀환, 곽병찬 세 명이 출마했다. 선거가 시작되고 얼마 지나지 않은 3월 7일 저녁, 세 후보가 전격적으로 합의문을 발표했다. "분열적 리더십을 극복하고 통합적 리더십의 창출을 제도화하기 위해" 오귀환, 곽병찬은 후보직에서 사퇴하고 서형수를 단일 후보로 합의 추대한다는 내용이었다. 한겨레가 대표이사 직선제를 실시한 이후 처음 있는 일이었다. 선거관리위원회는 3년의 임기를 시작하는 새 대표이사를 뽑는 선거라고 공고했으나 세 후보의 생각은 달랐다. 정태기 대표이사의 잔여임기 1년 동안만 채우고 연임하지 않기로 했다.

2007년 3월 31일, 한겨레 창간 사무국에서 일했고 기획실장, 판매국장, 뉴미디어국장, 전무이사 등을 지낸 서형수가 대표이사에 취임했다. 편집국 기자 출신이 아닌 한겨레신문사 대표이사는 처음이었다. 서형수는 한겨레 경영의 밑바닥을 훤히 들여다볼 수 있는 인물이었다.

서형수는 짧은 1년의 임기 동안 '지속가능한 한겨레'라는 화두에 매달리고자 했다. 취임과 동시에 대표이사 선출제도 변경, 지배구조 개편 등 지속가능한 경영의 토대를 만드는 일에 집중했다. 그는 선거를 통한 경영권 창출 방식이 한겨레에서 사라져야 한다고 봤다. 선거 과정에서 이리저리 나뉘어 갈등하고, 선거 때 받을 표를 의식하느라 혁신이 지체되는 조직문화가 없어져야 안정적인 경영 리더십을 창출할 수 있을 것으로 내다봤다.

"지금까지 선거 때마다 모든 후보 진영은 통합과 변화를 외쳤습니다. 그러나 약속은 실천되지 않았고 오히려 갈등은 깊어지고 분열은 확산되었습니다. …저는 좀 더 정당하고 객관적이며 전문적인 기구의 구성을 통한 경영권 창출이 가능하고 바람직하다고 믿고 있습니다." 취임 100여 일이 지난 2007년 7월 16일, 서형수 대표이사는 다시 한 번 지배구조 개선의 중요성을 강조했다. 7월 18일 '지속가능 한겨레를 위한 해피하니 프로젝트 워크숍'이 처음 열렸다. 한겨레 조직문화 진단 등을 토대로 외부 컨설팅 회사에 맡긴 연구 결과를 발표하는 자리였다. 대표이사 직선제를 폐지하는 방안이 처음 수면 위로 올라왔다. 이날을 시작으로, 10월까지 수차례의 사원 설명회와 토론회가 열렸다.

거듭된 논의에도 불구하고 결론은 쉽게 나지 않았다. 10월 18일, 전략기획실은 이사회에 대표이사후보추천위원회를 설치하는 최종안을 겸임조합에 전달했다. 상임이사, 사외이사, 우리사주조합, 노동조합, 자문위원회 등이 추천하는 외부 인사 7명으로 추천위원회를 꾸리자는 안이었다. 추천위원회는 대표이사 후보 응모자에 대한 심사를 실시해 최종 후보 1명을 이사회에 추천할 권한을 갖게 된다. 11월 13일, 겸임조합도 사외이사, 시민편집인 등까지 토론자로 참여시킨 '지배구조 개선 대토론회'를 열어 논쟁의 판을 벌였다. 이어 11월 14~19일 설문조사를 실시해 구성원들의 의견을 모았다. 우리사주조합원 470명 가운데 415명이 조사에 참여했다. 결과는 정확히 반반이었다. 회사가 내놓은 7인 추천위원회 제도에 찬성한다는 의견(162명 · 39%)과 반대한다는 의견(165명 · 40%)이 팽팽하게 엇갈렸다. 21%인 86명은 "잘 모르겠다"고 답했다. 이처럼 복잡하게 꼬여 있는 여러 의견을 모으기에 1년이란 시간은 너무 짧았다. 11월 27일, 서형수 대표이사는 '지배구조 개선이 시기상 무리'라는 내용의 담화문을 발표했다. 내부도 문제였지만, 외부의 문제가 더 컸다.

다시 혹독한 겨울이 시작되려 하고 있었다. 2007년 8월, 한나라당 대통령 후보였던 이명박은 'BBK 실소유주는 이명박'이라는 보도를 문제 삼아 한겨레신문사를 대상으로 50억 원의 손해배상 소송을 걸었다. 그해 겨울, 이명박은 대통령에 당선되었다. 2007년 11월, 한겨레가 김용철 변호사의 삼성 비자금 폭로를 앞장서 보도하자 삼성은 한겨레에 광고를 끊었다. 삼성의 광고 중단은 2년 넘게 이어질 터였다.

정태기와 서형수, 두 대표이사가 회사를 이끈 3년 동안 한겨레신문사는 해마다 20억~30억 원 안팎의 당기순이익을 기록했다. 2007년에는 몇 년간 골칫덩어리였던 한국신문제작을 정리해 40억 원 이상의 자금을 회수할 수 있게 되었다. 2004년의 겨울이 지나갔기에 가능했던 봄이었다. 하지만 봄날은 짧았다.

2005년 6월 4일, 서울 용산구 효창운동장에서 열린 '한겨레의 날' 행사에 참석한 '한겨레를 사랑하는 모임' 노재우(맨 왼쪽) 회장을 비롯한 회원과 가족들.

당당한 언론

03

2007년, 정석구는 경기도 양평으로 출퇴근하다시피 했다. 컨테이너 박스를 사무실 삼았다. 그곳은 김용철 한겨레 기획위원이 임시로 머물고 있는 거처이기도 했다. 두 사람은 여기저기 흩어져 있던 서류들을 함께 정리했다. 김용철은 '양심선언'을 하려고 준비 중이었다. 한국 사회를 뒤흔들 핵폭탄급 폭로가 될 터였다. 한겨레 동료이자 고등학교 동기동창인 정석구가 하나부터 열까지 도왔다. 정석구는 당시 한겨레 경제부 선임기자였다. 컨테이너 주변의 낌새가 이상했다. 누군가 감시하는 느낌이 들었다. 자료들을 호텔로 옮겼다.

정석구가 무슨 일을 하고 있는지는 한겨레 안에서도 보안 사항이었다. 김종구 편집국장을 포함해 편집국 핵심 서너 명만 정보를 공유하고 철저히 비밀에 부쳤다. 정석구는 기자로서 특종 욕심을 내는 대신에 양심선언이 널리 보도될 수 있는 방도를 고민했다. "사안 자체가 중대했기 때문에 '한겨레만의 특종', '단독 기사'를 욕심 내기보다 한국 사회와 언론 전체가 관심을 갖는 쪽으로 끌고 가야 한다고 생각했다."

김용철이 양심선언으로 고발하려는 상대방은 한국 최대 기업인 삼성과 이건희 회장이었다. 한겨레만 단독으로 보도한다 해도 최대 광고주인 삼성의 문제이기에 대부분의 방송사나 신문사가 외면할 가능성이 높았다.

김용철은 검사 출신 변호사였다. 삼성그룹 법무팀과 재무팀에서 7년 동안 일했다. 총수 일가와 삼성의 내밀한 속사정을 잘 알 수밖에 없는 자리였다. 2004년 8월 삼성을 그만뒀다. 기자들을 종종 만났다. 삼성에 대해 나쁜 이야기를 하고 다니지 말라는 압박이 들어왔다. 김용철은 삼성으로부터 자신을 지켜줄 방패막이가 필요했다. 몇몇 언론사의 문을 두드렸다. 하지만 모두 거절했다. 문을 열어준 언론은 한겨레가 유일했다. 김용철은 2005년 9월 한겨레 비상근 기획위원이 되었다.

'삼성' 앞에 당당한 신문

2년 가까이 계속되었던 김용철의 평온이 깨진 것은 한겨레 기사 때문이었다. '삼성 편법 대물림 구조조정본부 주도.' 2007년 5월 25일 한겨레 1면에 단독 기사가 실렸다. 삼성에버랜드 전환사채 헐값 발행 사건의 항소심 선고 공판을 나흘 앞둔 시점이었다. "이학수 삼성그룹 부회장이 2000년 말께 구조조정본부 내부 회의에서 사실상 그룹 차원으로 전환사채 발행에 개입했음을 시인하는 발언을 했다." 삼성그룹 전직 고위 임원이 곽정수 한겨레 대기업 전문 기자에게 들려준 이야기가 기사화되었다.

1996년 12월, 삼성에버랜드는 전환사채를 적정 가격의 10분의 1도 안 되는 헐값에 발행해 이재용, 이부진, 이서현 삼남매에게 넘겼다. 참여연대와 법학교수들이 허태학, 박노빈 전직 삼성에버랜드 사장을 배임 혐의로 검찰에 고소했고, 2005년 1심 법원은 유죄 판결을 내린 터였다. 삼성의 경영권 승계에 '불법' 딱지가 붙느냐, 마느냐가 항소심 판결에 달려 있었다.

한겨레 기획위원 직함을 갖고 있던 김용철 변호사가 5월 29일 몸담고 있던 로펌 대표변호사들에게 불려갔다. 삼성 쪽이 "기사의 배후에 김용철이 있다"고 지목했다면서 김용철을 추궁했다. 김용철은 로펌을 그만둘 수밖에 없었다.

김용철은 삼성에 있는 동안 보고 들은 것들을 '양심고백'하기로 마음먹었다. 정석구의 소개로 천주교정의구현사제단을 찾았다. 1987년 박종철 고문치사 사건의 진실을 폭로해 6월항쟁의 불을 당긴 종교의 힘을 믿었다.

2007년 10월 29일, 서울 제기동 성당에서 기자회견이 열렸다. 김용철 명의로 되어 있는 삼성 비자금 계좌를 공개했다. 계좌에는 50억 원이 넘는 돈이 들어 있었다. 삼성은 십수 년간 임원들의 명의를 빌려 비자금을 세탁해왔다. 한겨레는 10월 30일 신문 1면에 이러한 내용을 보도했다. 단순히 기자회견에서 발표된 내용을 나열한 보도가 아니었다. "삼성 직원이 돈 주며 '이자소득세 대신 내달라' "고 했다는 해설 기사, 김용철 변호사의 단독 인터뷰, '삼성 비자금 전모 밝힐 기회… 검찰 의지에 달렸다'는 제목의 검찰 수사 전망 기사 등 지면 4쪽을 통째로 펼쳐 다각도로 문제를 파헤쳤다. 정석구 등이 거의 한 달 전부터 미리 준비해온 기사였기에 가능한 일이었다.

한겨레만의 특종은 아니었으나, 이후에도 이 문제를 가장 열심히 파고든 것은 한겨레였다. 관련 의혹을 추적해 끈질기게 보도했다. 결국 2008년 1월 삼성 비자금의 실체를 수사하는 특검팀이 출범했다. 특검이 수사를 시작한 뒤에도 한겨레를 제외한 다른 언론들은 미적지근했다. 당시 미디어오늘이 분석한 바에 따르면 삼성 특검 출범 이후 보름 동안 한겨레는 54건의 관련 기사를 실었다. 같은 기간 경향신문은 37건, 중앙일보는 17건에 그쳤다. 다른 언론이 관련 보도를 꺼린 이유 역시 간단했는데, 상대가 한국 최고의 재벌그룹인 삼성이었기 때문이다.

"기사 쓸 때부터 삼성과의 관계가 이제 파국으로 가겠구나 직감했다. 당시 한겨레 광고 매출에서 삼성이 차지하는 비중은 역대 최고였다. 하지만 당시 대표이사나 광고국 임원들은 나한테 기사 때문에 힘들다는 말은 한마디도 하지 않았다. 그게 한겨레다." 편집국장이었던 김종구의 회고다.

실제 그 이후 삼성은 한겨레에 광고 집행을 거의 하지 않았다. 2008년 1월 삼성중공업 원유 유출 사고에 대한 사과 광고를 모든 종합일간지, 경제지에 실을 때도 한겨레만 빠졌다. 2008년 4월 삼성 특검이 끝난 뒤에도 광고 중단 사태는 2010년 초까지 계속되었다. 2년이 넘는 기간 동안 삼성이 한겨레에 실은 광고는 다섯 손가락 안에 꼽힐 정도였다. 2008년 2월 이명박 대통령 취임, 2009년 9월 국제기능올림픽 한국 우승, 2010년 2월 밴쿠버 동계올림픽 김연아 금메달 축하 광고 등뿐이었다. 삼성의 한겨레 광고 탄압은 이걸로 끝이 아니었다. 9년 뒤에 똑

2008년 2월 22일, 언론인과 학자들이 한국언론회관에 모여 한겨레에 대한 삼성 광고 중단 사태를 주제로 심포지엄을 열었다.

같이 반복된다. 2017년 박근혜·최순실 게이트 때 한겨레는 이재용 삼성전자 부회장의 뇌물 혐의를 가장 먼저 보도했다. 이후 2018년 5월 현재까지 삼성은 한겨레 광고 진행을 사실상 중단하는 식으로 노골적인 보복에 나서고 있다. 2008년 2월부터 한겨레에는 언론단체와 시민들의 격려 광고가 실렸다. 전국언론노조와 민주언론시민운동연합은 '삼성 앞에 당당한 신문, 한겨레와 경향신문 살리기 캠페인'을 벌였다.

한겨레는 창간 이후 줄곧 정경유착이나 재벌그룹의 전횡에 대해 일관되게 비판해왔다. 특히 2000년대 중반 이후 정치권력보다 자본권력의 힘이 더 강해지면서 한겨레의 재벌 감시 및 비판 보도도 크게 늘어나게 된다.

김승연 한화그룹 회장 폭행 사건도 삼성 비자금 보도처럼 한겨레가 도화선 구실을 했다. 2007년 4월 27일, 한겨레는 1면에 김승연 회장이 자신의 아들이 폭행당한 것에 앙심을 품고 경호원을 동원해 직접 보복 폭행에 나섰다는 사실을 보도했다. 앞서 4월 24일 다른 언론들이 이미 보도한 사건이긴 했다. 하지만 당시 언론은 그룹과 회장의 이름을 익명으로 처리했다. 기사도 사회면에 작게 나가서 파장이 크지 않았다. 한겨레는 실명을 써서 1면에 보도했다. "김승연 회장이 직접 때렸다"는 목격자들의 증언도 실었다.

당시 온라인뉴스팀에 있었던 박주희 기자가 뒤늦게 제보자에게 사건의 전모를 들었고, 김종구 편집국장 등이 이러한 사실을 교차 확인 취재했다. 피해자들의 생생한 증언을 확보해 한화그룹과 김승연 회장의 실명을 박아 보도한 것은 한겨레가 처음이었다. 특히 한겨레는 경찰의 사건 은폐 시도까지 폭로했다. 한겨레 보도 이후에 사건이 일파만파 번져나갔다. 결국 5월 11일 김승연 회장은 폭행 혐의로 구속되었다. 다른 언론이 실명 보도를 꺼린 이유는 간단했다. 재벌그룹 회장이었기 때문이다. 하지만 정치권력뿐만 아니라 경제권력에도 항상 예민한 촉수를 세우고 있었던 한겨레로서는 그냥 지나칠 수 없는 일이었다.

한겨레는 재벌 총수들의 비리나 불법 행위뿐만 아니라 법망을 피해가는 경영권 승계, 중소기업·프랜차이즈 가맹점에 대한 횡포 등을 고발하는 보도에도 앞장섰다. 그렇다고 무조건 기업을 으르고 비판하려고만 하지는 않았다. 기업의 사회적 책임, 윤리책임경영, 상생경영 모델 등에 대해서도 관심을 갖고 대안을 제시하는 기사를 쓰려고 애썼다. '상생의 기업경영'(2004년 1월), '기업-사회, 상생 지속가능의 길'(2004년 6월), '성장의 기본 틀 바꾸자'(2004년 8월), '기업과 사회의 연대'(2007년 10월) 등의 기획물이 대표적이다.

"김승연 한화 회장이 직접 때렸다"

'재벌아들 유흥주점 폭행사건' 종업원 목격기

김승연(55·사진) 한화그룹 회장이 둘째아들(22)이 폭행을 당한 데 격분해 그룹 경호원들을 동원해 보복성 폭행을 한 의혹의 진상이 점점 드러나고 있다. 김 회장은 직접 주먹을 휘두르기도 했다고 목격자들은 전했다. ▶관련기사 3·4면

〈한겨레〉 취재 결과, 경찰은 사건 다음날 거의 모든 내용을 파악하고도 쉬쉬해 왔으며, 언론에 사건의 일부가 보도가 된 뒤에도 "내사중"이라고 연막을 피우는 등 재벌 보호에 안간힘을 썼다. 당시 김 회장 일행한테 폭행을 당한 술집 종업원들은 재벌과 경찰이라는 '권력' 앞에서 아무 말도 못한 채 50일 가까이 가슴앓이를 해왔다.

"3월8일 오후 붙잡혀 산으로 끌려가… 누군가 '아들 때린 사람 누구냐' 물었다"

현장을 목격한 종업원들이 〈한겨레〉에 모든 걸 털어놓았다. 그러면서도 그들은 보복이 두려운 나머지 자신들의 신분을 절대 밝히지 말아 달라고 몇번이고 당부했다. 〈한겨레〉는 경찰과 당시 현장 부근에 있었던 다른 관계자 등을 광범위하게 취재한 결과, 이들의 증언이 신빙성이 있다고 판단했다. 다음은 종업원들이 육성으로 전하는 사건의 전말이다. 이들의 증언을 두고 한화 쪽은 "목격자들과 피해자들의 증언이 중구난방으로 터져나오는 바람에 우리도 정확한 사건의 실체를 파악하는 데 어려움을 겪고 있다"며 "김 회장이 폭행을 한 사실이 전혀 없다"고 말했다.

발단=3월8일 새벽. 서울 북창동 ㅅ클럽에서 일하는 종업원인 우리들 8명은 이날따라 기분이 좋지 않았다. 일이 끝난 늦은 새벽, 종종 가던 서울 청담동 ㄱ가라오케에 종업원이 아닌 '손님'으로 갔다.

우리 일행이 지하 1층 술집을 나오기 위해 계단을 올라가고 있는데 김 회장 아들(미국 유학중) 일행이 술집으로 들어왔다. 그가 김 회장 아들인 줄은 나중에 알았다. 우리 일행 가운데 한 명이 김씨와 어깨가 부딪치며 시비가 붙었다. 승강이를 벌이던 중 김씨가 떠밀리며 계단에서 굴렀다. 시비가 벌어지고 우리 일행 중 한 명과 주먹이 오갔다. 계단에서 굴러 생긴 상처인지, 맞아서 생긴 상처인지는 모르겠지만 김씨의 눈두덩이 찢어졌다. 우리 일행 가운데 가장 큰 형이 '시비가 길어져 우리 애들한테 맞으면 사건이 커지겠다'는 생각이 들었는지, 김씨에게 "술 곱게 먹으라"고 충고를 하고 끝냈다. 우리는 아침 7시께 가라오케에서 나와 택시를 타고 돌아왔다.

1차 보복=3월8일 오후 ㄱ가라오케로부터 우리 쪽으로 전화가 왔다. "문제가 생길 것 같다. 한화 쪽이 사과를 요구하니 이쪽으로 와서 사과하라"는 내용이었다. 사과를 하면 조용히 무마가 될 거라고 했다. '설마 보복이야 하겠나'라는 생각에, 김씨를 때린 사람은 가지 않고 다른 사람을 내세워 종업원 5명이 가기로 했다. 이날 새벽에 술 마시던 우리 일행은 8명. 사람 수가 모자라 ㄱ가라오케 종업원 3명을 끼워넣었다.

가자마자 우리들은 경호원들로 보이는 사람들에게 붙잡혀 한 산으로 끌려갔다. 어두운 산이었다. 누군가 작은 손전등을 하나 켠 뒤 얼굴을 비췄다. 미국 공포영화가 떠올랐다. "아들을 때린 사람이 누구냐"고 물었다. 우리가 "이 사람"이라며 대신 지목한 사람의 양팔을 경호원들이 붙잡았다.

김 회장이 "내 아들이 눈을 맞았으니 너도 눈을 맞으라"며 눈을 계속 때렸다. 그 사람이 김 회장인 줄은 나중에 알았다. 눈이 만신창이가 됐다. 경호원들은 쇠파이프와 전기충격기도 들고 있었다. 이들은 우리 일행에게 쇠파이프를 휘둘렀고 총처럼 보이는 것으로 위협도 했다. 김 회장 아들을 때린 사람이라며 대신 나섰던 사람이 "나는 때린 사람이 아니다"라고 말하자, 김 회장 일행은 진짜 때린 사람을 찾아야겠다며 북창동으로 향했다.

2차 보복=3월8일 밤. 북창동 좁은 골목에 고급 승용차가 6~7대가 들어오더니 우리 가게 앞에 멈췄다. 경호원들이 깔렸다. 웬 남자가 나오는가 싶었는데 김 회장이었다. 경호원 두 명이 김 회장 곁에 딱 붙었다.

김 회장은 우리 가게에 들어오자마자 "아들을 때린 사람이 누구냐"며 주점 사장님의 뺨을 때리기 시작했다. 김 회장은 룸 안으로 들어간 뒤 "아들 때린 사람만 데리고 오라"고 하고는 술을 시켰다. 경호원 10여명이 주변에 쫙 깔렸다.

▶3면으로 이어짐

특별취재반 society@hani.co.kr

김승연 한화그룹 회장에게서 보복 폭행을 당한 이들이 종업원으로 근무하고 있는 서울 북창동 ㅅ클럽. 김종수 기자 jongsoo@hani.co.kr

2007년 4월 27일 한겨레는 1면 기사로 김승연 한화그룹 회장이 직접 보복 폭행에 나섰다는 사실을 처음으로 실명 보도했다.

2000년대 들어 한겨레 지면에는 대형 기획들이 많이 등장했다. 1990년대 초반에는 발굴 특종이 주를 이뤘다면, 2000년대 들어서는 심층 기획들이 크게 늘었다. 진보 또는 민주세력의 갈 길을 찾으면서 구체적인 정책 대안을 제시하는 각종 대형 기획을 내놓았다. 대부분 진보의 정체성을 새롭게 재구성하는 데 초점을 맞췄다. 민주정부 이후 한국 진보개혁 세력의 나아갈 바를 모색하려는 노력이었다. '대한민국 새 틀을 짜자'(2004년 5월), '함께 넘자 양극화'(2006년 1월), '사회개혁 위기, 대안모델을 찾는다'(2007년 3월), '다시 그리고 함께-새로운 모색을 위하여'(2008년 1월) 등이 대표적이다. 짧게는 일주일에서 길게는 1년에 걸쳐 관련 기사를 내보냈다.

대안을 제시하는 진보 담론 기획

여기에는 한겨레 외부의 정치·사회적 지향이 달라진 탓도 있었다. 국민의 정부에 이어 참여정부 출범 이후 절차적 민주주의 문제가 상당히 해결되면서 한겨레가 전통적으로 강세를 보였던 정치권력에 대한 매서운 비판의 여지도 많이 줄어들었다. 또 한겨레를 둘러싼 미디어 시장의 구도가 달라진 탓도 있었다. 1990년대까지 한겨레가 독점하다시피 했던 진보와 개혁의 의제를 2000년대 들어 다른 언론사들이 나눠 가지고 있었다. 보도기능이 취약했던 방송사가 자본과 인력을 바탕으로 다양한 탐사 보도물을 내놓았다. 사원 주주 회사로 거듭난 경향신문이 독립 언론을 선포하며 진보개혁 진영을 대변하는 신문을 자처하고 나섰다. 오마이뉴스, 프레시안 등 인터넷에 기반을 둔 대안언론들도 생겨났다. 여전히 왜곡·편향 보도에 열심인 조선일보, 중앙일보 등 보수 신문사들도 저널리즘의 전문성이라는 관점에서만 보자면 지속적인 변신에 성공하고 있었다.

권력 비판, 심층 보도, 진보 담론 등의 영역에서 한겨레는 새로운 지평을 열기 위해 안간힘을 써야 했다. 각종 대형 기획과 정책 대안을 제시하려는 노력의 이면에는 이런 사정이 있었다.

한미 자유무역협정(FTA)과 관련한 일련의 보도들이 대표적이었다. 2006년 2월 2일부터 한미 자유무역협정 협상이 시작됐다. 한겨레는 2007년 4월 2일 이 협상이 완전 타결될 때까지 줄기차게 이 사안을 보도했다. 1년 2개월의 협상

기간 동안 한겨레는 사설, 칼럼, 기고를 비롯해 적어도 1300여 건 이상의 관련 기사를 내보냈다. 2006년 8월 1일에 나온 한겨레21 620호는 한미 FTA 특별판이었다. 전체 112쪽이 모두 한미 FTA를 둘러싼 쟁점을 분석하는 기사로 채워졌다.

한겨레는 관련 정부 보고서의 수치 조작이나 협정 내용의 이면을 전하는 여러 특종을 내놓았다. 그러나 한미 자유무역협정 보도에서 한겨레가 돋보였던 것은 그저 몇몇 특종을 했다는 것이 아니라 이 문제를 1년 이상 끈질기게 물고 늘어진 데 있었다. 다수의 언론이 한미 자유무역협정 체결을 당연시하거나 애매모호한 태도로 얼버무릴 때, 한겨레는 사실 보도에 기초해 그 문제를 파고들었다.

최종 협상이 타결된 직후인 2007년 4월 18일, 참여정부는 한겨레의 관련 보도를 반박하는 내용을 '청와대 브리핑'에 사흘간 연이어 올렸다. 이례적인 일이었다. 한겨레는 4월 27일치 신문에서 청와대의 반박 내용을 재반박했다. 사실관계를 왜곡했다는 청와대의 주장에 맞서 구체적으로 어떤 내용을 근거 삼아 보도했는지를 조목조목 따졌다. 참여정부와 한겨레가 지면 논쟁을 벌인 일 자체가 큰 화제가 됐다.

한미 자유무역협정만이 아니라 이라크 파병, 비정규직 관련 정책 등에 있어서 한겨레는 참여정부에 비판적인 보도를 했다. 이 때문에 한겨레도 다른 보수 언론 편에 서서 참여정부와 노무현 대통령에게 등을 돌렸다는 오해도 받았다. 그런데 반대편에서는 오히려 한겨레를 '친여지'라고 비판했다. 2003년 1월 9일 노무현 대통령이 당선자 신분으로 한겨레신문사 공덕동 사옥을 방문한 일과 한겨레 제2창간 운동이 펼쳐지고 있던 2005년 6월 월급 1000만 원을 한겨레 발전기금으로 내기로 약정한 일이 알려지면서 외부에서는 한겨레와 대통령 사이의 '끈끈한 관계'에 눈을 흘뜨고 있었다. 한겨레 내부에서는 그럴수록 노무현 정부와 비판적 거리두기를 해야 한다며 경계하는 목소리가 많았다. 모든 언론은 공정성을 최우선 가치로 삼는다. 한겨레도 다르지 않았다.

한겨레는 한 번도 어느 대통령, 어느 정부의 편이었던 적이 없었다. 김영삼 정부 시기에는 김현철 비리 특종으로, 김대중 정부 시기에는 옷 로비 특종으로 한겨레는 권력의 치부를 드러냈다. 노무현 정부 시기에도 공정하고 심층적인 보도를 이어가겠다는 한겨레의 원칙은 일관되었다. 아무리 민주 정부라도 어떤 나라를 만들려는 것인지, 정부 정책이 한국 사회·경제적인 모순을 해결하는 적정한 것인지를 깊이 따져 물었다.

이 무렵에 한겨레는 정치·경제에 대한 큰 담론만이 아니라 사람들의 삶을 구체적으로 변화시킬 수 있는 대안을 제시하려는 기획 기사들도 많이 썼다. 환경 분야에서는 '이곳만은 지키자—그 후 12년 공존의 해법을 찾아서'(2003년 5월), '서울의 섬'(2005년 2월), '초록사회 만들기 현장을 가다'(2007년 5월) 등을 실어 구체적인 정책 대안을 제시했다.

2002년 한겨레 신년호에 소설가 박경리가 "청계천을 복원하자"고 제안하는 글을 크게 실었다. 뒤이어 2002년 4월 9일부터 7월 3일까지 청계천의 복원 필요성을 살핀 '청계천에 생명을' 시리즈, 그해 11월 15일부터 12월 27일까지는 '청계천 복원 어떻게' 시리즈를 연속으로 내보냈다. 2002년 서울시장 후보로 나섰던 이명박은 이를 주요 공약으로 받아들였다. 선거 참모들이 한겨레의 청계천 관련 기사에 영감을 얻어 공약을 준비했다. 그러나 한겨레가 제안했던 생태 친화적 청계천 복원 사업은 미완에 그쳤다. 한겨레는 환경 문제를 짚었는데 이명박은 건설과 조경 문제로 청계천에 접근했다.

거대 담론에서 일상의 삶 속으로

한겨레 기사는 때로 사람들의 마음을 움직였고, 그래서 좀 더 살기 좋은 세상을 만드는 데 기여했다. 2005년 5월 24일 발행된 한겨레21 560호 표지기사는 일본 우토로 이야기였다. 우토로는 일제강점기 일본에 강제 징용되어 전쟁 물자를 생산하는 군수공장에서 일했던 조선인들이 모여 사는 곳이다. 우토로의 땅 주인인 일본 기업은 불법 거주자인 조선인들을 강제 퇴거시키려고 하고 있었다. 남종영 기자가 우토로로 날아가 현지 취재했다. 우토로국제대책회의와 손잡고 '우토로 모금운동'도 벌였다. 한겨레21 보도를 계기로 우토로 살리기 여론이 확산되었다. 모금운동에는 15만 명이 참가했다. 2007년 한국 정부는 우토로 주민들이 땅을 살 수 있도록 예산을 지원하기로 했다. 2011년 주민들은 우토로 땅의 일부를 샀다.

2000년대 초반 한겨레는 이주 노동자, 양심적 병역거부자, 성적 소수자 등 소수자에 대한 기사를 열심히 썼다. 인권의 색깔이 여러 가지라는 것을 보여주는 데 한겨레가 결정적인 역할을 했다.

2001년 2월 15일 발행한 한겨레21 345호에는 '차마 총을 들 수가 없어요'라는 제목의 2쪽짜리 기사가 실렸다. "자줏빛 미결수복을 걸친 청년은 고개를 돌려 잠시 방청석에 앉아 있는 어머니를 응시한 뒤 호흡을 가다듬었다. 그리고 천천히 입을 열었다. '존경하는 판사님과 검사님, 저는 여호와를 숭배하는 백성으로서 성서적 양심을 지키고자 입영을 하지 않고 자수하여 이 자리에 서 있습니다.' " 집총을 거부해 감옥에 갇힌 여호와의증인 신도들을 인터뷰한 기사였다. 그동안 언론이 한 번도 눈길을 주지 않았던 양심적 병역거부 문제를 최초로 부각시킨 기사였다. 소수자 인권 문제에 눈 밝은 신윤동욱 기자가 발굴해낸 사회적 의제였다. 한겨레21은 2007년 '양심에 따른 사람들'이라는 기획시리즈를 내보내는 등 양심적 병역거부 문제 보도를 어떤 언론보다 앞장서 이어갔다. 한겨레21 보도를 계기로 양심적 병역거부 문제에 대한 사회적 관심이 일었고, 국회에서는 대체 복무제가 논의되기 시작했다. 2018년 현재도 법원에서는 양심적 병역 거부자에게 무죄를 선고하는 판결이 잇따르고 있다.

2005년 1월 14일, 한겨레 1면에는 노말헥산에 중독된 태국 이주 노동자들의 이야기가 실렸다. 경기도 안산의 병원에 입원해 환자복을 입고 있는 여성 노동자 5명의 사진이 함께 실렸다. 이들은 LCD 부품 회사에서 부품의 얼룩이나 때를 지우는 일을 했다. 마스크도 없이 일하다가 세척제로 사용하던 노말헥산에 중독되어 하반신 마비 증세 등을 일으켰다. 경기도 일대를 누비던 홍용덕 기자의 발굴 특종 기사였다. 홍용덕은 이 사안을 지속적으로 추적 보도하여 앰네스티 언론상까지 받았다. 이날 1면 사진 속에 등장했던 이주 노동자들은 2005년 8월 22일 한겨레 제2창간 발전기금으로 147만 원을 냈다. 자신들의 이야기를 가장 먼저 보도해준 한겨레에 대한 고마운 마음이 담겨 있었다.

한겨레 지역기자들 가운데는 발로 뛰어다니며 특종을 만들어내는 민완 기자들이 많았다. 1년여 뒤인 2006년 2월 23일, 한겨레 1면에 충격적인 기사가 실렸다. 출소를 넉 달가량 앞둔 여성 재소자가 서울구치소에서 교도관에게 성적 괴롭힘을 당해 스스로 목숨을 끊으려 했다는 내용이었다. 한겨레에 제보가 들어왔고 김기성, 유신재 기자가 구치소와 병원을 오가며 사실을 확인했다. 혼수 상태에 빠져 있던 여성 재소자는 20여 일 뒤에 결국 숨졌다. 한겨레는 집요하

마이너리티

"차마 총을 들 수가 없어요"

묻혀져왔던 '여호와의 증인'의 양심적 병역거부자들, 그들이 갈 곳은 감옥뿐인가

신윤동욱 기자 syuk@hani.co.kr

자줏빛 미결수복을 걸친 청년은 고개를 돌려 잠시 방청석에 앉아 있는 어머니를 응시한 뒤 호흡을 가다듬었다. 그리고 천천히 입을 열었다.

"존경하는 판사님과 검사님. 저는 여호와를 숭배하는 백성으로서 성서적 양심을 지키고자 입영을 하지 않고 자수하여 이 자리에 서 있습니다. 저는 국가적 관점에서 보면 처벌을 받아 마땅하지만, '이웃을 내 몸처럼 사랑하라'고 말씀하신 하나님의 관점에서는 의를 행하고 있다고 생각합니다."

워치타워협회 "1천명 이상 수감"

1월11일 정오 인천지방법원 부천지원 352호 법정, 병역법 위반으로 구속된 스물두살의 청년 이낙근씨가 최후진술을 하고 있었다. 짧은 최후진술을 끝으로 재판은 5분 만에 끝났다. 이날 검사는 2년형을 구형했고 일주일 뒤인 1월18일 2년형이 선고되었다.

이씨처럼 종교적 양심이나 정치적 신념에 따라 병역을 거부하는 사람들을 '양심적 병역거부자'라고 한다. 80년대 한때 정치적 이유로 군입대를 거부하는 청년들이 있었지만 90년대 이후 거의 사라지고, 현재 우리 사회에 남은 양심적 병역거부자 집단은 이낙근씨 같은 '여호와의 증인'들이 유일하다.

기독교계에서 여호와의 증인은 이단시되는 현실이다. 논란의 여지가 많은 만큼 여호와의 증인의 교리의 옳고 그름은 관심 밖이다. 다만 총력안보가 절대선이 되고 국가권력이 개인의 인권을 압도했던 역사 속에서 의식적인 은폐이든, 무의식적인 외면이든 이들의 양심적 병역거부는 묻혀져 왔다. 종교인 여호와의 증인이 아니라 양심적 병역거부를 한 시민으로서 이들에 대해 이제 말문을 트자는 얘기다. 기독교 신자이기도 한 김두식 변호사는 "그들의 교리에는 결코 동의하지 않지만"이라고 전제한 뒤 "그러나 '양심적 병역거부'와 관련된 그들의 인권은 보호돼야 한다"고 말한다.

여호와의 증인의 한국 지부인 '워치타워 성서책자협회'(이하 워치타워협회)에 따르면, 90년대 매년 500명 이상의 청년들이 집총을 거부해 교도소로 향하고 있으며 현재 전국 각 교도소에 수감된 인원은 1천명이 넘는다고 한다. 워치타워협회는 "자체적으로 전국 30여개 교도소에 수감된 여호와의 증인들을 집계한 결과"라며 신빙성을 주장한다. 반면 병무청, 국방부, 법무부는 서로 책임 소재를 미루며 "공식통계가 없다"는 궁색한 답변만 되풀이했다. 국방부 관계자는 "99년 통계로 현역군인 중 집총거부자가 10여명"이라는 비현실적인 답변을 늘어놓았다.

1965년 이래 대법원의 판례는 일관되게 양심적 병역거부를 인정하지 않고 있다. 대법원은 줄곧 "종교의 교리를 내세워 법률이 규정한 병역의무를 거부하는 것과 같은 이른바 양심상의 결정은 헌법에서 보장한 종교와 양심의 자유에 속하는 것이 아니"라고 판시하고 있다. 하지만 법률 전문가들의 반박도 만만치 않다. 동국대 법학과 한상범 교수는 양심적 병역거부를 "초실정법적인 양심의 자유와 실정법상의 국방의 의무가 충돌하는 문제"라고 전제한 뒤 "치밀한 논리적 검증없이 실정법만을 앞세워 처벌하는 것은 인권침해"라고 지적한다.

늦겨울 눈발이 안양교도소 담벼락에 흩날리던 2월2일 오후 3시, 담 너머 접견실로 푸른 수의의 청년이 들어왔다. 두꺼운 뿔테 안경을 낀 홍태규(23)씨는 "사동 청소일을 마치고 오는 길"이라며 웃으며 인사를 건넸다. 유순한 인상과는 달리 홍씨의 죄명은 군법상 '항명죄'. 지난해 6월 논산훈련소에 입소한 홍씨는 집총을 거부해 항명죄로 군사재판에서 3년형을 선고받았다. 장호원 육군교도소를 거쳐 이곳에서 9개월째 복역하고 있다. 앞선 이낙근씨가 입영 자체를 거부한 예외적 경우인 데 반해, 일단 입소 뒤 집총을 거부한 홍씨는 여호와의 증인 청년들이 걷는 전형적인 길을 보여주는 예다. 대

개인의 양심에 따라 총을 거부할 수 없는 것인가. 신병교육대 훈련 모습.

28 | 20010215 | 한겨레21

2001년 2월 15일 발행된 한겨레21 345호 마이너리티 꼭지에 '양심적 병역거부'에 대한 첫 기사가 실렸다.

게 진실을 파헤쳤고 성추행 피해자가 11명 더 있다는 법무부 진상조사 결과까지 끌어냈다. 이 기사 역시 앰네스티 언론상을 받았다.

인권 문제에 대한 한겨레의 보도는 꾸준했고, 끈질겼다. 2008년 한겨레21은 인권OTL 기획시리즈를 연재했다. OTL은 사람이 손으로 땅을 짚고 바닥에 무릎을 꿇은 모양을 상징한다. 좌절한 사람의 모습이다. 한겨레21은 무려 30주 동안 인권 침해로 인해 무릎을 꿇은 사람들이 있는 현장으로 달려갔다. 학교에 다닐 수 없는 미등록 외국인의 아이들, 매일같이 자해를 하는 10대 레즈비언, 휴식 시간조차 없는 아파트 비정규직 경비원들의 이야기를 다뤘다.

2000년대의 한겨레21은 새로운 의제를 한 발 앞서 발굴하는 데 있어 신

문에 못지않은 성과를 일궜다. 소수자의 시선, 삐딱한 시선, 발랄한 시선으로 한겨레21만의 특별한 색깔을 만들어냈다.

이 시기 한겨레는 어떤 언론도 시도하지 않는 탐사보도의 새로운 전형들을 만들어냈다. 기자가 직접 현장에 뛰어드는 방식이었다. 김기태 사회부 24시팀 기자는 한 달 동안 서울 노원구 상계4동 양지마을 단칸방에 들어가 생활했다. 한국 빈곤층의 현실을 좀 더 가까이에서, 좀 더 생생하게 담아내기 위해 김기태는 이웃들의 삶에 밀착했다. 가난 때문에 30분 거리의 학교를 걸어다니는 중학교 3학년 여학생의 눈물, 집 나간 엄마가 보고 싶은 11살 아이의 그리움을 기사로 옮겼다. 2006년 12월, 모두 아홉 차례에 걸쳐 연재기사가 지면에 실렸다. 김기태는 이 연재기사로 한국기자협회 '이달의 기자상'과 삼성언론상을 받았다.

탐사보도의 새로운 전형을 만들다

새로운 저널리즘의 전형을 만들어내는 한편, 진실을 파헤치려는 노력도 게을리하지 않았다. 한겨레는 2006년 3월 9일, 신입생 신고식을 빌미 삼아 가혹한 얼차려를 시키는 여러 대학의 실상을 폭로했다. 2007년 3월, 2008년 3월에도 그 현장을 취재해 알렸다. 알면서도 눈감는 일상의 부조리와 폭력에 대한 고발이었다. 성인 오락실 비리(2006년 7월)나 부산항운노조 비리(2007년 11월)를 다룬 심층보도 역시 누구나 짐작하는 일상의 부조리에 눈길을 돌린 특종 보도였다.

2007년 8월 20일, 대통령 당선이 유력했던 이명박 한나라당 후보는 한겨레신문사를 상대로 50억 원의 손해배상 소송을 냈다. 자신의 명예를 훼손했다는 이유였다. 한겨레는 그해 7월부터 이명박 후보와 관련한 의혹을 집중 보도하고 있었다. 7월 17일에 발행된 한겨레21 668호의 표지 제목은 '이명박의 거짓말'이었다. 1999년 영국령 버진아일랜드에 설립된 투자자문회사 BBK가 이명박 소유라는 의혹을 깊숙이 파헤쳤다. 한겨레21 정치팀장이었던 김보협은 미국 로스앤젤레스 구치소에 수감 중이던 김경준 BBK 한국지사장을 두 차례 단독 인터뷰했다. 김경준은 "BBK와 다스(DAS) 등 3곳은 100% 이명박 회사"라고 말했다. 이명박은 이 인터뷰 기사를 문제 삼았다.

이어 한겨레와 한겨레21은 공동 특별취재팀을 꾸리고 BBK 의혹을 캐기 시

2007년 6월 7일 서울 여의도 용산빌딩에서 이명박 당시 한나라당 대선 경선 후보가 박근혜 후보 쪽에서 제기한 차명 부동산 의혹 등과 관련해 해명 기자회견을 열었다. 이 자리에서 이 후보는 "단 1평의 땅도, 1주의 주식도 없다"며 손가락 하나를 치켜들었다.

작했다. 파면 팔수록 석연치 않았다. 취재 과정에서 단독으로 입수한 자료만 사과 상자 3개 분량이었다. 한겨레21 이태희 기자가 다시 미국으로 건너가 김경준의 누나인 에리카 김을 단독 인터뷰해 이명박과 작성한 이면계약서를 공개하는 등의 보도를 이어갔다. 2007년 10월 13일 한겨레 1면에는 이명박 후보가 공식적으로는 "김경준이 빨리 한국으로 들어와 조사받아야 한다"고 하면서도 뒤로는 김경준의 귀국 연기 신청을 하는 등 이율배반적인 태도를 보인다는 사실을 고발하는 기사가 나갔다. 임석규, 이태희, 류이근, 김태규 등 한겨레와 한겨레21 취재팀이 힘을 모았다. 한겨레는 권력형 비리에 대해서만큼은 한 번 물면 절대로 놓지 않는다.

그러나 2008년 'BBK 관련 의혹'을 수사한 특별검사팀은 이명박에게 면죄부를 줬다. 김경준은 이면계약서를 위조해 BBK 실소유주가 이명박이라는 허위 사실을 퍼뜨린 혐의로 구속되었다. 2009년 2월 서울중앙지법은 한겨레가 3000만 원을 배상하라고 판결했다. 2010년 5월 1일, 한겨레는 1면에 '알려드립니다'라는 제목 아래 다음과 같은 글을 실었다. "BBK 실소유주가 이명박 당시 대통령 후보라는 보도와 관련해 결과적으로 원고(이명박 당시 대통령)에게 피해를 준 사실에 대해 대단히 안타깝게 생각한다."

'이명박의 거짓말'은 10년 뒤에야 비로소 세상에 밝혀졌다. 이명박 대통령은 뇌물 수수 혐의 등으로 2018년 3월 23일 구속되었다. BBK의 최대 투자 회사였던 다스가 이명박 소유라는 의혹도 하나둘 실체를 드러내고 있다. 거짓은 진실을 이기지 못했다.

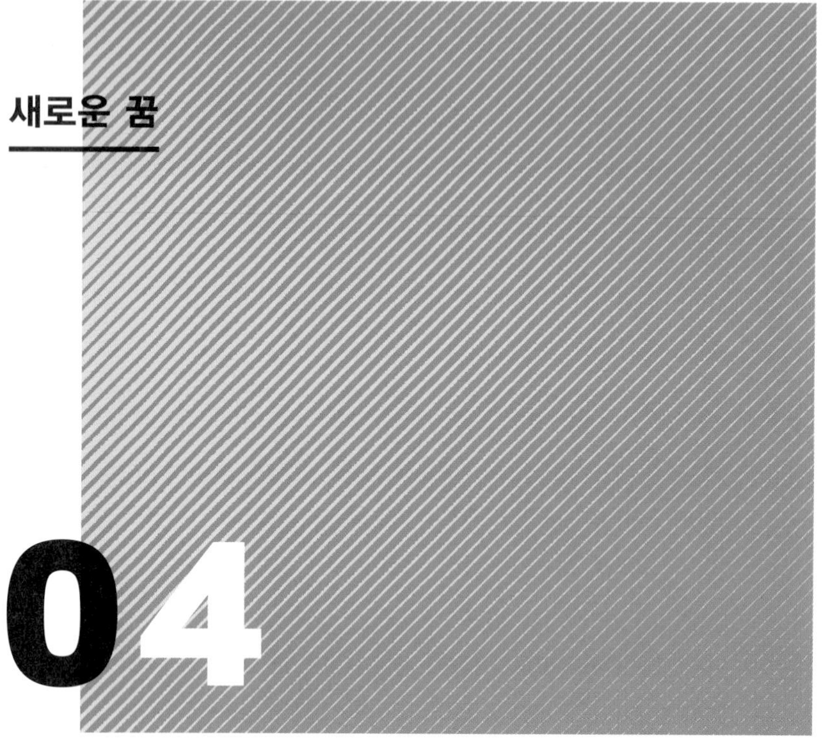

04 새로운 꿈

"야, 1번 카메라!" 함석진의 목소리가 쩌렁쩌렁 한겨레신문사 공덕동 사옥 7층 편집국에 울려퍼졌다. 창밖은 깜깜했다. 기자들 대부분이 퇴근하고 난 뒤의 편집국은 고요했다. 편집국에 임시로 방송 중계실이 차려졌다. 방송 중계라고는 처음 보는 종이신문 기자들의 눈이 휘둥그레졌다. 함석진 뉴미디어전략팀장은 전화기 대신에 무전기로 지시를 내리고 있었다. 그가 책상 위에 켜놓은 컴퓨터 화면에는 수만 개의 촛불이 깜박이고 있었다. 2008년 5월 31일, 한겨레가 처음으로 '생방송'을 시작한 날이었다.

중계 카메라는 광화문 광장에 있었다. 거창하게 생방송이라는 이름을 붙였지만 카메라는 고작 2대가 전부였다. 방송사들처럼 중계 차량도 한 대 없었다. 카메라를 노트북에 연결해서 휴대용 무선인터넷으로 영상을 쏘는 방식이었다. 박종찬, 박수진, 은지희, 이규호, 조소영, 김도성 PD 6명이 2개 조로 나뉘어 카메라를 들었다.

2008년 거리에는 광우병 위험이 있는 미국산 쇠고기 수입을 반대하는 촛불이 일렁였다. 수십만의 시민들이 이명박 정부의 불통에 분노하며 거리로 쏟아져 나왔다. 인터넷 1인 방송(BJ)들이 아프리카TV에 촛불 현장 생중계를 먼저 시작했고 오마이뉴스, 민중의소리, 칼라TV 등 인터넷 언론들이 가세했다. 거리에 나갈 수 없는 수백만 명이 인터넷으로 그 광경을 지켜봤다. 본격적인 멀티미디어 시대의 도래였다. 한겨레는 촛불집회가 처음 열린 5월 2일부터 현장을 촬영한 영상 서비스를 시작했다.

5월 31일부터는 생중계를 시도했다. 온라인 방송국 아프리카TV와 제휴해 동영상을 송출했다. 신문사 가운데는 최초의 시도였다. 처음에는 무모한 도전 같아 보였다. 인터넷 장비도, 중계 시스템도 모두 낯설었다. 무선인터넷망에 영상을 태워서 송출하다 보니, 화질이 좋지 않았다. 자주 방송이 끊기기도 했다.

하지만 취재영상팀은 카메라, 노트북, 삼각대, 무전기 등을 들고 낑낑대며 광화문을 쉴 새 없이 누볐다. 영상PD이자 취재기자, IT기술자, 방송 진행자, 짐꾼, 운전사 1인 6역을 마다하지 않았다. 이들은 인터넷한겨레 운영과 사업을 담당하는 자회사 한겨레엔 소속으로 편집국 온라인 부문에 파견되어 일하고 있었다. 촛불집회 현장을 취재하는 편집국 기자들도 카메라 앞에 서기를 마다하지 않았다. 신철, 박동남, 채규조, 유성규 등 총무부 사원들도 현장에서 생중계를 지원했다. 생중계 촬영 지원을 자청한 시민기자들도 있었다.

2007년 동영상 뉴스 서비스 시작

촛불집회 생중계에 대한 반응은 한겨레 내부보다 외부가 더 뜨거웠다. 집회 현장에 한겨레 로고가 붙은 차량이 지나갈 때면 시민들이 "한겨레", "한겨레"를 연호했다. 돈 없는 신문사가 생중계까지 하느라 고생한다며 1만 원짜리 지폐를 차에 던져주는 이들도 있었다. 7월 6일까지 모두 24차례 생중계 방송을 진행했다. 네이버를 통해 세 차례 생중계 화면이 나갔다. 집회가 있는 날이면 하루 12시간이 넘는 장시간 노동이 연일 이어졌다. 박종찬은 한 달 만에 몸무게가 5킬로그램 빠졌다. 무거운 카메라를 짊어지고 다니느라 여성 PD들의 고초가 컸다. 한 달 동안 모두 98만여 명이 한겨레 생방송을 시청했다. 인터넷한겨레 페이지뷰는 평소보다 최대 3배 늘었다. 촛불집회 때의 생중계 경험은 이후 웹 방

2008년 5월 31일, 서울 시청 앞 서울광장에서 미국산 쇠고기 수입위생조건 장관고시 철회와 재협상 등을 요구하는 촛불문화제가 열렸다. 인터넷한겨레 영상미디어팀 PD들이 생방송 준비를 하고 있다.

송 하니TV 개국의 결정적인 밑거름이 되었다.

인터넷한겨레는 2007년 3월 동영상 뉴스 서비스를 시작했다. 하지만 한겨레의 영상 뉴스는 아직 걸음마 수준이었다. 종합편성채널 진출을 준비 중인 다른 언론사들보다 한 발 늦은 걸음이기도 했다. 조선일보는 2007년 1월 비즈니스앤이라는 케이블TV 채널을 개국하고 스튜디오 구축에만 32억 원을 투자했다. 중앙일보도 Q채널, 히스토리채널, J골프, 카툰네트워크 등 여러 케이블TV 채널을 운영 중이었다. 인터넷언론 오마이뉴스는 이미 2년 전에 생중계 시스템을 갖추고 멀티미디어 시장에서 앞서나가고 있었다.

한겨레도 가만히 있을 수는 없었다. "신수종 사업으로 현재 가장 역점을 두고 있는 것이 동영상 콘텐츠 사업입니다. 이를 통해 우리의 외연을 넓히고 새로운 수익까지 창출해내려고 합니다." 2008년 3월 10일, 고광헌 대표이사는 취임사에서 영상 콘텐츠를 강조하며 '방송 진출'까지 언급했다.

고광헌은 취임하자마자 한겨레 방송콘텐츠센터(BCC · Broadcasting Contents Center) 추진팀을 꾸렸다. 추진팀장은 사업국장인 이길우가 맡았다. 케이블채널(PP) 출신의 김종일이 기획위원으로 참여했다. 케이블채널에서 일했던 이경주

PD, 문석진 편집감독도 영입했다.

영상 콘텐츠에 대한 고민은 2004년 혁신추진단의 '원 소스 멀티 유스' 전략에 이미 제시되어 있었다. 하나의 콘텐츠를 신문, 인터넷, 방송 등의 여러 플랫폼을 활용해 유통하는 방식이었다. 2007년 11월, 전략기획실과 한겨레경제연구소, 편집국, 인터넷한겨레 인력이 모인 '뉴미디어 전략 TF팀'이 만들어졌다. 여기에서 인터넷한겨레의 혁신 방안과 방송 콘텐츠 산업 진출 등을 연구·기획했다. 시장 조사를 바탕으로 BCC 추진팀을 꾸렸다.

목표는 한겨레의 콘텐츠를 활용해 고품질 영상 프로그램을 기획하는 것이었다. 이를 통해 기존 신문, 잡지 이외에 인터넷 방송으로 매체 영역을 넓히고 장기적으로는 방송에도 진출한다는 전략이었다. 왜 하필 영상 콘텐츠였을까. 무엇보다 디지털 영상을 즐기는 독자가 점점 많아지고 있었다.

자연스럽게 광고 시장도 그쪽으로 이동하고 있었다. 2008년 8조 원대로 예상되는 전체 광고 시장 가운데 인터넷, 케이블TV 등 뉴미디어 광고 시장이 2조 원을 차지할 것으로 예상되었다. 신문, 잡지 등 인쇄 광고 시장은 2005년 이후 2조 1000억~2조 3000억 원 안팎으로 큰 변동이 없었으나, 뉴미디어 광고 시장은 3년 사이에 2배 증가한 것이었다.

더구나 이명박 정부가 신문·방송 겸영, 즉 교차소유를 허용할 게 확실시되는 분위기였다. 신문사들은 너도나도 방송 진출 시대를 꿈꿨다. 이후 2009년 방송법이 날치기 통과되어 신문이 종합편성채널 운영 사업을 할 수 있는 길이 열린다. 2008년 당시에는 막연하게 점쳤을 뿐이었지만, 보수 신문들의 꿈은 현실이 될 운명이었다. 2011년 12월 종합편성채널 TV조선(조선일보), JTBC(중앙일보), 채널A(동아일보) 등이 개국하게 될 터였다.

하니TV 개국과 '노드 프로젝트'

한겨레의 이러한 방송·디지털 전략의 초기 밑그림을 그린 사람은 함석진이었다. 경제부 IT기자를 하다가 미국으로 연수를 떠나 컴퓨터공학과 석사 과정을 밟고 2007년 돌아온 함석진은 한겨레에 '신문물(新文物)'을 전파하기 시작했다. 그가 사내 블로그 강좌를 열자 105명이 청암홀을 가득 메웠다. 2007년 여름, 함석진은 편집국 온라인뉴스부에서 영상 서비스 업무를 맡고 있던 박종찬, 이규호와 함께 영상미디어팀을 꾸린 뒤에 영상 콘텐츠를 만들 궁리를 했다. 척박한 환경이었다. "처음 '웹 방송'에 대해서 설명했는데 지상파 방송을 떠올리고는 '방송했다가 한겨레가 망한다'는 반응부터 나오던 시절이다. 6밀리 카메라 한 대를 사려고 기안을 올렸는데 '방송 카메라를 왜 사냐'고 할 정도였다." 함석진은 2008년 촛불집회 생중계를 계기로 한겨레 영상팀이 자신감을 얻었다고 기억한다.

BCC 추진팀은 IPTV에 프로그램을 공급·판매하는 방송채널사용사업자(PP)가 되거나, 보도 전문 방송에 진출하는 방안을 구상했다. 보도채널 진출을 위한 컨소시엄을 구성하기 위해 다른 언론사와 접촉하기도 했다. 하지만 자본력이 문제였다. 보도채널을 인수하려면 수십억 원이 필요했다. 고민 끝에 한겨레는 결국 BCC 추진팀과 영상미디어팀을 합쳐 웹 방송에만 집중하기로 결정하고, 2009년 5월 하니TV를 개국했다.

방송 전략과는 또 다른 새로운 콘텐츠 전략도 이 무렵 동시에 진행되고 있었다. 이 전략은 '노드 프로젝트'라고 불렸다. 노드(Node)란 여러 관계망에서 중심 구실을 하는 컴퓨터나 지점을 의미하는 IT용어다. 온-오프라인과 출판, 영상 부문을 통틀어 한겨레의 고급 콘텐츠를 한국 사회 공론장의 중심에 세우려는 계획이었다. 그 첫 단계로 2007년 8월부터 국내 최대 포털 사이트인 네이버와 정보제공 계약을 맺고 전문기자 블로그 서비스를 시작했다.

환경 전문기자인 조홍섭의 '물 바람 숲', 종교 전문기자인 조현의 '휴심정', 사진 기자인 곽윤섭의 '사진마을', 요리와 사진에 일가견이 있는 박미향의 '맛있는 여행' 등이 만들어졌다. 블로그에 싣는 콘텐츠는 5년 동안 네이버에 독점 공급하기로 했다. 이 노드 프로젝트에는 사실 '원대한 구상'이 숨어 있었다. 블로그를 활성화시켜서 환경, 명상, 사진 등 한겨레가 경쟁력 있는 전문 콘텐츠에 관심 있는 진성 독자들을 모은 뒤에 콘텐츠의 제값을 받는 비즈니스 모델을 만들어보자는 취지였다. 온라인에서 읽는 뉴스는 공짜라는 공식을 깨겠다는 숨은 야심도 있었다. 2008년 1월, 노드 프로젝트를 관장하는 노드 콘텐츠팀이 편집국에 신설되었다. 노드 콘텐츠팀은 2009년 9월 '스페셜 콘텐츠팀'으로 이름을 바꾼다. 대중음악을 전문으로 다루는 '100비트'와 깊이 있는 과학 정보·기사의 허브가 되는 '사이언스온' 등을 새로 개설했다. 이후 육아 정보 커뮤니티를 지

2010년 5월, 한겨레 PD가 한겨레TV 스튜디오에서 진행 중인 '김어준의 뉴욕타임스' 촬영 화면을 살피고 있다.

향하는 '베이비트리' 등이 추가되면서 한겨레는 다양한 분야에 콘텐츠 전문 기지를 구축하게 된다.

인터넷 시대는 한겨레의 고민을 근본적으로 바꿔놓았다. 1980년대 컬러 텔레비전이 처음 등장했을 때도, 1990년대 텔레비전이 대표적인 대중매체가 되었을 때도 종이신문 열독률은 80%대를 유지했다. 그러나 2000년대부터는 달라졌다. 개인용 컴퓨터(PC)와 초고속 인터넷이 확산되면서 종이신문 열독률은 말 그대로 '추락'하기 시작했다. 한국언론진흥재단이 매년 발표하는 언론수용자 의식조사에서 2002년 82.1%였던 종이신문 열독률은 2008년 58.5%로 하락했다. 이는 세계적인 현상이었다. 100년의 역사를 자랑하는 권위 있는 일간지 크리스천사이언스모니터는 2008년 종이신문 발행 중단을 선언했다. 각국의 언론학자와 미래학자들은 "인쇄 매체가 사라질 것"이라고 경고하고 있었다.

다른 길을 찾아야 했다. 영상 콘텐츠와 방송에 대한 고민은 여기서 출발했다. 온라인 뉴스도 마찬가지였다. 조선일보와 중앙일보 등은 편집국 차원에서 온라인 뉴스 강화에 이미 나선 상태였다. 한겨레도 2003년 인터넷한겨레에 온라인뉴스팀을 꾸렸다. 한겨레와 온라인뉴스팀 사이의 인력 교류를 통해 온라인 콘텐츠를 강화하고자 했다. 수천억 원을 쏟아부어야 하는 기성 방송 산업에 직접 뛰어들기에는 위험 요소가 너무 많아서 웹 방송을 선택하기는 했지만, 디지털 세계라고 한겨레에 유리한 것도 아니었다.

인터넷 포털과 글로벌 플랫폼 사업자들만의 독점적인 생태계가 재구축되고 있었다. 2004년 페이스북이, 2006년 트위터가 서비스를 시작했다. 특히 한국의 인터넷 생태계 안에서 포털은 인터넷 독자들에게 도달하는 뉴스를 선별하는 막강한 권력을 쥐고 있었다. 포털 스스로 하나의 언론에 다름 아니었다. 2009년 2월, 네이버나 다음 등의 포털 업체도 정정보도, 반론보도, 손해배상 등을 청구하는 조정 및 중재 신청의 대상이 된다고 규정한 '언론중재 및 피해구제에 관한 법률'이 시행되었다. 7월 개정된 신문 등의 진흥에 관한 법률에 따라 포털은 '인터넷뉴스 서비스' 사업자로 분류되었다.

방송이든, 콘텐츠든 더 멀리를 내다보며 정교한 전략을 내놓을 필요가 있었다. 2008년 11월 24일, 대표이사 직속의 미디어전략연구소가 설립되었다. 한겨레 미디어그룹의 중장기 비전과 통합 미디어 전략을 수립하기 위함이었다. 함석진이 소장을 맡았다.

2000년대 들어 인터넷이 확산되었으나, 외국인들이 한겨레 기사를 읽을 방법은 마땅치 않았다. 보수 신문들은 일찌감치 영문 서비스를 시작한 터였다. 보수 신문의 영문판 기사를 인용한 외국 신문을 다시 한국 보수 신문들이 대서특필하는 괴상한 일도 자주 일어났다. 장정수 논설위원이 영문판 준비를 맡았다. 2006년 5월부터 인터넷한겨레에서 영문판 서비스(english.hani.co.kr)를 시작했다. 사설, 칼럼, 국제, 정치, 경제 등의 기사를 매일 내보내고 있다. 한겨레 온라인 영문판 첫 편집장을 맡았던 장정수는 "미국에 갔을 때 한반도 정세와 관련한 글을 미국인들이 한겨레 영문판에서 찾아보는 걸 보고 놀랐다"고 말한다. 한겨레는 2012년 10월 온라인 일문판(japan.hani.co.kr) 서비스, 2016년 1월에는 온라인 중문판 (china.hani.co.kr) 서비스도 시작했다.

신문 지면에도 다양성을 꾀하려고 했다. 2007년 5월 17일, 한겨레가 만들지만 한겨레스럽지 않은 지면이 하나 탄생했다. '발칙한 삶'을 다루는 섹션 매거진 ESC였다. 여행, 음식, 쇼핑, 패션, 연예 등 기존 한겨레 지면에서는 찾아보기 힘든 소비문화와 트렌드를 주로 다뤘다. 애초 전략기획팀이 세웠던 계획은 무려 112페이지짜리 전면 컬러 타블로이드 주말판 창간이었다. 2006년부터 한국 신문사들마다 이른바 '주말판' 창간 바람이 불던 때였다. 중앙일보는 2007년 3월 '중앙선데이' 창간으로 선수를 쳤다. 한겨레는 애초 주말판을 계획했다가 몇 번이나 기획안을 뒤엎는 진통 끝에 생활문화 매거진으로 방향을 틀었다.

고정관념을 뛰어넘는 다양한 시도

ESC란 섹션명은 컴퓨터 자판의 ESC 글쇠를 눌러 프로그램에서 빠져나오는 것처럼 답답하고 짜증나는 일상에서 벗어나는 '신나는 탈출구'가 되고자 하는 마음을 담아 정했다. 한겨레21 편집장을 지낸 고경태가 창간을 주도했고 초대 팀장을 맡았다.

한겨레특집 육아이야기

Baby Tree

육아지수 '양'…"엄마 아빠 공부하세옷!"

석귀에 경이거나 탈탈개비거나

양선아의 '베이비트리'(왼쪽), 곽윤섭의 '사진마을'(오른쪽) 등 한겨레는 환경, 육아, 사진, 과학 등의 전문 콘텐츠를 편집국 '스페셜 콘텐츠팀' 이름으로 생산하고 있다.

사업 부문에서도 새로운 활로를 찾으려고 했다. 이 무렵부터 한겨레 문화사업 부문은 대규모 사진전, 미술전, 공연 행사 등을 자체 기획하여 개최하기 시작했다. 2007년 3월 29일부터 5월 26일까지 서울 예술의전당 한가람디자인미술관에서 문을 연 '포토저널리즘의 신화 로버트 카파'전은 한겨레가 고품격 사진 전시회를 열게 되는 시초였다.

한겨레는 2008년 창간 20주년을 앞두고 세계적인 사진가 그룹 '매그넘 포토스'와 1년여 동안 '대한민국의 오늘'을 기록하는 작업을 진행했다. 매그넘의 사진작가 20명이 2006년부터 1년간 한국의 구석구석을 다니며 작품을 찍었다. 20억 원이 투자되었다. 전시 준비에 투자한 시간이나 금액 면에서 지금까지 한겨레가 한 번도 가보지 않은 길이었다. 한국의 자연, 삶, 종교, 문화, 도시 등이 작품 속에 담겼다. 총 2400여 점의 작품 가운데 엄선한 432점의 작품이 2008년 7월 4일부터 8월 24일까지 서울 예술의전당 한가람미술관에 전시되었다. 매그넘 코리아전을 찾은 관람객은 11만여 명에 이르렀다. 크게 돈을 벌지는 못했으나, 이후 한겨레가 벌이게 되는 각종 사진전의 원형이 이때 만들어졌다.

2009년 '패션 사진의 살아 있는 신화' 사라 문(Sarah Moon)전과 인물 사진의 거장 카쉬(KARSH)전, 2010년 '사진의 미다스 손'이라고 불리는 델피르의 사진 인생 60년을 담은 '델피르와 친구들'전, 2015년 수중 촬영을 시도한 최초의 여성 사진작가 제나 할러웨이전, 2016년 로이터 사진전 '세상의 드라마를 기록하다', 2017년 엑스레이맨 닉 베세이전 등 한겨레는 그 이후로도 독특한 사진 작품들을 한국에 소개하는 가교 역할을 톡톡히 하고 있다.

사진 전시회뿐만 아니라 2000년대 중반 이후로 한겨레는 이무지치 내한공연, 베를린필 내한공연 등 다양한 기획 공연도 개최하고 있다. 문화 사업을 담당하는 한겨레 사원들은 '만능 해결사'가 되어야 한다. 전시·공연 행사 아이디어를 기획하는 일부터 시작해서 기업이나 지방자치단체에 협찬을 부탁하고 행사를 홍보하는 한편 행사 당일 온갖 자잘한 일들까지 챙겨야 하기 때문이다.

"구독 신청이 쇄도하고 있습니다"

"독자 여러분 고맙습니다." 2008년 6월 10일, 한겨레 1면에는 한겨레신문사 임직원 명의로 감사 글이 나갔다. "촛불집회 보도 등과 관련해 최근 한겨레 구독 신청이 쇄도하고 있습니다. 인터넷 기사 조회 건수도 폭발적으로 늘어나고 있습니다. 독자 여러분께 깊이 감사드립니다. 앞으로 한겨레는 더 올곧은 기사, 더 충실한 서비스로 독자 여러분의 성원에 보답하겠습니다."

열흘 뒤인 6월 20일, 두 번째 감사 인사가 실렸다. "촛불집회 보도 등과 관련해 본사에 '후원금을 보내고 싶다'는 시민들의 요청이 쇄도하고 있습니다. 시민 여러분께 깊이 감사드립니다. 그러나 현행법상 신문사가 기부금을 받을 수는 없습니다. 대신 여러분의 뜻을 한겨레 '의견 광고란'에 내거나 신문을 정기구독하는 방법이 있습니다. 또 세계 유일의 국민주 신문인 한겨레의 주인이 되는 방법도 있습니다."

창간 때를 제외하면 이렇게 뜨거운 애정을 받아보기도 오랜만이었다. 한겨레 사람들은 얼떨떨할 지경이었다. 미국산 쇠고기 수입을 강행한 이명박 정부의 '불통'에 대한 국민들의 분노가 들끓었다. 국민들은 소통하지 않는 대통령에 분노했고, 손에 촛불을 들고 거리로 쏟아져 나온 이들의 순수한 마음을 왜곡 보도하는 보수 언론에도 분노하고 있었다.

보수 언론은 촛불이 '광우병 괴담'을 퍼뜨린다고 비판했다. 한겨레는 안전한 먹거리의 측면에서, 국제 통상의 측면에서 미국산 쇠고기 수입의 문제점을 조목조목 따졌다. 보수 언론은 촛불의 배후를 캤다. 한겨레는 한편에서는 발로 뛰는 촛불 현장 기사를, 다른 한편에서는 쇠고기 재협상이 어떻게 가능한지 대안을 제시하는 기사를 썼다. 진보 언론으로서 한겨레의 야성이 되살아나고 있었다. 한겨레가 왜 존재해야 하는지, 한국 사회에서 한겨레의 역할이 무엇인지를 기사로 입증해냈고, 독자들은 오랜만에 두 손 모아 박수쳤다.

다만 창간 때와 결정적으로 달라진 분위기가 있었다. 한겨레 구독 운동, 한겨레 주식 사기 운동, 한겨레에 광고 내기 운동 등 모든 캠페인이 인터넷에서 논의되고 또 결정되었다. 독자들이 '소비자'로서 언론에 영향력을 미치는 분위기가 이때부터 시작되었다. '안티조선' 운동에 이은 '언론소비자' 운동의 시대였다.

"다음 카페 '소울드레서' 8만 회원들은 올바른 언론사를 응원합니다"(2008년 6월 7일 1면), "행동하는 양심! 여성 커뮤니티 '쌍코카페'는 올바른 언론사를 응원합니다"(2008년 6월 25일 1면), "다음 카페 '아이러브 사커' 내 참언론 지지모임은 국민의 목소리를 지지하는 참 언론을 지지합니다"(2008년 6월 28일 1면), "다음 재테크 카페 '맞벌이 부부와 아름다운 미혼들'은 국민의 알 권리를 존중하는 정직한 언론을 응원합니다"(2008년 6월 30일).

한겨레 1면 하단에는 이명박 정부의 불통을 비판하는 한편 한겨레를 응원하는 시민들의 자발적인 광고가 연일 이어졌다. 절반 이상이 온라인 공간에서 뜻을 모은 이들이었다.

한겨레와 한겨레21 구독 신청도 급증했다. 2008년 5월 한 달에만 한겨레 구독 신청이 1만 1500부 늘었다. 전년 같은 기간보다 4배 이상 늘어난 수치였다. 5~7월에만 신규 독자가 3만 1443명 증가했다. 한겨레21도 6월 정기구독 신청이 평소보다 6배나 늘어났다. 한겨레 주식을 구입하자며 자발적으로 모인 기금도 수천만 원에 달했다.

한겨레는 이즈음 적극적인 마케팅 전략을 펼쳤다. 5월 9일부터 6월 10일

2008년 6월, 한겨레 1면에는 이명박 정부를 비판하고 참언론 한겨레를 응원하는 시민들의 자발적인 광고가 연일 이어졌다.

까지 모두 8차례에 걸쳐 서울 시청광장의 촛불집회 현장에서 한겨레를 배포했다. 서울뿐만 아니라 부산, 광주, 대구 등에서도 한겨레를 소개하는 PR지를 제작해 촛불시민들의 손에 쥐여줬다. 한겨레21은 '촛불 특별판'을 별도로 만들어 집회 현장에 뿌렸다.

7월 1일부터는 '한겨레와 함께하는 시민포럼' 행사를 개최했다. 첫 번째 포럼의 주제는 '촛불, 세상을 바꾸다-웹에서 광장으로'였다. 시민포럼은 총 29차례 열렸다. 새로 독자가 되어준 이들에게는 대표이사 명의의 편지와 매그넘코리아전 초대장을 보내어 감사의 뜻을 전했다. 신규 독자들이 정기구독자로 안착할 수 있도록 설문조사를 벌인 뒤에 이를 편집국의 지면 개편에 반영했다.

'돈'보다 '신의'를 택하다

한겨레는 이들 독자와의 신의를 지키고자 했다. "얼마면 되겠냐?" 2008년 7월, 미국육류수출협회가 홍보 에이전시를 통해 한겨레 광고국에 연락을 해왔다. 미국산 쇠고기 광고를 싣고 싶다고 했다. 협회는 그동안 조선일보 등 다른 신문에는 광고를 했지만 한겨레에는 한 차례도 광고를 싣지 않았다. 지난 늦봄부터 독자와 시민들이 한겨레에 보내준 뜨거운 애정이 아직 식지도 않은 터였다.

광고국은 '신의'와 '돈' 사이에서 일말의 망설임도 없이 '신의'를 선택했다. "10차례 광고를 내줄 테니 10억 원을 내시죠." 광고비를 터무니없이 요구했다. 사실상 광고를 싣지 않겠다는 뜻이었다. 2008년 7월 25일 고광헌 대표이사가 임직원들에게 전체 이메일을 보내 설명했다. "악화되고 있는 경영 여건을 감안할 때 정말 놓치기 어려운 돈입니다. 자발적 구독 신청 부수가 급증했다고는 하지만 당장은 구독료 수입 증가로 연결되지 않습니다. 오히려 신문 발행 부수 증가로 비용 부담이 커졌습니다. 하지만 천금보다 소중한 게 바로 '신의'이기 때문입니다."

아닌 게 아니라 삼성의 광고 게재 중단과 세계금융위기 등으로 인해 당시 한겨레 곳간은 비어가고 있었다. 신문 독자가 단순히 늘어나는 것만으로 한겨레 경영 사정이 나아지지는 않았다. 2009년 기준으로 신문 1부를 만드는 데는 월 2900원 정도의 재료비가 들어갔다. 반면 판매지국에서 신문 1부를 팔았을 때 본사에 내는 납입금은 월 2000원 정도였다. 신문 1부를 팔 때마다 신문 본사는 한 달에 900원씩 손해를 보는 셈이었다. 1988년 창간 때 한겨레 1부 값은 100원이었다. 2008년 한겨레는 1부에 600원이었다. 독자가 늘어나도 신문사의 수익은 늘어나지 않는 기형적인 구조다.

2008년 한겨레신문사는 영업적자 61억 원을 기록했다. 2009년 2월, 노동조합은 상여금 300%를 반납하기로 결정했다. 지갑은 얇아졌지만, 한겨레 사람들의 마음은 그득했다. 응원해주는 사람들이 곁에 있었다. 촛불집회가 한창이던 2008년 여름, 한겨레 편집국에는 종종 과일과 빵, 떡 등이 배달되었다. 한겨레를 응원하는 독자들의 마음이었다. "고기 먹고 힘내라"며 친환경 요법으로 키운 돼지고기를 진공 포장해서 보낸 정기독자도 있었다. 2009년 1~2월, '진실을 알리는 시민모임(진알시)'은 성금을 모아 한겨레를 구입한 뒤에 서울역과 지하철역 등에서 배포했다. 진알시가 당시 배포한 신문만 26만 부에 달했다. 신문 가판 업자들이 볼멘소리를 할 정도로 대대적인 규모였다. 한겨레는 2009년 5월 15일 창간 21주년에 진알시에 감사패를 증정했다.

디지털과 방송에서 희망을 찾다

2009년 2월 초, 한겨레신문사 공덕동 사옥에는 난데없이 군고구마와 군밤, 붕어빵 잔치가 벌어졌다. 캐나다 온타리오주에서 편의점을 운영하고 있다는 '73살의 젊은 노인' 강기조 씨가 항공편으로 손 편지와 함께 500달러 수표를 보내왔다. "촛불집회 때 조금이나마 힘이 되도록 보내려 했으나 늦어져 이제사 보냅니다. …해직기자 사태 때 창간한 한겨레에 애착이 더 가고 요즘같이 어려운 때 수고하시는 모든 분들에게 잠시나마 힘이 되어드리는 순간을 선사하고 싶어 작은 정성 동봉합니다. 한겨레 경비 아저씨, 청소하시는 분부터 사장님까지 군밤 하나라도 드시면서 힘내셨으면 좋겠습니다."

이처럼 따뜻한 응원이 아니었다면 한겨레는 '희망으로 가는 길'을 꿈꿀 수조차 없었을 것이다. 2008년과 2009년은 희망과 절망이 교차하는 때였다.

경영 상황이 어려워져 허리띠를 졸라매야 하는 절망적인 상황이었으나, 한겨레는 디지털과 방송이라는 새로운 희망에 미래를 걸었다. 2009년 3월 14일, 디지털미디어사업본부가 신설되었다. 1999년 인터넷한겨레 설립, 2003년 온라

웹 방송 한겨레TV의 인기 프로그램 '김어준의 뉴욕타임스'의 한 장면.

인 취재기자 채용과 편집국-인터넷한겨레 인력 교류 등에 이어 '통합미디어 한겨레'로 가기 위한 일보 전진이었다. 한겨레 본사 온라인뉴스부와 자회사에 흩어져 있던 디지털 부문을 한데 모았다. 이근영이 디지털미디어사업본부 준비팀장을 맡았다. 이근영은 한겨레 인터넷 부문 자회사인 한겨레엔의 대표이사를 역임한 바 있었다. 신문과 디지털, 방송을 융합한 '종합미디어그룹 한겨레'로의 출발이었다. 그 뒤 2010년 1월 1일 한겨레엔이 본사에 흡수되고 나서야 비로소 종이신문과 디지털 사이에 온전한 통합이 이루어졌다.

2009년 5월 15일, 웹 방송 '하니TV'가 개국했다. 첫 방송으로 편성된 '배우, 열정을 말하다-고현정 편'은 24만 8600회의 조회수를 기록했다. '한겨레, 책을 말하다', '이원재의 5분 경영학' 등 한겨레 콘텐츠를 활용한 프로그램들이 편성되었다. 6월 23일에는 '김어준의 뉴욕타임스'가 첫 방송을 시작했다. 김어준 딴지일보 총수의 진행으로, 시사평론가 김용민, 황상민 연세대 교수 등이 패널로 출연했다. 훗날 한겨레 TV의 간판 프로그램이 될 '김어준의 파파이스'의 시초 격이었다.

한겨레 이사회는 2010년 1월 25일 다음과 같은 내용을 한겨레 사업 목적 사항에 추가하는 정관 개정안을 통과시켰다. 인터넷 신문업, 인터넷 포털 서비스 및 인터넷방송, 디지털 멀티미디어콘텐츠 개발·유통·서비스업, 영상·오디오 기록물 제작 및 배급업 등 12개 항목이 추가되었다. 이로써 한겨레는 디지털과 방송 콘텐츠 사업을 본격적으로 벌이겠다고 대외에도 천명했다.

한겨레신문 사우회(가칭) 창립대회
2008년 10월31일 18시30분 한국프레스센터 19층 매화홀
③

❶ 2008년 7월 5일 열린 촛불집회에서 비가 오는데도 불구하고 한겨레를 홍보하며 무료로 나눠주고 있는 모습.
❷ 2009년 5월 5일, 경기 일산 킨텍스에서 열린 신문·뉴미디어 엑스포에서 한 어린이가 '한겨레 나무'에 매달아놓은 응원 메시지.
❸ 2008년 10월 31일, 한겨레신문사 사우회 창립대회가 한국프레스센터에서 열렸다. 가운데 리영희를 비롯해 임재경, 장윤환 등의 얼굴이 보인다.
❹ 2009년 12월 9일, 한겨레신문사 공덕동 사옥 3층 교육실을 새 단장해 '청암홀'을 만들었다. 송건호 초대 대표이사의 '청암'이라는 호를 따서 만든 이름이다. 송건호 대표이사의 가족들과 한겨레 경영진이 청암홀 개관식에 참석했다.

당시 대통령의 아들일 뿐인 자연인 김현철 씨가 국정을 농단하고 인사와 이권에 개입하고 있다는 설이 나돌았지만, 이를 보도하는 언론은 없었다. 한겨레21은 '황태자'의 의혹을 햇빛 아래 드러내고 계속 추적했다.

인권의 지평을 넓히고 그 수준을 올리는 일은 한겨레21의 꾸준한 관심사였다. 창간 첫해부터 아시아 각국을 돌며 한국에서 산재 피해를 당한 당사자들을 만나 이주 노동자 문제를 사회적 의제로 제기했다.

한겨레21이 한국에서 최초로 양심적 병역 거부 문제를 제기한 건 2001년 2월이다. 그 뒤 양심적 병역 거부 문제는 한국 사회 인권운동의 주요 의제가 되었다.

2002년 9월, 도발적 제목으로 사병 월급 현실화를 촉구했다. 보도 이후 '금단의 영역'이었던 사병 처우 문제에 대한 공론화가 시작되었고, 같은 해 대선에서 각 당 후보들이 앞다퉈 병사 복무 기간 단축과 월급 인상을 공약으로 내걸었다. 이듬해 국방부는 이러한 내용을 담은 개선안을 발표했다.

1987 1988 1989 1990 1991 1992 1993 **1994** 1995 1996 1997 1998 **1999** 2000

한겨레21 표지

해방 뒤 지속된 대북 특수 임무의 실체를 최초로 밝혔다. 기사로 사회적 파문이 일자 그동안 숨죽여 지내온 북파공작원들의 공개 발언이 잇따랐다.

19년째 이어지고 있는 한겨레의 베트남전 민간인 학살 보도는 1999년 시작되었다. 한겨레21 베트남 호치민 통신원 구수정 씨의 역할이 컸다. 외신이 함께 보도하는 등 세계적 반향을 일으켰다.

'지면 혁신 특대호'를 맞아 구성과 디자인에 변화를 주었다. "21세기에 기자들이 '솔직한 나'를 고백하는 건 직업적 운명"이라는 판단으로, 김소희의 '오마이섹스', 신윤동욱의 '스포츠 일러스트' 등 기자 칼럼을 늘렸다. 한겨레21 제호에 붙어 있던 빨간색 상자에 처음으로 변화를 주기 시작했다.

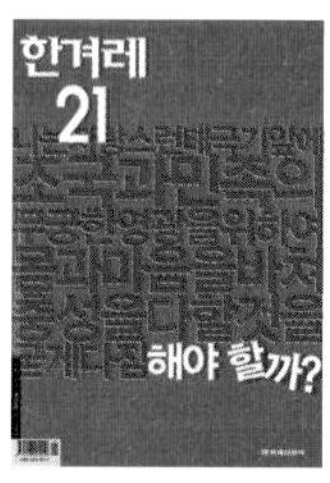

박정희 정권이 정치적 목적으로 '국기에 대한 맹세문'을 변질시킨 뒤 각 학교에 보급한 과정을 최초 보도했다. '국기에 대한 맹세를 폐지하자'는 과감한 주장을 내세운 만큼, 표지도 타이포그래피만으로 파격을 시도했다. 이듬해 정부는 시대 변화를 고려해 맹세문의 문구를 바꾼 수정안을 발표했다.

창간 14년 만에 판형을 바꿨다. 세로 길이를 297밀리미터에서 270밀리미터로 대폭 줄였다. 이듬해에는 세로 길이를 10밀리미터가량 더 줄여, 휴대하기 편한 '콤팩트' 판형이 되었다. 세련된 디자인으로 한국 시사주간지의 비주얼을 한 차원 높였다.

장애인의 성적 욕구와 권리를 처음으로 정면에서 조명한 기사. 그해 한국기자상을 받았다.

900호를 맞이해 한겨레21 제호, 디자인 등에 변화를 주었다. 세리프(글자 획 끝의 구부러진 돌기)가 없는 오늘날 제호의 모습이 이때 만들어졌다. 한겨레의 로고 타입을 활용했다.

대한민국 비정규직 1070명을 심층 실태 조사했다. 창간 21돌을 기념하는 표지기사였다.

성폭력 피해자들의 용기 있는 고백으로, 한국 사회에도 #미투 운동이 거세졌다. 이 운동이 사회를 근본부터 변화시키는 거대한 움직임이 되는 데 동참하는 의미의 표지를 만들었다.

세월호 참사 1000일을 맞아 특집호를 만들었다. 1000일 동안 한겨레21은 세월호 참사를 표지기사로 16차례 다뤘다. 이때부터 한겨레21 제호에 노란 리본을 달았다.

02 2003 2004 2005 2006 2007 2008 2009 2010 2011 2012 2013 2014 2015 2016 2017 2018

한겨레21이 마감을 끝낸 뒤인 2009년 5월 23일 토요일, 노무현 전 대통령 서거 소식이 알려지자 한겨레21은 곧바로 윤전기를 멈추고 특별판을 새로 만들었다. 주간지 가운데 유일하게 서울 대한문과 봉하마을에 15만 부를 배포했다. 이 특별판은 한겨레21 역사상 처음으로 재판을 찍었다.

기자들이 당시 최저임금인 시급 4000원의 노동현장에 '위장' 취업해 써내려간 르포 기획 '노동OTL'을 선보였다. 《4천원 인생》이란 책으로 묶여 나왔다.

2011년 12월 19일 정오, 북한의 조선중앙텔레비전이 김정일 국방위원장 사망 소식을 전하는 특별 방송을 내보냈다. '통권 인물 기획'으로 송년호를 준비하던 한겨레21은 급히 표지 이야기를 바꿨다. 표지 이미지가 '감성적'이라며, 한겨레21을 '종북'으로 몰아세우는 목소리도 나왔다.

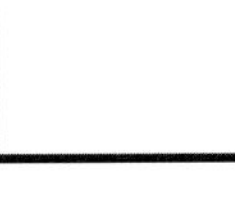

눈물과 탄식으로 만든 세월호 참사 특집호. 일부 고정 연재물을 제외한 60쪽 분량을 세월호 참사와 관련한 내용으로만 채웠다.

'12·28 한-일 위안부 합의'에 불복종한다는 의미의 표지 이야기를 만들었다. 피해 당사자의 요구가 무시된 굴욕적인 외교 협상이라고 판단했다.

1135호부터 박근혜-최순실 게이트 특별판을 시작했다. 특집 4호에서는 '세월호 7시간'을 파헤치는 보도를 선보였다.

숨은 일꾼들

"한겨레신문이 기자들만 모여서 경영을 어떻게 해낼 거냐는 비관적인 시선들이 많았지요. 맞는 말입니다. 우리 모두가 경영에 관한 한 아마추어일 뿐이지요."

1989년 9월 8일, 한겨레 지령 100호를 맞아 특집 좌담회가 신문에 실렸다. '한겨레신문 실상과 전망'이라는 제목으로 열린 좌담회에는 한겨레의 제작과 살림을 맡은 이병주(판매·광고), 정태기(제작·관리), 조영호(기획) 등이 참여했다. "한겨레가 자금난으로 9월을 넘기지 못한다더라", "모금한 50억이 다 떨어져 야당의 누구한테 자금 지원을 요청했다더라" 등 '뜬소문'이 무성했던 때였다. 세계 언론사에 유례없는 국민주 신문의 '속사정'을 궁금해하는 사람들이 많았다.

창간 초기 한겨레 임원진은 대부분 해직기자 출신이었다. 이들은 스스로 경영에서는 아마추어임을 솔직하게 인정했다. 하지만 이들은 한겨레의 미래를 낙관했다. 2만 7000여 창간 주주와 독자들만 든든하게 여겨서는 아니었다. 한겨레에는 창간 정신을 지면만이 아니라 경영 현장에서 실현시키려는 훌륭한 숨은 일꾼들이 많았다. 사람들은 흔히 언론사라고 하면 '기자'만 떠올린다. 하지만 영업, 제작, 인사, 관리 등의 업무를 담당하는 이들이 없었다면 한겨레는 지금까지 존속할 수 없었을 것이다.

"기존 신문사들의 경영 내용을 유심히 보니까 그들도 썩 잘하고 있지는 못한 것 같더군요. 심하게는 신문사 모두가 경영 부재라는 혹평을 받아도 싸다고 생각합니다. 독점에, 온갖 특혜에 얹혀서 그냥 굴러온 것뿐이지요." 특집 좌담회에 참석한 한 이사가 말했다. 전두환 정권이 강제적으로 언론통폐합을 한 탓에, 살아남은 언론들은 경쟁 상대가 없었다. 경제성장률이 연 9~13%에 이르니 광고 영업도 안정적이었다. 이 시기에 급성장한 언론은 대부분 가족 경영 체제이거나 재벌이 소유주였다. 경영 측면에서 이들을 본받을 점은 거의 없었다. 오히려 기성 신문사의 경영 행태는 한겨레가 맞서야 할 개혁 대상이었다.

한겨레는 창간 때부터 언론기업 소유-경영의 분리, 신문 판매(유료) 부수 등 경영 정보 공개 등을 주장해왔다.

창간 이후 30년 동안 한겨레는 왜곡된 한국 언론 광고·판매 시장의 합리화를 이끄는 데 앞장섰다. 경영에서도 언론윤리와 공공성을 지키려고 했다. 그러나 기업 한겨레의 생존이라는 무거운 짐을 짊어진 한겨레 경영 분야 임직원들의 고생은 이루 말할 수 없었다.

"한겨레신문사 광고 영업은 두 가지 목표가 있다. 하나는 신문사 경영에 필요한 최소한의 이익을 확보하는 것이고, 다른 하나는 한국 신문광고 업계에 새 바람을 일으키는 것이다."

창간 당시 한겨레 광고국 직원들이 호기롭게 외친 말이다. 이들은 심지어 '최소 이익의 추구'를 슬로건으로 내세우며 그 이유에 대하여 이렇게 말했다. 그러나 이들의 낭만적 이상주의는 엄혹한 광고 시장에 진입하자마자 깨져버렸다.

창간 직전, 한겨레는 광고주 설명회를 열었다. 1988년 4월 19일, 한국언론재단회관의 좋은 회의실을 빌려 자리를 만들었는데, 정작 설명회에는 몇몇 기업의 부장급 실무자 10여 명만 참석했다. 언론사의 광고주 설명회에는 기업 임원들이 오는 게 보통이었다. 그 시절만 해도 언론사 주최 광고주 설명회는 제주도 등의 최고급 호텔을 빌려 거나한 술판을 벌이고 여행을 시켜주는 방식이었다. 한겨레 사람들이 그런 설명회를 준비했을 리 없으니, 광고주들도 시큰둥했다.

1992년 봄에 열린 광고주 설명회에는 편집진을 대표해 장윤환 논설주간이 동석했다. 어느 기업의 광고 담당 임원이 기사와 광고에 대한 한겨레의 원칙을 물었다. "한겨레는 존재할 가치가 있을 때만 존재합니다. 다른 신문과 마찬가지로 광고를 놓고 기사를 판단한다면 한겨레의 존재 가치를 어디서 찾을 수 있겠습니까. 기사는 기사이고 광고는 광고입니다." 맞는 말이었지만, 돌아앉은 기업 임원들은 쑥덕거렸다. "저래서 어떻게 광고를 받아가겠어?"

'기업 한겨레'의 생존을 위한 광고국의 분투

한겨레 초대 광고 담당 이사는 해직기자 출신의 이병주가 맡았다. 그러나 실제 신문 광고 영업을 해본 사람이 필요했다. 중앙일보, 경향신문 등에서 광고국장을 지낸 변이근에게 도움을 청했다. 변이근은 창간호부터 시작해 초창기 광고 영업을 책임졌다. 동투 출신으로 대홍기획 등에서 일했던 윤성옥이 광고 관리를 맡았다. "그때는 윗사람 눈치를 보면서도 기업 홍보 책임자들이 한겨레에 도움을 주고 싶어했다"고 이병주는 회고한다.

광고 시장의 현실은 예상보다 더 엄혹했다. 1990년 이후 한겨레는 기자 출신들을 광고국에 배치했다. 기업 관계자들과의 인맥을 무시할 수 없었다. 초대 편집위원장인 성유보, 초대 민족국제부 편집위원인 홍수원 등이 변이근의 뒤를 이어 광고국장이 됐다. 1992년 1월부터는 초대 사회교육부 편집위원인 김두식이 광고국장으로 발령받았다. 이때 편집국에 있던 고희범과 유희락도 함께 광고국에 갔다.

광고 영업이라곤 난생처음이었던 김두식과 고희범이 첫 방문지로 택한 곳은 어느 대기업 계열사였다. 광고 담당 임원이 의자에 뒤로 기대고 앉아 물었다. "어떻게 오셨소?" "새로 광고국에 부임했습니다. 인사차 들렀습니다." 못마땅한 표정의 그 임원이 여전히 뻣뻣한 자세로 물었다. "이것 보시오. 우리한테 총을 겨누고 있는 당신네 신문사 문을 닫게 해도 모자라는 판에 우리가 왜 탄환을 줍니까."

광고국 사람들은 그렇게 수모를 당하며 살았다. 단지 몇 분 동안 광고 효과를 설명하려고 각 기업체 사장실이나 광고 및 홍보 담당 임원의 방 밖에서 몇 시간씩 기다리는 수고를 마다하지 않았다. 일단 면담이 이뤄지면 이미 상당한 수준에 올라 있던 여론조사 결과와 발행부수 등을 근거로 제시하며 광고집행에서도 합리적이고 과학적인 체계를 갖추어줄 것을 간곡히 부탁하곤 했다.

1990년대 초반 이후 한겨레 광고국의 최대 과제는 광고 단가를 높이는 것이었다. 기존 신문들의 '카르텔 체제'는 한겨레의 광고 단가가 일정 수준 이상으로 올라가는 것을 허용하지 않았다. 창간 초기, 한겨레의 광고 단가는 조선일보의 3분의 1에 불과했다. 열독률, 영향력, 신뢰도 등에서 이미 4대지의 반열에 들었지만, 광고주들은 좀체 이를 인정하려 하지 않았다. 최학래, 윤유석, 고영재, 고광헌, 송우달, 정영무, 배경록, 이정용 등이 기자 출신으로 광고국에서 주요 직책을 맡았다. 세월이 흐름에 따라 광고 업무를 주로 맡아 전문성을 갖춘 이들도 생겨났다. 이승진, 황충연, 김택희, 이재원, 송제용, 김성태 등이 대표적이다.

광고국의 분투가 늘 아름답게 기억되는 것은 아니다. 대선 직전인 1997년 12월, 권영길 후보를 내세운 '국민승리21' 지지자들이 한겨레신문사 사옥 앞에서 항의 농성을 벌였다. 지면에 대선 홍보 광고를 냈는데, 여기에 들어간 '재벌 해체'라는 단어를 '재벌 개혁'으로 바꾸라고 신문사 쪽에서 강요했다는 주장이었다. 광고 문안이 빌미가 되어 광고 자체를 싣지 못하거나 실었다 빼는 일이 생기면서 대우그룹 노조협의회(1998년 5월), 성균관대 총학생회(1998년 7월), 한국통신 노조(1999년 4월), 금속노동조합(2006년 7월) 등이 신문사에 항의한 적도 있었다.

이런 문제가 일어나는 데는 실정법의 제약도 작용했다. 1998년 8월, 검찰은 한겨레가 한총련 명의의 의견광고를 실었다며 수사를 벌였다. 한총련이 이적단체인 만큼 그 주장을 그대로 광고에 내보낸 한겨레에도 책임이 있다는 것이었다. 현행법에 따라 개인의 명예를 심각히 침해하거나 실정법과 풍속에 현저히 어긋나는 내용을 담은 광고에 대해서는 신문사도 책임을 져야 한다. 강한 주장을 담을 수밖에 없는 의견광고를 놓고 한겨레 광고국 사람들은 법적 책임에 대한 걱정도 해야 한다. 대기업의 불법노동행위를 비판하는 기사를 쓰는 기자들에게 최소한의 임금을 주기 위해서라도 그 대기업의 광고를 받아내야 하는 게 광고국 사람들의 역할이다. 고심이 없을 수 없다.

"매일같이 기업으로부터 광고를 수주해야 하는데 반기업적인 신문이라는 이미지를 갖고 있고, 광고 매체로서는 다소 낮은 열독률 등 온갖 불리함 속에서 광고국원이 느끼는 좌절감과 낭패감이란 매일같이 싸워야만 하는 괴물과도 같은 것입니다." 2009년 7월, 광고국의 투명하지 못한 영업 방식이 문제가 되자 광고국에 있던 장덕남이 전체 임직원에게 보낸 이메일에 이렇게 썼다. 회사는 '광고 영업 제도 개선팀'을 만들어 광고국의 비용 지출 방식 개선 등에 나섰다.

지국과 상생하는 판매정책

신문광고 시장 못지않게, 신문 판매 시장도 혼탁했다. 한국 신문사들은 오랫동안 구독료를 올리는 대신에 발행부수를 부풀려 기업 광고·협찬 금액을 높이는 데 주력했다. 부수가 많아야 광고 가격을 높게 책정할 수 있기 때문이다. 구독료는 재료값에도 한참 미치지 못했다. 신문은 팔면 팔수록 손해라는 인식이 당연하게 받아들여졌다.

1999년 1월에 열린 한겨레 광고대상 시상식 모습.

본사는 부수 확장의 짐을 지국들에게 떠넘기곤 했다. 본사와 지국 사이에는 불합리한 갑을관계가 형성되었다. 본사는 지국의 부수 확장을 채근한다. 때로는 부수를 늘리기 위해 지국에 실제 유료 부수보다 더 많은 부수를 내려 보낸다. 지국은 본사가 주는 각종 판촉 지원금 등을 수령하고 계약을 유지하기 위해 부수 확장에 사활을 건다. '을'인 지국이 '갑'인 본사가 요구하는 실적을 채우려고 애쓰다 보니, 신문 구독료를 훨씬 뛰어넘는 고가의 경품과 무가지를 대량 살포하는 일들이 벌어진다. 공정거래위원회는 신문 판매 시장의 무질서를 막으려고 1997년 '신문고시'(신문업에 있어서의 불공정 거래 행위 및 시장 지배적 지위 남용 행위의 유형 및 기준)를 제정한 뒤에 시행하고 있다.

한겨레는 창간 때부터 다른 신문들과는 달리 합리적인 판매정책을 표방했다. 무가지 배포와 할인 배포를 금지했다. 본사가 지국에 부수 확장을 일방적으로 할당하는 일도 삼갔다. 그러나 야만적인 한국 신문 시장 질서 속에서 한겨레 지국 가운데 일부가 신문고시를 위반하여 적발되는 일이 생기기도 했다. 그래도 한겨레는 지국과의 계약서에 '상호협의' 항목을 명시하는 등 불공정성을 없애려 애썼다. 본사와 지국 모두에게 지속가능한 경영이 되도록, 부수의 거품도 최대한 줄이려고 했다.

2008년 세계금융위기라는 악재와 미국산 쇠고기 수입에 반대하는 촛불시민들의 한겨레 구독 운동이라는 호재가 동시에 터졌다. 독자서비스국은 독자들이 만들어준 기회를 놓치지 않았다. 3년에 걸쳐 지국에서 받는 지대를 단계적으로 인상했다. 2002년 이후 6년 만에 월 구독료를 1만 2000원에서 1만 5000원으로 인상했다. 거품 부수를 줄이는 작업에도 속도를 높였다. 지국 입장에서는 구독료가 오르는데도 자발적인 신규 독자가 늘어나는 한겨레의 지대 인상 요구를 거부할 이유가 없었다. 2010년, 마침내 한겨레 독자서비스국은 "신문은 팔면 팔수록 손해"라는 한국 신문업계의 고질적 판매 공식을 깨는 데 성공했다. 비록 신문 1부당 70원 수준이었지만, 지국에서 수금하는 신문 1부당 지대 단가가 재료비를 상회하도록 만들었다. 한국 신문업계에서 전무후무한 일이었다. 김태읍, 유재형, 이광재, 이성환 등 독자서비스국 사람들이 이를 주도했다.

한겨레는 2012년 5월에도 경향신문과 함께 신문 구독료를 월 1만 5000원에서 1만 8000원으로 올렸다. "다른 신문사들은 신문이 제 가치를 인정받을 수 없도록 스스로 가격을 지나치게 깎아놓고서는 현실화할 엄두를 못 낸다. 하지만 한겨레 독자 다수는 경품이나 무가지 혜택 때문이 아니라 신문을 믿고 구독하는 충성 독자들이기 때문에 새로운 시도를 할 수 있다." 2018년 독자서비스국장을 맡은 유재형의 말이다.

2000년대 초반에 다른 신문들이 '경품 밀어붙이기' 식 판매에만 치중할 때, 한겨레는 일찌감치 본사에서 직접 마케팅 전략을 수립하고 판촉을 벌였다. 2003년 10월부터 콜센

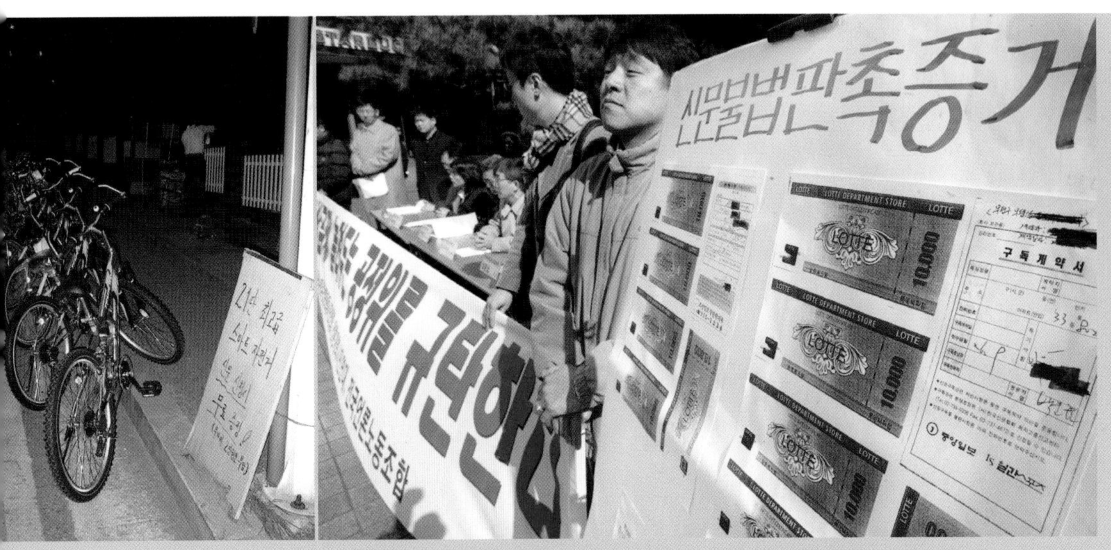

2004년 9월 14일, 경기 고양시 일산구 풍동 성원아파트 3단지 앞에서 한 신문사 판매 영업사원이 스마트자전거를 진열해놓고 판촉 활동을 벌였다(왼쪽). 오른쪽은 2006년 3월 3일, 언론개혁시민연합과 언론노조 등이 서울 여의도 공정거래위원회 서울사무소 앞에서 '신문불법판촉 신고 포상금제'를 실시하지 않는다고 규탄하는 모습.

터를 운영하면서 정기독자들을 위한 '해피콜' 서비스를 제공하는 한편, 독자 데이터베이스(DB)를 구축하기 시작했다. 더 체계적인 CRM(고객관계관리) 시스템을 구축하고, 이를 바탕으로 새로운 독자를 모집할 효과적인 방안을 찾기 위해서였다. 2007년 12월 설립한 자회사 '한겨레미디어마케팅'은 한겨레21을, 2008년 1월 설립한 '한겨레S&C'는 한겨레 판매 및 독자 관리 업무를 맡고 있다.

2008년 2월부터 시작된 정기독자 프리미엄 서비스 '하니누리'가 가능했던 이유도 이러한 독자 데이터가 있었기 때문이었다. 하니누리 회원에게는 친환경 체험학습, 각종 강연과 공연·여행 등 '삶의 콘텐츠'가 함께 제공된다. 독자서비스국에서 마케팅 업무를 맡았던 우현제, 최태형은 한겨레 주간 논술섹션 '아하! 한겨레', 한겨레와 중앙일보 사설을 교차 분석해 싣는 '사설 속으로' 등 기존 콘텐츠를 재가공해 독자들에게 책자 형태로 서비스하는 아이디어를 냈다. 김성태, 김태읍, 류정기, 서형수, 오명철, 이광재, 이수영 등이 판매국장 또는 독자서비스국장을 맡아 판매마케팅 업무를 이끌었다.

1층 발송장부터 8층 경영기획실까지

윤전·발송 업무를 담당하는 제작국은 한겨레신문사 공덕동 사옥의 가장 낮은 곳

한겨레신문사 공덕동 사옥 1층 발송장과 윤전기가 있는 2층이 제작국 직원들의 일터다. 심한 소음 탓에 귀마개를 착용한 제작국 직원의 모습(왼쪽). 문화사업부는 한글날 예쁜 엽서 공모전 등 여러 행사를 열어 주주, 독자, 시민들과 함께했다(오른쪽).

에서 일한다. 1층 발송장과 윤전기가 있는 2층이 그들의 일터다. 윤전부 직원들은 하루 2교대로 석유와 잉크 냄새가 가득한 윤전기 앞에서 일한다. 윤전실은 한여름 실내 온도가 섭씨 32도를 오르내릴 만큼 노동환경이 열악하다. 2012년 노동조합(위원장 전종휘)이 녹색병원 노동환경건강연구소에 의뢰해 한겨레신문사 환경을 측정했더니, 윤전부 사원들한테 소음에 따른 난청 위험성이 나타났다. 4명의 윤전부 직원이 소음 측정기를 몸에 지닌 채 하루 8시간 생활했는데, 소음치가 모두 노동부 권고 기준보다 높게 나타났다. 창간 초기에는 기자 출신인 박성득, 현이섭 등이 제작국을 이끌었다. 이후 이훈우, 김영조, 구자상, 유정우, 김왕복 등이 제작국장을 맡았다. 제작국에는 다른 부서보다 유난히 오랫동안 한겨레에 근무한 이들이 많다. 20년 이상 한겨레와 인생을 함께하고 있는 사람이 제작국에만 무려 40명에 이른다. 고은수, 구본욱, 김용상, 김진만, 박동남, 안병렬, 염춘호, 유정우, 이재성, 이철호, 임종희, 정영국, 차승만, 최순기, 최종국 등 15명은 1988년 한겨레가 창간하던 해에 입사했다.

한겨레신문사의 경영이 더 이상 아마추어적이지 않으려면 경영기획실의 업무가 프로가 되어야 했다. 창간 초기에는 인사규정조차 없을 정도로 한겨레는 허술한 기업이었다. 이러한 기업의 안살림을 경영기획·지원부서에서 하나하나 벽돌 쌓듯이 만들어나갔다. '열린 채용'을 선도하고 언론사 최초로 토론 면접(1993년)과 합숙 면접(1998년)을 도입하는 등 기업 한겨레로서도 창간 정신을 지키려고 애썼다. 경영기획부, 인재개발부, 재경부, 총무부 등 공덕동 사옥 8층 가장 높은 곳에서 일하는 이들은 지금도 한겨레 살림살이를 책임지고 있다. 이병, 차성진, 최영선, 박영소, 신철, 장철규, 장창덕, 강창석, 김광호 등이 경영기획실장 또는 경영지원실장으로서 한겨레 곳간과 사람을 관리하는 일을 총괄했다. 한겨레 살림살이가 나아지려면 매체를 만드는 것 이외에 수익을 다각화하는 일도 중요했다. 사업국에서는 각종 전시회와 공연 등을 기획해 한겨레 브랜드 가치를 높였다. 마라톤대회, 종이비행기대회, 봄길 걷기대회, 포토워크숍, 동아리한마당, 한글날 예쁜 엽서 공모전 등 한겨레가 진행한 야외 행사는 주주·독자와 시민들에게 큰 기쁨을 주었다.

이처럼 '숨은 일꾼'으로 한겨레를 오래도록 지켜온 이들이 있었기에 한겨레가 30년 동안 존재할 수 있었다. 구자상(사업국), 김성태(독자서비스국), 김태읍(독자서비스국), 김영조(광고국), 박용태(독자서비스국), 서기철(경영기획실), 신철(창간30주년 사무국), 이병(경제사회연구원), 정원영(독자서비스국), 황태하(독자서비스국)는 한겨레가 창간한 1988년 입사했다. 30년 동안 한겨레라는 나무가 튼튼하게 뿌리내리도록 애쓴 경영직군 사원들이다. 여직원 가운데 김난희(여행사업팀), 김양임(총무부), 이유경(출판관리팀), 이현자(디지털미디어국), 임종심(광고관리부)은 1990년 이전에 입사해 30년 가까이 한겨레를 지켜왔다.

지역

한겨레는 창간과 동시에 유가 부수 30만 부를 돌파했다. 한국 신문업계 사상 전무후무한 기록이다. 새 신문에 대한 국민들의 기대가 그만큼 크기도 했지만, 창간 지국장들의 헌신적인 노력이 없었다면 불가능한 일이었다.

신문사 영업은 판매와 광고 두 바퀴로 굴러간다. 그런데 한국의 신문사들은 주로 판매 수익이 아니라 광고 수익으로 기업을 운영한다. 그래서 발행부수의 절대량을 늘리는 게 가장 중요하다. 부수가 많아야 광고 가격을 높게 책정할 수 있기 때문이다.

이 때문에 신문사 본사는 지국의 부수 확장을 채근한다. 지국이 판촉하도록 각종 지원금을 주고, 판촉 목표량을 달성하면 성과급을 지급한다. 거의 모든 신문사가 이렇게 지국을 관리한다.

한겨레는 그런 식으로 지국을 관리할 돈이 없었다. 한겨레가 창간을 준비하면서 가장 고민한 것 중 하나가 바로 신문의 판매 보급망을 어떻게 확보하느냐의 문제였다. 신문을 만드는 일에 성공했다고 일이 끝난 게 아니었다. 독자들이 신문을 받아 읽을 수 있어야 했다. 아무리 신문을 잘 만들어도 전국의 독자들에게 배달할 수 있는 보급망이 없는 한, 그 신문은 결코 전국지가 될 수 없었다.

한겨레는 기성 신문이 구축해놓은 독점적 카르텔 탓에 기존 보급망에 편승할 수 없었다. 그렇다고 직접 자기 자본을 들여 새로운 보급망을 구축할 수도 없었다. 한겨레는 자기만의 방식으로 이 문제를 해결했다. 전국의 지사와 지국장들을 공개모집한 것이다. 공모로 전국적인 보급망을 완전히 새로 구축하는 한편 지사와 지국의 보증금을 받아 비용도 충당하겠다는 아이디어였다.

요즘과 같은 시절이었다면 어림도 없었을 이야기다. 하지만 많은 국민이 한겨레의 창간을 성원하고 지지했던 1988년에는 가능했다. 한겨레가 공모를 시작하자 예상보다 거센 반향이 일었다. 한겨레 지국장은 '운동가'의 구실을 겸하는 것이라는 인식이 있었기 때문이

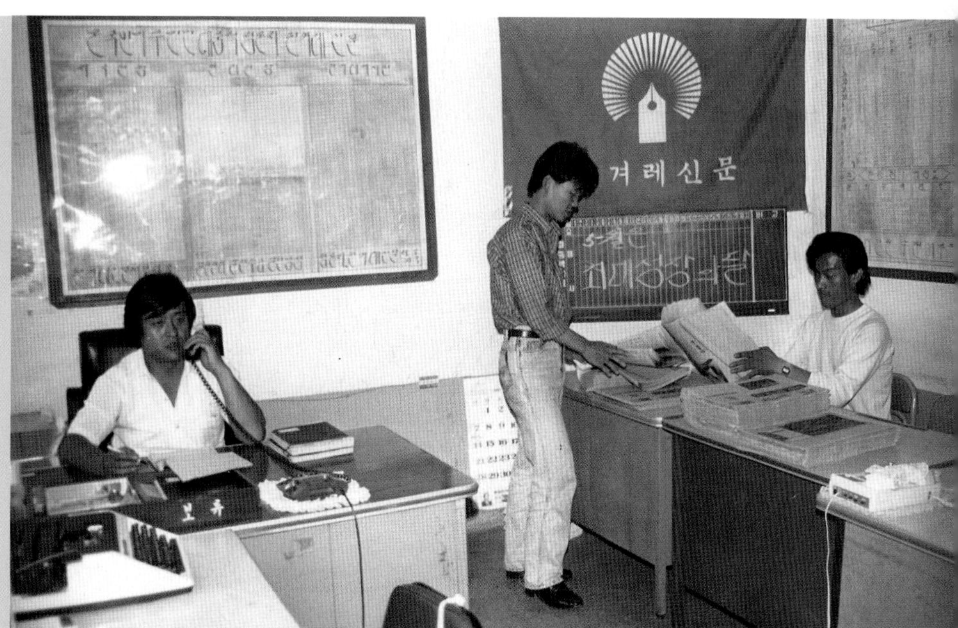

열성 지국장들 덕분에 한겨레는 창간 직후부터 4대지의 반열에 오르게 되었다 1989년 6월, 7개월 동안 판매 부수를 3배로 늘린 한겨레 수원 서부지국 사무실의 모습.

다. 전국 각지의 풀뿌리 운동가들이 한겨레 지사 및 지국 운영에 대거 참여했다.

1988년 창간 때부터 지금까지, 30년 동안 충청남도 예산지국을 맡고 있는 박형 지국장도 그 가운데 하나다. 그는 1987년 민주화운동과 농민운동에 참여했다. 그해 대선이 끝나고 나서 함께 농민운동을 하는 동료들과 모여서 향후 계획을 의논했다. "새 신문이 만들어진다는데 우리도 나서서 해야 하지 않겠나?" "그런데 그걸로 먹고살 수 있나?" "그래도 누군가는 해야 한다." 박형을 지국장으로 추천하는 목소리가 높았다. 그의 나이 28살이었다. 박형 지국장은 함께 농사를 짓던 아버지의 허락을 받아 집안의 큰 재산이었던 황소 한 마리를 팔았다. 한겨레 본사에 낼 보증금을 마련하기 위해서였다. 지국 사무실은 다른 지역 운동단체와 나눠 썼다.

사재 털어 판촉 활동한 지국장들

열성 지지자들 덕분에 창간 1년이 채 되지 않은 1989년 2월, 한겨레신문사는 전국 228개 지국, 110개 분국을 갖추게 되었다. 신생 매체로서는 비교적 손쉽게 전국 배달망을 구축한 셈이었다. 이들 초창기 지사·지국장들은 자기 자신을 곧 한겨레 기자이자 판매사원으로 여겼다. 회사에서 요구하지 않았는데도 자기 돈을 들여 판촉 홍보물을 만들어 지역사회에 뿌리는가 하면, 수백만 원에서 수천만 원씩 사재를 털어 신문 확장 운동을 벌인 사람들이 적지 않았다.

1988년 5월, 한겨레가 창간되기도 전이었다. 서울 봉천지국 김진희 지국장은 서울 안국동 한겨레 창간준비 사무국에 가서 온 식구 이름으로 주식 1000여 주를 샀다. 김진희 지국장은 당시 관악구에서 식품업체 대리점을 운영 중이었다. 주변에 한겨레 신림지국, 관악지국이 생겼는데 그가 살던 동네에는 창간 홍보 소식지가 들어오지 않았다. 마음이 조급해졌다. 봉천지국을 만들겠다고 나섰다. 원래 하던 대리점을 접고 봉천지국에 모든 것을 쏟아부었다. 고등학생이던 큰아들부터 8살이던 막내아들까지, 김진희 지국장의 아들 4형제가 신문 배달을 함께했다.

김진희 지국장은 김대중 정부 출범 뒤인 2000년, 한겨레 노동조합 소식지에 신문의 여당 편향적인 논조를 경계해야 한다고 조언하는 글을 보내오기도 했다. "초창기 한겨레 지국장 모임에 가면 화이트칼라도 있고 군사독재 정권 시절에 지하운동을 하던 사람들도 있고 다양했다. 한겨레 보도 방향과 논조에 대한 토론도 치열했다. 지대나 확장 수당 등 이

초창기 한겨레 지국은 풀뿌리 운동가들의 삶터이자 일터였다. 배달 오토바이에 홍보 문구를 직접 써 넣은 한겨레 인천 만수지국 사람들.

익에 대한 이야기는 뒷전이었다."

열정이 지나치게 흘러넘치는 경우도 적지 않았다. 지국장 가운데는 지국을 운영하는 것 자체를 민주화운동의 일환이라고 여기면서 신문보급소 운영의 상업적 측면을 소홀히 하는 사람들이 일부 있었다. 지국장과 배달원이 운동 노선으로 싸움을 벌여 지국 업무가 마비되는가 하면, 지국장과 배달원이 시국 관련 거리시위에 함께 참가했다가 모두 경찰에 붙잡혀 며칠씩 구류를 당하는 일도 있었다.

이유가 어쨌건 초창기 한겨레는 배달사고가 잦기로 유명했다. 격일로 신문이 들어오는가 하면 아예 일주일을 통째로 빼먹는 사고도 비일비재했다. 배달사고는 구독 중단을 낳고, 구독 중단은 지국 운영의 악화를 부르고, 지국의 부실화는 다시 배달사고를 낳는 악순환이 계속되었다. 한겨레 지국들이 운영 부실과 경영난에 봉착한 사이에 다른 신문들은 살인적인 판촉 경쟁에 나서면서 한겨레의 전국판매망은 그 뿌리가 흔들릴 정도로 약화되어갔다.

일차적인 원인 제공자는 한겨레 본사였다. 초창기 제작시스템이 불완전해 신문 발송 시간을 번번이 놓쳤다. 게다가 자본력이 없으니 다른 신문사들처럼 지국 사무실의 임대 보증금을 대납해주거나 운영비를 지원해주지 못했다. 하나둘씩 지국장직을 내놓는 사람들이 나왔다. 한겨레는 1990년대 초부터 다른 신문 보급소와 겸업을 인정하는 등 지국 재정비에 힘을 기울였다. 이제는 한겨레만 배달하는 '단독 지국'은 거의 남아 있지 않다. 종이신문 구독률이 추락하면서 신문사 지국 운영이 어려워진 탓이다.

지국 운영만이 아니라 신문 배달 시스템도 재정비했다. 2002년 3월 영남 지역, 같은 해 5월 호남 지역 현지 인쇄를 도입했다. 서울 본사에서 지역까지 신문을 발송하는 시간을 단축하기 위해서다. 제주도의 경우 현지 인쇄를 포함한 다양한 방안을 모색하다가 2012년 4월 석간으로 전환하기도 했다.

창간 초기에는 한겨레를 배달하다가 사고를 당한 이들도 많았다. 1988년 10월 21일, 광주지사 북광주지국 배달원 16살 조훈식 군이 새벽길 교통사고로 숨진 것을 비롯해 전북 장수지국장 장병훈(36살), 울산지국 총무 김종호(28살), 제주지사 배달원 강희숙(22살), 대전 유성지국 배달원 임배섭(19살), 경기 연천지국 배달원 노성복(17살) 등 1988~1991년 사이에 배달·판촉 도중에 사고나 과로로 숨진 이들이 여럿이었다.

지역에서 한겨레를 대표하는 얼굴들

한겨레 지국이 전국 곳곳에 신문을 배달해주는 '발'이라면, 반대로 전국 곳곳의 소식을 모아오는 '발'도 있다. 바로 편집국의 지역기자들이다. 서울과 수도권에 모든 정보와 인

퇴직자를 포함한 한겨레 역대 지역기자들이 2006년 12월, 후배 기자들이 초청한 '홈커밍데이'에 모였다.

력이 집중된 상황에서 지역기자들은 한겨레를 대표하는 '얼굴'로서 취재, 판매 등을 아우르는 활동을 펼치고 있다.

창간 때부터 한겨레는 '주재기자' 대신 '지역기자'라는 말을 썼다. 다른 중앙 언론사의 지역 주재기자들은 공무원, 지역 토호 등과 카르텔을 맺고 지역사회를 좌지우지했다. 한겨레 지역기자는 처음부터 그런 일을 배척했다. 지역 사회에서는 당연하게 여겨지던 촌지도 거부했다. 김영환·배경록(경기·인천), 손규성(충남), 박화강(전남), 장세환(전북), 김현태(경남), 이수윤(부산), 김종화(강원), 구대선(대구·경북) 등이 한겨레 지역 기자 1세대다. 이들 대부분은 각 지역을 대표하는 유력지를 그만두고 한겨레에 합류했다. 공채 2기였던 신동명(경남), 허호준(제주)은 지역기자로 함께했다.

1세대 지역기자들은 지역에서 고생을 많이 했다. 혈혈단신으로 지역의 권언 카르텔을 상대했다. 촌지를 받으며 지역사회에 군림하는 다른 언론사 기자들의 텃세를 혼자서 감당해야 했다. 경남도청 기자단이 한겨레 기자의 기자실 출입을 거부하자 김현태는 기자실 출입문에 아예 대자보를 써 붙이기도 했다. 한겨레의 지역기자들은 촌지 문제를 자주 취재해 보도했는데, 그때마다 영세한 지역 일간지 기자들이 하소연을 많이 했다. 그들은 촌지를 받지 않으면 생계를 유지할 수 없었다.

한겨레 지역기자들은 주재기자단의 따돌림 덕분에 오히려 현장을 열심히 다닐 수 있었다. 기자 한두 사람의 담당 지역이 영남 전체 또는 호남 전체이던 시절이었다. 주요 출입처인 관공서만 따져도 20여 곳이 넘었다. 시골에서 일이 터지면 기차를 타고 달려가 취재했다. 각 지역의 재야단체, 노동단체는 모두 한겨레 기자를 찾았다. 한겨레 지역기자들은 당장 기사가 안 되는 소규모 공장의 노조 출범식까지 뛰어다녔다.

창간 때의 1세대에 뒤이어 1990년대 초중반에 지역기자를 더 뽑았다. 홍용덕·김기성(경기), 안관옥(광주), 이수범(광주), 최익림(부산), 홍대선(대구), 하석(대전) 등이다. 이들이 합류한 뒤에 한겨레 지역팀의 특종이 더 많아졌다. 2000년대 들어서는 김광수(울산), 박영률(대구), 박임근(전주), 박주희(대구), 송인걸(대전), 오윤주(청주), 정대하(광주), 최상원(부산) 등이 한겨레 지역팀을 떠받쳤다. 2005년 5월, 지역기자들은 창간을 기념해 수여하는 '한겨레 대상'을 단체로 받았다. 그 이후로 김영동(부산), 김일우(대구), 박수혁(강원), 이정하(경기), 최예린(세종·충남) 등이 한겨레 지역기자로 합류했다.

한겨레 지역기자들에게는 취재 말고도 많은 고민이 있다. 1994년 말, 한겨레는 지역법인을 따로 만드는 방안을 추진했다. 사업다각화 회의에서 처음 나온 구상이었다. '부산 한겨레', '광주 한겨레' 등을 분사시키고 이들 지역법인이 4~8면 정도에 지역 뉴스를 담는 지면을 제작하면 나머지는 서울 본사가 제작한 기사로 채운다는 계획이었다. 자금과 지면 관리 문제가 말끔히 해결되지 못한 상태에서 대표이사가 중도에 바뀌어 그 구상을 접었다. 2005년 무렵엔 지역기자들이 쌓아온 인적 네트워크와 노하우를 활용해 새로운 사업 영역을 개척하는 '지역본부제' 논의가 나왔으나 시행되지는 못했다.

1988년 5월 15일, 한겨레 창간호에는 광주민중항쟁을 상징하는 유명한 사진 속의 주인공 조천호 군을 인터뷰한 기사가 실렸다. 이틀 뒤인 1988년 5월 17일, 1면에 '광주항쟁 비극 속의 역사성'이라는 제목으로 광주민중항쟁 관련 기획 연재를 시작한다고 알렸다. "한겨레신문은 유신, 광주민주항쟁, 6월항쟁에 이르는 길고 어두운 역사의 터널을 뚫고 나온 시대적 산물이라는 점을 잊지 말아주길 바란다." 창간호 5면에 실린, 당시 서른한 살 주부 홍영희 씨의 말이다.

이러한 마음을 품고 있는 지역 시민들이 한겨레에 크게 호응하는 것은 자연스러운 일이었다. 특히 호남 지역 한겨레의 구독 부수, 열독률 등은 늘 상위권에 머물렀다. 창간 초기 한겨레에는 '전라도 신문'이라는 딱지가 붙기도 했다. 한겨레는 지령 100호 특집 '한겨레신문 실상과 전망'이라는 좌담회를 통해 이런 '소문'을 해명하기도 했다. "전라도 신문 운운하는 대목은 신문을 제작하는 저희들이나 국민들 모두가 함께 깊이 생각해보아야 할 대목이라고 봅니다. '억압받는 민중의 편에 선다'는 한겨레의 뜻이, 그동안 상대적으로 더 억압을

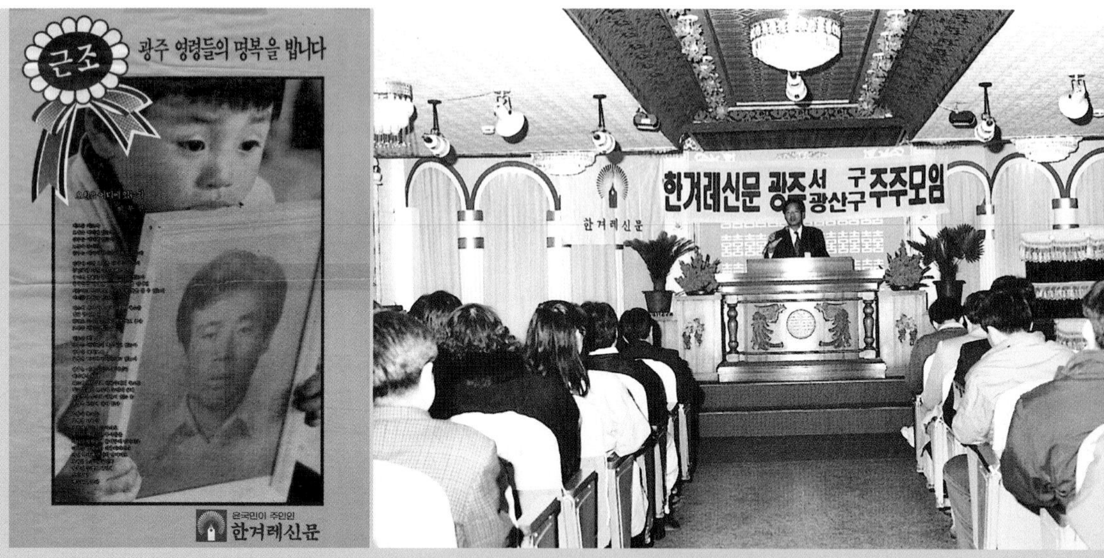

1990년 5월, 한겨레가 광주민중항쟁 10돌을 맞아 광주광역시에 배포한 특별 홍보물의 표지. 한겨레는 1988년 5월 15일 창간호에 사진 속 주인공 조천호 군을 인터뷰한 기사를 싣기도 했다(왼쪽). 한겨레는 각 지역마다 주주 모임이 활발하다(오른쪽).

받아왔다고 믿고 있는 호남 쪽에서 다소 호응을 받고 있는 것은 사실입니다. 그러나 증면되면서 경상도 지역에서도 판매부수가 급신장하고 있습니다."

특정 지역을 대변하는 신문?

한겨레는 특정 지역이나 특정 정치세력을 대변하지 않는다. 다만 한국 사회에 뿌리 깊은 지역 감정과 지역 차별 정서에 반대했을 뿐이다. 1990년 5월, 광주민중항쟁 10돌을 맞아 한겨레는 광주광역시에 특별 홍보물을 배포했다. "한겨레신문이 태어나게 한 역사적 사건은 6월항쟁이며 그 항쟁의 모태는 '5월 광주'입니다. 이렇게 태어난 한겨레신문은 광주항쟁의 역사적 의미를 한시도 잊을 수 없습니다. 한겨레신문이 광주항쟁의 숭고한 정신을 오늘에 되살리는 매체로서 일하는 것은 오로지 '광주'의 소리만을 대변하고 다른 지역은 소홀하게 다룬다는 말이 결코 아닙니다. 80년 5월에 광주의 민중은 특정 지역 출신의 군인들에 반대하여 봉기한 것이 아니라 민주화를 유린하고 군사독재를 연장하려는 세력을 응징하려고 일어났습니다. 그것은 호남 대중만의 의지가 아니라 온 국민의 뜻을 대변한 행동이었습니다."

한겨레 창간위원이자 초대 광주 지역기자였던 박화강은 전남매일 기자 시절인 1980년, 광주항쟁을 보도하려다 해직됐다. 관련 기사를 썼는데 지면에 실리지 못했다. 바로 사표를 냈다. 동료 기자들은 그가 쓴 사표를 복사해 유인물로 만들어 광주 시민들에게 돌렸다.

"보았다. 사람이 개 끌리듯 끌려가 죽어가는 것을 두 눈으로 똑똑히 보았다. 그러나 신문에는 한 줄도 싣지 못했다. 이에 부끄러워 붓을 놓는다." 박화강의 사직서는 진실을 덮은 모든 기사를 대신했다. 신문사는 이 사표를 반려했지만, 머지않아 전두환 신군부가 박화강을 신문사에서 내쫓았다. 박화강의 동생 박기순은 광주의 들불야학을 이끌다 연탄가스 중독으로 죽었다. 훗날 박기순은 광주항쟁을 이끌다 전남도청에서 사망한 '최후의 시민군' 윤상원과 '영혼 결혼'을 했다. 박화강은 2004년까지 한겨레에서 존경받는 기자로 일했다. 전국 각지에 이러한 지역기자들과 지국장들이 단단히 뿌리내려주었기에 지금의 한겨레가 있을 수 있었다.

여성과 비정규직

정치부, 경제부, 사회부에 배속되어 일하는 여기자 0명. 1995년 한겨레 편집국 '양성평등'의 현실을 보여주는 숫자였다. 편집국에 여기자가 39명이나 있었으나 이른바 '핵심 부서'로 일컬어지는 정·경·사에는 단 한 명도 배치되지 않았다. 다른 종합일간지도 그땐 그랬을까?

1995년 11월 8일, 한겨레신문사 여성기자회가 발족했다. 여기자회는 첫 사업으로 10개 종합일간지(연합통신 포함)의 여기자 배치 현황을 실태 조사했다. 정치·경제·사회부에 배치된 여기자의 수는 중앙일보가 7명으로 가장 많았다. 동아일보 5명, 한국일보 4명, 경향신문과 국민일보·서울신문·세계일보는 각각 3명씩 일하고 있었다. 다만 이들 언론사에서도 정치부만은 예외였다. 정치부에 여기자를 배치한 곳은 연합통신이 유일했다. 핵심 3개 부서에 여기자가 한 명도 없는 종합일간지는 한겨레와 문화일보 두 곳 뿐이었다.

"기자는 사회 전반적인 현상에 대해 다양한 각도에서 보는 눈을 키울 필요가 있다. 핵심 뉴스를 쫓아본 경험이 없는 경우, 뉴스 가치 판단을 해내는 기사 감각이 부족할 수밖에 없고 이것이 축적되면 스스로 위축돼 의욕이 상실되고 장기적으로 데스크 역할을 수행하는 데 어려움이 따를 수밖에 없다." 여성기자회 회장을 맡았던 김선주의 비판이었다.

창간 첫해인 1988년, 한겨레 지면에는 여성 또는 양성 평등과 관련한 연재물이 많았다. '여성, 오늘과 내일'(1988년 9월), '해외 여성'(1988년 9월), '여성 여성 여성'(1988년 11월), '부부 함께 일한다'(1989년 1월), '젊은 가정, 사회를 바꾼다'(1989년 5월), '아버지 육아일기'(1989년 10월) 등이 대표적이다.

하지만 한겨레 내부로 눈을 돌리면, 한겨레가 모든 차별로부터 자유로웠다고 자신 있게 말하기는 힘들다. 특히 여성, 비정규직 문제에서 그렇다. 다만 한겨레신문 윤리강령에 명시되어 있듯이, 한겨레는 "사내의 문제에 대해 자유롭게 의견을 내고 이를 모아 신문제작과 회사의 운영에 반영하는" 언론사다. 여성, 비정규직 등 사내의 차별 문제에 대해서도 서로 머리를 맞대어 논의하고 나아가 문제를 해결해나가고자 했다.

"차별도, 배려도 거부한다"

한겨레의 여러 사내 모임 가운데 가장 처음 만들어진 것이 여성 모임이었다. 1988년 1월 8일, 한겨레 여성발의자 모임이 열렸다. 창간 사무국에 참가한 여성 해직·경력 기자들이 참석했다. 이날 모임에서는 앞으로 기자 인사에서 양성평등의 원칙을 지키고, 편집국 안에 '여성부'를 만들어 각 지면에 나가는 여성 관련 기사를 검토하자는 의견이 오갔다. 편집국 안에 양성평등의 시각에서 여성 관련 기사를 점검하는 일종의 소편집위원회를 두자는 제안이었다. 이 제안은 실제로 현실화되지는 못했다.

창간 사무국 시절의 이 여기자 모임이 시초가 되어 '여성편집인 모임'이 만들어졌다. 창간 초기 여성편집인 모임에는 조성숙, 지영선, 신연숙, 권태선, 조선희, 최보은, 박근애, 김화령, 김미경, 권정숙, 문현숙 등이 참가했다. 이들은 부정기적으로 모임을 열어, 각 부서마다 여기자를 고루 배치할 것, 신입 사원 모집 때 성차별 없이 능력에 따라 선발할 것, 신입·공채 사원 선발 때 여성 전형위원을 포함시킬 것 등을 회사 쪽에 제안했다.

1980년대까지 각 언론사는 여성을 차별 대우했다. 입사 기회조차 주어지지 않았다. 조선일보에서 해직될 당시 김선주는 그 신문사의 유일한 여기자였다. 그 시절 동아일보에선 여기자가 결혼하면 신문사를 그만둬야 했다. 한겨레는 이와는 달랐다. 창간 초기에 전체 기자 가운데 16%가 여성이었다. 다른 언론사보다 여기자 비율이 높았다. 1995년 여성기자회 발족 당시에 정치부를 출입하는 여기자가 없었으나, 공채 1기 최보은은 수습을 마치자마자 1980년대 후반에 정치부에서 정당 출입을 시작했다. 당시 그는 모든 언론사를 통틀어 정당을 출입하는 거의 유일한 여기자였다.

한겨레는 당시 언론사치고는 여성에게 비교적 문을 활짝 열어놓았다. 1988년

2008년 5월 29일, 한겨레 여성 기자 23명이 한겨레신문사 공덕동 사옥 9층 옥상정원 '하니동산'에 모였다. 한겨레 창간 멤버였던 윤강명, 문현숙, 권태선, 김경애부터 막내인 송경화, 박향미까지 함께 했다.

12월 31일 기준으로 전체 정규직원 366명 가운데 여성이 80명(21.9%)에 달했다. 창간 때 초대 시사만화가로 입사해 '미주알 고주알'을 그렸던 김을호의 경우만 봐도 그렇다. 당시만 해도 시사만화는 '금녀의 영역'으로 여겨졌었다. 한겨레 내부에서는 여성 시사 만화가라는 것이 아무런 제약도 되지 않았다.

그러나 실제 조직운영에 있어서도 양성평등이라는 원칙이 그대로 적용되지는 못했다. 실제로는 남녀 차별이 존재했다. 1990년대 노동조합 소식지에는 "여성, 더구나 아이를 낳은 여성은 외근 업무에 부적합할 뿐 아니라 불편하기 때문에 같이 일할 수 없다"고 말하는 상사 때문에 퇴사를 결정한 여사원의 이야기가 실려 있다. 이 사건을 두고 1994년 1월 15일, 노동조합은 "한겨레에서 여성 조합원이 '단지 여성이라는 이유만으로' 특정 업무 영역에서 배제되거나 보조 영역에 머물게 되는 일은 없어야 한다. 더구나 결혼, 임신, 출산이 여성차별의 이유는 될 수 없다"고 비판했다. 호봉이 낮은 남자 편집위원을 호봉이 높은 여성 편집위원보다 먼저 승진시킨다거나, 여기자들은 문화부, 편집부, 교열부 등 내근 부서에 주로 배치시킨 것 역시도 남녀 차별로 비쳐질 여지가 있었다.

여기자회는 1996년 3월 26일 회사에 7개 항목의 개선을 요구하는 건의문을 전달했다. 기자 채용 시 '여성 할당제' 도입을 적극 검토할 것, 여기자를 각 부서에 골고루 배치할 것, 성희롱 등 직장 내 여성 근무를 어렵게 하는 조건을 없애는 일에 적극성을 보일 것 등이었다.

1999년 11월 19일, 한겨레 여직원들이 처음으로 한자리에 모였다. 경기도 청평 펜션으로 1박 2일 여행을 떠났다. 창사 이후 처음으로 '한겨레 여직원 세미나'를 열었다. 8개 조로 나뉘어 한겨레 안의 여성 문제를 토론했다. 한겨레문화센터, 전산제작부 등에 무차별적으로 여성 계약직을 채용하는 문제 등을 논의했다. 판매국에 정규직 여직원이 한 명도 없을 정도로 광고·판매국에 여성을 적극 배치하지 않는 회사의 인력 운용정책에 대한 비판도 나왔다.

2000년 12월에도 여직원들은 1박 2일로 워크숍을 가서 '한겨레 대안 찾기와 여직원의 역할'이라는 주제로 토론했다. 이에 앞서 한겨레 여직원회는 성명서를 낸 바 있었다. "한겨레신문사의 여직원들은 지금까지 그늘에서 묵묵히 일해왔다고 자부합니다. 대외적으로 빛나는 일, 가시적으로 수치를 인정받는 일 외에 그것을 만들 수 있도록 지원하는 일이 대부분 우리 여직원들의 몫이었습니다. 그러나 빛나는 일이 아니라고, 수치로 나타나는 일이 아니라고 하찮게 여긴다면 한겨레신문사라는 회사가 제대로 굴러갈 수 있을지 의문입니다. 이름 없는 사원들을 기억해주시길 바랍니다. 이들이야말로 역사의 위대한 실험인 한겨레의 오늘에 이르기까지 최선을 다한 사람들로 기억되어야 합니다."

2001년 1월 30일, 한겨레 여성회가 창립총회를 열고 공식 출범했다. 그때까지는 편집국과 업무직, 전산직 여성모임 등이 따로 활동했었다. 여기자와 여직원 90여 명이 회원으로 가입했다. 김선주 논설위원이 고문, 권태선 편집국 교육공동체부장이 회장으로 선출되었다. 김경애, 이유경, 박은희가 부회장을, 구정아가 총무를 맡았다.

"창간 초기 여성편집위원회를 '여편'이라고 줄여서 불렀다. 한겨레 내부의 성평등 문제에 대해 발언하자는 의도뿐만 아니라 성차별적인 지면을 만들지 않기 위해 일상적인 감시 체계가 필요하다는 문제의식이 있었다. 편집위원회 회의에 여성이 있느냐 없느냐에 따라서 어떤 사안에 대한 가치 판단이 달라지기도 했다." 한겨레 여성회 초대 회장을 맡았고 한겨레 첫 여성 편집국장을 역임한 권태선의 말이다.

창간 초기에 있었던 여기자들은 한겨레에서 주요한 역할을 담당했다. 권태선은 2002년 종합일간지 사상 첫 여성 사회부장이 된 데 이어, 2005년에는 종합일간지 사상 첫 여성 편집국장이 되었다. 신연숙은 미디어사업본부장을 맡아 허스토리 창간을 주도했고, 조선희는 씨네21 초대 편집장, 김미경은 인터넷한겨레 뉴스부장과 허스토리 초대 편집장을 맡았다.

양성평등을 향한 노력, 현재진행형

2000년대 이후로 한겨레 공채 입사자의 절반 이상은 여성이다. 2018년 현재 한겨레에서 일하는 직원 535명 가운데 여성은 171명이다. 창간 직후 21.9%였던 여성 비중은 32%까지 늘어났다.

한겨레에서 양성평등이 완전히 이뤄졌냐고 묻는다면, 대답은 '아니요'다. 한겨레 30년의 역사에서 내부 승진한 여성 등기 임원은 2007~2008년과 2011~2014년 편집인을 역임했던 권태선이 유일했다. 여성 국·실장급 임원도 열 손가락 안에 꼽을 정도

한겨레 여성회에서 주최한 세미나에 참가한 직원들이 기념사진을 찍고 있다. 직군, 연령에 상관없이 50명 가까이 참석했다.

로 적었다. 여성 사외이사는 이효재, 노금선, 최윤희 세 명뿐이었다. 2018년 현재 한겨레 임원 14명 가운데 여성은 한 명도 없다.

한겨레 내부에서는 여전히 양성평등과 관련한 논란이 종종 터져 나온다. 2010년에는 광고국에서 임원이 여직원에게 '차 심부름'을 시켰다가 문제가 되었다. 2013년 독자서비스국에서는 육아 시기 1년 동안 근로시간을 줄여서 일하는 '육아기 근로시간 단축 제도'가 도입되어 있는데도 부서 공식행사, 회식 등을 강요받는 상황에 놓인 여사원의 문제 제기가 있었다.

2014년 10월 28일, 한겨레에서는 '고용평등 및 일과 삶의 균형에 관한 규정'이 시행되었다. 회사와 노동조합이 각각 3명씩 추천한 위원회를 구성해, 고용평등 및 일과 삶의 균형에 관한 규정을 위반하는 사례에 대한 조사, 중재, 징계 심의 등의 절차를 밟아나가기로 했다. 여기서 규정한 차별이란, 성별·혼인·임신·출산 등의 사유로 채용 또는 근로조건이 달라지는 경우 등을 뜻한다. 특정한 성별의 직원을 지정하여 '차 심부름' 등 업무와 관련 없는 잡무를 시키거나 임직원을 '~여사', '~군', '~양'이라는 호칭으로 부르는 행위도 금지시켰다. 또한 회사는 2020년까지 여성 관리자 비율을 20%까지 확보하기 위해 노력하기로 했다. 2018년 현재 한겨레에서 부장급 보직을 맡고 있는 여성은 10명이다. 부장급 이상 여성 관리자 비율은 아직 13.7%에 머물고 있다.

'양성평등'을 위해 노력하려는 조직문화는 남성들에게도 영향을 미쳤다. 한겨레는 어느 언론사보다 남성의 육아휴직이 자유롭고 활발하다. 2000년 4월, 편집국의 권복기 기자는 한 달 동안 육아휴직을 받아 가정을 돌봤다. 국내 언론계에서는 처음 있는 일이었다. 남성의 육아휴직 규정은 대부분 기업이나 언론사에서 사문화되어 있었다. 2001년 5월 한겨레21의 김창석 기자, 2001년 9월 정보자료부의 최민수 등이 각각 두 달간의 육아휴직을 받은 이후로 한겨레 남자 사원들은 큰 거리낌 없이 육아휴직을 쓰고 있다. 2000년 이후로 2018년까지 한겨레에서 육아휴직을 했던 남자 사원의 수는 46명에 이른다. 창간 이후 모두 136명이 육아휴직을 썼는데 셋 중 하나는 남자였던 셈이다.

비정규직 없는 일터, 한겨레부터

"회사와 노동조합은 비정규직 직원의 운용을 최소한으로 제한하며, 정규직 전환을 위해 최대한 노력한다." 한겨레 노사가 맺은 단체협약 제32조에는 비정규직의 채용을 제한하는 조항이 있다.

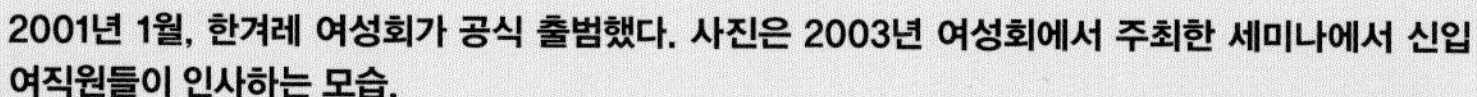
2001년 1월, 한겨레 여성회가 공식 출범했다. 사진은 2003년 여성회에서 주최한 세미나에서 신입 여직원들이 인사하는 모습.

2007년 9월 4일, 한겨레신문사 노사는 다음과 같은 합의안을 남겼다. "한겨레신문사는 정규직과 차별되는 비정규직 채용을 회피하기 위해 최대한 노력한다. 특수업무, 한시 업무 등 불가피한 사유로 인해 비정규직을 채용할 경우, 노사 합의를 거친다. 한겨레신문사 비정규직 문제 해결을 위한 노·사 공동위원회를 구성해 내놓은 첫 약속이었다.

2007년 당시 한겨레신문사가 고용한 비정규직은 50명이 넘었다. 2007년 7월 1일부터 '기간제 및 단시간 근로자 보호 등에 관한 법률'이 시행된 터였다. 300인 이상 사업장인 한겨레도 법 적용 대상이었다. 노사는 비정규직 문제의 해법을 함께 고민한 뒤에 8개 항목에 합의했다. 그동안 사실상 정규직과 같은 업무를 해온 장기 근로 비정규직을 정규직으로 채용할 것, 편집국 우편물과 신문 정리 등을 주로 하는 '학생 아르바이트' 직은 '사무보조' 직군을 신설해 고용안정을 보장할 것 등이었다.

양성평등과 마찬가지로 비정규직 차별 철폐도 한겨레가 지면에서 일관되게 목소리를 높여온 의제였다. 비정규직이 심각한 사회 문제로 부각된 2000년대 이후로 한겨레는 줄곧 비정규직의 열악한 노동 실태를 고발하고 이에 대한 해결책을 모색하는 기사를 써왔다.

'노동자의 절반 비정규직'(2001년 4월), '제2근로기준법 비정규직법안 쟁점'(2005년 4월), '갈 길 먼 비정규직법'(2006년 12월), '차별없는 노동, 차별 없는 사회'(2007년 8월) 등이 대표적이었다. 특히 한겨레21 기자 4명이 한 달 동안 직접 비정규직으로 일했던 경험을 생생하게 기록한 노동 OTL 시리즈(2009년 9월)는 비정규직 문제의 심각성을 새롭게 환기시키는 계기가 되었다. 그 이후로도 한겨레는 누구도 주목하지 않는 비정규직의 문제를 큰 사회적인 이슈로 만들어내는 보도를 이어갔다.

하지만 한겨레라는 일터의 현실은 '비정규직 없는 일터'라는 이상에는 가닿지 못했다. 다만 현실을 이상에 걸맞게 끌어올리려고 노력한 이들이 있었다. 노동조합이 가장 앞장섰다.

1992년 12월 1일, 회사가 '계약직 사원 관리방안'을 제정하자 노동조합(위원장 윤석인)은 이를 비판했다. '정규직과 마찬가지로 상용 근로'를 하는 임시직 사원을 1년 이상 무한정 계약 갱신할 수 있도록 명문화해서는 안 된다는 비판이었다.

이어 1993년 6월 24일, 노동조합은 회사에 공문을 보내 '임시직' 사원을 정규직으로 전환할 것을 건의했다. 2년 이상 일한 기간제 노동자를 정규직으로 전환하도록 하는 비정규직보호법이 한국에서 시행된 2007년보다 무려 14년 전의 이야기다. 비정규직 문제를 대하는 한겨레의 인식 수준은 상당히 시대를 앞선 것이었다. 그 이후 계약직 사원을 채용할 때마다 회사는 노동조합과 사전 협의하고 있다.

2001년 5월 2일, 노동조합(위원장 김보근)은 비정규직 사원들을 대상으로 노조 가입 신청을 받기로 했다. 2000년 11월 23일 한겨레 노동조합은 전국언론노동조합 한겨레지부로 산별 전환한 터여서 비정규직 노동자들이 조합원이 될 여건은 마련되어 있었다. 1997년 IMF 이후에 한국 사회에는 비정규직 일자리가 크게 늘어나 있었다. 한겨레도 크게 다르지 않았다. 당시 판촉사원, 학생 아르바이트, 계약직과 촉탁직 사원 등이 무려 118명이나 되었다. 이 중 51명이 노조에 가입했다.

이후 노사는 비정규직 규모를 줄이는 데 힘을 모았다. 2005년 11월 3일, 회사와 노동조합(위원장 조준상)은 법적으로 언제든지 해고 위험에 노출될 수 있는 촉탁직을 폐지하는 대신에 연봉계약직을 신설하고, 아르바이트 사원들의 임금이 정규직의 70%를 밑돌지 않도록 임금 최저선을 설정하는 데 합의했다.

2016년 노동조합(위원장 최성진)은 비정규직특위를 꾸려 한겨레에서 일하는 비정규직 실태를 조사하고 해법을 연구했다. 전임 노동조합 위원장이었던 전종휘가 비정규직특위를 이끌었다. 특위는 단체협약에 다음과 같은 내용을 반영할 것을 노조에 권고했다.

"한겨레신문 노사는 직접 고용 및 간접 고용 비정규직 노동자를 최소화하고 비정규직 노동자의 고용 안정에 힘써야 한다." 한겨레는 경비, 시설통신관리, 환경미화, 차량 운전 업무 등을 외부 하도급업체에 맡기고 있다. 간접 고용된 이들 비정규직 노동자들은 시설통신관리 업무를 제외하면 대부분 60살 이상의 고령자들이다. 한겨레에서 가장 '낮은 곳'에서 일하는 이들이다.

노사의 꾸준한 관심에 힘입어, 한겨레의 비정규직 비율은 크게 줄었다. 2017년 12월 31일 기준으로 한겨레에 직접 고용된 비정규직은 31명이다. 정규직을 포함한 전체 인원 573명의 5% 수준이다. 31명 가운데 편집국에서 복사 업무 등을 보조하는 아르바이트가 19명이다.

한겨레에서 비정규직 문제와 관련한 불합리한 규정을 손보고 노동조건을 개선하는 작업은 그 이후로도 꾸준히 진행되어왔다. 세상을 바꾸고 싶은 사람들이 모여 한겨레를 만들었다. 한겨레에 모인 사람들은 세상이 바뀌기 전에 한겨레부터 먼저 바꾸어야 한다는 사실을 잘 알고 있다.

매일 새벽 2시부터 아침 7시까지 한겨레신문사 사옥을 청소하는 청소노동자들의 모습.

광고 게재 기준

창간 1주년을 맞은 1989년 5월, 한겨레가 임직원을 대상으로 설문을 실시했다. 질문 항목 가운데 이런 내용이 있다. “다음과 같은 광고를 본지에 게재하는 것에 대해 어떻게 생각합니까. ① 국내 기업의 국산 상품 광고 ② 국내 기업의 수입 상품 광고 ③ 외국 기업의 상품 광고 ④ 국내 기업의 이미지 광고 ⑤ 외국 기업의 이미지 광고 … ⑨ 반공연맹 및 재향군인회 등의 의견광고 ⑩ 전민련 등 재야단체의 의견광고 ⑪ 고용주 측의 의견광고 ⑫ 노동조합 측의 의견광고 ⑬ 카드 대출 광고 ⑭ 술집 광고”

설문 결과는 기록으로 남아 있지 않다. 다만 이런 설문조사를 실시했던 것 자체가 광고에 대한 당시 한겨레 사람들의 인식을 드러낸다. 돈이 된다고 해서 아무 광고나 마구 실을 수는 없다는 정서였다. 동시에 경영상 어려움에 처한 신문사 사정도 짐작할 수 있다. 어느 정도 시장의 현실과 타협해야 신문사를 유지할 수 있다는 문제의식이 설문지에 담겨 있다.

“한겨레신문의 광고 영업은 두 가지 목표를 갖고 있다. 하나는 신문사 경영에 필요한 최소한의 이익을 확보하는 것이고, 다른 하나는 우리나라 신문광고 업계에 새 바람을 일으키는 것이다.” 창간을 앞둔 1988년 4월 28일에 나온 〈한겨레소식〉에는 광고 영업에 대한 구상을 밝힌 대목이 있다. 돈을 버는 데 혈안이 되어 신문사를 영리 추구의 집단으로 변질시키지 않음으로써 생존에 필요한 수익을 마련하는 과정에서도 기존의 신문사들과는 다른 방식을 택하겠다는 다짐이었다.

하지만 실제 지면에 실리는 광고를 둘러싼 논란이 적지 않았다. ‘의견광고’의 형식을 띤 광고 가운데 특히 예민한 문제가 많이 발생했다.

2010년 10월 14일치 34면에 동성애를 반대하는 내용의 광고가 실렸다. “〈인생은 아름다워〉 보고 '게이' 된 내 아들 에이즈(AIDS)로 죽으면 SBS 책임져라!"는 제목의 의견광고였다. '바른 성문화를 위한 국민연합'과 '참교육 어머니 전국모임'이라는 단체가 의뢰한 광고였다. 제주도에 배달되는 1판 신문에서 광고를 본 노동조합(위원장 류이근)이 편집국장에게 문제를 제기했다. "동성애자의 에이즈 감염 확률이 일반인의 700배"라는 등의 주장이 동성애를 폄하하고 있었기 때문이다. 결국 3판부터는 다른 광고로 교체되었다. 광고국은 광고 게재를 취소한 대신에 해당 단체에 광고비를 돌려줬다. "이번 일은 한겨레에서 잊을 만하면 다시 나타나는 '광고 게재 기준' 논란의 또 다른 반복이다. 돈이 된다고 뭐든 지면에 실을 수 있는 것은 아니다." 노동조합은 광고 영업 담당자들이 자의적으로 광고 게재를 결정하는 관행을 없애고, 광고 게재 가이드라인을 마련해야 한다고 지적했다.

특히 특정 기업을 명시하는 의견광고가 종종 껄끄러운 상황을 빚어냈다. 2007년 1월, 노동조합(위원장 이재성)이 회사 쪽에 깊은 유감을 표시한 공문을 보냈다. 금속노동조합이 의뢰한 의견광고 문구를 광고국이 수정 요청한 것에 대한 항의였다. "포스코와 삼성에 산별노조의 깃발을 세우는 것"이라는 문구가 있었는데, 광고국 관계자가 '삼성'을 빼고 '포스코 등 모든 회사에'로 바꿔달라는 의견을 제시했다. 금속노조는 '한겨레가 의견광고 문안까지 검열했다'고 항의했다. 광고국은 "한겨레가 처한 현실적 어려움을 설명하는 과정에서 양쪽 의견이 조정되지 않아 불거진 문제"라고 해명했다.

2010년 10월 14일치 한겨레 1판 34면에 동성애 혐오 광고가 실렸다가, 한겨레 노동조합의 문제 제기로 3판부터 다른 광고로 교체되었다. 한겨레신문사는 해당 단체에 광고비를 돌려주었다.

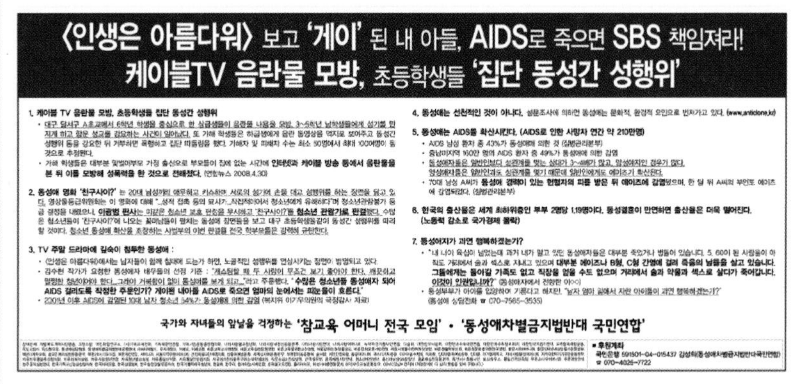

이 사건은 한겨레 지면과 경영 전반에 대한 논란으로 이어졌다. 두 달여 뒤, 편집국장이 교체되고 대표이사가 사퇴하는 일에도 영향을 줬다. 이후 한겨레는 광고와 지면을 분리하되, 문제가 될 만한 의견광고에 대해선 게재 여부를 임원회의 등을 통해 최종 결정하도록 했다.

한겨레에는 다른 신문과 달리 '생활광고'라는 독특한 지면이 있다. 평범한 시민들이 작은 알림 광고를 내거나, 경제적 약자인 소외계층이 자신의 의견을 표출할 수 있도록 한겨레 광고국이 특별히 고안해 만든 광고면이다. 가끔 이처럼 오해나 논란의 한가운데 서는 일이 생겨도 광고국에서는 생활광고란을 꾸준히 유지하고 있다.

정부 광고를 싣는 것도 한겨레 안팎에서 종종 논란이 되었다. 2006년 7월 7일치 한겨레 32면에 '이대로 멈출 것인가, 앞으로 나아갈 것인가/ 한·미 FTA 외눈박이의 시각을 바로잡습니다'라는 제목의 광고가 실렸다. 재정경제부, 외교통상부, 국정홍보처 명의의 광고였다. 7월 21일치 신문에도 FTA를 홍보하는 정부 광고가 실렸다.

노동조합(위원장 조준상)이 펴내는 진보언론에 '광고, 자유와 비루함의 경계'라는 제목의 글이 실렸다. "한국신문윤리위원회 신문광고윤리강령은 '신문광고는 그 내용이 진실하여야 하며 과대한 표현으로 독자를 현혹시켜서는 안 된다'고 명시하고 있다. 특히 정부 광고는 세금을 사용해 정책을 홍보하기 때문에 사실관계가 명확하고 책임 있고 공정해야 한다. FTA 정부 광고의 사실관계를 엄밀하게 따져볼 필요가 있다." 노동조합은 이 광고를 게재한 배경을 독자한테 적절하게 설명해야 한다고도 회사 쪽에 제안했다.

2015년 10월 19일치 한겨레 1면에 정부 광고가 실렸다. '올바른 역사관 확립을 위한 교과서를 만들겠습니다.' 교육부가 역사 교과서 국정화 관련 정책에 대한 의견 수렴 기간에 집행한 광고였다. 실은 이 광고는 10월 16일치 초판 신문에 실렸다가 빠진 광고였다. 광고가 실린 것을 보고 편집국 간부들과 노동조합(위원장 최성진)이 회사 쪽에 광고 게재 철회를 요구했다. 며칠 뒤, 경영진이 회의를 열어 다시 광고를 싣기로 결정했다. 의견광고이기 때문에 명백한 허위사실이나 명예훼손에 해당하는 내용이 없다면, 한겨레 논조와 다르더라도 광고를 실어야 한다는 것이 경영진의 생각이었다.

하지만 광고가 나가자 한겨레 안팎에서 논란이 커졌다. 트위터와 페이스북 등에는 한겨레 1면 이미지와 함께 한겨레를 비판하는 글이 나돌았다. 광고 게재를 거부한 경향신문과 광고를 실은 한겨레를 비교하는 글도 많았다.

10월 26일, 노동조합과 우리사주조합, 경영진 등이 참여한 가운데 토론회가 열렸다. 광고 게재를 찬성하는 쪽에서는 "기사는 기사고 광고는 광고다"라는 논리를 폈다. 기사를 싣는 지면은 '취재보도준칙'을, 광고 지면은 '광고 게재 기준'을 따라 결정되기 때문에 문제가 없다고 봤다. 한겨레는 따로 명문화된 광고 게재 기준을 두지는 않았지만, 한국신문윤리위원회가 만든 '신문광고윤리강령 및 실천요강'을 준용해 광고 게재 기준으로 삼고 있었다. 사회적 논란을 일으킬 만한 광고는 경영진이 별도의 심의 절차를 거쳐 게재 여부를 판단하도록 되어 있었다. 반면 국정교과서 광고 게재를 반대하는 쪽에서는 "광고 게재를 항의하는 독자들에게 '기사와 광고의 분리 원칙'이 어떻게 설득되겠느냐"고 되물었다. 실제로 한겨레 고객센터에는 이 광고 때문에 구독을 끊겠다는 독자 전화가 수십 통 걸려왔다.

논란이 확산되자 11월 3일 정영무 대표이사 명의의 편지가 독자들에게 배달되었다. "교육부 의견광고를 싣더라도 한겨레가 역사 교과서 국정화에 반대하는 논조는 아무런 변화가 없습니다. 그릇된 국정화를 강력하게 비판하되 세상에는 우리와 다른 견해도 존재한다는 사실을 알리는 것. 저희는 그것이 언론의 원칙이라고 봤습니다."

그런데 문제는 '기사는 기사, 광고는 광고'라는 원칙이 일관되게 적용되지 않았다는 점이다. 2008년 7월, 한겨레는 미국육류수출협회가 미국산 쇠고기를 홍보하는 광고를 싣지 않겠다고 거부했다. 당시 고광헌 대표이사는 임직원들에게 전체 이메일을 보내 이러한 사실을 자랑스럽게 알렸고, 미디어오늘 등에 기사화되었다. 어떤 경영진은 '시민들과의 신의가 중요하다'고 강조했고, 다른 경영진은 '광고 지면에서마저 우리와 다른 의견을 막아서는 안 된다'고 강조했다. 한겨레 안에서조차 명확한 광고 게재 기준이 없고 이를 깊이 토론해보지 않은 탓이었다.

2016년 1월 1일 '한겨레신문사 광고 게재 준칙'이 시행되었다. "우리는 독자에게 올바른 정보를 주고, 신문의 품위를 유지하는 것을 광고 게재의 원칙으로 삼는다. 한겨레신문사는 이 원칙을 준수하는 모든 개인과 법인, 단체에 광고를 개방한다. 공적 사안 등에 대한 의견광고는 본지의 논조와 상관없이 표현의 자유를 존중한다는 원칙에 따른다." '신문광고윤리강령 등에 어긋나는 광고는 광고주에게 수정을 요구하고 수정되지 않으면 게재를 거절할 수 있다' 등 세부 원칙도 마련했다.

05

서른 살

한겨레

또 한 번의 시련

01

"오늘 아침에 한겨레 제일 뒷면에 실린 광고 잘 봤습니다. 아주 좋았습니다." 어느 날 아침, A대기업 광고 담당 임원은 당혹스러운 전화 한 통을 받았다. 청와대 B행정관에게서 걸려온 전화였다. 말투가 빈정거리는 것 같기도 하고 묘했다. 여러 신문에 같이 나간 광고인데 유독 '한겨레'만 콕 집어서 언급하는 것도 마음에 걸렸다. 비슷한 시기에 C대기업 광고 담당 임원도 비슷한 전화를 받았다. "부사장님, 한겨레에 좋은 광고가 실렸더군요. 아주 잘 봤습니다."

2009년 봄, 한겨레 광고국 담당자나 임원들의 속은 타들어가고 있었다. 2008년 영업적자 61억 원을 기록한 데 이어, 기업 광고까지 급감하고 있었기 때문이다. 세계금융위기 이후 기업들이 광고비 집행을 20% 이상 줄인 것을 감안하더라도 정도가 지나쳤다. "아니, 주기로 약속했던 광고도 왜 안 주시는 겁니까?" 한겨레 사람들이 대기업 광고 담당 임원들에게 따지듯 물어보면 말끝을 흐렸다. "이번에는 어려울 것 같습니다." "아니, 왜요?" 캐물어도 속 시원한 대답을 들을 수가 없었다.

고광헌 대표이사와 송우달 광고 담당 상무, 광고국 직원들이 대책회의를 열었다. 대기업 광고 담당자들이 귀띔해준 이야기를 조각조각 맞춰보니 그림이 어렴풋하게 그려졌다. 청와대와 국정원이 배후에 어른거렸다. 기업 광고 담당 임원에게 전화를 걸어온 이들은 청와대 행정관, 국정원에서 기업을 담당하는 국내정보 담당관(IO) 등이었다. "북악 또는 세곡동에서 전화가 온다는 거예요." 송우달 상무가 여기저기서 취합한 정보를 임원회의에 보고했다. 북악은 청와대, 세곡동은 국정원을 뜻했다. "사실상 한겨레에 광고를 주지 말라는 신호를 계속 보낸 거죠."

이명박 정부가 한겨레를 미워하는 이유는 짐작이 갔다. 이명박 대통령은 대선 후보 시절부터 BBK 의혹을 줄기차게 써댄 한겨레신문사를 대상으로 50억 원의 손해배상 소송을 걸었다. 대통령이 되었지만 소를 취하하지 않았다. 재판은 2년 넘게 이어졌다. 한겨레는 그 후에도 광우병 촛불집회, 4대강 사업 등에서 누구보다 이명박 정부를 정면으로 비판했다. 이명박 정부로서는 눈엣가시 같은 존재였을 터였다.

이명박 대통령은 2008년 2월 취임하자마자 감사원장을 포함한 공공기관장들을 막무가내로 몰아냈다. 정연주 KBS 사장을 해임시키고 광우병 문제를 보도한 MBC 〈PD수첩〉에 대한 검찰 수사를 밀어붙였다. 언론을 장악해나가는 과정에서 검찰, 국세청, 경찰 등 국가기관들이 동원되었다. '법 위에 서 있는' 정부가 은밀하게 기업을 압박해 한겨레 광고를 끊어버리는 일쯤이야 대수롭지도 않게 여겨질 분위기였다.

고광헌은 고민했다. '광고 탄압'이라고 정면승부하기엔 다소 위험했다. 자칫 잘못했다가는 다른 기업들한테 '한겨레에 광고 하면 큰일 나겠다'는 신호를 줄 염려도 있었다. 고광헌은 원세훈 국정원장과 청와대 수석비서관 D를 각각 만났다. 단둘이 만나 담판을 지을 작정이었다. "국정원이 장난치는 거 아닙니까. 우리도 가만히 있지 않겠습니다." 원세훈 국정원장은 시치미를 뗐다. "아이고, 모르는 일입니다. 밑에 있는 애들도 그렇게 하지는 않았을 겁니다." 청와대 수석비서관 D도 "전혀 모르는 일"이라며 손사래를 쳤다. 정부 차원의 언론 길들이기가 분명해 보였지만, 확실한 물증이 없었다.

2009년 6월 17일 아침, 고광헌 대표이사가 전체 임직원에게 이메일을 보냈다. "지금 우리를 둘러싼 현실은 최악입니다. 기업들의 광고가 빠져나가고, 정권은 집요하게 언론 목조르기를 하고 있습니다. 청와대가 나서 기업들을 겁박합니다. 기업들은 국정원과 국세청의 압력 때문에 한겨레에 광고하기가 어렵다고 토로하고 있습니다. '보이지 않는 손' 전법으로 대기업과 공기업에 광고 중단을 협박하고 있습니다."

언론의 또 다른 암흑기였다. 2008년 10월, 진실과 화해를 위한 과거사정리위원회는 1974년 동아일보 광고 탄압과 1975년 언론인 강제 해직이 옛 중앙정보부 주도로 벌어진 일이었다는 사실을 공식 확인했다. 중앙정보부가 광고주들로부터 동아일보에 광고를 싣지 않겠다는 각서를 받았다는 사실이 새로 드러났다. 암흑이 걷히고 햇살 아래 진실이 얼굴을 드러내기까지 무려 33년이 걸렸다. 그 무렵, 현실에서는 또 다른 언론 탄압이 일어나고 있었다. 대통령이 박정희에서 이명박으로, 탄압받는 언론사가 동아일보에서 한겨레, YTN, MBC, KBS 등으로 바뀌었을 뿐이지 본질은 같았다.

한겨레에는 더한 암흑이 드리워져 있었다. 2007년 11월, 김용철 변호사 비자금 폭로 이후에 삼성이 광고를 끊다시피 한 것이 가장 큰 타격이었다. 한겨레신문사 매출 800억 원 가운데 절반 이상은 광고 매출이 차지한다. 삼성은 그 중에서도 최대 광고주였다. 한겨레는 창간 때 "자본권력으로부터 독립된 언론을 만들겠다"고 다짐했다. 창간 이후 적어도 한겨레 지면에서는 자본권력을 비판하고 경계하는 데 충실했다. 하지만 경영에서는 달랐다. 한겨레도 다른 언론사와 마찬가지로 기업 광고·협찬에 의존하는 처지다. 최대 광고주와의 관계가 틀어지니, 당장 먹고살 걱정부터 해야 했다.

내우외환, 엎친 데 덮친 시련

2009년 한겨레 경영진의 최대 화두는 '생존'이었다. 삼성에 이어 정부 압력에 의해 다른 광고들마저 더 줄어든다면, 한겨레 존립이 흔들릴 수 있는 위기였다. 2004년 80여 명의 동료를 회사 밖으로 떠나보낸 뒤 겨우 4년이 지났다. 마냥 손 놓고 있을 수는 없었다. 2008년 3월 신문 정기구독료를 월 1만 2000원에서 1만 5000원으로 인상했다. 덕분에 판매 매출이 9억 원 증가했다. 한겨레21은 정

이명박·박근혜 정권 시기, 한국 사회 민주주의는 퇴행하고 언론계 역시 민주화 이후 최대 암흑기를 맞았다. 이명박 정부 시절 언론 탄압에 맞서다 해직된 뒤 2000여 일 만에 복직한 이용마 MBC 기자(가운데)가 제5회 리영희상 수상 소감을 말하고 있다. 시상식은 2017년 12월 1일 서울 공덕동 한겨레신문사 사옥 3층 청암홀에서 진행되었다. 왼쪽부터 백영서 리영희재단 이사장, 아들 경재·현재 군, 부인 김수영 씨.

기구독자가 4만 명에 육박할 정도로 선전하고 있었다. 하지만 신문·잡지 판매에서의 선방이 광고에서의 '큰 구멍'을 메우기에는 역부족이었다. 촛불집회 이후 신규 독자가 늘었지만, 독자가 늘어난 만큼 재료비 부담이 커져서 회사 경영 장부상으로는 오히려 손해였다. 새로 시작한 노드 콘텐츠나 동영상 콘텐츠 판매 매출은 기대에 못 미쳤다.

먹구름이 세계 경제를 덮고 있던 시기였다. 2008년 9월, 세계적인 투자은행 리먼 브라더스가 파산 신청을 했다. 한겨레는 10월부터 비상경영계획을 세웠다. '상황별 위기 대책' 시나리오를 짰다. 언론사들도 모두 어려웠다. 전략기획실은 2008년도 언론사 광고 매출이 급감했다고 이사들에게 보고했다. 조선일보는 전년보다 650억 원, 중앙일보와 동아일보도 각각 490억 원과 400억 원씩 광고 매출이 줄었다. 한겨레도 광고 매출이 75억 원 줄어든 터였다. 경영진은 인력 효율성을 높이겠다고 보고했다. 상여금 차등 지급 등의 구체적인 방안도 제시되었다. 하지만 구조화된 위기를 벗어날 묘수를 당장 찾기는 힘들었다.

경영진은 일단 비상경영계획 1단계 방안 시행에 들어갔다. 상여금 300%를 삭감하기로 했다. 그러면 연간 42억 원을 절감할 수 있었다. 애초 비상경영계획안에 상여금은 0으로 잡혀 있었다. 노동조합은 "비 내리면 농사짓고 비가 오지 않으면 굶는 식의 천수답 경영"이라며 손대기 쉬운 인건비부터 절감하려는 경영진을 비판했다. 2009년 2월 25일, 노동조합은 결국 상여금 600% 가운데 절반을 반납했다.

하지만 6개월 뒤에도 상황은 나아지지 않았다. 2009년 6월 12일, 한겨레신문사 3층에서 '비상경영계획 2단계 시행안' 설명회가 열렸다. 다행히 석달 전에 초록마을 사업을 운영하는 자회사 한겨레플러스의 지분 매각이 성사되었다. 현금 유동성에 숨통이 트였다. 2004년처럼 현금 유동성을 걱정해야 하는 최악의 상황은 아니었다. 다만 한겨레를 둘러싼 외부 환경이 너무 좋지 않았다. 매달 신문광고 실적은 바닥으로 떨어지고 있었다. 4월 광고 매출액이 전년보다 30% 줄어들더니, 5월에는 전년의 절반 수준으로 급감했다. 당초 목표했던 광고 매출을 100% 다 채운다고 해도 수십억 원대의 영업적자가 불가피했다.

신문 감면, 경비 절감, 상여금 300% 반납, 해외특파원 철수 등 가능한

모든 대책이 거론되었다. '유급휴직' 시행 방안도 처음으로 구체적인 꼴을 갖추어 보고되었다. 시행안은 이랬다. 전체 임직원 484명이 최소 1개월에서 최대 6개월까지 순환휴직을 실시한다. 휴직수당은 기본급의 70%만 지급한다. 휴직에 따른 인력 공백은 '고통 분담' 차원에서 회사에 남아 있는 인력들이 채운다.

유급휴직에 따른 인건비 절감은 12억 원 안팎이었다. 유급휴직 기간 동안 차장급 이하 사원들이 받을 수 있는 실수령액은 월 100만 원에도 미치지 못했다. 당장의 적자 폭을 줄일 수 있을지 몰라도 근본적인 위기 해결책은 될 수 없었다. "경영위기의 단기적인 대책을 축소 경영 쪽으로만 이야기하고 있다. 정치적인 환경뿐만 아니라 미디어 환경이 전반적으로 달라지고 있는데, 올해는 넘어갈 수 있지만 내년의 돌파구에 대한 대책은 전무하다." 6월 19일 이사회에서 유급휴직 방안에 대한 설명을 들은 기업인 출신 사외이사가 뼈아픈 지적을 내놨다. 실제 유급휴직에는 전체 인원의 절반이 약간 넘는 280여 명이 동참했다.

엎친 데 덮친 격이었다. "상무님, 제가 큰 죄를 지었습니다." 2009년 2월

이명박 정부와 여당은 언론 장악에 나서는 한편, 대기업과 신문사의 방송 진출을 허용하는 법 개정안을 통과시킨 뒤 광고 직거래 허용 등 특혜를 주었다. 사진은 정부의 언론 장악 및 정책에 반대하는 언론노조의 2011년 6월 27일 총파업 결의대회 모습. 조준상, 전종휘 등 한겨레 전·현직 노동조합 위원장들의 얼굴이 보인다.

26일, 재경부장이 느닷없이 박영소 경영총괄상무를 찾아와서 무릎을 꿇었다. 회사 곳간을 책임지고 있던 재경부장이 2005~2008년 회사 자금을 횡령한 사실이 뒤늦게 검찰 수사로 드러났다. 횡령액은 4억 6000여 만 원이었다. 회사에 경리 실무 경험이 있는 사람이 많지 않다 보니, 너무 오랜 시간 동안 한 사람에게 곳간 열쇠를 맡긴 탓이었다. 감시 체계도 제대로 작동하지 않았다.

회사는 진상조사위원회를 꾸렸다. 감사실은 사건 조사에 나섰다. 장철규 감사가 조사를 맡았다. 4월 15일 경영설명회에서 조사보고서가 발표되었다. "허술한 회사 관리 시스템과 공금 집행 과정의 불투명성 등이 범죄를 낳은 온상이자 배경이었다." 감사 결과, 또 다른 문제가 터져나왔다. 그동안 관행적으로 이뤄져온 광고국의 영업비용 집행이 투명하지 못했다는 사실이 드러났다. 7월, 감사실은 10년치 광고국의 입출금 자료를 분석한 결과를 발표했다. 감사보고서는 광고국이 영업에 쓸 접대비 예산에서 부적절한 방식으로 비공식 자금을 형성했고, 이를 몇몇이 자의적으로 집행했다고 지적했다. 사내에서 격론이 벌어졌다. 그동안 어려운 여건 하에서 광고 수주를 위해 고군분투해왔던 광고국의 특수한 사정을 감안해야 한다는 현실론이 나왔다. 그렇더라도 한겨레에서 투명하지 않은 비공식 자금 집행이 이뤄졌던 것은 잘못이라는 원칙론이 맞섰다.

이는 한겨레의 모순된 처지를 극명하게 보여주는 하나의 상징적인 장면이었다. "한겨레의 창간 정신이 '자본권력으로부터 독립된 신문'이지만 불행히도 우리는 창간 이래 단 한 번도 광고로부터 자유롭지 못했던 게 사실입니다. 회사는 근본적인 혁신을 통해 광고 매출 의존도를 낮춰 진정 '자본으로부터 독립된 한겨레'의 경영 기반을 구축하도록 하겠습니다." 광고국 감사 결과를 둘러싼 사내 논쟁이 격화되자 2009년 7월 10일 전략기획실이 전체 임직원에게 이메일을 보냈다. '광고영업 제도 개선 TF팀'을 구성하겠다는 약속이 담겼다. '자본권력으로부터 독립된 신문 지면'을 만드는 일보다 '자본으로부터 독립된 언론사 한겨레'를 만드는 일이 진정으로 더 어렵고 요원한 일이었다.

2008년 11월 12일, 고광헌 대표이사는 전체 임직원에게 "고통이 따르더라도 삼성 광고 없이 가기로 결정했다"고 공표한 바 있었다. 그 후로도 1년 넘게 한겨레와 삼성 사이에는 냉기가 흘렀다. 분위기가 조금씩 달라지기 시작한 것은 2009년 8월 무렵부터였다. 이재용 삼성전자 전무가 부사장으로 승진하면서 경영의 전면에 등장하고, 이건희 회장이 그해 12월 성탄절 대통령 특사로 '원 포인트' 사면되었다. 삼성은 2010년 1월 1일 한겨레 신년호에 광고를 실었다. 광고 가뭄이 해갈되려는 신호였다.

하지만 무턱대고 반가워할 단비만은 아니었다. 어렵고 불편한 질문이 한겨레 사람들의 머릿속에 맴돌았다. 한겨레는 자본권력 삼성으로부터 얼마나 자유로운가. 한겨레 내부에서는 '삼성 광고 재개' 즈음의 사내 분위기를 경계하는 목소리가 높아졌다. 2010년 2월, 김용철 변호사가 《삼성을 생각한다》라는 제목의 책을 펴냈다. 한겨레는 2월 2일 사회면 머리기사로 책의 내용을 크게 다뤘다. 그런데 얼마 뒤에 미디어오늘이 "한겨레가 김용철 변호사의 책 출판 광고 게재를 거부했다"고 보도했다. 출판사 쪽은 한겨레가 높은 단가를 제시해 사실상 거부 의사를 내비쳤다고 주장했다. 한겨레 광고국은 사회면에 기사로도 크게 보도한 책 광고를 거부할 이유가 없다며 할인 가격이 아니라 정상 가격을 제시한 것뿐이라고 반박했다.

홍세화 기획위원은 칼럼을 통해 "한겨레에 내면화한 굴종"을 고백했다. 곽정수 대기업 전문기자는 삼성에 대해 소극적인 당시 한겨레의 보도 태도에 항의했다. "한겨레는 삼성의 광고 중단과 삼성 관련 보도를 연계하지 않는다는 원칙을 일관되게 지켜왔다. 광고 재개를 바라면서 감시자의 역할을 소홀히 한 적이 없다." 안재승 전략기획실장이 미디어오늘에 반박 글을 썼다.

'지속가능한 기업'을 위한 사업 다각화

더 이상 기업 광고·협찬에만 의존해서는 안 된다는 공감대가 한겨레 안에 퍼졌다. 광고·판매 전략을 다각화하려는 여러 시도들이 진행되었다. 2009년 2월부터 시작된 '한겨레 나눔꽃 캠페인'이 대표적이었다. 독자서비스국 마케팅팀장이었던 최태형이 사회복지단체·시민사회단체와 한겨레가 손잡고 사회적 약자에게 실질적인 도움을 제공하자는 아이디어를 내놨다. 사회복지단체의 소개를 받아 한겨레 기자들이 이주 노동자, 희귀난치병 치료자 등 소외된 계층의 사연을 취재해 기사로 싣는다. 독자들은 기사에 소개된 후원계좌나 ARS에 기부금을 보내는 형식으로 도움의 손길을 모은다. 한겨레는 이 내용을 다시 신문에 광고로 싣는다.

한겨레신문사는 2018년까지 10년째 나눔꽃 캠페인을 진행하고 있다. 사랑의열매, 세이브더칠드런, 바보의나눔, 초록우산어린이재단, 한국백혈병소아암협회, 대한적십자사, 함께일하는재단 등이 지금까지 한겨레와 함께 '나눔'을 북돋웠다. 2011년부터는 광고국에서 맡아 캠페인을 진행하고 있다. 하나의 사연이 기사로 나갈 때마다 수천만 원의 후원금이 모인다. 한겨레 독자와 한겨레 기자, 한겨레 기획담당자가 함께 만들어낸 기적이다.

2009년 3월 16일, 한겨레21은 시민사회단체와 어깨를 겯고 '세상을 바꾸는 아름다운 동행' 캠페인을 시작했다. 독자들이 한겨레21 정기구독을 신청하면 연간 구독료 15만 원의 20%를 독자 이름으로 시민사회단체에 후원하는 모델이었다.

매출을 다각화하기 위해 새로운 사업도 시작했다. 2009년 5월 4일 자회사 '한겨레실버서비스'가 설립되었다. 노인방문요양사업 서비스를 한겨레 이름으로 시작한 것이었다. 한겨레신문사는 4억 7000만 원을 투자했다. 하지만 요양보호사 자격시험 제도 도입 등 예상치 못했던 여건 변화가 생기면서 설립 첫해부터 2억 6000만 원의 영업적자를 기록했다. 그 이후로도 사업은 고전을 면치 못했다. 2011년 8월 한겨레신문사는 실버서비스 지분을 매각하고 사업에서 손을 뗐다.

2007년 10월 설립한 한겨레 손자회사 씨네21i는 '황금알'을 낳고 있었다. 영화를 인터넷에서 불법 다운로드 받는 대신에 건당 3500원을 내고 합법적으로 시청할 수 있게 하는 유통 시스템을 만들자는 아이디어가 주효했다. 디지털 영상 콘텐츠 유통 사업이 활기를 띠자 SKT와 KT 등 대기업들이 속속 시장에 진입했다. 씨네21i의 시장점유율이 해마다 줄어들었다. 결국 한겨레신문사는 2012년 7월 24일 씨네21i 영업권을 74억 원을 받고 다우기술에 매각했다.

구조화된 경영 위기의 해법을 찾겠다고 우리사주조합도 팔을 걷어붙였다. 류이근 우리사주조합장(노동조합 위원장 겸임)은 한겨레 내·외부 전문가들에게 한겨레 경영을 객관적으로 진단해달라고 부탁했다. 김상조 한성대 교수가 위원장을 맡고 기세웅 회계사, 한겨레의 권복기·조준상·최우성이 위원으로 합류했다. 다섯 달 동안 한겨레신문사의 손익계산서와 부서별 업무기술서 등을 분석·토

2010년 1월 4일, 시무식 행사로 한겨레 사람들의 소원을 적은 '희망캡슐'을 만들었다. 캡슐은 2020년 봉인이 풀린다. 왼쪽부터 성한용 편집국장, 송우달 상무, 고광헌 대표이사, 곽병찬 편집인(왼쪽). 한겨레는 '나눔꽃 캠페인', '세상을 바꾸는 아름다운 동행' 등 대기업 광고 의존도를 낮추려는 시도를 꾸준히 해왔다. 오른쪽 사진은 '2010 한겨레 나눔꽃 캠페인' 취재를 위해 방문한 전남 여수시 화정면 자봉도에서 '여수섬복지네트워크' 회원들이 주민들의 머리를 다듬어주는 모습을 촬영한 것이다.

의한 결과를 묶어 2010년 9월 경영평가보고서를 내놓고 설명회를 열었다. 보고서는 한겨레 구성원들이 알고는 있지만 굳이 입 밖으로 내어 말하지 않는 근본적인 문제점을 정면으로 지적했다. 지속가능한 진보 '신문사' 만들기에 실패함으로써 결국 좋은 진보 '신문' 만들기에도 심각한 장애가 발생하고 있다는 것이었다.

우리사주조합은 이 보고서가 실질적인 변화를 추동해내기를 바랐다. 젊은 경영직군 사원들이 '경영평가위원회 후속 연구모임'을 꾸려 한겨레에 적용할 실행 방안을 모색했다. 하지만 고광헌 대표이사의 3년 임기 마지막 해였다. 이를 현실 경영에서 구현할 동력이 없었다.

한겨레를 응원하는 시민들

언론'사' 한겨레는 '고난의 행군'을 하고 있었으나, '언론' 한겨레는 반대였다. 2008년 광우병 촛불집회, 2009년 노무현 전 대통령 서거와 김대중 전 대통령 서거로 이어지는 정치적 격변기에 '참된 언론' 한겨레를 응원하는 시민들이 급속도로 늘어났다. 자발적인 정기구독 신청과 한겨레 광고 게재 운동이 계속되었다.

2009년 5월 24일, 노무현 전 대통령을 추모하는 한 시민이 서울 덕수궁 대한문 앞에서 눈물을 닦고 있다(왼쪽). 노 전 대통령의 빈소가 차려진 경남 김해시 봉하마을에서 추모객들이 한겨레를 가져가고 있다(오른쪽 위). 한겨레와 한겨레21은 노 전 대통령 서거 소식을 전하는 호외와 특별판을 만들어 배포했다.

각종 지표에서 한겨레의 이름이 드높아졌다. 2009년 2월, 조선일보가 창간 89주년을 맞아 전국 성인 남녀 1012명에게 '신문 호감도'를 물었다. 한겨레가 17.8%로 조선일보(19.1%)에 이어 2위를 차지했다. 중앙일보(10.5%), 동아일보(10.4%)를 크게 앞섰다. 2004년과 2006년 같은 조사에서 한겨레는 4위였다. 2009년 8월, 시사저널이 각계 전문가 1000명에게 '신뢰하는 신문'을 물었더니 한겨레라고 답한 전문가가 30.3%였다. 2위 신문사(14.4%)보다 월등한 신뢰도였다.

한겨레21은 제2의 전성기를 맞이했다. 2009년 들어 유가 정기독자가 4만 명을 돌파했다. 1999년 이후 하락세를 그리던 평균 발행부수가 2008년부터 상승세로 돌아섰다. 시사저널과 시사인, 주간조선 등도 정기독자 3만 부를 넘지 못하고 있는 가운데 이뤄낸 쾌거였다. 2008년 한겨레21의 매출액과 영업이익은 1999년 이후 최대치를 기록했다. 인권이라는 사회적 의제를 집중적으로 파고들어 한겨레21만의 고유한 색깔을 또렷이 했고, 판매·광고 영업이 이를 뒷받침한 결과였다.

2009년 5월 23일은 토요일이었다. 노무현 대통령이 서거했다는 소식이 긴급 속보로 타전되었다. 한겨레 기자들은 가슴 아파하고 있을 겨를조차 없었다. 인터넷한겨레는 노무현 서거 특집 페이지를 열었다. 이날 한겨레 홈페이지 페이지뷰는 516만. 사상 최대치를 기록했다. 개국한 지 열흘도 되지 않은 하니TV는 김해 봉하마을과 서울 덕수궁 대한문 앞에서 분향하는 시민들의 모습을 찍어 이원 생중계로 내보냈다. 주요 언론사 가운데 분향소 현장을 생중계한 곳은 한겨레밖에 없었다. 노무현 대통령의 서거를 애도하는 이들이 한겨레 홈페이지를 줄지어 찾았다.

토요일 아침이면 주간지 제작과 배송 일정상 한겨레21은 이미 인쇄가 끝난 상태였다. 5월 23일 아침 일찍 판매를 담당하는 김용배 부장이 인쇄소에서 양상우 미디어사업국장에게 전화를 걸었다. "노무현 전 대통령이 서거했다는데 한겨레21 지면에는 그 기사가 하나도 없는데요. 어떡하죠?" 제본 작업이 중단되었다. 한겨레21 기자들과 디자인주 디자이너들이 급히 달려 나왔다. 16쪽 분량으로 기사를 써서 '노무현 전 대통령 서거 특별증보판'을 찍어냈다.

5월 25일 월요일 아침, 노무현 대통령 서거를 표지로 다룬 시사주간지는 한겨레21이 유일했다. 한겨레21 특별증보판이 김해 봉하마을과 서울 대한문 앞에서 배포되었다. 5만 부가 금세 동이 나서 10만 부를 추가로 인쇄했다. 지하철과 서점 가판대에서 특별증보판이 매진되었다. 한 인터넷서점에서는 한겨레21이 베스트셀러에 올랐다. 이날 이후로 한겨레21 정기구독자가 수천 명 늘어났다. 노무현 전 대통령 서거 이후에 한겨레 구독 신청도 크게 늘었다. 5월 24일부터 6월 7일까지 2주 동안 한겨레 본사에만 3000여 건의 구독 신청이 들어왔다.

평소보다 5배 이상 급증한 수치였다.

발 빠른 보도는 언론으로서 마땅히 해야 할 일이었다. 하지만 독자들이 한겨레에 기대하는 눈높이는 그 이상이었다. 검찰 수사를 받던 노무현 전 대통령이 비극적 죽음을 맞이하자 '언론 책임론'이 커지기 시작했다. "노무현 전 대통령 생전에 확실하지도 않은 기사들을 보도해놓고 사죄한다고는 못할망정 남탓만 한다." 한겨레 시민편집인실에는 독자들의 울분 어린 전화와 이메일이 쇄도했다. 그해 4월 검찰 수사가 시작된 이후에 한겨레가 썼던 기사와 칼럼, 한겨레21의 표지 제목 등이 입길에 올랐다. 한겨레가 검찰 수사의 정치적 목적을 적극적으로 파헤치기보다 검찰의 의도에 말려들었다는 질타가 이어졌다. 독자들은 한겨레가 정확하고 빠른 보도뿐만 아니라 진실이 무엇인지를 헤아리는 좀 더 섬세하고 치밀한 보도를 해줄 것을 요구했다. 한겨레는 5월 28일 사설에서 "한겨레도 이번 사태와 관련해 책임론을 무겁게 받아들여, 우리 자신을 되돌아보고 새로운 각오로 노력할 것을 다짐한다"고 밝혔다.

2009년 6월, 한겨레는 안팎의 의견을 모아 '범죄수사 보도 시행세칙 제정을 위한 TF팀'을 구성했다. 노무현 대통령 서거를 계기로 부각된 범죄수사와 관련된 보도의 문제점과 개선 방안을 논의하여 세부 지침을 마련하기로 했다. 여현호 논설위원이 TF팀장을 맡았다. 그해 11월 나온 범죄수사 보도 시행세칙에는 다음과 같은 내용이 담겼다. 피의자의 혐의가 사실로 확정된 것처럼 표현한 첫 문장(리드)이나 단정적인 제목은 배제한다. 무리한 속보 보도를 지양한다. 수사기관의 일방적 진술에만 의존하는 보도는 하지 않는다.

그러나 불과 1년 뒤에 또 다른 사건이 터졌다. 2010년 6월 15일, 한겨레는 1면에 편집국장 명의로 사과문을 냈다. 6월 11일 한겨레 33면에 보도된 '한홍구-서해성의 직설'이라는 좌담 기사에 나간 제목이 문제였다. '직설'은 창간 22주년을 맞아 2010년 5월 새롭게 기획된 꼭지였다. 한국 사회의 정치·사회적 쟁점, 특히 민주·진보세력이 당면한 과제를 에둘러 이야기하지 않고 정면에서 솔직하게 다뤄보자는 취지로 '직설'이라고 이름 붙였다. 역사학자 한홍구와 소설가 서해성이 진행을 맡아 손님을 초청해 대담했다. 천정배 당시 민주당 MB(이명박) 심판 국민위원장이 초대되었다. 좌담 진행과 기사 정리는 오피니언넷 부문 기자였던 고경태가 맡았다. 민주당과 국민참여당 인사들이 김대중 전 대통령

2010년 6월 15일, 노무현 전 대통령을 비하하는 듯한 표현이 나간데 대해 한겨레 1면에 편집국장 이름을 내건 사과문이 실렸다.

독자 여러분께 사과드립니다

지난 5월 창간 22돌 지면개편에서 〈한겨레〉는 '한홍구-서해성의 직설' 난을 신설했습니다. 우리 사회의 정치·사회적 쟁점, 특히 민주·진보 세력의 당면 과제를 에둘러 얘기하지 않고 정면에서 솔직하게 다뤄보자는 것이 이 기획의 목적이었습니다.

첫번째 '〈한겨레〉 너는 누구냐'를 시작으로, 광주항쟁 시민군 이야기, 진보와 보수의 안보관 문제에 이어 네번째로 천정배 의원을 초청해 민주당 문제를 놓고 토론했습니다. 지난 11일치 33면에 보도된 이 토론의 전반적인 취지는 민주당과 국민참여당 인사들이 김대중 전 대통령과 노무현 전 대통령을 뛰어넘는 비전과 힘을 보여줘야 하고 새로운 정책을 제시해야 한다는 것이었습니다.

그런데 토론 내용을 전하면서 노무현 전 대통령을 비하하는 표현이 기사와 제목에 여과없이 그대로 보도됐습니다. 당사자는 "핍박받던 노 전 대통령을 상징하기 위해 그런 표현을 그대로 사용했던 것"이라고 합니다. 그러나 그런 표현을 신문에서 정리하고 편집할 때는 좀더 신중하게 처리했어야 하는데 그렇게 하지 못했습니다. 그 표현을 그대로 제목으로 실었고, 이에 대해 많은 독자들이 불쾌감을 전달해 왔습니다. 저희의 불찰입니다.

부적절한 표현을 사용해 노 전 대통령을 아끼고 사랑하는 분들과 독자 여러분께 마음의 상처를 드린 데 대해 편집국을 대표해 깊은 사과의 말씀을 드립니다.

〈한겨레〉 편집국장 성한용

과 노무현 전 대통령을 뛰어넘는 비전과 힘을 보여줘야 한다는 이야기가 주로 오갔다.

신문과 온라인에 나간 제목은 이랬다. 'DJ 유훈통치와 '놈현' 관 장사를 넘어라'. '놈현'과 '관 장사'라는 단어를 쓴 것이 문제였다. '직설' 참석자들은 '놈현'이라는 단어를 "핍박받던 노무현 전 대통령을 상징하기 위해서 그대로 사용"했다. 하지만 일부 독자들은 한겨레가 큰 제목으로 '놈현'이라는 단어를 쓴 것이 부적절하다며 항의했다. 유시민 전 보건복지부 장관 등 일부 독자들은 '한겨레 절독'을 선언했다.

파장이 커지자 성한용 편집국장은 1면 사과문을 내기로 결정했다. "일반 기사와는 다른 성격의 '직설' 꼭지를 만들어서 읽을거리를 제공해보겠다는 의욕이 지나쳤던 것 같다. 독자들의 반응을 보고서 이들이 노무현 대통령 서거로 입은 상처가 얼마나 깊은지 헤아리지 못했다고 생각했다." 성한용은 굳이 자신의 이름 석 자를 내건 사과문을 고집했다. "지면을 최종 책임지는 편집국장이자 인간 성한용으로서 사과해야겠다고 생각했기 때문이다."

'직설'의 내용과 1면 사과를 놓고 한겨레 안팎의 의견이 엇갈렸다. "한겨레 사과 사건은 조·중·동은 물론 한겨레와 경향신문도 특정한 성향을 가진 애독자들을 만족시켜야 한다는 굴레로부터 자유롭지 못하다는 점을 드라마틱하게 보여줌으로써 한국 언론의 한계를 노정시킨 불행한 사건이다." 언론학자 강준만은 2011년 출간한 저서《강남좌파》에 이렇게 썼다.

과거 김영삼·김대중 대통령 시절에도 한겨레의 정치 기사나 칼럼을 두고서 항의하는 독자들은 있었다. 하지만 '놈현 관 장사'라는 제목을 둘러싼 갈등 양상은 이전과 사뭇 달랐다. 온라인과 소셜네트워크서비스(SNS)를 통해 독자들이 자신의 의견을 자유롭게 표명하고, 비슷한 의견이 결집되어 '절독 운동'으로 힘을 발휘했다.

"한겨레신문은 결코 어느 특정 정당이나 정치세력을 지지하거나 반대하는 것을 목적으로 하지 않을 것이며, 절대 독립된 입장, 즉 국민 대중의 입장에서 장차의 정치·경제·문화·사회 문제들을 보도하고 논평할 것이다." 한겨레는 창간사에서 일찍이 언론으로서의 자주 독립성을 명토 박았다. 정치권력에 굴종하는 언론이 되지 않겠다는 자유언론 선언이었다.

한겨레가 독립 언론일 수 있는 가장 큰 힘은 국민 대중을 바탕으로 삼고 있는 한겨레의 자본 구성에서 나온다. 그렇다면 그 바탕이 되는 국민 대중, 즉 한겨레의 주주·독자가 한겨레의 공정성과 정파성을 문제 삼는다면 어떻게 해야 하는가.

한겨레는 또 한 번 어려운 질문을 마주하게 되었다. 창간 때 한겨레는 "시종일관 이 나라의 민주주의 실현을 위해 분투노력할 것"이라고 약속했다. 민주화가 진전되면서 한국 사회가 한겨레에 요구하는 역할은 점점 더 여러 갈래로 나뉘어 복잡해지고 있었다. 한쪽에서는 한겨레가 정부를 비판하는 칼날이 무뎌졌다고 비판하며 경향신문이 한겨레보다 더 진보적이라고 했다. 반면 다른 한쪽에서는 한겨레가 이라크 파병, 대연정 등의 이슈에서 참여정부에 너무 날카로운 칼을 휘두른다고 되레 나무랐다. 아슬아슬하게 평균대 위를 걷는 것처럼, 균형을 잘 잡아야만 했다. 길을 찾기 쉽지 않아 보였다.

길이 없으면 길을 내야 한다

길이 없으면 길을 내야 한다. 그것이 한겨레를 만든 이들의 개척 정신이자 도전 정신이었다. 아무리 한겨레의 입지가 좁아지고 있더라도 한겨레가 나아갈 길을 더 넓혀야만 했다. 2009년 4월, 한겨레신문사는 르몽드 디플로마티

2010년 5월 선보인 경제 월간지 이코노미 인사이트 창간호.

economyinsight.co.kr
창간호
2010.05
전문가 70인 '한국경제 길 찾기'
부동산 버블 속의 '700조 폭탄'
골드만삭스 다음 표적은?

크 한국판을 발행하던 주식회사 르몽드 디플로마티크와 업무 제휴를 맺고 지분 50%를 인수했다. 르몽드 디플로마티크는 프랑스의 르몽드가 발행하는 월간지다. 2008년 10월부터 한국판이 출간되고 있었다. 한겨레가 르몽드 디플로마티크 한국판의 업무를 맡기로 했다. 홍세화 한겨레 기획위원이 한국판 편집인을 맡았다. 르몽드와의 제휴는 그 후로 2013년 8월까지 5년여 더 이어졌다.

이듬해인 2010년 5월 4일에는 경제매거진 이코노미 인사이트가 탄생했다. 1988년 창간 이후 한겨레의 간판 매체는 신문이었다. 1990년대 중반 한겨레21과 씨네21이라는 양 날개를 덧달긴 하였으나, 다매체 전략은 거기에서 멈췄다. 1999년 창간한 한겨레리빙과 2003년 허스토리는 잇따라 실패했다.

이코노미 인사이트는 실패 위험을 최소화하는 전략을 택했다. 일단 시장이 가장 넓은 경제 분야 매체였다. 기존 경제 잡지들은 재테크나 기업 정보, 미국 월스트리트 중심의 글로벌 경제 흐름 등을 주로 싣고 있었다. 이코노미 인사이트는 유럽의 진보적 담론, 아시아 등 신흥 시장 경제를 포괄하는 콘텐츠로 틈새시장을 공략하기로 했다. 과거 IT벤처 거품이 꺼지면서 실패의 쓴맛을 봤던 자매지 '닷21'도 반면교사로 삼았다. 한국의 취재기자들이 직접 기사를 쓰는

2011년 11월 30일, 서울 종로구 조계사 한국불교역사문화관에서 리영희 선생 1주기 추모식이 열렸다. 한겨레 평화의나무 합창단이 공연을 하는 모습.

분량을 최소화하고 슈피겔, 디 차이트 등 유력한 글로벌 미디어와 손잡고 새로운 시각의 경제 기사들을 번역해 한국 독자에게 소개하기로 했다. 한광덕이 초대 편집장을 맡았다.

위기가 닥치자, 한겨레 구성원 모두가 신발끈을 조여매고 뛰었다. 유급 휴직 기간 6개월 동안 고광헌 대표이사는 급여를 전액 반납했다. 임원들도 임금의 20~30%를 반납하며 고통을 분담했다. "한겨레 사람들은 위기일수록 더 강해지는 유전자를 갖고 있다." 이 무렵 회사 경영 전반을 책임졌던 박영소 상무의 회고다. 2008년 최악의 위기에 봉착했던 언론'사' 한겨레의 형편도 조금 나아졌다. 한겨레신문사는 2010년 37억 원의 영업흑자를 냈다.

'사상의 은사' 리영희를 떠나보내며

공덕동 사옥을 둘러싼 담쟁이의 초록빛이 햇살만큼이나 푸르렀다. 2010

년 5월 14일, 공덕동 사옥 9층 옥상 하니동산에 전·현직 한겨레 직원들이 하나 둘 모여들었다. 2008년 10월 출범한 한겨레사우회도 함께했다. 한겨레 창간 22주년 기념행사가 소박하게 열리는 날이었다.

서울 백병원에 입원 중인 리영희도 오고 싶은 마음이 간절했다. 하지만 지병이 악화돼 몸을 일으킬 수 없었다. 병상에 누워 한겨레를 축하하고 염려하는 마음을 읊었다. 이를 받아 적은 딸 미정 씨가 하니동산에서 아버지의 말씀을 낭독했다.

"22년 전 수많은 국민들이 사느냐 죽느냐를 걱정하는 속에서 태어난 하나의 여린 목숨이 드디어 22년의 청년으로 자라서 오늘 생일을 맞이하게 되었습니다. 모질고 험악했던 그 세월을 이겨내고 오늘에 이른, 그 허약했던 어린이의 자란 모습을 보면서 진정한 축하의 메시지를 보냅니다. …이제 다시, 태어났던 20여 년 전의 상황과 같은 험난한 현실에 다다랐으니 한겨레신문이 다해야 할 책임은 더욱 막중해졌습니다. 여러분들은 신문이 탄생할 때와 같은 어려운 조건을 감내하고 헤쳐나가야 할 사명을 또다시 짊어지게 되었습니다."

리영희는 이명박 정부 출범 이후 민주주의의 퇴행과 언론 장악을 누구보다 염려했다. 2010년 6월 28일, 고광헌 대표이사와 류이근 겸임조합장이 병상에 누워 있는 리영희를 찾았다. 한겨레 임직원들이 십시일반 모은 병원비와 쾌유를 비는 글을 전했다. "한겨레는 태어날 때부터 독재정권과 싸워야 할 운명을 타고났다. 무지막지한 정권이 들어서 다른 신문이 다 호응할 때 한겨레만은 사회와 나라의 갈 길을 꾸준히 변함없이 지켜나가면서 빛을 내야 하는 운명적 존재다. 이제부터 더 할 일이 많다. 캄캄할수록 빛을 발하는 신문이 돼야 한다." 한겨레 창간호가 윤전기에서 나오는 모습을 보고 "너무 고맙고 감격스러워서… 할 말이 없다"던 리영희는 2010년 12월 4일 한겨레가 다시 빛을 발하는 모습을 보지 못한 채 눈을 감았다.

12월 6일 한겨레 사설은 '사상의 은사' 리영희를 떠나보내며 이렇게 적었다. "지금도 여전한 자본과 권력의 숨겨진 진실을 한겨레는 얼마나 드러냈는가. 생존을 핑계로 타협한 일은 없는가. 선생은 과연 평안히 눈을 감으셨을까. 떨리는 마음으로 삼가 옷깃을 여민다."

그래도 한겨레

02

정부가 언론인을 불법 사찰하는 시대로 회귀했다. '일련번호 3. 사건명: 한겨레21 박용현 편집장.' 2012년 3월 30일, 이명박 정부 국무총리실 공직윤리지원관실에서 작성한 보고서 2600여 건이 언론에 공개되었다. 그 가운데 한겨레21의 이름이 나왔다. 2009년 11월 9일 작성된 '1팀 사건 진행 상황' 파일에 등장했다. 한겨레21만이 아니었다. 일련번호 2의 사건명은 'KBS·YTN·MBC 임원진 교체 방향 보고'였고, 바로 뒤 일련번호 4에는 '역대 작가 확인'이 사건명으로 붙어 있었다. 이명박 정부가 언론의 동향 파악과 사찰을 동시다발적으로 진행했다는 증거였다.

파일은 공직윤리지원관실 1팀 소속 최아무개 경위가 작성했다. 1팀은 민간인 불법 사찰을 주도했던 바로 그 팀이었다. 공직윤리지원관실은 원래 공직자 고충처리 지원 등의 업무를 하는 곳이다. 그런데 엉뚱한 민간인들 뒤를 캐고 다녔다. 자신의 블로그에 이명박 대통령을 비방하는 동영상을 올렸다가 명예훼손 혐의로 기소되고 직장까지 잃은 김종익 씨가 대표적인 피해자였다.

“박용현을 왜 사찰했나?” 한겨레21 김남일 기자가 2012년 4월 4일 최아무개 경위에게 따져 물었다. “이름이 나오지만 관련 내용은 없다. 당시 공공기관이 관계된 첩보를 제보받았는데 거기에 관련한 것이었다.” 최 경위는 편집장 내사도, 사찰도 아니라고 부인했다. 파일에는 사건명만 있을 뿐, 사건 처리 결과와 종결 사유란은 비어 있었다. 김남일은 한겨레21 906호 기사에서 “그의 말은 ‘사찰 미수에 그쳤다’는 주장으로 들렸다”고 적었다.

공직윤리지원관실이 한겨레21을 사찰할 만한 이유는 충분히 추론 가능하다. 한겨레21이 워낙 이명박 정부를 강하게 비판했던 터였다. 총리실 산하에 공직윤리지원관실이 만들어진 것은 2008년 7월이었다. 미국산 쇠고기 수입반대 촛불이 청와대 앞까지 행진한 직후였다. 이때 한겨레21은 무려 7주 연속 표지 이야기로 ‘촛불’을 다뤘다. 2008년 8월, 이명박 대통령과 히틀러를 나란히 세워놓은 725호 표지에 ‘파시즘의 전주곡’이라는 제목을 달았다. 시민을 적으로 돌리며 촛불의 배후를 캐는 이명박 정부를 정면 비판하는 내용이었다.

2009년 한겨레21은 ‘노무현 전 대통령 추모 특집호’를 2주 연속 발행했다. 이명박 대통령이 다시 764호 표지에 등장했다. 머리띠를 두르고 팔을 치켜든 이명박 대통령의 모습 위에 ‘나의 투쟁’이라는 제목이 붙었다. 이명박 정부가 노무현 전 대통령에 대한 추모 열기를 ‘좌파’의 공작으로 몰아가는 현실을 파시즘에 빗댄 것이었다. 한겨레21은 이후에도 ‘완전정복, MB시대 수사받는 법’(769호), ‘국정원의 신무기, 패킷 감청’(776호) 등 이명박 정부가 불편하게 여길 만한 표지를 계속 내놓았다. 사찰 대상이었던 박용현은 2018년 한겨레 편집국장이 되었다.

이명박·박근혜 정부 시기 한국 사회의 민주주의는 크게 퇴행했다. 특히 이명박 정부 시절 언론에 대한 청와대의 관여와 통제가 가장 심했다. ‘국경 없는 기자회’는 해마다 국가별로 순위를 매겨 세계언론자유지수를 발표하는데, 노무현 정부 때 30위권이던 한국의 순위가 이명박 정부 들어 40위 밑으로 떨어졌다. 2008년 10월, ‘낙하산’ 사장 반대와 공정 보도를 요구하는 YTN 기자 6명이 집단 해고되었다. 민주화 이후 언론인 대량 해고는 처음 있는 일이었다. 2009년 한국의 언론자유지수는 독재국가 수준인 69위까지 추락했다.

기성 언론의 입을 틀어막는 행태만 벌어진 게 아니었다. 이명박·박근혜 정부는 국정원, 국방부 등 정보기관을 동원해 여론을 조작했다. 선거정치, 정당정치, 시민정치의 독립성까지 훼손되었다. 한겨레는 정부의 여론조작을 추적 보도해 수면 위로 드러내는 데 앞장섰다.

국정원 여론 조작의 덜미를 잡다

2012년 12월 16일, 18대 대통령 선거 투표일을 사흘 앞둔 날이었다. 경찰이 중대 발표를 했다. 당시 민주통합당은 국가정보원 직원 김아무개 씨가 문재인 대선 후보를 비방하는 댓글을 달고 있다고 폭로한 바 있었다. 국정원의 대선 개입 의혹이 제기되었다. 민주주의의 뿌리는 물론이고, 대통령 선거의 정당성을 뒤흔들 수 있는 중대한 일이었다. 하지만 경찰은 "김씨가 선거에 개입했다는 혐의를 발견하지 못했다"고 발표했다. 경찰은 김씨의 혐의를 밝히기보다 감추기에 급급해 보였다. 사건은 수면 아래로 가라앉는 듯했다. 12월 19일, 박근혜 새누리당 후보가 대통령에 당선되었다.

그로부터 30여 일 뒤인 2013년 1월 13일, 한겨레는 국정원의 대선 개입 사건을 다시 세상으로 끄집어냈다. '국정원 여직원, 대선 글 안 썼다더니 야당 후보 비판 등 91개 글 올렸다'는 단독 기사를 1면에 보도했다. 국정원 직원 김씨가 '오늘의 유머' 사이트에서 사용한 아이디(ID) 11개를 입수해 그가 올린 글들을 분석했다. 김씨가 다른 인터넷 사이트에서도 비슷한 활동을 했다는 후속 보도도 뒤따랐다.

2013년 2월 1일, 국정원이 보도자료를 내놨다. 정환봉 한겨레 기자 등을 정보통신망 이용촉진 및 정보보호 등에 관한 법률 위반 혐의로 검찰에 고소한다고 밝혔다. 정환봉에게 인터넷 아이디를 제공해 한겨레 취재에 협조한 혐의로 '오늘의 유머' 운영자 이호철 씨도 함께 고소를 당했다. 언론의 입을 막으려는 '겁주기'용 고소였다. 이명박 정부 때 공직자나 정부기관들은 정권을 비판하는 언론, 일반 시민 등을 대상으로 고소·고발을 남발했다. 이어 한겨레는 국정원의 댓글 공작이 원세훈 전 국정원장의 지시에 따라 조직적으로 진행된 일임을 폭로했다. '서울시장의 좌편향 시정운영 실태 및 대응 방향' 문건과 이와 관련한 '(원세훈) 원장님 지시·강조말씀' 문건 등을 한겨레가 단독으로 입수해 국정원의 불법 행위를 낱낱이 알렸다.

2013년 4월 30일, '국정원의 대선·정치 개입 의혹'과 관련해 검찰에 소환되어 조사를 받은 원세훈 전 국가정보원장이 서울중앙지검을 나서는 모습(왼쪽). 같은 해 8월 10일, 서울시청 앞 서울광장에서 국정원의 정치공작과 대선 개입을 규탄하는 촛불문화제가 열렸다. 한 시민이 이날 한겨레21이 배포한 특별호를 손팻말로 쓰고 있다(오른쪽). 표지에 사용한 문구는 '국정의 근원은 막힌 곳을 열고 어두운 밤에 빛을 비추는 데 있는데(國政原開塞熙夜)'라는 풍자다.

마침내 2013년 4월 18일, 경찰은 지난해 12월 발표했던 중간 수사 결과를 뒤집고 국정원 직원 댓글 사건을 '정치 개입'으로 결론지었다. 서울 수서경찰서는 김씨 등 국정원 직원 2명을 국정원법 위반 혐의로 검찰에 송치한다고 밝혔다.

한겨레가 끈질기게 추적해 국정원의 덜미를 잡았다. "김씨는 댓글을 단 적이 없다"고 주장했던 국정원은 한겨레 보도 이후 "대북 심리전 차원에서 작성한 것"이라고 말을 바꿨다. 한겨레는 국정원뿐만 아니라 다른 국가기관의 대선 개입 사실도 연이어 밝혀냈다. 정환봉은 국정원의 대선 여론조작 연속 보도로 안종필 자유언론상, 민주언론상, 한국 가톨릭 매스컴상 등 2013년 주요 언론상을 휩쓸었다.

당시 이명박 정부는 전방위적으로 여론전을 펼쳤다. 한겨레는 이미 벌어진 대선 여론조작 행위를 파헤쳤을 뿐만 아니라, 대선에 영향을 미치려는 의도로 기획된 여론전을 사전에 막아내기도 했다. 2012년 10월 13일 1면에 보도한 '최필립의 비밀회동'이 대표적이었다. 최필립은 정수장학회 이사장이었다. 정수장학회는 MBC와 부산일보 지분을 갖고 있는 공익재단으로, 박정희 전 대통령

2013년 8월 20일, 정수장학회 특종 보도를 한 최성진 한겨레 기자가 서울중앙지법에서 징역 4월에 자격정지 1년을 선고받은 뒤 기자들의 질문에 답하고 있다. 최성진은 최필립 정수장학회 이사장과 이진숙 MBC 기획홍보본부장 등이 정수장학회 지분 매각을 논의한 대화 내용을 녹음해서 보도해 통신비밀보호법 위반 혐의로 기소되었다.

이 1962년 부산지역 기업인 고 김지태 씨로부터 강탈한 재산으로 설립되었다. 박근혜 당시 새누리당 후보는 1995년부터 2005년까지 정수장학회 이사장을 지냈다. 대선을 두 달여 앞둔 2012년 10월 8일, 최필립 이사장과 이진숙 MBC 기획홍보본부장, 이상옥 MBC 전략기획부장 등이 만났다. 이진숙 본부장 등은 정수장학회가 MBC와 부산일보 주식을 처분한 뒤에 매각 대금을 활용해 부산·경남 지역에 대규모 복지사업 기금을 내놓는 방안을 최필립 이사장에게 제안했다. 당시 부산·경남 지역은 2012년 대선의 최대 격전지로 꼽혔다. 최필립은 "10월 19일에 발표하게 해달라"고 주문했다. 대선을 겨냥한 '선심성 후원 사업' 기획이라는 냄새가 풀풀 풍겼다.

최성진 한겨레 기자가 이 모든 기획회의 내용을 들었다. 최성진은 마침 10월 8일 최필립 이사장을 휴대전화로 취재 중이었다. 통화 중에 최필립이 MBC 관계자들을 맞이했다. 최성진과의 전화 통화는 끊어지지 않은 상태였다. 이를 모른 채 최필립은 휴대전화를 옆에 두고 대화했다. 전화기 너머로 이들의 꿍꿍이가 다 들려왔다. 최성진은 모든 이야기를 들었다. 그 내용이 10월 13일 한겨레에 보도되었다.

모의는 실행되지 못했다. 한겨레 보도의 파장이 컸다. 대신에 최성진은 혹독한 대가를 치러야 했다. 2012년 10월 16일, MBC는 통신비밀보호법 위반 혐의로 최성진을 검찰에 고발했다. 11월 13일, 검찰은 최성진의 자택을 압수수색했다. 그리고 이듬해 1월 18일, 검찰은 최성진을 불구속 기소했다. 반면 검찰은 공직선거법 위반 혐의로 고발된 최필립, 이진숙 등은 무혐의 처분했다.

한겨레뿐만 아니라 경향신문, 조선일보까지 검찰의 기소를 규탄하는 사설을 썼다. 한국기자협회와 언론단체 등도 성명서를 발표해 한 목소리를 냈다. 검찰 기소 그 자체로 언론자유가 위축되는 결과를 낳을 터였다. 2013년 11월 28일, 서울중앙지법 형사항소4부는 최성진에게 징역 6월에 자격정지 1년의 선고를 유예하는 판결을 내렸다. 재판부는 보도의 공익성보다 개인의 통신비밀 보호가 더 중요하다고 보고, "(대화가 공개되는) 불이익을 감수해야 할 만큼 중대한 공적 관심사라고 볼 수 없다"고 밝혔다. 이 판결은 2016년 5월 대법원에서 확정되었다.

권력형 비리에 대한 집요한 추적

불법과 탈법으로 얼룩진 여론조작의 시대에도 한겨레는 제 역할을 다하려고 분투했다. 권력의 비리를 쫓아서 세상에 알리는 데 매달렸다.

2008년부터 2011년 8월 사이에 중앙정부, 지방행정기관 등 국가기관이 정정 보도나 반론 보도 신청을 가장 많이 했던 상대 언론사는 한겨레였다. 언론중재위원회에 접수된 조정신청 건수 총 79건 가운데 한겨레가 17건, 경향신문이 15건으로 각각 1, 2위를 차지했다. 이명박 정부 들어 중앙 부처들의 조정신청이 크게 늘어났다. 특히 4대강 사업 주무 부서인 국토해양부(24건)와 환경부(22건)의 조정신청이 많았다. 하지만 재갈을 물린다고 물러날 한겨레가 아니었다.

이명박 정부 들어 시작된 4대강 사업에는 막대한 국가 예산이 투입되었다. 환경 문제가 결부되어 미래 세대에게 끼칠 영향도 컸다. 언론의 감시 역할이 그만큼 중요했다. 2009년 4월, 한겨레는 '4대강 취재 TF팀'을 꾸렸다. 전국을 누비는 지역기자들과 환경 담당 기자들로 거대 팀을 구성했다. 시민단체, 종교계와도 공동으로 기획취재를 시작했다. 환경과 토목 분야 전문가들을 서울 한겨레신문사 공덕동 사옥으로 초청해 기자들이 특별 수업을 받았다. 전문가들과 함께 전국의 4대강 현장을 수차례 방문했다. 정부 환경영향평가 부실 의혹, 수해 예방 등 사업 목적의 부적합성, 사업 진행 과정에서의 법 위반 의혹, 보 설치로 예상되는 수질 오염 문제 등을 파헤쳐 수백 건의 기사로 보도했다.

'4대강 거짓과 진실'(2010년 11월), '돌아오지 않는 강–4대강 사망자 19명 전수조사'(2011년 5월), '신음하는 4대강 복원이 답이다'(2013년 7월), '심층리포트–재앙이 된 4대강 사업'(2014년 7월), '4대강과 가뭄'(2015년 11월) 등의 기획보도가 대표적이다.

한겨레는 이명박 정부의 자원외교 사업도 샅샅이 해부했다. 자원외교는 이명박 대통령의 임기 첫해 국정 화두였다. 대통령 임기 5년 동안 공기업이 총대를 멘 80개 사업에 31조 2600억 원이 투입되었다. 한겨레 탐사기획팀은 2014년 10월부터 2015년 1월까지 석 달 동안 자원외교 진실 추적에 매달렸다. 공기업들의 투자액, 손실, 회수율 등의 자료를 정보공개 청구했다. 국회의원들과 협업해 정보를 수집했다. 이명박의 친형인 이상득 전 의원이 방문했던 동선을 따라가며 볼리비아, 페루 등을 현장 취재했다.

한겨레의 탐사기획 'MB 31조 자원외교 대해부'가 5차례에 걸쳐 보도되었다. 그동안 알려지지 않았거나 쟁점이 되지 않았던 공기업 손실 규모, 뒷돈 거래, 국무총리와 산업부 장관 등의 책임, 경남기업 특혜 의혹 등이 한겨레 보도로 드러났다. 류이근, 임인택, 김정필, 최현준이 당시 탐사기획팀을 이뤘다.

2011년 2월 16일 저녁, 부산상호저축은행은 100여 명의 VIP 고객들에게 100억 원 이상의 예금을 인출해줬다. 이날은 영업 정지 통보를 받기 하루 전날이었다. 하어영 한겨레21 기자는 2011년 3월부터 7개월에 걸쳐 부산상호저축은행의 특혜 인출과 불법 대출, 은행 관계자들의 정·관계 로비와 권력형 비리를 추적 보도했다.

박근혜 정부 때도 한겨레는 오래된 부정부패의 사슬을 집요하게 추적해 보도했다. 2017년 9월, 한겨레는 국회의원 7명이 연루된 강원랜드 채용비리 의혹을 파헤쳤다. 공공기관 300여 곳을 대상으로 탐사취재하여 '공공기관 부정채용의 민낯'을 드러냈다. 한겨레 디스커버팀 류이근, 임인택, 최현준, 조일준, 임지선 기자가 6개월 이상 취재했다. 문재인 대통령은 전체 공공기관을 대상으로 채용 비리 여부를 조사하도록 했다. 채용 방식도 바꾸기로 했다. 한겨레 보도가 아니었다면, 이러한 변화는 일어나지 않았을 것이다. 공공기관 부정채용 문제를 보도한 한겨레 디스커버팀은 2017년 한국기자상, 관훈언론상을 수상했다.

이처럼 한겨레는 '그들만의 세상'에서는 당연한 일을 사회공론장에 끄집어냈다. '상식의 눈높이'로 판단할 수 있게 만들었다. 400억대 세금과 벌금을 내지 않고 해외로 출국한 허재호 전 대주그룹 회장의 해외 카지노 출입·'황제노역' 폭로 보도(2014년 3·10월), 조현아 대한항공 전 부사장의 '땅콩 회항' 최초 보도(2014년 12월), 황교안 국무총리 승용차의 서울역 플랫폼 직행 논란 보도(2016년 3월) 등도 여기에 포함된다.

내러티브 저널리즘, 진화한 탐사보도

이 시기에 한겨레 보도는 크게 두 축으로 나뉘었다. 이명박·박근혜 정부의 권력형 비리를 고발하여 진실을 파헤치는 보도가 한 축이었다. 팩트를 끈질기게 발굴해내는 전통적 탐사보도였다. 다른 한 축은 '내러티브 저널리즘'과 '스토리텔링 저널리즘' 차원에서 진화한 탐사보도였다. 현안을 깊이 파고들되, 독자의 시선을 잡아챌 수 있는 기사 차별화를 시도했다.

한겨레 탐사보도의 역사를 말할 때 빼놓을 수 없는 기사가 있다. 2009년 한겨레21의 '노동OTL' 기획시리즈다. 안수찬, 전종휘, 임인택, 임지선 기자가 각각 대형마트, 경기도 마석의 가구 공장, 경기도 안산의 난로 공장, 식당에서 최저임금을 받으며 한 달 동안 일했다. 관찰자로서 기자 자신이 보고 느낀 빈곤 노동자의 삶, 감정, 인간관계 등을 마치 세밀화를 그리듯이 지면 위에 펼쳐놓았다. 서사적 글쓰기인 내러티브 저널리즘을 본격 활용한, 새로운 도전이었다. 기사가 연재되는 넉 달 동안 독자들의 호응은 뜨거웠다.

한국 사회의 그늘진 곳을 비추려는 한겨레 기자들의 고민이 극대화된 결과물이었다. 언론계 안팎에서도 두루 성과를 인정받았다. 노동OTL 시리즈는 한국기자협회가 주는 이달의 기자상과 한국기자상, 민주언론상 특별상 등을 연이어 받았다. 한겨레출판에서 기사를 묶어 《4천원 인생》이라는 책으로 펴냈다.

노동, 빈곤, 소수자 인권 등은 한겨레가 창간 이후 줄곧 애정과 관심의 끈을 놓지 않은 의제다. 탐사보도 영역에서도 그러했다. 한겨레21은 영구임대아파트 주민들의 이야기를 다룬 '대한민국 영구 빈곤 보고서'(2010년 3월), 취재기자가 직접 환자 입장에서 겪은 의료 상업화의 문제점을 고발한 '병원 OTL-의료 상업화 보고서'(2012년 5월) 등의 내러티브 저널리즘 심층 보도를 이어갔다.

사실 한겨레 탐사보도팀은 중앙일보, 세계일보, KBS 등보다 뒤늦게 출발했다. 2000년대 중반, 어젠다팀 등의 이름으로 탐사보도팀을 신설했으나 채 1년도 운영하지 못했다. 2011년 5월, 한겨레는 심층·탐사기획 보도만 싣는 '한겨레in' 꼭지를 만들고 탐사보도팀을 상설화했다. 안수찬이 탐사보도팀장을 맡았다. 한국인 무슬림의 삶을 다룬 '난 한국인 무슬림이다'(2011년 5월), 4대강 관련 사망자 19명을 전수 조사한 '아빠는 4대강에 묻혔다'(2011년 5월) 등 기존 사건·사고 기사와는 질적으로 다른 작법의 기사들을 선보였다.

그 뒤에도 한겨레는 기자의 주장이 과잉 표출되는 '주입식' 보도 대신, 기자가 가까이에서 살핀 현장을 탄탄하게 보여줘 공감을 이끌어내는 방식의 심층 기획보도에 집중했다. '무죄의 재구성-노숙소녀 살인사건'(2012년 8월), '우리 안의 비정규직'(2013년 8월), '또 하나의 비극, 하이닉스'(2014년 7월), '총, 특권, 거짓말-글로벌 패션의 속살'(2014년 8월), '3년 전 만난 해고노동자들…지금은 어떻게 살고 있나요'(2015년 4월) 등이 대표적이었다.

2015년 5월, 한겨레가 1면에 연재한 '부끄러운 기록, 아동학대' 탐사기획 보도는 내러티브 저널리즘이 어떻게 독자들의 마음을 움직여 사회를 변화시킬 수 있는지를 보여줬다. 탐사기획팀 기자 5명이 2008~2014년 한국에서 아동학대로 숨진 피해자들의 실태를 조사했다. 사회의 무관심 속에 '별이 된 아이들' 263명의 사연을 읽고 많은 독자들이 눈물을 흘렸다. 한겨레는 부실하고 부정확한 관련 통계를 바로잡고, 허점이 많았던 관련 제도의 개선까지 끌어냈다.

경제 부문은 한겨레 탐사보도에서 취약한 분야였다. 2011년 4월 새로 꾸려진 탐사보도팀이 2012년 말에 편집국 조직개편 때 없어졌다. 2013년 5월, 경제부 기자였던 류이근이 '기획 탐사유닛'이라는 새로운 형태의 탐사보도팀 모

한겨레의 탐사보도와 '내러티브 저널리즘' 역사에서 빼놓을 수 없는 기획인 한겨레21의 '노동 OTL' 시리즈 표지들.

델을 제안했다. 자신이 기획을 전담하는 탐사역을 맡을 터이니, 기획 주제별로 출입처 담당 기자가 협업하여 심층취재를 해보자는 아이디어였다. 경제부 안에 사실상의 '준 탐사보도팀'이 꾸려졌다. '권력에 춤추는 통계'(2013년 6월), '기업 내 보수격차 대해부'(2013년 8월), '대기업으로 흐르는 나랏돈'(2014년 2월) 등 경제 부문에서 탐사보도의 새 지평이 열렸다. 숫자에 가려 보이지 않던 진실을 드러내 보여줬다. 이에 힘입어 2014년 3월, 한겨레 편집국에 탐사기획 전담 부서가 부활했다.

차마 떠날 수 없어 길 위에 남다

2014년 4월 16일 일어난 세월호 참사는 '언론 참사'이기도 했다. 언론들의 '전원 구조' 오보가 결정적이었다. 일부 언론들은 오보로 인한 불신을 수습하기는커녕, 현장의 목소리를 배제한 채 정부 발표만 일방적으로 받아 썼다. 희생자와 가족을 향해 2차 가해성 취재·보도를 일삼는 비윤리적 행태를 보이는 언론

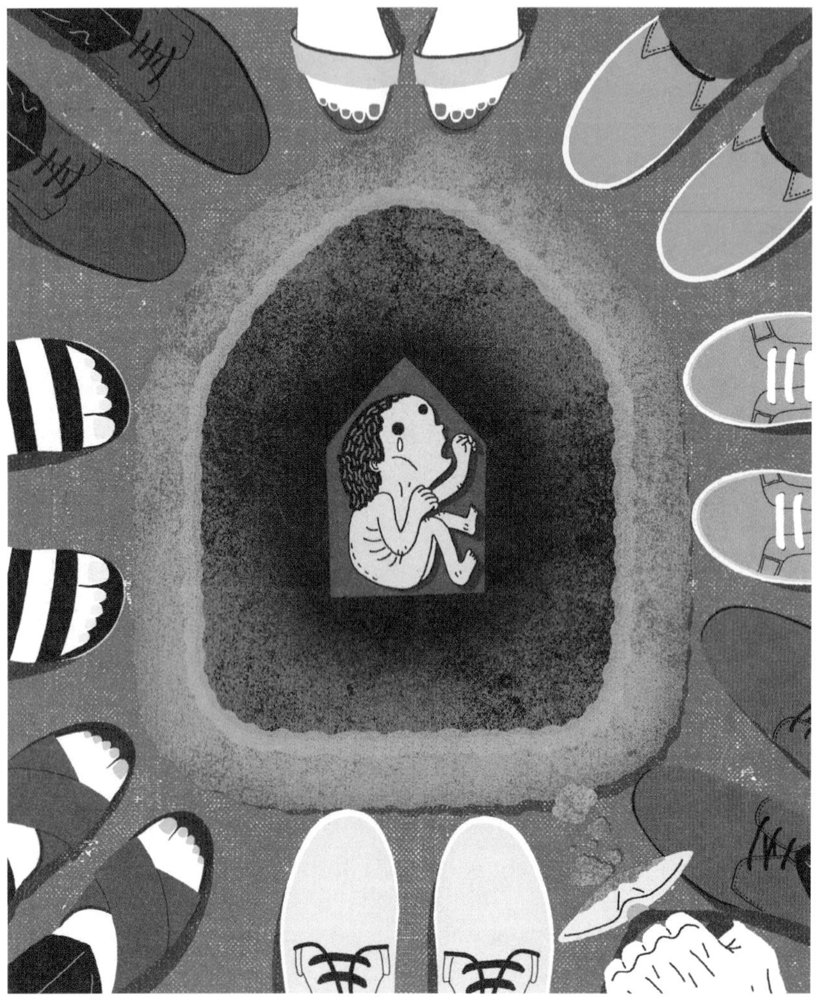

2015년 5월 4일, 한겨레는 탐사기획 '부끄러운 기록, 아동학대'의 첫 기사를 내놓았다. 9년간 집에서 갇혀 살다가 키 109센티미터, 몸무게 7.5킬로그램의 미라 같은 모습으로 죽어서야 세상 밖으로 나온 13살 민이의 이야기를 전했다. 민이의 이야기는 일러스트레이터 이강훈이 그린 이미지와 함께 실렸다.

도 있었다. 기자와 쓰레기를 조합해 기자를 비하하는 표현인 '기레기'라는 단어가 삽시간에 일반화되었다.

한겨레는 차마 받아들이기 어려운 안타까운 죽음의 곁을 묵묵히 지켰다. 사건이 터지고 많은 기자들이 따라붙어 취재 경쟁을 하다가 이내 흩어져 사라진 뒤에도 한겨레는 진실 규명이 이뤄질 때까지 피해자와 가족들의 옆을 떠나지 않았다.

2014년 4월 28일, 김성광 한겨레 사진부 기자는 진도 실내체육관 1층에 남아 있던 희생자 가족들 앞에서 무릎을 꿇었다. "왜 이 상황을 사진으로 기록해야 하는지"를 설명하려고 했지만, 눈물부터 제멋대로 쏟아졌다. 그런 김성광에게 단원고 박성복 군의 가족들이 곁을 내어주었다. 그로부터 20일 동안 김성광은 박성복 군 가족과 동행 취재했다. 20일간의 동행 취재기는 2014년 5월 20일 한겨레 1면에 실렸다.

2014년 7월 8일, 세월호 참사 84일째였다. 단원고 이승현 군의 아버지 이호진 씨와 누나 이아름 씨, 고 김웅기 군의 아버지 김학일 씨가 세월호 참사 진상 규명과 실종자 귀환을 염원하며 도보 순례를 떠나는 날이었다. 출발할 때 따라붙었던 10여 대의 언론사 카메라들은 30여 분이 지나자 모두 떠났다. 정은주 한겨레21 기자도 애초엔 1박 2일 동행 취재만 할 예정이었다. 하지만 길잡이도, 의료지원단도 없이 무턱대고 걷는 세 사람을 두고 떠나려니 발길이 떨어지지 않았다. 정은주는 길 위에 남기로 했다. 그 후 정은주를 포함한 한겨레21 기자들과 최우성 편집장은 38일간 이어진 800킬로미터 도보 순례를 처음부터 끝까지 함께했다. 한겨레21 페이스북 페이지는 도보 순례단의 일정을 공유하는 '알림장'이 되었다. 전국의 시민들이 "함께 걷고 싶다"며 순례단에 합류했다.

정은주는 단지 함께 걷는 것에만 머물지 않았다. 2014년 내내 세월호 관련 재판, 국회 국정조사 현장을 지켜봤고, 2015년부터 본격적인 탐사보도에 착수했다. 입법부, 사법부, 행정부 등이 생산한 관련 자료를 입수했더니 A4 10만 쪽이 넘었다. 한겨레21은 '진실의힘'과 협업해 이 자료들을 분석했다. 해경 수뇌부의 조작·은폐, 구조 지휘 실패를 밝혀냈다.

2014년 6월 16일, 한겨레 1면에 '세상에서 가장 슬픈 만인보'가 시작되었다. 세월호 참사 희생자를 추모하는 기획 '잊지 않겠습니다'는 2015년 6월까지 1년여 연재되었다. 가족을 잃은 이들이 편지글을 보내오면, 박재동 화백이 세상을 떠난 이의 초상화를 그려 신문에 실었다. 김기성·김일우 기자가 희생자 가족들을 한 명 한 명 접촉해, 116명의 이야기를 전했다. 의사, 판사, 가수, 수의사, 건축가, 신부, 디자이너, 화가 등 아이들과 함께 묻혀버린 꿈을 잊지 말자고 독자들에게 말을 건넸다.

그렇게 한겨레는 죽음의 곁을 지켰다. 2016년 5월 29일, 이재욱 기자가

장례식장을 찾았다. 서울 지하철 구의역에서 스크린도어를 고치다 숨진 김아무개 군의 빈소였다. 이곳을 찾은 기자는 한겨레밖에 없었다. 유족들은 "도와달라"고 했다. 이재욱은 유족이 보내준 김군의 유품 사진에서 850원짜리 컵라면을 보자 가슴이 저릿했다. 컵라면을 먹을 3분의 시간조차 없이 쫓기듯이 일했던 김군의 사연이 한겨레 보도로 세상에 알려졌다. 추모 물결이 이어졌다. 한겨레는 열아홉 살 비정규직의 열악한 노동조건에 대해 심층 보도했다. 박원순 서울시장이 스크린도어 관련 종합대책을 내놓고, 국회에서는 안전 관련 업무에 비정규직 고용을 금지하는 관련법 개정안이 발의되었다.

2017년, 한겨레는 제주에서 일어난 열여덟 살 고교 실습생의 죽음도 전국적인 사회 의제로 밀어 올렸다. 최초 보도는 제주 CBS가 했지만, 한겨레는 닷새 동안 1면 머리기사로 고교 현장실습의 구조적인 문제점을 짚었다. 제주 지역 기자인 허호준과 사회부 고한솔, 김미향이 함께 뛰었다. 한겨레가 보도하고 열흘이 지난 뒤에 교육부는 조기취업 형태의 현장실습 제도를 전면 폐지하겠다고 선언했다.

2012 신문업계 히트 상품 '토요판'

2014년 8월부터 10월까지 토요판 커버스토리로 보도된 '형제복지원 대하 3부작'도 죽음에 관한 이야기였다. 형제복지원에서 513명이 숨졌지만, 30여 년이 지나도록 진상규명은 이뤄지지 않고 있었다. 토요판팀의 박유리는 사건을 시기별로 3부작으로 나눈 뒤, 소설처럼 아주 긴 기사를 썼다. 총 기사 분량이 200자 원고지 310매에 달했다. 형제복지원과 관련한 각종 기록, 언론 보도, 내부 자료 등의 기록물을 확보하고 분석했다. 이 보도의 취지는 독자가 처참한 죽음의 실상을 '느끼고 공감하게' 하는 데 있었다.

저널리즘의 경계를 허물고 확장한 공로를 인정받아 형제복지원 3부작 보도는 2014년 관훈언론상을 수상했다. 그해 신설된 '저널리즘 혁신' 부문의 첫 수상작이었다. 독자와 더 가까이, 새로운 방식으로 소통하려고 고민한 것에 높은 점수를 받았다.

이러한 혁신적인 기사가 더 빛을 발할 수 있었던 배경에는 '토요판'이 있었다. 2012년 1월 28일, 한겨레 토요판 첫 호가 발간되었다. 단발성 뉴스의 울타리를 뛰어넘는 호흡이 긴 기사들이 하루치 신문 전체를 채웠다. 기존 신문에서는 볼 수 없었던 실험이었다.

2010년 10월, 고경태는 '토요판'이라는 이름이 처음 등장하는 보고서를 만들었다. 당시 한겨레의 미래 콘텐츠 전략을 책임지는 미디어비전 TF팀장이었던 박찬수가 아이디어를 줬다. 박찬수는 워싱턴 특파원 시절 USA투데이의 금요일치 신문을 눈여겨봤다. 토요일마다 여행, 영화, 요리 등 가벼운 소재를 별도 섹션으로 펴내는 주말판이 아니라 시사주간지처럼 하나의 주제를 깊이 파고들어 긴 호흡의 기사로 채우는 형식이 참신하게 느껴졌다. 하지만 이때 고경태가 작성한 보고서는 실행에 옮겨지지는 못했다. 넉 달 뒤인 2011년 3월, 박찬수가 편집국

2014년 7월 23일, 세월호 참사 진상규명을 요구하며 도보 순례 중인 고 김웅기 군의 아버지 학일 씨가 전남 함평군 신광면 좌야마을에서 잠시 쉬다가 한겨레21 특별판을 읽고 있다.

서울 지하철 2호선 구의역 안전문(스크린도어) 사고 1주기를 맞은 2017년 5월 28일, 사고 현장인 구의역 9-4 승강장에 희생자 김군의 스무 번째 생일을 하루 앞두고 케이크와 추모하는 꽃 등이 놓여 있다.

장이 되었다. 토요판 구상을 실현할 조건이 갖춰진 셈이었다. 하지만 한겨레 내부 반발도 만만치 않았다. 토요일치 신문의 정보가 줄어들 것이라는 우려가 컸다.

막상 한겨레가 첫발을 떼자마자 다른 신문들도 한겨레를 뒤따라왔다. 한겨레 토요판이 한국 신문의 토요일치 얼굴을 바꿔놓았다. 한국일보(2012년 3월), 중앙일보(2012년 3월), 경향신문(2012년 6월), 국민일보(2012년 7월), 동아일보(2013년 2월), 부산일보(2013년 3월), 세계일보(2013년 11월)가 토요판 대열에 합류했다. "우리끼리는 토요판을 2012년 신문업계 최대 히트 상품이라고 평가했다." 고경태의 회고다. "그때만 해도 신문 열독률이 40%대를 유지했다. 그런데 만약 2018년에 토요판을 만들었다면 2012년만큼 반응이 있었을까? 아니었을 것 같다."

한겨레가 토요판을 띄웠던 2012년, 미국 뉴욕타임스는 '스노우 폴(Snow Fall)'이라는 디지털 인터랙티브 기사를 발행했다. 미국의 한 산맥에서 일어난 눈

세월호 참사로 숨진 단원고 정차웅 군의 어머니 김연실 씨가 2014년 6월 경기도 안산 화랑유원지 안에 마련된 세월호 사고 희생자 가족대책위원회 사무실에서 박재동 화백이 그린 아들의 얼굴 그림을 만지고 있다.

사태가 마치 한 편의 다큐멘터리처럼 화면에서 구현되었다. 텍스트만이 아니라 영상, 그래픽, 사진 등 66개의 비주얼 데이터가 결합된 보도였다. 이용자의 마우스 스크롤 움직임에 따라 컴퓨터와 모바일 화면이 반응했다. 전 세계 언론은 화들짝 놀랐다. 읽는 뉴스, 보는 뉴스를 넘어서 '체험하는' 뉴스 시대의 등장을 알리는 신호였다. 2014년 종이신문의 열독률은 간신히 30%대를 유지했지만, 2015년에는 20%대로 떨어졌다. 종이신문사가 살아남으려면 무엇이든 도전해야만 했다. 아무리 반짝반짝 빛나는 보도라도 독자들에게 '배달'되지 않으면 소용없을 것이기 때문이다.

❶ 2009년 10월 10일, 한겨레신문사가 후원하고 한국종이비행기협회가 주관한 '코리아컵 종이비행기 대회'에서 참가자들이 힘차게 종이비행기를 날리고 있다.
❷ 2009년 5월 23일 서울 월드컵공원에서 열린 '한겨레 가족 한마당' 행사에서 임직원과 가족들이 2인3각 달리기를 하고 있다.
❸ 세월호 참사로 아들을 잃은 두 아버지가 38일 동안 십자가를 메고 800킬로미터(2000리)를 걸어 프란치스코 교황을 만났다. 한겨레21은 이 길을 처음부터 끝까지 동행했다. 사진은 2014년 7월 27일, 안산에서 팽목항을 향해 20일 동안 걸어온 도보 순례단이 전남 진도 진도대교를 넘어 실종자 가족이 머물고 있는 진도실내체육관으로 향하는 모습. 김명진 기자가 촬영한 이 사진은 제139회 보도사진상 시사스토리 부문 최우수상을 수상했다.

변화의 몸부림

03

신문 1면 하단이 텅 비었다. 광고가 들어가 있어야 할 자리였다. 한겨레 역사상 1면 백지 광고는 처음이었다. 그 이후로도 없었다. "우리는 조·중·동 방송의 특혜에 반대하며, 조·중·동 방송의 광고 직접 영업으로 위기를 맞은 저널리즘을 지키기 위해 광고를 싣지 않습니다." 하얗게 비어둔 공간에 작은 글씨로 광고를 싣지 않은 까닭을 밝혔다.

2011년 12월 1일, 조선일보·중앙일보·동아일보·매일경제가 만든 종합편성채널(종편) 4곳이 일제히 개국했다. 보수 신문이 보수 방송까지 갖게 되었다. 보수 신문을 등에 업은 종편한테는 지상파 방송사와 달리 직접 광고 영업을 할 수 있는 특혜가 주어졌다. 여론의 다양성과 공공성이 위축될 것이라는 우려가 팽배했다. 이날 한겨레와 경향신문은 1면 백지광고를 내보냈다. 전국언론노동조합은 총파업에 나섰다. 한겨레 노동조합도 동참했다.

종편 개국은 당장 눈앞에 보이는 위기였다. 하지만 정작 그보다 더 큰 위기가 다가오고 있었다. 종이신문이 발 딛고 있는 지반 자체가 흔들흔들했다.

한겨레
HANI.CO.KR

조중동 종편 동시 개국…여론·민주주의 질식 위기

종편4사 오늘 일제히 첫 방송
신문과점 이어 방송도 소유
여론 다양성·공공성 위축

광고주와 홍보성 기사 거래
'직접영업 폐해' 이미 드러나
방송콘텐츠 상업화 불보듯

언론노조 "종편 시청거부운동 개시"
오늘 세종문화회관앞 총파업 집회

후쿠시마 악몽 잊었나
일, 원전수출 '재시동'

esc

2011년 12월 1일, 한겨레는 30년 역사상 처음으로 1면 백지광고를 냈다. 이날은 보수 신문들이 만든 종합편성채널 4곳이 개국하는 날이었다. 전국언론노동조합이 총파업에 나서는 등 언론계 안팎에서 비판이 일었다. 한겨레도 정부·여당의 왜곡된 언론 재편 정책에 저항하는 의미로 백지광고를 실었다.

2011년 검색·노출을 포함한 인터넷 광고 시장 규모가 처음으로 종이신문 광고를 앞질렀다. 2011년 국내 스마트폰 가입자는 1500만 명을 돌파했다. 재잘거리듯이 하고 싶은 말을 짧게 올릴 수 있는 마이크로블로깅 서비스 트위터는 2011년 한국어 서비스를 시작했다. 한국의 트위터 이용자가 이미 200만에 달했다. 독자들은 트위터, 페이스북 등 급속도로 확산된 소셜네트워크서비스(SNS)를 통해 뉴스를 소비하기 시작했다.

그저 종이신문을 잘 만들기만 하는 것으로 충분치 않았다. 신문사 한겨레가 아니라 종합미디어그룹 한겨레로서의 고민이 시작되었다.

2011년 3월 21일, 양상우가 대표이사로 취임했다. "우리는 '종이미디어'라는 옛 시대의 벼랑 끝자락이자, '뉴미디어'라는 거대한 산맥이 솟아오르는 새 시대의 초입에 서 있습니다. 더 이상은 회피할 수 없는 '변화의 시대'입니다." 한겨레를 어깨에 짊어지게 될 사람이 말했다. 무거운 짐을 내려놓고 한겨레를 떠나는 고광헌 대표이사의 마음도 같았다. "가장 큰 아쉬움은 온-오프 통합이라는 숙제를 풀지 못한 것입니다. 온-오프 통합은 뉴미디어 시대 한겨레의 생존이 걸린 문제입니다." 대표이사 취임사나 퇴임사나 공통된 화두는 바로 '뉴미디어 시대'였다.

한겨레신문사에 뉴미디어를 담당하는 부서가 처음 생긴 것이 1995년의 일이었다. 멀티미디어 기업 한겨레를 표방하며, 인터넷 기사 서비스를 시작했다. 한겨레는 그동안 디지털 공간에서 여러 실험적인 서비스를 운영했다. 2000년 인터넷한겨레에 묻고 답하는 지식커뮤니티 '디비딕'을 열었다. 얼마 지나지 않아 엠파스에 사이트를 매각했다. 온라인 논객들이 한겨레 홈페이지 게시판 '한토마(한국대표토론마당)'에서 와글와글 토론했다. 2005년에는 네티즌의 다양한 글을 한겨레와 인터넷한겨레 기사로 싣는 '필진 네트워크' 서비스도 시작했다. 2010년엔 온라인 토론사이트 '훅', 블로그 '필통' 서비스 등도 열었다.

뉴미디어 전략은 다소 어지럽게 느껴질 만큼 여러 각도로 진행되었다. 2010년 11월, 세 가지 디지털 서비스를 동시에 시작했다. 스마트폰으로 보기 편한 기사 제공 서비스 '모하니', 트위터의 한겨레 관련 계정에 들어온 질문과 답을 모아 보여주는 소셜미디어 소통 서비스 '통하니', 한겨레에 연재되는 모든 책 이야기를 한데 모은 '북하니' 서비스 삼총사였다. 2011년 1월에는 디지털매거진 제작·유통을 담당할 씨네21의 자회사 '디폴리오'가 설립되었다. 하지만 디폴리오는 적자를 견디다 못해 2014년 매각되었다. 일부 서비스는 제대로 빛을 내어보지도 못했고, 일부 서비스는 시간이 흐르면서 빛을 잃어갔다. 디지털 공간에서 한겨레의 존재감을 드러낼 만큼의 파괴적 혁신은 일어나지 않았다.

'디지털 한겨레'로의 도약

양상우 대표이사는 취임하자마자 콘텐츠 생산 조직 개편에 손을 댔다. 2011년 6월 20일 디지털 퍼블리싱 기획단이 출범했다. 한겨레가 만든 콘텐츠를 웹, 스마트폰, 태블릿에 어떻게 구현할 것인지 전략과 실행 계획을 입안하는 단위였다. 종이신문에 묶여 있는 콘텐츠 생산력과 생산 시스템을 디지털 쪽으로 끌어다 옮겨야 했다. 뉴욕타임스 등 외국 언론들은 이미 지면, 온라인, 스마트미디어를 묶는 모델을 내놓고, 기존 독자의 10~15%가량을 디지털 유료 독자로 전환시킨 터였다. 기술개발을 총괄할 전문가 엄원석을 외부에서 영입했다.

2011년 9월 9일, '한겨레 가판대 앱(애플리케이션)' 서비스가 출시되었다. 스마트폰 애플리케이션 하나만 다운받으면 한겨레, 한겨레21, 이코노미 인사이트, 르몽드 디플로마티크 등 한겨레에서 발간하는 모든 매체를 PDF 형식으로 볼 수 있게 만들었다. 국내 신문사 앱 가운데 첫 시도였다. 한 달에 5만 5000여 명이 다운로드를 받았다. 그러나 진화하는 스마트폰 운영 체제에서 제대로 구동하게 만들려면 유지·보수 비용이 많이 드는 게 문제였다. 시간이 지날수록 앱의 인기가 시들해졌다.

기획단의 주된 관심은 온라인과 오프라인을 아우르는 통합 인프라 구축에 있었다. 당시 한겨레 기자들은 2007년 도입한 기사 작성·송고용 집배신을 썼다. 낡은 시스템이었다. 윈도7에서 집배신의 일부 기능이 작동하지 않아 운영 체제를 낮춰야 할 정도였다.

2012년 한겨레는 '디지털 한겨레'로 도약하겠다고 선언했다. 언론 매체 환경의 지각변동 속도가 빨라지고 있었다. 2012년 국내 스마트폰 가입자는 3000만을 돌파했다. 경영진은 우선 종이신문, 잡지, 디지털 매체 등 다매체를 통합 제작할 수 있는 생산 시스템을 구상했다. 2012년 예산안에 57억 원의 투자 예산을 책정했다. 한겨레 창사 이후 사상 최대의 투자 계획이었다.

그 무렵 디지털미디어국 기술부문장 엄원석과 편집국 디자인부문장 김경래의 머릿속에는 온통 새로운 집배신 시스템, 즉 차세대 CTS 생각뿐이었다. 좋은 저널리즘을 위한 도구를 찾아내야 했다. 디지털 퍼블리싱 기획단은 국내외 다양한 미디어시스템 자료를 모으기 시작했다. "어, 이게 뭐지?" 엄원석과 김경래의 눈이 번쩍 뜨였다. 종이신문 디 벨트 등을 발간하는 독일 최대 언론사 악셀 스프링거를 다녀온 동료가 찍어온 사진들을 살펴보던 중이었다. 독일 기자들이 사용하는 집배신 시스템이 한겨레의 구상과 비슷해 보였다. 덴마크 기업인 CCI사의 제품이었다. 알고 보니 뉴욕타임스, USA투데이, 노르웨이 최대 언론사 에드라시비센 등 세계 유수의 언론사 180여 곳이 CCI시스템을 사용하고 있었다. 탬플릿에 기반해 신문 제작 작업을 표준화했고, 누구나 시시각각 진행되는 작업을 살펴볼 수 있는 시스템이었다. 한겨레가 원하는 다매체 제작에 최적으로 보였다.

2012년 1월 15일, 엄원석이 CCI에 이메일을 보냈다. 그로부터 한 달 뒤인

2월 14일, CCI 관계자들이 한겨레신문사 공덕동 사옥을 방문했다. 한겨레 임직원 30여 명을 앞에 두고 8시간 가까이 자신들의 시스템을 설명했다. "시스템은 새로운 가능성과 기회를 제공할 뿐이다." "결국 한겨레 직원들이 스스로 변화의 필요성을 느끼고 움직여야 한다. 사람들의 의지가 있어야 변하는 것이다." 멀리 외국에서 온 전문가들은 한겨레의 디지털 상황과 한계를 바로 간파했다.

잠시 주춤했던 뉴스 생산조직 통합도 2012년 들어 가속화되었다. 2012년 4월 12일, 편집국에 온라인부문이 만들어졌다. 한겨레는 2004년 편집국에 온라인뉴스부를 신설한 바 있었다. 한국 언론 최초의 온–오프 통합 뉴스룸이었다. 하지만 오래가지 못했다. 온라인뉴스 생산 조직은 편집국 안과 밖을 왔다 갔다 옮겨다녔다. 2012년 다시 디지털뉴스팀을 해체해 편집국 사회부와 온라인편집팀으로 나누어 배치했다. 편집국 사회부와 정치부에 온라인데스크를 신설해, 디지털 뉴스에 역동적으로 대응하도록 했다. 박찬수 편집국장은 종이신문만이 아니라 온라인 뉴스까지 책임져야 했다.

생산시스템 도입에도 박차를 가했다. 2012년 10월, '차세대통합미디어시스템 TF팀'이 출범했다. 편집국 온라인부문장이었던 유강문이 팀장을 맡았다. TF팀은 한겨레에 CCI사의 '뉴스게이트' 시스템을 도입했을 때 나타날 장·단점 등 모든 '경우의 수'를 검토했다. 다른 국내 시스템과도 비교했다. 2013년 2월 유강문이 박찬수의 뒤를 이어 편집국장이 되었다. TF팀 업무는 권태호가 이어받았다.

당시 경영진은 윤전기를 돌리는 것을 제외하고 제작시스템 전체를 '디지털 윤전기'화할 구상을 했다. 2013년 1월, 필름 공정을 완전히 없앤 것도 그 일환이었다. 2013년 4월 30일, 양상우 대표이사와 박찬수, 권태호 등이 덴마크 CCI 본사를 방문해 시스템 도입 계약을 맺었다. 시스템 설치와 시험 운용에만 14개월이 걸릴 터였다. "기사 기획과 출고, 조판, 강판에 이르는 제작 프로세스에 고속도로를 건설하는 작업이다." 박찬수가 5월 9일 전체 임직원에게 이메일을 보내어 설명했다. 하지만 현재 한겨레 몸에 걸치기엔 과한 옷이라는 반대 의견이 만만치 않았다.

이후 한겨레와 CCI는 수차례 직접 만나거나 원격 화상 미팅을 진행했다. 그러는 사이에 한겨레 내부에서 반발과 우려의 목소리가 높아졌다. 과거 한겨레신문사는 외국산 윤전기나 장비를 들여온 적은 있었어도, 소프트웨어가 핵심인 외국 시스템을 도입한 경험이 없었다. 시스템 유지·보수 업무를 할 때 의사소

2011년 9월 9일 출시한 '한겨레 가판대' 앱은 이름 그대로 신문, 잡지 등이 꽂혀 있는 가판대를 그대로 옮겨놓은 모습이었다(위). 맨 위 칸에 신문이, 이어 한겨레21, 이코노미 인사이트, 르몽드 디플로마티크가 칸칸이 진열되었으며, 한겨레출판의 전자책도 볼 수 있다. 2014년 업그레이드 버전 '한겨레 가판대 2.0'은 동영상, 화보, 인포그래픽 뉴스 등 멀티미디어 요소까지 함께 제공되었다(아래).

2012년 새로 선보인 월간지 나·들 창간호 표지.

통의 효율성, 국내 시스템보다 비싼 40억 원 안팎의 투자 비용, 한글 폰트를 구현하는 문제 등을 두고 많은 우려가 나왔다. 막상 시스템을 시험 가동하자 예상치 못했던 에러들도 나타났다. 결과적으로 CCI의 뉴스게이트 시스템은 한겨레에 도입되지 못했다. 2014년 양상우 대표이사가 퇴임하고 정영무 대표이사 체제로 바뀌면서 추동력이 급속도로 떨어졌기 때문이다.

새로운 시스템이라는 '고속도로'를 깔려 했던 이유는 다양한 매체를 그 위에 태우기 위해서였다. 창간 때 독자들이 한겨레에 기대하는 역할은 비교적 명확했다. 한국 사회 민주화에 기여하는 언론을 원했다. 하지만 뉴스 소비자들의 취향과 요구는 점점 다양하고 복잡해졌다. 신문만으로 포괄할 수 없는 독자층도 많아졌다. 다양한 매체를 통해 더 많은 독자를 만나야 했다.

허핑턴포스트코리아 창간

다매체 전략의 첫 번째 구상이 나왔다. 2012년 7월 31일, 이사회에 처음으로 '새 매체' 창간 계획이 보고되었다. 이코노미 인사이트처럼 투자금을 최대한 낮추고 최소 인력으로 월간지를 만들겠다고 했다. 월간지 제호는 나·들로 정해졌다. 세상을 만들고 움직이는 것은 사람이고, 수많은 '나'들을 보면 세상이 보인다는 뜻이 담겼다. 안영춘이 편집장을 맡았다. 2012년 11월 1일, 창간호가 나왔다. 소설가 공지영이 표지 모델이었다.

나름 충성 독자들이 생겨났으나 나·들은 시장에 안착하는 데 실패했다. 2년 가까이 되도록 애초 목표했던 정기독자의 절반도 채우지 못했다. 독자는 늘어나지 않는데, 영업적자만 계속 쌓여갔다. 2014년 7월, 21번째 나·들을 마지막으로 잡지 발간이 중단되었다. 한겨레리빙, 허스토리 이후 또 한 번의 뼈아픈 실패였다.

종이 매체가 위기라는 사실을 재확인한 셈이었다. 실은 2011년 무렵부터 한겨레에서 발행하는 매체들의 전반적인 하락 추세가 뚜렷해졌다. 한겨레21은 2011년 유가부수 최고치를 찍은 이후 내리막길을 걷고 있었다. 신문 역시 유가부수가 20% 넘게 급감했다. 거품부수를 걷어내서이기도 했지만, 워낙 종이신문의 구독률 추락 속도가 가팔랐다. 현재보다 더 암울한 것은 미래였다. 한겨레 독자들의 고령화가 심각했다. 독자의 70%가량이 40~50대였다. 20대 독자는 겨우 6%였다. 미래의 독자층을 어떻게든 잡을 방도를 찾아야만 했다.

미래의 독자층과 만나는 접점은 디지털에 있었다. 2013년 11월 8일, 양상우 대표이사가 미국 뉴욕으로 날아갔다. 한겨레가 2011년 초부터 극도의 보안을 지켜가며 은밀하게 도모해온 일이 있었다. 세계적인 인터넷미디어인 허핑턴포스트와 손잡고 한국어판 인터넷 뉴스 서비스를 시작하기로 한 것이었다. 이날 양상우는 허핑턴포스트미디어그룹 회장인 아리아나 허핑턴을 만나 허핑턴포스트코리아 설립에 관한 기본의향서(LOI)를 교환했다. 협상 시작 1년 9개월 만에 맺은 결실이었다.

2005년 설립된 허핑턴포스트는 미국의 최대 인터넷 뉴스 사이트였다. 허핑턴포스트는 2011년부터 프랑스, 일본, 스페인 등 현지 언론사와 제휴해 글로벌 네트워크를 확장해나가는 중이었다. 한국에서도 제휴할 언론사를 찾던 차에 한겨레와 인연이 닿았다.

한겨레와 허핑턴포스트 소유주인 미국의 인터넷미디어그룹 AOL이 동등한 자본금을 투자해 합작회사를 만들기로 했다. 한겨레가 대표이사와 편집장을 지명할 권한을 가졌다. AOL은 인터넷 서버와 CMS시스템 등을 제공하고, 한겨레가 콘텐츠에 관한 모든 것을 책임지는 구조였다. 한겨레는 허핑턴포스트가 갖고 있는 온라인 매체 운영전략을 흡수하는 동시에, 한겨레가 기존에 포괄하지 못했던 젊은 독자들과의 접점을 늘릴 수 있게 되기를 바랐다.

2014년 2월 28일, 인터넷 뉴스 사이트 허핑턴포스트코리아가 문을 열었다. 권태선이 초대 발행인 겸 대표이사가 되었다. KBS 아나운서 출신인 손미나를 편집인으로 영입했다. 권복기가 이사와 편집장을 겸직하고, 씨네21 출신의 김도훈이 공동 편집장을 맡았다. 2015년부터는 한겨레 대표이사가 허핑턴포스트코리아 대표이사를 겸직하게 된다.

진보 담론의 허브 '한겨레사회정책연구소'

2011년 2월, 회사를 휴직하고 영국에 머물던 이창곤에게 이메일이 한 통 날아왔다. 대표이사로 당선된 양상우가 보낸 이메일이었다. 그는 대표이사 선거에서 한국 사회 최대 진보 싱크탱크를 목표로 하는 '한겨레정치경제연구소(가칭)'를 세우겠다는 공약을 내걸었다. 이 아이디어를 제시했던 이창곤에게 새 연구소 설립계획을 세워보라고 했다. 2007년 출범한 한겨레경제연구소는 사회적 기업, CSR 등에 특화된 연구를 주로 하고 있었다. 중요한 의제이긴 했지만 전체 진보 담론을 좌우할 '큰 그림'은 아니었다. 진보 매체 한겨레라는 그릇에 담길 진보 담론의 내용물이 필요했다. 이창곤은 박사 논문 집필을 중단하고 한국에 돌아왔다.

2011년 6월 8일, 한겨레사회정책연구소가 설립되었다. 복지·노동·교육·의료·주거 문제 등 여러 분야에 걸쳐 정책 대안을 모색하겠다는 야심찬 구상이 있었다. 한겨레 지면을 통해 이러한 정책을 소개하고, 다시 진보 담론을 선순환시키는 것이 목표였다. 6월 28일 '분배와 복지 논쟁'이라는 주제로 1회 한겨레사회정책포럼을 개최한 것을 시작으로 여러 행사들을 펼쳐나갔다. 한겨레 독자와 일반 시민들이 강좌를 들을 수 있는 '한겨레사회정책스쿨'도 2011년 11월부터 시작했다. 한귀영 한국사회여론연구소 수석연구위원이 사회정책연구소 연구위원으로 합류했다. 한겨레사회정책연구소를 포함해 경제연구소, 우리말글연구소, 평화연구소 등을 아우를 '우산'도 필요했다. 연구기획조정실을 신설하고 한겨레 창간 멤버인 이병이 초대 연구기획조정실장을 맡았다. 이창곤은 초대 사회정책연구소장과 연구기획조정실 부실장을 맡았다.

한겨레경제연구소는 수익 다각화를 위해 새로운 사업을 시작했다. 2010년 12월 15일, 한겨레경제연구소가 주관하고 한겨레가 주최하는 1회 아시아미래포럼이 열렸다. 첫 번째 주제는 '동아시아 기업의 진화'였다. 2000년대 들어 언

2013년 11월 7일, 양상우 한겨레 대표이사와 아리아나 허핑턴 허핑턴포스트 미디어그룹 회장이 미국 뉴욕에서 허핑턴포스트코리아 설립에 합의하는 기본의향서에 서명한 뒤 악수를 나누고 있다(왼쪽). 4개월 뒤인 2014년 2월 28일, 서울 태평로 프레스센터 외신기자클럽에서 허핑턴포스트코리아 출범 기자회견이 열렸다. 지미 메이먼 허핑턴포스트 최고경영자(CEO), 아리아나 허핑턴 회장, 손미나 허핑턴포스트코리아 편집인, 김도훈 공동편집장 등이 참석했다.

론사가 주최하는 국제포럼이 유행처럼 번지고 있었다. 아시아미래포럼은 아시아의 현안과 미래를 연구하는 국내외 전문가들이 만나서 공통의 대안을 찾아나가게 하겠다는 문제의식을 또렷이 했다. 그 이후 아시아미래포럼은 해마다 주제를 바꿔가며 행사를 이어가고 있다. '위기를 넘어: 책임과 상생'(2011), '리더십의 변혁'(2012), '포용성장시대 기업과 사회의 혁신'(2013), '사람중심경제–기업과 사회의 협력'(2014), '새로운 균형, 새로운 아시아'(2015), '성장을 넘어, 더불어 행복을 찾아서'(2016), '일의 미래, 새로운 사회적 합의를 향해'(2017) 등의 주제로 열렸다.

훗날 2014년 2월, 한겨레에 또 하나의 연구소가 만들어진다. 디지털 기술의 빛과 그늘 등을 연구·교육하기 위한 '사람과디지털연구소'다. 경제부에서 IT 기자를 오래 한 구본권이 초대 소장을 맡았다. 2015년 7월 1일, 한겨레경제연구소와 한겨레사회정책연구소, 사람과디지털연구소, 한겨레평화연구소, 우리말글연구소 등이 통합해 한겨레경제사회연구원 간판을 달고 새로 출범했다. 초대 연구원장은 정석구 편집인이었다. 2017년부터는 이창곤이 원장을 맡고 있다.

양상우 대표이사가 회사를 이끈 3년간은 한겨레 역사상 재무적으로 가장 안정되었던 시기였다. 2011년(43억 원), 2012년(53억 원), 2013년(31억 원) 등 3년간 누적 경상이익이 127억 원에 이르렀다. 해마다 매출액이 사상 최대치를 갱신했다. 차입금을 계속 줄여나가서 2012년에는 한겨레 창간 이후 처음으로 자본결손 상태를 해소했다. '기업' 한겨레로서의 안정된 주춧돌이 놓인 셈이었다.

'진보 언론'의 지형 변화

종이신문은 다 같이 어렵다고 아우성치던 때였다. 2012년 자본결손금을 모두 털어낸 결과, 한겨레 주식의 1주당 평가액이 액면가를 넘어섰다. 한겨레 주식은 1주당 5000원에 팔리고 있었지만, 2004년 1주당 평가액이 2688원밖에 되지 않을 정도로 주식 가치가 낮았다. 액면가를 회복한 2012년 평가액은 5138원이었다. "주주 배당을 진지하게 고민해야 하는 것 아니냐." 2013년 2월 이사회에서 진지한 논의가 오갔다. 좋은 실적을 바탕으로 인센티브를 받는 한겨레 사원주주와 배당받지 못하는 일반 주주들 사이에 형평성을 맞춰야 한다는 이야기가 나왔다. '기업' 한겨레가 이익을 낸다면, 그 이익금을 누구에게 먼저 돌려줘야 하는지가 중요한 논점이었다. 경영기획실은 배당 가능성을 분석해서 이사회에 보고했다. 항상 적자만 냈던 한겨레에서는 그동안 상상할 수 없었던 논쟁이었다. 그만큼 한겨레 경영이 안정화되었다는 것을 의미했다.

언론으로서도 한겨레는 위상을 굳건히 했다. 한겨레 기자들은 한국기자협회가 주는 '이달의 기자상'을 2012년 13건, 2013년 15건 수상했다. 모든 언론사 가운데 단연 1위였다. 2012년 6월 경력 기자를 공채로 모집했는데, 종합일간지 중 6개 언론사의 기자들이 지원했다. 한겨레가 일하고 싶은 좋은 언론사임을 증명했다. JTBC 보도국 메인뉴스 제작팀장이었던 도규만을 멀티미디어부문장으로 영입했다. 한겨레 기자들은 좋은 언론을 만들기 위해 노력했다. 한겨레의 '이달의 기자상' 수상 행진은 2014년 11건, 2015년 9건, 2016년 11건, 2017년 10건으로 계속 이어진다.

2011년 7월 15일, 한겨레사회정책연구소 연구진이 서울 공덕동 한겨레신문사 사옥 청암홀에서 제1회 연석 간담회를 연 뒤 기념사진을 찍고 있다.

그런데 당시 한겨레 내부에서는 진통이 심했다. 양상우의 리더십을 불편하게 여기는 이들이 많았다. 그는 2004년 비상경영위원회 공동위원장을 맡아 경영에 눈을 떴다. 그렇기에 역대 어떤 대표이사보다 절박한 위기감을 갖고 경영에 임했다. 하지만 노동조합은 "쥐어짜기 경영"이라고 반발했다. 경영진이 각종 경영 수치에만 신경 쓰느라 구성원을 위축시킨다는 분위기가 형성되었다. CCI 시스템 도입 등 거대한 변화를 앞두고 기대감보다 불안감을 느끼는 이들이 적지 않았다.

그사이에도 한겨레를 둘러싼 외부 환경은 시시각각 급변하고 있었다. 2012년 12월, 박근혜가 대통령에 당선되었다. 보수 정권 5년을 더 버텨내야 한다는 사실에 진보적인 시민들은 좌절하고 분노했다. 1987년 노태우 대통령 당선 때처럼 열패감과 절망감이 전국을 뒤덮었다. 1988년 시민들은 '믿을 수 있는 언론이 있었더라면…'이라는 마음으로 한겨레 창간에 힘을 보탰다. 2013년 시민들이 찾아갈, 믿고 기댈 언론은 한겨레 말고도 많았다.

2013년 3월 1일, 한국형 '프로퍼블리카'를 표방하는 뉴스타파가 비영리

민간단체인 한국탐사저널리즘센터로 새롭게 출발했다. 박근혜 대통령 당선 직후에는 5000여 명에 불과했던 후원자가 불과 몇 달 새 3만 명을 돌파했다. 뒤이어 3월 3일에는 미디어협동조합 국민TV가 창립총회를 열었다.

'최고의 진보 언론'이라는 한겨레의 오랜 아성조차 흔들리고 있었다. 2013년 5월, 한국ABC협회가 발표한 시사주간지 유료부수 조사 결과에서 팟캐스트 '나는 꼼수다' 열풍 등에 힘입어 시사인(4만 6916부)이 처음으로 한겨레21(4만 2394부)을 앞질렀다. 2011년 7월부터 2012년 6월까지 발간된 잡지 기준이었다. 2013년 5월, 손석희가 MBC 라디오 〈시선집중〉 진행을 그만두고 JTBC 보도부문 사장으로 자리를 옮겼다. 손석희는 시사저널이 해마다 조사하는 '누가 한국을 움직이는가' 언론 분야에서 12년째 1위를 차지할 만큼 영향력이 대단했다. 중앙일보 사주인 홍석현 회장이 직접 나서 손석희를 설득했다. 모든 종편이 오른쪽으로 갈 때, JTBC는 비어 있는 왼쪽 '진보 종편'의 자리를 노렸다.

2013년 11월 12일 열린 경영설명회에서 '2020년 복합미디어그룹'으로 도약하기 위한 한겨레 발전계획안이 보고되었다. 한겨레신문에서 한겨레미디어그

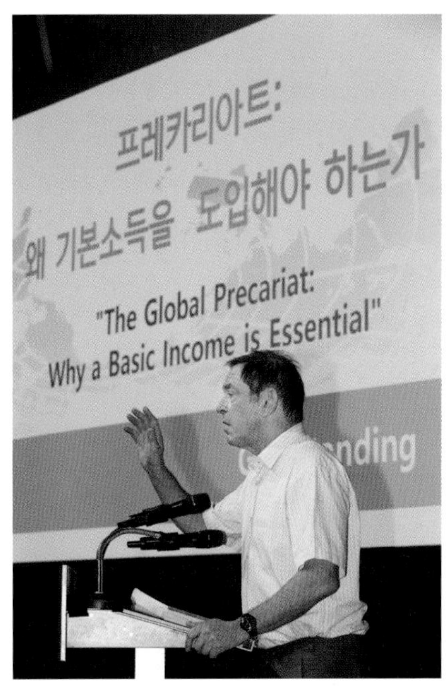

2016년 10월 27일, 서울 영등포구 서울시립청소년직업체험센터(하자센터)에서 '서울교육, 미래를 꿈꾸다'를 주제로 조희연 서울시교육감(왼쪽 사진 오른쪽)과 구본권 한겨레 사람과디지털연구소장이 학부모 120명과 함께 대화를 나눴다(왼쪽). 2017년 11월 15일, 서울 중구 대한상공회의소 국제회의장에서 '일의 미래-새로운 사회적 합의를 향하여'를 주제로 제8회 아시아미래포럼이 열렸다. 가이 스탠딩 기본소득지구네트워크 공동대표가 '글로벌 기본소득의 실험과 논쟁'을 주제로 특별강연을 하고 있다(오른쪽).

룹으로, 아날로그에서 디지털로, 수익모델 다각화로 나아가야 한다는 방향이 제시되었다.

2014년 3월 17일, 정영무가 16대 대표이사로 취임했다. 양상우는 대표이사 연임에 도전했으나 실패했다. 한겨레 구성원들은 '소통하는 리더십'을 내세운 정영무를 선택했다. 정영무는 편집국 경제부장과 수석부국장으로 편집 부문을, 광고 담당 상무와 전략기획실장으로 경영 부문을 두루 경험했다. 현장을 훤히 들여다볼 수 있으니 경영을 잘하리라는 믿음을 주었다.

정영무 대표이사는 취임사에서 원대한 포부를 밝혔다. 한겨레가 창간 30주년을 맞는 2018년, 매출 1200억 원을 달성하고 명실상부한 종합미디어그룹으로 도약해 온-오프 통합 영향력 1위 언론이 되겠다고 했다.

대표이사가 바뀌었지만 '혁신'이 최우선 과제라는 사실에는 변함이 없었다. 한겨레는 종이신문에만 갇혀 있는 뉴스 생산 조직과 시스템, 문화 등을 바꾸고자 부단히 노력 중이었다. 정영무는 취임하자마자 전략기획실을 부활시켰다.

2014년 4월부터 정석구 편집인이 주재하는 디지털 전략회의가 열렸다.

“모든 조직 시스템이 지금처럼 종이신문 위주로 가면 미래가 없다. 완전히 온라인 위주로 대전환을 해야 한다고 생각했다.” 디지털 혁신을 총괄했던 정석구의 회고다. 이 회의에서 논의된 내용을 바탕으로 ‘혁신 3.0 프로젝트’의 얼개가 짜였다. 혁신 3.0이라는 이름에는 종이(1.0)-온라인(2.0)을 지나 모바일 중심의 3.0 시대에 걸맞은 혁신을 하자는 뜻이 담겨 있었다.

2014년 6월 25일 열린 경영설명회에서 ‘한겨레 3.0 혁신안’이 처음 공개되었다. 혁신 3.0을 대표하는 한마디는 ‘디지털 퍼스트’였다. 종이신문에 갇혀 있는 사고에서 벗어나 디지털 마인드를 갖출 것을 구성원들에게 요구했다. 영국 가디언도 2011년 ‘디지털 퍼스트’ 전략을 발표한 바 있었다. 온-오프라인 충성 독자를 30만까지 늘려 디지털 매출을 끌어올리겠다는 계획이 나왔다. 온라인 부문에는 페이지뷰를 늘리고 새로운 비즈니스 모델을 개발해야 하는 과제가 주어졌다.

7월 9일, 이를 실무적으로 뒷받침해 온-오프 조직 개편을 실행할 단위로 ‘혁신 실무TF팀’이 구성되었다. 김이택 편집국장이 팀장을 맡았다. 종이신문 제작에 과도하게 투입된 자원과 역량을 재분배하고 디지털 중심의 ‘융합 편집국’을 만드는 게 목표였다.

2014년 10월 20일, 마침내 편집국에서 혁신 3.0 프로젝트가 가동되기 시작했다. 오전 편집회의에서 온-오프 콘텐츠를 모두 늘어놓고 논의했다. 과거 종이신문 지면을 중심으로 논의하던 틀을 깨고자 했다. 필력 있는 경력 20년 차 이상의 기자 4명에게 ‘디지털 라이터’라는 직무가 부여되었다. 디지털콘텐츠팀에 기자를 포함해 9명을 투입했다.

편집국 기자들은 종이신문 기사에 앞서 디지털 기사를 먼저 출고해야 했다. 디지털 기사는 낮에 더 많이 소비되었다. 편집국 안에서는 한겨레가 속보 경쟁에 매달린다는 비판, 업무량이 지나치게 많아져 피곤하다는 호소가 이어졌다. 노동조합은 혁신 3.0의 목표가 콘텐츠 강화인지, 경영 효율화인지 모르겠다고 비판했다.

혁신 3.0의 깃발을 높이 치켜들었으나, 콘텐츠 생산 및 유통 시스템의 전반적인 혁신에까지 도달하려면 갈 길이 멀었다. 2014년 9월, 한겨레는 CCI사와 맺었던 뉴스게이트 시스템 도입 계약을 해지했다. 전임 경영진 시절 CCI 프로젝트에 관여했던 사람들과 정영무 대표이사 등 신임 경영진이 3월부터 5월까지 집

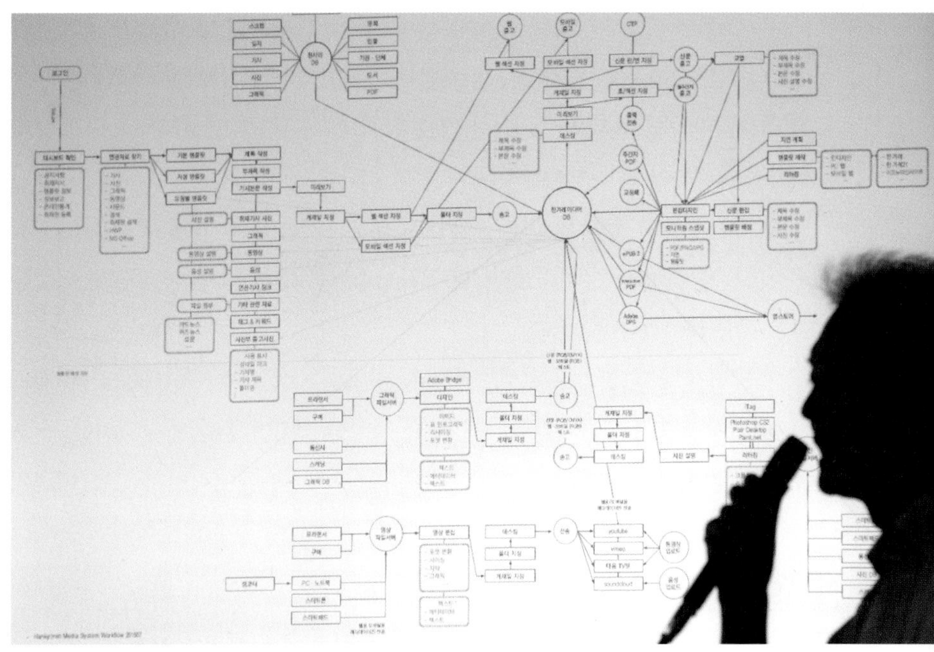

2015년 9월, '혁신 3.0'의 일환으로 도입될 새 집배신 프로그램에 대한 사내 설명회가 열렸다.

중 토론한 결과 '사업 중단'을 결정했던 터였다. 5월 20일, 4시간 가까이 마지막 토론이 진행되었다. 이미 투자한 14억여 원을 손실 처리하는 것을 감수하더라도 국내 업체가 개발할 새 미디어시스템을 통해 온-오프 통합 강화와 디지털 퍼블리싱 등을 충분히 달성 가능하다는 의견이 다수였다. 일부는 반대했다. 새 미디어시스템이 CCI와 달리 성공적으로 개발될지 불투명하며 애초 추구했던 '종이신문의 혁신'이라는 목표가 실종되거나 둔화될지 모른다는 우려가 나왔다.

CCI 도입 계약 해지가 '혁신의 중단'은 아니었다. 정영무 대표이사는 전체 이메일을 보내어 강조했다. "종이신문 중심의 제작 시스템 개편, 온-오프 통합 강화, 디지털 퍼블리싱 강화, 제작 공정 효율화 등은 우리가 가야 할 길이며, 이를 위한 노력을 멈출 수는 없습니다. 우리 제작 환경에 맞는 새로운 통합 미디어시스템 개발에 본격 착수할 계획입니다." 곧바로 통합 시스템 추진단을 구성했다. 정석구 편집인이 단장을 맡고 이봉현 편집국 부국장이 총괄간사, 정상택 디지털미디어국 정보기술부장이 실무간사를 맡았다.

2015년 4월, 한겨레는 양재미디어와 통합미디어시스템 개발 용역 계약을 맺었다. 양재미디어는 한겨레가 2007년부터 써왔던 기존 집배신 시스템을 개발한 회사였다. 통합미디어시스템은 기존 집배신과는 전혀 달랐다. 크롬 웹 브라우저만 설치되어 있으면 어디서나 기사 작성과 출고, 모니터링이 가능하도록 만들었다. 정형화된 틀인 탬플릿을 사용해 신문 지면이나 온라인 레이아웃을 표준화하는 등 작업이 손쉬워졌다. 새로운 시스템은 CCI시스템과 상당히 비슷한 꼴을 갖춘 것이었다.

2016년 6월, 한겨레는 새로운 통합미디어시스템인 하니허브를 사용해 모든 신문 지면을 만들기 시작했다. 그러나 작성한 기사가 중간에 사라지는 등 오류가 잦고, 양재미디어가 약속했던 개발 일정이 계속 늦어지면서 사내 비판의 목소리가 커졌다. 혁신의 도구가 혁신의 발목을 잡는 꼴이었다. 하니허브 시스템 개발 작업은 2018년 현재까지도 진행 중이다.

한겨레는 2000년대 후반 이후 여러 차례 디지털 혁신 방안을 내놨다. 항상 꿈은 원대했고 가리키는 방향은 명확했다. 하지만 이 가운데 제대로 실행되어 성공한 방안을 찾아보기는 어렵다. 종이신문에서 디지털로 옮겨가야 한다는 것은 당위와 필요의 문법이었다. 하지만 정작 한겨레 구성원들의 몸은 여전히 종이신문에 머물렀다. 주된 수익 기반이 종이신문에서 나오고, 독자와 만나는 접점이 종이신문에서 형성되고, 뉴스 생산조직인 편집국은 종이신문 위주로 움직이고 있기 때문이다. 그러다 보니 어제와 같은 오늘이 지속될 수밖에 없었다.

뼈아픈 '신뢰도' 순위 하락

독보적인 특종, 심층적인 기획기사를 내놓는 것과 별개로 한겨레 구성원들이 느끼는 위기감은 몇 년째 심화되고 있었다. 위기, 혁신 따위의 단어가 계속 반복되고 강조되었다.

실제 안팎의 각종 설문조사 결과가 이를 웅변했다. 2016년 9월, 시사저널이 해마다 실시하는 '누가 한국을 움직이는가' 여론조사에서 JTBC가 사상 첫 신뢰도 1위를 기록했다. 전문가 1000명에게 가장 신뢰하는 언론사를 조사한 결과다. 한겨레는 2014년 1위 자리에서 2015년 2위로 밀려난 데 이어 3위까지 순위가 떨어졌다. 2014년만 해도 한겨레는 신뢰도와 열독률 모두 1위였다. 창간 이후 독점해오다시피 했던 '한겨레=신뢰', '한겨레=진보'라는 등식은 절대명제가 아니게 되었다.

2017년 들어 이 같은 언론 지형은 더 고착화되는 양상을 띤다. JTBC는 2017년 같은 조사에서 전문가 55.8%의 절대적인 지목을 받으며 명실상부한 1위로 등극했다. JTBC는 2017년 신뢰도, 영향력, 열독률 부문 모두 1위에 올라 3관왕을 차지했다. '신뢰받는 언론인' 손석희의 존재가 절대적이었다. 여기에는 독자들의 달라진 뉴스 소비 행태도 큰 영향을 미쳤다. 2015년 인터넷 뉴스 이용자 증가 추이 조사결과를 보면, 종이신문만 보는 독자가 9.3%인데, 인터넷 뉴스만 보는 이용자는 53.8%에 달했다. 포털에서는 주로 통신사, 경제 매체, 스포츠·연예 매체 등의 기사를 노출시킨다. 포털에서 종합일간지 기사 비중은 10% 안팎에 불과하다. 인터넷 포털과 소셜미디어 등이 장악하고 있는 디지털 공간에서 한겨레라는 브랜드는 잘 드러나지 않는다.

외부에서 덮쳐온 위기 못지않게 내부도 문제였다. 2016년 6월 3일, 노동조합이 소식지 〈한소리〉 지령 100호를 맞아 여론조사전문기관에 의뢰해 실시한 여론조사 결과를 보면, 한겨레 구성원들이 당시 느꼈던 위기감의 정도를 가늠해볼 수 있다. '한겨레가 위기라고 판단하고 계십니까?' 응답자의 84.9%가 '그렇다'고 답했다. '위기의 이유는 어디에 있다고 보십니까?' 54.1%는 '미디어 산업 급변과 당면한 경영전략의 부재'를 꼽았다. '신문 산업의 전반적인 침체'(19.8%), '진보진영 내에서의 한겨레 위상의 약화'(10.1%) 등의 응답이 뒤를 이었다. 조합원 505명 가운데 318명이 답했다.

앞서 2016년 3월, 김이택 편집국장이 사임한 뒤에 치러진 편집국장 임명동의 투표는 찬성률 48.9%로 부결되었다. 2014년 10월부터 편집국에서 가동되기 시작한 '혁신 3.0 프로젝트'에 대한 구성원들의 피로감, 개발이 지연되고 있는 새 집배신 시스템 '하니허브'에 대한 불안감, 대표이사 리더십에 대한 불만 등이 겹친 결과였다. 연이은 새 편집국장 후보자에 대한 임명동의 투표도 찬성률 50.9%로 과반수를 겨우 넘겨 가결되었다.

정영무 대표이사 취임 이후, 콘텐츠 혁신 노력이 '디지털 퍼스트'로 축약된다면 경영 측면은 자회사 설립을 통한 신규 사업이 핵심이었다. 3년 동안 5개

2013년 6월 20일, '전두환 전 대통령 등 불법재산 환수 특별위원회' 소속 국회의원들과 5·18광주민주화운동 단체 회원들이 서울 서대문구 연희동 전두환 전 대통령 사저에 '국민압류' 딱지를 붙이러 왔다가 경찰에 막혀 있다. 한 달 전인 5월 20일, 한겨레는 1면에 크라우드 소싱 방식을 접목한 '전두환 재산을 찾아라' 첫 보도를 내보냈다.

의 자회사 또는 관계회사가 새로 설립되었다. 예술독립영화 수입·배급 회사인 '씨네룩스', 한국 웹툰 유통 플랫폼인 '롤링스토리', 모바일 콘텐츠 사업을 하는 '뉴스뱅', 스포츠마케팅법인 '스포츠하니', 네이버와의 합작 회사인 '씨네플레이' 등이 설립되었다. 롤링스토리 19억여 원, 뉴스뱅 5억 원 등 큰 돈이 투자되었으나 투자금조차 건지지 못하게 되었다. 신규 사업을 일으켜, 매출 증대를 꾀하고자 했으나 실제 성과로 이어지지는 못했다. 더구나 2017년 3월, 13억 원 적자를 기록한 롤링스토리 투자 지분 손실분을 2016년 재무제표에 반영하지 않은 것을 두고, 외부 감사를 맡은 회계법인이 '한정의견'을 내는 사태가 벌어졌다. 이사회는 이 사태와 관련한 조사위원회 구성을 의결했고, 사외이사들과 우리사주조합, 노동조합 등이 참여하는 조사위원회가 꾸려졌다. 2018년 2월, 조사위원회는 "롤링스토리 투자 지분의 손상 징후가 객관적으로 명백했으나 전임 경영진이 외부감사인에게 관련 정보를 제공하지 않아서 벌어진 일"이라는 진상조사 결과를 내놨다. 노동조합은 성명을 내어 한정의견을 초래한 전임 경영진에 대한 책임 추궁을 주장했다.

한겨레가 직접 신규 사업에 팔을 걷어붙이기도 했다. 2015년 4월 28일, 이사회에 '국내 최초 미디어 카페'를 만들겠다는 계획안이 보고되었다. 카페라는 '공간' 플랫폼을 독자와 기자의 소통에 이용하려 했다. 7월 25일 서울 마포구 동교동에 '미디어카페 후'가 문을 열었다. 한겨레와 한겨레21, 씨네21, 한겨레출판 등에서 펴내는 상품 홍보를 겸하고, 팟캐스트 녹음과 공개방송 진행 등 오픈 스튜디오로 활용했다. 2016년 5월 서울시 청년 일자리 카페 민간 1호점으로 선정되는 등 미디어카페 후는 나름 주목받는 랜드마크가 되었다. 하지만 6억 5000여 만 원을 투자해 개점했는데, 2년간 누적 적자가 6억 4000여 만 원에 이르렀다. 2017년 7월 12일, 미디어카페 후는 개점 2년 만에 문을 닫았다.

새롭게 도모했던 일들 가운데 일부는 성과를 남겼다. 2016년 3월 17일 창간한 '서울앤'은 매주 한겨레와 함께 독자들에게 배달되고 있다. 서울시민의 삶을 구석구석 보여주는 생활밀착형 콘텐츠로만 이뤄진, 한겨레 본지와는 전혀 다른 별지 섹션이다. 2016년 9월 7일에는 제주도를 찾는 중국인 관광객들이 좋아할 만한 맞춤형 정보를 담고 있는 한겨레 중문판 '제주앤' 발행을 시작했다.

혁신 3.0 프로젝트의 실행물들도 자리를 잡아갔다. 2016년 1월 1일, 정치부에서 운영하는 서브 브랜드 '정치바(BAR)'가 처음 선보였다. '발랄한 전복을 꿈꾸는 정치놀이터'라는 슬로건 아래, 젊은 독자들에게 정치 뉴스를 쉽고 재밌게 전달하는 다양한 실험이 진행되고 있다. 한겨레TV와 협업하여 '더정치', '더정치 인터뷰' 등의 영상물도 제작 중이다.

집 나간 독자를 찾아나서는 '혁신'

한겨레 경영진들이 비전과 전략이라는 큰 틀로 움직였다면, 한겨레 밑바닥에 있는 구성원들은 작은 변화를 차곡차곡 쌓아가려고 했다. 콘텐츠 시스템이나 제작 과정이 아니라, 콘텐츠 상품 자체를 혁신하려는 도모였다.

2013년 5월 20일 한겨레 1면에 나간 '전두환 재산을 찾아라' 기사가 대표적이었다. 전두환 전 대통령의 미납 추징금 1672억 원의 추징 시효가 다섯 달밖에 남아 있지 않았다. 한겨레는 전두환의 숨은 재산을 찾아내기 위해 특별취재팀을 꾸렸다. 고나무, 김경욱, 송경화, 김선식 기자가 팀을 이뤘다. 다만 한겨레 기자들만의 힘으로는 안 된다고 판단했다. 시민들의 집단 지성을 모으는 '크라우드 소싱' 방식을 선택했다. 한겨레 홈페이지에 전두환 비자금 조력자 명단, 전두환 일가 재산 목록, 전두환 골프장 목록 등을 엑셀 파일 형태로 올려놓으면, 독자·시민들이 취재 방향에 대해 조언을 주고 새로운 정보를 업데이트하는 방식이었다. 가디언 등은 이미 이러한 크라우드 소싱 방식을 활용한 탐사보도를 내놓고 있었다.

9월 초까지 전자우편과 소셜네트워크서비스 등을 통해 140여 건의 제보가 들어왔다. 금호아시아나그룹 소유 골프장이 전두환에게 '특혜 골프'를 제공한 사실(6월 10일 1면), 이순자 씨 명의의 30억 원짜리 연금 예금이 존재한다는 사실(8월 10일 1면) 등이 제보를 받아 기사화되었다. 2013년 6월에는 이른바 '전두환 추징법'이 국회를 통과했다. 디지털 공간에서의 새로운 취재 방식을 활용한 한겨레 보도가 여론을 주도했다.

2014년 2월 23일, 한겨레는 첫 인터랙티브 뉴스 '수첩 인사의 비극'을 내놨다. 박근혜 대통령 취임 1주년에 맞춰, 종이신문 특집과 동일한 주제로 인터랙티브 뉴스를 만들었다. 뉴욕타임스 '스노우 폴' 이후로 한국 언론들도 경쟁하듯이 인터랙티브 뉴스를 쏟아내고 있었다.

2014년 3월, 한겨레21도 창간 20주년을 맞은 기획연재 '동아시아 핵 발전 현장을 가다' 시리즈를 인터랙티브 뉴스로 만들어 공개했다. 첫 화면과 인포그래픽 등 각 요소의 완성도는 높았지만, 품을 많이 들인 것에 비해 큰 관심을 받지는 못했다. 시행착오를 겪었지만 시간과 인력 투입을 적게 하면서 양질의 콘텐츠를 만드는 모델을 조금씩 찾아나가기 시작했다. '사월 애(哀)–세월호 최초 100시간의 기록'(2014년 6월), '총, 특권, 거짓말–글로벌 패션의 속살' 영문판(2014년), 스마트폰 채팅 형식을 차용한 '기본소득 받는 친구들과의 단톡'(2017년) 등은 이런 노력의 산물이었다. 2016년 한겨레21은 '구글 뉴스랩 펠로십'에 참가하는 젊은 예비 언론인·개발자 등과 협업해 아르바이트 노동자들이 자신의 임금을 파악할 수 있는 인터랙티브 콘텐츠 '육값계산기'를 선보이기도 했다.

디지털 공간에서 가장 인기가 많았던 콘텐츠는 한겨레TV가 제작한 '김어준의 파파이스'였다. 2009년부터 2013년까지 '김어준의 뉴욕타임스' 팟캐스트를 제작한 경험을 바탕으로, 한겨레TV는 2014년 3월 12일 '김어준의 KFC'를 새롭게 론칭했다. 〈딴지일보〉 총수인 김어준과 한겨레의 김보협, 송채경화 기자가 매주 시사토크쇼를 진행하는 방식이었다. 이경주 PD가 제작을 책임졌다. 1회 '어준의 귀환' 편은 유튜브 조회수 55만 회, 팟캐스트 다운로드 수 31만 회를 기록할 정도로 열광적인 반응을 끌어냈다. '김어준의 파파이스'로 이름을 바꾼 이 웹 방송은 2017년 10월 164회를 마지막으로 대장정을 끝냈다.

"우리의 혁신은 집 나간 독자를 찾아나서는 일입니다. 종이신문이 답답한 구닥다리이고, 읽을 게 없다며 떠나가고 있습니다. 떠나간 그들이 지금 와글와글 모여 있는 곳이 디지털, 특히 모바일 공간입니다. 디지털 퍼스트는 독자를 찾는 여정입니다."

2014년 9월 '한겨레 3.0 혁신실무TF'가 문답풀이 형식으로 혁신안을 설명한 대목 가운데 일부다. 혁신의 출발점은 종이신문의 위기였다. 혁신의 통로와 혁신의 수단은 디지털이었다. 이를 통해 혁신이 최종적으로 지향하는 목표는 다시, 결국 '독자'다. 독자들의 마음과 세상을 움직이려면 새롭고 파괴적인 혁신만으로는 불가능했다. 기사 생산·유통 방식은 변해야 했다. 하지만 여전히 변할 수 없는 게 있었다. 좋은 기사와 좋은 저널리즘이었다. 한겨레가 창간 이후로 줄곧 지켜온 핵심 가치이자, 한겨레가 여전히 존재하는 이유였다.

❶

❶ 2013년 5월 15일, 서울 용산구 효창동 백범기념관에서 열린 한겨레 창간 25돌 기념식에서 참석자들이 축하 떡을 자르고 있다. 왼쪽부터 문재인 당시 민주당 의원, 손경식 대한상공회의소 회장, 신인령 전 이화여대 총장, 임재경 전 한겨레신문사 부사장, 백낙청 서울대 명예교수, 한승헌 변호사, 양상우 한겨레신문사 대표이사, 현영자 고 리영희 선생 부인, 이승홍 창간주주, 이해동 청암언론문화재단 이사장, 정현백 참여연대 공동대표.

❷ 2015년 7월부터 2년 동안 한겨레는 서울 동교동에서 국내 최초로 오프라인 미디어 카페를 운영하는 실험을 했다. 2016년 5월 30일 '서울시 일자리 카페' 1호점이 '미디어카페 후'에 문을 열어 박원순 서울시장, 정영무 한겨레신문사 대표이사, 함영주 KEB하나은행장(왼쪽부터)이 현판식을 했다.

❸ 2016년 9월 5일, 카페에서 진행된 한겨레21과 빠띠가 함께 만든 국내 최초 온라인 프로젝트 정당 '나는알아야겠당'의 창당 파티 모습.

1987에서 2017로

04

추적추적 가을비가 내렸다. 2016년 10월 23일, 일요일 저녁이었다. 김의겸과 류이근은 16년 된 낡은 승용차에 몸을 싣고 경춘고속도로를 달렸다. 목적지는 경기도 남양주시 마석의 한 아파트였다. 류이근은 한 권의 책을 챙겼다. 2008년 창간 20주년을 기념해 발간한 한겨레 사사《희망으로 가는 길》이었다. 김의겸이 한 중년 남성에게 책을 건네며 말했다.

"한겨레는 가난하고 작은 신문사입니다. 정치적 견해는 선생님과 다를 수도 있습니다. 그렇지만 불의를 보고서는 절대 타협하지 않는 신문입니다. 그리고 정직합니다. 저희들의 입맛에 맞게 사실을 왜곡하지 않습니다. 저희들을 믿고, 선생님이 보고 들으신 걸 말씀해주십시오."

정현식 전 K스포츠재단 사무총장은 "책을 꼭 읽어보겠다"고 말했다. 정현식은 최순실이 재단을 통해 저지른 국정 농단을 곁에서 지켜봤다. 2016년 1월부터 그해 6월까지 K스포츠재단에서 일했다. 30년 넘게 은행에서 일한 보수적인 성향의 인물이었다.

사실 류이근은 9월 6일에도 정현식의 집에 다녀갔던 터였다. 정현식은 집에 없었다. “갑자기 찾아와서 죄송합니다.” 류이근은 깍듯하게 인사하며 정현식의 부인에게 명함을 건넸다. 사흘 뒤 정현식과 전화 통화했지만 경계하는 눈치였다. 굳게 닫힌 입은 열리지 않았다. 한 달여 뒤인 10월 18일, 류이근은 제보 전화를 한 통 받았다. “구글에 들어가서 한글로 ‘더블루케이’라고 쳐보세요.” 중년 여성이었다. “더블루케이의 등본을 다섯 달 전에 떼어봤어요. 최순실이 K스포츠재단의 자금을 빼내려고 만든 회사예요.” 몇 차례 전화가 오갔다. 중년 여성의 아들과도 통화했다. 제보 내용은 굉장히 구체적이고 정확했다.

익명의 제보자는 알고 보니 정현식의 아내와 아들이었다. 다른 언론이 정현식이 K스포츠재단 사무총장 시절 SK에 가서 돈을 뜯어내려 한 범인처럼 보도한 것을 이들은 억울해하고 있었다. 인터뷰를 꺼리던 정현식을 두 사람이 설득했다. 류이근의 예의 바르고 진심 어린 태도가 이들의 마음을 열었다.

타닥타닥. 정현식과의 인터뷰가 시작되었다. 류이근의 노트북 자판은 3시간 넘게 쉴 틈이 없었다. 정현식의 용기로 엄청난 비밀들이 드러났다. 이 취재를 바탕으로 한겨레는 ‘최순실 지시로 SK 찾아가 80억 요구…안종범은 확인 전화’(2016년 10월 27일 1면), ‘최순실·안종범, 수사 앞둔 롯데에 70억 더 걷었다’(10월 28일 1면), ‘최순실 면접 뒤 안종범이 일 맡아달라고 전화해’(10월 29일 3면) 등의 단독 기사를 썼다. 한겨레가 9월20일 최순실의 이름을 세상에 알리는 첫 보도를 한 지도 한 달이 지났다. ‘박근혜-최순실 게이트’의 전모가 하나하나 드러나고 있었다. 10월 27일 정현식은 참고인 신분으로 검찰 조사를 받았다.

2017년 3월 10일, 헌법재판소가 “피청구인 대통령을 파면한다”고 선고했다. 정현식이 김의겸에게 전화를 걸어 말했다. “도도하게 나아가는 역사의 수레바퀴에서 그래도 아주 작은 톱니바퀴 하나의 역할은 하지 않았나 싶어서 기쁩니다.”

역사의 수레바퀴가 돌아가도록 작은 톱니바퀴들을 끌어 모으는 중심에 한겨레 기자들이 있었다. 모든 일은 2016년 8월 19일에 움텄다. 이날 청와대는 ‘이석수 특별감찰관의 수사 의뢰에 대한 입장’을 발표했다. 이석수가 우병우 청와대 민정수석의 비리 의혹에 대한 감찰 내용을 조선일보에 흘렸다는 것이다. 김의겸은 고개를 갸웃했다. 청와대가 왜 조선일보를 공격하는 거지? 사정을 알

만한 취재원들을 찔러보았다. 김의겸은 정치팀장, 사회부장, 정치·사회에디터를 거친 경력 26년 차 베테랑 기자였다. "우병우가 본질이 아니에요. 이 모든 게 미르재단 때문에 생긴 일입니다." 한 소식통이 말했다. "미르재단과 K스포츠재단의 실질적인 주인이 미세스 최인 게 확실해 보입니다." 또 다른 소식통이 귀띔했다. 미세스 최는 최순실을 뜻했다. 같은 날인 8월 19일, 강희철도 현직 검사를 만나 비슷한 이야기를 들었다. "안종범 건 있잖아. 미르재단 말이야. 안종범이 개인적으로 치부하려고 재단을 만들었겠어? 뒤엔 대통령이 있어. 100퍼센트." 강희철도 사회부장, 정치부장을 지낸 경력 23년 차 기자였다. 둘은 분명 무엇인가 있다고 확신했다.

김의겸이 특별취재팀을 꾸려야 한다고 백기철 편집국장에게 이야기했다. 9월 2일, 특별취재팀이 꾸려졌다. 김의겸이 팀장, 류이근, 방준호가 팀원이었다. 팀 이름은 '최찾사'라고 붙였다. 최순실을 찾는 사람들의 줄임말이었다. 간혹 '미르TF'라고 불리기도 했다. '박근혜의 역린'이 최순실이라는 건 분명해 보였지만, 증거를 찾아야 했다. 세 사람은 저인망식으로 재단과 관련한 사람들을 훑어나갔다.

2016년 9월 20일, 최순실의 이름 세 글자를 명토 박은 첫 보도가 나갔다. '대기업돈 288억 걷은 K스포츠재단 이사장은 최순실 단골 마사지 센터장.' 입사 3년 차 막내 방준호가 열심히 발로 뛴 결과물이었다. 이날을 시작으로 한겨레는 최순실 관련 보도를 줄기차게 이어갔다. 다음 날인 9월 21일, 최순실이 개입한 K스포츠재단 총회 회의록과 정관이 위조됐다는 내용이 1면을 장식했다. 연이어 9월 22일에는 강희철이 '이석수 특감, '재단 강제모금' 안종범 수석 내사했다'는 단독 기사를 1면에 썼다.

9월 27일 '딸 지도교수까지 갈아치운 최순실의 힘'이라는 단독 기사는 박근혜 탄핵을 요구하는 촛불이 활활 타오르는 데에 결정적인 구실을 했다. 최순실의 딸 정유라 이화여대 특혜 논란은 시민들을 분노하게 했다. '이 사람이 아직도 있어요?…박 대통령 한마디에 문체부 국·과장 강제 퇴직'(10월 12일), '최순실 한마디에…청와대, 대한항공 인사까지 개입'(10월 22일), '최순실, 장관출입 '11문'으로 청와대 드나들었다'(11월 1일), '박 대통령, 미르·K스포츠재단 모금 '1000억으로 늘려라' 지시'(11월 5일), '청와대, 영화 '변호인' 뜨자 직접 'CJ 손보기' 착수'(11

한겨레

hani.co.kr

1988년 5월15일 창간

6판 8875호 2016년 9월20일 화요일

서울시립대학교 수시모집
원서접수 : 9.19(월) ~ 9.21(수)

기업돈 288억 걷은 K스포츠 재단 사장은 최순실 단골 마사지 센터장

(최태민 목사 딸)

비선 측근 지목 받는
설립 깊게 개입한 정황
사장 "전경련서 제안"

19일 설립과 운영에 의문이 제기되고 있는 서울 강남구 논현동 케이(K)스포츠 출입구에 재단 간판이 걸려 있다. 김태형 기자 xogud555@hani.co.kr

대한민국 청년은 몇 살일까요?

서울에 사는 30살 취업준비생입니다. 저는 청년실업 통계에선 빠지지만, 공공기관의 청년의무고용 대상에는 해당됩니다. 서울시 청년수당은 나이가 많아서 받지 못하는데, 고용부가 주는 청년구직수당은 받을 수 있답니다. 중소기업 취업 때 소득세 감면 대상은 아닌데, 청년 창업자금은 지원해줄 수 있다네요. 아~ 헷갈려. 저는 과연 청년인가요, 아닌가요? >10·11

암환자 울리는 요양병원들

인구 고령화에 따라 요양병원이 지난 10여 년 새 급증한 가운데, 최근 들어 '암 환자 치료'를 적극적으로 내건 요양병원들이 늘고 있다. 이들이 권하는 방법은 고주파열치료기, 면역치료제, 옻나무 추출물 등 의학적인 검증이 부족한 고가의 치료가 많다. 지푸라기라도 잡고 싶은 심정인 암 환자들을 두 번 울리는 경우다. >8

한수원, '탈핵세력' 분석 용역 파문

원자력발전소의 잦은 고장과 비리로 '지탄'과 '근심'의 대상이 돼온 한국수력원자력이

2016년 9월 20일, 한겨레는 '최순실'이라는 이름 세 글자를 쓴 첫 보도를 내보냈다(왼쪽). 같은 해 10월 29일, 핵심 제보자인 정현식 전 K스포츠재단 사무총장이 서울중앙지검으로 들어서며 기자들의 질문에 답하고 있다.

월 18일)…. 특별취재팀만이 아니라 한겨레 편집국 전체가 한 몸이 되어 최순실 국정 농단과 관련한 단독 기사를 쏟아냈다. 강희철, 하어영, 박수지, 고한솔 등도 특별취재에 투입되었다. 회사를 1년 휴직하고 독일에 연수를 떠나 있던 송호진은 10월 12일부터 독일 곳곳을 누비며 꼭꼭 숨어 있는 최순실과 정유라를 찾아 헤맸다.

한겨레는 9월 20일부터 거의 한 달 동안 홀로 외롭게 최순실 보도를 이어갔다. 어느 언론도 한겨레를 능가하는 새로운 팩트를 발굴해내지 못했다. TV조선은 앞서 7~8월에 미르재단과 관련해 안종범 경제수석이 모금을 지원했고, 박근혜 대통령이 행사 때마다 등장한다는 의혹을 보도했던 터였다. 하지만 TV조선은 무슨 사정인지 거기서 보도를 멈췄다. 10월 18일에야 JTBC와 경향신문도 한겨레를 따라붙기 시작했다. 10월 24일, JTBC는 최순실 태블릿 피시를 입수해 대통령 연설 전에 연설문까지 받아 봤다는 사실을 폭로했다. TV조선이 불씨를 지폈다면, 한겨레가 꺼져가는 불씨를 살려 촛불이 되게 만들었고, 이를 받아 JTBC가 불길을 횃불로 키웠다. 2017년 2월 23일, 한겨레와 TV조선, JTBC 3개 언론사는 나란히 한국기자상 대상을 받았다.

사실 한겨레는 2013년에 일찌감치 최순실의 존재를 먼저 알린 적이 있

었다. 2013년 7월 19일, 김외현, 박현철, 박종식 기자가 경기도 과천 경마공원을 찾았다. '숨은 실세'로 알려졌던 정윤회와 최순실이 딸 정유라의 승마 경기를 지켜보고 있었다. 정윤회와 나눈 짧은 이야기를 기사로 썼다. 박근혜 선거운동을 도왔던 정윤회가 언론에 등장한 것은 2004년 이후 처음이었다. 베일에 가려 있던 최순실의 얼굴도 처음 공개되었다. 박종식 기자가 촬영한 이 사진은 2016년 최순실 게이트 초반에 거의 대부분의 언론이 받아서 보도에 활용했다.

박근혜 정부도 이런 한겨레를 '블랙리스트'에 올려놓고 각종 지원에서 배제하며 홀대했다. 박근혜-최순실 게이트 때 공개된 문화예술계 블랙리스트에 한겨레는 경향신문, 한국일보, 오마이뉴스, 프레시안, 시사인, 미디어오늘과 함께 '좌파 성향 언론사'로 분류되어 있었다. 이 명단은 2014~2015년 청와대가 작성한 것으로 보인다.

최순실 게이트 특종은 한겨레 30년 역사에 가장 빛나는 보도 가운데 하나였다. 편집국장이었던 백기철은 "편집국 구성원들 대다수가 참여하고 협력해서 얻어낸 성과였다"고 평가한다.

이는 단지 한겨레가 특종 또는 단독 보도를 했다는 이상의 의미가 있다. 한겨레는 1987년 6월 민주화 항쟁을 밑거름 삼아 태어난 언론이었다. 그런데 2008년부터 2016년까지 9년 동안 역사의 수레바퀴가 거꾸로 돌아갔다. 민주화 이전의 암흑기처럼, 언론자유 등이 퇴행했다. 거꾸로 흘러가는 역사의 물줄기를 다시 되돌려놓은 것이 바로 최순실 게이트 보도, 이에 분노한 시민들의 촛불혁명이었다. 1988년 국민 주주가 되어 한겨레를 탄생시켰던 시민들이 2017년에는 촛불을 들어 대한민국 역사상 최초로 대통령을 탄핵시켰다. 한겨레는 창간 때 약속했던 '참된 언론으로서 시대적 소명'을 다했다. 다시 한 번 한겨레라는 언론의 존재 가치를 증명했다.

한겨레의 활약에 독자와 주주들이 답했다. 2016년 9월 20일 최순실 첫 보도 이후 11월까지 한겨레 구독 신청 부수가 지난해 같은 기간보다 50%가량 늘었다. 구독을 중지하는 부수는 전년보다 40%가량 줄었다. 2016년 10월 21일, 정영무 대표이사는 '독자들과의 만남' 자리를 마련했다. 촛불집회 현장에 한겨레와 홍보지, 한겨레21 촛불 특별판을 배포했다. 10월 넷째 주 한겨레 홈페이지 페이지뷰는 2주 전보다 두 배 이상 늘었다. 11월 11일에는 한겨레 특별취재팀과 독

2016년 11월 26일, 서울 광화문에서 열린 촛불 집회에 참여한 시민들이 이날 발행한 한겨레 토요판과 손팻말을 들어 보이고 있다.

자들이 직접 만나 이야기를 나누는 '뉴스룸 현장 토크'를 청암홀에서 개최했다.

2016년 11월 16일, 한겨레 생활광고란에 작은 광고가 하나 실렸다. "언론의 촛불을 밝혀주십시오. 한겨레가 촛불 시민들을 주주로 모십니다." 한겨레 주식은 1주당 5000원이다. 차츰 주식을 매입하는 이들이 늘어나더니, 12월 3일 전국에서 200만 이상 모이는 최대 촛불집회가 열린 직후에는 하루에만 170명이 한겨레 주식을 샀다. 한 달 동안 838명이 새로 한겨레 주주가 되었다. 새 주주와 기존 주주들이 2억 7407만 원을 모아 한겨레에 기부했다.

2016년 11월 22일, 창간독자인 여든한 살의 김종채 씨가 한겨레 주주서비스센터에 직접 전화를 걸었다. 손주 5명의 이름으로 한겨레 주식을 약정했다.

2016년 11월, 서울 광화문에서 열린 촛불집회에 참여한 한겨레 독자가 '이것이 국가인가''우리가 주인이다' 등 구호 4개를 표지로 삼은 한겨레21 호외 특별판을 든 자신의 가족사진을 한겨레에 보내주었다.

"막내아들네 5개월 된 쌍둥이 형제가 아마도 최연소 주주일 것"이라고 이야기하며 허허 웃었다. 영어 교사 출신인 그는 슬하에 5남매를 두었는데, 손주가 아홉이다. 1996년, 첫손주인 외손녀 생일에 한겨레 주식을 처음으로 선물했다.

"1988년 5월 한겨레 창간 때부터 지금껏 신문을 보고 있는 애독자입니다. 애초 87년 6월항쟁의 민주화 열기를 타고 한겨레가 탄생하는 과정도 관심 있게 지켜봤지요. 하지만 공립학교 교사 신분이다 보니 초기에 주식을 살 기회를 놓쳐 늘 아쉬웠어요." 미안한 마음에 한겨레 주식을 뒤늦게 사서 손주들에게 선물했다. 그리고 한겨레가 박근혜-최순실 게이트를 뚝심 있게 파헤치는 것을 응원하는 차원에서 다시 또 주식을 샀다.

쉰여섯의 박상훈 신부도 2016년 12월 한겨레 주식 100주를 샀다. 액면가 50만 원어치다. 교단에서 월 100만 원가량을 받는 그로서는 적지 않은 돈이다. "1988년 한겨레 창간 당시 대학원에 다니고 있었어요. 읽을 만한 신문이 없던 시절이어서 새 신문이 반가웠지요. 그때 마음은 있었지만 주식을 사진 못했어요. 28년 만에 '한겨레' 주주가 됐네요."

한겨레는 왜 존재해야 하는가

1988년 한겨레 창간은 그 자체로 거대한 혁신이자 실험이었다. 순한글 가로쓰기와 컴퓨터 조판 시스템 최초 도입은 한겨레의 도전 정신을 상징했다. 1990년대 한겨레21과 씨네21은 일종의 문화적 아이콘이었다. 하지만 21세기에 들어선 뒤로, 여러 독보적인 특종과 기획 기사들에도 불구하고 한겨레 사람들의 머릿속에 떠나지 않는 질문이 하나 있었다. 한겨레는 한국 사회에 왜 존재해야 하는가. 한겨레 사람들 스스로 그 질문에 답할 수 있는가. 한겨레의 존재 이유에 대한 되새김질이었다. 2013년 창간 25주년 때 양상우 대표이사가, 2014년 창간 26주년 때 정영무 대표이사가 '한겨레 가치관 재정립'을 거론한 까닭도 여기에 있었다.

"우리는 떨리는 감격으로 오늘 이 창간호를 만들었다." 이렇게 시작되는 1988년 5월 15일 창간사의 감동을 기억하는 이들이 어느덧 한겨레 안에 많지 않았다. 정영무 대표이사, 정석구 편집인, 송우달 경영총괄전무 등 2014년 한겨레 최선두에서 경영을 이끈 세 사람은 모두 1988년 창간 멤버였다. "1988년 한겨레가 탄생했을 때는 87년 민주항쟁이라는 상황을 공유한 사람들이 뭉쳐 있었기 때문에 복잡하게 이야기하지 않아도 한겨레가 나아갈 방향에 대해 공유하고 공감하고 있었다. 그런데 이게 20년, 30년 지나면서 여러 단계로 갈라졌다." 정석구의 말이다. 경영진 모두의 이심진심이기도 했다.

2015년 4월 23일, '두근두근 비전위원회'가 구성되었다. 한겨레의 사명(미션)과 비전, 핵심 가치를 정리하기 위함이었다. 사명은 한겨레라는 조직의 존재 이유를 의미했다. 비전은 한겨레 조직이 되고자 하는 장래의 목표, 핵심 가치는 그 사명과 비전을 구현하기 위한 행동의 원칙을 담고 있어야 했다. 이를 잘 정리하여 한겨레 구성원들의 가슴이 '두근두근' 뛰도록 해보자고 북돋았다. 정석구 편집인이 위원장을 맡았다.

이러한 작업의 중심에 박창식 전략기획실장이 있었다. 박창식은 2013년 창간 25주년을 맞아 꾸려졌던 미래비전TF 팀장으로 한겨레의 정체성을 재정립하는 일을 도모한 경험이 있었다. 당시 양상우 대표이사는 "한겨레의 가치를 재정립하고 그 가치를 실현시킬 미래 비전을 세워보라"고 주문했다. 박창식과 류이근, 고나무가 미래비전TF팀을 이뤘다. 2012년 12월부터 5개월여 한겨레 구성원, 언론학자, 외부 언론인, 오피니언 리더, 한겨레 주주와 독자들을 광범위하게 만나 '아래로부터' 한겨레의 좌표를 모아나가고자 했다.

2013년 5월 15일, 미래비전TF팀이 내놓은 보고서의 제목은 '말 거는 한겨레'였다. "한겨레가 창간 당시 설정한 사회적 과제, 즉 민주주의와 분단 극복, 민중생존권의 본질적 가치는 여전히 유효하다. 하지만 지난 25년 한국 사회의 갈등 구조가 크게 바뀌었다. 한겨레가 새로운 인식의 틀을 모색해야 할 필요성은 바로 여기에서 비롯한다." 보고서는 창간 정신의 진화와 혁신이 필요하다고 제시했다. 정치와 경제, 사회 인식의 패러다임이 변했고, 시민들이 더는 수동적인 독자가 아니라 직접 뉴스를 생산하고 해석하고 나누길 바라는 변화된 환경에서 언론의 임무도 바뀌었기 때문이다.

그렇다면 언론은 무엇을 해야 하는가. 그 답을 미래비전TF팀은 '말 거는 한겨레'에서 찾았다. 독자는 물론이고 한겨레 내부에서도 소통이 가장 중요하다고 강조했다. 언론인은 강연자에서 사회자로, 덮어둔 문제를 드러내고 문제가 있다고 '소리치는 자'에서 현실의 대안과 미래의 비전을 '이끄는 자'로, 진영 논리에 기초해 '편드는 자'에서 '성찰하는 자'로 바뀌어야 한다고 방향을 제시했다.

'말 거는 한겨레'의 구체적인 실행 방안으로는 청년·여성·다문화·합리적 보수 등 다양한 시선으로 한겨레 논조와 보도를 평가하는 '열린편집위원회' 신설, 오전 편집회의가 끝나면 실시간으로 뉴스 수용자들에게 의견을 듣는 디지털 실험인 '톡톡하니', 한겨레 핵심 가치 실천 정도를 매년 평가하는 '한겨레가치준수보고서' 발간 등을 제안했다. 이 가운데 열린편집위원회는 지금도 운영되고 있다.

2013년의 미래비전이 '언론' 한겨레에 초점을 맞췄다면, 2015년의 두근두근비전은 '언론사' 한겨레에 좀 더 비중을 둔 것이었다.

두근두근비전위원회는 한겨레 사원 가운데 표본 집단 41명을 뽑아 간담회를 진행했다. '우리 회사의 존재 이유와 궁극적인 목표는 무엇입니까', '앞으로 10년 후 우리 회사의 바람직한 미래상 또는 대범한 목표는 무엇이 되어야 합니까'와 같은 질문을 주제로 집단 토론이 이뤄졌다. 설문과 집단 토론 등을 거쳐 최종적으로 결정된 사명은 "국민주 신문사로서 '더불어 행복한 세상'을 만드는

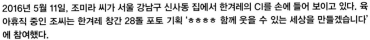

2016년 5월 11일, 조미라 씨가 서울 강남구 신사동 집에서 한겨레의 CI를 손에 들어 보이고 있다. 육아휴직 중인 조씨는 한겨레 창간 28돌 포토 기획 'ㅎㅎㅎㅎ 함께 웃을 수 있는 세상을 만들겠습니다'에 참여했다.

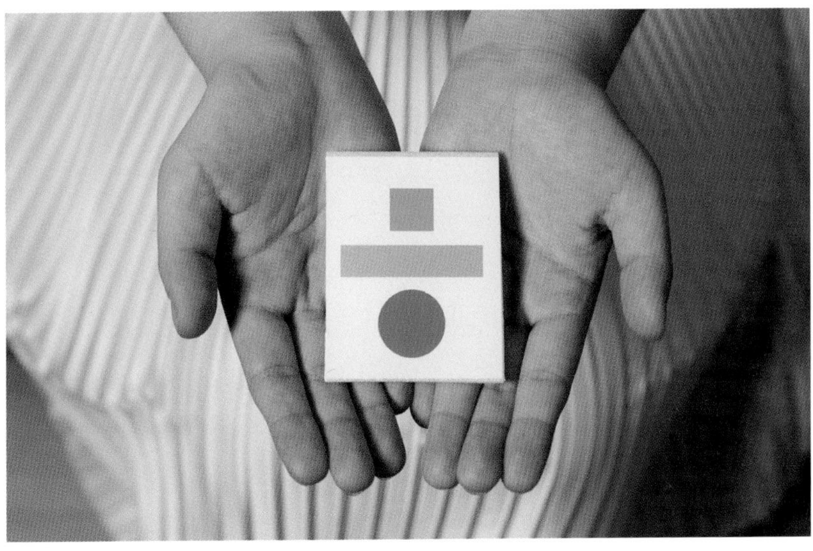

한겨레 창간 27주년을 맞아 2015년 5월 15일 공덕동 사옥 9층 옥상에 오랜만에 한겨레신문사 전직, 현직 임원들이 모였다. 최학래 전 대표이사, 임재경 전 부사장, 변이근 전 한겨레사우회 회장, 고광헌 전 대표이사, 정영무 당시 대표이사 등의 얼굴이 보인다.

데 기여하는 한겨레"였다. 비전은 '디지털 뉴스 시장 1위의 한국 대표언론', '지식과 가치를 공유하는 사람 중심 미디어 기업', 핵심 가치는 여러 차례 수정을 거친 끝에 '배려·개방·도전'으로 확정되었다.

이 결과를 바탕으로 2016년 1월 26일, 한겨레의 새로운 CI(Corporate Identity) 디자인이 만들어졌다. 브랜드컨설팅 업체 크로스포인트가 작업을 진행했다. 한겨레의 초성 'ㅎ'을 '÷(나누기)' 표시처럼 형상화하여, 한겨레의 새로운 사명인 '더불어 행복한 세상을 만드는 언론'의 나눔과 균형, 열림과 소통의 가치를 표현했다. 세 가지 색깔은 배려(주황색), 개방(파란색), 도전(청록색)이라는 한겨레의 핵심 가치를 상징한다.

하지만 이렇게 애써 만든 비전과 가치도 한겨레 구성원들을 뭉치게 만드는 구심이 되지는 못했다. 창간 때 한겨레 사람들이 '민주·민중·민족'라는 3민

(民)을 당연하게 받아들였듯이 한겨레 사람들 모두가 마음속에 품을 공통의 지향을 만들어내기란 쉽지 않은 일이었다.

"독자·시민과의 소통을 우선하겠다"

2017년 2월 10일, 한겨레신문사 17대 대표이사를 선출하는 선거가 치러졌다. 6명의 후보들은 한 목소리로 한겨레가 직면하고 있는 '이중의 위기'를 걱정했다. 첫 번째 위기는 급변하는 언론 환경과 저널리즘에 대한 불신 등 외부의 위기였다. 두 번째는 한겨레 내부의 위기였다. 2016년 한겨레신문사 총매출액은 801억 8000만 원을 기록했다. 세계금융위기 직후였던 2009년 675억 원 이후 가장 낮은 수치였다. 6년째 이어오던 영업흑자 기록도 2016년 깨졌다. 5억 원의 영업 손실이 발생했다. 2014년(7억 원)과 2015년(8억 원)에도 흑자가 소폭에 머물렀던 터라, 구성원들의 불안감이 더 컸다.

뜻밖에 양상우가 당선되었다. 한겨레 역사에서 대표이사를 연임한 경우는 있었지만, 대표이사 임기를 마치고 회사를 나갔다가 돌아와 재임한 것은 처음이었다. 양상우의 리더십을 여전히 불편하게 생각하는 사람들도 있었지만, 그보다는 경영 능력에 대한 기대가 조금 더 컸다.

2017년 3월 20일, 양상우가 17대 대표이사에 취임했다. "우리 스스로 관행과 무사안일, 비관의 늪에서 빠져나오는 게 우선입니다. …우리에게 주어진 소명과 한겨레의 존재 이유 앞에 겸허해야 합니다. …한겨레와 한겨레인의 모든 행위는 정당하다는 자기최면에서 벗어나야 합니다. …스스로 회의해야 혁신과 도전의 새 역사를 쓸 수 있습니다." 취임사에는 달콤한 말보다 쓴소리가 많았다. 한겨레가 변해야 한다는 간절함이 배어 있었다.

2017년의 봄, 한겨레는 잔인한 계절을 힘겹게 버텨냈다. 좀 더 일찍 겸허하게, 자기최면에서 벗어나야 했던 것일까. 나쁜 사건·사고가 연이어 터졌다. 폭력 사건으로 1명의 동료가 세상을 떠났고, 성추행을 저지른 개인의 일탈 행위가 세상에 알려졌다. 뒤이어 5월에는 정치적인 이유로 '안티 한겨레' 움직임을 보이는 일부 독자·네티즌과 한겨레 기자가 디지털 공간에서 맞서는 일이 벌어졌다. 가뜩이나 한겨레를 바라보는 시선이 곱지 않던 차에, 따갑고 냉정한 질타가 장대비처럼 쏟아져 내렸다. 평소 한겨레 사람들은 한겨레에 다니는 것을 자랑으로 여긴다. 그랬던 사람들이 부끄러워 고개를 들고 다니지 못했다. 4월과 5월, 한겨레신문사 공덕동 사옥에는 무거운 침묵만 흘렀다.

2013년 '성찰하는 자'가 되겠다고 했던 약속이, 2015년 서로 배려하는 회사를 만들겠다던 다짐이 무색했다. 더 깊이 성찰하고, 더 빨리 혁신했어야 했다. 한겨레 창간 때의 자부심이 시간이 흘러 자만심이 되지는 않았는지 미리 살피지 못한 탓이었다.

그러나 한겨레는 겸허한 마음으로 다시 출발선에 섰다. 2017년 5월 23일, 한겨레의 새 방향을 모색할 태스크포스가 구성되었다. '독자·시민과의 소통 확대를 위한 TF팀'이라고 이름 붙였다. 김종구 편집인이 팀장을 맡았다. 급변하는 미디어 환경에서 기자와 독자의 관계가 달라지고 있었다. 기자가 일방적으로 독자에게 정보를 전달하는 시대가 아니었다. 독자들은 단순한 뉴스 소비자를 넘어, 뉴스를 적극적으로 해석하고 비판하고 또 때로는 생산하는 주체가 되고자 했다. 아픔을 딛고 일어나, 한겨레가 어디로 가야 할지 방향을 찾아야 했다.

석 달 뒤인 8월 7일, 독자·시민 소통 보고서가 나왔다. '독자 우선주의'를 통해 한겨레에 대한 신뢰를 재구축하자는 방향성이 제시되었다. 체계적으로 독자와 소통할 수 있는 틀을 만들기 위해, 편집인 산하에 참여소통에디터를 신설하기로 했다. 또 기자들이 소셜미디어를 활용하는 준칙을 마련해 지키게 하고, 한겨레 내부에서 사건·사고가 터졌을 때 대응법을 담은 각종 위기 매뉴얼도 수립했다. 그동안의 각종 내부 혁신 보고서에 '독자'가 빠져 있었다는 통렬한 자기반성도 담았다.

출발선에 섰으니 다시 뛰어야 했다. 2017년 8월 28일, 동물 전문 매체 애니멀피플을 창간했다. 애니멀피플은 '동물을 사랑하는 사람들'이라는 뜻으로 사람과 동물을 잇는 고품격 뉴스를 지향한다. 한겨레에는 1990년대 초반 '이곳만은 지키자' 시리즈로 일찌감치 환경 전문기자의 길을 개척했던 조홍섭, 2012년 토요판에 '생명면'을 신설하여 남방큰돌고래 '제돌이' 보도 등을 주도했던 남종영, 최우리 등 생태·동물을 주제로 참신한 기사를 써온 기자들이 있다.

장기적으로 한겨레 콘텐츠를 제값 받고 팔기 위한 궁리도 하고 있다. 2018년 1월 9일 '디지털독자 개발 연구TF'를 구성해 콘텐츠 유료화 모델, 독자

사람과 동물을 잇다 애니멀피플

야생동물 | 반려동물 | 농장동물 | 인간과 동물 | 생태와 진화 | 애니멀피플 소개 | 만드는 사람들

봄날의 국회 고양이들 잘 지내나요

국회에는 '내 집 마련'한 고양이들이 있다. 이들이 집들이를 한 지도 어느새 1년 여가 지났다. 2017년 1월 국회 내부 네 곳에 집을 설치하고 두번째 봄을 맞는 올해, 국회 고양이들은 어떻게 지내고 있을까. '애니멀피플'이 28일, ...

생태와진화

사냥이 새끼 불곰을 마마보이로 만든다

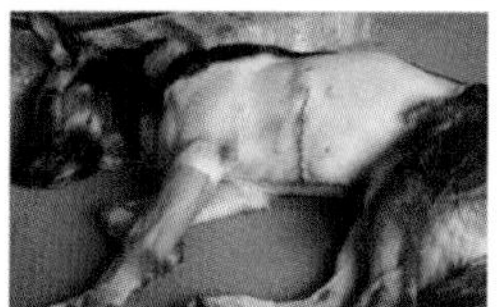

반려동물

영국, 경찰견 보호 운동 전개

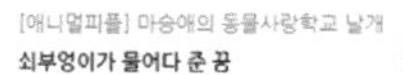

[애니멀피플] 마승애의 동물사랑학교 날개

쇠부엉이가 물어다 준 꿈

전채은의 나의 사랑 프리드리히 니체

"니체, 난 네가 원할 때만 만질거야"

2017년 8월 창간한 동물 전문 매체 '애니멀피플' 홈페이지 첫 화면.

후원 모델 등을 확산하는 방안을 논의 중이다. 앞서 한겨레는 2017년 2월부터 3개월간 디지털 콘텐츠 유료화 시범운영을 했다. 한 달에 100개 안팎의 콘텐츠 맨 밑에 "이 기사를 쓴 ○○○기자에게 ○○○ 쏘실래요?"와 같은 문장을 달고 결제시스템 배너를 붙였다. 원하는 독자들이 휴대폰 결제, 카카오페이, 신용카드로 '좋은 기사'에 제값을 지불하도록 한 것이다.

다시 시작된 삼성의 광고 보복

2018년 1월에는 새로운 사업들도 시작되었다. 드라마틱한 인물 중심의 사건 실화를 발굴하는 콘텐츠 기획제작사인 '팩트스토리'가 자회사로 설립되었다. 자회사 22세기미디어를 설립해 3월 28일 암호화폐와 블록체인을 다루는 온라인 매체 '코인데스크코리아'를 띄웠다. 세계적인 블록체인 분야 전문 매체인

'코인데스크(coindesk.com)'와 제휴를 맺고 기사를 제공한다.

광장의 촛불은 꺼졌지만, 한겨레는 여전히 권력과 맞서 싸우는 중이다. 2017년 박근혜-최순실 게이트 국면 이후로 1년 가까이 삼성은 한겨레신문사에 대한 광고 집행을 정상적으로 하지 않고 있다. 2017년 삼성의 한겨레 광고·협찬비는 전년보다 70%가량 줄어들었다. 2017년 6~9월 사이에 삼성이 한겨레에 집행한 광고 건수는 경향신문과 서울신문의 절반에도 미치지 못했다. 조선일보, 동아일보, 한국일보와 견주면 3분의 1 수준이다. 삼성은 한겨레와 SBS, JTBC 등 특정 언론에만 편파적으로 광고를 주지 않고 있다. "특정 언론에 대한 광고 탄압 아닙니까?" 2017년 4월, 한겨레 경영진이 삼성 고위 관계자를 만나 항의했다. 그는 답했다. "한겨레가 이재용 부회장 뇌물 혐의와 관련한 프레임을 제시하는 첫 보도를 했다. 아쉽고 안타깝다."

2017년 9월 20일, 양상우 대표이사는 전체 임직원에게 이메일을 보내어 이러한 삼성의 보복적 광고 축소 사실을 알렸다. "삼성은 총수 일가가 위법한 행위로 법의 심판을 받는 경우, 광고와 협찬을 대규모 감축하는 방식으로 비판 언론을 길들여오곤 했습니다. 지난 3개월여 동안 삼성의 광고집행 횟수는 총수 일가에 대한 우호적-비우호적 보도의 양과 질에도 정확히 상응합니다. 언론을 금력으로 순치하려는 이런 행태는 민주주의에 대한 '정면 도전'입니다."

삼성 광고 중단이라는 악재에도 불구하고, 2017년 한겨레신문사는 소폭의 영업흑자(3억 원)를 냈다. 광고국을 포함한 임직원들이 열심히 뛰어 11~12월 두 달 간 50억 원이 넘는 영업이익을 거둔 덕분이었다. 그러나 자본권력과의 싸움에서 흔들리지 않는 언론이 되려면 광고 매출선 다변화, 비용 합리화, 신규 사업 모색 등 중장기적인 대책을 찾아야만 한다.

'탈 진실의 시대' 진실을 찾아나서다

낡은 것은 죽어가는데 새로운 것은 아직 태어나지 않았다. 언론의 현실이 지금 그러하다. 한국언론재단이 2016년 펴낸 '언론수용자' 조사 결과를 보면, 하루 평균 종이신문 이용시간은 6.5분이다. 2011년 17.5분의 절반에도 미치지 못한다. 더구나 종이신문을 보는 이용자의 64.3%는 60대로 나타났다. 19~39

살 모두 합쳐도 1.4%밖에 되지 않았다.

혼돈의 시대다. 옥스퍼드사전위원회는 2016년 올해의 단어로 '탈 진실(post-truth)'을 선정했다. 대중의 감정적 반응에 호소하는 것이 객관적 진실을 압도한다. 가짜뉴스(fake news)의 범람으로 세계 언론자유가 후퇴하고 언론인에 대한 신뢰도는 추락하고 있다. 2018년 4월 3일, 한국언론진흥재단이 신문의날을 맞아 성인남녀 1050명을 대상으로 조사한 결과를 보면, 응답자의 89.1%가 "가짜뉴스로 인해 우리나라 언론의 신뢰도가 낮아지고 있다"고 답했다. 한국은 특히 기성 언론에 대한 신뢰도가 낮은 나라다. 옥스퍼드대 부설 로이터 저널리즘 연구소가 뉴스 신뢰도를 국제 비교한 결과를 보면, 조사 대상 28개국 중 한국은 그리스와 함께 최하위를 기록했다.

뉴스와 저널리즘의 미래가 있느냐고 묻는다면, 아무도 자신 있게 '그렇다'라고 답할 수 없는 시대다. 종이신문은 역사 속으로 사라질 위험에 처했다. 민주주의를 지키는 공공재로서 언론의 위상도 위협받고 있다.

그렇다면 지금 한겨레는 무엇을 할 것인가. 한겨레는 언론 암흑기에 태어나, 지난 30년간 한국 사회가 민주주의로 나아갈 수 있도록 빛을 비추는 등대 역할을 하였다. 때로는 '싸우는 신문'으로서 정치권력, 자본권력과 꿋꿋하게 맞섰다. 진실에 다가설 수 있는 새로운 사실(팩트)을 발굴하는 언론의 역사적 소명에 충실하였다. 진실은 전진하고 있었고, 그 무엇도 한겨레의 발걸음을 멈추게 할 수는 없었다. 말과 글이 혼란한 시대인 지금도 다르지 않다. 한겨레는 오로지 진실을 향해서만 나아갈 것이다.

한겨레가 걸어온 길은 낡은 틀을 깨는 혁신의 길이었다. 한겨레 창간은 그 자체로 새로운 도전이었다. 순한글 가로쓰기, 컴퓨터 조판 시스템(CTS), 윤리강령과 취재준칙 제정, 탈네모꼴 서체, 토요판 발행 등 한겨레의 혁신은 한국 언론사에 의미 있는 발자국을 남겼다. 짙은 안개 속에 갇혀 혁신의 길을 찾고 있는 지금, 한겨레는 또다시 모든 불확실성에 도전하며 새로운 길을 찾아 나설 것이다.

2018년, 한겨레는 창간 30돌을 맞았다. 서른 살 한겨레가 마주하는 세상은 그 어느 때보다도 역동적이다. 분단의 역사에 짓눌려온 한반도에 새로운 평화의 기운이 움트고 있다. 한 편의 드라마처럼, 놀랍고 꿈 같은 나날들이 이어지는 중이다. 2018년 4월 27일, 김정은 북한 국무위원장이 남한 땅을 밟았다. 북한 최고 지도자가 군사분계선을 넘은 것은 분단 이후 처음 있는 일이다. 문재인 대통령과 김정은 국무위원장은 판문점 평화의집 앞에 나란히 서서 '한반도의 평화와 번영, 통일을 위한 판문점 선언'을 공동 발표했다. "한반도에서 더 이상 전쟁은 없을 것이며 새로운 평화의 시대가 열렸음을 겨레와 세계에 엄숙히 천명한다."

평화를 향한 한반도의 대격변이 주는 무게감에 걸맞게, 한겨레 역시 '역사적인 지면'을 선보였다. 남북정상회담 다음 날인 4월 28일 치 한겨레 1면은 평소 신문의 두 배 크기로 제작되었다. 1면과 마지막 면을 연결하는 편집을 시도했다. 한국 언론 역사상 유례없는 편집이었다. 사진 크기만 가로 80센티미터, 세로 50센티미터에 이르렀다. 한겨레는 파격적인 편집을 선택하는 대신에, 마지막 면에 실리는 전면 광고를 포기했다. 어떤 종이신문보다도 돋보이는 편집이었다. 소셜네트워크서비스(SNS)에는 "역사적인 한겨레 1면을 잘 보관하겠다"는 독자들의 인증 사진이 줄을 이었다. 한겨레를 사기 위해 가판대를 찾아 헤맸다는 독자들도 있었다. 종이신문이 역사 속으로 사라질 것이라고 걱정하는 시대에도, 종이신문이 역사의 기록물로서 여전히 오롯하다는 사실을 한겨레가 가장 앞장서 증명해내었다.

한겨레는 4월 27일 홈페이지 문패를 '한겨레'에서 '우리는 한겨레입니다'로 바꿔 걸었다. 산뜻한 하늘색 수채화 느낌의 배경 위에 글씨를 얹었다. 문패 양쪽 끝에는 문재인 대통령과 김정은 국무위원장이 마주보며 웃는 모습을 일러스트로 배치했다. 제호가 '한겨레'였기에 가능한 실험이었다. 한겨레21 1210호도 표지 앞면과 뒷면을 연결하는 편집을 시도했다. 문재인 대통령과 김정은 국무위원장이 손을 잡으려고 다가서는 모습을 넓게 펼쳐 보여주기 위해서였다.

6월 12일에는 도널드 트럼프 미국 대통령과 김정은 북한 국무위원장이 싱가포르에서 만났다. 문재인 대통령은 가을에 평양을 방문하기로 했다. 한반도 평화의 시대가 비로소 시작되려는 찰나다.

"새 신문은 민주주의적 모든 가치들의 온전한 실현, 민중 생존권 확보와 그 생활수준의 향상, 분단의식의 극복과 민족통일의 지향을 주요 방향으로 삼을 것입니다."(1987년 9월 23일 '새 신문 창간 발의 선언문') 한겨레는 30년 전에 민주·민

한겨레
hani.co.kr

1953.7.27 정전

2018.4.27 평화

판문점선언

대 한 민 국
대 통 령
문 재 인

조선민주주의인민공화국
국 무 위 원 장
김 정 은

오늘 남북정상회담

역사적인 남북정상회담이 열린 다음 날인 2018년 4월 28일 치 한겨레 1면은 뜨거운 화제를 모았다. 신문 1면과 마지막 면을 연결해 사상 최대 크기의 1면을 만들어냈다(왼쪽). 4월 27일 치 1면도 정전협정문(정전)과 판문점선언(평화)을 대비시켜 편집하면서, 판문점선언의 내용을 빈 칸으로 남겨둬 호평을 받았다(오른쪽 위). 한겨레21 1210호도 표지 앞면과 뒷면을 연결하는 색다른 편집을 시도했다(오른쪽 아래).

중·민족이라는 창간 정신을 품고 태어났다. 한겨레의 창간 정신은 시대정신과 함께 호흡한다. 한겨레가 변화시키고 발전시키고자 한 민주·민중·민족의 과제들은 여전히 한국 사회에서 중요하다. 다만 그 과제들을 창간 당시의 인식 틀만으로는 설명할 수 없다.

30년 전에 통일은 모두가 공감하는 민족적 과제였다. 그러나 지금 한국 사회의 젊은 세대는 같은 '민족'이라는 이유만으로 통일을 당위로 받아들이지 않는다. 서울대 통일평화연구원이 2017년 벌인 '통일의식조사'에서 "통일이 필요하다"고 응답한 비율은 53.8%에 머물렀다. 특히 20대(41.4%)와 30대(39.6%)의 응답률이 평균보다 훨씬 낮았다. 이러한 추세는 해를 거듭할수록 강화되고 있다. 이제 통일은 최종 목표가 아니라, 평화를 온전히 실현하기 위한 통과점으로 인식되어야 한다.

'민주'라는 과제 역시 30년 전과는 달리 다양하게 분화하고 있다. 반(反)민주세력에 맞서 싸웠던 '1987년 체제'의 한계를 넘어 다양한 빛깔의 시민사회 의견이 새로운 민주주의 광장에 펼쳐져야 한다. '민중'의 개념 또한 노동자 내부 정규직과 비정규직의 분할 등으로 말미암아 과거 노동과 자본의 대립 틀만으로는 설명될 수가 없다.

한겨레는 지난 30년간 시대의 변화에 발맞춰, 창간 정신을 더 넓고 더 깊게 진화시키려 쉼 없이 애써왔다. 앞으로도 그러할 것이다.

떨리는 마음으로 맞이한 '서른 살' 한겨레

2018년, 서른 살 한겨레의 이름 옆에 '진실'과 '평화'라는 두 단어가 새겨졌다. '사실 보도'는 모든 언론의 사명이자 숙명이다. 한겨레는 지금껏 그래왔듯이 앞으로도 '사실 보도'에 만족하지 않고 '진실'을 드러내는 데 온 힘을 다할 것이다. '탈 진실'의 시대에도 '진실'을 찾기 위해 한겨레는 정도(正道)를 걸어가려 한다. 또한 한겨레는 한반도에서 전쟁이 일어나지 않는 상태를 바라는 소극적 평화를 넘어, 진실에 입각한 정의가 실현되는 상태로서의 적극적 평화를 이야기해나갈 것이다. 한겨레는 위에서가 아니라 밑에서, 시민의 눈높이에서 바라보는 평화의 가치를 새롭게 확장시켜나가려 한다.

지금까지 30년 동안 '세상을 바꾸고 싶은 사람들'이 '희망으로 가는 길'을 열고자 묵묵히 걸어왔다. 정치권력과 싸우고 자본권력에 맞서며, 소외된 이들의 목소리에 귀 기울이면서, 주주·독자들과 어깨 겯고 걸었다. 한겨레는 앞으로도 '진실의 창'으로서, '평화의 벗'으로서 그 길을 계속 걸어갈 것이다.

한겨레는 잊지 않았다. 1988년 신문다운 신문, 진실로 국민을 대변해주는 참된 언론을 갈망하며 뜨거운 성원을 보내줬던 이들의 마음을. 또한 앞으로도 잊지 않을 것이다. 애정이 깊었던 만큼 매서운 비판을 해줬던 이들의 목소리를. 창간호를 만들었던 30년 전의 떨리는 마음 그대로, 한겨레는 서른 살을 맞이하였다. 다시 새로운 시작이다.

❶
❷
荷 꾸짖을 하 夜 밤야
"하야
하쇼"
하쇼"
Insight
한겨레
한겨레21
씨네21
한겨레미디어
정신승리
이것이
우리가
주인이다
국가인가

❶ 2016년 11월 11일, 한겨레TV가 온라인 생중계한 한겨레 '최순실 게이트 특별취재팀' 뉴스룸 토크의 한 장면. 특별취재팀은 이날 100여 명의 한겨레 독자들과 만났다. 사진 왼쪽부터 류이근·하어영·김의겸·방준호 기자, 사회를 맡은 김보협 기자.
❷ 2016년 11월 12일, 서울 청계광장에 차린 민중총궐기 현장 생중계 부스에서 한겨레21 기자들과 한겨레TV PD들이 현장 생중계를 진행하고 있다.
❸ 2015년 10월 17일, 서울시 인재개발원 운동장에서 한겨레 임직원들이 '두근두근 한마당' 행사를 벌이고 있다.

타임라인 5

섹션

1987 1988 1989 1990 1991 1992 1993 1994 1995 **1996** 1997 1998 **1999** **2000** **20**

1996년 지면 혁신 때 탄생한 '한겨레 창'은 월요일부터 토요일까지 '미래', '책과 사람', '일과 삶', '여가연출', '열린공동체', '문화세상' 편으로 나누어 생활, 문화, 교양 특화 콘텐츠를 실었다. 한국에서 디자이너가 신문 전면을 편집한 것은 한겨레 창이 처음이었다.

한겨레e

남북경협예산 대폭 늘린다

함께하는 교육

친구가 생겨서 정말 좋아

신문을 40면으로 증면하면서 '20 더하기 20' 체제로 바꾸었다. 두 번째 묶음은 경제와 디지털을 강화하는 의미에서 '한겨레e'로 이름 붙였다.

한국 종합일간지 가운데 처음으로 교육 전문 섹션을 내놓았다. 서민의 삶과 밀착해 교육 분야의 취재와 사업을 함께 진행하기 위해 만들어진 교육사업단의 작품이었다.

한겨레2

삶 모든것은 오락물?

창간 11돌을 맞아 신문을 32면으로 증면하면서 '16 더하기 16' 섹션 체제를 선보였다. 현안 뉴스와 탐사보도를 담은 '한겨레'와 생활정보를 묶은 '한겨레2'를 나누었다.

한겨레2

14년간 1조 무역금융 사기

경제

두 번째 묶음 이름을 다시 '한겨레2'로 바꾸었다. 한겨레2 섹션에는 북한 관련 정보를 담은 '한반도' 면을 선보였다.

002 2003 2004 **2005** 2006 **2007** **2008** 2009 **2010** 2011 **2012** 2013 2014 2015 **2016** **2017** 2018

'함께하는 교육'(월요일)에 더한 세 가지 테마 섹션을 시작했다. 사람의 체온을 뜻하는 36.5도는 생활, 건강, 공동체 테마(수요일)를, 뜨거운 감성을 뜻하는 100도는 대중문화 테마(목요일)를, 두뇌 활동이 가장 활발한 기온에서 이름을 따온 18도는 출판, 지성, 에세이, 문학 테마(금요일)로 운영되었다.

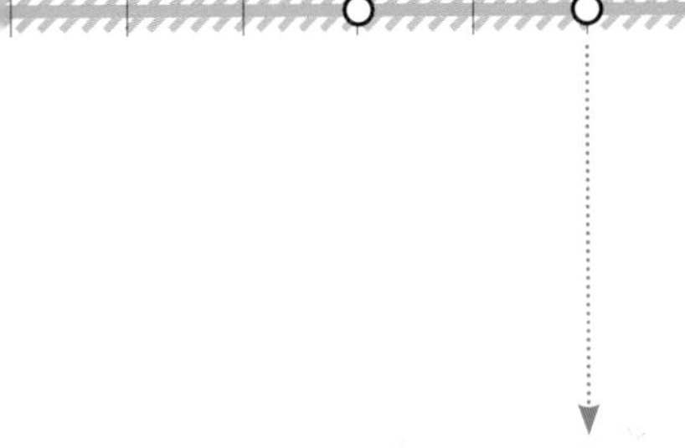

신문활용교육(NIE)을 위해 마련한 특화 섹션이다. 학생들이 알아야 할 사회 문제를 골라 이와 관련한 한겨레, 한겨레21, 씨네21 등의 기사, 칼럼, 사설 등으로 정돈해 전달한다.

여행, 음식, 쇼핑, 패션, 엔터테인먼트 등을 다루는 '생활문화 매거진'을 표방하며 태어났다.

한겨레경제연구소(HERI)가 만드는 경제 경영 전문 섹션을 격월간으로 발행했다.

1인 미디어로 자리 잡은 블로그의 운영자들을 신문 제작의 주체로 참여시키는 월간 섹션을 실험했다. 한겨레는 이미 '사이언스온' 등 스페셜 콘텐츠 사이트를 블로거들과 협업해 운영 중이었는데, 하니스페셜은 이런 노력을 종이신문으로까지 확장하려는 시도였다.

섹션과 본지의 경계를 허무는 파격적인 시도가 시작되었다. 신문 1면에 스트레이트 뉴스 대신 심층 기획 기사인 커버스토리를 전면 도입했으며, 전통적인 뉴스 카테고리는 '오늘' 면 3~4쪽으로 압축했다. 섹션 창간이 아닌 토요일치 신문 전체를 혁신하는 방식으로, 신문 속 잡지를 구현했다.

제주를 찾는 한국인과 중국인 여행객을 대상으로 한 월간 섹션 신문을 만들었다. 한국어와 중국어를 함께 편집했다.

서울 지역을 테마로 한 주간 섹션 신문을 창간했다. 시울 시청과 25개 자치구청의 정책, 공공서비스 소식과 시민들의 풀뿌리 활동, 생활정보 등을 담았다.

동물 전문 매체 '애니멀피플'을 창간했다. 반려동물, 야생동물, 농장동물 등 동물 복지, 생태, 진화 과학 이슈를 과학적 전문성에 기반해 다룬다.

인연을 맺은 사람들

서울 공덕동 한겨레신문사 사옥 곳곳에는 한겨레와 특별한 인연을 맺은 사람들의 흔적이 남아 있다. 회사 경영진과 논설위원들은 매일 아침 사무실이 있는 8층 엘리베이터에서 내리면 신영복 선생의 붓글씨 액자를 마주한다. '더불어 새롭게'라는 글씨를 보며, 새롭게 하루를 출발한다. 1995년 11월 25일, 신영복 선생은 한겨레신문사 증축을 기뻐하며 작품을 증정했다. 매일 그날의 지면을 결정하는 편집국 회의가 열리는 7층 회의실에는 '남누리 북누리, 한누리 되도록'이라고 쓰인 늦봄 문익환 목사의 글씨가 걸려 있다.

국민 주주 신문인 한겨레에는 내부 구성원들이 아니라도 한겨레가 힘들 때나 어려울 때나 한결같이 한겨레의 30년을 지켜본 이들이 있었다. 이들은 가장 가까운 곳에서 때로는 한겨레를 감쌌고, 때로는 한겨레를 꾸짖었다. 창간위원, 자문위원, 사외이사들이 바로 그들이다.

재야운동가 · 문인 · 종교인 · 변호사 등 무지갯빛 외부세력

한겨레 창간 발기인 명단에 이름을 올린 이들은 모두 3317명이다. 각계각층 인사들이 두루 참여했다. 이 가운데 다시 직능과 지역을 고려해 대표 56명을 뽑았다. 이들이 한겨레 창간위원회를 구성했다. 창간위원 가운데 상당수는 각 부문별 민주화운동을 대표하는 재야운동가들이었다.

창간위원인 계훈제는 재야의 정신적 지주였다. 1960년대부터 민주 · 민족운동을 이끌었다. 1970년부터 10년간 씨알의소리 편집위원을 지낸 그는 1999년 세상을 떠나 경기도 마석 모란공원에 묻혔다. '전태일의 어머니'로 더 많이 알려진 이소선은 '모든 노동자의 어머니'였다. 창간위원으로 참여했던 그는 2005년 한겨레가 제2창간 캠페인을 벌일 때는 제2창간 기금을 모금하는 광고의 모델로 나섰다. 천영세는 한겨레 창간위원을 맡을 당시에 한국

노동교육협회 사무국장을 맡고 있었다. 이후 2000년 민주노동당 사무총장, 2004년 민주노동당 비례대표 국회의원이 된다.

창간위원 서경원은 가톨릭농민회 의장이었다. 농민운동사에 길이 남을 1976년 전남 함평 고구마 사건의 주역인 그는 평민당 소속 국회의원이 되었는데, 평양을 몰래 방문했다가 곤욕을 치렀다. 그의 입북 사실을 취재하고도 보도하지 않았다는 이유로 공안 당국은 1989년 한겨레 편집국을 압수수색했다. 김승훈 신부는 1987년 5월 18일, 명동성당에서 광주항쟁 추도 미사를 집전하던 중 박종철 고문 치사 사건이 조작되었음을 폭로한 천주교정의구현전국사제단 신부였다. 그의 폭로는 87년 6월항쟁에 기름을 부었다. 2003년 9월 2일 세상을 떠났다.

작가 김정한, 한국 출판계의 거목인 이기웅 열화당 대표, 극작가 출신으로 예술원 회장을 지낸 차범석도 창간위원이었다. 김정한은 창간 당시 민족문학작가회의 의장으로 한국 문학계의 정신적 지주였다. 창간위원과 함께 초대 비상임이사(1989~1992년)도 지냈다. 김정한은 1996년 세상을 떠났다.

창간위원 가운데는 법조계 출신이 많았다. 이들은 대부분 인권변호사로, 해직 기자들이 법정에 설 때 도왔던 인연으로 한겨레 창간에 힘을 보탰다. 법조인이자 재야운동가인 한승헌이 한겨레 창간위원장을 맡았다. 그는 변호사 시절에 잡지에 기고한 칼럼 때문에

1987년 10월 30일 열린 한겨레신문 창간 발기 선언대회에 참여한 각계각층 인사들의 모습. 왼쪽부터 함석헌, 신경림, 성내운, 이태영 등의 얼굴이 보인다.

구속되기도 했다. 그는 이후 김대중 정부 시절에 감사원장을 역임했다. 1970년대 이후 시국 사건의 변호에서 빠지지 않았던 이돈명 변호사는 동투·조투 출신 해직기자들과 막역했다. 이돈명은 창간 때부터 2001년 3월까지 비상임이사를 맡았던 한겨레 '최장수 이사'이기도 하다. 그와 함께 이사회에 참석했던 대표이사만 줄잡아 6명이었다.

황인철 변호사는 창간위원은 물론이고 1·2·3대 감사를 역임했다. 한겨레가 특종 보도한 보안사령부 민간인 사찰 사건의 제보자였던 윤석양 씨를 변호하던 중에 지병인 직장암이 재발해 1993년 1월 20일 세상을 떠났다.

창간위원이었던 문재인 변호사는 창간 당시에 한겨레 부산지사를 만든 주역이었다. 인권 변호사로 이름 높았던 문재인은 한겨레 창간과 한겨레 구독 확산에 헌신했다. 문재인과 고등학교 때 하숙 생활을 같이했던 박성득은 "당시 문재인 변호사 사무실 한 켠에 새신문 창간 발기인 사무실을 차렸다. 한겨레 구독 확산이 곧 민주시민운동이란 마음으로 참여한 것"이라고 회고한다. 문재인은 1999년부터 한겨레 4대 자문위원장도 맡아 한겨레 경영에도 조언했다. 문재인과 합동 법률사무소를 차렸던 노무현 변호사도 한겨레 부산지사 창립 멤버였다. 훗날 대통령이 되는 두 사람은 각각 한겨레신문사 주식 300여 주를 갖고 있었다.

한국 경제학계의 거두인 변형윤은 창간위원 이외에 사외이사와 한겨레통일문화재단 이사장도 오래 맡았다. 한국 사회학 1세대를 대표하는 이효재도 창간위원이었다. 그는 한국여성민우회 초대회장, 한국여성단체연합 회장 등을 맡으며 한국 여성운동을 이끌었다.

이밖에도 이우정 한국여성단체연합 회장, 조아라 민주쟁취국민운동본부 전남본부 고문, 심성보 서울교사협의회 공동대표 등도 재야를 대표해 한겨레 창간위원으로 참여했다. 창간위원 가운데는 평범한 시민들도 있었다. 주부 김천주, 은행원 안평수, 천주교 평신도 한용희 등이다.

자문위원회 제도는 1993년 4월부터 활성화되었다. 창간위원과 퇴직 임원을 중심으로 1기 자문위원 10명이 위촉되었다. 이들은 사외 경영진추천위원을 겸하며 대표이사 후보와 이사진을 선임했다. 1·2기 자문위원장은 유현석 변호사가, 3기 자문위원장은 조준희 변호사가 맡았다. 1·2기 자문위원을 지낸 백낙청 서울대 교수는 한겨레통일문화재단 초대이사도 지냈다. 1기 자문위원이었던 황선주는 지역 문화 발전을 위해 써달라며 1995년 군산의 건물을 한겨레신문사에 기증하기도 했다.

1999년부터는 대표이사 선출제도가 바뀌어 자문위원들은 지면과 경영에 대한 의견만 내놓게 되었다. 시인 신경림은 3·4기 자문위원을 맡았고, 소설가 현기영도 5기 자문위원을 지냈다. 자문위원 출신 가운데에는 훗날 정부 요직에서 활약하게 될 인물들이 많았다. 3기 자문위원 고영구 변호사는 참여정부 시절 국정원장이 되었고, 지은희 여성단체연합 상

한겨레와 여러 통로로 인연을 맺어온 인사들. 왼쪽 위부터 이소선, 계훈제, 김정한, 김승훈, 이효재, 한승헌, 박원순, 백승헌, 지은희, 조국, 장하성, 이동걸.

임대표는 여성부 장관이 되었다. 4·5기 자문위원 이원보 한국노동연구소장은 중앙노동위원회 위원장을 역임했다. 6기 자문위원이었던 정현백 교수는 문재인 정부 초대 여성가족부 장관, 조국 교수는 청와대 민정수석으로 일하고 있다. 7기 자문위원 장하성 교수도 문재인 정부 경제정책을 총괄하는 청와대 초대 정책실장이 되었다. 장하성은 2005~2008년 한겨레 사외이사도 지냈다.

학자 출신의 자문위원이 많았다. 최장집(3·4기), 장화익(3·4기), 김수행(5기), 임현진(5기), 문용린(6기), 이민규(6기), 서병문(6기), 윤진호(8기), 문정인(9기), 장덕진(9기) 교수 등이 자문위원을 지냈다. 종교계에서는 김찬국 목사와 임동규 목사, 정재근 스님이 자문위원을 지냈다.

경영에 조언을 구하고자 기업인 출신 자문위원도 1999년부터 영입했다. 변재용 한솔교육 대표이사(4·5기), 이청종 후이즈 대표이사(6기), 문국현 유한킴벌리 대표이사(6기), 서근우 하나은행 부행장(7기), 이재성 엔씨소프트 이사(8기), 한성숙 네이버 총괄이사(9기)

등은 경영 전문성에 갈증을 느끼는 한겨레의 고민을 덜어주었다.

한겨레는 창간위원 또는 자문위원과 별개로 외부 인사들을 비상임이사로 많이 모셨다. 2002년 3월부터는 이들 비상임이사를 사외이사로 통일해 부르고 있다. 경영진, 노동조합, 우리사주조합 등이 각각 사외이사를 추천하고 있다.

자문위원으로, 사외이사로…

역대 사외 인사로 사외이사, 감사 등 이사를 역임한 이들이 37명인데 이들 가운데는 법조계 출신이 13명으로 가장 많았다. 한겨레 창간 초기 이사들은 해직기자들을 변호한 이들이 많았고, 이후 한겨레가 송사에 휘말릴 때마다 단골로 변론을 맡은 변호사들이 있었다.

훗날 서울시장이 된 박원순 변호사는 한겨레 창사 및 창간 과정에서 실정법을 어기는 경계를 아슬아슬하게 오가는 법률 자문을 도맡았다. "그때 퍼뜩 그런 생각도 듭디다. 이렇게 해서 내 변호사 생활도 종치는구나. 하지만 어떻게 합니까? 한겨레신문을 만들어야만 한다는 것은 지상 과제인데…." 한겨레 창간 사무국 고문변호사였던 박원순의 회고다. 박원순는 1999년 3월부터 4년간 사외이사를 지냈다.

민주사회를위한변호사모임 회장을 맡은 변호사들과 한겨레의 인연도 깊었다. 초대 민변 회장이었던 조준희 변호사는 한겨레 3기 자문위원장이었고, 이석태(1999~2011년), 백승헌(2001~2005년)도 한겨레신문사 사외이사를 역임하기 이전이나 이후에 민변 회장이 되었다. 정연순 민변 회장은 9기 자문위원이었다. 민변 노동위원장, 민주노총 법률원장을 지낸 권영국 변호사는 2011~2014년 한겨레신문사 사외이사로 일했다.

참여연대 협동사무처장을 지낸 하승수 변호사도 2006년부터 3년간 사외이사를 맡았다. 하승수는 2011년에도 사외이사로 재선임되어 3년간 한겨레 경영을 가까운 거리에서 지켜봤다. "아직도 대학 시절에 한겨레신문 창간호를 보던 감격을 잊지 못한다. 그 이후에 늘 한겨레신문은 내 곁에 있었고, 지금도 아침에 읽어보는 유일한 중앙지가 한겨레신문이다. 1주일에 한 번 오는 한겨레21을 기다리는 것은 내 일상의 중요한 부분이다."

참여연대 상임집행위원, 민변 과거사청산위원회 위원을 역임한 이상훈 변호사는 2008~2011년 한겨레신문사 사외이사였다. 대한변협 법제이사를 지낸 김갑배 변호사는 6기 자문위원에 이어 2014~2017년 사외이사를 지냈다. 2018년 현재 사외이사로는 박용대 변호사가 활동 중이다.

한겨레신문사 회사 경영 전반에 대한 감사 권한을 갖고 있는 감사를 외부 구성원들이 맡는 경우도 있었다. 경영의 투명성을 더 높이기 위해서다. 대한변협 회장을 지낸 박재승 변호사는 한겨레신문사 감사를 오랫동안 맡았다. 1994년 6월부터 7년간 비상임감사로 일했고, 1997년부터 9년간은 한겨레통일문화재단 감사를 맡았다. 이계종 회계사도 박재승 변호사와 함께 한겨레신문사 비상임감사로 6년간 일했는데, 재임 중인 2000년 7월 25일 세상을 떠났다.

경영 감시라는 전문성을 높이자는 취지 때문인지 감사 중에는 유독 회계사 출신이 많았다. 2000~2003년 김기천 변호사와 함께 감사를 맡았던 고재봉, 2011~2014년 상임감사로 근무했던 윤종훈, 2017~2018년 상임감사를 맡았던 이상근은 모두 회계사였다. 윤종훈은 참여연대, 이상근은 함께하는시민행동 등의 시민단체에서 활발하게 활동한 이들이었다. 전문성도 갖추고 있었지만, 1980년대 대학을 다니며 민주화운동에 헌신했던 이들은 본디 한겨레에 애정이 많았다.

사외이사 추천 권한이 있는 한겨레 노동조합과 우리사주조합은 시민사회단체나 인권단체에서 명망 있는 인사들을 추천하기도 했다. 참여연대 사회복지위원장을 지낸 이영환 교수(2011~2014년), 오창익 인권연대 사무국장(2017년~) 등이 대표적이다.

학자 출신으로는 강만길 고려대 교수(2000~2001년), 예종석 한양대 경영대학장(2014~2015년) 등이 있었다. 강만길과 예종석은 종종 칼럼을 써서 한겨레 지면도 빛냈다. 소액주주운동을 이끌었던 장하성 고려대 교수(2005~2008년)는 경제 전문가로서 한겨레 자회사 매각 등에 대한 조언을 많이 했다. 참여정부에서 금융감독위원회 부위원장을 지내고 문재인 정부 들어 KDB산업은행 회장을 맡은 이동걸도 2014~2017년 한겨레 사외이사를 지냈다.

기업인 출신 사외이사는 한겨레신문사 이사회에 꼭 필요한 존재였다. 이들은 자신이 회사를 경영했던 경험을 바탕으로 한겨레가 놓인 여러 경영상의 어려움과 상황에 대해 쓴소리를 마다하지 않았다. 변재용 한솔교육 대표이사(2003~2004년), 이윤재 ㈜코레이 대표이사(2008~2011년), 윤종연 키움인베스트먼트 대표이사(2011~2014년), 이상규 인터파크 대표이사(2011~2014년, 2017년~), 최윤희 브랜드앤컴퍼니 사장(2014~2017년), 박병엽 ㈜팬택 설립자(2017년~), 이근승 KS자산운용 대표이사(2017년~), 조영탁 휴넷 대표이사(2017년~) 등이 본인의 회사 경영에도 바쁜 시간을 쪼개어 한겨레 경영에 함께 머리를 맞대어 고민했다.

한겨레와 특별한 인연을 맺은 이들은 대단한 보답이 있었던 것도 아닌데 한겨레의 곁에 묵묵히 있어주었다. 여기에 이름이 호명된 이들만이 아니다. 2015년 한겨레신문사 사옥을 드나드는 공식 출입구가 2층에서 3층으로 바뀌긴 했지만, 십수 년간 한겨레 구성원들이 출퇴근할 때마다 지나쳤던 2층 현관에는 국민 주주의 이름들이 새겨져 있다. 6만여 주주들의 이름을 70개 동판에 하나하나 새겨두었다. 한겨레가 30년 동안 발전할 수 있었다면, 그것은 한겨레 구성원들만의 힘이 아니라 한겨레를 사랑하며 아껴준 이들의 존재 덕분이었다.

당신들을 기억합니다

죽음을 기록하는 행위는 삶을 기억하기 위함이다. 뉴욕타임스의 '오비츄어리'란은 세상을 떠난 이들의 삶을 반추하는 글을 싣는다. 일부러 찾아 읽는 독자들이 많다. 화려한 삶을 살다간 인물만 등장하는 것은 아니다. 역사 교과서는 보통 역사의 주인공을 중심으로 쓰인다. 밤 하늘 높이 영롱하게 빛나는 별들을 위주로 기록한다. 공식 기록되는 한겨레의 역사도 그렇다. 창간에 기여했고, 회사를 위기에서 구한 이들의 서사가 중심이 된다. 하지만 실제 우리 삶이 그러하듯이, 30년간 한겨레를 지탱한 힘은 화려하게 빛나지는 않았지만 묵묵히 제 역할을 했던 이들의 헌신이었다.

한겨레는 '가신 이의 발자취'라는 란을 통해, 한겨레21은 '떠난 사람'이라는 란을 통해 삶과 죽음의 의미를 되짚고 있다. 한겨레 30년 역사에도 떠난 이들의 발자취를 기록한다. 한겨레 재직 중에 안타깝게 세상을 떠난 이들이 있었다.

천국으로 거짓말처럼 떠났다

2009년 5월 29일, 고 노무현 대통령의 영결식장. 휠체어를 탄 김대중 전 대통령이 내민 손을 권양숙 여사가 두 손으로 감쌌다. 그 순간 여든다섯 전직 대통령은 오열했다. 얼굴이 어린아이처럼 일그러지더니 꾹꾹 눌렀던 슬픔이, 비통한 마음이 울음으로 터져 나왔다. 그 순간을 카메라 렌즈 너머로 바라보던 김종수는 셔터를 눌렀다. 그 한 장의 사진에는 심장을 찌르는 듯한 날카로운 슬픔이 담겼지만, 보는 사람을 위로하는 듯 묘한 여운이 남았다.

김종수는 1993년 한겨레 사진부에 입사했다. 평소 푸근한 미소를 띤 얼굴만큼이나, 그의 사진들도 따뜻하고 다정했다. 그의 사진에는 호박잎을 쓰고 있는 아이의 발랄한 웃음, 평양 신발 공장 노동자들의 고단함이 담겼다. 2011년 갑작스럽게 췌장암 진단을 받고 난 뒤에 1년 가까이 투병하던 그는 2012년 2월 19일 눈을 감았다. 마흔여섯의 나이였다. 여성신문 기자 출신인 그의 아내 정희경은 남편이 떠난 뒤에 한겨레에서 일하고 있다.

"설사 자신이 꺾일지언정 휠 줄 모르던 사람, 순금 같고 올곧은 나무 같던 사람, 털털한 막걸리와 고향의 흙냄새 같은 사람 김종수." 김종수의 3주기를 추모하며 2015년 열린 사진전 '사람을 사랑한 시선' 전시작을 정리했던 강재훈 사진부 선임기자의 기억이다.

"천국이 있다면 아마도 아름다운 서점을 닮았으리라." 2013년 11월 출간된 《세상에서 가장 아름다운 서점》이라는 책의 추천사에 구본준은 이런 말을 남겼다. 책을 사랑하고, 집을 가장 좋아했던 그다운 말이었다. 그로부터 1년 뒤인 2014년 11월 12일, 구본준은 이탈리아 베네치아에서 천국으로 거짓말처럼 떠났다.

구본준은 1995년 한겨레에 입사한 뒤에 경제부 기자, 사회부 기동취재팀장, 문화

김대중 전 대통령이 2009년 5월 29일 노무현 전 대통령 영결식에서 노 전 대통령의 부인 권양숙 여사의 손을 잡은 채 통곡하고 있다. 이 사진을 찍은 김종수 한겨레 사진부 기자는 1년여의 췌장암 투병 끝에 2012년 2월 19일 삶을 마감했다.

부 대중문화팀장 등을 두루 거쳤지만 건축 기자였을 때 가장 행복해했다. '땅콩집'을 직접 지은 이야기를 담은 《두 남자의 집짓기》, 《별난 기자 본본 우리 건축에 푹 빠지다》 등 건축 분야의 책도 많이 썼다. 이탈리아 베네치아에 간 것도 한국언론진흥재단이 진행하는 '건축 문화재 보존과 복원 과정' 교육 프로그램 참여를 위해서였다. 전날까지만 해도 다른 언론사 기자들과 함께 어울린 뒤에 잠자리에 들었던 그는 아침이 되어서도 깨어나지 못했다.

건축과 책은 물론이고 만화, 가구, 음악 등 여러 분야에 관심이 많고 박학다식했던 그를 한겨레 동료들은 항상 격려를 잊지 않던 유쾌한 선배, 재밌고 마음이 따뜻했던 후배로 기억한다. 그는 떠났지만 그의 글은 남았다. 2016년 한겨레출판은 구본준의 건축 에세이를 묶어 《세상에서 가장 큰 집》을 펴냈다. 《무량수전 배흘림기둥에 기대서서》 등을 집필한 미술사학자 최순우 탄생 100주년을 기념해 2016년 제정된 '혜곡 최순우상'은 첫 번째 수상자로 구본준을 선정했다. 한국 건축 미학을 대중에게 널리 알린 그의 업적이 높이 평가되었다.

이수윤은 '부산 한겨레'의 살아 있는 역사였다. 울산에서 태어나 부산에서 대학을 나온 그는 1984년 부산일보에 입사했다. 부산일보에서 지역 언론노조를 설립하는 데에 힘을 보탰던 이수윤은 1988년 창간 때부터 한겨레와 함께했다. 부산 지역 곳곳에 그의 발길이 미치지 않은 곳이 없었다. 편집국 영남팀장, 교육취재부장, 한겨레 제2창간 운동본부 부장, 한겨레 부산경남지역본부 추진팀장 등 취재뿐만 아니라 부산에서 한겨레를 알리고 독자들과 만나는 일에도 앞장섰다.

2009년 6월 1일, 이수윤은 문재인 전 청와대 비서실장을 부산에서 인터뷰했다. 노무현 전 대통령 영결식이 끝난 뒤 언론과의 첫 인터뷰였다. 한겨레 창간 당시 부산지사장이었던 문재인과 창간 멤버였던 이수윤의 오랜 인연과 신뢰가 있었기에 가능한 일이었다. 이수윤은 부산 지역 시민·사회단체도 인정하는 민완 기자였다. 20년 넘는 현장 기자 생활에 지칠 법도 하건만, 2012년 이수윤은 부산지역 새누리당 총선 공천 비리 의혹 등을 캐고 있었다. 열심히 일하느라 몸을 돌볼 새도 없었던 걸까. 그해 8월 간암 진단은 날벼락이었다. 병상에 누운 지 두 달 만인 2012년 10월 6일, 이수윤은 쉰다섯의 나이로 세상을 떠났다.

"이맘때처럼 하얀 목련이 피던 1997년 4월 어느 날, 김소진은 암으로 세상을 떴다. 목련은 소복을 입은 듯했다. …목련이 피면, 그가 그립다." 2011년 4월 7일, 손준현은 '굿바이, 영안실!'이라는 제목의 칼럼에 이렇게 적었다. 그리고 6년 뒤인 2017년 4월, 목련이 흐드러지게 핀 어느 날 손준현도 세상을 떴다. 한겨레 동료 기자가 가해자가 된 불의의 사고였다. 그의 나이 쉰셋. 한겨레 30년 역사에서 구성원들에게 가장 황망하고, 아픈 이별이었다.

대전 중도일보 기자였던 손준현은 1994년 한겨레에 편집기자로 입사했다. 2002년

한겨레 재직 중에 안타깝게 세상을 떠난 동료들. 왼쪽 위부터 김종수, 구본준, 이수윤, 손준현, 정남기, 신용남.

월드컵 때 박지성의 활약을 다룬 기사에 '지성이면 감천'이라는 제목을 붙일 만큼, 그는 명민한 편집자였다. 편집담당 부국장, 에디터 부문장 등을 지낸 뒤에 그는 '늦깎이' 현장 취재기자를 자원했다. 사회부 기자를 거쳐 2014년 문화부 공연 담당 기자로 자리를 옮긴 그는 예술을 사랑했다. 특히 가난한 예술가, 박근혜 정부 시절 예술계 블랙리스트로 고통받았던 예술가들의 낮은 목소리에 귀 기울였던 정의로운 기자였다. 한겨레 동료들은 하얀 목련이 피어날 즈음이면, 코 끝에 살짝 걸친 안경 너머 반짝이는 눈으로 시와 클래식, 연극을 이야기하던 손준현을 떠올리고 있을 것이다.

한겨레신문사 건물 4층, 어둑한 사무실 한 켠에 항상 늦게까지 홀로 불 켜진 책상이 하나 있었다. 정남기 이코노미 인사이트 편집장의 자리였다. 2012년 4월부터 3년 넘게 편집장을 맡은 동안 정남기는 이 잡지에 모든 열정을 쏟았다. 정기구독 부수의 절반가량을 편집장이 끌어왔을 정도로 그는 이코노미 인사이트를 경제 매거진 시장에 안착시키는 데에 기

2014년 11월 20일 서울 마포구 공덕동 한겨레신문사 사옥에서 열린 고 구본준 기자의 사우장 영결식 모습.

여했다. 그러던 2015년 11월, 그는 췌장암 진단을 받게 된다. 생존율이 가장 낮은 암이라고 했지만, 정남기는 특유의 강인한 정신력으로 병마와 맞섰다. 항암 치료를 받는 와중에도 사무실을 찾아 "몸을 살피며 일하라"고 오히려 후배들을 걱정했다. 하지만 끝내 병을 이길 수는 없었다. 2018년 1월 4일, 병문안 갔던 양상우 대표이사와 가족들이 지켜보는 가운데 그는 눈을 감았다.

1990년 한겨레에 공채 3기로 입사한 정남기는 사회부, 국제부, 문화부, 한겨레21을 두루 거쳤다. 그중에서도 경제부에 가장 오래 몸담았다. 2009~2011년 논설위원으로 경제 관련 사설을 주로 썼고, 2011~2012년 편집국 경제부장으로 일했다. 정남기는 세상을 뜨기 2주 전 병문안 온 친구에게 한겨레 동료들이 선물해준 감사패에 새겨진 자신의 칼럼을 읽어달라고 했다. 병문안 간 한겨레 동료들에게 예전에 같이 찍었던 사진을 보내달라고 할 만큼 한겨레를 사랑했다.

1996년 입사한 제작국 윤전부 신용남은 2015년 3월 악성림프종 진단을 받았다. 마흔셋의 나이였다. 1년 7개월 동안 골수이식 수술과 항암 치료가 이어졌다. 한겨레신문사 임직원들은 힘들게 투병 중인 동료를 돕기 위해 치료비 모금에 나섰다. 고통을 이겨내고 2016년 11월 다시 출근했지만, 1년도 안 되어 병이 재발했다. 2018년 6월 15일, 신용남은 20년 넘게 일한 한겨레신문사 사옥을 마지막으로 들른 뒤에 동료들 곁을 영원히 떠났다.

1998년 1월 1일, 새해 첫날 아침 한겨레문화센터는 해마다 신년행사로 여는 '새해맞이 기행' 중이었다. 전날 밤에 기차로 강릉에 도착한 기행단은 이날 아침 일찍 정동진 앞바다에서 일출을 보고 나서 함께 아침밥을 먹었다. 1997년 대학을 갓 졸업한 선은희는 새내기 사원으로 행사 진행을 도왔다. 아침 식사를 마친 인원을 점검하겠다며 철길을 건너던 선은희는 그만 열차에 치여 세상을 떠났다. 철길이 구부러져 있는 데다가 차단 시설도 없어 평소에도 사고가 잦은 곳이었다. 회사는 1월 3일 오전 회사에서 영결식을 치러, 스물넷 신입 사원의 마지막 가는 길을 배웅했다.

1992년 9월 4일, 한겨레는 서른한 살 이주원 편집부 기자를 잃었다. 빗길에 차가 미끄러진 교통사고였다. 이주원은 불과 두 달 전에 중앙일보 편집부에서 한겨레 편집부로 이직한 터였다. "한겨레에서 일하는 것이 당연한 것"이라며 다섯 차례나 직장을 옮기고, 월급이 줄어드는 것도 감수하면서 오래도록 한겨레에서 일하기를 고대했던 그이기에 갑작스러운 비보는 더욱 안타까웠다.

"다만 우리는 다시 기억합니다. '한겨레의 문을 두드리는 것은 단지 잃어버린 내 생명의 날개를 찾기 위함'이라던 임의 진실과 소망. 남은 자들의 허망한 꿈속에서나마 펴고 다리어 질기고 질기게 이어가겠습니다." 이주원 영전에 바치는 조시에서 한겨레 사우들은 그렇게 다짐했다. 한겨레는 떠난 이들의 꿈과 소망을 계속해서 이어갈 것이다. 질기고 질기게.

편집권

한겨레는 '자본권력으로부터 독립적인 신문'을 지향한다. 이 때문에 한겨레 내부에서는 편집권과 경영권의 경계를 둘러싼 긴장관계가 형성된다.

기업을 비판하는 기사가 주로 문제가 되었다. 2010년 5월 7일, 한겨레 9면에 '정몽구 회장 손해배상 소송액 1조 넘어'라는 제목의 기사가 실렸다. 기사가 지면에 실리는 과정에서는 전혀 문제가 없었다. 그런데 해당 기자는 포털에 기사가 전송되지 않은 사실을 발견했다. 편집국 기자들과 노동조합은 '편집권 훼손'이라고 비판했다. 이러한 결정을 한 디지털미디어본부장의 사과, 회사의 재발 방지 방안 마련 등을 촉구했다.

2012년 7월에는 '두근거리며 삼성행 버스를 탔던 소녀들은…'이라는 제목의 한겨레21 표지기사와 관련해 비슷한 일이 벌어졌다. 기사가 한겨레 홈페이지에 늦게 게재된 과정을 두고 해당 기사를 쓴 기자들이 항의했다. 둘 다 영업을 의식한 결정이었다. 이 사건으로 2010년에는 디지털미디어본부장이, 2012년에는 출판미디어국장이 윤리강령 위반으로 경고를 받았다.

기사와 광고(영업) 사이의 긴장관계가 본질이었지만, 온라인 기사 출고 여부와 시점을 판단하는 권한이 누구에게 있느냐의 문제도 있었다. 단체협약에 규정된 '편집권'에는 온라인과 관련한 대목이 없었기 때문이다.

단체협약 24조에 규정된 편집권은 크게 넷으로 나뉜다. 첫째, 언론사의 성격을 결정하는 기본적 편집방침 결정권은 대표이사를 비롯한 전체 구성원이 공유한다. 중요 사안에 대한 신문편집의 기본방침인 장기적 편집방침은 편집위원장(편집국장)의 권한이다. 둘째, 특정 기사에 대한 게재 여부와 지면 배치 등을 결정하는 개별기사 취급결정권은 편집위원장과 전체 기자들이 공유하며 최종 결정권은 편집위원장에게 귀속된다. 셋째, 광고 취급결정권은 광고 게재를 위한 지면배정 결정권으로 대표이사에게 귀속된다. 넷째, 편집국과 관련한 인사·예산결정권은 대표이사에게 귀속된다.

2010년 현대차 기사의 포털 전송 누락 사건 이후 경영진은 편집인, 디지털미디어본부, 출판미디어본부의 국·실장도 편집권을 공유하도록 단체협약을 개정하자고 노동조합에 제안했다. 디지털미디어본부는 하니TV와 온라인 기사를, 출판미디어본부는 한겨레21과 이코노미 인사이트 등의 매체를 관할하고 있었다. 노동조합은 국·실장에게까지 편집권을 주는 것은 경영진의 권한을 강화하는 결과를 낳는다며 반대했다.

2013년 4월 23일, 이사회에서는 편집인의 권한과 역할을 두고서 토론이 있었다. 편집인은 대표이사를 대신해 편집국장, 논설위원실 등을 지휘하는 편집 부문 총괄임원이다. 그런데 한겨레신문사 단체협약상 편집인은 어떤 편집권의 주체도 아니다. 더구나 지휘 대상에 출판국, 디지털미디어국은 빠져 있다. 이사회 규정상 편집국장 해임은 이사 3분의 2 이상이 찬성하는 '특별결의'가 이뤄져야 가능하다. 그런데 편집인 해임 규정도 편집국장과 동일했다. 대표이사가 후보자를 임명하고 편집국 기자들의 임명동의 투표를 통해 선출되는 편집국장과, 대표이사가 일방적으로 임명한 뒤에 이사회의 사후승인을 받는 편집인을 해임시키는 기준이 동일한 것에 대해 문제 제기가 있었다.

한겨레신문사 대표이사는 2005년 3월까지 발행인과 편집인을 겸했다. 특정한 사주나 자본의 이해관계에 의해 움직이지 않는 한겨레라는 기업의 특성상, 편집권과 경영권이 분리될 필요가 없다고 여겼기 때문이다. 이후 2005년 편집인 제도가 처음으로 생겼다. 발행인의 업무를 줄이기 위해서였다. 편집인이 한겨레 전체 논조를 지휘하지만, 한겨레 발행인은 여전히 대표이사가 맡고 있다.

한겨레 안에서 경영권과 편집권 사이의 균형은 언제나 민감한 문제였다. "한겨레의 경영진은 특정 자본 세력을 대변하고 있지 않아 일반 언론기업과 다르며, 경영권과 편집권이 적대적일 수 없다." 1992년 회사발전기획위원회는 보고서에서 이렇게 썼다. 언론자유를 침해하는 독재권력에 맞섰던 과거 언론인들에게 '편집권 독립'은 자유언론과 동의어이자 저항의 개념이었다. 이 때문에 해직기자들이 주요 창간 멤버였던 한겨레에서도 편집권이 주로 경영권에 대항하는 개념으로서 정립되어왔다. 하지만 보고서는 '편집권 독립·보호'라는 측면과 '편집국 구성원들의 이해 관철'이라는 측면은

한겨레신문사 공덕동 사옥 윤전기에서 찍혀나오고 있는 한겨레(왼쪽). 2018년 4월, 박용현 편집국장(왼쪽에서 3번째) 등이 편집회의를 하는 모습(오른쪽).

구분되어야 한다고 지적했다. 이는 한겨레에서 경영과 편집의 목표는 근본적으로 동일하다는 인식에서 비롯한다.

이 연장선에서 2004년 한겨레 노동조합 통합특별위원회는 편집국장 직선제 폐지와 편집국장 임명동의제 도입을 주장했다. "한겨레는 창간 이래 '국민주 기업'이라는 소유구조 때문에 설립 초기부터 경영-편집의 관계는 적대적 모순관계가 아니었다. (그런데 편집국장 직선제로 인해) 한겨레신문사 대표이사는 업무 쪽만 관장하고 편집국장은 편집국을 관할해 '직선 이중 권력'이 이중 통치하는 기이한 구조가 온존해왔다." 실제로 한겨레신문사는 2003년까지 대표이사와 편집국장을 각각 직선제로 선출했는데, 편집국이 인사와 조직 운용에 있어 한겨레 안에 '섬'처럼 존재하는 폐해가 심각했다. 통합특위 보고서를 바탕으로 편집권을 새롭게 규정한 단체협약이 체결되었다. 2005년부터 편집국장 직선제가 폐지되고, 대표이사가 임명한 편집국장 후보자에 대해 찬반 의견을 묻는 임명동의제 방식으로 제도가 변경되었다.

2006년 전략기획실은 '한겨레 2.0 프로젝트' 보고서에서 "제품 혁신을 주도하고 경영 책임을 공유하는 차원에서 '편집권'의 의미 재정립이 필요하다"고 썼다. 신문과 잡지라는 제품 혁신이 중요한데, 그러려면 제품의 품질과 판매·광고 등 마케팅을 따로 생각해서는 안 된다는 의미였다. 대표이사가 신문 발행인이므로 신문 품질 개선에 적극 간여해야 한다는 뜻이기도 했다.

반면 경영진의 편집권 침해를 항상 경계해야 한다는 반대 입장도 존재했다.

실제로 1990년 편집위원장이 낸 인사안을 임원회의에서 거부하는 등 편집권과 경영권 사이의 갈등이 종종 문제가 되었다. 인사 최종결정권은 대표이사에게 있다는 입장과 편집위원장의 인사권이 존중되어야 '편집권 독립'이 지켜질 수 있다는 입장이 서로 엇갈렸다. 1998년 경영진선출제도개선위원회는 보고서에서 "현실에서는 경영권과 편집권의 갈등이 일어나고 있으며 그 정당성이 항상 경영진에게 돌아가지는 않는다"고 썼다.

2017년 11월에 일어난 한겨레21 편집권 침해 논란도 이러한 논쟁 구도의 연장선에 있었다. 한겨레21은 박근혜 정부 시절에 LG가 보수단체를 지원하고 받은 영수증을 단독 입수해 '어떤 영수증의 고백'이라는 표지기사를 썼다. LG 임원을 우연히 만나 기사 계획을 알게 된 편집인과 대표이사가 출판국장, 한겨레21 편집장에게 기사의 부족한 점을 지적했다.

이러한 사실이 알려지자 일부 한겨레 구성원들이 '편집권 침해'라며 대표이사에게 사과를 요구하는 성명을 발표했고, 노동조합은 감사를 요청했다. 대표이사와 편집인은 '기사 품질 제고' 차원의 지적이었다고 주장했다. 2018년 3월 17일, 이상근 감사는 "(여러 상황을 종합해볼 때) 편집권 침해로 볼 수 없다"는 결론을 담은 감사보고서를 이사회에 보고했다. 이에 항의하는 2차 연서명과 노동조합의 성명이 발표되었다. 양상우 대표이사는 3월 27일 전체 구성원들에게 이메일을 보내어 제대로 소통하지 못했던 책임 등을 사과했다.

이상근 감사는 편집권 독립을 위한 사규를 정비할 것을 건의하면서 다음과 같은 의견을 보고서에 적었다. "편집권 침해 논란은 역설적으로 한겨레신문의 창간 정신이자 사명인 편집권 독립을 다시 생각하게 되는 계기가 되었다. …논란을 계기로 편집권 독립 시스템을 재검토하여 보완해나가는 한편, 편집권 독립이라는 핵심 가치를 모든 구성원이 공유할 수 있도록 학습과 토론의 계획을 마련하여 시행함으로써 구성원 사이의 공감과 신뢰를 높이는 언론 조직문화를 만들기를 건의한다."

편집권과 관련해 한겨레 내부에 팽팽한 긴장관계가 존재한다는 것은 그만큼 한겨레가 건강하다는 증거다. 한겨레신문 '편집 규정' 1조에는 이렇게 쓰여 있다. "정치권력, 경제권력 등 외부 권력으로부터 신문제작의 독립성과 자율성을 보장하고, 공정성을 지키기 위함을 목적으로 한다."

독자·시민과의 소통

2017년 6월 23일, 한겨레신문사 경영기획실에 한 통의 전화가 걸려왔다. 편집국 전북 지역기자인 박임근이 전북 무주에 사는 독자 최병용 씨의 사연을 전했다. "자식을 돌보는 심정으로 신문을 모아왔습니다. 이제는 품 안의 자식을 필요로 하는 사람이 있다면 돌려주려 합니다."

최씨가 "품 안의 자식"이라고 부른 것은 29년 2개월치 한겨레였다. 1988년 5월 15일 창간호부터 모았다. 보관 공간이 부족해지자 최씨는 '애장품'을 처분하겠다고 한겨레에 연락했다. 누렇게 변색된 신문이 1.2톤 트럭에 실려 서울 공덕동 한겨레신문사 사옥으로 옮겨졌다.

최씨가 '자식'이라고 비유했듯이 한겨레를 낳고 기른 것은 한겨레의 주주·독자들이다. 특히 창간 초기 독자들과 한겨레의 관계는 매우 특별했다. 수만 명이 빠듯한 생활비를 쪼개어 창간기금 50억 원, 발전기금 100억여 원을 모금해주었다. 한겨레의 주식을 산다는 것, 한겨레의 독자가 된다는 것은 단순히 돈을 보태는 이상을 의미했다. 불필요한 '낙인'이 찍힐 위험을 감수하는 일이기도 했다.

1987년 6월항쟁으로 한국 민주주의에 큰 진전이 있었다고는 하지만, 여전히 엄혹한 시절이었다. "지금 생각하면 어이없는 일이지만 당시만 해도 한겨레 창간 사무국을 찾아간다는 것 자체가 하나의 모험이었어요. 이를테면 일제강점기에 독립운동을 펼치고 있는 비밀결사와 접촉하는 그런 정치적 차원에 속하는 일이었죠." 한겨레 창간 발기인으로 참여하고 훗날 한겨레 기자가 된 김성호 전 연합통신 기자의 말이다. 기자들도 경계를 늦추지 않는 마당에, 일반 주주·독자들은 더 큰 용기를 내야만 했다. 최병용 씨는 "한겨레가 군사정권 하에서 민주언론을 주창하며 첫걸음을 시작했을 당시, 시골에서 한겨레를 구독하는 것은 용기 있는 행동이었다"고 말했다.

"한겨레 기사 가운데 다른 사람과 함께 읽고 싶은 기사를 식당 곳곳에 붙여놨더니, 손님 가운데 일부가 '빨갱이 식당 같다'며 발길을 끊더라." 2018년 1월 12일, 서울 종로구 '문화공간 온'에서 열린 한겨레 장기 독자 모임에 참석한 창간 독자가 과거 자신이 운영하는 식당이 '빨갱이 식당'으로 오해받은 일화를 이야기했다. 하지만 그는 일부러 식당을 찾아와주는 손님들도 있었다고 덧붙였다.

1989년 10월 4일, 한겨레 11면에는 '안기부, 본지 독자 성향 조사'라는 제목의 기사가 실렸다. 국가안전기획부가 한겨레 독자의 성향, 계층별·연령별 현황 등 21개 항목을 은밀히 조사한 사실이 담긴 공문 사본을 입수해 보도했다. 사실 한겨레의 경기도 지역기자였던 배경록이 이 문건을 입수한 건 한 달 전이었다. 한 달 동안 한겨레 편집국에서 보도에 대한 찬반 논란이 계속되었다. 정기구독 부수, 가두 판매부수 등 회사 경영과 관련한 항목이 공개되는 것은 염려하지 않았다. 다만 독자가 안기부의 뒷조사 대상이 되었다는 사실을 우려하지 않을 수 없었다.

한겨레는 독자들을 믿기로 했다. "보도에 대한 찬반 논란이 계속된 끝에 '한겨레 독자는 흔들리지 않는다', '안기부의 파행적인 정보 활동을 저지해야 한다'는 결론에 도달할 수 있었다. 창간 이후 항상 격려와 질책을 아끼지 않은 한겨레 가족에 대한 믿음과 그들을 기만해서는 안 된다는 데스크 판단이 맞아떨어진 것이었다." 배경록은 이렇게 회고한다.

30년 가까이 한겨레를 모은 최병용 씨는 그동안 여러 차례 모아둔 신문을 버리려고 시도했지만 실패했다. "암울한 시대의 역사를 내팽개치는 것 같아 망설였다." 한겨레와 한겨레 독자는 '암울한 시대를 함께 살아냈다'는 것만으로도 '가족 공동체' 같은 마음으로 이어져 있다.

국민기자석에서 열린편집위원회까지

이렇게 남다른 애정을 나눠준 독자들이 있는 덕분에 한겨레는 지난 30년 동안 독자·시민과의 소통에서 다른 언론보다 한 발 앞서나갔다. 창간 당시 다른 신문에 없는 '여론매체부'를 만들고 '국민기자석' 꼭지를 운영한 게 대표적이다. 당시 다른 신문

2016년 10월 21일 저녁, 서울 마포구 동교동 미디어카페 후에서 '한겨레 독자와 대표이사와의 저녁' 행사가 열렸다. 행사에 참여한 독자들의 모습.

들도 '독자의 소리', '독자의 글' 등의 이름으로 독자 의견을 실었다. 한겨레는 한 발 더 나아가, 주주·독자 또는 일반 시민이 편집국 기자와 동등하게 신문 편집에 참여할 수 있다고 여겼다. 이들을 '국민기자'라는 이름으로 우대했다.

2002년 2월, 한겨레는 '왜냐면'이라는 지면을 선보였다. 기존의 한국 신문들은 하나의 주제에 대해 찬반 입장의 글을 나란히 싣거나, 서로 다른 견해의 대담자들이 나누는 토론을 지상중계하는 형식으로 여론면을 운용했다. 어떤 필자와 대담자를 선택할 것인지는 전적으로 신문사가 결정했다. 이와 달리 한겨레의 '왜냐면'은 열린 지면을 지향했다. 어떤 주제든 논리적으로 자신의 견해를 펼칠 수 있는 사람이면 누구나 글을 쓸 수 있게 했다. 이 견해에 반대하는 사람은 누구든 다시 반론을 쓸 수 있다. '시차 토론' 방식이 적용된 것이다. 예를 들어 '발전노조 파업의 부당성'이라는 주제로 민주노총 공공연맹 간부, 회사원, 인천 남구 시민, 소아과 의사 등 여러 명이 반론과 재반론을 '왜냐면'에 보내오는 식이다.

2005년 12월에는 시민편집인 및 독자권익위원회 제도가 도입되었다. 독자·시민 사회와 안정적으로 소통할 통로를 만들자는 취지였다. 참여정부가 언론중재법을 정비해 각 언론에 '고충처리인'을 두도록 한 것도 시민편집인 제도 도입의 계기가 되었다. 한겨레는 고충처리인 대신 '시민편집인'이라는 이름을 붙여 더 적극적인 역할을 부여했다. 독자의 권익 보호 및 침해 구제에 관한 자문 역할을 맡을 뿐만 아니라, 시민의 목소리를 전달하는 칼럼을 집필하도록 한겨레 사규에 보장했다.

1년가량 제도를 운영한 뒤 2007년 1월 23일부터 시민편집인 업무를 함께할 9년차 기자를 독자팀장으로 배치했다. 이는 앞서 전략기획팀이 작성한 '시민편집인제 활성화 방안'에 건의된 내용이기도 했다. "외부와 점점 담을 쌓는 듯한 편집국 분위기를 넘어 시민편집인 제도가 외부의 목소리와 여론을 능동적, 적극적으로 수렴하는 창구로 기능토록 한다."

2007년 한국언론진흥재단, 신문발전위원회 등이 고충처리인 제도와 관련해 주최한 세미나마다 한겨레가 화제의 중심에 섰다. 세미나에 초대받은 한겨레 시민편집인과 독자팀장은 수많은 질문에 답해야 했다. 당시만 해도 국내 언론 가운데 고충처리인 제도를 제대로 운영하는 곳은 한겨레가 거의 유일했기 때문이다. 다른 언론은 최소한의 모양새만 유지하기 위해 편집국장, 논설위원, 사회부장 등이 고충처리인을 겸직하도록 했다. 사외 인사가 전임으로 일하며 독립적인 옴부즈맨 칼럼을 쓰는 언론은 한겨레가 유일했다.

그러나 시민편집인의 활동 범위와 활동 방식, 평가에서는 다소 진통이 뒤따랐다. 1대 시민편집인을 맡았던 홍세화는 칼럼 '일간지의 한계'에서 1년 동안 절감한 제도의 한계를 토로했다. "시민편집인 칼럼은 한겨레에 대한 비판의 목소리를 수용한다는 알리바이용에서 크게 벗어나 있지 못하다." 그가 시민편집인으로서 마지막으로 쓴 칼럼이었다.

처음으로 팀장급 상근 기자가 배치되었던 2대 시민편집인실도 편집국 및 시민과의 소통 부족을 가장 큰 문제점으로 평가했다. "첫째, 독자 소통의 전략적 필요성에 대해 공감대 마련이 필요하다. 특히 경영 및 편집 간부들의 이해가 필수적이다. 편집국 간부들의 협조가 없다면 이 제도는 사상누각일 뿐이다. 한겨레는 시민들 위에 군림하지 않고 시민들과 대화해야 한다. 둘째, 시민들에게 시민편집인실의 존재를 더 적극적으로 알려야 한다. 시민의 참여가 없는 시민편집인실은 위태롭다. 시민편집인실을 떠받치는 세 다리는 편집국의 협조, 시민 참여, 그리고 시민편집인의 역량이다." 2008년 1월 22일 펴낸 '2대 시민편집인 활동 보고 및 평가' 보고서의 제언이다.

2013년 한겨레의 새로운 비전을 수립하는 역할을 맡았던 미래기획TF팀도 한겨레의 외부 소통 부족 상태가 위기라고 진단했다. 국민 참여 방식으로 만들어진 한겨레는 "사회와 대화할 숙명을 타고났"지만 "우리의 언론 활동 과정에서 이런 소통의 정신과 원칙은 차츰 잊혔다"는 것이었다. 미래기획TF팀의 제안을 받아들여, 한겨레는 창간 25주년 슬로건으로 '말 거는 한겨레'를 내세웠다. 한겨레의 '소통' 유전자를 다시 일깨우자는 제안이었다.

이를 위해 한겨레열린편집위원회 제도가 새로 도입되었다. 명망가 출신인 시민편집인이 한겨레와 외부 소통을 책임졌던 제도를 보완하고 확장하는 의미에서 청년, 여성, 노동, 중소기업, 합리적 보수 등 다양한 계층이 참여하는 편집회의를 꾸리기로 한 것이다. 한겨레열린편집위원회는 2013년 5월 9일 첫 회의를 시작해 2017년 5월 22일까지 매달 한 차례씩 회의를 열었다. 회의 내용은 한겨레 지면과 온라인을 통해 전달되었다.

불신의 퇴적물이 쌓이다

"한겨레에 서운한 것이 많아서 왔습니다." "어떤 점이 그런지 말씀해주세요." "예를 들면, 장봉군 화백의 만평은 큰 문제입니다. 이라크 파병을 결정했다고 해서 일제강점기에 학병으로 나가도록 선동한 친일파처럼 그려도 됩니까?" "만평이야 풍자와 해학이 가미되지요. 이회창 한나라당 대표를 공격하는 것도 많아요." "비판하지 말고 대통령님 일 좀 하게 해주세요." "권력을 감시하고 비판하는 것은 언론의 기본 속성입니다." "아니 참여정부가 무슨 힘이 있습니까? 권력이 아닙니다." "야당 정치인 때와는 다르지요. 인사권과 예산 편성권을 갖고 있으면서 권력이 아니라고 하면 곤란하지요." "무슨 말을 하십니까? 대한민국의 권력은 조·중·동입니다."

2004년 '노무현을 사랑하는 사람들의 모임(노사모)'에서 김효순 한겨레 편집위원장을 찾아와 한참 동안 이야기를 나눴다. 노무현 대통령은 한겨레 창간 주주이자 독자였다. 한겨레에 대한 애정도 컸다. 일부 독자들은 한겨레가 정치권력으로서의 참여정부를 비판·감시하는 역할보다는 노무현 대통령과 참여정부의 각종 개혁안을 짓밟으려하는 보수 기득권층의 음모에 맞서는 역할에 더 충실해주기를 기대했다. 2009년 노무현 대통령 서거 이후, 한겨레와 이런 독자들 사이에 불신의 퇴적물이 점점 더 쌓여갔다. 2010년엔 '놈현 관 장사'라는 제목을 한겨레 지면과 온라인에 내보낸 것이 문제가 되어 편집국장 명의로 1면에 사과문까지 냈다.

2017년 대통령 선거 전후로 이러한 불신이 크게 증폭되었다. 당시 대통령 후보였던 문재인과 안철수 지지 집단 양쪽 모두 한겨레가 '특정 후보 편들기' 또는 '특정 후보 죽이기'를 한다고 비판했다. 뒤이어 한겨레 구성원들이 연달아 폭행치사와 성추행

2013년 6월 13일, 서울 공덕동 한겨레신문사 사옥 회의실에서 제1기 한겨레열린편집위원회 회의가 열렸다.

혐의로 기소된 일, 편집국 간부가 음주 상태에서 개인 소셜미디어 계정에 문재인 지지자들을 비난하는 발언을 올린 일 등의 사건·사고가 겹쳤다. 독자들의 대량 절독 사태, 한겨레에 대한 비판과 비난의 목소리가 온라인에 넘쳐흘렀다.

한겨레의 오랜 자산이었던 독자와의 신뢰 관계가 흔들리고 있었다. 절체절명의 상황이었다. 독자와의 소통이 무엇보다 우선이었다. 2017년 5월 23일, 한겨레 경영진은 전체 임직원에게 다음과 같은 이메일을 보냈다. "지금 벌어지고 있는 일부 뉴스 소비자들의 적극적인 행동의 직접적 계기는 최근 일어난 몇 가지 돌출적 사건들이지만, 실제로는 오랜 기간 쌓여온 퇴적층 위에서 발현한 결과물로 봐야 할 것입니다. 이런 환경 변화를 감안할 때 이제는 한겨레가 일회성 대책이 아닌, 보다 깊이 있는 체계적 대응책과 시스템을 갖춰야 할 때라고 판단합니다." 한겨레의 새 방향을 모색하는 전사적인 태스크포스를 꾸리기로 했다.

이처럼 한겨레의 신뢰가 위기를 맞게 된 것에는 외부 언론 환경의 변화가 맞물려 있었다. 종이신문을 보지 않고 디지털과 모바일로 개별 기사만 소비하는 독자가 크게 늘어났다. '신문 읽기의 혁명' 자체가 불가능해진 셈이었다.

예를 들어, 2015년 12월 안철수 의원이 새정치민주연합을 탈당했다. 한겨레는 안철수 의원을 비판하는 기사와 문재인 당시 새정치민주연합 대표를 비판하는 기사를 나란히 실었다. 종이신문에서 두 기사를 연달아 읽고 편집을 비교해보면, 안철수 의원 비판에 더 무게가 실려 있다는 한겨레 의도를 읽어낼 수 있다. 그런데 온라인 공간에서는 전혀 달랐다. 문재인 대표를 비판한 기사만 소셜미디어 등을 통해 '공유'되면서 "한겨레는 문재인 대표만 비판한다"는 주장의 근거로 활용되었다. 인터넷 커뮤니티, 소셜미디어 등에서는 이러한 의견을 사실로 받아들이는 독자들이 점점 많아졌다. 과거와 전혀 달라진 기사 유통 환경에서 "왜 한겨레 기사를 종합적으로 보지 않고 개별 기사만 읽고 오해하느냐"는 변명은 통하지 않았다.

여기에는 기성 언론 전반에 대한 독자들의 불신도 깔려 있다. 한겨레, 경향신문, 오마이뉴스를 묶어서 부르는 '한·경·오'라는 줄임말은 처음에는 진보 언론을 지칭하는 중립적인 의미로 쓰였다. 2017년 대선을 지나면서부터는 디지털 공간에서 '한·경·오'라는 말에 부정적인 의미가 더해지며 빠르게 확산되었다. '조·중·동' 못지않게 진보 언론을 비판하고 감시하려는 경향이 강화된 것이었다.

독자와의 가교 '참여소통에디터' 신설

"우리는 독자들의 반응에 대해 억울함을 갖기에 앞서, 그동안 독자들에게 한겨레의 진정성이나 가치를 제대로 전달하려고 얼마나 노력했는가를 성찰해야 한다."

2017년 8월 7일, 한겨레 '독자·시민과의 소통 확대를 위한 TF팀'이 내놓은 보고서 첫머리에 들어간 문장이다. 보고서는 다음과 같이 제안했다. 첫째 독자 중심주의·우선주의를 통해 한겨레에 대한 신뢰를 재구축할 것, 둘째 독자 참여·소통을 위한 통합 관리 시스템을 도입할 것, 셋째 소셜미디어 활용 가이드라인을 만들 것 등이다.

한겨레는 8월 21일 편집인 산하에 '참여소통에디터'라는 직책을 신설했다. 고객센터, 시민편집인실, 독자서비스국, 각종 소셜미디어 등 다양한 경로로 들어오는 독자들의 목소리를 통합적으로 파악하고 관리해 소통할 컨트롤타워를 세운 것이다. 독자들의 목소리가 한겨레 내부에서도 널리 공유되지 않아 적절하게 응답하지 못했다는 반성이 바탕이 되었다. 사회2부장, 디지털부문장을 역임한 이종규가 첫 참여소통에디터를 맡았다. "하나씩 하나씩 퍼즐을 맞추듯 한겨레에 적합한 소통 시스템을 만들어가겠습니다." 이종규는 한겨레 안팎의 어느 누구도 가보지 않은 길을 나서며 이렇게 다짐했다.

참여소통에디터는 8월 25일 첫 활동을 개시했다. 인터넷한겨레에 '한겨레가 독자에게' 란을 신설했다. 한겨레와 관련해 독자들이 궁금해할 만한 이야기, 한겨레가 독자들과 함께 나누고 싶은 이야기, 진솔한 사과 등을 전할 공간이다. 한겨레가 올린 첫 알림은 "대통령 부인 존칭을 '씨'에서 '여사'로 바꿉니다"였다. 이어서 "표기 원칙 지키지 못한 과거 기사 사과드립니다"라는 제목의 반성 글을 올렸다.

한겨레는 창간 이후 대통령 부인에게 '여사' 대신 '씨'라는 존칭을 쓰는 교열 원칙을 세우고 이를 따랐다. '씨'를 쓰는 것은 탈권위주의를 실천하고 성별화된 언어문화를 개선하고자 함이었다. 김대중 대통령의 부인 이희호 여사, 노무현 대통령의 부인 권양숙 여사에게 '씨'라는 존칭을 붙이는 것에 대해 일부 독자들이 문제를 제기했지만 교열 원칙은 바뀌지 않았다. 문재인 대통령 취임 이후 김정숙 여사에게 '씨'를 붙인 것에 대해 독자들의 항의가 빗발쳤다. 한겨레 안팎에서는 '여사'와 '씨' 가운데 무엇이 맞느냐를 두고 논쟁이 오갔다.

한겨레는 독자들에게 의견을 구했다. 2017년 7월 한겨레 구독자 507명을 설문조사한 결과, '씨'로 표기해온 교열 원칙을 유지해야 한다는 응답이 49.5%, '시대적 상황 변화를 고려해 바꿔야 한다'는 응답이 36.3%였다. 그런데 김정숙 여사에 대한 표기는 '여사가 적절하다'는 응답이 56%로 '씨' 응답(12.6%)을 크게 앞섰다. 한겨레는 숙고를 거듭한 끝에 대통령 부인에 대한 교열 원칙을 '씨' 대신 '여사'로 바꾸기로 결정했다. 창간 이후 30년이라는 세월이 흐르는 동안 호칭에 대한 사회 인식이 바뀌었다는 점을 받아들이고, 다수 독자의 감수성을 존중하기로 한 결정이었다.

"그동안 시민편집인실로 들어온 독자들의 의견과 온라인 반응 등을 종합해보면, 기사에서 어떤 사안에 대해 지지하든 비판하든 그 정도가 지나칠 경우 독자들의 항의가 거세지는 경향이 있습니다. 팩트는 부실한데 과도한 의미 부여를 해서 어깨에 힘을 주거나 지나치게 일반화하면 비판이 제기될 가능성이 그만큼 커집니다. 견해가 뚜렷하게 갈리는 사안이라면 더욱 그렇습니다." 한겨레 내부에 정기적으로 독자들의 의견을 전하며 이종규 참여소통에디터가 남긴 말이다.

창간 이후 30년, 많은 것이 변했다. 언론 환경이 급변했고 한겨레 독자들도 달라졌다. 다만 변함없는 것들도 있다. 신뢰성, 진실성, 공정성 등 한겨레가 지켜왔던 저널리즘의 기본 원칙이 그렇고, 독자와의 관계를 소중히 여기는 한겨레의 창간 정신이 그렇다. 끊임없이 변화하고 진화하는 길 위에 서 있는 한겨레는 지금 '새로운 나침반'을 찾아 헤매고 있다. 바늘 끝을 떨며 지남철이 가리키는 방향은 하나다. 독자·시민과의 제대로 된 소통이다.

부록

인물

1. 역대 대표이사

송건호 (1926.9.27(음력)~2001.12.21)
충북 옥천
서울대 행정학과
경향신문 편집국장
동아일보 편집국장
민주언론운동협의회 초대의장
한겨레신문 창간위원회 공동대표
한겨레신문사 1·2·3·4대 대표이사(1980.12~1993.4)

한겨레는 송건호의 이름 석 자를 내걸고 탄생했다 해도 과언이 아니다. 그를 통해 사람들은 새 신문에 대한 확신을 가질 수 있었다. 창간 준비 시절, 그는 환갑을 넘긴 몸으로 전국을 누비며 한국 언론과 새 신문의 갈 길에 대한 강연회를 열었다. 주주가 되려는 사람들이 곳곳에서 그의 강연을 청했다. 오늘의 강연을 마치면 내일 떠날 길을 생각하며 밤에도 몸을 편히 누이지 못했다.

그는 평생을 참언론운동에 몸 바쳤다. 대한통신에서 시작하여, 한국일보, 경향신문, 조선일보를 거쳐 동아일보를 그만두는 순간까지 오직 언론의 정도를 걸었다. 동아일보 편집국장 시절, 박정희 정권이 그에게 입각을 제의했지만 송건호는 거들떠보지도 않았다. 개인의 영달이나 안위는 언제나 뒷전에 있었다. 그는 양심적 언론인의 표상이었다. 사람들은 새 언론을 만들자는 송건호의 말에 앞뒤를 재지 않았다. 얇은 지갑일망정 주저 없이 열어 한겨레 창간 주주가 되었다.

권력과 불화했던 송건호가 언론민주운동에 자신을 완전히 던진 것은 1975년 동아일보 해직 사태 때였다. 기자 110여 명이 무더기로 쫓겨났는데 편집국장이 그런 신문사에 남아 일한다면 그것이야말로 치욕이라고 송건호는 생각했다. 미련 없이 자리를 박차고 나왔다. 이후 그는 공안 당국의 감시와 박해 아래 지냈다. 민주언론운동협의회 초대의장 등을 맡는 등 자유언론운동에 나서는 한편, 연구와 집필 활동을 게을리하지 않았다. 매일 도시락을 싸 들고 남산도서관을 찾아 공부했다. 《한국민족주의의 탐구》, 《한국현대사론》, 《한국 민족주의론》, 《해방 전후사의 인식》 등 숱한 저작들을 이 시기에 내놓았다.

한겨레 대표이사 시절, 그는 결재 서류에 서명할 때마다 이렇게 말했다. "국민들이 모아준 돈입니다. 한 푼이라도 허투루 쓰지 말아야 합니다." 송건호는 경영에 직접 관여하기보다 실무자들이 능력껏 일할 수 있게 독려했다. 신뢰를 바탕으로 한 업무 추진이 그의 경영 방법이었다. 주주와 독자 앞에 언제나 마음가짐을 고쳐 잡았지만 외압에는 단호히 맞섰다. 서경원 방북 사건을 계기로 안기부가 편집국 압수수색에 나선 1989년 7월, 한겨레 사람들 가운데 가장 강경한 입장을 취한 이가 송건호였다. 일부 간부가 타협안을 제시하자 전에 없이 크게 화를 냈다. "절대 물러날 수 없어요. 끝까지 싸워야 합니다."

송건호를 가리켜 사람들은 학처럼 고고한 선비라고 평한다. 1987년 11월, 한겨레 창간위원회 공동대표에 오른 뒤 1993년 4월, 한겨레신문사 대표이사 회장 자리에서 물러날 때까지 그는 한겨레의 정신적 지주였다. 그랬던 그도 한겨레를 떠날 무렵에는 마음고생을 많이 했다. 한겨레의 진로를 놓고 사원과 주주들 사이에 틈이 생겼을 때, 그는 "사람들이 나한테 왜 이런 일을 치르게 하느냐"며 가족들에게 고달픈 심정을 토로하기도 했다. 그는 1993년 이후 경영 일선에서 물러나 한겨레 고문으로 재직하다가 1994년에 한겨레를 떠났다.

이후 송건호는 오랜 투병 생활을 했다. 전두환 정권 때 겪은 잦은 구금과 고문으로 그의 육신은 지치고 병들어 있었다. 8년여 동안 알츠하이머병으로 몸져누웠다. 송건호는 2001년 12월 21일 세상을 떠났다. 유해는 광주 망월동에 묻혔다. 생전에 그가 기증한 1만 5000권의 장서는 1996년 9월 사내 정보자료실에 청암문고를 만들어 보관하다가 2009년 국회도서관으로 옮겨졌다. 2002년 5월 15일, 창간 기념일을 맞아 한겨레신문사 현관에는 송건호의 얼굴상이 세워졌다. 한겨레 사람들은 매일 그 앞을 지난다.

2002년 5월 15일, 한겨레 창간 14주년을 맞아 공덕동 사옥 3층에서 송건호 초대 대표이사 얼굴상 제막식이 열렸다. 최학래 대표이사(왼쪽에서 세 번째), 고 송건호 선생의 장남 준용 씨(오른쪽에서 두 번째) 등 참석자들이 박수를 치고 있다.

김명걸 (1938.1.7~)
함남 북청
성균관대 법학과
동아일보 기자
한겨레신문 창간 발기인
한겨레신문 편집인
한겨레신문 논설위원
한겨레신문 3·4대 대표이사(1991.5~1993.4)
한겨레신문 통일문화연구소 소장

김명걸은 우직하고 묵묵하게 자유언론운동의 현장을 지켰다. 동아일보에서 10년간 기자 생활을 하다 1975년 해직되었다. 그보다 어린 후배들이 자유언론운동을 주도했는데, 그는 앞에 나서기보다 뒤에서 돕는 편이었다. 책임질 일이 생기면 피하지 않았다. 장윤환이 기자협회 동아일보 분회장이 되면서 그가 부분회장을 맡았는데, 사주가 주동 세력을 모두 해고하면서 그도 거리로 내쫓겼다.

해직 뒤 김명걸은 남대문시장에 옷가게를 열었다. 가족을 먹여 살려야 했다. 서슬 퍼렇던 시절이라 그를 받아주는 취직자리도 없었다. 기왕 이렇게 된 일, '제대로 바닥부터 일해보자'는 마음에 굳이 남대문시장을 택했다. 그러나 역시 쉽지 않았다. 3년 만에 장사를 접고 시골로 내려갔다. 이번에는 농부가 되기로 마음먹었다. 충북 음성에서 농사일을 처음부터 배웠다. 사과나무도 심고 젖소도 키웠다. 이제 흙과 친해졌다 싶을 무렵, 새 신문을 만든다는 소식이 들려왔다. 사과나무도 젖소도 모두 뒤로하고 서울로 왔다.

창간 사무국 시절 그는 재정위원이었다. 남대문시장에서 의류 도매업을 하던 경력 덕분이었다. 창간 뒤에는 편집부위원장을 거쳐 논설위원과 심의실장을 맡았다. 그는 한겨레가 가장 큰 혼란을 겪고 있을 때, 최고 경영자의 책임을 맡았다. 송건호 대표이사의 부탁으로 신문사 경영을 총괄하는 전무에 오르고, 1991년 4월에는 공동 대표이사가 됐다. 송건호는 대표이사 회장, 김명걸은 대표이사 사장을 맡았는데, 실제 경영은 김명걸이 담당했다.

사장 시절 그는 한겨레 사람들 모두가 제자리를 찾아 좋은 신문 만드는 일에 전념하기를 원했다. 그는 갈등으로 초래될 피해를 최소화하고자 노심초사했다. 특히 자신의 언행이 어느 한쪽으로 쏠리게 되지 않을까 늘 경계했다. 의견 충돌이 빚어질 때마다 김명걸은 묵묵히 자신을 낮추고 다른 이들의 의견을 경청했다. 주주총회 때도 주주들의 발언을 중간에 자르는 법이 없었다. 일부 주주들이 험한 말을 퍼부어도 끈기 있게 참았다. 끝까지 들었다. 그가 사장일 때 주주총회 시간이 제일 길었다.

김명걸 사장은 사내 갈등이 비등점에 이르렀을 때 자신의 방식으로 위기를 넘겼다. 스스로 소극적인 사장이었다고 자평하지만, 주위 사람들은 그가 뚝심 있었던 사장이라고 말한다. 서로 다른 생각을 가진 사람들을 함께 감싸 안고 한겨레가 앞으로 나갈 수 있도록 헌신한 진정한 인격자라고 평가한다. 그의 재임 시절, 한겨레는 갈등으로 들끓었던 양평동 시절을 마감하고 공덕동 새 사옥으로 이전했다. 퇴임 이후 그는 서울 근교의 집에 머물며 독서와 집필로 조용히 생활하고 있다. 젊었을 때나 지금이나 그는 늘 '정중동'의 언론인이다.

김중배 (1934.3.26~)
광주
전남대 법학과
한국일보 기자
동아일보 편집국장
한겨레신문 7대 편집위원장(1993.4~1993.5)
한겨레신문 5대 대표이사(1993.6~1994.3)
문화방송 사장
언론광장 상임대표

김중배는 해직당하지 않고 스스로를 해직한 기자다. 1991년 9월, 사주의 전횡을 비판하며 30년을 몸담았던 동아일보에 스스로 사표를 냈다. 편집국장을 그만두면서 "이제 언론은 자본과 힘겨운 싸움을 벌여야 할 것"이라고 일갈했다. 진정한 언론 정신을 지키기 위해서는 자본과의 대립을 피할 수 없다는 사실을 세상에 일깨웠다. 동아일보를 그만둔 직후 한겨레 사외이사를 맡았는데, 이때부터 그의 명칼럼이 한겨레 지면에 등장했다. 정직하고 단아한 문장에 본질을 꿰뚫는 논리를 담아 글을 썼다. 그러다 젊은 기자들의 요청을 받아들여 1993년 4월, 한겨레 편집위원장이 되었다.

편집위원장 시절, 김중배는 가장 먼저 출근해 편집국을 지켰다. 편집국 기자들에게는 마감 시간 엄수를 요구했다. 품질 좋은 기사는 필수였다. 재야의 분위기가 넘쳐나던 한겨레 편집국에 그는 새로운 기풍을 불어넣었다. 편집위원장을 맡은 지 두 달 만인 1993년 6월, 김중배는 대표이사가 되었다. 그를 대표이사로 모시려는 후배들의 요구가 드셌다. 취임식에서 그는 전 사원들에게 "'정당한 함성'의 시대가 갔음을 직시하라"고 말했다. 김중배는 '다른 신문과 다른 신문, 다른 신문과 다른 경영'을 경영과 편집의 지표로 삼았다.

취임과 동시에 한겨레의 경쟁력 강화를 위해 여러 일을 추진했다. 질 좋은 기사를 빠르게 전달할 수 있는 집배신 시스템의 도입을 서둘렀다. 시사주간지 창간에도 공을 들였다. 한겨레21은 김중배의 전폭적인 후원과 지지가 없었다면 탄생하기 어려웠을 것이다. 일부 주주들이 주주총회 결정을 무효화시키려는 소송을 제기했을 때, 김중배는 임원진 총사퇴를 결정했다. 한겨레의 운명은 스스로 결정짓는 것이지 그 어떤 권력이나 힘에 의해 좌우될 수 없다는 게 그의 생각이었다.

이후 한겨레 경영진추천위원회는 김중배를 대표이사 후보로 다시 선임했지만, 주주총회 직전 대표이사 후보에서 스스로 물러났다. 원칙을 세워 그 방향으로 이끌되, 사람들이 꺼리면 스스로 자리를 떠나는 게 그의 스타일이었다. 그런 그를 일컬어 '부끄러움을 알기에 매력적인 남자'로 평한 이도 있다.

김중배는 짧은 시간 한겨레에 머물렀지만 과감한 결단으로 여러 어려움을 돌파하며 한겨레의 중흥에 일정한 역할을 했다. 정론의 원칙을 강조하며 언론인의 전문성 제고를 주창했고, 시대를 앞서가는 경영을 내세워 한겨레의 활로를 개척하려 했다. 퇴임 이후 참여연대 공동대표, 언론개혁시민연대 공동대표, 문화방송 사장, 언론광장 대표 등을 맡으면서 활발한 활동을 이어가고 있다.

김두식 (1943.2.20~2010.9.28)

충남 연기

서울대 법학과

동아일보 기자

한겨레신문 논설위원

한겨레신문 광고 담당 상무이사

한겨레신문 6대 대표이사(1994.6~1995.3)

한국신문윤리위원회 윤리위원

1975년 동아일보에서 해직됐을 때 김두식은 어린 4남매와 아내를 둔 가장이었다. 당장 일자리가 필요했다. 그가 처음으로 계획한 사업은 부동산중개업. 개발 바람이 드센 강남으로 갔다. 그러나 오라는 손님은 오지 않고 갈 곳 없는 해직기자들의 집합소가 되었다. 함바집에서 막걸리 잔을 들고 울분을 토로하는 사이 개발 투기 열풍이 그를 비껴갔다. 재도전한 사업은 남대문 의류도매상. 동아일보 선배인 김명걸이 남대문에 진출해 있었다. 실패를 미리 경험한 김명걸이 만류했지만 소용없었다. 김두식은 집을 팔아 가게를 얻었다. 3년 만에 거덜이 났다.

1980년, 대한상사중재원에 들어가 월급쟁이 노릇을 하면서 비로소 안정적인 직장을 구하게 되었다. 일에 재미를 붙이려는데, 한겨레 창간 소식을 들었다. 생활인 김두식은 기자로 다시 돌아왔다. 그는 한겨레 초대 사회교육부 편집위원장을 맡았다. 굵직한 특종을 터뜨리게 될 사회교육부 인선 작업이 그의 첫 임무였다. 부서 특성상 다른 언론에서 기자 수업을 받은 이들을 대상으로 사람을 구했다. 인선 기준은 간단했다. 한겨레 사람으로 살아갈 각오와 기개가 충만한지, 출중한 실력을 갖추고 있는지를 살폈다. 고희범, 유희락, 최유찬, 김형배, 문학진, 김지석, 김종구, 이홍동, 오태규, 유종필 등이 그의 팀원이었다. 그렇게 사회교육부 편집위원으로 2년여 일할 때가 그의 인생에서 가장 신이 났던 시절이었다.

이후 광고국장이 된 김두식의 세상은 두 개였다. 한겨레에 광고를 주는 세상과 광고를 주지 않는 세상. 그가 연말연시에 돌린 연하장은 3000여 장이나 되었다. 자기가 맡은 일이면 앞뒤 가리지 않고 매달리는 그의 성격은 독하다는 평가를 받기도 했다. 맡은 일 외에는 관심도 없었고 관심 둘 여력도 없었다.

상무이사 시절 그는 직속 기구로 '회사발전기획위원회'를 꾸려 사내 통합과 발전전략을 도모하는 작업에 나섰다. 그는 경영과 편집의 관계 설정, 각종 사규 정비 등 사내에 만연한 대립과 갈등을 넘어설 장기 전략을 마련했다. 김중배의 사임 이후 사장 직무대행을 맡았고, 1994년 6월 정식으로 대표이사 사장에 취임했다. 그는 지면 개혁과 증면, 조직 개편 등을 단행하면서 신문사를 일신했다. 초고속 윤전기 도입 계약도 맺었다. 한겨레21 창간 작업과 한겨레 문화센터 개설도 그의 작품이었다. 그가 사장으로 재임하던 1994년 말, 한겨레는 창간 7년 만에 첫 흑자를 냈다.

김두식은 매사에 시시비비가 분명한 사람이었다. 자신은 법가의 가르침을 따르는 사람이라고 입버릇처럼 말하며 신문사 기강을 바로잡고자 했다. 후배와 언성을 높이는 일도 더러 있었다. 그러나 후배들과 술잔을 나누는 횟수가 더 많았다. 창간 초기 후배들은 고집 센 그를 '곰바우'라고 불렀다.

그는 권근술 대표이사 회장 시절 대표이사 사장으로 한 번 더 최고 경영진에서 한겨레를 이끈 뒤 퇴임했다. 이후 종근당 상임고문과 한국신문윤리위원회 윤리위원 등을 지낸 김두식은 2010년 9월 28일 예순일곱의 나이에 갑작스런 심장마비로 영면에 들었다.

권근술 (1941.10.20~)

부산
서울대 정치학과
동아일보 기자
도서출판 청람 대표
한겨레신문 논설주간
한겨레신문 3대 편집위원장(1989.7~1990.6)
한겨레신문 7·8대 대표이사(1995.3~1999.3)
한양대 언론정보대학원 석좌교수
남북어린이어깨동무 이사장

동아일보 기자 시절, 권근술은 당시 사회부장이던 김중배로부터 장래 편집국장 감이라고 칭찬을 들었다. 그러나 동아일보는 1975년 그를 해직했다. 하루아침에 무직자가 된 그는 먹고살 궁리를 해야 했다. 광화문 근처에 작은 사무실을 내어 출판사를 차렸다. 그를 보고 시인 고은은 이렇게 노래했다. "좀 더 큰일, 좀 더 굵직한 일, 아니면 좀 더 먼 데까지 차지해야 할 포부가 서너 평짜리 방 한 칸에서 돌아앉았다가 한번 일어난다." 명색이 사장이었지만 청소에서 책 배달, 원고 교정까지 혼자 다했다.

권근술은 창간 사무국에서 편집기획을 총괄했다. 한겨레가 어떤 신문으로 태어날지 고심하는 일은 즐거웠지만 어깨가 무거운 일이었다. 임재경, 신홍범, 박우정 등과 함께 편집국 체제와 지면 구상을 완성시켰다. 신문이 본격적으로 나오면서 논설간사로 일했다. 당시 분야별로 주도적인 인물들을 접촉해 한겨레 논설실로 모셔오는 일도 그의 몫이었다. 장윤환 편집위원장이 안기부의 편집국 압수수색 사태에 대한 책임을 지고 물러났을 때 편집위원장 서리였던 권근술이 위원장직을 이어받았다. 그는 한겨레가 고급지로서의 면모를 갖추기를 기대하면서 열성을 쏟았다.

그 뒤 논설주간으로 오래 있다가 1995년 3월, 대표이사에 취임했다. 2년 뒤 대표이사 재선에 성공했다. 그는 신문광고 시장에서 한겨레의 위상을 재정립하는 데 상당한 힘을 쏟았다. 평소 마당발로 소문난 그는 기업주들과 직접 담판을 벌이며 한겨레 광고 효과의 정당한 값을 받아냈다. 1997년에 불어닥친 구제금융의 위기 속에서도 1998년 15억 원의 흑자를 냈다. 전 사원이 상여금을 반납하는 희생을 치르긴 했지만 1994년 이후 처음 실현한 흑자 경영이었다.

그의 사장 재임 기간은 사업 다각화와 다매체 전략이 활발히 진행된 시기이기도 했다. 국내 첫 영상주간지 씨네21, 국내 첫 일간 지역생활정보신문 한겨레리빙, 케이블방송잡지 케이블TV가이드 등을 창간했다. 한겨레통일문화재단이 이 시절에 만들어졌다. 정부, 언론, 시민단체의 3자 협력 모델의 모범으로 꼽히는 실업극복국민운동 캠페인도 이끌었다. 그러나 한겨레 최초의 자회사였던 한겨레리빙은 창간 1년을 넘기지 못하고 폐간되었다. 무가지 시장을 선도해 한겨레의 저변을 확대할 것이라는 기대도 함께 접어야 했다. 그 일에 대한 안타까움이 적지 않다.

권근술은 한겨레를 떠난 뒤에도 분주한 나날을 보내고 있다. 한양대 언론정보대학원 석좌교수, 한국 비무장지대 평화포럼 공동대표, 남북정상회담 자문위원, 남북어린이어깨동무 이사장 등을 지냈다.

최학래 (1943.1.6~)

경기도 이천
고려대 법학과
동아일보 기자
진로그룹 이사
한겨레신문 광고 담당 부사장
한겨레신문 8·9대 편집위원장(1993.6~1995.2)
한겨레신문 9·10대 대표이사(1999.3~2003.3)
한국신문협회 회장
전국재해대책협의회 회장

1975년 동아일보에서 해직된 최학래는 이후 ㈜진로를 거쳐 ㈜서광에서 임원으로 일했다. 전문경영인의 길을 걸은 셈이지만, 기자로 돌아가겠다는 생각을 한순간도 버리지 않았다. 그 꿈이 실현된 것은 한겨레 창간 다음 해인 1989년 3월이었다. 창간 전부터 바로 달려오고 싶었지만 10년 이상 몸담고 일했던 회사를 정리하는 데 시간이 걸렸다.

최학래는 경제부 편집위원으로 한겨레 생활을 시작했다. 그 시절 경제부에는 6명의 기자들이 있었는데, 성에 차는 기사가 나올 때까지 후배들을 매우 닦달했다. 그런 작풍은 편집위원장 시절까지 이어졌는데, 그가 편집위원회를 주재하는 회의실에선 호통 소리가 끊이지 않았고 각 부장들은 몸을 사렸다.

정치부 편집위원과 논설위원을 지낸 뒤 1991년에 전무이사가 되었다. 담당 건설회사가 부도나면서 공덕동 새 사옥 공사가 많이 늦어지고 있었는데, 최학래는 건물 완공 때까지 공사판 주임처럼 현장을 지휘했다. 마침내 번듯한 사옥이 들어섰지만 이번에는 신형 윤전기가 문제였다. 새 윤전기가 찍어낸 신문은 때로는 백지로, 때로는 먹지로 나왔다. 최학래는 아예 회사에서 기거했다. 뜬눈으로 윤전기를 지키는 최학래의 곁에서 직원들은 파지가 쌓인 종이 더미에 숨어들어 겨우 눈을 붙였다. 최학래는 과로 때문에 윤전기 옆에서 쓰러지기도 했다.

그 뒤 논설위원으로 있다가 편집국부위원장을 거쳐 편집위원장에 선출되어 연임했다. 그가 편집위원장을 맡았을 때, 카지노 비리, 김현철 비리, 조계사 사태 등 대형 특종이 연이어 한겨레 지면을 장식했다. 괄괄한 성격이라 후배들과 격의 없이 지냈다. 언성을 높여가며 의견을 나누다 아주 가끔 완력도 썼다. 그에게 봉변을 당한 후배들도 있는데, 그런 일이 있어도 다시 만나 술잔을 기울이게 하는 매력이 최학래에게 있었다.

그의 호방함은 북쪽에서도 통했다. 한겨레통일문화재단 사무총장, 한국신문협회장 등으로 일하면서 세 차례에 걸쳐 북한을 방문했는데, 김정일 위원장을 비롯한 북쪽 사람들이 그와 무람없이 어울리며 호의를 표했다.

1999년 3월, 대표이사에 취임한 뒤 역시 연임했다. 사장 시절 그는 한겨레의 확대 성장을 시도했다. 증면, 사옥 증축, 경제주간지 창간, 인터넷한겨레 설립, 영호남 지역 현지 인쇄 개시 등이 그의 재임 기간 때 이뤄졌다. 퇴임 이후에도 경남대 극동문제 연구소 석좌교수, 삼성언론재단 이사, 아시아기자협회 이사장, 전국재해대책협의회 회장 등을 맡아 정력적인 활동을 펼쳤다.

고희범 (1951.1.21~)

제주
한국외대 이태리어과
기독교방송 기자
한국방송공사 기자
한겨레신문 초대 노조위원장
한겨레신문 11대 대표이사(2003.3~2005.3)
한국에너지재단 사무총장
제주4·3연구소 이사장

고희범은 1975년 기독교방송에 입사하면서 언론계에 첫발을 내딛었다. 1980년 신군부의 언론통폐합 과정에서 기독교방송의 보도 기능이 사라졌고, 이 때문에 한국방송으로 옮겼다. 그 시절 전두환 정권의 압력에 의한 외신 조작을 직접 목격하면서 한국방송 기자를 그만두었다. 기독교방송으로 돌아온 그는 보도 기능 회복 운동을 이끌었는데, 이 때문에 곤욕을 치르기도 했다. 한겨레 모금운동을 취재하면서 한겨레 사람들과 만났고, 그 인연으로 한겨레 초대 경찰팀장을 맡았다.
그는 한겨레 초대 노조위원장이기도 하다. 기독교방송에서 노조위원장을 맡았던 경력도 작용했다. 노조위원장 시절 그는 경영진과 대립하기보다 내부 조정 문제에 더 많은 비중을 두었다. 정치부장, 사회부장, 출판국장, 편집국부위원장 등을 거친 고희범은 유능한 기자였지만, 1990년대 초와 1990년대 말 두 차례에 걸쳐 광고국에서 일하는 특별한 경험을 했다. 대부분 내켜 하지 않는 일이었지만, 한겨레가 하라면 해야 된다는 게 그의 생각이었다.
구제금융 사태 직후 광고국장이 되었을 때, 고희범은 자괴감에 시달렸다. 모든 기업이 위기를 겪고 있었고 이들로부터 광고를 유치하는 일이 더 힘들어졌다. 고희범은 다 그만두고 싶다는 생각을 했다. 그러나 아침이면 다시 일어섰다. '힘내자, 내가 안 하면 누군가 해야 할 일 아닌가.'
고희범은 2003년 3월에 대표이사에 취임했다. 그는 한겨레가 살아갈 튼튼한 기초를 위해 자신을 바치겠다고 결심했다. 그러나 그의 대표이사 시절은 생각보다 더 험난했다. 외환위기 시절에 빌린 거액을 갚아야 할 시기가 코앞에 다가와 있었다. 백방으로 쫓아다니며 상당한 액수를 갚았지만, 완전히 해결되지는 않았다. 위기를 극복하기 위한 비상 대책을 찾아야 했다. 노조와 함께 비상경영위원회를 꾸렸다. 고통의 시기였다.
고희범은 2005년 대표이사 임기를 마치고 한겨레를 떠났다. 그는 자신의 퇴직금과 고문으로 일하며 받은 돈까지 모두 신문사에 되돌려주었다. 한겨레를 떠난 뒤에도 비상경영위 시절의 고통을 안고 산다.
퇴임 이후 한국에너지 재단 사무총장으로 일하던 그는 고향인 제주로 돌아가 제주4·3연구소 이사장, 제주4·3 진상규명 및 명예회복 추진 범국민위원회 공동대표 등을 역임하며 열정적인 삶을 살고 있다. 2010년 6·2 지방선거에서 민주당 후보로 "제주에 새 정치의 바람을 불러일으키겠다"며 제주도지사 선거에 도전했지만 쓴 잔을 마셨다.

정태기 (1941.2.28~)
대구
서울대 행정학과
조선일보 기자
도서출판 두레 대표
한겨레신문 제작·관리 담당 이사
신세기통신 대표이사
한겨레신문 12대 대표이사(2005.3~2007.3)
대산농촌문화재단 이사장

한겨레를 만드는 데 참여한 이들 대부분이 지금도 입을 모아 말한다. "정태기가 추진력이 있었다. 그 힘으로 그때 한겨레가 태어날 수 있었다." 정태기는 처음부터 신문사 만들기에 주력했다. 창간 당시에는 경영 실무에 능한 사람들이 많지 않았다. 그는 자금, 인쇄, 공무, 윤전 업무까지 맡았다. 각종 인·허가를 받기 위해 관청을 수도 없이 드나들었다. 밤중에도 자다가 벌떡 일어나 계산기를 두드려댔다.
창간 이후엔 곧바로 개발본부장을 맡아 새 사옥 건설과 고속윤전기 도입을 추진했다. 한겨레가 열정을 누르고 보다 과학적이고 이성적인 태도로 나가야 할 때라고 주장했다. 정태기는 "활판 인쇄 대신에 첨단 컴퓨터 제작 방식(CTS)을 도입하면 50억 원으로 신문을 만들 수 있다"고 역설했다. 정태기의 비전은 다른 이들보다 앞서 나가는 것이었다. 결심을 하면 머뭇거림 없이 확신을 갖고 일을 추진했다. 그가 엘리트 의식에 젖어 있다거나 독주한다는 비판이 주변에서 나왔다. 창간 사무국 시절부터 그는 싫든 좋든 혼자서 일을 진행하지 않을 수 없었다. 주위에 글쟁이들은 많았지만 경영 실무를 의논할 동료는 없었다. 창간 3년여 만에 신문사를 떠났다.
한겨레를 떠난 뒤 정태기는 오대산에서 야생화 재배에 열성을 쏟으며 지냈다. 신문사를 떠난 뒤 10여 년 만에 후배들이 찾아왔다. "선배가 만든 한겨레가 시들어가고 있습니다." 그는 망설였다. 그러나 마음이 흔들렸다. 자칫 한겨레가 좌초할 수도 있다는 위기감이 그를 회피할 수 없게 했다. 2005년 3월 그는 대표이사 사장에 취임했다.
그는 제2창간 운동을 통해 한겨레의 새로운 변신을 꾀했다. 변화된 신문 시장에서 한겨레는 고급지로서 승부수를 던져야 한다고 생각했다. 그는 전 사원들을 대상으로 교육 프로그램을 강력하게 추진했다. 총론보다는 기능 교육에 충실한 연수를 통해 실질적인 업무 능력을 가진 한겨레인들을 키워내려 했다.
그는 3년 임기의 대표이사직에서 2년간 일하고 스스로 물러났다. 그는 한겨레가 뉴욕타임스와 같은 고급지로 가야 한다고 생각했다. 신문 품질을 높이는 걸 최우선 과제로 두고 편집국 간부들을 독려했다. 에디터 제도를 도입하는 등 편집국 조직도 크게 흔들었다. 그러나 이러한 '정태기식 혁신'은 대표이사가 편집국에 너무 개입한다는 논란과 저항을 불러왔다. 편집국장 임명 동의안이 부결되는 등 그가 내건 발전 계획은 내부에서 진통을 치러야 했다. 그는 한겨레의 미래를 후배들에게 당부하고 떠났다. 그는 두 번 한겨레를 떠났지만 사람들은 그를 한겨레를 만든 사람으로 기억한다. 퇴임 이후 대산농촌문화재단 이사장으로 일하고 있다.

서형수 (1957.4.5~)

부산

서울대 법학과

한겨레신문 운영기획실장

언론문화연구소 사무국장

나산백화점 이사

한겨레플러스 대표이사

한겨레신문 13대 대표이사(2007.3~2008.3)

20대 국회의원

서형수가 한겨레와 인연을 맺은 것은 서른둘 되던 해 가을이었다. 롯데그룹 기획실 계장인 그에게 동아일보 해직기자 출신인 조영호 과장이 점심을 먹다 말고 말했다. “새 신문 만드는 데 함께할 생각 없나? 지금 당장 일손이 필요하다는데.” 조영호는 집안 형편으로 당장 달려가지 못하는 자신의 입장을 매우 안타까워했다. 대신 후배 서형수에게 한겨레 합류를 권했다.

입사 4년 차인 대기업 엘리트 사원, 언론 쪽과는 생면부지였던 서형수는 그 길로 안국동 창간 사무국에 갔다. 서형수의 인생은 그날 이후 완전히 바뀌었다. 그는 기존의 질서를 그대로 따라가기보다는 새로운 질서를 만드는 데 자신을 던지고 싶었다. 서형수는 한겨레에 첨벙 뛰어들었다. 월급 75만 원이 25만 원으로 줄었다. 한겨레 초대 운영기획실장으로 일을 시작했다.

1991년 3월, 새 사옥이 한창 건설 중이던 때, 서형수는 한겨레를 잠시 떠났다. 건설회사가 부도가 났다. 사옥 건설 현장의 인부들이 임금을 받지 못하고 있었다. 체불 임금을 달라며 인부들이 농성을 벌였다. 그들을 겨우 달래고 주주총회장에 참석했다. 서형수는 크게 실망했다. 주총장에서 벌어진 논란은 너무 정치적이었다. 새 사옥 공사나 신문사 발전에 대한 관심은 저만치 물러나 있는 듯 보였다. 그는 한계를 느꼈다.

1994년 다시 한겨레에 돌아왔다. 한겨레는 항상 마음의 빚으로 남아 있었다. 기획실, 사업국, 판매국 등 앞뒤 살피지 않고 일에 매달렸다. 판매국장 시절, 체계적 마케팅을 위해 정기 독자 명부를 확보하기로 마음먹었다. 주변에선 모두 “어림없는 일”, “다른 데서 안 하는 일”이라고 했지만, 고객인 독자에 대한 정보를 구축하는 일이 신문 판매를 위한 제일 조건이라는 게 그의 생각이었다. 한겨레가 독자 명부를 확보했다는 소식에 다른 언론사들도 서둘러 뒤따라 했다.

2004년에는 비상경영위원회 공동위원장을 맡아, 한겨레 역사상 가장 위태로웠던 경영 위기를 극복하는 데 일익을 담당했다. 2007년 정태기 사장이 임기 도중 사임했다. 2007년 3월, 서형수는 대표이사 사장으로 선출되어 정태기 사장의 잔여 임기를 맡았다. 그는 한겨레가 재정적인 안정을 이룩하는 데 심혈을 기울였다. 창간 사무국 시절부터 경영 안정이 좋은 신문을 만들어낸다고 생각했다. 1년의 짧은 임기를 마치고 대표이사직을 떠났다. 자신이 세운 원칙과 소신에 따라 한겨레를 위해 열성껏 일한 젊은 사장이었다.

경남 양산이 고향인 서형수는 2009년 5월부터 2010년 3월까지 경남도민일보 대표이사를 지냈다. 언론개혁을 바라는 시민 주주 6200여 명에 뿌리를 둔 경남도민일보는 한겨레신문과 닮은 꼴의 지역 언론이다. 2016년 서형수의 인생은 한번 더 완전히 바뀌었다. 고향 마을이 속한 경남 양산을 지역구에 더불어민주당 후보로 출마한 그는 20대 국회의원이 되었다. 국회에서도 가사노동자 고용 개선을 위한 법률안을 발의하는 등 낮은 곳을 살피며 열성껏 일하고 있다.

고광헌 (1955.5.2~)

전북 정읍

경희대 체육학과

선일여고 교사, 〈민중교육〉 사건으로 강제해직

민주교육실천협의회 사무국장

한겨레신문 편집부국장

한겨레신문 사장실장(이사)

한겨레신문 총괄상무, 전무

한겨레신문 14대 대표이사(2008.3~2011.3)

서울신문 32대 사장(2018.5~)

고광헌은 한때 농구선수였고, 체육교사였으며, 시인이었다. 어릴 때부터 유난히 키가 컸던 그는 고등학교와 대학교 시절에 농구선수로 활약했다. 결핵에 걸려 운동을 그만둔 그는 문학에 눈을 돌렸다. 대학원에서 국어교육학을 공부하고 체육교사로 재직하면서 1983년 시인으로 등단했다. 그러나 교단에 머문 기간은 5년. 고광헌은 교육 현장의 문제점을 고발하는 〈민중교육〉에 글을 쓰고 편집했다. 전두환 정권은 1985년 〈민중교육〉을 만든 교사 20여 명을 파면하고 구속했다. 고광헌도 그 가운데 하나였다. 그가 안기부에 끌려가 고문을 당하자, 선생님을 뺏긴 선일여고 전교생이 탄원서를 써서 스승의 석방을 호소했다. 그 시절의 제자들은 기자가 된 후에도 고광헌을 종종 찾아오곤 했다.

해직 뒤에 자유실천문인협의회에서 간사로 일하던 고광헌은 같은 사무실을 쓰던 민주언론운동협의회 선배들과 자연스레 친해졌다. 송건호, 신홍범, 김태홍 등과 종종 어울렸다. 그는 전국교직원노동조합의 모태가 되는 민주교육실천협의회를 이끄는 사무국장이었다. 그러한 인연으로 1988년 8월, 한겨레에 입사해서 체육부에 배속되었다. 88서울올림픽 기사를 '한겨레만의 시각'으로 재해석하는 임무를 맡았다. 운동선수 출신이자 시인인 고광헌이 쓰는 체육 기사는 노래하듯 유려한 문체에서나, 스포츠를 정치·사회에 빗댄 상상력에서나 돋보였다.

편집국에서 체육부장, 제2사회부장(지역부장) 등을 역임한 그는 2003년 편집국장 선거에 출마했다가 낙마한 이후에 편집국을 떠나 광고국장으로 자리를 옮겼다. 한겨레가 사상 최악의 자금 유동성 위기에 몰려있던 시기였다. 그는 기업한테 받는 광고단가를 22% 인상하는 일을 성사시키는 등 추진력을 보였다. 2005년 정태기 대표이사 임기 때에는 '사장 실장'이라는 한겨레 초유의 보직을 맡아, 사무처장으로 제2창간 운동을 이끌었다. 전국을 돌아다니며 주주, 독자들에게 한겨레에 힘을 모아달라고 부탁했다.

그는 2008년 3월, 대표이사에 취임했다. 광고 시장이 꽁꽁 얼어붙어 힘든 시기였다. 김용철 변호사의 삼성 비자금 폭로 보도 이후에 삼성 광고는 2년 넘게 끊겼고, 세계금융위기로 인해 기업들은 허리띠를 졸라맸다. 이명박 정부는 BBK와 광우병 촛불 보도에 앞장선 한겨레를 눈엣가시로 여기며 은밀하게 한겨레의 광고 줄을 조였다. 그런 가운데에도 고광헌은 인터넷을 담당하던 자회사 한겨레엔 통합, 한겨레TV 개국 등 종이신문을 넘어 종합미디어그룹으로 향해 나아가는 발걸음을 내딛었다.

"다들 이제 끝났다고/ 발길 돌릴 때/ 혼자 기어코 울어버린 사내를 위해/ 노랠 불러야겠네/ 저 넘쳐나는 눈물 불러온 경계 위에서/ 오늘, 기어코 노랠 불러야겠네." 한겨레 대표이사 퇴임 뒤 다시 시인으로 돌아간 그는 2011년 펴낸 시집에서 이렇게 노래했다. 2018년 4월 26일, 서울신문사장추천위원회는 고광헌을 32대 서울신문 사장으로 주주총회에 추천했다. 5월 2일 임시주주총회에서 사장으로 공식 선임됐다.

정영무 (1960.1.26~)
경남 함양
서울대 정치학과
서울신문 기자
한겨레21 편집장
한겨레신문 편집국 수석부국장
한겨레신문 전략기획실장
한겨레신문 광고 담당 상무
한겨레신문 16대 대표이사(2014.3~2017.3)

정영무는 1985년 서울신문에서 기자로 첫 발을 내딛었다. 한겨레 창간을 한 달 앞둔 1988년4월 한겨레에 경력 기자로 입사했다. 곽병찬, 김지석, 성한용, 이길우, 이홍동 등 서울신문 동료들과 함께였다. 87년 민주항쟁으로 언론자유에 대한 갈망이 커지던 차에 '진실의 샘' 같은 새 신문이 창간된다고 하니 정영무는 "가슴이 뛰어 앞뒤 가리지 않고 합류했다".

1988년 5월 14일 한겨레신문 창간호가 윤전기에서 찍혀 나오던 순간을 그는 감동적으로 기억한다. 서울신문에서 옮겨왔으니 더 좋은 윤전기가 찍어내는 더 그럴듯한 신문을 그는 많이 봤다. 창간호 신문보다 더 감동적이었던 건 사람이었다. 창간호를 받아들고 눈물 흘리던 선배들의 모습에 가슴이 울렁거렸다.

창간 때에는 생활환경부 기자였지만, 기자 생활의 대부분을 경제부에서 보냈다. 1998년 한겨레가 노동부, 시민단체 등과 함께 벌인 실업극복 범국민 캠페인에 취재기자로 참여한 것을 "많은 사람들에게 피부에 와 닿는 큰 도움을 줬던 기자 노릇"으로 그는 회고한다.

그가 경영에 뛰어든 것은 2007년부터였다. 전략기획실장으로 한겨레 지배구조 개선을 시도했다. 2009년 광고 담당 상무로 영업 최일선에 나섰다. 2009년은 세계금융위기, 이명박 정부와 삼성의 광고 탄압으로 한겨레가 휘청이던 때였다. '광고국 경험이 없는 내가 과연 이 역할을 감당할 수 있는 적임자인가.' 고광헌 대표이사에게 광고국 상무 자리를 제안받고 그는 며칠 동안 고민하다가 기꺼이 그 무거운 짐을 짊어졌다.

2014년 3월, 정영무는 '종이와 디지털의 융합'을 최우선 과제로 내걸고 대표이사에 취임했다. '혁신 3.0'이라는 전사적 프로젝트를 통해 종이신문과 종이잡지를 넘어선 한겨레 미디어그룹의 미래를 개척하고자 했다. 편집국 정치부가 운영하는 서브 브랜드 '정치바(BAR)'와 경제부의 '위코노미(Weconomy)'가 새롭게 선보였다. 뉴스를 쉽고 재밌게 전달하는 실험이었다. 하지만 혁신은 생각만큼 쉽게 진행되지 않았다. 내부에서 진통도 컸다.

롤링스토리, 씨네룩스, 씨네플레이, 뉴스뱅, 스포츠하니 등 5개 자회사를 신설해 한겨레의 영토를 넓히려 했다. 2015년 4월, 서울 마포구 동교동에 국내 최초 미디어 카페인 '미디어 카페 후'를 열었다. 콘텐츠와 사업이라는 두 마리 토끼를 잡은 새로운 섹션 〈서울&〉과 〈제주&〉이 정영무의 임기 중에 창간되었다.

정영무와 함께 일했던 이들은 그를 "열려있는 사람", "열린 귀를 가진 사람"으로 기억한다. 2014년 대표이사 선거에 출마하면서 정영무는 스스로 "가장 작은 소리도 놓치지 않는 마음으로 오케스트라의 화음을 이끌어내겠다"고 다짐했다. 실제로도 그는 대표이사 시절에 많은 이들과 대화하고 마음을 나누려 애썼다.

양상우 (1963.4.14~)

강원도 원주

연세대 경영학과

민주화운동 관련 구속

한겨레신문 15대, 16대 노조위원장

한겨레신문 8대 우리사주조합장

한겨레신문 출판미디어본부장

한겨레신문 15대, 17대 대표이사(2011.3~2014.3, 2017.3~)

양상우는 2004년 비상경영위원회 때의 기억을 '평생의 화인(火印)'으로 안고 산다. 창사 이후 최악의 현금 유동성 위기에 한겨레 사람들 80명이 제 발로 회사를 떠났다. 당시 노동조합과 우리사주조합을 통합한 겸임조합장이었던 양상우는 비경위 공동위원장을 맡았다. 비경위는 노·사 공동기구였다. 하지만 경영진이 책임지지 못한 구조조정을 주도한 대가는 혹독했다. 희망퇴직 실시 등의 대책을 내민 그에게 냉혈한이라며 모든 비판과 비난의 화살이 쏟아졌다.

그때부터 양상우는 한겨레를 끝까지 책임져야 한다고 마음먹었다. 2005년 대표이사 선거에 출마했다. 마흔 두 살 평기자의 지나친 책임감이었다. 그 뒤에 양상우는 모두 다섯 차례 대표이사 선거에 출마했다. 그 중 2011년과 2017년 두 차례 대표이사로 당선되었다. 첫 번째 당선 때는 마흔 여덟 살, 한겨레 역사상 가장 젊은 대표이사였다.

'사장병'이라고 '문제적 인간'이라고 손가락질 하는 사람도 있었지만, 그는 책임감이자 의무라고 여겼다. 비경위 이전에도 그는 1998년 대표이사 직선제 도입, 2004년 노동조합과 우리사주조합 통합, 경영과 편집의 관계 설정 등 한겨레의 여러 제도 개선을 주도했던 터였다.

그는 집요한 사람이다. 쌍용양회 사과상자 비자금, 북한 시베리아 벌목공 르포, 부산 성인 오락실 비리 등 특종 기사를 많이 썼을 뿐만 아니라, 후배들에게도 그만큼 요구하며 닦달했다. 경영자로서의 집요함은 각종 실적으로 남았다. 그가 출판미디어본부장을 맡고 있던 시기에 한겨레21은 유가 정기독자 규모와 매출액, 영업이익 등에서 1999년 이후 최고치를 기록하며 제2의 전성기를 맞았다. 대표이사로 재임했던 2011~2014년은 해마다 수십억 원의 영업이익을 냈다. 하지만 지나친 열정이나 강한 말투가 주변 사람들을 간혹 불편하게 했다. 숫자에 철두철미하고, 자로 잰 듯이 냉정하게 업무를 처리하는 태도를 껄끄럽게 여기는 이들도 있었다.

첫 번째 대표이사 임기 동안 양상우는 제작시스템 전체를 '디지털 윤전기화'하는 밑그림을 그렸다. 뉴욕타임스 등이 사용하는 덴마크 CCI사의 통합제작시스템을 들여오려고 계약을 맺고 추진했으나, 대표이사가 교체되면서 무위로 돌아갔다. 다매체 전략을 내세우며 출판미디어본부장 시절에 경제월간지 이코노미 인사이트를, 대표이사 시절에 월간지 나·들을 창간했다. 2014년 2월 문을 연 허핑턴포스트코리아도 그의 임기 동안 추진해 결실을 맺은 일이었다.

2014년 대표이사 임기가 끝난 뒤에 그는 한겨레를 떠났다. 대학원에 입학해 미디어경제학을 공부했다. 인터넷 포털의 '공짜 뉴스콘텐츠' 유통 구조가 기업이나 정부가 매체를 포섭하는 비용을 감소시킨다는 내용의 논문을 썼다. 언론사, 인터넷 금융사, 중견기업 등 여기저기서 부르는 곳이 있었지만 가지 않았다. 하지만 한겨레의 부름에는 답하지 않을 수 없었다. 한겨레가 다시 어려워졌다는 소식에, 경영을 제대로 할 사람이 필요하다는 한겨레 동료들의 호소에 그는 다시 한겨레로 돌아와 2017년 3월 대표이사에 두 번째로 취임했다.

2. 역대 편집위원장·편집국장

※ 재임 순서대로
※ 3대 편집위원장(권근술), 7대 편집위원장(김중배), 8·9대 편집위원장(최학래)은 대표이사 소개로 갈음. 15대부터는 편집국장으로 직함 변경

성유보(1943.6.28~2014.10.8)
경북 경산
서울대 정치학과
동아일보 기자
제1대 민주언론운동협의회 사무국장
한겨레신문 창간기금모집특별위원회 위원장
한겨레신문 1·4대 편집위원장(1988.1~8, 1990.7~1991.3)
한겨레신문 논설위원
언론개혁시민연대 공동대표

윤후상(1949.8.20~)
대전
서울대 사회사업학과
합동통신(연합통신) 기자
한겨레신문 10대 편집위원장
(1995.2~1997.1)
한겨레신문 콘텐츠평가실 실장
한국언론재단 한국언론교육원 원장
감사원 정책자문위원

장윤환(1936.11.22~)
전북 전주
서울대 법대
동아일보 기자
한겨레신문 2대 편집위원장
(1988.8~1989.6)
한겨레신문 논설주간
한겨레신문 상임이사
미디어오늘 논설고문

박우정(1950.4.5~)
충남 홍성
서울대 독문학과
경향신문 기자
한겨레신문 출판국장
한겨레신문 11대 편집위원장(1997.2~1999.1)
도서출판 길 대표이사
리영희재단 이사장
한겨레신문사우회 5대 회장

성한표(1942.10.19~)
경남 진양
서울대 건축학과
조선일보 기자
한겨레신문 5·6대 편집위원장
(1991.4~1993.3)
한겨레신문 부사장
실업극복국민재단 함께일하는사회 상임이사
SBS 감사위원
한겨레신문사우회 2·3·4대 회장

고영재(1948.12.4~)
전남 장흥
서울대 정치학과
경향신문 기자
평화방송 사회부장
한겨레21 1대 편집장
한겨레신문 12대 편집위원장(1999.2~2001.1)
경향신문 사장
한겨레신문 4대 시민편집인(2013.7~2015.6)

조상기(1950.2.26~)
전남 목포
서울대 철학과
경향신문 기자
한겨레신문 정치부장
한겨레신문 13대 편집위원장(2001.2~2003.1)
한겨레신문 논설실장
KBS 이사

김효순(1953.1.9~)
서울
서울대 정치학과
경향신문 기자
한겨레신문 초대 도쿄 특파원
한겨레신문 14대 편집위원장(2003.2~2005.2)
한겨레신문 1대 편집인(전무)
한겨레신문 대기자
진실과정의 공동대표

권태선(1955.4.27~)
경북 안동
서울대 영문과
한국일보 기자
한겨레신문 파리 특파원
한겨레신문 15대 편집국장(2005.3~2006.5)
한겨레신문 2·5대 편집인
허핑턴포스트코리아 대표
환경운동연합 공동대표

오귀환(1954.11.6~)
경기 평택
서울대 정치학과
조선일보 기자
한겨레21 편집장
즐거운학교 대표이사
한겨레플러스 대표이사
한겨레 16대 편집국장(2006.6~2007.3)

김종구(1957.9.1~)
전북 전주
한국외대 정치외교학과
연합뉴스 기자
한겨레21 편집장
한겨레신문 17·18대 편집국장(2007.3~2009.3)
한겨레신문 논설위원
한겨레신문 6대 편집인(전무)

성한용(1959.11.11~)
대전
서강대학교 정치외교학과
서울신문 기자
한겨레신문 정치부장
한겨레신문 19대 편집국장(2009.3~2011.3)
한겨레신문 정치팀 선임기자

박찬수(1964.1.30~)
서울
서울대 정치학과
한겨레신문 워싱턴 특파원
한겨레신문 정치부문 편집장
한겨레신문 20대 편집국장(2011.3~2013.2)
한겨레신문 콘텐츠본부장
한겨레신문 논설실장

유강문(1965.12.21~)
전북 완주
서울대 정치학과
한겨레신문 베이징 특파원
한겨레신문 경제·국제 에디터
한겨레신문 온라인부문장
한겨레신문 21대 편집국장(2013.2~2014.3)
한겨레신문 디지털미디어국장

김이택(1961.10.8~)
인천
서울대 공법학과
한국일보 기자
한겨레신문 사회부장
한겨레신문 편집국 수석부국장
한겨레신문 22대 편집국장(2014.3~2016.3)
한겨레신문 논설위원

백기철(1963.8.3~)
광주
연세대 사회학과
한겨레신문 국제부문 편집장
한겨레신문 정치부장
한겨레신문 편집국 총괄기획에디터
한겨레신문 23대 편집국장(2016.3~2017.3)
한겨레신문 논설위원

이제훈(1965.10.3~)
서울
서울대 사회학과
한겨레신문 17대 노조위원장 및 9대 우리사주조합장
한겨레21 편집장
한겨레신문 사회정책부장
한겨레신문 24대 편집국장(2017.3~2018.4)

박용현(1968.4.5~)
대전
서울대 공법학과
서울신문 기자
한겨레21 편집장
한겨레신문 사회부장
한겨레신문 정치에디터
한겨레신문 25대 편집국장(2018.4~)

3. 역대 이사

※이사 재임 시기 및 가나다순, ★표는 등기이사

김정한(1908. 9. 26~1996. 11. 28)
자유실천문인협의회 고문
부산대 교수
민족문학작가회의 초대의장
한겨레신문사 비상임이사(1987. 12~1991. 3)

이병주(1938. 2. 5~2011. 5. 2)
동아방송 PD
동아자유언론수호투쟁위원회 위원장
신통기획 대표이사
한겨레신문 상임이사(1987. 12~1991. 3)
한국광고연구원 회장

임재경(1936. 5. 30~)
조선일보 기자
한국일보 논설위원
민주언론운동협의회 공동대표
한겨레신문 상임이사(1987. 12~1991. 3)
한겨레신문 초대편집인 겸 논설주간
한겨레신문 부사장
청암언론문화재단 이사(현)

홍성우(1938. 7. 4~)
서울형사지방법원 판사
한겨레신문 비상임이사(1987. 12~1991. 3)
개혁신당 공동대표
통합민주당 최고위원
한나라당 공천심사특별위원회 공동위원장
서초법무법인 대표 변호사(현)

황인철(1940~1993. 1. 20)
서울형사지법 판사
민주사회를위한변호사모임 2대 대표간사
경제정의실천시민연합 초대 공동의장
한겨레신문 비상임감사(1987. 12~1991. 3)

★이돈명(1922. 8. 21~2011. 1. 11)
서울지방법원 판사
조선대학교 제8대 총장
민족문제연구소 이사장
한겨레신문 비상임이사(1987. 12~2000. 3)
법무법인 덕수 대표변호사

신홍범(1941. 2. 10~)
조선일보 기자
조선자유언론수호투쟁위원회 3대 위원장
한겨레신문 창간 발기인
한겨레신문 논설위원
한겨레신문 비상임이사(1988. 9~1989. 11)
도서출판 두레 대표(현)

이효재(1924. 11. 14~)
서울여자대학교 교수
이화여자대학교 교수
한국여성민우회 초대 회장
한겨레신문 비상임이사(1988. 9~1991. 3)
한국여성단체연합 회장
경신사회복지연구소장(현)

★조영호(1946. 12. 13~)
동아일보 기자
한겨레신문 상임이사(1988. 9~1991. 6)
나산백화점 대표이사
거평유통 대표이사
한겨레신문 경영부문 총괄임원(1999. 3~2003. 3)
한겨레리빙 대표이사
방송문화진흥회 이사

★김태홍(1942. 9. 27~2011. 10. 18)
한국일보 기자
합동통신 기자
민주언론운동협의회 의장
월간 말 발행인
한겨레신문 상임이사(1988. 9~1991. 6)
16·17대 국회의원

★윤활식(1929. 1. 8~)
동아방송 제작부 차장
동아자유언론수호투쟁위원회 위원장
한겨레신문 주식관리실장
한겨레신문 상임이사(1989. 2~1989. 11)
한겨레신문 상임감사(1991. 3~1993. 6)
민주언론시민연합 고문(현)

변이근(1937. 5. 27~)
동아일보 기자
경향신문 국장
한겨레신문 광고국장(1988. 3~1990. 7)
한겨레신문 상임이사(1989. 2~1990. 7)
한겨레신문사우회 명예회장(현)

리영희(1929. 12. 2~2010. 12. 5)
합동통신 기자
조선일보 외신부장
한양대학교 신문방송학과 교수
한겨레신문 논설고문
한겨레신문 비상임이사(1989. 2~1991. 3/ 1997. 3~1999. 3)
한양대학교 언론정보대학원 명예교수

서한영(1931. 2. 18~1999. 3. 18)
조선일보 제판부 부장
전남일보 공무이사
한겨레신문 상임이사(1991. 3~1991. 6)
문화일보 상무이사

★변형윤(1927. 1. 6~)
서울대학교 경제학과 교수
한국경제학회 19대 회장
한겨레신문 비상임이사(1991. 3~1997. 3)
한겨레통일문화재단 이사장
한국외국어대학교 이사장
학교법인 상지학원 이사장
서울대학교 명예교수(현)

★문영희(1943. 9. 2~)
동아일보 기자
한겨레신문 논설위원
한겨레신문 상임이사(1993. 6~1995. 12)
동아자유언론수호투쟁위원회 제13대 위원장
민주화운동기념사업회 부이사장
동아자유언론수호투쟁위원회 위원(현)

★박재승(1939. 3. 25~)
서울형사지방법원 판사
한겨레신문 비상임감사(1993. 6~2000. 3)
한겨레통일문화재단 감사
서울지방변호사회 제86대 회장
대한변호사협회 제42대 회장
희망제작소 이사장(현)

★이계종(1938~2000. 7. 24)
내외합동회계사무소
세동회계법인 부회장
한겨레신문 비상임감사(1997. 3~2000. 3)

★박성득(1950. 12. 14~)
경향신문 기자
월간 말 기자
한겨레신문 경영기획실장
한겨레신문 운영기획실장
한겨레신문 이사(1999. 3~2004. 9)
한겨레통일문화재단 사무총장
윤이상평화재단 이사
한겨레신문사우회 부회장(현)

★김근(1942. 9. 7~)
동아방송 기자
한겨레신문 상임이사(1999. 3~2000. 8)
연합뉴스 사장
한국방송광고공사 사장
새정치민주연합 최고위원

★이석태(1953. 4. 17~)
한국교육연구소 이사장
한겨레신문 비상임이사(1999. 3~2001. 3)
대한변호사협회 인권위원회 위원장
민주사회를위한변호사모임 회장
민주화운동기념사업회 이사
참여연대 공동대표
세월호 참사 특별조사위원회 위원장
법무법인 덕수 변호사 겸 공동대표(현)

★박원순(1956. 3. 26~)
법무법인 나라종합법률사무소 변호사
한겨레신문 논설위원
한겨레통일문화재단 후원회 운영위원
한겨레신문 비상임이사(1999. 3~2003. 3)
희망제작소, 아름다운재단, 아름다운가게 총괄상임이사
서울특별시장(현)

★강만길(1933. 10. 25~)
고려대학교 사학과 교수
월간 사회평론 발행인
상지대학교 제5대 총장
한겨레신문 비상임이사(2000. 3~2001. 3)
청암언론문화재단 초대 이사장
월간 민족21 고문
고려대학교 명예교수(현)

★고재봉(1955. 9. 6~)
안진회계법인 공인회계사
한겨레신문 감사(2000. 3~2003. 3)
딜로이트안진회계법인 부대표

★김기천 (1940. 8. 4~)
서울지방법원 영등포지원 판사
한겨레신문 감사(2000. 3~2003. 3)
김기천법률사무소 변호사

★정연주(1946. 11. 22~)
동아일보 기자
씨알의 소리 편집장
한겨레신문 워싱턴 특파원
한겨레신문 논설주간
한겨레신문 상임이사(2001. 3~2003. 3)
한국방송협회 12·13대 회장
한국방송공사 16·17대 사장
건양대학교 총장(현)

★백승헌(1963. 12. 14~)
백승헌법률사무소
한겨레신문 비상임이사(2001. 3~2005. 3)
법무법인 한결 변호사
민주사회를위한변호사모임 회장
법무법인 지향 변호사(현)

★변재용(1956. 1. 1~)
한솔교육 설립
한겨레신문 제4기 자문위원
한겨레신문 비상임이사(2003. 3~2004. 9)
한솔교육 대표이사 회장(현)

★윤유석(1948. 1. 10~)
전남매일신문 기자
한겨레신문 제작국장
한겨레신문 관리국장
한겨레신문 광고담당이사
한겨레신문 상임이사(2003. 3~2007. 3)
한국신문협회 광고협의회 부회장
한겨레신문 광고지사장

★노금선(1963. 2. 18~)
구로노동상담소 창립
삼일회계법인 공인회계사
한겨레신문 비상임감사(2003. 3~2005. 3)
한국여성재단 감사
국민연금관리공단 상임감사
이오스파트너즈 대표(현)

★이성규(1959. 10. 25~)
서울은행 상무
제일제당 이사
국민은행 부행장
한겨레신문 비상임이사(2003. 3~2005. 3)
하나금융지주 부사장
연합자산관리주식회사 대표이사 사장(현)

★김광호(1967. 2. 23~)
한겨레신문 재경부
한겨레신문 상임감사(2005. 3~2008. 3)
한겨레신문 미디어기획부장
한겨레신문 재경부장
한겨레신문 경영기획실장(현)

★이민규(1961. 3. 16~)
순천향대학교 신문방송학과장
한겨레신문 비상임이사(2005. 3~2008. 3)
중앙대학교 미디어커뮤니케이션학부 교수(현)

★하승수(1968. 12. 13~)
참여민주사회시민연대 협동사무처장
법률사무소 이안 변호사
한겨레신문 비상임이사(2005. 3~2008. 3/ 2011. 3~2014. 3)
제주대학교 법학부 교수
투명사회를위한정보공개센터 소장
녹색당 공동운영위원장
비례민주주의연대 공동대표(현)

★장하성(1953. 9. 19~)
고려대학교 교수
한국증권학회 이사

참여민주사회시민연대 경제개혁센터 운영위원장
한겨레신문 비상임이사(2005. 3~2008. 3)
한겨레신문 제7기 자문위원
청와대 정책실장(현)

★송우달(1959. 11. 2~)
충청일보 기자
한겨레신문 기자
한겨레신문 7·8대 노조위원장
한겨레신문 광고담당 상무이사(2008. 3~2011. 3)
한겨레신문 경영총괄 전무이사(2014. 3~2017. 3)
비즈니스포스트 사장(현)

★윤종훈(1961. 3. 27~)
삼일회계법인
참여연대 조세개혁팀장
한겨레신문 비상임이사(2008. 3~2011. 3)
한겨레신문 상임감사(2011. 3~2014. 3)
한겨레신문 재무담당전무이사(2017. 3~2017. 11)

★이상훈(1960. 2. 22~)
한겨레플러스 상무이사
한겨레플러스 대표이사 사장
한국온라인신문협회 이사
한겨레신문 비상임이사(2008. 3~2011. 3)
한겨레출판 대표이사(현)

★이상훈(1969. 3. 15~)
변호사
참여연대 상임집행위원
민변 과거사청산위원회 위원
한겨레신문 비상임이사(2008. 3~2011. 3)
숙명여자대학교 경영대학 겸임교수

★이윤재(1950. 11. 3~)
재정경제원 경제정책국장
청와대 비서실 비서관
김&장 법률사무소 고문
(주)코레이(KorEI) 대표이사
한겨레신문 비상임이사(2008. 3~2011. 3)
LG 사외이사 겸 감사위원
부산은행 사외이사

★장철규(1962. 3. 9~)
한겨레신문 상임감사(2008. 3~2011. 3)
한겨레신문 경영기획실장
한겨레신문 출판미디어국장
한겨레신문 제작콘텐츠유통담당이사대우(현)

★박영소(1959. 5. 16~)
한겨레신문 인사부장
한겨레신문 경영기획실장
한겨레신문 기획·제작 담당 이사
한겨레신문 기획조정본부장
한겨레신문 상임이사(2008. 3. 8~2014. 3. 14)
한겨레교육 고문

★곽병찬(1957. 7. 16~)
한겨레21 편집장
한겨레신문 편집부국장
한겨레신문 논설위원
한겨레신문 편집인(2009. 5~2011. 3)
한겨레신문 대기자

★권영국(1963. 8. 15~)
민주노총 법률원장
해우법률사무소 변호사
민변 노동위원장
한겨레신문 비상임이사(2011. 3~2014. 3)
삼성노동인권지킴이 공동대표

★배경록(1958. 8. 6~)
경인일보 기자
한겨레21 편집장
한겨레신문 편집국 인사교육담당부국장
한겨레신문 애드본부장 상무이사(2011. 3~2014. 3)
씨네21 부사장
씨네21 대표이사(현)

★윤종연(1961. 12. 11~)
매일경제 기자
한국아이티벤처투자㈜ 이사
키움인베스트먼트㈜ 상무
키움인베스트먼트㈜ 대표이사
한겨레신문 비상임이사(2011. 3~2014. 3)
ES인베스터 대표이사(현)

★이상규(1966. 10. 19~)
인터파크 부사장
인터파크 사장
한겨레신문 비상임이사(2011. 3~2014. 3)
아이마켓코리아 대표이사
한겨레신문 비상임이사(2017. 3~)
인터파크 대표이사(현)

★이영환(1957. 12. 2~)
실업극복국민운동 운영위원
참여연대 사회복지위원회 위원장
한국사회적경제연구회 회장
성공회대 부총장
한겨레신문 비상임이사(2011. 3~2014. 3)
성공회대 사회복지학과 교수(현)

★예종석(1953. 12. 13~)
한양대학교 경영대학장 및 경영전문대학원장
롯데쇼핑 사외이사
루트임팩트 이사장
아름다운재단 제2대 이사장
한겨레신문 비상임이사(2014. 3~2015. 2)
한양대학교 경영학부 교수(현)

★김갑배(1952. 10. 1~)
대한변호사협회 법제이사
한겨레신문 제6기 자문위원
대법원 사법개혁위원회 위원
진실화해를 위한 과거사정리위원회 상임위원
한겨레신문 비상임이사(2014. 3~2017. 3)
법무법인 동서양재 고문변호사(현)

★이동걸(1953. 4. 9~)
대통령비서실 행정관
금융감독위원회 부위원장 겸 증권선물위원회 위원장
한국금융연구원 제5대 원장
동국대학교 경영대학 초빙교수
한겨레신문 비상임이사(2014. 3~2017. 3)
KDB산업은행 회장(현)

★장창덕(1962. 5. 1~)
한겨레신문 경영기획실장
한겨레신문 미디어사업국장
한겨레신문 경영지원실장
한겨레신문 상임감사(2014. 3~2017. 3)

★정석구(1958. 2. 14~)
한겨레신문 논설위원
한겨레신문 경제부문 선임기자
한겨레신문 논설위원실장
한겨레신문 편집인 전무이사(2014. 3~2017. 3)

★최윤희(1963. 3. 16~)
한국상표자료센터 브랜드전략기획실 실장
브랜드앤컴퍼니 사장
한국뉴욕주립대(SUNY) 겸임교수
한겨레신문 비상임이사(2014. 3~2017. 3)
브랜드아카데미 대표이사(현)

★박병엽(1962. 12. 30~)
맥슨전자㈜ 근무
㈜팬택 설립. 대표이사
고려대 경영학과 겸임교수
2012년 ㈜팬택씨앤아이 계열 대표이사 부회장
학교법인 고려중앙학원 감사
재단법인 여시재 이사
한겨레신문 비상임이사(2017. 3~)

★박용대(1969. 5. 13~)
이화여대 법학전문대학원 겸임교수
서울서부지법 민사조정위원

참여연대 조세재정개혁센터 부소장
(재)더미래연구소 감사
법무법인 지평 파트너 변호사
한겨레신문 비상임이사(2017. 3~)

★오창익(1968. 2. 15~)
천주교 인권위원회 사무국장
인권연대 사무국장
한겨레 열린편집위원회 위원
광운대 외래 교수
한겨레신문 비상임이사(2017. 3~)

★이근승(1966. 5. 25~)
IMM창업투자 대표이사
KS자산운용 대표이사
한겨레신문 비상임이사(2017. 3~)

★이상근(1965. 12. 8~)
공인회계사
함께하는시민행동 운영위원
좋은예산센터 이사
서울시 세빛섬 감사
이한열기념사업회 감사
한겨레신문 상임감사(2017. 3~2018. 3)

★이승진(1960. 9. 28~)
한겨레신문 광고국 부국장
한겨레신문 출판미디어본부 부본부장
한겨레신문 애드국장
한겨레신문 광고국 광고전문위원
한겨레신문 영업당담상무이사(현)

★조영탁(1965. 5. 14~)
공인회계사
다산연구소 감사
벤처협회 이사
한겨레신문 비상임이사(2017. 3~)
교육기업 휴넷 대표이사(현)

★신기섭(1964. 8. 9~)
한겨레신문 논설위원
한겨레신문 시민편집인실 기획위원
한겨레신문 이코노미 인사이트 편집장
한겨레신문 상임감사(2018. 3~)

4. 역대 주요 간부

※ 가나다순, 국실장급 이상

강석운(1965. 8. 20~)
한겨레신문 편집취재부장
한겨레신문 교육사업본부장
한겨레교육 대표이사 사장
비즈니스포스트 편집국장(현)

강창석(1966. 2. 10~)
한겨레신문 경영기획부장
한겨레신문 전략기획부장
한겨레신문 경영지원실장

고경태(1967. 2. 19~)
한겨레21 편집장
한겨레신문 토요판에디터
한겨레신문 출판국장
22세기미디어 대표이사(현)

고승우(1948. 4. 27~)
한겨레신문 편집위원
미디어오늘 논설실장
민주언론시민연합 이사장(현)

구자상(1959. 11. 1~)
한겨레신문 제작부국장
한겨레신문 제작국장

권복기(1965. 8. 25~)
국민일보 기자
한겨레신문 디지털콘텐츠국장
롤링스토리 대표이사

권태호(1966. 1. 5~)
한겨레신문 워싱턴 특파원
한겨레신문 정치부장
한겨레신문 디지털에디터
한겨레신문 출판국장(현)

김금수(1937. 12. 25~)
한겨레신문 논설위원
노사정위원회 위원장
한국방송공사 이사장
한국노동사회연구소 명예이사장(현)

김병수(1959. 6. 12~)
서울경제신문 기자
한겨레신문 논설위원실장
두산그룹 사장(현)

김선주(1947. 6. 15~)
조선일보 기자
한겨레신문 논설위원
한겨레신문 출판국장
한겨레신문 논설주간

김성태(1962. 1. 24~)
한겨레신문 수도권영업부장
한겨레신문 독자서비스국 부국장
한겨레신문 독자서비스국장

김양래(1945. 3. 19~)
동아일보 기자
한겨레신문 광고국 기획위원
한겨레신문 정보자료부
청암언론문화재단 이사(현)

김영조(1961. 4. 1~)
로얄프로세스 근무
한일칼라제판 근무
한겨레신문 제작국장

김영철(1957. 8. 14~)
민중문화운동연합 사무국장
한겨레신문 3대 노조위원장
한겨레신문 논설위원
시민방송 이사장

김왕복(1963. 8. 10~)
한겨레신문 윤전2부장
한겨레신문 제작국장(현)

김종철(1944. 9. 2~)
동아일보 기자
한겨레신문 논설위원
연합뉴스 대표이사 사장
동아자유언론수호투쟁위원회 위원장(현)

김지석(1959. 9. 15~)
서울신문 기자
한겨레신문 논설위원실장
한겨레신문 대기자(현)

김태읍(1959. 7. 28~)
한겨레신문 판매국장
한겨레신문 마케팅본부장
한겨레신문 독자서비스국장

김택희(1963. 6. 14~)
한겨레신문 광고국장
한겨레신문 디지털미디어국 부국장
한겨레신문 사업국 기획사업부문장(현)

김현대(1961. 1. 20~)
한겨레신문 창간 사무국
한겨레신문 전략기획실장
한겨레신문 출판국장
한겨레신문 선임기자(현)

김형배(1953. 11. 5~)
조선일보 기자
한겨레신문 미디어사업본부장
한겨레신문 광고·기획 이사
한양대학교 겸임교수(현)

노향기(1942. 2. 3~)
월간 말 발행인
한겨레신문 편집부위원장
언론중재위원회 부위원장

류정기(1953. 7. 2~)
한겨레신문 지방판매부장
한겨레신문 독자서비스국 부국장
한겨레신문 독자서비스국장

박노성(1939. 2. 10~)
동아방송 편성부 근무
한겨레신문 주식업무실 국장
한겨레신문 광고국 기획위원

박순빈(1963. 12. 6~)
한국경제신문사 기자
한겨레신문 편집국 경제부문 편집장
한겨레신문 연구기획조정실장

박종문(1957. 10. 9~)
조선일보 기자
한겨레신문 도쿄 특파원
한겨레신문 논설위원
아시아경제신문 논설실장

박창식(1960. 1. 23~)
한겨레신문 경영지원실 비서부장
한겨레신문 편집국 정치부문 편집장
한겨레신문 연구기획조정실장
한겨레신문 전략기획실장
한겨레신문 사업국장(현)

손석춘(1960. 1. 17~)
동아일보 기자
한겨레신문 10대 노조위원장
언론개혁시민연대 공동대표
한겨레신문 논설위원
건국대학교 미디어커뮤니케이션학과 교수(현)

신연숙(1954. 4. 5~)
한국일보 기자
한겨레신문 편집부국장
한겨레신문 미디어사업본부장
크라운-해태 상무(현)
서울아리랑페스티벌 집행위원장(현)

신철(1961. 12. 15~)
한겨레신문 총무부장
한겨레신문 인재개발부장
한겨레신문 경영지원실장
한겨레신문 창간30주년 사무국장(현)

심채진(1938. 2. 8~2004. 1. 9)
대구매일신문 기자
조선일보 편집부 기자
한겨레신문 편집부국장
한국멀티미디어뉴스협회 부회장

안재승(1962. 11. 1~)
한겨레신문 경영기획실 비서부장
한겨레신문 경제부문 편집장
한겨레신문 전략기획실장
한겨레신문 편집국 디지털부문장
한겨레신문 논설위원(현)

양정묵(1948. 10. 18~)
한국농촌경제연구원 연구원
한겨레신문 감사실 부장
한겨레신문 관리국장

오성호(1946. 7. 30~)
한겨레신문 운영기획실장
한겨레신문 관리국장
한겨레신문 감사실장
한국신문윤리위원회 심의위원

오태규(1960. 4. 22~)
한국일보 기자
한겨레신문 편집국 수석부국장
한겨레신문 디지털미디어사업본부장
한겨레신문 논설위원실장
일본 오사카 총영사(현)

우현제(1965. 4. 25~)
한겨레신문 판매국 판매영업부장
한겨레신문 총괄상무석 마케팅기획부장
한겨레신문 마케팅실장
한겨레신문 인재개발부장

유정우(1959. 7. 3~)
한겨레신문 제작국 윤전담당부국장
한겨레신문 제작국 총괄부국장
한겨레신문 제작국장

유재형(1968. 11. 3~)
한겨레신문 마케팅부장
한겨레신문 인재개발부장
한겨레신문 독자서비스국 부국장
한겨레신문 독자서비스국장(현)

윤석인(1958. 12. 18~)
한겨레신문 4·5대 노조위원장
한겨레신문 경영기획실장
한겨레신문 독자서비스국 판매·제작 담당 이사
희망제작소 소장

윤성옥(1945. 10. 19~)
한겨레신문 광고국장
옴니콤 부사장

윤영미(1963. 12. 24~)
중앙일보 출판국 기자
한겨레신문 전략사업국 기획위원
한겨레신문 사업국장
한겨레신문 출판국 섹션매거진부 편집장

윤재걸(1947. 3. 1~)
동아일보 기자
한겨레신문 기획취재위원
일요시사신문 사장

이광재(1964. 11. 15~)
한겨레신문 판매국장
한겨레신문 수도권영업부장
한겨레신문 독자서비스국장
한겨레S&C 대표이사

이근영(1960. 2. 11~)
한겨레신문 편집국 뉴스부장
한겨레신문 디지털미디어사업본부장
한겨레신문 편집국 미래라이프에디터석 미래팀 선임기자(현)

이기섭(1960. 9. 13~)
미래사 편집장
한겨레신문 출판사업단장
한겨레출판 대표이사

이기준(1963. 9. 20~)
국제신문 기자
한겨레신문 편집국 온라인담당부국장
한겨레신문 디지털미디어사업국 웹미디어부문장
한겨레신문 콘텐츠평가실장

이기중(1943. 5. 2~)
동아일보 기자
한겨레신문 제작국장
한겨레신문 판매국장
전자신문 편집국장

이길우(1959. 10. 10~)
서울신문 기자
한겨레신문 베이징 특파원
한겨레신문 사업국장
한겨레신문 선임기자(현)

이병(1958. 10. 2~)
한겨레신문 경영기획실장
한겨레신문 교육문화국장
한겨레신문 미디어사업단장
한겨레신문 사업기획국장
한겨레신문 주주서비스센터장

이병효(1954. 3. 6~)
조선일보 기자
동양방송 PD
한겨레신문 심의위원
한국디지털위성방송 동부권지사 총괄지사장

이수영(1954. 10. 24~)
동아일보 근무
한겨레신문 판매국장
한겨레신문 출판국장
한겨레애드컴 대표이사
한겨레시니어 대표이사(현)

이영일(1950. 12. 2~)
한국일보 기자
한겨레신문 편집부국장
한겨레신문 논설위원

이원섭(1949. 11. 20~)
조선일보 기자
한겨레신문 정치부장
한겨레신문 논설실장
경원대학교 신문방송학과 교수

이유환(1950. 3. 2~)
경향신문 기자
한겨레신문 사업본부장
한겨레신문 뉴미디어국장
한겨레신문 문화사업국장
스포츠투데이미디어 부사장

이인철(1935. 11. 10~2011. 12. 2)
동아일보 기자
한겨레신문 논설위원
강서양천생활협동조합 이사장

이정용(1964. 6. 7~)
한겨레21 사진팀장
한겨레신문 방송콘텐츠부문장
한겨레신문 사진부장
한겨레신문 광고국장(현)

이종욱(1942. 1. 12~)
동아일보 기자
한겨레신문 편집부위원장
계몽사 고문
동아자유언론수호투쟁위원회 위원(현)

이종욱(1945. 7. 13~)
동아일보 기자
한겨레신문 논설위원
문화일보 논설위원
언론중재위원회 부위원장
북카페 반디 대표(현)

이창곤(1964. 9. 18~)
한겨레경제연구소 연구위원
한겨레신문 지역부문 편집장
한겨레신문 편집국 콘텐츠협력 부국장

한겨레경제사회연구원장(현)

이해성(1941. 3. 3~)
동아방송 프로듀서
한겨레신문 편집위원
서울방송 라디오제작국장

이훈우(1953. 12. 7~)
한겨레신문 제작국장
한겨레신문 경영지원실장
한겨레신문 독자서비스 부본부장
동광문화인쇄 사장
한겨레시니어 감사

임응숙(1939. 3. 2~)
동아일보 기자
한겨레신문 기획위원
한겨레신문 특수자료실장

임석규(1966. 1. 10~)
한겨레신문 정치부장
한겨레신문 정치사회에디터
한겨레신문 총괄기획에디터
한겨레신문 디지털미디어국장(현)

임희순(1939.8.19~)
조선일보 기자
한겨레신문 편집위원
문화일보 편집위원
AP통신 사진기자

정동채(1950. 7. 3~)
합동통신 기자
한겨레신문 논설위원
15·16·17대 국회의원
제41대 문화관광부 장관
광주비엔날레 대표이사

정상모(1948. 4. 16~)
문화방송 기자
민주언론운동협의회 사무국장
한겨레신문 논설위원
문화방송 논설위원

정세용(1953. 9. 2~)
서울신문 기자
한겨레신문 국제부장
한겨레신문 논설위원
내일신문 편집국장
내일신문 주필(현)

정운영(1944. 3. 18~2005. 9. 24)
한국일보 기자
중앙일보 기자
한겨레신문 논설위원
경기대학교 경제학부 부교수
중앙일보 논설위원

정재권(1964. 8. 20~)
한겨레21 편집장
한겨레신문 편집국 사회부문 편집장
한겨레신문 전략기획실장
한겨레신문 편집국 디지털부문장

조성숙(1935. 10. 21~2016. 2. 19)
동아일보 기자
한겨레신문 논설위원
동아자유언론수호투쟁위원회 10대 위원장

지영선(1949. 12. 5~)
중앙일보 기자
한겨레신문 편집국 부국장
주 보스톤 총영사
환경운동연합 공동대표
녹색서울시민위원회 위원장(현)

진재학(1959. 11. 22~)
교육신보 국장
한겨레신문 정치부 팀장
한겨레신문 논설위원
농촌정보문화센터 소장

차성진(1954. 7. 8~)
매일경제신문 기자
한겨레신문 뉴미디어국장
한겨레신문 제작국장
한겨레신문 경영기획실장
한겨레시니어 이사(현)

최계식(1945. 9. 8~)
한겨레신문 광고국장
한겨레신문 이사
미디어오늘 부사장
CNB NEWS 부사장

최영선(1959. 7. 5~)
한겨레신문 교육사업단장
한겨레신문 경영기획실장
한겨레신문 문화교육사업국장
한국에너지재단 기획협력본부장(현)

최익림(1964. 8. 19~)
한겨레신문 경영기획부 비서부장
한겨레신문 편집국 지역부문 편집장
한겨레신문 전략사업국장
한겨레신문 사업국장
한겨레신문 편집국 인사협력부국장

최인호(1952. 1. 24~)
한겨레신문 편집국 교열부장
한겨레신문 심의실 심의위원
한겨레신문 심의실장
한글학회 연구원

최일남(1932. 12. 29~)
경향신문 문화부장
동아일보 편집국장
한겨레신문 논설위원
한국작가회의 17대 이사장

현이섭(1949. 3. 10~)
현대경제일보 기자
한겨레신문 편집부국장
한겨레신문 제작국장
한겨레신문 출판국장
미디어오늘 대표이사

홍수원(1944. 9. 14~)
동화통신사 기자
경향신문 기자
한겨레신문 광고국장
한겨레신문 논설위원

황찬석(1942. 12. 26~)
국제신문 광고국장
시사저널 광고국 이사
한겨레신문 광고국장

황충연(1961. 3. 12~)
한겨레신문 광고국장
한겨레신문 사업국 기획위원
한겨레신문 광고·사업 이사

5. 역대 시민편집인

홍세화(1947.12.10~)
서울대 외교학과
한겨레신문 기획위원
한겨레신문 1대 시민편집인(2006.1~2007.1)
르몽드디플로마티크 한국판 편집인
〈말과 활〉 발행인
'소박한 자유인' 대표

김형태(1956.12.4~)
서울대 법학과
민주사회를위한변호사모임 창립회원
의문사진상규명위원회 상임위원
참여연대 공익법센터소장
MBC 방송문화진흥회 이사
한겨레신문 2대 시민편집인(2007.1~2008.1)
법무법인 덕수 대표 변호사

이봉수(1954.5.25.~)
서울대 국어교육학과
조선일보 기자
한겨레신문 경제부장
세명대 저널리즘스쿨대학원 초대 학장
한겨레신문 3대 시민편집인(2008.9~2013.6)
경향신문 초대 시민편집인
세명대 저널리즘스쿨대학원장

김예란(1971.4.10.~)
서울대 언론정보학과
한림대 언론정보학부 교수
한국언론학회 연구이사
〈언론과 사회〉 편집위원
한겨레신문 5대 시민편집인(2016.3~2017.2)
광운대 미디어영상학부 교수

최영재(1963.1.24.~)
고려대 신문방송학과
연합뉴스 기자
YTN 기자
뉴스통신진흥회 2기 이사
한겨레신문 6대 시민편집인(2017.4~)
한림대 미디어커뮤니케이션학부 교수

6. 창간위원회 위원

계훈제 민통련 부의장
고은 시인
김승훈 신부
김윤수 미술평론가
김정한 민족문화작가회의 회장
김지길 한국기독교교회협의회(NCC) 회장
김천주 주부클럽 연합회 회장
문재인 변호사
변형윤 서울대 교수
서경원 가톨릭농민회 회장
성문 월간 '법회' 발행
심성보 서울교사협의회 공동대표
안평수 은행원
이기웅 열화당출판사 대표
이돈명 변호사
이소선 노동운동가
이우정 한국여성단체연합 회장
이효재 이화여대 교수
조아라 민주쟁취국민운동 전남본부고문
조준희 변호사

차범석 극작가
천영세 노동운동가
최원식 인하대 교수
팽원순 한양대 교수
한승헌 변호사
한용희 천주교 평신도사도직 협의회 회장
홍성우 변호사
황인철 변호사
강정문 동아일보 해직기자
권근술 동아일보 해직기자
김명걸 동아일보 해직기자
김인한 동아일보 해직기자
김종철 동아일보 해직기자
김태홍 합동통신 해직기자
박우정 경향신문 해직기자
박화강 전남매일 해직기자
배동순 동아일보 해직기자
성유보 동아일보 해직기자
성한표 조선일보 해직기자
송건호 동아일보 해직기자
신홍범 조선일보 해직기자
안정숙 한국일보 해직기자
윤활식 동아일보 해직기자
이경일 경향신문 해직기자
이광우 국제신보 해직기자
이병주 동아일보 해직기자
이부영 동아일보 해직기자
이원섭 조선일보 해직기자
이종욱 동아일보 해직기자
임재경 한국일보 해직기자
정상모 문화방송 해직기자
정태기 조선일보 해직기자
조성숙 동아일보 해직기자
최장학 조선일보 해직기자
하봉룡 영남일보 해직기자
홍수원 경향신문 해직기자

7. 역대 자문위원회

1기 (1993.7~1995.6)
위원장 **유현석**(대한변협인권위 위원장)
부위원장 **김찬국**(한국기독교교회협의회 인권위 부위원장)
위원 **백낙청**(서울대 교수)
서석구(변호사)
이상희(전 서울대 교수)
이영희(전 한겨레신문 논설고문)
임재경(전 한겨레신문 부사장)
조아라(전 한겨레 창간위원)
한승헌(변호사)
황선주(의사)

2기 (1995.7~1997.6)
위원장 **유현석**(변호사)
부위원장 **이상희**(전 서울대 교수)
위원 **김기진**(한겨레신문 주주)
백낙청(서울대 교수)
서지영(약사)
윤영규(전교조 해직교사)
이효재(이화여대 교수)
임재경(전 한겨레신문 부사장)
조준희(변호사)
한승헌(변호사)

3기 (1997.7~1999.6)
위원장 **조준희**(변호사)
위원 **고영구**(변호사)
문재인(변호사)
서지영(약사)
신홍범(전 한겨레신문 비상임이사)
신경림(시인)

윤영규(전교조 해직교사)
이효재(이화여대 교수)
장회익(서울대 교수)
최장집(고려대 교수)

4기 (1999.7~2001.6)
위원장 **문재인**(변호사)
위원 **김귀식**(전교조 7대 위원장)
변재용(한솔교육 대표이사)
신경림(민족문학작가회의)
신홍범(전 한겨레신문 비상임이사)
이원보(한국노동사회연구소 소장)
임채균(변호사)
장회익(서울대 교수)
지은희(여성단체연합 상임대표)
최장집(고려대 교수)

5기 (2001.7~2003.6)
위원장 **김귀식**(전교조 7대 위원장)
위원 **김수행**(서울대 교수)
변재용(한솔교육 대표이사)
성한표(한겨레노동교육연구소 이사장)
이원보(한국노동사회연구소 소장)
임동규(목사)
임채균(변호사)
임현진(서울대 교수)
지은희(여성부 장관)
현기영(소설가)

6기 (2003.7~2008.2)
위원장 **문용린**(서울대 교수)
위원 **김갑배**(진실·화해를 위한 과거사 정리 위원회 상임위원)
김유선(한국노동사회연구소 소장)
문국현(유한킴벌리 대표)
서병문(단국대 교수)
이기웅(도서출판 열화당 대표)
이민규(중앙대 교수)
이청종(㈜후이즈 대표)
정현백(성균관대 교수)
조국(서울대 교수)

7기 (2008.2~2010.1)
위원장 **이계안**(전 국회의원)
위원 **김영욱**(한국언론재단 미디어연구실장)
김영환(양지세무회계사무소 대표)
김현대(UC미디어㈜ 대표이사)
서근우(하나은행 부행장)
이승규(KAIST 교수)
장하성(고려대 교수)
정인숙(경원대 교수)

8기 (2012.11~2015.6)
위원장 **김선주**(한겨레 전 논설위원)
위원 **강맑실**(사계절 출판사 대표)
강명구(서울대 교수)
김상종(서울대 교수)
남형두(연세대 교수)
윤진호(인하대 교수)
이재성(엔씨소프트 이사)
정재근(스님)
조용경(기업인)
차병직(변호사)

9기 (2015.6~2017.6)
위원장 **문정인**(연세대 교수)
부위원장 **정연순**(변호사)
위원 **김영주**(한국언론재단 연구센터장)
김택환(경기대 교수)
신철호(OGQ 대표이사)
염형철(환경운동연합 사무처장)
육현표(에스원 대표이사)
장덕진(서울대 교수)
장은수(전 민음사 대표)
한성숙(네이버 총괄이사)
한호택(세계경영연구원 교수)

8. 역대 열린편집위원회

※ 사내 편집위원은 생략

1기 (2013.5~2013.10)
위원장 **신인령**(전 이화여대 총장)
위원 **김영배**(성북구청장)
박종원(한국예술종합학교 총장)
백필규(중소기업연구원 선임연구위원)
신민영(LG경제연구원 경제연구부문장)
윤고은(작가)
이남신(한국비정규노동센터 소장)
이주원(경북대신문 편집국장)
이태호(참여연대 사무처장)
제정임(세명대 저널리즘스쿨대학원 교수)
후지이 다케시(역사문제연구소 연구실장)

2기 (2013.11~2014.4)
위원장 **신인령**(전 이화여대 총장)
위원 **고윤덕**(변호사)
김영배(성북구청장)
김재영(충남대 언론정보학과 교수)
오지연(〈숙대신보〉 편집장)
오창익(인권연대 사무국장)
장보형(하나금융경영연구소 경제연구실장)
후지이 다케시(역사문제연구소 연구실장)
윤고은(작가)
이남신(한국비정규노동센터 소장)

3기 (2014.5~2014.10)
위원장 **조은**(동국대 명예교수)
위원 **김상영**(CJ그룹 부사장)
김재영(충남대 교수)
부미경(은평시민신문 전 발행인)
오창익(인권연대 사무국장)
이지은(중앙대 신문방송학과 대학원생)
한지혜(작가)

4기 (2014.11~2015.4)
위원장 **조은**(동국대 명예교수)
위원 **박가분**(고려대 경제학과 대학원생)
부미경(〈은평시민신문〉 전 발행인)
이상재(대전충남인권연대 사무국장)
정연우(세명대 교수)
최영묵(GS건설 부사장)
한지혜(소설가)

5기 (2015.6~2016.5)
위원장 **정현백**(성균관대 교수)
위원 **박가분**(고려대 경제학과 대학원생)
백미숙(동화작가)
부미경(〈은평시민신문〉 협동조합 이사)
이상재(대전충남인권연대 사무국장)
이승열(전 SBS 기자)
임자헌(고전번역작가)
정연우(세명대 교수)
최영묵(GS건설 부사장)
홍성일(서강대 선임연구원)

6기 (2016.6~2017.5)
위원장 **정현백**(성균관대 교수)
위원 **백미숙**(동화작가)
이상재(대전충남인권연대 사무국장)
이승열(전 SBS 기자)
이승희(경제개혁연구소 연구위원)
홍성일(서강대 선임연구원)

9. 자회사·관계회사 역대 대표이사

〈씨네21〉

대표이사 **한동헌** 2003. 8~2004. 3
김상윤 2004. 3~2014. 7
이인우 2008. 3~2010. 2
김충환 2014. 7~2017. 12
배경록 2017. 3~

〈한겨레출판〉

대표이사 **이기섭** 2006. 1~2017. 3
이상훈 2017. 3~

〈한겨레교육〉

대표이사 **강석운** 2008. 7~2012. 3
박준열 2012. 3~2016. 1
이상훈 2016. 1~2018. 3
김창석 2018. 3~

〈한겨레미디어마케팅〉

대표이사 **이재경** 2007. 12~2012. 7
차호은 2012. 7~2014. 10
김현대 2014. 10~2016. 3
김진현 2016. 3~2017. 5
이성환 2017. 5~2018. 3
강대성 2018. 3~

〈한겨레에스엔씨〉

대표이사 **김태읍** 2008. 1~2014. 3
이광재 2014. 3~2017. 3
유승구 2017. 3~2018. 3
강대성 2018. 3~

〈허핑턴포스트코리아〉

대표이사 **권태선** 2014. 2~2015. 4
정영무 2015. 4~2017. 4
양상우 2017. 4~

〈씨네룩스〉

대표이사 **김상윤** 2014. 9~

〈롤링스토리〉

대표이사 **권복기** 2014. 12~2018. 2
이성욱 2014. 12~2015. 5

〈뉴스뱅〉

대표이사 **신철호** 2015. 11~
구범준 2016. 6~2017. 4
최재영 2016. 6~2017. 1

〈씨네플레이〉

대표이사 **서정민** 2016. 10~2018. 4
배경록 2018. 4~

〈22세기미디어〉

대표이사 **고경태** 2017. 12~

〈팩트스토리〉

공동대표 **고나무** 2017. 12~
오명철 2017. 12~

〈한겨레통일문화재단〉

1기 (1998.3~2000.3)

이사장 **변형윤**(서울대 교수)

이사 **권근술**(한겨레신문 사장), **김용준**(고려대 명예 교수), **서중석**(성균관대 교수), **이세중**(변호사), **한완상**(상지대 총장), **허웅**(한글학회 이사장), **홍창의**(의사), **백낙청**(서울대 교수), **이효재**(한겨레신문 이사)

감사 **이계종**(공인회계사), **박재승**(변호사)

2기 (2000.3~2002.3)

이사장 **변형윤**(서울대 교수)

이사 **권근술**(남북어린이어깨동무 이사장), **김용준**

(고려대 명예교수), **서중석**(성균관대 교수), **이세중**(변호사), **한완상**(상지대 총장), **허웅**(한글학회 이사장), **홍창의**(의사), **권오홍**((주)씨스젠 회장), **김지영**(의사), **장영승**(나눔기술 사장), **최학래**(한겨레신문 사장), **김상근**(목사)

감사 **박재승**(변호사), **이대용**(공인회계사)

3기 (2002.3~2004.3)

이사장 **변형윤**(서울대 명예교수)

이사 **김용준**(고려대 명예교수), **김지영**(의사), **서중석**(성균관대 교수), **이세중**(변호사), **최학래**(한겨레신문 사장), **홍창의**(서울대 의대 명예교수), **김상근**(제2건국위 위원장), **유영래**(민주화운동기념사업회 사무처장), **탁무권**(한겨레문고 대표), **박재규**(경남대학교 총장)

감사 **박재승**(변호사), **이대용**(공인회계사)

4기 (2004.3~2006.3)

이사장 **변형윤**(서울대 명예교수)

이사 **김용준**(고려대 명예교수), **서중석**(성균관대 교수), **이세중**(변호사), **홍창의**(의사), **김지영**(의사), **최학래**(전 한겨레신문 사장), **김상근**(목사), **박재규**(경남대학교 총장), **안병욱**(가톨릭대 교수), **유영래**(민주화운동기념사업회 사무처장), **탁무권**(한겨레문고 대표), **고희범**(전 한겨레신문 사장), **오재식**(월드비전 회장), **정태기**(한겨레신문 사장)

감사 **박재승**(변호사), **이대용**(공인회계사)

5기 (2006.3~2008.3)

이사장 **민병석**(전 유엔사무차장보)

이사 **정태기**(전 한겨레신문 사장), **고희범**(한국에너지재단 사무총장), **서중석**(성균관대 교수), **신영복**(전 성공회대 교수), **안병욱**(가톨릭대 교수), **이병**(한겨레신문 사업기획국장), **정병호**(한양대 교수), **정은숙**(국립오페라단 예술감독), **조정래**(소설가), **최용식**(한국공구공업협동조합 이사장), **도법스님**(생명평화결사탁발순례단장), **서형수**(한겨레신문 사장)

감사 **김광호**(한겨레신문 상임감사), **이유정**(변호사)

6기 (2008.3~2011.4)

이사장 **임동원**(전 통일부 장관)

이사 **이병**(전 한겨레신문 사업기획국장), **정태기**(대산농촌문화재단 이사장), **서중석**(성균관대 교수), **안병욱**(전 진실화해위원회 위원장), **정병호**(한양대 교수), **정은숙**(세종대 교수), **조정래**(소설가), **이봉조**(전 통일연구원장), **서형수**(한겨레신문 상임고문), **박혁**(변호사), **고광헌**(한겨레신문 사장), **김영철**(시민방송 부이사장), **이용선**(우리민족서로돕기운동 운영위원장)

감사 **장철규**(한겨레신문 상임감사), **이유정**(변호사)

7기 (2011.4~2014.4)

이사장 **임동원**(전 통일부 장관)

이사 **박창식**(한겨레신문 연구기획조정실장), **강태호**(한겨레평화연구소 소장), **고광헌**(전 한겨레신문 사장), **김영철**(동아시아미래재단 대표), **박영소**(한겨레신문 기획조정본부장), **박혁**(변호사), **서중석**(성균관대 교수), **안병욱**(가톨릭대 교수), **양상우**(한겨레신문 사장), **이봉조**(전 통일부 차관), **이병**(한겨레신문 콘텐츠비즈니스협력단장), **정병호**(한양대 교수), **정은숙**(성신여대 석좌교수), **조정래**(소설가), **이용선**(우리민족서로돕기운동 공동대표)

감사 **윤종훈**(한겨레신문 감사), **이유정**(변호사)

8기 (2014.4~2017.4)

이사장 **임동원**(전 통일부 장관)

이사 **박창식**(한겨레신문 연구기획조정실장), **강영식**(우리민족서로돕기운동 사무총장), **고광헌**(한국인권재단 이사장), **정영무**(한겨레신문 사장), **박혁**(변호사), **이병**(한겨레신문 주주서비스센터장), **서중석**(성균관대 석좌교수), **안병욱**(가톨릭대 석좌교수), **양상우**(전 한겨레신문 사장), **정은숙**(성남문화재단 대표이사), **조정래**(소설가)

감사 **장창덕**(한겨레신문 감사), **이유정**(변호사)

9기 (2017.4~2020.4)

이사장 **정세현**(전 통일부 장관)

이사 **이창곤**(한겨레신문 경제사회연구원장), **양상우**(한겨레신문 사장), **강태호**(한겨레평화연구소 소장), **이병**(한겨레경제사회연구원 이사 대우), **서중석**(성균관대 명예교수), **박혁**(변호사), **조정래**(소설가), **강영식**(우리민족서로돕기운동 사무총장), **황재옥**(평화협력원 부원장), **박순성**(동국대 교수), **스펜서 김**(태평양세기연구소장), **안도현**(시인), **문성근**(영화배우)

감사 **이상근**(한겨레신문 감사), **안식**(변호사)

자문위원회

위원장 **김명걸**(전 한겨레신문 사장)

위원 **박우정**(전 한겨레신문 논설주간), **김경성**(남북체육교류협회 이사장), **고희범**(한국에너지재단 사무총장), **민병석**(전 유엔 사무차장보)

10. 역대 노동조합·사주조합 임원·집행부

※15기 노조부터 산별노조 전환에 따라 언론노조 한겨레지부로 개칭
※2004년 9월, 노동조합-우리사주조합 겸임 체제가 도입되어 노조위원장이 우리사주조합장 겸임하고, 노조 임원이 우리사주조합이사 겸임

1기 1988. 12~1990. 1

위원장 **고희범**
부위원장 **김승국, 이수영, 김현득, 염춘호, 원병준**
사무국장 **유정우**
지개위 간사 **김형배, 오귀환**
노보편집부장 **한승동, 지교철, 백현기**
총무부장 **한봉일**
조직부장 **박준철**
교육부장 **윤석인**
복지부장 **정완영, 이춘재**
교섭쟁의부장 **송길섭**
조사부장 **강태호**
여성부장 **박선애**
회계감사 **양지성, 김난희**

2기 1990. 2~1991. 1

위원장 **최성민**
부위원장 **태광훈, 강신균, 유정우, 오인철, 최인호**
사무국장 **이병**
지개위간사 **문학진**
노보편집부장 **지교철**
총무부장 **이상진**
조직부장 **박석조**
교육부장 **김우경**
복지부장 **김영민**
교섭쟁의부장 **오상석**
조사부장 **차한필**
여성부장 **김미경**
회계감사 **옥기범, 김현주**

3기 1991. 2~1991. 7

위원장 **김영철**
부위원장 **이병, 백종광, 육일정, 정석구, 조기옥**
사무국장 **김진현**
지개위간사 **김지석**
노보편집부장 **송우달**
총무부장 **박정수**
조직부장 **문형우**
교육홍보부장 **김형선**
복지부장 **김한수**
교섭쟁의부장 **조성도, 하성봉**
조사부장 **이종찬, 김이택**
여성부장 **김화령**
대외협력부장 **김종구, 오태규**

회계감사 김형준, 박옥숙

4기 1991. 8~1992. 7
위원장 윤석인
부위원장 송우달, 조강복, 박동남, 강신균, 박관우
사무국장 박정수
지개위 간사 조홍섭
노보편집부장 이인우
총무부장 박수현
조직부장 윤기현, 이인호
교육홍보부장 안영진
복지부장 정충용
교섭쟁의부장 김진현
조사부장 이상훈
여성부장 문현숙
대외협력부장 곽노필
회계감사 이병옥, 이영희

5기 1992. 7~1993. 5
위원장 윤석인
부위원장 송우달, 박경하, 이철규, 온영상, 백병훈
사무국장 유승구
지개위간사 오귀환
노보편집부장 김용성
언노련 조직국장 오상석
총무부장 박수현
조직부장 김흥수
교육홍보부장 이주헌
복지부장 이광재
교섭쟁의부장 김병희
조사부장 곽노필
여성부장 유승희
문화협력부장 차성진
회계감사 이정구, 박옥숙

6기 1993. 6~1994. 6
위원장 원병준
부위원장 신동호, 이명기, 이병옥, 박상진
사무국장 윤재필
지개위간사 정석구
노보편집부장 서기철
총무부장 유승구
조직부장 신현우
조사부장 이찬영
여성부장 김난희
교육홍보부장 이태호
복지부장 박규봉
교섭쟁의부장 최승식
문화협력부장 전재철
회계감사 김정순, 권영숙

7기 1994. 6~1995. 5
위원장 송우달
부위원장 신현만, 이재경, 박정수, 장창덕, 정충용, 이승진, 박규봉
사무국장 김학태
지개위 간사 김지석
노보편집부장 김도형
언론노련 파견 손석춘
총무부장 유제호
조직부장 김택희
조사부장 김상윤
복지부장 강지숙
여성부장 김정화
교육홍보부장 임범
교섭쟁의부장 장창수
문화협력부장 한정연
회계감사 김형준, 이현자

8기 1995. 6~1996. 9
위원장 송우달
부위원장 안영진, 차호은, 이승진, 김형준, 한정연, 유승구
사무국장 박규봉
지개위 간사 최영선
노보편집부장 김순자, 강석운
총무부장 유제호
조직부장 김철홍

교육홍보부장 안재승
복지부장 심봉룡
교섭쟁의부장 김보근
조사부장 장창수
여성부장 강지숙
문화협력부장 정재권
회계감사 김난희

9기 1996. 10~1997. 9
위원장 김형선
부위원장 박찬수, 이광재, 손중석, 최병근, 김철홍, 김영진
사무국장 이정구
지개위 간사 신기섭
노보편집장 이재근
총무부장 장창수
조직부장 유강문
조사부장 원성연
복지부장 박원식
여성부장 이유경
교육홍보부장 양상우
교섭쟁의부장 신경식
문화협력부장 허미경
회계감사 김광호, 윤호숙

10기 1997. 10~1998. 9
위원장 손석춘
부위원장 김인현, 김택희, 박은주, 유제호, 이정구, 조철옥
사무국장 김광호
지개위 간사 양상우, 김현수, 김형선
제개위 간사 양상우
노보편집부장 박경만
정책실장 김형선
총무부장 박수현
조직부장 박덕진
조사복지부장 윤승일
여성부장 원성연
교육홍보부장 오철우
교섭쟁의부장 신경식
문화협력부장 김현수
회계감사 김세곤, 박민애

11기 1998. 10~1999. 9
위원장 이정구
부위원장 김보근, 박수현, 김수영, 이재원, 김상윤, 선종석
사무국장 원성연
지개위 간사 유강문, 오철우, 권복기
노보편집부장 오철우, 윤승일, 안영춘, 김보근
정책실장 신기섭
총무부장 박상진
조직부장 이제훈
조사복지부장 박숙경
여성부장 조경복
교육홍보부장 김광호
교섭쟁의부장 안영춘
문화협력부장 정광섭
회계감사 박선희, 남덕우

12기 1999. 10~2000. 9
위원장 이정구
부위원장 신기섭, 박수현, 이계승, 김상윤, 하태수, 신지희
사무국장 정광섭
지개위 간사 신기섭, 권복기
노보편집부장 조준상, 이제훈
정책실장 권복기, 원성연
총무부장 박상진
조직부장 임성환
조사복지부장 김회승
여성부장 류학렬
교육홍보부장 이남헌
교섭쟁의부장 류학렬, 안영춘
문화협력부장 박종우
회계감사 김명희, 김근영

13기 2000. 10~2001. 11
위원장 **김보근**
부위원장 **장철규, 임성환, 이명기, 장창수, 지정구, 강창광**
사무국장 **박상진**
지개위 간사 **강희철**
노보편집부장 **오철우**
총무부장 **유제호**
조직부장 **하태수**
여성부장 **전주연**
교육조사부장 **권혁철**
교섭쟁의부장 **장민수**
회계감사 **김난희, 홍경표**

14기 2001. 11~2003. 11
위원장 **박상진**
부위원장 **조철옥, 김성태, 김창석, 임규학**
사무국장 **박용태**
지개위 간사 **안영춘**
노보편집부장 **조준상**
총무부장 **최승식**
조직부장 **이제훈**
문화여성부장 **김명희**
교육조사부장 **안수찬**
회계감사 **라정미, 김양임**

15기 2004. 4~2004. 9
지부장 **양상우**
부지부장 **이제훈, 이종규, 장민수, 최명진, 송제용, 고경태**
사무국장 **박용태**
지개위 간사 **박용현**
노보편집부장 **황상철**
정책실장 **김창석**
총무부장 **유용선**
조직부장 **김회승**
교육홍보부장 **강창석**
교섭쟁의부장 **임성환**
문화여성부장 **박민애**
대외협력부장 **조준상**
회계감사 **조철옥, 김난희**

16기 2004. 9~2005. 3
※8기 우리사주조합 임원 겸임
지부장 **양상우**
부지부장 **최명진, 송제용, 이종규, 이제훈, 장민수, 김보협, 김택희**
분회장 **장창수**
사무국장 **박용태**
노보편집부장 **황상철**
정책실장 **김창석**
진보언론 간사 **김규원, 권혁철, 이재성**
총무부장 **김효섭**
조직부장 **김회승**
교육홍보부장 **이용석**
교섭쟁의부장 **임성환**
문화여성부장 **김아리**
대외협력부장 **조준상**
회계감사 **조철옥, 김난희**

17기 2005. 3~2005. 8
※9기 우리사주조합 임원 겸임
지부장 **이제훈**
부지부장 **이천우, 김경화, 이태경, 오철우, 장덕남, 박승화**
분회장 **강현명**
사무국장 **지정구**
한소리편집부장 **권혁철**
진보언론 간사 **이재성**
정책실 부장 **조준상**
총무부장 **유제호**
조직부장 **김회승**
교육홍보부장 **안수찬**
교섭쟁의부장 **김규원**
문화생활부장 **정인화**
회계감사 **김국화, 김금희**

18기 2005. 8~2006. 9

※10기 우리사주조합 임원 겸임

지부장 **조준상**

부지부장 **이천우, 권태일, 강희철, 임종심, 박승화**

분회장 **김성일**

사무국장 **장민수**

한소리편집부장 **이재성**

진보언론 간사 **권혁철**

정책실장 **김창석**

총무부장 **김회승**

조직부장 **김경화**

교섭쟁의부장 **김보협**

교육홍보부장 **안창현**

여성부장 **정세라**

문화생활부장 **안수찬**

회계감사 **김국화**

19기 2006. 9~2007. 9

※11기 우리사주조합 임원 겸임

지부장 **이재성**

부지부장 **김동훈, 조계완, 주희정, 권태일, 김태영, 윤명수**

사무국장 **장민수**

미디어국장 **안수찬**

한소리편집부장 **김남일**

조직부장 **김보협**

교육부장 **황보연**

복지부장 **김양중**

교섭쟁의부장 **김회승**

여성부장 **최혜정**

대외협력부장 **남종영**

문화체육부장 **서정민**

회계감사 **구정아, 김국화**

20기 2007. 9~2008. 10

※12기 우리사주조합 임원 겸임

지부장 **김보협**

부지부장 **김동훈, 정용일, 구정아, 권태일, 김태영, 윤명수**

사무국장 **정인택**

미디어국장 **서정민**

편집부장 **최혜정**

총무부장 **이영준**

조직부장 **남종영**

복지부장 **전정윤**

여성부장 **황예랑**

교육부장 **정세라**

교섭쟁의부장 **전철홍**

문화부장 **하수정**

회계감사 **주희정, 변정미**

21기 2008. 10~2010. 1

※13기 우리사주조합 임원 겸임

지부장 **김보협**

부지부장 **이주현, 김효섭, 유제호, 윤세병, 윤명수, 정혁준**

사무국장 **권태일**

미디어국장 **이지은**

미디어부국장 **류이근**

한겨레엔분회장 **박종찬**

편집부장 **유신재**

총무부장 **이영준**

복지부장 **정세라**

교섭쟁의부장 **김순배**

조직부장 **최성진**

교육부장 **김원일**

문화부장 **하수정**

여성부장 **황예랑**

대외협력부장 **이문영**

회계감사 **변정미, 김금희**

22기 2010. 1~2011. 2

※14기 우리사주조합 임원 겸임

지부장 **류이근**

부지부장 **이재명, 이충신, 이선재, 유상진, 윤명수, 조계완**

사무국장 **이영준**

미디어국장 **유신재**

미디어부국장 **남종영**
정책실장 **박정민**
편집부장 **최현준**
총무부장 **김소연**
복지부장 **윤은숙**
교섭쟁의부장 **이순혁**
조직부장 **전종휘**
교육부장 **서규석**
문화부장 **하어영**
여성부장 **김미영**
대외협력부장 **이문영**
회계감사 **변정미, 김지영**

23기 2011. 2~2012. 2

※15기 우리사주조합 임원 겸임

지부장 **전종휘**
부지부장 **조계완, 김정엽, 윤명수, 박용태, 유상진, 이순혁**
사무국장 **서규석**
미디어국장 **길윤형**
교섭쟁의부장 **이재명**
교육부장 **이재훈**
대외협력부장 **조혜정**
문화부장 **임지선**
복지부장 **이완**
여성부장 **김지은**
정책실장 **최태형**
조직부장 **남종영**
총무부장 **이원세**
편집부장 **최정봉**
회계감사 **강동완, 박지훈**

24기 2012. 2~2013. 2

※16기 우리사주조합 임원 겸임

지부장 **박중언**
사무국장 **장덕남**
부지부장 **김정엽, 박성영, 신의상, 유창선, 윤명수, 이춘재, 이태경, 이형섭**
편집부장 **정정화**
총무부장 **정연욱**
교섭쟁의부장 **이재명**
여성부장 **김금희**
정보부장 **유재근**
문화부장 **김혜주**
회계감사 **강동완, 이상준**

25기 2013. 2~2014. 3

※우리사주조합 임원 겸임 해제

지부장 **장덕남**
부지부장 **이형섭, 이태경, 이해돈, 최태형, 윤명수, 박성영, 이영준, 정홍근**
사무국장 **정연욱**
미디어국장 **김태규**
교섭쟁의부장 **이순혁**
교육부장 **김혜주**
문화부장 **이정연**
여성부장 **진선화**
전략부장 **정인택**
조직부장 **김성환**
총무부장 **유재근**
편집부장 **황춘화**
행복힐링부장 **윤지혜**
회계감사 **강동완, 이상준**

26기 2014. 3~2015. 5

지부장 **박종찬**
부지부장 **박정민, 김양임, 정인택, 김준호, 윤명수, 김남준, 한귀영, 김원일**
사무국장 **유재근**
미디어국장 **최원형**
교섭쟁의부장 **정연욱**
교육부장 **오윤선**
전략사업부장 **안정민**
문화부장 **진선화**
여성부장 **김미영**
전략기획부장 **신의상**
조직부장 **문성호**
기획재정부장 **김범준**

편집부장 **장수경**
행복힐링부장 **박수진**
일과삶균형부장 **양선아**
디지털전략부장 **이화섭**
회계감사 **강동완, 이상준**

27기 2015. 6~2016. 6
지부장 **최성진**
부지부장 **이재명, 박춘미, 유창선, 김준호, 구본욱, 김남준, 한귀영, 정은주**
사무국장 **이상준**
미디어국장 **하어영**
교섭쟁의부장 **황예랑**
교육부장 **전정윤**
문화부장 **유재근**
여성부장 **김지영**
조직부장 **김민경**
총무부장 **박정웅**
편집부장 **장수경**
복지부장 **이영준**
대외협력부장 **박현정**
정책실 차장 **엄지원, 최보름**
회계감사 **강동완, 김근영**

28기 2016. 7~2017. 6
지부장 **최성진**
부지부장 **전철홍, 문성호, 나성숙, 김준호, 구본욱, 김남준, 안정민, 홍석재**
사무국장 **이상준**
미디어국장 **전정윤**
교섭쟁의부장 **이재훈**
교육부장 **오승훈**
문화부장 **박지훈**
여성부장 **김경진**
정책실 부장 **김공회**
조직부장 **이영준**
총무부장 **유재근**
편집부장 **주민규**
복지부장 **김미영**
회계감사 **강동완, 오윤선**

29기 2017. 6~
지부장 **지정구**
부지부장 **안덕귀, 서규석, 김태규, 신의상, 안병렬, 이진한, 정태희, 문성호**
사무국장 **김범준**
미디어국장 **이경미**
교섭쟁의부장 **윤세병**
교육부장 **전진식**
문화부장 **박지훈**
여성부장 **나성숙**
정책실 부장 **하수정**
조직부장 **이용기**
총무부장 **최용인**
편집부장 **주민규**
복지부장 **김미영**
대외협력부장 **이영준**
회계감사 **강동완, 이문기**

역대 우리사주조합 조합장
1·2·3기 **정영택** 1992. 12~1997. 10
4기 **태광훈** 1997. 10~1999. 12
5·6기 **박영소** 1999. 12~2003. 2
7기 **장철규** 2003. 2~2004. 9
8~16기 **겸임조합**
17기 **박중언** 2013. 2~2014. 2
18기 **이동구** 2014. 2~2015. 2
19·20기 **정남구** 2015. 2~2016. 2
21기 **이재훈** 2017. 1~

11. 역대 한겨레 관련 주요상 수상자

송건호 언론상 수상자

제1회(2002년 12월6일) **정경희**(원로 언론인)

제2회(2003년 12월5일) **위르겐 힌츠페터**(독일 제1공영방송 ARD-NDR의 전 일본특파원)

제3회(2004년 12월3일) **사단법인 민주언론운동시민연합**

제4회(2005년 12월2일) **강준만** 전북대 신문방송학과 교수

제5회(2006년 12월20일) **동아자유언론수호투쟁위원회**

제6회(2007년 12월17일) **조용수** 민족일보 사장

제7회(2008년 12월11일) **문화방송(MBC) 피디수첩, 전국언론노동조합 YTN 지부**

제8회(2009년 12월9일) **최문순, 최상재** 전국언론노조 위원장

제9회(2010년 12월8일) **최승호** 문화방송(MBC) 피디, **옥천신문**

제10회(2011년 12월7일) **서중석** 성균관대 사학과 교수

제11회(2012년 12월12일) **한홍구** 성공회대 교양학부 교수, **팟캐스트 〈뉴스타파〉**

제12회(2013년 12월17일) **경남도민일보, 언론협동조합 〈프레시안〉**

제13회(2014년 12월16일) **손석희** JTBC 보도 담당 사장

제14회(2015년 12월9일) **변상욱** CBS 대기자

제15회(2016년 12월6일) **김동춘** 성공회대 사회과학부 교수

제16회(2017년 12월15일) **JTBC 뉴스룸**

한겨레통일문화상 수상자

제1회(1999년) **고 윤이상**(음악가)

제2회(2000년) **강만길**(친일반민족행위진상규명 위원장)

제3회(2001년) **문정현·문규현**(신부)

제4회(2002년) **고 정주영**(현대그룹 명예회장)

제5회(2003년) **부산아시아경기대회 참석 북쪽 응원단**

제6회(2004년) **임동원**(전 외교안보 특보)

제7회(2005년) **개성공단을 만든 사람들**

제8회(2006년) **박용길**(통일맞이 상임고문), **홍근수**(평통사 상임대표)

제9회(2007년) **리영희**(전 한양대 교수)

제10회(2008년) **신명철**(남북나눔 본부장), **이기범**(남북어린이어깨동무 사무총장), **이용선**(우리민족서로돕기운동 운영위원장)

제11회(2009년) **백낙청**(6.15 공동선언실천 남측위원회 명예대표)

제12회(2010년) **도상태**(일본 '삼천리철도' 이사장)

제13회(2011년) **이행우**(재미통일운동가), **오인동**(재미통일운동가)

제14회(2012년) **이태호**(참여연대 사무처장)

제15회(2013년) **인천광역시**

제16회(2014년) **정세현**(전 통일부장관)

제17회(2015년) **신은미**(재미동포), **남북경협기업비상대책위원회**
제18회(2016년) **개성공단기업비상대책위원회**
제19회(2017년) 수상자 없음

한겨레문학상 수상자

제1회(1996년) 수상작 없음
제2회(1997년) **김연** 〈나도 한때는 자작나무를 탔다〉
제3회(1998년) **한창훈** 〈홍합〉
제4회(1999년) **김곰치** 〈엄마와 함께 칼국수를〉
제5회(2000년) 수상작 없음
제6회(2001년) **박정애** 〈물의 말〉
제7회(2002년) **심윤경** 〈나의 아름다운 정원〉
제8회(2003년) **박민규** 〈삼미 슈퍼스타즈의 마지막 팬클럽〉
제9회(2004년) **권리** 〈싸이코가 뜬다〉
제10회(2005년) **조두진** 〈도모유키〉
제11회(2006년) **조영아** 〈여우야 여우야 뭐하니〉
제12회(2007년) **서진** 〈웰컴 투 더 언더그라운드〉
제13회(2008년) **윤고은** 〈무중력 증후군〉
제14회(2009년) **주원규** 〈열외인종 잔혹사〉
제15회(2010년) **최진영** 〈당신 옆을 스쳐간 그 소녀의 이름은〉
제16회(2011년) **장강명** 〈표백〉
제17회(2012년) **강태식** 〈굿바이 동물원〉
제18회(2013년) **정아은** 〈모던 하트〉
제19회(2014년) **최지월** 〈상실의 시간들〉
제20회(2015년) **한은형** 〈거짓말〉
제21회(2016년) **이혁진** 〈누운 배〉
제22회(2017년) **강화길** 〈다른 사람〉

리영희상 수상자

제1회(2013년 12월3일) **권은희** 서울 송파경찰서 수사과장
제2회(2014년 12월1일) **민주사회를 위한 변호사모임의 변호인단**(천낙붕·장경욱·양승봉·김용민·김유정·김진형 변호사) / **뉴스타파 취재진**(최승호 피디·정유신·오대양·최형석 기자)
제3회(2015년 12월3일) **김효순** 포럼 진실과정의 공동대표 / **다카다 겐** '허락할 수 없다! 헌법개악·시민연락회' 사무국장
제4회(2016년 11월30일) **백도명** 환경보건시민센터 공동대표 겸 서울대 보건대학원 교수
제5회(2017년 12월1일) **이용마** 문화방송(MBC) 해직기자

12. 한겨레신문 주주 명단

DORSENHE OROGE NAMSUNHEE 가금숙 가동진 가명현 가범현 가시현 가영옥 가장현 가현숙 간병용 간우정 갈건옥 갈봉춘 갈상돈 감경자 감동국 감동현 감명수 감상호 감은정 감종훈 갑충근 강가왕 강갑원 강강희 강건 강건구 강건기 강경 강경근 강경란 강경래 강경래 강경룡 강경림 강경문 강경미 강경민 강경민 강경민 강경민 강경복 강경선 강경수 강경수 강경수 강경숙 강경숙 강경숙 강경숙 강경숙 강경식 강경식 강경아 강경아 강경아 강경애 강경애 강경애 강경옥 강경옥 강경원 강경원 강경을 강경재 강경재 강경진 강경찬 강경태 강경태 강경필 강경하 강경현 강경화 강경훈 강경희 강경희 강경희 강경희 강고 강관엽 강광서 강광섭 강광용 강광현 강광현 강광호 강구 강구열 강구율 강구점 강구철 강구형 강국미 강국신 강귀량 강귀만 강귀분 강귀석 강귀선 강귀수 강귀원 강귀티 강규남 강규배 강규상 강규상 강규석 강규식 강규옥 강규준 강균영 강극중 강근배 강근수 강근식 강근식 강근영 강근태 강근호 강근희 강금만 강금상 강금석 강금숙 강금순 강금실 강금향 강금희 강금희 강기갑 강기남 강기두 강기룡 강기묘 강기석 강기석 강기선 강기수 강기숙 강기순 강기영 강기완 강기완 강기웅 강기원 강기재 강기정 강기정 강기주 강기중 강기철 강기철 강기철 강기탁 강기태 강기택 강기필 강기행 강기헌 강기현 강기호 강기훈 강길용 강길원 강길원 강길중 강길호 강길호 강나루 강나림 강남규 강남규 강남미 강남석 강남선 강남선 강남수 강남숙 강남순 강남식 강남용 강남욱 강남욱 강남원 강남준 강남중 강남훈 강남훈 강남훈 강남훈 강남희 강내희 강노식 강다석 강다운 강다은 강다해 강단비 강달례 강달순 강달순 강달원 강달인 강대갑 강대거 강대곤 강대관 강대교 강대국 강대동 강대룡 강대명 강대민 강대석 강대석 강대석 강대선 강대선 강대성 강대수 강대승 강대식 강대신 강대신 강대연 강대영 강대영 강대오 강대용 강대용 강대욱 강대웅 강대원 강대원 강대유 강대인 강대인 강대종 강대종 강대중 강대진 강대창 강대표 강대필 강대하 강대한 강대헌 강대현 강대현 강대형 강대호 강대홍 강대화 강대훈 강대흥 강대희 강덕구 강덕수 강덕수 강덕순 강덕연 강덕원 강덕주 강덕준 강덕중 강덕중 강덕진 강덕훈 강도란 강도수 강도원 강도은 강도홍 강도희 강돈 강돈구 강동구 강동귀 강동근 강동님 강동로 강동문 강동민 강동민 강동선 강동수 강동수 강동수 강동순 강동식 강동옥 강동우 강동욱 강동운 강동원 강동원 강동일 강동일 강동주 강동창 강동철 강동하 강동학 강동현 강동호 강동호 강동호 강동환 강동환 강동훈 강동희 강두삼 강두식 강두연 강두율 강두진 강두천 강두현 강두현 강득상 강득현 강득희 강락원 강란 강마린 강막순 강만길 강만선 강만신 강만옥 강만이 강만호 강만희 강말룡 강맹구 강맹훈 강명 강명구 강명기 강명기 강명덕 강명미 강명보 강명석 강명성 강명성 강명성 강명성 강명수 강명수 강명수 강명수 강명수 강명숙 강명숙 강명숙 강명순 강명식 강명애 강명운 강명원 강명원 강명원 강명자 강명자 강명주 강명주 강명중 강명진 강명현 강명현 강명화 강명회 강명훈 강명훈 강명희 강명희 강무중 강무치 강문구 강문구 강문국 강문규 강문길 강문모 강문봉 강문선 강문수 강문순 강문필 강문희 강문희 강문희 강문희 강미 강미경 강미경 강미경 강미경 강미경 강미경 강미선 강미선 강미선 강미숙 강미숙 강미숙 강미순 강미순 강미순 강미애 강미연 강미영 강미영 강미영 강미옥 강미자 강미자 강미자 강미정 강미정 강미정 강미지 강미현 강미희 강민구 강민구 강민구 강민규 강민선 강민수 강민수 강민수 강민숙 강민숙 강민우 강민자 강민정 강민정 강민정 강민정 강민정 강민정 강민조 강민주 강민중 강민진 강민표 강민호 강방식 강백호 강범석 강병걸 강병관 강병구 강병구 강병구 강병국 강병권 강병규 강병균 강병기 강병기 강병길 강병도 강병문 강병문 강병민 강병삼 강병서 강병석 강병선 강병섭 강병수 강병수 강병숙 강병숙 강병순 강병옥 강병옥 강병윤 강병주 강병주 강병주 강병주 강병찬 강병철 강병태 강병택 강병하 강병현 강병현 강병호 강병훈 강병훈 강병희 강보경 강보경 강보람 강보배 강보연 강보이 강복남 강복남 강복남 강복동 강복성 강복임 강복자 강복현 강복희 강복희 강복희 강복희 강봉구 강봉기 강봉도 강봉석 강봉섭 강봉수 강봉원 강봉제 강봉제 강봉주 강봉주 강봉진 강봉태 강봉희 강부길 강부원 강분석 강분희 강빌지나 강사민 강사욱 강산 강산복 강산희 강삼 강삼규 강삼모 강삼수 강삼재 강상구 강상규 강상규 강상근 강상명 강상모 강상모 강상복 강상선 강상순 강상열 강상우 강상우 강상우 강상욱 강상욱 강상원 강상원 강상원 강상원 강상원 강상준 강상철 강상현 강상호 강상호 강상희 강새하 강새희 강서미 강서영 강서영 강서웅 강서정 강서향 강서현 강석관 강석근 강석근 강석기 강석길 강석렬 강석만 강석만 강석문 강석민 강석봉 강석순 강석영 강석영 강석용 강석우 강석우 강석우 강석운 강석원 강석원 강석원 강석원 강석인 강석일 강석주 강석주 강석준 강석준 강석진 강석진 강석진 강석창 강석창 강석창 강석초 강석태 강석해 강석황 강선갑 강선근 강선녀 강선녀 강선대 강선명 강선명 강선숙 강선숙 강선영 강선영 강선옥 강선옥 강선옥 강선우 강선일 강선중 강선하 강선홍 강선희 강선희 강선희 강선희 강선희 강선희 강성 강성갑 강성건 강성걸 강성경 강성곤 강성관 강성관 강성구 강성권 강성권 강성규 강성규 강성근 강성근 강성기 강성기 강성기 강성덕 강성도 강성락 강성렬 강성룡 강성린 강성만 강성만 강성만 강성모 강성모 강성문 강성민 강성민 강성배 강성배 강성보 강성복 강성봉 강성분 강성수 강성수 강성숙 강성순 강성식 강성식 강성신 강성엽 강성옥 강성용 강성우 강성우 강성우 강성우 강성우 강성욱 강성원 강성원 강성원 강성원 강성원 강성원 강성이 강성익 강성익 강성인 강성일 강성자 강성재 강성주 강성진 강성채 강성천 강성철 강성철 강성철 강성철 강성철 강성택 강성하 강성호 강성호 강성호 강성호 강성호 강성호 강성화 강성환 강성환 강성황 강성훈 강성훈 강성훈 강성훈 강성희 강성희 강성희 강성희 강세준 강세창 강세헌 강세현 강세형 강세환 강세황 강소담 강소성 강소원 강소이 강소자 강소희 강송식 강송원 강송희 강수걸 강수경 강수경 강수길 강수남 강수마 강수문 강수복 강수봉 강수성 강수정 강수정 강수진 강수철 강수한 강수형 강수형 강수환 강수희 강숙 강숙 강숙자 강숙자 강숙희 강숙희 강순규 강순규 강순금 강순길 강순녀 강순덕 강순배 강순복 강순봉 강순삼 강순석 강순애 강순영 강순옥 강순용 강순이 강순임 강순자 강순자 강순자 강순조 강순철 강순칠 강순필 강순희 강순희 강순희 강숭구 강승 강승 강승구 강승구 강승국 강승규 강승규 강승균 강승문 강승봉 강승상 강승석 강승숙 강승식 강승연 강승우 강승우 강승욱 강승원 강승원 강승원 강승인 강승태 강승현 강승호 강승호 강승호 강승환 강승환 강승환 강승훈 강승희 강승희 강승희 강신교 강신구 강신국 강신기 강신덕 강신배 강신복 강신석 강신성 강신송 강신순 강신애 강신열 강신영 강신영 강신옥 강신우 강신우 강신욱 강신욱 강신욱 강신웅 강신윤 강신익 강신일 강신자 강신재 강신재 강신재 강신정 강신주 강신준 강신중 강신진 강신철 강신철 강신항 강신혁 강신혁 강신혜 강신홍 강신홍 강신홍 강신홍 강신화 강신회 강신흥 강쌍린 강애경 강애경 강애리 강애선 강양기 강양숙 강양욱 강양호 강언숙 강연균 강연길 강연복 강연분 강연숙 강연숙 강연식 강연실 강연이 강연준 강연중 강연희 강연희 강연희 강영건 강영걸 강영경 강영곤 강영구 강영구 강영규 강영규 강영균 강영근 강영기 강영길 강영길 강영덕 강영란 강영란 강영모 강영모 강영목 강영목 강영미 강영미 강영미 강영미 강영민 강영민 강영복 강영삼 강영선 강영선 강영선 강영수 강영수 강영수 강영수 강영수 강영수 강영숙 강영숙 강영숙 강영숙 강영숙 강영숙 강영숙 강영숙 강영숙 강영숙 강영순 강영순 강영식 강영식 강영신 강영신 강영심 강영심 강영암 강영애 강영애 강영애 강영옥 강영옥 강영우 강영우 강영욱 강영욱 강영원 강영윤 강영임 강영재 강영조 강영종 강영주 강영준 강영중 강영진 강영진 강영진 강영철 강영철 강영철 강영철 강영추 강영춘 강영춘 강영태 강영태 강영팔 강영하 강영하 강영혜 강영호 강영호 강영호 강영화 강영환 강영훈 강영훈 강영훈 강영훈 강영훈 강영희 강영희 강영희 강예담 강오진 강옥 강옥경 강옥매 강옥분 강옥선 강옥수 강옥순 강옥영 강옥윤 강옥자 강옥지 강옥화 강옥희 강옥희 강온순 강완형 강외선 강외숙 강요배 강요빈 강요찬 강요한 강요헌 강용 강용가 강용구 강용길 강용남 강용대 강용성 강용원 강용재 강용제 강용주 강용택 강용호 강용호 강용환 강우균 강우담 강우상 강우석 강우성 강우성 강우원 강욱석 강욱중 강욱형 강운구 강운대 강운석 강운학 강웅구 강웅승 강원갑 강원경 강원구 강원구 강원구 강원국 강원모 강원모 강원식 강원용 강원주 강원주 강원준 강원철 강원철 강원택 강원혜 강원호 강원희 강월용 강위창 강유나 강유리 강유리 강유미 강유미 강유선 강유정 강유정 강윤경 강윤경 강윤경 강윤구 강윤도 강윤모 강윤미 강윤석 강윤석 강윤석 강윤수 강윤숙 강윤심 강윤영 강윤자 강윤재 강윤정 강윤주 강윤주 강윤주 강윤주 강윤철 강윤태 강윤혜 강윤호 강윤화 강은경 강은경 강은경 강은구 강은규 강은근 강은나 강은미 강은미 강은성 강은성 강은송 강은수 강은숙 강은순 강은옥 강은옥 강은자 강은정 강은정 강은주 강은주 강은주 강은주 강은지 강은진 강은해 강은현 강은형 강은혜 강은희 강은희 강은희 강을선 강응순 강의권 강의숙 강이대 강이숙 강이영 강익구 강익만 강익창 강익표 강인 강인구 강인규 강인모 강인석 강인석 강인석 강인선 강인선 강인선 강인선 강인성 강인수 강인수 강인숙 강인숙 강인순 강인순 강인식 강인애 강인옥 강인우 강인원 강인자 강인준 강인표 강인필 강인학 강인호 강인호 강인호 강인홍 강인환 강인희 강일구 강일국 강일규 강일모 강일생 강일석 강일수 강일숙 강일원 강임준 강임창 강자경 강자성 강자영 강자원 강장식 강장원 강장화 강재규 강재민 강재서 강재선 강재성 강재승 강재신 강재억 강재영 강재영 강재유 강재윤 강재은 강재은 강재태 강재훈 강재희 강전용 강전웅 강전의 강점남 강점순 강점철 강정구 강정구 강정구 강정규 강정기 강정기 강정란 강정량 강정례 강정문 강정미 강정배 강정생 강정선 강정선 강정수 강정수 강정수 강정숙 강정숙 강정숙 강정숙 강정숙 강정숙 강정숙 강정숙 강정순 강정순 강정신 강정심 강정애 강정애 강정애 강정연 강정엽 강정옥 강정옥 강정옥 강정원 강정원 강정인 강정임 강정임 강정자 강정진 강정철 강정필 강정한 강정헌 강정현 강정현 강정호 강정화 강정환 강정환 강정훈 강정희 강정희 강정희 강정희 강정희 강정희 강정희 강제균 강제숙 강종구 강종구 강종국 강종규 강종균 강종득 강종모 강종무 강종복 강종봉 강종수 강종식 강종아 강종안 강종안 강종원 강종철 강종학 강종학 강종혁 강종현 강종호 강종호 강종훈 강종희 강종희 강주동 강주리 강주빈 강주성 강주식 강주신 강주찬 강주한 강주행 강주혁 강주현 강주환 강주효 강주희 강주희 강준 강준 강준광 강준구 강준규 강준규 강준기 강준만 강준만 강준석 강준수 강준열 강준영 강준영 강준원 강 혁 강준혁 강중근 강중기 강중원 강중원 강중원 강지광 강지수 강지수 강지숙 강지숙 강지숙 강지연 강지영 강지영 강지영 강지영 강지영 강지욱 강지운 강지웅 강지원 강지원 강지원 강지원 강지원 강지원 강지윤 강지은 강지현 강지현 강지환 강지훈 강지훈 강지훈 강진갑 강진경 강진규 강진규 강진규 강진기 강진모 강진상 강진석 강진성 강진수 강진아 강진언 강진영 강진옥 강진원 강진원 강진중 강진철 강진치 강진형 강진형 강진희 강진희 강진희 강찬구 강찬성 강찬욱 강찬희 강창광 강창구 강창권 강창덕 강창덕 강창돈 강창록 강창민 강창석 강창석 강창석 강창석 강창석 강창석 강창석 강창선 강창수 강창숙 강창순 강창연 강창주 강창혁 강창현 강창호 강창회 강창효 강창훈 강채식 강채옥 강채운 강천석 강천석 강철 강철 강철구 강철규 강철기 강철기 강철도 강철민 강철선 강철수 강철수 강철식 강철웅 강철원 강철원 강철원 강철종 강철중 강철형 강철호 강철호 강철홍 강철훈 강철희 강청 강청숙 강춘남 강춘송 강춘식 강춘진 강춘희 강춘희 강충구 강충식 강충신 강충원 강충협 강치원 강치희 강칠옥 강타희 강태갑 강태구 강태구 강태구 강태권 강태근 강태문 강태본 강태석 강태섭 강태성 강태성 강태수 강태수 강태수 강태식 강태영 강태영 강태욱 강태운 강태원 강태원 강태원 강태조 강태준 강태중 강태진 강태진 강태창 강태현 강태호 강태호 강태화 강태훈 강태훈 강택구 강판호 강평원 강평원 강필모 강필원 강필주 강필중 강하구 강하구 강하미 강하성 강학신 강학주 강학철 강한 강한 강한경 강한광 강한구 강한규 강한규 강한기 강한길 강한범 강한비 강한빛 강한빛 강한빛 강한솔 강한송 강한영 강한영 강한영 강한욱 강한이 강한춘 강한힘 강항문 강해라 강해석 강해숙 강해영 강해영 강해원 강해주 강해철 강행원 강행자 강행찬 강향숙 강향순 강헌 강헌 강헌구 강헌구 강헌규 강헌주 강혁구 강현경 강현경 강현구 강현구 강현구 강현두 강현명 강현미 강현석 강현석 강현성 강현수 강현숙 강현아 강현여 강현옥 강현옥 강현옥 강현우 강현자 강현정 강현정 강현종 강현주 강현주 강현주 강현직 강현진 강현철 강현태 강현태 강현호 강현희 강현희 강현희 강형구 강형구 강형구 강형구 강형구 강형규 강형규 강형근 강형기 강형숙 강형자 강형종 강형중 강형철 강형철 강형태 강형호 강혜경 강혜경 강혜근 강혜란 강혜련 강혜룡 강혜명 강혜송 강혜송 강혜송 강혜숙 강혜영 강혜영 강혜옥 강혜옥 강혜옥 강혜원 강혜원 강혜원 강혜원 강혜자 강혜자 강혜진 강혜진 강호갑 강호경 강호경 강호관 강호균 강호문 강호석 강호석 강호선 강호성 강호수 강호순 강호식 강호신 강호욱 강호원 강호원 강호준 강호준 강호준 강호철 강호희 강홍구 강홍구 강홍렬 강홍빈 강홍석 강홍식 강홍열 강홍재 강홍철 강화섭 강화숙 강화자 강화중 강화춘 강환상 강환수 강환탁 강회식 강효남 강효신 강효이 강효정 강효정 강효철 강효헌 강훈 강훈구 강훈구 강훈정 강휘성 강흔수 강흥석 강흥숙 강흥식 강흥태 강희 강희경 강희관 강희권 강희권 강희남 강희대 강희민 강희배 강희복 강희석 강희석 강희선 강희선 강희수 강희수 강희양 강희영 강희원 강희원 강희재 강희정 강희주 강희주 강희중 강희찬 강희찬 강희철 강희철 강희철 강희태 경계현 경귀혜 경규봉 경규완 경규칠 경규학 경기선 경기종 경동호 경미숙 경상선 경상현 경수범 경수정 경연주 경원대동연 경일선 경정원 경종철 경종호 경주현 경지현 경진 경진호 경춘선 경한석 경항수 경향현 경현주 경형선 경화중 계광무 계광수 계기복 계기성 계덕원 계동수 계명희 계미원 계봉금 계상범 계성남 계승범 계여찬 계영애 계용준 계운홍 계유리 계유찬 계은영 계재현 계정숙 계종욱 계창훈 계춘경 계현순 고갑석 고갑욱 고강열 고강희 고건 고건재 고건희 고경덕 고경수 고경숙 고경식 고경식 고경심 고경심 고경영 고경옥 고경은 고경일 고경일 고경자 고경천 고경태 고경태 고경하 고경현 고관석 고관철 고관협 고관홍 고관희 고광곤 고광남 고광단 고광덕 고광민 고광민 고광백 고광복 고광산 고광삼 고광서 고광석 고광석 고광성 고광성 고광숙 고광숙 고광식 고광식 고광신 고광영 고광영 고광옥 고광옥 고광웅 고광은 고광일 고광일 고광주 고광준 고광준 고광진 고광진 고광철 고광철 고광칠 고광표 고광표 고광헌 고광헌 고광헌 고광혁 고광현 고광현 고광호 고광환 고광훈 고광훈 고권태 고귀염 고규승 고근곤 고근종 고금숙 고금숙 고금자 고금자 고기홍 고길례 고길상 고길순 고길연 고길자 고길천 고길철 고길현 고길훈 고나경 고낙규 고난영 고남규 고남균 고남률 고남수 고남수 고다희 고대규 고대식 고대우 고대진 고대현 고대현 고대훈 고대희 고덕경 고덕신 고덕천 고도란 고도영 고도현 고동구 고동국 고동규 고동민 고동성 고동식 고동현 고동환 고동환 고두남 고두석 고두혁 고두흥 고득재 고득호 고란향 고려대학교 고명곤 고명림 고명석 고명섭 고명숙 고명숙 고명옥 고명임 고명자 고명재 고명진 고명진 고명천 고명학 고무환 고문병 고문상 고문숙 고문조 고문주 고문희 고미석 고미숙 고미애 고미영 고미영 고미정 고미향 고민실 고민영 고민정 고방규 고범권 고범석 고범석 고범주 고범주 고병걸 고병국 고병기 고병님 고병렬 고병문 고병상 고병수 고병수 고병숙 고병옥 고병운 고병웅 고병웅 고병익 고병인 고병조 고병준 고병한 고병향 고병현 고병흠 고보미나 고보배 고복순 고봄이 고봉구 고봉균 고봉련 고봉숙 고봉우 고봉진 고봉채 고봉환 고부규 고부응 고산 고삼욱 고상기 고상미 고상배 고상순 고상욱 고상진 고상철 고상협 고상홍 고상환 고상훈 고상흠 고새봄 고서순 고서현 고석구 고석규 고석규 고석길 고석남 고석담 고석록 고석문 고석범 고석봉 고석우 고석일 고석자 고석정 고석주 고석준 고석찬 고석하 고석현 고석현 고석호 고석훈 고선강 고선동 고선미 고선아 고선영 고선영 고선옥 고선혜 고선화 고성곤 고성군 고성규 고성민 고성민 고성봉 고성실 고성완 고성우 고성윤 고성은 고성일 고성일 고성자 고성학 고성호 고성훈 고세영 고세원 고세진 고세진 고세창 고세현 고세훈 고수석 고수연 고수영 고수원 고수임 고수정 고수형 고숙량 고숙자 고숙현 고숙희 고순계 고순덕 고순례 고순분 고순석 고순식 고순옥 고순정 고순종 고순천 고승남 고승덕 고승범 고승안 고승우 고승우 고승원 고승원 고승일 고승중 고승하 고승현 고승환 고승훈 고시철 고시철 고시홍 고신일 고아라 고아석 고안언 고애린 고애순 고양수 고양우 고양일 고연옥 고연주 고연진 고연희 고영간 고영걸 고영곤 고영구 고영권 고영권 고영규 고영규 고영규 고영균 고영근 고영길 고영남 고영대 고영덕 고영돈 고영두 고영만 고영목 고영미 고영민 고영배 고영백 고영범 고영복 고영복 고영복 고영삼 고영상 고영석 고영섭 고영성 고영성 고영숙 고영승 고영실 고영애 고영애 고영용 고영욱 고영원 고영윤 고영일 고영일 고영자 고영자 고영재 고영제 고영조 고영종 고영주 고영주 고영준 고영직 고영진 고영진 고영찬 고영천 고영철 고영철 고영철 고영태 고영택 고영하 고영하 고영학 고영현 고영호 고영호 고영환 고영환 고영회 고영훈 고영훈 고영희 고영희 고영희 고옥순 고옥자 고옥주 고옥화 고옥희 고용 고용례 고용범 고용석 고용일 고용제 고우리 고우현 고운철 고원 고원석 고원영 고월자 고유근 고유라 고유리 고유리 고유창 고유희 고윤경 고윤기 고윤미 고윤배 고윤배 고윤상 고윤석 고윤원 고윤희 고은 고은강 고은결 고은경 고은광순 고은교 고은명 고은미 고은미 고은별 고은상 고은샘 고은선 고은수 고은수 고은숙 고은숙 고은아 고은영 고은옥 고은우 고은자 고은주 고은주 고은해 고은해 고은호 고은희 고을호 고의균 고이석 고익성 고인돌 고인석 고인성 고인수 고인숙 고인숙 고인영 고인욱 고일남 고일욱 고임천 고자연 고장석 고장석 고장환 고재경 고재기 고재두 고재득 고재만 고재만 고재명 고재명 고재문 고재방 고재석 고재석 고재선 고재식 고재영 고재용 고재욱 고재웅 고재을 고재일 고재준 고재찬 고재창 고재청 고재춘 고재풍 고재필 고재필 고재학 고재형 고재형 고재호 고재호 고재호 고재호 고재홍 고재홍 고재홍 고재희 고재희 고점상 고점자 고정관 고정국 고정길 고정동 고정례 고정선 고정숙 고정순 고정술 고정실 고정심 고정아 고정애 고정영 고정옥 고정은 고정의 고정인 고정임 고정주 고정택 고정환 고정훈 고정희 고정희 고정희 고정희 고제량 고제민 고제협 고종걸 고종만 고종문 고종석 고종선 고종식 고종열 고종열 고종풍 고종호 고종화 고주대 고주봉 고주영 고준경 고준구 고준석 고준영 고준영 고준호 고준환 고중석 고지영 고지하 고지환 고지훈 고진 고진강 고진규 고진만 고진모 고진숙 고진우 고진철 고찬재 고창곤 고창국 고창남 고창민 고창석 고창석 고창석 고창연 고창우 고창택 고창현 고창호 고창화 고창훈 고창훈 고창희 고창희 고채상 고천옥 고철현 고철환 고춘규 고춘길 고춘남 고춘식 고태경 고태규 고태규 고태보 고태석 고태식 고태우 고태욱 고판석 고판순 고한규 고한별 고한석 고한석 고한준 고행석 고향숙 고헌범 고헌석 고혁민 고현 고현 고현강 고현길 고현라 고현무 고현석 고현승 고현욱 고현정 고현정 고현종 고현주 고현지 고현직 고현진 고현철 고형권 고형렬 고형일 고형재 고형태 고혜경 고혜경 고혜령 고혜민 고혜석 고혜선 고혜숙 고혜숙 고혜신 고혜옥 고혜원 고혜일 고혜정 고혜정 고혜진 고혜향 고호석 고호성 고홍 고홍석 고홍수 고화곤 고화석 고화석 고환 고환규 고환철 고효석 고효선 고효숙 고효종 고후남 고흥규 고흥민 고희경 고희민 고희범 고희봉 고희석 고희숙 고희숙 고희숙 고희일 고희자 고희정 고희탁 공갑영 공경숙 공경일 공구일 공군자 공규락 공규환 공기남 공기석 공덕렬 공만식 공만식 공말순 공명복 공명자 공명탁 공민숙 공민율 공민중 공병원 공병학 공병호 공병훈 공복순 공봉규 공분근 공석규 공석랑 공석범 공선규 공선숙 공성아 공성창 공성학 공세봉 공수진 공순례 공순식 공순식 공순열 공승연 공영국 공영남 공영숙 공영순 공영옥 공영태 공완표 공용 공용권 공우행 공은 공은숙 공은준 공은지 공이용 공장현 공재경 공재섭 공재식 공재의 공재창 공재철 공재철 공재헌 공재호 공정인 공정희 공제욱 공종배 공종빈 공준수 공준식 공지수 공지수 공지희 공진아 공창영 공채운 공춘자 공충식 공팔용 공한식 공해숙 공향식 공현식 공현주 공현진 공형동 공형식 공형식 공혜정 공화련 공효식 공희숙 공희찬 곽건 곽경근 곽경량 곽경수 곽경숙 곽경신 곽경전 곽경주 곽경학 곽경호 곽경환 곽경희 곽경희 곽계훈 곽광미 곽광수 곽광철 곽권 곽규진 곽근용 곽근우 곽기방 곽기석 곽기종 곽기철 곽기호 곽내안 곽내혁 곽노관 곽노문 곽노윤 곽노의 곽노정 곽노진 곽노필 곽노희 곽다현 곽대경 곽대순 곽대순 곽덕근 곽덕훈 곽덕희 곽도신 곽도준 곽도철 곽동국 곽동민 곽동수 곽동완 곽동우 곽동일 곽동진 곽동헌 곽두현 곽로성 곽명기 곽명숙 곽명숙 곽명순 곽명옥 곽무순 곽미숙 곽미정 곽미현 곽민중 곽방보 곽배희 곽병삼 곽병선 곽병세 곽병은 곽병장 곽병준 곽병찬 곽병호 곽병훈 곽보선 곽보영 곽보천 곽복실 곽봉예 곽부현 곽상국 곽상미 곽상식 곽상열 곽상영 곽상영 곽상원 곽상은 곽상진 곽상철 곽상헌 곽상훈 곽서연 곽석권 곽석손 곽석영 곽석훈 곽선 곽선규 곽선근 곽선영 곽선욱 곽선훈 곽성권 곽성근 곽성순 곽성식 곽성운 곽성일 곽성종 곽성천 곽성호 곽성호 곽성희 곽세은 곽소영 곽소영 곽소윤 곽소율 곽소화 곽수동 곽수온 곽숙자 곽숙희 곽순영 곽순자 곽순자 곽순정 곽승호 곽승호 곽신구 곽신도 곽신환 곽연숙 곽연숙 곽영규 곽영남 곽영두 곽영두 곽영란 곽영복 곽영석 곽영선 곽영식 곽영아 곽영애 곽영종 곽영주 곽영준 곽영철 곽영철 곽영호 곽영희 곽옥미 곽옥자 곽옥진 곽용복 곽용석 곽용선 곽용식 곽용완 곽용주 곽용훈 곽우제 곽웅수 곽원실 곽원호 곽월근 곽윤민 곽윤선 곽윤섭 곽윤식 곽윤이 곽은득 곽은정 곽은주 곽은하 곽의종 곽인상 곽인섭 곽인수 곽인태 곽일환 곽자숙 곽장호 곽재규 곽재남 곽재복 곽재성 곽재창 곽재철 곽재현 곽재호 곽재환 곽전애 곽정규 곽정근 곽정례 곽정복 곽정석 곽정수 곽정신 곽정아 곽정열 곽정옥 곽정원 곽정원 곽정윤 곽정일 곽정호 곽종길 곽종우 곽종윤 곽종철 곽준상 곽준호 곽중민 곽중섭 곽지수 곽지윤 곽지환 곽진 곽진경 곽진섭 곽진일 곽진태 곽진환 곽진환 곽창선 곽창신 곽창옥 곽창제 곽창환 곽창훈 곽채윤 곽채헌 곽철구 곽철남 곽철순 곽철은 곽청숙 곽충신 곽태림 곽태영 곽태영 곽태영 곽태원 곽태천 곽하철 곽한규 곽한근 곽한솔 곽한주 곽한주 곽해선 곽향 곽향석 곽현 곽현서 곽현숙 곽현숙 곽현순 곽현우 곽현자 곽형종 곽혜경 곽호명 곽호은 곽호정 곽홍기 곽효기 곽효상 곽효영 곽효용 곽훈자 곽희섭 곽희정 관조 광양기업 교통안전 구갑회 구경남 구경란 구경모 구경모 구경모 구경민 구경숙 구경식 구경아 구경자 구경휘 구공회 구광범 구광회 구광희 구교문 구교인 구교찬 구교형 구귀남 구규식 구규식 구근만 구근숙 구근태 구금서 구금회 구금회 구기배 구기상 구기용 구기욱 구기택 구남기 구남실 구논회 구능서 구능회 구대모 구대선 구대선 구대회 구덕회 구도완 구동회 구동희 구둘래 구란숙 구명숙 구명숙 구명자 구명회 구명회 구명회 구명희 구무삼 구무숙 구문숙 구미경 구미영 구미영 구미현 구민규 구민정 구민정 구민주 구박규 구범모 구병갑 구병규 구병서 구병진 구병회 구병회 구복례 구복연 구본경 구본권 구본규 구본기 구본길 구본길 구본달 구본석 구본숙 구본숙 구본식 구본열 구본엽 구본용 구본용 구본욱 구본웅 구본윤 구본율 구본익 구본준 구본준 구본중 구본철 구본철 구본철 구본철 구본태 구본형 구본호 구본홍 구본회 구본희 구봉림 구봉호 구봉회 구삼섭 구상우 구상철 구상철 구상회 구생희 구석원 구선경 구선심 구선애 구선옥 구선임 구선희 구선희 구선희 구성경 구성렬 구성림 구성모 구성민 구성부 구성진 구성희 구성희 구소연 구소자 구송림 구수연 구수회 구숙자 구순남 구순자 구순희 구슬이 구승림 구시룡 구시영 구신서 구쌍모 구양근 구양심 구양희 구연객 구연상 구연석 구연숙 구연실 구연주 구연철 구연철 구영국 구영기 구영기 구영민 구영손 구영수 구영숙 구영주 구영희 구예모 구예슬 구완회 구외숙 구요비 구용국 구용길 구용숙 구용환 구용회 구웅서 구원숙 구원철 구윤서 구윤회 구윤회 구은남 구은미 구은서 구은정 구은정 구은주 구은회 구은회 구을숙 구이섭 구인관 구인숙 구인호 구일구 구일완 구일회 구자걸 구자경 구자경 구자곤 구자관 구자규 구자균 구자득 구자량 구자룡 구자명 구자산 구자상 구자선 구자성 구자성 구자성 구자숙 구자순 구자승 구자옥 구자욱 구자윤 구자윤 구자익 구자인 구자준 구자춘 구자헌 구자현 구자형 구자호 구자호 구자홍 구자훈 구자훈 구자훈 구자희 구장서 구장서 구장회 구재선 구재숙 구재순 구재승 구재영 구재옥 구재인 구재진 구재회 구정규 구정량 구정모 구정모 구정미 구정순 구정아 구정애 구정옥 구정태 구정희 구제정 구제현 구종민 구종준 구종헌 구종회 구주연 구주인 구준모 구준성 구준수 구중회 구지언 구지예 구진회 구찬서 구찬서 구창웅 구창원 구창환 구창훈 구철곤 구철회 구추길 구태언 구평회 구필수 구필숙 구하연 구한모 구한회 구행모 구행순 구현 구현경 구현경 구현경 구현기 구현모 구현미 구현숙 구현진 구현진 구형모 구형모 구형서 구형섭 구혜경 구혜란 구혜만 구혜정 구홍림 구홍모 구화자 구효랑 구효선 구효자 구효정 구희서 구희정 구희춘 구희호 국건중 국건표 국경애 국경철 국경표 국계영 국명숙 국무상 국방현 국방호 국백호 국상종 국석수 국석표 국선주 국선호 국성표 국순옥 국승선 국승용 국옥자 국용호 국원근 국윤구 국윤배 국인서 국인애 국인양 국인환 국인훈 국재호 국정례 국정호 국정희 국종수 국중광 국중완 국중화 국중효 국지은 국지호 국진경 국진표 국진호 국채영 국채진 국철호 국하은 국학주 국한솔 국한얼 국해경 국현영 국현종 국혜경 국흥주 국희선 굳게서있으 궁광균 궁용건 궉문석 권가원 권강섭 권강용 권개경 권건영 권건춘 권경만 권경숙 권경숙 권경숙 권경숙 권경애 권경애 권경오 권경옥 권경원 권경윤 권경재 권경주 권경주 권경택 권경호 권경희 권경희 권경희 권경희 권계삼 권계영 권계희 권공택 권과헌 권광수 권광식 권광일 권광희 권구영 권구영 권구영 권구현 권구훈 권귀순 권귀자 권규 권규대 권규태 권근 권근범 권근술 권근아 권근호 권금연 권금주 권금희 권금희 권기남 권기대 권기대 권기록 권기범 권기범 권기범 권기범 권기봉 권기석 권기석 권기섭 권기성 권기성 권기수 권기순 권기우 권기운 권기원 권기일 권기전 권기준 권기철 권기철 권기태 권기태 권기하 권기학 권기형 권기호 권기홍 권기환 권나무 권난근 권남기 권남숙 권남표 권녕식 권다미 권다솜 권다혜 권대덕 권대섭 권대성 권대식 권대식 권대열 권대영 권대영 권대용 권대운 권대진 권대헌 권대홍 권도균 권도균 권도안 권도익 권도하 권도하 권도형 권동근 권두상 권두성 권두영 권두환 권만식 권만학 권맹용 권명권 권명남 권명선 권명수 권명숙 권명숙 권명숙 권명숙 권명애 권명옥 권명자 권명자 권명필 권명호 권명희 권명희 권명희 권무령아 권무웅 권문봉 권문성 권문자 권문혁 권미경 권미경 권미경 권미경 권미란 권미란 권미련 권미령 권미수 권미숙 권미애 권미양 권미원 권미자 권미정 권미향 권미호 권민 권민 권민서 권민석 권민순 권민용 권민정 권민정 권민지 권민철 권민혜 권민호 권병곤 권병구 권병길 권병락 권병렬 권병빈 권병수 권병수 권병진 권병진 권병철 권병탁 권병태 권병표 권병한 권보나 권보드래 권복기 권복인 권복자 권봉덕 권봉연 권봉재 권봉철 권봉혁 권사랑 권삼순 권삼영 권삼현 권상순 권상순 권상안 권상오 권상윤 권상출 권상훈 권상희 권상희 권새미 권서래 권서문 권서연 권서진 권석두 권석로 권석욱 권석창 권선근 권선님 권선무 권선아 권선애 권선일 권선필 권선학 권선혁 권선희 권선희 권성국 권성로 권성수 권성숙 권성순 권성신 권성연 권성열 권성옥 권성우 권성원 권성원 권성준 권성진 권성철 권성현 권성희 권세영 권세웅 권세원 권세이 권세정 권세진 권세진 권세철 권세형 권세훈 권세희 권소라 권솔 권솔 권수연 권수연 권수정 권수진 권수진 권수혁 권수현 권수혜 권수호 권수희 권숙경 권숙원 권숙자 권숙중 권숙희 권순갑 권순기 권순길 권순득 권순렬 권순민 권순배 권순범 권순삼 권순영 권순오 권순옥 권순용 권순용 권순우 권순욱 권순욱 권순욱 권순웅 권순일 권순일 권순일 권순재 권순재 권순지 권순철 권순철 권순초 권순탁 권순태 권순학 권순학 권순현 권순호 권순호 권순호 권순홍 권순화 권순화 권순희 권승만 권승민 권승오 권승용 권승철 권승하 권시업 권시찬 권신남 권신혜 권신호 권안웅 권안호 권애랑 권애리야 권양국 권양숙 권양순 권양조 권양택 권여경 권연구 권연미 권연신 권연웅 권영 권영각 권영각 권영건 권영건 권영국 권영국 권영국 권영권 권영규 권영균 권영근 권영근 권영기 권영대 권영대 권영대 권영덕 권영덕 권영덕 권영돈 권영동 권영락 권영락 권영만 권영만 권영모 권영모 권영문 권영미 권영민 권영민 권영민 권영복 권영복 권영봉 권영빈 권영삼 권영삼 권영상 권영선 권영선 권영섭 권영세 권영수 권영수 권영수 권영수 권영숙 권영숙 권영숙 권영숙 권영숙 권영숙 권영숙 권영순 권영순 권영식 권영안 권영애 권영애 권영애 권영완 권영우 권영우 권영욱 권영운 권영윤 권영익 권영인 권영일 권영자 권영재 권영전 권영제 권영종 권영준 권영준 권영진 권영진 권영진 권영진 권영진 권영창 권영철 권영출 권영탁 권영탁 권영택 권영하 권영행 권영헌 권영헌 권영혁 권영현 권영혜 권영호 권영화 권영환 권영환 권영훈 권영휘 권영희 권오걸 권오구 권오규 권오규 권오균 권오균 권오근 권오근 권오대 권오덕 권오동 권오만 권오만 권오봉 권오봉 권오봉 권오상 권오상 권오상 권오상 권오선 권오선 권오선 권오섭 권오성 권오성 권오성 권오성 권오성 권오수 권오수 권오순 권오습 권오승 권오승 권오식 권오신 권오악 권오억 권오연 권오연 권오영 권오영 권오영 권오완 권오용 권오용 권오용 권오웅 권오웅 권오윤 권오을 권오인 권오인 권오일 권오재 권오정 권오정 권오정 권오정 권오주 권오주 권오준 권오중 권오중 권오직 권오창 권오창 권오채 권오철 권오택 권오택 권오평 권오혁 권오혁 권오현 권오훈 권오훈 권오훈 권오훈 권오휴 권오희 권오희 권옥경 권옥분 권옥연 권옥희 권완상 권완상 권왕섭 권요한 권욥 권용 권용건 권용경 권용국 권용기 권용기 권용대 권용덕 권용동 권용란 권용만 권용목 권용빈 권용석 권용석 권용수 권용수 권용식 권용우 권용일 권용재 권용주 권용진 권용찬 권용철 권용희 권우석 권우석 권우식 권우정 권우주 권우찬 권우철 권우철 권우태 권욱 권욱현 권운상 권원규 권원달 권원상 권원용 권원익 권원현 권위상 권유경 권유경 권유경 권유성 권유훈 권윤경 권윤경 권윤삼 권윤석 권윤선 권윤숙 권윤하 권윤희 권율 권율정 권융 권은경 권은남 권은도 권은미 권은영 권은자 권은중 권은지 권은혁 권은현 권은희 권응상 권응추 권의룡 권의영 권의춘 권이구 권이현 권익수 권익승 권인숙 권인숙 권인숙 권인영 권인옥 권인옥 권인철 권인택 권인하 권일봉 권일봉 권일주 권임석 권임숙 권자경 권장술 권장희 권재광 권재수 권재순 권재열 권재오 권재옥 권재용 권재인 권재일 권재철 권재철 권재한 권재현 권재환 권점순 권점이 권정남 권정노 권정룡 권정미 권정민 권정생 권정선 권정선 권정숙 권정숙 권정숙 권정순 권정식 권정아 권정안 권정우 권정욱 권정은 권정인 권정인 권정임 권정자 권정자 권정찬 권정하 권정헌 권정환 권정희 권종대 권종선 권종섭 권종승 권종우 권종원 권종임 권종자 권종주 권종철 권종칠 권종혁 권종훈 권종훈 권종훈 권종희 권주 권주석 권주아 권주열 권주옥 권주용 권주팔 권준상 권준석 권준오 권준일 권준학 권준혁 권준호 권준희 권중곤 권중덕 권중수 권중오 권중호 권중호 권지란 권진경 권진기 권진량 권진만 권진석 권진성 권진수 권진영 권진익 권진찬 권진호 권진희 권차랑 권차현 권찬규 권찬동 권찬용 권찬홍 권창년 권창순 권창안 권창용 권창주 권창진 권창호 권채영 권철근 권철상 권철현 권충웅 권칠봉 권칠은 권태균 권태만 권태만 권태문 권태선 권태숙 권태억 권태언 권태영 권태완 권태용 권태욱 권태욱 권태욱 권태운 권태운 권태웅 권태원 권태원 권태윤 권태인 권태인 권태일 권태자 권태전 권태주 권태평 권태형 권태호 권태호 권태호 권태홍 권태훈 권택상 권택선 권택술 권택승 권택환 권평정 권필남 권필주 권한욱 권해수 권해욱 권행복 권향령 권향미 권헌각 권헌성 권혁 권혁근 권혁근 권혁기 권혁동 권혁래 권혁룡 권혁률 권혁만 권혁만 권혁명 권혁문 권혁민 권혁범 권혁범 권혁상 권혁상 권혁상 권혁선 권혁숙 권혁순 권혁신 권혁실 권혁양 권혁영 권혁영 권혁윤 권혁인 권혁재 권혁재 권혁정 권혁종 권혁준 권혁준 권혁준 권혁중 권혁진 권혁진 권혁찬 권혁창 권혁천 권혁철 권혁철 권혁헌 권혁회 권혁훈 권현구 권현석 권현숙 권현옥 권현정 권현준 권현직 권현진 권현진 권현철 권현희 권형민 권형석 권형섭 권형주 권형중 권형택 권혜경 권혜경 권혜경 권혜경 권혜련 권혜수 권혜숙 권혜숙 권혜순 권혜주 권호규 권호근 권호석 권홍문 권홍순 권홍현 권화빈 권화숙 권회련 권회린 권효린 권효석 권효선 권효숙 권효신 권흥구 권흥식 권흥주 권희남 권희범 권희선 권희선 권희선 권희숙 권희영 권희영 권희용 권희용 권희원 권희자 권희정 권희정 권희주 권희준 극단76단 글씨미디어 금강대학교 금경숙 금경연 금경희 금계영 금교혁 금동만 금동원 금동준 금동진 금동혁 금명숙 금민수 금병춘 금병태 금봉수 금빛내림 금서연 금석오 금석윤 금순정 금영균 금영길 금장태 금재서 금재염 금재현 금종원 금중경 금지희 금진섭 금천희 금현옥 금혜윤 금혜진 금효섭 금희경 기경서 기경석 기경자 기경호 기내경 기노식 기동서 기동호 기르올 기명능 기모란 기문서 기문종 기미라 기민호 기산희 기상천 기상현 기서경 기석종 기선자 기성심 기성훈 기세만 기세양 기세정 기세환 기세훈 기숙희 기순신 기순자 기승복 기승윤 기승재 기양근 기연수 기영내 기영서 기영서 기영식 기영자 기영종 기영철 기영희 기예숙 기우삼 기우승 기우탁 기우현 기원희 기유진 기윤서 기은서 기은하 기이슬 기인서 기인숙 기장서 기재일 기재필 기정수 기정자 기종석 기준서 기지웅 기지은 기찬종 기찬종 기철호 기춘 기충표 기태영 기태현 기평석 기현신 기형석 기혜슬 기호민 기호범 기호서 기호원 기호철 기희도 길경 길경미 길경숙 길경숙 길귀섭 길남문 길대성 길도문 길명심 길미경 길미숙 길미정 길민수 길병두 길병복 길병숙 길부근 길성남 길성미 길수경 길애령 길영미 길영배 길완일 길용호 길이선 길이훈 길정진 길종각 길종백 길종일 길태영 길태원 길학근 길혜금 길혜진 길호은 길홍근 길희성 김가람 김가람 김가람 김가람 김가영 김가영 김가원 김가은 김가은 김가은 김가을길 김가학 김가현 김가형 김가희 김각균 김감열 김갑곤 김갑규 김갑기 김갑남 김갑동 김갑동 김갑배 김갑분 김갑석 김갑석 김갑선 김갑섭 김갑수 김갑수 김갑수 김갑수 김갑수 김갑수 김갑숙 김갑순 김갑순 김갑식 김갑식 김갑자 김갑주 김갑주 김갑준 김갑진 김갑천 김갑철 김갑철 김갑태 김갑태 김갑태 김갑현 김강 김강 김강 김강단이 김강민 김강민 김강산 김강수 김강수 김강수 김강식 김강언 김강영 김강영 김강우 김강이 김강임 김강자 김강주 김강준 김강진 김강태 김강하 김강현 김강호 김강효 김강훈 김건 김건 김건 김건 김건도 김건수 김건수 김건수 김건수 김건숙 김건식 김건식 김건아 김건연 김건엽 김건영 김건영 김건영 김건옥 김건완 김건우 김건우 김건우 김건웅 김건중 김건하 김건하 김건형 김건호 김건호 김건호 김건호 김건호 김건휘 김건희 김건희 김건희 김건희 김결 김결원 김겸 김겸영 김경 김경 김경 김경 김경 김경곤 김경곤 김경곤 김경곤 김경곤 김경관 김경규 김경규 김경나 김경나 김경남 김경남 김경남 김경남 김경남 김경남 김경년 김경덕 김경덕 김경도 김경동 김경두 김경락 김경락 김경란 김경란 김경란 김경란 김경련 김경렬 김경렬 김경렬 김경렬 김경례 김경림 김경림 김경만 김경만 김경모 김경모 김경모 김경모 김경모 김경목 김경목 김경무 김경묵 김경미 김경미 김경미 김경미 김경미 김경미 김경미 김경미 김경미 김경미 김경미 김경민 김경민 김경민 김경민 김경민 김경민 김경민 김경민 김경민 김경배 김경배 김경배 김경배 김경복 김경복 김경분 김경삼 김경상 김경석 김경석 김경선 김경선 김경선 김경선 김경선 김경선 김경선 김경선 김경섭 김경섭 김경섭 김경섭 김경섭 김경수 김경숙 김경순 김경순 김경순 김경순 김경순 김경순 김경순 김경순 김경순 김경순 김경순 김경순 김경순 김경순 김경순 김경순 김경순 김경순 김경식 김경식 김경식 김경식 김경식 김경식 김경식 김경식 김경식 김경식 김경식 김경식 김경식 김경식 김경식 김경식 김경식 김경신 김경신 김경아 김경아 김경아 김경아 김경아 김경아 김경아 김경아 김경안 김경애 김경애 김경애 김경애 김경애 김경애 김경애 김경애 김경애 김경애 김경애 김경애 김경애 김경애 김경애 김경애 김경애 김경언 김경연 김경연 김경열 김경열 김경열 김경엽 김경영 김경영 김경옥 김경옥 김경옥 김경옥 김경옥 김경옥 김경옥 김경옥 김경옥 김경옥 김경옥 김경옥 김경옥 김경옥 김경옥 김경옥 김경완 김경용 김경욱 김경욱 김경운 김경웅 김경원 김경원 김경윤 김경은 김경은 김경은 김경은 김경이 김경이 김경이 김경인 김경일 김경일 김경일 김경일 김경일 김경일 김경임 김경임 김경자 김경재 김경재 김경전 김경정 김경조 김경조 김경종 김경주 김경주 김경주 김경주 김경준 김경준 김경중 김경중 김경중 김경중 김경중 김경중 김경중 김경중 김경중 김경진 김경진 김경진 김경진 김경진 김경진 김경진 김경진 김경진 김경진 김경집 김경채 김경천 김경천 김경천 김경철 김경철 김경철 김경철 김경철 김경춘 김경태 김경태 김경태 김경태 김경태 김경태 김경태 김경태 김경태 김경태 김경태 김경태 김경택 김경택 김경표 김경하 김경한 김경항 김경해 김경헌 김경형 김경혜 김경혜 김경혜 김경혜 김경혜 김경호 김경호 김경호 김경호 김경호 김경호 김경화 김경화 김경화 김경화 김경화 김경화 김경화 김경화 김경화 김경화 김경환 김경환 김경환 김경환 김경환 김경환 김경환 김경회 김경효 김경훈 김경훈 김경훈 김경훈 김경훈 김경훈 김경훈 김경훈 김경희 김계곤 김계곤 김계규 김계봉 김계산 김계선 김계선 김계선 김계성 김계송 김계수 김계수 김계수 김계수 김계숙 김계숙 김계숙 김계숙 김계순 김계순 김계순 김계순 김계식 김계식 김계식 김계심 김계연 김계연 김계영 김계영 김계옥 김계옥 김계욱 김계인 김계자 김계정 김계춘 김계한 김계현 김계호 김고만 김고은 김고은 김고은 김고휘 김곡지 김공남 김공대 김공백 김공범 김공순 김공식 김공식 김공옥 김공임 김공태 김관 김관규 김관기 김관례 김관배 김관석 김관선 김관섭 김관수 김관수 김관순 김관식 김관식 김관식 김관식 김관식 김관연 김관열 김관영 김관옥 김관용 김관용 김관우 김관우 김관우 김관유 김관일 김관재 김관제 김관지 김관철 김관태 김관태 김관호 김관호 김관호 김광 김광 김광규 김광규 김광규 김광균 김광근 김광기 김광기 김광남 김광남 김광남 김광년 김광년 김광님 김광덕 김광덕 김광동 김광동 김광동 김광득 김광래 김광례 김광로 김광룡 김광룡 김광룡 김광목 김광묵 김광문 김광문 김광미 김광미 김광박 김광배 김광배 김광복 김광복 김광빈 김광삼 김광상 김광석 김광석 김광석 김광석 김광선 김광섭 김광섭 김광섭 김광섭 김광섭 김광섭 김광성 김광성 김광성 김광수 김광숙 김광순 김광술 김광시 김광식 김광식 김광식 김광식 김광식 김광식 김광식 김광식 김광신 김광신 김광억 김광연 김광연 김광열 김광열 김광열 김광영 김광영 김광오 김광우 김광우 김광우 김광욱 김광욱 김광욱 김광원 김광원 김광유 김광윤 김광은 김광은 김광인 김광일 김광일 김광일 김광일 김광일 김광임 김광자 김광재 김광재 김광재 김광주 김광주 김광주 김광주 김광중 김광중 김광중 김광중 김광직 김광진 김광진 김광진 김광진 김광진 김광진 김광진 김광진 김광채 김광채 김광채 김광철 김광철 김광철 김광철 김광철 김광철 김광철 김광철 김광태 김광택 김광택 김광한 김광현 김광현 김광현 김광현 김광현 김광현 김광호 김광호 김광호 김광호 김광호 김광호 김광호 김광호 김광호 김광호 김광호 김광호 김광환 김광환 김광회 김광회 김광후 김광후 김광훈 김광훈 김광휘 김광휘 김광휘 김광흥 김광희 김광희 김광희 김광희 김광희 김광희 김교년 김교년 김교만 김교명 김교명 김교문 김교문 김교빈 김교선 김교승 김교식 김교엽 김교영 김교정 김교진 김교현 김교환 김교희 김구 김구 김구연 김구일 김구한 김구환 김구환 김국경 김국곤 김국남 김국년 김국선 김국정 김국태 김국태 김국현 김국현 김국현 김국현 김국화 김국화 김국환 김국회 김군원 김군자 김군호 김권 김권 김권 김권남 김권배 김권석 김권석 김권성 김권수 김권식 김권식 김권일 김권재 김권중 김권호 김권환 김귀균 김귀남 김귀녀 김귀도 김귀련 김귀범 김귀숙 김귀숙 김귀숙 김귀숙 김귀순 김귀순 김귀순 김귀식 김귀식 김귀업 김귀영 김귀옥 김귀인 김귀자 김귀주 김귀중 김귀평 김귀화 김귀화 김귀환 김규 김규남 김규남 김규동 김규룡 김규린 김규문 김규배 김규복 김규봉 김규봉 김규상 김규석 김규석 김규석 김규섭 김규성 김규성 김규성 김규성 김규수 김규식 김규식 김규연 김규열 김규열 김규완 김규용 김규용 김규용 김규용 김규용 김규원 김규원 김규원 김규원 김규원 김규원 김규자 김규정 김규정 김규종 김규준 김규채 김규철 김규칠 김규태 김규태 김규태 김규태 김규태 김규태 김규평 김규학 김규헌 김규헌 김규현 김규현 김규호 김규홍 김규환 김규환 김규환 김규회 김규희 김그날이 김극기 김극수 김근 김근 김근 김근만 김근배 김근배 김근섭 김근수 김근수 김근수 김근수 김근수 김근수 김근수 김근숙 김근순 김근식 김근식 김근아 김근열 김근열 김근영 김근영 김근영 김근영 김근옥 김근옥 김근옥 김근용 김근용 김근우 김근욱 김근원 김근의 김근제 김근진 김근태 김근태 김근태 김근태 김근형 김근형 김근호 김근환 김근희 김근희 김금남 김금녀 김금단 김금례 김금미 김금미 김금발미 김금분 김금석 김금선 김금선 김금수 김금수 김금수 김금숙 김금숙 김금숙 김금숙 김금순 김금순 김금안 김금열 김금옥 김금옥 김금옥 김금용 김금용 김금임 김금자 김금자 김금자 김금자 김금자 김금자 김금자 김금자 김금자 김금주 김금지 김금진 김금철 김금철 김금춘 김금필 김금하 김금회 김금희 김금희 김금희 김금희 김금희 김금희 김기 김기경 김기권 김기남 김기남 김기남 김기남 김기남 김기남 김기담 김기대 김기대 김기대 김기대 김기덕 김기덕 김기덕 김

한겨레 7만 주주

기덕 김기덕 김기돈 김기동 김기동 김기동 김기동 김기동 김기동 김기락 김기련 김기련 김기련 김기련 김기만 김기명 김기민 김기민 김기방 김기백 김기범 김기범 김기병 김기병 김기복 김기복 김기봉 김기봉 김기분 김기삼 김기석 김기석 김기석 김기석 김기석 김기석 김기석 김기석 김기석 김기선 김기선 김기선 김기선 김기선 김기선 김기선 김기설 김기섭 김기섭 김기섭 김기섭 김기섭 김기섭 김기성 김기성 김기성 김기성 김기성 김기성 김기성 김기성 김기성 김기성 김기성 김기성 김기성 김기성 김기수 김기수 김기수 김기수 김기수 김기수 김기숙 김기숙 김기숙 김기숙 김기숙 김기숙 김기승 김기승 김기승 김기식 김기식 김기안 김기애 김기언 김기언 김기업 김기연 김기연 김기연 김기열 김기열 김기열 김기영 김기영 김기영 김기영 김기영 김기영 김기영 김기영 김기영 김기영 김기영 김기영 김기영 김기영 김기오 김기옥 김기옥 김기옥 김기옥 김기옥 김기용 김기용 김기우 김기우 김기욱 김기운 김기운 김기웅 김기웅 김기웅 김기웅 김기웅 김기원 김기원 김기원 김기원 김기원 김기원 김기원 김기원 김기원 김기윤 김기윤 김기윤 김기은 김기은 김기은 김기일 김기일 김기임 김기자 김기작 김기재 김기재 김기정 김기정 김기정 김기정 김기정 김기조 김기종 김기종 김기종 김기종 김기주 김기주 김기주 김기주 김기주 김기주 김기준 김기준 김기준 김기준 김기중 김기중 김기중 김기중 김기진 김기진 김기진 김기찬 김기찬 김기창 김기천 김기천 김기철 김기춘 김기출 김기태 김기태 김기태 김기태 김기태 김기태 김기태 김기태 김기태 김기태 김기태 김기택 김기팔 김기필 김기하 김기학 김기항 김기항 김기헌 김기헌 김기현 김기현 김기현 김기현 김기현 김기현 김기현 김기현 김기현 김기현 김기현 김기현 김기현 김기현 김기형 김기형 김기형 김기형 김기형 김기혜 김기호 김기호 김기호 김기호 김기호 김기호 김기호 김기호 김기호 김기홍 김기홍 김기홍 김기홍 김기홍 김기홍 김기환 김기환 김기환 김기환 김기환 김기환 김기환 김기환 김기훈 김기훈 김기훈 김기흥 김기희 김기희 김긴수 김길간 김길관 김길남 김길남 김길남 김길만 김길만 김길배 김길배 김길석 김길성 김길성 김길수 김길수 김길수 김길수 김길수 김길숙 김길순 김길순 김길순 김길식 김길식 김길연 김길영 김길영 김길용 김길원 김길자 김길자 김길자 김길자 김길자 김길자 김길자 김길재 김길준 김길중 김길중 김길중 김길진 김길헌 김길호 김길화 김길화 김길환 김길환 김나라 김나람 김나래 김나래 김나래 김나래 김나리 김나리 김나리 김나림 김나순 김나연 김나연 김나연 김나연 김나연 김나연 김나열 김나영 김나영 김나영 김나영 김나은 김나향 김나현 김낙관 김낙규 김낙규 김낙범 김낙범 김낙산 김낙순 김낙영 김낙영 김낙영 김낙완 김낙주 김낙현 김낙현 김난 김난경 김난수 김난순 김난실 김난아 김난연 김난희 김난희 김난희 김난희 김남 김남걸 김남경 김남경 김남곤 김남국 김남국 김남군 김남권 김남규 김남규 김남규 김남규 김남균 김남균 김남기 김남기 김남기 김남길 김남도 김남동 김남두 김남립 김남모 김남복 김남복 김남석 김남석 김남선 김남섭 김남섭 김남성 김남수 김남수 김남수 김남수 김남수 김남수 김남숙 김남숙 김남숙 김남숙 김남순 김남순 김남순 김남순 김남순 김남순 김남순 김남식 김남식 김남식 김남식 김남식 김남억 김남억 김남연 김남열 김남열 김남영 김남영 김남옥 김남완 김남용 김남용 김남용 김남용 김남우 김남욱 김남운 김남운 김남웅 김남웅 김남이 김남인 김남인 김남일 김남재 김남재 김남조 김남주 김남준 김남준 김남중 김남중 김남중 김남중 김남중 김남진 김남진 김남진 김남철 김남철 김남한 김남헌 김남현 김남현 김남형 김남호 김남호 김남호 김남화 김남훈 김남희 김남희 김남희 김남희 김남희 김남희 김남희 김남희 김남희 김내균 김내성 김내수 김내옥 김내일 김내청 김내현 김내현 김년기 김녕호 김노경 김노경 김노수 김노아 김노철 김노현 김녹양 김농단 김농오 김농학 김누리 김능세 김능우 김다님 김다림 김다미 김다민 김다민 김다빈 김다솔 김다솔 김다솜 김다솜 김다슬 김다슬 김다슬 김다예 김다예 김다운 김다원 김다원 김다은 김다은 김다은 김다현 김다혜 김다혜 김다혜 김단 김단 김단례 김단비 김단비 김단선 김단열 김단자 김달웅 김달조 김달헌 김달환 김당 김당택 김대곤 김대곤 김대곤 김대곤 김대곤 김대곤 김대곤 김대권 김대권 김대권 김대규 김대규 김대규 김대균 김대극 김대근 김대근 김대근 김대근 김대기 김대길 김대남 김대년 김대모 김대민 김대복 김대복 김대석 김대석 김대석 김대선 김대섭 김대섭 김대성 김대성 김대성 김대성 김대성 김대성 김대성 김대성 김대성 김대성 김대성 김대성 김대성 김대성 김대송 김대수 김대수 김대수 김대숙 김대숙 김대순 김대식 김대식 김대식 김대식 김대식 김대업 김대업 김대연 김대연 김대연 김대연 김대열 김대열 김대열 김대열 김대영 김대영 김대영 김대영 김대영 김대영 김대영 김대영 김대영 김대영 김대영 김대영 김대영 김대옥 김대용 김대용 김대용 김대우 김대욱 김대운 김대운 김대운 김대웅 김대원 김대원 김대원 김대유 김대윤 김대은 김대익 김대일 김대일 김대재 김대준 김대준 김대준 김대중 김대중 김대중 김대중 김대중 김대진 김대진 김대진 김대진 김대진 김대창 김대창 김대천 김대철 김대철 김대철 김대철 김대한 김대행 김대헌 김대헌 김대현 김대현 김대현 김대현 김대현 김대현 김대현 김대현 김대현 김대현 김대현 김대현 김대현 김대현 김대현 김대현 김대현 김대현 김대현 김대형 김대호 김대호 김대호 김대호 김대호 김대홍 김대홍 김대홍 김대환 김대환 김대환 김대환 김대환 김대환 김대황 김대회 김대훈 김대휘 김대흠 김대희 김대희 김대희 김대희 김대희 김대희 김대희 김대희 김대희 김대희 김덕 김덕 김덕겸 김덕경 김덕경 김덕관 김덕구 김덕권 김덕규 김덕규 김덕규 김덕규 김덕근 김덕기 김덕기 김덕렴 김덕례 김덕만 김덕명 김덕배 김덕봉 김덕분 김덕상 김덕섭 김덕성 김덕성 김덕성 김덕수 김덕수 김덕수 김덕수 김덕수 김덕숙 김덕순 김덕순 김덕승 김덕식 김덕심 김덕안 김덕연 김덕연 김덕연 김덕엽 김덕영 김덕용 김덕용 김덕우 김덕우 김덕원 김덕윤 김덕윤 김덕인 김덕인 김덕일 김덕임 김덕자 김덕자 김덕재 김덕재 김덕주 김덕중 김덕중 김덕철 김덕철 김덕치 김덕필 김덕한 김덕현 김덕현 김덕현 김덕현 김덕형 김덕호 김덕호 김덕호 김덕홍 김덕홍 김덕화 김덕환 김덕환 김덕환 김덕환 김덕환 김덕희 김도곤 김도관 김도균 김도균 김도근 김도명 김도묵 김도범 김도산 김도석 김도석 김도석 김도선 김도수 김도수 김도식 김도식 김도애 김도언 김도연 김도연 김도연 김도연 김도연 김도연 김도연 김도엽 김도엽 김도영 김도영 김도영 김도영 김도영 김도완 김도원 김도원 김도윤 김도일 김도일 김도종 김도중 김도중 김도진 김도진 김도진 김도철 김도태 김도향 김도현 김도현 김도현 김도현 김도현 김도현 김도현 김도형 김도형 김도형 김도형 김도형 김도형 김도형 김도형 김도환 김도환 김도환 김도훈 김도희 김도희 김도희 김돈 김돈식 김동 김동계 김동곤 김동곤 김동곤 김동곤 김동광 김동구 김동국 김동국 김동국 김동권 김동귀 김동규 김동규 김동규 김동규 김동규 김동규 김동규 김동규 김동규 김동규 김동규 김동규 김동균 김동균 김동균 김동근 김동근 김동근 김동근 김동근 김동기 김동기 김동기 김동길 김동길 김동길 김동길 김동남 김동남 김동대 김동덕 김동락 김동련 김동련 김동렬 김동렬 김동렬 김동렬 김동률 김동린 김동만 김동만 김동명 김동명 김동명 김동명 김동명 김동민 김동민 김동민 김동민 김동민 김동민 김동민 김동배 김동범 김동벽 김동분 김동분 김동빈 김동석 김동석 김동석 김동석 김동석 김동석 김동석 김동석 김동석 김동석 김동선 김동선 김동선 김동선 김동선 김동섭 김동섭 김동섭 김동섭 김동성 김동성 김동성 김동성 김동성 김동성 김동수 김동수 김동수 김동수 김동수 김동수 김동수 김동수 김동수 김동수 김동수 김동수 김동수 김동수 김동수 김동수 김동수 김동수 김동숙 김동숙 김동숙 김동순 김동순 김동순 김동순 김동승 김동식 김동식 김동식 김동식 김동식 김동식 김동식 김동암 김동언 김동업 김동연 김동열 김동열 김동열 김동열 김동엽 김동영 김동영 김동영 김동영 김동영 김동오 김동오 김동옥 김동완 김동완 김동완 김동우 김동우 김동우 김동우 김동우 김동우 김동우 김동욱 김동욱 김동욱 김동욱 김동욱 김동욱 김동욱 김동운 김동운 김동운 김동원 김동원 김동원 김동원 김동원 김동원 김동원 김동원 김동원 김동원 김동원 김동원 김동원 김동윤 김동은 김동은 김동익 김동인 김동일 김동일 김동일 김동일 김동일 김동자 김동재 김동전 김동조 김동조 김동조 김동주 김동주 김동주 김동주 김동주 김동주 김동주 김동준 김동준 김동준 김동준 김동준 김동준 김동준 김동준 김동준 김동준 김동준 김동중 김동직 김동진 김동진 김동진 김동진 김동진 김동진 김동진 김동찬 김동찬 김동찬 김동찬 김동찬 김동찬 김동찬 김동천 김동철 김동철 김동철 김동철 김동철 김동철 김동철 김동태 김동판 김동표 김동필 김동필 김동하 김동하 김동하 김동하 김동하 김동학 김동학 김동한 김동한 김동한 김동한 김동한 김동헌 김동현 김동현 김동현 김동현 김동현 김동현 김동현 김동현 김동현 김동현 김동현 김동현 김동현 김동현 김동호 김동호 김동호 김동호 김동호 김동호 김동호 김동호 김동호 김동호 김동호 김동호 김동호 김동화 김동화 김동환 김동환 김동환 김동환 김동환 김동환 김동환 김동활 김동회 김동효 김동훈 김동훈 김동훈 김동훈 김동훈 김동훈 김동훈 김동훈 김동훈 김동흔 김동흡 김동희 김동희 김동희 김동희 김두관 김두기 김두남 김두년 김두레 김두례 김두리 김두배 김두봉 김두분 김두산 김두석 김두섭 김두성 김두성 김두성 김두성 김두솔 김두수 김두수 김두수 김두식 김두식 김두언 김두연 김두연 김두영 김두영 김두영 김두영 김두영 김두용 김두원 김두이 김두일 김두진 김두창 김두천 김두철 김두철 김두한 김두한 김두현 김두현 김두현 김두환 김두힘 김둘내 김둘만 김득귀 김득룡 김득영 김득자 김득중 김득중 김득중 김득현 김득형 김들 김라미 김락현 김락희 김란 김란 김란 김란 김란이 김랑 김래옥 김래원 김래은 김래인 김래철 김량래 김려섭 김련 김로빈 김로타 김록호 김리경 김리나 김리라 김리안 김리원 김리정 김린 김린 김마주 김만 김만곤 김만권 김만균 김만기 김만기 김만기 김만기 김만기 김만년 김만덕 김만례 김만무 김만배 김만석 김만석 김만석 김만섭 김만수 김만수 김만수 김만순 김만식 김만옥 김만옥 김만용 김만일 김만재 김만재 김만제 김만종 김만주 김만중 김만중 김만진 김만태 김만태 김만형 김만호 김만호 김만호 김만호 김만홍 김만홍 김만화 김만효 김만흠 김만희 김만희 김만희 김말분 김말분 김말숙 김말숙 김말용 김매자 김매지 김맹식 김맹완 김맹임 김맹호 김면중 김면중 김면호 김면화 김명걸 김명곤 김명곤 김명곤 김명구 김명구 김명구 김명구 김명구 김명국 김명규 김명규 김명규 김명규 김명근 김명근 김명기 김명기 김명기 김명기 김명기 김명길 김명길 김명남 김명남 김명님 김명님 김명달 김명동 김명란 김명란 김명란 김명래 김명룡 김명모 김명미 김명배 김명복 김명부 김명산 김명석 김명석 김명선 김명선 김명선 김명선 김명선 김명선 김명섭 김명섭 김명수 김명수 김명수 김명수 김명수 김명수 김명수 김명수 김명수 김명수 김명수 김명수 김명수 김명숙 김명순 김명순 김명순 김명순 김명순 김명순 김명술 김명식 김명식 김명식 김명식 김명식 김명식 김명신 김명신 김명아 김명애 김명연 김명열 김명오 김명옥 김명옥 김명옥 김명옥 김명옥 김명옥 김명옥 김명옥 김명옥 김명옥 김명옥 김명옥 김명용 김명욱 김명운 김명운 김명원 김명원 김명원 김명일 김명자 김명자 김명자 김명자 김명자 김명자 김명자 김명자 김명자 김명자 김명재 김명전 김명주 김명주 김명주 김명주 김명준 김명준 김명준 김명중 김명지 김명진 김명진 김명진 김명진 김명진 김명진 김명진 김명찬 김명천 김명철 김명철 김명철 김명철 김명철 김명철 김명철 김명철 김명철 김명철 김명철 김명춘 김명탁 김명학 김명한 김명한 김명한 김명해 김명현 김명현 김명현 김명혜 김명혜 김명혜 김명호 김명호 김명호 김명호 김명호 김명호 김명호 김명호 김명호 김명호 김명화 김명화 김명화 김명환 김명환 김명환 김명환 김명환 김명환 김명환 김명환 김명환 김명회 김명훈 김명희 김모연 김모영 김목 김목현 김묘선 김묘순 김무균 김무길 김무배 김무부 김무생 김무선 김무성 김무성 김무수 김무승 김무식 김무식 김무식 김무식 김무영 김무영 김무용 김무웅 김무웅 김무웅 김무정 김무조 김무주 김무진 김무철 김무철 김무하 김무헌 김무현 김무홍 김무환 김문 김문갑 김문걸 김문경 김문광 김문교 김문권 김문규 김문규 김문규 김문규 김문기 김문기 김문기 김문길 김문래 김문배 김문배 김문봉 김문봉 김문선 김문선 김문선 김문섭 김문섭 김문성 김문성 김문수 김문수 김문수 김문수 김문수 김문수 김문수 김문수 김문숙 김문숙 김문순 김문식 김문식 김문식 김문식 김문애 김문엽 김문영 김문영 김문오 김문용 김문자 김문자 김문자 김문재 김문정 김문정 김문정 김문종 김문종 김문주 김문주 김문찬 김문창 김문천 김문철 김문철 김문철 김문철 김문현 김문호 김문호 김문호 김문호 김문호 김문호 김문환 김문환 김문환 김문회 김문휘 김문휘 김문휘 김문희 김문희 김미 김미경 김미나 김미녀 김미담 김미라 김미라 김미라 김미라 김미라 김미라 김미라 김미라 김미라 김미라 김미란 김미란 김미란 김미란 김미란 김미란 김미란 김미란 김미란 김미랑 김미랑 김미랑 김미련 김미령 김미령 김미령 김미령 김미례 김미리 김미리 김미리 김미리솔 김미림 김미미 김미석 김미선 김미선 김미선 김미선 김미선 김미선 김미선 김미선 김미선 김미선 김미선 김미선 김미섭 김미성 김미성 김미소 김미소 김미수 김미수 김미숙 김미순 김미순 김미순 김미순 김미순 김미순 김미순 김미순 김미순 김미승 김미승 김미심 김미아 김미아 김미애 김미애 김미애 김미애 김미애 김미애 김미애 김미애 김미애 김미애 김미애 김미애 김미애 김미애 김미애 김미양 김미연 김미연 김미연 김미연 김미열 김미영 김미옥 김미옥 김미옥 김미옥 김미옥 김미옥 김미옥 김미옥 김미옥 김미옥 김미옥 김미완 김미원 김미월 김미자 김미정 김미주 김미진 김미진 김미진 김미진 김미태 김미태 김미풍 김미해 김미향 김미향 김미현 김미현 김미현 김미현 김미혜 김미혜 김미혜 김미혜 김미혜 김미혜 김미혜 김미혜 김미혜 김미화 김미화 김미화 김미화 김미화 김미화 김미화 김미화 김미화 김미희 김미희 김미희 김미희 김미희 김미희 김미희 김미희 김미희 김미희 김미희 김민 김민 김민 김민 김민겸 김민경 김민경 김민경 김민경 김민경 김민경 김민경 김민경 김민경 김민경 김민곤 김민곤 김민구 김민국 김민규 김민규 김민규 김민규 김민균 김민근 김민기 김민기 김민남 김민남 김민남 김민배 김민범 김민범 김민상 김민석 김민석 김민석 김민석 김민석 김민석 김민석 김민석 김민석 김민석 김민석 김민선 김민선 김민선 김민선 김민선 김민선 김민섭 김민섭 김민섭 김민성 김민성 김민성 김민성 김민성 김민성 김민솔 김민수 김민수 김민수 김민수 김민수 김민수 김민수 김민수 김민수 김민수 김민수 김민수 김민수 김민숙 김민숙 김민숙 김민숙 김민숙 김민숙 김민식 김민식 김민식 김민식 김민식 김민식 김민아 김민아 김민아 김민애 김민애 김민영 김민영 김민영 김민영 김민영 김민영 김민영 김민영 김민영 김민영 김민영 김민완 김민완 김민용 김민우 김민우 김민우 김민우 김민욱 김민자 김민자 김민자 김민자 김민자 김민자 김민자 김민자 김민자 김민자 김민재 김민재 김민정 김민정 김민정 김민정 김민정 김민정 김민정 김민정 김민정 김민정 김민정 김민정 김민정 김민조 김민종 김민주 김민주 김민주 김민주 김민주 김민주 김민주 김민주 김민주 김민중 김민중 김민지 김민지 김민지 김민지 김민진 김민진 김민찬 김민찬 김민창 김민철 김민철 김민철 김민철 김민철 김민철 김민철 김민태 김민태 김민표 김민하 김민해 김민혜 김민호 김민호 김민호 김민호 김민호 김민호 김민호 김민화 김민화 김민환 김민환 김민환 김민환 김민흡 김민희 김민희 김민희 김민희 김민희 김민희 김민희 김민희 김바다 김바다 김바래 김바램 김바울 김박영 김반석 김방규 김방식 김방영 김방훈 김방희 김배균 김배순 김배식 김배철 김배한 김배호 김배홍 김배훈 김백 김백 김백규 김백기 김백기 김백남 김백란 김백수 김백수 김백식 김백연 김백옥 김백용 김백일 김백정은 김백철 김범 김범 김범 김범규 김범모 김범석 김범수 김범수 김범수 김범수 김범수 김범수 김범수 김범수 김범수 김범수 김범수 김범식 김범식 김범연 김범용 김범용 김범용 김범윤 김범일 김범준 김범중 김범진 김범진 김범진 김범진 김범태 김범태 김범호 김범환 김베다 김벼리 김변영 김별아 김병갑 김병갑 김병건 김병걸 김병곤 김병곤 김병곤 김병곤 김병관 김병관 김병관 김병교 김병구 김병구 김병구 김병구 김병구 김병구 김병구 김병국 김병국 김병국 김병국 김병국 김병국 김병국 김병국 김병국 김병권 김병권 김병권 김병권 김병규 김병규 김병규 김병규 김병균 김병극 김병근 김병근 김병기 김병기 김병기 김병기 김병기 김병기 김병기 김병길 김병남 김병남 김병남 김병남 김병남 김병년 김병노 김병노 김병대 김병덕 김병도 김병두 김병두 김병래 김병련 김병렬 김병렬 김병록 김병림 김병만 김병만 김병만 김병무 김병문 김병문 김병문 김병문 김병민 김병민 김병배 김병범 김병복 김병빈 김병삼 김병삼 김병상 김병석 김병석 김병석 김병석 김병선 김병선 김병섭 김병섭 김병섭 김병섭 김병성 김병성 김병성 김병성 김병수 김병수 김병수 김병수 김병수 김병수 김병수 김병수 김병수 김병수 김병수 김병순 김병순 김병순 김병순 김병시 김병식 김병식 김병식 김병식 김병양 김병연 김병연 김병연 김병열 김병열 김병오 김병오 김병오 김병옥 김병옥 김병옥 김병옥 김병용 김병우 김병우 김병욱 김병욱 김병욱 김병욱 김병욱 김병욱 김병원 김병원 김병원 김병윤 김병윤 김병익 김병익 김병익 김병익 김병일 김병일 김병일 김병임 김병재 김병재 김병제 김병조 김병조 김병조 김병종 김병주 김병주 김병주 김병주 김병주 김병준 김병준 김병준 김병준 김병준 김병준 김병준 김병준 김병지 김병진 김병진 김병진 김병진 김병진 김병찬 김병창 김병창 김병채 김병천 김병천 김병천 김병철 김병철 김병철 김병철 김병철 김병철 김병철 김병춘 김병태 김병태 김병태 김병태 김병필 김병하 김병하 김병학 김병학 김병학 김병한 김병한 김병한 김병헌 김병혁 김병혁 김병현 김병현 김병현 김병현 김병호 김병호 김병호 김병호 김병호 김병호 김병홍 김병홍 김병화 김병화 김병환 김병환 김병효 김병훈 김병훈 김병훈 김병훈 김병희 김병희 김병희 김병희 김병희 김병희 김보경 김보경 김보경 김보경 김보경 김보균 김보균 김보근 김보근 김보기 김보다미 김보라 김보람 김보람 김보람 김보람 김보람 김보람 김보령 김보명 김보미 김보배 김보상 김보석 김보석 김보선 김보선 김보성 김보성 김보수 김보숙 김보식 김보식 김보아 김보연 김보연 김보연 김보영 김보옥 김보옥 김보윤 김보은 김보현 김보현 김보협 김보형 김보혜 김보환 김보훈 김복기 김복기 김복남 김복남 김복남 김복남 김복덕 김복덕 김복도 김복동 김복둘 김복래 김복록 김복만 김복만 김복선 김복선 김복선 김복수 김복수 김복수 김복순 김복순 김복순 김복순 김복순 김복순 김복순 김복술 김복승 김복신 김복실 김복연 김복연 김복영 김복영 김복인 김복자 김복자 김복자 김복자 김복자 김복자 김복주 김복중 김복한 김복환 김복희 김복희 김복희 김복희 김복희 김본길 김봄누리 김봄이래 김봉겸 김봉겸 김봉경 김봉구 김봉구 김봉구 김봉규 김봉규 김봉규 김봉규 김봉균 김봉균 김봉근 김봉길 김봉길 김봉남 김봉달 김봉덕 김봉련 김봉룡 김봉배 김봉석 김봉석 김봉석 김봉선 김봉섭 김봉수 김봉수 김봉수 김봉숙 김봉숙 김봉숙 김봉숙 김봉순 김봉술 김봉식 김봉식 김봉식 김봉안 김봉안 김봉열 김봉영 김봉오 김봉우 김봉익 김봉인 김봉임 김봉재 김봉조 김봉조 김봉주 김봉주 김봉준 김봉준 김봉준 김봉준 김봉중 김봉중 김봉진 김봉진 김봉진 김봉진 김봉철 김봉춘 김봉태 김봉태 김봉태 김봉택 김봉학 김봉한 김봉호 김봉호 김봉환 김봉환 김봉환 김봉환 김봉환 김봉환 김봉희 김부겸 김부겸 김부곤 김부곤 김부권 김부균 김부기 김부도 김부민 김부성 김부성 김부식 김부연 김부영 김부용 김부웅 김부원 김부환 김분남 김분다 김분동 김불강 김붕경 김비래 김빛나 김빛나 김빛찬 김사겸 김사랑 김사빈 김사숙 김사열 김사원 김사윤 김사인 김사진 김사홍 김산 김산 김산 김산 김산 김산 김산 김산유 김산이 김삼 김삼남 김삼병 김삼선 김삼섭 김삼섭 김삼성 김삼성 김삼수 김삼숙 김삼순 김삼순 김삼순 김삼식 김삼연 김삼연 김삼영 김삼영 김삼용 김삼용 김삼이 김삼조 김삼준 김삼준 김삼중 김삼중 김삼중 김삼태 김삼호 김삼호 김삼화 김삼환 김상겸 김상경 김상경 김상경 김상곤 김상곤 김상구 김상국 김상권 김상권 김상권 김상귀 김상규 김상규 김상규 김상규 김상규 김상규 김상규 김상규 김상균 김상균 김상균 김상균 김상균 김상균 김상근 김상근 김상근 김상근 김상기 김상기 김상기 김상기 김상기 김상기 김상기 김상기 김상기 김상길 김상길 김상길 김상길 김상길 김상남 김상남 김상남 김상녀 김상대 김상덕 김상덕 김상덕 김상도 김상도 김상도 김상돈 김상돈 김상동 김상락 김상래 김상래 김상록 김상룡 김상만 김상명 김상목 김상무 김상무 김상묵 김상문 김상문 김상문 김상미 김상미 김상미 김상민 김상민 김상민 김상배 김상배 김상배 김상백 김상범 김상범 김상범 김상복 김상복 김상봉 김상봉 김상분 김상생 김상선 김상선 김상설 김상섭 김상섭 김상수 김상수 김상수 김상수 김상수 김상수 김상수 김상수 김상수 김상수 김상숙 김상숙 김상숙 김상숙 김상순 김상순 김상순 김상순 김상술 김상술 김상식 김상식 김상신 김상신 김상압 김상연 김상연 김상열 김상열 김상열 김상엽 김상엽 김상영 김상영 김상영 김상영 김상오 김상옥 김상옥 김상옥 김상옥 김상옥 김상옥 김상온 김상완 김상완 김상용 김상용 김상용 김상용 김상용 김상용 김상우 김상우 김상우 김상우 김상우 김상우 김상우 김상우 김상우 김상우 김상우 김상욱 김상욱 김상욱 김상욱 김상욱 김상운 김상운 김상원 김상원 김상원 김상원 김상윤 김상윤 김상윤 김상윤 김상윤 김상윤 김상윤 김상은 김상은 김상은 김상은 김상은 김상이 김상익 김상익 김상인 김상인 김상인 김상일 김상일 김상일 김상일 김상일 김상일 김상재 김상전 김상제 김상조 김상조 김상종 김상주 김상준 김상준 김상준 김상준 김상준 김상중 김상중 김상중 김상진 김상진 김상진 김상진 김상진 김상찬 김상채 김상천 김상천 김상철 김상철 김상철 김상철 김상철 김상철 김상철 김상철 김상철 김상철 김상철 김상춘 김상출 김상태 김상태 김상태 김상태 김상택 김상택 김상택 김상표 김상학 김상학 김상학 김상해 김상혁 김상현 김상현 김상현 김상현 김상현 김상현 김상현 김상현 김상현 김상현 김상현 김상현 김상현 김상현 김상형 김상형 김상형 김상형 김상호 김상호 김상호 김상호 김상호 김상호 김상호 김상호 김상홍 김상환 김상환 김상회 김상훈 김상훈 김상훈 김상훈 김상훈 김상훈 김상훈 김상훈 김상훈 김상훈 김상휘 김상희 김상희 김상희 김상희 김상희 김상희 김상희 김상희 김상희 김새로나 김새롬 김새롬 김새롬 김새미 김새벌 김새벽 김새벽 김새슬 김샘 김샛별 김생규 김생기 김생기 김생기 김생기 김생현 김서경 김서규 김서균 김서래 김서령 김서로 김서수 김서연 김서연 김서연 김서영 김서영 김서용 김서운 김서운 김서원 김서윤 김서윤 김서전 김서정 김서종 김서중 김서태 김서하 김서하 김서현 김서현 김서현 김서호 김서희 김석 김석 김석 김석겸 김석광 김석구 김석구 김석규 김석규 김석규 김석규 김석규 김석규 김석근 김석근 김석기 김석기 김석기 김석기 김석기 김석기 김석도 김석동 김석동 김석란 김석만 김석민 김석배 김석범 김석범 김석범 김석봉 김석봉 김석봉 김석부 김석산 김석수 김석순 김석순 김석순 김석순 김석순 김석암 김석연 김석영 김석영 김석예 김석완 김석용 김석용 김석용 김석우 김석원 김석원 김석원 김석원 김석원 김석윤 김석윤 김석재 김석정 김석제 김석조 김석종 김석종 김석주 김석주 김석주 김석주 김석주 김석주 김석주 김석주 김석준 김석준 김석준 김석준 김석준 김석중 김석중 김석중 김석중 김석중 김석진 김석진 김석집 김석찬 김석찬 김석천 김석철 김석철 김석철 김석철 김석춘 김석태 김석태 김석태 김석태 김석태 김석하 김석하 김석하 김석한 김석현 김석현 김석현 김석현 김석현 김석현 김석현 김석형 김석호 김석호 김석호 김석홍 김석환 김석환 김석환 김석환 김석환 김석환 김석환 김석환 김석환 김석회 김석훈 김석훈 김석훈 김석훈 김석훈 김석휴 김석희 김석희 김석희 김선 김선 김선 김선 김선건 김선건 김선겸 김선경 김선경 김선경 김선경 김선경 김선경 김선경 김선경 김선곤 김선곤 김선관 김선구 김선구 김선국 김선국 김선국 김선군 김선권 김선권 김선귀 김선규 김선규 김선규 김선규 김선규 김선균 김선금 김선기 김선기 김선기 김선길 김선녀 김선덕 김선덕 김선덕 김선도 김선들 김선래 김선령 김선례 김선례 김선례 김선만 김선명 김선명 김선묵 김선미 김선미 김선미 김선미 김선미 김선미 김선미 김선미 김선미 김선미 김선미 김선미 김선배 김선배 김선범 김선범 김선보 김선복 김선봉 김선봉 김선부 김선분 김선석 김선수 김선숙 김선숙 김선숙 김선숙 김선숙 김선순 김선식 김선실 김선심 김선아 김선아 김선아 김선아 김선애 김선애 김선애 김선연 김선열 김선영 김선영 김선영 김선영 김선영 김선영 김선영 김선영 김선영 김선영 김선영 김선영 김선영 김선영 김선영 김선영 김선영 김선영 김선영 김선예 김선예 김선옥 김선옥 김선옥 김선옥 김선옥 김선옥 김선옥 김선옥 김선옥 김선옥 김선옥 김선옥 김선옥 김선옥 김선옥 김선용 김선용 김선용 김선용 김선우 김선우 김선우 김선우 김선우 김선우 김선욱 김선욱 김선욱 김선욱 김선웅 김선웅 김선웅 김선웅 김선유 김선유 김선이 김선이 김선이 김선이 김선이 김선일 김선일 김선일 김선일 김선임 김선자 김선자 김선자 김선자 김선자 김선자 김선자 김선자 김선자 김선자 김선자 김선장 김선재 김선재 김선재 김선정 김선정 김선정 김선정 김선제 김선종 김선종 김선주 김선주 김선주 김선주 김선주 김선주 김선주 김선주 김선주 김선주 김선중 김선진 김선진 김선진 김선진 김선진 김선차 김선창 김선철 김선철 김선출 김선탁 김선태 김선태 김선태 김선태 김선태 김선태 김선태 김선필 김선하 김선한 김선향 김선헌 김선혁 김선혁 김선현 김선형 김선형 김선혜 김선혜 김선호 김선호 김선호 김선홍 김선화 김선화 김선화 김선화 김선화 김선화 김선환 김선환 김선환 김선회 김선홍 김선희 김설미 김설아 김설용 김설자 김설호 김설홍 김설희 김섭섭 김성걸 김성걸 김성겸 김성겸 김성경 김성경 김성계 김성계 김성곤 김성곤 김성곤 김성곤 김성곤 김성곤 김성관 김성관 김성관 김성관 김성광 김성구 김성구 김성구 김성구 김성구 김성국 김성국 김성국 김성국 김성국 김성국 김성국 김성권 김성권 김성권 김성권 김성규 김성규 김성규 김성규 김성규 김성규 김성규 김성규 김성규 김성규 김성균 김성균 김성균 김성균 김성균 김성균 김성균 김성근 김성근 김성근 김성근 김성금 김성기 김성기 김성기 김성기 김성기 김성기 김성기 김성기 김성길 김성길 김성길 김성길 김성남 김성남 김성남 김성남 김성남 김성남 김성남 김성남 김성녀 김성님 김성대 김성대 김성대 김성대 김성대 김성대 김성덕 김성덕 김성덕 김성덕 김성도 김성도 김성동 김성동 김성동 김성득 김성득 김성득 김성락 김성락 김성란 김성란 김성란 김성란 김성란 김성래 김성렬 김성렬 김성룡 김성룡 김성룡 김성림 김성림 김성림 김성만 김성만 김성만 김성만 김성명 김성목 김성목 김성묘 김성무 김성묵 김성문 김성문 김성미 김성미 김성미 김성미 김성미 김성미 김성민 김성민 김성민 김성민 김성민 김성배 김성배 김성배 김성배 김성배 김성배 김성배 김성배 김성범 김성범 김성보 김성복 김성복 김성복 김성봉 김성봉 김성봉 김성부 김성분 김성분 김성분 김성삼 김성삼 김성석 김성선 김성섭 김성세 김성수 김성숙 김성숙 김성숙 김성숙 김성숙 김성숙 김성숙 김성숙 김성순 김성순 김성순 김성순 김성식 김성식 김성식 김성식 김성식 김성식 김성식 김성신 김성신 김성신 김성아 김성아 김성아 김성아 김성아 김성아 김성애 김성애 김성애 김성업 김성연 김성연 김성연 김성연 김성열 김성열 김성열 김성열 김성오 김성옥 김성옥 김성옥 김성옥 김성옥 김성옥 김성옥 김성완 김성용 김성용 김성용 김성용 김성용 김성우 김성우 김성우 김성우 김성우 김성우 김성우 김성욱 김성욱 김성욱 김성욱 김성욱 김성욱 김성운 김성운 김성원 김성원 김성원 김성원 김성원 김성원 김성원 김성윤 김성윤 김성윤 김성윤 김성율 김성율 김성은 김성은 김성은 김성은 김성은 김성은 김성은 김성은 김성은 김성이 김성이 김성인 김성일 김성일 김성일 김성일 김성일 김성일 김성일 김성일 김성일 김성일 김성임 김성자 김성자 김성자 김성장 김성장 김성재 김성재 김성재 김성재 김성전 김성조 김성종 김성종 김성좌 김성주 김성주 김성주 김성준 김성준 김성준 김성준 김성준 김성준 김성준 김성준 김성준 김성준 김성중 김성중 김성중 김성진 김성진 김성진 김성진 김성진 김성진 김성진 김성진 김성진 김성진 김성진 김성진 김성진 김성진 김성진 김성진 김성진 김성찬 김성찬 김성찬 김성창 김성채 김성채 김성채 김성천 김성천 김성천 김성철 김성철 김성철 김성철 김성철 김성철 김성철 김성철 김성철 김성철 김성철 김성칠 김성태 김성태 김성태 김성태 김성태 김성태 김성태 김성태 김성태 김성태 김성태 김성태 김성태 김성태 김성태 김성태 김성태 김성태 김성태 김성택 김성택 김성택 김성택 김성판 김성필 김성필 김성필 김성학 김성학 김성한 김성한 김성혁 김성혁 김성현 김성현 김성현 김성현 김성현 김성현 김성현 김성현 김성현 김성현 김성현 김성혜 김성혜 김성혜 김성호 김성화 김성화 김성화 김성화 김성화 김성화 김성환 김성환 김성환 김성환 김성환 김성환 김성환 김성환 김성환 김성환 김성환 김성환 김성환 김성환 김성환 김성환 김성황 김성회 김성효 김성후 김성훈 김성훈 김성훈 김성훈 김성훈 김성훈 김성훈 김성훈 김성훈 김성훈 김성훈 김성훈 김성훈 김성훈 김성훈 김성훈 김성훈 김성훈 김성휘 김성휘 김성휘 김성희 김세경 김세경 김세곤 김세곤 김세관 김세교 김세균 김세길 김세동 김세령 김세명 김세명 김세미 김세민 김세민 김세민 김세봉 김세연 김세연 김세연 김세연 김세엽 김세영 김세옥 김세웅 김세웅 김세웅 김세원 김세원 김세원 김세원 김세원 김세원 김세원 김세윤 김세윤 김세은 김세은 김세응 김세응 김세일 김세일 김세일 김세일 김세자 김세종 김세종 김세준 김세준 김세중 김세중 김세중 김세중 김세중 김세진 김세진 김세진 김세창 김세창 김세천 김세철 김세한 김세한 김세한 김세현 김세현 김세현 김세현 김세호 김세호 김세홍 김세환 김세환 김세환 김세훈 김세훈 김세훈 김세훈 김세훈 김세희 김세희 김소남 김소라 김소라 김소라 김소라 김소라 김소례 김소림 김소순 김소앵 김소연 김소연 김소연 김소연 김소연 김소연 김소연 김소영 김소영 김소영 김소영 김소영 김소영 김소영 김소영 김소영 김소영 김소영 김소영 김소영 김소원 김소일 김소자 김소정 김소정 김소정 김소정 김소정 김소주 김소진 김소진 김소진 김소진 김소향 김소현 김소형 김소형 김소희 김소희 김소희 김소희 김소희 김소희 김소희 김소희 김소희 김소희 김솔 김솔 김솔 김솔이 김솔잎 김송남 김송달 김송미 김송번 김송수 김송옥 김송은 김송의 김송이 김송이 김송자 김송중 김송춘 김송춘 김송혜 김송호 김송환 김송희 김수 김수강 김수건 김수경 김수경 김수경 김수경 김수경 김수경 김수경 김수경 김수경 김수경 김수광 김수광 김수구 김수구 김수군 김수권 김수규 김수근 김수근 김수기 김수길 김수길 김수길 김수길 김수길 김수길 김수길 김수길 김수남 김수남 김수남 김수남 김수남 김수남 김수남 김수남 김수남 김수남 김수동 김수동 김수동 김수란 김수련 김수련 김수로 김수로 김수만 김수미 김수미 김수미 김수미 김수민 김수병 김수병 김수복 김수복 김수봉 김수봉 김수봉 김수봉 김수빈 김수삼 김수상 김수생 김수성 김수안 김수양 김수업 김수연 김수연 김수연 김수연 김수연 김수연 김수연 김수연 김수연 김수연 김수열 김수열 김수열 김수영 김수영 김수영 김수영 김수영 김수영 김수영 김수영 김수영 김수영 김수영 김수영 김수영 김수영 김수오 김수옥 김수옥 김수옥 김수옥 김수옥 김수옥 김수용 김수용 김수용 김수용 김수용 김수욱 김수웅 김수원 김수원 김수윤 김수이 김수인 김수일 김수일 김수일 김수일 김수자 김수자 김수자 김수자 김수정 김수정 김수정 김수정 김수정 김수정 김수정 김수정 김수정 김수정 김수정 김수진 김수진 김수진 김수진 김수진 김수진 김수진 김수진 김수진 김수진 김수진 김수진 김수진 김수진 김수창 김수창 김수천 김수철 김수철 김수철 김수철 김수철 김수택 김수평 김수필 김수하 김수학 김수한 김수한 김수한 김수한 김수한 김수행 김수향 김수현 김수현 김수현 김수현 김수현 김수현 김수현 김수현 김수현 김수현 김수현 김수현 김수현 김수현 김수형 김수형 김수호 김수호 김수호 김수홍 김수환 김수환 김수환 김수환 김수환 김수환 김수환 김수환 김수훈 김수희 김수희 김수희 김수희 김수희 김수희 김수희 김수희 김수희 김숙 김숙 김숙경 김숙경 김숙경 김숙경 김숙도 김숙명 김숙배 김숙연 김숙연 김숙영 김숙영 김숙영 김숙이 김숙이 김숙이 김숙이 김숙이 김숙임 김숙자 김숙자 김숙자 김숙자 김숙자 김숙자 김숙자 김숙자 김숙자 김숙자 김숙자 김숙자 김숙자 김숙자 김숙자 김숙진 김숙진 김숙진 김숙향 김숙향 김숙향 김숙현 김숙현 김숙현 김숙효 김숙희 김숙희 김숙희 김숙희 김숙희 김숙희 김숙희 김숙희 김숙희 김숙희 김숙희 김순 김순 김순갑 김순걸 김순경 김순경 김순경 김순곤 김순규 김순균 김순기 김순기 김순기 김순기 김순기 김순길 김순남 김순남 김순남 김순남 김순님 김순덕 김순덕 김순덕 김순덕 김순덕 김순덕 김순덕 김순덕 김순도 김순돌 김순란 김순례 김순례 김순례 김순명 김순미 김순미 김순민 김순배 김순배 김순배 김순복 김순복 김순복 김순분 김순석 김순선 김순선 김순선 김순섭 김순섭 김순숙 김순심 김순애 김순애 김순애 김순애 김순애 김순애 김순애 김순애 김순애 김순애 김순연 김순연 김순영 김순영 김순영 김순영 김순영 김순예 김순옥 김순옥 김순옥 김순옥 김순옥 김순옥 김순옥 김순옥 김순옥 김순옥 김순옥 김순옥 김순옥 김순옥 김순옥 김순옥 김순옥 김순운 김순이 김순이 김순이 김순이 김순이 김순이 김순일 김순임 김순자 김순자 김순자 김순자 김순자 김순자 김순자 김순자 김순자 김순자 김순자 김순자 김순자 김순자 김순자 김순자 김순자 김순자 김순자 김순정 김순조 김순종 김순진 김순진 김순진 김순천 김순철 김순철 김순태 김순태 김순태 김순필 김순해 김순행 김순헌 김순호 김순호 김순호 김순호 김순화 김순화 김순화 김순화 김순환 김순환 김순회 김순휴 김순희 김순희 김순희 김순희 김순희 김순희 김순희 김순희 김순희 김순희 김순희 김순희 김순희 김순희 김스텔라 김슬기 김슬기 김슬기 김슬기 김슬길 김슬아 김슬옹 김승 김승 김승 김승건 김승겸 김승겸 김승겸 김승경 김승경 김승계 김승곤 김승구 김승국 김승규 김승규 김승규 김승규 김승규 김승규 김승규 김승균 김승근 김승근 김승기 김승기 김승기 김승기 김승기 김승기 김승기 김승길 김승길 김승남 김승남 김승대 김승란 김승란 김승래 김승렬 김승록 김승룡 김승리 김승만 김승만 김승만 김승모 김승모 김승묵 김승문 김승배 김승배 김승범 김승법 김승복 김승빈 김승삼 김승석 김승수 김승수 김승수 김승수 김승수 김승수 김승식 김승식 김승식 김승애 김승언 김승언 김승연 김승열 김승영 김승영 김승영 김승영 김승오 김승오 김승용 김승용 김승용 김승용 김승용 김승우 김승욱 김승운 김승원 김승원 김승원 김승원 김승원 김승은 김승일 김승일 김승일 김승자 김승자 김승정 김승제 김승조 김승조 김승종 김승종 김승주 김승주 김승주 김승주 김승준 김승중 김승진 김승진 김승진 김승철 김승철 김승철 김승철 김승철 김승철 김승탁 김승태 김승태 김승태 김승태 김승택 김승한 김승한 김승해 김승혁 김승혁 김승현 김승현 김승현 김승현 김승현 김승현 김승현 김승형 김승혜 김승호 김승호 김승호 김승호 김승호 김승호 김승호 김승호 김승홍 김승화 김승화 김승환 김승환 김승환 김승환 김승환 김승환 김승환 김승환 김승환 김승환 김승환 김승회 김승효 김승훈 김승훈 김승휴 김승희 김승희 김승희 김승희 김승희 김승희 김승희 김승희 김승희 김승희 김시내 김시내 김시동 김시래 김시명 김시백 김시봉 김시숙 김시애 김시양 김시업 김시연 김시열 김시영 김시영 김시옥 김시온 김시왕 김시용 김시우 김시우 김시윤 김시은 김시응 김시준 김시중 김시진 김시창 김시천 김시철 김시헌 김시혁 김시현 김시현 김시현 김시형 김시환 김시훈 김식 김식 김식만 김신 김신 김신 김신곤 김신규 김신근 김신근 김신금 김신기 김신동 김신득 김신범 김신석 김신수 김신숙 김신숙 김신애 김신애 김신애 김신연 김신열 김신엽 김신영 김신영 김신우 김신욱 김신웅 김신웅 김신원 김신은 김신일 김신자 김신자 김신자 김신정 김신정 김신철 김신태 김신택 김신행 김신헌 김신혁 김신형 김신혜 김신혜 김신호 김신호 김신호 김신홍 김신환 김신환 김신회 김신회 김신훈 김신희 김신희 김신희 김실경 김실원 김심지 김쌍규 김쌍만 김쌍수 김쌍철 김아라 김아람 김아람 김아람 김아람 김아람 김아람 김아롬 김아름 김아름 김아름 김아름 김아름 김아름솔 김아리 김아림 김아사빛 김아수 김아신 김아연 김아영 김아영 김아이반호 김아인 김안국 김안나 김안나 김안나 김안나 김안나 김안순 김안자 김안재 김안집 김안혁 김애경 김애경 김애경 김애경 김애경 김애규 김애덕 김애라 김애란 김애란 김애란 김애란 김애란 김애란 김애련 김애련 김애련 김애련 김애례 김애리 김애리 김애리 김애리 김애미 김애숙 김애숙 김애숙 김애숙 김애숙 김애숙 김애순 김애순 김애식 김애실 김애심 김애영 김애영 김애영 김애영 김애영 김애옥 김애임 김애자 김애자 김애중 김애희 김애희 김약수 김양 김양곤 김양곤 김양권 김양규 김양규 김양근 김양기 김양님 김양래 김양래 김양모 김양민 김양민 김양빈 김양빈 김양석 김양선 김양선 김양섭 김양성 김양수 김양수 김양수 김양수 김양수 김양수 김양수 김양수 김양수 김양숙 김양숙 김양숙 김양순 김양순 김양순 김양순 김양순 김양옥 김양욱 김양운 김양원 김양일 김양임 김양임 김양임 김양중 김양중 김양진 김양진 김양진 김양택 김양한 김양한 김양현 김양현 김양현 김양현 김양호 김양홍 김양화 김양환 김양환 김양훈 김양희 김양희 김양희 김양희 김양희 김양희 김양희 김양희 김어울 김어진 김억배 김억수 김억재 김언경 김언묵 김언섭 김언수 김언숙 김언순 김언자 김언자 김언호 김언호 김언희 김언희 김얼 김여관 김여근 김여량 김여명 김여섭 김여완 김여진 김여진 김연 김연 김연경 김연권 김연규 김연규 김연극 김연근 김연기 김연돈 김연명 김연모 김연묵 김연민 김연배 김연배 김연배 김연석 김연선 김연선 김연선 김연섭 김연성 김연수 김연수 김연수 김연수 김연수 김연수 김연수 김연수 김연수 김연수 김연수 김연수 김연수 김연수 김연숙 김연숙 김연숙 김연숙 김연숙 김연숙 김연숙 김연순 김연순 김연순 김연순 김연식 김연식 김연식 김연신 김연신 김연실 김연실 김연실 김연실 김연심 김연영 김연옥 김연옥 김연옥 김연옥 김연옥 김연우 김연우 김연운 김연일 김연자 김연자 김연자 김연정 김연주 김연주 김연주 김연주 김연주 김연준 김연중 김연진 김연채 김연철 김연출 김연탁 김연탁 김연태 김연태 김연하 김연하 김연하 김연호 김연호 김연호 김연호 김연호 김연호 김연호 김연홍 김연홍 김연화 김연환 김연환 김연희 김연희 김연희 김연희 김연희 김연희 김연희 김연희 김연희 김연희 김연희 김연희 김연희 김연희 김연희 김연희 김연희 김연희 김열두 김열우 김영 김영 김영 김영 김영 김영 김영갑 김영강 김영강 김영건 김영걸 김영걸 김영걸 김영경 김영경 김영경 김영경 김영곤 김영곤 김영곤 김영곤 김영곤 김영곤 김영곤 김영관 김영광 김영교 김영교 김영구 김영구 김영구 김영구 김영구 김영구 김영구 김영국 김영국 김영국 김영국 김영국 김영국 김영국 김영국 김영군 김영권 김영권 김영규 김영규 김영규 김영규 김영규 김영규 김영규 김영규 김영규 김영규 김영균 김영균 김영균 김영균 김영근 김영근 김영근 김영근 김영근 김영근 김영근 김영근 김영근 김영근 김영근 김영근 김영금 김영기 김영기 김영기 김영기 김영기 김영기 김영기 김영기 김영기 김영기 김영기 김영기 김영기 김영기 김영기 김영기 김영기 김영기 김영기 김영길 김영길 김영길 김영길 김영길 김영길 김영길 김영나 김영남 김영남 김영남 김영남 김영년 김영님 김영달 김영달 김영달 김영달 김영대 김영대 김영대 김영대 김영대 김영대 김영대 김영대 김영대 김영대 김영대 김영덕 김영덕 김영덕 김영도 김영도 김영도 김영도 김영도 김영돈 김영돈 김영돈 김영동 김영동 김영동 김영동 김영동 김영동 김영동 김영두 김영두 김영두 김영락 김영락 김영란 김영란 김영란 김영란 김영란 김영란 김영란 김영란 김영란 김영란 김영란 김영란 김영랑 김영래 김영래 김영렬 김영례 김영례 김영례 김영로 김영록 김영록 김영만 김영만 김영만 김영만 김영만 김영매 김영명 김영명 김영명 김영명 김영명 김영명 김영명 김영모 김영모 김영모 김영모 김영모 김영모 김영목 김영목 김영목 김영무 김영무 김영무 김영무 김영무 김영무 김영묵 김영문 김영문 김영문 김영문 김영미 김영미 김영미 김영미 김영미 김영미 김영미 김영미 김영미 김영미 김영미 김영미 김영미 김영미 김영미 김영미 김영미 김영미 김영민 김영민 김영민 김영민 김영민 김영민 김영민 김영민 김영민 김영민 김영민 김영민 김영민 김영민 김영민 김영민 김영배 김영배 김영배 김영배 김영배 김영배 김영배 김영배 김영배 김영배 김영백 김영범 김영범 김영범 김영범 김영복 김영복 김영복 김영복 김영복 김영복 김영복 김영복 김영복 김영복 김영복 김영복 김영봉 김영봉 김영봉 김영부 김영부 김영분 김영분 김영분 김영빈 김영빈 김영빈 김영사 김영산 김영산 김영삼 김영삼 김영삼 김영삼 김영삼 김영삼 김영삼 김영삼 김영상 김영상 김영상 김영상 김영상 김영생 김영생 김영서 김영서 김영석 김영석 김영석 김영석 김영석 김영석 김영석 김영석 김영석 김영석 김영석 김영석 김영석 김영석 김영석 김영석 김영선 김영선 김영선 김영선 김영선 김영선 김영선 김영선 김영선 김영선 김영선 김영선 김영선 김영선 김영선 김영선 김영선 김영선 김영설 김영섭 김영섭 김영섭 김영섭 김영섭 김영섭 김영성 김영성 김영수 김영숙 김영순 김영순 김영순 김영순 김영순 김영순 김영순 김영순 김영순 김영순 김영순 김영순 김영순 김영순 김영술 김영승 김영승 김영시 김영식 김영신 김영신 김영신 김영신 김영신 김영신

한겨레 7만 주주

김영신 김영신 김영신 김영신 김영신 김영신 김영실 김영실 김영실 김영실 김영심 김영심 김영아 김영아 김영아 김영아 김영아 김영아 김영안 김영애 김영애 김영애 김영애 김영애 김영애 김영애 김영애 김영애 김영애 김영애 김영애 김영애 김영애 김영애 김영애 김영언 김영언 김영연 김영열 김영열 김영오 김영오 김영오 김영오 김영옥 김영옥 김영옥 김영옥 김영옥 김영옥 김영옥 김영옥 김영옥 김영옥 김영옥 김영옥 김영옥 김영옥 김영옥 김영옥 김영옥 김영완 김영완 김영용 김영용 김영용 김영용 김영우 김영우 김영우 김영우 김영우 김영우 김영우 김영욱 김영욱 김영욱 김영욱 김영욱 김영욱 김영욱 김영욱 김영욱 김영욱 김영욱 김영운 김영운 김영운 김영운 김영운 김영운 김영웅 김영웅 김영웅 김영웅 김영원 김영원 김영원 김영원 김영월 김영위 김영윤 김영윤 김영윤 김영은 김영은 김영이 김영이 김영이 김영익 김영익 김영익 김영인 김영인 김영인 김영인 김영인 김영일 김영일 김영일 김영일 김영일 김영일 김영일 김영일 김영일 김영일 김영일 김영일 김영일 김영일 김영일 김영임 김영임 김영자 김영재 김영재 김영재 김영재 김영재 김영재 김영재 김영재 김영재 김영정 김영제 김영조 김영조 김영조 김영조 김영조 김영조 김영조 김영조 김영조 김영조 김영조 김영조 김영종 김영종 김영종 김영종 김영종 김영종 김영주 김영죽 김영준 김영준 김영준 김영준 김영준 김영준 김영준 김영준 김영준 김영준 김영준 김영준 김영준 김영준 김영준 김영준 김영준 김영준 김영준 김영중 김영중 김영지 김영지 김영진 김영집 김영집 김영집 김영찬 김영찬 김영찬 김영찬 김영찬 김영찬 김영찬 김영찬 김영채 김영채 김영채 김영채 김영천 김영천 김영철 김영춘 김영춘 김영춘 김영춘 김영치 김영탁 김영태 김영태 김영태 김영태 김영태 김영태 김영태 김영태 김영태 김영태 김영태 김영태 김영태 김영택 김영택 김영택 김영택 김영택 김영표 김영표 김영표 김영필 김영필 김영하 김영하 김영하 김영학 김영한 김영한 김영한 김영한 김영한 김영해 김영헌 김영헌 김영헌 김영헌 김영현 김영현 김영현 김영현 김영현 김영현 김영현 김영현 김영현 김영현 김영현 김영형 김영혜 김영혜 김영혜 김영호 김영화 김영화 김영화 김영화 김영화 김영화 김영화 김영화 김영화 김영화 김영환 김영회 김영회 김영회 김영효 김영후 김영훈 김영훈 김영훈 김영훈 김영훈 김영훈 김영훈 김영훈 김영훈 김영훈 김영훈 김영훈 김영휘 김영희 김예덕 김예리 김예숙 김예슬 김예슬 김예슬 김예슬 김예슬 김예슬 김예영 김예원 김예은 김예지 김예지 김예진 김오목 김오배 김오빈 김오성 김오성 김오순 김오심 김오연 김오영 김오영 김오용 김오인 김오자 김오현 김옥 김옥 김옥 김옥경 김옥경 김옥경 김옥경 김옥경 김옥경 김옥경 김옥경 김옥경 김옥교 김옥귀 김옥귀 김옥규 김옥균 김옥근 김옥금 김옥남 김옥남 김옥녀 김옥동 김옥란 김옥란 김옥란 김옥란 김옥란 김옥련 김옥련 김옥련 김옥례 김옥례 김옥미 김옥배 김옥분 김옥서 김옥석 김옥선 김옥선 김옥선 김옥선 김옥성 김옥수 김옥수 김옥수 김옥수 김옥숙 김옥순 김옥순 김옥순 김옥순 김옥순 김옥순 김옥순 김옥식 김옥식 김옥심 김옥심 김옥엽 김옥엽 김옥용 김옥윤 김옥윤 김옥음 김옥인 김옥인 김옥임 김옥자 김옥자 김옥자 김옥자 김옥자 김옥저 김옥정 김옥주 김옥주 김옥주 김옥진 김옥천 김옥천 김옥철 김옥태 김옥향 김옥현 김옥현 김옥현 김옥화 김옥화 김옥화 김옥환 김옥환 김옥희 김옥희 김옥희 김옥희 김옥희 김옥희 김옥희 김옥희 김옥희 김옥희 김옥희 김온 김온곤 김온누리 김온선 김와곤 김완 김완규 김완균 김완근 김완기 김완기 김완기 김완길 김완배 김완배 김완산 김완석 김완석 김완섭 김완섭 김완섭 김완수 김완수 김완순 김완식 김완식 김완식 김완식 김완신 김완영 김완영 김완용 김완종 김완주 김완중 김완진 김완진 김완철 김완호 김완호 김완희 김왕국 김왕기 김왕복 김왕수 김왕수 김왕수 김왕주 김왕진 김왕철 김왕평 김왕표 김외숙 김외숙 김외환 김요규 김요남 김요섭 김요섭 김요안 김요안 김요진 김요한 김요한 김요한 김요환 김용 김용 김용 김용 김용 김용 김용각 김용갑 김용갑 김용갑 김용갑 김용관 김용관 김용관 김용관 김용관 김용광 김용교 김용구 김용구 김용구 김용구 김용구 김용구 김용구 김용구 김용구 김용국 김용국 김용국 김용국 김용국 김용국 김용국 김용국 김용궁 김용권 김용권 김용귀 김용규 김용규 김용규 김용규 김용균 김용균 김용균 김용근 김용근 김용근 김용근 김용기 김용기 김용기 김용기 김용기 김용기 김용기 김용기 김용기 김용기 김용기 김용기 김용기 김용길 김용길 김용남 김용남 김용남 김용남 김용내 김용녀 김용달 김용담 김용담 김용대 김용대 김용대 김용덕 김용덕 김용덕 김용덕 김용덕 김용덕 김용덕 김용덕 김용덕 김용덕 김용덕 김용덕 김용덕 김용도 김용두 김용득 김용득 김용득 김용등 김용락 김용래 김용래 김용래 김용래 김용래 김용래 김용래 김용래 김용례 김용린 김용만 김용만 김용만 김용만 김용만 김용문 김용문 김용문 김용문 김용문 김용미 김용미 김용민 김용민 김용민 김용민 김용배 김용배 김용백 김용범 김용범 김용범 김용범 김용범 김용범 김용범 김용범 김용범 김용범 김용병 김용보 김용복 김용복 김용복 김용봉 김용봉 김용봉 김용봉 김용봉 김용빈 김용빈 김용빈 김용산 김용삼 김용삼 김용삼 김용삼 김용삼 김용삼 김용상 김용상 김용석 김용석 김용석 김용석 김용석 김용석 김용석 김용석 김용석 김용석 김용선 김용선 김용선 김용선 김용선 김용선 김용선 김용선 김용선 김용설 김용섭 김용섭 김용섭 김용섭 김용섭 김용성 김용성 김용성 김용세 김용소 김용수 김용수 김용수 김용수 김용수 김용수 김용수 김용수 김용수 김용수 김용숙 김용순 김용순 김용순 김용순 김용순 김용술 김용술 김용승 김용식 김용식 김용식 김용식 김용식 김용식 김용식 김용신 김용신 김용실 김용암 김용암 김용애 김용애 김용억 김용옥 김용옥 김용옥 김용완 김용완 김용완 김용우 김용우 김용우 김용우 김용우 김용우 김용우 김용우 김용욱 김용욱 김용욱 김용운 김용운 김용운 김용운 김용운 김용운 김용운 김용운 김용운 김용운 김용운 김용운 김용운 김용웅 김용원 김용위 김용윤 김용은 김용익 김용인 김용인 김용일 김용일 김용일 김용일 김용임 김용자 김용자 김용자 김용자 김용자 김용자 김용재 김용재 김용재 김용전 김용전 김용전 김용정 김용조 김용주 김용주 김용주 김용주 김용주 김용주 김용주 김용주 김용주 김용주 김용주 김용주 김용주 김용준 김용준 김용준 김용준 김용준 김용준 김용준 김용중 김용지 김용진 김용진 김용진 김용진 김용진 김용진 김용진 김용진 김용진 김용진 김용진 김용진 김용진 김용진 김용진 김용진 김용진 김용진 김용진 김용찬 김용참 김용채 김용채 김용천 김용철 김용철 김용철 김용철 김용철 김용철 김용철 김용철 김용철 김용철 김용철 김용춘 김용태 김용태 김용태 김용태 김용태 김용태 김용태 김용태 김용태 김용태 김용택 김용택 김용택 김용택 김용택 김용택 김용택 김용팔 김용표 김용필 김용하 김용하 김용학 김용학 김용학 김용학 김용한 김용한 김용한 김용한 김용해 김용현 김용현 김용현 김용현 김용현 김용현 김용현 김용현 김용현 김용현 김용현 김용호 김용호 김용호 김용호 김용호 김용호 김용호 김용호 김용호 김용호 김용호 김용화 김용화 김용화 김용환 김용환 김용환 김용환 김용환 김용환 김용환 김용환 김용환 김용훈 김용훈 김용훈 김용훈 김용휘 김용희 김용희 김용희 김용희 김용희 김용희 김용희 김용희 김용희 김용희 김용희 김용희 김용희 김용희 김용희 김우 김우경 김우경 김우곤 김우근 김우기 김우기 김우남 김우담 김우람 김우룡 김우룡 김우상 김우석 김우석 김우석 김우선 김우성 김우성 김우솔 김우수 김우식 김우실 김우양 김우열 김우열 김우영 김우영 김우영 김우영 김우용 김우용 김우인 김우인 김우인수 김우정 김우정 김우정 김우정 김우종 김우종 김우종 김우종 김우주 김우준 김우준 김우중 김우진 김우진 김우진 김우창 김우철 김우철 김우철 김우출 김우택 김우평 김우하 김우하 김우헌 김우현 김우현 김우현 김우현 김우호 김우호 김우환 김우희 김욱래 김욱생 김욱성 김욱수 김욱엽 김욱영 김욱중 김욱중 김욱태 김운갑 김운근 김운배 김운봉 김운산 김운상 김운식 김운용 김운이 김운주 김운찬 김운채 김운하 김운학 김운한 김울타리 김웅 김웅 김웅 김웅락 김웅래 김웅배 김웅석 김웅시 김웅식 김웅일 김웅주 김웅희 김웅희 김원 김원 김원 김원 김원겸 김원겸 김원경 김원경 김원경 김원구 김원국 김원규 김원규 김원규 김원규 김원균 김원균 김원근 김원근 김원근 김원근 김원기 김원기 김원기 김원기 김원기 김원기 김원기 김원남 김원덕 김원돈 김원동 김원동 김원래 김원례 김원명 김원명 김원묵 김원미 김원배 김원배 김원보 김원복 김원봉 김원산 김원삼 김원삼 김원상 김원석 김원석 김원석 김원석 김원석 김원섭 김원수 김원수 김원숙 김원숙 김원숙 김원숙 김원순 김원순 김원식 김원식 김원식 김원식 김원식 김원식 김원식 김원식 김원식 김원식 김원식 김원식 김원식 김원실 김원영 김원영 김원영 김원영 김원용 김원용 김원용 김원욱 김원웅 김원응 김원일 김원일 김원일 김원일 김원자 김원재 김원정 김원정 김원조 김원종 김원종 김원주 김원주 김원주 김원주 김원중 김원중 김원중 김원중 김원진 김원진 김원진 김원진 김원찬 김원채 김원천 김원천 김원철 김원철 김원철 김원철 김원철 김원태 김원태 김원태 김원태 김원필 김원한 김원혁 김원혁 김원호 김원호 김원호 김원호 김원호 김원홍 김원홍 김원회 김원희 김원희 김원희 김월동 김월래 김월서 김월선 김월순 김월순 김월순 김월순 김월자 김월정 김위근 김위련 김위숙 김유 김유갑 김유겸 김유경 김유경 김유경 김유경 김유경 김유경 김유경 김유나 김유덕 김유돈 김유동 김유동 김유란 김유리 김유리 김유만 김유미 김유미 김유미 김유미 김유미 김유미 김유미 김유복 김유빈 김유빈 김유석 김유석 김유석 김유선 김유성 김유성 김유성 김유수 김유수 김유숙 김유순 김유순 김유술 김유식 김유식 김유신 김유실 김유심 김유연 김유영 김유영 김유옥 김유용 김유웅 김유원 김유인 김유일 김유일 김유일 김유정 김유정 김유정 김유정 김유종 김유종 김유주 김유진 김유진 김유진 김유진 김유진 김유진 김유진 김유진 김유진 김유진 김유진 김유진 김유진 김유진 김유진 김유창 김유철 김유철 김유향 김유헌 김유현 김유호 김유훈 김육남 김육현 김육훈 김윤 김윤 김윤 김윤 김윤겸 김윤겸 김윤겸 김윤경 김윤경 김윤경 김윤경 김윤경 김윤경 김윤경 김윤경 김윤곤 김윤곤 김윤곤 김윤곤 김윤관 김윤권 김윤규 김윤규 김윤규 김윤근 김윤기 김윤기 김윤기 김윤기 김윤길 김윤남 김윤달 김윤동 김윤래 김윤례 김윤미 김윤미 김윤미 김윤배 김윤복 김윤복 김윤삼 김윤삼 김윤상 김윤석 김윤석 김윤석 김윤섭 김윤섭 김윤섭 김윤성 김윤성 김윤성 김윤수 김윤수 김윤수 김윤수 김윤수 김윤수 김윤수 김윤숙 김윤숙 김윤숙 김윤숙 김윤숙 김윤숙 김윤순 김윤승 김윤식 김윤식 김윤식 김윤식 김윤식 김윤식 김윤식 김윤아 김윤아 김윤아 김윤아 김윤영 김윤영 김윤옥 김윤옥 김윤옥 김윤옥 김윤우 김윤일 김윤일 김윤일 김윤자 김윤자 김윤자 김윤자 김윤자 김윤자 김윤재 김윤정 김윤정 김윤정 김윤정 김윤정 김윤정 김윤조 김윤조 김윤주 김윤주 김윤준 김윤중 김윤중 김윤중 김윤중 김윤진 김윤채 김윤칠 김윤태 김윤태 김윤태 김윤태 김윤태 김윤태 김윤태 김윤택 김윤하 김윤형 김윤호 김윤호 김윤호 김윤홍 김윤홍 김윤홍 김윤화 김윤휘 김윤희 김윤희 김윤희 김윤희 김윤희 김윤희 김윤희 김윤희 김율 김율 김율아 김율환 김융소 김융환 김융희 김으뜸 김으뜸솔 김은 김은 김은경 김은구 김은구 김은국 김은규 김은규 김은규 김은나 김은동 김은동 김은라 김은랑 김은련 김은미 김은미 김은미 김은미 김은미 김은미 김은미 김은미 김은미 김은배 김은백 김은봉 김은비 김은상 김은상 김은서 김은석 김은석 김은선 김은선 김은선 김은선 김은선 김은선 김은섭 김은섭 김은성 김은성 김은성 김은성 김은솔 김은수 김은수 김은수 김은수 김은수 김은수 김은수 김은수 김은수 김은수 김은숙 김은순 김은순 김은순 김은식 김은실 김은실 김은실 김은아 김은아 김은아 김은아 김은애 김은애 김은엽 김은영 김은영 김은영 김은영 김은영 김은영 김은영 김은영 김은영 김은영 김은영 김은영 김은영 김은영 김은영 김은영 김은옥 김은옥 김은옥 김은운 김은일 김은임 김은자 김은자 김은자 김은자 김은자 김은재 김은정 김은정 김은정 김은정 김은정 김은정 김은정 김은정 김은정 김은정 김은정 김은정 김은정 김은정 김은정 김은조 김은종 김은종 김은주 김은죽 김은지 김은지 김은진 김은진 김은진 김은진 김은진 김은진 김은철 김은철 김은철 김은총 김은출 김은태 김은필 김은하 김은혜 김은혜 김은혜 김은호 김은호 김은호 김은화 김은화 김은환 김은희 김을곤 김을구 김을기 김을룡 김을분 김을섭 김을수 김을용 김을자 김을태 김을희 김응갑 김응관 김응권 김응규 김응기 김응기 김응기 김응남 김응배 김응석 김응석 김응선 김응섭 김응수 김응수 김응술 김응술 김응식 김응식 김응식 김응열 김응조 김응필 김응학 김응한 김응현 김응현 김응호 김응호 김응환 김의 김의걸 김의겸 김의경 김의곤 김의곤 김의곤 김의균 김의동 김의동 김의민 김의범 김의빈 김의석 김의선 김의섭 김의섭 김의성 김의수 김의수 김의식 김의식 김의식 김의신 김의연 김의열 김의열 김의영 김의영 김의영 김의원 김의조 김의준 김의중 김의진 김의진 김의철 김의한 김의향 김의현 김의현 김의환 김이길 김이내 김이레 김이배 김이상 김이석 김이선 김이솔 김이수 김이숙 김이숙 김이순 김이순 김이슬 김이용 김이응 김이응 김이정 김이준 김이준 김이차 김이태 김이택 김이한 김이한 김이항 김이현 김이화 김익기 김익기 김익남 김익남 김익동 김익래 김익련 김익렬 김익록 김익배 김익배 김익배 김익배 김익상 김익성 김익수 김익수 김익수 김익수 김익수 김익수 김익순 김익승 김익영 김익용 김익조 김익중 김익태 김익태 김익태 김익풍 김익현 김익현 김익호 김익환 김익환 김인 김인 김인 김인건 김인걸 김인걸 김인걸 김인겸 김인경 김인경 김인곤 김인곤 김인곤 김인광 김인구 김인구 김인국 김인권 김인권 김인규 김인규 김인규 김인규 김인균 김인근 김인기 김인기 김인기 김인기 김인기 김인남 김인덕 김인덕 김인동 김인룡 김인만 김인만 김인모 김인배 김인배 김인복 김인봉 김인빈 김인빈 김인석 김인석 김인석 김인석 김인석 김인석 김인석 김인선 김인선 김인선 김인섭 김인섭 김인성 김인성 김인성 김인수 김인숙 김인순 김인순 김인순 김인순 김인순 김인순 김인순 김인순 김인술 김인식 김인식 김인식 김인식 김인식 김인아 김인애 김인애 김인애 김인애 김인애 김인애 김인열 김인엽 김인영 김인예 김인오 김인옥 김인옥 김인옥 김인옥 김인옥 김인옥 김인옥 김인완 김인원 김인자 김인자 김인자 김인자 김인자 김인자 김인자 김인자 김인자 김인자 김인재 김인주 김인준 김인준 김인중 김인중 김인중 김인중 김인집 김인천 김인천 김인철 김인철 김인철 김인철 김인철 김인철 김인철 김인태 김인태 김인태 김인태 김인하 김인한 김인한 김인헌 김인혁 김인현 김인현 김인형 김인혜 김인혜 김인호 김인호 김인호 김인호 김인호 김인호 김인호 김인화 김인환 김인환 김인환 김인환 김인환 김인환 김인환 김인효 김인휴 김인흥 김인희 김인희 김인희 김인희 김일 김일 김일 김일경 김일곤 김일곤 김일광 김일국 김일권 김일규 김일규 김일대 김일래 김일룡 김일만 김일만 김일만 김일석 김일선 김일선 김일섭 김일섭 김일성 김일성 김일세 김일송 김일수 김일수 김일수 김일수 김일수 김일순 김일술 김일연 김일용 김일웅 김일웅 김일임 김일종 김일주 김일주 김일주 김일주 김일주 김일중 김일중 김일중 김일중 김일진 김일진 김일청 김일춘 김일태 김일태 김일한 김일한 김일현 김일현 김일현 김일형 김일호 김일화 김일환 김일환 김일환 김일환 김일환 김일환 김일환 김일회 김일회 김임선 김임숙 김임호 김임희 김자경 김자동 김자령 김자연 김자영 김자영 김자용 김자원 김자원 김자인 김자중 김자현 김자호 김장곤 김장규 김장기 김장기 김장길 김장렬 김장민 김장배 김장석 김장석 김장성 김장수 김장수 김장수 김장숙 김장식 김장연 김장연 김장영 김장오 김장오 김장옥 김장완 김장우 김장일 김장일 김장주 김장천 김장하 김장한 김장헌 김장호 김장호 김장호 김장호 김장호 김장환 김장환 김장환 김장환 김장환 김재갑 김재강 김재검 김재겸 김재겸 김재경 김재경 김재경 김재경 김재경 김재경 김재곤 김재곤 김재곤 김재곤 김재곤 김재관 김재관 김재광 김재광 김재광 김재구 김재구 김재구 김재국 김재국 김재국 김재국 김재권 김재권 김재권 김재권 김재규 김재규 김재규 김재규 김재규 김재균 김재균 김재균 김재균 김재균 김재근 김재근 김재근 김재기 김재기 김재남 김재남 김재덕 김재동 김재동 김재두 김재득 김재랑 김재래 김재령 김재룡 김재률 김재린 김재만 김재만 김재만 김재만 김재면 김재명 김재명 김재명 김재목 김재문 김재문 김재문 김재문 김재문 김재문 김재민 김재민 김재민 김재민 김재민 김재민 김재민 김재범 김재범 김재범 김재범 김재범 김재복 김재복 김재복 김재봉 김재봉 김재석 김재석 김재석 김재석 김재선 김재선 김재선 김재선 김재섭 김재성 김재성 김재성 김재성 김재성 김재성 김재성 김재성 김재성 김재성 김재성 김재성 김재수 김재수 김재수 김재수 김재수 김재숙 김재숙 김재순 김재순 김재순 김재순 김재술 김재술 김재슬 김재식 김재식 김재식 김재식 김재식 김재신 김재언 김재연 김재연 김재연 김재연 김재열 김재열 김재열 김재열 김재열 김재열 김재엽 김재영 김재영 김재영 김재영 김재영 김재영 김재영 김재영 김재영 김재영 김재영 김재영 김재영 김재영 김재영 김재영 김재영 김재오 김재옥 김재옥 김재옥 김재옥 김재옥 김재완 김재완 김재용 김재용 김재용 김재용 김재용 김재용 김재용 김재우 김재우 김재우 김재우 김재우 김재우 김재우 김재욱 김재욱 김재욱 김재욱 김재욱 김재욱 김재운 김재웅 김재웅 김재웅 김재원 김재원 김재원 김재원 김재원 김재원 김재원 김재원 김재원 김재원 김재원 김재원 김재원 김재월 김재유 김재윤 김재윤 김재윤 김재윤 김재윤 김재윤 김재윤 김재윤 김재윤 김재윤 김재은 김재은 김재은 김재의 김재이 김재익 김재인 김재인 김재인 김재인 김재일 김재일 김재임 김재정 김재종 김재준 김재준 김재준 김재중 김재중 김재중 김재진 김재진 김재진 김재진 김재진 김재진 김재찬 김재천 김재천 김재철 김재철 김재철 김재철 김재철 김재철 김재춘 김재춘 김재춘 김재태 김재학 김재학 김재학 김재항 김재헌 김재혁 김재혁 김재현 김재현 김재현 김재현 김재현 김재현 김재현 김재현 김재현 김재현 김재협 김재형 김재형 김재형 김재형 김재형 김재호 김재호 김재호 김재호 김재호 김재호 김재호 김재호 김재호 김재홍 김재홍 김재홍 김재홍 김재화 김재화 김재환 김재환 김재환 김재환 김재환 김재환 김재환 김재황 김재후 김재후 김재후 김재훈 김재훈 김재훈 김재훈 김재훈 김재훈 김재훤 김재휴 김재흥 김재흥 김재희 김재희 김재희 김재희 김재희 김전 김전곤 김전홍 김점균 김점대 김점례 김점석 김점석 김점석 김점석 김점선 김점수 김점수 김점숙 김점숙 김점숙 김점순 김점순 김점순 김점순 김점식 김점식 김점영 김점옥 김점용 김점자 김점하 김정 김정 김정 김정 김정강 김정겸 김정곤 김정곤 김정곤 김정곤 김정곤 김정관 김정광 김정교 김정구 김정국 김정국 김정국 김정국 김정국 김정권 김정권 김정권 김정규 김정규 김정규 김정규 김정규 김정규 김정규 김정균 김정균 김정균 김정균 김정균 김정균 김정균 김정균 김정근 김정근 김정근 김정근 김정기 김정기 김정기 김정기 김정기 김정기 김정길 김정길 김정남 김정남 김정남 김정남 김정남 김정남 김정남 김정남 김정남 김정남 김정남 김정남 김정남 김정남 김정녀 김정님 김정대 김정대 김정대 김정대 김정덕 김정도 김정동 김정동 김정두 김정득 김정락 김정락 김정란 김정란 김정란 김

한겨레 7만 주주

정란 김정래 김정래 김정렬 김정렬 김정렬 김정례 김정례 김정례 김정례 김정례 김정룡 김정리 김정리 김정림 김정만 김정만 김정만 김정명 김정명 김정모 김정모 김정모 김정모 김정묵 김정묵 김정문 김정미 김정미 김정미 김정미 김정미 김정미 김정미 김정미 김정미 김정미 김정미 김정미 김정미 김정미 김정미 김정미 김정미 김정미 김정미 김정민 김정민 김정민 김정민 김정민 김정민 김정민 김정민 김정민 김정민 김정민 김정배 김정배 김정배 김정배 김정범 김정보 김정복 김정복 김정복 김정봉 김정분 김정분 김정산 김정삼 김정삼 김정서 김정석 김정석 김정석 김정석 김정선 김정선 김정선 김정선 김정선 김정선 김정선 김정선 김정섭 김정섭 김정섭 김정섭 김정성 김정수 김정숙 김정순 김정순 김정순 김정순 김정순 김정순 김정순 김정순 김정순 김정순 김정순 김정순 김정순 김정순 김정순 김정술 김정술 김정식 김정식 김정식 김정식 김정식 김정식 김정신 김정실 김정심 김정아 김정아 김정아 김정아 김정아 김정아 김정애 김정애 김정애 김정애 김정애 김정애 김정애 김정애 김정애 김정애 김정애 김정애 김정애 김정애 김정애 김정애 김정애 김정애 김정업 김정여 김정여 김정연 김정연 김정연 김정연 김정연 김정연 김정연 김정연 김정연 김정연 김정열 김정열 김정열 김정열 김정열 김정엽 김정엽 김정영 김정영 김정오 김정오 김정오 김정옥 김정옥 김정옥 김정옥 김정옥 김정옥 김정옥 김정옥 김정옥 김정옥 김정완 김정완 김정완 김정완 김정완 김정완 김정용 김정용 김정우 김정우 김정우 김정우 김정우 김정우 김정우 김정욱 김정욱 김정욱 김정욱 김정욱 김정욱 김정욱 김정욱 김정욱 김정욱 김정욱 김정욱 김정욱 김정웅 김정웅 김정웅 김정웅 김정원 김정원 김정원 김정원 김정원 김정원 김정월 김정위 김정윤 김정윤 김정윤 김정윤 김정은 김정은 김정은 김정은 김정은 김정은 김정은 김정은 김정은 김정은 김정은 김정은 김정은 김정익 김정인 김정인 김정인 김정인 김정인 김정인 김정인 김정인 김정일 김정일 김정일 김정일 김정일 김정일 김정일 김정임 김정임 김정임 김정임 김정임 김정임 김정임 김정임 김정자 김정전 김정제 김정조 김정주 김정주 김정주 김정주 김정주 김정주 김정중 김정중 김정중 김정중 김정직 김정진 김정진 김정진 김정진 김정채 김정철 김정철 김정철 김정철 김정철 김정춘 김정치 김정탁 김정태 김정태 김정태 김정태 김정태 김정태 김정태 김정태 김정태 김정태 김정태 김정태 김정태 김정택 김정택 김정택 김정특 김정판 김정필 김정하 김정하 김정하 김정하 김정하 김정하 김정하 김정하 김정하 김정한 김정한 김정한 김정한 김정행 김정헌 김정헌 김정현 김정현 김정현 김정현 김정현 김정현 김정현 김정현 김정현 김정현 김정현 김정혜 김정혜 김정혜 김정혜 김정호 김정화 김정화 김정화 김정화 김정화 김정화 김정화 김정화 김정화 김정화 김정화 김정화 김정환 김정회 김정회 김정회 김정효 김정효 김정효 김정후 김정훈 김정훈 김정훈 김정훈 김정훈 김정훈 김정훈 김정훈 김정훈 김정훈 김정훈 김정훈 김정훈 김정훈 김정훈 김정휴 김정희 김제경 김제국 김제규 김제균 김제균 김제균 김제근 김제금 김제복 김제상 김제선 김제숙 김제연 김제연 김제영 김제영 김제영 김제완 김제완 김제용 김제우수 김제원 김제원 김제윤 김제익 김제일 김제자 김제준 김제중 김제진 김제창 김제천 김제철 김제택 김제팔 김제평 김제현 김제형 김제효 김전 김조년 김조영 김조인 김종간 김종갑 김종갑 김종건 김종건 김종걸 김종걸 김종경 김종곤 김종곤 김종관 김종관 김종관 김종구 김종구 김종구 김종구 김종구 김종구 김종구 김종구 김종구 김종국 김종국 김종국 김종국 김종국 김종국 김종국 김종국 김종권 김종권 김종권 김종규 김종규 김종규 김종규 김종규 김종규 김종규 김종규 김종규 김종규 김종규 김종근 김종근 김종근 김종근 김종근 김종근 김종근 김종근 김종근 김종금 김종금 김종기 김종기 김종기 김종기 김종기 김종기 김종길 김종길 김종길 김종길 김종길 김종길 김종길 김종길 김종길 김종길 김종길 김종남 김종남 김종대 김종대 김종대 김종대 김종대 김종대 김종대 김종대 김종덕 김종덕 김종덕 김종덕 김종덕 김종덕 김종도 김종도 김종두 김종득 김종득 김종란 김종래 김종래 김종래 김종렬 김종록 김종록 김종록 김종률 김종률 김종륭 김종린 김종린 김종림 김종만 김종만 김종만 김종만 김종만 김종만 김종만 김종만 김종만 김종만 김종명 김종명 김종명 김종명 김종명 김종목 김종무 김종무 김종묵 김종문 김종문 김종문 김종문 김종문 김종문 김종문 김종문 김종민 김종민 김종민 김종민 김종민 김종민 김종민 김종민 김종박 김종배 김종배 김종배 김종배 김종백 김종백 김종번 김종범 김종범 김종범 김종복 김종복 김종복 김종복 김종복 김종부 김종북 김종분 김종빈 김종산 김종삼 김종삼 김종삼 김종서 김종서 김종석 김종석 김종석 김종석 김종석 김종석 김종석 김종석 김종석 김종석 김종석 김종석 김종선 김종선 김종선 김종선 김종선 김종선 김종선 김종선 김종선 김종선 김종선 김종선 김종선 김종선 김종선 김종선 김종선 김종선 김종설 김종섭 김종섭 김종섭 김종섭 김종섭 김종섭 김종성 김종성 김종성 김종성 김종성 김종성 김종성 김종성 김종성 김종성 김종성 김종성 김종세 김종수 김종수 김종수 김종수 김종수 김종수 김종수 김종수 김종수 김종수 김종수 김종수 김종수 김종수 김종수 김종수 김종수 김종숙 김종숙 김종순 김종순 김종순 김종순 김종순 김종순 김종승 김종식 김종식 김종식 김종식 김종식 김종식 김종식 김종식 김종식 김종식 김종식 김종식 김종식 김종식 김종신 김종신 김종신 김종실 김종심 김종안 김종안 김종안 김종애 김종언 김종연 김종연 김종연 김종연 김종연 김종열 김종열 김종열 김종열 김종열 김종열 김종열 김종열 김종열 김종열 김종엽 김종엽 김종엽 김종엽 김종영 김종영 김종영 김종영 김종영 김종영 김종오 김종오 김종오 김종오 김종오 김종옥 김종옥 김종옥 김종완 김종완 김종완 김종완 김종우 김종우 김종우 김종욱 김종욱 김종욱 김종욱 김종욱 김종욱 김종욱 김종운 김종운 김종운 김종운 김종원 김종원 김종원 김종원 김종원 김종원 김종원 김종원 김종원 김종원 김종원 김종원 김종유 김종유 김종윤 김종윤 김종윤 김종윤 김종은 김종은 김종은 김종을 김종익 김종익 김종익 김종인 김종인 김종인 김종인 김종인 김종인 김종인 김종인 김종인 김종인 김종일 김종일 김종일 김종일 김종일 김종일 김종일 김종일 김종임 김종임 김종재 김종전 김종주 김종주 김종주 김종주 김종준 김종중 김종진 김종진 김종진 김종진 김종진 김종진 김종진 김종진 김종진 김종진 김종진 김종진 김종찬 김종찬 김종찬 김종찬 김종찬 김종찬 김종채 김종채 김종채 김종천 김종천 김종천 김종천 김종천 김종철 김종철 김종철 김종철 김종철 김종철 김종철 김종철 김종철 김종철 김종철 김종철 김종철 김종철 김종철 김종철 김종철 김종철 김종철 김종출 김종탁 김종태 김종태 김종태 김종태 김종태 김종태 김종태 김종태 김종태 김종태 김종태 김종태 김종택 김종택 김종택 김종택 김종택 김종평 김종포 김종표 김종표 김종필 김종필 김종필 김종필 김종필 김종필 김종필 김종하 김종하 김종학 김종학 김종학 김종학 김종학 김종한 김종한 김종해 김종해 김종해 김종해 김종해 김종헌 김종헌 김종혁 김종혁 김종혁 김종현 김종현 김종현 김종현 김종현 김종현 김종현 김종현 김종현 김종협 김종호 김종호 김종호 김종호 김종호 김종호 김종호 김종호 김종호 김종호 김종호 김종호 김종호 김종호 김종호 김종호 김종호 김종호 김종홍 김종홍 김종홍 김종화 김종화 김종화 김종화 김종화 김종화 김종화 김종화 김종화 김종화 김종화 김종화 김종화 김종화 김종화 김종환 김종환 김종환 김종환 김종환 김종환 김종환 김종환 김종환 김종환 김종효 김종훈 김종훈 김종훈 김종훈 김종훈 김종훈 김종훈 김종훈 김종훈 김종훈 김종훈 김종휘 김종휴 김종흥 김종희 김종희 김종희 김종희 김종희 김종희 김종희 김종희 김종희 김좌관 김좌상 김좌훈 김주 김주경 김주경 김주관 김주규 김주남 김주덕 김주동 김주락 김주리 김주리안 김주명 김주미 김주민 김주복 김주봉 김주빈 김주빈 김주삼 김주석 김주석 김주석 김주석 김주선 김주선 김주섭 김주섭 김주섭 김주성 김주성 김주수 김주수 김주숙 김주식 김주신 김주연 김주연 김주연 김주연 김주연 김주연 김주연 김주연 김주연 김주연 김주연 김주열 김주영 김주영 김주영 김주영 김주영 김주영 김주영 김주영 김주영 김주영 김주예 김주옥 김주옥 김주완 김주완 김주용 김주용 김주원 김주원 김주원 김주원 김주원 김주원 김주은 김주인 김주일 김주일 김주찬 김주태 김주택 김주필 김주필 김주학 김주한 김주한 김주한 김주한 김주헌 김주혁 김주현 김주현 김주현 김주현 김주현 김주형 김주형 김주형 김주형 김주형 김주호 김주호 김주홍 김주환 김주환 김주환 김주환 김주희 김주희 김주희 김준 김준 김준 김준 김준 김준 김준 김준 김준겸 김준곤 김준국 김준권 김준권 김준권 김준규 김준규 김준근 김준근 김준기 김준기 김준기 김준길 김준길 김준남 김준년 김준대 김준만 김준배 김준배 김준배 김준범 김준범 김준복 김준복 김준복 김준상 김준석 김준석 김준석 김준선 김준섭 김준섭 김준섭 김준섭 김준성 김준성 김준성 김준수 김준수 김준수 김준수 김준수 김준수 김준순 김준식 김준식 김준식 김준식 김준식 김준식 김준언 김준연 김준연 김준연 김준열 김준열 김준열 김준엽 김준영 김준영 김준영 김준영 김준영 김준영 김준오 김준옥 김준완 김준용 김준우 김준욱 김준웅 김준원 김준원 김준임 김준철 김준철 김준철 김준태 김준태 김준표 김준하 김준하 김준하 김준학 김준한 김준헌 김준혁 김준현 김준현 김준형 김준형 김준형 김준형 김준형 김준호 김준호 김준호 김준호 김준호 김준호 김준호 김준호 김준호 김준호 김준호 김준호 김준호 김준홍 김준환 김준환 김준환 김준환 김준환 김준환 김준회 김준효 김준희 김준희 김중구 김중권 김중규 김중기 김중기 김중길 김중배 김중배 김중석 김중섭 김중수 김중수 김중수 김중수 김중수 김중순 김중식 김중악 김중업 김중연 김중완 김중욱 김중원 김중원 김중일 김중철 김중태 김중택 김중한 김중혁 김중현 김중형 김중형 김중호 김중호 김중환 김중환 김중효 김증수 김지강 김지곤 김지길 김지나 김지나 김지단 김지돈 김지로 김지림 김지만 김지명 김지명 김지명 김지미 김지민 김지민 김지병 김지복 김지봉 김지상 김지석 김지선 김지선 김지선 김지선 김지선 김지선 김지성 김지성 김지수 김지수 김지수 김지수 김지수 김지수 김지수 김지수 김지수 김지수 김지수 김지수 김지수 김지숙 김지숙 김지순 김지순 김지순 김지승 김지아 김지아 김지아 김지애 김지애 김지야 김지언 김지연 김지연 김지연 김지연 김지연 김지연 김지연 김지연 김지연 김지연 김지연 김지연 김지연 김지연 김지영 김지영 김지영 김지영 김지영 김지영 김지영 김지영 김지영 김지영 김지영 김지영 김지영 김지영 김지영 김지영 김지예 김지예 김지예 김지예 김지완 김지용 김지용 김지용 김지우 김지우 김지욱 김지운 김지운 김지원 김지원 김지원 김지원 김지원 김지원 김지윤 김지윤 김지윤 김지윤 김지윤 김지율 김지은 김지은 김지은 김지은 김지은 김지은 김지은 김지은 김지이 김지인 김지인 김지인 김지자 김지중 김지찬 김지철 김지탁 김지태 김지태 김지태 김지표 김지하 김지하 김지하 김지학 김지한 김지한 김지항 김지해 김지향 김지헌 김지헌 김지헌 김지현 김지현 김지현 김지현 김지현 김지현 김지현 김지현 김지현 김지현 김지현 김지현 김지형 김지형 김지혜 김지혜 김지혜 김지혜 김지혜 김지호 김지호 김지호 김지홍 김지홍 김지홍 김지화 김지환 김지환 김지환 김지환 김지환 김지환 김지환 김지회 김지효 김지후 김지훈 김지훈 김지훈 김지훈 김지훈 김지훈 김지희 김지희 김지희 김지희 김직수 김직수 김진 김진 김진 김진 김진 김진 김진각 김진걸 김진겸 김진경 김진경 김진경 김진경 김진경 김진경 김진경 김진경 김진경 김진경아 김진곤 김진곤 김진곤 김진관 김진관 김진광 김진구 김진구 김진구 김진구 김진구 김진국 김진국 김진국 김진국 김진국 김진국 김진국 김진국 김진국 김진권 김진권 김진규 김진규 김진규 김진규 김진균 김진균 김진근 김진근 김진기 김진기 김진기 김진기 김진남 김진녕 김진덕 김진덕 김진도 김진동 김진동 김진두 김진례 김진룡 김진만 김진만 김진만 김진만 김진만 김진명 김진명 김진명 김진모 김진목 김진묵 김진문 김진미 김진미 김진방 김진배 김진배 김진배 김진범 김진본 김진빈 김진산 김진삼 김진서 김진석 김진석 김진석 김진석 김진석 김진석 김진석 김진석 김진석 김진석 김진석 김진석 김진석 김진석 김진석 김진석 김진선 김진선 김진선 김진선 김진섭 김진섭 김진섭 김진섭 김진섭 김진섭 김진섭 김진섭 김진성 김진성 김진성 김진성 김진성 김진성 김진성 김진성 김진성 김진성 김진수 김진숙 김진숙 김진숙 김진숙 김진숙 김진숙 김진숙 김진숙 김진숙 김진숙 김진숙 김진순 김진식 김진식 김진식 김진실 김진아 김진아 김진아 김진아 김진아 김진아 김진양 김진양 김진연 김진연 김진열 김진열 김진엽 김진엽 김진엽 김진영 김진영 김진영 김진영 김진영 김진영 김진영 김진영 김진영 김진영 김진영 김진영 김진영 김진영 김진영 김진영 김진영 김진영 김진오 김진오 김진오 김진오 김진오 김진옥 김진옥 김진옥 김진옥 김진완 김진용 김진용 김진용 김진용 김진용 김진우 김진우 김진우 김진우 김진우 김진우 김진우 김진우 김진우 김진우 김진욱 김진욱 김진욱 김진욱 김진웅 김진웅 김진원 김진원 김진원 김진원 김진유 김진은 김진은 김진일 김진재 김진조 김진종 김진주 김진주 김진주 김진주 김진주 김진철 김진철 김진철 김진철 김진철 김진철 김진철 김진철 김진철 김진철 김진청 김진태 김진태 김진태 김진태 김진태 김진태 김진태 김진태 김진태 김진태 김진태 김진택 김진택 김진평 김진표 김진표 김진표 김진하 김진하 김진학 김진학 김진한 김진한 김진해 김진해 김진헌 김진혁 김진혁 김진현 김진현 김진현 김진현 김진형 김진형 김진형 김진형 김진형 김진형 김진형 김진형 김진호 김진호 김진호 김진호 김진호 김진호 김진호 김진호 김진호 김진호 김진호 김진호 김진호 김진호 김진홍 김진홍 김진홍 김진화 김진화 김진화 김진화 김진화 김진환 김진환 김진환 김진환 김진환 김진환 김진황 김진회 김진효 김진효 김진흥 김진희 김진희 김진희 김진희 김진희 김진희 김진희 김진희 김진희 김진희 김진희 김진희 김진희 김진희 김진희 김진희 김질룡 김쪽지 김차곤 김차균 김차두 김차석 김차성 김차순 김차영 김차호 김차환 김찬국 김찬국 김찬기 김찬기 김찬님 김찬돈 김찬동 김찬백 김찬석 김찬수 김찬수 김찬수 김찬순 김찬식 김찬식 김찬영 김찬용 김찬우 김찬우 김찬욱 김찬웅 김찬자 김찬조 김찬주 김찬중 김찬중 김찬찬아 김찬현 김찬호 김찬호 김찬호 김찬호 김찬호 김찬환 김참 김창곤 김창구 김창구 김창국 김창국 김창국 김창규 김창규 김창규 김창규 김창규 김창규 김창규 김창규 김창규 김창규 김창근 김창근 김창근 김창근 김창근 김창금 김창기 김창기 김창길 김창길 김창길 김창남 김창남 김창년 김창대 김창덕 김창덕 김창동 김창득 김창득 김창락 김창란 김창록 김창록 김창룡 김창모 김창모 김창배 김창배 김창배 김창배 김창범 김창범 김창범 김창복 김창복 김창상 김창석 김창석 김창석 김창선 김창선 김창선 김창섭 김창섭 김창섭 김창수 김창수 김창수 김창수 김창수 김창수 김창수 김창수 김창수 김창수 김창수 김창수 김창수 김창수 김창수 김창수 김창수 김창숙 김창순 김창순 김창순 김창승 김창식 김창식 김창식 김창식 김창식 김창식 김창열 김창열 김창영 김창영 김창옥 김창옥 김창옥 김창우 김창우 김창우 김창욱 김창욱 김창욱 김창원 김창원 김창원 김창원 김창원 김창윤 김창윤 김창인 김창전 김창조 김창주 김창주 김창준 김창준 김창직 김창진 김창진 김창진 김창진 김창진 김창진 김창태 김창헌 김창헌 김창헌 김창헌 김창헌 김창헌 김창헌 김창헌 김창호 김창호 김창호 김창호 김창호 김창호 김창호 김창호 김창홍 김창홍 김창화 김창환 김창환 김창환 김창회 김창효 김창효 김창후 김창훈 김창훈 김창훈 김창희 김창희 김채록 김채린 김채봉 김채석 김채수 김채연 김채영 김채옥 김채원 김채은 김채중 김채환 김채후 김처록 김천 김천곤 김천규 김천덕 김천득 김천배 김천상 김천석 김천석 김천석 김천수 김천수 김천수 김천수 김천식 김천식 김천식 김천식 김천영 김천영 김천영 김천용 김천일 김천주 김천호 김천호 김천환 김천희 김천희 김천희 김철 김철 김철 김철 김철 김철 김철 김철 김철 김철 김철 김철관 김철규 김철규 김철기 김철동 김철문 김철민 김철배 김철범 김철분 김철수 김철수 김철수 김철수 김철수 김철수 김철수 김철수 김철수 김철수 김철수 김철수 김철수 김철순 김철승 김철식 김철신 김철영 김철영 김철영 김철오 김철완 김철완 김철용 김철용 김철우 김철우 김철운 김철웅 김철원 김철원 김철주 김철주 김철주 김철주 김철중 김철중 김철진 김철한 김철헌 김철형 김철호 김철호 김철호 김철호 김철호 김철홍 김철홍 김철홍 김철홍 김철홍 김철환 김철환 김철훈 김철휘 김철흥 김철희 김철희 김철희 김철희 김철희 김철희 김청 김청경 김청광 김청규 김청룡 김청룡 김청산 김청식 김청연 김청영 김청용 김청원 김청원 김청자 김청자 김초롱 김초롱 김초옥 김초원 김최해담 김추경 김추자 김추자 김춘균 김춘근 김춘근 김춘기 김춘기 김춘기 김춘기 김춘길 김춘덕 김춘동 김춘란 김춘미 김춘미 김춘배 김춘배 김춘복 김춘상 김춘석 김춘석 김춘섭 김춘섭 김춘성 김춘성 김춘성 김춘수 김춘수 김춘수 김춘수 김춘식 김춘식 김춘식 김춘식 김춘식 김춘식 김춘심 김춘심 김춘아 김춘안 김춘애 김춘영 김춘영 김춘오 김춘오 김춘옥 김춘옥 김춘자 김춘자 김춘자 김춘자 김춘자 김춘자 김춘자 김춘자 김춘재 김춘종 김춘추 김춘학 김춘호 김춘호 김춘호 김춘호 김춘호 김춘호 김춘홍 김춘화 김춘환 김춘효 김춘희 김춘희 김춘희 김춘희 김춘희 김춘희 김출생 김충 김충근 김충기 김충기 김충래 김충래 김충례 김충만 김충문 김충선 김충섭 김충식 김충식 김충식 김충식 김충신 김충연 김충열 김충웅 김충의 김충일 김충조 김충한 김충호 김충호 김충환 김충환 김충환 김충환 김충훈 김충희 김측현 김치경 김치관 김치국 김치권 김치덕 김치련 김치만 김치만 김치명 김치문 김치민 김치삼 김치성 김치수 김치순 김치열 김치영 김치우 김치웅 김치원 김치원 김치위 김치일 김치일 김치재 김치진 김치호 김치호 김치환 김치훈 김치흥 김치희 김칠수 김칠순 김칠주 김쾌열 김탁 김탁용 김탁정 김탁환 김태 김태갑 김태경 김태경 김태경 김태경 김태경 김태경 김태경 김태경 김태경 김태경 김태경 김태경 김태경 김태경 김태경 김태곤 김태곤 김태곤 김태곤 김태곤 김태곤 김태구 김태국 김태국 김태군 김태권 김태권 김태권 김태규 김태규 김태규 김태규 김태균 김태균 김태균 김태균 김태균 김태균 김태균 김태균 김태균 김태근 김태근 김태기 김태기 김태기 김태기 김태기 김태년 김태덕 김태동 김태동 김태랑 김태련 김태룡 김태룡 김태룡 김태룡 김태명 김태명 김태민 김태민 김태민 김태민 김태병 김태복 김태복 김태복 김태복 김태봉 김태분 김태붕 김태붕 김태상 김태석 김태석 김태석 김태석 김태석 김태석 김태선 김태선 김태선 김태선 김태섭 김태성 김태성 김태성 김태성 김태성 김태성 김태성 김태성 김태성 김태성 김태성 김태성 김태성 김태수 김태수 김태수 김태수 김태수 김태수 김태수 김태수 김태수 김태수 김태수 김태수 김태숙 김태숙 김태숙 김태숙 김태순 김태승 김태승 김태식 김태식 김태식 김태식 김태신 김태연 김태연 김태연 김태연 김태연 김태연 김태연 김태열 김태영 김태오 김태오 김태완 김태완 김태완 김태완 김태완 김태완 김태왕 김태용 김태용 김태용 김태우 김태우 김태우 김태우 김태우 김태우 김태우 김태우 김태우 김태욱 김태욱 김태욱 김태욱 김태운 김태운 김태웅 김태웅 김태웅 김태웅 김태웅 김태원 김태원 김태원 김태유 김태윤 김태읍 김태의 김태이 김태익 김태인 김태인 김태일 김태일 김태일 김태일 김태임 김태재 김태정 김태정 김태정 김태종 김태종 김태주 김태준 김태준 김태준 김태준 김태준 김태준 김태준 김태준 김태중 김태중 김태진 김태진 김태진 김태진 김태진 김태진 김태진 김태진 김태진 김태진 김태진 김태진 김태찬 김태창 김태철 김태철 김태출 김태평 김태평 김태하 김태하 김태학 김태학 김태한 김태한 김태한 김태한 김태한 김태헌 김태헌 김태헌 김태헌 김태혁 김태혁 김태현 김태현 김태현 김태현 김태현 김태현 김태현 김태현 김태현 김태협 김태형 김태형 김태형 김태형 김태형 김태형 김태형 김태형 김태형 김태형 김태형 김태형 김태형 김태호 김태호 김태호 김태호 김태호 김태호 김태호 김태호 김태호 김태호 김태홍 김태홍 김태홍 김태화 김태화 김태환 김태환 김태환 김태환 김태환 김태환 김태환 김태환 김태환 김태환 김태회 김태효 김태훈 김태훈 김태훈 김태훈 김태훈 김태훈 김태훈 김태훈 김태훈 김태훈 김태훈 김태훈 김태훈 김태훈 김태희 김태희 김태희 김태희 김태희 김태희 김태희 김태희 김태희 김택구 김택구 김택균 김택동 김택만 김택성 김택식 김택신 김택열 김택영 김택종 김택주 김택주 김택중 김택중 김택중 김택진 김택진 김택현 김택현 김택현 김택현 김택환 김택환 김택훈 김택희 김택희 김파랑 김판년 김판성 김판수 김판수 김판수 김판수 김판수 김판순 김판식 김판옥 김판옥 김판호 김팔곤 김팔석 김평강 김평겸 김평곤 김평기 김평만 김평우 김평철 김평태 김평호 김푸른솔 김

한겨레 7만 주주

풍기 김풍기 김풍철 김필근 김필동 김필례 김필선 김필선 김필선 김필선 김필수 김필수 김필순 김필식 김필옥 김필용 김필원 김필재 김필현 김필화 김필환 김필희 김하경 김하경 김하균 김하나 김하나 김하늘 김하늘
김하늘 김하늬 김하린 김하림 김하림 김하림 김하림 김하수 김하수 김하수 김하수 김하식 김하연 김하연 김하연 김하예린 김하운 김하은 김하정 김하주 김하진 김하진 김하진 김하진 김하진 김하진 김학 김학경 김
학경 김학관 김학군 김학규 김학규 김학규 김학균 김학근 김학남 김학노 김학란 김학림 김학무 김학문 김학미 김학민 김학민 김학민 김학민 김학범 김학범 김학봉 김학봉 김학빈 김학빈 김학석 김학선 김학선 김학선
김학선 김학섭 김학성 김학성 김학수 김학수 김학수 김학수 김학수 김학수 김학수 김학수 김학수 김학수 김학수 김학수 김학순 김학숭 김학신 김학연 김학연 김학영 김학용 김학원 김학원 김학윤 김학윤 김학은 김학
인 김학재 김학종 김학주 김학준 김학준 김학준 김학준 김학중 김학진 김학진 김학진 김학채 김학천 김학천 김학천 김학천 김학철 김학추 김학태 김학태 김학현 김학호 김학희 김한 김한 김한 김한 김한결 김
한결 김한결 김한결 김한결 김한결 김한결 김한결 김한결 김한겸 김한곤 김한구 김한국 김한국 김한귀 김한규 김한규 김한규 김한규 김한규 김한규 김한균 김한근 김한기 김한기 김한길 김한나 김한나 김한두 김한두
김한래 김한림 김한림 김한명 김한모 김한모 김한미 김한민 김한배 김한배검 김한백 김한백 김한별 김한별 김한보 김한봄 김한빛 김한삼 김한섭 김한성 김한성 김한성 김한성 김한성 김한성 김한세 김한솔 김한솔 김
한솔 김한솔 김한솔 김한솔 김한수 김한수 김한수 김한수 김한수 김한수 김한수 김한수 김한수 김한숙 김한슬 김한식 김한식 김한식 김한양 김한얼 김한얼 김한용 김한우 김한욱 김한욱 김한욱 김한울 김한울 김한
윤 김한일 김한종 김한종 김한종 김한주 김한주 김한주 김한준 김한준 김한중 김한천 김한철 김한태 김한호 김한호 김합기 김항림 김항섭 김항섭 김항수 김항용 김항욱 김항제 김항종 김해경 김해경 김해경 김해경
김해곤 김해규 김해균 김해남 김해남 김해누리 김해동 김해동 김해두 김해두 김해득 김해련 김해룡 김해룡 김해만 김해명 김해몽 김해석 김해석 김해선 김해선 김해성 김해솔 김해수 김해수 김해수 김해수 김해수 김
해숙 김해숙 김해연 김해연 김해연 김해영 김해영 김해영 김해웅 김해원 김해인 김해자 김해자 김해정 김해정 김해정 김해주 김해중 김해진 김해진 김해철 김해출 김행곤 김행곤 김행기 김행란 김행련 김행례 김행석
김행석 김행선 김행선 김행섭 김행숙 김행신 김행애 김행연 김행원 김행인 김행일 김행일 김행자 김행자 김향 김향건 김향기 김향녀 김향님 김향득 김향란 김향란 김향란 김향미 김향미 김향미 김향미 김향미 김향숙
김향숙 김향숙 김향숙 김향숙 김향숙 김향숙 김향숙 김향숙 김향숙 김향순 김향순 김향식 김향신 김향신 김향연 김향옥 김향용 김향준 김향중 김향중 김향희 김향희 김향희 김허경 김헌 김헌 김헌곤 김헌국 김헌기
김헌덕 김헌범 김헌수 김헌수 김헌용 김헌주 김헌주 김헌철 김헌출 김헌태 김헌택 김헌표 김혁 김혁 김혁 김혁 김혁근 김혁동 김혁란 김혁민 김혁수 김혁주 김혁주 김혁주 김혁중 김혁태 김현 김현 김현 김현 김현 김
현 김현 김현 김현 김현 김현 김현가 김현겸 김현겸 김현겸 김현경 김현경 김현경 김현관 김현구 김현구 김현국 김현권 김현규 김현규 김현규 김현균 김현기 김현기 김현기 김현기 김현기 김현기 김현기 김현기 김현길
김현나 김현대 김현대 김현덕 김현돈 김현동 김현동 김현룡 김현룡 김현림 김현명 김현명 김현명 김현무 김현묵 김현미 김현미 김현미 김현미 김현미 김현미 김현미 김현미 김현미 김현민 김현민 김현민 김현배 김현배
김현배 김현빈 김현빈 김현산 김현상 김현석 김현석 김현석 김현석 김현석 김현석 김현석 김현선 김현선 김현섭 김현섭 김현성 김현성 김현성 김현성 김현성 김현성 김현수 김현수 김현수 김현수 김현수 김현수 김현
수 김현수 김현수 김현수 김현수 김현수 김현수 김현수 김현수 김현수 김현수 김현수 김현수 김현수 김현수 김현숙 김현숙 김현숙 김현숙 김현숙 김현숙 김현숙 김현숙 김현숙 김현숙 김현숙 김현숙 김현숙 김현숙
김현숙 김현
순 김현순 김현순 김현순 김현순 김현순 김현순 김현순 김현승 김현시 김현식 김현식 김현식 김현식 김현식 김현식 김현식 김현식 김현식 김현식 김현식 김현식 김현신 김현실 김현심 김현아 김현아 김현애 김현애 김
현애 김현애 김현양 김현양 김현양 김현영 김현영 김현영 김현영 김현영 김현영 김현영 김현오 김현오 김현옥 김현옥 김현옥 김현옥 김현옥 김현옥 김현옥 김현옥 김현옥 김현용 김현용 김현용 김현용 김현우 김현우
김현우 김현우 김현우 김현우 김현우 김현욱 김현욱 김현욱 김현이 김현익 김현일 김현일 김현일 김현자 김현자 김현자 김현자 김현자 김현자 김현자 김현장 김현재 김현재 김현재 김현재 김현정 김현정 김현정 김현
정 김현정 김현정 김현정 김현정 김현정 김현정 김현정 김현정 김현정 김현정 김현정 김현정 김현조 김현조 김현종 김현종 김현종 김현주 김현주 김현주 김현주 김현주 김현주 김현주 김현주 김현주 김현주 김
현주 김현주 김현주 김현주 김현주 김현주 김현준 김현준 김현준 김현준 김현준 김현준 김현준 김현준 김현중 김현중 김현중 김현중 김현중 김현중 김현중 김현중 김현중 김현중 김현중 김현지 김현지 김현지 김현지
김현진 김현진 김현진 김현진 김현진 김현진 김현진 김현진 김현진 김현창 김현철 김현철 김현철 김현철 김현철 김현철 김현철 김현철 김현칠 김현태 김현태 김현태 김현태 김현판 김현팔 김현호 김현호 김현호 김현
호 김현호 김현호 김현홍 김현후 김현희 김현희 김현희 김현희 김현희 김현희 김현희 김혈조 김형 김형건 김형경 김형곤 김형곤 김형곤 김형곤 김형곤 김형곤 김형곤 김형곤 김형곤 김형관 김형관 김형관 김형관 김형
광 김형구 김형구 김형구 김형국 김형국 김형국 김형국 김형권 김형권 김형권 김형권 김형규 김형규 김형규 김형균 김형균 김형균 김형균 김형근 김형근 김형근 김형근 김형근 김형근 김형근 김형근 김형근 김형근 김
형기 김형기 김형기 김형기 김형기 김형기 김형기 김형기 김형기 김형남 김형님 김형님 김형대 김형덕 김형덕 김형덕 김형돈 김형돈 김형동 김형두 김형락 김형래 김형래 김형래 김형렬 김형렬 김형례 김형례 김형로
김형록 김형록 김형림 김형만 김형모 김형목 김형문 김형미 김형미 김형민 김형민 김형민 김형배 김형배 김형범 김형범 김형복 김형봉 김형상 김형석 김형석 김형석 김형석 김형석 김형석 김형석 김형석 김형석 김형
석 김형석 김형선 김형선 김형선 김형선 김형섭 김형섭 김형섭 김형성 김형수 김형수 김형수 김형수 김형수 김형수 김형수 김형수 김형수 김형수 김형수 김형수 김형수 김형숙 김형숙 김형숙 김형숙 김형숙 김
형숙 김형숙 김형숙 김형숙 김형순 김형순 김형순 김형식 김형식 김형식 김형신 김형애 김형애 김형열 김형열 김형엽 김형영 김형영 김형옥 김형옥 김형용 김형우 김형우 김형우 김형우 김형욱 김형욱 김형욱 김형욱
김형운 김형원 김형원 김형원 김형원 김형익 김형일 김형일 김형일 김형임 김형자 김형자 김형자 김형재 김형재 김형재 김형재 김형조 김형조 김형종 김형주 김형주 김형주 김형주 김형주 김형주 김형주 김형주 김형
주 김형주 김형준 김형준 김형준 김형준 김형준 김형준 김형준 김형준 김형준 김형준 김형준 김형준 김형중 김형중 김형중 김형진 김형진 김형진 김형진 김형진 김형진 김형진 김형진 김형진 김형진 김형진 김형진 김
형진 김형진 김형집 김형채 김형채 김형천 김형철 김형철 김형철 김형철 김형철 김형철 김형철 김형철 김형철 김형철 김형철 김형철 김형철 김형탁 김형태 김형태 김형태 김형태 김형태 김형태 김형태 김형태 김형태
김형태 김형태 김형택 김형표 김형필 김형호 김형호 김형호 김형호 김형호 김형화 김형환 김형환 김형훈 김형희 김형희 김형희 김혜겸 김혜경 김혜경 김혜경 김혜경 김혜경 김혜경 김혜경 김혜경 김혜경 김혜경 김혜
경 김혜군 김혜균 김혜근 김혜나 김혜나 김혜남 김혜남 김
혜년 김혜란 김혜란 김혜란 김혜란 김혜란 김혜란 김혜랑 김혜련 김혜련 김혜련 김혜련 김혜련 김혜련 김혜령 김혜리 김혜리 김혜리 김혜린 김혜림 김혜림 김혜민 김혜선 김혜선 김혜선 김혜선 김혜선 김혜성 김혜성
김혜수 김혜수 김혜수 김혜숙 김혜숙 김혜숙 김혜숙 김혜숙 김혜숙 김혜숙 김혜숙 김혜숙 김혜숙 김혜숙 김혜숙 김혜숙 김혜숙 김혜숙 김혜숙 김혜숙 김혜숙 김혜숙 김혜순 김혜순 김혜순 김혜식 김혜실 김
혜연 김혜연 김혜연 김혜영 김혜영 김혜영 김혜영 김혜영 김혜영 김혜영 김혜영 김혜영 김혜영 김혜영 김혜영 김혜영 김혜영 김혜영 김혜영 김혜영 김혜영 김혜영 김혜오 김혜옥 김혜옥 김혜옥 김혜옥 김혜옥 김혜옥
김혜운 김혜원 김혜원 김혜원 김혜원 김혜원 김혜원 김혜은 김혜인 김혜인 김혜인 김혜임 김혜임 김혜자 김혜자 김혜자 김혜전 김혜정 김혜정 김혜정 김혜정 김혜정 김혜정 김혜정 김혜정 김혜정 김혜정 김혜정 김혜
정 김혜정 김혜종 김혜주 김혜주 김혜주 김혜준 김혜준 김혜진 김혜진 김혜진 김혜진 김혜진 김혜진 김혜현 김혜형 김혜화 김호걸 김호걸 김호경 김호곤 김호곤 김호곤 김호곤 김호권 김호규 김호근 김호근 김호근 김
호기 김호기 김호길 김호길 김호남 김호대 김호동 김호동 김호룡 김호명 김호배 김호배 김호상 김호성 김호순 김호식 김호식 김호식 김호식 김호신 김호연 김호연 김호열 김호열 김호영 김호영 김호영 김호원 김호윤
김호익 김호임 김호재 김호정 김호준 김호중 김호중 김호중 김호중 김호진 김호진 김호진 김호진 김호진 김호진 김호진 김호천 김호천 김호철 김호철 김호철 김호태 김호헌 김호협 김호환 김홍 김홍곤 김홍관 김홍구
김홍구 김홍국 김홍국 김홍국 김홍국 김홍권 김홍규 김홍규 김홍규 김홍규 김홍근 김홍근 김홍근 김홍기 김홍기 김홍기 김홍기 김홍기 김홍길 김홍길 김홍대 김홍대 김홍덕 김홍덕 김홍두 김홍두 김홍락 김홍란 김
홍렬 김홍렬 김홍만 김홍만 김홍미 김홍미 김홍민 김홍민 김홍배 김홍배 김홍배 김홍배 김홍범 김홍범 김홍빈 김홍빈 김홍빈 김홍삼 김홍삼 김홍석 김홍석 김홍석 김홍선 김홍선 김홍섭 김홍섭 김홍섭 김홍섭 김홍
성 김홍수 김홍수 김홍수 김홍수 김홍숙 김홍숙 김홍승 김홍식 김홍식 김홍식 김홍식 김홍식 김홍신 김홍연 김홍열 김홍영 김홍영 김홍완 김홍용 김홍운 김홍윤 김홍율 김홍은 김홍이 김홍인 김홍일 김홍일 김홍자
김홍재 김홍정 김홍주 김홍주 김홍주 김홍주 김홍준 김홍준 김홍준 김홍중 김홍중 김홍진 김홍진 김홍찬 김홍창 김홍천 김홍철 김홍한 김홍헌 김홍헌 김홍환 김홍희 김화경 김화련 김화련 김화령 김화령 김
화봉 김화생 김화수 김화수 김화숙 김화숙 김화숙 김화숙 김화순 김화연 김화영 김화영 김화영 김화영 김화옥 김화인 김화임 김화자 김화자 김화자 김화자 김화주 김화중 김화중 김화택 김화홍 김환 김환 김
환균 김환균 김환동 김환룡 김환민 김환석 김환석 김환식 김환식 김환영 김환영 김환용 김환주 김환주 김환중 김환진 김환호 김황래 김황록 김황배 김황조 김황중 김황진 김회경 김회경 김회란 김회린 김회선 김회
숙 김회승 김회연 김회은 김회진 김회철 김회현 김효겸 김효경 김효경 김효경 김효경 김효곤 김효곤 김효구 김효구 김효국 김효근 김효남 김효남 김효년 김효돈 김효동 김효동 김효동 김효례 김효명 김효문 김효민 김
효배 김효범 김효석 김효석 김효선 김효선 김효선 김효선 김효선 김효선 김효수 김효수 김효숙 김효숙 김효숙 김효순 김효순 김효순 김효순 김효순 김효순 김효순 김효순 김효순 김효식 김효식 김효식 김효신
김효심 김효심 김효열 김효영 김효영 김효옥 김효욱 김효운 김효원 김효원 김효원 김효원 김효윤 김효은 김효은 김효일 김효일 김효자 김효자 김효자 김효정 김효정 김효정 김효정 김효정 김효정 김효정 김효종 김효
종 김효중 김효중 김효진 김효진 김효진 김효진 김효창 김효철 김효태 김효현 김효현 김후기 김후식 김후원 김후자 김후자 김후회 김훈 김훈 김훈 김훈 김훈 김훈 김훈 김훈 김훈 김훈 김훈 김훈기 김훈기 김훈
배 김훈석 김훈식 김훈영 김훈일 김훈재 김훈중 김훈태 김훈태 김훤규 김휘관 김휘대 김휘봉 김휘선 김휘열 김휘일 김휘정 김휘중 김휘철 김휴란 김흥규 김흥규 김흥규 김흥규 김흥남 김흥덕 김흥덕 김흥도 김흥래
김흥래 김흥래 김흥렬 김흥만 김흥모 김흥섭 김흥수 김흥수 김흥수 김흥수 김흥수 김흥수 김흥수 김흥수 김흥수 김흥수 김흥수 김흥수 김흥숙 김흥순 김흥식 김흥영 김흥완 김흥용 김흥원 김흥윤 김흥진 김흥철 김
흥춘 김흥태 김흥태 김희 김희 김희강 김희겸 김희경 김희경 김희경 김희경 김희경 김희경 김희경 김희경 김희경 김희경 김희경 김희경 김희곤 김희곤 김희곤 김희광 김희국 김희국 김희국 김희국 김희균 김희
균 김희근 김희근 김희남 김희남 김희달 김희대 김희덕 김희도 김희도 김희동 김희동 김희동 김희락 김희리 김희만 김희문 김희민 김희방 김희범 김희복 김희복 김희봉 김희봉 김희산 김희삼 김희상 김희상 김희상 김
희석 김희석 김희선 김희선 김희선 김희선 김희선 김희선 김희선 김희선 김희선 김희선 김희성 김희성 김희성 김희성 김희성 김희성 김희수 김희수 김희수 김희수 김희수 김희수 김희수 김희수 김희수 김희수 김희수
김희숙 김희숙 김희숙 김희숙 김희숙 김희숙 김희숙 김희숙 김희숙 김희숙 김희숙 김희숙 김희숙 김희순 김희순 김희순 김희순 김희순 김희술 김희식 김희식 김희안 김희애 김희연 김희연 김희연 김희연 김희
연 김희열 김희열 김희영 김희영 김희영 김희영 김희영 김희영 김희옥 김희옥 김희용 김희용 김희용 김희우 김희욱 김희원 김희원 김희윤 김희윤 김희은 김희인 김희일 김희자 김희자 김희자 김희자 김희자 김희재 김
희재 김희전 김희정 김희정 김희정 김희정 김희정 김희정 김희정 김희정 김희정 김희정 김희정 김희정 김희정 김희정 김희정 김희정 김희정 김희제 김희종 김희종 김희주 김희준 김희준 김희준 김희준 김희준 김희준
김희중 김희중 김희중 김희중 김희진 김희진 김희진 김희진 김희진 김희진 김희진 김희철 김희철 김희철 김희철 김희칠 김희태 김희태 김희태 김희태 김희택 김희항 김희현 김희현 김희환 김희훈 꿈나무들 나강수 나
강엽 나건엽 나경민 나경석 나경선 나경수 나경열 나경운 나경원 나경원 나경임 나경자 나경자 나경주 나경찬 나경찬 나경호 나계동 나광식 나광채 나광채 나귀정 나규삼 나규영 나근일 나금상 나금숙 나금인 나기
년 나기송 나기열 나기영 나기정 나기태 나기환 나기회 나길자 나난주 나난희 나남석 나달수 나대웅 나대웅 나대웅 나대한 나덕길 나덕선 나덕송 나도명 나도성 나도은 나동관 나동규 나동집 나동환 나득녕 나득문
나명숙 나명숙 나명숙 나명순 나명순 나명순 나문찬 나미숙 나미연 나미영 나민영 나민주 나백주 나병덕 나병문 나병민 나병선 나병수 나병숙 나병식 나병영 나병인 나병찬 나병채 나병필 나병현 나병호 나복주 나
복주 나봉수 나봉희 나상기 나상남 나상덕 나상수 나상억 나상열 나상엽 나상용 나상일 나상일 나상일 나상조 나상채 나상철 나상학 나상희 나석규 나석균 나석종 나석주 나선미 나선숙 나선순 나선영 나선희 나성
나성길 나성대 나성숙 나성신 나성웅 나성일 나성자 나성주 나성환 나세권 나수동 나수용 나수희 나숙 나숙 나숙임 나숙희 나순애 나순일 나순형 나승랑 나승렬 나승렬 나승만 나승만 나승배 나승옥 나승인 나승철
나승철 나승태 나승학 나승화 나승훈 나승흠 나신영 나신택 나신하 나신환 나애숙 나애자 나양균 나양일 나연수 나영 나영균 나영란 나영미 나영미 나영미 나영민 나영민 나영배 나영석 나영성 나영숙 나영애 나영
애 나영정 나영주 나영주 나영준 나영지 나영찬 나영철 나영헌 나영환 나예균 나예은 나옥균 나옥성 나옥실 나온석 나용대 나용만 나용민 나용욱 나용원 나용찬 나용천 나용철 나용화 나용환 나원돈 나유복 나유
진 나윤경 나윤숙 나윤택 나윤희 나윤희 나은선 나은솔 나은아 나은주 나은희 나은희 나이옥 나이화 나익주 나인강 나인선 나인수 나인숙 나인식 나인찬 나인태 나인효 나일두 나일성 나일평 나자흠 나장균 나재경
나재경 나재은 나재후 나재훈 나재훈 나점숙 나정덕 나정서 나정숙 나정아 나정애 나정인 나정임 나정주 나정준 나정호 나정훈 나정희 나종 나종구 나종국 나종근 나종금 나종련 나종문 나종순 나종심 나종영 나종
영 나종욱 나종운 나종웅 나종일 나종임 나종필 나종필 나종현 나종화 나종희 나주 나주석 나준식 나준영 나준호 나중헌 나지영 나진국 나진숙 나진숙 나진원 나진주 나창훈 나채선 나채우 나채인 나철균 나철상
나철상 나철성 나청용 나충주 나택균 나평주 나필녀 나필주 나하린 나한선 나한아 나한엽 나한충 나해건 나해석 나해철 나핵집 나행주 나현금 나현덕 나현봉 나현석 나현숙 나현숙 나현숙 나현영 나현종 나현주 나
현철 나형남 나형수 나혜선 나혜섭 나혜영 나혜영 나호민 나호빈 나호원 나호일 나홍대 나홍식 나홍희 나환기 나환철 나효성 나효진 나효희 나희덕 나희라 나희영 나희원 나희주 남갑현 남강민 남건우 남경국 남경모
남경봉 남경분 남경수 남경식 남경옥 남경우 남경원 남경현 남경혜 남경호 남경희 남경희 남계환 남공희 남관수 남관숙 남관희 남광식 남광우 남광우 남광우 남광우 남국희 남궁 봄 남궁결 남궁경 남궁경 남궁계숙 남
궁기숙 남궁길 남궁록 남궁명 남궁명희 남궁복희 남궁봉일 남궁빈 남궁선 남궁솔 남궁숙 남궁순철 남궁승태 남궁연 남궁옥 남궁옥 남궁재성 남궁종 남궁주여 남궁증 남궁혁 남궁호경 남궁환 남궁효 남규수 남규영
남규호 남금례 남기국 남기덕 남기민 남기복 남기상 남기섭 남기섭 남기심 남기열 남기열 남기영 남기윤 남기정 남기창 남기천 남기철 남기철 남기탁 남기학 남기현 남기호 남기홍 남대우 남대현 남대호 남덕기 남덕
순 남덕우 남도희 남동우 남동철 남동현 남명숙 남명우 남명우 남명철 남명현 남명희 남명희 남문숙 남문승 남미경 남미경 남미숙 남미영 남미정 남미희 남민식 남민지 남민혜 남병설 남병언 남복현 남봉우 남봉주
남부원 남상간 남상구 남상규 남상길 남상길 남상덕 남상숙 남상열 남상용 남상우 남상윤 남상은 남상이 남상일 남상조 남상조 남상종 남상준 남상철 남상필 남상현 남상환 남상후 남상훈 남상희 남새해 남서현 남석
균 남석기 남석우 남석찬 남선경 남선영 남선우 남선자 남선희 남설희 남성룡 남성식 남성자 남성주 남성진 남성철 남성호 남소연 남수강 남수동 남수용 남수중 남수찬 남수희 남숙자 남숙희 남순걸 남순걸 남순연 남
순호 남순호 남순희 남승열 남승우 남승우 남승우 남승찬 남승한 남승헌 남승현 남시익 남애리 남양우 남양원 남언식 남여진 남연원 남영미 남영미 남영선 남영수 남영수 남영수 남영숙 남영우 남영우 남영이 남영
자 남영자 남영진 남영창 남영필 남영현 남영호 남완석 남외경 남요상 남요현 남용탁 남용택 남용현 남용희 남우현 남웅 남웅기 남원엽 남원우 남원직 남유석 남유선 남유진 남유철 남윤덕 남윤호 남윤호 남은숙 남
은숙 남은순 남은영 남은주 남의수 남의천 남의철 남인숙 남인숙 남인열 남인용 남인호 남일 남일순 남일호 남장석 남장우 남장천 남장현 남재균 남재복 남재봉 남재술 남재희 남정경 남정구 남정근 남정녀 남정선
남정섭 남정숙 남정숙 남정여 남정영 남정우 남정운 남정윤 남정주 남정준 남정천 남정현 남정현 남정호 남정홍 남정훈 남정휴 남정희 남정희 남정희 남종갑 남종길 남종순 남종우 남종철 남종철 남종태 남종현 남종
현 남종훈 남주숭 남준 남준현 남중우 남중현 남지대 남지영 남지원 남지유 남지은 남지화 남지희 남진애 남진우 남진희 남창기 남창우 남창우 남창우 남창임 남창주 남창현 남창환 남천우 남철희 남춘호 남치우 남
탁 남태우 남태호 남택규 남판우 남필모 남하연 남하은 남한일 남한준 남해 남해영 남해온 남해용 남행우 남행희 남헌일 남혁우 남혁우 남현수 남현아 남현영 남현우 남현찬 남형진 남혜경 남혜경 남혜란 남혜리 남
혜숙 남혜숙 남혜옥 남혜우 남호섭 남호정 남호태 남호환 남홍진 남효 남효극 남효극 남효길 남훈 남훈조 남흥석 남흥인 남희봉 남희섭 남희순 남희우 남희택 내종석 내준규 노갑성 노갑연 노갑현 노강자 노강호 노
건국 노경규 노경래 노경복 노경수 노경숙 노경숙 노경숙 노경숙 노경식 노경실 노경옥 노경채 노경헌 노경호 노경희 노경희 노관숙 노광 노광수 노광춘 노광헌 노광현 노광현 노광호 노구연 노국래 노군석 노권우 노
귀남 노귀남 노귀환 노규명 노규성 노규식 노근철 노금숙 노금희 노기덕 노기돌 노기란 노기서 노길순 노길호 노남호 노다솔 노대권 노대도 노대섭 노대준 노덕수 노도영 노동규 노동두 노동범 노동석 노동섭 노동윤
노동은 노동준 노동진 노동진 노동팔 노동환 노동훈 노두리 노락균 노만택 노맹호 노맹희 노명남 노명숙 노명식 노명철 노명한 노명환 노명희 노명희 노무라 노무현 노문부 노미경 노미숙 노미숙 노미애 노미희 노민
승 노민영 노민우 노민호 노병곤 노병관 노병구 노병근 노병기 노병년 노병락 노병석 노병숙 노병일 노병춘 노병현 노보용 노복심 노복희 노봉국 노봉남 노봉덕 노상구 노상길 노상도 노상수 노상우 노상우 노상윤 노
상종 노상채 노상호 노상호 노상환 노상훈 노서경 노석균 노석지 노석채 노석헌 노선이 노성기 노성기 노성대 노성배 노성숙 노성인 노성진 노성태 노성태 노성현 노성환 노성환 노세극 노세우 노세욱 노송선 노수근
노수범 노수산 노수상 노수업 노수용 노수원 노수홍 노수환 노숙령 노숙영 노숙희 노순복 노순선 노순자 노순자 노순채 노순해 노순화 노슬미 노슬찬 노승권 노승권 노승대 노승대 노승방 노승석 노승요 노승우 노승
현 노승휴 노승희 노시원 노아름 노안숙 노양 노양현 노연숙 노연옥 노연준 노연창 노영근 노영근 노영기 노영기 노영난 노영란 노영렬 노영민 노영빈 노영상 노영서 노영숙 노영순 노영순 노영옥 노영우 노영임 노영
임 노영재 노영재 노영주 노영주 노영철 노영철 노영철 노영호 노영호 노영호 노영화 노영훈 노영희 노영희 노예슬 노옥균 노왕숙 노용규 노용덕 노용상 노용수 노용숙 노용진 노용현 노우영 노웅희 노원식 노원자 노
원호 노원희 노윤갑 노윤경 노윤기 노윤래 노윤생 노윤숙 노윤영 노은 노은경 노은경 노은선 노은숙 노은율 노은호 노은희 노은희 노을숙 노응석 노응욱 노의철 노이슬 노익균 노익현 노익환 노인경 노인숙 노인숙 노
인영 노인영 노인영 노인자 노인철 노인하 노인호 노인환 노일석 노일환 노장숙 노재경 노재규 노재규 노재규 노재무 노재성 노재성 노재숙 노재신 노재업 노재요 노재우 노재우 노재현 노재현 노재현 노재호 노재
환 노점순 노점순 노점순 노점용 노점환 노정규 노정길 노정란 노정란 노정란 노정민 노정선 노정숙 노정순 노정애 노정웅 노정현 노정현 노정혜 노정희 노종령 노종섭 노종숙 노종운 노종일 노종필 노종호 노종화 노
주석 노주운 노주형 노주형 노주희 노준래 노준량 노준서 노준숙 노준영 노준웅 노준형 노준호 노중택 노지상 노지영 노지원 노지향 노진국 노진민 노진백 노진상 노진성 노진용 노진환 노침호 노찬규 노찬백 노찬종
노창근 노채균 노철균 노철영 노철웅 노철화 노철환 노청래 노춘만 노춘이 노충환 노충환 노태근 노태돈 노태선 노태성 노태숙 노태식 노태웅 노태천 노태평 노태호 노태호 노택식 노푸른 노필현 노하늬 노하린 노하

은 노학동 노한길 노한울 노행길 노행식 노향기 노향숙 노혁인 노현수 노현숙 노현숙 노현아 노현우 노현재 노현정 노현주 노현지 노현필 노형권 노형근 노형석 노형석 노형섭 노형주 노형진 노형희 노혜경 노혜경 노혜경 노혜미 노혜빈 노혜숙 노혜숙 노혜숙 노혜원 노혜윤 노혜정 노홍규 노홍만 노홍배 노홍식 노화란 노화순 노환성 노환춘 노회숙 노효신 노후강 노후상 노후성 노훈구 노흥성 노흥수 노희관 노희권 노희덕 노희석 노희엽 노희재 노희정 노희주 노희철 녹십자외과의원 농협서울대 다람 단윤철 단정숙 단정옥 당병걸 당병호 당옥주 대부 대연출판 대전대학교 대한제지(주) 대한항공조종사노동조합 대현 도건영 도건협 도경근 도경선 도경수 도경재 도경호 도광오 도기문 도기준 도남희 도덕재 도리천 도만구 도명숙 도미자 도민숙 도법 도병권 도삼주 도상묵 도상희 도성국 도성용 도성웅 도성훈 도세영 도수현 도숙희 도순이 도영락 도영우 도영희 도예리 도용욱 도용준 도우리 도우희 도원호 도윤수 도의경 도인환 도장식 도재원 도재형 도재형 도정애 도정일 도정호 도정회 도종호 도종환 도준순 도중원 도진광 도진기 도진순 도진시 도진식 도진헌 도진혁 도태현 도한솔 도혁택 도현경 도현영 도현오 도현철 도형오 도호기 도호영 도화준 도환준 도효숙 도효진 도희근 도희령 돈연 돌타래 동근 동근정 동대구 동무 동민재 동상대 동서증권 동선희 동소연 동영애 동용삼 동용철 동은철 동의산업 동인숙 동재건 동정숙 동준모 동창숙 동창순 동효관 동희천 두선아 두송용 두시영 두암동 두연수 두진옥 두창희 두치신 두호경 두희승 등촌동 디에이치인터내셔널 라경원 라기옥 라도현 라동영 라득수 라문수 라미경 라민숙 라민웅 라방인 라병국 라병국 라병금 라병산 라병수 라병운 라병준 라상균 라성열 라숙자 라승호 라승홍 라영완 라영호 라영환 라예택 라옥환 라원상 라위진 라익 라인복 라인호 라정미 라정수 라제수 라종연 라종오 라지인 라지훈 라춘수 라태연 라형수 라형용 라화열 라희찬 랑효정 려증동 류강하 류강현 류건열 류건주 류경국 류경란 류경렬 류경렬 류경문 류경민 류경수 류경수 류경숙 류경자 류경진 류경태 류경호 류경호 류경희 류계라 류계숙 류계숙 류계심 류계형 류관현 류광선 류광열 류광후 류광희 류국현 류국현 류권주 류권호 류귀석 류귀정 류근규 류근란 류근랑 류근배 류근성 류근수 류근순 류근재 류근태 류근호 류근화 류금자 류금희 류기범 류기생 류기선 류기영 류기원 류기이 류기준 류기헌 류기현 류기현 류기호 류길신 류길하 류낙원 류다현 류대영 류덕선 류덕제 류도열 류도영 류도재 류동근 류동숙 류동현 류동효 류득수 류림 류만근 류만복 류만영 류명석 류명숙 류명순 류명희 류명희 류모아 류문상 류문옥 류문찬 류미라 류미영 류미호 류민상 류민호 류방열 류방현 류방호 류범렬 류범영 류병윤 류병조 류병희 류보람 류보일 류복성 류봉석 류봉수 류봉열 류봉현 류빛나 류사혁 류삼모 류상기 류상명 류상용 류상태 류상호 류새롬 류석근 류석일 류석진 류석현 류석희 류선 류성 류성곤 류성렬 류성렬 류성민 류성복 류성수 류성수 류성원 류성자 류성주 류성춘 류성하 류성호 류성호 류성희 류세열 류소영 류소정 류솔이 류수 류수경 류수열 류수영 류수영 류수진 류숙경 류숙자 류숙희 류순 류순늠 류승구 류승덕 류승번 류승철 류승하 류승현 류승현 류승호 류승희 류시관 류시근 류시벽 류시봉 류시숙 류시열 류시영 류시탁 류시현 류신환 류아롬 류애자 류양선 류언근 류연왕 류연웅 류연익 류연창 류영건 류영기 류영수 류영신 류영안 류영애 류영열 류영용 류영일 류영희 류예동 류오희 류옥경 류옥석 류옥현 류왕성 류요선 류용규 류용식 류우태 류운선 류웅석 류원정 류원정 류원하 류원희 류유순 류유현 류윤곡 류윤기 류윤하 류융덕 류은경 류은선 류은열 류은정 류은주 류은주 류은지 류이금 류이현 류인 류인국 류인미 류인범 류인석 류인성 류인수 류인수 류인수 류인승 류인오 류인철 류인표 류인호 류인희 류일석 류일형 류장우 류재걸 류재걸 류재관 류재균 류재근 류재덕 류재동 류재만 류재선 류재선 류재수 류재영 류재영 류재욱 류재원 류재윤 류재은 류재정 류재정 류재준 류재찬 류재철 류재하 류재한 류재헌 류재혁 류재홍 류재화 류재화 류재훈 류재훈 류재희 류전규 류점순 류정기 류정동 류정란 류정민 류정선 류정수 류정수 류정숙 류정숙 류정우 류정은 류정이 류제경 류제연 류제옥 류제우 류제욱 류제은 류제창 류제철 류제하 류제호 류제훈 류제흥 류종구 류종길 류종길 류종렬 류종서 류종성 류종실 류종열 류종원 류종필 류종하 류종현 류종형 류종희 류주연 류주현 류주형 류준길 류준선 류준세 류준철 류준현 류중군 류중식 류지남 류지순 류지우 류지원 류지은 류지철 류지철 류지한 류지한 류지헌 류지형 류지형 류지회 류진 류진곤 류진국 류진상 류진숙 류진창 류진춘 류진평 류차열 류창교 류창남 류창렬 류창수 류창수 류창열 류창열 류창우 류창욱 류창표 류창현 류천근 류천형 류철 류청곡 류춘 류춘석 류춘수 류춘영 류충렬 류치문 류태선 류태성 류태욱 류태욱 류태운 류태헌 류하경 류학선 류학열 류한수 류한승 류한승 류한식 류한영 류한욱 류한호 류해균 류해근 류해남 류해동 류해조 류해종 류해철 류향선 류혁상 류현경 류현동 류현미 류현석 류현선 류현숙 류현우 류현진 류형기 류형렬 류형준 류혜경 류혜은 류혜인 류혜정 류혜정 류혜주 류호권 류호삼 류호상 류호성 류호성 류호성 류호식 류호열 류호진 류호택 류호현 류홍모 류홍번 류홍연 류홍열 류홍진 류환선 류효관 류효상 류효상 류효숙 류효현 류훈 류훈 류훈호 류휘경 류흥걸 류흥석 류희석 류희원 리강락 리기정 리병도 리병용 리병재 리병재 리봉기 리승보 리신호 리여중 리영종 리영희 리우주 리유철 리은희 리은희 리재웅 리정명 리정필 리한주 림구호 림병길 림성만 림일수 림홍택 마가희 마경렬 마경임 마경희 마광남 마귀임 마기영 마길태 마도창 마동욱 마동현 마명락 마상룡 마상열 마상운 마상철 마석렬 마선옥 마성식 마성희 마숙익 마순권 마순자 마순천 마승현 마신오 마양수 마영채 마영희 마용철 마용화 마원훈 마윤기 마윤옥 마은호 마재덕 마재신 마재영 마재훈 마정건 마정은 마종일 마진호 마찬오 마창수 마철현 마추자 마충남 마평숙 마한모 마해군 마해성 마형락 마훈 만희 맹경순 맹경자 맹근영 맹금복 맹금자 맹기성 맹기옥 맹기호 맹길남 맹명옥 맹미경 맹민우 맹보배 맹보섭 맹삼호 맹석철 맹선경 맹선재 맹성근 맹성민 맹성아 맹성준 맹성호 맹수완 맹애영 맹양호 맹영숙 맹영진 맹완재 맹윤경 맹은순 맹은주 맹인애 맹일호 맹정규 맹정옥 맹주옥 맹주호 맹지윤 맹진아 맹진재 맹창호 맹충조 맹태호 맹한결 맹한호 맹행일 맹헌영 맹형재 맹호영 명경희 명광덕 명노근 명노근 명노설 명노수 명노욱 명노을 명동섭 명병열 명병철 명상근 명석주 명성순 명수연 명순숙 명순영 명순우 명안창 명영희 명운화 명원길 명은범 명인숙 명재훈 명전일 명점호 명정기 명진 명철규 명한성 명현성 명형대 명효진 명훈 모리토모오미 모명숙 모상선 모상송 모상우 모성룡 모성용 모수재 모시내 모영환 모욱빈 모은하 모인규 모임득 모정근 모정숙 모정신 모정호 모종탁 모종혁 모창환 모철수 모태일 모태준 모한종 목경래 목광균 목길수 목명균 목부균 목수현 목양교회 목영주 목우 목원대학교 목윤애 목은균 목일균 목정균 목정희 목진섭 목진수 목진영 목진주 목진홍 목효주 무명1 무명2 무상 묵현상 문갑석 문갑수 문강 문강민 문건식 문건영 문겨레 문경달 문경대 문경란 문경미 문경미 문경선 문경선 문경섭 문경수 문경수 문경식 문경옥 문경자 문경태 문경헌 문경호 문경환 문경희 문경희 문경희 문계숙 문계진 문곤수 문관식 문관욱 문광균 문광립 문광범 문광성 문광순 문광제 문광필 문광호 문교선 문교정 문구 문국주 문국희 문귀순 문근아 문근영 문금란 문기문 기복 문기석 문기석 문기수 문기영 문기찬 문기창 문기호 문길연 문길원 문남영 문남주 문남희 문대길 문대성 문대영 문대탄 문대호 문덕주 문도식 문도화 문동관 문동기 문동민 문동식 문동옥 문동진 문동팔 문동현 문동환 문동회 문두영 문만수 문만호 문말숙 문명근 문명기 문명남 문명식 문명식 문명신 문명진 문명호 문명화 문명희 문무병 문문수 문미경 문미란 문미란 문미선 문미순 문미영 문미옥 문미자 문미향 문미훈 문민문 민석 문배연 문백기 문백섭 문병국 문병권 문병권 문병근 문병근 문병기 문병대 문병랑 문병렬 문병석 문병선 문병선 문병성 문병수 문병순 문병열 문병영 문병완 문병용 문병우 문병운 문병원 문병원 문병준 문병채 문병철 문병철 문병하 문병혁 문병현 문병호 문병호 문병호 문병회 문병후 문보미 문보영 문복주 문봉기 문봉현 문봉희 문부생 문사라 문산 문산고 문상균 문상기 문상미 문상민 문상범 문상열 문상오 문상옥 문상원 문상의 문상인 문상철 문상태 문상태 문상필 문상혁 문상혁 문상호 문상홍 문상훈 문상훈 문새록 문샛별 문서진 문서진 문석 문석 문석기 문석준 문석천 문선곤 문선례 문선모 문선식 문선옥 문선우 문선이 문선재 문선정 문선화 문선환 문선희 문선희 문성경 문성권 문성규 문성근 문성근 문성근 문성대 문성득 문성례 문성목 문성배 문성범 문성삼 문성수 문성숙 문성식 문성식 문성업 문성연 문성열 문성열 문성옥 문성욱 문성원 문성윤 문성일 문성주 문성준 문성준 문성진 문성진 문성철 문성학 문성혁 문성현 문성현 문성호 문성호 문성호 문성호 문성환 문성환 문성효 문성훈 문세경 문세관 문세균 문세기 문세린 문세진 문세현 문소라 문소리 문소영 문소영 문송천 문수경 문수미 문수복 문수연 문수영 문수원 문수정 문수정 문수천 문숙인 문숙자 문순덕 문순영 문순용 문순자 문순찬 문순태 문순홍 문승기 문승길 문승만 문승석 문승섭 문승수 문승욱 문승준 문승준 문승태 문승현 문승현 문승호 문승회 문승훤 문식 문신유 문써레 문아람 문아람 문애님 문애란 문애순 문양숙 문양주 문연희 문영곤 문영관 문영권 문영규 문영기 문영길 문영길 문영님 문영대 문영덕 문영덕 문영란 문영란 문영록 문영만 문영미 문영배 문영백 문영산 문영서 문영석 문영석 문영선 문영수 문영숙 문영숙 문영순 문영식 문영신 문영아 문영애 문영완 문영은 문영일 문영주 문영준 문영태 문영태 문영헌 문영혜 문영혜 문영호 문영호 문영호 문영희 문영희 문예원 문예진 문오주 문옥륜 문옥선 문옥순 문옥희 문옥희 문요한 문요희 문용관 문용식 문용식 문용재 문용주 문용철 문용포 문우경 문우환 문욱주 문웅 문웅기 문웅대 문원 문원길 문원자 문원주 문월식 문유미 문유진 문유찬 문유휘 문유희 문윤근 문윤령 문윤창 문윤희 문은숙 문은식 문은심 문은주 문은희 문은희 문은희 문은희 문음전 문응상 문의근 문의자 문익균 문익수 문익철 문익환 문인걸 문인곤 문인곤 문인숙 문인숙 문인용 문인자 문인철 문인환 문일 문일석 문일지 문임순 문장길 문장두 문장석 문장선 문장식 문장익 문장환 문장희 문재삼 문재상 문재수 문재승 문재식 문재영 문재용 문재욱 문재원 문재원 문재원 문재익 문재인 문재현 문정곤 문정교 문정석 문정섭 문정수 문정숙 문정숙 문정숙 문정식 문정식 문정식 문정아 문정아 문정아 문정애 문정우 문정욱 문정은 문정인 문정임 문정주 문정하 문정현 문정현 문정혜 문정호 문정호 문정호 문정환 문정훈 문정희 문정희 문정희 문정희 문정희 문정희 문제균 문제범 문제안 문제현 문조가영 문종국 문종근 문종근 문종기 문종대 문종대 문종렬 문종만 문종배 문종석 문종석 문종원 문종원 문종인 문종일 문종재 문종철 문종필 문종현 문종호 문종호 문종환 문종희 문주경 문주섭 문준규 문준숙 문준연 문준영 문준웅 문준자 문준철 문준호 문중양 문지란 문지민 문지숙 문지원 문지원 문지장 문지중 문진산 문진상 문진석 문진수 문진숙 문진실 문진우 문진탁 문진헌 문진혁 문진희 문찬일 문창경 문창로 문창률 문창석 문창석 문창성 문창식 문창욱 문창호 문창호 문창환 문창환 문채식 문채진 문천관 문철 문철 문철 문철식 문철영 문철호 문철호 문춘봉 문춘식 문춘자 문춘혜 문충길 문충배 문충서 문충식 문치국 문치언 문치원 문치호 문태광 문태석 문태섭 문태순 문태순 문태식 문태영 문태일 문태정 문태중 문태현 문태호 문태홍 문판수 문평래 문평원 문평후 문포실 문필녀 문하람 문하옥 문학기 문학인 문학진 문한샘 문한솔 문한식 문한용 문한울 문해숙 문햇나라 문향미 문헌주 문혁 문현복 문현수 문현수 문현숙 문현오 문현웅 문현웅 문현정 문현태 문현희 문형관 문형기 문형래 문형렬 문형만 문형석 문형수 문형수 문형숙 문형식 문형우 문형재 문형주 문형채 문형포 문형호 문혜경 문혜경 문혜경 문혜란 문혜선 문혜성 문혜순 문혜연 문혜영 문혜영 문혜영 문혜원 문혜자 문혜정 문혜진 문호 문호선 문호선 문호열 문호철 문홍근 문홍기 문홍덕 문홍렬 문홍만 문홍석 문홍식 문홍식 문홍주 문홍천 문홍천 문홍호 문화성 문화지 문환구 문효석 문효신 문효희 문후영 문훈관 문훈주 문희 문희경 문희경 문희경 문희경 문희숙 문희숙 문희숙 문희식 문희옥 문희자 문희주 문희중 문희철 민건식 민건희 민경구 민경국 민경국 민경국 민경대 민경란 민경란 민경린 민경린 민경문 민경미 민경범 민경상 민경석 민경선 민경수 민경숙 민경순 민경순 민경식 민경식 민경아 민경애 민경업 민경용 민경우 민경원 민경익 민경일 민경자 민경자 민경주 민경준 민경진 민경찬 민경창 민경철 민경춘 민경한 민경현 민경혜 민경화 민경환 민경훈 민경휘 민경희 민경희 민관식 민관영 민광훈 민규식 민기봉 민기홍 민남수 민덕규 민덕기 민덕식 민도기 민도호 민동곤 민동기 민동선 민동숙 민동식 민동식 민동원 민동조 민동철 민득영 민명수 민명수 민명식 민명화 민묘근 민문기 민미경 민미숙 민미옥 민미홍 민병각 민병갑 민병관 민병관 민병국 민병규 민병기 민병기 민병도 민병두 민병락 민병래 민병렬 민병렬 민병록 민병룡 민병무 민병문 민병배 민병석 민병석 민병선 민병성 민병수 민병수 민병수 민병수 민병숙 민병숙 민병우 민병욱 민병욱 민병원 민병위 민병익 민병일 민병조 민병주 민병준 민병준 민병진 민병집 민병창 민병택 민병택 민병하 민병혁 민병혁 민병현 민병호 민병훈 민보람 민복기 민복례 민삼홍 민상규 민상기 민상기 민상기 민상기 민상기 민상기 민상준 민상홍 민새얼 민석규 민선옥 민선재 민선재 민선제 민선홍 민선희 민성기 민성원 민성자 민성진 민성환 민성희 민세종 민세희 민소영 민소현 민솔 민수영 민수웅 민수현 민숙기 민숙기 민숙례 민순애 민순옥 민순옥 민순홍 민순희 민슬기 민승길 민승호 민야긴 민양기 민연순 민연화 민영기 민영기 민영도 민영미 민영부 민영자 민영주 민영준 민영진 민영혜 민영호 민영희 민옥경 민옥이 민완기 민용기 민용식 민용주 민우기 민우현 민원배 민원식 민유기 민유미 민은기 민은기 민은숙 민은영 민은자 민은홍 민의정 민익동 민인숙 민인자 민인희 민장식 민재하 민재호 민재희 민정 민정규 민정기 민정기 민정님 민정란 민정란 민정수 민정식 민정심 민정아 민정열 민정운 민정임 민정자 민정진 민종기 민종식 민종호 민주식 민주영 민주옥 민준영 민준혁 민중기 민지선 민지식 민지연 민지영 민지원 민지현 민지현 민지호 민지환 민진기 민진숙 민진옥 민진홍 민진홍 민찬기 민창숙 민천기 민철기 민철희 민청옥 민충근 민치경 민치순 민태근 민태옥 민태익 민한 민한결 민해료 민향숙 민헌식 민현빈 민현석 민현수 민현식 민현식 민현주 민형국 민형기 민형남 민형렬 민형배 민형순 민형일 민혜경 민혜숙 민혜원 민혜인 민호겸 민홍식 민화기 민환식 민훈기 민휘식 민희순 박가언 박각제 박갑석 박갑선 박갑수 박갑수 박갑순 박갑순 박갑순 박갑식 박갑영 박갑주 박갑주 박갑환 박강 박강민 박강석 박강성주 박강옥 박강원 박강원 박강유 박강인 박강진 박강혁 박강호 박강훈 박강휘 박강희 박거용 박건 박건 박건 박건 박건 박건규 박건민 박건범 박건섭 박건연 박건오 박건용 박건우 박건우 박건우 박건원 박건준 박건철 박건철 박건춘 박건태 박건필 박건형 박건호 박건호 박건후 박건희 박겨레 박겨레 박겸성 박겸수 박경 박경 박경 박경구 박경구 박경국 박경기 박경남 박경남 박경남 박경남 박경남 박경남 박경님 박경덕 박경도 박경도 박경도 박경동 박경란 박경란 박경란 박경래 박경랑 박경례 박경룡 박경리 박경림 박경림 박경만 박경만 박경만 박경미 박경미 박경미 박경미 박경미 박경미 박경미 박경미 박경민 박경민 박경배 박경배 박경범 박경복 박경부 박경빈 박경삼 박경상 박경서 박경서 박경서 박경석 박경석 박경석 박경선 박경선 박경선 박경수 박경수 박경수 박경수 박경수 박경수 박경수 박경수 박경수 박경수 박경수 박경숙 박경숙 박경숙 박경숙 박경숙 박경숙 박경숙 박경숙 박경숙 박경숙 박경숙 박경숙 박경숙 박경숙 박경숙 박경순 박경순 박경순 박경순 박경식 박경식 박경식 박경식 박경신 박경신 박경심 박경아 박경애 박경애 박경애 박경애 박경애 박경애 박경열 박경열 박경엽 박경옥 박경옥 박경옥 박경용 박경욱 박경욱 박경원 박경원 박경원 박경원 박경원 박경원 박경원 박경은 박경은 박경임 박경자 박경자 박경자 박경자 박경자 박경자 박경자 박경자 박경자 박경자 박경자 박경제 박경종 박경주 박경준 박경진 박경찬 박경채 박경채 박경철 박경철 박경철 박경철 박경출 박경출 박경태 박경태 박경하 박경하 박경하 박경하 박경헌 박경현 박경혜 박경혜 박경혜 박경호 박경호 박경호 박경호 박경호 박경화 박경화 박경환 박경회 박경훈 박경훈 박경희 박계각 박계권 박계만 박계석 박계선 박계성 박계수 박계숙 박계숙 박계순 박계순 박계식 박계영 박계윤 박계준 박계하 박계해 박계현 박계화 박고운 박고은 박공수 박공식 박공식 박공연 박공은 박공임 박공재 박관동 박관석 박관순 박관순 박관식 박관용 박관우 박관우 박관훈 박광 박광경 박광규 박광규 박광기 박광라 박광만 박광민 박광서 박광서 박광석 박광석 박광성 박광성 박광수 박광수 박광수 박광수 박광수 박광수 박광수 박광수 박광숙 박광숙 박광순 박광순 박광식 박광식 박광식 박광식 박광신 박광심 박광심 박광양 박광양 박광열 박광엽 박광영 박광오 박광옥 박광용 박광용 박광우 박광욱 박광원 박광일 박광일 박광자 박광자 박광재 박광종 박광주 박광주 박광준 박광지 박광진 박광진 박광철 박광철 박광택 박광택 박광한 박광현 박광현 박광현 박광호 박광호 박광환 박광훈 박광흠 박교삼 박교서 박교식 박교휘 박구만 박구병 박구영 박구용 박구진 박국범 박국종 박국진 박국철 박국현 박국현 박국희 박군서 박군수 박군수 박군언 박군철 박군철 박권배 박권수 박권식 박권우 박권임 박권필 박귀남 박귀남 박귀녀 박귀동 박귀동 박귀란 박귀명 박귀선 박귀성 박귀성 박귀순 박귀심 박귀열 박귀옥 박귀주 박귀주 박귀태 박귀현 박귀현 박귀현 박귀현 박규남 박규만 박규병 박규봉 박규삼 박규석 박규석 박규선 박규수 박규식 박규신 박규영 박규영 박규옥 박규용 박규원 박규원 박규준 박규준 박규채 박규한 박규현 박규형 박규홍 박규홍 박규환 박규희 박규희 박균남 박균선 박균수 박균언 박균열 박근 박근 박근 박근배 박근배 박근배 박근성 박근수 박근수 박근수 박근수 박근식 박근애 박근영 박근영 박근영 박근완 박근용 박근우 박근원 박근원 박근율 박근조 박근조 박근철 박근태 박근호 박근호 박근호 박근홍 박근화 박근후 박근희 박금국 박금남 박금덕 박금령 박금례 박금룡 박금서 박금석 박금선 박금숙 박금숙 박금순 박금순 박금연 박금자 박금자 박금자 박금조 박금주 박금회 박금희 박금희 박금희 박기남 박기덕 박기덕 박기돈 박기동 박기둥 박기락 박기룡 박기만 박기명 박기목 박기백 박기범 박기범 박기보 박기복 박기복 박기봉 박기봉 박기상 박기서 박기석 박기섭 박기섭 박기성 박기성 박기수 박기수 박기수 박기수 박기수 박기숙 박기숙 박기순 박기순 박기순 박기순 박기순 박기승 박기승 박기식 박기연 박기연 박기열 박기영 박기영 박기영 박기영 박기영 박기영 박기옥 박기완 박기용 박기용 박기용 박기원 박기원 박기원 박기원 박기윤 박기윤 박기정 박기정 박기제 박기조 박기종 박기주 박기주 박기주 박기준 박기창 박기천 박기택 박기평 박기표 박기풍 박기풍 박기하 박기학 박기학 박기현 박기현 박기현 박기형 박기형 박기호 박기호 박기호 박기호 박기호 박기홍 박기홍 박기화 박기화 박기환 박기환 박기환 박기훈 박기훈 박기훈 박길라 박길섭 박길수 박길옥 박길용 박길용 박길웅 박길윤 박길자 박길자 박길주 박꽃초롱 박나래 박나리 박나영 박나영 박나정 박낙규 박낙동 박낙영 박낙원 박낙준 박난숙 박난이 박남 박남 박남건 박남규 박남규 박남규 박남규 박남규 박남근 박남기 박남석 박남수 박남수 박남수 박남숙 박남숙 박남숙 박남순 박남실 박남열 박남옥 박남용 박남우 박남원 박남주 박남준 박남준 박남철 박남호 박남희 박남희 박내연 박내용 박내천 박넙례 박년 박년배 박녕서 박노경 박노대 박노덕 박노민 박노복 박노봉 박노산 박노상 박노선 박노선 박노성 박노성 박노승 박노승 박노식 박노업 박노영 박노영 박노영 박노욱 박노웅 박노육 박노을 박노일 박노자 박노준 박노중 박노항 박노혁 박노홍 박노홍 박노흥 박뇌현 박누리 박누리 박다빈 박다운 박다정 박달 박달순 박달출 박대규 박대규 박대근 박대근 박대근 박대동 박대련 박대병 박대서 박대석 박대성 박대성 박대솔 박대순 박대식 박대식 박대엽 박대영 박대욱 박대웅 박대윤 박대인 박대준 박대진 박대현 박대현 박대현 박대호 박대희 박덕 박덕규 박덕규 박덕규 박덕균 박덕균 박덕문 박덕상 박덕수 박덕순 박덕심 박덕연 박덕영 박덕우 박덕원 박덕인 박덕인 박덕준 박덕진 박덕호 박덕환 박덕흠 박도경 박도선 박도순 박도식 박도식 박도영 박도원 박도주 박도준 박돈구 박동구 박동규 박동규 박동규 박동균 박동근 박동글 박동기 박동기 박동남 박동녀 박동래 박동례 박동명 박동미 박동배 박동빈 박동삼 박동석 박동석 박동선 박동선 박동수 박동수 박동수 박동숙 박동순 박동순 박동순 박동순 박동순 박동순 박동술 박동식 박동신 박동실 박동아 박동엽 박동우 박동욱 박동욱 박동원 박동은 박동익 박동일 박동일 박동일 박동일 박동일 박동재 박동재 박동주 박동주 박동준 박동준 박동진 박동진 박동찬 박동출 박동출 박동출 박동표 박동필 박동한 박동헌 박동혁 박동현 박동현 박동현 박동현 박동현 박동호 박동호 박동호 박동환 박동환 박동환 박동환 박동회 박동효 박동효 박동훈 박동훈 박동희 박동희 박동희 박두규 박두기 박두루한 박두병 박두석 박두성 박두식 박두신 박두영 박두용 박두용 박두운 박두일 박두진 박두진 박득선 박라형 박래 박래경 박래경 박래구 박래섭 박래성 박래성 박래수 박래순 박래욱 박래운 박래익 박래인 박래정 박래준 박래혁 박래형 박래훈 박려성 박령 박령준 박루리 박률 박막동 박막래 박만규 박만규 박만균 박만근 박만서 박만석 박만순 박만승 박만식 박만식 박만식 박만철 박만토 박만호 박만환 박말다 박말배 박말선 박말숙 박매령 박매자 박맹례 박맹수 박맹숙 박명광 박명국 박명규 박명규 박명규 박명규 박명규 박명근 박명기 박명기 박명길 박명남 박명남 박명님 박명동 박명례 박명림 박명복 박명복 박명서 박명서 박명석 박명석 박명수 박명수 박명수 박명수 박명수 박명수 박명수 박명숙 박명숙 박명숙 박명숙 박명숙 박명숙 박명숙 박명숙 박명숙 박명숙 박명숙 박명숙 박명숙 박명숙 박명순 박명순 박명순 박명순 박명식 박명연 박명오 박명옥 박명옥 박명옥 박명웅 박명원 박명익 박명일 박명자 박명자 박명자 박명자 박명자 박명종 박명주 박명주 박명진 박명찬 박명철 박명호 박명호 박명홍 박명화 박명환 박명환 박명황 박명희 박명희 박명희 박명희 박명

한겨레 7만 주주

희 박명희 박명희 박명희 박명희 박명희 박목 박목원 박몽하 박무 박무궁 박무궁화 박무근 박무성 박무송 박무식 박무엽 박무정 박무학 박무현 박무호 박무호 박문경 박문경 박문규 박문규 박문기 박문기 박문도 박문
성 박문수 박문수 박문수 박문수 박문수 박문수 박문숙 박문숙 박문순 박문식 박문식 박문양 박문영 박문영 박문영 박문재 박문주 박문주 박문준 박문태 박문택 박문한 박문한 박문환 박문회 박문희 박문희 박문희
박미경 박미경 박미경 박미경 박미경 박미경 박미경 박미경 박미경 박미경 박미경 박미경 박미경 박미경 박미경 박미경 박미라 박미라 박미라 박미라 박미라 박미라 박미란 박미란 박미란 박미란 박미란 박미량 박미
령 박미례 박미리 박미리내 박미립 박미분 박미선 박미선 박미선 박미선 박미선 박미선 박미선 박미선 박미선 박미성 박미송 박미숙 박미숙 박미숙 박미숙 박미숙 박미숙 박미숙 박미숙 박미숙 박미숙 박미숙
박미숙 박미숙 박미숙 박미숙 박미순 박미아 박미아 박미애 박미애 박미애 박미애 박미영 박미영 박미영 박미영 박미영 박미영 박미옥 박미옥 박미옥 박미원 박미자 박미자 박미자 박미자 박미자 박미자 박미자 박미
자 박미정 박미정 박미정 박미정 박미정 박미주 박미준 박미진 박미진 박미진 박미하 박미향 박미향 박미현 박미현 박미혜 박미혜 박미혜 박미혜 박미화 박미환 박민 박민 박민갑 박민규 박민근 박민기 박민석 박민선
박민선 박민선 박민선 박민성 박민수 박민수 박민수 박민숙 박민신 박민아 박민애 박민열 박민옥 박민우 박민우 박민우 박민자 박민재 박민재 박민정 박민주 박민주 박민주 박민주 박민주 박민철 박민철 박민학 박민
형 박민호 박민희 박바위 박방래 박방자 박방희 박배근 박배선 박배형 박백선 박번광 박번순 박번우 박범길 박범석 박범성 박범수 박범수 박범수 박범식 박범열 박범우 박범이 박범준 박범준 박범훈 박범희 박병건
박병광 박병교 박병구 박병구 박병국 박병국 박병권 박병권 박병권 박병권 박병권 박병권 박병규 박병규 박병규 박병규 박병균 박병균 박병근 박병근 박병기 박병기 박병기 박병기 박병길 박병길 박병달 박병도 박병
도 박병두 박병락 박병락 박병렬 박병렬 박병록 박병률 박병만 박병무 박병민 박병빈 박병상 박병서 박병석 박병석 박병선 박병선 박병섭 박병섭 박병섭 박병성 박병수 박병수 박병수 박병수 박병수 박병수 박병수
박병수 박병수 박병숙 박병순 박병연 박병열 박병엽 박병옥 박병옥 박병용 박병용 박병우 박병우 박병우 박병욱 박병욱 박병욱 박병운 박병원 박병윤 박병윤 박병윤 박병익 박병인 박병일 박병일 박병재 박병재 박병
재 박병재 박병전 박병정 박병종 박병주 박병주 박병주 박병준 박병진 박병진 박병진 박병창 박병채 박병천 박병철 박병철 박병철 박병철 박병철 박병철 박병춘 박병하 박병하 박병하 박병학 박병헌 박병호 박병호
박병화 박병화 박병환 박병환 박병회 박병훈 박병훈 박병희 박병희 박병희 박병희 박보경 박보경 박보경 박보경 박보경 박보근 박보람 박보람 박보리 박보미 박보미 박보미 박보숙 박보영 박보영 박보옥 박보현 박보
혜 박복렬 박복미 박복순 박복열 박복영 박복자 박복희 박복희 박본수 박봄누리 박봄이나 박봉교 박봉규 박봉규 박봉길 박봉남 박봉남 박봉래 박봉상 박봉서 박봉수 박봉순 박봉순 박봉식 박봉식 박봉용 박봉우 박봉
운 박봉윤 박봉점 박봉철 박봉현 박봉현 박봉호 박봉희 박부관 박부교 박부권 박부근 박부근 박부남 박부성 박부영 박부자 박부진 박부춘 박분란 박분상 박분옥 박사문 박사임 박산준 박삼겸 박삼균 박삼근 박삼남 박
삼수 박삼수 박삼숙 박삼열 박삼옥 박삼주 박상각 박상건 박상건 박상걸 박상곤 박상광 박상구 박상구 박상구 박상권 박상권 박상규 박상규 박상규 박상규 박상규 박상규 박상규 박상규 박상규 박상규 박상규
박상규 박상근 박상근 박상근 박상근 박상금 박상기 박상기 박상기 박상기 박상기 박상기 박상기 박상길 박상길 박상길 박상길 박상남 박상대 박상대 박상도 박상돈 박상동 박상두 박상란 박상래 박상렬 박상령 박상
례 박상록 박상록 박상률 박상만 박상목 박상문 박상민 박상배 박상배 박상배 박상배 박상범 박상병 박상봉 박상봉 박상설 박상섭 박상성 박상성 박상수 박상수 박상수 박상순 박상순 박상순 박상순 박상신 박상신 박
상언 박상언 박상언 박상열 박상영 박상영 박상영 박상영 박상오 박상옥 박상옥 박상옥 박상완 박상용 박상용 박상우 박상우 박상우 박상우 박상우 박상욱 박상욱 박상욱 박상욱 박상욱 박상욱 박상욱 박상웅
박상웅 박상원 박상원 박상유 박상유 박상윤 박상윤 박상은 박상은 박상이 박상익 박상인 박상인 박상일 박상일 박상일 박상재 박상재 박상정 박상조 박상주 박상주 박상준 박상준 박상준 박상준 박상준 박상준 박상
준 박상준 박상지 박상진 박상진 박상진 박상진 박상진 박상진 박상진 박상철 박상철 박상철 박상철 박상철 박상철 박상철 박상철 박상태 박상태 박상표 박상필 박상하 박상하 박상학 박상한 박상한 박상헌 박상혁 박
상현 박상현 박상현 박상현 박상현 박상현 박상현 박상현 박상현 박상현 박상호 박상호 박상호 박상호 박상홍 박상환 박상환 박상환 박상훈 박상훈 박상훈 박상훈 박상훈 박상훈 박상흠 박상희 박상희 박상희 박상희
박상희 박새미나 박새벽 박새암 박샘별 박샛별 박생수 박서균 박서연 박서원 박서정 박서정 박서정 박서하 박서호 박석 박석규 박석규 박석기 박석남 박석두 박석룡 박석명 박석무 박석무 박석무 박석민 박석범 박석봉
박석선 박석순 박석순 박석순 박석신 박석오 박석용 박석우 박석운 박석자 박석재 박석재 박석조 박석주 박석준 박석진 박석창 박석철 박석철 박석철 박석형 박석호 박석화 박석환 박선규 박선규 박선규 박선균 박선
균 박선남 박선남 박선동 박선동 박선례 박선례 박선무 박선미 박선미 박선미 박선미 박선미 박선민 박선민 박선배 박선병 박선수 박선숙 박선순 박선아 박선아 박선아 박선애 박선애 박선영 박선영 박선영 박선영 박선
영 박선영 박선영 박선영 박선영 박선영 박선영 박선옥 박선옥 박선옥 박선용 박선우 박선욱 박선윤 박선은 박선자 박선자 박선자 박선장 박선재 박선재 박선재 박선정 박선정 박선정 박선제 박선종 박선주 박선주 박
선주 박선주 박선준 박선지 박선진 박선출 박선택 박선택 박선하 박선형 박선형 박선후 박선희 박선희 박선희 박선희 박선희 박설리 박설형 박설희 박섭 박섭섭 박성건 박성곤 박성광 박성구 박성구 박성구 박
성구 박성구 박성국 박성국 박성국 박성귀 박성규 박성규 박성규 박성규 박성규 박성규 박성극 박성근 박성근 박성근 박성근 박성기 박성기 박성기 박성기 박성남 박성남 박성남 박성대 박성대 박성덕 박성돈 박성동
박성동 박성득 박성래 박성룡 박성률 박성림 박성림 박성만 박성목 박성미 박성민 박성민 박성민 박성배 박성배 박성백 박성범 박성복 박성복 박성봉 박성빈 박성삼 박성설 박성섭 박성수 박성수 박성수 박성수 박성수
박성수 박성수 박성수 박성숙 박성숙 박성숙 박성숙 박성숙 박성숙 박성순 박성순 박성순 박성순 박성식 박성식 박성식 박성식 박성식 박성신 박성신 박성실 박성실 박성심 박성아 박성연 박성옥 박성
옥 박성옥 박성완 박성용 박성용 박성용 박성우 박성우 박성우 박성욱 박성운 박성원 박성원 박성원 박성원 박성원 박성원 박성원 박성원 박성원 박성윤 박성은 박성은 박성은 박성은 박성일 박성일 박성일 박성자 박
성자 박성자 박성자 박성자 박성자 박성조 박성조 박성주 박성주 박성준 박성준 박성준 박성준 박성준 박성준 박성준 박성중 박성진 박성진 박성진 박성진 박성진 박성진 박성진 박성진 박성철 박성철 박성철 박성철
박성철 박성춘 박성태 박성태 박성태 박성태 박성택 박성택 박성하 박성하 박성하 박성하 박성학 박성혁 박성현 박성현 박성현 박성호 박성호 박성호 박성호 박성호 박성호 박성화 박성환 박성환 박성환 박성회
박성효 박성훈 박성훈 박성훈 박성훈 박성훈 박성희 박성희 박성희 박성희 박성희 박성희 박성희 박성희 박성희 박세경 박세경 박세곤 박세광 박세교 박세규 박세균 박세균 박세난 박세동 박세라 박세라 박세
리 박세미 박세성 박세언 박세연 박세영 박세영 박세영 박세영 박세영 박세옥 박세용 박세웅 박세원 박세원 박세원 박세원 박세윤 박세은 박세은 박세은 박세일 박세종 박세준 박세지 박세진 박세진 박세진 박세창 박
세철 박세하 박세현 박세호 박세호 박세홍 박세환 박세훈 박세훈 박세훈 박세훈 박세훈 박세훈 박세희 박소규 박소동 박소라 박소라 박소라 박소연 박소연 박소연 박소영 박소영 박소영 박소영 박소영
박소영 박소영 박소영 박소영 박소영 박소영 박소영 박소영 박소영 박소영 박소원 박소현 박소현 박소현 박소희 박손식 박솔 박솔 박송숙 박송은 박송은 박송해 박수경 박수경 박수구 박수국 박수규 박수근 박수길 박
수길 박수남 박수남 박수례 박수명 박수미 박수민 박수복 박수복 박수봉 박수빈 박수상 박수상 박수생 박수석 박수선 박수아 박수양 박수연 박수열 박수영 박수영 박수영 박수영 박수영 박수영 박수영 박수영 박수옥
박수용 박수원 박수원 박수인 박수일 박수일 박수일 박수일 박수자 박수정 박수정 박수종 박수진 박수진 박수진 박수진 박수진 박수진 박수진 박수철 박수철 박수하 박수학 박수한 박수행 박수현 박수현 박수현 박수
현 박수현 박수호 박수훈 박수흔 박수희 박수희 박숙 박숙 박숙경 박숙경 박숙성 박숙영 박숙자 박숙자 박숙자 박숙자 박숙자 박숙현 박숙희 박숙희 박숙희 박숙희 박숙희 박숙희 박순 박순경 박순경 박순구 박순규
박순규 박순금 박순기 박순대 박순덕 박순덕 박순덕 박순동 박순란 박순례 박순림 박순만 박순만 박순명 박순미 박순미 박순미 박순미 박순미 박순복 박순복 박순분 박순빈 박순서 박순서 박순선 박순설 박순섭 박
순성 박순성 박순애 박순영 박순영 박순영 박순예 박순옥 박순옥 박순용 박순용 박순원 박순원 박순월 박순이 박순일 박순임 박순임 박순자 박순자 박순자 박순자 박순자 박순자 박순재 박순재 박순정 박순
종 박순직 박순진 박순천 박순천 박순천 박순철 박순철 박순철 박순태 박순태 박순항 박순호 박순호 박순화 박순화 박순환 박순희 박순희 박순희 박순희 박순희 박순희 박순희 박스란 박슬기 박슬기 박승건
박승곤 박승구 박승국 박승국 박승국 박승권 박승권 박승규 박승규 박승규 박승규 박승규 박승근 박승근 박승기 박승기 박승기 박승기 박승길 박승남 박승남 박승대 박승덕 박승두 박승락 박승란 박승만 박승문 박
승미 박승민 박승민 박승민 박승배 박승배 박승범 박승범 박승수 박승숙 박승식 박승식 박승식 박승언 박승열 박승옥 박승옥 박승용 박승용 박승용 박승우 박승우 박승욱 박승원 박승원 박승원 박승윤 박승인 박승
일 박승일 박승자 박승재 박승정 박승준 박승중 박승진 박승진 박승찬 박승천 박승철 박승철 박승철 박승춘 박승택 박승택 박승표 박승필 박승해 박승헌 박승현 박승현 박승혜 박승호 박승호 박승호 박승호 박승호
박승화 박승훈 박승훈 박승훈 박승휴 박승휴 박승희 박승희 박승희 박승희 박시백 박시범 박시언 박시연 박시영 박시우 박시진 박시현 박시형 박시형 박시형 박시훈 박신 박신경 박신규 박신규 박신량 박신숙 박신애
박신애 박신영 박신영 박신영 박신영 박신영 박신영 박신의 박신자 박신주 박신희 박쌍임 박아람 박아람 박아름 박아침이슬 박안나 박안수 박안수 박안수 박안순 박암기 박애경 박애경 박애경 박애란 박애란 박애련
박애령 박애리 박애림 박애숙 박애순 박애스더 박애자 박애자 박양규 박양규 박양규 박양균 박양근 박양동 박양례 박양례 박양례 박양선 박양섭 박양숙 박양순 박양식 박양식 박양신 박양옥 박양자 박양자 박양춘
박양화 박양희 박양희 박양희 박언신 박언주 박언형 박여라 박여름 박여울 박여준 박연경 박연구 박연근 박연단 박연미 박연성 박연수 박연수 박연숙 박연숙 박연순 박연순 박연신 박연우 박연우 박연일 박연자 박
연정 박연정 박연정 박연주 박연주 박연주 박연철 박연태 박연하 박연하 박연호 박연호 박연화 박연희 박연희 박연희 박연희 박연희 박연희 박엽준 박영 박영 박영 박영각 박영건 박영경 박영관 박영관 박영관 박영광 박영구 박
국 박영국 박영권 박영규 박영규 박영규 박영규 박영규 박영규 박영규 박영규 박영균 박영근 박영근 박영근 박영기 박영길 박영길 박영길 박영길 박영길 박영남 박영남 박영단 박영달 박영대 박영대 박영대
박영덕 박영덕 박영덕 박영도 박영돈 박영돈 박영동 박영득 박영란 박영란 박영란 박영래 박영래 박영록 박영림 박영립 박영만 박영만 박영매 박영목 박영목 박영목 박영묘 박영묵 박영미 박영미 박영미 박영미 박
영미 박영미 박영미 박영미 박영미 박영미 박영민 박영민 박영민 박영배 박영배 박영배 박영범 박영보 박영복 박영복 박영봉 박영분 박영산 박영삼 박영상 박영서 박영서 박영서 박영석 박영석 박영선 박영
선 박영선 박영선 박영선 박영선 박영섭 박영세 박영세 박영소 박영수 박영수 박영수 박영수 박영수 박영수 박영수 박영수 박영수 박영수 박영수 박영숙 박영숙 박영숙 박영숙 박영숙 박영숙 박영숙 박영숙
박영숙 박영숙 박영숙 박영숙 박영숙 박영숙 박영숙 박영숙 박영순 박영순 박영순 박영순 박영순 박영순 박영순 박영순 박영순 박영순 박영순 박영식 박영식 박영식 박영식 박영식 박영식 박영식 박영식 박
영신 박영신 박영신 박영신 박영실 박영심 박영심 박영아 박영애 박영애 박영애 박영애 박영애 박영엽 박영오 박영옥 박영옥 박영옥 박영옥 박영옥 박영완 박영용 박영우 박영우 박영우 박영우 박영욱 박영운 박영웅 박영원 박영
은 박영이 박영일 박영일 박영일 박영일 박영일 박영임 박영자 박영자 박영자 박영자 박영자 박영자 박영자 박영자 박영자 박영작 박영재 박영재 박영조 박영조 박영주 박영주 박영주 박영주 박영주 박영주 박영주
박영주 박영주 박영주 박영준 박영준 박영준 박영준 박영준 박영준 박영준 박영진 박영진 박영진 박영진 박영진 박영진 박영진 박영진 박영진 박영찬 박영찬 박영창 박영천 박영철 박영철 박영철 박영철 박
영철 박영철 박영철 박영철 박영철 박영철 박영춘 박영탁 박영태 박영태 박영태 박영태 박영태 박영택 박영택 박영필 박영하 박영하 박영하 박영학 박영한 박영해 박영현 박영현 박영혜 박영혜 박영호 박영호 박영
호 박영호 박영호 박영화 박영화 박영화 박영환 박영환 박영환 박영환 박영환 박영환 박영회 박영효 박영훈 박영훈 박영흥 박영희 박영희 박영희 박영희 박영희 박영희 박영희 박영희 박영희 박영희 박영희
박영희 박영희 박영희 박영희 박영희 박영희 박예경 박예규 박예나 박예단 박예랑 박예슬 박예슬 박예슬 박예자 박예화 박예훈 박예희 박오남 박오복 박오봉 박오숙 박오순 박오식 박옥 박옥경 박옥규 박옥남
박옥란 박옥란 박옥미 박옥배 박옥선 박옥선 박옥수 박옥순 박옥순 박옥연 박옥연 박옥자 박옥자 박옥주 박옥주 박옥초 박옥희 박옥희 박옥희 박옥희 박완 박완교 박완규 박완규 박완규 박완규 박완근
박완근 박완서 박완석 박완수 박완수 박완순 박완옥 박완희 박왕준 박외동 박요섭 박요섭 박요주 박요한 박요환 박용 박용경 박용광 박용구 박용권 박용규 박용규 박용규 박용규 박용근 박용근 박용근 박용기 박용기
박용기 박용기 박용기 박용기 박용기 박용길 박용남 박용대 박용덕 박용덕 박용도 박용래 박용록 박용림 박용모 박용문 박용민 박용범 박용범 박용범 박용범 박용복 박용석 박용석 박용석 박용선 박용섭 박용
성 박용성 박용세 박용수 박용수 박용수 박용수 박용수 박용수 박용수 박용수 박용숙 박용순 박용순 박용순 박용순 박용식 박용식 박용식 박용신 박용안 박용애 박용완 박용욱 박용욱 박용운 박용운
박용운 박용운 박용운 박용인 박용일 박용일 박용일 박용자 박용재 박용정 박용정 박용주 박용준 박용준 박용준 박용준 박용준 박용진 박용진 박용진 박용찬 박용찬 박용찬 박용철 박용철 박용철 박용춘 박용태 박
용태 박용태 박용판 박용표 박용필 박용학 박용한 박용해 박용현 박용현 박용현 박용호 박용호 박용호 박용호 박용화 박용환 박용환 박용환 박용환 박용환 박용회 박용효 박용훈 박용훈 박용훈 박우동
박우동 박우상 박우석 박우석 박우성 박우성 박우수 박우식 박우식 박우열 박우영 박우용 박우재 박우정 박우정 박우준 박우진 박우진 박우찬 박운기 박운만 박운선 박운섭 박운식 박운식 박
운식 박운주 박운택 박운회 박웅 박웅규 박웅진 박웅철 박원 박원갑 박원경 박원규 박원규 박원균 박원근 박원대 박원동 박원빈 박원서 박원석 박원선 박원선 박원순 박원순 박원식 박원아 박원영 박원영 박원요 박원
우 박원이 박원일 박원자 박원자 박원장 박원재 박원주 박원준 박원진 박원채 박원철 박원철 박원춘 박원치 박원표 박원표 박원학 박원현 박원호 박원화 박원화 박월순 박월재 박월지 박위대 박유경 박유경 박유리 박
유리 박유미 박유미 박유미 박유민 박유석 박유신 박유심 박유영 박유영 박유영 박유영 박유진 박유진 박유진 박유진 박유진 박유철 박유하 박유하 박유화 박유환 박육남 박육현 박윤 박윤경 박윤경 박윤경
박윤경 박윤구 박윤국 박윤균 박윤근 박윤근 박윤기 박윤길 박윤미 박윤미 박윤배 박윤배 박윤배 박윤배 박윤배 박윤상 박윤선 박윤선 박윤선 박윤섭 박윤성 박윤성 박윤수 박윤수 박윤수 박윤숙 박윤숙 박
윤숙 박윤순 박윤식 박윤옥 박윤옥 박윤원 박윤자 박윤재 박윤정 박윤정 박윤조 박윤주 박윤주 박윤주 박윤철 박윤철 박윤철 박윤태 박윤하 박윤호 박윤혜 박윤회 박윤희 박윤희 박윤희 박윤희 박윤희
박율 박융기 박융자 박으뜸 박은경 박은경 박은경 박은경 박은경 박은경 박은구 박은규 박은규 박은기 박은남 박은래 박은미 박은민 박은봉 박은산 박은서 박은서 박은선 박은선 박은성 박은성 박은수 박은수 박은
숙 박은숙 박은숙 박은숙 박은숙 박은숙 박은순 박은순 박은식 박은심 박은아 박은아 박은양 박은영 박은영 박은영 박은영 박은영 박은영 박은영 박은영 박은영 박은영 박은영 박은영 박은영 박은옥 박은
옥 박은우 박은원 박은이 박은임 박은정 박은정 박은정 박은정 박은정 박은정 박은주 박은주 박은주 박은주 박은주 박은지 박은지 박은진 박은진 박은진 박은천 박은총 박은하 박은학 박은해 박은혜 박은
화 박은효 박은희 박은희 박은희 박은희 박은희 박은희 박은희 박은희 박은희 박응각 박응양 박익민 박익서 박익섭 박익신 박익영 박익영 박익용 박익웅 박익원 박익의 박익종 박익택 박익현 박이권 박
이규 박이근 박이나 박이루 박이루 박이섭 박이섭 박이현 박이훈 박익수 박익순 박익영 박익현 박인경 박인곤 박인국 박인권 박인규 박인규 박인규 박인규 박인규 박인근 박인근 박인기 박인기 박인남 박인
목 박인배 박인범 박인서 박인서 박인석 박인석 박인선 박인성 박인성 박인성 박인수 박인수 박인수 박인숙 박인숙 박인숙 박인숙 박인숙 박인숙 박인숙 박인숙 박인숙 박인숙 박인숙
박인숙 박인숙 박인숙 박인숙 박인숙 박인숙 박인숙 박인숙 박인순 박인순 박인순 박인순 박인순 박인순 박인식 박인식 박인식 박인식 박인아 박인영 박인영 박인영 박인옥 박인완 박인용 박인욱 박
인욱 박인자 박인자 박인자 박인자 박인자 박인재 박인전 박인제 박인종 박인종 박인주 박인철 박인철 박인출 박인택 박인현 박인혜 박인호 박인호 박인호 박인호 박인호 박인호 박인환 박인환 박인
환 박인환 박인회 박인희 박인희 박일 박일 박일구 박일규 박일규 박일근 박일근 박일남 박일량 박일목 박일범 박일서 박일서 박일선 박일성 박일수 박일순 박일순 박일애 박일연 박일재 박일종 박일
춘 박일헌 박일호 박임구 박임남 박임선 박임수 박임순 박임환 박자경 박자열 박장규 박장규 박장규 박장서 박장성 박장수 박장옥 박장우 박장우 박장원 박장원 박장현 박장호 박장호 박장훈 박재경 박재경 박재고 박
재곤 박재관 박재관 박재관 박재광 박재권 박재규 박재규 박재균 박재균 박재균 박재균 박재근 박재근 박재근 박재근 박재기 박재길 박재길 박재달 박재동 박재동 박재동 박재만 박재모 박재목 박재민 박재
민 박재민 박재민 박재민 박재범 박재범 박재범 박재범 박재봉 박재상 박재서 박재선 박재선 박재선 박재섭 박재성 박재성 박재성 박재성 박재성 박재숙 박재숙 박재순 박재순 박재순 박재승 박재식 박재식 박재신
박재안 박재연 박재열 박재영 박재영 박재영 박재영 박재영 박재영 박재영 박재영 박재영 박재영 박재옥 박재완 박재완 박재완 박재용 박재용 박재용 박재우 박재우 박재우 박재욱 박재운 박재웅 박재
웅 박재원 박재원 박재원 박재원 박재월 박재윤 박재율 박재율 박재은 박재일 박재일 박재임 박재준 박재준 박재준 박재중 박재진 박재진 박재진 박재진 박재진 박재찬 박재창 박재철 박재철 박재춘 박재춘 박재한
박재한 박재향 박재혁 박재혁 박재현 박재현 박재현 박재현 박재현 박재현 박재형 박재형 박재형 박재형 박재형 박재형 박재호 박재호 박재호 박재홍 박재홍 박재홍 박재홍 박재화 박재화 박재화 박재환 박재환 박재
환 박재훈 박재훈 박재훈 박재흥 박재희 박재희 박전근 박점구 박점규 박점균 박점동 박점배 박점숙 박점순 박점순 박점우 박점이 박점이 박점이 박점주 박정 박정 박정곤 박정구 박정구 박정구 박정국 박정군 박정권
박정규 박정규 박정규 박정규 박정규 박정균 박정균 박정근 박정근 박정근 박정근 박정근 박정근 박정기 박정기 박정기 박정기 박정기 박정남 박정도 박정돈 박정두 박정두 박정란 박정란 박정란 박정란 박정란 박정래
박정로 박정만 박정매 박정명 박정명 박정목 박정문 박정미 박정미 박정미 박정미 박정미 박정미 박정미 박정미 박정미 박정민 박정민 박정민 박정민 박정민 박정민 박정배 박정배 박정빈 박정삼 박정서 박정석 박정석
박정선 박정선 박정섭 박정섭 박정섭 박정성 박정세 박정수 박정수 박정수 박정수 박정수 박정숙 박정숙 박정숙 박정숙 박정숙 박정숙 박정숙 박정숙 박정숙 박정숙 박정숙 박정숙 박정숙 박정숙 박정
숙 박정숙 박정숙 박정숙 박정순 박정순 박정순 박정순 박정순 박정순 박정순 박정식 박정식 박정식 박정신 박정신 박정아 박정아 박정아 박정암 박정애 박정애 박정애 박정애 박정애 박정연 박정열 박정열 박정엽 박
정오 박정오 박정옥 박정옥 박정옥 박정옥 박정옥 박정옥 박정옥 박정옥 박정온 박정온 박정완 박정완 박정용 박정우 박정우 박정우 박정웅 박정웅 박정웅 박정웅 박정원 박정원 박정원 박정윤 박정은 박정은 박정은
박정은 박정은 박정은 박정익 박정인 박정인 박정일 박정일 박정일 박정일 박정일 박정임 박정임 박정자 박정자 박정자 박정자 박정자 박정자 박정자 박정자 박정자 박정재 박정재 박정주 박정주 박정준 박정
준 박정중 박정진 박정진 박정철 박정철 박정추 박정태 박정태 박정태 박정택 박정택 박정하 박정하 박정하 박정해 박정헌 박정현 박정현 박정현 박정현 박정현 박정혜 박정혜 박정호 박정호 박정호 박정호 박정호 박
정호 박정호 박정호 박정호 박정화 박정화 박정화 박정환 박정환 박정환 박정훈 박정훈 박정훈 박정훈 박정휘 박정휴 박정희 박정희 박정희 박정희 박정희 박정희 박정희 박정희 박정희 박정희 박정희 박정희 박정희
박정희 박정희 박정희 박정희 박정희 박정희 박정희 박제근 박제범 박제봉 박제봉 박제성 박제순 박제용 박제일 박제호 박조연 박조열 박조영 박종 박종 박종갑 박종걸 박종경 박종곤 박종곤 박종곤 박종관
박종광 박종구 박종구 박종국 박종국 박종국 박종국 박종국 박종국 박종국 박종권 박종권 박종규 박종규 박종규 박종균 박종근 박종근 박종근 박종근 박종근 박종근 박종기 박종기 박종기 박종기 박종기 박

종기 박종길 박종길 박종길 박종길 박종길 박종남 박종남 박종녕 박종노 박종님 박종대 박종대 박종대 박종덕 박종덕 박종덕 박종덕 박종동 박종득 박종득 박종득 박종락 박종락 박종락 박종락 박종란 박종렬 박종례 박종례 박종률 박종린 박종만 박종만 박종만 박종만 박종만 박종명 박종문 박종문 박종민 박종민 박종민 박종민 박종민 박종민 박종배 박종배 박종배 박종범 박종범 박종범 박종병 박종보 박종복 박종복 박종부 박종빈 박종삼 박종상 박종상 박종생 박종석 박종석 박종석 박종석 박종석 박종선 박종선 박종선 박종선 박종섭 박종섭 박종섭 박종성 박종성 박종수 박종수 박종수 박종수 박종수 박종수 박종수 박종숙 박종숙 박종숙 박종순 박종술 박종술 박종식 박종식 박종식 박종신 박종신 박종안 박종암 박종애 박종애 박종애 박종양 박종언 박종연 박종열 박종열 박종엽 박종엽 박종영 박종오 박종옥 박종완 박종완 박종용 박종용 박종우 박종우 박종우 박종우 박종우 박종욱 박종욱 박종운 박종운 박종운 박종운 박종운 박종운 박종운 박종웅 박종원 박종원 박종원 박종원 박종원 박종원 박종원 박종원 박종유 박종윤 박종윤 박종윤 박종윤 박종은 박종은 박종이 박종익 박종익 박종인 박종인 박종인 박종인 박종일 박종일 박종일 박종일 박종일 박종일 박종임 박종제 박종주 박종주 박종준 박종준 박종진 박종진 박종찬 박종찬 박종찬 박종채 박종천 박종천 박종천 박종철 박종철 박종철 박종철 박종철 박종철 박종철 박종탁 박종탁 박종탁 박종태 박종태 박종택 박종택 박종표 박종필 박종필 박종필 박종필 박종필 박종하 박종하 박종하 박종학 박종학 박종한 박종한 박종한 박종한 박종해 박종현 박종현 박종현 박종혁 박종혁 박종혁 박종현 박종현 박종현 박종현 박종현 박종현 박종형 박종형 박종혜 박종호 박종호 박종호 박종호 박종호 박종호 박종호 박종호 박종홍 박종화 박종화 박종화 박종환 박종환 박종회 박종효 박종후 박종후 박종훈 박종훈 박종훈 박종훈 박종훈 박종훈 박종휘 박종흔 박종희 박종희 박주경 박주리 박주미 박주미 박주복 박주상 박주석 박주선 박주섭 박주식 박주심 박주연 박주연 박주열 박주열 박주영 박주영 박주영 박주영 박주영 박주영 박주영 박주완 박주원 박주인 박주일 박주진 박주찬 박주철 박주철 박주초 박주학 박주현 박주현 박주현 박주현 박주현 박주형 박주형 박주혜 박주홍 박주화 박주환 박주희 박주희 박주희 박준 박준규 박준기 박준명 박준모 박준배 박준부 박준상 박준상 박준석 박준석 박준선 박준성 박준성 박준성 박준수 박준수 박준수 박준수 박준식 박준식 박준식 박준식 박준연 박준영 박준영 박준영 박준영 박준영 박준영 박준영 박준완 박준용 박준용 박준용 박준용 박준우 박준응 박준천 박준철 박준철 박준철 박준태 박준하 박준하 박준향 박준헌 박준혁 박준혁 박준현 박준형 박준호 박준호 박준호 박준호 박준호 박준호 박준호 박준호 박준홍 박준홍 박준황 박준희 박중구 박중구 박중근 박중기 박중기 박중기 박중기 박중만 박중선 박중신 박중양 박중언 박중언 박중열 박중욱 박중원 박중인 박중재 박중현 박중현 박중현 박중환 박중황 박중후 박중희 박지권 박지동 박지명 박지민 박지상 박지상 박지서 박지선 박지선 박지수 박지숙 박지숙 박지숙 박지안 박지연 박지연 박지연 박지열 박지열 박지영 박지영 박지영 박지영 박지용 박지우 박지욱 박지웅 박지원 박지원 박지원 박지원 박지원 박지원 박지윤 박지은 박지은 박지은 박지은 박지응 박지인 박지찬 박지향 박지현 박지현 박지현 박지혜 박지혜 박지혜 박지혜 박지혜 박지호 박지호 박지호 박지홍 박지환 박지훈 박지훈 박지훈 박지훈 박지훈 박지훈 박지희 박진 박진 박진걸 박진경 박진경 박진경 박진경 박진교 박진국 박진규 박진규 박진규 박진규 박진규 박진근 박진근 박진남 박진도 박진도 박진동 박진량 박진범 박진분 박진서 박진석 박진선 박진선 박진섭 박진솔 박진수 박진수 박진수 박진숙 박진숙 박진숙 박진숙 박진순 박진식 박진아 박진억 박진영 박진영 박진영 박진영 박진영 박진영 박진영 박진옥 박진완 박진용 박진용 박진우 박진우 박진우 박진우 박진욱 박진욱 박진웅 박진원 박진주 박진찬 박진태 박진태 박진태 박진택 박진한 박진향 박진현 박진형 박진호 박진호 박진호 박진호 박진호 박진홍 박진홍 박진희 박진희 박진희 박진희 박찬 박찬 박찬 박찬 박찬 박찬경 박찬경 박찬경 박찬교 박찬구 박찬구 박찬국 박찬국 박찬규 박찬규 박찬규 박찬기 박찬남 박찬덕 박찬돈 박찬명 박찬문 박찬민 박찬병 박찬보 박찬석 박찬석 박찬석 박찬석 박찬선 박찬선 박찬섭 박찬성 박찬성 박찬수 박찬수 박찬수 박찬수 박찬수 박찬수 박찬숙 박찬숙 박찬숙 박찬순 박찬승 박찬승 박찬시 박찬식 박찬식 박찬식 박찬식 박찬억 박찬억 박찬연 박찬연 박찬열 박찬영 박찬영 박찬영 박찬영 박찬옥 박찬옥 박찬용 박찬용 박찬우 박찬우 박찬우 박찬우 박찬욱 박찬욱 박찬욱 박찬운 박찬웅 박찬웅 박찬일 박찬일 박찬정 박찬주 박찬주 박찬준 박찬준 박찬중 박찬중 박찬표 박찬표 박찬혁 박찬현 박찬협 박찬형 박찬호 박찬호 박찬호 박찬호 박찬효 박찬후 박찬희 박찬희 박참결 박창경 박창규 박창규 박창규 박창규 박창균 박창균 박창근 박창근 박창기 박창길 박창남 박창동 박창래 박창문 박창배 박창배 박창범 박창범 박창범 박창보 박창서 박창선 박창섭 박창섭 박창수 박창수 박창수 박창수 박창숙 박창순 박창순 박창순 박창순 박창순 박창식 박창식 박창식 박창식 박창식 박창신 박창영 박창옥 박창완 박창완 박창우 박창우 박창욱 박창운 박창제 박창주 박창주 박창현 박창현 박창현 박창현 박창호 박창호 박창호 박창환 박창희 박창희 박창희 박창희 박창희 박채서 박채순 박채영 박채용 박채웅 박채화 박천 박천곤 박천근 박천기 박천기 박천명 박천명 박천섭 박천성 박천수 박천수 박천운 박천웅 박천일 박천일 박천종 박천하 박철 박철 박철규 박철규 박철규 박철규 박철규 박철근 박철량 박철모 박철민 박철민 박철성 박철수 박철수 박철수 박철수 박철순 박철순 박철옥 박철완 박철용 박철용 박철우 박철우 박철우 박철우 박철우 박철웅 박철웅 박철웅 박철제 박철제 박철하 박철항 박철혁 박철현 박철현 박철현 박철현 박철형 박철호 박철호 박철홍 박철홍 박철화 박철환 박철환 박철훈 박철훈 박철희 박청산 박청산 박청수 박청일 박청자 박청조 박청진 박청집 박청호 박초롱 박초아 박초은 박최동 박추경 박춘 박춘근 박춘근 박춘근 박춘기 박춘란 박춘렬 박춘례 박춘례 박춘석 박춘성 박춘식 박춘식 박춘식 박춘식 박춘영 박춘예 박춘옥 박춘우 박춘일 박춘임 박춘자 박춘자 박춘자 박춘자 박춘자 박춘자 박춘자 박춘재 박춘주 박춘하 박춘호 박춘화 박춘화 박춘화 박춘희 박충걸 박충관 박충규 박충근 박충기 박충기 박충년 박충량 박충렬 박충서 박충서 박충식 박충식 박충열 박충일 박충일 박충현 박충호 박충환 박충회 박충희 박치건 박치국 박치래 박치문 박치봉 박치완 박치용 박치웅 박치주 박치현 박태경 박태구 박태권 박태권 박태규 박태규 박태규 박태규 박태균 박태균 박태근 박태근 박태근 박태근 박태기 박태남 박태룡 박태림 박태명 박태묵 박태범 박태봉 박태분 박태선 박태선 박태선 박태성 박태성 박태성 박태수 박태순 박태순 박태순 박태순 박태순 박태식 박태업 박태열 박태영 박태영 박태옥 박태옥 박태용 박태용 박태욱 박태운 박태웅 박태웅 박태원 박태원 박태익 박태일 박태재 박태정 박태조 박태주 박태준 박태준 박태진 박태찬 박태평 박태하 박태향 박태현 박태현 박태호 박태호 박태호 박태홍 박태홍 박태환 박태환 박태환 박태훈 박태훈 박태훈 박태희 박태희 박태희 박태희 박태희 박택호 박통일 박통일 박판금 박판례 박판수 박판용 박판용 박판용 박판주 박팔암 박팔훈 박팽선 박평수 박평순 박평옥 박포강 박풍 박필남 박필수 박필순 박필순 박필영 박필우 박필화 박하권 박하나 박하늘 박하림 박하림 박하서 박하석 박하순 박하식 박하영 박하은 박하은 박하현 박학규 박학수 박학수 박학순 박한결 박한결 박한결 박한결 박한경 박한규 박한규 박한량 박한명 박한뫼 박한무 박한별 박한봄 박한빛나라 박한삼 박한상 박한서 박한석 박한솔 박한수 박한수 박한숙 박한식 박한오 박한욱 박한울 박한원 박한윤 박한재 박한정 박한제 박한주 박한주 박한준 박한창 박한철 박한택 박한홍 박한희 박항규 박항신 박항환 박해곤 박해광 박해균 박해도 박해든 박해든나라 박해란 박해련 박해룡 박해림 박해선 박해성 박해숙 박해숙 박해숙 박해순 박해순 박해안 박해영 박해영 박해영 박해영 박해영 박해옥 박해옥 박해용 박해용 박해용 박해운 박해인 박해임 박해전 박해정 박해주 박해진 박해진 박해충 박행삼 박행순 박행일 박행자 박행지 박행화 박향미 박향미 박향미 박향순 박향애 박향운 박향자 박향진 박허식 박헌 박헌 박헌 박헌걸 박헌국 박헌룡 박헌명 박헌순 박헌순 박헌영 박헌우 박헌욱 박헌표 박혁 박혁 박혁민 박혁수 박혁순 박혁진 박혁희 박현 박현 박현 박현 박현경 박현경 박현경 박현곤 박현국 박현권 박현규 박현규 박현규 박현규 박현규 박현근 박현기 박현남 박현동 박현명 박현명 박현미 박현미 박현미 박현미 박현미 박현미 박현민 박현범 박현빈 박현산 박현상 박현서 박현서 박현서 박현석 박현석 박현석 박현선 박현선 박현선 박현성 박현수 박현수 박현수 박현수 박현수 박현숙 박현숙 박현숙 박현숙 박현숙 박현숙 박현숙 박현숙 박현숙 박현숙 박현숙 박현숙 박현숙 박현숙 박현순 박현순 박현순 박현순 박현술 박현식 박현식 박현신 박현신 박현신 박현아 박현애 박현애 박현옥 박현옥 박현옥 박현옥 박현옥 박현옥 박현옥 박현용 박현용 박현우 박현우 박현우 박현우 박현우 박현원 박현일 박현자 박현자 박현자 박현재 박현정 박현정 박현정 박현정 박현정 박현제 박현종 박현종 박현주 박현주 박현주 박현주 박현주 박현주 박현주 박현주 박현주 박현주 박현주 박현주 박현주 박현준 박현준 박현지 박현지 박현진 박현진 박현진 박현진 박현진 박현찬 박현채 박현철 박현철 박현철 박현태 박현호 박현호 박현호 박현환 박현회 박현희 박현희 박현희 박형곤 박형국 박형국 박형규 박형규 박형규 박형규 박형근 박형기 박형길 박형달 박형돈 박형동 박형래 박형로 박형룡 박형명 박형미 박형미 박형민 박형민 박형배 박형보 박형서 박형석 박형선 박형선 박형수 박형수 박형숙 박형순 박형순 박형식 박형식 박형신 박형신 박형아 박형안 박형언 박형열 박형옥 박형완 박형용 박형용 박형우 박형욱 박형원 박형익 박형인 박형인 박형인 박형자 박형주 박형준 박형중 박형중 박형진 박형진 박형진 박형진 박형진 박형진 박형진 박형찬 박형채 박형천 박형철 박형철 박형철 박형태 박형택 박형필 박형호 박형호 박형호 박형화 박형훈 박혜경 박혜경 박혜경 박혜경 박혜경 박혜경 박혜경 박혜경 박혜경 박혜경 박혜란 박혜란 박혜란 박혜란 박혜란 박혜란 박혜련 박혜레나 박혜리 박혜리 박혜리 박혜림 박혜민 박혜민 박혜병 박혜생 박혜서 박혜선 박혜선 박혜선 박혜선 박혜선 박혜선 박혜성 박혜성 박혜성 박혜송 박혜수 박혜수 박혜숙 박혜숙 박혜숙 박혜숙 박혜숙 박혜숙 박혜숙 박혜연 박혜영 박혜영 박혜영 박혜옥 박혜원 박혜원 박혜원 박혜원 박혜원 박혜원 박혜원 박혜윤 박혜인 박혜인 박혜일 박혜정 박혜정 박혜정 박혜정 박혜정 박혜정 박혜주 박혜주 박혜준 박혜준 박혜진 박혜진 박혜진 박호경 박호규 박호근 박호근 박호근 박호근 박호근 박호란 박호빈 박호서 박호석 박호석 박호선 박호성 박호성 박호성 박호성 박호성 박호순 박호신 박호영 박호영 박호영 박호원 박호은 박호전 박호정 박호준 박호철 박호철 박호헌 박호형 박홍 박홍국 박홍권 박홍규 박홍규 박홍규 박홍규 박홍균 박홍근 박홍기 박홍기 박홍기 박홍기 박홍기 박홍렬 박홍례 박홍만 박홍석 박홍섭 박홍섭 박홍식 박홍식 박홍식 박홍신 박홍열 박홍열 박홍영 박홍우 박홍익 박홍일 박홍임 박홍재 박홍재 박홍재 박홍주 박홍준 박홍진 박홍태 박홍태 박화강 박화규 박화석 박화수 박화숙 박화숙 박화영 박화영 박화영 박화자 박화자 박화조 박화지 박환규 박환돈 박환석 박환수 박환숙 박환주 박환태 박황병 박회상 박효경 박효균 박효근 박효남 박효남 박효녕 박효병 박효삼 박효석 박효섭 박효순 박효순 박효식 박효심 박효열 박효영 박효영 박효원 박효일 박효정 박효진 박효진 박효진 박효훈 박후서 박후신 박후열 박훈 박훈 박훈 박훈 박훈규 박훈기 박훈기 박훈배 박훈서 박훈수 박훤 박흠이 박흥경 박흥구 박흥근 박흥기 박흥길 박흥남 박흥남 박흥록 박흥서 박흥선 박흥선 박흥선 박흥수 박흥수 박흥순 박흥순 박흥식 박흥식 박흥신 박흥용 박흥원 박흥주 박흥준 박흥진 박흥호 박흥환 박희 박희강 박희경 박희경 박희경 박희관 박희근 박희년 박희도 박희돈 박희동 박희두 박희량 박희범 박희병 박희복 박희복 박희복 박희상 박희서 박희서 박희서 박희서 박희석 박희석 박희선 박희선 박희선 박희성 박희성 박희수 박희수 박희수 박희숙 박희숙 박희숙 박희숙 박희숙 박희숙 박희순 박희순 박희순 박희승 박희승 박희아 박희억 박희억 박희연 박희연 박희열 박희영 박희영 박희영 박희영 박희영 박희옥 박희옥 박희용 박희용 박희우 박희우 박희원 박희원 박희자 박희자 박희자 박희자 박희자 박희전 박희정 박희정 박희정 박희제 박희제 박희제 박희종 박희주 박희준 박희준 박희중 박희진 박희진 박희진 박희진 박희철 박희철 박희춘 박희춘 박희현 박희현 박희호 박희홍 박희화 박희흔 반경남 반경숙 반경애 반경호 반광현 반금현 반기숙 반덕곤 반덕진 반명자 반병률 반석문 반선섭 반성완 반성훈 반세리 반순호 반영숙 반용진 반윤국 반은경 반은경 반일효 반재도 반재민 반재원 반재철 반재호 반정순 반종덕 반종수 반주희 반준석 반중근 반징수 반창호 반철진 반치범 반태석 반현숙 반혜정 반홍식 방건동 방경석 방경현 방경희 방광도 방광석 방국진 방그레 방극동 방극래 방극재 방극진 방극호 방글 방금산 방금석 방긍석 방기만 방기수 방기연 방기열 방기완 방기중 방기학 방기헌 방기혁 방기홍 방기환 방남경 방남진 방대유 방대율 방대호 방덕영 방덕인 방동철 방두진 방명균 방명자 방명현 방명환 방무길 방문신 방미라 방미영 방미혜 방민일 방부영 방상술 방상호 방석관 방석구 방석원 방선국 방선규 방선자 방선주 방선진 방성대 방성식 방성우 방성은 방성일 방성호 방성희 방세웅 방소자 방수열 방숙현 방순기 방승균 방승민 방승열 방승일 방승준 방승혁 방승호 방시레 방신범 방신한 방애향 방양원 방연우 방영국 방영미 방영식 방영식 방영혁 방영희 방예식 방요한 방용덕 방용원 방용호 방원 방원석 방원숙 방원준 방유선 방유진 방은미 방은정 방은주 방은주 방은진 방은하 방은하 방의석 방의혁 방인권 방인수 방인태 방인호 방장혁 방재관 방재수 방재윤 방점례 방정배 방정숙 방정애 방정환 방제명 방종열 방종원 방준식 방준원 방준현 방지연 방진달 방진록 방진영 방창영 방철주 방춘숙 방춘식 방태호 방한식 방혁호 방현 방현 방현경 방현식 방현옥 방현철 방혜석 방혜원 방호남 방호열 방희범 방희선 방희채 배각수 배강 배강수 배강순 배강호 배겨레 배경권 배경록 배경만 배경문 배경수 배경수 배경수 배경식 배경완 배경자 배경준 배경준 배경진 배경진 배경철 배경한 배경화 배경효 배경훈 배경희 배경희 배경희 배계자 배광묵 배광수 배광준 배광현 배광호 배구환 배구희 배국기 배국진 배국환 배귀남 배귀숙 배귀순 배규식 배규식 배극진 배근대 배금숙 배금숙 배금숙 배금자 배금희 배기구 배기석 배기선 배기성 배기열 배기영 배기영 배기원 배기인 배기정 배기진 배기출 배기태 배기한 배기현 배기형 배기홍 배기화 배기환 배길래 배남복 배다지 배달샘 배달환 배대권 배덕한 배도익 배동근 배동문 배동배 배동선 배동순 배동식 배동인 배동진 배동철 배동학 배동한 배동현 배동화 배동휘 배두본 배두원 배득환 배만수 배만진 배만호 배말례 배명규 배명성 배명숙 배명오 배명자 배명자 배명찬 배명효 배명희 배무호 배무환 배문숙 배문자 배문조 배문철 배문환 배문효 배미경 배미숙 배미숙 배미애 배미애 배미자 배미정 배미진 배미현 배미화 배민 배민석 배민영 배민주 배민환 배법성 배병규 배병균 배병길 배병오 배병이 배병준 배병춘 배복순 배봉현 배상근 배상근 배상길 배상도 배상란 배상면 배상보 배상선 배상수 배상순 배상신 배상오 배상용 배상우 배상욱 배상욱 배상진 배상철 배상한 배상현 배상현 배상환 배상환 배상환 배서호 배석도 배석범 배석심 배석원 배석원 배석준 배석준 배석중 배석진 배석창 배선근 배선애 배선영 배선옥 배선옥 배선출 배선희 배성규 배성규 배성기 배성래 배성모 배성숙 배성순 배성실 배성옥 배성옥 배성우 배성웅 배성은 배성일 배성재 배성준 배성택 배성한 배성호 배소미 배소현 배손근 배수룡 배수봉 배수선 배수진 배수한 배수홍 배숙영 배숙자 배숙종 배순열 배순이 배순주 배승익 배승진 배신의 배신정 배쌍선 배양범 배양석 배양수 배연국 배연옥 배열순 배영권 배영균 배영근 배영길 배영남 배영동 배영목 배영민 배영민 배영삼 배영석 배영수 배영수 배영숙 배영숙 배영순 배영식 배영식 배영애 배영열 배영원 배영윤 배영자 배영자 배영주 배영주 배영진 배영진 배영진 배영태 배영호 배영호 배영환 배영희 배예경 배옥순 배왕섭 배용관 배용덕 배용문 배용복 배용수 배용숙 배용식 배용우 배용운 배용원 배용진 배용한 배우근 배우한 배욱득 배운경 배운용 배웅범 배원병 배원주 배원철 배유강 배유미 배유정 배유찬 배윤경 배윤석 배윤성 배윤이 배윤주 배윤호 배윤환 배은경 배은미 배은미 배은선 배은섭 배은심 배은희 배응명 배응선 배의식 배의태 배이금 배이기 배이상 배익준 배인권 배인수 배인영 배인한 배인호 배인홍 배일권 배일도 배일상 배일수 배일욱 배일한 배일환 배재광 배재권 배재석 배재석 배재영 배재영 배재우 배재한 배재형 배재형 배재훈 배정근 배정녀 배정도 배정두 배정란 배정례 배정백 배정보 배정빈 배정석 배정섭 배정순 배정우 배정우 배정웅 배정자 배정한 배정호 배정환 배정희 배조환 배종과 배종관 배종광 배종규 배종남 배종대 배종도 배종령 배종만 배종목 배종무 배종민 배종민 배종삼 배종수 배종수 배종옥 배종운 배종윤 배종인 배종찬 배종훈 배주옥 배주옥 배주한 배주희 배준철 배준형 배준형 배중길 배중길 배중현 배중현 배중호 배지나 배지영 배지현 배지훈 배진석 배진수 배진숙 배진우 배진우 배진일 배진표 배진화 배진희 배진희 배진희 배찬석 배창근 배창완 배창의 배창호 배창호 배창환 배창환 배철성 배철수 배철숙 배철웅 배춘상 배춘화 배충의 배태규 배태만 배태옥 배태인 배태진 배태환 배태효 배판규 배필상 배하식 배학수 배한겨레 배한병 배한설 배한성 배한솔 배한솔 배한수 배한욱 배향란 배현수 배현임 배현정 배현종 배현주 배현진 배현희 배형규 배형식 배형신 배형옥 배형우 배형조 배혜경 배혜림 배호성 배호준 배호찬 배홍규 배홍기 배홍무 배홍태 배홍희 배화순 배환규 배황 배황석 배효성 배효숙 배효철 배홍경 배홍규 배희모 배희준 백강수 백강호 백건우 백건흠 백경구 백경남 백경미 백경삼 백경선 백경선 백경선 백경숙 백경숙 백경애 백경옥 백경욱 백경욱 백경원 백경임 백경자 백경자 백경진 백경천 백경학 백경학 백경현 백경현 백경화 백경희 백계선 백계성 백공구 백관수 백관식 백관종 백광미 백광봉 백광석 백광선 백광신 백광엽 백광옥 백광인 백광자 백광준 백구현 백국선 백국종 백권열 백권호 백귀석 백귀순 백규하 백그림 백금덕 백금렬 백금봉 백금선 백금선 백금성 백금숙 백금실 백금종 백기덕 백기랑 백기완 백기창 백기철 백기현 백기현 백기홍 백기화 백기훈 백길성 백길종 백길준 백나무 백낙기 백낙기 백낙서 백낙신 백낙일 백낙천 백낙청 백남 백남기 백남길 백남미 백남섭 백남오 백남용 백남운 백남찬 백남창 백남천 백남치 백남칠 백남혁 백남훈 백남희 백년풍 백대권 백대승 백대영 백대현 백대현 백대현 백대환 백도기 백도명 백도영 백도현 백동구 백동기 백동선 백동순 백동열 백동열 백동주 백동현 백동현 백동현 백두산 백두산 백두산 백두선 백두연 백두환 백두회 백란영 백래식 백록담 백록담 백만기 백만기 백만기 백만설 백맹종 백명기 백명길 백명수 백명수 백명숙 백명숙 백명숙 백명순 백명아 백명자 백명현 백몽현 백몽희 백문성 백문숙 백문현 백문호 백문희 백미경 백미경 백미경 백미도 백미숙 백미숙 백미숙 백미숙 백미순 백미연 백미영 백미자 백미진 백미화 백민선 백민우 백민정 백민지 백민혁 백민현 백범렬 백병기 백병재 백병전 백병훈 백병훈 백보경 백보경 백복실 백복주 백본기 백봉선 백봉현 백사랑 백삼균 백상갑 백상기 백상기 백상도 백상배 백상필 백상현 백상현 백상현 백상현 백상현 백상훈 백서진 백석기 백석종 백선복 백선욱 백선일 백선조 백선학 백선혜 백선호 백선희 백선희 백설화 백성경 백성기 백성기 백성민 백성옥 백성욱 백성욱 백성원 백성일 백성일 백성준 백성준 백성혜 백세기 백소담 백송이 백송희 백수경 백수기 백수린 백수만 백수빈 백수성 백수영 백수영 백수옥 백수현 백수현 백숙자 백숙현 백순경 백순기 백순삼 백순실 백순악 백순영 백순옥 백순재 백순현 백순화 백순화 백순환 백순희 백숭석 백승관 백승기 백승덕 백승란 백승렬 백승면 백승문 백승민 백승민 백승석 백승선 백승수 백승수 백승실 백승업 백승연 백승엽 백승완 백승욱 백승욱 백승욱 백승운 백승원 백승은 백승일 백승자 백승자 백승준 백승준 백승진 백승찬 백승태 백승한 백승해 백승헌 백승헌 백승현 백승호 백승화 백승환 백승훈 백승훈 백승희 백시종 백신현 백신혜 백아람 백아랑 백암 백양길 백여경 백여옥 백연기 백연수 백연예 백연우 백연재 백연태 백연태 백연화 백영경 백영기 백영기 백영기 백영기 백영대 백영란 백영서 백영석 백영석 백영수 백영숙 백영순 백영술 백영신 백영이 백영일 백영자 백영재 백영제 백영준 백영지 백영진 백영하 백영현 백영호 백영호 백영홍 백영희 백오 백옥련 백옥인 백옥자 백완기 백완기 백용균 백용규 백용덕 백용삼 백용성 백용안 백용욱 백용환 백우선 백우종 백우진 백운기 백운두 백운락 백운숙 백운천 백운철 백운철 백운하 백운학 백웅길 백웅기 백웅재 백웅호 백원준 백원태 백유선 백윤기 백윤리 백윤봉 백윤석 백윤숙 백윤순 백윤희 백은경 백은경 백은선 백은숙 백은숙 백은아 백은옥 백은주 백은하 백은희 백응덕 백의기 백의선 백인 백인기 백인수 백인숙 백인순 백인순 백인순 백인식 백인아 백인엽 백인자 백인준 백인진 백인철 백인태 백인현 백인호 백일근 백일승 백장근 백장수 백장흠 백재생 백재순 백재옥 백재인 백재진 백재현 백재현 백재훈 백정규 백정금 백정기 백정선 백정숙 백정숙 백정식 백정심 백정열 백정웅 백정자 백정준 백정필 백정현 백정호 백정호 백정희 백정희 백조현 백종광 백종두 백종민 백종복 백종상 백종선 백종섭 백종승 백종식 백종옥 백종욱 백종욱 백종욱 백종운 백종원 백종원 백종진 백종진 백종철 백종철 백종현 백종호 백종훈 백종훈 백좌흠 백준기 백준애 백준호 백중진 백중호 백지숙 백지연 백지원 백지현 백진기 백진석 백진자 백찬민 백찬옥 백창걸 백창권 백창기 백창무 백창석 백창순 백창욱 백창흠 백채선 백채인 백천수 백철 백철 백철기 백철수 백철수 백철호 백철호 백철희 백청심 백청자 백춘기 백충현 백충호 백칠용 백태산 백태수 백태우 백태화 백태희 백택현 백평구 백평선 백필현 백하승 백학기 백학락 백학상 백한선 백한승 백항기 백현국 백현기 백현기 백현민 백현봉 백현선

한겨레 7만 주주

백현선 백현순 백현아 백현용 백현우 백현욱 백현재 백현주 백형기 백형숙 백형숙 백형안 백형윤 백형춘 백형호 백혜경 백혜성 백혜숙 백혜연 백혜영 백혜정 백혜정 백혜정 백혜진 백호경 백화빈 백환승 백흥준 백흥식 백흥주 백희순 백희열 백희영 백희자 범승환 범영철 범일균 범재룡 범종훈 범진석 범진선 범청자 범흥아 법명 법무법인민심 법연 법정 법타스님 변갑철 변강섭 변강호 변경란 변경섭 변경수 변경애 변경환 변경희 변광석 변광섭 변광수 변규연 변규영 변규호 변금례 변금선 변기찬 변기환 변남하 변녹진 변달수 변대규 변덕수 변덕주 변동만 변명관 변명숙 변미영 변미희 변박장 변방환 변보금 변봉윤 변상경 변상광 변상교 변상림 변상만 변상봉 변상우 변상욱 변상원 변상조 변상호 변상훈 변석배 변선미 변선순 변선주 변성규 변성미 변성수 변성수 변성열 변성우 변성욱 변성혁 변성호 변성훈 변세화 변수갑 변수민 변수봉 변수창 변순동 변순웅 변순자 변순천 변순호 변신애 변안순 변양근 변양연 변연 변연수 변연희 변영근 변영길 변영달 변영돈 변영미 변영복 변영수 변영수 변영숙 변영숙 변영애 변영우 변영우 변영재 변영준 변영진 변영철 변영호 변영호 변영환 변영희 변영희 변영희 변용 변용옥 변용주 변우균 변우식 변우연 변우영 변원섭 변원자 변원종 변윤서 변은경 변은미 변은영 변을선 변인식 변일봉 변일수 변자연 변장현 변재경 변재근 변재달 변재만 변재만 변재붕 변재석 변재성 변재욱 변재중 변재철 변정림 변정민 변정섭 변정수 변정수 변정숙 변정순 변정학 변종국 변종만 변종명 변종섭 변종숙 변종은 변종호 변주선 변주승 변준범 변준석 변준형 변준호 변중환 변지량 변지민 변찬규 변찬호 변창구 변창규 변창록 변창배 변창우 변창윤 변창주 변창호 변철수 변철수 변철수 변철희 변춘경 변충섭 변태수 변태점 변태혁 변푸른솔 변필순 변한섭 변해섭 변행철 변혁 변현섭 변현숙 변현숙 변현실 변현주 변현진 변형민 변형석 변형수 변형윤 변혜원 변호강 변호승 변홍주 변화엽 변화진 변휘성 변희경 변희관 변희길 변희봉 변희숙 변희재 보각 보성건설(주) 복기건 복기태 복덕규 복성규 복아름 복영숙 복요한 복원용 복준일 복진경 복진두 복진호 복채선 복향 봉경미 봉미옥 봉우종 봉원종 봉인옥 봉정희 봉지민 봉지환 봉철승 봉필훈 봉현종 부경희 부군열 부근림 부산개대 부성수 부성업 부수영 부윤담 부윤환 부정채 부지영 빈중호 빈춘성 빙인섭 사경림 사경희 사공병흥 사공술 사공윤 사공인 사공혜녀 사공훈 사명희 사문성 사민경 사민영 사민지 사바스님 사범환 사병민 사병복 사상목 사영웅 사재숙 사종춘 사태민 사현준 사희만 삼진기업 상도지국 상록수학생 상병헌 상창배 새사람선교 서가경 서가현 서갑원 서갑출 서강국 서강배 서강선 서강선 서강섭 서강식 서강신 서강영 서강인 서강장학회 서강학보사 서강혁 서강현 서강홍 서강희 서건성 서건태 서경교 서경남 서경덕 서경률 서경묵 서경미 서경민 서경범 서경범 서경석 서경선 서경수 서경숙 서경숙 서경순 서경식 서경식 서경신 서경아 서경애 서경옥 서경원 서경원 서경원 서경원 서경은 서경은 서경자 서경전 서경주 서경태 서경혜 서경호 서경호 서경환 서경환 서경희 서경희 서경희 서계선 서계홍 서곤 서곤 서공선 서관모 서관석 서관석 서광렬 서광석 서광석 서광석 서광석 서광선 서광선 서광수 서광식 서광일 서광자 서광진 서광철 서광필 서광후 서교원 서국병 서국영 서군식 서권석 서권홍 서귀복 서귀복 서규선 서규순 서규순 서규식 서규식 서규진 서근식 서근우 서금성 서금옥 서금이 서금자 서금진 서금환 서금희 서기남 서기봉 서기봉 서기성 서기수 서기원 서기윤 서기정 서기조 서기철 서기현 서기화 서길석 서길석 서길원 서길자 서길헌 서나경 서낙원 서남두 서남석 서남순 서남일 서남현 서다솜 서다진 서대석 서대영 서대원 서대원 서대원 서대진 서대현 서덕남 서덕석 서덕석 서덕선 서도성 서도순 서동 서동균 서동만 서동만 서동민 서동석 서동석 서동수 서동수 서동순 서동식 서동엽 서동오 서동옥 서동완 서동용 서동욱 서동주 서동진 서동진 서동창 서동춘 서동표 서동혁 서동혁 서동혁 서동현 서동호 서동호 서동훈 서두식 서두칠 서리라 서만수 서매순 서명균 서명석 서명석 서명선 서명숙 서명숙 서명숙 서명아 서명열 서명원 서명원 서명원 서명유 서명은 서명자 서명주 서명중 서명진 서명진 서명현 서명혜 서명훈 서명희 서명희 서명희 서명희 서문기 서문석 서문수 서문옥 서문정 서문진 서문한결 서문호 서미경 서미경 서미경 서미경 서미경 서미란 서미숙 서미연 서미연 서미예 서미원 서미원 서미원 서미자 서민 서민균 서민기 서민복 서민석 서민수 서민식 서민식 서민재 서민주 서민호 서민호 서밝힘 서배식 서배현 서범석 서벼리 서병곤 서병교 서병구 서병균 서병기 서병길 서병락 서병래 서병민 서병서 서병석 서병섭 서병수 서병수 서병옥 서병옥 서병용 서병운 서병일 서병철 서병홍 서병훈 서병훈 서병훈 서보경 서보만 서보인 서보일 서보현 서복남 서복남 서복숙 서복순 서봉각 서봉경 서봉석 서봉선 서봉원 서봉하 서봉화 서봉환 서봉희 서삼교 서삼부 서삼석 서상 서상균 서상기 서상덕 서상렬 서상룡 서상범 서상복 서상석 서상섭 서상섭 서상열 서상열 서상용 서상우 서상우 서상우 서상원 서상중 서상진 서상철 서상철 서상학 서상호 서상호 서상회 서상훈 서상희 서상희 서서규 서서분 서석구 서석구 서석배 서석배 서석순 서석원 서석원 서석일 서석장 서석주 서석홍 서선미 서선영 서선원 서선일 서선주 서선호 서성 서성경 서성교 서성국 서성기 서성돈 서성민 서성봉 서성원 서성원 서성제 서성주 서성진 서성창 서성태 서성현 서성환 서성훈 서성훈 서성희 서세웅 서송자 서수경 서수경 서수교 서수금 서수길 서수길 서수덕 서수민 서수복 서수연 서수열 서수철 서수호 서숙 서숙은 서숙자 서순구 서순금 서순복 서순석 서순옥 서순일 서순자 서순재 서순탁 서순팔 서순효 서슬기 서슬기 서승건 서승균 서승만 서승범 서승열 서승완 서승우 서승원 서승원 서승의 서승제 서승진 서승택 서승희 서승희 서신심 서신율 서신종 서쌍호 서아름 서아정 서안국 서애라 서양우 서양원 서양재 서양중 서양희 서연석 서연수 서연수 서연수 서연순 서연자 서연주 서연진 서연호 서연화 서영 서영 서영관 서영국 서영권 서영균 서영길 서영란 서영란 서영록 서영명 서영문 서영미 서영보 서영복 서영석 서영석 서영석 서영석 서영석 서영석 서영석 서영선 서영선 서영선 서영수 서영수 서영숙 서영숙 서영숙 서영숙 서영숙 서영순 서영식 서영식 서영식 서영심 서영옥 서영원 서영은 서영일 서영일 서영자 서영자 서영조 서영종 서영주 서영준 서영준 서영준 서영준 서영진 서영찬 서영창 서영철 서영철 서영춘 서영학 서영헌 서영호 서영호 서영훈 서영훈 서영희 서영희 서영희 서예경 서예교 서예빈 서예식 서오열 서오진 서옥남 서옥자 서옥자 서외자 서요석 서요섭 서요한 서용곤 서용국 서용규 서용길 서용덕 서용률 서용배 서용석 서용선 서용섭 서용성 서용성 서용숙 서용순 서용승 서용암 서용억 서용익 서용익 서용일 서용환 서용훈 서용훈 서용희 서우석 서우석 서우식 서욱진 서운식 서울대신문 서웅 서웅철 서원 서원교 서원길 서원동 서원동 서원명 서원석 서원석 서원우 서원중 서원지 서원철 서월순 서위경 서위교 서유광 서유승 서유정 서유진 서유진 서유현 서윤갑 서윤동 서윤득 서윤모 서윤미 서윤범 서윤상 서윤석 서윤석 서윤선 서윤성 서윤원 서윤표 서윤희 서은경 서은미 서은민 서은석 서은선 서은선 서은선 서은숙 서은숙 서은숙 서은숙 서은숙 서은열 서은영 서은영 서은영 서은자 서은정 서은주 서은주 서은주 서은주 서은주 서은향 서은혜 서은희 서은희 서을수 서의숙 서의숙 서의영 서이례 서이석 서이자 서이화 서익석 서익진 서익진 서인경 서인교 서인교 서인규 서인석 서인석 서인석 서인석 서인숙 서인식 서인식 서인원 서인주 서인준 서인환 서일미 서일산 서일석 서일원 서일종 서임원 서자민 서자영 서장권 서장욱 서장욱 서장준 서재경 서재경 서재광 서재교 서재룡 서재민 서재석 서재석 서재수 서재숙 서재순 서재식 서재신 서재영 서재용 서재원 서재윤 서재일 서재일 서재진 서재철 서재철 서재필 서재현 서재호 서재화 서재화 서재후 서재흔 서재희 서점식 서점희 서정 서정곤 서정곤 서정광 서정구 서정국 서정국 서정국 서정규 서정규 서정균 서정근 서정근 서정근 서정기 서정달 서정대 서정대 서정덕 서정란 서정래 서정렬 서정렬 서정렬 서정례 서정록 서정만 서정미 서정민 서정민 서정민 서정민 서정보 서정복 서정봉 서정봉 서정석 서정석 서정선 서정섭 서정소 서정수 서정숙 서정숙 서정숙 서정숙 서정숙 서정숙 서정숙 서정숙 서정순 서정순 서정순 서정순 서정식 서정신 서정아 서정아 서정애 서정애 서정연 서정열 서정엽 서정오 서정옥 서정옥 서정우 서정우 서정우 서정우 서정욱 서정욱 서정욱 서정웅 서정웅 서정원 서정원 서정원 서정원 서정은 서정의 서정일 서정일 서정임 서정자 서정자 서정재 서정주 서정진 서정철 서정철 서정탁 서정택 서정학 서정한 서정혁 서정호 서정호 서정호 서정홍 서정화 서정화 서정환 서정환 서정환 서정효 서정훈 서정훈 서정훈 서정희 서정희 서정희 서정희 서정희 서정희 서정희 서제근 서제홍 서종근 서종록 서종만 서종문 서종범 서종섭 서종성 서종수 서종순 서종식 서종식 서종애 서종욱 서종욱 서종원 서종원 서종율 서종학 서종한 서종한 서종희 서주석 서주석 서주연 서주영 서주영 서준녕 서준만 서준석 서준석 서준영 서준혁 서준혁 서준혁 서준환 서중교 서중석 서중석 서중원 서지근 서지나 서지석 서지애 서지영 서지우 서지원 서지윤 서지택 서지현 서지훈 서지희 서진교 서진남 서진모 서진석 서진선 서진영 서진영 서진영 서진옥 서진우 서진욱 서진태 서진현 서진호 서진호 서진호 서진희 서차림 서차숙 서창교 서창렬 서창모 서창범 서창복 서창수 서창실 서창열 서창용 서창우 서창원 서창현 서창현 서창호 서창호 서창환 서창희 서천택 서철수 서철수 서철심 서철웅 서철원 서철호 서청원 서청원 서추주 서춘배 서춘선 서춘식 서춘원 서춘자 서충남 서충옥 서치상 서치성 서칠성 서큰별 서태건 서태구 서태석 서태열 서태영 서태원 서태원 서태원 서태종 서태진 서태호 서통일 서필택 서하늘 서학식 서한 서한겨레 서한길 서한길 서한별 서한별 서한별 서한샘 서한석 서한석 서한석 서한솔 서한수 서한승 서한알 서한영 서한주 서해랑 서해석 서해징 서행교 서행렬 서향미 서향숙 서향숙 서현대 서현성 서현수 서현제 서현관 서현길 서현담 서현미 서현섭 서현수 서현수 서현숙 서현욱 서현자 서현재 서현종 서현주 서현주 서형민 서형복 서형석 서형섭 서형수 서형숙 서형실 서형연 서형우 서형원 서형주 서형지 서형진 서형찬 서형호 서혜경 서혜경 서혜란 서혜란 서혜련 서혜련 서혜선 서혜숙 서혜영 서혜자 서호석 서호석 서호성 서호영 서호원 서호준 서홍관 서홍기 서홍석 서홍식 서홍형 서화영 서화자 서화진 서활 서효민 서효순 서효식 서효원 서효임 서효진 서후석 서흥복 서흥식 서흥식 서희경 서희곤 서희덕 서희배 서희석 서희숙 서희열 서희원 서희원 서희자 서희정 서희정 석경희 석광현 석권로 석귀화 석규관 석기수 석기영 석대균 석대현 석동익 석동일 석동준 석락희 석명궁 석명한 석미영 석봉준 석상신 석상연 석성균 석성억 석성희 석승길 석승징 석승현 석승화 석시완 석연희 석영식 석영애 석영철 석웅진 석원길 석원석 석원숙 석원창 석유원 석익재 석인수 석인해 석일 석정국 석정균 석종진 석종출 석종환 석주현 석준용 석준일 석준철 석중건 석중진 석중현 석지수 석지철 석진구 석진미 석창범 석창세 석창훈 석철주 석촌동 석치연 석태경 석태현 석태호 석현진 석혜경 석혜숙 석혜진 석호 석홍규 석홍동 석화경 석희열 석희태 선갑영 선경 선경주 선경진 선광근 선국운 선규수 선남규 선락훈 선명 선명수 선명숙 선명희 선우일 선문규 선미라 선미진 선민주 선병렬 선상영 선석임 선석조 선성규 선세갑 선승혜 선양헌 선영숙 선영웅 선오경 선용주 선우봉석 선우석 선우선 선우성근 선우영미 선우원 선우윤영 선우은숙 선우인석 선우진 선우현옥 선웅 선은아 선인규 선인철 선일원 선재규 선재규 선재규 선재희 선점숙 선정규 선정원 선정주 선종관 선종남 선종범 선종서 선종석 선종연 선종의 선종현 선종휘 선주홍 선지연 선지영 선진 선찬규 선태규 선하늘 선현 선현규 선현석 선현호 선형권 선홍모 선흥규 선흥주 선희숙 설가영 설경수 설경숙 설경해 설계숙 설계자 설광영 설귀수 설규철 설근호 설금환 설동식 설동윤 설동춘 설동헌 설두봉 설명환 설미숙 설미정 설민영 설봉주 설상준 설상훈 설선희 설승웅 설승원 설신환 설영남 설영노 설영래 설영목 설영철 설영호 설오영 설용식 설원식 설유진 설윤화 설윤희 설인환 설일윤 설재두 설재수 설재욱 설재윤 설재호 설재훈 설준규 설지영 설진배 설진우 설진헌 설진환 설창환 설철호 설태민 설태영 설태환 설한준 설현영 설형 설혜경 설혜란 설혜심 설호동 설호정 설환웅 설회율 설훈 설휘훈 설희경 성강현 성경남 성경복 성경식 성경은 성경준 성경화 성경환 성경희 성경희 성경희 성관기 성관스님 성광현 성구경 성귀용 성귀현 성규제 성근제 성금란 성금용 성기광 성기동 성기명 성기봉 성기봉 성기상 성기서 성기수 성기안 성기안 성기옥 성기용 성기웅 성기원 성기제 성기주 성기준 성기철 성기청 성기태 성기홍 성기홍 성기훈 성길모 성길제 성낙경 성낙규 성낙도 성낙범 성낙현 성낙석 성낙수 성낙수 성낙승 성낙신 성낙운 성낙원 성낙은 성낙음 성낙인 성낙일 성낙종 성낙진 성낙헌 성낙현 성남식 성내운 성달진 성대경 성대열 성덕무 성덕주 성도영 성동식 성동수 성동주 성두진 성락제 성만현 성만호 성말숙 성명섭 성명숙 성명옥 성명종 성명주 성명준 성명진 성명호 성명희 성묘숙 성묘순 성문주 성미경 성미미 성미자 성미진 성미향 성민영 성바오로 성방환 성백권 성백남 성백빈 성백엽 성백우 성백현 성백화 성범용 성범준 성베드로 성병오 성병욱 성보경 성복순 성봉경 성봉희 성사규 성삼경 성삼용 성상건 성상수 성상식 성상용 성상일 성석경 성선경 성선모 성세영 성소연 성수아 성수열 성수용 성수용 성수진 성순애 성순애 성순옥 성순임 성순자 성순정 성순희 성승민 성승열 성승현 성시권 성시달 성시열 성시철 성암향운 성양권 성양희 성연수 성연순 성연직 성연택 성열수 성열훈 성열훈 성영 성영만 성영무 성영애 성영애 성영은 성영주 성영찬 성영철 성영희 성옥희 성완경 성완용 성외관 성용도 성용이 성용칠 성우경 성우경 성우근 성우섭 성욱 성운기 성운모 성웅경 성원경 성원정 성원기 성원주 성유국 성유보 성유인 성유진 성윤모 성윤숙 성윤식 성윤진 성은 성은경 성은경 성은자 성의경 성의제 성인경 성인기 성인석 성인선 성인수 성인숙 성인철 성인태 성일경 성일수 성일진 성자영 성장현 성장현 성재구 성재덕 성재상 성재연 성재환 성정순 성정옥 성정우 성정주 성조 성종규 성종수 성종실 성종찬 성종태 성종훈 성주경 성주명 성주천 성주칠 성준기 성지연 성지원 성지윤 성지은 성지환 성지희 성진경 성진경 성진모 성진석 성진우 성진희 성창권 성창기 성창민 성창운 성천수 성초록 성춘경 성춘단 성춘식 성춘택 성칠연 성탁일 성태봉 성태봉 성태영 성태욱 성택모 성평용 성하성 성하원 성하윤 성하은 성하준 성한영 성해훈 성행모 성향수 성현구 성현용 성현종 성현표 성형진 성형경 성혜룡 성혜원 성혜현 성호민 성호현 성호원 성혜영 성현주 성현진 성현태 성혜래 성호경 성호영 성호준 성화영 성화용 성환갑 성환민 성환세 성환윤 성환호 성훈 성훈 성훈경 성흥기 성희란 세종로 소경희 소공희 소광 소광섭 소광정 소광호 소광희 소기섭 소나무 소라미 소메이준조 소명자 소문섭 소미영 소민웅 소민호 소병건 소병경 소병기 소병란 소병무 소병선 소병옥 소병운 소삼섭 소상섭 소상호 소선재 소수영 소숙영 소순구 소순면 소순부 소순영 소순용 소순자 소순표 소시영 소신자 소애님 소영 소영 소영 소영무 소영수 소영숙 소영승 소영이 소영파 소예인 소용섭 소용화 소웅권 소원경 소원섭 소유리 소윤숙 소윤호 소은아 소은주 소인영 소인영 소재민 소재섭 소재중 소재춘 소재학 소정섭 소정섭 소제인 소조영 소준호 소중정 소지윤 소진용 소진은 소진호 소찬호 소천운 소철 소한지 소해룡 소해원 소현 소현정 소현준 소형석 소흥렬 손갑호 손강수 손강현 손건수 손경년 손경민 손경수 손경수 손경순 손경식 손경아 손경아 손경애 손경열 손경열 손경옥 손경준 손경한 손경호 손경호 손경환 손경희 손경희 손계순 손고은 손관영 손광선 손광섭 손광영 손광운 손광웅 손광인 손광주 손광현 손광호 손광훈 손광휘 손국석 손국식 손국영 손국희 손귀배 손귀연 손귀영 손규백 손규상 손규석 손규선 손규성 손규호 손근남 손금자 손기영 손기영 손길도 손나영 손달영 손대길 손대덕 손대현 손대형 손덕균 손덕만 손덕만 손덕상 손덕수 손도종 손동기 손동락 손동수 손동아 손동우 손동원 손동찬 손동현 손동환 손동훈 손동희 손두래 손두형 손득연 손명수 손명익 손명준 손명환 손명희 손명희 손모아 손몽룡 손무명 손무웅 손무정 손무치 손문호 손문희 손문희 손미경 손미경 손미경 손미숙 손미향 손미화 손미희 손민 손민 손민기 손민숙 손민아 손민영 손민옥 손민자 손민자 손민전 손민정 손민정 손민태 손배진 손배천 손범석 손병고 손병관 손병국 손병돈 손병만 손병문 손병삼 손병선 손병수 손병수 손병우 손병욱 손병오 손병욱 손병주 손병원 손병재 손병주 손병천 손병철 손병철 손병헌 손병흥 손보기 손복남 손복희 손복일 손봉석 손봉기 손봉식 손봉희 손부례 손부환 손분순 손삼권 손삼호 손상국 손상미 손상봉 손상선 손상우 손상은 손상진 손상진 손상혁 손상현 손새라 손새봄 손새암 손샛별 손석구 손석만 손석민 손석상 손석주 손석춘 손석호 손석호 손석환 손선경 손선옥 손선우 손선혁 손선화 손선희 손설안 손성근 손성기 손성기 손성락 손성순 손성아 손성완 손성원 손성재 손성진 손성호 손성호 손성희 손세기 손세양 손세용 손세익 손세진 손세헌 손세화 손세훈 손소연 손소인 손소정 손소희 손송미 손수경 손수경 손수라 손수인 손수연 손수원 손수일 손수정 손숙 손숙옥 손순길 손순진 손순호 손순홍 손승락 손승록 손승실 손승자 손승현 손승호 손신대 손신애 손아람 손어진 손얼 손연 손연자 손연희 손영계 손영국 손영국 손영금 손영기 손영기 손영덕 손영렬 손영만 손영미 손영민 손영부 손영성 손영세 손영수 손영수 손영숙 손영식 손영신 손영신 손영실 손영애 손영옥 손영원 손영일 손영자 손영자 손영주 손영주 손영주 손영준 손영진 손영철 손영철 손영철 손영태 손영하 손영호 손영호 손영환 손영환 손영희 손영희 손영희 손예철 손옥 손옥동 손옥동 손옥희 손용대 손용석 손용숙 손용우 손용일 손용준 손용준 손용진 손용학 손용환 손용환 손용희 손우곤 손우민 손우석 손우성 손우승 손우현 손우형 손웅 손원기 손원선 손원오 손원제 손원헌 손원희 손유미 손유숭 손유일 손유진 손유진 손유한 손윤기 손윤락 손윤용 손윤숭 손윤숙 손을 손을례 손은미 손은석 손은숙 손은영 손은영 손은정 손은정 손은주 손은찬 손은혜 손은희 손을선 손이레 손인교 손인근 손인문 손인석 손인숙 손인숙 손인숙 손인숙 손인우 손인철 손인호 손일권 손일수 손일원 손일헌 손임식 손장균 손장섭 손장원 손장희 손재선 손재수 손재순 손재식 손재욱 손재운 손재진 손전우 손점식 손정록 손정목 손정미 손정미 손정미 손정민 손정복 손정삼 손정석 손정수 손정수 손정숙 손정순 손정아 손정연 손정웅 손정율 손정자 손정진 손정현 손정화 손정환 손정희 손종걸 손종곤 손종구 손종민 손종민 손종수 손종원 손종주 손종현 손종호 손종환 손종효 손주갑 손주경 손주상 손주식 손주연 손주일 손주철 손주현 손주현 손주형 손주형 손주호 손주홍 손주환 손주희 손준필 손준현 손중석 손지민 손지민 손지수 손지순 손지연 손지열 손지혜 손지호 손진기 손진봉 손진숙 손진용 손진우 손진운 손진운 손진웅 손진책 손진혁 손진호 손진호 손진화 손창균 손창범 손창분 손창선 손창성 손창수 손창수 손창업 손창우 손창하 손창호 손창환 손창훈 손채원 손채현 손철송 손철우 손춘배 손춘익 손치석 손칠동 손칠선 손태구 손태련 손태봉 손태순 손태용 손태운 손태일 손평한 손하현 손학규 손한결 손한선 손한수 손한수 손한집 손해곤 손해옥 손혁성 손혁재 손현 손현 손현 손현선 손현섭 손현수 손현숙 손현숙 손현숙 손현숙 손현숙 손현숙 손현아 손현자 손현주 손현준 손현지 손현진 손현채 손현철 손현철 손형부 손형석 손형종 손형준 손혜경 손혜경 손혜련 손혜리 손혜선 손혜수 손혜신 손혜정 손혜진 손호기 손호만 손호석 손호선 손호은 손호익 손호찬 손호철 손호현 손홍서 손홍신 손홍주 손홍주 손홍희 손화남 손효순 손효식 손효정 손춘영 손흥철 손희영 손희진 손희하 손힘찬 송가진 송갑순 송강호 송건순 송건우 송경규 송경남 송경미 송경민 송경상 송경석 송경선 송경선 송경섭 송경숙 송경숙 송경숙 송경숙 송경숙 송경숙 송경순 송경순 송경심 송경언 송경옥 송경욱 송경자 송경헌 송경현 송경호 송경호 송경화 송경회 송경희 송계숙 송계숙 송계영 송공호 송관섭 송관식 송관식 송관영 송관율 송관철 송광근 송광남 송광모 송광복 송광석 송광섭 송광섭 송광섭 송광성 송광수 송광식 송광용 송광익 송광종 송광태 송광현 송광호 송교진 송교진 송국경 송권규 송귀권 송귀준 송규범 송규봉 송규상 송규선 송규승 송규영 송규영 송규정 송규태 송규헌 송근문 송근배 송근섭 송근성 송근수 송근영 송근원 송근정 송근하 송근호 송근홍 송근회 송금남 송금례 송금봉 송금영 송금자 송금호 송기국 송기남 송기남 송기덕 송기동 송기득 송기봉 송기분 송기석 송기석 송기선 송기섭 송기섭 송기성 송기수 송기숙 송기순 송기식 송기연 송기영 송기옥 송기옥 송기우 송기원 송기원 송기원 송기원 송기은 송기은 송기인 송기일 송기정 송기정 송기종 송기종 송기종 송기종 송기주 송기주 송기중 송기진 송기진 송기찬 송기춘 송기춘 송기한 송기혁 송기형 송기형 송기호 송기호 송기호 송기호 송기환 송기훈 송기훈 송기휴 송길섭 송길섭 송길성 송길수 송길숙 송길영 송길한 송낙경 송낙근 송낙홍 송난기 송난희 송남석 송남섭 송남숙 송남숙 송남종 송남주 송남준 송남진 송남철 송남헌 송누리 송능한 송능호 송단룡 송단옥 송달 송대경 송대근 송대량 송대범 송대석 송대식 송대식 송대영 송대의 송대의 송대진 송대헌 송대헌 송덕분 송덕익 송덕현 송덕희 송도영 송도익 송도자 송돈석 송돈영 송돈자 송돈희 송동균 송동선 송동설 송동수 송동열 송동엽 송동은 송동진 송동진 송동진 송동호 송동훈 송동훈 송두범 송두섭 송두헌 송두현 송두협 송두호 송두환 송락현 송란 송만기 송만식 송만환 송만희 송명근 송명녀 송명부 송명선 송명섭 송명성 송명숙 송명숙 송명숙 송명순 송명식 송명열 송명준 송명준 송명호 송명호 송명화 송명환 송무 송무웅 송무호 송문길 송문수 송문재 송문현 송문호 송문호 송미경 송미란 송미례 송미숙 송미순 송미영 송미옥 송미옥 송미정 송미종 송미향 송미현 송미화 송미화 송미희 송민규 송민석 송민선 송민성 송민수 송민숙 송민순 송민영 송민영 송민재 송민재 송민주 송민호 송민화 송민희 송바위솔 송박진 송방송 송방용 송방임 송배승 송백규 송백섭 송범석 송병구 송병규 송병렬 송병선 송병순 송병순 송병옥 송병옥 송병완 송병욱 송병욱 송병원 송병윤 송병주 송병주 송병채 송병철 송병청 송병춘 송병하 송병헌 송병호 송보경 송보라 송보성 송보순 송보화 송보환 송복 송복란 송복례 송복례 송복만 송복순 송복용 송복용 송봉근 송봉길

한겨레 7만 주주

송봉은 송봉주 송분이 송분화 송빛다은 송산오 송삼석 송삼석 송삼석 송삼주 송상곤 송상규 송상규 송상섭 송상용 송상윤 송상종 송상종 송상준 송상철 송상태 송상현 송상현 송상호 송상희 송샘 송서환 송석관 송석기 송석범 송석복 송석봉 송석연 송석원 송석인 송석준 송석진 송석진 송석채 송석현 송석홍 송석환 송석훈 송석희 송석희 송선구 송선령 송선문 송선아 송선영 송선영 송선우 송선태 송선태 송선향 송선화 송선화 송설아 송성각 송성곤 송성광 송성권 송성근 송성복 송성수 송성순 송성애 송성업 송성원 송성윤 송성일 송성평 송성현 송성호 송성훈 송성훈 송성희 송세민 송소라 송소선 송송섭 송송순 송송자 송수갑 송수경 송수근 송수목 송수연 송수영 송수용 송수원 송수진 송수환 송숙경 송숙영 송숙전 송숙현 송숙희 송숙희 송순교 송순동 송순섭 송순섭 송순아 송순애 송순영 송순재 송순태 송순화 송승걸 송승관 송승수 송승아 송승연 송승엽 송승용 송승재 송승주 송승찬 송승현 송승환 송승훈 송승훈 송시몬 송시영 송시영 송시우 송신희 송애경 송애숙 송양례 송양석 송양옥 송양호 송연균 송연미 송연자 송연주 송연호 송연희 송영 송영건 송영관 송영관 송영국 송영권 송영규 송영균 송영근 송영대 송영도 송영도 송영돈 송영란 송영란 송영미 송영미 송영미 송영민 송영민 송영민 송영복 송영복 송영복 송영서 송영석 송영선 송영수 송영수 송영숙 송영숙 송영숙 송영순 송영순 송영신 송영신 송영신 송영실 송영애 송영열 송영옥 송영우 송영운 송영웅 송영일 송영일 송영임 송영임 송영자 송영주 송영지 송영직 송영진 송영진 송영철 송영추 송영한 송영현 송영호 송영환 송영환 송영환 송영훈 송영훈 송영훈 송영희 송영희 송영희 송영희 송예순 송예슬 송예슬 송오종 송옥석 송옥자 송옥희 송완섭 송완식 송완용 송왕엽 송요욱 송용 송용 송용 송용권 송용길 송용문 송용백 송용복 송용수 송용익 송용주 송용주 송용준 송용현 송용호 송용호 송우달 송우룡 송우석 송우섭 송우영 송우재 송우전 송우현 송우혜 송욱기 송욱주 송운용 송웅달 송웅석 송원근 송원기 송원배 송원석 송원영 송원용 송원재 송원종 송원찬 송원철 송원철 송원호 송원희 송월엽 송유경 송유빈 송유연 송유진 송윤규 송윤동 송윤미 송윤상 송윤석 송윤선 송윤섭 송윤수 송윤실 송윤엽 송윤옥 송윤주 송윤호 송윤호 송윤호 송윤호 송은경 송은미 송은수 송은숙 송은숙 송은숙 송은아 송은용 송은자 송은주 송은주 송은주 송은주 송은하 송은해 송은화 송은희 송은희 송응섭 송의 송의달 송의선 송의열 송의정 송의진 송이수 송이호 송익경 송익재 송인국 송인권 송인기 송인길 송인동 송인문 송인문 송인미 송인발 송인석 송인석 송인선 송인선 송인섭 송인성 송인세 송인수 송인수 송인숙 송인순 송인순 송인식 송인영 송인용 송인옥 송인원 송인찬 송인찰 송인창 송인창 송인철 송인철 송인하 송인학 송인한 송인행 송인현 송인호 송인호 송인홍 송일관 송일권 송일룡 송일용 송일한 송임빈 송임숙 송임순 송재걸 송재경 송재관 송재근 송재근 송재규 송재길 송재남 송재덕 송재동 송재두 송재명 송재문 송재백 송재봉 송재봉 송재봉 송재상 송재석 송재선 송재선 송재섭 송재소 송재숙 송재식 송재실 송재실 송재연 송재완 송재웅 송재원 송재원 송재윤 송재은 송재은 송재은 송재익 송재익 송재정 송재종 송재준 송재진 송재진 송재찬 송재찬 송재천 송재철 송재청 송재청 송재하 송재학 송재혁 송재현 송재형 송재호 송재화 송재흥 송재흥 송전근 송점남 송점순 송점철 송정교 송정근 송정기 송정돈 송정란 송정렬 송정로 송정미 송정민 송정민 송정석 송정섭 송정숙 송정숙 송정숙 송정순 송정애 송정애 송정애 송정열 송정열 송정엽 송정옥 송정옥 송정윤 송정은 송정은 송정은 송정자 송정진 송정현 송정현 송정환 송정희 송제 송제용 송조홍 송존호 송종걸 송종근 송종래 송종만 송종명 송종문 송종봉 송종섭 송종수 송종수 송종숙 송종숙 송종순 송종식 송종용 송종우 송종욱 송종의 송종인 송종진 송종태 송종태 송종현 송종호 송좌빈 송주석 송주수 송주영 송주영 송주은 송주한 송주한 송주현 송준규 송준규 송준규 송준모 송준빈 송준순 송준식 송준엽 송준영 송준영 송준영 송준오 송준옥 송준용 송준재 송준현 송준호 송중석 송중섭 송중호 송중희 송지곤 송지명 송지수 송지숙 송지영 송지영 송지우 송지원 송지원 송지원 송지은 송지은 송지현 송지훈 송지희 송진광 송진덕 송진명 송진복 송진수 송진숙 송진아 송진아 송진영 송진윤 송진이 송진형 송진화 송진희 송차조 송찬규 송찬섭 송찬호 송찬호 송찬호 송찬호 송창국 송창근 송창근 송창기 송창석 송창섭 송창섭 송창섭 송창식 송창열 송창용 송창의 송창학 송창희 송채규 송천복 송철 송철원 송철호 송철호 송철호 송춘섭 송춘섭 송춘식 송춘종 송춘화 송춘희 송출자 송충근 송충근 송충근 송충선 송충순 송충호 송치백 송치옥 송치용 송치옥 송치호 송태근 송태복 송태섭 송태섭 송태수 송태욱 송태웅 송태의 송태일 송태정 송태천 송태호 송태호 송태훈 송택상 송택용 송평문 송평수 송평종 송하경 송하균 송하영 송하숙 송하율 송하은 송하인 송하정 송하태 송학선 송한규 송한나 송한면 송한별 송한얼 송한일 송항룡 송항빈 송해균 송해뜸 송해성 송해성 송해용 송해익 송해인 송해인 송향선 송향수 송향자 송혁 송혁준 송현 송현길 송현섭 송현섭 송현수 송현숙 송현숙 송현순 송현순 송현열 송현욱 송현자 송현저 송현정 송현정 송현주 송현주 송현주 송현하 송현화 송현희 송현희 송형렬 송형석 송형섭 송형수 송형일 송형일 송형주 송형진 송형탁 송혜경 송혜란 송혜련 송혜민 송혜숙 송혜숙 송혜순 송혜순 송혜영 송혜용 송호 송호경 송호균 송호근 송호근 송호근 송호우 송호범 송호석 송호섭 송호승 송호신 송호심 송호찬 송호천 송호필 송홍선 송홍우 송홍종 송화동 송화숙 송화연 송환규 송환승 송환용 송환희 송황 송효량 송효문 송효선 송효섭 송효섭 송효윤 송효일 송효주 송효헌 송후용 송후중 송훈 송훈성 송훈섭 송훈호 송희경 송희련 송희만 송희면 송희순 송희산 송희섭 송희섭 송희애 송희영 송희옥 송희일 송희종 송희현 수안 수완 수원 수학과장 승경옥 승광은 승병인 승용기 승우표 승하제 승현민 시경화 시미정 시순영 시정인 신갑섭 신갑식 신강균 신강선 신강욱 신건순 신건일 신건철 신경구 신경금 신경덕 신경득 신경란 신경미 신경서 신경선 신경섭 신경섭 신경수 신경수 신경숙 신경숙 신경순 신경식 신경식 신경실 신경심 신경아 신경영 신경오 신경은 신경은 신경일 신경자 신경진 신경진 신경진 신경진 신경철 신경철 신경철 신경철 신경철 신경하 신경호 신경호 신경호 신경화 신경훈 신경희 신경희 신경희 신경희 신계룡 신계식 신계현 신관섭 신관수 신관수 신관호 신광교 신광록 신광복 신광석 신광식 신광식 신광우 신광웅 신광천 신광철 신광현 신광호 신광희 신권 신권균 신권희 신귀백 신귀주 신귀희 신규수 신규식 신규천 신규호 신극남 신근섭 신근화 신금엽 신금용 신금주 신금진 신금채 신금철 신금식 신금식 신기남 신기도 신기룡 신기선 신기섭 신기수 신기숙 신기식 신기연 신기철 신기태 신기해 신기호 신기호 신기환 신길두 신길수 신길수 신길영 신길우 신길호 신낙균 신난향 신난희 신남선 신남순 신남식 신남옥 신남호 신당식 신다인 신달수 신달양 신대균 신대균 신대술 신대식 신대엽 신대영 신대원 신대철 신대현 신덕일 신덕자 신덕재 신도균 신도현 신돈호 신동관 신동관 신동관 신동권 신동규 신동규 신동규 신동근 신동길 신동남 신동련 신동렬 신동례 신동룡 신동만 신동만 신동명 신동석 신동석 신동선 신동선 신동선 신동선 신동선 신동선 신동섭 신동성 신동수 신동수 신동숙 신동숙 신동숙 신동숙 신동순 신동시 신동식 신동신 신동연 신동옥 신동용 신동욱 신동욱 신동운 신동운 신동운 신동원 신동원 신동원 신동윤 신동윤 신동윤 신동은 신동인 신동익 신동인 신동일 신동일 신동임 신동준 신동준 신동준 신동준 신동준 신동진 신동진 신동찬 신동찬 신동채 신동철 신동철 신동철 신동철 신동초 신동하 신동학 신동한 신동현 신동협 신동호 신동호 신동호 신동호 신동화 신동화 신동훈 신동훈 신동훈 신동훈 신동훈 신동훈 신동훈 신동훈 신동흔 신두식 신두영 신득기 신라미 신란 신만섭 신만용 신말례 신말순 신말임 신매용 신맹순 신면관 신명곤 신명교회 신명기 신명덕 신명동 신명섭 신명성 신명수 신명수 신명수 신명숙 신명숙 신명숙 신명숙 신명숙 신명순 신명순 신명순 신명숙 신명식 신명애 신명식 신명진 신명희 신명우 신명우 신명자 신명조 신명주 신명진 신명진 신명찬 신명철 신명철 신명춘 신명호 신명호 신명호 신명환 신명희 신명희 신문섭 신문수 신문용 신문희 신문희 신미 신미경 신미경 신미경 신미경 신미경 신미경 신미경 신미경 신미경 신미규 신미내 신미란 신미숙 신미숙 신미숙 신미숙 신미아 신미옥 신미원 신미유 신미자 신미정 신미혜 신미혜 신미희 신민결 신민경 신민구 신민생 신민석 신민선 신민섭 신민식 신민식 신민용 신민자 신민자 신민철 신민호 신민호 신방과 신방식 신배섭 신범수 신병국 신병률 신병률 신병민 신병수 신병용 신병익 신병철 신병철 신병하 신병현 신보경 신보람 신복동 신복례 신복자 신복자 신복현 신봉균 신봉석 신봉수 신봉순 신봉승 신봉철 신봉항 신봉호 신봉호 신봉호 신봉호 신부식 신부현 신산수 신삼구 신삼복 신삼석 신삼선 신삼숙 신삼호 신상화 신상곤 신상권 신상근 신상금 신상돈 신상명 신상민 신상범 신상석 신상석 신상섭 신상수 신상순 신상열 신상영 신상완 신상우 신상욱 신상웅 신상윤 신상율 신상조 신상진 신상철 신상철 신상철 신상철 신상철 신상철 신상하 신상한 신상한 신상해 신상혁 신상현 신상현 신상협 신상호 신상호 신상호 신상환 신상훈 신상훈 신상훈 신상희 신상희 신새하 신석균 신석진 신석하 신석호 신석호 신선군 신선기 신선명 신선미 신선미 신선식 신선식 신선영 신선영 신선영 신선우 신선이 신선자 신선주 신선준 신선행 신선희 신선희 신선희 신선희 신성곤 신성구 신성권 신성균 신성균 신성균 신성근 신성기 신성남 신성도 신성란 신성룡 신성민 신성섭 신성수 신성수 신성숙 신성숙 신성식 신성식 신성식 신성애 신성연 신성옥 신성용 신성우 신성운 신성은 신성의 신성익 신성자 신성지 신성진 신성찬 신성철 신성철 신성철 신성철 신성호 신성호 신성호 신성환 신세민 신세선 신세철 신소명 신소영 신소영 신솔문 신송자 신수경 신수근 신수범 신수성 신수오 신수용 신수용 신수월 신수은 신수재 신수진 신수진 신숙영 신숙자 신숙자 신숙향 신숙호 신순경 신순근 신순금 신순남 신순복 신순선 신순섭 신순애 신순영 신순옥 신순의 신순인 신순자 신순철 신순하 신순호 신순호 신승경 신승국 신승근 신승기 신승렬 신승삼 신승섭 신승식 신승식 신승연 신승연 신승용 신승우 신승욱 신승준 신승철 신승학 신승한 신승한 신승혜 신승호 신승호 신승호 신승호 신승환 신승환 신승훈 신승휴 신승희 신신관 신아영 신안준 신애라 신애리 신애숙 신애숙 신애숙 신애순 신양균 신양수 신양숙 신양재 신양하 신양호 신양희 신어신 신언무 신언수 신언식 신언일 신언혁 신여진 신연덕 신연숙 신연엽 신연옥 신연임 신연재 신연재 신연주 신열 신영 신영 신영갑 신영관 신영관 신영규 신영균 신영근 신영기 신영길 신영길 신영길 신영돈 신영득 신영란 신영란 신영미 신영복 신영부 신영상 신영생 신영석 신영선 신영선 신영섭 신영섭 신영섭 신영섭 신영세 신영수 신영숙 신영숙 신영식 신영애 신영애 신영옥 신영우 신영원 신영윤 신영은 신영이 신영인 신영인 신영일 신영일 신영일 신영임 신영자 신영자 신영자 신영재 신영전 신영주 신영준 신영준 신영진 신영진 신영진 신영진 신영진 신영창 신영천 신영철 신영철 신영철 신영철 신영철 신영철 신영철 신영춘 신영표 신영프레시 신영필 신영호 신영화 신영화 신영훈 신영희 신영희 신영희 신영희 신영희 신예름 신예순 신예원 신예정 신예희 신오식 신오식 신옥 신옥 신옥란 신옥림 신옥숙 신옥순 신옥식 신옥자 신옥창 신옥희 신온누리 신완성 신완식 신왕교 신왕근 신왕선 신왕식 신용곤 신용광 신용구 신용권 신용균 신용길 신용길 신용남 신용대 신용덕 신용래 신용만 신용명 신용민 신용범 신용보증 신용석 신용석 신용섭 신용성 신용숙 신용숙 신용순 신용순 신용승 신용식 신용식 신용식 신용식 신용억 신용운 신용원 신용일 신용자 신용주 신용주 신용준 신용창 신용철 신용택 신용택 신용하 신용하 신용한 신용현 신용호 신용호 신우경 신우경 신우석 신우선 신우승 신우영 신우영 신우조 신우종 신우진 신우철 신우철 신우철 신우하 신욱현 신운교 신운식 신운용 신웅 신웅재 신원각 신원건 신원기 신원부 신원석 신원석 신원섭 신원식 신원식 신원용 신원한 신원호 신월순 신유섭 신유순 신유식 신유진 신유진 신유호 신유희 신윤근 신윤근 신윤서 신윤석 신윤선 신윤섭 신윤수 신윤숙 신윤식 신윤식 신윤애 신윤영 신윤옥 신윤재 신윤재 신윤지 신윤철 신윤철 신윤철 신융 신은섭 신은성 신은숙 신은영 신은영 신은옥 신은자 신은자 신은정 신은주 신은지 신은지 신은호 신은희 신응섭 신응식 신의수 신의숙 신의순 신의철 신의철 신이균 신이루 신이섭 신이영 신익수 신익승 신인경 신인교 신인령 신인선 신인섭 신인섭 신인수 신인숙 신인숙 신인숙 신인식 신인아 신인영 신인욱 신인원 신인철 신인철 신인철 신인호 신인희 신일 신일용 신일철 신임숙 신임철 신임하 신자현 신장섭 신장식 신장현 신장호 신재관 신재광 신재구 신재균 신재길 신재남 신재동 신재모 신재무 신재문 신재민 신재민 신재섭 신재순 신재신 신재열 신재영 신재영 신재용 신재용 신재욱 신재원 신재윤 신재은 신재은 신재일 신재전 신재정 신재준 신재진 신재혁 신재헌 신재현 신재형 신재호 신재홍 신재홍 신재환 신전식 신정경 신정규 신정균 신정균 신정균 신정란 신정렬 신정민 신정민 신정복 신정분 신정선 신정섭 신정섭 신정수 신정수 신정수 신정수 신정수 신정숙 신정숙 신정숙 신정숙 신정숙 신정순 신정식 신정식 신정식 신정식 신정식 신정식 신정식 신정식 신정식 신정심 신정아 신정애 신정옥 신정용 신정우 신정원 신정의 신정인 신정인 신정일 신정일 신정자 신정자 신정재 신정찬 신정철 신정표 신정현 신정현 신정현 신정혜 신정호 신정호 신정호 신정화 신정화 신정훈 신정훈 신정희 신정희 신정희 신정희 신정희 신제식 신제유 신조야 신종갑 신종경 신종관 신종관 신종국 신종국 신종권 신종권 신종균 신종근 신종기 신종기 신종남 신종렬 신종문 신종범 신종선 신종선 신종성 신종수 신종식 신종안 신종업 신종엽 신종오 신종옥 신종우 신종욱 신종욱 신종원 신종원 신종익 신종인 신종주 신종진 신종철 신종철 신종철 신종택 신종헌 신종혁 신종현 신종후 신종훈 신종훈 신주경 신주련 신주연 신주원 신주원 신주헌 신주형 신주희 신준엽 신준원 신준일 신준하 신준헌 신준호 신준호 신준호 신준호 신준희 신중기 신중석 신중식 신중식 신중식 신중식 신중진 신중철 신중호 신중호 신지마 신지수 신지숙 신지연 신지원 신지원 신지윤 신지은 신지현 신지효 신지희 신진 신진경 신진경 신진규 신진선 신진섭 신진섭 신진숙 신진식 신진식 신진영 신진옥 신진용 신진욱 신진한 신진호 신진호 신진호 신진호 신진호 신진호 신진희 신차순 신찬수 신찬숙 신찬영 신창규 신창균 신창균 신창기 신창기 신창섭 신창성 신창숙 신창순 신창식 신창식 신창식 신창용 신창일 신창현 신창현 신창호 신창호 신창희 신천섭 신천운 신천지 신철 신철 신철봉 신철식 신철영 신철우 신철진 신철진 신철호 신철호 신철화 신철희 신청식 신초영 신추원 신춘란 신춘배 신춘범 신춘식 신춘열 신춘한 신충우 신충호 신치범 신치석 신태건 신태관 신태근 신태근 신태근 신태문 신태복 신태섭 신태성 신태숙 신태연 신태영 신태용 신태우 신태우 신태진 신태한 신태현 신태형 신태호 신태호 신태홍 신태희 신택균 신택균 신택준 신판식 신평식 신평우 신평호 신필균 신필순 신필순 신필호 신하령 신하용 신학선 신학용 신학철 신한결 신한규 신한기 신한로 신한명 신한서 신한섭 신한솔 신한열 신한철 신한철 신함 신항 신해명 신해숙 신해아슬 신해영 신해일 신해천 신행남 신향경 신향식 신혁 신현경 신현경 신현구 신현구 신현구 신현국 신현국 신현국 신현규 신현규 신현규 신현균 신현기 신현기 신현길 신현길 신현길 신현길 신현길 신현대 신현돈 신현동 신현만 신현만 신현만 신현무 신현미 신현배 신현봉 신현봉 신현선 신현섭 신현성 신현송 신현수 신현수 신현수 신현숙 신현숙 신현숙 신현승 신현식 신현실 신현실 신현실 신현아 신현열 신현옥 신현옥 신현옥 신현우 신현우 신현욱 신현욱 신현욱 신현인 신현일 신현재 신현정 신현주 신현주 신현주 신현주 신현직 신현진 신현찬 신현창 신현철 신현철 신현태 신현표 신현필 신현하 신현호 신현희 신현희 신형곤 신형덕 신형섭 신형섭 신형순 신형식 신형식 신형옥 신형우 신형우 신형원 신형철 신형철 신혜경 신혜경 신혜경 신혜선 신혜선 신혜수 신혜수 신혜숙 신혜숙 신혜숙 신혜식 신혜영 신혜영 신혜원 신혜원 신혜자 신혜정 신혜정 신혜정 신혜준 신혜진 신호성 신호순 신호영 신호용 신호원 신호준 신호창 신호철 신홍근 신홍기 신홍범 신홍수 신홍식 신홍식 신홍식 신홍식 신홍철 신화금 신화섭 신화영 신환수 신황신 신황호 신회균 신회우 신회정 신효숙 신효원 신효정 신효철 신후 신훈 신훈 신훈상 신훈정 신흥 신흥규 신흥선 신흥수 신흥수 신흥식 신흥식 신흥철 신희강 신희경 신희만 신희봉 신희삼 신희상 신희섭 신희성 신희성 신희수 신희옥 신희우 신희운 신희자 신희철 신희철 신희태 심갑용 심건길 심건섭 심건식 심경란 심경례 심경선 심경섭 심경섭 심경섭 심경숙 심경옥 심경옥 심경용 심경일 심경자 심경정 심경희 심계봉 심계숙 심관섭 심관섭 심광석 심광섭 심광숙 심광일 심광진 심광현 심구남 심권국 심귀숙 심규목 심규안 심규옥 심규정 심규택 심규하 심규학 심규호 심규환 심금순 심금연 심기대 심기범 심기웅 심기주 심기찬 심길종 심남 심남영 심다선 심단비 심담 심대보 심대섭 심덕무 심도선 심동렬 심동보 심동섭 심동수 심동열 심동준 심두보 심두석 심두섭 심마로 심만식 심말순 심맹자 심명보 심명섭 심명옥 심명은 심명종 심무부 심문보 심문선 심문희 심미경 심미령 심미루 심미숙 심미숙 심미옥 심미용 심미정 심미향 심미희 심민경 심민녕 심민섭 심민섭 심민섭 심민식 심민식 심민정 심방국 심방규 심범석 심범섭 심병섭 심병호 심보성 심보준 심보현 심복덕 심복선 심복실 심복희 심봉섭 심봉용 심비연 심사현 심상교 심상구 심상권 심상대 심상도 심상동 심상득 심상록 심상룡 심상룡 심상무 심상미 심상수 심상신 심상완 심상우 심상원 심상원 심상준 심상준 심상준 심상진 심상찬 심상천 심상필 심상학 심상현 심상현 심상호 심석란 심선경 심선구 심선미 심선희 심성구 심성보 심성석 심성섭 심성숙 심성욱 심성욱 심성택 심성헌 심세영 심세운 심소려 심수영 심수자 심수정 심수진 심수환 심숙희 심순복 심순섭 심순애 심순희 심슬기 심슬림 심승기 심신택 심양식 심양식 심언교 심언신 심연섭 심연수 심연심 심연옥 심연택 심연호 심영균 심영길 심영룡 심영미 심영섭 심영섭 심영숙 심영신 심영애 심영은 심영의 심영택 심영호 심예인 심오섭 심옥선 심옥섭 심옥섭 심옥의 심옥자 심옥현 심옥화 심옥효 심용남 심용보 심용섭 심용운 심용진 심우갑 심우강 심우근 심우기 심우방 심우봉 심우석 심우식 심우영 심우일 심우현 심우현 심웅보 심원섭 심원숙 심원식 심원준 심원희 심유보 심유정 심윤보 심윤섭 심윤진 심은미 심은숙 심은영 심은주 심은희 심은희 심의섭 심의주 심이섭 심이슬 심인보 심인섭 심인숙 심인식 심일무 심일선 심재경 심재광 심재구 심재구 심재구 심재국 심재국 심재권 심재두 심재란 심재록 심재리 심재만 심재면 심재명 심재문 심재민 심재범 심재봉 심재상 심재선 심재선 심재선 심재섭 심재성 심재숙 심재순 심재승 심재식 심재신 심재연 심재연 심재연 심재연 심재연 심재엽 심재영 심재영 심재영 심재옥 심재완 심재욱 심재원 심재윤 심재은 심재익 심재인 심재일 심재종 심재준 심재찬 심재철 심재철 심재충 심재택 심재표 심재필 심재헌 심재헌 심재헌 심재혁 심재현 심재호 심재호 심재호 심재호 심재호 심재홍 심재환 심재환 심재훈 심재훈 심정섭 심정섭 심정수 심정숙 심정아 심정옥 심정용 심정자 심정희 심종섭 심종순 심종식 심종우 심종진 심종헌 심종희 심주학 심준섭 심준섭 심준열 심준용 심준용 심중보 심지연 심지영 심진기 심진섭 심진숙 심진식 심진학 심진희 심찬구 심찬식 심창보 심창섭 심창섭 심창식 심창용 심창유 심채진 심채현 심천보 심천식 심철수 심춘화 심충식 심태민 심태산 심태섭 심태은 심판섭 심평섭 심학섭 심한섭 심항일 심해련 심해수 심향숙 심현덕 심현섭 심현숙 심현숙 심현숙 심현순 심현식 심현재 심현정 심현정 심현천 심현태 심형보 심형택 심형호 심혜영 심혜진 심혜진 심호택 심호택 심홍섭 심홍성 심홍택 심화근 심화섭 심화영 심효순 심훈기 심훈보 심훈종 심흥술 심흥식 심희경 심희기 심희숙 심희순 아옥련 안갑수 안갑주 안갑형 안강 안건상 안건찬 안경만 안경묵 안경숙 안경숙 안경순 안경순 안경식 안경애 안경영 안경옥 안경일 안경임 안경자 안경자 안경재 안경주 안경주 안경주 안경준 안경헌 안경화 안경환 안경희 안계철 안계춘 안곡지 안관석 안관옥 안관욱 안광균 안광덕 안광록 안광모 안광석 안광섭 안광수 안광식 안광애 안광열 안광영 안광원 안광준 안광준 안광한 안광혁 안광희 안광희 안교현 안국승 안국신 안국진 안국찬 안국필 안국형 안국희 안군서 안귀중 안규금 안규상 안규숙 안규식 안규영 안규자 안규정 안규헌 안균섭 안근호 안금남 안금자 안금자 안기돈 안기삼 안기수 안기순 안기용 안기전 안기천 안기철 안기풍 안기하 안기헌 안기혁 안기형 안기호 안기홍 안기홍 안기환 안길섭 안길숙 안길주 안길환 안길환 안낙천 안남근 안남근 안남기 안남수 안남순 안남식 안남주 안남찬 안남필 안남혁 안녕 안대기 안대봉 안대봉 안대일 안대준 안대준 안대현 안대훈 안덕귀 안덕규 안덕모 안덕상 안덕용 안덕형 안덕훈 안덕희 안도솔 안도원 안도현 안도훈 안동규 안동근 안동근 안동기 안동선 안동선 안동섭 안동수 안동순 안동억 안동열 안동엽 안동운 안동원 안동인 안동일 안동준 안동혁 안두순 안두용 안두진 안두현 안득남 안란영 안림 안만규 안만기 안만진 안매미 안명구 안명국 안명기 안명도 안명동 안명수 안명숙 안명숙 안명숙 안명순 안명옥 안명옥 안명옥 안명욱 안명호 안명호 안명희 안명희 안모영 안문국 안문숙 안문엽 안문영 안미경 안미경 안미경 안미라 안미란 안미란 안미루 안미선 안미선 안미숙 안미숙 안미자 안미화 안미화 안민 안민석 안민선 안민수 안민숙 안민숙 안민식 안민영 안민영 안민영 안민자 안민지 안민지 안방선 안범진 안별 안병구 안병구 안병규 안병규 안병길 안병대 안병덕 안병렬 안병렬 안병례 안병룡 안병만 안병만 안병만 안병만 안병무 안병문 안병석 안병석 안병석 안병선 안병선 안병섭 안병섭 안병숙 안병순 안병억 안병우 안병우 안병우 안병욱 안병욱 안병욱 안병웅 안병유 안병익 안병일 안병주 안병주 안병준 안병직 안병직 안병진 안병진 안병진 안병채 안병철 안병철 안병태 안병태 안병학 안병혁 안병현 안병현 안병호 안병호 안병환 안병훈 안병훈 안병희 안병희 안보미 안보섭 안복순 안복순 안복식 안복영 안봉모 안봉태 안봉현 안봉환 안봉희 안사남 안산골프클럽(주) 안산이주민센터 안삼환 안상갑 안상겸 안상규 안상균 안상균 안상근 안상근 안상기

한겨레 7만 주주

안상길 안상덕 안상덕 안상렬 안상문 안상빈 안상수 안상열 안상영 안상우 안상우 안상욱 안상욱 안상욱 안상욱 안상운 안상운 안상원 안상윤 안상익 안상임 안상준 안상준 안상진 안상철 안상학 안상헌 안상현 안상협 안상환 안상훈 안새하 안서지 안석 안석관 안석교 안석수 안석순 안석열 안석주 안석호 안석환 안석희 안선 안선섭 안선아 안선영 안선욱 안선자 안선진 안선환 안선희 안선희 안성구 안성귀 안성기 안성기 안성길 안성렬 안성례 안성만 안성민 안성민 안성삼 안성수 안성숙 안성숙 안성순 안성암 안성영 안성욱 안성욱 안성율 안성은 안성조 안성준 안성준 안성준 안성진 안성진 안성헌 안성현 안성호 안성화 안성훈 안세경 안세봉 안세아 안세영 안세영 안세웅 안세혁 안세화 안소담 안소연 안소영 안소이 안소정 안소현 안소현 안소희 안소희 안송 안송산 안송수 안수경 안수길 안수란 안수석 안수연 안수연 안수연 안수정 안수정 안수진 안수진 안수찬 안수현 안수홍 안수환 안숙 안숙자 안순길 안순덕 안순덕 안순덕 안순석 안순인 안순자 안순홍 안순화 안순환 안순희 안승 안승권 안승근 안승길 안승률 안승미 안승민 안승복 안승빈 안승억 안승연 안승열 안승열 안승욱 안승일 안승재 안승주 안승진 안승천 안승철 안승해 안승헌 안승호 안승환 안승희 안시락 안시영 안식 안신권 안신규 안신영 안신자 안신형 안신호 안아람 안아람 안아람 안아올 안애희 안양례 안양로 안양수 안양숙 안양하 안여숙 안연길 안연수 안연숙 안연숙 안연준 안연희 안영갑 안영갑 안영갑 안영규 안영규 안영근 안영근 안영기 안영도 안영도 안영란 안영미 안영미 안영민 안영배 안영봉 안영석 안영섭 안영수 안영숙 안영숙 안영순 안영순 안영순 안영식 안영식 안영식 안영악 안영애 안영애 안영애 안영애 안영옥 안영일 안영자 안영자 안영재 안영준 안영준 안영진 안영진 안영진 안영창 안영철 안영초 안영춘 안영택 안영호 안영호 안영호 안영환 안영효 안영훈 안영훈 안영희 안영희 안영희 안영희 안예람 안예솔 안예지 안예현 안오영 안옥금 안옥련 안옥섭 안옥수 안옥순 안옥윤 안옥희 안완구 안용규 안용균 안용기 안용기 안용모 안용민 안용복 안용석 안용석 안용선 안용성 안용수 안용수 안용수 안용식 안용준 안용태 안용태 안용한 안용헌 안용현 안용희 안우숙 안욱 안욱환 안웅린 안웅환 안원종 안원주 안원철 안원현 안유강 안유숙 안유진 안유호 안윤기 안윤기 안윤상 안윤수 안윤애 안윤영 안윤태 안은경 안은경 안은모 안은미 안은선 안은수 안은숙 안은식 안은신 안은심 안은영 안은자 안은주 안은해 안은현 안은희 안응섭 안의모 안의순 안의진 안이근 안이상 안이현 안익준 안인근 안인선 안인숙 안인숙 안인숙 안인숙 안인옥 안인옥 안인용 안인환 안일검 안일권 안일모 안일순 안일원 안일찬 안자섭 안자용 안장근 안장승 안장옥 안장호 안재금 안재금 안재두 안재민 안재민 안재섭 안재성 안재성 안재수 안재숙 안재순 안재승 안재연 안재영 안재영 안재용 안재용 안재욱 안재욱 안재운 안재웅 안재웅 안재윤 안재창 안재철 안재칠 안재하 안재현 안재현 안재형 안재홍 안재홍 안재훈 안재희 안점숙 안점옥 안점자 안정규 안정균 안정도 안정란 안정리 안정림 안정모 안정민 안정민 안정석 안정선 안정선 안정선 안정수 안정숙 안정숙 안정숙 안정숙 안정숙 안정순 안정순 안정식 안정식 안정신 안정아 안정애 안정애 안정애 안정연 안정열 안정옥 안정옥 안정옥 안정욱 안정욱 안정임 안정임 안정임 안정자 안정주 안정택 안정하 안정현 안정혜 안정혜 안정혜 안정호 안정환 안정효 안정희 안정희 안정희 안정희 안정희 안제기 안제민 안종건 안종관 안종관 안종기 안종미 안종민 안종복 안종복 안종상 안종상 안종상 안종석 안종섭 안종성 안종수 안종식 안종억 안종옥 안종욱 안종원 안종인 안종재 안종주 안종준 안종천 안종철 안종태 안종해 안종혁 안종혁 안종화 안종화 안종화 안종훈 안종훈 안주빈 안주영 안주옥 안주용 안주인 안주일 안주일 안주현 안주현 안준국 안준근 안준섭 안준성 안준성 안준성 안준수 안준식 안준식 안준엽 안준영 안준옥 안준원 안준파 안준호 안준환 안중기 안중두 안중산 안중선 안중성 안중숙 안중열 안중익 안중호 안중환 안중환 안중희 안지수 안지애 안지예 안지우 안지은 안지은 안지혜 안지호 안지희 안진경 안진선 안진선 안진수 안진신 안진오 안진원 안진호 안진훈 안진희 안진희 안창근 안창길 안창도 안창렬 안창수 안창순 안창식 안창언 안창영 안창욱 안창욱 안창웅 안창일 안창현 안창현 안창현 안창현 안창현 안창호 안창호 안채숙 안채열 안채혁 안천식 안철 안철수 안철수 안철옥 안철원 안철인 안철주 안철준 안철택 안철현 안철회 안철회 안청선 안청자 안춘근 안춘배 안춘상 안춘선 안춘식 안춘우 안춘회 안춘희 안충환 안치국 안치도 안치숙 안치순 안치연 안치영 안치운 안치환 안태균 안태랑 안태수 안태영 안태영 안태원 안태철 안태현 안태현 안태호 안태호 안태환 안택수 안택수 안택호 안평륜 안평수 안평환 안풍 안필규 안필순 안필용 안한빛 안한상 안한수 안한희 안해룡 안해룡 안해욱 안해원 안해찬 안행근 안혁 안현각 안현규 안현규 안현배 안현수 안현수 안현숙 안현숙 안현순 안현실 안현옥 안현우 안현우 안현자 안현주 안현주 안현준 안현철 안현태 안현희 안형규 안형남 안형숙 안형순 안형식 안형준 안형준 안형진 안형탁 안혜경 안혜경 안혜란 안혜성 안혜성 안혜성 안혜숙 안혜자 안혜정 안혜정 안혜진 안호근 안호석 안호석 안호성 안호영 안호준 안호진 안호현 안홍균 안홍배 안홍서 안홍인 안홍주 안화순 안황호 안효경 안효경 안효빈 안효상 안효석 안효숙 안효숙 안효승 안효열 안효재 안효정 안효정 안효진 안효진 안효진 안효철 안후승 안훈희 안휘준 안흥근 안흥록 안흥식 안흥엽 안희경 안희도 안희동 안희두 안희성 안희수 안희숙 안희영 안희옥 안희천 안희철 안희태 안희훈 액센티브 양갑모 양갑승 양갑원 양갑현 양강섭 양건 양건모 양건석 양건수 양건열 양걸 양경렬 양경모 양경모 양경모 양경모 양경미 양경석 양경석 양경수 양경숙 양경숙 양경숙 양경순 양경식 양경식 양경신 양경원 양경일 양경자 양경철 양경호 양경호 양경희 양계봉 양계선 양계숙 양계영 양계화 양관순 양관영 양관종 양관직 양광민 양광석 양광승 양광승 양광열 양광열 양광욱 양광호 양광훈 양국석 양국승 양국중 양국헌 양권숙 양귀순 양귀식 양귀연 양귀자 양규석 양규열 양규옥 양근서 양근세 양금석 양금섭 양금영 양금자 양금훈 양기대 양기도 양기림 양기범 양기석 양기석 양기성 양기수 양기승 양기억 양기영 양기욱 양기원 양기원 양기정 양기정 양기준 양기철 양기출 양기태 양길수 양길승 양길영 양길현 양난숙 양난정 양난희 양남 양남규 양남근 양남근 양남실 양남진 양다희 양달섭 양대권 양대석 양대석 양대성 양대영 양대우 양대일 양대진 양대현 양대현 양대호 양덕렬 양덕수 양덕순 양덕순 양덕춘 양덕희 양도환 양동 양동갑 양동권 양동규 양동규 양동균 양동근 양동기 양동대 양동란 양동만 양동만 양동문 양동복 양동석 양동선 양동순 양동승 양동오 양동완 양동운 양동윤 양동융 양동일 양동작 양동조 양동천 양동춘 양동탁 양동필 양동현 양동화 양동훈 양동휴 양동희 양동희 양두리 양두석 양두열 양두영 양득석 양란 양만승 양만종 양만주 양만희 양만희 양만희 양명국 양명모 양명자 양명희 양묘진 양문규 양문규 양문모 양문보 양문석 양문수 양문실 양문정 양문흠 양문희 양미경 양미경 양미나 양미라 양미란 양미령 양미선 양미선 양미숙 양미영 양미영 양미희 양민규 양민석 양민욱 양민자 양민정 양민종 양민해 양민호 양배근 양병구 양병기 양병덕 양병도 양병연 양병용 양병춘 양병호 양병호 양병홍 양병효 양병훈 양보경 양보라미 양보석 양보호 양복모 양복순 양복영 양복자 양봉규 양봉석 양봉선 양봉승 양봉영 양봉주 양봉주 양부부 양산희 양삼례 양삼운 양상국 양상규 양상기 양상모 양상수 양상우 양상운 양상진 양상철 양상현 양서영 양서현 양서현 양석열 양석용 양석원 양석주 양석진 양선모 양선미 양선영 양선옥 양선우 양선욱 양선주 양선주 양선주 양선지 양선희 양성건 양성규 양성규 양성규 양성근 양성렬 양성모 양성수 양성숙 양성숙 양성숙 양성식 양성심 양성열 양성욱 양성욱 양성욱 양성욱 양성장 양성주 양성천 양성천 양성철 양성철 양성택 양성현 양성호 양성호 양성희 양성희 양세민 양세성 양세열 양세진 양소영 양소정 양소혜 양소희 양송이 양수민 양수영 양수영 양수웅 양수인 양수정 양수정 양수진 양수진 양수철 양숙경 양숙현 양순길 양순래 양순복 양순아 양순애 양순옥 양순옥 양순용 양순이 양순자 양순종 양순철 양순철 양순향 양순화 양순희 양순희 양순희 양순희 양승 양승곤 양승관 양승구 양승국 양승국 양승국 양승규 양승근 양승근 양승남 양승동 양승두 양승란 양승모 양승목 양승문 양승민 양승부 양승숙 양승애 양승엽 양승엽 양승완 양승완 양승용 양승욱 양승원 양승임 양승주 양승준 양승진 양승찬 양승창 양승천 양승태 양승태 양승표 양승하 양승학 양승희 양시경 양시경 양시관 양시균 양시영 양시운 양시진 양신중 양신호 양심전 양쌍수 양애자 양양묵 양양해 양여주 양여진 양연수 양연식 양연식 양연화 양영광 양영국 양영길 양영덕 양영미 양영석 양영선 양영섭 양영수 양영숙 양영승 양영아 양영옥 양영옥 양영우 양영욱 양영일 양영자 양영자 양영재 양영준 양영진 양영철 양영호 양영호 양영희 양영희 양예경 양예나 양오승 양옥관 양옥단 양옥순 양옥승 양옥현 양완국 양완기 양완석 양요순 양요환 양용기 양용기 양용선 양용식 양용우 양용일 양용철 양용화 양우석 양우석 양우석 양우성 양우성 양우승 양우식 양우정 양우창 양욱미 양운승 양운신 양운주 양웅 양웅철 양웅호 양원 양원근 양원기 양원덕 양원동 양원문 양원석 양원석 양원섭 양원영 양원옥 양원정 양원태 양원현 양유라 양유복 양유성 양유정 양윤기 양윤모 양윤복 양윤빈 양윤서 양윤석 양윤선 양윤실 양윤아 양윤용 양윤자 양윤정 양윤정 양윤진 양윤택 양은경 양은경 양은란 양은미 양은미 양은순 양은열 양은영 양은영 양은정 양은진 양을규 양의승 양의인 양익승 양익화 양인규 양인모 양인석 양인선 양인수 양인숙 양인숙 양인숙 양인숙 양인순 양인용 양인욱 양인자 양인호 양인홍 양인화 양일남 양일모 양일순 양일영 양임선 양임원 양자묵 양재규 양재덕 양재동 양재만 양재문 양재민 양재서 양재섭 양재성 양재순 양재식 양재신 양재영 양재오 양재오 양재원 양재인 양재인 양재준 양재진 양재천 양재천 양재해 양재헌 양재혁 양재혁 양재혁 양재현 양재호 양재훈 양점순 양점식 양정규 양정근 양정녀 양정란 양정모 양정묵 양정석 양정석 양정숙 양정식 양정연 양정옥 양정옥 양정우 양정윤 양정윤 양정윤 양정인 양정자 양정자 양정해 양정현 양정현 양정현 양정호 양정화 양정훈 양정희 양제형 양종근 양종렬 양종문 양종서 양종석 양종오 양종천 양종학 양종환 양주령 양주빈 양주석 양주용 양주익 양주현 양주호 양주훈 양준모 양준서 양준호 양준호 양준호 양중길 양지(주) 양지성 양지수 양지영 양지용 양지혁 양지현 양지현 양지홍 양지환 양진명 양진석 양진수 양진숙 양진승 양진영 양진영 양진오 양진욱 양진웅 양진환 양진희 양차련 양찬묵 양찬승 양찬용 양찬유 양찬호 양창건 양창광 양창남 양창모 양창모 양창석 양창석 양창수 양창열 양창주 양창화 양창환 양천명 양철기 양철수 양철승 양철웅 양철준 양철희 양총희 양추국 양춘기 양춘길 양춘복 양춘성 양춘승 양춘열 양춘자 양춘현 양충모 양충식 양충열 양치훈 양칠수 양태봉 양태수 양태식 양태영 양태용 양태일 양태준 양태진 양태회 양택규 양평순 양평식 양푸름 양풍석 양필승 양하열 양한석 양한선 양한성 양한솔 양한수 양한순 양한용 양해경 양해관 양해동 양해련 양해림 양해산 양해석 양해숙 양해식 양해연 양해열 양해완 양해운 양해일 양해진 양행옥 양향순 양향자 양헌수 양혁 양현두 양현란 양현명 양현미 양현섭 양현성 양현수 양현숙 양현숙 양현숙 양현숙 양현순 양현옥 양현조 양현주 양현주 양현준 양형섭 양형진 양형채 양혜경 양혜남 양혜단 양혜리 양혜선 양혜숙 양혜숙 양혜영 양혜영 양혜우 양혜원 양혜자 양혜자 양혜정 양혜정 양혜정 양혜정 양혜진 양혜진 양혜현 양호산 양호섭 양호승 양호직 양호철 양홍 양홍련 양홍만 양홍석 양홍식 양화선 양환옥 양환준 양회구 양회룡 양회림 양회성 양회연 양회욱 양회정 양회정 양회중 양회진 양회찬 양효순 양효순 양효식 양효중 양효진 양효진 양훈식 양희 양희갑 양희경 양희경 양희구 양희국 양희민 양희보 양희석 양희선 양희수 양희순 양희영 양희영 양희옥 양희용 양희우 양희원 양희윤 양희일 양희제 양희주 양희진 양희창 어경도 어경문 어경선 어경숙 어경익 어대식 어명수 어민우 어석환 어선영 어선재 어성기 어성민 어연미 어영선 어용석 어운선 어유진 어윤숙 어윤식 어윤정 어정선 어종호 어진숙 어형선 어홍 엄갑숙 엄강용 엄경숙 엄경옥 엄경출 엄계용 엄광숙 엄광영 엄구현 엄국현 엄금섭 엄기룡 엄기연 엄기영 엄기영 엄기원 엄기은 엄기창 엄기필 엄기헌 엄기형 엄길섭 엄길섭 엄누리 엄다혜 엄대섭 엄대용 엄동진 엄두용 엄맹환 엄명림 엄명숙 엄명숙 엄명자 엄명진 엄명천 엄문섭 엄미란 엄미르 엄병권 엄병규 엄병하 엄봉익 엄상섭 엄상현 엄상화 엄선종 엄성란 엄성엽 엄성은 엄성자 엄세용 엄세원 엄소일 엄수평 엄수현 엄수호 엄수희 엄순아 엄승기 엄승렬 엄승자 엄승철 엄승현 엄시현 엄양선 엄영남 엄영란 엄영문 엄영미 엄영복 엄영석 엄영자 엄영재 엄영택 엄영화 엄영회 엄요안 엄용섭 엄용훈 엄우용 엄웅 엄원당 엄원석 엄원호 엄윤용 엄윤호 엄융의 엄은희 엄을섭 엄응진 엄익봉 엄익선 엄익수 엄익진 엄인영 엄인용 엄일녀 엄재범 엄재법 엄재분 엄재성 엄재용 엄정동 엄정무 엄정섭 엄정일 엄정흠 엄종수 엄종호 엄주강 엄주엽 엄준호 엄준호 엄준희 엄중곤 엄지현 엄진 엄진용 엄진웅 엄진희 엄찬성 엄찬현 엄창주 엄창호 엄채린 엄태륜 엄태성 엄태열 엄태용 엄태환 엄하정 엄헌숙 엄현용 엄형숙 엄형태 엄혜숙 엄혜은 엄효선 엄효운 엄휘영 엄흥섭 엄흥식 엄희영 엄희정 여경예 여경임 여경자 여경희 여관우 여광천 여광호 여교연 여귀희 여규현 여근태 여금숙 여길순 여남숙 여도음 여도향 여도현 여동성 여동준 여동호 여동환 여명석 여명희 여무종 여미선 여민욱 여민하 여병구 여보여 여봉규 여부기 여상렬 여상춘 여상훈 여선우 여선익 여설아 여성구 여성국 여성도 여성숙 여성환 여숙자 여순일 여승구 여승구 여승구 여승희 여영국 여영옥 여옥환 여완현 여용석 여용우 여용욱 여운 여운갑 여운근 여운모 여운산 여운선 여운성 여운승 여운승 여운용 여운제 여운천 여운필 여운하 여운학 여운혁 여운희 여은경 여은경 여응포 여이기 여이슬 여익구 여인술 여인영 여인영 여인욱 여인철 여인학 여재만 여전상 여정근 여정동 여정미 여정희 여종한 여주리 여진수 여진욱 여찬랑 여찬우 여창락 여창호 여천명 여철원 여치헌 여태봉 여태석 여태양 여태용 여태철 여태훈 여택수 여하성 여한구 여혁규 여현구 여현호 여형석 여혜선 여혜숙 여호기 여환용 여환호 여효구 여후남 여희숙 연갑수 연광일 연규민 연규택 연규형 연기영 연명흠 연병기 연병무 연병성 연병욱 연상흠 연성진 연성탁 연성희 연승렬 연영걸 연영흠 연원선 연위봉 연인숙 연재훈 연정숙 연정진 연정흠 연정희 연제식 연제오 연제철 연주현 연지영 연철흠 연청명 연태흠 연회영 염가희 염갑님 염건 염경숙 염경순 염경열 염경호 염경화 염관섭 염근직 염근창 염기동 염기석 염동성 염동철 염동현 염득기 염명렬 염명수 염명순 염명훈 염문성 염미란 염미옥 염민자 염범석 염병훈 염사훈 염상기 염상길 염석일 염석헌 염선기 염선태 염성열 염성엽 염성태 염세환 염승림 염승엽 염승호 염승훈 염승희 염연숙 염영규 염영조 염영환 염원철 염유식 염윤식 염은숙 염은옥 염의섭 염이록 염익환 염인선 염인선 염일진 염장열 염재순 염정섭 염정자 염정훈 염종갑 염종열 염지원 염지윤 염찬희 염창수 염창신 염춘호 염춘화 염필은 염행수 염형국 염형섭 염형철 염효민 염흥섭 염희석 예경순 예동진 예무영 예병남 예병화 예상한 예수철 예술의전당 예승혜 예영빈 예영해 예은경 예재경 예정숙 예종복 예태진 예훈산 오갑희 오강석 오건상 오건석 오건석 오건호 오건호 오경규 오경근 오경근 오경돈 오경라 오경란 오경렬 오경렬 오경석 오경석 오경석 오경석 오경석 오경선 오경수 오경숙 오경숙 오경식 오경심 오경연 오경열 오경옥 오경자 오경자 오경자 오경진 오경진 오경진 오경철 오경철 오경탁 오경태 오경택 오경택 오경표 오경혜 오경환 오경환 오경환 오경희 오경희 오경희 오경희 오경희 오경희 오계숙 오계숙 오계옥 오관수 오관웅 오광 오광록 오광만 오광문 오광석 오광선 오광섭 오광수 오광식 오광식 오광열 오광조 오광진 오광천 오광춘 오광택 오광해 오광호 오광호 오광환 오교남 오교빈 오구균 오국주 오국환 오권진 오귀열 오귀태 오귀환 오규만 오규빈 오규상 오규선 오규섭 오규섭 오규열 오규옥 오규철 오규철 오규칠 오규하 오규홍 오근갑 오근석 오근영 오근찬 오금남 오금덕 오금석 오금순 오금순 오금자 오금탁 오금환 오긍환 오기록 오기봉 오기석 오기선 오기영 오기영 오기영 오기용 오기재 오기주 오기주 오기진 오기현 오기훈 오기희 오길복 오길승 오길영 오길재 오길택 오나은 오나포레옹 오남교 오남두 오남성 오남숙 오남옥 오남희 오누리 오다솜 오다은 오다현 오담 오대건 오대산 오대선 오대섭 오대영 오대영 오대왕 오대현 오덕근 오덕진 오덕호 오덕훈 오도섭 오동규 오동규 오동근 오동범 오동선 오동성 오동신 오동열 오동열 오동열 오동원 오동춘 오동현 오동현 오동호 오동호 오동훈 오두례 오두섭 오두희 오라스트 오래선 오룡 오만교 오만순 오만철 오맹렬 오명근 오명기 오명녀 오명도 오명렬 오명석 오명숙 오명숙 오명숙 오명숙 오명숙 오명숙 오명신 오명심 오명옥 오명철 오명철 오명춘 오명훈 오명희 오명희 오명희 오명희 오문석 오문선 오문옥 오문완 오문의 오문정 오문현 오문환 오미경 오미라 오미란 오미령 오미석 오미선 오미선 오미선 오미숙 오미숙 오미숙 오미숙 오미연 오미영 오미자 오미정 오미정 오미정 오미환 오민규 오민식 오민아 오민애 오민영 오민영 오민주 오민철 오민택 오민호 오민호 오방렬 오방환 오배근 오범진 오범탁 오병갑 오병건 오병규 오병균 오병균 오병금 오병도 오병무 오병문 오병복 오병선 오병섭 오병성 오병수 오병숙 오병연 오병연 오병열 오병옥 오병준 오병준 오병철 오병태 오병택 오병홍 오병화 오병희 오복남 오복숙 오복순 오복자 오봉근 오봉순 오봉진 오부규 오분희 오비오 오사라 오사준 오삼주 오상경 오상근 오상기 오상도 오상도 오상동 오상만 오상만 오상봉 오상석 오상수 오상신 오상엽 오상윤 오상익 오상정 오상제 오상중 오상진 오상천 오상칠 오상학 오상헌 오상헌 오상현 오상호 오상환 오상훈 오상훈 오새록 오생근 오서경 오석건 오석구 오석균 오석균 오석균 오석봉 오석수 오석원 오석재 오석종 오석주 오석찬 오석하 오석환 오선 오선경 오선경 오선규 오선근 오선배 오선열 오선영 오선욱 오선주 오선진 오선희 오성개 오성광 오성교 오성규 오성균 오성근 오성근 오성근 오성기 오성돈 오성만 오성민 오성민 오성백 오성섭 오성수 오성수 오성욱 오성욱 오성일 오성일 오성자 오성자 오성자 오성재 오성정 오성제 오성종 오성주 오성주 오성준 오성중 오성진 오성찬 오성찬 오성탁 오성택 오성택 오성현 오성현 오성호 오성호 오성호 오성화 오성환 오성훈 오성훈 오성훈 오성훈 오성훈 오성희 오세광 오세국 오세근 오세기 오세남 오세도 오세동 오세동 오세라 오세명 오세문 오세미 오세범 오세봉 오세생 오세숙 오세순 오세안 오세연 오세영 오세영 오세용 오세웅 오세원 오세원 오세윤 오세윤 오세은 오세인 오세일 오세임 오세정 오세정 오세정 오세정 오세정 오세준 오세준 오세중 오세진 오세진 오세진 오세창 오세창 오세창 오세창 오세철 오세철 오세현 오세현 오세호 오세화 오세환 오세훈 오세훈 오세희 오세희 오세희 오소라 오소영 오소희 오송미 오송방 오송은 오송희 오수경 오수근 오수근 오수미 오수성 오수안 오수안 오수열 오수영 오수욱 오수운 오수인 오수정 오수지 오수진 오수진 오수진 오수차 오수창 오수창 오수철 오수형 오수형 오수호 오수환 오수환 오숙경 오숙란 오숙민 오숙연 오숙은 오숙이 오숙현 오숙희 오순남 오순민 오순부 오순선 오순영 오순옥 오순임 오순임 오순자 오순정 오순환 오순환 오순희 오승 오승국 오승룡 오승민 오승엽 오승영 오승영 오승용 오승우 오승우 오승욱 오승이 오승종 오승종 오승종 오승준 오승진 오승철 오승탁 오승태 오승헌 오승현 오승호 오승환 오승환 오승훈 오승훈 오승훈 오승훈 오승훈 오승희 오시규 오시덕 오시라 오시상 오시영 오시영 오시웅 오시택 오시환 오신명 오신애 오신지 오심형 오아사 오안득 오안웅 오애란 오애연 오애영 오양기 오양삼 오양수 오양식 오양운 오양택 오양희 오여주 오연 오연목 오연수 오연수 오연숙 오연열 오연이 오연장 오연희 오염덕 오영경 오영곤 오영관 오영기 오영길 오영남 오영덕 오영란 오영란 오영례 오영목 오영목 오영미 오영미 오영빈 오영석 오영석 오영선 오영성 오영수 오영숙 오영숙 오영숙 오영숙 오영순 오영식 오영식 오영신 오영아 오영옥 오영옥 오영욱 오영일 오영자 오영자 오영자 오영주 오영주 오영주 오영주 오영준 오영진 오영진 오영진 오영천 오영철 오영칠 오영학 오영현 오영호 오영호 오영호 오영호 오영호 오영화 오영환 오영환 오영환 오영후 오영희 오영희 오영희 오영희 오영희 오옥경 오옥기 오옥녀 오옥순 오옥이 오옥태 오완근 오완근 오완섭 오완수 오완식 오완철 오용균 오용기 오용기 오용길 오용례 오용록 오용묵 오용석 오용선 오용식 오용언 오용철 오용탁 오용탁 오용태 오용태 오용태 오용현 오용환 오용환 오용환 오우석 오운길 오운석 오원근 오원기 오원덕 오원만 오원배 오원배 오원배 오원석 오원석 오원섭 오원식 오원식 오원옥 오원재 오원주 오원진 오원진 오원철 오원철 오유경 오유경 오유교 오유금 오유금 오유나 오유리 오유배 오유백 오유빈 오유석 오유선 오유송 오유열 오유정 오유정 오유철 오윤관 오윤교 오윤덕 오윤례 오윤미 오윤선 오윤숙 오윤영 오윤옥 오윤정 오윤주 오윤태 오윤택 오윤환 오윤환 오윤후 오윤희 오은경 오은경 오은경 오은선 오은선 오은솔 오은숙 오은숙 오은숙 오은영 오은영 오은옥 오은재 오은정 오은주 오은주 오은주 오은지 오은지 오은택 오은하 오은하 오은환 오은희 오을석 오을식 오응석 오의숙 오의탁 오익선 오익찬 오익창 오인근 오인두 오인석 오인숙 오인숙 오인식 오인식 오인실 오인천 오인철 오인철 오인탁 오인태 오인호 오일균 오일로 오일룡 오일석 오일선 오일주 오일환 오일환 오임범 오임정 오임환 오자열 오자영 오장근 오장섭 오장은 오장현 오장환 오장희 오재갑 오재관 오재권 오재근 오재길 오재덕 오재록 오재명 오재민 오재선 오재선 오재성 오재숙 오재술 오재식 오재영 오재오 오재옥 오재옥 오재욱 오재원 오재일 오재준 오재평 오재현 오재홍 오재훈 오점남 오점숙 오점순 오점엽 오점이 오점환 오정근 오정근 오정남 오정례 오정례 오정면 오정민 오정민 오정선 오정선 오정선 오정섭 오정섭 오정수 오정숙 오정아 오정아 오정열 오정열 오정옥 오정원 오정윤 오정은 오정은 오정이 오정자 오정제 오정진 오정진 오정진 오정철 오정택 오정하 오정호 오정화 오정환 오정환 오정훈 오정훈 오정훈 오제균 오제근 오제명 오제백 오제우 오제욱 오제천 오제학 오종관 오종관 오종교 오종균 오종균 오종녕 오종님 오종렬 오종만 오종만 오종수 오종순 오종식 오종우 오종윤 오종윤 오종주 오종찬 오종탁 오종학 오종한 오종현 오종호 오종훈 오종훈 오

한겨레 7만 주주

종희 오종희 오주덕 오주동 오주삼 오주상 오주열 오주영 오주현 오주형 오주희 오준석 오준석 오준성 오준수 오준식 오준양 오준영 오준영 오준철 오준철 오준호 오준홍 오중선 오중섭 오중세 오중현 오중훈 오지민 오지석 오지선 오지선 오지수 오지수 오지영 오지현 오지혜 오지홍 오지환 오지훈 오지훈 오진 오진구 오진산 오진석 오진석 오진수 오진숙 오진식 오진욱 오진웅 오진주 오진탁 오진하 오진혁 오진현 오진호 오진환 오진희 오차재 오찬 오찬식 오찬우 오창균 오창근 오창근 오창남 오창남 오창락 오창례 오창민 오창백 오창석 오창석 오창선 오창섭 오창섭 오창섭 오창순 오창식 오창식 오창익 오창현 오창현 오창호 오천균 오천균 오천석 오천석 오철 오철우 오철현 오철환 오철환 오청민 오청운 오춘균 오춘근 오춘금 오춘복 오춘선 오춘자 오춘택 오춘홍 오충교 오충환 오치동 오치록 오치만 오치순 오치원 오칠용 오칠호 오탁근 오탁번 오탄 오태겸 오태국 오태규 오태규 오태균 오태근 오태련 오태명 오태석 오태석 오태선 오태성 오태순 오태순 오태식 오태연 오태열 오태영 오태완 오태용 오태윤 오태평 오태현 오태현 오태현 오태화 오택송 오택찬 오택한 오판곤 오판순 오팔영 오평섭 오필심 오필심 오하근 오하늘 오하영 오학균 오한권 오한근 오한나 오한욱 오한별 오한상 오한순 오한승 오한우 오한준 오한준 오항록 오항아 오해석 오해석 오해선 오해성 오해수 오해연 오해원 오해천 오해출 오행근 오향경 오향래 오향순 오향심 오헌영 오혁종 오현 오현게 오현근 오현달 오현대 오현록 오현석 오현석 오현석 오현섭 오현성 오현세 오현수 오현숙 오현숙 오현숙 오현숙 오현숙 오현숙 오현식 오현식 오현신 오현아 오현애 오현재 오현정 오현정 오현정 오현종 오현주 오현주 오현주 오현주 오현주 오현진 오현택 오현홍 오현화 오형관 오형국 오형근 오형민 오혜석 오혜식 오혜식 오혜종 오혜주 오혜중 오혜희 오혜령 오혜령 오혜숙 오혜숙 오혜연 오혜연 오혜영 오혜영 오혜원 오혜정 오혜진 오호선 오호세 오호연 오호영 오홍곤 오홍남 오홍모 오홍석 오홍석 오홍석 오홍섭 오화석 오화숙 오화순 오화영 오화정 오환진 오효석 오효순 오후석 오훈동 오훈석 오훙국 오훙녕 오훙민 오훙상 오훙석 오훙설 오흥세 오흥숙 오흥윤 오흥은 오흥주 오흥주 오흥진 오흥탁 오희 오희경 오희수 오희애 오희인 오희정 오희진 옥경희 옥광섭 옥기범 옥기석 옥남식 옥동회 옥두영 옥명계 옥명자 옥명호 옥문수 옥복진 옥상곤 옥수민 옥수한 옥순종 옥순주 옥승경 옥승호 옥시찬 옥임 옥영경 옥영보 옥영수 옥영자 옥영재 옥영훈 옥우석 옥윤형 옥정란 옥정현 옥준석 옥지선 옥지인 옥창문 옥천수 옥춘덕 옥현종 온근상 온기현 온성용 온세아 온수애 온양 온영만 온영삼 온영상 온영원 온정국 온정래 온향용 왕경석 왕경순 왕규식 왕규훈 왕기선 왕길남 왕동석 왕명현 왕무권 왕병욱 왕보윤 왕상민 왕성민 왕성호 왕애랑 왕영창 왕옥균 왕운현 왕윤석 왕인관 왕일상 왕재렬 왕정숙 왕정순 왕정일 왕종일 왕종호 왕종희 왕주현 왕준연 왕중영 왕창세 왕창호 왕태형 왕한석 왕현모 왕형렬 왕희숙 왕희정 외대총동문 외환반포 용미숙 용산 용석인 용석희 용승희 용영자 용영창 용영희 용영희 용운중 용인숙 용인주 용인중 용창환 용환승 용환신 우강업 우경숙 우경아 우경아 우경오 우경자 우경자 우경천 우경화 우경희 우관섭 우광렬 우광제 우광주 우광택 우광호 우구하 우귀선 우규태 우금호 우긍환 우기병 우기하 우남길 우남식 우대석 우대형 우덕희 우동우 우득종 우리사주 우만재 우명국 우명미 우명선 우명섭 우명숙 우명임 우명자 우명자 우명주 우명호 우명환 우몽룡 우미경 우미라 우민식 우병걸 우병렬 우병민 우병욱 우병조 우병채 우병희 우병희 우봉성 우부인 우삼곤 우상모 우상복 우상수 우상준 우상철 우상택 우상훈 우상훈 우상훈 우상흔 우석만 우선용 우선종 우선주 우선주 우성란 우성섭 우성정 우성진 우성혜 우성희 우송하 우수영 우수자 우숙영 우순복 우순향 우승명 우승원 우승철 우시숙 우애리 우양길 우억기 우연미 우연창 우영관 우영란 우영숙 우영숙 우영순 우영옥 우영일 우영제 우영주 우영주 우영호 우영희 우예니 우예원 우예현 우옥자 우용기 우용대 우용수 우욱원 우운택 우원석 우원선 우유현 우윤선 우은명 우인성 우인숙 우인숙 우인옥 우인태 우인회 우일영 우장식 우재신 우재옥 우재용 우재춘 우점택 우정규 우정남 우정민 우정서 우정숙 우정아 우정연 우정욱 우정윤 우정주 우정현 우정호 우정희 우제열 우제원 우제진 우제철 우제호 우종남 우종대 우종명 우종산 우종서 우종선 우종수 우종식 우종신 우종욱 우종익 우종진 우종헌 우종호 우종환 우종희 우주호 우지영 우진관 우진형 우진희 우찬규 우찬웅 우창웅 우창윤 우창호 우총열 우춘호 우치국 우태재 우태환 우한예 우해동 우행원 우헌구 우현석 우현아 우현제 우형동 우형식 우형인 우혜령 우홍봉 우홍수 우희균 우희만 우희명 우희명 우희숙 우희창 원경란 원경선 원경숙 원경숙 원경진 원경희 원광재 원구연 원구철 원기배 원기준 원길연 원길자 원남식 원다올 원대희 원동석 원동욱 원동준 원명 원명연 원미숙 원미숙 원미자 원미향 원민숙 원민희 원범식 원병식 원병우 원병준 원병철 원부미 원상준 원새롬 원선자 원성 원성권 원성연 원성옥 원성혜 원세연 원세웅 원수곤 원수연 원수연 원숙 원숙자 원순 원순실 원순재 원승필 원양재 원영근 원영노 원영례 원영만 원영미 원영민 원영복 원영인 원영재 원영재 원영준 원영준 원영환 원예닮 원용수 원용숙 원용준 원용태 원용호 원우현 원유경 원유방 원유승 원유열 원유장 원유학 원유훤 원윤 원윤성 원은경 원은희 원을상 원응길 원응호 원이만 원익수 원인철 원일 원자경 원재영 원재환 원재훈 원정근 원정식 원제환 원제희 원종 원종근 원종례 원종례 원종상 원종성 원종소 원종애 원종영 원종영 원종철 원종하 원종호 원준식 원준일 원지인 원지헌 원진식 원진호 원진홍 원창연 원창재 원창희 원천일 원춘경 원춘식 원춘자 원춘자 원충희 원태희 원풍식 원한기 원행 원향 원향희 원형수 원혜 원혜경 원혜경 원혜숙 원혜연 원혜정 원호연 원호정 원황철 원효정 원휘규 원흥식 월주 위경일 위계홍 위관량 위기진 위기하 위기하 위길환 위대한 위르겐힌츠페터 위만순 위문석 위방환 위봉엽 위상복 위석봉 위성관 위성룡 위성만 위성민 위성언 위성완 위성욱 위성태 위성한 위성화 위성희 위숙현 위슬기 위승렬 위신용 위영두 위영란 위우정 위유진 위유환 위윤숙 위의환 위장복 위재건 위재복 위재선 위재호 위정선 위정섭 위정숙 위정철 위정훈 위정훈 위준완 위지승 위지정 위지향 위지훈 위창복 위청량 위충량 위택환 위팬찬드라 위행복 위향미 위혁량 위혁준 위형윤 위호정 위홍열 유가영 유가희 유간란 유갑연 유갑천 유강문 유강진 유강진 유건진 유건형 유건형 유경 유경 유경기 유경님 유경미 유경상 유경선 유경선 유경수 유경수 유경숙 유경숙 유경순 유경아 유경연 유경영 유경옥 유경옥 유경이 유경임 유경임 유경자 유경자 유경재 유경종 유경종 유경종 유경종 유경호 유경훈 유경희 유경희 유경희 유계설 유계임 유계화 유계희 유공숙 유관열 유관지 유관희 유광 유광남 유광문 유광석 유광석 유광수 유광수 유광수 유광식 유광열 유광영 유광종 유광준 유광진 유광현 유광희 유광희 유구화 유국환 유군희 유권근 유귀열 유귀자 유규선 유규현 유근덕 유근범 유근주 유근현 유근홍 유금동 유금모 유금수 유금순 유금이 유금자 유기강 유기권 유기덕 유기동 유기라 유기복 유기봉 유기숙 유기신 유기연 유기열 유기옥 유기원 유기정 유기정 유기준 유기준 유기준 유기철 유기호 유기호 유기환 유길동 유길상 유길상 유길상 유길섭 유길성 유길순 유나령 유나영 유낙근 유낙종 유난희 유남규 유남선 유남열 유남용 유남임 유남호 유내선 유내현 유다솔 유달준 유대규 유대근 유대석 유대선 유대선 유대열 유대운 유대칠 유덕관 유덕상 유덕수 유덕열 유덕영 유덕진 유덕헌 유덕형 유덕환 유덕희 유도공 유도영 유도재 유도현 유동균 유동길 유동길 유동렬 유동석 유동석 유동성 유동수 유동식 유동열 유동운 유동이 유동일 유동종 유동주 유동주 유동준 유동진 유동진 유동진 유동춘 유동현 유동호 유동호 유동훈 유동희 유두경 유두만 유두영 유두한 유두현 유두희 유라 유락규 유락규 유래순 유래원 유만덕 유만석 유말희 유맹석 유명권 유명렬 유명례 유명선 유명수 유명숙 유명신 유명애 유명옥 유명용 유명조 유명종 유명종 유명종 유명종 유명철 유명한 유명화 유명화 유명훈 유모아삼 유무식 유무진 유무철 유문덕 유문동 유문상 유문선 유문선 유문자 유문조 유미경 유미경 유미경 유미나 유미라 유미란 유미령 유미림 유미선 유미숙 유미숙 유미숙 유미숙 유미순 유미순 유미연 유미영 유미임 유미정 유미현 유미호 유미화 유민상 유민석 유민선 유민섭 유민정 유민주 유민준 유민형 유방 유방란 유백산 유범수 유병관 유병관 유병교 유병국 유병국 유병규 유병기 유병기 유병돈 유병돈 유병돈 유병만 유병모 유병석 유병석 유병석 유병섭 유병성 유병수 유병옥 유병옥 유병은 유병익 유병일 유병일 유병임 유병임 유병제 유병철 유병철 유병철 유병택 유병필 유병화 유병환 유병훈 유병훈 유병훈 유복례 유복열 유봉기 유봉남 유봉식 유봉재 유봉진 유봉학 유부근 유부근 유비로 유비룡 유빛내리 유사름 유삭순 유삼동 유삼룡 유삼열 유상규 유상근 유상근 유상기 유상부 유상숙 유상열 유상열 유상열 유상열 유상영 유상영 유상욱 유상욱 유상원 유상윤 유상준 유상중 유상표 유상혁 유상현 유상현 유상현 유상호 유상훈 유상훈 유상희 유생영 유서경 유서원 유석만 유석성 유석순 유석순 유석순 유석종 유석창 유석철 유석호 유석희 유선경 유선근 유선미 유선민 유선숙 유선아 유선영 유선은 유선이 유선종 유선태 유선학 유선향 유선호 유선호 유선화 유선화 유선희 유선희 유선희 유선희 유성권 유성권 유성규 유성규 유성근 유성근 유성노 유성렬 유성렬 유성룡 유성모 유성문 유성민 유성민 유성수 유성수 유성숙 유성식 유성식 유성식 유성식 유성열 유성오 유성준 유성한 유성효 유성희 유성희 유세명 유세영 유세종 유소라 유소림 유소망 유소미 유소연 유소영 유소영 유소영 유소은 유소은 유소행 유소희 유소희 유수경 유수곤 유수만 유수복 유수연 유수연 유수열 유수용 유수인 유수인 유수정 유수종 유수하 유수호 유수호 유수화 유숙 유숙미 유숙자 유숙희 유숙희 유순관 유순남 유순례 유순애 유순열 유순이 유순자 유순하 유순현 유순희 유순희 유순희 유순희 유숭훈 유승 유승구 유승귀 유승규 유승규 유승남 유승렬 유승룡 유승목 유승무 유승민 유승민 유승부 유승석 유승아 유승연 유승연 유승열 유승영 유승오 유승옥 유승우 유승우 유승우 유승우 유승원 유승원 유승원 유승원 유승일 유승재 유승주 유승철 유승태 유승하 유승현 유승효 유승훈 유승훈 유승희 유승희 유승희 유승희 유시근 유시동 유시득 유시병 유시웅 유시정 유시철 유시춘 유시평 유신수 유신애 유신재 유신현 유실비아 유아리사 유안순 유안우 유애자 유양관 유양식 유양옥 유양하 유양호 유양희 유연 유연규 유연미 유연복 유연상 유연상 유연순 유연순 유연옥 유연옥 유연욱 유연자 유연자 유연찬 유연창 유연창 유연철 유연화 유연흥 유영 유영갑 유영경 유영경 유영관 유영국 유영균 유영근 유영근 유영글 유영도 유영돈 유영돈 유영란 유영란 유영래 유영렬 유영만 유영모 유영문 유영미 유영미 유영미 유영민 유영민 유영민 유영배 유영보 유영빈 유영삼 유영삼 유영상 유영선 유영선 유영선 유영섭 유영섭 유영소 유영수 유영수 유영수 유영숙 유영숙 유영숙 유영순 유영승 유영아 유영애 유영옥 유영옥 유영욱 유영운 유영이 유영일 유영자 유영자 유영자 유영자 유영재 유영재 유영재 유영재 유영점 유영조 유영종 유영주 유영주 유영준 유영준 유영진 유영철 유영철 유영철 유영철 유영현 유영호 유영호 유영호 유영호 유영화 유영화 유영화 유영환 유영환 유영희 유영희 유영희 유영희 유영희 유영희 유예은 유예지 유오근 유오상 유옥렬 유옥분 유옥선 유옥순 유옥현 유옥화 유옥화 유옥희 유완규 유완식 유완식 유완엽 유왕진 유외식 유요희 유용길 유용례 유용만 유용선 유용식 유용익 유용재 유용주 유용주 유용진 유용태 유용하 유용호 유용환 유용환 유용환 유우근 유우열 유우열 유우종 유우종 유욱 유욱림 유운기 유운영 유웅조 유원규 유원근 유원적 유원진 유원호 유원호 유윤상 유윤상 유윤석 유윤식 유윤조 유윤희 유은 유은봉 유은상 유은숙 유은숙 유은순 유은실 유은열 유은영 유은정 유은정 유은종 유은주 유은지 유은희 유을희 유을희 유의선 유의식 유이종 유인 유인경 유인국 유인권 유인권 유인금 유인노 유인만 유인배 유인상 유인수 유인수 유인수 유인숙 유인숙 유인숙 유인순 유인순 유인애 유인애 유인애 유인열 유인영 유인자 유인주 유인주 유인찬 유인학 유인호 유인호 유일남 유일상 유일상 유일선 유일성 유일세 유일증 유임순 유자열 유장근 유장근 유장상 유장홍 유장훈 유장흥 유재건 유재경 유재경 유재경 유재관 유재관 유재관 유재국 유재규 유재규 유재덕 유재도 유재명 유재방 유재봉 유재상 유재상 유재석 유재선 유재설 유재성 유재수 유재숙 유재승 유재신 유재심 유재안 유재연 유재연 유재열 유재영 유재영 유재영 유재영 유재용 유재용 유재웅 유재원 유재원 유재천 유재철 유재철 유재협 유재호 유재호 유재호 유재홍 유재훈 유재흥 유점동 유점임 유정 유정곤 유정구 유정권 유정권 유정규 유정규 유정근 유정님 유정동 유정례 유정미 유정미 유정미 유정민 유정민 유정민 유정민 유정삼 유정석 유정석 유정선 유정수 유정수 유정숙 유정숙 유정숙 유정순 유정순 유정아 유정아 유정열 유정열 유정열 유정영 유정옥 유정옥 유정우 유정우 유정원 유정원 유정자 유정주 유정준 유정진 유정진 유정현 유정현 유정혜 유정호 유정화 유정환 유정환 유정희 유정희 유정희 유정희 유정희 유정희 유제곤 유제성 유제성 유제성 유제연 유제영 유제천 유제춘 유제호 유제호 유제화 유제훈 유제흥 유종건 유종구 유종규 유종기 유종남 유종남 유종도 유종범 유종상 유종석 유종석 유종섭 유종성 유종성 유종수 유종술 유종슬 유종승 유종식 유종열 유종옥 유종완 유종우 유종조 유종필 유종현 유종호 유종화 유주수 유주현 유주화 유주희 유주희 유준상 유준석 유준식 유준영 유준협 유중민 유중산 유중열 유중열 유중천 유중학 유증석 유지걸 유지동 유지명 유지무 유지민 유지상 유지안 유지연 유지연 유지영 유지영 유지용 유지웅 유지웅 유지웅 유지은 유지인 유지정 유지창 유지현 유지현 유지호 유지화 유지훈 유지훈 유지훈 유지훈 유지희 유진 유진 유진갑 유진경 유진경 유진권 유진근 유진미 유진배 유진복 유진복 유진상 유진상 유진상 유진선 유진선 유진섭 유진성 유진수 유진수 유진숙 유진승 유진아 유진영 유진욱 유진욱 유진이 유진태 유진표 유진헌 유진호 유진호 유진호 유진호 유진희 유징세 유차영 유찬기 유찬영 유찬옥 유찬용 유찬이 유찬호 유창곤 유창규 유창선 유창수 유창열 유창열 유창일 유창제 유창하 유창호 유창화 유채봉 유천권 유천섭 유천형 유천호 유철상 유철수 유철열 유철인 유철준 유철홍 유청산 유청상 유청순 유초연 유초하 유초하 유추강 유춘비 유춘선 유춘식 유춘식 유춘식 유춘실 유춘영 유춘자 유춘재 유충상 유충열 유충열 유충원 유충현 유충희 유치숙 유치정 유치정 유탁 유태근 유태석 유태선 유태수 유태영 유태은 유태현 유태환 유태훈 유택종 유택주 유판옥 유팔영 유평근 유평렬 유평화 유필녀 유필선 유필수 유하균 유하은 유학관 유한기 유한목 유한범 유한별 유한산 유한상 유한성 유한솔 유한수 유한애 유한영 유한영 유한옥 유한원 유한종 유한준 유한필 유항렬 유항석 유항열 유항조 유해동 유해석 유해숙 유해송 유해신 유해정 유해주 유해철 유해춘 유행식 유행열 유행준 유향란 유향자 유혁재 유혁종 유현경 유현기 유현길 유현미 유현미 유현빈 유현산 유현석 유현선 유현선 유현숙 유현숙 유현숙 유현순 유현식 유현실 유현오 유현웅 유현위 유현제 유현주 유현주 유현주 유현중 유현직 유현화 유형구 유형근 유형달 유형덕 유형석 유형순 유형식 유형우 유형재 유형재 유형종 유혜경 유혜규 유혜수 유혜숙 유혜숙 유혜실 유혜영 유혜영 유혜정 유혜진 유호 유호경 유호국 유호문 유호상 유호석 유호순 유호정 유호정 유호풍 유홍근 유홍기 유홍렬 유홍묵 유홍상 유홍열 유홍준 유화경 유화랑 유화수 유환 유환숙 유환일 유활란 유황열 유회순 유효덕 유효상 유효선 유효성 유효숙 유효숙 유효숙 유효식 유효종 유효준 유후근 유후람 유훈근 유훈영 유훈종 유홍목 유홍문 유희권 유희덕 유희동 유희라 유희락 유희명 유희봉 유희선 유희수 유희연 유희연 유희영 유희영 유희영 유희원 유희윤 유희정 유희종 유희종 유희주 유희창 유희철 육경명 육경영 육근병 육근영 육기엽 육대웅 육덕배 육동현 육민수 육성천 육성희 육영숙 육완순 육인선 육인용 육일섭 육일정 육종희 육종관 육종대 육종인 육진수 육춘영 육태철 육태학 육태희 육혜경 육혜경 육혜경 육효순 육흥중 육희선 윤가인 윤갑병 윤갑상 윤갑순 윤갑식 윤강명 윤강원 윤강원 윤강현 윤건중 윤경 윤경규 윤경덕 윤경란 윤경례 윤경로 윤경모 윤경배 윤경석 윤경선 윤경선 윤경섭 윤경섭 윤경수 윤경숙 윤경숙 윤경숙 윤경식 윤경애 윤경옥 윤경옥 윤경원 윤경원 윤경원 윤경일 윤경자 윤경자 윤경조 윤경주 윤경중 윤경태 윤경태 윤경필 윤경호 윤경호 윤경환 윤경희 윤경희 윤경희 윤경희 윤경희 윤계근 윤계섭 윤계현 윤고운 윤고훈 윤곤순 윤공희 윤관석 윤관순 윤관현 윤관희 윤광기 윤광기 윤광남 윤광모 윤광복 윤광석 윤광식 윤광원 윤광용 윤광주 윤광준 윤광찬 윤광현 윤광희 윤교영 윤교칠 윤구 윤구 윤구병 윤구병 윤구영 윤구현 윤국한 윤권 윤권순 윤권택 윤귀석 윤귀자 윤규문 윤규완 윤규택 윤규현 윤근우 윤근형 윤금남 윤금숙 윤금숙 윤금순 윤금용 윤금자 윤금태 윤금향 윤기근 윤기남 윤기대 윤기복 윤기석 윤기석 윤기선 윤기섭 윤기성 윤기수 윤기영 윤기영 윤기오 윤기웅 윤기원 윤기일 윤기일 윤기주 윤기준 윤기진 윤기철 윤기태 윤기태 윤기하 윤기현 윤기혜 윤기호 윤기호 윤기홍 윤기홍 윤기훈 윤길례 윤길수 윤길열 윤길자 윤길자 윤길주 윤길주 윤길중 윤길하 윤길학 윤길환 윤나래 윤나리 윤나모 윤나실 윤남 윤남규 윤남선 윤남순 윤남숙 윤남진 윤남현 윤내현 윤노을 윤누리 윤능선 윤다래 윤다운 윤다인 윤담연 윤대문 윤대석 윤대순 윤대열 윤대영 윤대원 윤대윤 윤대준 윤대중 윤대철 윤대철 윤대현 윤대호 윤대홍 윤대환 윤덕규 윤덕기 윤덕례 윤덕수 윤덕순 윤덕연 윤덕용 윤덕원 윤덕일 윤덕재 윤덕주 윤덕중 윤덕진 윤덕한 윤덕현 윤덕환 윤덕훈 윤덕희 윤도민 윤도원 윤도윤 윤도진 윤동구 윤동국 윤동규 윤동남 윤동민 윤동민 윤동식 윤동열 윤동영 윤동일 윤동재 윤동주 윤동혁 윤동현 윤동현 윤동호 윤동호 윤두규 윤두영 윤두이 윤두현 윤두현 윤득상 윤들 윤만식 윤만식 윤만원 윤만철 윤만호 윤명노 윤명로 윤명선 윤명수 윤명숙 윤명숙 윤명숙 윤명숙 윤명숙 윤명숙 윤명중 윤명준 윤명중 윤명혜 윤명호 윤명훈 윤명희 윤명희 윤모촌 윤몽룡 윤무영 윤무진 윤문기 윤문수 윤문숙 윤문숙 윤문원 윤문희 윤미경 윤미경 윤미경 윤미경 윤미광 윤미길 윤미례 윤미리 윤미리 윤미선 윤미선 윤미숙 윤미숙 윤미숙 윤미애 윤미애 윤미연 윤미영 윤미영 윤미영 윤미옥 윤미옥 윤미자 윤미정 윤미정 윤미정 윤미향 윤미현 윤미현 윤미형 윤미화 윤민 윤민구 윤민병 윤민상 윤민수 윤민영 윤민영 윤민의 윤민자 윤민재 윤민주 윤민중 윤방식 윤방원 윤백선 윤범모 윤범용 윤범관 윤병국 윤병규 윤병근 윤병두 윤병렬 윤병렬 윤병린 윤병만 윤병문 윤병석 윤병숙 윤병영 윤병완 윤병우 윤병욱 윤병일 윤병정 윤병준 윤병준 윤병찬 윤병천 윤병철 윤병철 윤병철 윤병환 윤병훈 윤병훈 윤병희 윤보선 윤보숙 윤보영 윤보영 윤보영 윤보은 윤보은 윤보인 윤보현 윤복자 윤복주 윤복현 윤봉규 윤봉노 윤봉수 윤봉수 윤봉순 윤봉용 윤봉옥 윤봉자 윤봉진 윤봉태 윤봉하 윤봉호 윤부영 윤분도 윤분선 윤비근 윤사임 윤삼민 윤삼숙 윤삼이 윤삼주 윤삼하 윤상교 윤상구 윤상규 윤상기 윤상덕 윤상돈 윤상로 윤상민 윤상봉 윤상석 윤상선 윤상섭 윤상섭 윤상섭 윤상수 윤상식 윤상억 윤상용 윤상운 윤상웅 윤상윤 윤상은 윤상인 윤상인 윤상태 윤상현 윤상호 윤상희 윤새하 윤서석 윤서영 윤서정 윤서준 윤서준 윤서중 윤서현 윤서회 윤석 윤석건 윤석구 윤석구 윤석구 윤석권 윤석규 윤석규 윤석기 윤석기 윤석기 윤석길 윤석남 윤석담 윤석룡 윤석만 윤석만 윤석목 윤석민 윤석민 윤석범 윤석병 윤석봉 윤석산 윤석성 윤석수 윤석순 윤석연 윤석영 윤석영 윤석용 윤석우 윤석운 윤석원 윤석위 윤석윤 윤석윤 윤석인 윤석일 윤석임 윤석재 윤석재 윤석재 윤석준 윤석준 윤석중 윤석진 윤석진 윤석진 윤석철 윤석철 윤석태 윤석향 윤석현 윤석호 윤석홍 윤석홍 윤석환 윤석훈 윤석훈 윤석희 윤석희 윤선경 윤선례 윤선애 윤선애 윤선영 윤선옥 윤선옥 윤선종 윤선주 윤선주 윤선진 윤선진 윤선학 윤선화 윤선희 윤선희 윤선희 윤선희 윤선희 윤선희 윤섭갑 윤성구 윤성도 윤성로 윤성룡 윤성만 윤성만 윤성민 윤성수 윤성수 윤성수 윤성숙 윤성식 윤성옥 윤성옥 윤성용 윤성용 윤성우 윤성욱 윤성의 윤성인 윤성준 윤성준 윤성중 윤성중 윤성진 윤성진 윤성천 윤성철 윤성철 윤성표 윤성현 윤성현 윤성호 윤성호 윤성환 윤성희 윤성희 윤세영 윤세중 윤세진 윤세민 윤세부 윤세영 윤세일 윤세철 윤세형 윤세훈 윤세희 윤소년 윤소라 윤소순 윤소연 윤소연 윤소영 윤소자 윤소향 윤소희 윤솔 윤송근 윤수경 윤수연 윤수연 윤수영 윤수영 윤수용 윤수웅 윤수원 윤수진 윤수태 윤숙채 윤숙한 윤숙희 윤순길 윤순남 윤순녀 윤순덕 윤순례 윤순복 윤순복 윤순식 윤순애 윤순영 윤순영 윤순옥 윤순옥 윤순옥 윤순용 윤순우 윤순원 윤순자 윤순자 윤순자 윤순진 윤순찬 윤순창 윤순택 윤순현 윤순화 윤순희 윤순희 윤술기 윤술비 윤승 윤승 윤승근 윤승기 윤승덕 윤승만 윤승모 윤승섭 윤승업 윤승옥 윤승옥 윤승용 윤승용 윤승일 윤승준 윤승중 윤승중 윤승진 윤승철 윤승태 윤승현 윤승호 윤승환 윤승희 윤시열 윤시원 윤신중 윤신행 윤쌍규 윤아름 윤아솔 윤아원 윤애경 윤애경 윤애선 윤애선 윤애선 윤양근 윤양덕 윤양미 윤양석 윤양순 윤양원 윤양원 윤양현 윤양현 윤양희 윤언자 윤언중 윤여갑 윤여경 윤여균 윤여금 윤여길 윤여남 윤여덕 윤여동 윤여림 윤여민 윤여병 윤여선 윤여성 윤여성 윤여신 윤여양 윤여율 윤여장 윤여정 윤여정 윤여정 윤여준 윤여준 윤여준 윤여진 윤여환 윤여환 윤여희 윤연봉 윤연수 윤연심 윤연자 윤연정 윤연주 윤연진 윤연희 윤연희 윤영규 윤영길 윤영길 윤영길 윤영남 윤영녀 윤영님 윤영단 윤영달 윤영대 윤영란 윤영만 윤영만 윤영모 윤영묵 윤영미 윤영민 윤영배 윤영배 윤영배 윤영복 윤영분 윤영삼 윤영상 윤영상 윤영생 윤영석 윤영석 윤영선 윤영선 윤영섭 윤영성 윤영숙 윤영숙 윤영숙 윤영숙 윤영순 윤영식 윤영식 윤영식 윤영식 윤영식 윤영신 윤영안 윤영애 윤영애 윤영애 윤영앵 윤영억 윤영오 윤영옥 윤영옥 윤영옥 윤영용 윤영우 윤영욱 윤영윤 윤영은 윤영의 윤영임 윤영자 윤영자 윤영자 윤영자 윤영전 윤영조 윤영주 윤영주 윤영준 윤영중 윤영진 윤영진 윤영진 윤영진 윤영찬 윤영채 윤영천 윤영철 윤영치 윤영태 윤영한 윤영한 윤영현

한겨레 7만 주주

윤영현 윤영호 윤영환 윤영환 윤영효 윤영훈 윤영훈 윤영희 윤영희 윤영희 윤예린 윤오성 윤옥경 윤옥균 윤옥례 윤옥민 윤옥선 윤옥순 윤옥식 윤옥식 윤옥실 윤옥열 윤옥인 윤옥정 윤옥춘 윤옥현 윤완병 윤완선 윤완섭 윤완수 윤완호 윤요섭 윤요환 윤용 윤용국 윤용권 윤용균 윤용남 윤용니 윤용상 윤용상 윤용성 윤용성 윤용숙 윤용순 윤용식 윤용웅 윤용이 윤용재 윤용준 윤용중 윤용진 윤용철 윤용출 윤용하 윤용현 윤용현 윤용호 윤용화 윤용화 윤용환 윤용희 윤우람 윤우람 윤우리 윤우열 윤우현 윤욱준 윤운식 윤운환 윤웅 윤웅섭 윤웅섭 윤웅원 윤원대 윤원배 윤원상 윤원석 윤원석 윤원숙 윤원식 윤원식 윤원영 윤원준 윤원창 윤원태 윤원필 윤유미 윤유배 윤유석 윤유석 윤유정 윤윤규 윤윤봉 윤윤섭 윤윤식 윤윤영 윤율남 윤은경 윤은규 윤은미 윤은미 윤은상 윤은상 윤은섭 윤은성 윤은수 윤은숙 윤은숙 윤은숙 윤은심 윤은자 윤은재 윤은주 윤은지 윤은진 윤은희 윤을선 윤을식 윤을진 윤응열 윤응오 윤의선 윤의홍 윤이성 윤이중 윤익현 윤인규 윤인병 윤인선 윤인선 윤인선 윤인선 윤인섭 윤인섭 윤인섭 윤인수 윤인수 윤인숙 윤인숙 윤인숙 윤인숙 윤인숙 윤인숙 윤인숙 윤인영 윤인우 윤인자 윤인진 윤인철 윤인하 윤인호 윤인호 윤일경 윤일상 윤일상 윤일성 윤일완 윤일용 윤일채 윤일현 윤일홍 윤임현 윤자일 윤자정 윤장현 윤장호 윤재걸 윤재근 윤재근 윤재근 윤재길 윤재길 윤재달 윤재대 윤재로 윤재룡 윤재만 윤재만 윤재봉 윤재상 윤재석 윤재선 윤재성 윤재수 윤재열 윤재영 윤재일 윤재중 윤재중 윤재진 윤재천 윤재철 윤재필 윤재하 윤재학 윤재학 윤재해 윤재행 윤재현 윤재현 윤재호 윤재호 윤재홍 윤재희 윤점룡 윤정 윤정건 윤정곤 윤정대 윤정례 윤정모 윤정모 윤정모 윤정묵 윤정문 윤정미 윤정상 윤정상 윤정서 윤정석 윤정석 윤정선 윤정수 윤정숙 윤정숙 윤정숙 윤정숙 윤정숙 윤정숙 윤정숙 윤정숙 윤정식 윤정식 윤정심 윤정애 윤정엽 윤정옥 윤정용 윤정운 윤정원 윤정윤 윤정은 윤정임 윤정임 윤정자 윤정자 윤정자 윤정자 윤정재 윤정진 윤정진 윤정채 윤정치 윤정택 윤정혁 윤정현 윤정현 윤정현 윤정혜 윤정호 윤정화 윤정화 윤정화 윤정화 윤정흠 윤정희 윤정희 윤정희 윤정희 윤제춘 윤조병 윤존도 윤종갑 윤종구 윤종규 윤종규 윤종기 윤종길 윤종길 윤종남 윤종록 윤종률 윤종민 윤종빈 윤종빈 윤종빈 윤종빈 윤종상 윤종석 윤종석 윤종석 윤종섭 윤종순 윤종술 윤종양 윤종업 윤종열 윤종영 윤종오 윤종원 윤종원 윤종은 윤종일 윤종일 윤종진 윤종진 윤종찬 윤종철 윤종탁 윤종택 윤종헌 윤종현 윤종현 윤종현 윤종호 윤종화 윤종화 윤종훈 윤종훈 윤종훈 윤좌영 윤주경 윤주동 윤주병 윤주숙 윤주열 윤주옥 윤주완 윤주원 윤주은 윤주태 윤주필 윤주현 윤주현 윤주호 윤주환 윤주훈 윤준상 윤준수 윤준태 윤준하 윤준혜 윤준호 윤준희 윤중근 윤중기 윤중식 윤중실 윤중연 윤중옥 윤지공 윤지관 윤지명 윤지문 윤지미 윤지민 윤지병 윤지순 윤지영 윤지영 윤지영 윤지영 윤지예 윤지용 윤지원 윤지원 윤지현 윤지현 윤지현 윤지형 윤지화 윤지환 윤지훈 윤지훈 윤지훈 윤진 윤진 윤진 윤진복 윤진상 윤진석 윤진섭 윤진수 윤진수 윤진수 윤진영 윤진옥 윤진현 윤진호 윤차원 윤찬석 윤찬식 윤찬영 윤찬용 윤찬원 윤창 윤창구 윤창근 윤창기 윤창림 윤창민 윤창보 윤창오 윤창완 윤창현 윤창호 윤창호 윤창화 윤창훈 윤채혁 윤천한 윤천홍 윤철 윤철규 윤철로 윤철수 윤철재 윤철중 윤철현 윤철호 윤철호 윤철희 윤청광 윤청자 윤초롱 윤춘분 윤춘섭 윤춘섭 윤춘택 윤충남 윤충노 윤충환 윤치은 윤치호 윤칠희 윤탁 윤탁현 윤태관 윤태규 윤태림 윤태성 윤태순 윤태식 윤태식 윤태영 윤태영 윤태영 윤태완 윤태용 윤태용 윤태은 윤태일 윤태일 윤태일 윤태일 윤태임 윤태임 윤태준 윤태중 윤태진 윤태현 윤태현 윤태현 윤태형 윤태호 윤태호 윤태호 윤태홍 윤택윤 윤택현 윤통일 윤판수 윤풍현 윤필상 윤필원 윤하영 윤하은 윤학병 윤학봉 윤학송 윤학중 윤한미 윤한복 윤한샘 윤한섭 윤한수 윤한용 윤한주 윤해경 윤해남 윤해동 윤해복 윤해숙 윤해숙 윤해양 윤해영 윤해중 윤행균 윤행석 윤행순 윤행식 윤행원 윤행자 윤행중 윤향미 윤향숙 윤향순 윤향식 윤향일 윤헌영 윤혁로 윤현근 윤현내 윤현석 윤현석 윤현성 윤현숙 윤현숙 윤현숙 윤현숙 윤현숙 윤현순 윤현순 윤현식 윤현옥 윤현용 윤현우 윤현정 윤현정 윤현종 윤현주 윤현중 윤현중 윤현중 윤현진 윤현진 윤현채 윤현철 윤현철 윤현철 윤현희 윤형권 윤형근 윤형근 윤형기 윤형기 윤형노 윤형대 윤형두 윤형련 윤형모 윤형석 윤형숙 윤형숙 윤형식 윤형식 윤형애 윤형용 윤형원 윤형원 윤형의 윤형자 윤형주 윤형준 윤형중 윤형중 윤형진 윤형진 윤혜경 윤혜경 윤혜경 윤혜경 윤혜경 윤혜란 윤혜련 윤혜명 윤혜빈 윤혜수 윤혜숙 윤혜연 윤혜영 윤혜정 윤혜정 윤혜주 윤호 윤호 윤호균 윤호룡 윤호문 윤호민 윤호성 윤호숙 윤호식 윤호영 윤호영 윤호중 윤호철 윤홍 윤홍근 윤홍기 윤홍배 윤홍상 윤홍석 윤홍석 윤홍식 윤홍심 윤홍열 윤홍용 윤홍조 윤홍철 윤화선 윤화숙 윤화자 윤화철 윤활식 윤황 윤황 윤효복 윤효상 윤효선 윤효순 윤효신 윤효일 윤효진 윤효현 윤효흠 윤후덕 윤후상 윤후정 윤훈 윤흥길 윤흥묵 윤흥식 윤흥식 윤흥식 윤희 윤희강 윤희권 윤희근 윤희면 윤희섭 윤희숙 윤희숙 윤희숙 윤희숙 윤희순 윤희순 윤희심 윤희자 윤희정 윤희정 윤희중 윤희진 윤희찬 윤희찬 윤흰뫼 은경민 은기찬 은란 은명기 은명주 은명희 은보경 은보배 은새영 은송기 은수용 은수창 은순기 은연규 은영문 은영수 은영숙 은용수 은을향 은일영 은재식 은재호 은정순 은정희 은종복 은종석 은종숙 은종영 은종원 은종환 은준용 은진경 은진은 은진호 은찬범 은춘기 은태환 은현교회 은혜공동체 은혜정 은홍기 은황기 은희각 은희돈 은희목 은희병 은희수 은희천 음경석 음두재 음미순 음서란 음성원 음승균 음영배 음용주 음현숙 의성교회 이가람 이가람 이가원 이가원 이가원 이가원 이가을 이가자 이가종 이가헌 이가형 이각범 이각선 이각수 이각순 이각헌 이각희 이갑 이갑권 이갑균 이갑득 이갑룡 이갑만 이갑복 이갑성 이갑수 이갑수 이갑순 이갑식 이갑식 이갑영 이갑용 이갑용 이갑용 이갑자 이갑재 이갑주 이갑주 이갑진 이갑현 이갑형 이강국 이강권 이강규 이강규 이강근 이강근 이강근 이강기 이강동 이강래 이강록 이강룡 이강률 이강림 이강만 이강만 이강문 이강민 이강민 이강민 이강배 이강백 이강범 이강복 이강산 이강서 이강석 이강석 이강석 이강석 이강선 이강선 이강섭 이강섭 이강수 이강수 이강수 이강수 이강숙 이강숙 이강순 이강순 이강식 이강식 이강실 이강애 이강연 이강연 이강열 이강열 이강열 이강엽 이강영 이강오 이강옥 이강옥 이강우 이강우 이강욱 이강욱 이강욱 이강욱 이강웅 이강원 이강원 이강원 이강원 이강원 이강원 이강윤 이강율 이강의 이강인 이강일 이강일 이강일 이강일 이강일 이강일 이강일 이강일 이강임 이강정 이강주 이강주 이강준 이강준 이강지 이강진 이강진 이강천 이강철 이강철 이강택 이강필 이강하 이강행 이강혁 이강혁 이강혁 이강혁 이강현 이강현 이강현 이강형 이강호 이강호 이강호 이강호 이강환 이강효 이강훈 이강훈 이강훈 이강훈 이강흥 이강희 이강희 이강희 이강희 이개명 이개석 이거임 이건 이건갑 이건구 이건구 이건림 이건복 이건섭 이건세 이건수 이건실 이건영 이건영 이건영 이건용 이건우 이건우 이건우 이건우 이건우 이건우 이건우 이건의 이건인 이건자 이건재 이건재 이건제 이건종 이건주 이건철 이건철 이건팔 이건호 이건호 이건홍 이건휘 이건홍 이건흥 이건희 이걸영 이겨레 이겨레 이겨레 이겨레하나 이경 이경 이경 이경 이경곤 이경구 이경국 이경규 이경금 이경남 이경남 이경남 이경남 이경남 이경남 이경남 이경녕 이경노 이경님 이경대 이경덕 이경덕 이경도 이경도 이경도 이경락 이경란 이경란 이경래 이경래 이경래 이경렬 이경로 이경로 이경로 이경로 이경률 이경림 이경림 이경만 이경모 이경목 이경무 이경묵 이경미 이경미 이경미 이경미 이경미 이경민 이경민 이경민 이경민 이경민 이경민 이경민 이경민 이경배 이경배 이경배 이경범 이경복 이경빈 이경상 이경석 이경석 이경석 이경석 이경석 이경석 이경석 이경선 이경선 이경선 이경선 이경선 이경선 이경선 이경섭 이경섭 이경섭 이경섭 이경성 이경성 이경성 이경성 이경성 이경수 이경수 이경수 이경수 이경수 이경수 이경수 이경수 이경수 이경수 이경숙 이경순 이경순 이경순 이경순 이경순 이경순 이경순 이경순 이경순 이경순 이경순 이경순 이경순 이경식 이경신 이경신 이경실 이경아 이경애 이경애 이경애 이경애 이경애 이경연 이경열 이경엽 이경예 이경오 이경옥 이경우 이경우 이경우 이경우 이경우 이경우 이경욱 이경욱 이경운 이경운 이경웅 이경원 이경원 이경원 이경윤 이경은 이경은 이경은 이경의 이경이 이경이 이경일 이경일 이경일 이경일 이경일 이경임 이경임 이경자 이경자 이경자 이경자 이경자 이경자 이경자 이경자 이경자 이경재 이경재 이경재 이경재 이경재 이경재 이경재 이경재 이경정 이경조 이경주 이경주 이경주 이경주 이경준 이경준 이경준 이경준 이경중 이경중 이경직 이경진 이경진 이경진 이경진 이경진 이경진 이경찬 이경찬 이경채 이경철 이경철 이경철 이경철 이경철 이경탑 이경태 이경태 이경하 이경하 이경하 이경학 이경학 이경헌 이경혁 이경현 이경혜 이경혜 이경호 이경호 이경호 이경호 이경호 이경호 이경호 이경호 이경호 이경호 이경호 이경호 이경호 이경호 이경호 이경호 이경호 이경화 이경화 이경화 이경화 이경화 이경화 이경환 이경환 이경훈 이경훈 이경훈 이경훈 이경훈 이경훈 이경흠 이경희 이계경 이계남 이계덕 이계득 이계록 이계림 이계문 이계방 이계백 이계봉 이계석 이계선 이계성 이계송 이계송 이계수 이계수 이계숙 이계숙 이계숙 이계순 이계승 이계안 이계열 이계영 이계영 이계옥 이계옥 이계온 이계욱 이계욱 이계원 이계익 이계자 이계정 이계종 이계준 이계진 이계창 이계철 이계태 이계표 이계혁 이계호 이계환 이계환 이계훈 이계홍 이계희 이고운 이공범 이공술 이공우 이공재 이공중 이관범 이관범 이관범 이관복 이관복 이관복 이관섭 이관성 이관수 이관수 이관수 이관승 이관식 이관영 이관옥 이관용 이관용 이관우 이관우 이관응 이관일 이관제 이관종 이관주 이관진 이관표 이관행 이관형 이관형 이관형 이관호 이관호 이관호 이관호 이관화 이관희 이광 이광 이광 이광교 이광구 이광근 이광길 이광노 이광노 이광래 이광로 이광무 이광무 이광민 이광민 이광범 이광범 이광범 이광복 이광복 이광석 이광석 이광석 이광석 이광석 이광석 이광석 이광석 이광선 이광섭 이광섭 이광성 이광소 이광수 이광수 이광수 이광수 이광숙 이광순 이광식 이광식 이광식 이광식 이광신 이광안 이광연 이광연 이광연 이광연 이광열 이광열 이광열 이광열 이광영 이광영 이광영 이광오 이광오 이광옥 이광용 이광우 이광우 이광우 이광욱 이광원 이광원 이광원 이광윤 이광이 이광인 이광인 이광일 이광일 이광자 이광재 이광재 이광재 이광재 이광재 이광재 이광재 이광제 이광주 이광주 이광진 이광찬 이광철 이광철 이광철 이광필 이광학 이광행 이광현 이광현 이광현 이광현 이광형 이광형 이광호 이광호 이광호 이광호 이광호 이광호 이광호 이광호 이광호 이광환 이광휘 이광휘 이광희 이광희 이광희 이광희 이광희 이광희 이광희 이광희 이광희 이교관 이교근 이교달 이교성 이교승 이교일 이교정 이교철 이교철 이교충 이교칠 이교희 이구락 이구연 이구영 이구용 이구철 이구화 이구환 이국도 이국선 이국식 이국웅 이국자 이국재 이국정 이국진 이국진 이국행 이국형 이국환 이군성 이군우 이군재 이군희 이권렬 이권수 이권식 이권우 이권익 이권주 이권택 이권행 이권현 이권홍 이권효 이귀남 이귀남 이귀님 이귀례 이귀보 이귀분 이귀석 이귀선 이귀선 이귀성 이귀숙 이귀순 이귀영 이귀영 이귀옥 이귀옥 이귀임 이귀자 이귀자 이귀자 이귀철 이귀향 이귀형 이귀호 이규 이규경 이규권 이규남 이규대 이규덕 이규돈 이규동 이규동 이규동 이규동 이규만 이규만 이규명 이규민 이규민 이규백 이규범 이규복 이규복 이규봉 이규삼 이규상 이규상 이규석 이규선 이규성 이규성 이규성 이규성 이규성 이규수 이규숙 이규순 이규양 이규억 이규열 이규열 이규영 이규영 이규영 이규영 이규옥 이규완 이규원 이규원 이규은 이규응 이규익 이규정 이규정 이규정 이규정 이규진 이규진 이규진 이규찬 이규창 이규창 이규철 이규철 이규철 이규철 이규철 이규철 이규태 이규태 이규태 이규태 이규학 이규학 이규한 이규향 이규혁 이규혁 이규현 이규현 이규현 이규현 이규현 이규형 이규호 이규홍 이규홍 이규홍 이규화 이규희 이균 이균섭 이균성 이균영 이균재 이균학 이균한 이균형 이균호 이근경 이근규 이근무 이근묵 이근배 이근보 이근복 이근석 이근섭 이근성 이근성 이근성 이근세 이근수 이근수 이근수 이근수 이근수 이근수 이근수 이근숙 이근순 이근순 이근순 이근식 이근양 이근엽 이근영 이근영 이근영 이근영 이근영 이근옥 이근옥 이근용 이근용 이근우 이근우 이근우 이근우 이근원 이근임 이근장 이근제 이근창 이근창 이근태 이근택 이근택 이근택 이근하 이근해 이근행 이근호 이근호 이근호 이근호 이근환 이근희 이근희(법승스님) 이금경 이금남 이금란 이금룡 이금배 이금상 이금석 이금선 이금선 이금수 이금수 이금숙 이금숙 이금숙 이금숙 이금숙 이금순 이금순 이금실 이금연 이금엽 이금엽 이금영 이금옥 이금옥 이금우 이금우 이금운 이금자 이금자 이금자 이금자 이금자 이금자 이금자 이금재 이금춘 이금화 이금희 이금희 이금희 이금희 이금희 이금희 이금희 이궁래 이긍수 이긍재 이기갑 이기건 이기경 이기국 이기나 이기남 이기남 이기남 이기남 이기남 이기녕 이기덕 이기동 이기동 이기량 이기명 이기명 이기모 이기묘 이기무 이기문 이기문 이기문 이기문 이기문 이기백 이기백 이기범 이기범 이기범 이기복 이기복 이기봉 이기봉 이기봉 이기봉 이기봉 이기쁨 이기상 이기서 이기석 이기석 이기석 이기석 이기선 이기선 이기섭 이기섭 이기섭 이기성 이기성 이기성 이기성 이기송 이기수 이기수 이기수 이기수 이기수 이기수 이기숙 이기순 이기순 이기순 이기승 이기식 이기안 이기안 이기언 이기연 이기연 이기연 이기열 이기열 이기영 이기영 이기영 이기영 이기영 이기영 이기영 이기영 이기영 이기옥 이기옥 이기옥 이기용 이기용 이기우 이기우 이기우 이기욱 이기욱 이기웅 이기웅 이기웅 이기원 이기원 이기원 이기원 이기원 이기원 이기원 이기월 이기일 이기일 이기자 이기자 이기재 이기정 이기정 이기조 이기종 이기종 이기종 이기종 이기주 이기주 이기준 이기중 이기중 이기중 이기중 이기진 이기진 이기창 이기창 이기채 이기채 이기채 이기철 이기춘 이기춘 이기춘 이기춘 이기출 이기탁 이기택 이기택 이기택 이기택 이기택 이기팔 이기학 이기한 이기향 이기향 이기헌 이기헌 이기혁 이기혁 이기현 이기현 이기현 이기현 이기현 이기형 이기형 이기형 이기호 이기호 이기호 이기호 이기호 이기호 이기호 이기호 이기호 이기호 이기호 이기호 이기호 이기홍 이기홍 이기홍 이기홍 이기홍 이기홍 이기홍 이기홍 이기홍 이기화 이기화 이기환 이기환 이기환 이기효 이기후 이기훈 이기훈 이기훈 이기희 이기희 이길광 이길구 이길구 이길란 이길례 이길로 이길미 이길성 이길성 이길성 이길성 이길수 이길숙 이길순 이길순 이길순 이길순 이길식 이길식 이길식 이길영 이길용 이길용 이길우 이길우 이길우 이길우 이길웅 이길웅 이길웅 이길원 이길은 이길자 이길자 이길재 이길재 이길재 이길주 이길준 이길중 이길택 이길하 이길형 이길호 이길호 이길호 이길화 이길환 이길환 이길후 이길흥 이김겨레 이나경 이나라 이나라 이나라 이나라 이나라 이나라 이나라 이나래 이나미 이나슬 이나영 이나윤 이나현 이낙수 이난연 이난영 이난영 이난정 이난주 이난호 이난희 이난희 이난희 이난희 이날 이남걸 이남곤 이남구 이남권 이남규 이남규 이남규(광명잉크) 이남극 이남근 이남근 이남기 이남기 이남동 이남백 이남석 이남섭 이남수 이남숙 이남숙 이남순 이남순 이남식 이남식 이남신 이남연 이남연 이남용 이남우 이남육 이남이 이남일 이남재 이남재 이남주 이남주 이남주 이남주 이남진 이남하 이남해 이남행 이남헌 이남혁 이남화 이남훈 이남훈 이남훈 이남희 이남희 이남희 이남희 이남희 이낭구 이내길 이내순 이내원 이내청 이내형 이내홍 이내홍 이노가 이노덕 이노미 이노성 이노원 이녹환 이다림 이다솔 이다솔 이다솔 이다솜 이다솜 이다솜 이다슬 이다영 이다예 이다원 이다윤 이다은 이다을 이다현 이다혜 이다혜 이다휘 이달균 이달기 이달석 이달연 이달영 이달완 이달우 이달원 이달원 이달하 이달훈 이달희 이담실 이당 이대규 이대근 이대근 이대로 이대룡 이대봉 이대서 이대섭 이대성 이대성 이대수 이대수 이대수 이대수 이대승 이대식 이대연 이대연 이대열 이대열 이대영 이대영 이대영 이대영 이대영 이대영 이대용 이대우 이대우 이대우 이대우 이대욱 이대웅 이대원 이대원 이대원 이대은 이대중 이대진 이대진 이대찬 이대천 이대형 이대형 이대형 이대형 이대형 이대호 이대호 이대호 이대환 이대훈 이대희 이대희 이대희 이대희 이대희 이덕권 이덕규 이덕규 이덕근 이덕기 이덕례 이덕배 이덕상 이덕성 이덕성 이덕수 이덕숙 이덕순 이덕순 이덕순 이덕신 이덕신 이덕실 이덕심 이덕연 이덕연 이덕연 이덕영 이덕영 이덕영 이덕용 이덕우 이덕은 이덕재 이덕재 이덕재 이덕재 이덕재 이덕재 이덕조 이덕주 이덕주 이덕중 이덕행 이덕현 이덕형 이덕형 이덕호 이덕환 이덕환 이덕희 이덕희 이덕희 이덕희 이덕희 이덕희 이덕희 이덩주 이도걸 이도기 이도범 이도분 이도산 이도석 이도석 이도선 이도성 이도성 이도성 이도수 이도열 이도영 이도영 이도영 이도원 이도원 이도윤 이도윤 이도인 이도재 이도준 이도행 이도현 이도현 이도현 이도현 이도현 이도형 이도형 이도환 이도흠 이독영 이돈교 이돈구 이돈석 이돈승 이돈식 이돈용 이돈우 이돈웅 이돈주 이돈희 이동건 이동걸 이동경 이동경 이동관 이동교 이동구 이동구 이동구 이동국 이동규 이동규 이동규 이동규 이동규 이동균 이동균 이동근 이동근 이동기 이동기 이동기 이동기 이동기 이동기 이동기 이동기 이동기 이동길 이동길 이동낙 이동남 이동렬 이동렬 이동례 이동룡 이동명 이동민 이동민 이동민 이동민 이동배 이동백 이동범 이동봉 이동삼 이동상 이동생 이동석 이동석 이동석 이동선 이동선 이동설 이동섭 이동섭 이동섭 이동성 이동수 이동수 이동수 이동수 이동수 이동수 이동수 이동수 이동수 이동수 이동수 이동수 이동수 이동수 이동숙 이동숙 이동숙 이동숙 이동숙 이동순 이동식 이동식 이동식 이동식 이동신 이동신 이동암 이동언 이동연 이동연 이동연 이동연 이동연 이동열 이동열 이동열 이동열 이동열 이동엽 이동엽 이동영 이동영 이동영 이동오 이동오 이동오 이동옥 이동옥 이동우 이동우 이동우 이동우 이동우 이동우 이동우 이동우 이동우 이동우 이동욱 이동욱 이동욱 이동욱 이동욱 이동운 이동운 이동운 이동원 이동원 이동원 이동원 이동원 이동원 이동원 이동윤 이동은 이동은 이동익 이동익 이동인 이동인 이동일 이동일 이동일 이동재 이동재 이동주 이동주 이동주 이동주 이동주 이동주 이동준 이동준 이동준 이동준 이동준 이동준 이동중 이동진 이동진 이동진 이동진 이동진 이동진 이동진 이동철 이동철 이동철 이동철 이동초 이동춘 이동춘 이동필 이동하 이동하 이동한 이동한 이동한 이동한 이동행 이동향 이동헌 이동헌 이동혁 이동혁 이동현 이동현 이동현 이동현 이동현 이동현 이동현 이동현 이동현 이동현 이동협 이동형 이동형 이동형 이동호 이동호 이동호 이동호 이동호 이동호 이동화 이동화 이동환 이동환 이동환 이동환 이동환 이동환 이동효 이동훈 이동훈 이동훈 이동훈 이동훈 이동훈 이동훈 이동훈 이동훈 이동훈 이동훈 이동휘 이동휘 이동희 이동희 이동희 이동희 이동희 이동희 이동희 이동희 이동희 이동희 이동희 이동희 이두 이두리 이두리 이두만 이두메 이두범 이두복 이두상 이두수 이두순 이두순 이두식 이두연 이두열 이두영 이두영 이두영 이두완 이두원 이두은 이두진 이두진 이두학 이두현 이두현 이두현 이두호 이두화 이두환 이두황 이두훈 이두희 이두희 이드로 이득수 이득우 이득우 이득주 이득형 이득훈 이득희 이락규 이락준 이락현 이란 이란 이란 이란수 이란이 이랑 이랑애 이래경 이래윤 이래일 이래협 이령 이록범 이마루 이마리아 이마빈 이막례 이만 이만 이만구 이만령 이만룡 이만선 이만섭 이만섭 이만섭 이만수 이만수 이만수 이만식 이만심 이만심 이만열 이만열 이만영 이만우 이만우 이만우 이만우 이만웅 이만웅 이만재 이만재 이만재 이만재 이만진 이만춘 이만출 이만호 이만훈 이만훈 이만희 이말남 이말숙 이말연 이말연 이말희 이매순 이매실 이매우 이매자 이매훈 이맹규 이맹기 이맹렬 이맹례 이맹환 이면구 이면우 이면주 이면형 이면희 이명 이명걸 이명구 이명국 이명권 이명권 이명귀 이명규 이명규 이명규 이명근 이명근 이명근 이명근 이명근 이명기 이명기 이명길 이명길 이명길 이명남 이명대 이명대 이명동 이명락 이명래 이명렬 이명묵 이명미 이명미 이명민 이명범 이명범 이명복 이명석 이명선 이명선 이명선 이명선 이명선 이명섭 이명섭 이명섭 이명성 이명수 이명숙 이명순 이명순 이명순 이명순 이명순 이명순 이명순 이명순 이명순 이명순 이명순 이명순 이명순 이명식 이명신 이명실 이명심 이명심 이명심 이명애 이명애 이명애 이명열 이명영 이명영 이명영 이명오 이명옥 이명옥 이명옥 이명옥 이명옥 이명용 이명용 이명운 이명원 이명원 이명익 이명인 이명인 이명임 이명임 이명임 이명임 이명자 이명자 이명자 이명자 이명자 이명자 이명자 이명자 이명재 이명재 이명재 이명재 이명재 이명재 이명재 이명재 이명재 이명재 이명재 이명정 이명종 이명주 이명주 이명주 이명주 이명지 이명진 이명진 이명진 이명진 이명진 이명진 이명진 이명찬 이명철 이명철 이명철 이명철 이명철 이명하 이명한 이명해 이명헌 이명헌 이명혁 이명현 이명현 이명현 이명혜 이명호 이명호 이명호 이명호 이명호 이명화 이명화 이명화 이명화 이명화 이명화 이명화 이명화 이명환 이명환 이명회 이명훈 이명훈 이명훈 이명훈 이명훈 이명희 이명희 이명희 이명희 이명희 이명희 이명희 이명희 이명희 이명희 이명희 이명희 이명희 이명희 이명희 이명희 이명희 이명희 이명희 이모순 이목 이목 이목한 이목훈 이몽덕 이몽룡 이묘연 이무규 이무남 이무남 이무상 이무섭 이무성 이무송 이무술 이무연 이무영 이무웅 이무인 이무일 이무자 이무철 이무춘 이무현 이무형 이무혜 이무호 이문갑 이문경 이문경 이문광 이문광 이문교 이문구 이문구 이문규 이문규 이문기 이문기 이문령 이문배 이문복 이문복 이문삼 이문석 이문석 이문선 이문성 이문성 이문성 이문수 이문수 이문수 이문수 이문수 이문숙 이문숙 이문숙 이문승 이문식 이문양 이문영 이문영 이문영 이문영 이문영 이문옥 이문용 이문용 이문원 이문자 이문자 이문재 이문재 이문주 이문주 이문창 이문철 이문표 이문행 이문혁 이문혁 이문형 이문형 이문형 이문호 이문호 이문호 이문호 이문홍 이문휘 이문희 이문희 이문희 이문희 이물 이미 이미경 이미나 이미나 이미남 이미도 이미라 이미란 이미란 이미란 이미랑 이미량 이미령 이미령 이미례 이미루 이미루 이미르 이미르 이미미 이미방 이미배 이미선 이미선 이미선 이미선 이미선 이미선 이미선 이미선 이미선 이미선 이미숙 이미숙 이미숙 이미숙 이미숙 이미숙 이미숙 이미숙 이미숙 이미숙 이미숙 이미숙 이미숙 이미숙 이미숙 이미숙 이미숙 이미순 이미순 이미순 이미식 이미아 이미애 이미애 이미애 이미애 이미애 이미애 이미애 이미애 이미애 이미애 이미애 이미애 이미애 이미애 이미애 이미연 이미연 이미연 이미연 이미연 이미영 이미옥 이미옥 이미옥 이미옥 이미용 이미일 이미자 이미자 이미자 이미자 이미자 이미자 이미자 이미자 이미자 이미자 이미자 이미자 이미자 이미재 이미정 이미정 이미정 이미정 이미정 이미정 이미정 이미정 이미정 이미진 이미춘 이미카엘 이미향 이미향 이미현 이미현 이미현 이미현 이미현 이미현 이미현 이미혜 이미혜 이미화 이미화 이미화 이미화 이미희 이미희 이미희 이미희 이미희 이미희 이민경 이민경 이민경 이민경 이민교 이민구 이민구 이민규 이민규 이민규 이민기 이민기 이민석 이민석 이민선 이민섭 이민섭 이민성 이민수 이민수 이민수 이민수 이민숙 이민숙 이민숙 이민승 이민식 이민식 이민아 이민아 이민아 이민아 이민영 이민영 이민영 이민오 이민옥 이민용 이민용 이민우 이민우 이민우 이민우 이민우 이민우 이민우 이민우 이민우 이민우 이민우 이민우 이민우 이민우 이민욱 이민욱 이민원 이민이 이민자 이민자 이민자 이민재 이민재 이민재 이민재 이민재 이민정 이민정 이민주 이민주 이민주 이민주 이민주 이민주 이민주 이민주 이민주 이민준 이민준 이민지 이민지 이민지 이민진 이민진 이민철 이민철 이민철 이민철 이민철 이민철 이민철 이민표 이민하 이민한 이민한 이민해 이민혁 이민형 이민호 이민호 이민호 이민호 이민환 이민희 이민희 이민희 이바름 이바로 이바로 이바로미 이반 이반야 이방기 이방로 이방영 이방자 이방현 이방환 이배규 이배남 이배원 이백규 이백순 이백웅 이백현 이번영 이범갑 이범경 이범구 이범규 이범규 이범균 이범길 이범도 이범렬 이범석 이범석 이범석 이범성 이범수 이범수 이범수 이범연 이범용 이범우 이범자 이범재 이범재 이범준 이범진 이범진 이범표 이범학 이범헌 이범혁 이범호 이범희 이법순 이법승 이벼리 이병 이병각 이병갑 이병건 이병건 이병건 이병곤 이병곤 이병관 이병광 이병구 이병구 이병구 이병구 이병국 이병국 이병국 이병국 이병권 이병권 이병규 이병규 이병규 이병균 이병근 이병근 이병근 이병기 이병기 이병기 이병길 이병길 이병남 이병남 이병남 이병년 이병노 이병님 이병달 이병대 이병도 이병도 이병돈 이병돈 이병두 이병두 이병락 이병래 이병련 이병렬 이병렬 이병로 이병록 이병림 이병림 이병만 이병만 이병무 이병무 이병무 이병민 이병배 이병복 이병산 이병삼 이병상 이병석 이병석 이병석 이병선 이병선 이병선 이병섭 이병섭 이병성 이병성 이병수 이병수 이병수 이병수 이병수 이병수 이병숙 이병숙 이병숙희 이병순 이병순 이병식 이병식 이병안 이병애 이병업 이병엽 이병영 이병영 이병옥 이병옥 이병옥 이병우 이병우 이병우 이병우 이병우 이병우 이병욱 이병욱 이병욱 이병욱 이병운 이병운 이병운 이병원 이병윤 이병윤 이병은 이병을 이병인 이병인 이병인 이병일 이병일 이병일 이병일 이병재 이병재 이병재 이병재 이병종 이병주 이병주 이병주 이병주 이병주 이병주 이병주 이병준 이병준 이병준 이병준 이병준 이병준 이병직 이병진 이병진 이병찬 이병찬 이병창 이병창 이병채 이병천 이병천 이병천 이병철 이병철 이병철 이병철 이병철 이병철 이병철 이병철 이병태 이병태 이병택 이병하 이병학 이병학 이병혁 이병혁 이병현 이병호 이병호 이병호 이병호 이병호 이병호 이병호 이병호 이병호 이병호 이병화 이병화 이병화 이병화 이병환 이병후 이병훈 이병훈 이병훈 이병훈 이병훈 이병휴 이병희 이병희 이병희 이병희 이병희 이병희 이병희 이병희 이병희 이보경 이보근 이보라 이보라 이보람 이보람 이보람 이보름 이보미 이보민 이보배 이보상 이보순 이보순 이보연 이보영 이보영 이보영 이보옥 이보은 이보은 이보창 이보철 이보철 이보현 이보훈 이보희 이보희 이복규 이복남 이복남 이복덕 이복덕 이복례 이복만 이복선 이복수 이복수 이복수 이복순 이복순 이복순 이복순 이복순 이복순 이복순 이복실 이복열 이복영 이복자 이복자 이복재 이복재 이복재 이복헌 이복희 이복희 이본영 이봉구 이봉규 이봉규 이봉규 이봉규 이봉규 이봉균 이봉금 이봉기 이봉란 이봉림 이봉만 이봉민 이봉서 이봉석 이봉선 이봉섭 이봉섭 이봉수 이봉수 이봉수 이봉수 이봉수 이봉수 이봉수 이봉숙 이봉순 이봉심 이봉애 이봉양 이봉연 이봉우 이봉의 이봉일 이봉재 이봉조 이봉주 이봉주 이봉주 이봉주 이봉준 이봉지 이봉재 이봉태 이봉하 이봉한 이봉현 이봉화 이봉화 이봉훈 이봉희 이봉희 이봉희 이봉희 이봉희 이봉희 이부경 이부덕 이부민 이부연 이부열 이부영 이부영 이부오 이부용 이부웅 이부은 이부전 이부흥 이북주 이북장 이분숙 이분순 이분옥 이분자 이분자 이붕섭 이빛나 이사라 이사범 이사빈 이사선 이사혁 이산 이산명 이산하 이산하 이산하 이삼규 이삼규 이삼근 이삼길 이삼녀 이삼례 이삼상 이삼열 이삼오 이삼용 이삼재 이삼탁 이삼현 이삼호 이상갑 이상갑 이상갑 이상갑 이상갑 이상건 이상걸 이상경 이상경 이상경 이상경 이상경 이상곤 이상곤 이상곤 이상곤 이상관 이상교 이상구 이상구 이상구 이상구 이상국 이상국 이상국 이상국 이상국 이상국 이상국 이상국 이상권 이상권 이상권 이상규 이상규 이상규 이상규 이상규 이상규 이상근 이상근 이상근 이상근 이상금 이상기 이상기 이상기 이상기 이상기 이상기 이상기 이상기 이상기 이상기 이상기 이상기 이상기 이상기 이상길 이상길 이상길 이상길 이상길 이상길 이상길 이상길 이상남 이상노 이상노 이상노 이상노 이상대 이상대 이상덕 이상덕 이상덕 이상덕 이상도 이상도 이상돈 이상돈 이상돈 이상돈 이상돈 이상돈 이상돈 이상두 이상득 이상득 이상득 이상락 이상락 이상락 이상락 이상란 이상래 이상래 이상래 이상래 이상렬 이상렬 이상렬 이상로 이상록 이상룡 이상룡 이상룡 이상룡 이상률 이상률 이상률 이상률 이상린 이상림 이상림 이상만 이상만 이상만 이상만 이상만 이상만 이상매 이상명 이상목 이상목 이상목 이상문 이상문 이상문 이상미 이상미 이상미 이상민 이상민 이상민 이상민 이상민 이상민 이상민 이상민 이상민 이상민 이상발 이상배 이상배 이상배 이상배 이상범 이상범 이상범 이상범 이상범 이상범 이상범 이상범 이상복 이상복 이상복 이상복 이상복 이상복 이상봉 이상봉 이상봉 이상봉 이상봉 이상봉 이상봉 이상부 이상부 이상빈 이상빈 이상석 이상석 이상석 이상석 이상석 이상석 이상선 이상선 이상선 이상선 이상설 이상섭 이상섭 이상섭 이상섭 이상성 이상성 이상수 이상수 이상수 이상수 이상수 이상수 이상수 이상수 이상수 이상수 이상수 이상수 이상숙 이상숙 이상숙 이상숙 이상숙 이상숙 이상숙 이상순 이상순 이상순 이상순 이상순 이상술 이상술 이상식 이상식 이상식 이상식 이상식 이상신 이상신 이상실 이상아 이상암 이상애 이상연 이상연 이상연 이상연 이상열 이상열 이상열 이상열 이상열 이상열 이상엽 이상엽 이상엽 이상엽 이상엽 이상엽 이상엽 이상영 이상영 이상영 이상영 이상예 이상오 이상오 이상옥 이상욱 이상옥 이상옥 이상옥 이상완 이상용 이상용 이상용 이상용 이상용 이상우 이상우 이상우 이상우 이상우 이상우 이상우 이상우 이상우 이상욱 이상욱 이상욱 이상욱 이상욱 이상욱 이상운 이상운 이상운 이상웅 이상웅 이상원 이상원 이상원 이상원 이상원 이상원 이상원 이상원 이상원 이상원 이상원 이상원 이상원 이상원 이상원 이상원 이상원 이상원 이상윤 이상윤 이상윤 이상윤 이상윤 이상윤 이상윤 이상윤 이상윤 이상윤 이상은 이상은 이상은 이상은 이상은 이상의 이상의 이상의 이상이 이상익 이상익 이상익 이상인 이상인 이상인 이상인 이상인 이상일 이상일 이상일 이상일 이상일 이상임 이상재 이상재 이상정 이상정 이상정 이상정 이상조 이상종 이상주 이상주 이상준 이상준 이상준 이상준 이상준 이상준 이상준 이상준 이상준 이상준 이상준 이상준 이상직 이상직 이상직 이상진 이상진 이상진 이상진 이상진 이상진 이상진 이상진 이상진 이상진 이상진 이상진 이상진 이상찬 이상채 이상천 이상천 이상천 이상철 이상철 이상철 이상철 이상철 이상철 이상철 이상철 이상철 이상철 이상철 이상철 이상철 이상철 이상철 이상철 이상철 이상철 이상춘 이상춘 이상춘 이상태 이상태 이상태 이상택 이상택 이상필 이상필 이상필 이상하 이상학 이상학 이상헌 이상헌 이상헌 이상헌 이상헌 이상헌 이상헌 이상헌 이상혁 이상혁 이상혁 이상혁 이상혁 이상혁 이상혁 이상현 이상현 이상현 이상현 이상현 이상현 이상현 이상현 이상현 이상현 이상현 이상현 이상협 이상협 이상협 이상협 이상협 이상협 이상형 이상호 이상호 이상호 이상호 이상호 이상호 이상호 이상호 이상호 이상호 이상호 이상호 이상호 이상호 이상호 이상호 이상호 이상호 이상호 이상화 이상화 이상화 이상환 이상환 이상환 이상훈 이상흠 이상희 이새롬 이새롬 이새롬 이새미 이생우 이서구 이서란 이서령 이서리 이서린 이서영 이서영 이서영 이서원 이서윤 이서진 이서진 이서철 이서하 이서현 이서휴 이석 이석 이석권 이석규 이석규 이석균 이석근 이석근 이석근 이석기 이석기 이석남 이석대 이석도 이석도 이석동 이석렬 이석면 이석무 이석문 이석범 이석봉 이석봉 이석상 이석상 이석신 이석연 이석영 이석영 이석영 이석영 이석용 이석용 이석우 이석우 이석우 이석우 이석우 이석우 이석우 이석원 이석원 이석윤 이석인 이석인 이석일 이석자 이석장 이석재 이석재 이석재 이석재 이석재 이석조 이석주 이석주 이석주 이석준 이석준 이석준 이석준 이석준 이석진 이석진 이석진 이석찬 이석찬 이석창 이석천 이석철 이석춘 이석태 이석행 이석현 이석형 이석형 이석호 이석호 이석호 이석호 이석호 이석호 이석화 이석환 이석효 이석후 이석희 이석희 이석희 이석희 이석희 이석희 이선 이선 이선경 이선경 이선경 이선경 이선경 이선경 이선관 이선교 이선교 이선구 이선구 이선국 이선권 이선규 이선규 이선근 이선덕 이선령 이선로 이선룡 이선모 이선무 이선문 이선문 이선미 이선미 이선미 이선민 이선배 이선복 이선복 이선봉 이선비 이선수 이선순 이선순 이선신 이선아 이선아 이선아 이선애 이선열 이선영 이선영 이선영 이선영 이선영 이선영 이선영 이선영 이선영 이선영 이선영 이선옥 이선옥 이선옥 이선옥 이선옥 이선옥 이선용 이선용 이선용 이선용 이선우 이선우 이선우 이선욱 이선의 이선이 이선자 이선자 이선자 이선재 이선재 이선종 이선주 이선주 이선주 이선주 이선진 이선진 이선채 이선철 이선하 이선하 이선하 이선행 이선행 이선향 이선형 이선혜 이선혜 이선호 이선호 이선호 이선화 이선화 이선화 이선화 이선화 이선훈 이선희 이선희 이선희 이선희 이선희 이선희 이선희 이선희 이선희 이선희 이선희 이선희 이선희 이선희 이선희 이선희 이선희 이선희 이설 이설하 이섭 이성건 이성경 이성구 이성구 이성구 이성구 이성구 이성구 이성구 이성국 이성국 이성국 이성군 이성권 이성권 이성규 이성규 이성규 이성규 이성규 이성규 이성규 이성규 이성규 이성규 이성균 이성균 이성균 이성근 이성근 이성근 이성근 이성근 이성근 이성근 이성기 이성기 이성기 이성기 이성길 이성남 이성남 이성대 이성덕 이성동 이성동 이성두 이성두 이성렬 이성록 이성룡 이성룡 이성림 이성림 이성림 이성만 이성만 이성면 이성문 이성미 이성미 이성민 이성민 이성민 이성민 이성민 이성민 이성배 이성배 이성배 이성배 이성배 이성범 이성범 이성범 이성보 이성복 이성복 이성봉 이성빈 이성석 이성섭 이성섭 이성수 이성수 이성수 이성수 이성수 이성수 이성수 이성수 이성수 이성수 이성수 이성수 이성수 이성숙 이성숙 이성숙 이성숙 이성숙 이성숙 이성숙 이성순 이성순 이성순 이성순 이성순 이성순 이성순 이성식 이성식 이성식 이성신 이성신 이성실 이성심 이성애 이성애 이성연 이성열 이성열 이성열 이성열 이성엽 이성엽 이성영 이성영 이성옥 이성용 이성용 이성용 이성우 이성우 이성우 이성우 이성우 이성우 이성우 이성우 이성우 이성욱 이성욱 이성욱 이성운 이성운 이성웅 이성원 이성원 이성원 이성원 이성원 이성원 이성윤 이성은 이성은 이성은 이성의 이성인 이성일 이성일 이성일 이성일 이성일 이성임 이성자 이성자 이성자 이성자 이성재 이성재 이성재 이성재 이성재 이성재 이성전 이성제 이성조 이성조 이성주 이성주 이성주 이성주 이성준 이성준 이성준 이성준 이성준 이성중 이성중 이성지 이성직 이성진 이성진 이성진 이성찬 이성찬 이성창 이성채 이성천 이성철 이성철 이성철 이성철 이성철 이성철 이성철 이성철 이성춘 이성표 이성학 이성학 이성학 이성한 이성한 이성해 이성해 이성헌 이성헌 이성헌 이성혁 이성현 이성형 이성혜 이성호 이성호 이성호 이성호 이성호 이성호 이성호 이성호 이성호 이성호 이성호 이성호 이성호 이성환 이성환 이성환 이성환 이성환 이성환 이성효 이성훈 이성훈 이성훈 이성훈 이성훈 이성훈 이성훈 이성희 이성희 이성희 이성희 이성희 이성희 이성희 이성희 이성희 이성희 이성희 이성희 이성희 이성희 이성희 이성희 이성희 이세구 이세구 이세권 이세근 이세리 이세연 이세영 이세영 이세영 이세영 이세옥 이세옥 이세용 이세용 이세용 이세용 이세우 이세우 이세욱 이세운 이세윤 이세윤 이세자 이세정 이세조 이세종 이세중 이세진 이세진 이세진 이세천 이세헌 이세혁 이세혁 이세현 이세형 이세희 이세희 이세희 이세희 이소나무 이소담 이소리 이소림 이소명 이소민 이소선 이소순 이소양 이소연 이소연 이소연 이소연 이소영 이소영 이소영 이소영 이소영 이소영 이소영 이소영 이소영 이소영 이소운 이소웅 이소정 이소현 이소현 이소현 이소현 이소형 이소희 이소희 이소희 이소희 이솔 이솔 이송 이송 이송 이송교 이송노 이송란 이송렬 이송미 이송석 이송순 이송연 이송은 이송은 이송일 이송자 이송자 이송주 이송주 이송현 이송희 이송희 이수 이수건 이수경 이수경 이수경 이수경 이수경 이수경 이수경 이수광 이수광 이수교 이수구 이수근 이수근 이수기 이수길 이수길 이수길 이수길 이수남 이수남 이수동 이수동 이수동 이수동 이수득 이수록 이수명 이수명 이수명 이수명 이수미 이수미 이수미 이수미 이수미 이수미 이수민 이수민 이수민 이수민 이수민 이수민 이수민 이수범 이수범 이수복 이수복 이수봉 이수빈 이수빈 이수빈 이수산나 이수상 이수석 이수선 이수성 이수성 이수안 이수애 이수양 이수연 이수연 이수연 이수연 이수연 이수연 이수연 이수연 이수연 이수열 이수열 이수열 이수엽 이수영 이수영 이수영 이수영 이수영 이수영 이수영 이수영 이수영 이수영 이수영 이수영 이수영 이수옥 이수옥 이수옥 이수옥 이수완 이수용 이수용 이수용 이수용 이수우 이수웅 이수원 이수원 이수익 이수인 이수인 이수일 이수일 이수일 이수일 이수임 이수자 이수자 이수자 이수자 이수자 이수재 이수정 이수정 이수정 이수정 이수정 이수정 이수주 이수지 이수진 이수진 이수진 이수진 이수진 이수진 이수진 이수진 이수진 이수찬 이수창 이수창 이수천 이수철 이수철 이수태 이수태 이수한 이수한 이수행 이수행 이수향 이수헌 이수혁 이수현 이수현 이수현 이수현 이수현 이수협 이수호 이수호 이수호 이수화 이수환 이수훈 이수희 이수희 이수희 이숙 이숙 이숙 이숙경 이숙경 이숙기 이숙기 이숙남 이숙도 이숙란 이숙련 이숙민 이숙안 이숙안 이숙영 이숙영 이숙용 이숙이 이숙자 이숙자 이숙자 이숙자 이숙자 이숙자 이숙자 이숙자 이숙재 이숙정 이숙진 이숙진 이숙진 이숙철 이숙향 이숙현 이숙현 이숙형 이숙형 이숙희 이숙희 이숙희 이숙희 이숙희 이숙희 이숙희 이숙희 이숙희 이숙희 이숙희 이숙희 이숙희 이순 이순갑 이순광 이순구 이순규 이순규 이순규 이순근 이순근 이순금 이순금 이순기 이순기 이순남 이순남 이순남 이순남 이순녀 이순녀 이순덕 이순덕 이순덕 이순덕 이순덕 이순덕 이순도 이순도 이순동 이순란 이순령 이순례 이순례 이순례 이순미 이순배 이순범 이순복 이순복 이순분 이순빈 이순아 이순애 이순애 이순애 이순애 이순애 이순애 이순애 이순애 이순애 이순양 이순연 이순열 이순엽 이순영 이순영 이순영 이순영 이순영 이순영 이순영 이순예 이순옥 이순옥 이순옥 이순옥 이순옥 이순옥 이순옥 이순옥 이순옥 이순옥 이순용 이순용 이순우 이순우 이순원 이순원 이순이 이순이 이순이 이순이 이순일 이순일 이순임 이순임 이순임 이순자 이순자 이순자 이순자 이순자 이순자 이순자 이순자 이순자 이순자 이순재 이순재 이순정 이순조 이순종 이순종 이순종 이순진 이순진 이순철 이순철 이순철 이순칠 이순표 이순필 이순향 이순향 이순호 이순호 이순화 이순화 이순환 이순효 이순희 이순희 이순희 이순희 이순희 이순희 이순희 이순희 이순희 이순희 이순희 이순희 이술선 이숭겸 이숭덕 이숭리 이숭연 이숭욱 이숭원 이숭일 이숭희 이숭희 이슬 이슬 이슬 이슬 이슬 이슬기 이슬기 이슬기 이슬기 이슬비 이슬비 이슬비 이슬비 이슬비 이슬희 이승 이승 이승경 이승계 이승곤 이승곤 이승곤 이승관 이승관 이승관 이승광 이승교 이승구 이승구 이승권 이승권 이승권 이승규 이승규 이승규 이승규 이승근 이승기 이승기 이승기 이승남 이승남 이승남 이승녕 이승덕 이승동 이승렬 이승렬 이승렬 이승렬 이승룡 이승률 이승목 이승문 이승미 이승민 이승민 이승민 이승민 이승민 이승민 이승방 이승배 이승배 이승범 이승범 이승범 이승복 이승복 이승복 이승봉 이승봉 이승새 이승석 이승선 이승세 이승수 이승수 이승수 이승숙 이승숙 이승숙 이승순 이승식 이승식 이승식 이승신 이승신 이승안 이승애 이승애 이승애 이승언 이승연 이승연 이승연 이승연 이승연 이승연 이승연 이승연 이승엽 이승오 이승옥 이승옥 이승완 이승요 이승용 이승용 이승용 이승용 이승우 이승우 이승우 이승우 이승우 이승우 이승우 이승우 이승우 이승우 이승우 이승욱 이승욱 이승원 이승원 이승원 이승원 이승원 이승원 이승원 이승원 이승원 이승원 이승윤 이승은 이승은 이승은 이승의 이승익 이승일 이승일 이승일 이승일 이승일 이승자 이승재 이승재 이승재 이승재 이승재 이승재 이승재 이승재 이승재 이승정 이승조 이승조 이승종 이승주 이승주 이승주 이승주 이승주 이승주 이승주 이승준 이승준 이승준 이승중 이승직 이승진 이승진 이승진 이승진 이승찬 이승찬 이승찬 이승찬 이승찬 이승천 이승천 이승철 이승철 이승철 이승철 이승철 이승철 이승철 이승철 이승춘 이승춘 이승태 이승하 이승학 이승학 이승학 이승한 이승한 이승해 이승행 이승행 이승헌 이승헌 이승현 이승현 이승현 이승현 이승현 이승현 이승현 이승현 이승현 이승현 이승형 이승호 이승호 이승호 이승호 이승호 이승호 이승호 이승호 이승호 이승호 이승호 이승호 이승홍 이승홍 이승화 이승화 이승화 이승환 이승환 이승환 이승환 이승환 이승환 이승환 이승환 이승환 이승환 이승환 이승효 이승효 이승효 이승훈 이승훈 이승훈 이승훈 이승훈 이승훈 이승훈 이승훈 이승훈 이승휘 이승희 이승희 이승희 이승희 이승희 이승희 이승희 이승희 이승희 이승희 이승희 이승희 이승희 이승희 이승희 이승희 이승희 이승희 이승희 이시규 이시백 이시병 이시복 이시성 이시연 이시영 이시영 이시영 이시온 이시용 이시우 이시우 이시우 이시웅 이시원 이시원 이시은 이시은 이시재 이시정 이시종 이시종 이시진 이시철 이시현 이시현 이시현 이시형 이시호 이시호 이시홍 이식 이식영 이신광 이신구 이신기 이신득 이신민 이신범 이신범 이신복 이신석 이신석 이신애 이신애 이신영 이신영 이신옥 이신용 이신우 이신자 이신자 이신자 이신재 이신재 이신재 이신철 이신철 이신해 이신행 이신형 이신형 이신희 이심호 이쌍옥 이아라한 이아름 이아리 이아선 이아은 이아정 이아현 이안균 이안근 이안부 이안선 이안순 이안영 이안재 이안희 이애경 이애경 이애경 이애경 이애경 이애돌 이애란 이애란 이애리 이애리 이애숙 이애숙 이애숙 이애자 이애자 이애자 이애자 이애정 이애종 이애진 이애화 이애화 이양 이양구 이양구 이양구 이양근 이양례 이양묵 이양복 이양빈 이양석 이양수 이양수 이양수 이양숙 이양숙 이양숙 이양순 이양순 이양순 이양순 이양식 이양신 이양요 이양우 이양우 이양우 이양원 이양원 이양자 이양자 이양재 이양재 이양재 이양주 이양주 이양주 이양지 이양진 이양학 이양행 이양헌 이양현 이양현 이양환 이양희 이어랑 이어진 이언배 이언주 이에리사 이여성 이여울 이여은 이여재 이여진 이여춘 이여훈 이연구 이연규 이연균 이연근 이연례 이연명 이연보 이연복 이연선 이연선 이연성 이연수 이연수 이연수 이연수 이연숙 이연숙 이연숙 이연숙 이연순 이연순 이연승 이연식 이연신 이연실 이연실 이연심 이연심 이연옥 이연옥 이연우 이연우 이연은 이연자 이연재 이연재 이연재 이연정 이연종 이연종 이연종 이연주 이연주 이연주 이연창 이연택 이연택 이연택 이연풍 이연하 이연호 이연호 이연호 이연화 이연훈 이연희 이연희 이연희 이연희 이연희 이연희마리아 이열 이열모 이열호 이영 이영 이영 이영 이영 이영 이영경 이영곤 이영곤 이영관 이영관 이영교 이영교 이영구 이영구 이영구 이영구 이

한겨레 7만 주주

영구 이영국 이영권 이영권 이영권 이영규 이영규 이영규 이영규 이영규 이영균 이영균 이영균 이영균 이영근 이영근 이영근 이영근 이영근 이영근 이영근 이영근 이영근 이영근 이영기 이영기 이영기 이영기 이영기 이영기 이영길 이영길 이영길 이영길 이영길 이영남 이영남 이영대 이영대 이영대 이영덕 이영덕 이영도 이영돈 이영돈 이영돈 이영동 이영동 이영두 이영두 이영득 이영득 이영라 이영란 이영란 이영란 이영란 이영란 이영란 이영란 이영란 이영란 이영란 이영래 이영래 이영래 이영렬 이영례 이영례 이영례 이영례 이영례 이영록 이영록 이영록 이영록 이영록 이영록 이영률 이영림 이영림 이영만 이영만 이영만 이영명 이영명 이영무 이영묵 이영묵 이영문 이영문 이영문 이영문 이영미 이영미 이영미 이영미 이영미 이영미 이영미 이영미 이영미 이영미 이영미 이영민 이영민 이영민 이영발 이영배 이영배 이영배 이영배 이영백 이영범 이영범 이영범 이영범 이영복 이영복 이영복 이영복 이영분 이영빈 이영빈 이영빈 이영상 이영상 이영생 이영서 이영서 이영석 이영석 이영석 이영석 이영석 이영석 이영석 이영석 이영석 이영석 이영석 이영석 이영선 이영선 이영선 이영선 이영선 이영선 이영선 이영선 이영선 이영선 이영선 이영섭 이영섭 이영섭 이영섭 이영섭 이영섭 이영섭 이영성 이영성 이영성 이영수 이영수 이영수 이영수 이영수 이영수 이영수 이영수 이영수 이영수 이영수 이영숙 이영순 이영순 이영순 이영순 이영순 이영순 이영순 이영순 이영순 이영순 이영순 이영순 이영순 이영식 이영식 이영식 이영식 이영식 이영신 이영신 이영실 이영실 이영실 이영실 이영실 이영실 이영심 이영심 이영심 이영심 이영아 이영아 이영아 이영애 이영애 이영애 이영애 이영애 이영애 이영애 이영애 이영애 이영애 이영애 이영애 이영애 이영역 이영언 이영연 이영오 이영옥 이영옥 이영옥 이영옥 이영옥 이영옥 이영옥 이영우 이영우 이영우 이영우 이영우 이영우 이영우 이영우 이영우 이영우 이영우 이영욱 이영욱 이영운 이영운 이영웅 이영원 이영원 이영원 이영원 이영윤 이영은 이영은 이영은 이영은 이영익 이영인 이영일 이영일 이영일 이영일 이영일 이영일 이영일 이영일 이영임 이영임 이영자 이영자 이영자 이영자 이영자 이영자 이영자 이영자 이영자 이영자 이영자 이영자 이영자 이영자 이영자 이영자 이영자 이영자 이영재 이영재 이영재 이영재 이영재 이영재 이영재 이영재 이영재 이영재 이영재 이영조 이영종 이영종 이영주 이영주 이영주 이영주 이영주 이영주 이영주 이영주 이영주 이영주 이영주 이영주 이영주 이영주 이영주 이영주 이영주 이영주 이영준 이영준 이영준 이영준 이영준 이영준 이영준 이영준 이영중 이영중 이영진 이영진 이영진 이영진 이영진 이영진 이영진 이영진 이영진 이영진 이영진 이영진 이영찬 이영창 이영천 이영철 이영철 이영철 이영철 이영철 이영철 이영철 이영철 이영춘 이영춘 이영춘 이영춘 이영칠 이영탁 이영태 이영태 이영태 이영태 이영팽 이영학 이영학 이영학 이영학 이영학 이영해 이영해 이영행 이영혜 이영혜 이영혜 이영호 이영호 이영호 이영호 이영호 이영호 이영호 이영호 이영호 이영호 이영호 이영화 이영환 이영환 이영환 이영환 이영환 이영환 이영환 이영환 이영환 이영환 이영환 이영환 이영효 이영훈 이영훈 이영훈 이영휴 이영희 이예경 이예구 이예나 이예나 이예린 이예린 이예선 이예선 이예순 이예슬 이예슬 이예슬 이예은 이예은 이예중 이예지 이예지 이예지 이예진 이예진 이예하 이예호 이예훈 이예훈 이오갑 이오덕 이오석 이오섭 이오섭 이오영 이오영 이오주 이오중 이오차 이오현 이옥 이옥경 이옥경 이옥경 이옥경 이옥경 이옥근 이옥기 이옥남 이옥님 이옥란 이옥란 이옥란 이옥란 이옥례 이옥봉 이옥분 이옥선 이옥선 이옥선 이옥선 이옥성 이옥수 이옥숙 이옥순 이옥순 이옥순 이옥순 이옥연 이옥영 이옥원 이옥이 이옥임 이옥자 이옥자 이옥자 이옥자 이옥자 이옥재 이옥재 이옥정 이옥주 이옥주 이옥주 이옥주 이옥진 이옥진 이옥진 이옥춘 이옥현 이옥형 이옥화 이옥화 이옥희 이옥희 이옥희 이옥희 이옥희 이옥희 이옥희 이옥희 이옥희 이온구 이온규 이온누리 이온복 이완 이완구 이완권 이완규 이완근 이완근 이완기 이완로 이완배 이완석 이완섭 이완섭 이완수 이완수 이완숙 이완순 이완식 이완영 이완영 이완영 이완용 이완우 이완우 이완재 이완재 이완재 이완재 이완재 이완종 이완주 이완주 이완탁 이완택 이완택 이완호 이완희 이완희 이완희 이왈신 이왕건 이왕근 이왕래 이왕록 이왕석 이왕섭 이왕훈 이왕희 이외련 이외상 이외영 이요상 이요섭 이요섭 이요섭 이요식 이요한 이요한 이용 이용 이용 이용 이용갑 이용갑 이용건 이용결 이용곤 이용관 이용관 이용관 이용교 이용구 이용구 이용구 이용국 이용국 이용권 이용권 이용규 이용규 이용균 이용균 이용균 이용균 이용근 이용근 이용기 이용기 이용남 이용남 이용남 이용녕 이용님 이용대 이용대 이용대 이용덕 이용덕 이용덕 이용돈 이용돈 이용돈 이용동 이용락 이용랑 이용래 이용만 이용만 이용만 이용모 이용문 이용미 이용민 이용배 이용배 이용범 이용범 이용범 이용벽 이용복 이용복 이용복 이용봉 이용부 이용산 이용상 이용상 이용상 이용석 이용석 이용석 이용석 이용석 이용석 이용석 이용석 이용석 이용석 이용석 이용석 이용석 이용석 이용선 이용선 이용선 이용선 이용선 이용선 이용선 이용선 이용섭 이용섭 이용섭 이용성 이용성 이용성 이용세 이용세 이용수 이용수 이용수 이용수 이용수 이용수 이용수 이용수 이용수 이용수 이용순 이용순 이용순 이용순 이용순 이용순 이용술 이용식 이용식 이용식 이용식 이용식 이용식 이용신 이용연 이용영 이용오 이용오 이용옥 이용우 이용우 이용우 이용우 이용우 이용우 이용우 이용우 이용우 이용우 이용운 이용운 이용웅 이용웅 이용원 이용원 이용원 이용익 이용익 이용인 이용인 이용인 이용인 이용일 이용일 이용임 이용자 이용재 이용재 이용재 이용재 이용정 이용제 이용조 이용주 이용주 이용주 이용주 이용주 이용주 이용주 이용주 이용준 이용준 이용준 이용준 이용진 이용진 이용진 이용진 이용찬 이용채 이용철 이용철 이용철 이용철 이용철 이용철 이용철 이용철 이용철 이용초 이용태 이용태 이용태 이용택 이용택 이용택 이용택 이용필 이용하 이용하 이용학 이용학 이용한 이용헌 이용현 이용현 이용현 이용현 이용호 이용호 이용호 이용호 이용호 이용호 이용호 이용호 이용호 이용호 이용화 이용환 이용환 이용환 이용환 이용환 이용효 이용훈 이용훈 이용훈 이용훈 이용훈 이용훈 이용희 이용희 이용희 이용희 이용희 이용희 이용희 이우 이우갑 이우건 이우경 이우경 이우관 이우근 이우기 이우기 이우덕 이우락 이우람 이우리 이우명 이우민 이우방 이우백 이우상 이우선 이우섭 이우성 이우성 이우성 이우성 이우성 이우송 이우송 이우승 이우승 이우식 이우식 이우열 이우영 이우영 이우영 이우영 이우용 이우윤 이우은 이우재 이우재 이우정 이우정 이우정 이우정 이우정 이우종 이우종 이우종 이우주 이우준 이우직 이우진 이우진 이우진 이우진 이우찬 이우철 이우춘 이우택 이우평 이우평 이우형 이우형 이우홍 이우회 이우희 이욱동 이욱연 이욱재 이욱정 이욱현 이욱형 이욱희 이운규 이운기 이운상 이운서 이운석 이운성 이운성 이운수 이운식 이운영 이운용 이운용 이운우 이운재 이운한 이운행 이운형 이운호 이운화 이웅관 이웅규 이웅기 이웅병 이웅송 이웅용 이웅일 이웅재 이웅재 이웅종 이웅휘 이웅희 이원 이원 이원갑 이원경 이원관 이원광 이원광 이원교 이원교 이원구 이원구 이원구 이원구 이원규 이원규 이원규 이원규 이원근 이원근 이원기 이원기 이원기 이원담 이원두 이원락 이원만 이원명 이원발 이원배 이원배 이원배 이원보 이원봉 이원빈 이원상 이원상 이원석 이원석 이원석 이원석 이원석 이원선 이원섭 이원섭 이원섭 이원섭 이원섭 이원수 이원시 이원식 이원식 이원식 이원식 이원식 이원애 이원양 이원연 이원영 이원영 이원영 이원영 이원영 이원영 이원오 이원옥 이원옥 이원용 이원우 이원우 이원욱 이원이 이원익 이원일 이원일 이원일 이원임 이원자 이원장 이원재 이원재 이원재 이원재 이원재 이원재 이원정 이원정 이원정 이원제 이원조 이원종 이원종 이원종 이원준 이원준 이원준 이원중 이원직 이원진 이원진 이원창 이원철 이원철 이원태 이원태 이원태 이원택 이원택 이원택 이원필 이원학 이원혁 이원현 이원형 이원형 이원형 이원형 이원형 이원형 이원형 이원형 이원호 이원호 이원호 이원호 이원호 이원홍 이원화 이원화 이원흥 이원희 이원희 이원희 이원희 이원희 이원희 이원희 이원희 이원희 이원희 이월선 이월재 이월출 이위발 이유간 이유경 이유경 이유관 이유근 이유나 이유남 이유라 이유라 이유라 이유란 이유리 이유리 이유린 이유림 이유미 이유미 이유민 이유배 이유복 이유상 이유상 이유성 이유순 이유신 이유업 이유연 이유원 이유일 이유자 이유정 이유정 이유정 이유진 이유진 이유진 이유진 이유진 이유진 이유찬 이유천 이유한 이유한 이유현 이유현 이유화 이유환 이유희 이육여 이윤 이윤 이윤 이윤 이윤갑 이윤경 이윤경 이윤경 이윤경 이윤광 이윤구 이윤구 이윤구 이윤구 이윤규 이윤기 이윤기 이윤녕 이윤님 이윤덕 이윤덕 이윤례 이윤례 이윤림 이윤문 이윤범 이윤병 이윤복 이윤부 이윤빈 이윤상 이윤생 이윤서 이윤석 이윤석 이윤선 이윤선 이윤선 이윤선 이윤선 이윤성 이윤성 이윤세 이윤세 이윤수 이윤수 이윤수 이윤수 이윤수 이윤숙 이윤숙 이윤숙 이윤순 이윤식 이윤식 이윤실 이윤심 이윤아 이윤아 이윤안 이윤영 이윤영 이윤영 이윤영 이윤옥 이윤옥 이윤용 이윤우 이윤우 이윤우 이윤욱 이윤원 이윤원 이윤원 이윤이 이윤일 이윤자 이윤자 이윤자 이윤자 이윤재 이윤재 이윤재 이윤재 이윤정 이윤정 이윤정 이윤정 이윤정 이윤정 이윤정 이윤제 이윤종 이윤주 이윤주 이윤주 이윤주 이윤주 이윤중 이윤지 이윤진 이윤철 이윤철 이윤철 이윤택 이윤표 이윤하 이윤하 이윤학 이윤헌 이윤형 이윤형 이윤형 이윤호 이윤호 이윤호 이윤호 이윤흠 이윤희 이윤희 이윤희 이윤희 이윤희 이윤희 이윤희 이윤희 이윤희 이윤희 이율희 이융구 이으뜸 이은 이은강 이은경 이은경 이은경 이은경 이은경 이은경 이은경 이은경 이은경 이은경 이은경 이은경 이은경 이은경 이은경 이은경 이은경 이은교 이은규 이은규 이은규 이은규 이은기 이은덕 이은동 이은래 이은림 이은만 이은만 이은문 이은미 이은미 이은미 이은미 이은미 이은미 이은미 이은미 이은미 이은미 이은배 이은별 이은복 이은복 이은비 이은빈 이은상 이은상 이은새 이은서 이은석 이은석 이은석 이은선 이은선 이은섭 이은성 이은성 이은송 이은수 이은수 이은수 이은수 이은숙 이은숙 이은숙 이은숙 이은숙 이은숙 이은숙 이은숙 이은숙 이은숙 이은숙 이은숙 이은숙 이은숙 이은순 이은순 이은순 이은순 이은승 이은식 이은식 이은식 이은신 이은신 이은실 이은실 이은애 이은애 이은영 이은옥 이은완 이은우 이은우 이은우 이은우 이은우 이은욱 이은의 이은이 이은인 이은자 이은자 이은자 이은자 이은재 이은재 이은재 이은적 이은정 이은정 이은정 이은정 이은정 이은정 이은정 이은정 이은정 이은정 이은정 이은정 이은주 이은준 이은준 이은중 이은지 이은진 이은진 이은진 이은진 이은집 이은창 이은천 이은철 이은철 이은철 이은철 이은총 이은택 이은택 이은하 이은한 이은행 이은혁 이은혜 이은혜 이은혜 이은호 이은호 이은호 이은홍 이은화 이은화 이은화 이은희 이은희 이은희 이은희 이은희 이은희 이은희 이은희 이은희 이은희 이은희 이은희 이은희 이은희 이을구 이을순 이을영 이을용 이을재 이음정 이응곤 이응규 이응균 이응석 이응선 이응소 이응수 이응순 이응신 이응인 이응일 이응일 이응제 이응찬 이응천 이응택 이응하 이응현 이응호 이응호 이응호 이응환 이의경 이의경 이의관 이의구 이의권 이의륭 이의배 이의범 이의복 이의섭 이의승 이의영 이의영 이의영 이의용 이의원 이의자 이의준 이의준 이의철 이의철 이의현 이의협 이이상 이이숙 이이순 이이순 이이정 이이형 이이호 이이화 이익돈 이익선 이익성 이익수 이익열 이익자 이익재 이인 이인 이인 이인경 이인경 이인경 이인구 이인구 이인구 이인규 이인규 이인규 이인규 이인규 이인규 이인균 이인근 이인근 이인기 이인기 이인기 이인기 이인기 이인기 이인기 이인동 이인미 이인배 이인범 이인범 이인범 이인범 이인범 이인비 이인서 이인석 이인석 이인석 이인선 이인섭 이인섭 이인섭 이인성 이인성 이인성 이인성 이인성 이인성 이인성 이인수 이인수 이인수 이인숙 이인숙 이인숙 이인숙 이인숙 이인숙 이인숙 이인숙 이인숙 이인숙 이인숙 이인숙 이인순 이인순 이인순 이인순 이인순 이인순 이인순 이인승 이인식 이인식 이인실 이인애 이인영 이인영 이인영 이인영 이인영 이인옥 이인옥 이인용 이인용 이인용 이인우 이인우 이인욱 이인웅 이인원 이인원 이인의 이인자 이인자 이인재 이인재 이인재 이인재 이인재 이인재 이인정 이인제 이인제 이인주 이인철 이인철 이인출 이인표 이인한 이인한 이인형 이인형 이인혜 이인혜 이인혜 이인호 이인호 이인호 이인호 이인호 이인화 이인화 이인환 이인휘 이인희 이인희 이인희 이인희 이일 이일구 이일규 이일규 이일규 이일규 이일기 이일남 이일동 이일봉 이일상 이일석 이일선 이일성 이일성 이일세 이일수 이일승 이일영 이일영 이일용 이일우 이일우 이일우 이일우 이일우 이일우 이일주 이일주 이일행 이일호 이일호 이일환 이일환 이일희 이임갑 이임세 이임영 이임옥 이임제 이임진 이임호 이자열 이자영 이자영 이자영 이자영 이자영 이자영 이자윤 이자은 이자형 이자형 이자홍 이장규 이장규 이장노 이장돌 이장만 이장범 이장범 이장석 이장수 이장수 이장수 이장수 이장수 이장순 이장순 이장연 이장영 이장오 이장용 이장우 이장우 이장우 이장우 이장우 이장우 이장욱 이장원 이장원 이장주 이장주 이장해 이장현 이장현 이장호 이장호 이장호 이장호 이장호 이장호 이장호 이장호 이장화 이장화 이장환 이장환 이장희 이장희 이장희 이장희 이장희 이장희 이장희 이재 이재강 이재건 이재겸 이재경 이재경 이재경 이재경 이재경 이재경 이재경 이재경 이재곤 이재곤 이재공 이재관 이재관 이재관 이재관 이재광 이재광 이재구 이재구 이재구 이재구 이재구 이재구 이재국 이재국 이재권 이재권 이재권 이재권 이재권 이재규 이재규 이재규 이재규 이재균 이재균 이재근 이재근 이재근 이재근 이재근 이재근 이재근 이재근 이재근 이재근 이재기 이재기 이재남 이재남 이재남 이재덕 이재덕 이재덕 이재도 이재동 이재동 이재동 이재두 이재두 이재란 이재람 이재련 이재령 이재령 이재록 이재록 이재룡 이재룡 이재만 이재만 이재만 이재만 이재만 이재명 이재명 이재명 이재명 이재명 이재문 이재문 이재문 이재문 이재민 이재민 이재민 이재민 이재민 이재민 이재범 이재범 이재복 이재복 이재복 이재복 이재복 이재봉 이재분 이재분 이재붕 이재상 이재석 이재석 이재석 이재석 이재석 이재선 이재선 이재선 이재선 이재선 이재성 이재성 이재성 이재성 이재성 이재성 이재성 이재성 이재성 이재성 이재성 이재성 이재성 이재숙 이재숙 이재숙 이재숙 이재숙 이재숙 이재숙 이재숙 이재숙 이재순 이재순 이재순 이재순 이재순 이재술 이재승 이재승 이재승 이재식 이재식 이재식 이재식 이재실 이재실 이재야 이재양 이재언 이재언 이재업 이재업 이재연 이재연 이재열 이재열 이재엽 이재영 이재영 이재영 이재영 이재영 이재영 이재영 이재영 이재영 이재영 이재영 이재영 이재영 이재영 이재영 이재영 이재오 이재옥 이재옥 이재옥 이재옥 이재완 이재완 이재왕 이재용 이재용 이재용 이재용 이재용 이재용 이재용 이재용 이재용 이재우 이재우 이재우 이재우 이재우 이재우 이재우 이재우 이재우 이재욱 이재욱 이재욱 이재욱 이재욱 이재욱 이재운 이재운 이재운 이재웅 이재웅 이재웅 이재웅 이재웅 이재웅 이재웅 이재원 이재원 이재원 이재원 이재원 이재원 이재원 이재원 이재원 이재원 이재원 이재원 이재원 이재월 이재윤 이재윤 이재윤 이재윤 이재율 이재은 이재은 이재은 이재의 이재익 이재익 이재익 이재익 이재인 이재인 이재인 이재인 이재인 이재인 이재일 이재일 이재일 이재일 이재일 이재일 이재정 이재정 이재정 이재종 이재준 이재준 이재준 이재준 이재준 이재준 이재중 이재진 이재진 이재진 이재진 이재진 이재진 이재찬 이재천 이재천 이재천 이재철 이재철 이재철 이재철 이재철 이재철 이재철 이재춘 이재춘 이재춘 이재태 이재필 이재필 이재필 이재하 이재하 이재학 이재한 이재향 이재헌 이재헌 이재헌 이재혁 이재혁 이재혁 이재현 이재현 이재현 이재현 이재현 이재현 이재형 이재형 이재형 이재형 이재형 이재형 이재형 이재형 이재형 이재형 이재형 이재형 이재형 이재형 이재호 이재호 이재호 이재호 이재호 이재호 이재호 이재호 이재호 이재호 이재호 이재호 이재호 이재호 이재호 이재호 이재홍 이재홍 이재홍 이재홍 이재홍 이재홍 이재홍 이재홍 이재홍 이재화 이재화 이재화 이재환 이재황 이재후 이재후 이재훈 이재훈 이재훈 이재훈 이재훈 이재훈 이재훈 이재휘 이재휘 이재흥 이재흥 이재희 이재희 이재희 이재희 이재희 이재희 이재희 이재희 이재희 이재희 이재희 이재희 이재희 이쟁훈 이전오 이전익 이전행 이전호 이전휴 이점구 이점근 이점남 이점도 이점동 이점락 이점분 이점성 이점수 이점숙 이점숙 이점숙 이점숙 이점순 이점순 이점옥 이점옥 이점용 이점이 이점자 이점형 이점호 이점화 이점회 이정 이정 이정갑 이정걸 이정경 이정관 이정구 이정구 이정구 이정구 이정구 이정국 이정국 이정국 이정권 이정권 이정권 이정권 이정규 이정규 이정규 이정규 이정규 이정규 이정규 이정규 이정규 이정규 이정균 이정균 이정근 이정근 이정근 이정근 이정근 이정금 이정기 이정기 이정기 이정기 이정기 이정길 이정남 이정남 이정남 이정남 이정녕 이정님 이정님 이정대 이정덕 이정동 이정락 이정란 이정란 이정란 이정란 이정렬 이정례 이정로 이정록 이정림 이정림 이정만 이정만 이정명 이정모 이정무 이정무 이정묵 이정문 이정미 이정미 이정미 이정미 이정미 이정미 이정미 이정미 이정미 이정미 이정미 이정민 이정민 이정민 이정민 이정민 이정민 이정민 이정민 이정민 이정민 이정민 이정민 이정민 이정민 이정민 이정배 이정배 이정범 이정범 이정법 이정벽 이정복 이정상 이정석 이정석 이정석 이정석 이정석 이정석 이정석 이정선 이정선 이정선 이정선 이정섭 이정섭 이정섭 이정섭 이정섭 이정섭 이정성 이정수 이정수 이정수 이정수 이정수 이정수 이정수 이정수 이정수 이정수 이정숙 이정순 이정순 이정순 이정순 이정순 이정순 이정순 이정순 이정순 이정순 이정순 이정순 이정순 이정술 이정승 이정식 이정식 이정식 이정식 이정식 이정신 이정신 이정신 이정실 이정심 이정심 이정심 이정심 이정심 이정아 이정아 이정안 이정안 이정애 이정애 이정애 이정애 이정애 이정연 이정연 이정연 이정연 이정열 이정열 이정열 이정열 이정열 이정엽 이정엽 이정영 이정옥 이정옥 이정옥 이정옥 이정옥 이정옥 이정옥 이정완 이정왜 이정용 이정용 이정용 이정용 이정우 이정우 이정우 이정우 이정우 이정우 이정우 이정우 이정우 이정우 이정우 이정우 이정우 이정우 이정우 이정우 이정우 이정욱 이정욱 이정욱 이정욱 이정욱 이정욱 이정욱 이정욱 이정욱 이정운 이정운 이정운 이정웅 이정웅 이정원 이정원 이정원 이정원 이정원 이정원 이정원 이정원 이정원 이정윤 이정윤 이정윤 이정윤 이정윤 이정윤 이정윤 이정윤 이정은 이정은 이정은 이정은 이정은 이정은 이정은 이정은 이정은 이정은 이정은 이정이 이정이 이정이 이정익 이정익 이정인 이정인 이정인 이정일 이정일 이정일 이정일 이정임 이정임 이정임 이정임 이정임 이정임 이정임 이정임 이정자 이정자 이정자 이정자 이정자 이정자 이정자 이정자 이정자 이정재 이정재 이정재 이정재 이정재 이정재 이정제 이정주 이정주 이정주 이정주 이정주 이정준 이정진 이정진 이정진 이정찬 이정찬 이정채 이정천 이정철 이정철 이정철 이정철 이정철 이정철 이정철 이정철 이정태 이정태 이정태 이정태 이정태 이정태 이정택 이정택 이정표 이정하 이정하 이정학 이정학 이정한 이정행 이정헌 이정헌 이정헌 이정헌 이정혁 이정현 이정현 이정현 이정현 이정현 이정현 이정현 이정현 이정현 이정현 이정형 이정형 이정혜 이정혜 이정혜 이정혜 이정혜 이정혜 이정호 이정호 이정호 이정호 이정호 이정호 이정호 이정호 이정호 이정호 이정호 이정호 이정호 이정화 이정화 이정화 이정화 이정화 이정화 이정화 이정화 이정환 이정환 이정환 이정환 이정환 이정환 이정환 이정환 이정환 이정환 이정환 이정환 이정회 이정후 이정훈 이정훈 이정훈 이정훈 이정훈 이정훈 이정훈 이정훈 이정훈 이정훈 이정훈 이정훈 이정훈 이정훈 이정훈 이정훈 이정휴 이정희 이제갑 이제경 이제관 이제관 이제민 이제성 이제승 이제용 이제용 이제욱 이제창 이제천 이제현 이제형 이제호 이제호 이제호 이제훈 이제희 이조성 이조영 이조영 이조완 이존일 이존화 이종 이종각 이종각 이종갑 이종갑 이종갑 이종갑 이종건 이종건 이종걸 이종걸 이종경 이종경 이종고 이종곤 이종관 이종관 이종관 이종관 이종관 이종구 이종구 이종구 이종구 이종구 이종구 이종구 이종국 이종국 이종국 이종국 이종권 이종권 이종권 이종규 이종규 이종규 이종근 이종근 이종근 이종근 이종근 이종근 이종기 이종기 이종길 이종길 이종남 이종남 이종님 이종달 이종달 이종담 이종당 이종대 이종대 이종대 이종대 이종대 이종대 이종대 이종대 이종대 이종대 이종대 이종덕 이종덕 이종덕 이종덕 이종덕 이종도 이종두 이종두 이종락 이종렬 이종렬 이종렬 이종렬 이종률 이종률 이종률 이종률 이종린 이종만 이종만 이종만 이종만 이종만 이종만 이종만 이종면 이종명 이종명 이종명 이종명 이종목 이종목 이종목 이종목 이종목 이종묵 이종문 이종미 이종민 이종민 이종민 이종민 이종민 이종민 이종민 이종민 이종민 이종배 이종백 이종범 이종범 이

한겨레 7만 주주

종병 이종병 이종복 이종복 이종봉 이종빈 이종빈 이종산 이종상 이종상 이종서 이종석 이종석 이종석 이종석 이종석 이종석 이종석 이종석 이종석 이종석 이종선 이종선 이종선 이종선 이종선 이종선 이종섭 이종
섭 이종섭 이종성 이종성 이종성 이종성 이종성 이종성 이종성 이종성 이종세 이종송 이종수 이종수 이종수 이종수 이종수 이종수 이종수 이종수 이종수 이종수 이종수 이종수 이종숙 이종숙 이종숙 이종숙 이종순
이종순 이종순 이종순 이종순 이종술 이종술 이종술 이종승 이종승 이종승 이종식 이종식 이종식 이종식 이종식 이종식 이종애 이종애 이종언 이종연 이종연 이종열 이종열 이종열 이종엽 이종엽 이종영 이종영 이
종오 이종오 이종오 이종옥 이종옥 이종옥 이종옥 이종완 이종완 이종왕 이종용 이종우 이종우 이종우 이종우 이종우 이종우 이종우 이종우 이종우 이종욱 이종욱 이종욱 이종욱 이종욱 이종웅 이종원 이종원 이종
원 이종원 이종원 이종원 이종원 이종원 이종원 이종원 이종원 이종원 이종원 이종원 이종원 이종원 이종원 이종윤 이종윤 이종윤 이종윤 이종은 이종은 이종은 이종은 이종은 이종은 이종익 이종익 이종익 이종인 이종인
이종인 이종인 이종인 이종일 이종일 이종일 이종일 이종일 이종일 이종임 이종재 이종재 이종주 이종주 이종준 이종진 이종진 이종진 이종진 이종찬 이종찬 이종찬 이종찬 이종찬 이종찬 이종창 이종창 이종천 이종천 이
종천 이종천 이종철 이종철 이종철 이종철 이종철 이종철 이종철 이종철 이종철 이종철 이종철 이종철 이종철 이종철 이종철 이종쾌 이종탁 이종탁 이종태 이종태 이종태 이종태 이종태 이종태 이종태 이종태 이종태 이종
택 이종택 이종팔 이종평 이종표 이종필 이종필 이종필 이종하 이종하 이종하 이종하 이종학 이종학 이종한 이종한 이종한 이종한 이종헌 이종헌 이종헌 이종혁 이종혁 이종혁 이종현 이종현 이종현 이종현 이종현
이종현 이종현 이종현 이종호 이종홍 이종화 이종화 이종화 이종화 이종
화 이종화 이종환 이종환 이종환 이종환 이종환 이종환 이종훈 이종훈 이종훈 이종훈 이종훈 이종훈 이종훈 이종훈 이종훈 이종훈 이종휘 이종휘 이종희 이종희 이종희 이종희 이종희 이종희 이좌근
이좌동 이좌용 이주 이주경 이주경 이주국 이주노 이주령 이주록 이주룡 이주명 이주명 이주명 이주상 이주석 이주선 이주성 이주성 이주세 이주수 이주수 이주식 이주식 이주식 이주신 이주억 이주연 이주연 이주
연 이주연 이주연 이주연 이주연 이주연 이주연 이주열 이주엽 이주엽 이주영 이주영 이주영 이주영 이주영 이주영 이주영 이주영 이주영 이주영 이주영 이주영 이주영 이주영 이주용 이주용 이주용 이주원 이
주원 이주원 이주은 이주은 이주은 이주은 이주익 이주일 이주자 이주장 이주찬 이주철 이주철 이주철 이주필 이주하 이주학 이주한 이주한 이주한 이주한 이주한 이주한 이주행 이주행 이주향 이주헌 이주헌 이주헌 이주현
이주현 이주현 이주혁 이주혁 이주현 이주현 이주현 이주현 이주현 이주현 이주현 이주현 이주현 이주형 이주형 이주형 이주형 이주형 이주형 이주형 이주형 이주혜 이주호 이주호 이주호 이주호 이주호 이주
호 이주홍 이주홍 이주홍 이주훈 이주희 이주희 이주희 이주희 이주희 이주희 이준 이준 이준곤 이준구 이준구 이준구 이준권 이준규 이준규 이준규 이준규 이준기 이준기 이준기 이준
동 이준동 이준마로 이준만 이준명 이준모 이준목 이준범 이준범 이준범 이준상 이준상 이준서 이준서 이준석 이준석 이준석 이준석 이준성 이준성 이준수 이준수 이준숙 이준승 이준식 이준식 이준신 이준연 이준
엽 이준엽 이준영이준영 이준영 이준영 이준영 이준영 이준영 이준오 이준옥 이준용 이준용 이준용 이준용 이준용 이준우 이준우 이준웅 이준원 이준원 이준원 이준익 이준일 이준창 이준태 이준태 이준필
이준하 이준하 이준학 이준행 이준행 이준헌 이준혁 이준형 이준형 이준형 이준형 이준호 이준호 이준호 이준호 이준호 이준호 이준호 이준호 이준호 이준호 이준호 이준호 이준호 이준홍 이준
환 이준환 이준회 이준회 이준희 이준희 이준희 이준희 이준희 이준희 이준희 이준희 이준희 이중규 이중균 이중근 이중근 이중근 이중기 이중길 이중노 이중림 이중배 이중배 이중석 이중석 이중선 이중섭
이중수 이중옥 이중우 이중욱 이중원 이중재 이중주 이중철 이중학 이중현 이중현 이중현 이중호 이중화 이중회 이중희 이중희 이중희 이증상 이증훈 이지나 이지나 이지나 이지나 이지록 이지만 이지만 이지
민 이지민 이지민 이지민 이지복 이지복 이지산 이지선 이지선 이지선 이지선 이지선 이지선 이지선 이지선 이지수 이지수 이지수 이지수 이지숙 이지숙 이지순 이지순 이지신 이지안 이지애 이지애 이지양
이지언 이지연 이지연 이지연 이지연 이지연 이지연 이지연 이지연 이지연 이지연 이지연 이지연 이지연 이지연 이지열 이지영 이지영 이지영 이지영 이지영 이지영 이지영 이지영 이지영 이지영 이지영 이지영 이지
영 이지영 이지영 이지옥 이지완 이지용 이지용 이지용 이지원 이지원 이지원 이지원 이지원 이지원 이지원 이지유 이지윤 이지윤 이지윤 이지은 이지은 이지은 이지은 이지은 이지은 이지은 이지은 이지은
이지은 이지은 이지은 이지은 이지은 이지은 이지은 이지은 이지은 이지은 이지은 이지은 이지은 이지은 이지전 이지찬 이지하 이지한 이지행 이지향 이지향 이지향 이지헌 이지현 이지현 이지현 이지현 이지현
현 이지현 이지현 이지현 이지현 이지현 이지현 이지현 이지현 이지현 이지현 이지현 이지형 이지형 이지형 이지형 이지형 이지형 이지혜 이지혜 이지혜 이지혜 이지혜 이지혜 이지혜 이지혜 이지혜 이지호 이
지호 이지홍 이지화 이지환 이지환 이지환 이지효 이지훈 이지훈 이지훈 이지훈 이지훈 이지희 이직재 이진 이진 이진 이진 이진경 이진경 이진경 이진경 이진경 이진곤 이진광 이진구 이진구 이진구 이진구 이진국
이진군 이진권 이진규 이진규 이진동 이진률 이진만 이진만 이진명 이진명 이진모 이진무 이진무 이진민 이진배 이진백 이진범 이진범 이진복 이진봉 이진석 이진석 이진석 이진석 이진석 이진선 이진섭 이진섭 이진
섭 이진성 이진성 이진세 이진수 이진수 이진수 이진수 이진수 이진수 이진숙 이진숙 이진숙 이진숙 이진숙 이진숙 이진숙 이진숙 이진숙 이진숙 이진순 이진식 이진아 이진아 이진아 이진아 이진양 이진연
이진열 이진영 이진영 이진영 이진영 이진영 이진영 이진영 이진영 이진영 이진영 이진오 이진오 이진옥 이진용 이진용 이진용 이진우 이진우 이진우 이진우 이진우 이진우 이진우 이진우 이진우 이진욱 이진
욱 이진욱 이진웅 이진웅 이진웅 이진웅 이진원 이진의 이진의 이진이 이진재 이진주 이진주 이진준 이진중 이진창 이진철 이진철 이진철 이진탁 이진태 이진한 이진한 이진해 이진행 이진행 이진혁 이진혁 이진현 이
진현 이진형 이진형 이진형 이진호 이진호 이진호 이진호 이진호 이진호 이진호 이진호 이진홍 이진홍 이진화 이진환 이진환 이진환 이진환 이진후 이진후 이진후 이진휴 이진희 이진희 이진희 이진희 이진희 이진희
이진희 이진희 이진희 이차규 이차근 이차림 이차선 이차순 이찬경 이찬경 이찬교 이찬구 이찬구 이찬규 이찬배 이찬복 이찬성 이찬수 이찬순 이찬승 이찬열 이찬영 이찬영 이찬영 이찬우 이찬욱 이찬원 이찬원 이
찬원 이찬인 이찬준 이찬혁 이찬혁 이찬형 이찬호 이찬호 이찬휘 이찬휴 이찬희 이찬희 이찬희 이찬희 이찬희 이참한 이창 이창건 이창걸 이창곤 이창구 이창국 이창국 이창규 이창규 이창극 이창근 이창근 이창근
이창근 이창근 이창근 이창근 이창근 이창기 이창기 이창기 이창길이창남 이창남 이창대 이창대 이창돈 이창득 이창래 이창렬 이창룡 이창룡 이창림 이창모 이창모 이창문 이창미 이창민 이창민 이창배 이창분 이창
석 이창석 이창석 이창선 이창선 이창선 이창선 이창섭 이창섭 이창섭 이창섭 이창섭 이창섭 이창송 이창수 이창수 이창수 이창수 이창수 이창수 이창수 이창수 이창수 이창수 이창숙 이창숙 이창숙 이창숙
이창식 이창식 이창식 이창연 이창연 이창연 이창열 이창엽 이창영 이창옥 이창옥 이창옥 이창옥 이창완 이창용 이창용 이창용 이창용 이창용 이창우 이창우 이창우 이창우 이창우 이창우 이창욱 이창운 이창원 이창
원 이창원 이창윤 이창은 이창인 이창인 이창자 이창재 이창재 이창재 이창재 이창재 이창제 이창종 이창주 이창주 이창주 이창준 이창준 이창중 이창직 이창진 이창진 이창진 이창진 이창진 이창진 이창헌 이창헌
이창현 이창현 이창현 이창현 이창형 이창형 이창형 이창호 이창호 이창호 이창호 이창호 이창호 이창호 이창호 이창호 이창화 이창화 이창환 이창환 이창효 이창훈 이창훈 이창훈 이창훈 이창훈 이창희 이
창희 이창희 이창희 이창희 이창희 이창희 이창희 이채광 이채린 이채린 이채수 이채승 이채영 이채영 이채욱 이채은 이채행 이채현 이채현 이채호 이채훈 이천 이천규 이천령 이천림 이천만 이천복 이천석 이천수
이천수 이천수 이천수 이천식 이천우 이천우 이천우 이천일 이천주 이천현 이천환 이천환 이천희 이천희 이천희 이천희 이철 이철 이철 이철 이철 이철 이철 이철관 이철구 이철구 이철구 이철권 이철규 이철규 이철
규 이철규 이철균 이철민 이철배 이철선 이철수 이철수 이철수 이철수 이철수 이철수 이철수 이철순 이철승 이철승 이철승 이철승 이철신 이철영 이철영 이철용 이철용 이철용 이철우 이철우 이철우
이철우 이철우 이철우 이철우 이철원 이철원 이철원 이철주 이철주 이철주 이철주 이철준 이철중 이철지 이철진 이철학 이철형 이철호 이철호 이철호 이철호 이철호 이철호 이철호 이철호 이철호이철호 이철호 이철
호 이철호 이철홍 이철환 이철환 이철환 이철훈 이철훈 이철휘 이철희 이철희 이철희 이철희 이철희 이철희 이청록 이청만 이청무 이청아 이청열 이청원 이청일 이청자 이청준 이청천 이청호 이청화 이청훈 이청희 이
총각 이추리 이추영 이추자 이추자 이추택 이춘걸 이춘곤 이춘구 이춘구 이춘권 이춘근 이춘기 이춘기 이춘기 이춘길 이춘대 이춘만 이춘배 이춘배 이춘봉 이춘부 이춘상 이춘섭 이춘섭 이춘성 이춘성 이춘성 이춘
수 이춘수 이춘식 이춘식 이춘신 이춘실 이춘실 이춘용 이춘우 이춘우 이춘우 이춘우 이춘우 이춘욱 이춘원 이춘자 이춘자 이춘자 이춘재 이춘재 이춘재 이춘재 이춘재 이춘주 이춘진 이춘행 이춘혁 이춘형 이춘호
이춘화 이춘화 이춘희 이춘희 이춘희 이춘희 이춘희 이춘희 이출성 이출세 이충건 이충건 이충경 이충국 이충근 이충기 이충기 이충민 이충범 이충보 이충상 이충선 이충섭 이충섭 이충성 이충식 이충신 이충언 이
충언 이충열 이충열 이충열 이충엽 이충영 이충옥 이충용 이충우 이충욱 이충원 이충원 이충원 이충이 이충일 이충일 이충재 이충진 이충하 이충한 이충해 이충현 이충호 이충호 이충호 이충환 이충효 이충훈 이충
희 이충희 이충희 이치권 이치권 이치만 이치선 이치원 이치현 이치현 이치형 이치호 이치환 이칠광 이칠성 이칠성 이칠용 이침재 이쾌우 이쾌재 이탁경 이탁규 이탁규 이탐지 이태건 이태경 이태경 이태경 이태경 이
태경 이태경 이태경 이태구 이태권 이태규 이태규 이태균 이태균 이태근 이태근 이태기 이태기 이태기 이태길 이태길 이태동 이태두 이태래 이태로 이태리 이태림 이태림 이태목 이태무 이태방 이태백 이태범 이태복
이태봉 이태봉 이태산 이태산 이태선 이태선 이태성 이태세 이태숙 이태승 이태식 이태신 이태애 이태연 이태열 이태열 이태영 이태영 이태영 이태영 이태영 이태용 이태우 이태우 이태욱 이태운 이태웅 이태웅 이태
웅 이태원 이태원 이태원 이태원 이태원 이태원 이태윤 이태익 이태일 이태자 이태재 이태전 이태정 이태조 이태진 이태진 이태진 이태진 이태하 이태학 이태헌 이태헌 이태현 이태현 이태현 이태현 이태형 이태형 이
태형 이태호 이태호 이태호 이태호 이태호 이태호 이태호 이태호 이태호 이태호 이태호 이태홍 이태화 이태환 이태환 이태후 이태훈 이태훈 이태훈 이태희 이태희 이태희 이태희 이태희 이태희 이택구 이택기
이택성 이택용 이택용 이택운 이터 이판술 이판식 이판용 이판의 이판재 이판희 이팔범 이팔현 이평기 이평섭 이평숙 이평운 이평중 이평천 이평희 이포영 이푸른메 이풍우 이필 이필녀 이필덕 이필동 이필래 이필렬
이필섭 이필수 이필순 이필영 이필영 이필우 이필우 이필윤 이필자 이필자 이필주 이필주 이필중 이필한 이필형 이필훈 이하걸 이하교 이하균 이하나 이하나 이하나 이하나 이하늘 이하늘 이하늘 이하늬 이하람 이하
람 이하람 이하봄 이하봉 이하상 이하연 이하영 이하원 이하원 이하인 이하일 이하일 이하전 이하정 이하정 이하진 이학규 이학규 이학기 이학길 이학동 이학락 이학림 이학모 이학민 이학민 이학범 이학범 이학선
이학선 이학성 이학수 이학수 이학수 이학수 이학승 이학연 이학영 이학용 이학우 이학웅 이학인 이학재 이학주 이학준 이학준 이학준 이학천 이학철 이학춘 이한 이한겨레 이한결 이한결 이한결 이한결 이한경 이한
구 이한구 이한구 이한구 이한구 이한구 이한규 이한글 이한기 이한길 이한길 이한나 이한나 이한나 이한나라 이한내 이한녕 이한도 이한라 이한림 이한림 이한메 이한미 이한방 이한범 이한 이한별 이한별 이한복
이한복 이한봉 이한빈 이한빛 이한삼 이한석 이한석 이한석 이한성 이한솔 이한솔 이한솔 이한솔 이한솔 이한솔 이한솔 이한수 이한수 이한수 이한순 이한슬 이한승 이한승 이한아람 이한열 이한영 이한영 이
한영 이한오 이한용 이한용 이한용 이한우 이한우 이한우 이한우 이한울 이한을 이한응 이한응 이한일 이한일 이한재 이한재 이한조 이한종 이한종 이한주 이한주 이한주 이한주 이한주 이한주 이한중 이한진
이한진 이한창 이한춘 이한혁 이한현 이한호 이항 이항 이항규 이항규 이항녕 이항배 이항배 이항복 이항복 이항용 이항운 이항재 이항재 이항훈 이해각 이해경 이해경 이해경 이해권 이해동 이해동 이해두 이해록 이
해룡 이해리 이해민 이해방 이해범 이해복 이해봉 이해붕 이해석 이해석 이해성 이해성 이해성 이해성 이해성 이해수 이해숙 이해숙 이해숙 이해순 이해식 이해심 이해영 이해영 이해옥 이해욱 이해욱 이해웅 이해원
이해원 이해원 이해원 이해을 이해인 이해일 이해자 이해종 이해준 이해중 이해중 이해진 이해찬 이해찬 이해춘 이해학 이행구 이행규 이행문 이행복 이행석 이행선 이행섭 이행수 이행숙 이행숙 이행순 이행순 이행
우 이행원 이행자 이행종 이행진 이행철 이행태 이행훈 이향규 이향근 이향남 이향남 이향란 이향림 이향림 이향민 이향수 이향숙 이향숙 이향숙 이향숙 이향숙 이향숙 이향숙 이향숙 이향숙 이향순
이향순 이향신 이향아 이향우 이향원 이향원 이향자 이향자 이향자 이향천 이헌 이헌규 이헌규 이헌근 이헌남 이헌대 이헌봉 이헌석 이헌식 이헌양 이헌영 이헌영 이헌주 이헌주 이헌주 이헌창 이헌철 이헌화 이헌희
이혁 이혁 이혁 이혁승 이혁신 이혁종 이혁주 이혁주 이현 이현 이현 이현걸 이현경 이현경 이현경 이현경 이현경 이현경 이현경 이현경 이현경 이현경 이현경 이현교 이현구 이현구 이현구 이현구 이현구 이현구 이현
국 이현권 이현규 이현규 이현규 이현균 이현근 이현금 이현기 이현기 이현기 이현남 이현님 이현덕 이현덕 이현동 이현득 이현만 이현만 이현만 이현모 이현모 이현모 이현모 이현모 이현목 이현무 이현미 이현미 이
현미 이현미 이현미 이현미 이현미 이현미 이현미 이현미 이현민 이현민 이현배 이현배 이현범 이현블 이현빈 이현상 이현상 이현서 이현서 이현석 이현석 이현석 이현선 이현섭 이현성 이현수 이현수 이현수 이현수
이현수 이현수 이현수 이현수 이현수 이현수 이현수 이현숙 이현
숙 이현숙 이현숙 이현숙 이현숙 이현숙 이현숙 이현숙 이현숙 이현숙 이현숙 이현숙 이현숙 이현순 이현순 이현순 이현승 이현승 이현승 이현식 이현식 이현아 이현아 이현애 이현영 이현영 이현영 이현영 이
현영 이현영 이현옥 이현옥 이현옥 이현옥 이현옥 이현옥 이현옥 이현우 이현우 이현우 이현우 이현우 이현우 이현우 이현우 이현우 이현우 이현우 이현우 이현욱 이현웅 이현원 이현이 이현익 이현일 이현자 이현자
이현자 이현자 이현자 이현재 이현정 이현정 이현정 이현정 이현정 이현정 이현정 이현정 이현정 이현정 이현정 이현정 이현조 이현조 이현종 이현종 이현종 이현주 이현주 이현주 이현주 이현주 이현주 이현주 이현
주 이현주 이현주 이현주 이현주 이현주 이현주 이현주 이현주 이현주 이현주 이현주 이현주 이현주 이현주 이현준 이현준 이현준 이현중 이현지 이현지 이현지 이현지 이현진 이현진 이현진 이현창 이현철 이현춘 이
현태 이현태 이현학 이현행 이현혜 이현호 이현효 이현흠 이현희 이현희 이현희 이현희 이현희 이협 이협로 이형곤 이형교 이형교 이형구 이형구 이형권 이형규 이형규 이형규 이형근 이형근 이형근 이형기 이형기 이
형남 이형남 이형남 이형대 이형래 이형로 이형록 이형모 이형목 이형민 이형민 이형민 이형배 이형범 이형복 이형석 이형석 이형석 이형석 이형섭 이형섭 이형섭 이형수 이형수 이형숙 이형숙 이형식 이형식 이형식
이형식 이형신 이형연 이형열 이형열 이형엽 이형우 이형우 이형욱 이형욱 이형원 이형원 이형월 이형은 이형일 이형재 이형재 이형종 이형종 이형주 이형주 이형주 이형주 이형진 이형진 이형진 이형진 이형진 이형
진 이형창 이형철 이형태 이형한 이형호 이형화 이형환 이형훈 이형훈 이형휴 이형희 이혜경 이혜경 이혜경 이혜경 이혜경 이혜경 이혜경 이혜경 이혜경 이혜경 이혜경 이혜경 이혜경 이혜경 이혜경 이혜경 이
혜경 이혜경 이혜경 이혜경 이혜경 이혜금 이혜라 이혜란 이혜란 이혜란 이혜란 이혜란 이혜란 이혜란 이혜란 이혜령 이혜령 이혜린 이혜림 이혜림 이혜민 이혜민 이혜빈 이혜선 이혜선 이혜섭 이혜성 이혜성 이혜성
이혜성 이혜성 이혜성 이혜성 이혜수 이혜수 이혜숙 이혜
숙 이혜숙 이혜숙 이혜숙 이혜숙 이혜숙 이혜순 이혜순 이혜순 이혜승 이혜승 이혜연 이혜연 이혜영 이혜영 이혜영 이혜영 이혜영 이혜영 이혜영 이혜영 이혜영 이혜영 이혜영 이혜영 이혜영 이혜영 이혜옥 이혜옥 이
혜옥 이혜옥 이혜옥 이혜옥 이혜온 이혜원 이혜원 이혜원 이혜인 이혜인 이혜인 이혜인 이혜자 이혜자 이혜자 이혜자 이혜자 이혜자 이혜정 이혜정 이혜정 이혜정 이혜정 이혜정 이혜정 이혜정 이혜정 이혜정 이혜정
이혜주 이혜준 이혜진 이혜진 이혜진 이혜진 이혜형 이혜훈 이호 이호 이호 이호강 이호걸 이호경 이호경 이호경 이호국 이호규 이호규 이호균 이호균 이호근 이호근 이호근 이호금 이호기 이호남 이호남 이호림 이호
민 이호범 이호상 이호상 이호상 이호상 이호상 이호상 이호석 이호석 이호석 이호선 이호선 이호선 이호선 이호섭 이호섭 이호섭 이호섭 이호섭 이호섭 이호성 이호성 이호성 이호성 이호성 이호성 이호성 이호숙 이
호순 이호순 이호승 이호신 이호신 이호연 이호연 이호연 이호열 이호열 이호영 이호영 이호영 이호영 이호영 이호영 이호용 이호용 이호용 이호웅 이호원 이호원 이호을 이호일 이호재 이호재 이호재 이호준 이호준
이호준 이호준 이호준 이호준 이호준 이호준 이호준 이호중 이호중 이호중 이호진 이호진 이호창 이호천 이호철 이호철 이호철 이호청 이호태 이호형 이홍 이홍 이홍걸 이홍교 이홍구 이홍규 이홍규 이홍규 이
홍근 이홍기 이홍기 이홍기 이홍기 이홍기 이홍길 이홍남 이홍돈 이홍동 이홍련 이홍렬 이홍림 이홍모 이홍민 이홍발 이홍배 이홍범 이홍범 이홍석 이홍석 이홍섭 이홍섭 이홍수 이홍숙 이홍승 이홍식 이홍식 이홍
연 이홍열 이홍영 이홍우 이홍원 이홍은 이홍익 이홍인 이홍정 이홍종 이홍주 이홍주 이홍주 이홍주 이홍주 이홍주 이홍진 이홍진 이홍철 이홍평 이홍희 이화구 이화덕 이화룡 이화복 이화분 이화산 이화석 이화선
이화섭 이화섭 이화성 이화수 이화수 이화숙 이화숙 이화숙 이화숙 이화숙 이화승 이화식 이화신 이화연 이화연 이화영 이화영 이화영 이화영 이화영 이화영 이화영 이화영 이화용 이화원 이화일 이화자 이화자 이
화자 이화자 이화재 이화정 이화정 이화정 이화주 이화진 이화진 이화진 이화진 이화진 이화창 이화창 이화춘 이화춘 이화택 이화현 이화형 이확룡 이환경 이환기 이환복 이환복 이환석 이환수 이환종 이환주 이환
준 이환훈 이환희 이황 이황 이황 이황락 이황민 이황복 이황주 이황현 이황호 이회선 이회주 이효경 이효경 이효경 이효구 이효녕 이효동 이효림 이효범 이효상 이효석 이효석 이효석 이효선 이효선 이효섭 이효성 이
효숙 이효숙 이효숙 이효숙 이효순 이효순 이효순 이효식 이효식 이효식 이효식 이효영 이효우 이효원 이효원 이효원 이효익 이효인 이효임 이효재 이효재 이효재 이효정 이효정 이효정 이효정 이효주 이효준 이효준
이효준 이효진 이효진 이효진 이효진 이효진 이효창 이효창 이효추 이효춘 이효형 이후경 이후관 이후관 이후금 이후복 이후영 이후자 이훈 이훈 이훈 이훈 이훈 이훈 이훈 이훈구 이훈구 이훈석 이훈우 이훈익 이훈
재 이훈종 이훈종 이훈주 이훈철 이휘남 이휘종 이휘주 이휴신 이흥구 이흥구 이흥규 이흥규 이흥남 이흥노 이흥래 이흥렬 이흥록 이흥만 이흥선 이흥섭 이흥섭 이흥섭 이흥수 이흥수 이흥수 이흥식 이흥용 이흥재
이흥재 이흥제 이흥조 이흥주 이흥채 이흥표 이흥호 이흥희 이희갑 이희건 이희경 이희경 이희경 이희경 이희경 이희경 이희경 이희곤 이희곤 이희관 이희구 이희구 이희규 이희규 이희남 이희남 이희대 이희도 이희
도 이희돈 이희동 이희두 이희련 이희만 이희만 이희범 이희병 이희병 이희복 이희복 이희복 이희복 이희봉 이희봉 이희상 이희선 이희선 이희섭 이희성 이희성 이희성 이희성 이희수 이희수 이희수 이희수 이희수 이
희숙 이희숙 이희숙 이희숙 이희숙 이희숙 이희숙 이희숙 이희순 이희순 이희승 이희승 이희승 이희연 이희열 이희영 이희영 이희영 이희영 이희영 이희영 이희영 이희영 이희영 이희영 이희옥 이희완 이희완 이희완
이희용 이희우 이희우 이희원 이희원 이희원 이희원 이희원 이희원 이희원 이희윤 이희일 이희자 이희자 이희재 이희재 이희재 이희재 이희재 이희재 이희정 이희정 이희정 이희정 이희정 이희정 이희정 이희종 이희
종 이희주 이희주 이희주 이희주 이희준 이희준 이희중 이희지 이희진 이희진 이희진 이희찬 이희찬 이희찬 이희창 이희철 이희철 이희철 이희철 이희탁 이희태 이희택 이희풍 이희행 이희호 이희환 이희환 이희환 이
희환 이희훈 인경기 인계희 인명진 인문종 인미란 인미자 인병선 인병식 인석만 인성태 인오룡 인윤경 인정호 인준교 인천연대 인철수 인태복 인태영 인필교 인호진 일문 일원 일진 임갑동 임갑수 임갑식 임갑열 임강
원 임강준 임강훈 임건묵 임건상 임건석 임건웅 임건재 임건철 임경 임경국 임경남 임경남 임경남 임경덕 임경묵 임경미 임경미 임경보 임경섭 임경숙 임경숙 임경숙 임경숙 임경숙 임경숙 임경순 임경심 임경언 임경
옥 임경용 임경욱 임경원 임경은 임경이 임경일 임경일 임경자 임경자 임경재 임경진 임경탁 임경택 임경혜 임경환 임경훈 임경희 임경희 임경희 임계묵 임계선 임계영 임고환 임곤택 임공빈 임관철 임관혁 임관희 임

한겨레 7만 주주

광빈 임광수 임광수 임광순 임광식 임광식 임광안 임광열 임광욱 임광원 임광주 임광지 임광채 임광택 임광택 임광희 임구동 임국경 임국이 임국진 임국환 임군묵 임군택 임권택 임귀성 임귀철 임규근 임규봉 임규상 임규석 임규종 임규창 임규철 임규태 임규택 임규학 임규한 임규혁 임규혁 임규호 임근길 임근동 임근상 임근숙 임근완 임근용 임근태 임금남 임금숙 임금연 임금자 임금철 임기건 임기범 임기산 임기상 임기성 임기수 임기숙 임기영 임기영 임기완 임기용 임기용 임기용 임기원 임기자 임기재 임기준 임기철 임기철 임기추 임기춘 임기춘 임기택 임기혁 임길수 임길순 임길순 임길영 임길재 임길택 임나경 임나순 임낙은 임난춘 임남규 임남수 임남희 임내숙 임내진 임노관 임녹수 임누리 임누리 임능재 임능재 임다은 임달순 임달순 임대경 임대곤 임대순 임대용 임대임 임대진 임대진 임대호 임대홍 임대환 임덕기 임덕순 임덕원 임덕인 임덕일 임덕자 임덕찬 임도빈 임도섭 임도순 임도영 임도창 임도현 임동건 임동규 임동규 임동규 임동근 임동길 임동녘 임동란 임동렬 임동배 임동빈 임동빈 임동섭 임동성 임동식 임동우 임동욱 임동운 임동원 임동원 임동은 임동일 임동종 임동주 임동주 임동창 임동철 임동필 임동하 임동혁 임동호 임동훈 임동훈 임동휘 임두빈 임두원 임두택 임두희 임득기 임득순 임등자 임란경 임막동 임만금 임만오 임매순 임매화 임맹호 임명균 임명방 임명빈 임명석 임명선 임명선 임명수 임명수 임명수 임명수 임명숙 임명숙 임명숙 임명순 임명순 임명순 임명애 임명일 임명재 임명재 임명철 임명호 임명환 임명희 임명희 임명희 임무기 임무산 임무웅 임무정 임무훈 임문교 임문식 임문영 임문자 임문택 임미강 임미경 임미경 임미경 임미라 임미란 임미령 임미령 임미미나 임미선 임미성 임미숙 임미숙 임미숙 임미애 임미애 임미 임미양 임미영 임미영 임미영 임미영 임미영 임미영 임미영 임미옥 임미자 임미자 임미정 임미정 임미정 임미화 임민 임민숙 임민순 임민엽 임민영 임민영 임민주 임민주 임민현 임방윤 임방택 임방혁 임방현 임백균 임백빈 임백순 임백일 임번장 임범 임범서 임범식 임범종 임범준 임병건 임병걸 임병구 임병국 임병권 임병권 임병권 임병규 임병규 임병규 임병근 임병기 임병기 임병길 임병대 임병덕 임병도 임병도 임병만 임병묵 임병석 임병선 임병선 임병섭 임병성 임병수 임병수 임병순 임병식 임병식 임병언 임병연 임병연 임병열 임병옥 임병우 임병율 임병인 임병일 임병일 임병일 임병재 임병주 임병주 임병천 임병철 임병철 임병춘 임병태 임병하 임병학 임병호 임병호 임병호 임병환 임병환 임병훈 임병훈 임병훈 임보라 임보라 임보람 임보리 임보식 임보혁 임복례 임복이 임복자 임복재 임복형 임봉규 임봉길 임봉빈 임봉수 임봉순 임봉재 임봉주 임부섭 임부자 임부택 임부택 임부택 임부희 임빛나 임빛이랑 임삼 임삼미 임삼순 임상규 임상규 임상규 임상기 임상길 임상률 임상묵 임상묵 임상봉 임상빈 임상수 임상순 임상순 임상열 임상우 임상욱 임상은 임상일 임상일 임상종 임상주 임상주 임상준 임상택 임상하 임상혁 임상호 임상호 임서구 임서울 임서환 임석규 임석규 임석규 임석기 임석록 임석문 임석숭 임석영 임석진 임석호 임석호 임선계 임선락 임선례 임선모 임선묵 임선영 임선영 임선옥 임선옥 임선옥 임선자 임선중 임선택 임선화 임선희 임선희 임설화 임성관 임성관 임성규 임성균 임성근 임성기 임성길 임성락 임성래 임성래 임성룡 임성림 임성모 임성보 임성빈 임성빈 임성빈 임성섭 임성섭 임성수 임성숙 임성순 임성순 임성순 임성식 임성안 임성안 임성애 임성열 임성영 임성오 임성용 임성우 임성욱 임성운 임성운 임성자 임성자 임성자 임성재 임성주 임성준 임성준 임성진 임성진 임성택 임성택 임성팔 임성헌 임성현 임성혜 임성호 임성호 임성호 임성호 임성화 임성환 임성훈 임성훈 임성훈 임성훈 임성희 임세규 임세빈 임세영 임세영 임세옥 임세원 임세장 임세준 임세준 임세준 임세혁 임세환 임소민 임소연 임소연 임소영 임소영 임소영 임소원 임소윤 임소정 임소진 임송남 임송섭 임송택 임수경 임수경 임수경 임수덕 임수련 임수례 임수빈 임수용 임수정 임수정 임수지 임수진 임수진 임수철 임수택 임수향 임수현 임수현 임수현 임수현 임수화 임수환 임숙 임숙자 임숙희 임순금 임순기 임순덕 임순덕 임순봉 임순애 임순옥 임순자 임순택 임순택 임순혁 임순화 임순희 임순희 임순희 임순희 임승경 임승관 임승기 임승남 임승남 임승남 임승노 임승달 임승란 임승만 임승문 임승빈 임승식 임승연 임승욱 임승웅 임승자 임승재 임승재 임승재 임승종 임승주 임승태 임승택 임승표 임승필 임승현 임승환 임승환 임시경 임시택 임시현 임신규 임신영 임실근 임아정 임애선 임애희 임양순 임양임 임양현 임어진 임언 임여준 임연경 임연기 임연빈 임연숙 임연신 임연욱 임연이 임연주 임연호 임연화 임연희 임연희 임열 임영 임영경 임영규 임영규 임영균 임영근 임영근 임영근 임영근 임영기 임영남 임영남 임영님 임영담 임영도 임영동 임영란 임영란 임영례 임영목 임영무 임영미 임영미 임영미 임영민 임영복 임영빈 임영빈 임영상 임영석 임영석 임영섭 임영수 임영수 임영수 임영순 임영식 임영신 임영안 임영옥 임영옥 임영웅 임영웅 임영인 임영일 임영자 임영재 임영재 임영주 임영주 임영지 임영진 임영진 임영진 임영창 임영태 임영태 임영태 임영택 임영택 임영택 임영한 임영호 임영화 임영환 임영환 임영훈 임영희 임영희 임예리 임예순 임예은 임예준 임오식 임오현 임옥규 임옥례 임옥상 임옥순 임옥순 임옥순 임옥식 임옥신 임옥환 임옥훈 임완규 임완민 임완선 임완택 임완호 임왕규 임왕택 임용갑 임용국 임용금 임용대 임용렬 임용빈 임용상 임용순 임용준 임용진 임용진 임용찬 임용택 임용판 임용하 임용현 임용훈 임용희 임우동 임우종 임우진 임우희 임운석 임운선 임운천 임울밀 임웅 임웅빈 임원규 임원묵 임원빈 임원영 임원재 임원중 임원진 임원진 임원택 임원택 임원택 임원호 임월수 임유 임유라 임유미 임유순 임유진 임유택 임육남 임윤경 임윤례 임윤선 임윤수 임윤영 임윤정 임윤택 임윤희 임은경 임은경 임은경 임은배 임은선 임은성 임은숙 임은숙 임은숙 임은영 임은옥 임은원 임은윤 임은정 임은정 임은정 임은주 임은주 임은지 임은택 임은하 임은현 임은희 임은희 임은희 임을규 임을출 임응균 임응배 임응빈 임응숙 임응찬 임의경 임의상 임의수 임의진 임이남 임이동 임이랑 임이섭 임익근 임익순 임인기 임인덕 임인배 임인삼 임인석 임인수 임인숙 임인숙 임인순 임인순 임인순 임인식 임인주 임인택 임인택 임일규 임일동 임일랑 임일빈 임일송 임일수 임일숙 임일순 임일택 임임영 임자영 임장만 임장빈 임장빈 임장산 임장순 임장웅 임장원 임장철 임장환 임재걸 임재경 임재경 임재규 임재규 임재규 임재복 임재삼 임재성 임재성 임재성 임재순 임재식 임재연 임재연 임재열 임재영 임재영 임재영 임재옥 임재우 임재욱 임재찬 임재철 임재춘 임재택 임재택 임재택 임재학 임재해 임재현 임재현 임재현 임재형 임전수 임점분 임점택 임정규 임정기 임정기 임정기 임정남 임정남 임정란 임정모 임정민 임정복 임정분 임정산 임정섭 임정섭 임정수 임정수 임정수 임정수 임정수 임정수 임정숙 임정숙 임정순 임정순 임정순 임정심 임정아 임정애 임정옥 임정옥 임정옥 임정완 임정욱 임정원 임정윤 임정의 임정재 임정철 임정택 임정택 임정혁 임정현 임정환 임정환 임정훈 임정훈 임정희 임정희 임정희 임정희 임정희 임정희 임정희 임정희 임종곤 임종근 임종근 임종기 임종길 임종길 임종대 임종대 임종두 임종두 임종률 임종명 임종명 임종무 임종문 임종민 임종민 임종배 임종범 임종복 임종본 임종봉 임종봉 임종빈 임종석 임종선 임종성 임종수 임종수 임종수 임종숙 임종순 임종순 임종식 임종식 임종심 임종업 임종열 임종열 임종오 임종완 임종욱 임종운 임종원 임종원 임종윤 임종율 임종인 임종인 임종재 임종진 임종천 임종철 임종태 임종필 임종하 임종학 임종한 임종헌 임종혁 임종현 임종현 임종호 임종호 임종호 임종호 임종호 임종환 임종희 임종희 임주빈 임주완 임주택 임주혁 임준구 임준규 임준기 임준기 임준범 임준석 임준성 임준수 임준영 임준철 임준택 임준택 임준하 임준희 임중웅 임증선 임지나 임지민 임지성 임지수 임지순 임지연 임지영 임지영 임지영 임지원 임지은 임지은 임지은 임지현 임지현 임지혜 임지호 임지호 임지호 임진 임진동 임진성 임진수 임진수 임진숙 임진영 임진영 임진욱 임진종 임진창 임진철 임진택 임진택 임진형 임진희 임진희 임진희 임진희 임찬묵 임찬희 임창국 임창균 임창민 임창병 임창복 임창빈 임창수 임창숙 임창주 임창진 임창호 임창호 임창환 임창환 임창훈 임창희 임채갑 임채갑 임채경 임채광 임채근 임채기 임채동 임채동 임채문 임채방 임채섭 임채성 임채성 임채숙 임채승 임채식 임채심 임채열 임채영 임채영 임채영 임채옥 임채용 임채욱 임채욱 임채원 임채원 임채유 임채윤 임채일 임채정 임채주 임채진 임채춘 임채현 임채호 임채호 임채홍 임채환 임채환 임천수 임천재 임천홍 임철규 임철규 임철민 임철민 임철민 임철수 임철순 임철안 임철우 임철원 임철의 임철재 임철재 임철진 임철하 임철희 임청래 임청산 임청아 임추섭 임추자 임춘경 임춘경 임춘권 임춘근 임춘기 임춘득 임춘배 임춘수 임춘식 임춘식 임춘식 임춘실 임춘애 임춘택 임춘하 임춘희 임충규 임충희 임치영 임태경 임태규 임태근 임태묵 임태수 임태수 임태완 임태준 임태혁 임태홍 임태희 임택순 임판호 임평규 임평환 임하 임하결 임하늘 임하순 임학권 임학기 임학상 임한결 임한길 임한나 임한빈 임한상 임한섭 임한순 임한순 임한순 임한영 임한준 임한진 임한천 임항 임항순 임해강 임해두 임해선 임해숙 임행균 임행택 임향란 임향빈 임향수 임향숙 임향숙 임향자 임헌근 임헌영 임헌영 임헌왕 임헌우 임헌이 임헌장 임헌주 임헌찬 임헌천 임혁 임혁수 임현규 임현규 임현남 임현동 임현민 임현빈 임현수 임현수 임현숙 임현숙 임현순 임현술 임현승 임현실 임현영 임현옥 임현자 임현정 임현정 임현주 임현주 임현주 임현진 임현진 임현택 임현택 임현택 임형 임형규 임형규 임형균 임형균 임형균 임형두 임형민 임형부 임형석 임형수 임형숙 임형순 임형요 임형재 임형주 임형준 임형중 임형진 임형진 임형진 임형철 임형택 임형택 임형택 임형훈 임혜란 임혜리 임혜성 임혜숙 임혜숙 임혜연 임혜영 임혜옥 임혜원 임혜자 임혜정 임혜준 임호균 임호근 임호기 임호림 임호상 임호섭 임호순 임호연 임호일 임호채 임호철 임호택 임홍규 임홍길 임홍남 임홍례 임홍모 임홍모 임홍묵 임홍섭 임홍식 임홍철 임홍택 임화공 임화영 임화택 임환 임환석 임효섭 임효원 임효은 임효진 임후식 임훈웅 임휘복 임휘장 임휴택 임흥기 임흥묵 임흥빈 임흥선 임흥선 임흥식 임흥식 임흥열 임희근 임희길 임희동 임희락 임희란 임희린 임희선 임희수 임희숙 임희숙 임희순 임희연 임희열 임희원 임희자 임희자 임희종 임희준 임희철 임희택 임희택 자명 장가열 장각수 장갑선 장갑숙 장갑업 장강명 장건 장건 장건상 장건석 장건춘 장건환 장경근 장경기 장경남 장경남 장경덕 장경만 장경선 장경성 장경숙 장경숙 장경숙 장경순 장경순 장경순 장경순 장경식 장경아 장경애 장경연 장경영 장경오 장경옥 장경옥 장경욱 장경욱 장경은 장경익 장경임 장경임 장경준 장경진 장경진 장경진 장경철 장경춘 장경출 장경태 장경태 장경하 장경현 장경호 장경호 장경환 장경환 장경희 장경희 장경희 장경희 장계근 장계분 장계순 장계영 장계원 장계호 장계희 장고은 장공순 장공희 장관빈 장관용 장관주 장광석 장광수 장광수 장광식 장광식 장광영 장광윤 장광택 장광하 장광해 장광현 장광훈 장광훈 장구하 장구환 장국화 장권익 장권호 장귀연 장귀연 장규동 장규원 장규진 장규현 장규홍 장극선 장극채 장근수 장근일 장근주 장근천 장금미 장금섭 장금숙 장금식 장금자 장금자 장금종 장금진 장금환 장금환 장기국 장기남 장기례 장기례 장기석 장기성 장기성 장기영 장기영 장기영 장기영 장기영 장기완 장기원 장기자 장기정 장기정 장기주 장기준 장기준 장기창 장기천 장기철 장기태 장기풍 장기현 장길만 장길산 장길산 장길석 장길선 장길섭 장길섭 장길성 장길수 장길승 장길주 장나라 장낙우 장낙현 장남길 장남배 장남상 장남수 장남수 장남수 장남순 장남준 장남홍 장노운 장누리 장누리 장다희 장달리 장달수 장대근 장대석 장대석 장대익 장대익 장대진 장대희 장대희 장덕 장덕남 장덕수 장덕수 장덕수 장덕수 장덕수 장덕진 장덕춘 장덕호 장덕회 장덕희 장도송 장도정 장도현 장도호 장동고 장동국 장동균 장동기 장동기 장동길 장동렬 장동명 장동민 장동범 장동석 장동섭 장동섭 장동실 장동욱 장동익 장동일 장동재 장동준 장동준 장동중 장동진 장동진 장동진 장동찬 장동철 장동표 장동한 장동현 장동현 장동호 장동호 장동훈 장두만 장두석 장두율 장두원 장두철 장두화 장두환 장두환 장득규 장득성 장량구 장록봉 장만대 장만수 장면수 장명남 장명봉 장명섭 장명수 장명수 장명숙 장명숙 장명숙 장명숙 장명숙 장명순 장명순 장명신 장명애 장명완 장명우 장명원 장명일 장명자 장명진 장명진 장명호 장명훈 장명희 장명희 장몽기 장무영 장무환 장문강 장문규 장문규 장문길 장문석 장문성 장문순 장문식 장문재 장문정 장문주 장문하 장문환 장미 장미 장미경 장미경 장미경 장미경 장미경 장미경 장미란 장미란 장미리 장미뽐 장미선 장미숙 장미숙 장미숙 장미숙 장미숙 장미숙 장미숙 장미숙 장미순 장미순 장미순 장미승 장미연 장미혜 장미화 장미희 장미희 장민 장민구 장민극 장민기 장민수 장민수 장민수 장민순 장민옥 장민정 장민헌 장민혁 장민호 장배현 장백산 장백희 장범균 장별 장병곤 장병공 장병기 장병길 장병란 장병문 장병민 장병선 장병섭 장병순 장병순 장병순 장병순 장병식 장병실 장병언 장병용 장병우 장병원 장병윤 장병윤 장병인 장병인 장병일 장병학 장병현 장병현 장병호 장병화 장병화 장병환 장병효 장병훈 장보라 장보영 장보환 장복균 장복득 장복수 장복숙 장복순 장복식 장복실 장복주 장복희 장봉 장봉국 장봉섭 장봉수 장봉수 장봉숙 장봉순 장봉윤 장봉하 장봉환 장부경 장부근 장부익 장부자 장부호 장사윤 장삼남 장삼수 장삼옥 장상경 장상길 장상무 장상봉 장상수 장상수 장상열 장상옥 장상우 장상욱 장상일 장상재 장상호 장상호 장상희 장새라 장새롬 장서령 장서윤 장서재 장석광 장석규 장석례 장석배 장석범 장석부 장석수 장석수 장석연 장석오 장석우 장석욱 장석재 장석종 장석진 장석태 장석호 장선 장선경 장선기 장선아 장선애 장선영 장선용 장선웅 장선의 장선자 장선자 장선정 장선필 장선희 장성구 장성군 장성규 장성규 장성근 장성금 장성기 장성녕 장성락 장성봉 장성섭 장성수 장성수 장성수 장성수 장성수 장성수 장성수 장성숙 장성숙 장성술 장성식 장성실 장성열 장성우 장성옹 장성원 장성원 장성은 장성이 장성익 장성철 장성치 장성택 장성현 장성현 장성호 장성호 장성호 장성환 장성환 장성훈 장성희 장세규 장세곤 장세근 장세동 장세목 장세문 장세봉 장세영 장세영 장세영 장세옥 장세옥 장세윤 장세익 장세진 장세진 장세환 장세환 장세훈 장세훈 장소명 장소영 장소영 장소영 장소희 장수갑 장수경 장수금 장수길 장수동 장수련 장수만 장수미 장수미 장수연 장수연 장수완 장수원 장수자 장수정 장수찬 장수태 장수학 장수호 장수환 장숙경 장숙자 장숙정 장숙향 장숙현 장숙희 장순교 장순구 장순규 장순기 장순남 장순덕 장순도 장순동 장순련 장순복 장순식 장순애 장순옥 장순욱 장순이 장순임 장순자 장순자 장순철 장순필 장순하 장순희 장순희 장술기 장술기 장승권 장승기 장승록 장승만 장승운 장승분 장승연 장승용 장승용 장승욱 장승현 장승호 장승호 장승희 장시기 장시영 장시원 장시정 장시중 장시호 장식 장신 장신미 장신민 장신혁 장심현 장아롬 장아영 장안순 장애숙 장애숙 장애숙 장애자 장애종 장양수 장양숙 장양순 장양순 장양원 장언식 장여림 장연곤 장연구 장연숙 장연숙 장연우 장연재 장연주 장연홍 장연화 장영재 장영 장영곤 장영관 장영교 장영구 장영권 장영근 장영근 장영길 장영길 장영남 장영대 장영락 장영란 장영록 장영만 장영모 장영모 장영목 장영민 장영배 장영배 장영복 장영복 장영빈 장영상 장영석 장영선 장영섭 장영수 장영숙 장영숙 장영순 장영식 장영식 장영신 장영실 장영심 장영아 장영아 장영아 장영애 장영옥 장영완 장영인 장영일 장영임 장영자 장영재 장영주 장영주 장영준 장영준 장영진 장영철 장영철 장영철 장영철 장영형 장영호 장영호 장영호 장영호 장영화 장영화 장영훈 장영희 장영희 장영희 장예서 장예슬 장오혜 장옥관 장옥기 장옥자 장옥희 장옥희 장옥희 장옹희 장완 장완호 장용곤 장용규 장용균 장용기 장용수 장용식 장용운 장용운 장용준 장용진 장용현 장용호 장용훈 장우남 장우성 장우익 장우익 장우정 장우현 장우철 장우철 장우철 장욱 장욱주 장운 장운경 장운기 장운업 장운명 장운익 장운희 장웅기 장원 장원 장원경 장원규 장원기 장원기 장원덕 장원묵 장원봉 장원서 장원석 장원석 장원석 장원섭 장원성 장원순 장원영 장원일 장원일 장원재 장원정 장원정 장원지 장원창 장원창 장원철 장원칠 장원하 장원희 장월용 장유경 장유경 장유라 장유리 장유리 장유림 장유석 장유송 장유식 장유정 장유진 장유진 장윤 장윤미 장윤석 장윤석 장윤석 장윤석 장윤선 장윤성 장윤성 장윤수 장윤숙 장윤숙 장윤숙 장윤숙 장윤숙 장윤영 장윤정 장윤정 장윤주 장윤호 장윤화 장윤환 장윤환 장윤희 장윤희 장윤희 장은경 장은경 장은미 장은미 장은배 장은비 장은서 장은서 장은석 장은선 장은섭 장은숙 장은숙 장은숙 장은아 장은영 장은영 장은영 장은영 장은익 장은일 장은자 장은자 장은주 장은주 장은진 장은총 장은하 장은희 장은희 장을병 장응재 장응재 장의덕 장의동 장이근 장이만 장이식 장이정 장이천 장익근 장익성 장익수 장익준 장익태 장익현 장인경 장인권 장인권 장인권 장인기 장인범 장인선 장인선 장인선 장인성 장인성 장인성 장인성 장인수 장인수 장인숙 장인숙 장인숙 장인숙 장인숙 장인숙 장인순 장인식 장인실 장인엽 장인영 장인옥 장인우 장인원 장인원 장인자 장인정 장인한 장인호 장인화 장인환 장일권 장일구 장일규 장일성 장일수 장일숙 장일조 장일철 장일호 장임원 장임원 장자 장재근 장재덕 장재량 장재목 장재방 장재석 장재선 장재선 장재성 장재성 장재성 장재연 장재연 장재열 장재영 장재영 장재완 장재원 장재원 장재을 장재익 장재익 장재철 장재혁 장재형 장재호 장재호 장재호 장재화 장재환 장재훈 장재희 장전배 장점덕 장점숙 장점순 장점순 장점자 장정관 장정기 장정란 장정란 장정만 장정미 장정민 장정삼 장정석 장정석 장정수 장정수 장정숙 장정숙 장정숙 장정숙 장정숙 장정숙 장정숙 장정숙 장정아 장정안 장정연 장정영 장정옥 장정옥 장정원 장정인 장정일 장정임 장정임 장정임 장정택 장정헌 장정현 장정혜 장정호 장정화 장정화 장정환 장정희 장정희 장제모 장제성 장제연 장제훈 장종관 장종구 장종근 장종만 장종문 장종수 장종수 장종숙 장종순 장종옥 장종숙 장종원 장종준 장종철 장종현 장종현 장종현 장종호 장종화 장좌환 장주복 장주석 장주섭 장주성 장주식 장주연 장주영 장주영 장주팔 장주현 장주호 장준기 장준기 장준대 장준성 장준영 장준영 장준용 장준재 장준태 장준혁 장준형 장준호 장중진 장지민 장지병 장지상 장지숙 장지연 장지연 장지열 장지영 장지영 장지원 장지원 장지은 장지태 장지표 장지하 장지혁 장지혜 장지혜 장지호 장지훈 장진 장진 장진구 장진규 장진규 장진근 장진만 장진만 장진선 장진섭 장진숙 장진숙 장진숙 장진순 장진식 장진아 장진영 장진영 장진우 장진원 장진자 장진철 장진혁 장진호 장진화 장진환 장진희 장차숙 장찬영 장찬용 장찬홍 장창국 장창규 장창남 장창덕 장창렬 장창림 장창수 장창순 장창식 장창영 장창원 장창진 장창호 장창환 장창환 장채선 장채숙 장채욱 장채원 장천수 장철 장철 장철규 장철수 장철수 장철수 장철우 장철웅 장철호 장철환 장철환 장철훈 장청관 장춘만 장춘옥 장춘자 장춘학 장춘호 장충무 장충익 장충헌 장치영 장칠권 장태극 장태림 장태선 장태선 장태수 장태수 장태숙 장태순 장태순 장태식 장태식 장태안 장태영 장태용 장태용 장태원 장태임 장태철 장태현 장태환 장태훈 장태훈 장태훈 장택준 장통금 장판상 장평우 장풍옥 장하림 장하림 장하성 장하용 장하진 장학성 장학수 장학수 장학수 장학진 장한거레 장한결 장한기 장한덕 장한들 장한별 장한별 장한별 장한봄 장한빛 장한빛 장한솔 장한솔 장한수 장한수 장한식 장한울 장한우 장한욱 장한용 장한호 장한회 장한희 장해강 장해대 장해도 장해동 장해명 장해연 장해열 장해옥 장해정 장향숙 장헌 장헌수 장현 장현 장현 장현 장현 장현 장현 장현길 장현권 장현규 장현미 장현석 장현석 장현수 장현숙 장현숙 장현숙 장현숙 장현숙 장현숙 장현숙 장현숙 장현식 장현식 장현영 장현원 장현자 장현자 장현조 장현주 장현주 장현철 장현규 장현동 장형선 장형수 장형식 장형식 장형영 장형우 장형원 장형은 장형의 장형주 장형준 장형진 장형진 장형철 장형택 장혜경 장혜경 장혜경 장혜경 장혜경 장혜란 장혜란 장혜련 장혜선 장혜선 장혜성 장혜숙 장혜숙 장혜숙 장혜숙 장혜영 장혜옥 장혜옥 장혜옥 장혜원 장혜원 장혜자 장호공 장호남 장호성 장호영 장호영 장호조 장호준 장호준 장호철 장홍규 장홍근 장홍기 장홍숙 장홍식 장홍주 장화선 장화수 장화식 장화윤 장화평 장환민 장황표 장효익 장효경 장효남 장효문 장효비 장효성 장효수 장효순 장효숙 장효식 장효정 장효죽 장훈 장훈교 장휘국 장휘녀 장흥기 장흥문 장흥순 장흥환 장희 장희대 장희덕 장희분 장희서 장희석 장희성 장희영 장희옥 장희자 장희자 장희재 장희정 장희진 장희진 장희찬 장희창 장희천 장희태 장희택 장희훈 장힘찬 재단법인 성안나재단 재단법인 대우재단 전가영 전가을 전갑철 전갑남 전강남 전강석 전강훈 전거례 전경남 전경녀 전경덕 전경락 전경란 전경민 전경배 전경상 전경선 전경수 전경수 전경수 전경숙 전경숙 전경숙 전경순 전경애 전경연 전경연 전경자 전경주 전경진 전경채 전경표 전경훈 전경희 전경희 전경희 전경희 전계량 전계성 전계연 전계연 전계환 전고필 전공근 전관명 전광민 전광수 전광수 전광우 전광조 전광출 전광호 전광호 전광희 전교숙 전구 전구식 전구호 전국서 전국중 전국진 전권진 전권호 전귀늠 전귀정 전귀환 전규수 전규자 전규창 전규홍 전극양 전극인 전근삼 전근아 전근중 전근철 전근환 전금옥 전기 전기병 전기복 전기상 전기수 전기식 전기열 전기원 전기종 전기주 전기진 전기호 전길원 전길중 전나래 전나리 전낙정 전남구 전남균 전남기 전남희 전누리 전다비 전다나 전다정 전다혜 전대건 전대선 전대성 전대식 전대열 전대준 전대한 전대현 전대홍 전덕란 전덕례 전덕수 전덕애 전덕진 전덕희 전도일 전도학 전돈수 전동건 전동구 전동균 전동배 전동섭 전동수 전동욱 전동익 전동준 전동호 전동화 전두권 전두루 전두정 전득배 전득수 전들 전래식 전막동 전만상 전만석 전만수 전만수 전만식 전만욱 전만일 전만재 전말진 전맹술 전면희 전명곤 전명국 전명기 전명길 전명수 전명수 전명수 전명수 전명숙 전명순 전명우 전명운 전명진 전명호 전명호 전명환 전명환 전명희 전명희 전모동 전목자 전묘현 전무수 전무영 전문성 전문식 전문태 전문희 전미경 전미경희 전미광 전미나 전미란 전미성 전미숙 전미숙 전미숙 전미숙 전미숙 전미숙 전미연 전미영 전미영 전미영 전미영 전미옥 전미옥 전미자 전미자 전미자 전미자 전미정 전미호 전미희 전민경 전민기 전민석 전민성 전
민아 전민재 전민호 전민홍 전방희 전범성 전병갑 전병군 전병권 전병규 전병금 전병기 전병길 전병도 전병도 전병문 전병석 전병선 전병선 전병수 전병숙 전병순 전병순 전병순 전병연 전병용 전병유 전병은 전병이
전병일 전병주 전병준 전병직 전병진 전병찬 전병천 전병천 전병철 전병헌 전병호 전병화 전병희 전병희 전보나 전보석 전보현 전보환 전복순 전복주 전봉균 전봉균 전봉수 전봉수 전봉준 전봉호 전부근 전부영 전사
석 전상구 전상균 전상돈 전상두 전상수 전상수 전상수 전상식 전상연 전상오 전상우 전상우 전상욱 전상윤 전상윤 전상조 전상진 전상철 전상철 전상철 전상춘 전상춘 전상혁 전상호 전상호 전상훈 전상희 전생수
전석하 전석화 전석희 전선국 전선기 전선미 전선숙 전선아 전선애 전선우 전선자 전선희 전선희 전선희 전선희 전설안 전설혜 전성 전성국 전성남 전성도 전성란 전성룡 전성배 전성범 전성숙 전성용 전성용 전성우
전성우 전성우 전성운 전성원 전성은 전성은 전성자 전성주 전성준 전성중 전성진 전성진 전성태 전성호 전성호 전성환 전성훈 전성희 전세광 전세련 전세민 전세복 전세식 전세아 전세영 전세중 전세진 전세환 전세
환 전세환 전소길 전소연 전소연 전소연 전소현 전소현 전소현 전소현 전송영 전수돌 전수명 전수연 전수열 전수영 전수영 전수용 전수철 전수철 전수태 전수현 전수홍 전수환 전수환 전수환 전숙경 전숙양 전숙영
전숙영 전숙이 전숙종 전숙희 전숙희 전순계 전순덕 전순란 전순범 전순수 전순애 전순이 전순제 전순철 전순택 전순표 전순홍 전순희 전순희 전승규 전승기 전승란 전승묵 전승민 전승열 전승업 전승우 전승유 전
승준 전승철 전승현 전승혜 전시원 전시자 전시형 전신기 전신섭 전신자 전아영 전애라 전애란 전양명 전양수 전양식 전양준 전양태 전양훈 전연길 전연숙 전연식 전연임 전연희 전영 전영 전영교 전영권 전영권 전
영근 전영근 전영근 전영기 전영남 전영덕 전영도 전영득 전영란 전영미 전영미 전영미 전영민 전영민 전영민 전영민 전영배 전영수 전영수 전영숙 전영숙 전영숙 전영숙 전영순 전영식 전영신 전영실 전영애 전영애
전영애 전영옥 전영옥 전영옥 전영옥 전영욱 전영윤 전영일 전영자 전영자 전영재 전영재 전영종 전영주 전영주 전영준 전영진 전영찬 전영채 전영초 전영춘 전영하 전영혜 전영호 전영환 전영환 전영훈 전영희 전영
희 전예용 전오석 전오연 전옥경 전옥련 전옥련 전옥선 전옥철 전옥희 전완기 전완진 전완진 전용관 전용구 전용군 전용규 전용덕 전용득 전용미 전용민 전용복 전용상 전용성 전용성 전용승 전용식 전용오 전용완
전용욱 전용원 전용유 전용재 전용제 전용준 전용진 전용철 전용호 전용환 전용훈 전용훈 전우선 전우성 전우숙 전우영 전우진 전우진 전우천 전우형 전우희 전울 전웅철 전원 전원기 전원길 전원석 전원석 전원영
전원호 전유나 전유미 전유미 전유윤 전윤경 전윤석 전윤식 전윤영 전윤영 전윤종 전윤화 전윤희 전은 전은경 전은경 전은남 전은산 전은숙 전은실 전은실 전은영 전은영 전은자 전은자 전은정 전은주 전은진 전은
환 전을순 전응진 전의식 전이랑 전이슬 전이준 전익성 전익열 전익주 전인갑 전인권 전인기 전인배 전인수 전인수 전인식 전인식 전인식 전인식 전인애 전인옥 전인원 전인재 전인준 전인탁 전인택 전인화 전인효 전
인희 전일경 전일권 전일성 전일욱 전일재 전일환 전장원 전장혁 전장현 전장화 전재강 전재강 전재광 전재근 전재만 전재목 전재범 전재상 전재상 전재순 전재식 전재식 전재영 전재영 전재영 전재옥 전재완 전재완
전재은 전재을 전재일 전재정 전재주 전재창 전재현 전재현 전재형 전재호 전재호 전재환 전재희 전전기 전점석 전점숙 전정 전정권 전정기 전정길 전정복 전정수 전정숙 전정순 전정순 전정완 전정우 전정우 전정웅
전정원 전정원 전정윤 전정은 전정임 전정자 전정자 전정환 전정효 전정후 전정희 전정희 전정희 전제우 전제원 전제천 전제호 전종갑 전종고 전종구 전종국 전종권 전종근 전종남 전종덕 전종덕 전종배 전종순 전
종술 전종식 전종엽 전종옥 전종원 전종진 전종채 전종한 전종혁 전종혁 전종호 전종호 전종호 전종호 전종화 전종훈 전종휘 전종희 전종희 전주경 전주삼 전주연 전주연 전주원 전주원 전주혜 전주혜 전주호 전죽
표 전준 전준기 전준기 전준모 전준모 전준영 전준우 전준일 전준홍 전중근 전중선 전중식 전중식 전지연 전지영 전지완 전지원 전지현 전지희 전진경 전진구 전진근 전진보 전진석 전진수 전진수 전진수 전진아 전
진아 전진양 전진오 전진우 전진한 전진호 전진환 전진희 전진희 전진희 전차수 전찬권 전찬기 전찬명 전찬영 전찬영 전찬영 전찬예 전창갑 전창곤 전창관 전창규 전창기 전창덕 전창렬 전창석 전창식 전창욱 전창
유 전창일 전창일 전창준 전창호 전창호 전창호 전창환 전창훈 전채린 전천 전천국 전철분 전철수 전철수 전철수 전철우 전철조 전철호 전철환 전철효 전철희 전초은 전춘자 전춘하 전춘화 전충섭 전충환 전치형 전
치호 전칠수 전태국 전태균 전태민 전태민 전태수 전태순 전태우 전태운 전태훈 전태희 전택순 전택원 전평근 전표명 전필근 전필순 전하자 전학이 전한걸 전한경 전한길 전한길 전한마루 전한성 전한솔 전한수 전한
원 전해돈 전해성 전해진 전해 전해투 전현덕 전현상 전현선 전현성 전현수 전현수 전현숙 전현신 전현신 전현일 전현재 전현정 전현정 전현주 전현준 전현준 전현진 전현진 전현철 전현철 전협 전형구 전형기 전형문
전형배 전형섭 전형수 전형일 전형재 전형준 전형준 전형진 전형진 전형철 전형태 전형택 전형택 전형필 전혜경 전혜선 전혜선 전혜숙 전혜영 전혜영 전혜옥 전혜원 전혜재 전혜정 전혜진 전호 전호상 전호상 전호연
전호영 전호영 전호영 전호영 전호일 전호중 전호찬 전호철 전호탁 전홍규 전홍규 전홍렬 전홍선 전홍수 전홍식 전홍찬 전홍택 전화숙 전화자 전화자 전환성 전환식 전활 전황현 전효송 전효창 전훈구 전휘 전흥권
전흥발 전희경 전희경 전희경 전희남 전희민 전희성 전희숙 전희순 전희식 전희안 전희연 전희영 전희원 전희장 전희정 전희진 전희형 정가람 정가을 정감용 정갑석 정갑성 정갑순 정갑영 정갑영 정갑정 정갑진 정강
미 정강민 정강숙 정강식 정강자 정강주 정강헌 정강훈 정강훈 정거상 정건삼 정건성 정건일 정건호 정겨운 정경교 정경근 정경남 정경님 정경대 정경렬 정경룡 정경미 정경민 정경범 정경석 정경섭 정경수 정경수 정
경수 정경수 정경숙 정경숙 정경숙 정경숙 정경숙 정경숙 정경숙 정경숙 정경숙 정경숙 정경숙 정경순 정경순 정경순 정경순 정경순 정경식 정경식 정경심 정경아 정경아 정경애 정경애 정경애 정경애 정경애 정경연
정경연 정경옥 정경옥 정경옥 정경옥 정경용 정경용 정경욱 정경운 정경원 정경원 정경이 정경이 정경일 정경임 정경임 정경자 정경자 정경자 정경준 정경직 정경진 정경찬 정경찬 정경찬 정경춘 정경출 정경태 정경
태 정경호 정경호 정경호 정경호 정경화 정경화 정경화 정경화 정경화 정경화 정경환 정경환 정경환 정경훈 정경희 정경희 정경희 정경희 정경희 정경희 정계순 정계헌 정계화 정계홍 정고우나 정고은 정공훈 정관균
정관묵 정관수 정관수 정관영 정관영 정관영 정관 정관영 정관용 정관용 정관재 정관표 정관호 정관호 정관호 정관홍 정관희 정광기 정광렬 정광룡 정광모 정광복 정광서 정광선 정광섭 정광섭 정광세 정광수 정광
수 정광식 정광식 정광식 정광식 정광식 정광업 정광연 정광영 정광옥 정광옥 정광욱 정광운 정광웅 정광원 정광월 정광위 정광윤 정광일 정광일 정광자 정광자 정광자 정광제 정광조 정광준 정광진 정광진 정광진
정광철 정광춘 정광필 정광헌 정광호 정광호 정광호 정광화 정광훈 정광희 정구덕 정구락 정구명 정구상 정구성 정구숙 정구연 정구열 정구영 정구영 정구영 정구일 정구집 정구택 정구헌 정구혁 정구홍 정국영 정
국용 정국윤 정국종 정국준 정국진 정국진 정국현 정군건 정권 정권기 정권민 정권율 정권회 정귀란 정귀순 정귀자 정귀주 정귀천 정귀향 정규 정규남 정규만 정규범 정규복 정규상 정규석 정규석 정규석 정규선 정
규선 정규성 정규수 정규숙 정규업 정규연 정규연 정규영 정규완 정규용 정규원 정규은 정규정 정규정 정규정 정규창 정규철 정규철 정규태 정규헌 정규현 정규형 정규호 정규홍 정규화 정규훈 정균선 정균순 정균
태 정균화 정극포 정근 정근부 정근숙 정근식 정근아 정근양 정근영 정근용 정근인 정근풍 정근해 정근현 정근호 정금권 정금길 정금남 정금남 정금란 정금란 정금석 정금선 정금숙 정금순 정금옥 정금옥 정금옥 정
금자 정금자 정금주 정금채 정금천 정금철 정금희 정기 정기광 정기동 정기동 정기린 정기만 정기만 정기봉 정기석 정기석 정기선 정기선 정기섭 정기성 정기성 정기성 정기수 정기수 정기수 정기수 정기수 정기수
정기수 정기순 정기순 정기순 정기식 정기영 정기영 정기영 정기옥 정기용 정기용 정기용 정기용 정기원 정기윤 정기윤 정기정 정기정 정기정 정기주 정기준 정기진 정기철 정기철 정기철 정기춘 정기춘 정기춘 정기
태 정기태 정기태 정기택 정기택 정기하 정기현 정기현 정기호 정기호 정기호 정기호 정기홍 정기홍 정기화 정기환 정기훈 정길동 정길분 정길성 정길영 정길용 정길자 정길자 정길전 정길주 정길화 정나리 정
낙기 정낙두 정낙삼 정낙순 정낙안 정낙윤 정낙주 정난숙 정남구 정남균 정남기 정남기 정남수 정남수 정남숙 정남식 정남옥 정남운 정남준 정남준 정남출 정남해 정남헌 정남혁 정남호 정남호 정남훈 정남훈 정남희
정내권 정내하 정노연 정능순 정능환 정다련 정다복 정다솔 정다솜 정다슬 정다슬 정다영 정다예 정다우나 정다운 정다운 정다운 정다운 정다운 정다정 정단효 정달순 정달식 정달우 정달홍 정대건 정대균 정대근 정
대근 정대덕 정대련 정대민 정대범 정대서 정대석 정대선 정대섭 정대성 정대수 정대수 정대수 정대연 정대영 정대영 정대영 정대완 정대용 정대운 정대원 정대원 정대원 정대은 정대은 정대인 정대일 정대준 정대중
정대진 정대진 정대철 정대철 정대한 정대혁 정대현 정대호 정대화 정대화 정대화 정대화 정대훈 정대희 정덕곤 정덕교 정덕구 정덕근 정덕란 정덕례 정덕범 정덕빈 정덕수 정덕숙 정덕순 정덕영 정덕영 정덕영 정덕용
정덕원 정덕윤 정덕주 정덕창 정덕행 정덕형 정덕호 정덕환 정덕환 정덕희 정델희 정도균 정도빈 정도상 정도선 정도영 정도영 정도영 정도옥 정도웅 정도진 정도진 정도한 정도현 정돈희 정동건 정동건 정동규 정동
규 정동근 정동기 정동기 정동길 정동렬 정동만 정동만 정동문 정동문 정동민 정동삼 정동석 정동석 정동선 정동섭 정동섭 정동섭 정동성 정동성 정동수 정동수 정동수 정동수 정동숙 정동식 정동식 정동신 정동연
정동영 정동욱 정동운 정동운 정동원 정동원 정동익 정동일 정동일 정동주 정동준 정동창 정동채 정동철 정동철 정동하 정동혁 정동현 정동호 정동호 정동호 정동호 정동화 정동화 정동화 정동화 정동회 정동회 정
동훈 정동희 정동희 정두남 정두리 정두봉 정두성 정두억 정두언 정두영 정두영 정두완 정두욱 정두진 정두호 정두희 정두희 정들샘 정뚜검 정라니 정란 정란 정란수 정란숙 정란형 정랑리 정래석 정래윤 정래현 정
래호 정래희 정례숙 정룡수 정만규 정만기 정만길 정만성 정만숙 정만식 정만연 정만영 정만용 정만웅 정만진 정만진 정만진 정만철 정만택 정말련 정말순 정말연 정매라 정매리 정맹모 정맹수 정면상 정명곤 정명교
정명교 정명규 정명기 정명기 정명기 정명기 정명덕 정명덕 정명덕 정명래 정명륜 정명림 정명모 정명선 정명선 정명섭 정명수 정명숙 정명숙 정명숙 정명숙 정명숙 정명숙 정명숙 정명숙 정명숙 정명숙 정명숙
정명순 정명순 정명시 정명식 정명신 정명아 정명애 정명애 정명옥 정명옥 정명옥 정명은 정명일 정명자 정명자 정명자 정명자 정명주 정명준 정명준 정명진 정명택 정명헌 정명혁 정명혜 정명호 정명호 정명호
정명화 정명화 정명환 정명환 정명환 정명환 정명희 정명희 정명희 정명희 정명희 정명희 정명희 정명희 정목영 정목자 정몽기 정몽준 정묘수 정무근 정무령 정무현 정문개 정문경 정문권 정문기 정문길 정문
모 정문배 정문상 정문석 정문섭 정문성 정문성 정문수 정문수 정문숙 정문영 정문용 정문일 정문자 정문정 정문종 정문주 정문탁 정문현 정문호 정문호 정문홍 정문환 정문환 정문효 정문희 정문희 정미경 정미경
정미경 정미경 정미경 정미경 정미나 정미덕 정미라 정미라 정미란 정미란 정미령 정미선 정미선 정미선 정미성 정미숙 정미숙 정미숙 정미숙 정미숙 정미숙 정미숙 정미숙 정미숙 정미순 정미순 정미심
정미연 정미영 정미영 정미영 정미영 정미영 정미영 정미영 정미옥 정미옥 정미은 정미자 정미자 정미정 정미정 정미정 정미정 정미향 정미현 정미혜 정미화 정미화 정미희 정민 정민 정민 정민경 정민교 정민기 정민상
정민선 정민섭 정민섭 정민섭 정민섭 정민성 정민성 정민수 정민숙 정민숙 정민식 정민아 정민영 정민영 정민영 정민영 정민오 정민우 정민욱 정민원 정민자 정민자 정민재 정민재 정민재 정민정 정민정 정민주 정민주
정민중 정민철 정민학 정민현 정민형 정민호 정민호 정민호 정민화 정민화 정민환 정방규 정방식 정방호 정방훈 정배근 정배섭 정배영 정백란 정백순 정범구 정범래 정범순 정범순 정병각 정병갑 정병갑 정병거 정병구
정병구 정병구 정병국 정병국 정병규 정병규 정병규 정병근 정병근 정병길 정병길 정병길 정병남 정병도 정병래 정병만 정병모 정병모 정병목 정병무 정병무 정병문 정병범 정병석 정병선 정병선 정병선
정병선 정병선 정병수 정병업 정병열 정병영 정병오 정병옥 정병옥 정병완 정병완 정병우 정병욱 정병운 정병윤 정병윤 정병익 정병일 정병일 정병조 정병조 정병주 정병주 정병준 정병직 정병진 정병진 정병진 정병진
정병진 정병창 정병채 정병천 정병철 정병철 정병철 정병태 정병태 정병택 정병택 정병학 정병현 정병현 정병현 정병현 정병호 정병호 정병호 정병화 정병휴 정병희 정보경 정보라 정보람 정보성 정보영 정보우 정보윤
정복균 정복덕 정복동 정복림 정복만 정복면 정복수 정복수 정복순 정복실 정복심 정복영 정복우 정복자 정복희 정봄 정봄이 정봉갑 정봉관 정봉기 정봉례 정봉미 정봉석 정봉성 정봉수 정봉수 정봉순 정봉양 정봉
영 정봉오 정봉조 정봉주 정봉주 정봉주 정봉철 정봉호 정봉훈 정부기 정부길 정부영 정분섭 정붕진 정사모 정삼균 정삼남 정삼례 정삼목 정삼선 정삼재 정상관 정상구 정상권 정상권 정상규 정상규 정상규 정상규
정상균 정상균 정상근 정상근 정상금 정상기 정상길 정상대 정상대 정상덕 정상란 정상량 정상만 정상만 정상모 정상민 정상민 정상민 정상복 정상봉 정상섭 정상수 정상수 정상숙 정상업 정상열 정상열 정상영 정
상영 정상옥 정상옥 정상옥 정상용 정상용 정상용 정상윤 정상율 정상은 정상익 정상인 정상조 정상진 정상진 정상진 정상진 정상천 정상철 정상철 정상태 정상팔 정상헌 정상현 정상혁 정상현 정상현 정상현 정상
호 정상호 정상호 정상호 정상호 정상화 정상환 정상훈 정상훈 정상훈 정새다솜 정서금 정서애 정서영 정서영 정서영 정서진 정서진 정석구 정석구 정석구 정석궁 정석권 정석근 정석기 정석만 정석면 정석민 정석
봉 정석산 정석수 정석양 정석용 정석우 정석우 정석운 정석원 정석윤 정석윤 정석제 정석조 정석조 정석종 정석주 정석주 정석주 정석채 정석철 정석하 정석현 정석호 정석환 정석환 정석환 정석환 정석희 정석희
정선 정선경 정선경 정선근 정선덕 정선도 정선라 정선례 정선만 정선미 정선미 정선미 정선미 정선미 정선섭 정선수 정선수 정선숙 정선숙 정선순 정선순 정선아 정선영 정선영 정선옥 정선옥 정선옥 정선용 정선웅
정선원 정선이 정선자 정선자 정선조 정선진 정선태 정선혜 정선호 정선호 정선화 정선훈 정선희 정선희 정선희 정선희 정설경 정섭채 정성경 정성광 정성교 정성규 정성규 정성기 정성길 정성길 정성길 정성덕 정성
락 정성모 정성문 정성문 정성미 정성민 정성민 정성배 정성복 정성부 정성빈 정성수 정성수 정성수 정성순 정성식 정성아 정성애 정성언 정성업 정성옥 정성옥 정성완 정성용 정성용 정성원 정성원 정성원 정성원
정성윤 정성윤 정성윤 정성율 정성율 정성은 정성일 정성일 정성자 정성주 정성진 정성진 정성진 정성진 정성진 정성채 정성철 정성철 정성철 정성철 정성태 정성택 정성하 정성헌 정성현 정성호 정성호 정성화 정성
화 정성환 정성회 정성효 정성후 정성훈 정성훈 정성훈 정성훈 정성훈 정성훈 정성훈 정성희 정성희 정성희 정성희 정세국 정세권 정세근 정세라 정세라 정세봉 정세빈 정세영 정세영 정세영 정세용 정세용
정세인 정세일 정세조 정세주 정세혁 정세현 정세현 정세현 정세호 정세홍 정세홍 정세화 정세환 정세훈 정소라 정소라 정소성 정소연 정소연 정소영 정소영 정소영 정소영 정소옥 정소현 정솔 정솔미 정솔이 정송
강 정송규 정송남 정송도 정송엽 정송은 정송자 정수 정수 정수경 정수경 정수경 정수경 정수경 정수근 정수남 정수남 정수만 정수만 정수만 정수모 정수민 정수민 정수봉 정수봉 정수선 정수성 정수애 정수연 정수
연 정수연 정수연 정수열 정수영 정수영 정수영 정수옥 정수용 정수용 정수웅 정수웅 정수인 정수인 정수자 정수정 정수정 정수정 정수진 정수진 정수채 정수천 정수철 정수학 정수혁 정수현 정수희 정숙경 정숙민
정숙원 정숙자 정숙자 정숙자 정숙자 정숙자 정숙정 정숙형 정숙화 정숙희 정숙희 정숙희 정숙희 정순 정순갑 정순갑 정순과 정순관 정순구 정순균 정순금 정순금 정순기 정순길 정순길 정순남 정순남 정순
남 정순남 정순덕 정순덕 정순도 정순도 정순례 정순례 정순례 정순모 정순배 정순보 정순복 정순복 정순석 정순석 정순석 정순선 정순선 정순섭 정순식 정순애 정순애 정순열 정순영 정순영 정순영 정순영 정순영
정순예 정순오 정순용 정순일 정순임 정순자 정순자 정순자 정순자 정순조 정순조 정순조 정순주 정순주 정순진 정순찬 정순철 정순철 정순태 정순태 정순태 정순택 정순혁 정순현 정순호 정순호 정순희 정순희 정
순희 정순희 정슬기 정슬희 정승각 정승국 정승규 정승기 정승기 정승노 정승도 정승래 정승렬 정승렬 정승모 정승모 정승무 정승봉 정승섭 정승섭 정승섭 정승연 정승연 정승우 정승우 정승우 정승욱 정승욱 정승
은 정승인 정승재 정승종 정승준 정승진 정승태 정승필 정승필 정승해 정승호 정승호 정승호 정승화 정승환 정승훈 정승훈 정승희 정시영 정시진 정시환 정신수 정신영 정신영 정신자 정아름 정아름 정안 정안수 정
애경 정애경 정애나 정애라 정애란 정애란 정애란 정애련 정애령 정애리 정애순 정애영 정애화 정앵도 정양 정양근 정양기 정양득 정양모 정양빈 정양수 정양순 정양언 정양언 정양자 정양자 정양효 정양희 정양희
정어진 정여경 정여원 정여홍 정연 정연 정연경 정연관 정연광 정연구 정연국 정연규 정연남 정연노 정연도 정연돈 정연두 정연미 정연미 정연복 정연봉 정연봉 정연상 정연석 정연선 정연섭 정연성 정연수 정연수 정연수 정연수 정
연숙 정연순 정연술 정연승 정연식 정연안 정연옥 정연우 정연욱 정연일 정연임 정연자 정연조 정연주 정연주 정연중 정연진 정연진 정연진 정연진 정연진 정연천 정연천 정연철 정연철 정연탁 정연태
정연택 정연홍 정연화 정연화 정연희 정연희 정연희 정연희 정열 정영 정영 정영광 정영교 정영구 정영국 정영권 정영규 정영균 정영근 정영근 정영도 정영락 정영란 정영란 정영란 정영란 정영
래 정영모 정영목 정영무 정영문 정영미 정영미 정영미 정영미 정영미 정영민 정영배 정영배 정영보 정영복 정영섭 정영선 정영선 정영섭 정영섭 정영섭 정영섭 정영수 정영수 정영수 정영수 정영수 정영수 정영수 정
영숙 정영숙 정영숙 정영숙 정영숙 정영숙 정영숙 정영숙 정영숙 정영숙 정영숙 정영순 정영순 정영순 정영순 정영순 정영신 정영아 정영아 정영아 정영애 정영업 정영옥 정영옥 정영옥 정영우 정영우
정영운 정영인 정영일 정영일 정영일 정영일 정영일 정영자 정영자 정영재 정영제 정영종 정영주 정영주 정영주 정영주 정영주 정영준 정영준 정영준 정영지 정영진 정영진 정영진 정영진 정영진 정영채 정영철 정영
철 정영춘 정영태 정영택 정영학 정영헌 정영현 정영현 정영호 정영호 정영화 정영환 정영환 정영훈 정영훈 정영훈 정영희 정영희 정영희 정영희 정영희 정영희 정예랑 정
예솔 정예슬 정예영 정예주 정예진 정오규 정오남 정오순 정오진 정옥 정옥경 정옥경 정옥경 정옥근 정옥금 정옥련 정옥선 정옥성 정옥순 정옥순 정옥엽 정옥이 정옥재 정옥주 정옥진 정옥희 정옥희
정온이 정완규 정완란 정완영 정완영 정완용 정완주 정완희 정왕모 정외만 정요석 정요실 정요안 정요일 정요한 정요한 정용 정용관 정용구 정용구 정용근 정용근 정용길 정용길 정용길 정용달 정용대 정용락 정용린 정용
모 정용배 정용분 정용석 정용석 정용석 정용선 정용선 정용선 정용섭 정용섭 정용성 정용수 정용수 정용수 정용수 정용수 정용수 정용식 정용식 정용식 정용안 정용연 정용오 정용오 정용완
정용욱 정용욱 정용운 정용운 정용운 정용자 정용재 정용주 정용중 정용진 정용진 정용진 정용찬 정용찬 정용철 정용태 정용태 정용태 정용택 정용택 정용한 정용해 정용현 정용현 정용호 정용호 정용호 정
용화 정용화 정용화 정용화 정용훈 정용훈 정용훈 정용희 정우강 정우교 정우규 정우기 정우락 정우량 정우석 정우석 정우석 정우석 정우성 정우성 정우식 정우열 정우영 정우일 정우정 정우종 정우주 정우
준 정우준 정우진 정우진 정우천 정우철 정우태 정우택 정우필 정우현 정우현 정우형 정우화 정우훈 정우훈 정우희 정욱 정운 정운경 정운교 정운교 정운기 정운기 정운란 정운묵 정운배 정운봉 정운성 정운식
정운엽 정운영 정운영 정운용 정운자 정운종 정운주 정운진 정운찬 정운형 정운호 정운화 정운화 정웅 정웅모 정웅세 정웅조 정웅표 정원 정원각 정원교 정원국 정원국 정원규 정원균 정원근 정원기 정원기
정원덕 정원도 정원배 정원산 정원석 정원석 정원석 정원석 정원수 정원순 정원실 정원영 정원영 정원용 정원재 정원정 정원종 정원주 정원주 정원준 정원지 정원진 정원진 정원진 정원찬 정원철 정원택 정원혜 정원
팔 정원현 정원호 정원호 정월선 정위영 정위영 정유경 정유곤 정유나 정유담 정유덕 정유리 정유리 정유석 정유석 정유석 정유선 정유성 정유식 정유원 정유진 정유진 정유진 정유진 정유철 정유철 정유화 정육진
정윤 정윤 정윤교 정윤국 정윤권 정윤기 정윤길 정윤남 정윤남 정윤도 정윤미 정윤미 정윤민 정윤봉 정윤숙 정윤술 정윤식 정윤심 정윤심 정윤아 정윤애 정윤애 정윤연 정윤영 정윤영 정윤용 정윤의 정윤자 정윤장
정윤재 정윤정 정윤조 정윤진 정윤택 정윤형 정윤호 정윤화 정윤화 정윤환 정윤희 정율 정율동 정융조 정은 정은 정은경 정은경 정은경 정은경 정은경 정은경 정은경 정은경 정은경 정은덕 정은미 정은미 정은빈 정은샘 정은
선 정은선 정은선 정은선 정은수 정은숙 정은숙 정은숙 정은숙 정은숙 정은숙 정은숙 정은순 정은식 정은애 정은영 정은영 정은영 정은영 정은옥 정은임 정은자 정은자 정은재 정은정 정은정 정은정 정은주 정은주 정은
정은주 정은주 정은진 정은호 정은희 정은희 정은희 정은희 정은희 정은희 정은희 정은희 정은희 정은희 정을산 정을섭 정을수 정을연 정의갑 정의건 정의교 정의길 정의도 정의돈 정의동 정의련 정의룡 정의

한겨레 7만 주주

만 정의민 정의빈 정의석 정의선 정의연 정의영 정의영 정의영 정의요 정의준 정의진 정의택 정의환 정의훈 정이금 정이담 정이동 정이든 정이든 정이비 정이성 정이성 정이은 정이은 정이화 정익교 정익섭 정익성 정익준 정익화 정익훈 정인경 정인곤 정인교 정인권 정인규 정인균 정인기 정인기 정인덕 정인산 정인상 정인석 정인석 정인선 정인섭 정인섭 정인섭 정인성 정인수 정인수 정인숙 정인숙 정인숙 정인숙 정인숙 정인숙 정인숙 정인숙 정인순 정인식 정인식 정인아 정인영 정인영 정인영 정인영 정인영 정인옥 정인옥 정인옥 정인용 정인욱 정인임 정인자 정인자 정인정 정인정 정인조 정인종 정인준 정인찬 정인창 정인창 정인천 정인천 정인철 정인철 정인철 정인태 정인학 정인호 정인화 정인화 정인환 정일 정일 정일권 정일근 정일대 정일래 정일례 정일만 정일모 정일봉 정일선 정일선 정일섭 정일성 정일영 정일영 정일영 정일용 정일용 정일용 정일용 정일용 정일용 정일우 정일욱 정일윤 정일준 정일중 정일진 정일채 정일택 정일품 정일호 정일훈 정임 정임숙 정임순 정임식 정자춘 정자혜 정자훈 정장복 정장석 정장오 정장웅 정장현 정장흠 정장희 정재걸 정재경 정재경 정재곤 정재관 정재광 정재구 정재구 정재구 정재국 정재권 정재규 정재근 정재근 정재근 정재기 정재기 정재길 정재덕 정재돈 정재두 정재령 정재룡 정재림 정재만 정재문 정재민 정재민 정재민 정재민 정재민 정재민 정재범 정재봉 정재석 정재석 정재선 정재섭 정재성 정재성 정재성 정재수 정재수 정재숙 정재승 정재식 정재식 정재식 정재식 정재심 정재안 정재연 정재연 정재엽 정재엽 정재엽 정재영 정재영 정재영 정재완 정재용 정재용 정재용 정재용 정재욱 정재운 정재웅 정재웅 정재원 정재윤 정재윤 정재윤 정재율 정재은 정재은 정재익 정재일 정재정 정재종 정재준 정재중 정재진 정재진 정재천 정재철 정재철 정재풍 정재하 정재학 정재한 정재향 정재헌 정재헌 정재현 정재현 정재현 정재현 정재현 정재현 정재형 정재형 정재형 정재호 정재호 정재홍 정재홍 정재화 정재화 정재황 정재훈 정재훈 정재훈 정재훈 정재훈 정재훈 정재훈 정재훈 정재훈 정재훈 정재훈 정재흥 정점수 정점수 정점순 정점순 정정교 정정교 정정기 정정기 정정남 정정님 정정례 정정문 정정문 정정부 정정상 정정선 정정성 정정수 정정숙 정정숙 정정숙 정정숙 정정숙 정정순 정정순 정정순 정정순 정정식 정정애 정정애 정정열 정정염 정정영 정정웅 정정원 정정이 정정임 정정임 정정자 정정자 정정조 정정조 정정주 정정채 정정헌 정정현 정정현 정정호 정정호 정정호 정정화 정정화 정정환 정정훈 정정훈 정정훈 정정훈 정정희 정정희 정정희 정정희 정제봉 정제성 정제완 정제윤 정조원 정종 정종경 정종구 정종국 정종국 정종국 정종규 정종극 정종길 정종길 정종길 정종남 정종남 정종님 정종도 정종두 정종락 정종렬 정종만 정종명 정종모 정종미 정종범 정종복 정종부 정종빈 정종산 정종석 정종석 정종선 정종선 정종섭 정종섭 정종성 정종수 정종수 정종순 정종순 정종식 정종식 정종식 정종연 정종연 정종열 정종영 정종오 정종오 정종운 정종원 정종은 정종일 정종임 정종진 정종진 정종표 정종하 정종해 정종혁 정종현 정종호 정종호 정종호 정종호 정종화 정종화 정종회 정종효 정종훈 정종휴 정종희 정종희 정주갑 정주령 정주리 정주복 정주섭 정주성 정주순 정주신 정주연 정주열 정주영 정주영 정주용 정주용 정주원 정주진 정주진 정주천 정주한 정주해 정주현 정주현 정주현 정주혜 정주환 정주환 정주희 정준 정준교 정준기 정준길 정준량 정준모 정준섭 정준섭 정준섭 정준섭 정준성 정준수 정준식 정준식 정준아 정준연 정준영 정준영 정준영 정준용 정준택 정준해 정준혁 정준호 정준호 정준호 정준홍 정준환 정준희 정준희 정준희 정중구 정중서 정중석 정중석 정중억 정중자 정중철 정중환 정증규 정지강 정지강 정지란 정지민 정지민 정지산 정지산 정지석 정지선 정지선 정지성 정지성 정지수 정지수 정지수 정지숙 정지연 정지연 정지연 정지영 정지영 정지영 정지영 정지완 정지용 정지용 정지우 정지웅 정지원 정지원 정지원 정지원 정지원 정지윤 정지은 정지은 정지은 정지은 정지은 정지을 정지인 정지일 정지준 정지창 정지천 정지철 정지향 정지현 정지현 정지혜 정지혜 정지호 정지호 정지화 정지훈 정지훈 정지훈 정지훈 정진 정진갑 정진경 정진관 정진교 정진구 정진구 정진국 정진규 정진규 정진극 정진근 정진기 정진기 정진남 정진녀 정진대 정진리 정진만 정진묵 정진문 정진배 정진백 정진삼 정진상 정진서 정진석 정진석 정진석 정진선 정진섭 정진섭 정진섭 정진성 정진숙 정진숙 정진순 정진순 정진안 정진엽 정진영 정진영 정진영 정진영 정진영 정진영 정진오 정진옥 정진옥 정진옥 정진옥 정진용 정진용 정진우 정진우 정진우 정진우 정진우 정진우 정진욱 정진욱 정진욱 정진욱 정진욱 정진웅 정진원 정진원 정진원 정진윤 정진이 정진이 정진일 정진일 정진자 정진주 정진주 정진주 정진철 정진철 정진태 정진택 정진택 정진택 정진평 정진학 정진항 정진해 정진현 정진형 정진호 정진호 정진호 정진호 정진호 정진호 정진화 정진화 정진화 정진환 정진후 정진후 정진휘 정진희 정진희 정차영 정찬 정찬구 정찬국 정찬국 정찬길 정찬대 정찬득 정찬률 정찬미 정찬미 정찬민 정찬민 정찬배 정찬복 정찬성 정찬수 정찬수 정찬수 정찬승 정찬식 정찬식 정찬얼 정찬영 정찬용 정찬용 정찬용 정찬우 정찬우 정찬유 정찬율 정찬응 정찬일 정찬임 정찬주 정찬호 정찬호 정찬호 정찬홍 정찬훈 정찬휘 정찬희 정찬희 정찬희 정참뜻 정창교 정창국 정창근 정창기 정창길 정창남 정창남 정창녕 정창렬 정창면 정창민 정창배 정창배 정창범 정창복 정창복 정창섭 정창수 정창수 정창순 정창술 정창식 정창식 정창언 정창엽 정창영 정창영 정창영 정창옥 정창용 정창용 정창욱 정창욱 정창운 정창원 정창윤 정창익 정창진 정창진 정창헌 정창헌 정창현 정창현 정창현 정창현 정창호 정창호 정창홍 정창희 정채려 정채봉 정채숙 정채영 정채우 정채윤 정채호 정천 정천균 정천기 정천모 정천산 정천순 정천식 정천식 정천영 정천용 정천홍 정천화 정천화 정천환 정철 정철 정철 정철규 정철기 정철기 정철상 정철섭 정철승 정철언 정철우 정철욱 정철웅 정철원 정철자 정철재 정철종 정철하 정철호 정철호 정철효 정철효 정철희 정청 정청천 정청화 정초시 정초영 정초왕 정초일 정초하 정춘 정춘규 정춘근 정춘득 정춘상 정춘수 정춘숙 정춘순 정춘순 정춘식 정춘자 정춘지 정춘해 정춘호 정춘희 정충기 정충모 정충애 정충용 정충원 정충일 정충호 정치만 정치용 정치한 정치화 정칠표 정탁상 정탁희 정태관 정태국 정태권 정태규 정태규 정태균 정태근 정태기 정태미 정태민 정태범 정태봉 정태분 정태빈 정태석 정태석 정태석 정태섭 정태성 정태성 정태성 정태수 정태수 정태수 정태수 정태수 정태숙 정태순 정태순 정태식 정태식 정태언 정태영 정태영 정태영 정태옥 정태완 정태왕 정태용 정태우 정태욱 정태욱 정태운 정태웅 정태원 정태원 정태원 정태윤 정태윤 정태윤 정태율 정태익 정태익 정태일 정태자 정태종 정태종 정태준 정태진 정태진 정태진 정태철 정태춘 정태혁 정태헌 정태형 정태호 정태화 정태화 정태화 정태환 정태황 정태훈 정태희 정택근 정택영 정택일 정택진 정택진 정택환 정통일 정판식 정팔문 정평모 정평식 정평화 정평희 정필국 정필권 정필선 정필선 정필수 정필영 정필원 정필은 정필충 정하나 정하늬 정하도 정하명 정하성 정하숙 정하영 정하영 정하영 정하영 정하영 정하용 정하용 정하윤 정하은 정하자 정하장 정하중 정하진 정하진 정하진 정하현 정학구 정학균 정학래 정학민 정학범 정학섭 정학성 정학순 정학영 정학인 정학진 정학헌 정학희 정한 정한결 정한교 정한기 정한길 정한나 정한뜻 정한뫼 정한봄 정한빛 정한샘 정한성 정한성 정한솔 정한솔 정한수 정한수 정한식 정한식 정한용 정한종 정한중 정해 정해경 정해경 정해관 정해관 정해광 정해구 정해권 정해권 정해근 정해기 정해덕 정해동 정해령 정해묵 정해문 정해선 정해선 정해선 정해성 정해숙 정해숙 정해순 정해순 정해시 정해식 정해연 정해열 정해열 정해영 정해영 정해영 정해영 정해옥 정해옥 정해옥 정해용 정해용 정해웅 정해웅 정해원 정해일 정해일 정해정 정해정 정해종 정해주 정해준 정해준 정해직 정해진 정해진 정해진 정해진 정해천 정해천 정해천 정해춘 정해현 정해환 정행석 정행숙 정행영 정행조 정행표 정행훈 정향순 정향인 정향진 정헌 정헌 정헌교 정헌국 정헌룡 정헌만 정헌영 정헌원 정헌주 정혁 정혁상 정혁수 정혁준 정혁진 정혁진 정혁훈 정현 정현 정현 정현 정현 정현 정현결 정현교 정현국 정현권 정현남 정현녀 정현덕 정현도 정현명 정현명 정현미 정현백 정현백 정현석 정현석 정현수 정현수 정현숙 정현숙 정현숙 정현숙 정현숙 정현숙 정현숙 정현숙 정현숙 정현숙 정현숙 정현승 정현실 정현심 정현아 정현아 정현애 정현애 정현영 정현영 정현영 정현영 정현옥 정현욱 정현웅 정현웅 정현윤 정현의 정현재 정현재 정현정 정현제 정현조 정현조 정현종 정현주 정현주 정현주 정현주 정현주 정현준 정현진 정현진 정현진 정현진 정현진 정현찬 정현채 정현천 정현철 정현철 정현태 정현태 정현태 정현태 정현택 정현호 정현호 정현호 정현호 정현희 정현희 정현희 정형 정형관 정형래 정형규 정형균 정형근 정형근 정형기 정형기 정형기 정형기 정형달 정형도 정형락 정형만 정형석 정형식 정형심 정형운 정형종 정형주 정형직 정형진 정형찬 정형채 정형호 정혜경 정혜경 정혜경 정혜경 정혜경 정혜경 정혜경 정혜란 정혜란 정혜란 정혜란 정혜란 정혜선 정혜선 정혜성 정혜숙 정혜숙 정혜숙 정혜숙 정혜숙 정혜숙 정혜숙 정혜순 정혜신 정혜심 정혜영 정혜영 정혜영 정혜영 정혜영 정혜영 정혜영 정혜영 정혜옥 정혜옥 정혜옥 정혜용 정혜용 정혜원 정혜원 정혜원 정혜원 정혜원 정혜윤 정혜윤 정혜정 정혜정 정혜정 정혜정 정혜주 정혜진 정혜진 정혜진 정혜진 정혜화 정호갑 정호경 정호경 정호관 정호근 정호기 정호남 정호상 정호석 정호선 정호선 정호성 정호섭 정호성 정호순 정호승 정호연 정호영 정호영 정호영 정호영 정호영 정호영 정호용 정호원 정호윤 정호윤 정호윤 정호정 정호중 정호진 정호진 정호진 정호진 정호진 정홍 정홍구 정홍균 정홍기 정홍모 정홍섭 정홍섭 정홍섭 정홍열 정홍영 정홍조 정홍주 정홍진 정홍표 정화선 정화숙 정화숙 정화숙 정화숙 정화순 정화순 정화순 정화순 정화식 정화양 정화영 정화영 정화옥 정화용 정화자 정화찬 정화평 정환규 정환길 정환병 정환병 정환석 정환석 정환영 정환인 정환진 정환진 정환철 정환춘 정환팔 정환호 정환훈 정환흥 정활 정회권 정회균 정회민 정회범 정회선 정회수 정회승 정회인 정회훈 정효경 정효기 정효나 정효선 정효수 정효수 정효숙 정효숙 정효숙 정효순 정효식 정효주 정효채 정후근 정후남 정훈 정훈 정훈영 정훈근 정휘봉 정휘재 정흥균 정흥남 정흥락 정흥만 정흥수 정흥식 정흥열 정흥익 정흥태 정흥호 정희 정희경 정희경 정희경 정희경 정희곤 정희권 정희균 정희남 정희례 정희모 정희문 정희범 정희상 정희상 정희석 정희선 정희선 정희성 정희섭 정희섭 정희성 정희수 정희수 정희숙 정희숙 정희순 정희영 정희우 정희원 정희원 정희자 정희자 정희정 정희정 정희정 정희정 정희정 정희정 정희종 정희종 정희진 정희진 정희철 정희철 정희태 정희헌 제갈석 제갈옥순 제갈종익 제경호 제경희 제권환 제기철 제 희 제상무 제상원 제영만 제영환 제용환 제은숙 제정구 제정길 제정무 제정미 제정욱 제정원 제정진 제정철 제정형 제정호 제철환 제평천 제평호 제해식 제호성 조가원 조가윤 조가형 조갑래 조갑선 조갑식 조갑식 조갑영 조갑철 조갑현 조강 조강 조강래 조강래 조강민 조강복 조강직 조강철 조강희 조강희 조거희 조건현 조건욱 조건영 조건현 조경구 조경규 조경근 조경남 조경란 조경만 조경모 조경묵 조경복 조경상 조경선 조경선 조경섭 조경수 조경숙 조경숙 조경숙 조경숙 조경숙 조경숙 조경숙 조경순 조경순 조경식 조경식 조경아 조경애 조경애 조경애 조경연 조경열 조경영 조경오 조경옥 조경옥 조경용 조경은 조경이 조경일 조경자 조경자 조경자 조경자 조경재 조경제 조경제 조경제 조경주 조경찬 조경철 조경태 조경현 조경호 조경훈 조경희 조경희 조경희 조경희 조경희 조경희 조경희 조경희 조경희 조경희 조경희 조계선 조계섭 조계성 조계수 조계수 조계순 조계연 조계연 조계영 조계영 조계완 조계원 조계의 조계진 조계찬 조계현 조계현 조계호 조계홍 조공호 조관우 조관식 조관재 조관행 조관현 조광 조광남 조광래 조광래 조광명 조광문 조광복 조광섭 조광수 조광시 조광식 조광연 조광연 조광열 조광우 조광원 조광의 조광익 조광익 조광일 조광일 조광제 조광주 조광철 조광태 조광태 조광하 조광현 조광현 조광현 조광호 조광호 조광희 조광희 조구권 조구연 조구호 조국 조국 조국필 조권 조권중 조귀동 조귀영 조규남 조규남 조규만 조규범 조규보 조규상 조규상 조규서 조규석 조규석 조규선 조규성 조규성 조규성 조규성 조규수 조규승 조규승 조규식 조규식 조규열 조규열 조규영 조규영 조규웅 조규웅 조규일 조규장 조규재 조규정 조규종 조규창 조규태 조규태 조규표 조규하 조규하 조규한 조규현 조규현 조규호 조규환 조균 조근봉 조근식 조근아 조근자 조근진 조근회 조근호 조글샘 조금련 조금립 조금선 조금선 조금숙 조금숙 조금숙 조금엽 조금옥 조금주 조금현 조긍수 조긍호 조기동 조기래 조기만 조기문 조기봉 조기분 조기봉 조기석 조기성 조기술 조기연 조기연 조기영 조기영 조기영 조기영 조기옥 조기원 조기인 조기제 조기종 조기철 조기택 조기항 조기형 조기호 조기홍 조기홍 조기화 조기훈 조기희 조길석 조길수 조길영 조길예 조길용 조길현 조길형 조길훈 조나리 조낙관 조낙휘 조난희 조남건 조남경 조남국 조남근 조남기 조남기 조남기 조남룡 조남리 조남만 조남미 조남산 조남성 조남언 조남연 조남영 조남의 조남장 조남제 조남주 조남주 조남직 조남철 조남철 조남홍 조남훈 조남희 조남희 조다워 조단희 조달곤 조담 조대근 조대성 조대성 조대수 조대식 조대언 조대연 조대영 조대원 조대현 조대현 조대현 조대현 조대현 조대호 조대희 조덕구 조덕근 조덕기 조덕래 조덕선 조덕순 조덕식 조덕식 조덕연 조덕인 조덕임 조덕재 조덕중 조덕현 조덕휘 조도선 조도일 조도현 조도희 조동길 조동국 조동국 조동규 조동균 조동근 조동근 조동기 조동기 조동기 조동길 조동래 조동록 조동문 조동석 조동섭 조동숙 조동순 조동술 조동술 조동시 조동식 조동신 조동신 조동영 조동원 조동원 조동원 조동원 조동을 조동제 조동주 조동준 조동철 조동표 조동현 조동호 조동환 조두신 조두진 조두한 조두행 조돌선 조득재 조득주 조득필 조래령 조래무 조래승 조릉상 조마노 조마해 조만석 조만식 조만진 조만형 조만호 조만호 조말자 조매경 조명규 조명근 조명남 조명래 조명서 조명숙 조명숙 조명숙 조명숙 조명숙 조명숙 조명숙 조명숙 조명순 조명순 조명순 조명신 조명여 조명원 조명원 조명자 조명자 조명종 조명종 조명주 조명준 조명진 조명호 조명희 조명희 조명희 조모아 조무봉 조무일 조무현 조무형 조무형 조문경 조문경 조문경 조문기 조문기 조문숙 조문순 조문연 조문주 조문주 조문찬 조문호 조문희 조미경 조미경 조미경 조미경 조미경 조미경 조미경 조미남 조미녀 조미라 조미라 조미란 조미란 조미선 조미선 조미송 조미송 조미숙 조미숙 조미숙 조미숙 조미숙 조미숙 조미숙 조미숙 조미순 조미슬 조미애 조미애 조미연 조미연 조미영 조미영 조미옥 조미옥 조미옥 조미옥 조미옥 조미자 조미정 조미하 조미행 조미현 조미혜 조미희 조민경 조민경 조민석 조민선 조민수 조민숙 조민웅 조민자 조민자 조민정 조민주 조민증 조민지 조민호 조민호 조민희 조방현 조백기 조백석 조백훈 조범섭 조범제 조병권 조병금 조병기 조병남 조병덕 조병래 조병로 조병만 조병모 조병무 조병민 조병삼 조병상 조병석 조병선 조병수 조병숙 조병열 조병옥 조병옥 조병우 조병욱 조병욱 조병욱 조병욱 조병웅 조병을 조병일 조병재 조병주 조병주 조병진 조병진 조병찬 조병철 조병철 조병택 조병하 조병한 조병호 조병화 조병환 조병후 조병휘 조병희 조병희 조보름 조복남 조복례 조복록 조복산 조복순 조복심 조복자 조복행 조복현 조복현 조본준 조봉덕 조봉암 조봉오 조봉자 조봉재 조봉제 조봉현 조봉환 조봉훈 조봉희 조봉희 조부식 조부영 조부형 조북성 조분남 조분옥 조붕래 조빛나 조상경 조상글 조상기 조상래 조상래 조상래 조상록 조상만 조상모 조상미 조상민 조상민 조상범 조상선 조상섭 조상식 조상연 조상옥 조상옥 조상우 조상이 조상일 조상현 조상현 조상현 조상형 조상형 조상형 조상호 조상호 조상희 조상희 조상희 조상희 조새롬 조서광 조서연 조서희 조서희 조석 조석곤 조석근 조석기 조석옥 조석제 조석중 조석필 조석현 조석현 조석현 조석현 조석훈 조선금 조선동 조선무 조선미 조선배 조선영 조선영 조선영 조선옥 조선옥 조선옥 조선우 조선이 조선이 조선임 조선재 조선정 조선택 조선학 조선행 조선형 조선호 조선화 조선희 조선희 조선희 조선희 조선희 조성계 조성곤 조성관 조성광 조성교 조성구 조성국 조성국 조성국 조성권 조성권 조성규 조성규 조성근 조성기 조성기 조성길 조성남 조성남 조성남 조성덕 조성덕 조성도 조성동 조성락 조성래 조성래 조성래 조성래 조성령 조성률 조성만 조성만 조성만 조성목 조성목 조성미 조성미 조성민 조성민 조성민 조성민 조성민 조성민 조성민 조성범 조성보 조성복 조성봉 조성부 조성분 조성빈 조성산 조성삼 조성삼 조성수 조성수 조성수 조성수 조성수 조성수 조성숙 조성숙 조성숙 조성순 조성순 조성식 조성식 조성신 조성실 조성심 조성애 조성역 조성연 조성연 조성열 조성열 조성영 조성옥 조성옥 조성옥 조성옥 조성용 조성용 조성용 조성욱 조성웅 조성원 조성윤 조성윤 조성윤 조성은 조성은 조성은 조성은 조성익 조성인 조성일 조성일 조성일 조성일 조성자 조성자 조성자 조성재 조성재 조성제 조성조 조성종 조성주 조성주 조성준 조성진 조성진 조성진 조성진 조성진 조성창 조성채 조성철 조성철 조성철 조성택 조성표 조성학 조성행 조성현 조성현 조성현 조성호 조성호 조성호 조성호 조성호 조성호 조성호 조성호 조성호 조성호 조성호 조성화 조성화 조성환 조성환 조성환 조성환 조성환 조성황 조성효 조성후 조성후 조성훈 조성훈 조성훈 조성훈 조성훈 조성희 조세경 조세열 조세영 조세종 조세현 조세현 조세현 조세현 조세형 조세희 조세희 조세희 조소연 조소연 조소영 조소영 조소혜 조소희 조송길 조송길 조송래 조송암 조송자 조송환 조수경 조수경 조수관 조수관 조수동 조수미 조수민 조수민 조수빈 조수연 조수연 조수연 조수열 조수영 조수영 조수영 조수웅 조수원 조수월 조수은 조수자 조수진 조수진 조수진 조수진 조수진 조수학 조수현 조수현 조수형 조수환 조숙경 조숙경 조숙경 조숙경 조숙영 조숙자 조숙현 조숙희 조순관 조순구 조순기 조순단 조순동 조순미 조순방 조순복 조순삼 조순아 조순영 조순익 조순자 조순제 조순향 조순현 조순형 조순형 조순형 조순환 조순희 조슬기찬 조승곤 조승구 조승기 조승래 조승래 조승래 조승미 조승복 조승 조승수 조승연 조승열 조승용 조승제 조승주 조승철 조승헌 조승혁 조승현 조승현 조승현 조승현 조승형 조승호 조승호 조승호 조승훈 조승희 조승희 조승희 조승희 조시영 조시영 조시형 조식래 조신묵 조신자 조신제 조신행 조아라 조아라 조아라 조아진 조안나 조안나 조안숙 조애자 조애진 조야선 조양구 조양근 조양길 조양민 조양순 조양순 조양순 조양욱 조양욱 조양익 조양일 조양진 조양호 조양호 조양환 조양희 조양희 조언호 조연경 조연석 조연옥 조연제 조연진 조연현 조연환 조연흥 조연희 조영곤 조영교 조영국 조영국 조영근 조영근 조영기 조영기 조영기 조영길 조영길 조영길 조영남 조영대 조영덕 조영돈 조영동 조영락 조영란 조영란 조영래 조영래 조영렬 조영례 조영륜 조영리 조영림 조영만 조영만 조영만 조영모 조영미 조영미 조영미 조영배 조영상 조영석 조영선 조영선 조영선 조영선 조영선 조영선 조영선 조영선 조영수 조영수 조영수 조영수 조영수 조영숙 조영숙 조영숙 조영숙 조영숙 조영숙 조영숙 조영순 조영순 조영순 조영순 조영순 조영식 조영식 조영신 조영신 조영심 조영아 조영아 조영애 조영애 조영애 조영애 조영애 조영언 조영옥 조영옥 조영옥 조영욱 조영욱 조영운 조영원 조영윤 조영이 조영인 조영일 조영일 조영일 조영일 조영자 조영자 조영자 조영재 조영재 조영제 조영조 조영주 조영주 조영주 조영주 조영준 조영준 조영준 조영준 조영진 조영진 조영진 조영진 조영진 조영집 조영찬 조영창 조영채 조영천 조영철 조영철 조영철 조영철 조영철 조영철 조영춘 조영탁 조영태 조영택 조영팔 조영하 조영현 조영호 조영호 조영호 조영호 조영환 조영환 조영환 조영환 조영훈 조영훈 조영훈 조영훈 조영훈 조영휘 조영희 조영희 조영희 조영희 조영희 조영희 조예나 조예나 조예린 조예스란 조예슬 조예슬 조예진 조옥숙 조옥순 조옥연 조옥주 조옥형 조옥희 조옥희 조완기 조완상 조완철 조완행 조왕호 조요한 조용경 조용구 조용구 조용구 조용권 조용균 조용극 조용근 조용근 조용길 조용길 조용덕 조용덕 조용덕 조용덕 조용만 조용말 조용명 조용모 조용무 조용무 조용문 조용범 조용빈 조용상 조용상 조용상 조용석 조용석 조용석 조용석 조용석 조용선 조용선 조용선 조용섭 조용성 조용수 조용수 조용식 조용식 조용식 조용신 조용신 조용애 조용언 조용연 조용운 조용웅 조용원 조용월 조용이 조용익 조용장 조용재 조용재 조용종 조용주 조용준 조용준 조용준 조용진 조용진 조용진 조용철 조용하 조용학 조용한 조용호 조용호 조용호 조용환 조용환 조용훈 조용휴 조용흠 조용희 조용희 조우람 조우래 조우성 조우순 조우신 조우영 조우헌 조우현 조욱제 조욱종 조욱현 조욱희 조운 조운갑 조운갑 조운찬 조운채 조운천 조웅 조웅기 조원갑 조원갑 조원경 조원근 조원덕 조원래 조원명 조원상 조원숙 조원식 조원식 조원식 조원영 조원욱 조원일 조원일 조원장 조원제 조원종 조원종 조원준 조원직 조원철 조원혁 조원형 조원호 조원호 조위래 조유경 조유나 조유동 조유민 조유빈 조유신 조유진 조유현 조윤경 조윤경 조윤경 조윤경 조윤경 조윤덕 조윤문 조윤석 조윤선 조윤성 조윤수 조윤숙 조윤식 조윤식 조윤식 조윤신 조윤애 조윤재 조윤정 조윤제 조윤주 조윤행 조윤형 조윤형 조윤형 조윤호 조윤호 조윤호 조윤화 조윤훈 조윤희 조윤희 조율흔 조융 조은 조은경 조은경 조은경 조은경 조은경 조은경 조은광 조은누리 조은미 조은미 조은미 조은미 조은미 조은별 조은별 조은비 조은빛 조은빛 조은성 조은숙 조은숙 조은숙 조은슬 조은신 조은아 조은아 조은아 조은애 조은애 조은애 조은영 조은영 조은영 조은영 조은이 조은자 조은자 조은정 조은정 조은정 조은정 조은제 조은종 조은주 조은주 조은준 조은진 조은하 조은형 조은혜 조은호 조은희 조은희 조은희 조은희 조은희 조은희 조을규 조을미 조을연 조의석 조의숙 조의식 조의현 조의호 조이너스 조이제 조이화 조익기 조익래 조익만 조익준 조익현 조익 조인갑 조인갑 조인걸 조인국 조인국 조인권 조인기 조인동 조인상 조인상 조인상 조인선 조인성 조인성 조인수 조인수 조인수 조인숙 조인숙 조인숙 조인숙 조인숙 조인순 조인순 조인식 조인식 조인식 조인식 조인영 조인용 조인진 조인창 조인철 조인행 조인행 조인현 조인형 조인호 조인호 조인호 조인환 조인희 조일권 조일남 조일래 조일선 조일영 조일재 조일화 조일흠 조임숙 조자경 조자룡 조자룡 조자영 조장기 조장래 조장영 조장철 조장환 조재경 조재광 조재구 조재규 조재균 조재근 조재남 조재덕 조재룡 조재만 조재명 조재목 조재문 조재빈 조재상 조재선 조재성 조재성 조재성 조재성 조재수 조재수 조재수 조재수 조재수 조재숙 조재연 조재영 조재완 조재용 조재용 조재욱 조재욱 조재웅 조재원 조재원 조재원 조재은 조재익 조재익 조재일 조재일 조재천 조재천 조재철 조재철 조재풍 조재현 조재현 조재형 조재형 조재형 조재환 조재희 조전수 조전익 조전형 조점동 조점복 조점봉 조점석 조점옥 조정강 조정곤 조정관 조정관 조정국 조정군 조정남 조정단 조정덕 조정란 조정란 조정래 조정래 조정래 조정래 조정례 조정례 조정림 조정명 조정묵 조정미 조정민 조정민 조정석 조정선 조정선 조정선 조정선 조정선 조정숙 조정숙 조정숙 조정숙 조정순 조정순 조정순 조정식 조정신 조정애 조정애 조정애 조정옥 조정옥 조정우 조정우 조정원 조정은 조정임 조정자 조정필 조정행 조정현 조정현 조정현 조정현 조정현 조정현 조정호 조정호 조정호 조정호 조정홍 조정화 조정화 조정화 조정환 조정환 조정훈 조정휘 조정희 조정희 조정희 조정희 조정희 조정희 조정희 조제훈 조종국 조종국 조종래 조종래 조종묵 조종미 조종민 조종선 조종연 조종연 조종옥 조종율 조종정 조종주 조종하 조종학 조종현 조종현 조종현 조종현 조종호 조종화 조종환 조종훈 조종희 조주연 조주연 조주완 조주은 조주일 조주호 조주환 조주환 조주환 조준 조준 조준 조준근 조준기 조준상 조준석 조준섭 조준식 조준연 조준영 조준용 조준재 조준재 조준필 조준행 조준혁 조준현 조준현 조준형 조준호 조준호 조준환 조준환 조준희 조중석 조중수 조중실 조중연 조중우 조중직 조중철 조중철 조중현 조중현 조중현 조중희 조지덕 조지상 조지연 조지영 조지원 조지현 조지혜 조지훈 조지훈 조진경 조진규 조진만 조진숙 조진완 조진우 조진태 조진현 조진현 조진현 조진형 조진형 조진호 조진호 조진화 조진환 조진희 조징명 조찬국 조찬석 조찬연 조찬제 조찬현 조찬호 조창건 조창권 조창래 조창래 조창래 조창래 조창민 조창선 조창섭 조창식 조창심 조창연 조창영 조창우 조창우 조창욱 조창윤 조창주 조창한 조창현 조창현 조창현 조창현 조창현 조창현 조창환 조창훈 조창희 조창희 조채연 조채연 조채환 조천근 조천종 조천호 조철 조철규 조철규 조철룡 조철만 조철모 조철수 조철숙 조철우 조철우 조철웅 조철진 조철현 조철현 조철현 조철형 조철호 조철호 조철환 조철희 조청명 조추연 조춘근 조춘기 조춘성 조춘숙 조춘심 조춘심 조춘자 조춘자 조춘제 조춘환 조춘희 조충국 조충길 조충래 조충철 조충현 조충환 조치흠 조큰별 조탁준 조태민 조태복 조태봉 조태섭 조태식 조태식 조태연 조태영 조태영 조태영 조태영 조태오 조태옥 조태욱 조태웅 조태일 조태일 조태준 조태창 조태호 조태환 조태효 조태희 조택 조판식 조판옥 조풍연 조필성 조필숙 조필영 조필임 조필호 조하경 조하현 조학래 조학래 조학식 조학제 조학철 조한경 조한경 조한관 조한근 조한나 조한뜻 조한목 조한무 조한미 조한민 조한백 조한별 조한살 조한상 조한서 조한선 조한선 조한소 조한솔 조한수 조한순 조한순 조한술 조한승 조한애 조한용 조한웅 조한웅 조한원 조한유 조한윤 조한익 조한재 조한정 조한정 조한준 조한준 조한준 조한직 조한진 조한진 조한홍 조한홍 조한희 조항건 조항균 조항덕 조항돈 조항민 조항서 조항선 조항설 조항웅 조항원 조항진 조해동 조해동 조해룡 조해상 조해석 조해숙 조해영 조해일 조해정 조해진 조행복 조행순 조행자 조향기 조향미 조향선 조향숙 조향신 조향아 조현정 조현종 조현중 조현주 조혁기 조혁제 조혁태 조혁현 조현 조현 조현경 조현경 조현경 조현곤 조현관 조현광 조현구 조현군 조현권 조현근 조현기 조현기 조현기 조현길 조현대 조현래 조현록 조현무 조현미 조현배 조현복 조현생 조현서 조현석 조현선 조현선 조현설 조현성 조현수 조현수 조현수 조현수 조현수 조현수 조현숙 조현숙 조현숙 조현숙 조현실 조현아 조현업 조현연 조현영 조현영 조현용 조현용 조현용 조현우 조현우 조현윤 조현익 조현자 조현정 조현제 조현종 조현주 조현주 조현주 조현주 조현중 조현지 조현지 조현지 조현진 조현철 조현철 조현철 조현춘 조현출 조현호 조현호 조현화 조현환 조현환 조현희 조현희 조현희 조협 조형 조형권 조형권 조형규 조형기 조형남 조형모 조형미 조형상 조형석 조형섭 조형식 조형우 조형원 조형인 조형재 조형제 조형주 조형준 조형준 조형준 조형진 조형진 조형철 조형철 조형희 조혜경 조혜경 조혜경 조혜경 조혜경 조혜경 조혜규 조혜란 조혜련 조혜리 조혜린 조혜선 조혜선 조혜숙 조혜숙 조혜숙 조혜숙 조혜숙 조혜순 조혜연 조혜영 조혜영 조혜영 조혜영 조혜옥 조혜원 조혜윤 조혜인 조혜인 조혜인 조혜인 조혜인 조혜자 조혜정 조혜정 조혜정 조혜화 조호걸 조호규 조호상 조호선 조호연 조호열 조호재 조호제 조호태 조홍구 조홍근 조홍래 조홍래 조홍섭 조홍익 조홍제 조홍준 조홍준 조홍진 조홍환 조화순 조화순 조화자 조화자 조환기 조환익 조환웅 조회란 조효근 조효민 조효진 조효숙 조효임 조효진 조효진 조후석 조후정 조훈 조훈 조훈희 조훈제 조훈현 조휘동 조휘성 조휘재 조휘찬 조흥선 조흥식 조흥연 조흥원 조희경 조희경 조희경 조희공 조희관 조희근 조희근 조희금 조희기 조희란 조희만 조희부 조희수 조희숙 조희숙 조희숙 조희순 조희순 조희순 조희승 조희승 조희연 조희영 조희욱 조희정 조희정 조희제 조희제 조희진 조희찬 조희철 좌덕훈 좌명돈 좌용권 좌재욱 주갑식 주경복 주경선 주경수 주경순 주경순 주경애 주경엽 주경임 주경자 주경주 주경호 주경희 주계남 주관수 주광로 주광술 주광열 주광은 주광하 주귀선 주금남 주금용 주금종 주기식 주기옥 주기준 주기철 주기철 주길수 주길용 주남종 주낙기 주낙현 주남희 주내 주노마 주대명 주대형 주도영 주도연 주동선 주동욱 주동일 주동철 주동현 주량거 주로미 주만옥 주명 주명규 주명철 주명화 주명환 주명희 주명희 주명희 주모임 주무학 주문 주문환 주미경 주미경 주미란 주미숙 주민경 주민선 주민수 주민식 주번식 주범익 주병규 주병남 주병돈 주병석 주보돈 주보라 주복희 주부선 주부원 주상식 주상수 주상수 주상연 주상영 주상원 주상철 주상철 주상춘 주상하 주서진 주서현 주석범 주석정 주석중 주선분 주선자 주선형 주선희 주성남 주성동 주성록 주성민 주성민 주성민 주성수 주성신 주성실 주성이 주성진 주성호 주세경 주세돈 주세영 주소영 주소윤 주소희 주수원 주수웅 주순중 주순진 주승열 주승호 주승희 주시영 주식회사 사랑방미디어 주식회사 에스알비프린팅 주애기 주애란 주양돈 주양희 주연재 주영 주영경 주영경 주영곤 주영곤 주영광 주영금 주영길 주영노 주영로 주영미 주영민 주영숙 주영숙 주영실 주영완 주영우 주영우 주영원 주영인 주영준 주영찬 주영호 주영화 주영환 주영희 주예순 주예영 주옥경 주옥녀 주옥출 주완선 주왕호 주용남 주용노 주용락 주용석 주용선 주용성 주용성 주용수 주용철 주용환 주우성 주우성 주원관 주원석 주원식 주원용 주원정 주유석 주유정 주유근 주윤아 주윤애 주율택 주은경 주은주 주이돈 주이중 주익중 주인균 주인수 주인철 주인택 주인호 주일엽 주일환 주장덕 주장수 주장은 주재두 주재명 주재백 주재상 주재석 주재옥 주재연 주재용 주재우 주재풍 주재훠 주전이 주정룡 주정림 주정봉 주정선 주정숙 주정순 주정심 주정연 주정이 주정현 주정혜 주정호 주정훈 주정희 주정희 주제식 주종돈 주종범 주종상 주종석 주종호 주종환 주준섭 주준택 주준호 주중식 주중연 주지연 주지운 주지은 주지화 주진국 주진배 주진성 주진애 주진영 주진오 주찬구 주찬규 주찬홍 주창돈 주창림 주창만 주창민 주창현 주창환 주천중 주철돈 주철우 주철종 주철중 주철호 주철희 주칠규 주태석 주태순 주태영 주태진 주태현 주평조 주하나 주하아린 주하주 주한경 주한광 주한규 주한승 주한아 주항량 주해돈 주해돈 주해돈 주해수 주행숙 주행훈 주현 주현국 주현담 주현석 주현수 주현아 주현애 주현종 주현진 주현철 주형규 주형도 주형렬 주형로 주형식 주형식 주형심 주혜숙 주혜정 주호기 주호석 주호식 주홍 주홍수 주효민 주훈 주흥기 주흥기 주흥선 주희상 주희선 주희숙 주희영 지가정 지경숙 지경숙 지경원 지경주 지계향 지공 지광범 지광열 지광자 지광재 지교철 지군식 지규애 지기성 지길영 지길평 지대위 지덕규 지덕근 지덕엽 지동섭 지동진 지두환 지득수 지명선 지명숙 지명순 지명하 지미경 지미경 지미조 지민구 지민규 지민규 지민배 지민석 지믿음 지백원 지병문 지병문 지병철 지봉성 지봉환 지상구 지상민 지상배 지상용 지상일 지상현 지상환 지선경 지성남 지성남 지성민 지성애 지성철 지성철 지성환 지세민 지세영 지수항 지수환 지숙경 지숙경 지순철 지승호 지승환 지승훈 지승희 지애현 지연수 지연채 지연하 지연희 지연희 지영국 지영금 지영대 지영린 지영배 지영선 지영수 지영욱 지영준 지영철 지영태 지영학 지영학 지영환 지예림 지요하 지용담 지용수 지용엽 지용택 지용하 지용해 지용헌 지용희 지용희 지우선 지원경 지원종 지원준 지원철 지원호 지원희 지유석 지유성 지윤섭 지윤창 지은권 지은숙 지은숙 지은영 지은정 지은희 지인선 지재수 지정구 지정근 지정남 지정남 지정만 지정배 지정부 지정식 지정아 지정애 지정영 지정우 지정임 지정희 지종근 지종순 지주현 지준옥 지진숙 지창구 지창난 지창수 지창일 지천숙 지철승 지청산 지춘자 지충곤 지태수 지하식 지한식 지해규 지해범 지해준 지향 지향숙 지향자 지현경 지현숙 지현아 지현주 지현준 지형범 지형준 지혜경 지혜경 지혜경 지호순 지홍식 지화조 지효진 지휘윤 지희승 지희철 진가영 진갑화 진강민 진강숙 진경년 진경복 진경선 진경숙 진경애 진경옥 진경운 진경은 진경주 진경택 진경표 진경환 진경희 진공석 진관애 진광석 진광섭 진광운 진광자 진광홍 진광희 진국기 진규백 진근탁 진금숙 진금오 진금자 진기용 진기준 진기찬범 진기홍 진길성 진길수 진길임 진난옥 진남영 진남택 진달근 진달복 진대 진대영 진두재 진만순 진명기 진명동 진명만 진명석 진명선 진명섭 진명숙 진명순 진명식 진명식 진명옥 진명인 진명자 진명재 진미경 진미숙 진미화 진병관 진병관 진병두 진병석 진병일 진병준 진병호 진복규 진복숙 진봉규 진사남 진삼상 진삼현 진상림 진상민 진상수 진상욱 진석기 진석준 진선미 진선미 진선영 진선주 진선필 진선하 진선행 진선홍 진성규 진성록 진성무 진성박 진성범 진성숙 진성숙 진성원 진성일 진성진 진소영 진수덕 진수명 진수석 진수인 진숙 진순덕 진순덕 진순심 진순임 진승남 진승만 진승진 진승현 진승호 진시민 진신남 진신생 진실 진애자 진양규 진양자 진양현 진연구 진연주 진영곤 진영도 진영락 진영미 진영민 진영민 진영상 진영서 진영섭 진영섭 진영성 진영수 진영수 진영수 진영심 진영우 진영운 진영은 진영일 진영자 진영종 진영칠 진영호 진영호 진영환 진영희 진영희 진영희 진옥희 진완선 진용근 진용민 진용범 진용우 진용은 진용태 진우삼 진우섭 진우성 진웅용 진원 진원섭 진원재 진유성 진유진 진유행 진윤아 진윤정 진윤정 진윤지 진윤태 진은석 진은정 진은주 진의범 진의헌 진이삭 진이홍 진익렬 진익종 진인 진인기 진인태 진인택 진인호 진장춘 진재덕 진재명 진재술 진재학 진재홍 진정 진정란 진정수 진정순 진정영 진정완 진정용 진정욱 진정운 진정자 진정탁 진정탁 진정필 진정협 진정희 진정희 진제민 진제윤 진종례 진종석 진종식 진종진 진종화 진준원 진지성 진지환 진진수 진진숙 진차복 진창덕 진천규 진천덕 진천우 진철 진철두 진철하 진철호 진초록 진태수 진태용 진태화 진택섭 진평순 진학천 진한걸 진해영 진향연 진헌 진현 진현기 진현석 진현숙 진현아 진현욱 진형준 진혜경 진혜숙 진호만 진호영 진호옥 진홍배 진홍옥 진활민 진황건 진흥언 진희관 진희영 진희종 차건선 차경락 차경선 차경수 차경숙 차경순 차경아 차경애 차경애 차경연 차경일 차경일 차경자 차경찬 차경철 차경태 차경호 차계영 차계준 차광규 차광선 차광철 차귀자 차귀희 차규철 차근수 차근수 차금용 차기동 차기벽 차기태 차기태 차기호 차기호 차기화 차길수 차남욱 차대성 차덕준 차동렬 차동빈 차동욱 차동욱 차동주 차동현 차둥지 차득기 차득선 차득회 차란 차명남 차명년 차명숙 차명식 차명자 차명호 차명희 차무갑 차문규 차문환 차미래 차미례 차미연 차미항 차미현 차미화 차미희 차민 차민석 차민석 차민숙 차민우 차민우 차범석 차병조 차병철 차병철 차병학 차병호 차보경 차보람 차봉례 차봉준 차봉환 차봉희 차삼용 차삼준 차상돈 차상란 차상목 차상민 차상봉 차상선 차상원 차상익 차상재 차상호 차상호 차석빈 차선각 차선규 차선례 차성수 차성식 차성준 차성진 차성한 차성현 차성호 차성환 차성희 차성희 차세일 차세정 차소영 차수련 차수문 차수연 차수희 차숙 차숙자 차순연 차순필 차승균 차승렬 차승만 차승수 차승연 차신화 차양래 차연길 차연숙 차영 차영건 차영구 차영근 차영길 차영림 차영립 차영미 차영민 차영배 차영빈 차영석 차영석 차영석 차영석 차영숙 차영숙 차영순 차영식 차영실 차영인 차영주 차영호 차영훈 차영희 차예준 차옥선 차옥순 차옥정 차온누리 차완교 차용범 차용아 차용인 차용준 차용태 차용택 차용호 차운영 차유덕 차유미 차유복 차유황 차유황 차윤완 차윤종 차은경 차은숙 차은옥 차은주 차은하 차의근 차의식 차익환 차인근 차인근 차인길 차인석 차인숙 차인실 차인영 차일홍 차일환 차장현 차재량 차재민 차재성 차재수 차재신 차재영 차재영 차재철 차재철 차재훈 차점숙 차정미 차정석 차정숙 차정숙 차정식 차정은 차정준 차정화 차종남 차종민 차종용 차종표 차종현 차종회 차주면 차주환 차준락 차준섭 차준원 차준천 차지근 차지연 차지영 차지원 차지현 차진아 차진아 차진철 차진태 차진환 차천기 차천옥 차철근 차춘선 차태준 차피터 차하늘 차하순 차하진 차한누리 차한필 차해천 차혁렬 차현덕 차현주 차형근 차형렬 차혜 차혜경 차혜숙 차호은 차홍식 차홍주 차화조 차흥도 차희숙 착오 창평 채갑석 채갑순 채건희 채경석 채경선 채경숙 채경애 채경자 채경환 채경희 채광기 채광석 채광순 채구묵 채규대 채규대 채규삼 채규성 채규순 채규실 채규애 채규완 채규율 채규인 채규인 채규조 채금례 채금현 채긍석 채기돈 채기돈 채기백 채기범 채기병 채기병 채기화 채기훈 채누리 채대성 채덕문 채동균 채두석 채두석 채두희 채만기 채말연 채명석 채명석 채명순 채무석 채문구 채문희 채미경 채미옥 채미자 채미희 채민경 채민기 채민석 채민성 채민정 채민지 채민지 채병도 채병득 채병철 채병훈 채보길 채보미나래 채복남 채봉 채삼철 채상근 채상식 채상우 채서린 채석 채석순 채석원 채석준 채석현 채선미 채선우 채성기 채성순 채성은 채성찬 채세희 채송화 채송화 채수강 채수경 채수경 채수광 채수근 채수덕 채수민 채수범 채수빈 채수석 채수안 채수용 채수인 채수일 채수일 채수천 채수천 채수태 채수홍 채수환 채수희 채숙희 채숙희 채순기 채순옥 채승병 채시원 채양호 채연규 채연석 채영권 채영기 채영미 채영배 채영석 채영석 채영선 채영수 채영수 채영수 채영숙 채영주 채옥희 채옥희 채완기 채우석 채운석 채웅기 채원배 채원석 채원희 채월자 채유나 채유빈 채유순 채윤석 채윤정 채윤태 채윤하 채은경 채은석 채은주 채이배 채인석 채인식 채일병 채일형 채자애 채재덕 채재병 채재열 채정민 채정병 채정복 채정숙 채정숙 채정순 채정아 채정열 채정용 채정우 채정은 채종권 채종록 채종병 채종서 채종진 채종철 채주석 채주숙 채준석 채중기 채지훈 채진석 채찬희 채창병 채창병 채춘화 채춘희 채칠성 채한결 채행자 채현국 채현병 채현수 채현숙 채혜리 채혜원 채혜정 채호병 채홍기 채홍란 채홍석 채홍선 채화순 채휘병 채흔호 채흥석 채희갑 채희경 채희근 채희문 채희상 채희석 채희선 채희성 채희숙 채희옥 채희완 채희익 채희자 채희정 채희정 천강식 천경례 천경미 천경민 천경하 천경호 천계자 천관우 천광수 천광준 천국웅 천국현 천규연 천금석 천기옥 천기천 천길정 천남신 천다솔 천도교대학 천두영 천두현 천무영 천미성 천미해 천민정 천민호 천병국 천병렬 천병만 천병연 천병준 천병중 천병철 천병태 천병태 천병희 천부석 천상국 천상규 천상덕 천석기 천석준 천선기 천선영 천선희 천성기 천성민 천성애 천성혜 천세린 천세봉 천세익 천세환 천소현 천수봉 천수영 천숙희 천순덕 천순미 천승령 천승민 천승세 천승준 천승현 천승희 천양기 천양선 천양숙 천연정 천영문 천영민 천영성 천영세 천영순 천영일 천영자 천영진 천오 천오성 천용기 천용석 천용식 천용우 천용택 천원식 천원영 천월희 천은복 천은숙 천은택 천의정 천인국 천인숙 천인식 천인욱 천임식 천장천 천재권 천재현 천정수 천종식 천종희 천준길 천준태 천준호 천중권 천중근 천지성 천지세무법인 천지숙 천지용 천진경 천진아 천진옥 천진용 천진희 천창근 천창필 천창필 천창환 천철웅 천충수 천치빈 천학래 천한일 천현미 천현숙 천현철 천형준 천혜경 천혜림 천혜숙 천혜순 천호선 천호준 천화정 천후금 천희 천희규 천희석 천희자 천희자 철안스님 청송수녀원 청화스님 최가람 최가영 최가온 최가희 최갑경 최갑률 최갑석 최갑선 최갑수 최갑수 최갑수 최갑수 최갑숙 최갑순 최갑식 최갑식 최갑진 최강국 최강덕 최강만 최강문 최강민 최강석 최강선 최강열 최강영 최강욱 최강의 최강일 최강추 최강호 최강훈 최건 최건돈 최건용 최건호 최건호 최경구 최경규 최경규 최경락 최경락 최경락 최경란 최경렬 최경렬 최경미 최경미 최경민 최경봉 최경서 최경석 최경석 최경석 최경선 최경선 최경선 최경성 최경송 최경수 최경수 최경수 최경수 최경숙 최경숙 최경숙 최경숙 최경숙 최경순 최경순 최경순 최경순 최경순 최경식 최경식 최경식 최경아 최경애 최경애 최경애 최경열 최경열 최경옥 최경용 최경운 최경윤 최경은 최경자 최경종 최경주 최경진 최경진 최경채 최경철 최경춘 최경필 최경하 최경하 최경학 최경한 최경현 최경혜 최경혜 최경혜 최경호 최경호 최경호 최경호 최경호 최경화 최경화 최경화 최경화 최경화 최경환 최경환 최경훈 최경희 최경희 최경희 최경희 최경희 최경희 최경희 최경희 최경희 최경희 최계도 최계동 최계선 최계수 최계순 최계식 최계영 최계옥 최계주 최고운 최고운 최고은 최공용 최관섭 최관식 최관식 최관영 최관집 최관철 최관효 최관흠 최광 최광국 최광남 최광돈 최광돈 최광래 최광림 최광묵 최광삼 최광선 최광세 최광수 최광수 최광수 최광식 최광식 최광식 최광식 최광식 최광신 최광연 최광영 최광옥 최광운 최광원 최광일 최광일 최광일 최광일 최광진 최광진 최광철 최광철 최광태 최광현 최광현 최광호 최광휴 최광희 최광희 최광희 최교서 최교운 최교진 최교학 최구현 최국선 최국선 최국진 최군신 최권섭 최권식 최권용 최권일 최권행 최귀남 최귀덕 최귀분 최귀상 최귀순 최귀순 최귀자 최귀정 최규갑 최규근 최규동 최규량 최규룡 최규배 최규백 최규범 최규복 최규상 최규석 최규석 최규선 최규섭 최규성 최규성 최규성 최규성 최규숙 최규숙 최규숙 최규순 최규승 최규식 최규업 최규연 최규연 최규옥 최규옥 최규완 최규용 최규인 최규인 최규일 최규장 최규정 최규종 최규진 최규진 최규철 최규철 최규철 최규태 최규태 최규택 최규필 최규현 최규현 최규현 최규형 최규형 최규호 최규홍 최규훈 최규훈 최규희 최근배 최근배 최근선 최근식 최근실 최근용 최금동 최금란 최금례 최금섭 최금성 최금숙 최금숙 최금순 최금영 최금옥 최금옥 최금옥 최금옥 최금용 최금용 최금자 최금자 최금자 최금자 최금종 최금주 최금주 최금채 최금화 최금희 최기동 최기락 최기량 최기부 최기붕 최기상 최기서 최기석 최기석 최기선 최기선 최기성 최기식 최기식 최기영 최기영 최기영 최기영 최기영 최기영 최기용 최기원 최기원 최기인 최기인 최기정 최기종 최기채 최기철 최기철 최기춘 최기택 최기표 최기현 최기호 최기호 최기호 최기호 최기호 최기환 최기희 최길녀 최길님 최길동 최길례 최길수 최길임 최길철 최길호 최나래 최나래 최나리 최나미 최낙근 최낙범 최낙섭 최낙순 최낙승 최낙승 최낙용 최낙재 최낙중 최낙진 최낙환 최낙희 최난영 최난영 최난이 최난주 최남규 최남규 최남규 최남수 최남숙 최남순 최남애 최남용 최남일 최남현 최남훈 최남희 최남희 최납실 최다솔 최다인 최다혜 최다희 최단 최단비 최단옥 최달곤 최달남 최달오 최달우 최담 최답천 최당선 최당선 최당우 최대건 최대권 최대규 최대규 최대두 최대로 최대림 최대봉 최대섭 최대승 최대열 최대영 최대진 최대혁 최대혁 최대현 최대현 최대현 최대호 최대호 최대환 최덕계 최덕규 최덕규 최덕근 최덕길 최덕녀 최덕렬 최덕만 최덕수 최덕수 최덕순 최덕순 최덕연 최덕우 최덕칠 최덕효 최도관 최도님 최도선 최도순 최도술 최도연 최도열 최도영 최도영 최도운 최도웅 최도은 최돈구 최돈숙 최돈순 최돈영 최돈철 최돈호 최동귀 최동규 최동규 최동규 최동균 최동근 최동금 최동길 최동민 최동배 최동배 최동빈 최동석 최동선 최동섭 최동성 최동성 최동수 최동수 최동수 최동식 최동신 최동연 최동엽 최동우 최동욱 최동욱 최동윤 최동익 최동일 최동전 최동주 최동주 최동현 최동현 최동효 최동훈 최동휘 최동희 최동희 최두석 최두선 최두섭 최두섭 최두식 최두열 최두철 최두한 최두현 최두호 최두환 최득수 최라순 최락구 최란 최리노 최림열 최막례 최만규 최만리 최만성 최만수 최만식 최만식 최만영 최만옥 최만제 최만진 최만호 최만희 최맹섭 최맹저 최맹환 최명규 최명규 최명규 최명균 최명금 최명기 최명록 최명석 최명석 최명선 최명성 최명세 최명수 최명수 최명수 최명수 최명숙 최명숙 최명숙 최명숙 최명숙 최명숙 최명숙 최명순 최명순 최명순 최명식 최명식 최명신 최명신 최명신 최명신 최명심 최명애 최명언 최명영 최명용 최명우 최명원 최명의 최명이 최명인 최명자 최명준 최명지 최명진 최명진 최명철 최명철 최명철 최명춘 최명호 최명호 최명호 최명희 최명희 최명희 최명희 최명희 최모석 최모성 최무 최무영 최무현 최문경 최문광 최문규 최문규 최문규 최문기 최문모 최문석 최문성 최문수 최문수 최문숙 최문숙 최문순 최문순 최문식 최문식 최문영 최문옥 최문옥 최문재 최문형 최문호 최문호 최문환 최문환 최문희 최문희 최미경 최미경 최미경 최미경 최미경 최미경 최미경 최미경 최미경 최미년 최미라 최미라 최미라 최미라 최미란 최미래 최미령 최미령 최미례 최미석 최미선 최미선 최미숙 최미숙 최미숙 최미숙 최미숙 최미숙 최미숙 최미숙 최미숙 최미순 최미애 최미연 최미연 최미영 최미영 최미영 최미옥 최미옥 최미옥 최미옥 최미옥 최미옥 최미일 최미자 최미자 최미정 최미정 최미정 최미정 최미정 최미정 최미정 최미정 최미정 최미진 최미향 최미향 최미향 최미현 최미혜 최미혜 최미혜 최미화 최미희 최미희 최민 최민 최민 최민경 최민경 최민규 최민규 최민도 최민류 최민석 최민섭 최민수 최민숙 최민숙 최민식 최민식 최민실 최민아 최민아 최민옥 최민욱 최민재 최민재 최민주 최민지 최민해 최민혁 최민현 최민환 최민희 최박기 최박렬 최방식 최방옥 최방휴 최배훈 최백걸 최백순 최백호 최범 최범규 최범림 최범석 최범석 최범식 최병개 최병곤 최병관 최병구 최병국 최병국 최병국 최병국 최병국 최병권 최병권 최병권 최병권 최병규 최병균 최병근 최병기 최병기 최병기 최병기 최병길 최병남 최병남 최병대 최병두 최병두 최병득 최

한겨레 7만 주주

병란 최병란 최병렬 최병렬 최병례 최병린 최병만 최병모 최병모 최병무 최병무 최병삼 최병서 최병석 최병석 최병석 최병석 최병선 최병선 최병선 최병선 최병선 최병선 최병선 최병성 최병수 최병수 최병수 최병수 최병수 최병숙 최병숙 최병순 최병술 최병승 최병식 최병식 최병식 최병안 최병억 최병열 최병엽 최병오 최병옥 최병옥 최병용 최병우 최병욱 최병욱 최병욱 최병욱 최병운 최병윤 최병윤 최병율 최병율 최병은 최병익 최병인 최병인 최병일 최병일 최병일 최병일 최병조 최병주 최병주 최병준 최병준 최병중 최병진 최병진 최병진 최병집 최병찬 최병천 최병천 최병철 최병철 최병철 최병출 최병탁 최병태 최병택 최병하 최병학 최병학 최병헌 최병혁 최병현 최병현 최병호 최병호 최병호 최병호 최병화 최병환 최병환 최병훈 최병희 최보경 최보경 최보근 최보나 최보람 최보람 최보름 최보선 최보열 최보영 최보원 최보윤 최보윤 최보은 최보환 최복규 최복규 최복근 최복금 최복님 최복덕 최복래 최복례 최복선 최복순 최복순 최복순 최복순 최복술 최복연 최복천 최봉 최봉균 최봉대 최봉락 최봉로 최봉민 최봉수 최봉수 최봉순 최봉식 최봉식 최봉연 최봉재 최봉주 최봉채 최봉현 최봉환 최봉환 최봉훈 최봉희 최부경 최부덕 최부성 최부성 최부식 최부옥 최부훈 최분녀 최분다 최붕기 최비 최빛나 최빛나 최사묵 최상규 최상남 최상도 최상섭 최상숙 최상순 최삼열 최삼태 최상 최상 최상건 최상경 최상경 최상국 최상규 최상근 최상근 최상근 최상길 최상남 최상덕 최상면 최상민 최상석 최상순 최상아 최상억 최상업 최상열 최상영 최상옥 최상용 최상용 최상우 최상운 최상원 최상원 최상윤 최상은 최상일 최상정 최상준 최상준 최상준 최상천 최상철 최상철 최상철 최상철 최상철 최상춘 최상태 최상현 최상현 최상호 최상호 최상호 최상호 최상화 최상훈 최상희 최상희 최새롬 최새별 최생물 최생림 최서란 최서영 최석 최석 최석근 최석기 최석기 최석련 최석만 최석범 최석순 최석원 최석윤 최석준 최석준 최석중 최석진 최석진 최석천 최석태 최석현 최석현 최석호 최석환 최석환 최석희 최석희 최선 최선 최선 최선 최선 최선겸 최선경 최선경 최선규 최선규 최선남 최선녀 최선미 최선미 최선미 최선미 최선비 최선숙 최선숙 최선숙 최선아 최선아 최선업 최선열 최선엽 최선영 최선영 최선영 최선영 최선옥 최선옥 최선용 최선우 최선의 최선이 최선익 최선자 최선자 최선자 최선자 최선향 최선호 최선호 최선호 최선호 최선화 최선희 최선희 최선희 최선희 최선희 최선희 최섭순 최성각 최성건 최성건 최성경 최성계 최성곤 최성구 최성권 최성권 최성균 최성근 최성기 최성기 최성기 최성남 최성남 최성녀 최성달 최성도 최성락 최성렬 최성록 최성룡 최성룡 최성만 최성문 최성미 최성민 최성민 최성배 최성섭 최성수 최성수 최성수 최성숙 최성숙 최성순 최성순 최성식 최성식 최성식 최성실 최성애 최성애 최성애 최성엽 최성엽 최성옥 최성옥 최성용 최성용 최성용 최성우 최성우 최성욱 최성욱 최성욱 최성욱 최성욱 최성운 최성운 최성운 최성은 최성은 최성은 최성일 최성일 최성일 최성임 최성자 최성조 최성종 최성종 최성주 최성주 최성주 최성준 최성지 최성진 최성진 최성진 최성진 최성진 최성진 최성찬 최성채 최성태 최성택 최성팔 최성향 최성현 최성혜 최성호 최성호 최성호 최성화 최성환 최성환 최성훈 최성훈 최성훈 최성희 최성희 최성희 최성희 최세건 최세경 최세남 최세린 최세만 최세옥 최세정 최세진 최세탁 최세호 최세화 최세희 최세희 최소식 최소영 최소영 최소영 최소현 최송이 최송 최송강 최송아 최송이 최송인 최송현 최수경 최수경 최수경 최수관 최수균 최수기 최수길 최수길 최수길 최수남 최수남 최수동 최수란 최수련 최수민 최수복 최수봉 최수성 최수아 최수안 최수연 최수연 최수연 최수열 최수영 최수영 최수옥 최수옥 최수용 최수월 최수일 최수일 최수임 최수자 최수자 최수자 최수자 최수전 최수전 최수정 최수진 최수철 최수향 최수혁 최수현 최수호 최수홍 최수환 최수희 최숙 최숙자 최숙자 최숙자 최숙현 최숙희 최숙희 최숙희 최순규 최순규 최순기 최순길 최순남 최순남 최순녀 최순덕 최순덕 최순덕 최순덕 최순도 최순락 최순례 최순복 최순복 최순분 최순애 최순애 최순연 최순영 최순영 최순옥 최순옥 최순옥 최순옥 최순옥 최순옥 최순이 최순일 최순임 최순자 최순자 최순자 최순자 최순조 최순철 최순호 최순환 최순희 최순희 최순희 최숭남 최슬기 최슬기 최슬기 최슬아 최승 최승권 최승규 최승규 최승규 최승근 최승기 최승기 최승룡 최승만 최승미 최승복 최승섭 최승섭 최승식 최승언 최승언 최승열 최승옥 최승우 최승웅 최승원 최승은 최승이 최승이 최승일 최승일 최승자 최승자 최승조 최승준 최승천 최승철 최승학 최승호 최승환 최승환 최승훈 최승훈 최승희 최승희 최승희 최승희 최시경 최시내 최시영 최시원 최시원 최시한 최시형 최시화 최신건 최신국 최신량 최신숙 최신영 최신옥 최신옥 최신자 최신한 최실용 최아람 최아람 최아진 최아현 최안자 최애란 최애리 최양경 최양규 최양규 최양덕 최양섭 최양수 최양실 최양일 최양자 최양지 최언규 최언상 최여울 최연 최연규 최연규 최연근 최연기 최연미 최연상 최연석 최연수 최연순 최연숙 최연식 최연신 최연아 최연옥 최연옥 최연옥 최연옥 최연웅 최연이 최연자 최연주 최연진 최연태 최연택 최연택 최연호 최연화 최열 최열 최열거 최열우 최엽 최영 최영 최영경 최영교 최영구 최영국 최영국 최영권 최영규 최영규 최영규 최영규 최영균 최영균 최영근 최영근 최영근 최영근 최영기 최영길 최영나 최영남 최영남 최영노 최영님 최영덕 최영도 최영돈 최영동 최영동 최영동 최영동 최영두 최영득 최영락 최영란 최영란 최영랑 최영만 최영만 최영미 최영미 최영미 최영미 최영미 최영민 최영민 최영민 최영민 최영배 최영배 최영범 최영복 최영복 최영봉 최영분 최영삼 최영삼 최영상 최영상 최영생 최영서 최영석 최영석 최영선 최영섭 최영성 최영수 최영수 최영수 최영수 최영수 최영수 최영수 최영숙 최영숙 최영숙 최영숙 최영숙 최영숙 최영숙 최영숙 최영순 최영순 최영순 최영순 최영순 최영순 최영순 최영순 최영식 최영식 최영식 최영식 최영식 최영식 최영식 최영식 최영식 최영식 최영식 최영식 최영심 최영심 최영애 최영애 최영애 최영애 최영옥 최영옥 최영옥 최영완 최영용 최영욱 최영욱 최영웅 최영원 최영은 최영의 최영이 최영익 최영인 최영인 최영인 최영일 최영일 최영일 최영임 최영자 최영자 최영자 최영자 최영자 최영자 최영재 최영조 최영조 최영주 최영주 최영주 최영주 최영주 최영주 최영준 최영준 최영준 최영중 최영지 최영진 최영진 최영찬 최영채 최영철 최영철 최영철 최영철 최영철 최영철 최영철 최영철 최영철 최영태 최영태 최영표 최영표 최영학 최영학 최영학 최영해 최영혁 최영현 최영호 최영호 최영호 최영호 최영호 최영호 최영호 최영홍 최영홍 최영화 최영환 최영환 최영환 최영환 최영희 최영희 최영희 최영희 최영희 최영희 최영희 최영희 최영희 최영희 최영희 최영희 최영희 최영희 최영희 최영희 최예나 최예리 최예린 최예슬 최예슬 최오례 최오순 최옥경 최옥경 최옥경 최옥경 최옥곤 최옥근 최옥기 최옥기 최옥기 최옥란 최옥란 최옥림 최옥미 최옥범 최옥선 최옥수 최옥숙 최옥순 최옥자 최옥진 최옥필 최옥향 최옥현 최옥희 최온순 최완규 최완병 최완석 최완순 최완순 최완순 최완호 최왕곤 최왕도 최외선 최외철 최용 최용국 최용근 최용기 최용길 최용길 최용길 최용남 최용남 최용남 최용대 최용만 최용만 최용민 최용배 최용범 최용석 최용석 최용석 최용석 최용석 최용석 최용석 최용석 최용석 최용선 최용선 최용섭 최용섭 최용성 최용성 최용수 최용수 최용수 최용술 최용식 최용식 최용식 최용운 최용운 최용원 최용원 최용유 최용익 최용일 최용재 최용재 최용주 최용주 최용준 최용준 최용준 최용진 최용진 최용진 최용진 최용집 최용철 최용철 최용철 최용태 최용택 최용학 최용현 최용호 최용호 최용호 최용호 최용호 최용환 최용환 최용환 최용환 최용환 최용훈 최용희 최용희 최용희 최우근 최우람 최우범 최우석 최우석 최우석 최우석 최우선 최우성 최우성 최우수 최우순 최우식 최우식 최우암 최우영 최우영 최우영 최우윤 최우인 최우일 최우정 최우정 최우정 최우정 최우진 최우철 최욱 최운기 최운길 최운목 최운석 최운영 최운용 최운찬 최웅 최웅규 최웅규 최웅렬 최웅림 최웅열 최웅영 최웅일 최원경 최원교 최원구 최원규 최원대 최원묵 최원문 최원배 최원보 최원석 최원석 최원석 최원선 최원섭 최원식 최원식 최원식 최원식 최원영 최원우 최원욱 최원용 최원익 최원일 최원재 최원재 최원종 최원준 최원중 최원창 최원탁 최원태 최원형 최원호 최원호 최원호 최원호 최원호 최원호 최월동 최위숙 최유경 최유라 최유리 최유리 최유미 최유빈 최유빈 최유상 최유성 최유식 최유식 최유아 최유진 최유진 최유진 최유진 최유찬 최유천 최유렬 최유자 최윤경 최윤경 최윤경 최윤규 최윤근 최윤례 최윤모 최윤미 최윤미 최윤미 최윤미 최윤복 최윤서 최윤선 최윤섭 최윤성 최윤수 최윤수 최윤숙 최윤식 최윤실 최윤열 최윤영 최윤영 최윤영 최윤영 최윤영 최윤오 최윤옥 최윤의 최윤정 최윤정 최윤정 최윤정 최윤정 최윤정 최윤정 최윤정 최윤주 최윤지 최윤창 최윤평 최윤호 최윤화 최윤화 최윤희 최윤희 최윤희 최율미 최용자 최은 최은경 최은경 최은경 최은경 최은규 최은미 최은미 최은미 최은비 최은상 최은석 최은석 최은석 최은석 최은선 최은선 최은성 최은성 최은숙 최은숙 최은숙 최은숙 최은숙 최은숙 최은숙 최은숙 최은숙 최은숙 최은순 최은순 최은식 최은실 최은실 최은연 최은엽 최은영 최은영 최은영 최은영 최은옥 최은자 최은자 최은정 최은정 최은주 최은주 최은주 최은주 최은주 최은주 최은지 최은지 최은진 최은하 최은향 최은호 최은홍 최은화 최은희 최은희 최은희 최을순 최을영 최의건 최의경 최의광 최의범 최의섭 최의섭 최의섭 최의순 최의식 최의현 최의화 최의환 최이순 최이안 최이원 최이임 최이정 최이중 최익림 최익수 최익주 최익현 최익화 최익환 최익환 최인경 최인국 최인권 최인규 최인규 최인균 최인기 최인돈 최인동 최인락 최인상 최인석 최인석 최인선 최인선 최인섭 최인섭 최인성 최인수 최인수 최인수 최인수 최인숙 최인숙 최인숙 최인숙 최인숙 최인순 최인순 최인순 최인순 최인엽 최인오 최인용 최인자 최인자 최인재 최인종 최인찬 최인찬 최인창 최인태 최인혜 최인호 최인호 최인호 최인호 최인환 최인환 최인훈 최인희 최일 최일 최일 최일규 최일규 최일규 최일남 최일남 최일도 최일록 최일림 최일범 최일선 최일섭 최일섭 최일성 최일수 최일수 최일연 최일연 최일옥 최일우 최일원 최임교 최임숙 최임순 최임순 최임순 최임영 최임자 최자랑 최자문 최자연 최자영 최자형 최장경 최장규 최장동 최장렬 최장열 최장영 최장용 최장웅 최장윤 최장주 최장주 최장집 최장학 최장한 최장호 최장환 최재갑 최재곤 최재관 최재광 최재구 최재국 최재근 최재기 최재길 최재덕 최재동 최재명 최재명 최재묵 최재문 최재문 최재문 최재민 최재봉 최재삼 최재석 최재선 최재성 최재성 최재성 최재숙 최재순 최재숙 최재승 최재승 최재식 최재식 최재식 최재업 최재영 최재옥 최재완 최재용 최재용 최재용 최재우 최재웅 최재웅 최재원 최재원 최재은 최재인 최재일 최재일 최재정 최재정 최재준 최재천 최재천 최재철 최재철 최재철 최재칠 최재필 최재하 최재혁 최재현 최재현 최재현 최재현 최재현 최재형 최재호 최재호 최재호 최재호 최재호 최재호 최재홍 최재환 최재훈 최재훈 최재훈 최재훈 최재흔 최재흥 최재흥 최재희 최재희 최재희 최전탁 최점남 최점배 최점순 최점자 최정규 최정길 최정남 최정돈 최정동 최정락 최정락 최정란 최정렬 최정룡 최정림 최정림 최정만 최정명 최정미 최정미 최정미 최정미 최정민 최정민 최정복 최정봉 최정부 최정빈 최정석 최정석 최정석 최정선 최정선 최정선 최정섭 최정수 최정숙 최정숙 최정숙 최정숙 최정숙 최정숙 최정숙 최정숙 최정숙 최정순 최정순 최정순 최정순 최정순 최정순 최정순 최정식 최정식 최정식 최정심 최정심 최정심 최정아 최정아 최정애 최정연 최정연 최정연 최정열 최정옥 최정옥 최정용 최정우 최정우 최정우 최정우 최정욱 최정욱 최정운 최정운 최정웅 최정원 최정원 최정원 최정윤 최정윤 최정윤 최정은 최정은 최정이 최정일 최정일 최정일 최정일 최정임 최정임 최정자 최정자 최정자 최정자 최정자 최정자 최정주 최정진 최정철 최정필 최정필 최정헌 최정현 최정현 최정현 최정혜 최정호 최정호 최정호 최정홍 최정화 최정화 최정화 최정화 최정환 최정환 최정훈 최정희 최정희 최정희 최정희 최정희 최정희 최정희 최정희 최정희 최정희 최정희 최제범 최제범 최제윤 최제천 최조웅 최종 최종각 최종건 최종광 최종광 최종구 최종구 최종국 최종국 최종권 최종권 최종극 최종기 최종기 최종기 최종기 최종대 최종대 최종대 최종덕 최종도 최종등 최종락 최종래 최종렬 최종례 최종례 최종만 최종모 최종모 최종문 최종민 최종민 최종범 최종복 최종복 최종상 최종서 최종석 최종선 최종선 최종선 최종성 최종수 최종수 최종수 최종수 최종순 최종술 최종식 최종식 최종식 최종식 최종열 최종열 최종열 최종열 최종오 최종오 최종옥 최종옥 최종용 최종우 최종욱 최종욱 최종운 최종원 최종원 최종원 최종원 최종위 최종윤 최종윤 최종응 최종인 최종진 최종진 최종찬 최종찬 최종천 최종철 최종철 최종철 최종철 최종철 최종철 최종춘 최종태 최종태 최종택 최종표 최종학 최종헌 최종혁 최종현 최종호 최종호 최종호 최종환 최종환 최종환 최종훈 최주경 최주수 최주연 최주열 최주열 최주원 최주윤 최주찬 최주태 최주학 최주형 최주호 최준 최준 최준구 최준만 최준묵 최준민 최준병 최준복 최준석 최준석 최준성 최준식 최준식 최준식 최준영 최준영 최준영 최준영 최준용 최준원 최준혁 최준혁 최준호 최준호 최준호 최준호 최준호 최준환 최준희 최준희 최중관 최중기 최중렬 최중민 최중숙 최중원 최중천 최중철 최중춘 최지민 최지석 최지선 최지수 최지숙 최지숙 최지연 최지연 최지영 최지영 최지영 최지영 최지영 최지영 최지영 최지우 최지원 최지원 최지원 최지원 최지원 최지원 최지은 최지은 최지은 최지은 최지인 최지천 최지현 최지현 최지현 최지현 최지현 최지현 최지현 최지현 최지혜 최지혜 최지혜 최지혜 최지호 최지호 최지호 최지홍 최지환 최지훈 최지훈 최지희 최진 최진 최진 최진 최진경 최진국 최진규 최진규 최진규 최진기 최진기 최진록 최진만 최진명 최진묵 최진미 최진복 최진봉 최진비 최진빈 최진석 최진석 최진석 최진석 최진선 최진선 최진섭 최진섭 최진수 최진수 최진수 최진숙 최진순 최진식 최진아 최진열 최진열 최진영 최진영 최진영 최진오 최진옥 최진용 최진용 최진우 최진욱 최진이 최진이 최진재 최진철 최진태 최진택 최진행 최진혁 최진혁 최진형 최진형 최진호 최진호 최진호 최진호 최진환 최진환 최진훈 최진희 최진희 최진희 최진희 최진희 최진희 최차도 최차용 최찬 최찬식 최찬열 최찬주 최찬희 최창권 최창귀 최창규 최창규 최창규 최창규 최창규 최창규 최창규 최창근 최창락 최창렬 최창렬 최창림 최창림 최창림 최창미 최창민 최창봉 최창부 최창섭 최창수 최창수 최창수 최창수 최창수 최창식 최창식 최창식 최창열 최창영 최창옥 최창용 최창용 최창욱 최창운 최창의 최창익 최창일 최창일 최창주 최창주 최창준 최창진 최창학 최창혁 최창호 최창호 최창호 최창호 최창호 최창호 최창환 최창환 최창훈 최창훈 최창희 최창희 최창희 최창희 최창희 최창희 최창희 최채봉 최채운 최처자 최천섭 최천익 최천택 최철 최철 최철경 최철규 최철근 최철수 최철수 최철순 최철식 최철영 최철우 최철웅 최철원 최철종 최철호 최철호 최철호 최철호 최철호 최철환 최철희 최청운 최청자 최청정 최청호 최춘 최춘 최춘규 최춘남 최춘석 최춘식 최춘식 최춘자 최춘혁 최춘효 최춘희 최춘희 최춘희 최충경 최충규 최충묵 최충민 최충석 최충식 최충식 최충식 최충열 최충원 최충원 최충일 최충현 최치규 최치영 최치호 최치호 최치홍 최치환 최치환 최칠규 최칠영 최크마 최태건 최태관 최태구 최태기 최태룡 최태범 최태선 최태식 최태열 최태열 최태영 최태영 최태옥 최태원 최태원 최태원 최태윤 최태인 최태자 최태철 최태한 최태헌 최태호 최태환 최택현 최택희 최통흠 최판수 최판신 최판원 최평국 최평규 최평수 최평재 최평호 최풍식 최필경 최필승 최필승 최하림 최하림 최하식 최하얀 최하은 최하진 최학기 최학래 최학룡 최한결 최한규 최한기 최한기 최한나 최한나 최한뉘 최한동 최한별 최한빛 최한석 최한선 최한성 최한솔 최한솔 최한수 최한순 최한엽 최한영 최한영 최한윤 최한태 최한하 최항숙 최해국 최해두 최해문 최해별 최해석 최해성 최해숙 최해영 최해영 최해원 최해전 최행곤 최행규 최행숙 최행자 최향숙 최향숙 최향숙 최향숙 최향이 최향임 최헌규 최헌덕 최헌영 최혁 최혁균 최혁승 최혁진 최혁희 최현 최현 최현 최현구 최현국 최현규 최현기 최현남 최현도 최현두 최현룡 최현림 최현모 최현묵 최현미 최현미 최현미 최현배 최현석 최현선 최현섭 최현성 최현성 최현수 최현수 최현수 최현수 최현수 최현숙 최현숙 최현숙 최현숙 최현숙 최현숙 최현숙 최현숙 최현숙 최현숙 최현숙 최현순 최현순 최현순 최현승 최현식 최현식 최현식 최현신 최현아 최현애 최현애 최현오 최현옥 최현옥 최현용 최현욱 최현자 최현재 최현정 최현정 최현정 최현주 최현주 최현주 최현주 최현주 최현주 최현주 최현준 최현준 최현준 최현준 최현중 최현중 최현진 최현진 최현채 최현철 최현태 최현호 최현희 최협 최형 최형 최형곤 최형곤 최형규 최형근 최형금 최형돈 최형락 최형락 최형란 최형록 최형만 최형민 최형배 최형섭 최형순 최형술 최형식 최형신 최형연 최형우 최형욱 최형원 최형원 최형원 최형원 최형임 최형재 최형조 최형조 최형준 최형중 최형지 최형진 최형진 최형철 최형춘 최형탁 최혜경 최혜경 최혜경 최혜경 최혜경 최혜경 최혜란 최혜란 최혜령 최혜리 최혜리 최혜미 최혜선 최혜선 최혜선 최혜수 최혜숙 최혜숙 최혜숙 최혜순 최혜실 최혜영 최혜영 최혜원 최혜윤 최혜은 최혜인 최혜자 최혜정 최혜정 최혜정 최혜준 최혜진 최혜진 최호 최호경 최호곤 최호규 최호림 최호림 최호선 최호숙 최호열 최호영 최호영 최호용 최호익 최호정 최호정 최호진 최호진 최호철 최홍교 최홍국 최홍규 최홍규 최홍근 최홍근 최홍기 최홍덕 최홍민 최홍선 최홍선 최홍섭 최홍섭 최홍성 최홍순 최홍연 최홍열 최홍엽 최홍영 최홍영 최홍욱 최홍은 최홍임 최홍임 최홍주 최홍준 최홍중 최홍진 최홍채 최홍채 최홍철 최홍태 최화득 최화연 최화영 최화영 최화웅 최화정 최화철 최화철 최환 최환 최환 최환선 최환주 최환표 최황금 최황금 최황집 최회규 최회진 최효금 최효민 최효식 최효식 최효식 최효식 최효영 최효영 최효원 최효제 최후곤 최후남 최후남 최후영 최훈 최훈 최훈 최훈동 최훈민 최훈범 최훈아 최훈열 최훈환 최휘 최휴종 최흥근 최흥길 최흥길 최흥렬 최흥배 최흥복 최흥섭 최흥열 최흥재 최흥태 최흥택 최흥희 최희건 최희경 최희경 최희경 최희군 최희규 최희규 최희동 최희룡 최희문 최희범 최희보 최희선 최희섭 최희성 최희성 최희숙 최희숙 최희숙 최희숙 최희순 최희순 최희연 최희연 최희연 최희응 최희자 최희재 최희전 최희종 최희종 최희진 최희진 최희진 최희철 추경선 추경옥 추광영 추교선 추교순 추교열 추교일 추권성 추금자 추나래 추남식 추남진 추덕례 추동균 추동기 추두억 추만식 추명자 추명희 추무진 추문갑 추미례 추미현 추민지 추석 추성극 추성호 추숙희 추순자 추승엽 추애주 추연박 추연창 추연하 추연희 추연희 추요한 추원서 추원철 추원훈 추은숙 추종갑 추종원 추종호 추주영 추준길 추준수 추지영 추진숙 추진호 추진호 추찬예 추창구 추창식 추칠성 추태균 추헌수 추헌재 추현일 추형준 추혜선 추홍희 축그대 케이알엔씨 탁경국 탁경현 탁광 탁광희 탁기일 탁기태 탁기형 탁길수 탁나로 탁덕수 탁동원 탁동일 탁무권 탁미경 탁미경 탁병문 탁병온 탁성우 탁성태 탁순조 탁승훈 탁영식 탁인규 탁정훈 탁종진 탁주수 탁지원 탁춘옥 탁한진 탁희선 탁희순 탁희진 태경섭 태경숙 태광훈 태동석 태명훈 태복순 태복술 태상혁 태선영 태용우 태용진 태은정 태은주 태이미 태인수 태재원 태환섭 팽근우 팽동국 팽미정 팽영자 팽원순 펄드건설(주) 편기범 편덕환 편성범 편순남 편아름 편용광 편재호 편정영 편정호 편준범 편현진 편호 편화천 편효언 편희숙 포스코엠텍 표가영 표경순 표경자 표경화 표곤수 표광순 표교열 표귀명 표기식 표대인 표동엽 표동원 표동철 표만열 표명렬 표명수 표명진 표문태 표미정 표방헌 표상기 표선경 표선례 표세홍 표언복 표영환 표용선 표원경 표은실 표은화 표정숙 표종철 표주영 표지웅 표진이 표찬수 표창은 표천근 표한용 표현진 표혜영 표효정 피덕찬 피두희 피소현 피순례 하가현 하경구 하경숙 하경철 하경택 하경희 하계일 하광식 하광호 하근호 하기태 하남규 하남기 하남수 하누리 하늘 하늘푸름 하담 하대선 하대순 하대창 하대철 하덕신 하도암 하도호 하동관 하동근 하동근 하동륜 하동안 하동준 하동진 하동진 하두례 하두성 하만기 하만두 하만수 하만조 하만호 하만회 하명선 하명실 하명심 하명일 하명중 하명진 하무원 하문헌 하미경 하미선 하미성 하미연 하미영 하미을 하민수 하민수 하민용 하민호 하발수 하변길 하병선 하병수 하병숙 하병주 하병주 하병주 하병집 하병하 하보람 하복순 하복희 하봉란 하봉례 하봉룡 하봉상 하봉수 하봉준 하부용 하부용 하삼수 하상득 하상묵 하상복 하상윤 하상은 하상준 하상진 하상진 하상진 하상철 하상협 하상호 하상훈 하상훈 하샛별 하석 하석용 하석준 하석현 하선아 하선애 하선유 하선주 하선주 하성광 하성권 하성근 하성렬 하성민 하성봉 하성영 하성운 하성원 하성윤 하성태 하성환 하성훈 하성희 하소봉 하소심 하소자 하수경 하순기 하순상 하순애 하순원 하순호 하슬기 하승민 하승수 하승연 하승오 하승용 하승원 하승재 하승주 하승화 하승희 하신원 하아람 하어영 하연수 하연수 하연숙 하연옥 하영구 하영규 하영기 하영남 하영남 하영란 하영민 하영범 하영선 하영숙 하영옥 하영윤 하영자 하영종 하영철 하영춘 하영호 하영환 하영희 하영희 하옥순 하외숙 하용군 하용기 하용남 하용민 하용숙 하용호 하우봉 하우성 하웅용 하원수 하원욱 하유경 하윤옥 하윤희 하은교 하은룡 하은승 하은주 하은하 하은희 하익희 하인계 하인배 하인봉 하인수 하인숙 하인철 하인혜 하일민 하일원 하일지 하임철 하자인 하재곤 하재덕 하재만 하재선 하재선 하재식 하재식 하재영 하재우 하재우 하재욱 하재윤 하재희 하전호 하점길 하정구 하정도 하정룡 하정룡 하정민 하정복 하정산 하정숙 하정식 하정식 하정은 하정자 하정택 하정현 하정혜 하정호 하정호 하정호 하제숙 하제욱 하종강 하종구 하종근 하종대 하종락 하종성 하종영 하종원 하종창 하종호 하종호 하종희 하주연 하주영 하주태 하주희 하죽봉 하진권 하진규 하진수 하진용 하진원 하창길 하창두 하창수 하창용 하창용 하창욱 하창현 하창환 하철경 하춘매 하춘성 하춘수 하춘욱 하태길 하태길 하태문 하태성 하태수 하태수 하태순 하태안 하태언 하태연 하태영 하태옥 하태완 하태욱 하태운 하태웅 하태윤 하태응 하태정 하태주 하태주 하태진 하태헌 하태헌 하태호 하태환 하태훈 하태훈 하해용 하헌 하헌수 하헌우 하헌종 하현경 하현주 하현한 하현호 하혜란 하혜련 하혜숙 하혜정 하호영 하호태 하홍술 하홍열 하효근 하효선 하효청 하훈 하흥남 하흥용 하흥호 하희순 한가림 한갑상 한갑선 한갑수 한갑수 한갑수 한강 한강숙 한강희 한강희 한강희 한강희 한건우 한건현 한겨레 한겨레 한겨레 한겨레 한겨레노조 한겨레신문(주) 한겨레통일문화재단 한견표 한경국 한경균 한경남 한경덕 한경률 한경무 한경봉 한경석 한경석 한경수 한경수 한경수 한경수 한경숙 한경숙 한경숙 한경숙 한경숙 한경순 한경순 한경승 한경식 한경애 한경애 한경연 한경옥 한경욱 한경은 한경일 한경임 한경자 한경자 한경준 한경준 한경철 한경태 한경호 한경호 한경화 한경희 한경희 한경희 한경희 한경희 한경희 한계동 한계선 한계숙 한계연 한계윤 한계현 한곤수 한공수 한공양 한관석 한관수 한관식 한관영 한관훈 한관희 한광덕 한광석 한광섭 한광성 한광수 한광수 한광수 한광수 한광식 한광열 한광옥 한광택 한광희 한광희 한교전 한국건강연대 한국연 한국외대 한국인 한국토지주택공사노동조합 한국환 한국희 한권 한권순 한권철 한귀영 한규만 한규면 한규민 한규범 한규복 한규봉 한규상 한규석 한규석 한규섭 한규연 한규영 한규옥 한규원 한규인 한규일 한규종 한규준 한규철 한규철 한규한 한규현 한규환 한규희 한규희 한균자 한그림 한근례 한글 한금례 한금순 한금옥 한금옥 한금자 한금주 한금호 한금희 한기남 한기만 한기명 한기백 한기복 한기상 한기석 한기성 한기성 한기성 한기수 한기영 한기온 한기욱 한기욱 한기웅 한기윤 한기은 한기정 한기정 한기정 한기찬 한기학 한기혁 한기호 한기환 한기환 한기훈 한길동 한길순 한길순 한길영 한길완 한길구 한나일 한나현 한남석 한남성 한남수 한남초 한남희 한누리 한다니 한다부 한다영글 한다혁 한단석 한대근 한대석 한대섭 한대성 한대수 한대영 한대용 한대호 한덕기 한덕수 한덕순 한덕진 한덕희 한덕우 한도근 한도연 한동경 한동균 한동기 한동로 한동률 한동명 한동승 한동수 한동수 한동수 한동숭 한동식 한동엽 한동오 한동완 한동우 한동원 한동은 한동준 한동준 한동철 한동철 한동철 한동호 한동호 한동화 한동훈 한동훈 한동훈 한동훈 한동희 한동희 한두류 한두흠 한두희 한득용 한림 한림화 한마음 한만규 한만길 한만목 한만선 한만수 한만승 한만용 한만용 한만용 한만재 한만주 한만훈 한명규 한명남 한명남 한명남 한명덕 한명동 한명미 한명석 한명수 한명수 한명숙 한명수 한명숙 한명순 한명식 한명오 한명옥 한명진 한명화 한명환 한명희 한명희 한명석 한무연 한무현 한문규 한문균 한문기 한문섭 한문섭 한문조 한문형 한문휘 한미경 한미경 한미라 한미라 한미라 한미래 한미리 한미선 한미숙 한미숙 한미숙 한미숙 한미옥 한미욱 한미원 한미자 한미자 한미희 한미희 한민구 한민균 한민기 한민선 한민섭 한민수 한민이 한민자 한민자 한민자 한민지 한민호 한방희 한백진 한범덕 한범식 한범준 한병구 한병길 한병남 한병락 한병락 한병량 한병록 한병문 한병배 한병상 한병선 한병수 한병수 한병식 한병옥 한병용 한병우 한병일 한병주 한병채 한병학 한병환 한병훈 한병희 한보석 한보현 한보협 한복동 한복순 한복희 한봉 한봉석 한봉수 한봉순 한봉식 한봉식 한봉희 한봉희 한봉희 한봉희 한부국 한불여우회 한빛 한상식 한상갑 한상경 한상곤 한상구 한상국 한상권 한상균 한상균 한상근 한상기 한상길 한상남 한상남 한상대 한상렬 한상문 한상미 한상민 한상백 한상범 한상복 한상복 한상석 한상섭 한상수 한상수 한상수 한상수 한상아 한상아 한상언 한상연 한상엽 한상영 한상영 한상옥 한상옥 한상옥 한상완 한상용 한상우 한상우 한상욱 한상욱 한상욱 한상욱 한상원 한상원 한상원 한상윤 한상일 한상재 한상준 한상준 한상준 한상준 한상준 한상준 한상진 한상진 한상진 한상철 한상철 한상철 한상학 한상헌 한상현 한상호 한상호 한상호 한상화 한상환 한상훈 한상흥 한상희 한서경 한서운 한석 한석관 한석구 한석규 한석봉 한석신 한석지 한석태 한석태 한석현 한석호 한석환 한석희 한석희 한선기 한선모 한선숙 한선아 한선애 한선애 한선우 한선희 한선희 한선희 한성갑 한성교 한성국 한성규 한성규 한성규 한성균 한성농 한성례 한성숙 한성식 한성식 한성안 한성안 한성연 한성열 한성완 한성용 한성욱 한성욱 한성웅 한성원 한성익 한성일 한성임 한성자 한성자 한성주 한성준 한성찬 한성철 한성한 한성현 한성호 한성홍 한성화 한성희 한성희 한세미 한세민 한세섭 한세웅 한세정 한세종 한세희 한소녕 한소명 한소영 한소영 한솔 한솔이 한송분 한송이 한송이 한송환 한송희 한수경 한수빈 한수아 한수아 한수연 한수용 한수임 한수정 한수정 한수진 한수혁 한수환 한숙자 한숙자 한숙희 한숙희 한순례 한순례 한순영 한순자 한순택 한순호 한순흥 한순희 한순희 한숭상 한슬기 한승구 한승국 한승국 한승규 한승균 한승길 한승동 한승명 한승석 한승수 한승수 한승연 한승옥 한승완 한승우 한승우 한승원 한승원 한승전 한승주 한승찬 한승철 한승헌 한승헌 한승혜 한승호 한승환 한승환 한승희 한승희 한승희 한승희 한승희 한시백 한신애 한신자 한실 한실 한실희 한심업 한아람 한아름 한아름 한아름 한아름 한아름 한애규 한애란 한양기 한양주 한양환 한양희 한억만 한언순 한여순 한연규 한연석 한연수 한연신 한연옥 한연자 한연흠 한영 한영국 한영규 한영규 한영규 한영근 한영동 한영만 한영문 한영민 한영민 한영민 한영복 한영석 한영선 한영수 한영숙 한영숙 한영숙 한영숙 한영순 한영식 한영식 한영식 한영실 한영애 한영옥 한영우 한영이 한영자 한영자 한영자 한영조 한영종 한영준 한영천 한영철 한영칠 한영태 한영태 한영태 한영택 한영현 한영호 한영환 한영희 한영희 한영희 한영희 한영희 한예서 한예솔 한옥경 한옥석 한옥순 한옥순 한옥순 한옥재 한옥희 한완교 한완상 한완수 한완수 한완수 한요상 한용 한용교 한용구 한용구 한용국 한용규 한용덕 한용봉 한용석 한용석 한용세 한용수 한용수 한용술 한용우 한용주 한용진 한용진 한용철 한용호 한용희 한용희 한우근 한우리 한우섭 한우연 한우열 한우종 한우진 한우철 한운석 한울사회 한웅규 한웅섭 한웅진 한웅희 한웅희 한원 한원석 한원석 한원섭 한원섭 한원식 한원식 한원실 한원아 한원희 한유경 한유마 한윤구 한윤구 한윤석 한윤수 한윤수 한윤식 한윤희 한윤희 한은경 한은경 한은경 한은경 한은규 한은규 한은미 한은순 한은실 한은영 한은영 한은옥 한은옥 한은자 한은자 한은주 한은주 한은희 한은희 한을희 한응수 한의섭 한이레 한이룸 한이수 한이연 한익훈 한인 한인경 한인규 한인섭 한인섭 한인성 한인송 한인수 한인수 한인숙 한인숙 한인숙 한인숙 한인숙 한인숙 한인숙 한인숙 한인숙 한인식 한인엽 한인우 한인자 한인철 한인철 한인학 한인혜 한인호 한인호 한인환 한일구 한일규 한일수 한일웅 한일환 한일희 한자성 한자신 한자옥 한장섭 한장수 한장수 한장순 한장원 한장현 한재관 한재관 한재룡 한재민 한재복 한재봉 한재빈 한재상 한재성 한재순 한재영 한재용 한재우 한재원 한재일 한재정 한재준 한재중 한재철 한재택 한재황 한재희 한재희 한점수 한점순 한정경 한정구 한정국 한정규 한정규 한정규 한정남 한정례 한정무 한정방 한정배 한정범 한정석 한정선 한정섭 한정섭 한정섭 한정송 한정수 한정수 한정수 한정숙 한정숙 한정숙 한정순 한정순 한정순 한정식 한정신 한정실 한정아 한정아 한정애 한정애 한정연 한정연 한정예 한정우 한정우 한정우 한정우 한정욱 한정욱 한정욱 한정인 한정인 한정일 한정자 한정자 한정종 한정진 한정태 한정현 한정현 한정현 한정현 한정호 한정호 한정호 한정화 한정화 한정화 한정화 한정휴 한정희 한정희 한정희 한정희 한정희 한정희 한정희 한제명 한제희 한조연 한종관 한종구 한종국 한종근 한종기 한종남 한종님 한종범 한종서 한종석 한종섭 한종수 한종숙 한종식 한종엽 한종우 한종원 한종원 한종인 한종찬 한종철 한종택 한종필 한종헌 한종협 한종희 한종희 한종희 한주리 한주선 한주연 한주한 한주현 한주형 한주환 한준구 한준규 한준기 한준상 한준섭 한준우 한준혁 한준혜 한준호 한준호 한준희 한준희 한중석 한중석 한중성 한중택 한지수 한지수 한지숙 한지순 한지연 한지연 한지연 한지우 한지윤 한지은 한지현 한지혜 한지혜 한지혜 한지홍 한지환 한지훈 한지희 한지희 한지희 한진 한진례 한진수 한진수 한진수 한진수 한진숙 한진영 한진우 한진욱 한진욱 한진웅 한진태 한진희 한진희 한찬 한찬수 한찬흠 한창권 한창규 한창규 한창규 한창균 한창기 한창남 한창만 한창민 한창선 한창수 한창수 한창수 한창수 한창연 한창영 한창은 한창은 한창진 한창하 한창현 한창현 한창훈 한창희 한채환 한천석 한철 한철규 한철로 한철수 한철수 한철웅 한철인 한철종 한철주 한철한 한철호 한철희 한철희 한철희 한청미 한청일 한청희 한춘섭 한춘식 한충완 한충호 한치영 한치자 한치호 한치홍 한칠성 한탁배 한태경 한태관 한태규 한태근 한태봉 한태선 한태수 한태수 한태승 한태영 한태웅 한태원 한태원 한태종 한태준 한태준 한태하 한태현 한태형 한태희 한태희 한택규 한택근 한택용 한택홍 한평수 한플론 한학전 한학희 한학희 한한춘 한해리 한해성 한해숙 한해용 한해운 한행국 한향숙 한향숙 한혁 한혁수 한현 한현 한현갑 한현구 한현규 한현남 한현민 한현수 한현수 한현수 한현수 한현숙 한현숙 한현연 한현일 한현자 한현주 한현철 한현하 한현희 한형 한형남 한형석 한형일 한형주 한형준 한형진 한형진 한혜경 한혜경 한혜림 한혜선 한혜수 한혜숙 한혜순 한혜영 한혜원 한혜정 한혜정 한혜정 한혜정 한혜진 한혜진 한호균 한호룡 한호용 한홍구 한홍규 한홍동 한홍만 한홍숙 한홍우 한홍익 한화갑 한화섭 한화연 한화영 한황수 한효 한효관 한효령 한효빈 한효석 한효순 한휘권 한휘언 한흥균 한흥석 한흥섭 한흥수 한희 한희구 한희도 한희석 한희섭 한희숙 한희언 한희일 한희준 한희택 함갑식 함경순 함경조 함광남 함규문 함기선 함기철 함길섭 함남식 함돈휘 함동진 함락원 함명국 함명순 함명옥 함문걸 함미숙 함민복 함병문 함병봉 함병선 함병승 함삼재 함상근 함상한 함석순 함석진 함석헌 함석훈 함석희 함성식 함성일 함성주 함성준 함성호 함수필 함수환 함숙자 함순섭 함순자 함승균 함아름 함영 함영규 함영기 함영길 함영덕 함영미 함영석 함영석 함영수 함영숙 함영식 함영진 함영태 함영표 함영현 함오식 함옥남 함용수 함운석 함원호 함유근 함유선 함윤걸 함윤근 함윤식 함윤식 함윤호 함은미 함은선 함은옥 함응열 함인봉 함인선 함인선 함인철 함인환 함일성 함정식 함정철 함정철 함종민 함지혜 함진분 함창수 함창현 함철 함철용 함초롬 함춘식 함춘홍 함춘희 함태경 함태석 함태수 함태정 함택영 함통일 함팔만 함한진 함형원 함형주 함형철 함형호 함혜련 함훈옥 함흥경 함희재 항웅린 허강 허건영 허걸 허걸 허경 허경 허경 허경룡 허경무 허경섭 허경숙 허경순 허경애 허경영 허경용 허경욱 허경원 허경원 허경재 허경조 허경행 허경회 허경회 허계숙 허관무 허관회 허광석 허광재 허광진 허구 허국량 허군회 허권 허권 허권수 허귀생 허귀식 허근 허근 허근 허근혁 허금기 허금선 허금현 허금환 허기봉 허기석 허기선 허기술 허기식 허기영 허기영 허기우 허기채 허길상 허길행 허남경 허남률 허남숙 허남욱 허남윤 허남진 허남진 허남헌 허노욱 허단 허단 허달호 허당 허대걸 허대영 허대철 허덕범 허덕진 허도구 허도란 허도석 허도애 허도영 허도한 허동경 허동수 허동엽 허동일 허동준 허동현 허득주 허라미 허록 허림 허만경 허만금 허만웅 허만준 허만혁 허만호 허맹자 허명 허명교 허명근 허명복 허명수 허명숙 허명순 허명윤 허명자 허명지 허명환 허명환 허명희 허목 허무영 허문영 허문영 허미 허미경 허미령 허미복 허미선 허미숙 허미연 허미영 허미옥 허민 허민구 허민기 허민선 허민영 허민욱 허민정 허백영 허범구 허범수 허병 허병구 허병섭 허병섭 허병수 허병철 허병헌 허병훈 허보란 허보경 허복경 허봉순 허봉식 허봉준 허부영 허분례 허사랑 허상범 허상연 허상진 허상철 허상호 허상환 허서윤 허석 허석규 허석렬 허선 허선 허선 허선 허선주 허선주 허선행 허선호 허선희 허성 허성구 허성권 허성도 허성봉 허성우 허성욱 허성윤 허성익 허성준 허성준 허성태 허성학 허성환 허세행 허세희 허소정 허송무 허수미 허수애 허수열 허수열 허수정 허수정 허수진 허수택 허수행 허숙영 허순연 허순영 허순이 허순이 허순행 허순희 허승 허승구 허승길 허승두 허신석 허신영 허심 허아름솔 허양구 허역 허연 허연 허연구 허연수 허연옥 허영 허영관 허영구 허영길 허영대 허영도 허영두 허영란 허영무 허영미 허영선 허영성 허영숙 허영숙 허영숙 허영순 허영실 허영애 허영옥 허영일 허영자 허영재 허영재 허영준 허영진 허영헌 허영호 허영호 허영환 허옥숙 허용 허용구 허용우 허용중 허용철 허우회 허욱 허욱 허웅 허웅열 허원만 허원순 허위영 허유경 허육 허윤 허윤 허윤경 허윤만 허윤선 허윤섭 허윤숙 허윤정 허윤희 허윤희 허은녕 허은영 허은욱 허은정 허은정 허은혜 허을구 허을자 허음미 허의도 허의순 허의열 허의정 허이권 허익강 허익구 허익배 허익현 허인석 허인성 허인숙 허인식 허인영 허인영 허인자 허인자 허인정 허인철 허인혁 허인호 허인회 허일권 허일미 허자영 허장 허장 허장식 허재만 허재만 허재숙 허재심 허재연 허재영 허재용 허재용 허재용 허재우 허재우 허재원 허재혁 허재혁 허재현 허재홍 허정 허정 허정 허정 허정 허정균 허정길 허정남 허정도 허정문 허정미 허정민 허정범 허정범 허정선 허정숙 허정심 허정연 허정운 허정웅 허정원 허정원 허정은 허정인 허정임 허정임 허정조 허정필 허정현 허정현 허정호 허정화 허정환 허정회 허정희 허종구 허종대 허종도 허종렬 허종범 허종석 허종식 허종언 허종열 허종욱 허종진 허종회 허주영 허주영 허주영 허주회 허준 허준 허준 허준 허준양 허준영 허준영 허준영 허준행 허중 허증무 허지 허지선 허지수 허지승 허지은 허지은 허지은 허지은 허지환 허진 허진 허진 허진명 허진석 허진석 허진수 허진수 허진주 허진철 허진철 허진한 허진호 허진호 허진회 허진훈 허진희 허찬 허찬권 허창 허창규 허창덕 허창렬 허창무 허창무 허창복 허창수 허창수 허창수 허창운 허창회 허창회 허채욱 허천식 허철수 허철호 허충부 허충열 허태구 허태열 허태영 허태완 허태욱 허태운 허태웅 허태준 허태진 허평길 허필만 허필수 허필영 허학부 허행자 허행철 허행환 허헌무 허혁 허현 허현곤 허현석 허현수 허현순 허현웅 허현희 허형만 허혜경 허혜성 허혜숙 허혜정 허혜진 허호 허호 허호구 허호준 허홍 허홍기 허화 허화영 허환 허환준 허효회 허훈 허훈 허훈 허훈순 허희경 허희영 현강섭 현경미 현경섭 현경애 현경애 현경자 현경철 현경훈 현경희 현관 현광래 현광자 현광택 현광희 현귀엽 현근택 현금석 현금자 현기대 현기영 현기옥 현길언 현다예 현대건설 현대송 현대준 현동숙 현동호 현두윤 현득진 현명수 현명택 현명호 현무석 현문심 현미현 현민석 현병락 현병주 현병천 현복숙 현봉 현봉수 현봉호 현봉호 현상균 현상길 현상길 현상보 현상석 현상웅 현상효 현상훈 현새별 현석호 현성오 현성인 현성환 현소연 현송현 현수진 현순자 현순호 현순희 현승륜 현승연 현승윤 현승채 현승철 현승호 현시한 현심순 현안나 현영수 현영숙 현영숙 현영순 현영율 현영종 현영천 현영철 현영철 현영호 현온별 현외숙 현요한 현용기 현용배 현용섭 현우종 현원석 현유공 현은아 현은정 현응 현익섭 현인 현인균 현인숙 현인호 현재원 현재익 현재익 현재호 현정 현정길 현정석 현정연 현정옥 현정임 현정자 현정혜 현정효 현정희 현종갑 현종인 현종호 현중수 현지현 현진호 현창구 현창석 현창식 현철훈 현충훈 현태섭 현태순 현태호 현학철 현해균 현향란 현혜련 현혜정 현홍영 현화신 현희문 현희복 협동조합공작소 형광석 형남일 형문창 형시준 형용준 형용준 형진 호경인 호국환 호귀옥 호규남 호길진 호다연 호명진 호문룡 호영복 호영숙 호용수 호원순 호유순 호윤정 호인수 호정순 호테이 호한수 홍갑동 홍갑복 홍강선 홍강식 홍강의 홍강의 홍건의 홍경미 홍경민 홍경숙 홍경숙 홍경숙 홍경식 홍경애 홍경웅 홍경조 홍경표 홍경표 홍경학 홍경혜 홍경호 홍경화 홍경희 홍경희 홍계원 홍관석 홍관식 홍관식 홍관표 홍광덕 홍광민 홍광준 홍광표 홍광표 홍광표 홍군희 홍권선 홍귀의 홍규식 홍규택 홍규표 홍균 홍근수 홍근수 홍근용 홍근준 홍근표 홍근희 홍금숙 홍금옥 홍금자 홍금초 홍금희 홍금희 홍기갑 홍기곤 홍기군 홍기남 홍기대 홍기동 홍기두 홍기련 홍기룡 홍기범 홍기범 홍기봉 홍기봉 홍기봉 홍기석 홍기석 홍기선 홍기섭 홍기수 홍기숙 홍기순 홍기양 홍기옥 홍기용 홍기천 홍기춘 홍기태 홍기택 홍기택 홍기표 홍기하 홍기향 홍기형 홍길동 홍길표 홍길표 홍길향 홍남선 홍남순 홍남열 홍남주 홍남표 홍남희 홍다래 홍달금 홍대극 홍대선 홍대식 홍대영 홍대준 홍대환 홍대환 홍덕기 홍덕률 홍덕자 홍동권 홍동성 홍동원 홍동찬 홍동표 홍두영 홍두의 홍두준 홍두표 홍두표 홍두표 홍두한 홍두한 홍량 홍량 홍록일 홍린 홍마로 홍만기 홍만수 홍만식 홍만식 홍만표 홍만희 홍만희 홍말순 홍명대 홍명숙 홍명순 홍명순 홍명아 홍명영 홍명옥 홍명의 홍명자 홍명재 홍명종 홍명진 홍무조 홍문기 홍문기 홍문백 홍문선 홍문식 홍문호 홍미숙 홍미숙 홍미숙 홍미숙 홍미순 홍미영 홍미자 홍미자 홍미자 홍미화 홍미화 홍미희 홍미희 홍민기 홍민석 홍민수 홍민정 홍민정 홍민주 홍민지 홍민호 홍민희 홍박승진 홍방원 홍범석 홍범식 홍병윤 홍병의 홍병일 홍병진 홍병학 홍병 홍보선 홍보업 홍복련 홍복순 홍봉구 홍봉산 홍봉선 홍봉선 홍봉선 홍부영 홍빛나리 홍사근 홍사연 홍사익 홍사일 홍사희 홍삼성 홍상균 홍상복 홍상석 홍상석 홍상수 홍상완 홍상표 홍상표 홍상표 홍상현 홍상희 홍새벽 홍새한 홍석경 홍석경 홍석경 홍석곤 홍석근 홍석기 홍석문 홍석미 홍석은 홍석인 홍석자 홍석재 홍석정 홍석종 홍석주 홍석주 홍석진 홍석진 홍석천 홍석철 홍석호 홍선 홍선 홍선미 홍선미 홍선심 홍선용 홍선욱 홍선이 홍선주 홍선표 홍선희 홍선희 홍선희 홍선희 홍성각 홍성갑 홍성건 홍성걸 홍성계 홍성곤 홍성곤 홍성구 홍성국 홍성국 홍성군 홍성권 홍성근 홍성기 홍성기 홍성기 홍성기 홍성남 홍성단 홍성담 홍성대 홍성덕 홍성두 홍성두 홍성락 홍성란 홍성란 홍성래 홍성만 홍성모 홍성목 홍성민 홍성민 홍성민 홍성배 홍성백 홍성범 홍성범 홍성복 홍성분 홍성분 홍성선 홍성선 홍성순 홍성순 홍성순 홍성순 홍성식 홍성심 홍성연 홍성열 홍성완 홍성우 홍성우 홍성우 홍성우 홍성우 홍성욱 홍성원 홍성유 홍성윤 홍성은 홍성익 홍성인 홍성인 홍성일 홍성일 홍성재 홍성조 홍성주 홍성준 홍성준 홍성진 홍성찬 홍성창 홍성창 홍성철 홍성철 홍성철 홍성탁 홍성태 홍성태 홍성표 홍성표 홍성표 홍성필 홍성필 홍성혁 홍성현 홍성현 홍성현 홍성현 홍성현 홍성현 홍성현 홍성협 홍성형 홍성혜 홍성호 홍성호 홍성호 홍성호 홍성화 홍성환 홍성환 홍성환 홍성후 홍성후 홍성훈 홍성훈 홍성훈 홍성희 홍성희 홍성희 홍성희 홍성희 홍성희 홍세광 홍세미 홍세찬 홍세표 홍세호 홍세화 홍소영 홍송희 홍쇄표 홍수경 홍수민 홍수선 홍수영 홍수영 홍수원 홍수원 홍수자 홍수정 홍수지 홍수진 홍수진 홍수진 홍수현 홍수현 홍숙기 홍숙자 홍순 홍순 홍순건 홍순계 홍순관 홍순구 홍순권 홍순권 홍순권 홍순금 홍순도 홍순률 홍순명 홍순명 홍순명 홍순무 홍순문 홍순미 홍순민 홍순봉 홍순분 홍순분 홍순성 홍순애 홍순언 홍순엽 홍순영 홍순영 홍순영 홍순옥 홍순옥 홍순옥 홍순용 홍순용 홍순우 홍순욱 홍순원 홍순월 홍순의 홍순의 홍순이 홍순일 홍순일 홍순정 홍순조 홍순주 홍순직 홍순찬 홍순철 홍순태 홍순택 홍순표 홍순풍 홍순헌 홍순협 홍순호 홍순호 홍순후 홍순희 홍승국 홍승기 홍승길 홍승도 홍승렬 홍승분 홍승새 홍승숙 홍승아 홍승억 홍승오 홍승오 홍승옥 홍승용 홍승우 홍승우 홍승원 홍승원 홍승은 홍승인 홍승재 홍승철 홍승표 홍승표 홍승호 홍승호 홍승희 홍승희 홍승희 홍시온 홍신표 홍아성 홍애선 홍애자 홍양숙 홍양순 홍어진 홍여현 홍연실 홍연찬 홍연희 홍영건 홍영균 홍영기 홍영기 홍영기 홍영길 홍영남 홍영남 홍영란 홍영미 홍영복 홍영분 홍영선 홍영숙 홍영숙 홍영오 홍영이 홍영인 홍영주 홍영진 홍영철 홍영표 홍영표 홍영해 홍영호 홍영희 홍영희 홍영희 홍예담 홍예린 홍예식 홍오탁 홍옥기 홍옥란 홍옥미 홍완기 홍완숙 홍완식 홍완표 홍완희 홍요셉 홍용 홍용구 홍용기 홍용덕 홍용도 홍용식 홍용식 홍용찬 홍용찬 홍용호 홍용훈 홍우람 홍우석 홍우선 홍우섭 홍우형 홍욱 홍운기 홍운기 홍운봉 홍웅선 홍원래 홍원만 홍원배 홍원식 홍원식 홍원식 홍원영 홍원영 홍원준 홍원진 홍월식 홍유경 홍유석 홍유석 홍윤경 홍윤기 홍윤기 홍윤숙 홍윤오 홍윤화 홍은기 홍은미 홍은미 홍은석 홍은숙 홍은영 홍은의 홍은정 홍은정 홍은주 홍은주 홍은택 홍은택 홍은표 홍의성 홍의숙 홍의식 홍의철 홍의혁 홍이정 홍인규 홍인기 홍인기 홍인기 홍인길 홍인덕 홍인득 홍인선 홍인숙 홍인식 홍인식 홍인욱 홍인태 홍인표 홍인표 홍인화 홍인희 홍일선 홍일표 홍일현 홍자순 홍자현 홍장희 홍재경 홍재경 홍재근 홍재만 홍재석 홍재섭 홍재성 홍재성 홍재식 홍재신 홍재완 홍재웅 홍재웅 홍재일 홍재현 홍재화 홍재훈 홍재희 홍재희 홍전기 홍정 홍정관 홍정기 홍정미 홍정민 홍정민 홍정민 홍정범 홍정삼 홍정선 홍정섭 홍정숙 홍정숙 홍정식 홍정식 홍정옥 홍정우 홍정우 홍정욱 홍정운 홍정원 홍정원 홍정윤 홍정은 홍정익 홍정임 홍정자 홍정택 홍정표 홍정표 홍정표 홍정한 홍정훈 홍정희 홍정희 홍정희 홍제지국 홍제희 홍종건 홍종규 홍종길 홍종남 홍종남 홍종남 홍종두 홍종련 홍종만 홍종무 홍종미 홍종민 홍종범 홍종석 홍종선 홍종선 홍종수 홍종순 홍종순 홍종양 홍종여명 홍종옥 홍종욱 홍종원 홍종유 홍종윤 홍종율 홍종인 홍종인 홍종인 홍종혁 홍종화 홍종화 홍종환 홍종훈 홍종희 홍주식 홍주연 홍주연 홍주연 홍주영 홍주표 홍준기 홍준기 홍준기 홍준기 홍준기 홍준기 홍준기 홍준범 홍준서 홍준표 홍준호 홍지민 홍지연 홍지원 홍지원 홍지윤 홍지은 홍지헌 홍지화 홍지희 홍진 홍진교 홍진구 홍진기 홍진방 홍진배 홍진석 홍진선 홍진선 홍진성 홍진숙 홍진숙 홍진용 홍진욱 홍진원 홍진표 홍진표 홍진표 홍진호 홍진희 홍차복 홍차형 홍찬선 홍찬선 홍찬숙 홍찬의 홍찬일 홍찬일 홍찬호 홍창란 홍창만 홍창신 홍창우 홍창의 홍창표 홍창표 홍창표 홍창화 홍천일 홍철욱 홍철호 홍

한겨레 7만 주주

철희 홍춘식 홍충기 홍충선 홍충식 홍충희 홍태구 홍태규 홍태무 홍태민 홍태선 홍태순 홍태식 홍태영 홍태욱 홍태희 홍태희 홍택기 홍하진 홍학기 홍한선 홍해숙 홍헌표 홍현경 홍현광 홍현기 홍현무 홍현석 홍현석 홍현선 홍현선 홍현숙 홍현임 홍현자 홍현재 홍현주 홍현주 홍현진 홍현태 홍현표 홍현표 홍형기 홍형배 홍형석 홍형수 홍형순 홍형식 홍형자 홍형표 홍형표 홍혜경 홍혜경 홍혜련 홍혜련 홍혜림 홍혜숙 홍혜숙 홍혜정 홍홍표 홍화자 홍화표 홍황규 홍황기 홍효숙 홍효숙 홍후조 홍휘자 홍휘표 홍흥표 홍흥표 홍희선 홍희성 홍희숙 홍희숙 홍희영 홍희윤 화문옥 화성중 화영권 화영숙 화일권 황가람 황갑재 황건 황건중 황경 황경덕 황경덕 황경록 황경미 황경생 황경수 황경수 황경수 황경숙 황경숙 황경숙 황경숙 황경숙 황경순 황경식 황경신 황경애 황경연 황경옥 황경용 황경은 황경자 황경자 황경준 황경철 황경춘 황계순 황계연 황계희 황광수 황광연 황광연 황광열 황광호 황광호 황광훈 황구연 황국 황국연 황국주 황국진 황귀복 황귀순 황규남 황규남 황규면 황규미 황규민 황규민 황규범 황규범 황규삼 황규선 황규선 황규성 황규영 황규영 황규옥 황규완 황규인 황규진 황규찬 황규창 황규철 황규철 황규태 황규택 황규학 황규헌 황규현 황규현 황규현 황규화 황근만 황금갑 황금근 황금석 황금선 황금선 황금선 황금성 황금순 황금식 황금옥 황금용 황금자 황금주 황금주 황금주 황금채 황금화 황금희 황기덕 황기범 황기봉 황기연 황기연 황기옥 황기웅 황기정 황기주 황기태 황기태 황기태 황기현 황기환 황나래 황나연 황나연 황난수 황남걸 황남용 황남익 황남주 황다연 황달수 황담 황대국 황대기 황대길 황대성 황대순 황대연 황대원 황대진 황대현 황대홍 황덕수 황덕순 황덕연 황덕현 황도경 황도선 황도연 황도연 황도욱 황동규 황동규 황동미 황동언 황동열 황동춘 황동하 황동환 황동흠 황두섭 황두수 황두연 황득수 황등하 황락진 황리나 황만영 황만택 황말희 황맹열 황면 황명 황명걸 황명규 황명근 황명석 황명숙 황명숙 황명순 황명옥 황명옥 황명인 황명임 황명자 황명자 황명주 황명택 황명하 황명환 황명희 황무성 황문경 황문규 황문규 황문선 황문정 황문철 황문현 황문화 황미경 황미경 황미랑 황미리 황미숙 황미숙 황미숙 황미순 황미순 황미아 황미애 황미애 황미영 황미자 황미정 황미정 황미정 황미하 황미화 황미희 황민 황민 황민성 황민연 황민주 황민택 황민학 황민호 황백규 황백현 황범식 황범주 황법성 황병갑 황병곤 황병관 황병권 황병기 황병남 황병도 황병도 황병돈 황병목 황병삼 황병세 황병소 황병연 황병연 황병열 황병조 황병진 황병찬 황병창 황병창 황병철 황병태 황보남 황보막례 황보무연 황보문옥 황보석 황보영 황보영춘 황보인숙 황보춘식 황보태조 황보현 황복남 황복희 황봉규 황봉목 황봉임 황부영 황부호 황산 황산성 황삼룡 황삼섭 황상근 황상수 황상우 황상윤 황상윤 황상익 황상종 황상진 황상철 황상철 황상혁 황상호 황상호 황상호 황서광 황서연 황석 황석미 황석순 황석숭 황석연 황석우 황석원 황석윤 황석인 황석주 황석주 황석주 황선국 황선근 황선득 황선례 황선만 황선명 황선미 황선미 황선민 황선민 황선복 황선부 황선삼 황선수 황선숙 황선숙 황선아 황선애 황선애 황선애 황선엽 황선영 황선옥 황선용 황선우 황선웅 황선윤 황선익 황선익 황선자 황선재 황선조 황선주 황선주 황선진 황선학 황선형 황선혜 황선희 황선희 황성 황성경 황성관 황성규 황성규 황성기 황성동 황성로 황성배 황성수 황성숙 황성숙 황성신 황성실 황성영 황성영 황성용 황성욱 황성원 황성윤 황성의 황성익 황성일 황성주 황성주 황성준 황성철 황성필 황성하 황성하 황성현 황성호 황성호 황성훈 황성희 황성희 황세순 황세연 황세연 황세연 황세현 황세호 황세환 황소중 황송자 황수련 황수명 황수민 황수복 황수연 황수연 황수연 황수연 황수엽 황수원 황수종 황수지 황수창 황숙 황숙이 황숙조 황숙희 황순 황순경 황순구 황순기 황순녀 황순득 황순모 황순애 황순영 황순옥 황순원 황순임 황순자 황순진 황순창 황순천 황순청 황순하 황순호 황순희 황슬예 황습 황승구 황승배 황승연 황승옥 황승주 황승택 황승택 황승하 황시권 황시내 황시백 황신 황신임 황신택 황아론 황아미 황양순 황양주 황어지니 황언 황연 황연강 황연경 황연근 황연분 황연선 황연수 황연숙 황연식 황연호 황연희 황영경 황영권 황영규 황영규 황영길 황영란 황영란 황영률 황영문 황영미 황영미 황영미 황영민 황영민 황영배 황영상 황영선 황영선 황영숙 황영승 황영식 황영식 황영신 황영일 황영일 황영자 황영자 황영주 황영철 황영태 황영현 황영호 황영호 황영호 황영호 황영훈 황영휘 황영희 황예숙 황예지 황예하 황옥 황옥선 황옥성 황옥진 황옥현 황완 황완상 황용 황용 황용 황용 황용기 황용복 황용석 황용선 황용선 황용숙 황용순 황용연 황용연 황용원 황용일 황용일 황용주 황용진 황용진 황용진 황용태 황용해 황용현 황용희 황우섭 황우종 황우철 황우철 황우철 황운영 황웅주 황원 황원 황원규 황원규 황원래 황원영 황원철 황원철 황원태 황원하 황원하 황월환 황유석 황유선 황유선 황유진 황윤경 황윤경 황윤길 황윤도 황윤모 황윤미 황윤성 황윤숙 황윤재 황윤호 황율희 황융석 황은녀 황은수 황은수 황은숙 황은숙 황은숙 황은순 황은순 황은식 황은영 황은하 황을연 황응진 황의남 황의달 황의대 황의대 황의대 황의도 황의민 황의민 황의방 황의병 황의봉 황의상 황의선 황의선 황의섭 황의성 황의수 황의순 황의영 황의용 황의윤 황의인 황의중 황의중 황의천 황의현 황이권 황이수 황이연 황이찬 황인갑 황인국 황인권 황인규 황인규 황인규 황인규 황인균 황인근 황인기 황인기 황인기 황인길 황인남 황인미 황인범 황인상 황인상 황인석 황인석 황인석 황인석 황인선 황인성 황인성 황인성 황인수 황인수 황인숙 황인순 황인심 황인애 황인영 황인용 황인용 황인용 황인욱 황인원 황인원 황인원 황인임 황인재 황인주 황인준 황인준 황인지 황인채 황인천 황인천 황인철 황인철 황인춘 황인태 황인태 황인혜 황인호 황인호 황인홍 황인화 황인화 황인환 황인환 황인희 황인희 황일곤 황일서 황일택 황일호 황임숙 황임택 황재걸 황재관 황재권 황재권 황재덕 황재동 황재린 황재명 황재민 황재성 황재성 황재순 황재순 황재승 황재연 황재웅 황재웅 황재웅 황재원 황재현 황재현 황재호 황재호 황재훈 황재희 황재희 황전기 황점순 황점애 황정두 황정례 황정례 황정미 황정미 황정민 황정분 황정선 황정선 황정수 황정숙 황정숙 황정숙 황정순 황정식 황정식 황정심 황정언 황정연 황정오 황정옥 황정용 황정우 황정욱 황정욱 황정인 황정일 황정임 황정자 황정자 황정자 황정재 황정주 황정춘 황정태 황정현 황정현 황정혜 황정혜 황제익 황종균 황종덕 황종락 황종선 황종우 황종우 황종우 황종욱 황종율 황종인 황종인 황종필 황종호 황종환 황주석 황주택 황주현 황주현 황주호 황준 황준규 황준범 황준성 황준수 황준욱 황준하 황준하 황준하 황준현 황준희 황중국 황중규 황중만 황중서 황지수 황지숙 황지애 황지애 황지연 황지영 황지영 황지영 황지우 황지원 황지은 황지택 황지해 황지혜 황지호 황지희 황진 황진 황진구 황진규 황진도 황진상 황진섭 황진성 황진숙 황진숙 황진용 황진자 황진자 황진주 황진찬 황진태 황진택 황진하 황진행 황진호 황진호 황차남 황찬석 황찬일 황찬하 황창석 황창섭 황창식 황창신 황창연 황창원 황창원 황창윤 황창중 황창호 황창호 황채복 황천환 황철 황철 황철기 황철수 황철애 황철연 황철우 황철웅 황철진 황청연 황청원 황춘연 황춘자 황춘호 황춘희 황충연 황충연 황충현 황치빈 황치수 황치영 황치욱 황치욱 황치혁 황태갑 황태건 황태경 황태규 황태서 황태선 황태선 황태연 황태영 황태우 황태윤 황태정 황태주 황태주 황태하 황태하 황태현 황태호 황태환 황패강 황평우 황평지 황필규 황필상 황필호 황하수 황하정 황학삼 황학진 황한식 황해성 황해순 황해연 황해열 황해운 황해월 황해인 황해창 황행자 황향숙 황향원 황혁진 황현 황현 황현산 황현석 황현성 황현수 황현숙 황현숙 황현숙 황현숙 황현순 황현순 황현식 황현아 황현영 황현익 황현자 황현주 황현주 황현탁 황현표 황형관 황형목 황형택 황혜나 황혜란 황혜린 황혜림 황혜림 황혜선 황혜숙 황혜숙 황혜영 황혜정 황호 황호간 황호렬 황호면 황호명 황호산 황호석 황호선 황호선 황호선 황호섭 황호성 황호식 황호연 황호영 황호영 황호일 황호주 황호준 황호진 황홍규 황홍렬 황홍일 황홍점 황화성 황환규 황훈 황훈하 황흥대 황흥주 황희경 황희경 황희석 황희선 황희섭 황희성 황희성 황희숙 황희숙 황희순 황희연 황희영 황희자 황희진 황희철 효자동 후원1 후원하고싶어서 후이즈 히로지 구보타

자료

1. 새 신문 창간 발의 선언문

우리는 오늘 마침내 새 신문의 창간을 발의하게 되었습니다.
이는 언론의 자유를 초석으로 하는 참민주주의 실천을 눈앞에 둔 지금, 시대의 요청과 민중의 기다림에 응답하려는 것이며, 바르고 용기 있는 언론이 없음으로 하여 겪은 국민들의 고통과 분노의 세월을 종식시키는 것이며, 언론으로부터 쫓겨나고, 그러나 언론인임을 포기하지 않음으로써 치른 10여 년 인고(忍苦)의 시간 동안 우리들이 깨달은 언론의 정도(正道)를, 언론의 진실과 용기를 이 땅에 새로 구현하려는 뜻입니다. 또한 이는 시대의 어둠을 깨고 이 땅의 민중을 일으켜 자유와 평등을 실현케 하고, 세계를 숨쉬게 하여, 나라의 주권과 민족의 자존을 지키게 하려던 1896년, 그 독립신문이 있은 이래 비뚤어진 민족 언론사의 정통성을 바로잡아 계승하려는 책임감과 긍지의 발로이기도 합니다.
돌이켜보면 우리 근대사 전체가 그러하듯, 한 세기가 채 못 되는 우리 언론사가 바로 수난의 역사이기도 하였지만 그중에서도 지난 20년의 기간은 독재권력에 의해 언론의 본질이 뿌리 뽑히고, 언론 그 자체가 부정당하는 암흑의 과정이었습니다. 5·16 쿠데타 이래 권력의 언론 탄압 공작은 애초부터 집요하였지만 '유신' 이후의 그것은 세계 언론사에 유래가 없는 혹독한 것이었습니다. 차츰 빈도를 더해가던 체포와 투옥의 긴급조치 시대는 1974년 10·24 자유언론선언, 동아일보의 광고 탄압, 1975년 3월 동아일보와 조선일보 기자 160여명의 해직·파면·투옥에 이어 급기야 1980년 저 광주사태의 현장보도 통제에 항거한다 하여 수십 명의 기자들이 가지가지 죄목으로 투옥되었고, 700여명의 기자들이 언론으로부터 추방되는 폭거로 결과 지어졌으며, 아직도 동료를 옥중에 남겨두고 있는 것이 우리들의 체험이며, 오늘의 언론 현실입니다. 통한할 일이 아닐 수 없습니다.
그러나 참으로 불행한 일은 추방된 해직기자들이 감옥에서, 거리에서 그래도 끝내 언론인임을 포기하지 않고 있는데 비해, 언론 그 자체는 그렇지 못한 사실입니다. 일간지에서 월간지에 이르기까지는 총 1000만 부를 자랑하는 발행부수와, 제각기 1000명이 넘는 종업원 수, 다투어 지어올린 현대식 고층사옥과 전자화된 최신 인쇄시설 등이 경탄할 만한 거대기업으로의 성장에도 불구하고, 지금의 언론은 한낱 배타적, 독점적 이권 집단일 뿐입니다. 일찌감치 권력에 투항해 기자들을 혹은 축출하고 혹은 매수하면서 권력체제의 일부로 편입되어 온갖 은폐와 왜곡, 선정적이고 상업적인 보도에 급급함으로써 주권자의 시야를 가리고, 비판의식을 마비시키며, 권력 지탱의 가장 중요한 구실을 해온 이들 언론기업들 만큼 명백한 언론의 자기부정은 없을 것입니다. 그러나 이들 제도 언론은 민중의 죽음으로써 쟁취한 민주화의 대세에 기민하게 편승하여 머잖아 언론 탄압의 희생자고, 자유언론의 기수로 변신하면서 수난의 역사를 그들의 것으로 가로채 갈 것입니다.

이같은 악순환으로 해서, 불행하게도 우리는 '민주 사회에서의 신문다운 신문'을 접해본 적이 없는 반민주·반언론의 참담한 시대를 살아왔습니다. 한글을 막 깨친 어린이로부터 노년층에 이르기까지 우리의 동시대 국민 모두에게 한글로 된 정도(正道)의 언론이 어떠한 것인지를 보여주고 싶은 간절한 열망, 아니, 생전에 반드시 보여주어야 한다는 절절한 소망이야말로 우리들이 새 신문을 내려는 참뜻이기도 합니다.

우리의 이제까지 없었던 새로운 신문의 창간은 이리하여 역사의 필연적 요청에 부응하는 길이며 사회의 간절한 부름에 응답하는 길입니다. 이는 비록 폭력으로 유배당했다 하더라도 언론인으로서 우리들의 회피할 수 없는 역사에의 책임이며, 사회에서의 부끄러움을 씻는 빚 갚음입니다.

우리는 새 신문을 만들 것입니다. 진실과 용기 그리고 긍지를 바탕으로 새 신문은 그 어떤 세력의 간섭도 용납지 않을 것이며, 어떤 폭력에도 굴하지 않을 것입니다.

새 신문은 민주주의적 모든 가치들의 온전한 실현, 민중의 생존권 확보와 그 생활수준 향상, 분단의식의 극복과 민족통일의 지향을 주요 방향으로 삼을 것입니다.

그 실천을 위하여 새 신문은 정치권력으로부터의 독립은 물론 대자본으로부터의 독립, 광고주로부터의 독립을 확고히 할 제도적 장치 위에서 출범할 것입니다. 제도 언론에 책임 있는 인사들을 배제하고 경영, 편집진을 혁신적으로 구성할 것이며, 국민적 자본참여를 통해 경영권의 독과점을 불가능케 할 것이며, 편집·제작진의 경영 참여를 제도화하여 편집권의 독립을 실현케 할 것입니다. 선정주의를 가장 큰 금기로 삼아 민중의 눈으로 '보도할 가치가 있는 사실'만을 중점적으로 깊이 있게 보도할 것이며, 광고지면까지 정보화를 지향하여 광고의 가치기준을 수립해 나갈 것입니다. 동시에 편집진의 특권의식과 독단주의를 철저히 배격하고 고답적 엘리트주의를 경계하여 가장 쉬운 표현을 쓸 것이며 독자의 반론권을 최대한 보장할 것입니다.

우리는 새 신문이 그 엄숙한 사명으로 하여, 방대한 소요자금의 조달을 위하여, 민주적·민중적 정통성에 기반하기 위하여, 권력과 자본으로부터 독립하기 위하여, 민주적 경영과 편집을 현현키 위하여 반드시 '주식의 공모'를 통한 전 국민적 참여로 창설될 수밖에 없다고 믿습니다. 우리는 새 신문을 기다리는 국민적 여망을 이미 확인하였으며, 우리의 발의에 호응할 국민적 열의를 확신하고 있습니다.

이제 우리는 자리를 떨치고 일어났습니다. 우리들의 새 신문, 민중의 자유의 방패이자 민주주의의 보루가 될 새 신문을 찍는 우렁찬 윤전기 소리가 들리는 듯합니다.

1987년 9월 23일, 창간 발의자 일동

창간 발의자 명단(총 196명)

※ 가나다순. ( ) 안은 해직 당시 또는 재직 중인 언론사. 41명은 익명으로 참여

강운구(동아일보) 강정문(동아일보) 고승우(합동통신) 고준환(동아일보) 국흥주(동아일보) 권근술(동아일보) 권태선(한국일보) 김대곤(현대경제) 김대은(동아일보) 김동현(동아일보) 김두식(동아일보) 김명걸(동아일보) 김민남(동아일보) 김병익(동아일보) 김선주(조선일보) 김성균(동아일보) 김성원(현대경제) 김순경(동아일보) 김양래(동아일보) 김언호(동아일보) 김영용(조선일보) 김영진(동양통신) 김영환(동아일보) 김유원(조선일보) 김윤자(한국일보) 김인한(동아일보) 김재문(조선일보) 김종원(조선일보) 김종철(동

아일보) 김주언(현 한국일보 기자) 김진홍(동아일보) 김창수(동아일보) 김태진(동아일보) 김태홍(합동통신) 김형배(조선일보) 노서경(한국일보) 노향기(한국일보) 문영희(동아일보) 문창석(조선일보) 박노성(동아일보) 박선애(조선투위의 고 마상원씨 부인) 박성득(경향신문) 박순철(동아일보) 박영규(합동통신) 박영배(신아일보) 박우정(경향신문) 박원근(합동통신) 박정삼(한국일보) 박준영(중앙일보) 박화강(전남매일) 배동순(동아일보) 백맹종(현대경제) 서재일(전남매일) 서창모(조선일보) 성유보(동아일보) 성한표(조선일보) 손정연(전남매일) 송건호(동아일보) 송관율(동아일보) 송재원(동아일보) 송준오(동아일보) 신동윤(영남일보) 신연숙(한국일보) 신영관(동아일보) 신태성(동아일보) 신현국(조선일보) 신홍범(조선일보) 심재택(동아일보) 심정섭(동아일보) 안민영(동아투위의 고 안종필씨 장남) 안상규(동아일보) 안성암(조선일보) 안정숙(한국일보) 양한수(동아일보) 오봉환(동아일보) 오성호(조선일보) 오정환(동아일보) 오흥진(동양방송) 왕길남(현대경제) 유영숙(동아일보) 유장흥(조선일보) 윤광선(국제신보) 윤석봉(동아일보) 윤성옥(동아일보) 윤활식(동아일보) 윤후상(합동통신) 이경일(경향신문) 이광우(국제신보) 이규만(동아일보) 이기한(현대경제) 이기홍(경향신문) 이대우(문화방송) 이동운(동아일보) 이명순(동아일보) 이문양(동아일보) 이병주(동아일보) 이병효(동양방송) 이부영(동아일보) 이상현(현대경제) 이시호(현대경제) 이영록(동아일보) 이영일(한국일보) 이원섭(조선일보) 이의범(조선일보) 이종대(동아일보) 이종덕(동아일보) 이종욱(동아일보) 이종욱(동아일보) 이지선(동아일보) 이창화(조선일보) 이태호(동아일보) 이태희(전남일보) 이해성(동아일보) 이흥재(중앙일보) 임부섭(동아일보) 임응숙(동아일보) 임재경(한국일보) 임채정(동아일보) 임학권(동아일보) 임희순(조선일보) 장윤환(동아일보) 전희천(중앙일보) 정교용(중앙일보) 정남기(합동통신) 정동익(동아일보) 정상모(문화방송) 정연수(중앙일보) 정연주(동아일보) 정영일(동아일보) 정재우(조선일보) 정태기(조선일보) 정흥렬(동아일보) 조강래(동아일보) 조성숙(동아일보) 조수은(국제신보) 조영호(동아일보) 조학래(동아일보) 최병선(조선일보) 최병진(조선일보) 최성민(한국방송) 최욱(한국일보) 최장학(조선일보) 최학래(동아일보) 최형민(중앙일보) 하봉룡(영남일보) 허육(동아일보) 현이섭(현대경제) 홍선주(동아일보) 홍수원(경향신문) 홍정선(동아투위의 고 조민기씨의 부인) 홍휘자(동아일보) 황명걸(동아일보) 황용복(동양방송) 황의방(동아일보) 황헌식(조선일보) 외 41명

2. 창간 발기 선언문

오늘 우리는 언론사상 유례를 찾아보기 어려운 범국민적인 모금에 의한 새 신문의 창간을 내외에 선언합니다.

우리는 지금 나라와 민족의 역사를 새로이 열어야 할 중대한 전환점에 서 있습니다. 인간의 자유와 기본권을 유린해온 오랜 독재체제를 청산하고 사회 구석구석에 만연되어 있는 비민주적인 요소들을 제거하며 국민이 주인이 되는 진정한 민주화를 실현시키고, 분단을 극복하여 민족의 평화통일을 성취해야 할 중대한 과업을 우리는 안고 있습니다. 우리는 또한 왜곡된 민족경제를 재건하고 민중의 생존권을 확보하여 생활의 향상을 이룩하는 한편, 사회정의를 실현하고 민족정기를 바로잡아 이 병든 사회를 건강한 사회로 바꾸어 놓아야 할 시급한 과제를 안고 있습니다.

표현의 자유 속에서 참다운 민족문화를 꽃피게 하는 한편 비뚤어진 교육을 바로잡아 인간의 자주성과 창조성을 발휘케 할 수 있는 민주교육을 실현시키는 것 역시 우리가 성취해야 할 주요 과제입니다.

이같은 우리 사회와 민족의 광범위한 과제는 국민 모두의 힘과 뜻과 지혜를 남김없이 발휘케 하고 동원해냄으로써만 해결될 수 있을 것이며 그것의 가장 강력한 수단의 하나가 누구나 자기의 현실과 의사를 표현할 수 있는 민주적 언론임은 우리 모두가 다 아는 일입니다.

우리가 한 세기에 가까운 언론의 역사를 두고서도 이제 새 신문을 창간하고자 하는 것은 이같은 민족적 역사적 과제가 참된 새로운 언론을 어느 때보다도 시급히 요구하고 있기 때문입니다.

돌이켜보면 1896년 이 땅에 “독립신문”이 창간된 지 근 백년의 세월이 흘렀으나, 그동안 우리의 언론은 외세 아니면 독재 권력의 억압으로 고난의 길을 걸어왔고, 진정 민족을 위한 자주적 언론을 갖지 못함으로써 오늘에 이르기까지 민주·민족언론의 숙원을 이루지 못하고 있습니다.

오늘 우리가 새 신문의 창간을 결심하게 된 것은 이 땅에 언론 매체가 부족한 때문이 아님은 물론입니다. 다 아는 바와 같이 우리 사회는 백만의 부수를 주장하는 여러 신문, 97%의 보급률을 자랑하는 텔레비전을 포함하여 전국 방방곡곡에 미치지 않는 곳이 없다는 방송망과 수십만 부를 넘는다는 월간지와 주간지 등 수많은 언론매체를 갖고 있습니다.

그럼에도 불구하고 우리가 굳이 새 신문을 창간하고자 하는 것은 국민의 목소리와 민족의 양심을 대변하는 바르고 용기 있는 언론이 없기 때문입니다.

일제 통치 밑에서 이 땅의 언론은 외세의 억압으로 민족 언론으로서의 구실을 못하다가 8·15해방을 맞았으나, 민족의 분단상황 속에서 온갖 탄압과 간섭 때문에 제 구실을 못해왔습니다. 특히, 5·16 군사쿠테타 이후 20여 년 동안 이 땅의 언론은 이른바 근대화 바람 속에서 시설과 규모면에서 급속한 양적 확장을 보았지만 권력의 언론 탄압 속에서 독립성을 상실한 채 사실과 진실을 은폐, 왜곡하고 상업주의적인 보도에 급급함으로써 독재권력의 지탱에 가장 중요한 역할을 해 왔습니다.

언론자유를 수호하기 위해 독재에 항거한 양심적인 언론인들이 1975년과 1980년 언론 현장에서 무더기로 추방당하고 투옥되는 시련이 계속되는 가운데 이 땅의 언론은 국민으로부터 ‘제도 언론’이라는 불신을 받고 있습니다. 80년대 언론은 언론기본법이라는 법적 규제도 부족해 보도지침을 통한 권력의 일상적인 제작 지시로 거의 제 기능을 상실하고 말았습니다.

개탄할 일은 오늘의 언론은 이러한 통제 속에서도 이미 지난날 보여준 바와 같이 언론의 자유와 독립을 위한 용기 있는 저항 정신을 보여주지 못하고 오히려 유유낙낙 권력 측의 부단한 간섭과 규제에 순응하고 있다는 사실입니다. 오늘의 언론 현실은 탄압의 결과라기보다는 많은 경우 자진 협조의 결과로 볼 수밖에 없습니다. 이러한 언론다운 언론의 부재는 오늘의 언론인들의 도덕적 차원의 문제만이 아닙니다. 권력의 정책적 의도 하에 언론기업이 구조적으로 예속당해 이미 자주성을 상실하고 권력과 언론기업이 이른바 '권언 복합체'를 이루고 있는 상황 속에서 언론이 자주성을 획득한다는 것은 사실상 불가능하며, 한둘 양심 있는 언론인이 남아 있다 해서 언론이 제 기능을 되찾을 수는 없습니다. 오늘과 같은 통제와 억압의 틀 속에서 언론이 저항다운 저항을 못하는 이유는 바로 그 원인이 여기에 있다고 보아야 합니다. 오늘의 제도 언론은 그 기업구조로 보아 비록 이 땅에 민주화의 꽃이 핀다 해도 정치적 경제적 자주성을 견지하지 못한 채 필경은 권력의 입장에서 국민에게 진실을 전달하지 못하고 그들을 오도할 수밖에 없을 것입니다.

오늘 우리는 새 언론의 창간을 통해 지금의 제도 언론이 갖는 이같은 구조적 결함을 극복하고자 합니다. 이것을 위한 첫째 요건은 기존의 언론처럼 몇 사람의 사유물이 되거나 권력에 예속되지 않게 해야 하는 것입니다. 그러기 위해서 우리가 책정한 창간기금 50억 원을 나라의 민주화를 염원하는 모든 사람의 참여로써 이룩하여 문자 그대로 국민이 주인이 되는 신문을 만들고자 합니다.

새 신문은 나라의 민주적 기본질서를 확립하기 위해 노력할 것이며 민족적 고통에 동참하는 가운데 책임 있는 편집을 다하도록 노력할 것입니다. 이런 근거로 해서 새 신문은 국민에 바탕을 둔 언론으로 성장할 것이며 따라서 민주적 가치와 사회정의를 지향하면서 사회의 정치·경제·문화 등 각 방면에 걸친 온갖 사실들을 언제나 일반 국민의 입장에서 숨김없이 공정하게 보도할 것입니다.

오늘의 제도 언론이 보여주듯이 사소한 일은 크게 선정적으로 보도하고 정작 크고 중요한 정치, 경제, 사회의 문제들은 은폐하거나 왜곡 보도하여 국민들을 오도하는 일은 결코 하지 않을 것입니다. 또한 노동자, 농민, 여성 등 기존언론이 소홀히 다루는 부분에 더욱 깊은 관심을 가지고 보도할 것입니다. 신문이 걸어야 할 정도를 지키기 위해 우리는 권력이 요구해올지도 모를 부당한 간섭을 거부하고, '국민의 신문이며 신문인의 신문'이라는 주인 의식을 가지고 공정하고 신중하고 그러나 용기 있게 진실을 보도할 것입니다. 우리는 이 '한겨레신문'이야말로 민주주의 사회에서 언론의 정도를 걷는 참된 신문임을 보여주고자 합니다.

우리는 앞으로 있을지도 모를 어떠한 장애도 극복하고 진실을 알리기 위해, 국민의 알 권리를 위해 '한겨레신문'을 지키고 키워갈 것입니다.

우리의 이러한 굳은 결의는 국민 여러분의 적극적인 참여와 협조로써만 열매를 맺을 수 있을 것으로 확신하며 오늘의 이 발기 선언대회가 역사적으로 길이 남게 될 것을 믿어 의심치 않습니다.

1987년 10월 30일

한겨레신문 창간 발기인

창간 발기인

1. 서울

건축_ 강영건 강영환 강태운 강홍빈 김기석 김기홍 김무언 김석철 김영웅 김용식 김원 김유경 김인선 김자호 김중업 김진균 류춘수 박성규 박영건 변용 송정문 여태석 윤승중 이덕용 이범재 이삼재 이상헌 이원교 이정규 이준원 이후관 임서환 장응재 전봉수 정운주 조건영 조인숙 최명철 최정명 최종현 함인선 홍태형 황일인(43명)

교육계_ 강창효 고광헌 고승하 고은수 곽대순 김갑철 김광환 김미영 김민권 김성식 김영준 김원 김윤수 김정균 김종만 김지철 김창태 김태진 김태형 김현택 김현준 김혜원 김효곤 남궁효 노웅희 도종환 박진주 백종상 서문수 서병섭 손혜련 송문재 신학철 심성보 오용탁 오원석 오창훈 원영만 윤광장 윤영규 윤중기 윤지형 은연규 이광호 이규삼 이기출 이남희 이명복 이미영 이병렬 이병우 이북주 이상돈 이석우 이성재 이세천 이수호 이영주 이오덕 이재원 이종인 이주영 이효영 임일택 장두원 장재인 전수환 정기태 정길자 정명수 정병관 정양희 정해숙 정해직 조창래 차영민 최병만 최영민표정숙 한만훈 한병길 한상훈 한상균 황시백 황호영(85명)

대학교수_ 강경근 강내희 강덕수 강만길 강영주 강창민 강창순 강현두 경규학 고철환 고현무 곽신환 곽태운 구성렬 구자용 권광식 권기철 권오훈 권욱현 권창은 권태억 금장태 기연수 기종석 길희성 김건식 김경근 김경태 김경희 김계수 김광규 김구 김균 김기석 김기언 김기영 김남두 김남재 김내균 김대행 김덕 김동성 김동암 김두철 김명모 김명수 김명호 김문규 김상균 김상락 김상열 김상홍 김석현 김선웅 김성수 김성숙 김성훈 김수행 김숙자 김순기 김승혜 김신일 김신행 김애실 김영구 김영무 김영애 김영인 김영진 김영하 김영한 김완배 김완수 김용덕 김용옥 김용운 김용자 김용학 김우룡 김우창 김원식 김유배 김유성 김윤수 김이준 김익기 김인걸 김인석 김인중 김인환 김일수 김장호 김정위 김정탁 김정환 김정회 김주연 김주환 김준석 김준호 김지운 김진규 김진균 김진철 김찬국 김창국 김창효 김태영 김태준 김한규 김현구 김형관 김형근 김형래 김호동 김홍진 김화영 김황조 김효자 김흥규 김흥규 남경희 남기영 남성우 남영우 노승우 노영기 노재규 노태돈 도정일 도진순 류문찬 류양선 류인희 문준연 민경환 민병록 민용태 민홍식 박거용 박기덕 박기서 박기순 박노준 박명진 박명희 박삼옥 박상섭 박성래 박순경 박시현 박영근 박영상 박영신 박영재 박용운 박원호 박은구 박은정 박재우 박정대 박종대 박종철 박찬국 박철희 박필수 박한제 박현서 박현채 박혜일 박호성 반병률 반성완 방정배 배광준 배기열 배손근 백낙청 변형윤 서숙 서광선 서연호 서우석 서재명 서정목 서정수 서정희 석희태 성내운 성대경 성백남 성의제 성태용 성환갑 소광섭 소광희 소흥렬 손대현 손병헌 손예철 손종호 송기형 송윤엽 송인섭 송재소 송항룡 송해균 승병인 신동소 신병현 신상웅 신의순 신인령 신효철 심재룡 안국신 안두순 안병만 안삼환 안석교 안윤기 안철원 안휘준 양 건 양동휴 양문흠 양보경 양승규 양승태 양윤재 양재혁 엄영석 여운 여운승 여정동 연기영 연점숙 오규원 오병선 오세영 오세철 오수형 오원배 오인석 오탁번 왕한석 원우현 유관희 유기환 유병석 유승남 유승우 유승주 유영렬 유인호 유일상 유재원 유재천 유평근 유한성 윤경로 윤도중 윤석범 윤석산 윤세철 윤여덕 윤원배 윤인섭 윤재근 윤정옥 윤정은 윤종규 윤지관 이 균 이철 이가원 이가종 이각범 이강수 이강숙 이강혁 이건우 이경의 이공범 이교충 이규환 이균성 이균영 이근수 이근식 이기수 이기홍 이대근 이동향 이동환 이만열 이만우 이명현 이병혁 이보철 이삼열 이상만 이상범 이상신 이상우 이상희 이석윤 이선복 이성규 이수원 이순구 이신복 이안희 이영수 이영자 이영주 이영호 이영환 이영환 이영희 이완재 이우리 이우성 이운형 이은영 이은철 이이화 이인웅 이인호 이장규 이재웅 이종걸 이종수 이종숙 이종일 이종진 이종태 이좌용 이준구 이지순 이지형 이진영 이태동 이태진 이팔범 이헌창 이혜경 이혜성 이호재 이화숙 이효성 이효재 임승표 임영상 임영재 임종률 임진권 임진창 임철규 임한순 임현진 임형택 임호일 장동철 장원석 장을병 장태환 장회익 전경수 전기호 전문배 전성우 전성자 전용원 전인수 정갑영 정광선 정규복 정기태 정대철 정대현 정문길 정성호 정양모 정연탁 정영미 정운영 정운찬 정윤형 정인임 정일용 정재일 정정호 정종락 정진석 정창렬 정창현 정태수 정필권 정하영 정학성 정현백 정현종 정현채 정혜영 정혜원 정홍익 조광 조은 조광희 조긍호 조남장 조남철 조병로 조영수 조요한 조일흠 조창현 조희연 주광열 주종환 주진오 차경아 차기벽 차상호 차수련 차인석 차주환 차하순 채수환 최광 최명 최경구 최기호 최남희 최대권 최두석 최두환 최무영 최문영 최병선 최생림 최선열 최양수 최장집 최재철 최재현 최차용 최창섭 최현무 최홍선 팽원순 표한용 한동철 한명남 한명수 한상권 한상문 한상범 한승옥 한완상 한인규 한정일 한진수 허웅 허명회 허창수 허창운 현길언 홍기택 홍상회 홍순권 홍승기 홍승수 홍승인 홍영남 홍원식 홍재성 황문

수 황병기 황병태 황석숭 황패강 황필호 황현기(485명)

독립운동원로_ 이강훈 조경한 한원석(3명)

문화예술계_ 강민 강근식 강대철 강연균 강유정 강행원 고은 고정희 곽태천 구교문 구자흥 구중서 국수호 권병길 권영락 권오일 권옥연 권혜수 김경식 김경애 김광림 김광배 김규식 김기팔 김기하 김기홍 김도향 김동빈 김매자 김명곤 김명구 김미미 김민기 김민숙 김방죽 김병권 김복희 김사인 김상철 김서봉 김석만 김성동 김성숙 김성욱 김수남 김수연 김수용 김수자 김수희 김승옥 김영식 김영연 김영웅 김영철 김영희 김완수 김용식 김용태 김원우 김원일 김유성 김유진 김응현 김의경 김인순 김인태 김재운 김정옥 김정한 김정환 김주영 김준권 김지연 김지하 김진숙 김창남 김채원 김철리 김철호 김치수 김태수 김향숙 김현 김현자 김현표 김형영 김화숙 노경식 노순자 노영희 노현재 맹영미 문성근 문영태 문일지 문정희 민병하 민충근 박웅 박건섭 박계향 박광수 박규채 박근형 박기자 박두진 박범훈 박불똥 박상기 박상대 박완서 박용기 박용범 박용숙 박이엽 박인배 박인환 박정자 박조열 박진숙 박철수 박태순 박현덕 박혜인 방영웅 배태인 배한성 백시종 백인철 백창흠 서원동 서정호 손숙 손장섭 손진책 송기원 송길한 송능한 송도영 송원희 신경림 신병하 신상철 신성호 신연욱 신영균 심광현 심우성 심정수 안선호 안수환 안종관 안혜성 양귀자 양상국 양윤모 오광록 오문자 오생근 오세곤 오승명 오재호 오종우 온영삼 우명미 우종양 원동석 유덕형 유덕희 유시춘 유연복 유용환 유은종 유인택 유홍준 윤광희 윤명혜 윤문식 윤조병 윤청광 이강하 이경배 이경자 이덕재 이명실 이명원 이병복 이상우 이상현 이선관 이성수 이성용 이승하 이시영 이애주 이완호 이은우 이인성 이장호 이창동 이청준 이향림 이현순 이호철 이효인 이휴태 이희복 이희재 이희정 임권택 임명구 임무정 임종재 임진택 임학선 임헌영 장선우 장형규 전영태 정경희 정병각 정복석 정소성 정재철 정지영 정진석 정진우 정한용 정현기 정환섭 정희성 조명남 조세희 조수동 조수홍 조정래 조태일 조혜경 조훈현 주강현 주명덕 주정순 지정신 진봉규 진형준 차범석 천승세 최열 최현 최명수 최민화 최상화 최성운 최승자 최자영 최창봉 추응식 표문태 하명중 하태진 한규희 한상철 현기영 홍선웅 홍성원 홍일선 황광수 황석영 황송문 황순원 황지우 황희연(272명)

민주·사회단체_ 강기종 강문규 강병기 강성동 계훈제 곽태영 권종대 권태욱 금동혁 김광수 김광수 김금수 김덕수 김도연 김도원 김말룡 김명애 김미혜 김병걸 김부겸 김상덕 김성만 김영 김영숙 김옥현 김은미 김익호 김재훈 김정제 나강수 문익환 박성극 박성대 박성진 박순희 박승희 박용일 박용수 박용준 박인주 박재일 박진희 반재철 방용석 배용진 백기완 백종덕 서경원 서병훈 서영훈 서인규 서정용 서정자 서지근 성연택 신관섭 신대균 신영수 신정식 심상완 안양로 오대영 오상근 오영준 오장은 유남선 우병권 유영훈 유운필 유종성 윤석용 윤순녀 윤재근 윤정석 윤형기 이경남 이근배 이남주 이두수 이만근 이병철 이병훈 이상주 이석희 이세용 이소선 이수금 이신행 이우재 이인우 이재만 이재오 이진선 이창복 이철순 이종각 이해찬 장두석 전명진 전용구 정관수 정동남 정동민 정명애 정봉주 정성헌 정양숙 정준수 정현찬 정호경 조성두 조항원 조희부 천영세 최규성 최병욱 최열 최영선 최일해 최정심 한경남 한동승(122명)

법조계_ 강봉제 강신옥 강철선 고영구 곽동헌 권종칠 김강영 김공식 김광정 김구일 김동현 김상철 김성남 김신재 김은호 김제형 김주원 김춘봉 김춘수 김충진 김형진 김형태 김홍헌 문진탁 박광영 박성귀 박성민 박세경 박승서 박연철 박용일 박원순 박인제 박찬주 박학림 배진수 백승헌 변정수 서예교 서태영 소동기 손경한 신형조 심재찬 안동일 안명기 안영도 양승찬 우수영 유영혁 유택형 유현석 윤종현 이건호 이경우 이기문 이돈명 이돈희 이범렬 이상수 이석조 이석태 이양구 이양원 이원영 이종관 이종순 이혜림 임재연 장건상 장수길 전충환 정광진 정명택 정성철 정주식 조경근 조영래 조준희 주성민 최병모 최영도 하경철 하재일 하죽봉 한경국 한봉희 한승헌 한일환 홍성우 황인철(91명)

시민_ 강란 강영숙 고광석 고아석 고현진 곽병준 구창웅 권영 김경중 김경희 김계선 김기남 김기종김나리 김당 김대수 김대현 김덕봉 김도묵 김두성 김문철 김부웅 김상남 김상익 김석원 김소정김순식 김연숙 김연식 김연옥 김연희 김영기 김영수 김영숙 김유경 김은규 김은상 김인자 김인홍 김장천 김재복 김점숙 김정수 김종태 김주윤 김주일 김중철 김진수 김진우 김태의 김학진 김해영 김현대 김현실 김흥규 김희삼 김희우 남관희 류예동 민병숙 민원배 박광열 박남숙 박동선 박상순박선숙 박순섭 박순실 박영숙 박영혜 박용기 박유미 박인호 박일재 박종훈 박준식 박찬순 박충구 박홍규 박홍준 백운학 백혜진 서명숙 서원석 서은숙 서인석 서정숙 석규관 손승현 송문호 송상윤 송인호 송창의 신문섭 신민용 신성용 신수복 신자현 심병호 심옥자 심우보 안광애 안영재 안정옥 안창로 안철인 안평수 안형순 양광민 양병용 양성근 양인숙 염정현 오근찬 오병문 오병수 오세훈 오영호 오원배 오준철 우명자 우찬규 원유학 원정근 유도열 유석호 유승희 유우열 유종건 윤석철 윤양헌 윤태원 윤형기 윤형모 윤화자 이경재 이광석 이기령 이길후 이덕실 이도재 이동오 이동철 이만희 이병산 이보영 이삼규 이상옥 이상철 이상현 이성일 이숙민 이승일 이신범 이영언 이영우 이용석 이은철 이은호 이장호 이재록 이재욱 이재혁 이정미 이정태 이정희 이종린 이종희 이준우 이지현 이지형 이창근 이혜옥 이효우 이후경 인미자 임금순 임동철 임명구 임장빈 임장철 장광근 장두환 전득배 전미숙 전은주 전종호 정금란 정낭모 정문호 정병문 정석우 정승규 정영택 정택균 정학래 조동원 조승봉 조은호 조일래 조정화 주용성 주창돈 진병호 진영도 채현규 최규성 최낙진 최명세 최명의 최미경 최세희 최순덕 최오섭 최옥림 최옥주 최정명 최정윤 최풍식 최형규 추애주 하만수 한인숙 한혜경 한화자 허영무 현강섭 홍승새 홍승아 황선삼 황성숙 황정혜 (232명)

언론계_ 강운구 강정문 고승우 고준환 고희범 국흥주 권근술 권영자 권태선 김근 김대곤 김대은 김동현 김두식 김명걸 김민남 김병익 김선우 김선주 김성균 김성원 김송번 김순경 김승한 김양래 김언호 김영용 김영진 김영호 김영환 김유원 김윤자 김인한 김자동 김재문 김종구 김종원 김종철 김주언 김진석 김진홍 김창수 김태진 김태홍 김학천 김형배 노서경 노향기 문영희 문창석 박경희 박노성 박동출 박상신 박선애 박성득 박순철 박영규 박영배 박우정 박원근 박정삼 박정하 박준영 박혜란 박화강 배동순 배재우 백맹종 변상욱 서권석 서재일 서정훈 서창모 성유보 성한표 손정연 송건호 송경선 송관율 송단옥 송상호 송재원 송준오 송희경 신동윤 신동준 신연숙 신영관 신원영 신정자 신태성 신현국 신홍범 심재택 심정섭 안민영 안상규 안성암 안윤수 안정숙 양한수 오봉환 오성호 오애영 오정수 오정환 오흥진 왕길남 우승룡 유 경 유영숙 유우근 유장홍 윤광선 윤석봉 윤성옥 윤활식 윤후상 이경일 이광우 이규만 이기중 이기한 이기홍 이대우 이동운 이명순 이문양 이병주 이병효 이부영 이상현 이수언 이수혁 이시호 이열모 이영록 이영일 이원섭 이의범 이인철 이종대 이종덕 이종욱 이종욱 이지선 이창화 이태호 이태희 이해성 이흥재 이희호 임부섭 임응숙 임재경 임채정 임학권 임희순 장윤환 전희천 정교용 정남기 정동익 정상모 정상태 정연수 정연주 정영일 정재우 정태기 정호상 정홍렬 조강래 조돈만 조성숙 조성호 조수은 조영호 조학래 최병선 최병진 최성민 최욱 최유찬 최장학 최학래 최형민 하봉룡 한국연 한현수 허육 허종렬 현이섭 홍명진 홍선주 홍수원 홍정선 홍휘자 황용복 황윤미 황의방 황헌식(203명)

여성운동_ 강경을 공덕귀 곽배희 김계복 김동자 김명실 김미경 김복기 김봉숙 김선곤 김숙자 김순진 김천주 김판숙 김형 김혜경 김혜숙 김화령 김효선 김희선 도순이 박경애 박부자 박선형 박소희 박순자 박애경 박영숙 박영숙 박옥규 박은혜 박진숙 백미도 송기봉 송보경 신용균 신윤옥 신정희 신희운 안정희 양정자 이미경 이양자 이연숙 이열희 이요식 이우정 이유일 이윤희 이정희 이종태 이태영 이한순 이헌정 이현숙 이혜숙 전정희 정강자 정창희 조동민 조용선 조종숙 차경애 최수경 한우섭 허순이 허훈순 홍승희(68명)

의학·한의·약학_ 강봉주 김수경 김양일 김용찬 김현수 노환성 문웅대 박경래 박남운 박혜숙 손치석 신광식 신민경 윤진홍 이무남 이범구 이선옥 이재원 임익근 장경현 정규정 정진숙 조수월 최금자 최수경 하성주 황성동 심길순 문옥륜 서정선 엄대용 유병철 유태열 이성국 이시백 이재선 이충국 장임원 조한익 최용 홍강의 홍창의 황상익 강명회 강영훈 계기성 고광성 권호근 김광식 김록호 김상현 김세연 김승원 김옥희 김운식 김은경 김정문 김정택 김천식 김태권 김태석 김평일 노동두 박길용 박선병 박순서 박양희 박우찬 박은기 백태우 서정기 성열수 손현선 송학선 신언일 심재식 안효섭 양길승 양상기 오영천 서홍관 유영재 유영준 이광호 이기택 이덕은 이동우 이문령 이석우 이연종 이영원 이인승 이준규 이필한 이혜자 이홍열 임정재 장명훈 전종원 정청 정희태 조영환 최대호 최창규 최창혁 한상룡 한영철 함일성 허상보 홍영진 권기익 김상인 권용주 김덕호 김상익 박성보 소진백 송공호 유기덕 윤석용 이범용 정민성 조광호 조창주 천병태(125명)

종교계_ 강순칠 강원하 강윤도 강종훈 강진호 강희남 강희성 경갑실 고광진 고민영 고산 고영근 고환규 공한영 관조 구요비 구행모 권오성 권태복 금영균 김갑배 김경식 김경호 김경희 김관석 김관용 김광집 김규복 김규섭 김근대 김동완 김명식 김병균 김병상 김병희 김상근 김상진 김상해 김서규 김성룡 김성수 김성환 김소영 김승오 김승훈 김승훈 김영남 김영식 김영주 김영진 김영태 김영필 김예기 김용대 김용복 김용봉 김용한 김용현 김욱태 김원진 김윤식 김윤태 김윤환 김재기 김재복 김재열 김재영 김정남 김정식 김정웅 김정호 김종인 김종희 김지길 김지혁 김진석 김진호 김창수 김치영 김태원 김태윤 김택신 김택암 김학록 김학봉 김한기 김헌곤 김현식 김현준 김희방 김희항 나길동 남국현 남재희 남정홍 노세현 노완식 도리천 도법 도 현 돈연 동명 류강하 류인하 명궁 명진 모갑경 목우 무상 문국주 문동환 문양기 문정식 문정현 박광선 박규학 박덕신 박명서 박병준 박봉배 박봉양 박상영 박석진 박선균 박성렬 박승원 박우성 박윤정 박은국 박종기 박준철 박창균 박창신 박철주 박항호 박형규 박호인 박희봉 방영종 방철호 배영진 배은하 배진구 법명 법성 법연 법정 변광순 변철규 보각 서동석 서상범 서재일 서춘배 석담 석주 석준복 석찬귀 선종 선혜 설삼용 성문 성본 성조 송진 송문식 송병수 송병철 송성식 송인정 송홍철 수완 신두수 신삼석 신영철 신현만 신현봉 신현태 안광덕 안기중 안병무 안상혁 안승길 안창협 안충석 안호석 양홍 양영수 양요섭 엄마리 여연 여의구 염영일 영담 오기만 오병수 오성백 오요한 오재식 오충일 오태순 원각 원광 원금순 원명 원유술 원종 원타 원행 원혜 원홍식 월서 월주 유근복 유성일 유영래 유인창 유재덕 유재준 윤영애 윤용남 윤창화 이철 이계문 이귀선 이귀철 이귀철 이규영 이규호 이길수 이대수 이동련 이명준 이병돈 이상구 이상복 이상헌 이석환 이성길 이성길 이성득 이수현 이승홍 이용섭 이응석 이재을 이재휘 이종옥 이종옥 이준형 이철호 이춘우 이태우 이학근 이한영 이해동 이해욱 이해학 이호근 이흥섭 이희동 인명진 일원 일진 일초 임기준 임기택 임병태 임태섭 임호출 자 명 장기천 장문영 장승현 장의성 전달수 정병금 전양권 전이상 정일 정각 정규완 정기철 정상억 정세균 정우겸 정웅모 정월기 정의덕 정진 정진일 조구정 조규남 조규덕 조남기 조성교 조승균 조승혁 조용술 조응환 조일선 조정율 조창래 조학문 조화순 종열 주영 지선 지원 지종 지환 진각 진관 진우 차구영 차기병 차유황 청화 최기서 최기식 최석호 최원일 최창수 최창의 최치규 탁헌상 평상 표환규 하화식 한규준 한사석 한상렬 한숙자 한시석 한연홈 한용희 함세웅 허근 허병섭 허성학 허원배 허중식 허철수 현공 현기 현응 현정 혜성 홍승권 홍충수 황규록 황양주 황인성 황인하(354명)

출판·광고계_ 강한영 고춘남 곽진태 권병일 권병태 김경희 김성재 김순이 김영종 김용희 김인혜 김제원 김종수 김준묵 김충식 김태경 김태형 김학민 김현표 나병식 나혜원 문애란 문이경 박기봉 박맹호 박병진 박인혜 박종만 박지서 박지열 백낙신 변녹진 서순일 서정옥 설호정 성욱 성상건 소병훈 송재완 원황철 윤석태 윤형두 이범 이갑섭 이강우 이건복 이기웅 이기후 이동명 이두영 이만재 이영원 이우희 이의영 이정호 이종복 이철지 임승남 임응배 임한규 임흥조 장정학 전병석 정선근 정양섭 정필영 정해렴 조남일 조상호 진철승 최동전 최민지 최선호 최영희 한창기 함영희 황건 황세연(78명)

2. 인천·경기

대학교수_ 강남훈 강돈구 강영선 곽기완 국순옥 김경모 김경인 김기삼 김대환 김문창 김성재 김영규 김영호 김윤자 김준기 김진우 김창락 박광용 박영일 박영호 박종화 서굉일 설준규 성완경 송영배 신영상 신황호 안병우 안병욱 안병학 안희수 양계봉 오영석 우명섭 원종례 유영준 윤호균 이경호 이기영 이미숙 이세영 이순근 이승교 이시재 이영자 이영훈 이윤구 이정용 이준모 이한주 임명방 정요일 정자환 정재훈 조현연 차봉희 최순남 최원식 최천택 한영국 홍영복 홍정선(62명)

민주·사회단체_ 강근희 강희대 권병기 김관식 김동기 김명식 김명종 김민태 김영준 김지선 박귀현 박기순 박동래 박일성 박종훈 성수열 성원주 송봉길 안영근 염범석 오순부 이교성 이교정 이민우 이봉일 이성식 이숭일 이용원 이우재 이종열 이호웅 이희영 임송남 장인숙 장정옥 전광희 정완립 제정구 조인진 지용택 최순영 하동근 한기철 한덕희 한완수 허두측 홍성복 황선진 황주석(49명)

법조_ 고경심 김상철 김승래 김승묵 김찬기 박운식 신명호 안용태 이동열 이창진 이탁규 최수자 홍성훈(13명)

시민_ 강병택 강신중 김구연 김동선 김무길 김영팔 김오일 김원식 김정수 김정열 김혜식 박남수 박대호 박동선 박인홍 박찬옥 박청일 배중길 백국종 선호균 성낙수 송지수 안삼룡 양지환 염명순 오형국 용한신 용환신 유석호 이광재 이동기 이병 이양우 이완주 이용현 이원규 이은철 이은학 이현수 인태선 정공훈 정승렬 조명숙 조용명 조우성 최풍식 하태연 한영환 한윤수 홍성걸 황성숙(51명)

종교계_ 김명욱 김정택 김지한 맹완재 박영모 박종열 백도기 송병구 윤지석 이경수 이근창 이덕상 이승복 이은규 현명수 호인수 홍창만(17명)

3. 강원도

대학교수_ 강치원 김건수 김성기 김영 김영명 김용은 김재환 노명식 배동인 백영서 손병암 손주일 오경심 오춘택 오태현 이경수 이병천 조인형 최창희 홍숙기 김성목 김종화 이계호 황재우(24명)

민주·사회단체_ 고광섭 성원주 홍재경(3명)

4. 충청북도

대학교수_ 강철구 강형기 강혜숙 고병호 고석하 구연철 권영태 권오룡 김갑기 김병태 김복문 김우식 김정기 김종원 김종하 김진기 김철 김홍숙 남기민 남재봉 노경희 민경희 박정규 박정수 박허식 배병균 배영목 서관모 서대식 손문호 송규범 신호철 안상헌 양기석 양병기 오제명 유지훈 유초하 윤광흠 윤구병 윤기영 이승복 이옥경 이장희 이종철 이주현 이해복 전채린 전형준 전환성 정동호 정선영 정진경 정초시 정호영 조승래 조흥식 차범석 최병수 최세만 한석태 한홍렬 허석렬(63명)

법조계_ 김덕배 김희식 박기식 이유근 이태화 정영수 정지성(7명)

시민_ 고찬재 권영국 김성구 류사혁 문성식 박수용 유선요 유운기 이관복 이승원 이유중 이주형 이철수 정규영 정명희 정문화 조성현 주재성 진영희 최병찬 황선욱(21명)

종교계_ 김창규 서정소 연제식 이도형 이쾌재 이현로 장성택 정차기 최현성(9명)

5. 충청남도

대학교수_ 김병욱 김정헌 김흥수 박노영 손명환 이목훈 이병주 이승원 전철환 정명교 정윤애 표언복 허수열(13명)

민주·사회단체_ 강구철 김신환 김필중 박영기 양봉석 오원진 유희영 이규동 이번영 이종근 이하원 장수찬 정효순 최교진 최윤석 한의택(16명)

시민_ 강연숙 권술룡 김경희 김대기 김상호 김석희 김승영 김옥엽 김우룡 김창수 남성현 민명수 서득원 송석인 송치호 양충모 유인종 이의영 정락기 조수형 진병관 채정숙 한기온 황인준(24명)

종교계_ 강우석 구봉완 권영각 김순호 김영범 김용호 노정길 박종덕 박철규 원형수 유영소 이광수 이명남 이선주 이춘복 장길섭 전용호 정창수 조홍구 현광희 황대성(21명)

6. 전라북도

대학교수_ 강건기 강성 강태권 고덕곤 고상순 권문봉 김경욱 김도종 김성환 김승수 김영기 김영정 김용우 김용욱 김의수 김일광 김일환 김재용 김종국 김희준 류종완 문제안 박광서 박동규 박명규 박영학 박종렬 박준완 박중정 박태영 백승화 백의선 봉필훈 서정철 신순철 심호택 오하근 위행복 유제호 윤덕향 윤미길 윤인선 이석영 이석형 이용인 이우정 이종민 이현순 이호선 임옥상 임철호 정두희 정명기 정초왕 정학섭 조순구 조영철 최규호 최준석 최중열 한단석 허걸(62명)

민주·사회단체_ 강세현 태재원 황용만(3명)

시민_ 김동준 김명순 김문기 김인철 김종철 김철용 두치현 류태헌 변형수 송돈자 신동룡 심병호 심은숙 엄영택 오탄 유지은 이강진 이금자 이기연 이난희 이한삼 임승식 조성용 진승호 채용석 한애규(26명)

의학·한의·약학_ 김성태 김용범 서지영 장태안 황정연(5명)

종교계_ 백남운 이점용(2명)

7. 광주·전남

대학교수_ 고재기 고형일 김광수 김당택 김동원 김동중 김동희 김상형 김선부 김윤수 김재률 김정수 김정완 김종재 김현종 나병식 남성훈 노희관 명노근 문순태 박광서 박만규 박상철 박인수 박충년 배영남 서곤 송기숙 송정민 신경호 오국주 오재일 위상복 윤희면 이경운 이광우 이방기 이상식 이석연 이왕근 이정완 이지헌 이창인 임기건 임현숙 장신 정대수 정의석 정재윤 조담 조승현 지병문 지성애 차성식 최민 최영태 최진수 한상완 홍덕기(59명)

민주·사회단체_ 김경천 김영대 김영진 김영호 김윤기 김은수 김재균 문홍기 박무 오광주 오흥상 윤용상 윤후근 이래일 이학영 조아라 천기옥 허진명(18명)

시민_ 고병상 고영천 고재청 곽종철 국석표 기재필 김대규 김병채 김상곤 김성남 김신근 김신용 김양진 김영일 김옥태 김용전 김정성 김제평 김천배 김헌 김호천 김홍길 김회현 리병재 마원훈 문병회 박광식 박국철 박두규 박석무 박순자 박용수 박정규 박준 박행삼 박형선 박희서 배은심 서명원 서준만 송선태 안성례 양창렬 양천택 염장렬 오수성 위의환 위정철 유공숙 유상표 유성수 유연창 유형근 유효숙 이대우 이상문 이상석 이석찬 이철환 이항규 임봉한 임승식 임종하 임추섭 장길석 장휘국 전희장 정광식 정규철 정동년 정삼균 정승욱 정용화 정일섭 정철웅 정혜숙 조영 조점복 조한유 최답천 최대봉 최연섭 하재귀 한민수 한상석 한정수 한혜정 홍기룡(88명)

의학·한의·약학_ 강진상 구석원 국태진 김광호 김용일 김원기 김종영 민장식 신영환 윤광섭 이기영 이수헌 정만영 정수용 조기영 조남중 허경룡 허학부 황성하(19명)

종교계_ 강신석 김정면 김희중 박광식 윤구현 윤기석 정형달 조철현(8명)

8. 대구·경북

대학교수_ 강대석 강대인 권영규 권오대 권오중 권이구 김민남 김세철 김윤수 김종길 김종민 김종철 김혈조 김형기 민병준 민주식 박승길 박찬석 박현수 서정숙 서종학 성삼경 성호경 송병순 신현직 심희기 염무웅 윤병철 윤세훈 윤영천 이개석 이규성 이덕성 이덕형 이상욱 이성대 이성복 이수인 이윤갑 이윤석 이재성 이정옥 이정우 이종오 임병훈 장지상 정석종 정지창 정태철 주보돈 최광식 최상천 최익주 황태갑(54명)

민주·사회단체_ 김종필 나우웅 마경렬 이정우 이종원 전호영 조창래(7명)

시민_ 권혁주 남상용 박문성 박방희 박호성 신봉호 유시훈 이영희 이진구 전경상 조병한(11명)

의학·한의·약학_ 김용범 박승국 유성규(3명)

9. 부산·경남

대학교수_ 강영조 강인순 강재태 고석남 고재문 공명복 곽상진 권철현 김계섭 김공대 김광철 김기석 김남석 김대영 김덕현 김동수 김동철 김봉렬 김상온 김석준 김석희 김선범 김선중 김성득 김성언 김성연 김성열 김세윤 김승석 김승환 김양화 김연민 김영주 김용기 김용운 김유동 김유일 김의동 김일현 김재현 김종덕 김종현 김준형 김지화 김진식 김차두 김창호 김학범 김학수 김해명 김현우 노원희 명형대 문병근 문치은 문현병 민병기 민병위 박동혁 박령 박무호 박민선 박순태 박영태 박유리 박육현 박인호 박일근 박재환 박종근 박종윤 박종진 박종탁 박주철 박철수 박홍규 박희병 배경한 배흥규 백좌흠 백혜숙 서정근 서헌제 서혜란 성인수 손성호 손진우 손현숙 손호은 송무 신동순 신진 심지연 안미영 안승욱 안신호 안원현 안지환 안철현 엄국현 여성구 여운필 오상헌 오상훈 오정섭 우창웅 원상기 유낙근 유장근 유재건 유희수 윤문숙 윤병희 윤용출 이규정 이기영 이도수 이명재 이병화 이봉근 이상목 이성현 이성훈 이송희 이수동 이승현 이연규 이영기 이영덕 이영석 이영일 이영철 이은우 이재하 이재희 이종석 이준식 이창호 이필영 이학주 이현석 이혜숙 이호열 이훈 임영일 임정덕 임종운 장기풍 장남수 장대익 장동표 장희창 전국서 정기영 정기호 정명환 정문성 정민자 정상윤 정성진 정성훈 정영숙 정의광 정진상 정진주 정태훈 정홍섭 조계찬 조인성 조현선 조홍제 진영철 채상식 채숙희 채희완 최덕규 최상경 최영규 최영순 최원준 최유진 최일 최정일 최태룡 태선영 표교열 하일민 한규철 한규희 한석태 허권수 허영재 허평길 홍금희 홍성군 홍순찬 황준연 황창윤 황한식(199명)

민주·사회단체_ 고승안 김명재 김종석 김창남 김희욱 도재원 박병철 백인 서영창 유경호 이경숙 김광남 이봉군 이상익 임정남 전성은 정동화 정찬용 정혜란 조현주 주중식 최윤규 하동삼 허진철(24명)

법조계_ 김광일 노무현 문재인 박윤성 안병희 오장희 이규학 이형규 이흥록 장두경 정세용 정시영 조성래(13명)

시민_ 강병철 권희수 김건호 김경태 김규도 김극기 김근목 김기조 김동회 김병대 김사숙 김상배 김선희 김수경 김수태 김승기 김신부 김연만 김영옥 김영옥 김완식 김용 김윤환 김인자 김일 김일만 김정특 김종석 김종세 김찬환 김창수 김희로 도원호 박기만 박기찬 박복훈 박상도 박성원 박순섭 박순호 박정관 박정임 박희도 반병일 변수갑 변재관 서근수 서익진 서익진 신시범 신창호 안갑수 양인숙 윤동열 윤정규 이귀자 이길웅 이무웅 이상룡 이상순 이성기 이성순 이수성 이재업 이정자 이진오 장원덕 전정효 전희숙 정진원 주임환 최도술 최명수 최병두 최현두 하일 한영규 허재홍 허진수 황성근 황해순(81명)

의학·한의·약학_ 강세구 고광주 곽수훈 김대영 김세윤 김영세 김정일 김종명 김종석 김종하 김준호 김택영 김현식 남기탁 목길수 문백섭 문우환 박용수 박주미 배상도 배종삼 손광웅 이광주 이기선 이동환 이병옥 이상봉 이영준 이장호 이호재 임성조 전장화 조기종 주영광 차봉환 최영철 추창구 하영환(38명)

종교계_ 공명탁 김재헌 남주석 도승 박광선 소암 손덕만 송기인 송영웅 수안 신석규 염영일 원광 이일호 이재만 임명규 전병호 전재식 정영문 정허 조재영 조창섭 종수 최성묵 최철희 황대봉(26명)

10. 제주도

대학교수_ 고창훈 이상철 조성윤 한석기(4명)

민주·사회단체_ 김관후 김영추 김천석 노승권 이승익(5명)

시민_ 강삼 고시홍 김경옥 김창수 김창후 문무병 오성찬 한림화(8명)

이상 3317명

3. 창간 지지 원로 성명

성명서

새 신문 창간에 성원 바랍니다

우리는 70년대 중반부터 80년 초에 이르기까지 언론계의 일선에서 자유언론을 실천하려다 온갖 고난과 박해를 당한 사람들이 새 신문을 만들기로 했다는 소식을 듣고 자못 반가운 마음이 들었습니다.

새 신문은 기존의 신문과는 달리 돈 많은 사람들의 지배를 받지 않고 권력의 간섭에서도 벗어나려고 국민 여러분의 땀이 묻은 돈으로 살림을 시작하기로 했다고 합니다. 이는 일찌기 언론의 역사에 없었던 일입니다.

바른 소식을 애타게 기다리는 국민의 갈증을 해소시키고 국민의 알 권리를 충족시켜줄 새로운 신문의 출현이 절실히 요구되고 있습니다. 이번에 첫걸음을 내딛는 새 신문은 국민이 알아야 할 것을 알리고 비판해야 할 것을 제대로 비판해서 우리의 이러한 소망을 풀어줄 것으로 확신하며, 이들의 이 역사적인 작업이 열매를 맺을 수 있도록 각계의 대표들과 시민 여러분이 새 신문에 적극 참여하시고 이 신문을 아끼고 키워주시기를 간곡히 당부 드립니다.

창간지지 원로 24명

김관석 김수환 김옥길 김정한 김지길 문익환 박경리 박두진 박형규 박화성 변형윤 성내운 송월주 윤공희 이돈명 이우정 이태영 이효재 이희승 조기준 지학순 함석헌 홍남순 황순원

1987년 10월 12일

4. 창간사

우리는 떨리는 감격으로 오늘 이 창간호를 만들었다. 세계에서 일찍이 유례를 찾아볼 수 없는 국민 모금에 의한 신문 창간 소식이 알려지자 그간 수십 명의 외신 기자들이 찾아 왔고, 우리 역시 억누를 수 없는 감격으로 전혀 새로운 신문의 제작에 창조적 긴장과 흥분으로 이날을 맞이하였다.

한겨레신문의 모든 주주들은 결코 돈이 남아돌아 투자한 것이 아니요, 신문다운 신문, 진실로 국민 대중의 입장을 대변해주는 참된 신문을 갈망한 나머지 없는 호주머니 돈을 털어 투자한 어려운 시민층이므로 이 신문은 개인 이익에서 벗어나지 못하는 재래의 모든 신문과는 달리 오로지 국민 대중의 이익과 주장을 대변하는 그런 뜻에서 참된 국민 신문임을 자임한다.

이와 같은 점을 염두에 두고 우리는 다음과 같은 원칙에서 앞으로 새 신문을 제작하고자 한다.

첫째, 한겨레신문은 결코 어느 특정 정당이나 정치세력을 지지하거나 반대하는 것을 목적으로 하지 않을 것이며, 절대 독립된 입장, 즉 국민 대중의 입장에서 장차의 정치·경제·문화·사회 문제들을 보도하고 논평할 것이다.

왜 이 같은 점을 강조하느냐 하면 지금까지 거의 모든 신문들이 말로는 중립 운운하면서 현실로는 언제나 주로 권력의 견해를 반영하고, 한때는 유신체제를 지지하다가도 전두환 정권이 들어서자 어느새 유신을 매도하고, 새 시대 새 질서를 강조하고, 노태우 정권이 들어서자 일제히 이제까지 우러러 모시던 전 정권을 매도하는, 하룻밤 사이에 표변하는 자주성 없는 그 제작 태도야말로 사회 혼란을 조장하는 지극히 위험한 언론으로 보지 않을 수 없기 때문이다.

우리가 특별히 야당 여당 할 것 없이 어떠한 정치세력과도 특별히 가까이 하지도 않고, 특별히 적대시하지도 않고 오로지 국민 대중의 이익과 주장만을 대변하겠다는 이유가 여기에 있는 것이다.

재래 신문사의 많은 언론인들이 이렇게 표변하는 까닭은 그 원인을 그들의 윤리도덕에서 찾을 것이 아니라 오늘의 한국 언론기업의 구성이 이미 순수성을 잃고 독립성을 상실하고 있기 때문이다.

한겨레신문이 정치세력 앞에 공정할 수 있는 힘은 무엇보다도 신문사의 자본 구성이 국민 대중을 바탕으로 삼고 있기 때문이다.

우리는 한겨레신문이 정치적으로 절대 자주독립적임을 거듭 밝히고자 한다.

둘째, 한겨레신문은 절대로 특정 사상을 무조건 지지하거나 반대하지 않을 것이며, 시종일관 이 나라의 민주주의 실현을 위해 분투 노력할 것이다.

우리는 오늘의 현실에서 크게 벗어나지 않는 범위 안에서 사상적으로 자유로운 입장임을 거듭 밝힌다.

한겨레신문이 이 사회에 민주주의 기본 질서를 확립하고자 하는 염원 외에는 어떠한 사상이나 이념과도 까닭 없이 가까이하거나 멀리하지 않을 것을 밝히고자 하는 것이다.

그간 우리나라는 일부 정치군인들이 쿠데타로 정권을 탈취, 고도성장을 이루어놓았다고 구가하고 있으나, 안으로는 빈부의 차를 심화시키고 밖으로는 예속적 경제구조를 굳혀, 성장이 되면 될수록 오히려 사회불안이 조성된다는 지극히 위험한 상황에 놓여 있다.

반항적인 민중이 경제성장이 되면 될수록 더욱 거세게 저항하는 이유가 여기에 있음을 간과해서는 안 된다.

이제까지 집권자들은 이러한 불안정을 경제정책의 민주화로 개혁할 생각은 않고, 안보를 강조하여 반항하는 민중을 탄압하는가 하면 한편에서는 각종 구실로 언론자유를 억압하여 정보를 독점하고, 그 뒤에서는 권력을 휘둘러 부정과 도둑질을 자행하여 당대에 천문학적인 치부를 하는 것이 이제까지 우리

나라 권력의 일반적 행태였다.
자유롭고 독립된 언론은 따라서 권력의 방종과 부패를 막고 국민의 민권을 신장하여 사회 안정을 기할 수 있는 가장 믿을 수 있는 운동이랄 것이다.
이 나라의 민주화는 남북 간의 관계 개선을 위해서 특히 동족의 군사 대결을 지양하고 통일을 이룩하는 데 있어 절대적인 조건이 될 것이다.
치부를 위해 광분하는 자일수록 남북 간의 군사 대결을 필요로 하고, 그럴수록 안보를 강조하고, 정보를 독점하여 독재를 자행하는 것이 이제까지 이 나라의 독재정권의 특징이기도 했다.
따라서 민주화는 남북 문제의 해결에 불가결의 조건이 되나 한편 남북관계의 개선은 민주화를 위해 불가결의 조건이 된다는 것을 깨달아야 한다. 민주화와 남북관계의 개선은 떼어서 생각할 수 없는 한 가지 문제의 표리를 이루고 있다는 것을 깨달아야 한다.
남북통일 문제는 전 민족의 이해관계와 직결된 생사가 걸린 문제로서, 어느 누구도 이를 독점할 수 없으며, 이런 뜻에서도 민주화는 기필코 실현되어야 한다.
한겨레신문은 따라서 이 나라에 이제까지 이데올로기로서만 이용되어온 민주주의와 자유로운 언론을 실현하기 위해 앞장서 노력할 것이다.
신문사에서는 자기 봉급의 절반도 안 되는 수입을 감수하고, 참된 신문 기자가 되어보겠다고 기정 타 신문사에서 옮겨온 야심적인 기자들이 수십 명에 달하고, 다른 어느 신문사보다도 치열한 경쟁을 뚫고 합격한 유능한 수습사원들이 수두룩하고, 그리고 온갖 어려움을 무릅쓰고 십여 년간 신문다운 신문을 만들어보겠다고 온갖 고난을 참고 오늘까지 견뎌온 수십 명의 해직기자들이 중심이 되어 제작에 참여하고 있으므로, 한겨레신문의 등장은 틀림없이 타성과 안일 속에 젖어 있는 기성 언론계에 크나큰 충격과 파문을 일으켜 한국 언론에 하나의 획기적인 전기를 가져올 것으로 믿어 의심치 않는다.
한겨레신문의 3만 명에 달하는 주주들은 참된 신문을 만들어보겠다는 일념으로 가난한 호주머니를 털어 투자를 했다. 그러나 이와 같은 염원은 오늘날 4000만 전체 국민 대중의 꿈이지 어찌 한겨레 주주들만의 꿈이겠는가.
한겨레신문은 실로 4000만 국민의 염원을 일신에 안고 있다 해도 과언이 아니다. 따라서 한겨레는 기성 언론과는 달리 집권층이 아닌 국민 대중의 입장에서 나라의 정치·경제·사회·문화를 위에서가 아니라 밑에서 볼 것이다. 기성 언론과는 시각을 달리 할 것이다.
5월 15일 창간일을 맞아 밤잠을 설치고 창간 준비에 심혈을 바친 300여 사원들의 노고를 만천하의 독자들에게 알리며, 참된 언론을 지향하는 한겨레신문에 뜨거운 격려와 성원을 보내주시기를 손 모아 빌고자 한다.

1988년 5월 15일

송건호

5. 윤리강령·윤리강령 실천요강

〈 한겨레신문 윤리강령 〉

한겨레신문은 이 땅에 민주주의와 민주언론을 실현하려는 국민들의 오랜 염원과 정성이 모아져 창간되었다.

한겨레신문의 모든 임직원은 한겨레신문이 국민에 의해 만들어진 국민의 신문임을 언제나 마음에 새기고 우리의 언론 활동은 국민의 뜻을 표현하고 실현하기 위한 것임을 잊지 않는다.

한겨레신문은 우리 사회의 민주화를 실현하고 분단을 극복하고 민족의 자주적 평화통일을 앞당기며 민중의 생존권을 확보·향상시키는 데 이바지해야 할 역사적 과제를 안고 있다.

이 같은 사명을 다하기 위해서는 언론의 사회적 책무에 따르는 언론인 자신의 도덕적 결단과 실천 속에서 진실한 보도와 건전한 비판이라는 언론 본연의 역할이 수행되어야 할 것임을 우리는 믿는다.

이에 한겨레신문 임직원 모두는 다음과 같은 윤리강령을 만들어 이를 지킴으로써 민주 이론을 실천하고 언론인으로서 올바른 자세를 갖출 것을 다짐한다.

1. 언론자유의 수호

1) 우리는 언론의 자유와 표현의 자유가 인간의 기본적인 권리이며 모든 자유의 기초임을 믿는다. 따라서 언론 자유의 수호는 한겨레신문사에서 일하는 우리 모두의 의무이다.

2) 우리는 스스로의 판단에 따라 신문을 만들며 정치권력을 비롯한 외부로부터의 어떤 간섭도 배격한다.

3) 우리는 한겨레신문이 특정 자본으로부터 독립하기 위해 과점주주가 회사의 경영권을 사유화하는 것을 막는다. 정치권력과 자본으로부터의 독립은 한겨레신문의 움직일 수 없는 원칙이다.

2. 사실과 진실보도의 책임

1) 우리는 상업주의, 선정주의 언론을 배격한다.

2) 우리는 나라와 민족, 세계의 중대사에 관하여 국민이 알아야 할 진실을 밝힌다. 사실과 진실을 바르게 전달하지 않는 것은 언론인으로서 알릴 권리와 의무를 저버리는 것이며 국민의 알 권리를 침해하는 것이다.

3) 우리는 불의와 부정에 대한 비판자로서 봉사하며 정치권력 등에 의한 인권침해를 파헤친다.

4) 우리는 광고주나 특정 이익단체의 청탁이나 압력을 배제한다.

3. 독자의 반론권 보장

우리는 독자의 반론권을 보장한다.

4. 오보의 정정

우리는 잘못 보도한 것이 확인되었을 때 이를 인정하고 바로잡는다.

5. 취재원의 보호

우리는 기사의 출처를 밝히지 않기로 한 약속을 반드시 지키며 기사 내용을 제공한 사람을 보호한다.

6. 사생활의 보호

우리는 공익을 위한 것이 아닌 한 보도 대상의 명예와 사생활을 존중한다.

7. 정당 및 종교 활동에 대한 자세

우리는 정당에 가입하지 않으며 특정 정당이나 특정 종교 및 종파의 입장을 대변하지 않는다.

8. 언론인의 품위

1) 우리는 신문제작과 관련하여 금품·기타 부당한 이익을 얻지 않는다.

2) 우리는 개인의 이익을 위해 기사를 쓰거나 다루지 않는다.

9. 판매 및 광고 활동

우리는 상도의에 벗어나는 거래를 하지 않는다.

10. 사내 민주주의 확립

우리는 사내의 문제에 대해 자유롭게 의견을 내고 이를 모아 신문제작과 회사의 운영에 반영한다.

11. 윤리실천 요강

이 윤리강령을 실천하기 위해 실천요강을 따로 마련한다.

12. 윤리위원회

이 윤리강령과 실천요강을 지키기 위해 윤리위원회를 둔다. 윤리위원회에 관한 규정은 따로 마련한다.

13. 시행

이 윤리강령은 1988년 5월 5일부터 시행한다.

〈 한겨레신문 윤리강령 실천요강 〉

한겨레신문사의 모든 임직원은 윤리강령을 바탕으로 하여 다음과 같은 실천요강을 지키기로 다짐한다.

1. 언론자유의 수호

1) 우리는 외부의 간섭이나 압력에 의한 편집권의 침해를 막기 위해 모든 노력을 다한다.

2) 우리는 수사·정보기관원의 신문사 출입 및 신문제작과 관련한 불법연행을 거부하며 부당하게 연행되었을 때에는 원상회복을 위해 힘을 합쳐 대처한다.

2. 금품

1) 우리는 윤리강령에 어긋나는 금품을 정중히 사절한다. 자신의 직무와 관련해 배우자에게 전달되는 금품도 마찬가지다. 금품이란 다음의 어느 하나에 해당하는 것을 말한다.

① 금전, 유가증권, 부동산, 물품, 숙박권, 회원권, 입장권, 할인권, 초대권, 관람권, 부동산 등의 사용권 등 일체의 재산적 이익

② 음식물·주류·골프 등의 접대·향응 또는 교통·숙박 등의 편의 제공

③ 채무 면제, 취업 제공, 이권 부여 등 그 밖의 유형·무형의 경제적 이익

2) 금품이 자신도 모르는 사이에 자신 또는 배우자에게 전달되었을 때 윤리위원회에 지체 없이 서면(전자문서 포함, 이하 같음)으로 신고함과 동시에 이를 제공자에게 즉시 반환하여야 한다. 단, 받은 금품이 다음 각 호의 어느 하나에 해당하는 이유로 되돌려 보내기가 어려울 때에는 윤리위원회에 이를 인도한 후 윤리위원회의 처분에 따른다.

① 멸실·부패·변질 등의 우려가 있는 경우

② 해당 금품의 제공자를 알 수 없는 경우

③ 그 밖에 제공자에게 반환하기 어려운 사정이 있는 경우

3) 사교·의례 등의 목적으로 제공되는 음식물·경조사비·선물로서 법정 가액 범위 안의 금품은 위 1), 2)항의 예외로 할 수 있다. 여기서 ① 음식물은 제공자와 함께 하는 식사, 다과, 주류, 음료 등을, ② 선물은 금전 및 음식물을 제외한 일체의 물품을, ③ 경조사비는 축의금, 조의금 등 각종 부조금과 화환·조화 등 부조금을 대신하는 선물·음식물을 말한다.

4) 위 3)항의 '예외로 할 수 있는 금품'의 기준은 음식물 3만 원, 선물 5만 원, 경조사비 10만 원 이하로 한다. 다만, 음식물과 선물을 함께 받는 경우 그 가액을 합산해 5만 원 이하로 한다. 부조금과 선물, 음식물을 함께 받는 경우 그 가액을 합산해 10만 원 이하로 한다. 이 기준 가액을 초과하는 선물을 받는 경우 즉시 윤리위원회에 귀속시키고 윤리위원회가 이를 처리한다.

5) 우리는 신문사의 지위를 이용하여 상품을 무료로 또는 할인해서 구입하는 등 상거래에서 부당한 이익을 얻거나 그 밖의 개인적 이득을 꾀하지 않는다.

3. 보도 및 논평자료

우리는 보도 및 논평에 필요한 서적이나 음반 및 테이프 등 자료를 받을 수 있다. 이 같은 자료는 회사의 소유로 하고 활용이 끝나면 정보자료부서로 이관한다.

4. 취재비용과 여행

1) 우리는 취재에 필요한 경비를 스스로 부담한다. 다만 일반적으로 승인된 취재 편의가 제공된 경우에는 그렇지 아니하다.

2) 우리는 직무와 관련된 공식적인 행사에서 주최자가 통상적인 범위에서 일률적으로 제공하는 교통, 숙박, 음식물 등의 경우를 제외하고는 남의 비용으로 출장이나 여행, 연수를 가지 않는다.

3) 윤리위원회는 출장과 연수가 윤리강령에 어긋나는지의 여부를 정기적으로 점검한다.

4) 외부 지원이 전체 또는 일부 포함된 취재, 출장 및 여행 등의 신청서는 사전에 윤리위원장을 경유해야 한다.

5. 다른 목적을 위한 정보활동 금지

우리는 언론활동 이외의 목적으로 정보나 자료를 수집하지도, 제공하지도 않는다. 또 회사의 운영이나 신문 제작의 기밀을 누설하지 않는다.

6. 외부활동

우리는 공공의 이익과 본인의 발전을 위해 회사 업무 외의 외부활동에 종사할 수가 있다. 하지만 이 과정에서 한겨레의 명예와 이익에 반하지 말아야 하며, 윤리위가 정한 지침에 따라야 한다(2009년 6월 19일 개정).

– 대가를 받고 하는 외부 강의 등 외부활동에 관한 윤리위원회 지침 별도 제정

7. 부정청탁의 금지

1) 우리는 어떠한 부정청탁도 하거나 받아서는 안 된다. 만약, 부정청탁을 받았을 때에는 부정청탁을 한 자에게 이를 거절하는 의사를 명확히 표시하여야 한다.

2) 위 1)항에 따른 조치를 하였음에도 불구하고 동일한 부정청탁을 다시 받은 경우에는 이를 윤리위원회에 서면으

로 신고하여야 한다.

3) 위 2)항의 신고를 받은 윤리위원회는 신고의 경위·취지·내용·증거자료 등을 조사하여 신고 내용이 부정청탁에 해당하는지를 신속하게 확인하고 필요한 조치를 취해야 한다.

8. 위반행위의 신고

누구든지 회사 내에서 이 실천요강의 위반행위가 발생하였거나 발생하고 있다는 사실을 알게 된 경우에는 윤리위원회에 신고할 수 있다.

9. 윤리위원회

윤리위원회는 윤리강령과 실천요강, 지침이 지켜지고 있는지를 심의·판단하여 필요한 조처를 취한다.

10. 시행

1) 이 실천요강은 1988년 5월 5일부터 시행한다.
2) 이 실천요강은 2001년 8월 10일부터 개정 시행한다.
3) 이 실천요강은 2009년 6월 19일부터 개정 시행한다.
4) 이 실천요강은 2013년 11월 5일부터 개정 시행한다.
5) 이 실천요강은 2016년 9월 20일부터 개정 시행한다.

6. 취재보도준칙

전문

1988년 국민의 성금을 바탕으로 이뤄진 한겨레신문의 탄생은 한국 언론사에서 커다란 의미를 지닌 사건이었다. 그것은 권력과 자본으로부터 독립된 신문의 등장이었을 뿐만 아니라, 군사독재 아래서 길들여지고 망각되었던 언론윤리를 되살리는 광야의 불씨가 되었다.

한겨레신문은 창간과 함께 개별 언론사로는 처음으로 '윤리강령'을 제정하고, "사실과 진실을 바르게 전달하지 않는 것은 언론인으로서 알릴 권리와 의무를 저버리는 것이며, 국민의 알 권리를 침해하는 것"이라고 선언한 바 있다.

오늘날 우리나라 언론은 안팎으로 심각한 신뢰의 위기를 겪고 있다. 거친 취재 행태, 자의적인 기사 판단과 편집, 균형을 잃은 논조, 편집권에 대한 안팎의 압력과 간섭, 독자의 비판에 귀 기울이지 않는 독선, 공익과 사익의 혼동 등이 만연하고 있으며, 그것들은 서로 상승작용을 일으켜 언론에 대한 총체적 불신을 불러일으키고 있다. 한겨레신문 또한 신뢰의 위기를 자초한 책임에서 결코 자유롭지 못함을 겸허한 마음으로 받아들인다.

19년 전 이 나라에서 처음으로 엄격하면서도 자율적인 언론윤리의 실천을 주창한 한겨레신문은 이 땅의 언론이 스스로 쌓아온 불신의 벽을 허물고, 다시금 참 언론을 실현하는 선두에 서고자 정관과 윤리강령에 바탕을 둔 취재보도 준칙을 만들어 공표한다.

취재 및 보도 행위에 관한 준칙을 새롭게 만드는 까닭은 올바른 진실과 정확한 사실을 추구하는 신문 본연의 사명에 더욱 충실하기 위함이다. 보도와 논평 부문에 종사하는 한겨레신문사의 모든 구성원들은 취재보도 준칙의 제정 취지를 충분히 이해하고, 이를 성실하게 이행할 의무를 진다.

우리는 이 준칙을 바깥에도 널리 알려, 독자와 시민사회가 그 이행 여부를 엄격하게 감시하고 매섭게 질책해주기를 당부하고자 한다. 우리는 내부에 제도적 장치를 마련해 준칙의 이행 여부를 지속적으로 점검하고, 독자와 시민사회의 비판과 조언을 경청하여 부족한 점은 보완해나갈 것임을 다짐한다.

2007년 1월 29일 한겨레신문사 기자 일동

1장. 한겨레 기자의 책무

보도와 논평에 종사하는 한겨레신문사의 모든 구성원들은 어떤 권력으로부터도 독립하여 언론의 자유를 지킨다. 국민의 알 권리를 실현하기 위해 정확하고 공정한 보도를 통해 진실을 추구하며, 민주주의의 완성과 인권의 신장, 세계평화에 기여한다.

1. 〈진실 추구〉 국내외의 주요 사안 또는 사건의 진실을 최대한 완전하게 취재해 독자에게 알린다. 모든 형태의 권력을 감시하고, 부당한 권력과 부정부패에 맞서 사실을 찾아내고 진실을 밝히는 데 최선을 다한다.
2. 〈공공이익 우선〉 공공의 이익을 취재와 보도의 최우선 가치로 삼는다. 어떤 보도가 공공의 이익에 부합하는지는 사실과 양심을 바탕으로 독립해 판단한다. 공익 우선의 원칙에 반하거나 이를 침해하는 압력이나 부당한 간섭을 일체 배격한다.
3. 〈인권 옹호〉 갖가지 인권 침해를 감시하고 파헤쳐 이를 바로잡도록 하는 것은 한겨레신문의 중요한 사명 가운데

하나다. 인권을 침해하는 모든 형태의 불법, 폭력에 결연히 맞선다는 자세로 취재와 보도에 임한다.

– 나이, 성별, 직업, 학력, 지역, 신념, 종교, 국적, 민족, 인종에 따른 차별과 편견을 없애기 위해 노력한다.

– 정치적, 경제적, 사회적 약자가 불공정한 대우나 부당한 차별을 받지 않도록 감시자의 역할을 다한다.

– 언론자유와 인권 보호가 대립할 때에는 양자가 최대한 조화를 이루도록 노력하며, 개인 또는 단체의 명예와 사생활을 존중한다.

4. 〈편견의 배제〉 취재 및 보도 과정에서 편견과 선입견을 배제하고, 사실 그대로를 전하기 위해 최선을 다한다. 기자 개인이나 특정 집단의 정치적, 경제적, 사상적, 종교적, 이념적 신념 또는 이익을 위해 진실을 왜곡하거나 사실을 일부러 누락하지 않는다.

5. 〈독자 존중〉 정확한 보도를 요구하고 전달받을 독자의 권리를 존중한다. 보도와 논평에 잘못이 확인되면 최대한 신속하게 바로잡는다.

2장. 공정한 보도

6. 〈충분한 취재와 보도〉 보도할 가치가 있는 사안은 우리의 역량이 닿는 한 충분하게 취재해 독자에게 전한다. 독자가 사안의 본질과 전모를 파악할 수 있도록 여러 측면과 다양한 성격을 두루 짚는다.

7. 〈논쟁 중인 사안을 다룰 때〉 논쟁 중인 사안의 보도에서 균형을 잃지 않도록 노력한다. 기자는 이런 사안에 관해 예단을 갖지 않아야 하며, 어느 한쪽으로 치우치지 않도록 입장과 관점이 다른 여러 사람들을 두루 만나 취재한다.

8. 〈사회적 약자를 다룰 때〉 사회적 약자를 취재할 때에는 그 처지를 최대한 살핀다. 그러나 이들을 배려하고자 사실을 축소·과장·은폐·왜곡하지 않으며, 보도는 공정하게 한다.

9. 〈대립되는 이해관계를 다룰 때〉 개인 또는 집단의 대립되는 이해관계를 다룰 때에는 당사자의 입장을 공평하게 듣는다.

10. 〈국익〉 현존하는 긴급하고 명백한 사유가 전제되지 않는 한, 국익을 이유로 우리가 취재한 진실 또는 사실의 보도를 포기하지 않는다.

11. 〈남북관계를 다룰 때〉 남북관계, 북한의 제반 현실 등을 다룰 때 겨레의 항구적 평화를 바라는 분단국가의 언론인으로서 대결적인 시각을 배척한다.

12. 〈반론 기회의 보장〉 기사에서 불리하게 다뤄질 사람들에게는 자신을 방어하고 변호할 충분한 시간과 기회를 보장한다. 기자는 되도록 당사자를 직접 대면하고 주장을 듣는 성실한 노력을 기울여야 한다. 긴급한 상황에 따라 기사를 먼저 실었을 때에는 사후에라도 당사자의 정당한 반론은 기사로 쓴다. 다만, 명확한 사실로 확인됐거나, 진실이라고 믿을 만한 상당한 이유가 있는 경우는 예외로 한다.

3장. 정직한 보도

13. 〈확인 보도〉 확인된 사실을 기사로 쓴다. 사실 여부는 복수의 취재원에게 확인하도록 한다. 신속한 보도는 언론의 중요한 기능이지만, 속보 경쟁에서 앞서기 위해 확인되지 않은 정보를 함부로 보도하지 않는다. 취재원의 일방적인 폭로나 주장은, 독자적인 취재를 통해 사실 여부를 확인한다.

14. 〈사실과 의견의 구분〉 어떤 사건이나 사안을 보도할 때 확인된 사실과 기자의 주관적 견해·주장 등이 섞여 독자에게 혼란을 일으키지 않도록 각별히 주의한다. 기사나 논평, 사설과 칼럼 등에서 주어의 명시, 정확한 인용 표시와 같이 독자가 분명히 알 수 있는 방법을 사용하여 사실이나 사실에 대한 주장, 그와 관련한 필자의 의견이나 판단 등을 명확하게 구분한다.

15. 〈취재원의 실명 표기〉 모든 기사에는 취재원의 실명과 신분을 적는다. 다만 다음과 같은 예외적인 조건에 한해 취재원을 익명으로 표기할 수 있다.

① 의견이나 추측이 아니라 사실과 관련된 중요한 정보를 갖고 있는 취재원이 익명을 전제로만 말하겠다고 하는 상황에서 그 정보를 입수할 다른 방법이나 경로가 없다고 판단될 때.

② 취재원의 실명이 드러나면 각종 위해나 신분상 불이익에 노출될 위험이 있을 때.

사실에 관련된 정보가 아니라 의견이나 주장, 추측 등을 수집해 보도할 때에는 실명 표기를 원칙으로 한다. 익명으로 표기된 의견은 독자에게 '필자의 주관적 견해'라는 오해를 불러일으킬 수 있으므로 절대 남용하지 않는다.

16. 〈실명표기의 예외〉 각종 범죄의 피해자, 여성과 어린이를 포함한 성폭력 사건의 피해자, 범죄 혐의를 받고 있거나 유죄 판결을 받은 만 14살 미만(형사 미성년) 어린이 등을 취재원으로 인용할 때에는 익명으로 한다.
17. 〈익명 취재원의 표기〉 위 제16항을 제외하고, 취재원을 익명으로 적을 때에는 그 이유를 기사에 밝힌다. 취재원 보호라는 기본 틀 안에서, 익명 취재원의 일반적인 지위를 되도록 자세히 적는다.
18. 〈익명 취재원 보고와 비밀엄수 의무〉 기자는 기사에서 취재원을 익명으로 표기하더라도 그 실명과 신원, 익명으로 표기한 이유 등을 담당 편집장에게 보고하여야 한다. 보고를 받은 담당 편집장 또는 편집국장은 취재원의 신원을 비밀에 부칠 의무를 진다.
19. 〈출처의 명시〉 기사의 바탕이 된 모든 정보의 출처는 최대한 정확히 밝힌다.
20. 〈인용〉 문서, 문헌, 도서 등의 인용은 정확하고 엄밀하게 한다. 취재원의 말을 직접 인용할 때에는 원래 말한 그대로 쓰는 것을 원칙으로 한다. 다만, 취재원의 발언을 독자가 이해하기 어려울 것이라고 판단할 때에는 발언 취지를 최대한 살리는 선에서 변경하거나 적절한 설명을 덧붙일 수 있다.

– 취재원이 한 발언 그 자체가 아니라 취지만을 전달할 때에는 직접 인용구(겹따옴표)에 넣지 않도록 한다.
– 간접 인용을 할 때에는 독자가 간접 인용임을 분명히 알 수 있도록 인용한 사실과 출처 등을 적는다.

21. 〈기명 표기〉 기사의 기명란에는 해당 기사를 취재하고 작성한 기자의 이름을 쓴다. 한 기사를 쓰는 데 2명 이상의 기자가 관여했을 때에는 핵심적인 취재로 기사 기여도가 높은 기자의 이름을 먼저 적는다.
22. 〈거짓 인용·날조·표절의 금지〉 기사는 물론 취재와 관련된 기록·보고 등에 거짓 인용, 날조, 표절한 내용을 절대 쓰지 않는다. 뉴스를 다루는 기사에는 가공의 명칭, 나이, 장소, 날짜 등을 사용하지 않는다. 기획 기사 등에서는 독자의 이해를 돕기 위해 가명이나 가공의 인물을 사용할 수 있으나, 그 이유를 기사에 반드시 밝혀야 한다.
23. 〈사진의 근본적 변형 금지〉 사진은 촬영된 원본을 쓴다. 선명하고 정확한 사진을 위한 손질이라도 최소한에 그쳐야 한다. 원본 사진의 내용을 바꾸거나 조작하는, 근본적인 변형이 있어서는 안 된다.
24. 〈정보그래픽의 표시〉 정보그래픽을 만드느라 사진의 원본 이미지를 강화하거나 추출 또는 발췌했을 때에는 해당 이미지가 변형된 것임을 밝힌다. 정보그래픽에 사용된 자료의 원본과 그 출처를 명시한다.
25. 〈기사 입증의 책임〉 기자는 자신이 취재해 작성한 기사의 정확성을 입증할 최종적인 책임을 진다. 취재원한테서 직접 인용한 내용이 사실이 아닌 것으로 밝혀질 때에도 최종 책임은 기자에게 있다.
26. 〈바로잡음〉 잘못된 기사 내용은 적극적으로 바로잡는다. 바로잡음 기사는 충분하고, 분명하며, 정중하게 쓴다.

4장. 취재·보도의 기본자세

27. 〈취재할 때의 태도〉 진실을 끈질기게 추구하는 것은 기자의 본분이다. 취재를 할 때에는 당사자를 직접 만나는 것을 기본으로 한다. 취재원은 그가 개인이든 단체든 최대한 존중하며, 예의 바르고 성실한 태도로 대한다.
28. 〈취재의 수단과 방법〉 취재의 수단이나 방법은 취재하려고 하는 사안의 사회적 의의와 필요성, 긴급성 등을 종합적으로 고려해 판단한다.
29. 〈취재의 기록〉 취재 대상의 발언은 기록으로 남긴다. 보완수단으로써 녹음도 가능하다. 기자회견이나 공식 인터뷰 등을 제외한 녹음에는 반드시 취재원의 승낙을 받도록 한다. 단, 권력의 부정·비리나 반사회적 사안을 취재할 때는 예외로 할 수 있다. 이때는 취재에 앞서 담당 편집장의 승낙을 받거나 사후에 즉시 보고하도록 한다.
30. 〈사진 취재〉 특정한 개인을 촬영할 때에는 대상자의 동의를 얻는다. 다만, 개방된 공간에 공개돼 있는 사람들, 공인 또는 이에 준하는 인물, 공적 관심사에 해당하는 인물 등의 촬영은 예외로 한다. 사진은 연출하지 않는 것을 원칙으로 하되, 촬영 대상이 자세를 취해준 사진은 독자가 알 수 있도록 그 정황을 사진 설명에 담는다.
31. 〈인터넷 활용〉 국가기관이나 기업, 사회·시민 단체 등이 운영하는 공식 홈페이지의 내용은 공식적인 자료로 간주한다. 다만, 그 정보의 정확성과 시의성은 반드시 확인한다. 개인 홈페이지와 블로그 등도 취재의 단서로

활용할 수 있다. 이때에도 사실관계는 철저히 확인하며, 사실과 다를 경우 최종적인 책임은 기자가 진다.

32. 〈신분의 표시〉 취재를 위해 신분을 위장하거나 사칭하지 않는다. 취재할 때는 '한겨레 기자'라고 밝힌다. 상황에 따라 굳이 신분을 드러낼 필요가 없을 때, 공익을 위해 긴급하고 중대한 사안을 취재할 때는 이를 밝히지 않아도 된다. 다만, 후자의 경우에 기자는 취재에 앞서 담당 편집장의 승낙을 받거나 사후에 즉시 보고하도록 한다.
33. 〈취재원 보호〉 취재원과 약속한 실명 및 신원의 보호는 기자 개인은 물론 신문사의 기본윤리로서 어떤 경우에도 엄격히 준수한다.
34. 〈사생활 존중〉 취재원의 사생활(프라이버시)을 존중한다. 명백하고 긴요한 공적 관심사에 해당하지 않는 한, 취재를 명분으로 특정한 개인의 사적 영역 또는 그런 장소에서 이뤄지는 생활을 침해하지 않는다.
35. 〈희생자, 피해자 배려〉 사건·사고의 희생자, 범죄 피해자나 그 가족을 취재할 때에는 마음의 상처가 덧나거나 피해가 커지지 않도록 최대한 배려한다.
36. 〈기사 제공의 대가〉 금전적 보상을 전제로 한 취재원의 정보 제공이나 협조를 받지 않는다. 다만, 외부 필자의 칼럼, 정기적인 또는 선의의 기고와 좌담·자문, 인터뷰 참가자 등은 예외로 한다.
37. 〈차별적 표현의 배제〉 성별, 나이, 직업, 학력, 신념, 종교, 인종, 피부색, 지역, 국적, 민족적 배경은 물론 개인의 성적 정체성, 신체적 특성, 육체적·정신적 질병 및 장애 등과 관련해 선입견을 반영한 용어를 쓰거나 경멸적, 편파적, 선정적 표현을 사용하지 않는다.
38. 〈불쾌한 표현의 배제〉 폭력, 잔학행위, 성에 관한 표현 등에서 독자가 불쾌감을 느끼지 않도록 최대한 배려한다.
39. 〈범죄보도〉 자살 사건과 각종 범죄를 보도할 때에는 정황과 수법 등을 구체적으로 묘사하지 않는다. 특히 성폭력 사건의 보도에서는 자극적이거나 선정적으로 묘사하지 않는다.
40. 〈관련 법률 준수〉 헌법이 보장하는 언론자유의 범주 안에서 최대한 적극적으로 취재 활동을 하되, 취재 과정에서 적법한 절차에 따른다. 다만, 권력의 부정·비리나 공공의 관심이 높은 사건, 공공의 이익에 부합한다고 판단되는 사안 등 국민의 '알 권리'를 위해 필요한 경우는 예외로 할 수 있다. 이런 사안의 보도 여부 등은 한겨레신문사 안의 적절한 기구에서 판단한다. 이런 사안의 보도 결과로 빚어질 수 있는 사회적, 법률적 책임에 대해서는 이를 회피하지 않는다.

5장. 이해상충의 배제

41. 〈진실보도 우선〉 신문사나 기자 개인의 이익보다 진실을 앞세운다. 독자에게 진실을 알리기 위해 필요하다면 신문사나 기자의 불이익도 감수할 수 있다.
42. 〈보도목적 외 사용 금지〉 취재 과정에서 얻은 정보는 한겨레신문사의 자산이므로, 보도 활동에만 사용한다. 기자 개인이 이를 외부의 출판, 강연, 기타 활동에 활용하고자 할 때에는 사전에 신문사의 승낙을 얻도록 한다.
43. 〈사적 이익 추구 금지〉 취재 과정에서 얻은 정보로 기자 개인과 신문사의 이익을 추구하지 않는다. 취재 과정에서 알게 된 미공개 또는 비공개 정보를 주식이나 부동산 투자 등에 이용해 금전적 이익을 얻거나 손실을 회피하는 행위도 포함된다.
44. 〈이해관계 유의〉 기자 자신은 물론 친·인척의 정치적, 경제적, 사회적 이해관계가 취재 및 보도 행위에 영향을 끼치지 않도록 최대한의 주의를 기울인다.
45. 〈이해상충 가능성 배제〉 한겨레신문사 기자의 공정성을 의심하게 하는 대외 활동, 한겨레신문사의 신뢰와 명예를 훼손할 우려가 있는 행동을 하지 않는다.

부기

46. 〈확장 가능성〉 이 준칙은 종이신문과 활자 매체 이외에 인터넷과 이동통신 등을 바탕으로 하는 각종 전자매체에도 적용된다. 한겨레신문사 구성원들은 이 준칙을 새롭게 확장하고 발전시켜나갈 의무를 진다.
47. 〈세부 지침 마련〉 이 준칙의 구체화, 취재가 어려운 특별한 분야와 전문적인 영역 등에 대한 세부 지침은 이른 시일 안에 따로 마련해 시행한다.
48. 〈관리기구의 설치·운영〉 우리는 이 준칙의 성실하고 지속적인 이행을 위해 독자를 비롯한 외부의 비판을 겸허히 수용한다. 사내·외 인사를 망라한 관리기구를 설치하고, 그 평가를 독자에게 알린다.
49. 〈윤리강령 준수〉 준칙에 포함되지 않은 행동의 기준은

'한겨레 윤리강령'과 그 실천요강에 따른다.

50. 〈개정 절차〉 이 준칙은 필요에 따라 적절한 절차를 거쳐 개정할 수 있다.

7. 범죄 수사 및 재판 취재보도 시행 세칙

1. 기본 원칙

1) 시민의 알 권리는 어떤 상황에서도 충분히 보장되어야 한다. 이를 지키는 것은 언론의 의무이다. 또 수사와 재판을 받는 피의자(혐의자, 피고인)의 인권은 헌법과 법률에 따라 보호돼야 한다. 알 권리와 인권 보호는 어느 한쪽도 소홀히 할 수 없는 가치다.

2) 범죄 사건의 수사와 재판이 적절하고 공정하게 이뤄지는지 감시하는 것은 언론의 책무이다. 언론은 사건의 진실을 밝힘은 물론 수사 및 재판을 받는 이의 권리가 보장되고 지켜지는지 지속적인 관심을 기울여야 한다.

3) 범죄 수사 및 재판 보도에서도 법원의 확정 판결이 있기 전까지는 헌법상 무죄 추정의 원칙이 적용돼야 한다. 언론은 수사 및 재판을 받는 이에 대한 선입견을 갖거나 이를 드러내지 말아야 한다.

4) 피의자(혐의자, 피고인)는 수사기관과 대등한 위치에 있어야 한다는 점을 유의해야 한다. 범죄의 증거, 피의자와 수사기관의 견해 등은 법정에서 공개되고 검증되기 때문에 범죄 수사 때보다 재판 과정에서 양쪽의 견해가 분명히 전달될 수 있다는 사실에 유의해야 한다.

5) 수사기관의 발표에만 의존하는 보도는 자제한다. 어떤 경우에도 진실과 사실을 확인하기 위해 최선을 다해야 한다.

2. 균형 보도

1) 범죄 사건의 보도에서 수사 및 재판을 받는 이의 견해는 충실히 반영돼야 한다. 당사자의 견해를 직접 들을 수 없을 때는 변호인이나 가족, 지인, 동종 직업 종사자 등 관련 사안을 알 만한 사람에게서 견해를 들을 수 있다. 급박한 보도가 필요한 상황에서도 피의자(혐의자, 피고인) 쪽의 견해를 듣고 보도에 반영할 수 있도록 최대한 노력해야 한다. 그런 노력을 했음에도 견해를 들을 수 없었을 때는 그런 노력을 했다는 사실이 보도에 반영되어야 한다.

피의자 쪽의 견해는 후속 보도를 통해 반영되도록 해야 한다. 특히 범죄 사건에서 수사기관이나 일반인이 의혹을 품고 있는 중요하고 핵심적인 사항에 대한 피의자(혐의자, 피고인) 쪽의 견해는 반드시 보도에 반영해야 한다. 당사자가 견해를 밝히지 않는 경우, 밝히지 않았다고 보도한다.

2) 피의자가 받고 있는 범죄 혐의와 직접 관련이 없으면서도 당사자의 신뢰를 해칠 수 있는 수사기관의 일방적 진술에만 의존하는 보도는 하지 않는다. 수사기관이 전한 피의자(혐의자, 피고인)의 말과 태도를 보도할 때는 그런 수사기관의 전언이 피의자(혐의자, 피고인)의 권리와 이익을 침해하거나 이에 어긋나는 게 아닌지 세심한 주의를 기울여야 한다.

3) 일반인의 건전한 상식에 비춰, 수사나 재판을 받는 사람의 주장이 전혀 근거가 없거나 거짓임이 분명한 때, 자신의 권리를 지키는 것 외에 다른 이익을 얻거나 다른 부당한 목적과 관련된 것임이 분명한 때는 이를 싣지 않을 수 있다.

3. 기사의 표현

1) 독자의 생각과 판단을 오도할 수 있는 감정적, 단정적, 과장된 표현은 배제한다.

2) 확정 판결이 있기 전까지, 범죄 사건의 수사 및 재판에 관한 기사에서 피의자 또는 피고인 등이 받는 혐의 내용은 아직 확정된 게 아니라 수사기관이 밝힌 잠정적 사실에 지나지 않는다는 점이 분명히 드러나야 한다.

3) 기사의 맨 앞 문장은 피의자의 혐의가 사실로 확정된 것처럼 표현하지 않도록 한다. 혐의 내용을 마치 확정된 사실인 것처럼 보이게 하는 들머리(리드) 문장의 사용은 되도록 피한다.

4) 수사 및 재판을 받는 사람은 기소 이전에는 혐의자 또는 피의자, 기소 이후에는 피고인으로 표현한다. 다만, 피의자가 수사기관의 강압이 아닌 자신의 뜻에 따라 범죄 사실을 자백하고 범죄를 인정할 만한 분명한 증거가 있거나, 인질 사건과 같이 범죄 행위가 다수인에게 공개된 경우에는 관련 보도에서 범인이라는 뜻의 여러 표현을 쓸 수 있다. 이 경우에도 범인을 모욕하는 표현은 삼

가야 한다.

4. 제목의 표현

1) 독자의 생각과 판단을 오도할 수 있는 감정적, 단정적 제목은 배제한다. '혐의', '의혹' 등의 말을 덧붙여 사실이 아닐 가능성을 남겨둔다.
2) 범죄 수사 및 재판 보도 기사에서는 제목에 되도록 수사, 기소, 재판 중이거나 판결로 확정된 사안이라는 점이 드러나게 표현한다. 경찰이나 검찰, 변호인 등 정보의 출처도 드러날 수 있게 한다. 수사기관이 발표한 혐의 내용도 수사기관이 그렇게 주장한다는 점을 나타내도록 한다.
3) 기사에 표현된 전문(傳聞) 내용은 이를 듣고 전해준 사람(취재원)의 말로 표현하도록 하거나 전언임을 알 수 있도록 표현한다. 검찰과 경찰 등 수사기관이 비공식으로 얘기한 수사 내용이나 의혹 제기, 법정 진술, 전언을 제목에 담을 때는 인용 부호를 다는 등 일방적 주장일 가능성이 있음을 분명히 한다. 다만, 피의자 쪽이 인정하면 인용 부호를 달지 않을 수 있다.
4) 피의자와 변호인 쪽의 주장이 제목에도 반영될 수 있도록 최대한 노력한다.

5. 출처 표기

1) 공개적 수사 브리핑은 브리핑하는 이의 신원을 분명히 밝힌다. 취재원이 익명을 요구할 경우에는 취재보도 준칙의 익명 처리 원칙에 따른다.
2) 기사가 제시하는 혐의 내용 등 사실관계를 어디서 인용한 것인지도 최대한 자세하고 분명하게 밝혀야 한다. 수사기관이 공개한 보도자료나 수사 브리핑을 인용한 것이라면 더욱 그렇다. 재판 과정에서도 피고인이나 증인의 진술인지, 법정에 제출된 수사기록인지를 밝혀야 한다.

6. 신원 공개

1) 수사와 재판 과정에서 피의자(피고인, 혐의자)와 증인, 피해자, 그 가족의 이름과 상세한 거주지 등은 원칙적으로 본인의 의사에 반하여 보도하지 않는다. 미성년자에 대해서는 그 신원이 드러나지 않도록 더욱 주의를 기울여야 한다.
2) 고위 공직자 또는 사회적으로 널리 알려진 인물이 의혹의 대상이 되거나 수사 대상이 된 경우에는 그 실명 또는 얼굴 사진 등을 공개할 수 있다. 사회적 관심이 큰 범죄사건의 경우에는 공인이 아니더라도 예외적으로 그 이름을 공개할 수 있다. 범인의 체포와 추가 피해의 예방 등 수사상 필요할 경우 등 공개의 합리적 이유가 있다고 판단될 때는 피의자의 얼굴을 공개할 수 있다. 의혹의 대상이 되거나 수사 및 재판을 받는 피의자의 신원을 공개할 때에도 피의자한테 모욕감을 주는 일이 없도록 주의해야 한다.

7. 선정적 보도의 자제

1) 범죄의 동기와 과정, 범죄의 성립에 관련돼 있지 않거나 독자들이 사건을 이해하는 데 필요하지 않은 내용은 보도하지 않는다. 호기심 충족 말고는 달리 공개할 이유가 없는 범죄 관련자의 사생활은 보도하지 않는다.
2) 피의자(피고인, 혐의자)의 전과나 전력은 범죄의 동기와 배경 등을 이해하는 데 필요한 경우에만 보도한다. 전과나 전력에 대한 보도는 피의자(피고인, 혐의자)에 대한 편견을 심어줄 수 있으므로 주의해야 한다.
3) 혐의 내용과 무관한 국적, 피부색, 지역, 종교, 성별, 학력, 정치적 성향 등을 밝힘으로써 사회적 편견을 강화하는 보도를 배제한다.
4) 범행의 수법과 과정을 상세하게 묘사하면 모방범죄를 부를 수 있다는 사실에 유의해야 한다. 다만 범죄의 전모를 이해하는 데 필요한 경우, 인명 등 중대한 피해가 예상되는 진행 중인 사건에서 범죄자 검거에 도움을 줄 수 있거나, 금융사기 등 범죄수법에 대한 정보가 추가적인 유사한 범죄를 막을 수 있다고 판단할 경우에는 그에 필요한 상세한 내용을 보도할 수 있다.
5) 피의자나 피고인의 사진을 보도할 때 오랏줄(포승)에 묶이거나 수갑을 찬 상태가 드러나 보이지 않도록 한다. 다만 그 모습 자체가 보도해야 할 가치가 있는 경우에는 예외로 한다.

8. 수사 절차의 보도

1) 출국금지, 압수수색, 체포, 구속 등 수사 절차에 대한 과잉 보도를 자제한다.
2) 범죄사건의 보도 및 취재, 논평에서 불구속 수사와 재판이 원칙이라는 사실을 분명히 한다. 취재보도와 편집,

논평을 맡고 있는 신문 구성원이 법률적 기준에 맞지 않게 자신의 선호나 사안의 성격에 따라 특정인의 체포 또는 구속을 촉구하는 등의 태도를 배척한다.

9. 오보 등의 바로잡음

1) 오보나 표현의 실수, 보도 내용과 표현에 오해의 소지가 있다는 점이 인정되면 당사자의 권익이 최대한 빨리 회복될 수 있도록 분명하고 충분하게 이를 바로잡아야 한다. 오보는 사과문 게재도 고려해야 한다. 사실관계나 그에 대한 판단을 두고 의견이 맞서면 이해당사자의 반론권을 적극 보장한다.
2) 사회적 관심을 끈 범죄 사건이 무죄로 확정 판결이 나거나 검찰의 기소 내용 가운데 중요하거나 핵심적인 내용을 법원이 무죄로 인정하면, 독자들이 무죄 판결 이유와 구체적 내용을 충분히 알 수 있도록 상세히 보도한다. 다만, 그런 보도가 피고인의 범죄 행위를 다시 상기시키는 등 피고인에게 추가적으로 피해를 줄 수 있다는 사실에 유의해야 한다.

10. 무리한 속보 보도 지양

1) 취재기자와 데스크는 최선을 다해 취재한 사실을 근거로 보도하고, 무리한 속보 보도를 지양해야 한다.
2) 사회적 관심을 끄는 사건에 대한 수사가 진행 중일 때 기사의 양과 지면 배치를 예단해서 무리하게 보도하는 일을 삼가야 한다.

11. 시행

이 시행 세칙은 2010년 1월 4일자로 시행한다.

8. 한겨레신문사 조직·기구표

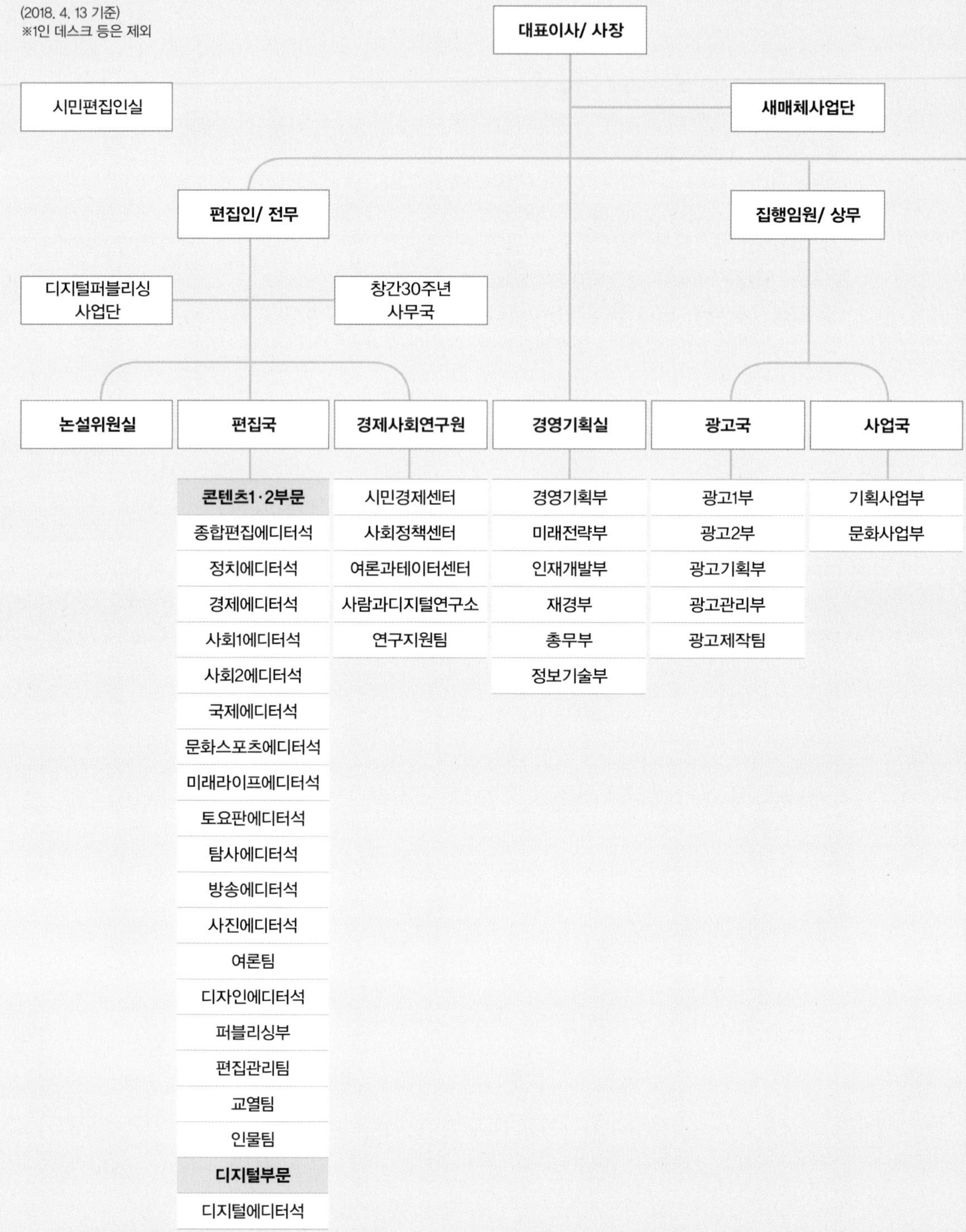

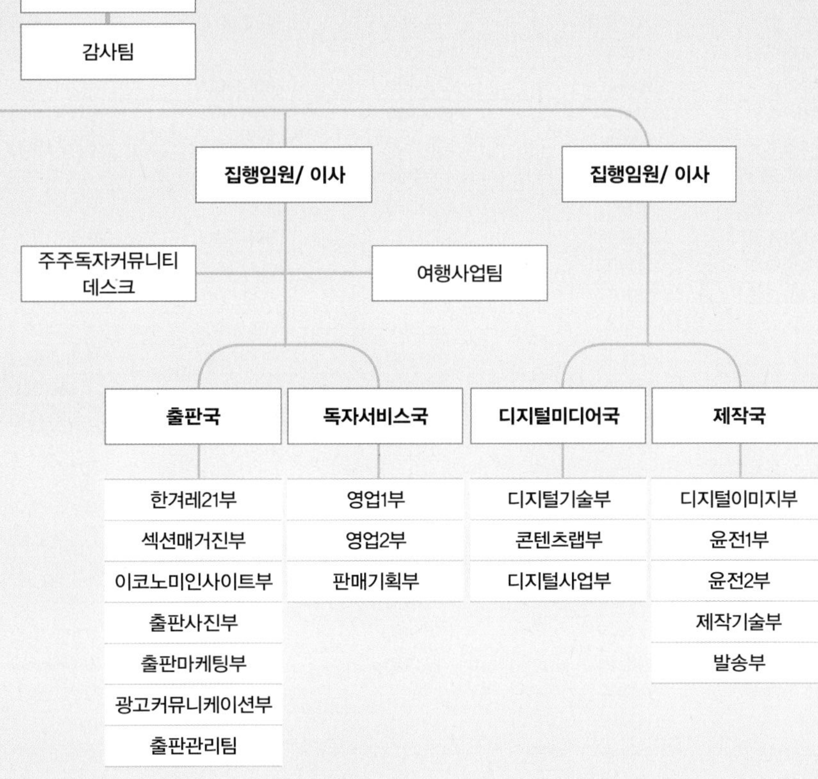
감사
감사팀
집행임원/ 이사
집행임원/ 이사
주주독자커뮤니티 데스크
여행사업팀
출판국
독자서비스국
디지털미디어국
제작국
한겨레21부
섹션매거진부
이코노미인사이트부
출판사진부
출판마케팅부
광고커뮤니케이션부
출판관리팀
영업1부
영업2부
판매기획부
디지털기술부
콘텐츠랩부
디지털사업부
디지털이미지부
윤전1부
윤전2부
제작기술부
발송부

9. 한겨레신문(주) 역대 자본금 변동 현황

2017.12.31 기준 주식수 6,227,591주 금액 31,137,955,000원

(단위: 천 원)

증자일자	주식의종류	주식수	증자금액	증자후자본금	증자내역
1987.12.15	보통주	250,000		1,250,000	회사설립
1988.2.2	보통주	370,000	1,850,000	3,100,000	신주모집
1988.3.3	보통주	380,000	1,900,000	5,000,000	신주모집
1988.11.15	보통주	310,000	1,550,000	6,550,000	신주모집
1988.12.30	보통주	170,000	850,000	7,400,000	신주모집
1989.4.16	보통주	420,000	2,100,000	9,500,000	신주모집
1989.4.30	보통주	180,000	900,000	10,400,000	신주모집
1989.5.17	보통주	620,000	3,100,000	13,500,000	신주모집
1989.6.28	보통주	684,000	3,420,000	16,920,000	신주모집
1990.12.21	보통주	38,000	190,000	17,110,000	신주모집
1991.5.28	보통주	38,000	190,000	17,300,000	신주모집
1991.9.10	보통주	56,000	280,000	17,580,000	신주모집
1991.10.11	보통주	82,000	410,000	17,990,000	신주모집
1991.12.31	보통주	126,000	630,000	18,620,000	신주모집
1992.4.28	보통주	106,000	530,000	19,150,000	신주모집
1992.12.30	보통주	20,000	100,000	19,250,000	신주모집
1993.12.29	보통주	35,000	175,000	19,425,000	신주모집
1994.12.29	보통주	15,000	75,000	19,500,000	신주모집
1995.12.28	보통주	14,000	70,000	19,570,000	신주모집
1996.12.28	보통주	14,000	70,000	19,640,000	신주모집
1997.12.28	보통주	18,000	90,000	19,730,000	신주모집
1998.12.28	보통주			19,730,000	
1999.12.31	보통주	30,000	150,000	19,880,000	신주모집
2000.12.31	보통주			19,880,000	
2001.12.31	보통주			19,880,000	
2002.12.27	보통주	2,251,591	11,257,955	31,137,955	신주모집
2003.12.31	보통주			31,137,955	
2004.12.31	보통주			31,137,955	
2005.12.31	보통주			31,137,955	
2006.12.31	보통주			31,137,955	
2007.12.31	보통주			31,137,955	
2008.12.31	보통주			31,137,955	
2009.12.31	보통주			31,137,955	
2010.12.31	보통주			31,137,955	
2011.12.31	보통주			31,137,955	
2012.12.31	보통주			31,137,955	
2013.12.31	보통주			31,137,955	
2014.12.31	보통주			31,137,955	
2015.12.31	보통주			31,137,955	
2016.12.31	보통주			31,137,955	
2017.12.31	보통주			31,137,955	

10. 역대 요약 손익

한겨레신문사 1988년~2017년 요약 손익계산서

(단위: 백만 원)

	1기 1988년	2기 1989년	3기 1990년	4기 1991년	5기 1992년	6기 1993년	7기 1994년	8기 1995년
매출액	6,566	12,559	16,411	17,928	23,630	24,954	36,338	47,435
매출원가	4,668	9,157	11,447	11,887	15,249	16,101	21,088	29,145
매출총이익	1,898	3,402	4,963	6,041	8,381	8,853	15,250	18,289
판매비와관리비	2,413	5,352	6,200	6,904	8,390	9,297	13,528	16,614
영업이익(손실)	−514	−1,950	−1,237	−863	−9	−443	1,722	1,676
영업외수익	170	809	730	1,203	413	433	444	442
영업외비용	428	604	878	298	920	1,330	1,263	2,939
경상이익(손실)	−772	−1,745	−1,385	41	−516	−1,340	903	−822
특별이익	0	0	0	0	5	16	204	130
특별손실	0	1	8	127	307	26	4	57
법인세비용차감전순이익(손실)	−772	−1,747	−1,393	−85	−817	−1,351	1,103	−749
법인세비용	0	0	0	0	0	0	0	0
당기순이익(손실)	−772	−1,747	−1,393	−85	−817	−1,351	1,103	−749

	9기 1996년	10기 1997년	11기 1998년	12기 1999년	13기 2000년	14기 2001년	15기 2002년	16기 2003년
매출액	53,479	61,309	72,181	83,811	85,066	71,256	81,777	81,798
매출원가	34,113	36,727	49,200	51,150	52,113	46,523	51,221	52,030
매출총이익	19,367	24,582	22,982	32,661	32,953	24,733	30,556	29,768
판매비와관리비	18,242	23,141	21,969	35,568	31,663	26,432	29,786	31,011
영업이익(손실)	1,124	1,441	1,013	−2,907	1,291	−1,699	770	−1,243
영업외수익	638	1,047	2,347	832	1,556	864	4,008	1,565
영업외비용	4,969	1,883	2,877	4,285	2,178	3,137	4,638	3,131
경상이익(손실)	−3,207	604	482	−6,360	668	−3,971	139	−2,809
특별이익	71	0	544	3,511	73	0	0	0
특별손실	71	1,260	0	1,600	0	0	0	0
법인세비용차감전순이익(손실)	−3,207	−656	1,026	−4,448	741	−3,971	139	−2,809
법인세비용	0	0	0	0	0	0	0	0
당기순이익(손실)	−3,207	−656	1,026	−4,448	741	−3,971	139	−2,809

한겨레신문사 1988년~2017년 요약 손익계산서 (단위: 백만 원)

	17기 2004년	18기 2005년	19기 2006년	20기 2007년	21기 2008년	22기 2009년	23기 2010년	24기 2011년
매출액	80,550	76,610	76,744	76,286	76,420	67,509	81,116	84,147
매출원가	48,825	40,681	41,601	44,595	50,555	41,009	40,809	40,508
매출총이익	31,726	35,928	35,143	31,691	25,865	26,501	40,307	43,639
판매비와관리비	32,577	31,170	32,263	29,910	31,973	27,050	36,597	39,731
영업이익(손실)	−851	4,758	2,880	1,781	−6,108	−550	3,710	3,908
영업외수익	1,778	1,288	1,951	3,056	5,109	4,972	1,587	2,248
영업외비용	3,113	4,142	2,309	2,367	1,871	2,159	1,349	1,841
경상이익(손실)	−2,185	1,904	2,521	2,470	−2,869	2,263	3,948	4,315
특별이익	0	0	0					
특별손실	0	0	0					
법인세비용차감전순이익(손실)	−2,185	1,904	2,521	2,470	−2,869	2,263	3,948	4,315
법인세비용	0	0	−755	384	−280	896	1,194	1,190
당기순이익(손실)	−2,185	1,904	3,277	2,086	−2,590	1,367	2,754	3,125

	25기 2012년	26기 2013년	27기 2014년	28기 2015년	29기 2016년	30기 2017년
매출액	85,026	81,659	81,210	82,172	80,182	80,831
매출원가	41,321	40,952	40,439	38,556	37,965	37,659
매출총이익	43,705	40,707	40,770	43,616	42,217	43,172
판매비와관리비	40,054	38,704	40,031	42,865	42,717	42,867
영업이익(손실)	3,651	2,003	740	751	−500	305
영업외수익	2,977	2,261	1,523	1,368	966	1,155
영업외비용	1,328	1,125	3,601	1,378	2,813	791
경상이익(손실)	5,300	3,139	−1,338	741	−2,347	669
특별이익						
특별손실						
법인세비용차감전순이익(손실)	5,300	3,139	−1,338	741	−2,347	669
법인세비용	1,487	854	−214	−53	−772	125
당기순이익(손실)	3,813	2,285	−1,123	795	−1,575	543

11. 역대 재무상태표

한겨레신문사 1988년~2017년 요약 재무상태표 (단위: 백만 원)

	1기 1988년	2기 1989년	3기 1990년	4기 1991년	5기 1992년	6기 1993년	7기 1994년	8기 1995년	9기 1996년
자산									
1. 유동자산	5,390	11,644	9,368	9,230	11,858	12,798	16,569	18,826	21,502
(1)당좌자산	5,320	11,582	9,299	9,100	11,788	12,633	16,352	18,399	20,942
(2)재고자산	70	63	69	129	70	165	217	427	560
2. 비유동자산	3,580	7,315	9,188	12,555	11,330	11,068	12,475	13,746	19,489
(1)투자자산	293	647	959	1,970	1,218	676	1,600	2,374	6,054
(2)유형자산	2,356	5,913	8,015	10,504	10,079	10,382	10,871	11,370	13,433
(3)무형자산	0	2	2	1	1	1	1	1	1
(4)기타비유동자산	931	753	213	79	32	9	2	1	1
자산총계	8,970	18,959	18,556	21,784	23,188	23,866	29,044	32,573	40,991
부채									
1. 유동부채	1,154	2,976	3,393	4,935	5,413	6,543	9,241	12,155	21,173
2. 비유동부채	1,188	1,588	1,974	2,221	3,334	4,058	5,361	6,655	8,701
부채 총계	2,342	4,564	5,366	7,156	8,747	10,600	14,602	18,810	29,874
자본									
1. 자본금	7,400	16,920	17,110	18,620	19,250	19,425	19,500	19,570	19,640
2. 자본잉여금	0	0	0	0	0	0	0	0	529
3. 자본조정	0	0	0	0	0	0	0	0	0
4. 기타포괄손익누계액	0	0	0	0	0	0	0	0	0
5. 이익잉여금(결손금)	−772	−2,525	−3,920	−3,992	−4,809	−6,160	−5,058	−5,807	−9,051
자본 총계	6,628	14,395	13,190	14,628	14,441	13,265	14,442	13,763	11,117
부채 및 자본 총계	8,970	18,959	18,556	21,784	23,188	23,866	29,044	32,573	40,991

한겨레신문사 1988년~2017년 요약 재무상태표

(단위: 백만 원)

	10기 1997년	11기 1998년	12기 1999년	13기 2000년	14기 2001년	15기 2002년	16기 2003년	17기 2004년	18기 2005년	19기 2006년
자산										
1. 유동자산	24,985	32,124	30,875	30,830	26,152	31,759	29,425	23,900	26,204	27,233
(1)당좌자산	24,012	30,738	29,929	29,895	25,265	30,612	28,336	22,673	24,833	27,123
(2)재고자산	973	1,386	946	935	887	1,147	1,089	1,227	1,371	110
2. 비유동자산	17,978	25,717	24,998	27,094	28,804	26,706	31,069	32,064	31,912	36,194
(1)투자자산	6,370	5,000	3,321	5,894	7,829	6,347	10,234	12,626	13,376	8,629
(2)유형자산	11,581	20,696	21,672	21,187	20,917	20,287	20,666	19,162	17,665	25,251
(3)무형자산	2	2	5	13	58	72	170	276	871	2,315
(4)기타비유동자산	26	19	0	0	0	0	0	0	0	0
자산총계	42,963	57,841	55,873	57,924	54,956	58,464	60,494	55,964	58,116	63,427
부채										
1. 유동부채	23,103	27,894	29,375	26,327	13,407	16,299	34,275	25,402	30,437	30,815
2. 비유동부채	9,309	13,109	13,958	16,625	30,418	19,752	6,779	13,823	8,420	9,830
부채 총계	32,412	41,002	43,333	42,952	43,825	36,050	41,054	39,225	38,857	40,645
자본										
1. 자본금	19,730	19,730	19,880	19,880	19,880	31,138	31,138	31,138	31,138	31,138
2. 자본잉여금	529	0	0	0	0	0	0	0	648	648
3. 자본조정	0	0	0	1,691	1,737	1,624	1,459	943	911	1,157
4. 기타포괄손익누계액	0	0	0	0	0	0	0	0	0	0
5. 이익잉여금(결손금)	−9,707	−2,892	−7,340	−6,599	−10,487	−10,348	−13,157	−15,342	−13,438	−10,161
자본 총계	10,551	16,838	12,540	14,972	11,130	22,414	19,440	16,739	19,259	22,783
부채 및 자본 총계	42,963	57,841	55,873	57,924	54,956	58,464	60,494	55,964	58,116	63,427

한겨레신문사 1988년~2017년 요약 재무상태표

(단위: 백만 원)

20기 2007년	21기 2008년	22기 2009년	23기 2010년	24기 2011년	25기 2012년	26기 2013년	27기 2014년	28기 2015년	29기 2016년	30기 2017년
32,599	30,171	29,576	31,494	32,963	35,000	33,478	35,298	37,243	36,165	39,068
32,437	30,026	29,496	31,384	32,863	34,886	33,343	35,179	37,103	36,066	38,940
162	145	80	111	101	114	136	119	140	99	128
36,944	34,760	32,619	32,345	31,011	31,600	34,487	32,633	34,004	33,467	33,283
7,838	6,275	5,340	6,106	6,019	7,349	9,956	7,608	8,584	8,619	9,150
25,252	24,651	23,756	22,964	21,719	21,019	20,903	20,267	20,023	18,891	17,992
2,053	1,580	1,247	975	880	694	533	442	499	418	305
1,802	2,254	2,276	2,300	2,394	2,538	3,094	4,316	4,898	5,540	5,836
69,543	64,930	62,195	63,839	63,974	66,600	67,965	67,931	71,247	69,632	72,351
28,083	25,748	22,568	22,066	19,212	17,956	14,812	14,011	15,397	13,946	15,004
16,505	17,375	16,985	16,898	17,640	18,635	20,974	23,199	24,347	25,505	27,119
44,588	43,122	39,553	38,964	36,853	36,590	35,786	37,209	39,743	39,451	42,122
31,138	31,138	31,138	31,138	31,138	31,138	31,138	31,138	31,138	31,138	31,138
–	161	172	153	159	163	166	168	169	175	164
−692	−465	−467	−1,025	−1,906	−2,045	−2,036	−2,329	−2,342	−2,096	−2,581
1,674	728	186	243	239	339	211	168	168	168	168
−7,165	−9,755	−8,388	−5,634	−2,508	414	2,700	1,576	2,371	796	1,339
24,955	21,807	22,642	24,876	27,121	30,010	32,179	30,722	31,504	30,181	30,228
69,543	64,930	62,195	63,839	63,974	66,600	67,965	67,931	71,247	69,632	72,351

12. 주요보도 사외 수상 내역

※ 시상 기관은 맨 처음만 기술. 시상 분야는 생략.
※ 수상 시점 기준 (2018년은 1~5월)
※ 창간 초기부터 1990년대 후반까지 한겨레 기자들은 각종 기자상을 받으려 하지 않았다. 많은 특종에도 불구하고 그 시기 사외 수상 내역이 적은 까닭이다.

1993년

제32회 이달의 기자상(한국기자협회)

광란의 탈영병 김선규

1994년

제4회 민주언론상(전국언론노동조합)

한겨레 그림판 박재동

제41회 이달의 기자상

서울에 나타난 미 중앙정보국장 이종찬 이정우

제30회 한국보도사진전(한국사진기자협회), 제25회 한국기자상(한국기자협회)

광란의 탈영병 김선규

제30회 한국보도사진전

벗겨진 누명, 풀려난 진실 김선규

제30회 한국보도사진전

내 아들의 진실 임완호

1995년

제31회 한국보도사진전

극비 방한한 CIA국장 이정우

제31회 한국보도사진전

북한 벌목공, 그 진실 강재훈

1996년

제6회 민주언론상

신문전쟁 및 신문개혁 손석춘 김현수

제71회 이달의 기자상

신문전쟁 및 신문개혁 손석춘 김현수 송현순

제2회 통일언론상(전국언론노동조합, 한국기자협회, 한국피디연합회)

칼럼 '통일을 논하지 마라' 정연주

1997년

제87회 이달의 기자상

작은 권리 찾기 윤승일

제7회 민주언론상

김현철 비리 보도 조상기 윤국한 김성호 김성걸

제33회 한국보도사진전

의혹의 사과상자 변재성

제33회 한국보도사진전

무너지는 연변 조선족 이정용

1998년

제29회 한국기자상

김현철씨 국정 개입 김성호

제34회 한국보도사진전

최형우 쟁탈전 이정우

제34회 한국보도사진전

주식 투자자 항의 김봉규

제34회 한국보도사진전

인도네시아의 대화재 이정용

1999년

제3회 삼성언론상(삼성언론재단)

정운영 에세이 정운영

제105회 이달의 기자상

옷 로비사건 김규원 안창현

제106회 이달의 기자상

검찰 조폐공사 파업유도 김인현 강희철 하석

제109회 이달의 기자상

국민회의 총재비서실장 부인 특혜 보험 모집 이창곤 김규원 김태경

제35회 한국보도사진전

중국을 떠도는 탈북 어린이들 변재성

제35회 한국보도사진전

스크린 쿼터 폐지 반대 집회/싱싱-김혜수/이정재 이혜정

제35회 한국보도사진전

추억 속으로 사라지는 비둘기호 열차 이진홍

제35회 한국보도사진전

김창완 정진환

2000년

제121회 이달의 기자상

한빛은행 불법대출 외압의혹 유상규 정광섭

제31회 한국기자상

옷 로비 사건 김규원 안창현

제36회 한국보도사진전

할아버지의 이름으로 이종근

제36회 한국보도사진전

아파트 베란다 둥지 김진수

제36회 한국보도사진전

이민 떠나는 동성애자 토미의 비애 그리고 희망찾기 손홍주

2000년 올해의 사진기자상(한국사진기자협회)

강재훈

2001년

제4회 엠네스티 언론상(국제엠네스티 한국지부)

인권 사각지대 성매매여성 시리즈 박임근 송인걸

제5회 삼성언론상

한빛은행 거액편법 대출사건 유상규 정광섭

제37회 한국보도사진전

윤미조 정진환

2002년

제4회 민주시민언론상(민주언론시민연합)

언론개혁 칼럼들과 '왜냐면' 기획 홍세화

제138회 이달의 기자상

중국 대륙에 떠도는 한국인 2세들 박창섭

제143회 이달의 기자상

청계천에 생명을 김규원 김순배 황준범

2003년

팬텍과학기자상(한국과학기자협회)

정보통신 분야 과학 언론 문화 창달 기여 김재섭

제158회 이달의 기자상

대검 중수부, 기자 통화내역 수시 조회 강희철

제159회 이달의 기자상

수능 언어영역 17번 오답시비 황순구

제39회 한국보도사진전

부시 방한 반대 김진수

2004년

제8회 삼성언론상

부산 성인오락실 검경 거액 상납비리 추적·폭로 양상우 최상원 길윤형

제166회 이달의 기자상, 제18회 이달의 보도사진상(한국사진기자협회)

오빠야! 이종근

제167회 이달의 기자상

한국서 훈련 중인 스텔스 전폭기 김봉규

제170회 이달의 기자상

고교 등급제 보도 강성만 안영춘 이지은 이순혁 김영인 김남일

제19회 이달의 보도사진상

더위 먹은 까치 김봉규

제22회 이달의 보도사진상

커피 한잔 하세요 윤운식

위암 장지연상 언론 부문(장지연기념회) 김선주

2005년

팬텍과학기자상

의료정책, 의료복지 심층기사 안영진

제174회 이달의 기자상

이헌재 부총리 부인 위장전입 의혹 박임근 황상철 이형섭 김남일

제8회 엠네스티 언론상

외국인 노동자 노말헥산 중독 홍용덕 김기성 유신재

제41회 한국보도사진전, 제36회 한국기자상

오빠야! 이종근

제41회 한국보도사진전

눈 튀어나올라 김경호

제41회 한국보도사진전

내 손 잡아요 김봉규

제26회 이달의 보도사진상

왕회장 집의 정태수 박승화

제26회 이달의 보도사진상

이것이 골맛이야 이정용

제31회 이달의 보도사진상

붉은머리오목눈이의 모정 김진수
제34회 이달의 보도사진상
발레리나 같지 않게, 더 촌스럽게 김태형
교보생명 환경문화상 환경언론 대상 조홍섭
한국참언론인 대상(한국언론인연합회) 권태선

2006년
제185회 이달의 기자상
함께 넘자 양극화 이창곤 김양중 박주희
제186회 이달의 기자상, 제9회 엠네스티 언론상
구치소 교도관 여성재소자 상습 성추행 김기성 유신재
제188회 이달의 기자상
수협 학교급식 및 군납 관련 보도 전종휘 임인택
제189회 이달의 기자상
지충호 사건 정확하고 치밀한 보도 김영환 전진식 고나무
제190회 이달의 기자상
미국 요구에 건강보험 희생 우려 등 이창곤
제191회 이달의 기자상
한미 반환기지 환경 협상 보도 김정수 유신재
제194회 이달의 기자상
한일전문가 수해현장 입체진단 오윤주 김기성 임인택 이종근
제16회 한국 가톨릭 매스컴상(한국 천주교 주교회의 매스컴위원회)
서울구치소 여성 재소자 성폭력 사건, 사형제에 사형선고를, 우리의 아이들 사회가 키우자 등 심층 보도 한겨레 사회부 24시팀
제42회 한국보도사진전
뻐꾸기 탁란 김진수
제42회 한국보도사진전
발레리나 강화혜 김태형
제42회 한국보도사진전
삼일아파트를 점거한 노숙인 임진택씨 부부 윤운식
제42회 한국보도사진전
바다에서 볼 수 있는 7가지 이야기 이정용
제42회 한국보도사진전
쇠창살에 갇힌 장애어린이들 김종수
제42회 한국보도사진전
사진도 마음도 청춘이건만 이종근

2007년
제196회 이달의 기자상, 제11회 삼성언론상
달동네에서 한달 시리즈 김기태
제5회 언론인권상(언론인권센터), 제38회 한국기자상
구치소 교도관 여성재소자 상습 성추행·자살 추적 보도 김기성 유신재
제200회 이달의 기자상
반FTA 분신 이종근
제202회 이달의 기자상
대부업체 문제 집중보도 안선희 정혁준
제17회 민주언론상
차별없는 노동, 차별없는 사회 양상우 정세라 황보연
제206회 이달의 기자상
연세대 총장 부인 편입학 청탁 금품수수 의혹 이완 노현웅
제206회 이달의 기자상
차별없는 노동, 차별없는 사회 정세라 황보연
제59회 이달의 보도사진상
추락하는 시위대 김진수
제59회 이달의 보도사진상
생애 첫 받아쓰기 100점-장애인 야학에서 김봉규
제3회 임종국상(임종국선생기념사업회)
야스쿠니 신사 기획보도, 반대 캠페인, 모금운동 길윤형
제51회 이달의 보도사진상
대학 폭력 MT현장과 은밀한 체대 폭력 집합 김태형
제51회 이달의 보도사진상
대추리 평화의 파랑새는 언제 올까 이종근
제52회 이달의 보도사진상
반FTA 분신 이종근
제52회 이달의 보도사진상
일그러진 김승연 박종식
제59회 이달의 보도사진상
추락하는 시위대 김진수
제43회 한국보도사진전
하늘에서 본 세상 탁기형
제43회 한국보도사진전
장애인 체전 윤운식
제43회 한국보도사진전
도올의 이런 모습을 본 적이 있는가?/망망대해 망중한 강

재훈

한국참언론인 대상 김종구

2008년

제212회 이달의 기자상

박미석 청와대 수석, 자경확인서 조작 제출 최현준 하어영 길윤형

제216회 이달의 기자상

군 대학교재·베스트셀러도 불온서적 노현웅 김일주

제11회 엠네스티 언론상

인권 OTL 신윤동욱 전종휘 이순혁 박수진 임지선

제219회 이달의 기자상

여군 군악대장 무죄 확정 이순혁

제65회 이달의 보도사진상

철창에 갇힌 촛불 박종식

제70회 이달의 보도사진상

온몸으로 반대 김정효

제71회 이달의 보도사진상

푸른 가을 묻어나는 내 마음의 스틱 김정효

제44회 한국보도사진전

생애 첫 받아쓰기 100점–장애인 야학에서 김봉규

제44회 한국보도사진전

가난한 동네에 미술이 떴다네, 하루에 생선상자 600개 윤운식

제44회 한국보도사진전

반FTA 분신 이종근

제44회 한국보도사진전

삶 김진수

국가인권위원회 10대 인권 보도

결혼 1천만원, 재혼 2백만원 사고 팔리는 신부들 최원형 황춘화

2009년

제220회 이달의 기자상

교과부 제작 영상물 4.19를 '데모'로 폄하 김소연

제223회 이달의 기자상

청와대 직원 성매매 혐의 입건 "기강 잡아라" 음주 자제령 권은중 이문영 황준범 송채경화

제226회 이달의 기자상

해부, 16개 광역자치단체장 업무추진비 권오성 김민경

제227회 이달의 기자상

동아일보 사주 주식 불공정거래 수사 김경락 석진환

제227회 이달의 기자상

천성관 검찰총장 후보자 스폰서 의혹 김남일 송경화

제192회 이달의 기자상

아시아나 항공기 사고 원인 추적 보도 김규원 이재명 임인택

제192회 이달의 기자상

도박공화국 집중추적 보도 양상우 이형섭 유신재 임인택 전진식

제15회 통일언론상

'냉전의 추억' 연재 김연철

제230회 이달의 기자상

청와대 행정관 통신3사 기금 압박 이문영

제45회 한국보도사진전

장애인 사이클 선수 김봉규

제73회 이달의 보도사진상

철거민 참사 부른 경찰의 토끼몰이 진압 김명진

제74회 이달의 보도사진상

희생자들의 영혼 김봉규

제77회 이달의 보도사진상

경욱씨는 발로 뭐든 다 해요 강재훈

제77회 이달의 보도사진상

회장님의 단독 드라이브 류우종

제78회 이달의 보도사진상

꽃별반딧불이 강재훈

제78회 이달의 보도사진상

추모객 6000여 명의 얼굴로 만든 노 전 대통령, 슬픔의 조각 밝은 미소로 꽃피다 김태형

제81회 이달의 보도사진상

총리로 가는 좁은 문 박종식

국가인권위원회 10대 인권 보도

쌍용자동차 파업 허재현 조소영 김도성

2010년

제232회 이달의 기자상, 제20회 민주언론상, 제41회 한국기자상

노동 OTL 안수찬 전종휘 임인택 임지선

제326회 이달의 기자상

탐사기획 영구 빈곤 보고서 안수찬 임지선

제326회 이달의 기자상

이명박 대통령과 김영남 북한최고인민위원회 위원장 김봉규

제13회 엠네스티 언론상

삼성반도체 백혈병의 진실 허재현 김도성 임지선

제46회 한국보도사진전

철거민 참사 부른 경찰의 토끼몰이 진압 김명진

제46회 한국보도사진전

쌍용자동차 파업 기록 김명진

제46회 한국보도사진전

경욱씨는 발로 뭐든 다 해요/꽃별 반딧불이 강재훈

제13회 엑셀런트사진기자상(한국사진기자협회)

강재훈

제86회 이달의 보도사진상

사퇴결심한 엄기영 문화방송사장 김봉규

제95회 이달의 보도사진상

아스팔트에 꽂힌 1m짜리 포탄 박종식

제95회 이달의 보도사진상

살아남은 자의 공포 류우종

국가인권위원회 10대 인권 보도

달동네 빈곤리포트 김소연

영구빈곤 보고서 안수찬 임지선

2011년

제243회 이달의 기자상, 제15회 삼성언론상, 제47회 한국보도사진전, 제42회 한국기자상

아스팔트에 꽂힌 1m짜리 포탄 박종식

제42회 한국기자상

장애인 킨제이 보고서 임인택 하어영

제247회 이달의 기자상

한-EU FTA 번역 오류 연속보도 정은주

제248회 이달의 기자상

부산저축은행 VIP 불법 특혜인출 하어영 김기태

제251회 이달의 기자상

내부고발자를 고발하는 사회 고나무

제17회 통일언론상

탈북자의 아메리칸드림 송경화

제256회 이달의 기자상

선관위 디도스 공격 금전거래 있었다 하어영 김기태

제14회 엠네스티 언론상, 제21회 한국 가톨릭 매스컴상

생명 OTL-빈곤과 죽음의 이중나선 김기태

제47회 한국보도사진전

살아남은 자의 공포 류우종

2012년

제29회 관훈언론상(관훈클럽), 제43회 한국기자상

부산저축은행 VIP 불법 특혜인출 하어영

제10회 언론인권상

오피니언면 기획시리즈 '낮은 목소리' 박용현 이정국 임지선 이경미

제257회 이달의 기자상

2012 트위플 혁명 안수찬 유신재 송경화 김인현

제259회 이달의 기자상

청와대 행정관, 민간인 불법사찰 증거인멸 지시 조혜정 김남일 고나무

제259회 이달의 기자상

FTA, 깨어진 약속 정은주

제260회 이달의 기자상

서울지하철 요금 인상 심층 보도 권혁철 엄지원 박기용

제261회 이달의 기자상

가난한 민주주의 이정국 정환봉

제262회 이달의 기자상

GPS 간첩사건 추적보도 정환봉 진명선 유신재 하어영

제263회 이달의 기자상

김병화 대법관 후보자 검증 유신재 박현철 김원철 윤형중

제263회 이달의 기자상

병원OTL-의료 상업화 보고서 김기태 하어영

제264회 이달의 기자상

장준하 선생 타살의혹 재점화 박경만

제265회 이달의 기자상

노조파괴 전문 자문회사, 7년간 14개 노조 깼다 김소연

제22회 민주언론상, 제266회 이달의 기자상

정수장학회 이사장 최필립의 비밀회동 최성진

제266회 이달의 기자상

전두환 5공 비리 땅, 딸에게 증여 확인 고나무

제266회 이달의 기자상

MB큰형 이상은 다스회장 인천공항 입국 김태형

제15회 엠네스티 언론상

지적장애 노숙인, 노숙소녀 살인사건의 재구성 엄지원

제48회 한국보도사진전

김진숙 한진중공업 희망버스 박승화

제48회 한국보도사진전

아름다운 합의, 박원순 안철수 김태형

제111회 이달의 보도사진상

해질녘 강정마을 앞바다 류우종

제112회 이달의 보도사진상

불법사찰 비판도 입막음 김태형

제112회 이달의 보도사진상

나는 해고노동자입니다 박종식

제116회 이달의보도사진상

녹조류의 기습 김봉규

제1회 인권보도상(국가인권위원회)

제2의 김진숙, 제3의 한진중공업 박종찬 권오성 김도형 박수진 허재현 조소영

2013년

제267회 이달의 기자상

한상대 총장 최태원 4년 구형 직접 지시 김정필 김태규

제3회 미디어공공성포럼 언론상(미디어공공성포럼)

정수장학회 이사장 최필립의 비밀회동 최성진

제270회 이달의 기자상

격차사회를 넘어–밀려난 삶들의 공간 전종휘 이정국 김선식

제271회 이달의 기자상

한만수 전 공정거래위원장 후보자, 국외에 수십억 비자금 계좌 곽정수

제271회 이달의 기자상

원세훈 전 국가정보원장 지시말씀 단독보도 정환봉 엄지원 최유빈

제272회 이달의 기자상

무죄와 벌 기획연재 정은주 박현정 서보미

제273회 이달의 기자상

국정원 정치공작 문건 정환봉

제274회 이달의 기자상

황교안 법무부장관 "원세훈 선거법 위반 적용 말라" 김정필 김태규

제274회 이달의 기자상

권력에 춤추는 통계 연속보도 류이근 노현웅

제25회 안종필 자유언론상(동아자유언론수호투쟁위원회), 제23회 민주언론상, 제23회 한국 가톨릭 매스컴상

제269회 이달의 기자상

국가정보원의 대선 여론조작 및 정치공작 연속보도 정환봉

제276회 이달의 기자상

기업 내 보수격차 대해부 연속보도 류이근 김경락

제276회 이달의 기자상

다원(옛 적준용역) 철거범죄 2차 보고서 이문영 송호균

제277회 이달의 기자상

동양 사태 연속보도 김경락 석진환

제278회 이달의 기자상

효성그룹 수천억 탈세·국세청 검찰 고발키로 곽정수

제278회 이달의 기자상

군 사이버사 대선개입 의혹 하어영 최현준

제278회 이달의 기자상

보조출연자 쥐어짜는 드라마 왕국 박유리

제16회 엠네스티 언론상

국민과 난민 사이 박현정 김성환 엄지원

제31회 관훈언론상

전두환 전 대통령 은닉재산 집중보도 고나무 김경욱 송경화 김선식

제49회 한국보도사진전

녹조류의 기습/행위예술가 최병수 김봉규

제49회 한국보도사진전

강정 끊어진 길 앞에서 류우종

제49회 한국보도사진전

금빛 물화살 김정효

제121회 이달의 보도사진상

부끄러운 출소? 이정아

제122회 이달의 보도사진상

놓지 못하는 손 김명진

제126회 이달의 보도사진상

슈퍼문 김진수

제126회 이달의 보도사진상

문자로 지목된 대화록 발언 유출자 이정우

제128회 이달의 보도사진상
둘 중 한명은 비정규직, 누구일까요 박종식
제130회 이달의 보도사진상
승선불가, 승선불가 김봉규
제131회 이달의 보도사진상
하이옌이 할퀸 타클로반 김정효

2014년

제280회 이달의 기자상
국정원, 사이버사령부에 심리전 지침 내렸다 등 하어영 정환봉
제280회 이달의 기자상
청와대 행정관, 채동욱 전 검찰총장 혼외의심 아들 정보 유출 개입 서영지 정환봉
제280회 이달의 기자상, 제132회 이달의 보도사진상
조계종 주지급 승려들의 밤샘 술판 김봉규
제136회 이달의 보도사진상
침몰하는 세월호 김봉규
제137회 이달의 보도사진상
대통령의 눈물 이정용
제139회 이달의 보도사진상
짙은 녹조, 물고기도 숨쉬고 싶다 탁기형
제139회 이달의 보도사진상
길 위에서-세월호 참사 희생자 아버지들 도보순례 김명진
제143회 이달의 보도사진상
담쟁이덩굴 잎사귀의 1년 김봉규
이달의 과학기자상-6월(한국과학기자협회)
성조숙증, 우려가 병이다 김양중
제12회 언론인권상
보조출연자 쥐어짜는 드라마 왕국 박유리
제282회 이달의 기자상
대기업으로 흐르는 나랏돈 류이근 이완 송경화
제283회 이달의 기자상
해외카지노 도박 회장님의 5억짜리 황제노역 정대하
제284회 이달의 기자상
동아시아 핵발전 현장을 가다 김성환 정용일 김명진 박현정 엄지원
제285회 이달의 기자상
안대희, 총리 물망 시점에 세월호 3억원 기부 최현준 하어영 길윤형
제287회 이달의 기자상
또 하나의 비극, 하이닉스 임인택 오승훈
제288회 이달의 기자상
총, 특권, 거짓말-글로벌 패션의 속살 유신재 류이근
제290회 이달의 기자상
눈물의 밥상 기획보도, 인권밥상 캠페인 이문영
제291회 이달의 기자상
서울대 교수 인턴 여학생 성추행 혐의 서영지 정환봉
제32회 관훈언론상
형제복지원 3부작 박유리
제50회 한국보도사진전
승선불가, 승선불가 김봉규
제50회 한국보도사진전
둘 중 한 명은 비정규직, 누구일까요 박종식
제50회 한국보도사진전
하이옌이 할퀸 타클로반 김정효
제50회 한국보도사진전
주지승들의 밤샘 술판 김봉규
제45회 한국기자상
국가정보원 대선 여론 조작 및 정치공작 사건 연속보도 정환봉
제45회 한국기자상
동양 사태 연속보도 김경락

2015년

이달의과학기자상-2월
전공의 빈익빈부익부 실태 김양중
제144회 이달의 보도사진상
250개의 책상이 주인을 잃었습니다, 슬픈 2014 김명진
제1회 법조언론상(서울지방변호사회), 2014 올해의 법조언론인(법조언론인클럽)
허재호 전 대주그룹 회장의 황제노역 사건 단독 보도 정대하
제293회 이달의 기자상
이명박 정부 자원외교 실체 추적 류이근 임인택 최현준 김정필
제292회 이달의 기자상

비선 실세 국정개입 의혹 석진환 하어영 김원철 김외현

제292회 이달의 기자상

대한항공 땅콩 회항 사건 김미영 오승훈

제292회 이달의 기자상

250개의 책상이 주인을 잃었습니다. 슬픈 2014 김명진

제46회 한국기자상

잊지 않겠습니다 김기성 김일우

제5회 조계창 국제보도상(한국기자협회, 연합뉴스), 제8회 노근리평화상(노근리국제평화재단)

총, 특권, 거짓말-글로벌 패션의 속살 유신재 류이근

제146회 이달의 보도사진상

만파식적 이정용

제146회 이달의 보도사진상

공포의 4시간, 거대한 폐차장으로 변한 영종대교 연쇄추돌 사고 현장 이종근

제294회 이달의 기자상

인천 깡통주택 사기사건 윤형중

한국신문상(한국신문협회)

땅콩회항 보도 김외현 김미영 오승훈

제148회 이달의 보도사진상

3년 전 만난 해고노동자들, 지금은 어떻게 살고 있나요 박종식

제149회 이달의 보도사진상

승희가 사라져가요 강재훈

제149회 이달의 보도사진상

고향 제주바다로 돌아가는 돌고래 복순이의 눈물 강재훈

제297회 이달의 기자상, 제25회 민주시민언론상, 제17회 양성평등미디어상(여성가족부 장관상)

부끄러운 기록, 아동학대 류이근 최현준 하어영 임인택 임지선

제150회 이달의 보도사진상

아직은 살아 있다 김봉규

제33회 관훈언론상, 제299회 이달의 기자상

사드 한반도배치 영향 및 성능 논란 박현 길윤형

제25회 민주언론상

세월호 사고 기록 분석 탐사보도 정은주

제302회 이달의 기자상

최경환 부총리 중소기업진흥공단 채용청탁 의혹 김소연 이정애 김지훈 이승준

제18회 국제엠네스티 언론상

눈물의 밥상 및 인권밥상 기획 보도 이문영

제18회 국제엠네스티 언론상

북한이탈주민 김련희의 이야기 허재현

제4회 한국온라인저널리즘어워드(한국온라인편집기자협회)

스노든 폭로 2년, 인터넷 감시사회 고나무 최현준 스티븐 브로윅 서규석

제17회 민주시민언론상

반도체 아이들의 눈물, MB자원외교, 부끄러운 기록 아동학대 한겨레 탐사기획팀

제303회 이달의 기자상

스노든 폭로 2년, 인터넷 감시사회 고나무 최현준 권오성

제51회 한국보도사진전

대통령의 눈물 이정용

제51회 한국보도사진전

짙은 녹조, 물고기도 숨 쉬고 싶다 탁기형

제51회 한국보도사진전

쌍용차 해고 가장의 긴 밤 김성광

2016년

이달의과학기자상-6월

대형병원 3분 진료 그만! 기획 김양중

제156회 이달의 보도사진상

미래를 향한 고난의 여정 김성광

제6회 미디어공공성포럼 언론상

MB 31조 자원외교 대해부 류이근 임인택 최현준 김정필

제47회 한국기자상, 제5회 인권보도상

부끄러운 기록, 아동학대 류이근 임인택 임지선 최현준 하어영

제47회 한국기자상, 제304회 이달의 기자상

세월호 탐사 보도 정은주

제2회 법조기자상(대한변호사협회)

변호사회 발전에 기여한 공로 서영지

제305회 이달의 기자상

과거사 재심사건 책임자 505명을 공개합니다 고나무 김경욱 김민경

제305회 이달의 기자상

영화 〈귀향〉 후원 제작을 위한 연속보도 송호진

제159회 이달의 보도사진상

고심 이정아

제160회 이달의 보도사진상

가습기 살균제 피해 어린이 김봉규

제307회 이달의 기자상

진경준 검사장 수상한 주식대박 의혹 최현준 서영지 김재섭

제14회 언론인권상

용산참사 6년, 시계방 사장님은 경비원이 됐다 최우리 박기용 이재욱

제308회 이달의 기자상

의원 298명 후원금 지출 전수조사 고나무 김경욱 김민경 권승록

제311회 이달의 기자상

사학비리 연속기획 오승훈

제164회 이달의 보도사진상, 제312회 이달의 기자상

녹조 토하는 낙동강 김봉규

제164회 이달의 보도사진상

안산 단원고 기억교실 이전하던 날 김명진

제313회 이달의 기자상

스폰서 부장검사, 수사검사에 사건무마 청탁 최현준 서영지 김지훈

제313회 이달의 기자상

국정원 공제회 양우회 대해부 고나무 김경욱 김민경

제19회 국제엠네스티 언론상

지하철 스크린도어 수리노동자의 죽음 연속보도 이재욱 방준호

제26회 민주언론상

최순실 국정농단 3개월 심층 연속보도 김의겸 류이근 송호진 방준호 고한솔

제314회 이달의 기자상

최순실 게이트 보도 김의겸 류이근 송호진 하어영 방준호

올해의 투명사회상(한국투명성기구)

K스포츠재단, 미르재단과 최순실 관련성 최초보도 김의겸 류이근 하어영 방준호

올해의 좋은 보도상(민주언론시민연합)

최순실 국정농단 보도 김의겸 류이근 송호진 하어영 방준호

제315회 이달의 기자상

삼성물산 합병 과정서 외압 및 대가성 의혹 이정훈 곽정수 이완 최현준

제52회 한국보도사진전

3년 전 만난 해고노동자들…지금은 어떻게 살고 있나요 박종식

제52회 한국보도사진전

단원고 성복이네 가족의 1년/미래를 향한 고난의 여정 김성광

2017년

제3회 법조언론상

진경준, 김형준 사건 등 검찰 비리 연속보도 최현준

2016년 4분기 체육기자상(체육기자연맹)

장시호도 스포츠법인 내세워 나랏돈 7억 따내 김창금

2016년 4분기 체육기자상

KBO 포스트시즌 야구장 청소 및 이벤트 아르바이트의 눈물 권승록

제316회 이달의 기자상

블랙리스트 청와대 정무수석실 작성 전달 노형석

제48회 한국기자상

최순실 게이트 연속보도 김의겸 강희철 류이근 하어영 방준호

제48회 한국기자상

진경준 검사장 수상한 주식대박 의혹 최현준 서영지 김재섭

제48회 한국기자상

의원 298명 후원금 지출 전수조사 고나무 김경욱 김민경 권승록

2017년 한국신문상(한국신문협회), 제21회 삼성언론상

최순실 게이트 연속 보도 김의겸 강희철 류이근 하어영 방준호 송호진

제15회 언론인권상

나라슈퍼 3인조 강도 사건 연속보도 홍용덕 박임근 김영동

제320회 이달의 기자상

국가정보원 비선 민간여론조작 조직 실체 김완 하어영 정환봉

제321회 이달의 기자상

국정농단 수사 이영렬 중앙지검장, 조사 대상 안태근과

부적절 만찬 강희철 서영지

제323회 이달의 기자상

종근당 이장한 회장의 운전기사 갑질 황금비

제324회 이달의 기자상

국정원, 댓글알바 30개팀 3500명 운영했다 등 서영지

제325회 이달의 기자상

파리바게뜨 제빵기사 불법파견 의혹 박태우

제35회 관훈언론상, 제325회 이달의 기자상

공공기관 부정채용 민낯 류이근 임인택 조일준 최현준 임지선

제326회 이달의 기자상

우리은행, 국정원 직원·VIP 자녀 등 20명 특혜채용 송경화 김태규

제20회 엠네스티 언론상

우리 안의 시선, 난민복서 이흑산 김선식 정환봉 김현대

제178회 이달의 보도사진상

'엄마 저 살고 싶어요' 김성광

제179회 이달의 보도사진상

지진 피해 속 고3 수험생 박종식

제179회 이달의 보도사진상, 제327회 이달의 기자상

불타버린 코리안 드림 김성광

제327회 이달의 기자상

18살 고교 실습생은 왜 죽음으로 내몰렸나 등 김미향 고한솔 허호준

제53회 한국보도사진전

할 수 있다!의 사나이가 만들어낸 기적 신소영

제53회 한국보도사진전

녹조 토하는 낙동강/ 가습기 살균제 피해 어린이 김봉규

2018년

제49회 한국기자상

국가정보원 비선 민간여론조작 조직 실체 김완 하어영 정환봉

제49회 한국기자상

공공기관 부정채용 민낯 류이근 임인택 조일준 최현준 임지선

제49회 한국기자상, 제54회 한국보도사진전

불타버린 코리안드림 김성광

제54회 한국보도사진전

지진 피해 속 고3 수험생 박종식

제54회 한국보도사진전

선생님 힘내세요 강재훈

제54회 한국보도사진전

운문산 반딧불이 사랑 비행 김진수

제330회 이달의 기자상

1968 꽝남! 꽝남! 연속보도 김선식

제331회 이달의 기자상

경찰 온라인 여론 조작 의혹 연속보도 허재현 신지민 하어영 정환봉 김완

제183회 이달의 보도사진상

모녀 3대의 삶을 통해 본 여성인권 변천사 이정아

제332회 이달의 기자상

고스트 스토리 이문영

제332회 이달의 기자상

삼성 노조파괴 문건 6천건 나왔다 등 서영지 박태우

제7회 인권보도상

18살 고교 실습생은 왜 죽음으로 내몰렸나 등 고한솔 김미향 허호준 이지혜 신지민

※ 2018년 5월 수상작까지만 서술

13. 주요보도 사내 수상 내역

※ 취재 보도 관련 한겨레대상, 한겨레상, 공로상, 대특종상, 특종상 1·2급, 노력상, 영상보도상, 디지털기획상, 디지털노력상 포함
※ 사내 특종상 제도는 1989년 10월 이후에 정착
※ 수상 시점 기준(2018년은 1~5월)

1989년

1월 안기부 선거 자료 절취 오귀환

10월 전화국 블랙박스 도청장치 의혹 신동호
한은법 개정 관련 정부, 여당 회의록 곽병찬

12월 구속영장 실질검사제 도입 김이택
마르크스주의자 서울 온다 김영철
새롭게 주목 끄는 중대생 변사사건 오용 김영환 곽노필 오귀환
여권 정호용 의원 사퇴 유도 곽병찬
주한미군 절반 감축 시사 정연주

지방 금융 활성화 정영무

1990년

1월 장성탄광 광부 2차 질식 사고 고희범

2월 교사, 공무원 3당 합당 홍보 교육 오태규 김영환 신동명 정세용

4월 교도관이 수감자 석방 김이택 성한용

연행되는 민자당사 기습 시위 이종찬

한미연합사 앞 팀스피리트 중단 시위 곽윤섭

주한 미공군 감축 및 기지 폐쇄 김형배

6월 재벌기업 비업무용 부동산 실태 이홍동 이봉수

8월 수돗물 마음 놓고 마실 수 없나 안종주

1991년

1월 보안사 민간인 불법 사찰 이병효

3월 군기무사 또 민간인 사찰 김성걸 이상현

6월 김기설 유서 대필 관련자 경찰이 보호 김의겸

1992년

7월 고속증식로 핵기술 개방 신동호

북한 핵 관련 보도 오귀환 박종문 강태호

이인모씨 연행 장철규

통신사 예하부대 대리 투표 이수윤

PKO 파병 관련 보도 윤국한 박종문

12월 단국대부고 해직 교사 첫 복직 최영선 한승동

총선 때 선심 사업 남발 김인현 손규성 박창식

한국화약 거액 외화 유출 곽정수 정석구 신현만

1993년

5월 건영특혜 의혹 보도 김인현 김성호 박중언 정석구

군 장비 불법 유출 비리 김성수 박창식 이수윤

대선 방송연설 일정 일방 조정 류재훈

매 사냥 최성민 진천규

카길사 국내 진출 차기태

10월 1994학년도 대입전형일자 박중언

고위공직자 재산 공개 김의겸 정남기 지창은 박중언 김인현 백기철 강석운 김도형 유강문 김종구

전직 대통령 조사 방침 김성호

카지노 비리 김종구 허호준 김현대 강석운 박중언 안재승 김인현 정석구 곽정수 정재권

11월 소말리아 전투병 파견 이상기

북한 핵 문제 관련 북-미 접촉 내용 정연주

한화 회장 미국 비밀계좌 적발 하성봉

12월 쌀 시장 부분 개방 검토 이길우

1994년

2월 미 CIA국장 극비 방한 이상기

서울에 나타난 미 CIA 국장 이정우 이종찬

4월 민자 김종필 대표 부의금 파문 윤국한

삼성, 중동학원 인수 의혹 신현만

시청료 전기료 합산 징수 정의길

일부 민자당 의원 UR 반대 서약 정남기

조계종 사태 정인식

최기선 인천시장 사전 선거운동 김영환

UR 이면계약서 이길우 이봉수

6월 조계종 사태 권복기

고위공직자 정당법 위반 정세용

군 장성 인사 이상기

김현철씨 로비자금 의혹 김인현 유강문 이인우 백기철 박중언 권태호 성한용 김의겸 강희철 하성봉

시베리아 북한 벌목노동자 양상우 강재훈

상무대 정치자금 유입 의혹 유강문 이인우 김인현 권복기 성한용 홍대선

조계종 사태 백기철 권태호 박중언 강희철 정인식

주총 성립 요건 완화 상법 개정 안재승

조계종 총무원 조직폭력배 동원 지창은

팔레스타인 자치 실현 및 예멘 내전 박찬수

7월 원진레이온 해체기계 중국 매각 변재성

10월 이곳만은 지키자 조홍섭 김경애

11월 5월 광주 계엄군 정재권 윤승일

공고생 현장실습 강석운

김현철 의혹 곽병찬 여현호

승지원 의혹 김현대

시베리아 북한 벌목노동자 박태웅

외국인 노동자 산재 오귀환

1995년

1월 중국말 표기자료집 권정숙 이찬영

부천시 총무국장 비리 김영환 백기철 오철우
소대장 길들이기 김성걸
아현동 가스 폭발 사고 원인 양상우 권복기
장교 탈영, 하극상 고민 박병수 양상우
정부 핵 경협 연계 원칙 해제 강태호 박중언 김성수 김성호
주세법 개정 파동 안재승
핵연료 결함 조홍섭
검찰, 박홍 지원 관계기관 대책회의 하성봉

3월 모래시계 김도형
인천 연수지구 특혜 분양 김영환
헌법재판소의 공소 시효 판결 김인현
힘내세요 곽윤섭

5월 창간 7주년 특집 오귀환 곽병찬 윤승일
김대중 딜레마 곽병찬 강석운 여현호
각종 범칙금 인상 이제훈 정재권
연금 관리 체계의 문제 곽병찬 김현대 윤승일

6월 과천선 지하철 결함 강남규 양상우
대만 총통 방미 허용 이길우
동성동본 금혼 위헌 제청 김종태
미군 전용 부두 활용 시급 최익림
신문 과당경쟁 물의 김영철 이근영 김성수
유원건설 3자 인수 곽정수
인터넷으로 도둑 전화 신기섭
한국통신, 공공 DB 점수 조작 권복기

11월 민자당 향응 제공 곽윤섭
삼풍백화점 건설 비리 양상우 이용인
세계 여성회의 종군 위안부 의제 채택 김미경
아시아 태평양 지역 관련 기획 김지석 곽노필 정의길 조준상

1996년

2월 계도용 신문 비리 김기성
고양 금정굴 유골 발굴 강남규 강세준
김종휘씨 귀국 의사 윤국한
노태우 비자금 실명 전환 임범
뉴질랜드 대사 소환 방침 박중언
영광원전 4호기 핵 연료봉 파손 안종주
전두환 구속 집행 김종수

3월 미 대북 지원 강행 방침 정연주
상속세법 대폭 손질 김병수
체첸 인질 사건 진재학

5월 재일동포 돈 17억은 거짓 김성호
선우중호 평화의 댐 옹호 권태호
이회창 대선후보 완전경선 발언 오태규
장학로 부정축재 김성호
한글 반포 550돌 기념 특집 강희철

7월 쌍용 의혹의 사과상자 양상우 변재성 김회승 노형석
광진구 생활하수 방류 강재훈 함석진
배우자 상속세 공제 확대 곽정수
올해 대종상 문제점 안정숙 이성욱
한반도 4자회담 추진 정연주
효산 콘도 특혜 김성호 배경록

9월 롯데 형제간 재산 싸움 김현대
신문전쟁 송현순 손석춘 김현수
운전면허 행정 문제점 함석진
인도네시아 사태 곽노필
중국 쌀 수입 곽정수

12월 경부고속철도 노선 폐광 곽정수 박순빈
고속도로 안내광고판 특혜 의혹 김종철
대기업 수능이 좌우 박현 강석운
북한 해상 3차례 침투 김성걸
서울시의회 법적 유효성 논란 조현
화성운석 생명체 흔적 발견 이태희 한승동
대권후보 YS 장악 시나리오 장정수 김용성
없애자 방학숙제 신승근 이혜정 권태호
영화검열 철폐 캠페인 이유란 오철우
조선족 6천 명이 한국을 고소한다 이정용 유강문

1997년

2월 김영삼 대통령 사촌 특혜 의혹 이용인
김현철씨 정치 현안 개입 김성호 유상규
녹지해제 권력층 압력 김기성 홍용덕 배경록
문학으로 만나는 역사 최재봉
민변, 북한에 쌀 보내다 강희철
이성호 복지부장관 1억 수수 권복기 박용현
커져가는 노동법 불안 강석운 박현
대선 민심기행 보도 김용성

3월 포유류 성체세포 복제 성공 이태희
한보 핵심 서류 조직적 폐기 양상우 함석진
6월 김현철 사조직 가동 김의겸 김현대
김현철 YTN 인사 개입 김성호
재계, 대선자금 거부 선언 곽정수 정남구
마사회 경마 부정 홍용덕
미군 우라늄탄 폭발 처리 김도형
박태중 미스터리 신승근 김인현 이제훈 곽병찬 양상우
북한 어린이 실태 및 식량 문제 김보근
소각장 다이옥신 김정수 조성곤 정광섭 김용성 송현순
슬롯머신 대부 대선자금 제공 조성곤 강석운
알카 골드 파문 안종주
한보 정태수 횡령 확인 양상우
현대건설 골프장 위장 인수 박순빈
김현철씨 장관 인사 개입 김성걸
한보 대북 투자 계획 양상우
7월 북에서 온 편지 곽병찬 김보근
4자 예비회담 정연주
고속철 사업비 과다 책정 박순빈
남총련 20대 폭행치사 이수범
동두천 왕방천 김진수
미국 상대 세계무역기구 제소 이태희
이회창 권력 분점 제안 방침 조현
한국통신-데이콤 시장 쟁탈 김재섭
아시아나, 노선 우회 박순빈
8월 신세대 여성감독 뜬다 오은하
기아경영권 포기각서 제출 이봉현
농수축산물 전면 개방에 따른 문제점 최익림
반이회창 진영의 4인 연대 합의 박창식
월성 원전 일대 지진 위험 신동호
위안부 문제 김창금
이회창 사조직 경선 개입 조현
청소년 시각에서 본 10대 문제 권태호 지창은 유강문
타이 화폐 폭락 류재훈
9월 3개 스포츠신문 편집국장 기소 강희철
사회봉사명령제의 제도적 장단점 김회승 조준상 정재권 박현
오익제 월북사건 안기부 사전인지 의혹 정남구
오익제, 월북 직전 남겨둔 편지 정연주
이회창 장남 고의 감량 의혹 권혁철
10월 국방부 중형 잠수함 사업 논란 기사 김도형
국제전화카드 첨단범죄 관련 보도 강석운 송현순
대형 건설업체 담합 관련 기사 박순빈
수입축산물 식중독균 검출 관련 보도 안종주
이인제 경선불복에 따른 탈당 박창식
풍년 들녘 벼멸구 피해 보도 김봉규
11월 계도용 신문 배포, 선거법 위반 적용 김기성
공진협 위원장 사전 내정 의혹 최보은
남한강 종합개발 계획 김정수
부천영화제 손홍주
주택공사의 산업폐기물 불법 매립 박순빈
증감원 평민당 계좌 조사 김이택 김병수 김인현
12월 금융권 부실채권 규모 곽정수
12개 종금사 외환 업무 개선 명령 차기태
기름값 대폭 인상 김병수
대선 민심기행 기동취재팀
대통령과 국민신당 관계 김종철
선경 부당 내부거래 김재섭 유상규
한반도의 엘리뇨 현상 황석연
IMF 구제금융 관련 기획 박종문

1998년

1월 문화재는 살아 있다 정남기
안기부 문서 파기 김이택 이태희
청와대 비서진, 이회창 지원 김성호
한은, IMF 수혈 건의 묵살 곽정수
3월 구제금융 시기의 책 읽기 이상수
구조조정 특별법안 박현
노사정 합의안 변질 안재승
미국영화학교 한국분교 남동철
사외이사 일정 비율 의무화 이강혁 유상규
새정부 100대 과제 선정 박중언 김이택 신승근
안기부 비리 김보근 송현순
월가가 몰려온다 차기태 임민 정의길 강태호
작은권리 찾기 윤승일 김수병

적대적 인수합병 허용 박창식
전자주민카드 백지화 방침 신승근
조기결산으로 금융비용 절감 정태희
총리 인사 청문회 철회 성한용
판사 비리 강희철 김현대
SK 편법 증여 및 부당 내부거래 김재섭 유상규
노조전임 임금 지급 처벌조항 삭제 박창식
자본 이득세 신설 유상규
군 조직 통폐합 검토 신승근
4월 결격 공무원 퇴직 오상석 김현태 황석연
교수 채용 비리 및 의치대 교육 부실 홍용덕 김기성 이수범 홍대선 임석규
농수산물 유통 및 농가 위기 함석진
문화 행정, 이것만은 고치자 고명섭 정남기
오익제 편지 관련 기본 대응 계획 입수 김효순 윤석인 임을출 백기철 성한용 김이택
투신사, 종금사 부실 권복기 박순빈
귀여운 동물 세계 장철규
증권사, 보증보험사 부실 권복기
7월 98 떠오르는 별 박병수 권오상
검찰의 경제 실정 수사 강희철 이종규 김의겸
권영해 전 안기부장 권력형 비리 강석운 조성곤
동아건설 김포매립지 용도변경 추진 함석진
신문개혁, 지금이 기회다 구본준 이강혁 김도형
신세계종금 대주주 예금 인출 이봉현
정주영 방북 경협 논의 임을출
청와대 건물 배치 신동호
한국부동산신탁 권력 유착형 부실 경영 유강문 이재성
한국영화계 50인·단편영화비디오 기획 조종국
12월 4대 보험의 문제점 조준상
기아자동차 1차 공개입찰 유찰 곽정수 이봉현 박현
농약 투성이 농산물 시중 유통 뒤 검사 권혁철
박갑철씨 비리 김태경
박노해 인터뷰 정재숙
복제소 99년 1월 탄생 신동호
브라이언 드 팔마 특집 김영진
상수원주민보조금 땅 투기 전용 김기성
서울대에 돌을 던져라 박용현 김규원
서초구청 위생과 직원 4년간 공짜술 이성욱
성원토건 특혜 의혹 정재권 유강문
양지마을 수용 부랑인 가혹 행위 하석
전문직 부가세 안재승
스크린쿼터 폐지, 축소 기도 안정숙 고명섭
종합 점검, 국책사업 이원재 이재성 정재권 박현 함석진
DJ 모독, 왜 YS처럼 하는가 백기철 박찬수
TJ사단 포철 역사 다시 쓴다 양상우

1999년

1월 장관들의 성적표 박찬수 백기철
경찰의 주요 인사 사찰 재개 기동취재팀
국보법 위반 판결 유엔 규약 위반 김창석
욕망을 디자인한다 김보근
이산가족 방북 상봉 이제훈
KAL기 운항 중 역추진장치 오작동 김회승
2월 검사들 총장 용퇴론 확산 강희철
국민회의 자민련 합당 추진 김용성
심재륜 고검장 수뇌부 퇴진 촉구 강창광
암정복 다큐 특정 병원 간접 홍보 권정숙
4월 국민회의 전당대회 연기 김종철
남편은 형사, 부인은 접대부 관리 이성욱
서울지검 검사 연판장 김창석
정부조직 개편 유상규
한자 병용 정책 김보근 손석춘
교육 개혁 캠페인 황석연 정의길
실업 극복 캠페인 정영무 구본준 안영진 권복기 김경무
6월 고급 옷 로비 의혹 안창현 배경록 김규원 권혁철 강석운
국가정보원은 악랄했다 조성곤
상하이 추락 대한항공기 블랙박스 김현대
여권 중선거구제 합의 김용성
지방 권력, 토호들의 폐해 양상우 조성곤 임을출
혈액형 돌연변이 국내 첫 발견 이창곤
7월 검찰이 조폐공사 파업 유도 김인현 강희철 하석
에넥스 관련 대규모 주가 조작 박순빈 강남규
8월 국민회의 안양-구로을 돈 선거 김종철 백기철 김이

택 신승근 양상우 조성곤
차세대 리더십 국민여론조사 박창식 박찬수
9월 언론사주 미국 거액 도박 축소 수사 송창석 김인현
11월 미군 노근리 피난민 학살 진상 황순구
보험설계사 권력 실세 부인 실적 급증 이창곤 김태경 김규원
중부대학 교수 채용 비리 하석
12월 국정원, 이종찬 사무실 압수수색 곽윤섭
쾌도난담 기획 고경태
묘지강산을 금수강산으로 기획 박근애 김학준 허종식 김영철
언론 대책 문건 언론사 간부가 전달 여현호 안재승
엘지 데이콤 위장 정부서 불법 묵인 박순빈
인천 호프집 화재 이재성 안영춘 김종태 송창석

2000년

2월 계약직도 노조 결성 길 열렸다 김경무
송년회 흥청 불우이웃 성금 썰렁 이재성 김종태 김기성 손원제
4월 돈세탁 한 해 최고 169조 원 오철우
민주신당 정강 내각제 명시 않기로 백기철
벼랑에 선 조선족 김종태 김동훈
선거혁명 시민의 힘으로 이재성 안영춘 이춘재 김규원
아시아, IT 산업에 미래를 건다 이주명 이용인 강태호 유강문 함석진
정보도 복지다 이제훈
현대 주가조작 짜맞추기 진술 유도 강희철 김창석 박순빈
5월 5~6월 중 대북 비료 지원 류재훈
베트남전 한국군 양민학살 고경태 황상철
현역 판사마저 병역비리 강희철 김창석
6월 경찰, 시민 협박 가혹 행위 김동훈
변호사의 파렴치한 사기 이종규
7월 금강산 면회소 설치 이제훈
남북 정상회담 관련 기획 류재훈 오태규 강태호 이제훈
동강 댐 백지화 조홍섭 정상영
의사 집단 폐업 김소민 안영춘 손원제

학교 공동촌지, 발전기금 줄이어 이춘재
허비된 국가예산 시민들 환수 나섰다 최상원 이수윤
9월 일본 역사왜곡 교과서 검정 신청 한승동
이익치 회장 편법 외자유치 곽정수
한빛은행 거액 편법 대출 이춘재 유상규 정광섭
10월 전국 시장 군수 115명이 추천하는 비경 김소희
군산 대명동 윤락업소 화재 참사 박임근 이상기 송인걸
동인문학상 황석영의 거부 이상수
북한의 조건부 미사일 중단 강태호
함께 행복한 세상, 장애인과 더불어 이수범 김보협 오상석 강석운 안창현 김규원 김영희
11월 북파공작원 보상 요구 집단 움직임 손원제
12월 4개 은행에 공적자금 추가 투입 황순구 임석규
베트남전 민간인 학살 고경태

2001년

1월 청와대 안 총기 사건 안수찬
혈세를 되찾자 이주현 이재성 양상우 최상원
3월 노동운동가 박태순씨 죽음 의혹 안수찬
새만금 동진 수역 우선 담수화 유력 차한필 조홍섭 김경애
4월 세계가 바라본 한국영화의 얼굴 문석 남동철
제일은행, 증권거래법 위반 황순구 정남구
차마 총을 들 수가 없어요 신윤동욱
한겨레가 전하는 남북 편지 강태호
한국영화의 이상한 경향 허문영
5월 언론권력 심층 해부 권혁철 고명섭 김인현 박근애 김소민 윤영미 정광섭 김동훈 김기성 조준상 송창석 정인환 박창식 김이택 허종식
한겨레21 언론권력 시리즈 이창곤 조계완
삼성 이재용씨 거액의 증여세 탈루 안재승
서울 시내 지하철 역사 석면 검출 이창곤 안수찬 이지은
6월 발신전화 표시 이용료 김재섭
오폐수 20여만 톤 한강 방류 조홍섭 김동훈
7월 관광공사의 금강산 사업 참여 정재권 박찬수
시화호 생태계 파괴 김일환 이기준 김봉규 조홍섭
파업 250일, CBS의 진실 김소희 신윤동욱

해인사 스님들의 실상사 난동 조현

8월 공무원 노조 연내 허용 박찬수

의경 배치 대규모 비리 정혁준

MS, 오피스XP 인증장치 마련 김재섭

9월 고이즈미 신사참배 관련 충돌 김종수

비운의 덕수궁 노형석

일제 전범 영구 입국 금지 김수헌 정광섭

10월 후임 장관 인선 정재권 박찬수 임석규

미국 테러 사건 박병수 고경태 안영춘

전화국 통신망의 결함 테스트 김재섭

한나라 국감서 조직적 압력 양상우 차한필

11월 주진우 의원 수산시장 담합 입찰 안재승 정인환

화학물질에서 발암물질 다량 발생 이지은 조홍섭

12월 김홍일 의원 내년 초 외국행 박창식

제천시장 장애인 보건소장 임명 거부 오윤주

청계천을 살리자 황준범 김순배 허종식 김규원 김영훈

현대차 2세 편법 상속 정남기 정남구

8월 김무성 의원, 대통령 유고 발언 최익림

부실 복원 논란 감은사터 동탑 훼손 노형석

9월 총장이 박사학위 브로커 배경록

10월 김석수 장남, 미국서 주유소 운영 배경록 하석

서울대 개혁 강성만 차기태

신의주 경제특구 하성봉

쌍용의 대규모 무역사기 곽정수

12월 검찰수사관의 피의자 물고문 안창현 서정민

NYT의 올해의 그림책 선정 허미경

병원 진료, 시설 평가 공개 김양중 허종식

용평리조트의 비밀 정남구

KT 정액요금제 무단 가입 말썽 함석진

2002년

1월 4·3 진압 미군 장교 직접 지휘 허호준

근로자 가구 60% 소득 줄었다 정남구

미군 F-15철수 남북대화 숨통 권혁철 류재훈

최강 프로젝트 23 문석 남동철 김혜리

탈레반 항복 김학준 함석진 황상철 박중언

2월 박지원씨 복귀 박창식 김의겸

일본 교류 전시 불허 노형석

3월 미군, 40곳서 민간인 학살 박용현

4월 대륙에 버려진 아이들 박창섭

미 패권의 명암 박중언

차기 전투기 시험평가 라팔 1위 김성걸

조주형 대령 육성 고백 손규성

5월 김홍걸 게이트 김현대 류이근 이본영 하석 성연철 정광섭

중국 사고 여객기 기장 첫 김해운항 최상원

중국 국적자 불법체류 신고 탁기형

6월 73년 유럽 거점 간첩단 사건 조작 최혜정

유상부 회장, 홍걸씨 만나 송창석 양상우

7월 김홍업 관련, 돈 거래 의혹 하석

의원에 월드컵 공짜표 논란 안수찬

월드컵 기획 자문단 이찬영 권오상 김창금 김경무 김영철

2003년

1월 대한민국 사병은 거지인가 김소희

군, 민통선 지뢰 제거 농민에 떠넘겨 김경애

성조기 태우려는 분노 이정용

세계 속의 한국어 최인호 오태규 서정민 김인숙 김경은 박정숙

청송감호소 단식농성 파문 류이근 박주희

2월 노무현 당선자, 감사원 특감 곽정수

임채정 인수위원장, 인사 개입설 논란 신승근 함석진

4월 노사 새 시대를 위하여 박민희 오상석 김규원

미군, 카투사 성폭행 김성걸 박창식

위조 신분증, 운전면허증 인터넷 거래 이태희

이라크전 황상철 임종진

진대제 정통부장관 15년간 국외 거주자 김재섭

6월 대우자판 블랙리스트 작성 이창곤

청와대 차별시정기획단 정책 조준상

크레스트, SK보다 의결권 많아져 김정곤

국방예산 GDP 3.4%로 확대 김성걸

국내 최고 초기 백제 제철 유적 발견 노형석

7월 삼성가, 에버랜드 주식 편법 매입 곽정수

서울대 시간강사 사망 김진철

이라크 어린이 돕기 조현 이태희 김양중

이라크 주민, 핵 시설 약탈 이정용

9월 8개 은행, SK글로벌과 분식회계 공모 김회승 곽정수

성추행으로 자살 사병 김동훈 석진환

DJ, 대북송금 류이근 강희철

10월 대법관 임명 제청 자문위, 퇴장 파행 김태규

해고, 파업 모두 쉽게 정혁준 정의길

SK, 비자금 정치권 유입 수사 강희철

11월 윤성식 감사원장 후보 부적절 안수찬 정광섭

이라크는 지금 정인환

전쟁의 뒤안, 삶은 여전히 피어난다 임종진

행정수도 이전 김현대 황준범 허종식 송인걸 손규성 김규원

12월 차익 중과세 강세준 안재승 최종훈 신승근

검찰, 대선 자금 5대 기업 수사 강희철 안창현

대검, 기자 통화 내역 수시 조회 강희철

부산오락실 상납 검경 커넥션 길윤형 양상우 최상원

수능시험 오답 시비 황순구

2004년

2월 묵은 현안, 해 넘기지 말자 조홍섭

노 대통령, 취임 뒤 문병국 따로 초청 강희철

노벨평화상 DJ 특명 없었다 김창석

아파트 과표 결정권 김동훈 안재승 길윤형

한진중 노조지회장 자살 정혁준 최상원

KCC 현대엘리베이터 지분 매집 류이근 박현 김정곤

3월 일 고위관리 전격 방북 박중언

파견근로 전 업종 허용 추진 정혁준

한나라당 최병렬 대표 잠적 김종수

4월 공교육에 희망을 김영인 이근영 강성만 황순구 조성곤

상생의 기업 경영 박순빈 정혁준 곽정수

영장청구 법무부 모르게 하라 안창현 하석

우리당 2억 당사 불법 임대 사용 정광섭

닥터 김의 도발 인터뷰 김소희

청계천 복원 현장서 문화재 쏟아져 윤진 김동훈 길윤형

한국의 미래 열어갈 100인 이제훈 이화주

6월 미군 이라크 포로 성고문 파문 김아리 박찬수

삼성 탕정 제2지방산업단지 건설 추진 박순빈 박효상

탄핵심판 소수 의견 비공개 하석 석진환

택시노동자 5천억 원 도난 사건 최혜정 정남구

7월 긴급진단 축구행정 김창금

김포 새 도시 대폭 축소 김영환

대한민국 새 틀을 짜자 이제훈 김회승 안수찬 이화주

미군 떠나는 동두천 김영인 길윤형

아파트 분양가 담합 인상 첫 고발 곽정수 최종훈

우리의 열정 왜 못 보나요 조기원 전종휘

프리유어북과 함께한 책 나눔 운동 이주현

8월 분양원가 공정별 공개 류이근 김의겸

사병, 고참에 맞아 사망 이지은

한국에서 훈련 중인 스텔스 전폭기 김봉규

9월 대입시험 등급제 도입 강성만

박정희 기념관 국고 지원 재검토 김정곤 정혁준

준농림지 공장 전면 허용 추진 임석규

한-대만 항공협정 곧 체결 김의겸

10월 2004 장애인올림픽대회 김창금

고교등급제 시사 파문 이지은 김영인 이순혁 강성만 안영춘 김남일

누가 이 외국인을 모르시나요 신윤동욱

동북아 에너지 전쟁 박민희 류재훈 하성봉

성장의 기본 틀 바꾸자 박순빈 안창현 안재승 함석진

11월 사학 개방형 이사 의무화 정의길

자이툰 부대 인근서 폭발 박민희 윤진

12월 고교 사전인지 정황 드러나 안관옥 황상철 김남일 정대하

막내 벼락 슛 한국 살렸다 이정용

탯줄혈액 줄기세포 이식 김양중 안영진

투기성 외자 국내 금융사 인수 제한 조성곤

2005년

1월 하키 판에도 한류 김창금

권영해 동생, 안기부 돈 10억 빼돌려 석진환

망향 60년 사할린 동포 유신재 홍용덕

투명사회 기여상 김승민 박효상
현대상선 1조 3천억 분식회계 곽정수 박효상
2월 구치에 흔들렸던 한 기자의 양심고백 김영인
문화재청, 광화문 현판 교체 추진 노형석
타이 여성 노동자, 노말헥산 중독 홍용덕 김기성
3월 교육부 서강대 감사 이순혁 강성만
상품권을 일반 상품 판매로 조작 함석진 박효상
정태수, 왕회장 집에 세 들다 박승화 이춘재
한성렬 유엔차석 대사 전화 인터뷰 박찬수
4월 박정희 X파일 김소희
보수로 가는 미국사회 박찬수
부산 항운노조 비리 최상원
서울의 섬 이종근 남종영 유선희 김규원 정혁준
유시민 의원, 왕따에서 당 개혁 리더로 신승근
이헌재 부총리 부인 위장 전입 의혹 이형섭 김남일 황상철 박임근
종암초등학교 어린이회장 선거 김정효
편견 사슬에 묶인 한센병 환자들 전정윤 길윤형
히말라야 기적 생환 조연현
KT, 하나로 등 담합 최대 과징금 곽정수 김재섭
5월 타이 노동자 노말헥산 중독, 부산항운노조 비리 사회부 지역팀
통일, 평화 관련 보도 강태호
대상 명예회장 봐주기 의혹 김인현
딱새가족 트럭둥지에 핀 사랑 김진수
한미연합사 성한용
6월 미래를 여는 역사 안수찬
김재규 지시로 김형욱 납치, 살해 정재권 김의겸 유강문
북 6자회담 복귀 유강문 강태호 정인환
해경 늑장 대응 의혹 눈초리 김영환
7월 5공 납치범죄 기밀문서 신승근
일본 우토로 남종영
신세대 병사, 구세대 병영 김성걸 유신재 박종찬
재벌 앞 작아지는 검찰 이춘재 김태규 황예랑 정광섭
8월 내 아이 운동부 보내기 김창금
도청 녹취록 일부 내용 누락 조준상
땅 보유세도 큰 폭 강화한다 김의겸
의원님은 알바 중 류이근
집값 이렇게 잡자 허종식 최종훈 조성곤 정석구
9월 기자가 먼저 달려본 헬싱키 마라톤 이길우
뒷돈 드라마 리스트 공개 김진철
석면공해 당신을 노린다 김정수
책을 말하다, 책이 말하다 오철우
총수일가 이자 128억 회사서 대납 정세라
10월 사법부 과거, 이제는 말해야 한다 황예랑
엑스파일 또 다른 거래 시도 포착 박순빈 강희철 김인현
주름진 손, 사진도 마음도 청춘이련만 이종근
11월 F-15K를 해부한다 김성걸
대법관 후보군 2배수 압축 김태규 정광섭
삼성 이재용씨 또 편법 증여 의혹 서수민 정남기
시각장애인 23명 길거리 나앉을 판 김광수
한-미 전시작전권 환수 협상 합의 김의겸
12월 홍석현 검찰 출두 김정효
공공기관 혁신 방안 박병수 임석규
병영과 한국 남자 심리학 보고서 유신재

2006년

1월 황우석 실체 김수병 남종영 유현산 김창석 신윤동욱 길윤형
경찰 권한 강화, 검찰 반발 이지은
노성일씨, 황우석 줄기세포 없다 김양중 이근영
우리의 아이들, 사회가 키우자 김순배 김태형 최종훈 박용현
흙속에 묻힌 숭례문 위용 드러났다 노형석
2월 함께 넘자, 양극화 이창곤 김양중 박주희
고유가 시대, 중동의 새바람 이정아 박민희 유강문
박근혜의 이념적 편견은 병 신승근
국기에 대한 맹세 없애자 남종영
저, 한국 며느리보다 낫제라 임종진
출판사도 사재기 베스트셀러 조작 최재봉
3월 성지순례 마친 삼소회 권귀순
2008 입시안 빈껍데기 될 판 허미경
교도관이 성적 괴롭힘 유신재 한광덕 김기성
미군기지 오염 이제훈 성한용
4월 체육대학은 아직도 병영 김창금 박현철

강금실 전 장관 단독 인터뷰 김창석
사형제에 사형선고를 이순혁 박용현
아시아 기자 100인 설문조사 류이근
외환은행 론스타 매각 김성재 석진환 박현
이병박 시장 황제 테니스 거짓 해명 이주현 조혜정 조기원 박용현
햇살 듬뿍 받고픈 백제의 미소 김태형
5월 도난 문화재가 경매에 버젓이 노형석
수협 납품 급식서 썩은 내 전종휘 임인택
주민소환제 황준범 임석규
천안문의 마르크스 이상수
한미 FTA 송창석
6월 70년대 수학여행은 지금도 계속 박주희
대추리와 거짓말 류우종 길윤형
노동쟁의 손해배상액 450억 폭탄 김소연 손원제
하늘에서 본 북녘 탁기형
20년 경험, 공격 마케팅도 헛수고 임주환
칸 이사회 스크린쿼터 지지 임범
약값 관리 허술, 건보 재정 피멍 이창곤 김양중
박근혜 대표 피습 고나무 전진식 김영환
7월 열린우리당 지방선거 참패 원인 이태희
수도권 규제 완화 저지 김종화
여성성이 뜬다 이지은 이유진 양선아 서수민 조혜정
평교사 교장 공모제 내년 시행 이수범 허미경 최현준
미국 요구에 건강보험 희생 우려 이창곤
독일월드컵 대표팀 통신 김창금
8월 경찰, 포스코에 파업 정보 넘겨 손원제 김소연
물난리 '선제 예방' 급하다 김학준
미군 오염기지 일방적 반환 시도 유신재 김정수
한미 FTA 특집 김영배 김보협 조계완
9월 마침내 입 연 현대차 비자금 제보자 황상철 이재명
북한 군인들 수해 복구 작업 김태형
4대 조건 내주며 한미 FTA 강행 안창현 안선희
새 헌법재판소장 전효숙 씨 내정 이춘재 김태규
아시아나기, 비구름 회피 않고 이재명 김규원 임인택
두 대학 인문 이공계 성적 임주환
오락기는 오늘도 밤새 돈다 유신재 양상우 전진식 임인택 이형섭
10월 따뜻해서 아픈 나의 지구여 류우종 남종영
암, 한방치료 세파와의 10년 전쟁 안영진
서울대 토익 반영 고수 허미경 최현준 박주희
열린우리, 대통령 후보 국민이 뽑는다 이지은
한일 전문가 수해 현장 입체 진단 이종근 오윤주 김학준 김종화
11월 돈 묶고 사람 막고 얼어붙는 국경 이정용 이상수 유강문
국정원이 흔들린다 성한용 임석규 신승근
서민 울리는 법 이대로 둘 건가 이재명 최혜정
한국의 책쟁이들, 한국의 글쟁이들 구본준 임종업
12월 얻어터지는 의사선생님 김양중
가난의 짐, 대물림 끊자 정정화
집값이 미쳤다 안선희 임인택
개성공단 임금 노동자 이용인 이본영
투자 길라잡이 한광덕

2007년

1월 교육 불평등 이종규
달동네에서 한 달 이상호 김기태
도봉산 성인봉의 하룻밤 장철규
미래를 여는 실천, 대안생활백서 이재명 유신재 조혜정 전종휘
대추리 사람들 류우종 길윤형
외고 유학반 성적표 조작 관행 남종영 박주희
2월 무역구제 관철 안 될 땐 지렛대로 활용 송창석
수원시 공무원 5년간 대리 기재 홍용덕
유신 때 술김에 한마디 처벌이 최다 전종휘
파주 곡릉천 멸종 위기 동물 삶 김진수
3월 중앙아시아 유적 르포 윤운식 길윤형
정부 심사 또 심사, 극빈 내몰아 최원형 임인택
보수 기독교계의 정치 참여 행태 조현
세계는 양극화 전쟁 중 류재훈 강성만 유강문 김도형
일해공원 선정 특정 계층 의견만 반영 김광수
투자자 국가 소송제 미국에 보장 박순빈 송창석
4월 대추리 평화의 파랑새는 언제 올까 이종근
고 윤장호 하사 애도 분위기 장교 골프 전진식

아베, 위안부 기생 빗댔다 김도형
대선주자들 개헌 약속 땐 발의 유보 검토 신승근
대학 체육학과 새내기 길들이기 악습 김태형 박현철 강창광 박종식 임인택
5월 여호와증인 관련 신윤동욱 정인환
반 FTA 분신 이종근
김승연 회장이 직접 때렸다 박주희
개성공단 24시 이용인 김봉규
육아낑낑 백서 석진환 박주희 이정국
종교 보도 새 지평 개척 조현
6월 김승연 회장 아들 이미 출국 정유경
유시민, 당 지킬 테니 떠날 사람 떠나라 신승근
60일 무이자 대출 과장 광고 안선희 정혁준
평양은 뒤돌아보지 않는다 류이근
7월 열린우리당 후보지지 통합 땐 단일화 신승근
이명박, 옥천 38만 평 차명 의혹 오윤주 황상철 이태희
이건희 회장 수사 여부 대법판결 뒤 이순혁 안창현
한국 양극화 세 번째 심해 김외현
8월 이명박의 의혹 김영배 류이근 김보협
본인 빌딩은 고도제한 풀고 이완 유신재 김남일 김기태 박주희 전종휘
난 씨받이로 이용당했다 김남일
10월 한나라당 경선 투표인단 조사 권태호 성연철 이화주
총구 앞 핀 인간애 서수민
인천공항 입국 외국인에 택시 호객행위 하어영
특산물 지도가 바뀐다 오윤주 정대하
박원순의 따져봅시다 이재명 김의겸
노 대통령 '해주 경제특구' 제안키로 이제훈 이용인 손원제
진화하는 호텔–한옥으로 간다 구본준
DMZ 보고서 박승화 정인환 길윤형
11월 검찰, 성곡미술관장 자택 압수수색 이완 이순혁
자이툰 부대 파병 1년 연장 이제훈 손원제
현대상선 주가 조작 100억 차익 최익림 김경락
연세대 총장부인에 편입 청탁 이완 노현웅
안영욱 차기 검찰총장 유력 거론 고제규
영상으로 본 남북정상회담 함석진 박종찬 이규호 은지희 박수진
12월 이명박 쪽, 김경준씨 귀국 연기 신청 임석규 류이근 김태규 이태희
강기훈씨 유서 대필 누명 벗는다 전종휘 이순혁
양재동 빌딩 유흥업소 여전히 성업 하어영
일본 유흥가 뒷골목 한국인 주부 김연기

2008년

1월 위기의 남극, 죽음의 눈 남종영 류우종
저무는 2007 그대들이 희망입니다 박종식
만화로 본 2007 문화 구본준 김영훈
이명박, 'BBK 내가 설립' 특강 영상공개 이태희
2월 이명박 대통령직 인수위원회 검증 권태호 성연철
화물운송업체 77% 대운하 필요없다 김광수 박영률 박주희 오윤주 최상원
삼성 고가 미술품 에버랜드 창고보관 노형석
고려대 농구부 수천만원씩 받고 특기생 선발 김동훈 김지은
통폐합부처 관리부서 넷 중 셋 감축 김학준 이재명
홍익대미대 실기문제 사전유출 의혹 하어영
3월 삼성서울병원, 압수수색 대비 증거인멸 의혹 노현웅 김남일
생필품값 급등 엎친 데 사교육비 폭등 안선희 최우성
삼성지방 계열사도 공직사회 떡값 하어영
어윤대씨 땅투기 의혹 교육장관 내정 노현웅 이완
다주택 장관들 거액 차익 이정훈 전종휘
삼성SDI "PC문서 국외서버로 옮겨라" 하어영
4월 매그넘이 본 한국 기획 박승화
새벽5시 얼차려 체대폭력 예절교육 여전 김경호 하어영
베트남 신부 넋 위로한 법원의 애도문 박현철
경부운하 다리 68곳 철거 개축 비용 2조 추가 길윤형 조홍섭 허종식
5월 폴리페서 막자–서울대교수들 윤리규정 제안 송경화
태안기름 유출사고 국제기금 사정액 100% 보상 송인걸
박미석 수석, 자경확인서 조작제출 최현준 하어영
초접전지역 인천신항에 달려간 장차관 김영환
6월 촛불 든 2.0세대 길윤형 노현웅 석진환 송경화 황춘화

20년을 만든 사람들 김태형 이정아
한 초등학교 휩쓴 성폭력 박주희
4대강 정비=운하사업 정부 문건 조홍섭
폐지했던 대운하 국책사업단 부활 허종식
이중섭, 이상 그 집에 안 살았다 임종업
청와대, 언론과 인터넷 순치 방안 문건 최성진
정부, 국책 연구기관장들 사표종용 최익림
미 축산협회 회장 협상 의사 있었다 김외현 류이근 서수민

7월 송기자와 조피디의 스포츠 다큐 송호진 정정화
방송을 권력품에 언론장악 가속화 권귀순 김동훈
미국 소고기 촛불문화제 생방송 한겨레엔 함석진
코스콤 사장도 낙하산 김진철
한나라 지난달 버시바우에 퇴짜 맞았다 이주현

8월 종부세 완화땐 118명 감면혜택 김수헌 정남구
금융공기업 CEO 감사, 영남출신이 73% 정남기
군, 대학교재 베스트셀러 불온서적 노현웅
여군 군악대장 스토킹 사건 이순혁
돈살포 서울시의회 의장 여당 실세의원에 성연철 이주현

9월 하늘이 감춘 땅 시리즈 문병권 이경주 조현
김옥희씨, 한나라에 김종원씨 공천 추천 부탁 송경화
양창수 새 대법관 후보 위장전입 의혹 김남일
한나라지도부 어청수 경찰청장 사퇴론 성연철
인천공항공사, 조카위해 준비했다? 정혁준
촛불연행 여성에 브래지어 탈의 강요 노현웅 최현준 황춘화

10월 혈세 부은 마창대교, 맥쿼리 '먹잇감' 석진환 송경화
골프장이 공익시설? 홍용덕

11월 국방부 불온서적 지정된 촘스키 송경화 노현웅
위기의 중소기업 시리즈 이용인 이재명 이정훈
10/9 공정택 격려금 김승유 회장도 줬다 유선희

12월 불황의 겨울, 벼랑 몰린 서민 시리즈 권오성 김성환 송경화 황춘화
북 "개성공단 철수에 얼마 걸리냐" 강태호 손원제
정부, 은행에 공적자금 투입 검토 안선희
정권 초기, 임금동결·고환율 정책 검토했다 이순혁
교육청, 교장 불러 역사교과서 교체 지시 정민영

2009년

1월 인천 중동문화원 1년 만에 문 닫다니…성난 아랍국가들 김영환
교과부 영상물, 4·19 데모로 폄하 김소연
건기연 김이태 박사 징계 수순 송창석
연세대 관재부는 비자금 관행부 황춘화
피디수첩 수사 부장검사 사표 김남일 김지은

2월 민생뉴딜 서민경제 살리기 긴급제안 기획 김수헌 김양중 석진환 안선희 유선희 이용인 이정훈 정세라 최원형 황예랑
군대서 숨진 여호와의증인 국가책임 권오성
공군 5년 전엔 "각도 변경 문제 있다" 결론 강태호 손원제

3월 스포츠맨십을 위하여-이것부터 해보자 김창금
언론법 졸속처리 안된다 시리즈 권귀순 김동훈 이문영
전원합의체에 삼성사건 회부, 재판부 변경 전 이미 결론 김남일
대구서도 일제고사 성적 허위보고 박영률
야간집회금지 위헌제청 판사 사직서 박현철

4월 단독확인 용산 커넥션 임주환 전종휘
청와대 행정관 성매매 사건 권은중 황준범 송채경화 이문영
북 위성발사 땐 PSI 전면 참여 검토 이제훈
전 한나라 의원 현승일씨 모시려한다 홍용덕
삼성 남매 1라운드는 에버랜드에서 이태희 임주환 정혁준

5월 타블로이드 섹션 18도 및 동서횡단 칼럼 등 한승동
다시 일어서는 칭다오 한국기업 유강문
북, 남 당국자 개성서 만나자 이용인
경기도 학생 101만 명에 무료급식 홍용덕
가평군, 권력기관에 습관성 돈봉투 송경화 홍석재

6월 노무현 전 대통령 서거 특별기획 구둘래 박승화 안수찬 윤운식 이순혁 이태희 임인택 임지선 전종휘 정용일 조혜정 최성진
북악산 아래 청와대 있고 북악산 깎은 '천신일 박물관'도 있다 권은중
이 슬픔의 정체는 무엇인가 길윤형
동네갈땐 자동차 멀리갈땐 자전거 송인걸 안관옥

이효선 광명시장 막말 송경화
줌인 회장님의 단독드라이브 류우종 이태희 전종휘
7월 하니TV 서비스 및 판매용 프로그램 영상 등 문석진
시도지사 불법기부, 배임 의혹 등 권오성 김민경 송경화
슬픔의 조각 맑은 미소로 꽃핀다 김태형 신소영
문재인 전 청와대 비서실장 인터뷰 박창식 석진환 이수윤
MB정부, MBC장악 위해 20년 후퇴 박창섭 임주환 정혁준 황준범
8월 보증금 떼일 위기 속타는 임대아파트? 송인걸
여권방송개편 이래서 안된다 시리즈 권귀순 박창섭 이문영
"기업형 슈퍼 진출 제한해달라" 오윤주 이정훈 황보연
동아일보 주가조작 50억원대 시세차익 김경락
천성관 수상한 고급승용차 리스 김남일 송경화
우리는 성상납 강요받았다 임인택 임지선
9월 쌍용차 파국 막자 노사 물밑대화 김민경 김영희 홍용덕
나로호 절반의 성공 이상호
진관사서 '항일 지하신문' 발견 노형석 윤영미
10월 1기 뉴타운왕십리, 세입자들은 어디 길윤형 이경미 정유경
최연소 당선 후쿠다로 본 일본 8·30총선 민심읽기 김도형
강기훈씨 두 번 죽이는 검찰 등 송경화
민일영 대법관 후보자, 부인 위장전입 노현웅 석진환
국정원의 인터넷·전자우편 실시간 감청 첫 확인 임지선 전종휘
11월 하니TV 영상기획 신중국60년 기억과 미래 김외현
검찰, 공안사범 영구관리 지침 있었다 김남일
4대강 준설토 처리 '지자체가 비용 대라' 이정애
청와대, 통신3사 압박 250억 기금 요구 이문영
정총리 억대연봉 민간 경제연구소 고문도 김도형 안선희 임석규 최우성
국세청 검찰, 효성3세 국외부동산 조사 석진환 이태희 최우성
12월 정보공개청구 세상을 바꾼다 박수진
생활고 엄마의 '모진 선택' 송경화
세종시 자족용지비율, 포항·마산의 2배 김경욱 송인걸
"세종시 수정 보탤것 뺄것 없어 원안대로" 성연철 신승근
국정원, 2004년부터 실시간 '패킷감청' 노현웅

2010년
1월 노동 OTL 기획보도 안수찬 임인택 임지선 전종휘
지리산 왕시루봉 사진 김태형
한명숙-곽영욱 만날 때 정세균도 동석 석진환 송호진
"5·18 진압명령 맞서다 정신질환" 유공자 인정 박현철
대기업-중기 영역다툼 '첫 강제조정안' 나왔다 이정훈
재계 사면·복권 청원 78명 리스트 단독 입수 최성진
2월 한국의 장수촌 '구곡순담' 박임근 안관옥
고용늘린 기업 세금감면 추진 안선희 황보연
수목드라마 〈추노〉 기획 기사 하어영
노동자 5명 중 1명이 '사내하청' 남종영 이완
포스코 '4조2교대'로 바꾼다 곽정수
박근혜 '적극반대'땐 정면돌파 대신 '친박포용' 제시 손원제
3월 2010 스포츠 트렌드 기획 김창금
낙동강 퇴적토 조사않고 정부 "문제없다" 거짓 해명 최상원
4월 민망…공포…미혼여성들의 '산부인과 스캔들' 양선아
북한도 고령화 조짐 등 이제훈
블로그 기반 과학웹진 싸이언스 온 구축 오철우
선관위 무상급식 운동 금지 박경만
5월 4대강 취재 태스크포스 특별취재팀
영구빈곤보고서 기획시리즈 안수찬 임지선
천안함 침몰 의문의 14분 홍용덕 이경미
돈주고 여론조사 왜곡 기초단체장 기소 김광수
6월 몰래정액제 KT 또 고객 우롱 김재섭
4대강 공사에 군대까지 동원 이주현 송호진

삼성반도체 발암성 물질 6종 사용 확인 허재현 김도성 임지선

7월 신군부에 뜯긴 '종친부 건물' 복원키로 노형석

참여정부때 허가받고 방북, 3년 지나 '보안법 위반' 수사 김광수

천안함 어뢰 폭발물질은 없다 하어영 김보협

8월 김창금 기자의 여기는 남아공 시리즈 김창금 조소영

러시아, 천안함 침몰원인 '기뢰' 추정 이용인

박영준 사조직의 민간인 사찰 의혹 조혜정

박영준 '선진연대 인맥', KB회장 선임 개입 의혹 김수헌 이재성 이찬영 최혜정 홍대선

9월 최저생계비로 한 달, 달동네 빈곤리포트 김소연

칸첸중가만 아는 진실 박수진

과기평 '교과부 간부 성접대' 비리 홍석재 송경화

10월 장애인 킨제이 보고서 임인택 하어영

시위해산용 음파장비 도입 '인권침해' 우려 홍석재

학생들 지켜보는데…교장이 교사 체벌 홍용덕

DMC본부 천안함 특별팀 이충신 권오성 김도성 박상철

11월 전두환씨 요란한 귀향, 전비어천가 넘쳐났다 박주희

민주당 90도, 한나라당 45도…정치 시선 '좌향좌' 이정애 이주현

태광그룹 3대 세습에 편법증여 의혹 이문영 이재성 황춘화

12월 하니TV 천안함 다큐 영문판 제작 권오성 김도성

검찰, 법원 찾아가 4대강 소송 속도전 노현웅 송경화

천안함 과학은 말한다 하어영 김보협

연평도 현장 단독 르포 류우종 박종식 이승준

삼성은 MBC 내일 뉴스도 알고 있다? 조혜정 김보협

2011년

1월 가택연금 풀린 아웅산 수치 단독 인터뷰 조기원

불평등한 건강보험 기획기사 김소연 김양중

리영희 선생 추모 영상 및 추모 생중계 박종찬 이경주 권오성 이규호

빗나간 '반격'-연평도 포격 사진 류재훈

2월 생명OTL-빈곤과 죽음의 이중나선 김기태

중국의 길-실험과 도전 시리즈 박민희

고달파도 음악에 죽고 음악에 살고 박미향

유종하 한적총재, 국립미술관을 '개인창고'로 노형석

3월 "인도네시아 특사단 객실 침입자 국내정보기관 직원" 이정애

'김어준의 뉴욕타임즈' 스마트폰 서비스 문석진 김외현

처참한 방역불감증 김현대

무명 시나리오 작가의 죽음 홍석재

4월 아동노동 우리도 무죄는 아니다 이정훈

국내 원전 10Km밖 방사능 무방비 김광수 박주희 정대하

판검사 대상, '특별수사청' 설치키로 이주현

번역 오류 고친 한-EU FTA 비준안도 오류 정은주

5월 파탄난 뉴타운, 파탄난 서민들 홍용덕 안창현

돈을 갖고 튀어라 하어영 김기태

민정수석실은 '해결사' 노릇 박수진

김준규 검찰총장 수백만원씩 돈봉투 강희철 김정필

6월 "난 한국인 무슬림이다" 안수찬 송경화 류우종

이통3사, 기본료로 연 8조원 벌어 구본권

TV, 불량 맛집을 찾아라 남은주

"1962년부터 DMZ 고엽제 살포" 미국 정부 공식문서 통해 드러나 권태호

여권, LH 진주로 '일괄이전' 밝혀 황준범

7월 기자, 빚받는 '해결사' 되다 하어영

아빠는 4대강에 묻혔다 유신재 권오성 김명진 박수진 송경화

158일 크레인 시위 동승 취재기 박현정 박수진

MB '1조원 녹색펀드' 불발 류이근 김경욱

9월 정의의 인간을 위한 나라는 없다 고나무

선박왕 권혁 메모지에서 "천성관·안강민·정진영에 수억대 수임료" 노현웅 김태규

피죤, CEO와 노동자의 무덤? 곽정수

영수증 속 비스페놀A, 성기능 장애 일으킬 수 있다 박상철

경찰, 집회사진 채증해 수만명 'DB관리' 등 박태우

LH공사 4년간 딱 1명 뽑은 정규직 석진환

EBS 수능 교재 또 '무더기 오류' 진명선

10월 면세천국 납세지옥 고나무
공군 '전시 작전계획' 분실 이순혁
청와대 김두우 수석, 박태규와 수십번 통화 김정필
프로야구장서 석면 검출 남종영
11월 한국 병원의 성적표를 공개합니다 김기태
청춘상담앱, 낮은목소리 이정국 이경미 임지선
MB 사저 헐값 매입, 예산으로 충당 의혹 이태희 박수진 박태우 이지은
황우석의 코요테 복제 쾌거가 주는 실망감 오철우 홍용덕
12월 김진숙 1년의 투쟁 309일 신윤동욱 이세영 하어영
최종원·양문석, 국감때 KT서 룸살롱 접대받아 최성진
"집전화 선 끊어라" KT 기사 녹취파일 입수 구본권

2012년
1월 북한 "김정일 국방위원장 사망" 속보 이형섭 정의길
최시중, 종편 출범 직후 대기업 종편 지원 압박 구본권
청와대가 경찰에 금전거래 김기태 하어영
2월 2012 트위플 혁명 시리즈 안수찬 유신재 김명진 김인현 송경화
간첩딱지 붙이기 놀이는 그만 최우성 최우리 신소영
청와대, '김윤옥의 한식 이야기' 출판사 협박, 저작권 도용 의혹 송호균
2012 소비자가전전시회(CES) 보도 김진철
3월 0.1% 재벌, 서민의 삶 포위하다 김경락 김진철 김회승 박현 이태희
2030 고장난 세상을 말하다 박현정 이재훈
서기호 판사 "재임용에 청와대 압력 의혹" 허재현 정주용
직장에서 '왕따' 당하는 어른들 이정국
정수장학회, 부산이 술렁인다 등 최성진
4월 제돌이의 운명 남종영 최우리 강재훈
인터넷한겨레 인포그래픽 권오성 조승현
엄마 살해뒤 8개월 방치…그 아이를 만났다 김지훈
청와대 행정관, 민간인 불법사찰 증거인멸 지시 증언 고나무 김남일 조혜정
여당 "이대론 공멸" 위기감, 박근혜 당 전면에 나설 듯 성연철 김종철
5월 눈높이 정책검증 기획시리즈 석진환 김민경 양선아 전종휘
새누리 김형태 후보 제수씨 성폭행 시도 파문 박수진 박종찬 허재현
"최시중·박영준에 61억 주고 인허가 청탁" 김정필
9호선 적자 맥쿼리 등 고율이자 챙긴 탓 권혁철 박기용 엄지원
6월 "한국인 선원은 때리고 갑판장은 성추행" 고나무
MBC 파업 110일째, 김재철 목욕탕 돌발인터뷰 최성진 최우리 김정효
노무현 마지막 부탁 "담배 하나, 담배 한 개만" 박승화 송경화 장수경 조기원
천신일·김승유 '미래저축 유상증자 개입' 포착 김태규
7월 GPS 기밀수집 연루자, 비전향 장기수 아니다 진명선 정환봉 하어영
병원 OTL-의료 상업화 보고서 김기태 하어영
창간24돌 기획-가난한 민주주의 이정국 정환봉
여성 성전환자에 남 누드 보여줬더니 뇌 반응이 정대하
이석기 등 진보당 비례후보 '동일 IP서 몰표' 석진환
8월 삼성공장으로 간 소녀들 김남일 김성환 박현정 정용일
김병화 대법관 후보, 아파트 2채 다운계약 의혹 윤형중 김원철 박현철 유신재
여성이 불편한 산부인과 기획 엄지원
살해된 통영 초등생, 홀로 늘 배곯는 아이였다 김규남 이정국 정정화 최상원
9월 100일간 6명이 목숨 끊은 한 영구임대아파트 임인택
요정에서 여신으로, 손연재 환상연기 박수진 김지숙 이길우
"장준하 선생 두개골서 6cm 뻥뚫린 구멍" 박경만
만도·SJM, 기습 노조탄압…직장폐쇄·용역 수백명 투입 김기성 김소연 김지훈 엄지원 유신재 이정국 허재현
10월 무죄의 재구성-노숙소녀 엄지원 박아름 조애진 허승

송영선 녹취록 보니 "6만표면 내가 국방장관…" 조혜정
송영선 '금품요구' 녹취파일 공개 김도성
2012 런던올림픽 특집프로그램 김동훈 박성영 박종찬 이경주 조소영
택시기사 "정준길, 안철수 나오면 죽는다고 고압적으로 얘기" 김보협
노조파괴 전문 창조컨설팅, 7년간 14개 노조 깼다 김소연
11월 정수장학회 이사장 최필립의 비밀회동 최성진
MB큰형 이상은 귀국 "6억 전달 보도, 들은 게 없다" 김태형
이시형씨 "큰아버지에 현금 6억 빌려 큰 가방에 넣어와" 김태규 황춘화
12월 미국선 3% 연비과장 '된서리' 한국 5% 부풀려도 "정상" 김경락
그림의 떡이 나를 위로한다 등 남은주 신소윤 김남일
문-안 TV토론 안팎 풍경 장수경
"한상대 총장이 최태원 4년 구형 직접 지시" 김정필 김태규

2013년
1월 2012 대선 만인보 국토종단 민심기행 엄지원 이경미 정환봉 진명선 허재현
"국정원 엘리트 70명 '댓글알바' 자괴감 석진환 이태희
'5공 비리' 땅, 조용히 전두환 딸한테로 고나무
부도위기 대성산업에 4천억 특혜대출 의혹 곽정수 최현준
이 대통령, 민간인 사찰 '비선 라인' 알고도 비호 김태규 노현웅 박태우 송경화 이경미 황춘화
2월 최재경 중수부장, 사찰 핵심물증 틀어쥐고 시간끌었다 김정필 김태규 박태우
"박근혜, 님 잘들어~" '용감한 녀석들' 결국 엄지원
국정원 여직원, 대선 글 안 썼다더니 야당후보 비판 등 91개 글 올렸다 정환봉
라응찬 회장, 차명계좌 23개로 수백억 비자금 굴려 박순빈 박아름 최혜정
3월 격차를 넘어 기획 전종휘 이정국 김선식
횡령 유죄에도 조현준, 효성캐피탈 이사직 불법 유지 송경화
밀봉도 모자라 청와대 비서관명단 발표 안한다 신승근
박근혜 대통령 취임식 등 화보 김미영 김지숙 박희수 윤강명 장수경 정희영 조기원 조승현
4월 베네수엘라 카라카스를 가다 기획 이춘재 이형섭
공정거래위원장 후보자 108억 자산가 곽정수
삼성전자 이재용 아들 사회적 배려 대상자로 국제중 합격 박수진
원세훈 국정원장 '정치개입 지시' 내부자료 드러났다 정환봉 엄지원 최유빈
5월 노인요양원 체험르포 기획연재 이정국
무죄와 벌 기획연재 정은주 박현정 서보미
고통받는 프랜차이즈 점포들 김소연 최상원
4대강사업 코오롱워터텍 10억대 현금살포 문건 성한용
진주의료원 휴업 이사회 의결 원천무효 논란 김양중 김일우 손준현 최상원 홍용덕
6월 전두환 재산을 찾아라 고나무 김선식
박원순 시장 제압 국정원 문건 입수 정환봉
일베, 국정원 버스를 타다 정용일
미시 USA "윤창중 뻔뻔한 기자회견, 치가 떨린다" 박현
7월 청와대, 박근혜 후보에 불리한 통계 대선 직전 발표 미뤄 류이근 노현웅
황교안 법무장관 "원세훈 선거법 위반 적용말라" 김정필
김무성 대화록 입수 발언 사실로 드러나 이정우
국가기록원 미공개 사진 확보 김규남
9월 방위비분담금 더 달라는 미군, 5년간 못다 쓴 금액만 5317억 길윤형
국립대구과학관 무늬만 공개채용 김일우
동아일보 사돈기업, 채널A에 200억 출자 송경화 최원형 황예랑
우리 안의 비정규직 박종식
황금의제국-다원 비리의 현주소 송호균 이문영
동학농민 학살 일본병사 일기 첫공개 한승동

박정희 전 대통령이 깔았던 호피는 어디로 갔을까? 이정국
북유럽 공포에 떨게한 살인마, 알고 보니 정세라
28년 만에 베일 벗은 전두환 일가 청남대 생활 김소연
10월 동양그룹 휘청일 때 사주 일가 제 몫 챙기기 의혹 김경락
효성그룹 수천억 탈세 곽정수 박순빈 송경화
기업 내 보수 격차 대해부 기획 류이근 김경락
국정원, 대통령 기록물 무단 공개 사전 기획 송호진
한국 신문사상 최고 문제작 동아일보 채동욱 칼럼 문현숙
11월 대선 트위터 글 국정원 직원 긴급체포 김정필 송호진
군 사이버사령부도 '댓글 공작' 의혹 하어영 최현준
엑스트라 쥐어짜는 드라마 왕국 박유리
박근혜 대통령에게 보내는 편지 곽병찬
12월 미 NSA, 한국 '핵심감시국' 지정했다 박현
마음을 짓밟는 감정노동 기획 남은주 임지선
필리핀 태풍피해 현장을 가다 김정효 정세라
법원, 전교조 법외노조 통보 효력 정지 이경미

2014년

1월 "국정원이 사이버사령부에 심리전 지침 내렸다" 하어영
청와대 행정관, 채동욱 '혼외 의심 아들' 정보 유출 개입 정환봉 서영지
국민과 난민 사이 김성환 박현정 엄지원
취업 OTL 시리즈 김외현 정은주 황예랑
"안녕들 하십니까" 대자보가 못마땅한 사람들 송경화
3월 당신의 디지털 안녕하신가요 기획 권오성 김양중 김지훈 양선아
2014년, 평화와 행복이 깃들기를 곽윤섭
재미동포들 혼다 의원 구하기 나서 박현
안현수에 '손가락 욕', 네덜란드선수 메달 박탈 허승
4월 국외로 먹튀한 허재호 전 대주그룹 회장 정대하
새누리 경선후보 탈락자 주장 파문 석진환 홍용덕
탈북 공무원 간첩사건 조작 의혹 이유진
국정원 "김현희처럼 살게 해줄게. 오빠가 간첩이라고 말해" 허재현
한국 여성 정치의식 조사해보니 한귀영
나들의 초상 이재명
마지막 월세만 남긴 채…벼랑끝 세 모녀의 비극 정환봉 서영지 방준호 손준현
아디다스 '섹스 관광' 조장 티셔츠에 브라질 분노 이주현
간첩조작특별판 강재훈 고경태 김민경 송권재 윤형중 최성진 최우리 허재현
동아시아 핵발전 현장을 가다 김성환 김명진 박현정 엄지원 정용일 길윤형
"허경영은 정말 천재였던가" 10년 전 공약 화제 이재훈
5월 불길 휩싸인 침대 위, 장애인 송씨는 피할 수가 없었다 서영지
해경 관제구역인데 사고 전 교신기록 비공개 진명선 김지훈 박수지 이경미
박종환(성남FC) 감독 선수폭행 구단 제재 박현철 허승
분노한 유족들, 박 대통령에게 거센 항의 김기성 김일우
7월 변호사 안대희, 남다른 전관예우 최현준
고승덕 후보 딸 캔디 고 단독 인터뷰 등 김지훈 안창현 이재훈
단원고 성복이네 가족과의 20일간 동행 취재 김성광
이대목동병원, 좌우 바뀐 X-레이로 578명 진료 서영지
문창극 국무총리 후보자 검증 김민경 송경화 이재욱 하어영
기초 후보 사용불가설명서 기획 고나무 박유리 허재현
오에 겐자부로 김영호 교수 특별대담 길윤형
6.4 지방선거보도 기획 최혜정 한귀영
인터랙티브 뉴스 사월,哀 이재훈 정유경 조승현
8월 김명수 사회부총리 겸 교육부장관 후보자 검증 김민경 김지훈 송경화 이수범 이재욱 전정윤 하어영
너에게 한 발짝이라도 더 가까이 정은주

유명 사진가, 촬영 방해된다며 220살 금강송 등 25그루 싹둑 곽윤섭
새누리 조원진 "노무현, 유병언과 식사" 아니면 말고? 이승준
9월 또 하나의 비극, 하이닉스 오승훈 임인택
영리병원 '국내 1호' 유력 산얼병원 가보니 성연철 김양중
사학비리 상징 김문기 상지대 총장에 박수혁 이수범 김지훈 전정윤
교황한테 노란리본 떼자고 한 사람 누구? 서보미
10월 이제는 소득주도 성장이다 김경락 김소연 류이근 안선희 황보연
브레이크 없는 나쁜 일자리, 간접고용 김민경 전종휘
심층 리포트 양승태 체제 3년 노현웅 김원철 이경미 김선식
혁신학교 선사고 이영희 교장 선생님 이임식 전정윤 정정화
1950~60년대 서울의 모습 등 화보 기획 곽윤섭
11월 형제복지원 대하 3부작 박유리
'저녁 있는 삶' 기획 진명선, 김효진
1번 국도 놓치지 말아야 할 12가지 김은형 남은주 박미향 이병학 이정윤 임지선
경제 효과 20조 허공 속으로…인천시, 남은 건 빚뿐 김양희 김창금 이찬영 이춘재 허승 홍석재
청와대, 윤전추 행정관 채용때 1억대 헬스장비 구입 하어영 김원철 석진환
12월 도심 속 '뜨는 동네'의 역설 음성원
전작권 재연기 흔들리는 군사주권 박병수 손원제
황우석 사태 그때 그 사람들 등 김원철 박수진 박현철 이재훈 정희영
저명 수학자 서울대 교수 '인턴 성추행' 혐의 수사중 서영지

2015년

1월 조현아 부사장 '사무장 내려라' 고함, 대한항공 뉴욕공항 후진 파문 김미영 김외현 오승훈 이순혁
치밀하고 교묘한, MBC 해고 프로젝트 정은주 박수진 엄지원
"정윤회 관련 문체부 국·과장, 박 대통령 직접 교체 지시" 김영희 김외현 김원철 석진환 하어영
쌍용차 노동자들, 평택공장 70m 고공 농성 돌입 이재훈
2월 용산참사 6년 철거민 23가구 조사 박기용 이재욱 최우리
박근혜식 분할 통치 3부작 정유경
해방 70돌 특집 다큐 법비사 '고장 난 저울' 김도성
이완구 차남 증여받은 땅, 2억서 20억 폭등 황준범
3월 MB 회고록에 쓴 자원외교 회수율 114.8%의 비밀 류이근 임인택 최현준 김정필
전직 승무원 진상 탑승객 외 화보 유덕관
깡통주택 사기단과 보낸 넉달 윤형중
4월 보물선, 비밀을 품은 시간 박유리 송권재 이화섭 김원철
정부, 세월호특위 조직·예산 대폭 축소 오승훈
평창올림픽 분산 개최 늦지 않았다 윤형중 허승
영화 〈귀향〉 실제 주인공 인터뷰 등 송호진
5월 광복 1945, 희망 2045 다시 교육부터 전정윤 진명선
김기춘 또 거짓말, 독일 초청재단은 항공료 안 내줬다 김외현
세월호 1주기, 국가의 돈은 없다 정은주 박수진 김선식
홍준표 측근들, 돈 전달자 윤씨 만나 회유 정환봉 이경미 최상원
6월 부끄러운 기록 아동학대 류이근 임인택 임지선 최현준 하어영 김노경 김원일 이화섭
박용성 "분 바르는 여학생들 잔뜩 오면 뭐하나" 허승
7월 2015년 비정규직 1070명 심층 실태조사 황예랑 이완
중동호흡기증후군(메르스) 피해자 심층 보도 전진식 이문영 황예랑
잊지 않겠습니다 '세월호의 어린 영웅' 정차웅군 김기성 김일우
주한미군, 보툴리눔 실험 의혹 김지훈
미 MD전문가들 '한반도 사드' 분석 첫 공개 길윤형 박종생

8월 메르스의 경고 김양중 박수지 전정윤
시민 품는 관악산 1만평이 팔렸다 음성원
국정원 해킹사건 총정리 정유경
허손구 나나테크 대표 "국정원 주 타깃은 중국 내 한국인" 서영지 조승현 임지선
9월 청년, 빈곤의 미로에 갇히다 황예랑 김선식
한국사 교과서 '국정화 미신'을 깨자 전정윤 서보미 이유진
광복 분단 70년 다시 쓰는 징비 길윤형 김외현 김지훈 박병수 성연철 손원제
해방 70돌 특집 다큐 반역사 1945~2015 김도성
10월 지존파 납치 생존자 첫 증언 고나무
좋은 기자 프로젝트 김효실 전진식 신윤동욱
최경환 부총리 취업청탁 의혹 김소연
기부 강제하는 청년펀드 김정필 김효진 이재욱
12월 편향 교과서 주장 검증 보고서 등 엄지원 전정윤 진명선
모래시계 중산층 기획보도 황예랑 이완 신윤동욱
현판 글자에도 이념 잣대 김규남
노벨경제학상 수상자 디턴 저서 왜곡 번역 김공회
우리 시대 장발장들 전진식
스노든 문건 탐사보도 고나무 권오성 서규석 스티븐 브로윅 최현준
만화 송곳으로 보는 노동개편 쟁점 시리즈 노현웅 전종휘
백남기씨 가족 인터뷰 이재훈 황금비

2016년

1월 오랑우탄 거울실험 프로젝트 남종영
한국 정치 전망 여론조사 기획보도 송호진 홍석재
검찰, 과거사 무죄 구형한 검사 심층적격심사 김지훈
2월 과거사 재심사건 책임자 505명 공개합니다 김민경 고나무 김경욱
숫자로 읽는 대통령-민주주의가 사라졌다 황예랑 이완 김효실
공무원 선발 기준에 민주성·공익성 빼고, 애국심만 넣었다 김진철
MBC 임원 "최승호·박성제 증거 없이 해고" 최원형
중진공 채용청탁 의혹, 최경환 말고 8명 더 있다 정환봉 최현준
3월 17년 전 뒤바뀐 범인 홍용덕 박임근 김영동
새해기획 청년에게 공정한 출발선을 박승헌 음성원 이승준 최우리 황보연
알란의 집은 어디인가 김선식 정용일
테러방지법 반대 필리버스터 디지털 중계 박현철 김지숙 황춘화
4월 황교안 총리 승용차, 서울역 플랫폼 직행 김성환 김진철
이세돌-알파고 대결, 문자생중계 구본권 권오성 김노경 김미영 김재섭 유덕관 이인우 정상영
진경준 검사장, 수상한 38억 주식대박 최현준 김재섭 정환봉
청년 아르바이트의 현실 구글팰로우십 기획 이완 김효실
5월 우리가 몰랐던 민심 김남일 김원철 김태규 송경화 이경미 이세영
한진해운 구조조정 앞두고, 대주주 일가 주식 전량 매각 이정훈 홍대선 박태우
국정원, 기자·세월호 가족·대학생 무더기 통신자료 조회 방준호
총선 개표 페이스북 라이브 방송 김완 이완 송호진 송채경화 서보미 남아름 김효실
6월 사람 사는 쪽방마다 죽겠다·죽는다·죽었다 이문영 류우종
혐오에 빠진 대한민국 기획 고한솔 김미영 김미향 남지은 박수지 박수진 황보연
'퇴임뒤 정부직 제한' 유엔 결의, 반기문에 변수되나 이제훈
전두환 '광주 발포 결정' 회의 참석 외 정대하
7월 조선업체 물량팀 둘 중 한명은 잘려도 실업급여 0원 정은주 박태우
사립로스쿨 출신대학 카스트제 진명선
구의역 사고업체, 2인1조 서류조작 의혹 이재욱 방준호
8월 유령마을 목소리를 찾아서 이병학
아이가 아프면 모두가 아프다 박수진 신소윤
우병우 수석 아들 의경 꽃보직 특혜 논란 박수진 김

진철 방준호 허승

9월 좋은 일자리 프로젝트 임지선 문성호 박은경 서재교 허승

법원, 휴전선 내 광범위한 고엽제 살포 첫 인정 송인걸 최예린

1년3개월, 나는 '가짜' 약사였다 홍석재 신윤동욱

우병우, 골프장 비리 수사때 '처가 불법별장'은 쏙 뺐다 이춘재 서영지 박수지 엄지원 이재욱 허재현

10월 국정원 공제회 양우회 대해부 김경욱 고나무 김민경

살아나라 시민정치 서보미 송호진 김효실

최순실 게이트 총정리 정유경

현직 부장검사, 수사검사에 사건무마 의혹 최현준 김지훈 서영지 허재현

11월 전경련, 탈퇴시켜달라는 공공기관에 '마음대로 못나가' 박현정

최순실 게이트 관련 보도 김의겸 류이근 방준호 송호진 고한솔 박수지 하어영

삼성 갤노트7 국내 판매 중단 김재섭 이완

국가의 살인 진명선 김완 송채경화 정환봉

12월 K재단, 롯데 압수수색 바로 전날 70억 반환 서영지 최현준

조윤선 수석실, 문화계 '적군리스트' 만들어 특별관리 노형석

청와대 뜻이라며 삼성물산 합병 찬성 종용 이정훈 곽정수 이완 최현준

민중총궐기 라이브 중계 '하야하쇼' 한겨레21 한겨레TV

2017년

1월 이석수 특감, '재단 강제모금' 안종범 수석 내사했다 강희철 송경화 하어영 김정필

황교안이 임명한 문체부 차관은 블랙리스트 총괄팀장 김남일 김정필 서영지

최순실 조카(장시호)도 국고 7억 따내 김창금 김양중 박수진 이재욱 이정애 이정훈 임지선

박근혜·최순실 게이트 연속 특집호 기획 홍석재 김완 김선식 서보미 정환봉

2월 4차 산업혁명-인간혁명의 갈림길 시리즈 권오성 음성원 이근영 이완

기본소득 기획보도 및 국내 첫 지급실험 황예랑 송채경화 조소영

반기문 대선후보 검증 연속보도 강희철 박태우 이정훈

박근혜-재벌총수 뒷거래 연속 단독보도 최현준 김남일 김정필 서영지

3월 신년기획 1987~2017 광장의 노래 김남일 김명진 김원일 노현웅 박유리 이재성 정은주

청와대·전경련 지원받은 보수단체, 3·1절 탄핵반대 총동원령 송경화

GMO 완전표시제 시민입법 프로젝트 김범준

시 쓰는 경원이의 가장 따뜻한 겨울 이정아

4월 어둠은 빛을 이길 수 없다 기획 박종식 김용철

금융 시스템리스크로 떠오른 자영업 대출 류이근 임지선

신연희 구청장, '놈현 문죄인 엄청난 비자금' 유포 논란 임인택 김지훈 원낙연

5월 국정원은 왜 우익 청년에게 2만5천원을 줬을까 김완 정환봉 하어영

플랫폼 노동의 습격, 노동권이 무너진다 박태우 정은주

한겨레시민정책오디션 김규남 김남일 송경화 오승훈 이경미 이세영 이정애 정유경 조창훈 최혜정 한귀영

서울대 의대교수 "김미경 점수 '미·양' 주자 학교쪽서 '곤란' 말해" 고한솔 박수진

6월 대한민국 유기견을 퍼스트도그로 캠페인 남종영

한겨레판 팩트체크 '진짜판별기(짜판)' 기획 이재훈 이화섭 전종필

기자가 그린 대선여지도 최우리 윤형중 이근영 이정연 임인택 임지선 신윤동욱

국정농단 수사팀-조사대상 검찰국장 '부적절한' 만찬 강희철 서영지

7월 난민 복서 이흑산 김선식 류우종

철도공공성 연속보도 김소연 허승

대법, 검찰 '피의자와 룸살롱' 판사 비위통보 묵살 강희철 서영지

박근혜표 노동적폐, 성과연봉제 폐기한다 박태우 노현웅

3년 기록한 수리부엉이 김진수

8월 미군기지 이전 '잃어버린 10년' 임인택 임지선 조일준 최현준 박향미 이규호 장은영

삼성, '이재용 불리한 기사' 포털 노출 막았다 서영지

종근당 회장, 운전기사에 폭언 황금비

국가는 생각하지 마 서보미 정환봉

9월 국정원, 댓글알바 30개팀 3500명 운영했다 서영지 홍석재

"내가 살아있는 피해자다" 김명진 이정아

어디로 가야 하나요 서보미 황예랑

오직 나만을 위해 달려 등 박미향 김미영 이병학 이정국 홍종길

이인우의 서울 백년가게 이인우 김도형 윤영미

11월 고용부 "파리바게뜨 제빵기사 5378명 직접 고용하라" 박태우

몰카, 디지털성범죄다 기획 고한솔 박수지 황금비

권성동 의원 비서관, 강원랜드 부정청탁 입사 임인택 류이근 임지선 조일준 최현준

군 사이버사 댓글부대에 MB 연루 연속보도 최혜정 김규남 김태규 송경화 엄지원

우리은행, 국정원 직원·VIP 자녀 등 20명 특혜채용 송경화 김태규 정세라

신고리5·6호기 공론화 심층·기획취재 이근영 노지원 최하얀 한귀영

삼성SDI, 인력퇴출 목적 대규모 감사 의혹 정환봉

이건희 차명재산과세 금융실명제법 해석 단독 이순혁 김경락

12월 18살 고교 실습생의 죽음 고한솔 김미향 신지민 이지혜 허호준

누가 HIV 감염 여성을 악마로 만들었나 박수진

방송 정상화 연속보도 김효실 박준용 황금비

[촛불 1년] 공범자들 강민진 박다해 유덕관 이화섭 장미진 황춘화

2018년

1월 고엽제전우회에 '위례 땅' 특혜분양 김양진

지상파 3사 모두 '재허가 탈락점수' 김효실 박준용

이건희 삼성전자 회장 차명재산 의혹 허재현 김경락 임재우 황금비

불타버린 코리안드림 김성광

2월 현직 검사의 #미투 김양진

임금, 상품권으로 받아라? 김완 변지민 하어영

남북 여자 아이스하키 단일팀 김창금 김동훈

자영업 "가맹비·임대료·카드수수료 더 고통" 이지혜 박태우

3월 효성-한수원 변압기 낙찰비리 곽정수

아시아나 #미투 최하얀 박수진

1968 꽝남! 꽝남! 연속보도 김선식 김진수

박근혜 정부, 미군에 '분담금 밀약' 조일준

4월 군 사이버사-경찰, '댓글부대 운용' 허재현 정환봉 하어영

한겨레21 제주4·3 70주년 기념 통권호 오승훈

죽어서도 외로운 '17번 화장로' 장수경 박종식 신지민

지방선거 기초의원 선거구 쪼개기 김일우 정대하 홍용덕

정부 개헌안, 대통령 4년 연임제 조항 신설 성연철

5월 강원랜드 등 공기관 채용비리 보도 등 류이근 임인택 임지선 조일준 최현준

삼성 노조파괴 문건 6천건 나왔다 서영지

고스트 스토리-인천의료원 무연고사망자 추적보도 이문영

스토킹살인은 편견을 먹고 자란다 이유진 이재호 장지혜

※ 2018년 5월 수상작까지만 서술

한겨레 30년 약사

1987년	
7월	해직기자 중심, '새 언론 창설연구위원회' 출범
9월1일	서울시 종로구 안국동 안국빌딩 601, 602호에 '새 신문 창간 준비 사무국' 설치
	새 신문 창간 발의 준비위원회' 구성
9월23일	새 신문 발의자 총회
	전 국민 대상 주식 공모, 수권자본금 50억 원, 출자상한은 1%로 제한 등 결의
9월24일	'새 신문 창간 발의 준비위원회'를 '새 신문 창간발기 추진위원회'로 개편
10월1일	새 신문 창간 준비 사무국 일꾼 인선
10월12일	각계 원로 24명 새 신문 창간 지지 성명 발표
10월22일	새 신문 제호, '한겨레신문'으로 결정
10월30일	한겨레신문 발기인 대회(서울 YWCA 대강당)
	발기인 대표 56명으로 '한겨레신문 창간위원회' 구성
11월8일	한겨레신문 창간 발기인 3342명(훗날 3317명으로 수정) 명단 발표
	창간기금 모금 광고 일간지에 게재 시작
11월10일	제호 '도안 준비위원회' 구성
11월14일	1차 창간위원회 개최
	송건호, 이돈명을 창간위원회 공동대표로 선임
11월18일	〈한겨레신문 소식〉 1호 발간
11월24일	〈한겨레신문 소식〉 2호 발간
12월12일	〈한겨레신문 소식〉 3호 발간
12월14일	한겨레신문 주식회사 창립총회 개최(창간 사무국 사무실)
	송건호를 초대 대표이사 및 발행인에 선임
12월15일	서울지법에 한겨레신문 주식회사 설립등기
12월29일	〈한겨레신문 소식〉 4호 발간

1988년	
1월	한겨레신문의 기본 성격을 '대중적 정론지'로 규정하고 편집위원회 제도 마련
1월9일	한겨레신문 주식 교부 시작
1월12일	편집국 직제, 부서 명칭, 편집진용 확정 발표
	초대 편집위원장에 성유보 임명
1월13일	경력 및 신입사원 모집 공고
1월19일	신입사원 원서 교부
1월22일	〈한겨레신문 소식〉 5호 발간
1월23일	문공부에 정기간행물 등록 신청
2월9일	〈한겨레신문 소식〉 6호 발간
2월25일	창간기금 모금 완료
	2만 7223명이 50억 원 출연
2월29일	한겨레신문 제호 도안 확정
3월2일	경력기자 38명, 수습기자 23명 채용
3월7일	업무 경력사원 44명, 업무 수습사원 11명, 사무보조 및 전산 사식요원 33명 채용
3월8일~3월24일	공채 1기 수습사원 연수(종로 여전도 회관)

3월9일~ 3월25일	창간 사무국 사무실에서 매일 전 사원 연수
3월10일	윤전기 1,2호기 시험가동 성공. 〈한겨레신문 소식〉 7호 발간
3월11일~ 3월13일	한겨레신문 임직원 합숙 연수(강화도 마니산 산업화랑연구소)
3월16일	기자평의회 창립총회
3월23일	〈한겨레신문 소식〉 8호 발간
3월27일	김인한 초대 이사 별세
3월28일	이사회에서 조간 8면 체제, 구독료 월 2500원 결정
	서울 영등포구 양평동으로 사옥 이전 결정
4월18일	1988년 5월15일을 창간 예정일로 확정하여 내외부에 공표
4월18일~ 4월20일	지사장, 지국장 연수(경기도 일산 YMCA 수련장)
4월19일	〈한겨레신문 소식〉 9호 발간
	광고주 초청 설명회 개최(한국언론재단 회관)
4월25일	정기간행물 일간지 등록증 교부 받음(등록번호: 가-52호)
4월28일	〈한겨레신문 소식〉 10호 발간
5월5일	한겨레신문 윤리강령 및 윤리강령 실천요강 선언식(양평동 사옥)
5월15일	한겨레신문 창간호(32면 50만 부) 발행
5월16일	이사회에서 급여체계 확정
8월3일	중앙일간지 가운데 처음으로 편집위원장 직선제 실시
	2대 편집위원장에 장윤환 선출
8월20일	하마다 윤전기(3,4호기) 설치 완료
9월1일	8면에서 12면으로 증면
9월10일	임시 주주총회 개최(정동 류관순 기념관)
	수권 자본금 200억 원으로 증자
	1차 창간위원회 개최
9월12일	지령 100호 기념 리셉션(한국언론재단 회관)
9월20일	발전기금 국민 모금 시작
10월15일	2차 창간위원회 개최
	창간위원장에 한승헌 선임
10월20일	사보 '한겨레가족' 창간
11월5일~ 12월11일	전국 18개 지역에서 '한국 사회의 오늘과 내일'을 주제로 '한겨레 대강연회' 개최
12월10일	한겨레신문 노동조합 창립총회
	초대 위원장에 고희범 선출
12월14일	한겨레신문 노동조합 전국언론노동조합연맹 가입
12월16일~ 12월29일	'북녘의 산하' 사진전 개최(서울 무역센터 현대미술관)

1989년

1월1일	지령 200호 기념, 28면 발행
1월23일~ 1월31일	'북녘의 산하' 사진전 개최(대구시민회관)
2월3일~ 2월19일	'북녘의 산하' 사진전 개최(부산시민회관)
2월15일	고속윤전기 도입과 사옥 건립을 위한 한겨레신문 개발본부(본부장 정태기) 발족
2월23일	3·1운동 70주년 기념 학술심포지엄 개최(한국언론재단 회관)
2월25일	1기 정기주주총회(이화여대 대강당)
3월7일	윤리강령 실천을 위한 윤리위원회 구성
4월5일	단일호봉제를 뼈대로 하는 임금체계 개선안 확정
4월12일	리영희 논설고문, 공안합동수사본부에 연행
4월14일	북한 방문 취재 계획 관련 리영희 논설고문 구속, 임재경 부사장 불구속 기소
	한겨레 노동조합 비상총회 뒤 철야농성 시작
4월20일	장윤환 편집위원장, 정태기 개발본부장 공안합동수사본부에 강제 구인되어 불구속 입건
4월29일~ 5월25일	리영희 논설고문 석방 촉구 및 한겨레신문 간부들에 대한 입건조치 철회를 위한 범국민 서명운동 개최
5월11일	본사 소재지 양평동으로 변경 등기
5월15일	창간 1주년 기념 리셉션(한국언론재단 회관)
	한겨레신문 시카고 지사 개설
5월15일~ 10월31일	독자배가 특별위원회 발족 및 활동(위원장 김태홍 판매이사)
5월16일	창간 1주년 기념, 36면 발행
5월20일	이사회에서 공덕동 새 사옥 부지 매입 계약안 의결
6월1일	기산건축설계사무소와 사옥 설계 용역 계약

6월10일	발전기금 모금 완료(총 모금액 119억2000만 원)
6월11일	주미 특파원 파견(초대 워싱턴 특파원 정연주)
6월29일	일본 도쿄기계 윤전기 구입 계약 체결
7월2일	서경원 인터뷰 빌미로 윤재걸 기자 사전구속영장 발부
7월3일	한겨레 탄압에 항의하는 사원 임시총회 뒤 농성 돌입
7월10일	법원, 한겨레 편집국 압수수색 영장 발부
	노동조합 주최 언론자유수호결의대회
7월11일	편집국 수색 저지 언론자유수호 2차 결의대회
7월12일	서경원 방북 사건 관련, 안전기획부의 편집국 강제 압수수색
	장윤환 편집위원장 사임
7월17일	3대 편집위원장에 권근술 선출
10월11일	한겨레 노사, 처음으로 단체협약 체결
12월28일	이주익 한겨레 도쿄 주재 통신원, 김포공항에서 안기부에 강제연행
12월30일	공덕동 새 사옥 부지 790여 평 확보 완료

1990년

1월30일	2대 노조위원장에 최성민 선출
2월7일	공덕동 새 사옥 기공
3월24일	2기 정기주주총회(올림픽공원 제3체육관)
4월18일	한겨레 노사 간 첫 임협 타결(기본급 12%, 상여금 150% 인상)
5월15일	창간 2주년 기념 리셉션(한국언론재단 회관)
6월1일	16면으로 증면
6월1일~ 12월31일	3차 기금 모집 특별위원회 운영
7월16일	4대 편집위원장에 성유보 선출
8월18일~ 9월11일	'겨레의 노래', 전국 7개 도시에서 22차례 순회 공연
9월6일	1차 남북고위급회담 취재차 서울에 온 북한기자단, 한겨레신문사 방문
12월12일	조영래 논설위원, 지병으로 별세

1991년

1월31일	3대 노조위원장에 김영철 선출
3월23일~ 3월24일	전국 10여 곳에서 민자당원 또는 괴한들이 한겨레 보급소 난입
3월23일	3기 정기주주총회(올림픽공원 제3체육관)
4월2일	5대 편집위원장에 성한표 선출
4월26일	송건호 대표이사 회장, 김명걸 대표이사 사장 취임
5월15일	창간 3주년 기념 특집 32면 발행
8월2일	4대 노조위원장에 윤석인 선출
8월10일	지령 1000호 기념 특집호 발행
12월8일	공덕동 사옥에서 새 사옥 건립 기념 한겨레 한마당 행사
12월14일	서울시 마포구 공덕동 116-25 새 사옥 입주

1992년

2월21일	주일 특파원 파견(초대 도쿄 특파원 김효순)
3월28일	4기 정기주주총회(올림픽공원 제3체육관)
4월6일	6대 편집위원장에 성한표 선출
5월15일	《발굴 한국현대사인물 1,2,3》 완간
5월28일	송건호 대표이사, 한국언론학회 언론상 수상
7월8일	노사 공동으로 회사발전기획위원회 구성
7월16일	5대 노조위원장에 윤석인 선출
8월3일	월간 옵서버 관련 청와대, 곽병찬 기자 고발
9월1일	PC통신망에 한겨레신문 기사 서비스 시작
9월3일	이주원 기자 교통사고로 사망
12월1일	이사회에서 우리사주조합 결성 의결
12월17일	우리사주조합 결성(초대 조합장 정영택)

1993년

1월20일	황인철 감사, 지병으로 별세
2월8일	경영진추천위원회 구성 등 정관개정안 이사회 의결
	출판팀 신설
2월18일	월요판 발행 시작
3월20일	5기 정기주주총회(올림픽공원 제3체육관)
4월9일	7대 편집위원장에 김중배 선출
4월29일	1기 자문위원회 구성
5월18일~ 5월19일	경영진추천위원회 사내위원 10명 선출

5월20일	1차 경영진추천위원회 구성 완료(위원장 유현석)
6월4일	경추위에서 5대 대표이사 후보에 김중배 추천
6월10일	6대 노조위원장에 원병준 선출
6월19일	임시 주주총회(서울 강남 한국종합전시장)
	김중배 대표이사 취임
6월24일	8대 편집위원장에 최학래 선출
7월22일	신맹순, 곽병준 등 두 명의 주주, 한겨레신문 대표이사 직무집행정지 및 직무대행자 선임 가처분 신청과 임시주총 결의 취소 소송 제기
8월16일	중앙언론사 가운데 최초로 ABC공사 참여
9월1일	16면에서 20면으로 증면
9월20일	컬러윤전기 추가 도입 설치
9월22일	집배신 시스템 추진본부 발족
10월28일	시사주간지 창간준비팀 구성(팀장 오귀환)
12월13일	출판국 출범

1994년

1월10일	김중배 대표이사, 사원비상총회서 임원진 전원 사퇴 선언
2월3일	주총 무효 확인 소송, 법원이 각하 결정
3월16일	시사주간지 한겨레21 창간
	경추위에서 김두식을 6대 대표이사로 추천
3월19일	6기 주주총회 개최(서울 정동 문화체육관)했으나 정족 미달로 유회
3월22일	송건호 고문, 호암상 언론상 부문 수상
3월29일	9대 편집위원장에 최학래 재선출
5월3일	김영삼 대통령 차남 김현철, 한겨레신문사 상대로 20억 원 손배소송 제기
5월15일	제호 도안에서 백두산 배경 그림 삭제
5월29일	7대 노조위원장에 송우달 선출
6월11일	6기 정기 주주총회(서울 정동 문화체육관)
	김두식 대표이사 취임
8월15일~12월17일	민족가극 '금강' 지방순회공연 개최
9월1일	주4회 24면으로 증면
9월3일	지령 2000호 발행
9월6일	정연주 워싱턴 특파원, 평양 단독 취재 위해 방북
10월22일	토탈 CTS 도입 추진본부 발족(본부장 윤유석)
10월24일	한겨레신문, 안종필 자유언론상 수상
12월19일	독일 케바우사 고속윤전기 도입 계약 체결
	영상매체 상근 준비팀 구성(팀장 조선희)

1995년

2월3일	경추위에서 7대 대표이사 후보에 권근술 추천
2월25일	10대 편집위원장에 윤후상 선출
3월11일	7기 정기주주총회(올림픽공원 제3체육관)
	권근술 대표이사 취임
3월13일	서울 마포구 노고산동 미지빌딩에 한겨레문화센터 개관
4월24일	영상주간지 씨네21 창간
5월	사업국 유통사업 '한겨레마을' 오픈
5월8일~5월14일	씨네21 창간기념, 제1회 서울영화제 개최
5월15일	황선주 자문위원 문화사업 위해 써달라며 군산 건물 한겨레신문사에 기증
5월29일	8대 노조위원장에 송우달 선출
6월12일	주중 특파원 파견(초대 베이징 특파원 이길우)
7월1일	한겨레통일문화재단 설립 준비팀 발족
7월11일	한겨레21 인터넷 기사 서비스 시작
	인터넷한겨레 오픈
10월11일~10월14일	경극 '삼국지' 공연 개최
11월5일	한겨레 공덕동 사옥 증축 상량식
11월25일~11월27일	해방 50주년 기념 민족가극 '백두산' 공연 개최(세종문화회관)
12월6일	김현철 손배소송 관련 법원이 한겨레신문사에 4억 원 배상 판결
	본사 이에 불복해 항소
12월15일	한겨레신문 뉴욕판 판권 계약 체결

1996년

1월1일	씨네21 인터넷 기사 서비스 시작
1월4일	한겨레통일문화재단 설립 발의
3월23일	8기 정기 주주총회(연세대 대강당)
4월24일	공덕동 사옥 3개 층 증축
4월27일	한겨레 인터넷 기사 서비스 시작

5월28일	노사 합동으로 경영·편집 혁신을 위한 특별위원회 발족
6월7일~ 6월9일	음반 사전심의 철폐 기념콘서트 '자유' 개최
7월11일~ 7월16일	중국 베이징에서 한중일 아마바둑 정상대항전 개최
8월19일	제1회 한겨레문학상(수상작 없음)
9월3일	청암문고 개소식(송건호 초대 대표이사 기증 도서)
9월13일	제1회 부산국제영화제에서 일간지 씨네21 PIFF 발간
9월10일	독일 케바우사 신형 고속윤전기 1호기 설치 및 가동
10월1일	새 CTS 가동
10월14일	한겨레신문에서 한겨레로 제호 변경
	주6회 28면으로 증면
10월17일	9대 노조위원장에 김형선 선출
10월19일~ 10월22일	제1회 국제 배낭여행 박람회 개최
11월1일	연변일보와 협력 교류서 교환
11월28일	김정한 이사, 지병으로 별세
11월29일	한국신문협회 가입

1997년

1월24일	사상 첫 대표이사 후보 초청토론회
2월5일	경추위에서 8대 대표이사에 권근술 추천
2월25일	김현철 씨, 한겨레에 대한 손배 소송 취하
2월28일	11대 편집위원장에 박우정 선출
3월15일	9기 정기주주총회(숙명여대 체육관)
	권근술 대표이사 취임
3월~12월	북녘 동포 돕기 캠페인
4월9일	독일 케바우사 고속윤전기 2호기 설치 및 가동
4월14일	'한겨레 투어' 사업 개시
5월	국내 최초로 인터넷 광고영업 시작
5월8일	한겨레 최초의 노조 파업 결의
5월30일	한겨레통일문화재단 법인 설립 인가
6월~12월	북녘 어린이 돕기 캠페인
6월3일	한겨레통일문화재단 공식 설립
6월8일	제1회 '행진 6·10' 시민달리기대회
7월11일	홈쇼핑 '한겨레마을' 사업 개시
7월30일	한겨레통일문화연구소 설치
8월19일	제2회 한겨레문학상(김연 〈나도 한때는 자작나무를 탔다〉)
8월29일	제1회 부천국제판타스틱 영화제 일간지 씨네21 PIFAN 발간
9월24일	홍순복 교열부장 별세
10월4일	지령 3000호 발행
10월10일	10대 노조위원장에 손석춘 선출
10월24일	'북녘 동포 돕기 캠페인' 통일언론상 대상 수상
11월15일	일본 미쓰비시 상업용 윤전기 설치(동광문화인쇄 위탁 가동)
12월10일	군산 문화센터 개관

1998년

1월1일	선은희 문화센터 사원, 교통사고로 순직
3월19일~ 3월20일	한국방송과 공동으로 '개혁 대토론회' 개최
3월21일	10기 정기주주총회(숙명여대 체육관)
4월6일	자회사 ㈜한겨레리빙 설립
4월20일	국내 첫 일간 지역 생활정보신문 '한겨레리빙' 창간
5월7일	창간 10주년 기념 사사 《세상을 바꾸고 싶은 사람들》 출간
5월15일	한겨레 창간 10돌 기념 리셉션(여의도 63빌딩)
5월29일~ 5월31일	98 '자유' 콘서트 개최(올림픽 체조경기장)
6월1일	'북녘 동포 돕기 캠페인' 늦봄 통일상 수상
6월15일~ 2월28일 (99년)	문화방송·근로복지공단과 공동으로 '실업을 이기자' 실업극복국민운동 전개
7월1일	격주간지 '케이블TV가이드' 발간
7월27일~ 9월24일	북녘 동포와 이산가족 기금마련 '통일 물산전' 전국순회 개최
8월25일	한겨레 노동교육연구소 설립
8월25일	제3회 한겨레문학상(한창훈 〈홍합〉)
9월25일	11대 노조위원장에 이정구 선출
10월9일	한겨레신문, 중앙언론문화상 수상
10월26일	제1회 막동이 시나리오 공모전 개최

11월3일~ 11월5일	한겨레통일문화재단, 제1회 윤이상통일음악회 평양 개최
11월3일~ 7일	1회 서울학생 동아리 한마당(2011년까지 총 19회 개최)
11월5일	인터넷 쇼핑몰 '한겨레마을' 개장
11월10일~ 11월17일	권근술 대표이사, 리영희 이사 등 6명 방북
11월26일	제1회 한겨레 광고대상 시상(2013년까지 총 16회 개최)
12월3일	노사 공동 한겨레발전대책위원회 구성
12월12일~ 12월17일	98 방콕 아시안게임 한겨레 남북 공동응원단 400명 파견

1999년

1월28일	제1회 한겨레 통일문화상 시상(수상자 윤이상)
1월29일	첫 사원 직선 투표로 9대 대표이사 후보에 최학래 선출
2월25일	사옥 신관 증축공사 착공
2월26일	12대 편집위원장에 고영재 선출
3월14일	계훈제 창간위원, 지병으로 별세
3월18일	서한영 이사, 지병으로 별세
3월20일	11기 정기주주총회(숙명여대 대강당)
	최학래 대표이사 취임
5월3일	㈜한겨레리빙 지원 중단 결정
5월7일~ 5월10일	한겨레 창간 11돌 '21세기와 한반도' 국제학술회의 개최
5월15일	평일 32면, 토요일 24면으로 증면
5월18일	제4회 한겨레문학상(김곰치 〈엄마와 함께 칼국수를〉)
6월8일	리영희, 늦봄 통일상 수상
6월11일	단오맞이 통일기원 아리수 축제 '통일이여 오라' 개최
8월31일	한겨레, UTC벤처21 사업계획 공모전 시상
9월~12월	제1기 남북경협아카데미 강좌
9월29일	12기 노조위원장에 이정구 선출
10월~ 2000년 9월	한겨레21 '베트남전 성금모금 캠페인'
11월19일~ 11월20일	첫 한겨레 여직원 대회(경기도 청평 아카데미)
11월24일	한겨레 문화센터-성공회대학 학점 인정 교류 약정
12월16일	공덕동 사옥 신관 증축 준공(총면적 2733평에서 3690평으로)
12월20일	남북민족통일 평양 공연
12월22일	㈜인터넷한겨레(뉴미디어, 유통, 여행사업 포함) 독립법인 설립

2000년

1월3일	제2회 막동이 시나리오 공모전 개최
1월12일	제2회 한겨레통일문화상 시상(수상자 강만길)
1월19일	사내 연구동아리 진보언론연구모임 출범
1월30일	한겨레 여성회 출범
2월	교육과 미래, 제1기 미국 교환학생 배출
3월1일~ 12월31일	한강 살리기 캠페인 '탄천에 은어 떼를' 개최
3월6일	평일 40면, 토요일 32면 증면
3월16일	안식월 제도 시행
3월22일	디자인센터 '디자인이즈' 설립
3월25일	12기 정기주주총회(숙명여대 대강당)
4월1일	인터넷한겨레 '하니리포터' 서비스 시작
4월24일	씨네21 독자 도메인으로 영화포털 서비스 시작
4월26일	관계회사 ㈜한겨레아이티 설립
4월28일	제1회 전주국제영화제 씨네21 JIFF 발간
5월	인터넷한겨레, 친환경 유기농산물 사업 시작
5월19일	한겨레-한국통신, 위성방송 등 뉴미디어 사업 공동 추진을 위한 합의서 체결
5월22일	제5회 한겨레문학상(수상작 없음)
5월29일	경제주간지 '닷21' 창간
6월3일~ 6월10일	평양 교예단 서울공연 개최
6월9일	위성방송사 설립을 위한 한겨레-한국통신 컨소시엄 계약
6월19일~ 6월21일	전국언론노련 산별 전환, 한겨레지부 총투표 실시
6월27일	고엽제후유증 전우회 한겨레 사옥 난립
7월24일	이계종 감사, 지병으로 별세
8월22일	교육사업 자회사 ㈜즐거운 학교 설립
9월1일~ 11월23일	사업계획 공모전 '벤처21' 개최

10월2일	인터넷한겨레, 지식포털 '디비딕' 서비스 시작
10월23일	13대 노조위원장에 김보근 선출
11월1일~ 12월31일	제2회 장묘문화캠페인 '묘지강산을 금수강산으로' 전개
11월9일	제1회 꿈나무 통일한마당 개최
12월8일	상표자산가치 우수기업 선정
12월14일	제3회 한겨레 통일문화상 시상(수상자 문정현, 문규현)
12월16일	지령 4000호 발행
12월18일	한국디지털위성방송컨소시엄 위성방송 사업권 획득
12월8일~ 12월19일	한겨레통일문화재단 주최, 남북교류-평화정착 남북회의 개최

2001년

1월12일	한국디지털위성방송주식회사 설립
1월15일	제3회 막동이 시나리오 공모전 개최
1월19일	10대 대표이사 후보에 최학래 선출
2월23일	13대 편집위원장에 조상기 선출
3월20일	21세기 기획단, 한겨레 발전 기본계획 발표
3월24일	13기 정기주주총회(숙명여대 대강당)
	최학래 대표이사 취임
4월2일	제2회 정보통신기업 디지털대상 시상
4월12일	전문기자제 시행
4월19일	경제정의기업상 시상
4월28일~ 5월20일	전국 6개 도시에서 씨네21 지령 300호 기념 영화제 '열린 세상을 향해 쏴라' 개최
5월21일	제6회 한겨레문학상(박정애 〈물의 말〉)
6월10일	시민달리기 행진 610 개최
6월21일~ 6월23일	코리아 아이티 벤처 투자마트 2001 개최
8월7일	신문제작시스템(CTS) 개체를 위한 계약체결
8월9일	한겨레신문 윤리강령 실천요강 일부 개정
8월13일~ 8월14일	한반도 화해와 통일 국제회의 개최
9월19일	사외보 〈열린사람들〉 창간
10월	한겨레출판, 어린이책 브랜드 '한겨레아이들' 출판
10월15일	경영/편집 개선팀 발족
10월18일	장기발전기획팀 발족
11월9일	제2회 꿈나무 통일체험 한마당 개최
11월16일	14대 노조위원장에 박상진 선출
12월	사옥 9층 옥상, 생태공원으로 단장
12월10일	조홍섭 기자, 녹색언론인상 수상
12월18일	'푸른 하늘을 되찾자' 월드컵 환경 캠페인
12월21일	송건호 초대 대표이사 별세
12월31일	새해맞이 남양주 하프마라톤 대회 개최

2002년

1월3일	한겨레-홋카이도 신문 제휴 협정
1월25일	청암언론문화재단 창립기념대회(한국언론재단 회관)
1월29일	관계회사 한겨레아이티, 한겨레커뮤니케이션스로 상호 변경
1월30일	제4회 한겨레 통일문화상 시상(수상자 정주영)
2월1일	제4회 막동이 시나리오 공모전 개최
3월1일	디지털 위성방송 정보지 '스카이라이프' 창간
3월2일	영남 현지 인쇄 시작
3월23일	14기 정기주주총회(숙명여대 대강당)
3월24일	유성춘 기자, 지병으로 사망
4월17일~ 4월23일	북한 미술 특별전 개최
5월15일	노사 공동으로 한겨레 혁신추진단 출범
	송건호 선생 얼굴상 제막식
5월20일	호남 현지 인쇄 시작
5월27일	제7회 한겨레문학상(심윤경 〈나의 아름다운 정원〉)
7월~9월	구례 민족통일공원 1차 조성사업
8월1일	한겨레 초록마을 직영점 1호(마포) 개장
9월~10월	부산아시안게임 한겨레남북공동응원단 운영
10월25일 ~26일	제1회 한겨레 통일포럼
10월30일	혁신추진단 종합보고서 발표
11월	한겨레 초록마을 가맹점 1호(대치) 오픈
12월6일	제1회 송건호언론상 시상(수상자 정경희)
12월20일	퇴직금 출자전환을 통한 증자안, 이사회 결의

12월26일	임직원 정당 가입 관련 윤리강령 개정 여부에 관한 사내 공청회

2003년

1월21일	베트남 푸옌성 뚜이호아현에 한-베 평화공원 준공
2월21일	11대 대표이사 후보에 고희범 선출
2월28일	14대 편집위원장에 김효순 선출
3월	제5회 막동이 시나리오 공모전 개최
3월1일	제5회 한겨레 통일문화상 시상(수상자 부산아시안게임 북쪽 응원단)
3월22일	15기 정기주주총회(숙명여대 대강당)
	고희범 대표이사 취임
4월~5월	'이라크 어린이에게 의약품을' 캠페인
4월28일	공동인쇄법인 ㈜한국신문제작 설립
5월	㈜인터넷한겨레, ㈜한겨레플러스로 사명 변경
5월	한겨레 독자 콜센터 설립
6월2일	제8회 한겨레문학상(박민규 〈삼미 슈퍼스타즈의 마지막 팬클럽〉)
6월7일~8일	6월 난장 '오 피스 코리아' 개최
6월28일	통일감자꽃 축제 개최
8월1일	자회사 ㈜씨네21 설립
9월	사내벤처 1호 '한겨레 지식센터' 출범
9월2일	김승훈 창간위원, 지병으로 별세
9월15일	한겨레 미주판(LA) 창간호 발행
10월6일	씨네21-한국디지털위성방송, 쌍방향 디지털 데이터방송 사업을 위한 협력합의서 체결
11월3일	공동배달회사 ㈜한국신문서비스 출자
11월9일	㈜한국신문제작에서 한겨레 인쇄 시작
11월19일	여성월간지 '허스토리' 창간
12월5일	제2회 송건호언론상 시상(수상자 위르겐 힌츠페터)

2004년

1월	제6회 막동이 시나리오 공모전 개최
1월2일	㈜씨네21, 방송채널사용사업자 등록
1월28일	제6회 한겨레 통일문화상 시상(수상자 임동원)
3월	인터넷한겨레, 토론마당 '한토마' 서비스 시작
3월4일	한겨레 지령 5000호 발행
3월9일~25일	한겨레21 창간 10돌 기념 제1회 인터뷰 특강
3월27일	16기 정기주주총회(숙명여대 대강당)
4월~5월	용천군 폭발사고 피해동포 돕기 성금 모금
4월1일	㈜씨네21, 한국디지털위성방송 영화 정보 데이터방송 서비스 개시
4월27일	15대 노조위원장에 양상우 선출
5월16일	5·18 기념재단과 5·18 마라톤대회 공동 개최
5월~12월	아름다운재단과 공동으로 나눔 캠페인 전개
5월25일	유현석 자문위원장, 지병으로 별세
5월31일	제9회 한겨레문학상(권리 〈사이코가 뜬다〉)
5월31일	한겨레신문사, 제1회 참언론상 수상
6월13일	6월항쟁 기념 부산시민축구대회 개최
6월14일	한겨레신문사, 제1회 한반도평화상 수상
6월26일	6·15 남북공동선언 4주년 기념, 윤도현 밴드와 총련 가극단 '금강산'의 '오 통일 코리아 2004' 공연 개최
7월12일	시민의방송(RTV) '한겨레 뉴스 브리핑' 방송 시작
8월31일	16대 노조위원장 및 8기 우리사주조합장에 양상우 선출
9월8일	노사 합동 비상경영위원회 구성, 활동개시
10월6일~14일	상상예찬 영화축제 개최
11월18일	한겨레 구조 개혁 위한 노사 기본합의서 체결
11월23일	비상경영위의 1단계 개혁안에 대한 노동조합 우리사주조합 총회 및 결의
12월	지상파 디지털멀티미디어방송(DMB) 관련 SBS와 MOU 추진
12월3일	제3회 송건호언론상 시상(수상자 민주언론운동시민연합)
	㈜씨네21, CGV와 공동으로 영화관용 영화정보지 'ME' 창간
12월11일	한겨레신문, 한반도평화상 언론부문 수상

2005년

1월	㈜한겨레투어 독립법인 출범
2월18일	12대 대표이사 후보에 정태기 선출

3월11일	제7회 한겨레 통일문화상 시상(수상자 개성공단을 만든 사람들)
3월14일	17대 노조위원장 및 9대 우리사주조합장에 이제훈 선출
3월14일~3월30일	한겨레21 창간기념 제2회 인터뷰 특강
3월17일	15대 편집위원장에 권태선 선출
3월26일	17기 정기주주총회(백범김구기념관)
	정태기 대표이사 취임
3월29일	한겨레가 참여한 SBS 컨소시엄이 지상파 DMB 데이터방송 사업자로 선정
4월4일	한겨레 저녁 가판 폐지
5월15일	한겨레 제2창간 운동 시작
5월16일	신문글꼴 변경(한결체)
5월21일~7월20일	전국 5개 지역에서 '한겨레의 날' 행사
5월25일	한중일 공동 역사책 《미래를 여는 역사》 발간
6월6일	제10회 한겨레문학상(조두진 〈도모유키〉)
6월7일	1기 인턴기자 선발
6월30일	한겨레말글연구소 설립
8월~2006년 4월	북녘 나무보내기 운동 전개
8월23일	18대 노조위원장 및 10기 우리사주조합장에 조준상 선출
9월	한겨레 초록마을 200호점(제주 노형) 오픈
9월24일	정운영 논설위원, 지병으로 별세
10월	인터넷한겨레, 블로그형 개인미디어 '필진 네트워크' 개시
10월10일	한겨레결체 무료 배포
10월14일	한겨레, 한국대학신문 선정 최우수 언론대상 수상
11월11일~12일	한겨레통일문화재단, APEC 국제 심포지엄 개최
11월23일	한겨레21, 제15회 민주언론상 특별상 수상
12월	㈜한겨레엔 출범(인터넷한겨레 사업 부문, 한겨레 문화사업단)
12월2일	제4회 송건호언론상 시상(수상자 강준만)
12월6일	2005 생태도시 국제 심포지엄 개최

2006년	
1월1일	한겨레 제호 변경
1월2일	자회사 ㈜한겨레출판 설립
1월4일	홍세화 1대 시민편집인 취임
	독자권익위원회 구성
1월18일~24일	한겨레를 위한 한국미술 120인 마음전(세종문화회관)
1월25일	시민편집인 제도 신설
2월13일	편집국 '에디터제-영역별 팀제' 도입
3월14일~3월29일	한겨레21 창간기념 제3회 인터뷰 특강
3월18일	18기 정기주주총회(백범김구기념관)
3월21일	제8회 한겨레 통일문화상 시상(수상자 박용길, 홍근수)
4월	㈜씨네21과 영화진흥위원회가 공동으로 예술영화정보지 'NEXT plus' 창간
5월	㈜씨네21, TV 엔터테인먼트 웹진 매거진t 오픈
5월2일	한겨레 좋은 공연 시리즈 시작
5월16일	인터넷한겨레 영문판 서비스 시작
5월19일	리영희, '기자의 혼' 상 수상
5월27일	사외보 '하늬바람' 창간
5월29일	제1회 전국 평화통일 만화 공모전
5월29일	제11회 한겨레문학상(조영아 〈여우야 여우야 뭐 하니〉)
5월30일	윤전기 증설 완공
6월6일	차범석 창간위원, 지병으로 별세
6월24일	16대 편집위원장에 오귀환 선출
6월26일	2기 인턴기자 선발
9월12일	19대 노조위원장 및 11기 우리사주조합장에 이재성 선출
10월9일	한겨레 실시간 뉴스제공 한겨레폰 출시
10월10일	한겨레 어린이 공연 축제
11월	한겨레 초록마을, 한국소비자포럼 주관 소비자의 신뢰기업 대상 수상
11월24일	한겨레통일문화재단, 제2회 한겨레-부산 국제 심포지엄 개최
11월27일	리영희, 단재 언론상 수상
12월15일	한겨레-르몽드 콘텐츠 제휴
12월20일	제5회 송건호언론상 시상(수상자 동아투위)

2007년

1월	한겨레문화센터를 한겨레교육문화센터로 명칭 변경
1월29일	취재보도 준칙 제정 및 공포
2월	씨네21 신개념 만화잡지 '팝툰' 창간
2월	한겨레신문 창간호 복원
2월5일	김형태 2대 시민편집인 취임
2월5일	자회사 한겨레미디어마케팅㈜ 설립
2월28일	한겨레경제연구소 설립
3월1일	인터넷한겨레 동영상 뉴스 서비스 개시
3월9일	13대 대표이사 후보에 서형수 선출
3월19일 ~4월3일	한겨레21 창간기념 제4회 인터뷰 특강
3월23일	17대 편집위원장에 김종구 선출
3월31일	19기 정기주주총회(서울 여의도 전경련회관)
	서형수 대표이사 취임
4월3일	전쟁사진의 신화 로버트 카파전 개최
4월19일	제9회 한겨레 통일문화상 시상(수상자 리영희)
5월3일 ~30일	매그넘 마틴파 사진전 개최
5월14일 ~18일	한겨레통일문화재단, 평양어린이 학습공장 준공식 및 남쪽 경제인대표단 평양 방문
5월17일	섹션매거진 ESC 발행
5월28일	지령 6000호 발행
6월	오픈마켓 '1마켓' 오픈
6월1일	교육서비스본부 사내 분사
6월1일	제12회 한겨레문학상(서진 〈웰컴 투 더 언더그라운드〉)
8월20일	이명박 한나라당 대선 후보, BBK 보도 관련 한겨레 상대로 50억원 손해배상소송
9월20일	20대 노조위원장 및 12기 우리사주조합장에 김보협 선출
9월21일	한겨레 '평화의 나무 합창단' 창단 공연
10월	디지털 영상사업 계열사 '씨네21i' 설립
10월12일	'아하! 한겨레' 발행
11월1일	네이버와 정보제공 등 전략적 제휴 체결
11월13일 ~14일	한겨레통일문화재단, 제3회 한겨레-부산 국제심포지엄 개최
12월17일	제6회 송건호언론상 시상(수상자 고 조용수)

2008년

1월1일	자회사 한겨레S&C㈜ 설립
1월9일	한겨레신문, 제1회 미디어어워드 '신뢰상' 수상
1월11일	14대 대표이사 후보에 고광헌 선출
1월18일	편집국 노드(Node)콘텐츠팀 신설
1월26일 ~3월2일	어린이 뮤지컬 '거북이' 공연
2월1일	한겨레 프리미엄 서비스 '하니누리' 오픈
2월15일 ~24일	'아하! 한겨레' 전국 순회 교육특강
2월22일	18대 편집위원장에 김종구 선출
3월	신문 월 구독료 1만 2000원에서 1만 5000원으로 인상, 가판대 신문 1부 500원에서 600원으로 인상
3월8일	20기 정기주주총회(숙명여대 순헌관)
3월10일	고광헌 대표이사 취임
4월17일	제10회 한겨레 통일문화상 시상(수상자 신명철 이기범 이용선)
4월30일	한겨레경제연구소, '웹 진화와 미래의 신문' 국제컨퍼런스
4월30일~	'찾아가는 한겨레 특강': 1회 소설가 공지영(이화여대). 총 45회 진행
5월9일~ 6월10일	촛불집회 현장에서 8차례 한겨레 배포
5월13일	한겨레20년사 《희망으로 가는 길》 발간
	한겨레 창간 20돌 기념 언론학회 심포지엄 '한겨레와 한국 사회'
5월14일	제13회 한겨레문학상(윤고은 〈무중력 증후군〉)
5월15일	창간 20주년 기념식(여의도 63빌딩)
5월16일 ~17일	한겨레통일문화재단 시민합창단 '평화의 나무' 첫번째 정기공연
5월22일	북 주간지 〈통일신보〉와 기사교류 합의
5월30일	창간 20주년 홈커밍데이
5월31일	창간 20주년 기념 주주, 독자 초청 개성공단 탐방
5월31일 ~6월10일	촛불집회 현장에서 한겨레21 특별판 3차례 배포

5월31일 ~6월14일	'100만 촛불대행진' 인터넷한겨레 생중계 서비스
6월25일	격월간 경제경영 전문섹션 'Heri Review' 신설
7월1일 ~2010년 6월29일	한겨레와 함께 하는 시민포럼(1회: 촛불, 세상을 바꾸다-웹에서 광장으로. 총 29회 진행)
7월4일~ 8월24일	매그넘코리아전 개최
7월22일	한겨레평화연구소(소장 김연철) 창립기념식 개최
8월1일	자회사 한겨레교육㈜ 설립
8월14일	'전유성의 얌모얌모 클래식' 개최
10월2일	나윤선의 재즈공연 '프렌치 올스타즈' 개최
10월6일	이봉수 3대 시민편집인 취임
10월24일	21대 노조위원장 및 13기 우리사주조합장에 김보협 선출
10월31일	한겨레사우회 출범(한국언론재단 회관)
11월24일	미디어전략연구소 설립
12월3일	소방관을 위한 자선음악회 개최
12월11일	제7회 송건호언론상 시상(수상자 MBC '피디수첩', 전국언론노조 YTN지부)
12월23일 ~30일	비상경영계획 설명회

2009년

1월22일	경영위기 극복을 위한 노사 합의
2월~	한겨레 '나눔꽃 캠페인' 시작
3월3일~ 5월10일	인물사진의 거장 '카쉬전' 개최
3월6일	19대 편집국장에 성한용 선출
3월14일	21기 정기주주총회(서울 중구 구민회관)
3월19일	디지털미디어사업본부 출범
3월31일	자회사 ㈜한겨레플러스 매각
4월1일	월간지 '르몽드 디플로마티크' 위탁경영 제휴
4월15일	제11회 한겨레 통일문화상 시상(수상자 백낙청)
5월1일~ 5일	2009 신문 엑스포 참가(일산 킨텍스)
5월4일	자회사 한겨레실버서비스㈜ 설립
5월15일	웹방송 '하니TV' 개국
5월23일	한겨레 가족 한마당(월드컵공원)
5월28일	제14회 한겨레문학상(주원규 〈열외인종 잔혹사〉)
6월2일	한겨레경제연구소 SRI(사회책임투자) 국제컨퍼런스 개최
6월19일	윤리강령 실천요강 '외부활동 제한' 개정
6월23일	하니TV '김어준의 뉴욕타임스' 시작
6월24일	초대 대표이사 송건호 선생 애장도서 7230권 국회도서관 기증
7월4일	한겨레사랑모임(한사모) 100번째 특별총회
7월6일~ 2010년 1월6일	유급 순환휴직 시행, 임원진 6개월간 임금 일부 반납
7월31일~ 8월27일	포토코리아 개최
9월25일~ 11월29일	패션사진 전문가 '사라 문' 사진전 개최
9월28일~ 10월3일	1기 한겨레포토워크숍-뉴칼레도니아편(2017년12월까지 한겨레포토워크숍 29차례 진행)
10월10일	1회 한강 종이비행기 전국대회 개최(2014년까지 총 6회 개최)
11월1일	1판 신문 PDF 판매 시작
	1회 유소년 축구대회 개최
11월24일	사진포털 '포토 21' 베타판 오픈
11월30일	한겨레, 제13회 동숭학술상 공로상 수상
12월9일	청암홀 현판식
12월9일	제8회 송건호언론상 시상(수상자 최문순, 최상재)
12월16일	2009 글로벌 CSR 대상 및 콘퍼런스 개최

2010년

1월1일	자회사 한겨레엔 인력 본사로 통합
1월4일	'범죄 수사 및 재판 관련 취재보도 시행세칙' 시행
1월4일	'2010 희망 캡슐' 진행
1월7일~ 3월1일	'명화 속 과학' 체험전 개최
1월8일	22대 노조위원장 및 14기 우리사주조합장에 류이근 선출
3월10일	한겨레교육 분당 제2센터 개소

3월20일	22기 정기주주총회(백범김구기념관)
4월5일	회사-우리사주조합 '퇴직 임직원 퇴직금 출자 전환 주식 환매 재개' 합의
4월14일	'민주주의 위기와 제2의 민주화 모색' 심포지엄 개최
4월30일	창간 22주년 기념 '야나체크 오케스트라' 초청 공연 개최
4월30일~7월24일	세실 비튼 사진전 개최
5월3일	경제매거진 월간 '이코노미 인사이트' 창간
5월15일	스페셜콘텐츠 오프라인판 '하니스페셜' 월간 발행
	하니TV 개국 1주년 인디밴드 콘서트 '커피 사운드' 개최
5월15일~19일	5·18 30주년 기념 뮤지컬 '화려한 휴가' 공동 개최
5월20일	오피니언 사이트 '훅' 오픈
5월26일	제12회 한겨레 통일문화상 시상(수상자 도상태)
6월1일	제15회 한겨레문학상(최진영 〈당신 옆을 스쳐간 그 소녀의 이름은〉)
7월27일~10월10일	아시아 리얼리즘전(국립현대미술관 공동주최)
8월14일	스매싱 펌킨스 내한공연 개최
8월18일	지령 7000호
9월27일	트위터 활용한 SNS사이트 '통하니' 베타판 오픈
10월1일	고 김두식 대표이사 영결식
10월8일	모바일 웹사이트 '모하니' 베타판 오픈
10월9일	2010 한겨레가족 한마당(효창운동장)
11월1일	모바일웹 서비스 '통하니, 모하니, 북하니' 시작
11월23일	하니TV '김어준의 뉴욕타임스' 팟캐스트 서비스 시작
11월24일	'시네마 인 뮤직' 콘서트 개최
12월5일~8일	리영희 논설고문 민주사회장
12월8일	제9회 송건호언론상 시상(수상자 최승호, 옥천신문)
12월15일~16일	제1회 아시아 미래포럼 '동아시아 기업의 진화' 개최
12월17일~2011년 3월31일	'델피르와 친구들' 사진전 개최

2011년

1월11일	이돈명 창간이사 별세
1월21일	15대 대표이사 후보에 양상우 선출
1월25일	디지털매거진 자회사 '디폴리오' 설립
1월28일	'브라보! 재즈 라이프 콘서트' 개최
2월11일	23대 노조위원장 및 15기 우리사주조합장에 전종휘 선출
2월16일	한겨레 뉴스 애플리케이션(안드로이드 기반) 출시
3월2일	한겨레 뉴스 애플리케이션 출시
3월16일	20대 편집국장에 박찬수 선출
3월19일	23기 정기주주총회(백범김구기념관)
3월21일	15대 대표이사 양상우 취임
3월26일~5월22일	'인물 사진의 거장 카쉬전 2' 개최
3월26일~5월29일	오감체험 미술전 개최
5월2일	이병주 창간이사(동아투위 위원장) 별세
6월2일	제16회 한겨레문학상(장강명 〈표백〉)
6월2일~8월10일	'현대사진의 향연-지구상상전' 개최
6월8일	한겨레사회정책연구소 설립
6월16~17일	이무지치 내한 공연 개최
6월17일	제13회 한겨레 통일문화상 시상(수상자 이행우, 오인동)
6월20일	'디지털 퍼블리싱 기획단' 출범
6월28일	제1회 사회정책포럼 '정의의 관점에서 본 분배 복지 논쟁' 개최
8월31일	자회사 한겨레실버서비스㈜ 매각
9월9일	한겨레가판대 애플리케이션 출시
10월18일	김태홍 창간 광고이사 별세
11월1일	신문 1부 가격 600원에서 800원으로 인상
11월15~16일	제2회 아시아 미래포럼 '위기를 넘어: 책임과 상생' 개최

11월30일	리영희 1주기 추모 시민의 밤(조계사 한국불교역사문화관)
12월7일	제10회 송건호언론상 시상(수상자 서중석)
12월11일	'카르멘 & 라트라비아타' 공연 개최
12월19일	청암 송건호 선생 10주기 기념음악회(이화여고 100주년 기념관)

2012년

1월28일	한겨레 토요판 발행
2월1일	'클린사이트' 선언한 한겨레 새 홈페이지 오픈
2월10일	24대 노조위원장 및 16기 우리사주조합장에 박중언 선출
2월22일	고 김종수 기자(사진부) 사우장
2월29일~5월13일	뮤지컬 엘리자벳, 케니지 내한공연 개최
3월17일	24기 정기주주총회(백범김구기념관)
4월14일	1회 가족사랑 친구사랑 봄길 걷기대회(2015년까지 개최)
4월14일	한겨레 20년사 《불굴의 한겨레신문-한국 시민이 떠받쳐 온 언론민주화 20년》 일본에서 출간
4월30일	제주판 석간으로 전환
	한겨레교육 '푸른1318' 지분 매각
5월1일	신문 월 정기구독료 1만 5000원에서 1만 8000원으로 인상
5월3일~6월14일	베이비트리-마포구 '내 아이와 통통통하는 부모특강' 개최
5월15일	지면개편 및 제목서체 변경
5월29일	리영희재단 설립
6월4일	제17회 한겨레문학상(강태식 〈굿바이 동물원〉)
6월7~10일	한-중 수교 20주년 기념 '한겨레-인천시' 단둥 국제심포지움
6월10일	한겨레21-민주화운동기념사업회 공동 '6·10 민주화운동 25주년 기념' 행사 개최
7월13일~9월15일	C.S.I 과학수사체험전 개최
7월18일	제14회 한겨레 통일문화상 시상(수상자 이태호)
7월18일~22일	아메리칸발레씨어터 '지젤' 내한공연 개최
7월24일	자회사 씨네21㈜ 영업권 매각
9월8일	본사, 자회사 임원 합동 워크숍
9월10일	안드로이드용 애플리케이션 및 가판대충전소 오픈
10월9일	고 이수윤 기자(사회2부) 사우장
10월16~17일	제3회 아시아 미래포럼 '리더십의 변혁' 개최
10월15일	일본어판 홈페이지 오픈
11월1일	사람매거진 '나·들' 창간
11월19일	한겨레사회정책연구소, 제1회 한겨레 지역복지 대상 시상식
12월12일	제11회 송건호언론상 시상(수상자 한홍구, 뉴스타파)
12월15일~2013년 3월10일	'헬로 마다가스카르' 가상현실 체험전 개최
12월19일	'사랑의 바이러스 삼색 콘서트' 개최
12월21일~2013년 2월12일	임응식 사진전 개최
12월28일	한겨레 온라인사이트 커뮤니티 '필통' 페이지 개편 오픈

2013년

1월18일	최성진 기자, 정수장학회 보도 통신비밀보호법 위반 혐의로 기소
1월21일	'25살 한겨레의 다짐' 공포
1월21일	한겨레 모바일웹 새 단장
2월3일	CTP 장비 2대 도입 설치 완료
2월7일	25대 노조위원장에 장덕남, 17기 우리사주조합장에 박중언 선출
2월16일~3월16일	'2013 교육특강' 6개 지역에서 개최
2월21일	21대 편집국장에 유강문 선출
3월16일	25기 정기주주총회(백범김구기념관)
3월16일	정환봉 기자, 국정원 댓글 사건 개인정보보호법 위반 혐의로 형사 피고소
4월25일~29일	'베를린필하모닉 스트링 콰르텟' 공연 개최
4월30일	덴마크 CCI사와 차세대통합제작시스템 도입 계약 체결

5월12일	창간 25돌 기념 토크콘서트(서울시청) 개최
5월15일	창간 25주년 '말 거는 한겨레' 보고서 발간
5월15일	창간 25돌 기념 리셉션(백범김구기념관)
5월21일	한겨레-중앙일보, 서로의 사설 비교분석하는 '사설 속으로' 기획 시작
6월3일	제18회 한겨레문학상(정아은 〈모던 하트〉)
6월19일~ 11월29일	'찾아가는 지식 나눔' 콘서트 개최(39개 학교, 단체)
7월2일	고영재 4대 시민편집인 취임
7월4일	제15회 한겨레 통일문화상 시상(수상자 인천광역시)
8월10일	국정원 규탄 촛불집회에 한겨레21 특별판 배포
8월31일	르몽드디플로마티크 제휴 해지
9월4일~ 25일	제1회 한글날 예쁜 엽서 공모전(2017년까지 총 5회 개최)
9월9일	씨네21 대학생 라이프 스타일 매거진 '캠퍼스 씨네21' 창간
9월11일~ 11월29일	한겨레 임직원 대상 '휴캠프' 실시
9월28~ 29일	한겨레통일문화재단 '개성공단 발전 기원 시민 한마당' 개최
10월30~ 31일	제4회 아시아 미래포럼 '포용성장시대 기업과 사회의 혁신' 개최
11월3일	나·들 창간 1주년 기념 콘서트 개최
11월8일	허핑턴포스턴코리아 설립 기본의향서(LOI) 교환
11월15일	지령 8000호
11월15일	격주간 디지털매거진 '한겨레라이프' 창간
12월2일	서울 시내 터치형 '버스도착 안내단말기(BIT)' 뉴스 공급 서비스 시작
12월3일	제1회 리영희상 시상(수상자 권은희)
12월6일	한겨레사회정책연구소, 제2회 지역사회복지대상 시상식
12월17일	제12회 송건호언론상 시상(수상자 경남도민일보, 프레시안)
12월24일	나·들 정기독자를 위한 두 번째 퓨전 콘서트 개최
12월31일	사람과 디지털 연구소 설립

2014년

1월17일	16대 대표이사 후보에 정영무 선출
1월20일~ 2월24일	한겨레21 창간 20주년 기념 CF, UCC 공모전
1월21일	베이비트리 애플리케이션(안드로이드용) 런칭
2월5일	인터넷뉴스사이트 '허핑턴포스트코리아' 설립
2월6일	18기 우리사주조합장에 이동구 선출
2월28일	22대 편집국장에 김이택 선출
	허핑턴포스트코리아 사이트 론칭, 기념행사
3월3일	한겨레21 1000호 발행
3월15일	26기 정기주주총회(백범김구기념관)
	정영무 대표이사 취임
3월21일	26대 노조위원장에 박종찬 선출
3월23일	나·들 정기독자 초청 퓨전 국악 콘서트 개최
4월18~ 19일	'내추럴 리세븐' 내한공연 개최
5월20일	디폴리오 지분 매각 완료
5월22일~ 6월2일	제1회 송건호 대학사진상 공모전 주최(인사동 토포하우스)
5월30일	제19회 한겨레문학상(최지월 〈상실의 시간들〉)
6월26일	제16회 한겨레 통일문화상 시상(수상자 정세현)
7월2일	나·들 마지막호(21호) 발행
7월3~4일	제1회 아시아 청년 사회혁신가 국제포럼 '청년, 아시아의 미래를 열다' 개최
7월9일	디지털시대 도약을 위한 한겨레 '혁신 3.0' 착수
7월24일	세월호 참사 100일 한겨레21 특별판 배포
8월29일	'두 남자의 클래식' 개최
9월3일	한겨레 일본어판, 야후재팬에 기사 전송 시작
9월5일	세월호 참사 에세이 공모전 선정작 모음집 〈0416〉 발행
9월15일	한겨레21 1권당 3천 원에서 4천 원으로 가격 인상
9월19일	한겨레주주통신원 출범식(청암홀)
9월30일	영화 수입 및 배급 자회사 '씨네룩스' 설립
10월11일	고 성유보 편집위원장, 민주사회장
10월18일	한겨레 임직원 체육대회(고양시 농협대학교)
10월22~ 23일	제5회 아시아 미래포럼 '사람중심경제-기업과 사회의 협력' 개최

10월23~24일	'크리스티안 예르비의 앱솔루트 앙상블과 사라 장' 공연 개최
10월28일	'고용평등 및 일과 삶의 균형에 관한 규정' 신설
11월20일	고 구본준 기자(문화부) 사우장
11월28일	웹툰 서비스 자회사 '롤링스토리' 설립
11월28일	한겨레사회정책연구소, 제3회 지역사회복지대상 시상식
12월1일	제2회 리영희상 시상(수상자 민주사회를위한변호사모임 '국정원 사건' 변호인단, 뉴스타파 취재진)
12월9일	클래식 공연 '황제와 영웅' 개최
12월16일	제13회 송건호언론상 시상(수상자 손석희)
12월19~21일	뉴이어 월드 락 페스티벌-인디크리스마스 개최
12월30일	인터넷 주주 소식지 '한겨레:온' 발행

2015년

1월16일	사람과디지털연구소-숙명여대 웹발전연구소, '우수 금융앱 평가' 시상식 개최
1월20일	독자시민특강 '홍세화와 함께 여는 새해' 개최
1월28일	한겨레21, 다음 뉴스펀딩 '귀향' 후원자 초청 콘서트 개최
2월5일	19기 우리사주조합장에 정남구 선출
2월	당일 종쇄 체제 시행
3월2일	'디지털 초판' 서비스 재개
3월14일	27기 정기주주총회(백범김구기념관)
3월	(사)행복한미래교육포럼과 함께하는 한겨레교육 일산센터 개원
4월3~19일	싱글맘을 돕기 위한 '맘스콘서트' 개최
4월9일	통합미디어시스템(CMS) 구축 시작
4월13일	씨네21 창간 20주년 기념행사 개최
4월23일	두근두근 비전위원회 구성
4월24일~5월6일	제2회 송건호 대학사진상 공모전 주최(홍대 KT&G 상상마당)
4월29일	아카펠라 공연 '막보카피플' 개최
5월22일	제20회 한겨레문학상(한은형 〈거짓말〉)
6월3일	27대 노조위원장에 최성진 선출
6월26일	두근두근 비전위원회 직원대표단 워크숍
7월1일	한겨레경제사회연구원 출범
7월2일~9월7일	제나 할러웨이 사진전 '더 판타지' 개최
7월20일	롤링스토리 사이트 오픈
7월25일	복합 문화공간 미디어카페 '후' 시작
7월29일	제17회 한겨레 통일문화상 시상(수상자 신은미 남북경협 기업 비상대책위원회)
8월4일~9일	미디어카페 '후' 오픈 행사- '7인7색 후아유 콘서트' 개최
8월18일	한겨레경제사회연구원 개원 심포지엄 '이 땅에서 청년으로 산다는 것' 개최
8월30~31일	제2회 아시아 청년 사회혁신가 국제포럼 '사회적 경제, 주거문제를 부탁해' 개최
9월4일	사람과디지털연구소 1회 '휴먼테크놀로지 어워드' 제정
9월15~22일	제나 할러웨이 '더 판타지' 지방 순회 전시
10월16일	한겨레S&C 주월간지 업무 미디어마케팅 이관
10월17일	한겨레가족 체육대회 '두근두근 한마당'(서울시 인재개발원 운동장)
10월26일	'국정 교과서' 의견광고 게재 관련 사내 토론회
10월28~29일	제6회 아시아 미래포럼 '새로운 균형, 새로운 아시아' 개최
11월12일	자회사 모바일 미디어 플랫폼 '뉴스뱅' 설립
11월14~15일	제1회 한겨레주주통신원 전국총회 개최
12월3일	제3회 리영희상 시상(수상자 김효순, 타카다 겐)
12월9일	제14회 송건호언론상 시상(수상자 변상욱)

2016년

1월1일	한겨레신문사 광고게재 준칙 시행
	편집국 정치부 서브 브랜드 '정치BAR' 론칭
1월4일	한겨레 온라인 중문판 서비스 시작
1월27일	새 CMS 하니허브 시행(사설, 오피니언 등 신문 3개 지면)
2월2일	20기 우리사주조합장에 정남구 선출
2월3일	스포츠마케팅법인 '스포츠하니㈜' 개소식
2월19일	조성숙 전 논설위원 별세
2월29일	김예란 5대 시민편집인 취임

3월10일	한겨레 서울생활길라잡이 '서울&' 발행
3월12일	28기 정기주주총회(백범김구기념관)
3월16일	23대 편집국장에 백기철 선출
3월17일	'서울&' 창간 및 한겨레 혁신 매체설명회
4월4일	우리사주조합 지분 안정화 특별위원회 구성
5월17일	문화공간 온: 개관행사
5월20일	제21회 한겨레문학상(이혁진 〈누운 배〉)
5월30일	미디어카페 '후' 서울시 일자리카페 민간점 1호점 개소식
6월1일~6월13일	제3회 송건호 대학사진상 공모전 주최(인사동 갤러리 이즈)
6월13일	하니허브, 한겨레 전체 지면 확대실시
6월15일	제3회 아시아 청년 사회혁신가 국제포럼 '청년, 마을에서 길을 찾다' 개최
6월25~26일	제1회 한겨레 아마추어 배드민턴 랭킹대회 개최
6월25일~9월25일	로이터 사진전 '세상의 드라마를 기록하다' 개최
6월28일	제18회 한겨레 통일문화상 시상(수상자 개성공단 기업 비상대책위원회)
7월1일	28대 노조위원장에 최성진 선출
7월14일	씨네플레이 서비스 시작
7월29일	미디어카페 '후' 1주년 기념식
9월7일	'제주&' 발행
9월15일	한겨레-네이버 영화모바일 합작법인 '씨네플레이' 설립
10월16일~11월23일	촛불의 자발적 한겨레 주주 되기 운동(1088명 참여)
10월29일	최순실-박근혜 게이트 촛불집회 한겨레21 특별판 배포
11월11일	한겨레 최순실 특별취재팀과 함께하는 '뉴스룸 현장 토크' 개최
11월23~24일	제7회 아시아 미래포럼 '성장을 넘어, '더불어 행복'을 찾아서' 개최
11월30일	제4회 리영희상 시상(수상자 백도명)
12월6일	제15회 송건호언론상 시상(수상자 김동춘)
12월15일	고 구본준 기자, 제1회 혜곡 최순우상 수상
12월17~18일	주주독자와 팔도 나들이 '여수, 민초 사랑의 길을 따라서'

2017년

1월24일	21기 우리사주조합장에 이재훈 선출
2월3일	콘텐츠 유료화 서비스 시범운영 시작
2월10일	17대 대표이사 후보에 양상우 선출
2월15일	지령 9000호
2월20일	편집국 경제부 서브 브랜드 '위코노미' 론칭
2월24일	새 주주 초청 교류 행사 개최(한겨레신문사 청암홀)
3월9일	24대 편집국장에 이제훈 선출
3월18일	29기 정기주주총회(백범김구기념관)
	양상우 대표이사 취임
4월20일	최영재 6대 시민편집인 취임
4월25일	고 손준현 기자(문화부) 사우장
5월10일~5월22일	제4회 송건호 대학사진상 공모전 주최(인사동 갤러리 이즈)
5월21일	한겨레통일문화재단 '상생의 남북 경협 위한 시민한마당' 개최
5월26일	제22회 한겨레문학상(강화길 〈다른 사람〉)
6월2일	임시주주총회(한겨레신문사 청암홀)
6월22일~8월27일	엑스레이맨-닉베세이 사진전 개최
6월30일	29대 노조위원장에 지정구 선출
7월5일	제4회 아시아 청년 사회혁신가 국제포럼 '청년이 바꾸는 교육의 미래' 개최
7월12일	미디어카페 '후' 영업종료
8월7일	독자소통TF 보고회 개최(청암홀)
8월21일~10월30일	한겨레21 '김미화 적폐를 쏘다' 인터뷰 특강 개최
8월28일	동물 전문 온라인매체 '애니멀피플' 창간
8월29일	독자와의 소통 전담할 참여소통에디터 신설
9월27일	소셜미디어 준칙 시행
10월11일~11월29일	한겨레21 '페미니즘X민주주의 특강' 개최
10월12~14일	한겨레경제사회연구원, 칼 폴라니 국제학술대회 공동주최
12월1일	제5회 리영희상 시상(수상자 이용마)
12월15일	제16회 송건호언론상 시상(수상자 JTBC 뉴스룸)
12월15~17일	'종로감성사진관' 행사 주관

12월29일 ~2018년 1월2일	한겨레통일문화재단, 윤동주 100주년 토론회
12월19일	자회사 팩트스토리, 22세기미디어 법인 설립

2018년	
1월6일	고 정남기 기자(전 이코노미인사이트 편집장) 사우장
3월17일	30기 정기주주총회(백범김구기념관)
3월24일	한겨레21 창간24돌 기념 독자와의 대화(청암홀)
3월29일	블록체인 전문 온라인 매체 '코인데스크코리아' 창간
4월6일	25대 편집국장에 박용현 선출
4월27일~6월1일	2018 희망, 나눔, 평화 '청소년을 위한 찾아가는 힐링 음악회'
4월28일~8월18일	창간 30주년 기념 '마르크 샤갈-영혼의 정원展' 개최
5월10일	한겨레 창간 30돌 기념 학술세미나 '한겨레와 한국 사회, 또 다른 30년'
5월11일	창간 30돌 기념 한겨레바자회(미혼양육모지원을 위한 사랑나눔 행사)
5월14일	한겨레30년사 《진실의 창, 평화의 벗》 발간
5월14일	창간 30주년 홈커밍데이
5월15일	창간 30주년 기념식(여의도 63빌딩)
5월15일	최병용 독자 기증 신문으로 임광혁 작가가 조형물 '새로운 도약의 길' 제작
5월22일	한겨레 창간 30돌 주주독자 초청 공연 '함께 부르는 진실의 노래, 평화의 노래' 개최(서울시청)
5월30일	한겨레 아카이브 페이지 오픈
5월30일~6월11일	제5회 송건호 대학사진상 공모전 주최(인사동 갤러리 이즈)

※ 2018년 5월까지만 서술.

편찬 후기

"역사의 초고를 쓰는 사람이 되고 싶습니다." 15년 전, 한겨레신문사 입사 면접에서 "왜 기자가 되고 싶냐"는 질문을 받았을 때 떨리는 목소리로 그렇게 답했다. 그리고 꼭 '한겨레' 기자가 되고 싶다고 덧붙였다. 한겨레는 오로지 진실에 입각해 역사를 왜곡되지 않게 기록할 언론이라고 믿었다. 이런 믿음과 자부심에 금이 가는 상황들이 지난 몇 년간 이어졌다. 고통스러웠다. 2014년 '기레기'라는 손가락질에, 2017년 한겨레 안팎에서의 사건·사고 그리고 한겨레를 향한 날선 목소리들에 밤마다 잠 못 이루고 뒤척이곤 했다.

사사 편찬을 덜컥 맡은 까닭이자, 출발점이었다. 한겨레 창간 30년사를 쓰면서 몇 가지 다짐한 것이 있었다. 첫째, 철저하게 반성하고 성찰하겠다. 우리 내부의 갈등과 논쟁도 민낯 그대로 기록한 이유다. 둘째, 모두가 주인공인 역사를 쓰겠다. 한겨레를 만들어온 역사는 창간 주역이나 경영진, 특종 기자 몇몇만의 역사가 아니다. 묵묵히 일했던 한겨레 구성원들이 있었고, 한겨레를 믿고 지켜봐준 주주·독자들이 있었다. 그들 모두가 주인공인 역사를 쓰고 싶었다. 셋째, 정사(正史)로서 주요 사실을 기록하는 데에 충실하겠다. 그러다보니 창간 20년사인 《희망으로 가는 길》을 많이 따라갈 수밖에 없었다. 세 번째 이유로, 두 번째는 사실상 이루지 못하였다. 다만 '궁금hani'와 '한겨레in'에서 보다 많은 이들을 조명하고자 노력했다. 넷째, 한겨레의 30년 역사를 딱딱한 '정사' 형식의 책만이 아니라 디지털, 영상 등으로 변주해 일종의 '브랜디드 콘텐츠(Branded Contents)'로 만들겠다. 인력은 제한되어 있는데 양쪽을 다 욕심내다 보니, 시간에 쫓겨 허덕였다.

2017년 10월 10일, 창간 30년사 편찬팀장으로 사무실에 처음 출근했다.

팀원도 한 명 없는 팀장이었다. 20년사의 흔적을 좇아, 사료부터 찾았다. 2008년 이후 최근 10년간의 자료만 수집하면 될 거라고 생각했는데, 여기저기 흩어진 자료들을 모으는 일부터 난망했다. 언론사가 스스로의 기록조차 체계적으로 보관해놓지 못한 형편이었다. 11월 6일부터 김경환 씨가 합류해 자료를 일일이 찾아 복사하고 제본하는 일을 도왔다.

사사편찬위원회가 구성되어 11월 16일 첫 회의를 했고, 2018년 1월 8일에야 비로소 창간 30년사 편찬팀이 구성되었다. 문화부에서 미디어 분야를 담당했던 김효실 기자가 상근편찬위원으로 합류했다. 저널리즘에 대한 깊은 이해, 디지털·영상 등에 빼어난 감각을 갖춘 김효실이 없었다면 창간 30년사의 결과물은 지금 수준에 한참 못 미쳤을 것이다. 데이터베이스팀의 김소윤은 놀라운 속도로 각종 자료와 사진 정리를 척척 해냈다. 1월 중순부터 김효실과 함께 2008년 이후 회사의 주요 의사 결정에 관여했던 전·현직 임직원 40여 명을 인터뷰했다. 김경환과 이수현이 모든 인터뷰에 동행해 기록 작업을 도왔다. 이 밖에 주주, 독자, 지국장 등과도 따로 만나거나 전화로 인터뷰했다. 이들의 애정 어린 조언이 30년사의 밑그림이 되었다.

이 책의 상당 부분에는 앞선 기록자들의 발자취가 남아 있다. 한겨레 10년사인 《세상을 바꾸고 싶은 사람들》을 쓴 이인우 기자는 '1987년 민주화 운동에서 2017년 촛불 혁명까지'라는 아이디어를 제공해주었다. 20년사인 《희망으로 가는 길》을 쓴 안수찬 기자는 이 책 앞부분의 공동 저자나 다름없다. 1부와 2부 본문 상당 부분, 그리고 3부 본문의 일부 등은 《희망으로 가는 길》을 다듬는 수준으로 그대로 가져다 썼다. 부록의 대표이사 인물평도 《희망으로 가는 길》에 권은정이 쓴 원고를 바탕으로 최근 상황을 덧붙였다.

3월부터 원고 집필을 시작해 4월 중순에야 초고를 내놓았다. 박찬수 사사편찬위원장을 포함한 사사편찬위원들, 국실장급 이상 한겨레 간부들이 초고를 검토하고 오류를 바로 잡는 등의 의견을 내놓았다. 한겨레출판의 김수영, 정진항, 디자인주의 박은주, 장광석, 손정란. 이분들이 없었다면 짧은 시간 안에 책이 지금처럼 제 꼴을 갖추는 일은 불가능했을 것이다.

5월에는 한겨레 30년 역사를 소재로 한 7편의 영상 시리즈를 내놨고, 한겨레와 관련한 역사를 한눈에 볼 수 있는 디지털 역사관 '한겨레 아카이브(www.hani.co.kr/arti/society/archives)' 페이지도 문을 열었다.

6개월 동안 한겨레와 관련한 수많은 기록을 살폈다. 한겨레가 30년 동안 존재할 수 있었던 이유가 한겨레 안팎의 수많은 이들이 흘린 땀과 눈물 덕분이었음을 새삼 깨달았다. 반성하고 성찰하되, 30년 전 그랬듯이 한겨레가 이 땅에서 반드시 필요한 참된 언론이 되어야만 한다는 역사적 소명을 가슴에 새겼다. 2014년 세상을 떠난 성유보 한겨레 초대 편집위원장이 회고록에 남긴 글을 마지막으로 곱씹으며, 다시 한겨레 30년 역사의 초고를 매만진다. "2018년이면 한겨레가 창간 30돌을 맞는다. 한겨레에 들려주고 싶은 말이 한 가지 있다. 한겨레는 앞으로도 '없는 것보다는 있는 것이 더 나은 신문'이 아니라 '한국의 민주주의와 한반도의 평화를 위해서 절대 없어서는 안 될 신문'으로 우뚝 서 있기를 바란다는 점이다." 이 책이 자그마한 밑돌이라도 되기를 간절히 바란다.

한겨레 30년사 편찬팀장 황예랑

30년을 되돌아보는 건, 기억의 저편으로 이어진 한가닥 가느다란 흔적을 끌어올리는 일과 같다. 밝은 대낮엔 전혀 드러나지 않는 희미한 빛을 더듬어 과거를 살펴보는 게, 이미 변할 대로 변해버린 세상에서 무슨 의미가 있을까. 그러나, 사사 편찬을 맡은 젊은 기자들이 힘들여 하나씩 끌어모은 빛줄기를 다시 마주한 순간, 나는 그 눈부심에 넋을 잃었다. 지금의 찬란함은 저 옛날의 작은 촉광(燭光)에 기원하고 있었다. 민주주의의 새 장을 연 광장의 촛불이 30년 전인 1987년 6월 비폭력 운동의 가치에서 비롯됐듯이. 역사란 그런 것이다.

당장 눈에 띄진 않아도 모든 현상의 밑바닥엔 지난날의 소중한 경험과 노력이 뿌리내려 있다. '한겨레 30년사'는 디지털과 SNS 시대에 참저널리즘의 가치를 되새길 수 있는 소중한 성과물이라 생각한다. 많은 젊은이들이 영화 〈1987〉을 통해서 6월 민주항쟁의 의미를 새로 깨달았듯, '한겨레 30년사'를 통해 우리 사회가 지나온 30년의 발자취를 되돌아보고 앞으로 다가올 30년을 꿈꿀 수 있기를 기대한다.

스티븐 스필버그의 영화 〈더 포스트(The Post)〉는 47년 전 워싱턴포스트가 백악관의 압력에 맞서 베트남전 진실을 보도하는 과정을 그렸다. 경영진과 편집간부들이 고민 끝에 미 국방부의 비밀문서를 보도하기로 결정하고 신문인쇄 버튼을 누르는 순간, 윤전부의 한 직원은 이렇게 외치며 동료들을 독려한다. "이건 전쟁이다." 그 전쟁을 통해서 워싱턴포스트와 저널리즘은 살아남았고, 발전했다.

한국에서 그와 비슷한 영화를 만든다면, 그 대상은 단연 한겨레일 것이다. 1988년 창간 이래 한겨레에겐 매일매일이 모든 권력과의 '전쟁'이었다. 그걸

거치면서 한국저널리즘의 지평을 확장했고, 우리 사회 민주주의가 깊숙이 뿌리 내리는 데 역할을 했다고 자부한다.

이 책엔 한겨레의 업적만 담겨 있지 않다. 한계와 잘못, 내부의 솔직한 모습을 가감 없이 편찬해서 '바람직한 언론은 어떠해야 하는가'에 대한 나름의 고민을 던지려 했다. 희미한 빛줄기들을 모아서 명주(明珠)로 엮은 건 황예랑 김효실 두 기자의 열정과 헌신이었다. 자료를 찾고 정리해준 김소윤 기자의 도움 역시 컸다. 세 기자에게 마음속 깊은 감사를 드린다.

한겨레 30년사 편찬위원장 박찬수

영상으로 돌아본 30년

한겨레는 창간 30돌을 맞아 그동안의 역사를 돌아보는 모바일 영상 시리즈 [30] 등 다양한 영상을 제작했습니다. [30]은 1988년부터 2018년까지 한겨레의 보도 발자취를 전·현직 기자들의 육성으로 전합니다. 한겨레 과거 영상을 모은 아카이브도 만들었습니다. 아래 QR코드를 통해 모바일로 영상을 보실 수 있습니다.

[30] 한겨레와 한반도 평화

[30] 한겨레와 삼성

[30] 한겨레와 BBK·최순실

[30] 한겨레와 국정원

[30] 한겨레와 인권

[30 번외편] 한겨레는 남한 편? 북한 편? 평화 편!

[30X애니멀피플] 한겨레와 동물권

한겨레 30주년 기념 영상: 한겨레 30년의 길… 진실 그리고 평화

한겨레 영상 30년 아카이브

영상 제작: 한겨레 30년사 편찬팀(황예랑 김소윤 김효실 김경환 이수현), 한겨레TV(도규만 이경주 문석진 박종찬 박성영 이규호 조소영 김도성 정주용 조성욱 위준영), 애니멀피플(박선하 신소윤)

진실의 창, 평화의 벗
서른 살 한겨레의 기록

초판 1쇄 발행 2018년 5월 15일
초판 2쇄 발행 2018년 6월 29일

발행인 양상우
제작 한겨레 30년사 편찬위원회
편찬위원장 박찬수
상근편찬위원 황예랑 김소윤 김효실
편찬위원 조홍섭 김경애 김광호 김태영 박종찬 이정아 오승훈 최원형 김혜주 황춘화 김미나 정고운
대표집필 황예랑 김효실
자료조사 김소윤 김경환 이수현
디자인 DesignZoo
출간진행 한겨레출판
펴낸곳 한겨레신문사
등록 1988년 9월 2일 제1-803호
주소 서울시 마포구 효창목길6(공덕동)

사료기증문의 한겨레 데이터베이스팀 (02-710-0751)
사사구입문의 한겨레 주주센터 (02-710-0125), 한겨레출판 (02-6383-1622)

ISBN 979-11-5533-027-2 03070

*값은 표지에 있습니다.